2019 首届炼化企业创新发展论坛论文集

本书编委会　编

中国石化出版社

图书在版编目(CIP)数据

2019首届炼化企业创新发展论坛论文集/《2019首届炼化企业创新发展论坛论文集》编委会编. —北京：中国石化出版社，2019.10

ISBN 978-7-5114-5566-6

Ⅰ. ①2… Ⅱ. ①2… Ⅲ. ①石油化工企业-企业发展-中国-文集 Ⅳ. ①F426.22-53

中国版本图书馆CIP数据核字(2019)第228837号

中国石化出版社出版发行

地址:北京市安定门外大街58号
邮编:100011　电话:(010)57512500
发行部电话:(010)57512575
http://www.sinopec-press.com
E-mail:press@sinopec.com
北京建宏印刷有限公司印刷
全国各地新华书店经销

*

880×1230毫米 16开本 46印张 1345千字
2019年10月第1版　2019年10月第1次印刷
定价:380.00元

《2019首届炼化企业创新发展论坛论文集》
编　委　会

前　　言

炼油化工是经济社会发展的支柱产业和实体经济的重要基石。经过几十年的发展，我国的炼油化工取得了长足的进步，其中炼油能力跃居世界第二。随着中国经济发展进入新常态，炼化行业技术变革力度持续加大、市场竞争程度日益激烈，对炼化企业也带了一系列新挑战。此外，我国和谐社会的发展，对企业的绿色低碳发展也提出了越来越高的要求。因此，如何进一步解决我国炼化企业在转型升级、资源环境约束等方面面临的共同问题，已经成为一个非常重要的课题。同时，当今社会处于工业社会过渡到信息社会的转型时期，炼化企业智能化转型升级是提升炼化产业整体竞争力的核心技术与实现炼化产业高效化和低碳绿色化的重要途径之一，智能化发展同样是炼化企业今后的发展方向。

加强各企业在转型升级、资源环境约束、智能化发展等方面的实际交流，分享理论研究新进展、技术进步和成果及成功案例，深度总结炼化与先进信息化技术的融合经验与使用价值，是提高我国炼化企业竞争力的客观需要。近年来，在我国炼化行业工作者不懈努力下，相关炼化技术有了显著进步。为更好推动我国炼化企业创新发展，推动新技术运用，新疆石油学会、天津市石油学会、广东省石油学会、浙江省石油学会、湖南省石油学会、上海市石油学会等单位联合，于2019年9月3~6日在新疆乌鲁木齐召开了“2019首届炼化企业创新发展论坛暨绿色、智能、创新技术交流会”。

此次会议以“全面提升创新引领能力，加快关键核心技术攻关，加大先进信息技术深度融合，全面助力炼化企业转型升级和高质量发展”为主题，通过会议交流，让与会代表全面了解目前我国炼化行业面临的形势，分享炼化行业经验，研讨新技术发展动态和趋势。本次会议将着眼于通过全面深入技术交流，分设炼化一体化技术与解决方案专题、重质和劣质原油加工技术专题、智能化工厂技术专题、设备管理与创新专题、安全环保与节能技术专题，最新技术装置应用解决方案推广与展示等六个专题，为企业转型提供相关技术支持。

本次大会得到了国家有关部委、中国石油学会、中国石油、中国石化、中国海油、延长石油和大专院校和科研院所等各单位和领导的大力支持和帮助，大会优选高质量论文140篇公开出版论文集。主要涉及的方面有：炼化一体化技术、节能以及安全环保技术、设备长周期运行及腐蚀防护、智能化工厂建设等方面。论文整体上反映了国内炼化行业最新研究成果、技术、方法、新产品等进展，具有较高的学术水平和实用价值。

目　　录

重劣质油加工、炼化一体化

塔河重质原油加工路线选取及分析 …………………………………… 丁智刚　郭　辉　祁居清(1)

临氢/非临氢异构化技术工业应用及对比分析

…………………………………………………… 王小军　郭　辉　朱英娣　张金河　文　敏(7)

浅析硫磺装置新型催化剂及脱硫剂的实践与探索 ……………………………………………… 贾红岩(13)

塔河炼化混炼顺北原油技术分析与展望 ……………………………………………………… 李取武(21)

塔河炼化氢气系统优化和资源综合利用 ……………………………………………………… 吴德鹏(27)

塔河劣质稠油掺炼顺北轻质原油生产运行总结 ……………………………………………… 吴振华(31)

一种新型重质污油处理技术介绍 …………………………………… 郭　辉　曹　杰　赵圣博(38)

HAZOP 在航煤加氢装置上的应用 …………………………………………………………… 郭诗锋(44)

稠油变压器油络合脱氮工艺的应用研究 ………………… 王凯明　柯友胜　张霞玲　王　燕(48)

管钳式 TIG 管道全位置焊接技术应用 …………………… 唐元生　肖　新　牛宗志　董雪玮(53)

控制催化汽油硫含量实践 ……………………………………………………………………… 闫运平(56)

劣质重油悬浮床加氢裂化技术进展 ……………………… 黄新平　刘　钊　伍三军　王雪梅(60)

新型催化剂级配体系在 1.4Mt/a 加氢裂化装置的应用 ……………………………………… 闫司晗(67)

压缩机组轴系仪表检维修技术探讨 …………… 邱献文　沙海勇　何连之　马　强　林志权(73)

中东原油减压蒸馏生产道路沥青可行性考察 …………………………………… 周　敏　吴培锦(82)

加氢改质催化剂级配技术的工业应用与研究 …………… 兰　勇　刘　江　郭　伟　刘　斌(90)

甲烷制氢生产工艺水氨氮生成原因分析探讨 ………………………… 陈向平　洪晓煜　李海建(97)

辽河石化重劣质原油特色加工技术及应用实践 ………………………………… 黄　鹤　李　平(101)

全蜡油硫化在渣油加氢装置开工中的应用 …………………………………………………… 王俊华(107)

50A 基质沥青在常减压装置的试生产 ………………………………………………………… 李　捷(115)

YS-9010 银催化剂在扬子乙二醇装置上的应用 ……………………………………………… 马银陈(120)

连续重整催化剂更换周期的经济效益对比 …………………………… 刘　捷　刘　彤　曹正堂(124)

炼化一体化乙烯原料的优化与探索 …………………………………………………………… 薛海锋(128)

渣油加氢装置催化剂热点处理经过及形成原因浅析 ………………………………………… 陈振新(134)

典型的焦炭塔预热线不畅原因分析及处置对策 ……………………………………………… 傅钢强(138)

80 万吨/年催化汽油烃重组装置运行优化 …………………………… 王　瑛　王　勇　郭　军(142)

提升橡胶填充油芳烃含量技术攻关 …… 徐海清(147)
用脱油沥青开发抗车辙母粒 …… 任满年 王明东(151)
电脱盐长周期运行问题与对策 …… 周喜坤(157)
在 70 万吨/年柴油加氢精制装置上应用的可行性研究 …… 吴灵燕(163)
200 万吨/年连续重整装置长周期设计与建议 …… 马 杰 唐绍泉(166)
焦化分馏塔底循环油泵泵体内部低温结焦问题探讨
…… 王晓强 杨有文 杨 芬 王博智 赵永山(176)
炼油厂加工高硫原油存在问题及对策 …… 涂连涛 关 创 胡 明 许显坤 龚传波(179)
大型炼油企业转型升级对策 …… 齐建勋 辛丹敏 呼玉芳 陈 姣 马恩红(183)
以乙烯为原料生产高等级润滑基础油技术 …… 高毕亚 李 勇(189)
关于塔顶冷凝系统水露点的流程模拟计算 …… 郭 强 马 真 曹 然 牛 犇 弓 勋(192)
350×10^4t/a 重油催化裂化装置改造浅析 …… 郭本强 李伯华(195)
UPC 催化裂化催化剂在 80×10^4t/a 重油催化裂化装置中的应用
…… 林怡名 张守前 初建军(200)
活性白土原位合成介孔材料应用于油品脱硫的研究
…… 金林鹏 施 力 孟 璇 刘乃旺 王 昕(204)
因康洛依 800H 裂纹产生原因分析及焊接处理 …… 杨永磊 黄 勇 李海强(209)
炼油增产乙烯原料存在的矛盾及解决方案 …… 涂连涛 漆小川 胡 勇 孙兰霞 唐绍泉(212)
催化装置第二提升管回炼汽柴油的作用分析 …… 黄深根(217)
劣质渣油固定床加氢技术研究进展及展望 …… 薛金召 肖雪洋 谢清峰 白 宏(222)
渣油加氢原料预处理技术研究 …… 谢琼玉 康之军 姚 飞 黄 华 佘喜春(232)

节能环保

低氮燃烧技术在燃气锅炉的应用 …… 刘伟明 许磊权(236)
浅析燃气锅炉的运行调节及应急处理 …… 韩会亮 王新勇 王永春(241)
油品储罐发生火灾的原因及防范措施 …… 王进刚(246)
自然循环锅炉水冷壁壁温特性研究 …… 王新勇(252)
高效抗堵塞塔盘在污水汽提装置的应用 …… 王保卿 黄冠云(256)
克石化纳滤浓水降解 COD 技术研究 …… 聂春梅 牛春革 方新湘 范跃超(262)
应用氢夹点技术从炼厂排放气中回收氢气 …… 吴斌超 张士元(266)
聚焦生产技术难题，助力企业绿色发展 …… 朱铁光(271)
格尔木炼油厂节水优化思路探讨 …… 虞建华 贾小红 安金兄(285)
两级掺和工艺硫磺回收装置尾气达标排放研究 …… 张金召 杨胜利 严松山(288)
硫化氢选择氧化催化剂的开发与应用 …… 许金山 刘爱华 刘剑利 刘双成(291)

浅谈深化安全管理的途径 …… 黄 健（297）
油雾回收在机泵群油雾润滑系统中的应用 …… 逯红江（301）
金陵石化芳烃联合装置节能降耗技术探讨 …… 王志华（306）
无磷处理剂在超低硬循环水中的应用 …… 任志峰 杨 玉 魏 新 刘金香 常 磊（312）
二级膜分离耦合工艺处理石化罐区废气 …… 魏 昕 郦和生 杨 丽 侯秀华 李 宇（316）
Ce 改性 Mg-Al 复合氧化物在高酸原油脱酸中的应用
…… 蒋斌波 席志祥 陆飞鹏 王靖岱 阳永荣（320）
产排污系数法在污染物核算中的应用与分析 …… 刘雨辰（326）
环保成套设备项目实施中问题分析及应对策略 …… 赵彬屹（330）
基于破乳脱水和催化裂解的含油污泥处理工艺研究 …… 毕 卉 焦润山 纪禹操（334）
迷宫密封内浮顶油罐泄漏损耗研究 …… 李 云（340）
相变化吸收剂捕集 CO_2 解吸能耗中试研究 …… 苏奇超 方佳伟 柯文秋 张琳雨 张卫东（348）
催化烟气脱硝床层氨逃逸问题分析及措施 …… 郭莹莹 刘 彬 周玉杰（354）
应用负面清单管理推进炼厂节能再上新台阶 …… 丁遵义 李晓梅 魏小燕（360）
炼厂氢气系统分析及优化 …… 黄震宇 于焕良（364）
合成氨装置转变系统催化剂活性分析 …… 帕孜丽亚·居来提 孙 翔 林美玲（369）
合成氨装置节能问题的研究及解决措施 …… 钱 浩（375）
5 万吨硫磺回收装置首次开工运行总结 …… 梁晓乐 陈 刚 魏佳龙 刘鹤鹏 李国民（379）
合成氨装置脱碳系统开车流程的优化及节能环保总结
…… 王爱民 何 欢 钱 浩 郑晓建 孙 翔（384）
汽轮机排汽废热在供暖中应用 …… 何 欢 郝小娟 吕 勇 吴云鹏（390）
溶聚丁苯橡胶装置汽提单元节水降耗研究 …… 郭 庆 周俊杰 陈晓博 尚志强 杨治泽（397）
依托清洁生产 实现节能减排 …… 申海燕 杨昌辉 金方友 周俊杰 刘玉丰（400）
中水回用乙烯循环水系统的药剂筛选及水质管理措施 …… 樊明蓓（408）
某石化企业温室气体排放分析及减排途径 …… 王文利（412）
燃油锅炉脱硝改造后存在问题和解决措施 …… 李艳松 王国岩 房 鑫 刘运飞（417）
炼化新区空气系统运行分析与优化对策 …… 杨航洲 刘玉超 郭新平 蔡晓东（425）
S Zorb 装置汽油降烯烃工艺试验及应用 …… 黄喜阳 谢清峰（430）
炼厂清罐污油回收及油泥减量化资源化处理应用 …… 刘洁波（436）
云式除尘技术处理 Y 型分子筛尾气工业应用 …… 蒋飞华 梁维军 杨 柳 卢 辉（441）
降低裂解炉氮氧化物排放研究 …… 汤佳香（448）

设备管理

2#焦化吸收稳定系统优化与改造 …… 徐晓军（456）

顶循除盐装置在焦化分馏塔应用效果分析 …………………………………………………… 吴振华(460)
浅析烧焦对炉管寿命的影响 ……………………………………………………………… 魏代宝(463)
缠绕管式换热器在G石化连续重整装置的应用小结 ………………………………………… 李良才(466)
石油炼化企业外招检维修单位的管理探讨 ………………………………… 王继文 梁建辉(472)
CFR-F5十六烷值机的运行与维护 …………… 李淑杰 于春梅 关 旭 丛丽茹 李 楠(476)
UPS不间断电源在我厂的应用 ……………………………………………………………… 衡云龙(480)
法兰密封安装技术在石油石化生产中的应用
…………………………………………………… 薛 梅 郭 虹 陈其国 靳克峰 邓杰章(482)
板式换热器顶板泄漏失效分析 ……………………………………………………………… 刘显林(486)
大机组中的静电腐蚀分析及运行维护 ……………………………………………………… 李恒远(491)
第二类溴化锂吸收式热泵故障诊断及整改措施 …………………………………………… 蒋 锋(494)
立式筒袋泵在碳四加氢装置中的故障分析与处理 …………………………………………… 张 昆(498)
催化裂化原料油喷嘴在线疏通新技术应用 ………………………………………………… 张军军(502)
石油化工固定式容器标准化设计探讨 ……………………………………………………… 邓 矛(506)
碳二加氢反应器实时优化建模与运行探讨 ………………………………………………… 顾伟军(510)
乙二醇装置工艺加热炉的低氮改造与效果分析 …………………………………………… 田世伟(519)
数字化工厂在常减压装置设备管理中的应用 ……………………………………………… 刘晓春(525)
重油催化裂化装置烟气轮机“双级改单级”技术改造中新技术的应用
…………………………………………………………………… 马立刚 方 超 严晓祁(529)
催化解析塔底重沸器异常泄漏原因分析及对策 ………………………… 吴长春 蒽永龙 赵志成(533)
乙烯装置稀释蒸汽发生器腐蚀泄漏原因分析 …………………………………… 郝新焕 崔轲龙(538)
炼化装置静设备风险动态评价技术研究与应用
…………………………………………………… 谢国山 庄法坤 徐国良 李淑娟 钱晓龙(544)
合成气压缩机汽轮机异常振动原因分析及对策 ………… 张锡德 杨德辽 王锡连 胡 渔(548)
天然气深冷装置RBI风险评估与检验策略分析
……………………………… 陈 波 李 莎 杨俊琦 李光照 张程平 黄春建 王建(553)
基于小神探巡检系统的滚动轴承故障诊断 …………………………………… 陈 雷 陈战勇(560)
全尺寸补偿膜法密封在外浮顶石脑油罐的应用 ………… 刘寅方 王长久 单巨涯 边慧娟(565)
高压换热器、高压空冷的运行分析及化学清洗 ………… 刘 江 兰 勇 杨永磊 伊国鑫(570)
3[#]催化烟气脱硫洗涤塔进料段腐蚀原因分析 ………………………… 周迪明 马文义 张晓国(575)
石墨烯改性抗H_2S酸性介质高效防腐涂层技术研究及应用
…………………………………………………… 王 磊 韩忠智 丁 超 张彦军 郭晓军(581)
炼化钢结构水性环保耐候防腐蚀涂料体系研究
…………………………………………………… 崔灿灿 石家烽 王 磊 韩忠智 郭晓军(589)

炼化装置长周期安全运行防腐涂料技术研究与应用
…… 韩忠智 王 磊 康绍炜 郭晓军 段绍明(594)
焦化加热炉扩能技改新技术的应用 …… 兰成均 高宏坤 肖家治(598)
催化再生滑阀阀杆卡涩原因分析及改进 …… 但加飞(602)
进口往复机活塞破裂原因分析及改造修复 …… 胡孝杰(605)

智能工厂

夹点技术在换热流程优化中的应用 …… 王新勇 朱江辉(611)
利用 Aspen HYSYS 对硫磺回收装置进行优化分析 …… 周 洋 闫 虎(615)
塔河炼化公司利用 PIMS 模型全流程优化应用研究 …… 毛爱华(621)
测量管理体系信息化平台的建立 …… 杨 瑞(625)
基于人工智能技术实现高温油泵的在线监测的研发 …… 刘 琎(631)
以集成化设计为源头的数字化工厂建设探索与实践 …… 张 华 朱春田(639)
浅谈国家危险化学品应急救援天津基地应急指挥系统建设 …… 张绍华 张成德(645)
智能化在炼化一体化项目增值创效中的应用研究 …… 赵 猛 周 晖 张梅英 张来勇(650)
工程公司助力炼化企业智能化工厂建设 …… 张来勇 张梅英 赵 猛 唐学军(654)
浅谈如何实现“全流程自动”和“无人驾驶”的优化控制 …… 马继栋 张冬梅 梁新连(659)
智能入侵探测技术在石化公司炼油老区周界安防系统改造中的应用 …… 马 武(663)
塔里木乙烷制乙烯智能工厂建设探索和思考 …… 杨松柏 谭建华 闵文武 戴景义 王开发(667)
浅析大数据背景下化工建设项目在线归档策略 …… 胡洪英 张岩青 陈 姹 路丽丽(672)
PTA 智能工厂建设 …… 周海鸽 李 骞(677)
独山子石化物联网虚拟化平台设计及优化 …… 张 千 李 书 苏大伟 秦德明(680)
构建完美的 3865119 接处警平台 …… 孙 玲(683)
利用装置采集数据提升炼化应用技术的实现 …… 曹 静 高 波 邢海燕 黄金晖(687)
炼化企业自备电厂智能化建设探索 …… 尚秦玉(693)
S Zorb 装置智能化操作优化与管理系统项目效果分析
…… 刘小松 王金伟 高洪岩 蹇明英 严雪梅(698)
无人机反制技术在石油化工区域的应用分析 …… 吴 婷 赵志慧 陈锦伟 付佰松(703)
从数据到知识，企业智能化发展的必由之路 …… 陈 斌(708)
基于 . NET 的大连石化公司综合管理平台设计与实现 …… 杨伟鑫 唐 浩(712)
长岭分公司视频监控项目分析 …… 陈世波 杨 梅 潘民龙(716)

塔河重质原油加工路线选取及分析

丁智刚　郭　辉　祁居清

(中国石化塔河炼化有限责任公司)

摘　要　塔河重质原油密度大、黏度大、盐含量高、硫含量高、胶质沥青质含量高、重金属含量高，是我国较难加工的重质原油之一，在国内尚未有大规模的加工经验。塔河炼化公司根据塔河重质原油性质选取了常(减)压蒸馏-延迟焦化加工路线，生产出了合格的石油产品和附属产品。经过长期的优化摸索，产品分布更加合理，生产装置也达到了四年一修的目标。加工过程中出现的问题基本得到妥善解决，为塔河重质原油的加工积累了一定的经验。

关键词　重质原油；加工路线；产品分布

1　前言

随着石油消费量的不断增加，国内炼油工业呈现持续发展态势。2017年世界石油消费量为44.7亿吨，国内石油消费2017年增长到6.17亿吨，占世界石油消费的13.8%，连续3年位居世界第2位[1]。伴随着石油需求的不断增长，世界石油资源进一步劣质化，重质原油产量逐年增加。据能源咨询公司Hart报道，2030年全球原油日产量将达9300万桶，其中重质原油约占38%。今后，世界炼油企业将面临加工重质原油的趋势[2]。

近年来，国内加工重质原油的数量也在不断增加，炼油企业面临着加工重质原油和提高油品质量的双重压力。面对这种形势，国内炼化企业不断开发重质原油加工技术和清洁燃料生产技术，提高重质原油加工比例，降低原油采购成本，减少环境污染，增加经济效益。

中国石化塔河炼化有限责任公司(以下简称塔河炼化公司)加工的是中国石化西北油田分公司塔里木油田所产的塔河重质原油。塔河重质原油具有密度大、黏度高、硫和金属含量高等特点，给原油的运输、装卸、加工等带来许多困难。为了有效利用这一原油资源，解决塔河重质原油在运输、装卸、加工等方面存在的困难，结合当地市场需求，中国石化集团总公司在新疆库车经过3次大的投入建成了塔河炼化公司500×10^4t/a重质原油加工系列装置，将重质原油最大程度地加工成成品或半成品，半成品运出新疆进一步加工成石油化工产品，以弥补国内石油资源的不足，满足国内市场的需要。这样不仅解决了西北油田分公司塔河重质原油出路，也为国内炼油企业积累了加工重质原油的经验，为炼油企业进一步加工重质原油，扩大原油资源，降低炼油企业加工成本具有重要意义。

2　塔河重质原油性质

重质原油的蒸馏曲线和一般性质与普通原油相似，但个别性质则相差较大。一般情况下，重质原油具有以下特点[3]：(1)硫、沥青质、金属含量高；(2)黏度度较高；(3)平均沸点较高；(4)H/C比低。重质原油属于劣质原油的范畴，一般情况下，符合API°小于27、硫含量大于1.5%、原油总酸值大于1.0mgKOH中任何一项指标的原油，均可称为劣质原油[4]。塔河重质原油的性质见表1，具有重质原油的特点且符合劣质原油的各项指标，且性质逐年在不断地更劣质化。

塔河重质渣油的沸点高、馏分重、分子量大、氢碳比小，除含有固体物质外，胶质、沥青质、重金属、硫、氮含量和黏度都很高或非常高。塔河重质油常压渣油和减压渣油的评价数据见表2。

表1　塔河重质原油性质

项目	数值				项目	数值			
年份	2004	2009	2015	2018	年份	2004	2009	2015	2018
20℃密度/(g/cm^3)	0.9439	0.9484	0.9541	0.9494	C含量/%(w)	84.94	86.12	86.05	85.64
API°		17.2	16.3	17	H含量/%(w)	11.35	11.37	11.15	11.68

续表

项目	数值				项目	数值			
运动黏度/(mm^2/s)					S 含量/%(w)	2.4	2.1	2.3	2.2
50℃	288.3	646.7	897.1	1425	N 含量/%(w)	0.36	0.29	0.34	0.41
80℃	121.1	207.1	112.2	154.4	Cl 含量/(μg/g)		276	215	721
水分/%(w)	0.2	0.23	0.77	0.49	Ca，含量/(μg/g)	4.2	20.8	20.5	63.1
凝固点/℃	-22	-18	-8	-6	Cu 含量/(μg/g)	≯0.1		≯0.1	≯0.1
残炭/%(w)	13.9	15.7	16.3	15.9	Fe 含量/(μg/g)	0.9	11.2	38.5	39.1
闪点(开口)/℃	72	48	35	44	Mg 含量/(μg/g)	0.6		2	5.3
灰分/%(w)	0.052	0.064	0.069	0.11	Na 含量/(μg/g)	15.1	123	87.2	300
酸值/%(w)	0.06	0.15	0.16	0.24	Ni 含量/(μg/g)	33.4	31	33.2	33
胶质/%(w)	18.6	11.5	12.4	10.9	Pb 含量/(μg/g)	≯0.1		0.3	0.2
沥青质/%(w)	11.2	13.1	16.3	14.1	V 含量/(μg/g)	230	164	215	203
盐含量/(mgNaCl/L)	119.8	373.7	280.5	831.7					

表 2　塔河重质原油常压渣油、减压渣油性质

项目	>350℃常压渣油	>480℃减压渣油	项目	>350℃常压渣油	>480℃减压渣油
20℃密度/(g/cm^3)	1.0063	1.06	C 含量/%(w)	86.5	86.4
运动黏度/(mm^2/s)			H 含量/%(w)	9.95	9.29
80℃	3206	>20000	S 含量/%(w)	2.85	3.3
100℃	711.5	>20000	N 含量/%(w)	0.46	0.60
凝固点/℃	22	>50	Cl 含量/(μg/g)	229	260
残炭/%(w)	18.8	30.6	Ca 含量/(μg/g)	27.5	38.0
闪点(开口)/℃	251	>300	Cu 含量/(μg/g)	≯0.1	≯0.1
灰分/%(w)	0.094	0.126	Fe 含量/(μg/g)	52.5	72.5
饱和分/%(w)	21.2	11.4	Mg 含量/(μg/g)	2.7	3.8
芳香分/%(w)	23.5	25.4	Na 含量/(μg/g)	115.0	167.0
胶质/%(w)	33.3	30.2	Ni 含量/(μg/g)	44.7	64.9
沥青质/%	22.0	33.0	Pb 含量/(μg/g)	0.4	0.5
分子量	683	1148	V 含量/(μg/g)	292	410

3　塔河重质原油加工路线

重质油加工技术包括加氢和脱碳两类工艺过程。其中脱碳工艺主要包括溶剂脱沥青、焦化、重油催化裂化等，该类工艺得到的轻质油收率低，而且硫、氮含量高，难以直接使用。加氢主要包括加氢精制和加氢处理等，重质油加氢可以将大部分杂原子脱除，在得到一部分轻油的同时，加氢后性质得以明显改善，可作为低硫燃料油或催化裂化和焦化的原料进一步轻质化，生产出更多的轻质油。对于塔河重质原油来说，其加工路线的选择主要是渣油加工路线的选择，而渣油加工路线的选择取决于渣油的性质。

3.1　塔河重质原油加工路线历程

2000年塔河炼化加工流程为常减压路线，加工规模50×10^4t/a，经常减压分离出的汽油外送作为乙烯原料，柴油在当时的国家标准下可以直接出厂，减压渣油作为道路沥青产品装桶后出厂。

随着中国石化西北油田分公司塔河重质原油的上产，原有的50×10^4t/a加工规模已经不能满足油田发展的需要。2002年中国石化炼油事业部开始筹集塔河劣质原油改制项目。

为了探索合适的加工流程，集团公司在沧州分公司进行了塔河重质原油的工业试验。试验为常压闪蒸-延迟焦化-加氢精制流程。即塔河重质原油经常压蒸馏后，常压渣油进延迟焦化，焦化汽柴油进加氢精制装置。试验过程中加工塔河常压渣油比加工管输(胜利和阿曼原油 1∶1 或

1∶1.5)减压渣油更易结焦。由于塔河常渣中 w(芳烃)/w(沥青质)比管输渣油要小，塔河常渣进延迟焦化更易结焦。为此，在单独加工塔河常压渣油时，采取了大循环比(不低于 0.8)的操作方案。循环比加大，加工量下降，焦炭收率增加，总液收下降，气体产率有所上升。产品中硫分布有所变化，焦化柴油、焦化蜡油硫含量有所增加，焦化蜡油重金属含量有所增加，通过下游装置适当调整可以满足产品指标要求。表明常压闪蒸-延迟焦化-加氢精制工艺是适合塔河重质原油性质的一种工艺流程。

根据试验结果，中国石化 2003 年在塔河炼化开建 150×10^4t 常压闪蒸-延迟焦化-加氢精制-半再生催化装置系列流程进行放大工业化试验。该项目于 2004 年 12 月开车成功，生产出了合格的产品。塔河炼化加工规模已经达到了 200×10^4t/a，主要产品有汽油、柴油、焦炭、硫磺和苯。

随着中国石化西北油田公司的快速上产，2005 年产量已经达到 420×10^4t。为了将塔河重质原油最大程度地轻质化后运往疆外市场，实现“疆油疆炼”的目标，塔河炼化 2007 年开始筹备二次扩能项目。随着炼油技术的进一步发展，塔河炼化在此过程中也在寻求新的重质原油加工技术路线。当时的重质油加工技术有固定床渣油加氢、重油催化裂化等技术。

塔河重质原油重金属含量高，镍+钒平均含量达到 235.6μg/g，50℃黏度为 1425mm²/s，远高于一般原油的黏度(如沙特重质原油 50℃黏度仅为 15mm²/s 左右)。固定床渣油加氢技术无法满足加工塔河重质原油的要求，容易出现催化剂失活、系统压降大、易结焦、装置运行周期短等问题[5]。当该渣油作为催化裂化装置原料时，也会引起催化剂中毒，造成催化剂消耗上升，产品分布变差，所以该原油也不适宜采用常规的常减压蒸馏-催化裂化工艺加工[6]。

针对塔河重质原油，主要提出了三种加工路线：一是采用常减压-沸腾床加氢裂化工艺技术路线，二是常压蒸馏-沥青工艺技术路线，最后一种是塔河炼化原有的常压蒸馏-延迟焦化工艺技术路线。

(1) 常减压-沸腾床加氢裂化工艺技术路线

建设 300×10^4t/a 重质原油常减压蒸馏装置，减压渣油采用沸腾床加氢裂化工艺(业界应用表明加工转化率 70%)；分出的未转化油采用焦化工艺加工，焦化汽柴油经加氢精制处理后与焦化蜡油、直馏馏分油、沸腾床渣油加氢裂化生成的馏分油混合为改质油，在满足新疆汽柴油市场的前提下，运出疆外加工。该工艺渣油加氢裂化装置加工转化率高，改质油质量好(不含未转化油)。拟选用当时世界上使用最多的沸腾床渣油加氢裂化技术是 Axens 公司的 H-Oil 工艺和 ChevronLummus 公司的 LC-Fining 工艺。单套 H-Oil 装置最低加工能力约 100×10^4t/a，最高达 260×10^4t/a，加工原料基本为减压渣油。LC-Fining 工艺在当时共建成 5 套工业装置，合计加工能力 1157×10^4t/a。沸腾床加氢工艺通过几套装置的技术改进和实践，已经较为成熟。

(2) 常减压蒸馏-沥青工艺技术路线

建设 300×10^4t/a 重质原油常减压蒸馏装置，减压渣油可以做普通道路沥青(直馏沥青)，也可通过添加橡胶、稳定剂、抽余油等添加剂调和生产不同牌号的高级道路沥青。该路线的特点是生产流程和技术最为简单，投资也最少，但产品结构也简单，轻质油收率较低，经济效益差。另外，受季节的影响，沥青的销路也会存在问题。

(3) 常压蒸馏-延迟焦化工艺技术路线

建设 300×10^4t/a 重质原油常压蒸馏-延迟焦化加工路线，焦化馏分油及直馏柴油全部经加氢精制后，满足新疆市场后，运出疆外加工。该方案生产石脑油、柴油、少部分蜡油、石油焦等产品，其中石油焦产量约 66×10^4t/a。该方案的特点是流程相对简单、技术成熟投资规模较小，也存在产品结构单一、满足汽油高标号组分欠缺、特别是大量的高硫焦要解决出路的问题。

经过理论对比，常减压-沸腾床加氢裂化工艺技术路线优于其他加工路线，该路线转化率高，未转化油就地加工，改质油质量好，便于运输到疆外加工，符合市场需要。然而，根据 Axens 公司 2008 年塔河重质原油中型试验，采用专有技术 H-Oil 工艺进行了加氢裂化反应，实际转化率只能达到 40%左右，且该加工路线投资规模高；常减压蒸馏-沥青工艺路线，因沥青的销路问题，不可能具有大的规模；常压蒸馏-延迟焦化工艺路线主要生产成品油，成品油数量超过当地市场需求，可以少部分运往周边省份市场销售。另外其投资规模不大，且塔河炼化公司已经有一期较为成熟的经验。

根据投资、效益、风险分析和产品出路综合考虑，塔河炼化选取了第二种和第三种方案结合的加工工艺路线，即选择了常减压蒸馏-沥青-焦化工艺路线，筹建 350×10^4t/a 常压蒸馏（原 50×10^4t 常减压装置规模太小，考虑几年后将会被淘汰，将其增加到新项目中）装置、50×10^4t/a 减压蒸馏装置、220×10^4t/a 延迟焦化装置及配套 40×10^4t/a A 级沥青调和装置。这样既可以满足新疆及周边沥青市场的需求，也可以适当缓解焦炭销售的压力。在沥青市场不景气的条件下，减压渣油可以和常压渣油混合进入延迟焦化装置，这样使得全厂的加工流程更为灵活。2010 年 10 月该项目一次性开车成功。

3.2　塔河炼化加工路线优化

随着国家"丝绸之路经济带"和"21 世纪海上丝绸之路"的"一带一路"战略的实施和西部大开发及振兴新疆经济的快速发展，2010 年 10 月 350×10^4t/a 扩能项目投产后汽油产量只有 15.89×10^4t/a，已经不能满足新疆市场对汽油的需求。另外，随着新疆支线机场的扩大和加速建设，市场对喷气燃料的需求又给塔河炼化公司迎来了新的机遇。根据市场需求，塔河炼化公司必须重新对产品分布进行优化，以减小与市场需求之间的差距。

针对塔河重质原油的特点，常压渣油直接作为延迟焦化装置的原料，没有催化裂化装置，缺少催化汽油组分，汽油调和组分少，为满足汽油调和要求，塔河炼化公司 2014 年新建 30×10^4t/a 临氢异构化装置。该工艺采用美国 UOP 公司成熟的 Penex-DIH[7] 氢气一次性通过工艺，后续设置脱异己烷塔，分离出辛烷值高的异构化汽油组分作为产品送出装置。辛烷值低的 C_5 及 C_6 馏分返回到反应器前继续参与反应，来达到异构化汽油辛烷值指标要求。30×10^4t/a 临氢异构化装置以 60×10^4t/a 连续重整预加氢部分的拔头油（主要为 C_5 及 C_6 馏分）为原料，生产辛烷值不低于 85 的异构化汽油调和组分。

据新疆民航显示，新疆机场数量已经达到 21 个，预计 2020 年全疆喷漆燃料将达到 112×10^4t/a，其中南疆各机场支线占消耗总量的 70%左右[8]。2014 年塔河炼化公司新建 30×10^4t/a 航煤加氢装置。

3.3　塔河炼化装置及产品分布

经过两次大的扩能和 2014 年的塔河重质原油加工工艺流程完善，塔河炼化公司已经具有 500×10^4t/a 重质原油加工规模，主加工路线为常（减）压蒸馏-延迟焦化流程。装置包括 150×10^4t/a 常压蒸馏、350×10^4t/a 常压蒸馏、40×10^4t/a 减压蒸馏、120×10^4t/a 延迟焦化、220×10^4t/a 延迟焦化、110×10^4t/a 汽柴油加氢精制装置、167×10^4t/a 汽柴油加氢精制装置、60×10^4t/a 连续重整装、30×10^4t/a 临氢异构化装置、30×10^4t/a 航煤加氢装置、52×10^4t/a 混二甲苯装置及配套的环保装置。外销产品包括液化气、汽油、柴油、航空煤油、重整生成油、混二甲苯、固体硫磺、液体硫磺、焦炭、高级道路沥青等产品。

4　塔河重质原油加工过程中的难点问题

近年来，塔河原油性质进一步恶化，2015 年重质原油密度已经达到 0.954g/cm^3、2018 年盐含量达到 831.7mg/L、原油黏度（50℃）达到 1425mm^2/s、沥青质达到 16.3%，原油性质的不断劣质化给电脱盐的运行增加了难度。原油脱后含盐居高不下，脱水带油现象严重，装置结盐严重，水洗频次增加，后续装置设备腐蚀加剧，给装置的安全平稳运行带来了较大隐患。

4.1　原油脱后含盐高

随着炼油行业二次加工技术的发展，对脱后原油含盐量指标提出了更为具体的要求，若以防腐为目的，脱后含盐不大于 5mg/L，若为了保护二次加工装置的催化剂特别是催化裂化装置催化剂，要求原油脱后含盐不大于 3mg/L[9]。根据塔河重质原油的性质和塔河炼化的加工流程，塔河炼化只要将原油脱后盐含量控制在不大于 5mg/L 可以满足要求。

2003~2007 年期间，塔河炼化电脱盐基本可以控制在 5mg/L 左右，随着塔河重质原油的进一步劣质化，脱后含盐开始逐渐上升，最高脱后含盐达到 15mg/L。现有的措施和设备已经不能满足脱后含盐指标要求。塔河炼化对电脱盐装置进行了多次调整，首先改造了原油在电脱盐罐内的流态分布、优化电脱盐罐电场分布及更换变压器增加电场强度等。其次，原油罐区加强脱水管理、在原油罐增加高位抽出等，力争从源头上减少原油含盐量，减缓对装置电脱盐的冲击。再次，组织常减压装置从提高注水量、提高电场强度、提高脱盐温度、调整油水界位等方面对电脱盐操作进行优化调整。第四，从电脱盐助剂筛选试用方面开展工作，几年来对多家油溶性破乳剂和水溶性破乳剂进行筛选试用。第五，2013年10月对2#电脱盐增上了一台1000m^{3}电脱盐罐，构成四级电脱盐。第六，2019年4月份通过掺炼顺北原油(占比约4%~5%，密度0.79g/cm^3，盐含量78mg/L)来改变重质原油的性质。通过以上设备改进、技术改造、优化工艺参数、加强罐区管理、筛选油溶性破乳剂、优化原油性质等措施，塔河电脱盐效果有了一定的好转。目前，两套电脱盐装置脱后含盐稳定在5~7mg/L之间，但离5mg/L的目标还有距离，塔河炼化一直在开展电脱盐技术攻关。

4.2 污油脱水困难

电脱盐运行效果不佳，达不到5mg/L，且脱水含油量高。罐区污油回收量大且含水量高。油水密度差小使得污油脱水困难。罐区沉降脱水3~5天，污油含水在15%~25%之间，给污油回炼带来难度。污油掺入原油罐随原油一起进入电脱盐进行回炼，电流高甚至有时跳闸，脱后含盐指标在罐区掺炼污油后急剧上升，脱水油含量增大，形成了恶性循环；污油从焦化装置急冷油线直接回炼，会使焦炭塔挥发线结盐。装置内回收污油回炼流程是去放空塔，利用放空塔放空余热将污油内存水汽化后送入焦炭塔急冷油线回炼，该流程回炼量小又具有间断性，只能回炼装置内回收的污油。系统污油脱水成为难题，水一旦脱干净，污油中的盐会随水脱除，才能够很好地回炼。鉴于目前污油脱水困难，塔河炼化寻找污油脱水的先进技术。目前，沧州信昌公司正在塔河炼化公司进行污油脱水橇装试验。从目前的试验结果来看，可以将污油含水降至0.3%以下，但该装置处理量较小，只有3~4m^3/h。

4.3 设备腐蚀严重

经过调查掺炼过塔河重质原油的炼厂，均反映掺炼后，给生产和设备造成了不良影响[10]。2001年洛阳分公司掺至12%后，造成催化装置催化剂重金属中毒；2002~2003年沧州分公司塔河重质原油试验时，对设备腐蚀较为严重，焦化管线腐蚀穿孔；2006年5月西安分公司掺炼20%塔河重质原油后，催化剂出现中毒。从以上三家炼厂的问题来看，洛阳和西安分公司是催化剂中毒，没有明确腐蚀问题，是因为其加工路线是常压蒸馏-催化裂化工艺路线，催化剂中毒的问题提前表现出来。另外，这两家公司只是掺炼部分塔河重质原油，腐蚀问题没有明显地暴露出来。沧州分公司是在塔河重质原油试验时出现了焦化管线腐蚀。

塔河炼化在停工期间对常压塔进行检查，1-5层塔盘腐蚀严重[11]，有些地方腐蚀穿孔，顶部塔盘腐蚀后厚度与纸片厚度相当(见图1)；塔顶结盐严重，顶部热偶插入深度都被结盐包裹，顶部温度显示偏差。40层以下塔盘情况较好。针对这种情况，将1~5层塔盘材质由0Cr13升级至316L，工艺方面适当提高塔顶温度，筛选效果更佳的缓蚀剂等措施来减缓塔顶及顶部塔盘的腐蚀。

图1 常压塔顶塔盘腐蚀图

焦化分馏塔中段发生器、蜡油蒸汽发生器管束材质均为316L，在氯离子的环境下，产生应力腐蚀，装置投入生产后，短期就出现应力腐蚀裂纹而失效，多次泄露。目前已将材质更换为碳钢材料，运行情况良好。

加氢精制装置反应流出物/低分油换热器(高压缩紧环换热器)，材质15CrMo。反应流出物温度范围140~222℃，正好是氯化铵盐结晶温度，铵盐结晶会堵塞管束，采取反应流出物注水防止铵盐结晶。反应流出物带水后高低压分离器分离效果不好，低分油带水，且水中含有一定的氯离子，对管束外侧有腐蚀。采取对低压分离器低分油抽出口进行抬高改造，减少低分油带水，低分油注入低温缓蚀剂等措施来减缓高压缩紧环换热器的腐蚀。

5 结语

塔河炼化公司选取了常(减)压-延迟焦化加工塔河重质原油路线是比较成功的，不仅生产出了合格的石油产品，并且经过长期摸索使得产品分布更加合理。经过对加工过程中的电脱盐不达标、污油脱水困难、装置腐蚀等问题的分析，采取了一系列的技术措施，目前基本稳定，可以使生产装置达到四年一修的目标。为塔河重质原油的加工积累了一定的经验。

参 考 文 献

[1] 钱伯章，李敏. 能源结构随能源需求增长而持续多样化——2018年世界能源统计年鉴解读[J]. 中国石油和化工经济分析，2018(8)：51-54.

[2] 袁晴棠. 中国劣质原油加工技术进展与展望[J]. 当代石油化工，2007(12)：1-6，49.

[3] 李春年. 渣油加工工艺[M]. 北京：中国石化出版社，2002：7.

[4] 王宏. 塔河劣质原油加工方案探讨[J]. 当代石油化工，2008(1)：36-43.

[5] 杨涛，方向晨，蒋立敬，葛海龙，刘建锟，贾丽. STRONG沸腾床渣油加氢工艺研究[J]. 石油学报(石油加工)，2010，26(S1)：33-36.

[6] 宋安太. 塔河重质原油的加工工艺[J]. 石油炼制与化工，2004，35(6)：39-42.

[7] 郭辉，王菊香，景晓锋，等. UOPC5/C6低温异构化技术及工业应用[J]. 炼油技术与工程，2018，48(10)：9.

[8] 封子文. 塔河重质原油加工方案的优化研究[J]. 石油炼制与化工，2012，42(5)：30-34.

[9] 李志国，侯凯锋，严錞等. 当前原油电脱盐存在的问题及对策[J]. 石油炼制与化工，2003，34(2)：30-34.

[10] 胡安定. 炼油化工设备腐蚀与案例(第二版)[M]. 北京：中国石化出版社，2014：73-78.

[11] 郭辉. 常压蒸馏装置塔顶系统腐蚀机理分析及措施[J]. 石油化工腐蚀与防护，2017：34(4)：62-64.

临氢/非临氢异构化技术工业应用及对比分析

王小军　郭　辉　朱英娣　张金河　文　敏

（中国石化塔河炼化有限责任公司）

摘　要　介绍了塔河炼化公司0.07Mt/a RIPP非临氢异构化装置和0.3Mt/a UOP临氢异构化装置的工业应用情况，从工艺原理、催化剂、工业应用情况对比，两种技术均具有辛烷值高，烯烃、芳烃含量低等特点，是一种生产清洁环保汽油调和组分的新工艺，同时对国内临氢异构化技术进展进行了简单介绍，并对国内外临氢异构化工艺参数比对，为装置结构单一炼厂在汽油升级过程中，如何选择工艺路线提供了思路。

关键词　非临氢异构化；临氢异构化；UOP；催化剂；清洁汽油

近年来，雾霾天气频现和环境污染严重的情况受到了社会各界的广泛关注，随着人们环保意识的增强，对清洁车用汽柴油等石油化工产品提出了更高的要求。2015年5月份国家发改委等七部委发布了关于印发《加快成品油质量升级工作方案》的通知，要求进一步加快清洁油品质量升级，汽油质量升级主要是降低成品汽油中硫、芳烃、烯烃、苯等污染物含量。异构化汽油作为一种环境友好型的汽油调和组分越来越受到人们的重视[1]，而且逐渐成为满足高辛烷值燃料需求日益增长的重要手段[2-3]。

1　异构化工艺简介

1.1　异构化工艺发展的必然性

目前炼油厂用于汽油调和的组分主要为催化汽油、重整汽油、MTBE、烷基化汽油、非临氢异构化汽油、临氢异构化汽油、轻石脑油、抽余油、二甲苯等[4]。

表1　汽油调和组分相关指标对比

项目	RON	硫/%(vol)	苯/%(vol)	芳烃/%(vol)	烯烃/%(vol)
催化汽油	93.9	94	0.61	21.8	27.8
重整汽油	102	1	1.0	76	1
MTBE	117	2	0	0	0
烷基化汽油	97	0	0	0	0
非临氢异构化汽油	80-84	3	1.1	18.8	2.6
临氢异构化汽油	80-93	0	0	0	0
轻石脑油	79	8	0.75	23	1.5
抽余油	60	0	0.3	0.4	8
二甲苯	108	0	0	98.5	0

从表1可知，MTBE、烷基化汽油、非临氢异构化汽油、临氢异构化汽油中辛烷值高，硫、芳烃、烯烃、苯含量低，是理想的汽油调和组分。由于MTBE对地下水环境会造成污染，应用受到限制；烷基化工艺则存在液体酸腐蚀设备、污染环境以及加工成本高等问题。因此，异构化技术成为满足高辛烷值燃料需求日益增长的必要手段。

1.2　国内外异构化工艺对比

国外，临氢异构化技术主要集中在美国、日本和欧洲，尤其美国UOP公司更具有代表性，于20世纪50年代烷烃异构化技术工业应用。目前，国外多家公司已拥有各自成熟的C_5/C_6异构化工艺技术，其中美国环球油品公司(UOP)开发的Penex异构化工艺和法国阿克森斯公司(Axens)的C_5/C_6 ISOM异构化工艺技术处于世界领先地位，并且在国外工业应用较广。工业业绩方面，截至2010年UOP的Penex工艺已授权专利业绩为235套[5]。

国内，中国石油化工科学研究院(RIPP)开发的FI-15型烷烃异构化催化剂，于21世纪初先后在广东湛江东兴石油化工有限公司、新疆泽普石化厂、金陵石化公司进行了工业生产，C_5/C_6异构化转化率分别为65.5 %和80.5 %，异构产物研究法辛烷值(RON)约80.2[6-9]。

我国C_5/C_6异构化工艺技术和异构化催化剂具有较大进展，但仍处于发展提升阶段。RIPP的RISO异构化工艺开发了中温型C_5/C_6烷烃异构化催化剂和工艺(简称RISO异构化工艺)[10]，RISO-A和RISO-B属于中温型分子筛催化剂，具有活性高、异构化选择性、稳定性及低压性能等优点。以馏程为36~71℃重整拔头油为原料，采用一次通过工艺的异构化汽油辛烷值超过80[11]，如图1所示。

金陵院和华东理工大学(简称华东理工)联合研发的CI-50催化剂，此催化剂为中温型钯催化剂，中国石化海南炼化的0.2Mt/a异构化装置采用一次通过流程工艺和此催化剂，异构化油产品辛烷值可提高13个单位[12]，如图2所示。

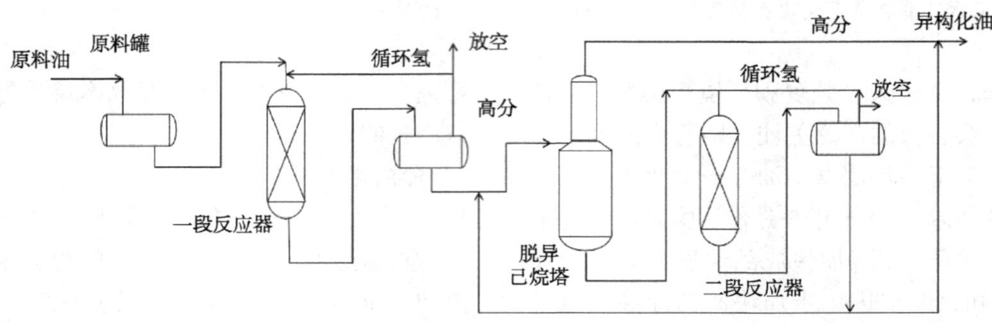

图1 RISO异构化工艺循环流程

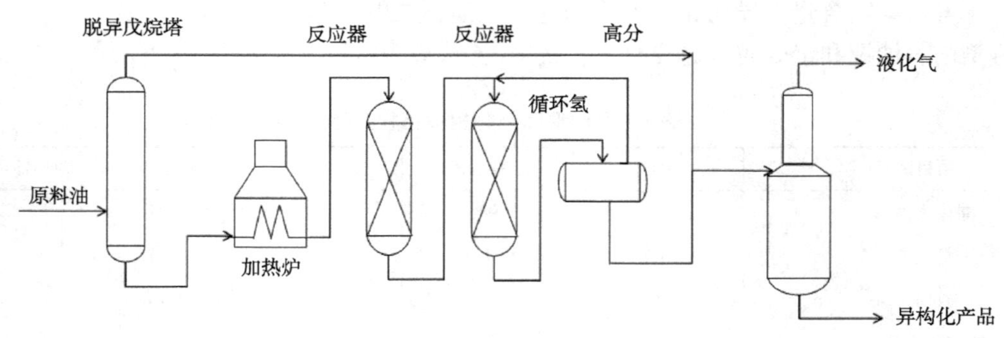

图2 SEI异构化工艺流程

国内外主要的C_5/C_6异构化工艺参数对比见表2[13]。

表2 国内外主要临氢异构化工艺参数对比

工艺参数	Penex	ISOM	RISO	金陵院和华东理工
反应条件				
催化剂	I-84/I-82	ATIS-2L	RISO	CL-50
反应温度/℃	125-144	120-165	260	260
反应压力/MPa	3.1	3.5	1.7	1.8
空速/h^{-1}	0.5	1.52	0.68	0.8
轻油摩尔比	0.05	0.06	2.6	4.3
工艺流程				
脱戊烷塔	可选	可选	可选	可选

续表

工艺参数	Penex	ISOM	RISO	金陵院和华东理工
循环流程	可选	可选	可选	可选
加热炉	不需要	不需要	不需要	不需要
循环氢	不需要	不需要	不需要	不需要
产品				
C_5异构化收率/%	88	80	62.8	64
C_6异构化收率/%	90	90	82.3	82
液相收率/%	约100	99.14	98.95	98.3
辛烷值(RON)	约90-93	约91.3	约82.6	约82.5

2 塔河炼化公司临氢/非临氢异构化工艺对比

塔河炼化公司加工塔河重质原油，油品单

一。由于原油密度高（0.950g/cm^3）、残碳高（15.7%）、盐含量高（500mgNaCl/L）、硫含量高（2.1%）、金属含量高（钒 180μg/g）、轻质油收率低等特点，主要加工工艺是常压-焦化、汽柴油混合加氢、连续重整装置、硫磺回收等装置及辅助设施，装置结构简单。为了完成国家不同时期的升级任务，分别于 2007 年将轻烃异构化装置改造为 0.07Mt/a 非临氢异构化装置，采用中国石油化工科学研究院（RIPP）加氢汽油非临氢异构化技术；2014 年新建 0.3Mt/a 临氢异构化装置，采用 UOP 临氢异构化技术。

2.1　工艺原理

RIPP 非临氢异构化技术是在非临氢条件下，以低辛烷值的加氢稳定汽油为原料，在 390℃温度下，通过 RGW-1 型专用分子筛催化剂，发生选择性裂解、异构化、齐聚、环化和脱氢芳构化等化学反应，生产辛烷值 82-84 的汽油组分。UOP 临氢异构化技术原理是在 150℃温度下，以连续重整装置拔头油（C_5/C_6组分）为原料，与氢气混合后，通过 I-82 型专用分子筛催化剂，发生选择性烷烃异构化、环烷烃开环异构、苯饱和、加氢裂化等化学反应，生产辛烷值 84-85.5 的汽油组分。RIPP 采用非临氢、高温条件，间断运行；UOP 采用临氢、低温条件，连续运行。

2.2　工艺流程

如图 3 所示，加氢稳定汽油原料送入缓冲罐，由原料泵输送至原料/反应产物换热器预热后进入加热炉，加热至 390℃进入第一反应器，反应产物再进入炉加热至 390℃，进入第二反应器，最终反应产物经换热、冷却后，进入低压分离罐进行气液分离，经压缩后的气体冷却后，气体及液体分别进入吸收解吸塔，低压分离罐的液相进入该塔顶部作吸收油，进行吸收解吸过程。塔底物料经换热后进入稳定塔，塔顶为液化气产品，塔底即为稳定后的非临氢气异构化汽油。

如图 4 所示，连续重整装置拔头油一次通过电脱水器、脱氮反应器、脱硫反应器，脱除原料中的水、氮、硫等杂质。系统氢气一次通过脱氯反应器、脱硫反应器、甲烷化反应器、甲烷化会冷器，脱除氢气中的氯、硫、甲烷、水等杂质。

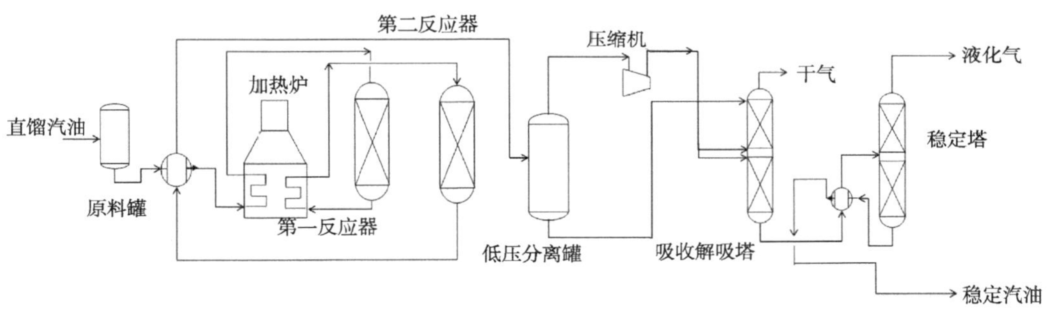

图 3　RIPP 非临氢异构化工艺流程

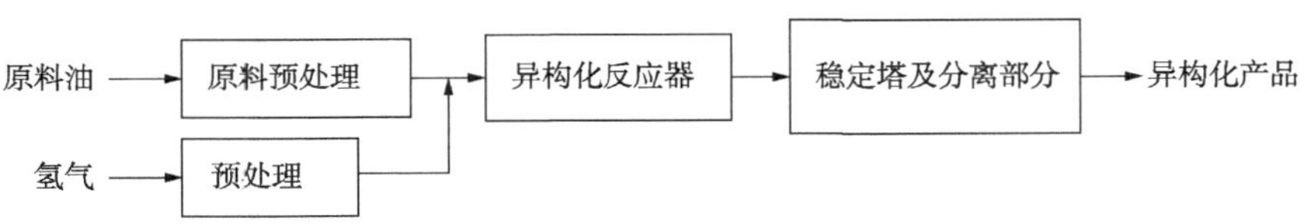

图 4　UOP 临氢异构化原料油和氢气预处理工艺流程

如图 5 所示，原料油与氢气混合后，通过换热至 135℃后进入异构化第一反应器进行异构化反应，反应流出物经过换热降至 133℃，再进入第二异构化反应器反应，反应流出物去稳定塔。稳定塔塔顶气体经过冷却进干气脱臭系统，液态烃进液态烃汽提塔，稳定塔底部液体进脱异己烷塔。脱异己烷塔顶部气体经冷却与塔底油品混合出装置，脱异己烷塔下抽出侧线返回至第一反应器进行再反应。

从图 3、图 4、图 5 可知，UOP 催化剂对原料油中水、硫、氮和氢气中的氯、硫、甲烷、水等杂质有非常苛刻的要求，反应过程还需要连续补氯，具有腐蚀性和污染环境等特点。从整个工艺复杂程度上看，RIPP 工艺流程比 UOP 简单，由反应、稳定和碱洗系统组成，投资和操作成本最省。RIPP 采用单程一次性通过式，UOP 采用循环流程，将 2-甲基戊烷、3-甲基戊烷、正己烷等正构烷烃等物料返回至异构化反应器进一步反应。

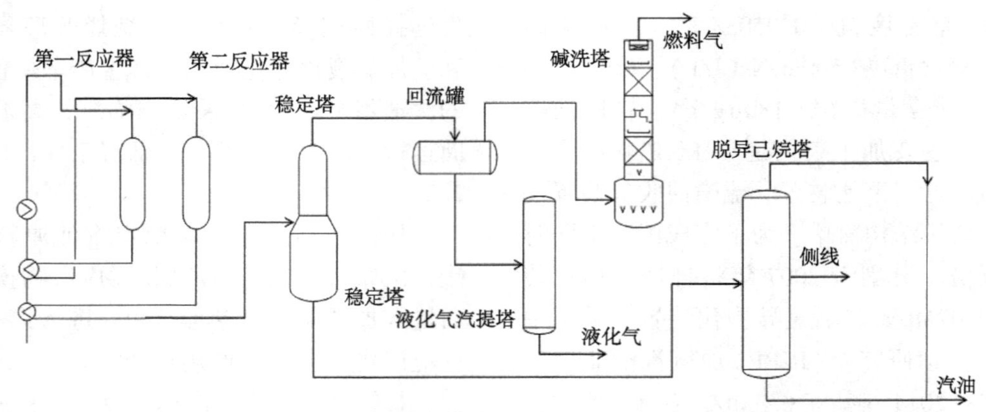

图5　UOP C_5/C_6 临氢异构化反应部分工艺流程

2.3　催化剂参数

从表3可知，RIPP催化剂采用常规氧化铝，UOP催化剂采用氯化氧化铝；RIPP催化剂可再生，耐杂质性强，UOP催化剂不可再生，抗杂质干扰性若；其他理化性质相当。但UOP催化剂(不可包括预处理催化剂)吨费用远高于RIPP催化剂一次性投资较大，投资回收期长。

表3　催化剂组成、理化性质和吨费用

项目	指标	
	RIPP	UOP
型号	RGW-1型	I-82
主要成分	分子筛　氧化铝	分子筛　氯化氧化铝
比表面/(m^2/g)	≥280	—
孔体积/($mL\cdot g^{-1}$)	≥0.28	—
外型	白色条状	三叶草
尺寸(直径×长度)/mm	φ2~3×5~8	—
压碎强度/N/cm	≥90	—
堆密度/(g/cm^3)	0.72±0.04	—
再生	可	不可
吨费用/万元	20	115

3　临氢/非临氢异构化工业应用及分析

3.1　原料性质对比

塔河炼化公司非临氢异构化装置以加氢稳定汽油为原料，临氢异构化装置以连续重整装置预加氢轻石脑油为原料，两种原料的性质对比见表4、表5、表6。

表4　RIPP技术原料及杂质要求

项　目	指　标
终馏点/℃	<180
碱性氮/(μg/g)	<2
硫含量/(μg/g)	<150
实际胶质/(mg/100mL)	<1.5
机械杂质	无
水溶性酸碱	无
水含量	无游离水

表5　UOP技术原料及杂质要求

项　目	指　标	项　目	指　标
烯烃含量/%(wt)	≤2	溶解氧含量/(μg/g)	≤0.5
C_{7+}含量/%(wt)	≤4.5	水含量/(μg/g)	≤10
C_4含量/%(wt)	≤4.5	氯含量/(μg/g)	≤0.5
硫含量/(μg/g)	≤0.5	铜含量/(μg/mg)	≤20
氮含量/(μg/g)	≤0.5	砷含量/(μg/mg)	≤1
氧化物含量/(μg/g)	≤0.5	溴价 gBr/100g	≤4.0

表6　加氢稳定汽油和连续重整拔头油性质

项　目	RIPP	UOP
密度	695.7	665.1
馏程/℃		
HK	37	36
10%	54	43
50%	97	57
90%	133	71
KK	160	78
RON	56	
碱性氮/(μg/g)	1.2	0.2
硫含量/(μg/g)	8	0.4
机械杂质	无	无
水溶性酸碱	无	无
水含量/(μg/g)	80	4

从表4、表5、表6进一步说明，UOP技术比RIPP对原料的要求更加苛刻。

3.2 产品对比

临氢/非临氢异构化工艺主要产品对比，见表7、表8。

表7 两种技术异构化汽油性质

项　目	RIPP	UOP
密度	712.2	659.0
RON	83.2	84.5
馏程/℃		
HK	37	35
10%	86	38
50%	133	45
90%	147	62
KK	218	82
博士试验	通过	通过
铜片腐蚀(50℃，3h)	1a	1a
蒸气压/kPa		95
苯含量/%(v)	1.1	0
烯烃/%(v)	2.6	0
芳烃/%(v)	18.8	0
硫/%(v)	2	0

从表7可知，RIPP目标产品RON比UOP低1.3个单位，硫、芳烃、烯烃、苯等污染物含量均略高。

表8 两种技术液化气性质

项　目	RIPP	UOP
密度(20℃)kg/m^3	528.4	562.9
组成/%(v)		
乙烷	1.8	0.08
丙烷	65.4	13.86
丙烯	3.8	0.24
丁烷	26.4	86.47
丁烯	0.5	0.1
蒸气压(37.8℃)/kPa	986	682.4
铜片腐蚀(50℃，3h)	1a	1a

从表8可知，RIPP液化气中丙烷含量高，UOP液化气中丁烷含量高，既可以作为民用液化气，也可以作为车用液化气资源。

3.3 工艺及技术参数对比

从表9、表10可知，UOP技术比RIPP反应温度低，目标产物收率高，但装置能耗高出约3倍，运行成本高。

表9 两种技术工艺参数及能耗情况

项　目	RIPP	UOP
一反入口温度/℃	391	145
一反出口温度/℃	374	160
二反入口温度/℃	390	130
二反出口温度/℃	387	138
一反入口压力/MPa	0.45	3.30
二反入口压力/MPa	0.39	3.20
空速/h^{-1}		1.35
汽油摩尔比		0.05
能耗/(kgEo/t)	22.9	59.2

表10 两种技术物料收率

项　目	RIPP	UOP
干气/%(m)	0.15	1.75
液化气/%(m)	34.77	2.70
异构化汽油/%(m)	65.08	95.55

4 结语

(1) RIPP非临氢异构化和UOP临氢异构化技术都可有效地提高烷烃的辛烷值，目标产品中烯烃和芳烃的含量较低，是优良的汽油调和组分。不仅可以解决C_5/C_6的产品出路问题，而且对于炼油厂的产业结构调整、生产流程优化、汽油质量升级都具有积极的重要作用。RIPP非临氢技术尤其对装置结构单一的中小型炼厂，在汽油升级过程中，具有明显的实用性和经济性。

(2) 临氢异构化技术循环气中卤素含量高，对装置有较明显的腐蚀性。该类催化剂对原料油及含氢气体中杂质的限制严格，原料和氢气需要进行预处理；工艺比较复杂，操作难度大，投资成本高。

(3) 国外临氢异构化工艺较为成熟，现主要选用低温型双功能催化剂一次投入成本较高。国内的C_5/C_6异构化工艺主要选用中温型双功能催化剂，催化剂成本较低，对原料的适用性好，不需复杂的前处理设备，简化了流程并减少了投资，新建装置投资回收期短，经济效益明显，但是在产品RON和异构化率与国外工艺相比仍有差距，还需要进一步提升。

参 考 文 献

[1] 柳云骐，田志坚，徐竹生等. 正构烷烃在双功能催化剂上异构化反应研究进展. 石油大学学报(自然科学版)，2002，26(1)：123-129.

[2] 李旭，王听，施力等. 正己烷异构化催化剂 Pd/SAOP-11 的研究. 石油与天然气化工，2003，32(4)：211-213.

[3] 李大东，蒋福康. 清洁然料生产技术的新进展. 中国工程科学，2003，5(3)：6-14.

[4] 宋冉. 国Ⅵ烷基化汽油产能分析与生产商选择策略[J]. 现代商贸工业，2008(9)：50-51.

[5] 赵旺华. C_5/C_6 异构化技术方案对比与应用分析[J]. 海峡学科，2012(9)：15-17.

[6] 容洁红，采用 RISO 异构化技术进一步提高车用汽油质量[J]. 催化重整通讯，2003，(3)：66-70.

[7] 温天红，郑晓军，张秋平等. RISO 异构化技术在新疆泽普石化厂的应用[J]. 石油炼制与化工，2007，(2)：30-33.

[8] 王瑞英，李斌，黄国雄等. C_5/C_6 烷烃全异构化中型试验[J]. 石油炼制与化工，1995，26(7)：22-27.

[9] 鄢德怀，李德飞. 烷烃临氢异构化技术及进展概述[J]. 当代化工，2007，36(5)：441-443.

[10] Schmidt R J，M eadows R，Rice L H. Isomerization with once throughhydrogen. US Pat Appl，US 4804803，1989.

[11] 赵志海，金欣，杨克勇. 轻烃异构化新工艺的开发与工业应用[J]. 炼油技术与工程，2007，37(8)：6-9.

[12] 朱月球. 0.1Mt/a 的 C_5/C_6 正构烷烃异构化工业装置的运行[J]. 炼油技术与工程，2004，34(8)：6-9.

[13] 王忠，杨洋，杨燕等. C_5/C_6 异构化工艺技术进展及应用调研[J]. 广东化工，2016，43(18)：119-121.

浅析硫磺装置新型催化剂及脱硫剂的实践与探索

贾红岩

（中国石化塔河炼化有限责任公司）

摘 要 新的石油炼制工业污染物排放标准中，对于新建及现有硫磺回收装置大气污染排放中 SO_2 浓度做出了更加严格的要求：2017 年 7 月 1 日后，一般地区不大于 400mg/Nm³，特殊地区不大于 100mg/Nm³。2016 年根据集团公司能环部下发通知要求，一般地区硫磺烟气 SO_2 排放浓度按 200mg/Nm³ 以下控制，塔河炼化结合现硫磺装置运行情况，采取更换克劳斯一转催化剂和采用高效的加氢尾气深度脱硫溶剂等措施。装置开工后标定表明，烟气中 SO_2 排放达到 100mg/Nm³ 以下，达到了特殊地区排放标准。

关键词 硫磺回收；有机硫水解催化剂；深度脱硫溶剂 SO_2；烟气

1 装置概况

中国石化塔河炼化Ⅰ期硫磺回收装置是塔河劣质稠油改扩建工程与各生产装置配套的环保装置，由洛阳石化工程公司总承包，2004 年 9 月 30 日建成中交，同年 11 月 19 日一次开车成功。装置设计规模为 $2×10^4$t/a，采用部分燃烧法+二级转化克劳斯制硫工艺，过程气采用来自酸性气燃烧炉的高温气进行掺合的加热方式，制硫反应器 R5501 和 R5502 装填催化剂为 CT6-4，尾气处理采用“SSR”还原-吸收工艺。2007 年 10 月对硫磺尾气吸收部分进行了改造，实现了 SO_2 达标排放，半贫液改送至干气脱硫塔进行二次吸收，降低了溶剂集中再生负荷及能耗。2012 年 6 月将加氢反应器 R5503 高温催化剂更换为低温催化剂 CT6 - 11，此种催化剂可将尾气中 S_X、SO_2、COS、CS_2 在有还原气 H_2 存在的前提下还原和水解为 H_2S，保证总硫回收率达到 99.8%以上，烟气中 SO_2 排放浓度降至 300mg/m³ 左右。2017 年 7 月 1 日执行新排放标准：硫磺回收装置烟气中的 SO_2 排放一般地区不大于 400mg/Nm³，特殊地区不大于 100mg/Nm³。2016 年集团公司能环部下发通知要求，中石化炼厂一般地区硫磺烟气 SO_2 排放浓度按 200mg/m³ 以下控制，因此，为满足烟气中 SO_2 的排放指标，在Ⅰ期硫磺装置第四周期大检修时对克劳斯一转催化剂和溶剂再生脱硫溶剂进行了更换，将一转的氧化铝基催化剂 CT6-4B 更换为 CT6 - 8 钛基有机硫水解催化剂[2]，再生脱硫溶剂更换为成都能特科技发展公司的 CT8-26 加氢尾气深度脱硫溶剂[2]，于 11 月 25 日引酸性气入炉开工。经过运行优化后，装置产品质量合格，烟气达标排放。12 月份对该装置进行了标定，目前为止运行工况良好。

2 工艺流程简介

自溶剂再生部分来的酸性气经酸性气分液罐，分液后进酸性气预热器，用蒸汽预热至 160℃后与自酸性水汽提部分来的酸性气混合，再与经空气预热器用蒸汽预热至 160 °的鼓风机风，进入酸性气燃烧炉，燃烧后高温过程气进入管壳式废热锅炉冷却，再进入一级冷凝冷却器冷却，经除雾后，液硫从一级冷凝冷却器底部经硫封罐进入硫池。过程气经一级掺合阀用炉内高温气流掺合后，进入一级反应器，在钛基有机硫水解催化剂作用下，COS、CS_2 发生水解反应，生成 H_2S，同时伴有部分硫化氢与二氧化硫的转化反应，生成硫磺。反应过程气经二级冷凝冷却器冷却并经除雾后，液硫从二级冷凝冷却器底部经硫封罐进入硫池。过程气经二级掺合阀，用炉内高温气流掺合进入二级反应器，在氧化铝基催化剂作用下，硫化氢与二氧化硫继续发生反应，生成硫磺。反应过程气经三级冷凝冷却器冷却再经除雾后，液硫从三级冷凝冷却器底部经硫封罐进入硫池。尾气再经捕集器（V-5504）进一步捕集硫雾后，进入尾气处理系统，尾气经气-气换热器（E-5507）与加氢反应后尾气换热至 180℃，再经电加热器（E-5508）加热至 230℃后与外补氢气混合后进入加氢反应器（R-5503）。在 CT6-11 低温催化剂的作用下，SO_2、COS、CS_2 及液硫、气态硫等均被转化为 H_2S。反应后尾气在急冷塔

(T-5501)用循环急冷水降温冷却至38℃，尾气离开急冷塔顶进入尾气吸收塔(T-5502)，用集中再生来的高效加氢尾气深度脱硫溶剂吸收尾气中的硫化氢，同时吸收少量二氧化碳。吸收塔底富液(半贫液)用富液泵(P-5502A/B)送至干气脱硫部分，作为半贫液进一步吸收干气中的H_2S，以减少溶剂处理负荷。从塔顶出来的净化尾气进入尾气焚烧炉(F-5502)焚烧，由燃料气流量控制炉膛温度；用焚烧炉鼓风机(C-5502A/B)供给焚烧所需要的空气，尾气中残留的硫化氢及其他硫化物完全转化为二氧化硫。焚烧后的尾气经尾气炉余热锅炉(E-5506)冷却至200~300℃后进80m高烟囱(S-5501)排放至大气，尾气处理流程如图1所示。

3　装置标定情况

为了考察Ⅰ期20kt/a硫磺回收装置一级转化器更换有机硫水解催化剂和溶剂再生引用高效的加氢尾气深度脱硫溶剂后的运行情况，装置于2016年12月15日10：00开始进行标定。

3.1　原料情况

装置标定期间酸性气流量平均在1320m^3/h，酸性气中硫化氢平均浓度为94.73%(v/v)，CO_2和氨含量、烃含量等符合设计要求，具体原料数据见表1。

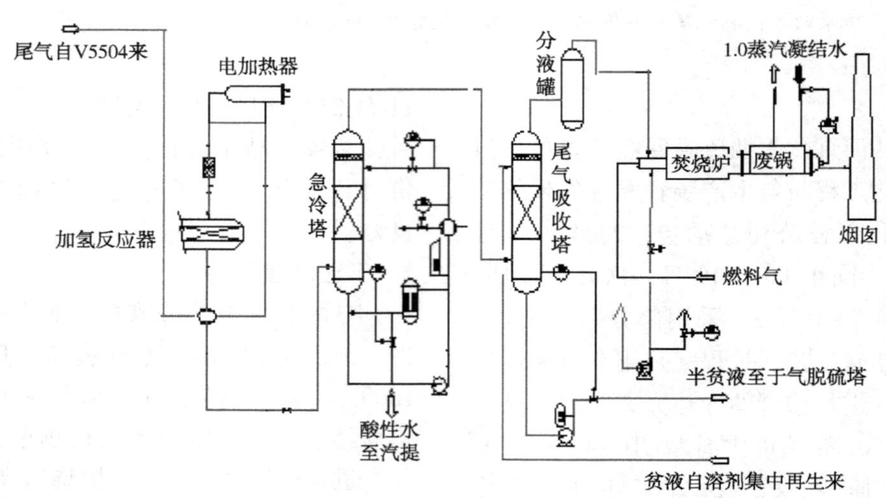

图1　硫磺回收尾气加氢工艺流程

表1　混合酸性气质量情况

项目	设计值	12月15日	12月16日	12月17日	标定期间平均值
H_2S V%	≮85	95.22	93.55	95.44	94.73
CO_2 V%		1.53	3.09	1.47	2.03
烃 V%	≯3.0	0.10	0.22	0.02	0.12
NH_3 V%		3.15	3.14	3.07	3.12

注：以上数据均为标定期间联系化验室按点采样分析数据，由于化验分析无法分析出原料气中的水含量，故分析数据中H_2S%存在一定误差。设计中混合酸性气水含量为8.50%。

3.2　催化剂技术指标

(1) Claus制硫催化剂(CT6-8、CT6-4B)技术指标

1#硫磺装置Claus单元的制硫催化剂是由成都能特科技发展有限公司提供的负载活性化合物的CT6-4B催化剂和CT6-8钛基催化剂[2]，一级克劳斯反应器装CT6-8钛基催化剂9.5t、二级克劳斯反应器装CT6-4B Al_2O_3基硫回收催化剂8t，技术指标如表2，表3所示：

表2　Claus催化剂(CT6-8)的物化指标

外观	灰白色条形
外形尺寸/mm	$\phi2\sim\phi4\times(5\sim15)$
堆积密度/(kg/L)	0.70~1.00
压碎强度/(N/粒)	≥150
磨耗率/%(ω)	≤2.0
比表面积/(m^2/g)	≥110
克劳斯转化率/%	≥70
CS_2水解转化率/%	≥85
化学组成	钛基金属化合物

表 3　Claus 催化剂(CT6-4B)的物化指标

外观	ϕ4～6mm
堆积密度/(kg/L)	0.75～0.85
压碎强度/(N/粒)	≥150
磨耗率%(ω)	≤0.6
比表面积/(m^2/g)	≥200
孔容积/(mL/g)	≥0.25
化学组成	γ、ηAl_2O_3负载金属化合物

(2) 尾气加氢催化剂(CT6-11)技术指标

尾气加氢单元装填的是 CT6-11 低温催化剂，总装填量 6.3t(CT6-11A：5t，上部；CT6-11B：1.3t，下部)。技术指标如表 4 所示。

表 4　加氢催化剂(CT6-11)的物化指标

项　目	技术指标	
	CT6-11A	CT6-11B
外观	蓝色条形	白色球形
外形尺寸/mm	ϕ3×5～10	ϕ4～6
压碎强度	≥130N/cm	≥150N/颗
堆积密度/(kg/m^3)	0.65～0.75	0.60～0.70
比表面积/(m^2/g)	≥240	≥260
尾气加氢/水解后除 H_2S 外总硫含量	≤200ppm	≤200ppm

(3) 加氢尾气深度脱硫溶剂(CT8-26)技术指标

此次Ⅰ期硫磺将溶剂再生脱硫剂(江苏创兴)全部更换为 CT8-26 加氢尾气深度脱硫溶剂[2]，一次装填总量为 65t。技术指标如表 5 所示。

表 5　加氢尾气深度脱硫溶剂(CT8-26)的物化指标

项　目	指　标
总胺质量分数/%	≥92.00
水质量分数/%	≤2.00
运动黏度(20℃)/(mm^2/s)	≤200
密度(20℃)/(g/cm^3)	1.02～1.06
凝点/℃	<-30
水溶性	与水互溶
脱硫性能(净化尾气中 H_2S 含量)/(mg/m^3)	≤50
外观	淡黄色或黄色液体

3.3　主要运行数据

从表 7 中的温升情况可以看出，在标定过程中，一转床上中下温升较小，基本无反应放热量，一转更换钛基水解催化剂后反差大，车间为提高一转温度，将 F5501 炉膛压力提高，一转反应器的入口高温掺合阀已接近全开。12 月 16 日一转床层温度升至 312℃左右，一转温升只有 55℃，床上与床下温升只有约 2℃，而检修换剂前一转温升为 83.5℃，床上与床下温升为 19.8℃。二转因更换的是同一种催化剂 CT6-4B，且在初期，温升较换剂前稍高，运行正常。一转温升过低，说明反应器内基本未发生 H_2S 与 SO_2 的转化反应，但从化验分析数据看(见表 8)，过程气中无 CS_2 含量，COS 水解反应效果较好，水解率达到 98%以上[2-3]。COS 和 CS_2 的形成主要和酸性气中的烃类、CO_2 含量有关，而硫磺酸性气中烃类、CO_2 含量很小，烃含量约在 0.11%左右，CO_2 含量在 1.5%左右，形成 COS 的量很少，一转入口过程气 COS 含量约在 0.06-0.17%，因此，一转催化剂全部用来进行有机硫水解，反应量小，床层温度偏低，需要加大炉膛的高温掺合气量提升反应器入口温度，但由于掺合高温气中含有较多的硫元素，导致反应器中的平衡转化率下降，大量的 H_2S 和 SO_2 进入二转发生转化反应，导致反应不完全，较多的 H_2S 和 SO_2 进入尾气加氢反应器，使加氢反应器负荷增大，尾气加氢及吸收效果受影响。

从 2016 年 8 月和 2016 年 12 月四川能特公司现场取样分析数据对比(表 8)，可看出两次分析数据中尾气加氢反应器出口 H_2S 基本相近(1.8%左右)，其中的 COS 含量较此次一转换剂后低，一转全部更换为钛基有机硫水解催化剂，效果不佳，床层提温较难，对开停工影响较大，反应器中的平衡转化率下降，催化剂成本高。

从表 8 换催化剂前后数据对比来看，一转换剂前，过程气中的 COS、CS_2 是在尾气加氢反应器内水解的，水解后 CS_2 无，COS 含量约在 0.00049%～0.0015%，而一转换剂后，过程气中的 COS、CS_2 在一转中水解，水解后无 CS_2 存在，COS 含量约在 0.0038%～0.0073%，加氢反应器出口尾气中 H_2S、CO_2 含量基本接近，最终降低烟气 SO_2 排放浓度是在尾气吸收塔吸收深度上。因此，为了提高反应器中的平衡转化率，应将一级反应器下部装少量的钛基有机硫水解催化剂，上部装硫回收催化剂 CT6-4B，以促进 COS 和 CS_2 的水解，同时提高反应器转化率。

表6　燃烧炉及废锅等换热器的运行参数

项　目	12月15日	12月16日	12月17日	平均值
入炉酸性气流量/(m^3/h)	1588	1474.9	1350.7	1471.2
入炉空气流量/(m^3/h)	3690	3480	3289	3486.3
炉膛前部温度/℃	1165.7	1143.3	1130.3	1146.4
炉膛后部温度/℃	993.8	968.9	955.5	972.7
炉膛压力/KPa	29.6	34.8	31.3	31.9
E5501出口温度/℃	285.7	281.7	279.6	282.3
E5501自产蒸汽流量/(t/h)	4.1	3.64	3.52	3.75
E5502AB自产蒸汽量/(t/h)	1.58	1.48	1.52	1.53
E5502C自产蒸汽量/(t/h)	1.0	0.9	0.88	0.93

注：以上数据均为标定期间当日的平均值。炉膛前后部热偶未完全伸入炉膛内，根据仪表现场人工检测，前部热偶测量温度较实际温度偏小约100℃，后部热偶测量温度较实际温度偏小约200℃左右。

表7　反应器运行参数

项　目	2016年12月15日 9:00	2016年12月16日 9:00	2016年12月17日 9:00	2016年7月4日 16:00
一转入口温度	229.3	273.2	259.7	212.7
一转床上温度	291.1	316.1	310	312.4
一转床层温度	292.9	317.6	312.5	322.9
一转床下温度	293.8	318.7	314.4	332.2
一转温升	64.5	45.5	54.7	83.5
二转入口温度	212	212.6	208.3	248.7
二转床上温度	214，7	234.9	229.1	230.1
二转床层温度	221.5	239.4	234.1	234.3
二转床下温度	223.2	239.9	234.9	236.7
二转温升	11.2	27.3	26.6	24.0

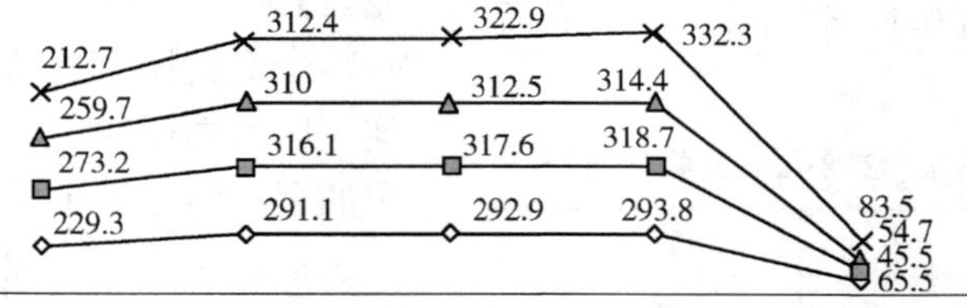

图2　一转换催化剂前后温升变化图

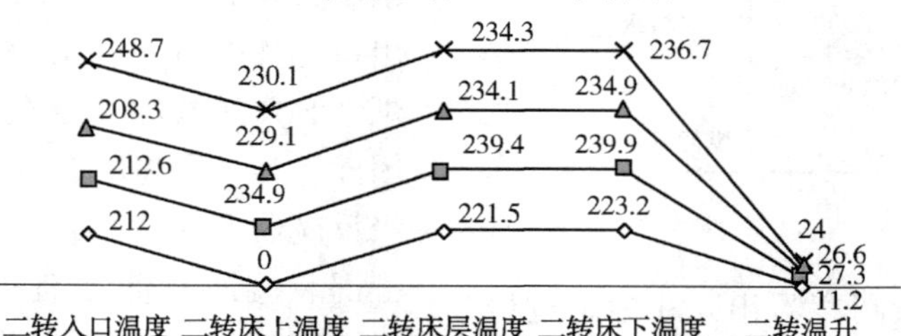

图3　二转换催化剂前后温升变化图

表 8　硫磺催化剂更换前后数据对比表

时间	取样部位	CO_2/%	H_2S/%	COS/%	CS_2/%	SO_2/%
2016. 8. 5	一反入	0. 92	6. 9	0. 12	—	4. 99
	二反入	1. 19	2. 93	0. 072	3. 04	1. 94
	加氢入	1. 92	1. 01	0. 041	3. 16	0. 73
	加氢出	1. 37	1. 81	0. 0005	—	2. 63ppm
2016. 8. 6	一反入	0. 91	6. 95	0. 112	—	4. 71
	二反入	1. 12	2. 3	0. 06	3. 38	1. 27
	加氢入	1. 46	1. 2	0. 05	3. 8	0. 17
	加氢出	1. 63	1. 9	0. 0015	—	—
2016. 12. 15	一反入	1. 26	6. 21	0. 0895	—	3. 07
	二反入	1. 32	2. 41	0. 0017	—	1. 2
	加氢入	1. 44	1. 05	—	—	0. 27
	加氢出	1. 57	1. 99	—	—	—
2016. 12. 16	一反入	1. 25	7. 15	0. 17	—	3. 56
	二反入	1. 50	2. 71	0. 0073	—	1. 73
	加氢入	1. 75	1. 16	—	—	0. 53
	加氢出	1. 81	1. 92	—	—	—

注：以上分析数据为四川能特公司化验分析组采样分析数据。

3. 4　物料平衡

物料平衡及产品收率(仪表计量)见表 9。

3. 5　装置能耗

装置标定能耗以三天的消耗量及加工量进行核算，消耗量分摊为三个单元，即气体脱硫(含再生)装置、硫磺回收装置和污水汽提装置。气体脱硫单元包括干气、液化气脱硫及溶剂再生。12 月 15 日-17 日，针对硫磺单元催化剂及溶剂再生尾气深度脱硫溶剂效果进行标定。具体标定能耗数据对比见表 10。

表 9　物料平衡及产品收率(仪表计量)

装置名称	类别	物料名称	设计加工量及收率		实际加工量及收率	
			加工量/(t/h)	收率/%	加工量/(t/h)	收率/%
气体脱硫	进料	干气	9. 45	—	7. 87	—
	出料	脱硫酸性气	1. 49	15. 77	1. 05	13. 35
		净化干气	7. 81	82. 65	6. 75	85. 75
		加工损失	0. 15	1. 59	0. 07	0. 90
		合计	9. 45	100	7. 87	100. 00
液态烃脱硫	进料	焦化液态烃	5. 4	—	3. 79	—
	出料	脱硫酸性气	0. 16	2. 96	0. 10	2. 58
		净化液化气	5. 16	95. 56	3. 66	96. 52
		加工损失	0. 08	1. 48	0. 03	0. 90
		合计	5. 4	100	3. 79	100. 00
含硫污水汽提	进料	含硫污水	30	—	34. 80	—
	出料	含氨酸性气	0. 7	2. 33	0. 69	1. 97
		净化水	29. 3	97. 67	34. 11	98. 03
		合计	30	100	34. 80	100. 00
硫磺回收	进料	混合酸性气	2. 35	—	1. 83	—
	出料	硫磺	2. 03	86. 29	1. 58	86. 13
		加工损失	0. 32	13. 71	0. 25	13. 87
		合计	2. 35	100	1. 83	100. 00

注：根据上表计算出标定期间干气脱硫处理负荷 83. 28%，液化气脱硫及脱硫醇处理负荷 70. 18%，污水汽提处理负荷 116%，硫磺回收处理负荷 77. 83%(以硫磺产量计算所得)。

表10　装置能耗核算表

名称	气体脱硫(含再生)装置			硫磺回收装置			污水汽提装置		
	物料消耗	物料单耗/(t/t)	能量单耗/(kgEo/t)	物料消耗	物料单耗/(t/t)	能量单耗/(kgEo/t)	物料消耗	物料单耗/(t/t)	能量单耗/(kgEo/t)
加工量/t	839.57			114			2505.87		
电/(kWh/t)	11850.0	14.11	3.25	19750.00	173.25	39.85	7900.00	3.15	0.73
1.0Mpa蒸汽	445.68	0.53	40.34	-300.87	-2.64	-200.58	253.09	0.101	7.68
除盐水	0.00	0.00	0.00	1.68	0.01	0.03	0.00	0.00	0.00
新鲜水	30.50	0.04	0.01	6.10	0.05	0.01	24.40	0.01	0.00
循环水	3467.32	4.13	0.41	2311.55	20.28	2.03	5778.86	2.31	0.23
燃料气	0.00	0.00	0.00	2.646	0.023	22.05	0.00	0.00	0.00
除氧水	0.00	0.00	0.00	0.000	0.00	0.00	0.00	0.00	0.00
小计	44.01			-136.61			8.63		

注：气体脱硫单元因干气、液化气处理负荷低，且因硫磺标定烟气SO_2排放浓度及加氢尾气深度脱硫溶剂，提高了溶剂再生塔加热蒸汽量，由检修前的6t/h提高到7.8-8t/h(减温减压后蒸汽流量计数据)，提高溶剂再生深度来增强对硫磺尾气中H_2S的吸收能力，促使硫磺烟气SO_2排放浓度达到100mg/m^{3}以下[3]。经测定烟气SO_2排放浓度达到了100mg/m^{3}以下，但溶剂再生装置蒸汽耗量明显增加，装置能耗上升较多。硫磺单元通过和以前对比实收硫磺产量并未增加反而减少(因一转、二转温升较小，说明反应量少，转化效果下降)，尾气中大量H_2S被贫溶剂吸收至再生塔再生，酸性气返回硫磺形成循环，硫磺能耗降低。汽提单元能耗低主要是因为三级硫冷器改造为一二级同壳，三级单独分开后自产0.30MPa夹套蒸汽富余量大，将富余夹套蒸汽用至汽提塔加热，降低了汽提能耗，且汽提处理量大，优化调整蒸汽量，有利于降低汽提装置能耗。

4　运行情况分析

4.1　装置负荷情况

标定期间干气脱硫处理负荷82.6%，液化气脱硫及脱硫醇处理负荷86.8%，污水汽提处理负荷96%，硫磺回收处理负荷65.5%(以硫磺产量计算所得)。12月15日至17日之间硫磺回收处理负荷达到设计负荷的72.4%(以硫磺产量计算所得)左右，干气脱硫处理负荷83.2%，液化气脱硫及脱硫醇处理负荷70.18%，在此期间除汽提单元外其他单元负荷都在85%以下，运行负荷偏低。硫磺单元因酸性气处理负荷低，通过1#、2#装置酸性气联通线改部分酸性气至1#硫磺，酸性气量处理量维持在1100~1350m^3/h。

此次开工后，因克劳斯一转催化剂全部更换为钛基有机硫水解催化剂后床层升温较难，掺一高掺阀已基本全开，床层温度在290~302℃，且温升在1~2℃，床层温升由换剂前的15℃左右降至2℃。为了维持克劳斯催化剂床层温度进行了优化调整操作，将酸性气炉炉膛操作压力提至30kPa左右，掺一高掺阀由全开降至75%左右，使高温掺合气量增大维持床层温度，但较换剂前高掺阀开度增大20%~30%，掺一高温参合后过程气温度提至270℃左右，较换剂前提高了30℃以上，高温参合气中硫蒸气等返混量增大，造成反应器转化率下降，对硫磺总转化率影响较大。

4.2　能耗分析

装置标定能耗以两天的消耗量及加工量进行核算，消耗量分摊至三个单元，即气体脱硫(含再生)装置、硫磺回收装置和污水汽提装置。气体脱硫(含再生)装置包括干气、液化气脱硫、液化气脱硫醇及溶剂再生，各单元消耗量根据设计中各消耗量占总消耗比例进行实耗分摊。标定期间干气脱硫处理负荷82%~83%，液化气脱硫及脱硫醇处理负荷70.2%，污水汽提装置处理负荷96%，硫磺回收处理负荷65%~72%。经核算气体脱硫(含再生)能耗较高，硫磺、汽提能耗相对较低，主要原因分析如下：

(1)气体脱硫(含再生)单元因干气、液化气加工负荷偏低，因干气、液化气处理负荷低，而溶剂再生又因硫磺标定烟气SO_2排放浓度及加氢尾气深度脱硫溶剂，提高了再生塔加热蒸汽，由检修前的5.8t/h提高到7.8t/h(减温减压后蒸汽流量计数据)，提高溶剂再生深度来增强对硫磺尾气中H_2S的吸收能力，促使硫磺烟气SO_2排放浓度达到100mg/m^{3}以下。经测定烟气SO_2排放浓度是达到了100mg/m^{3}以下，使溶剂再生塔重沸器1.0MPa蒸汽的消耗量增大，另一方面，由于克劳斯系统一转、二转温升较小，说明反应量少，尾气中大量H_2S被贫溶剂吸收至再生塔再生，形成循环，增加了装置能耗。因此，气体脱硫(含再生)装置能耗较前期上升约 10 千克标油/吨。

(2) 硫磺回收装置在此次开工后，运行负荷较低，通过1#、2#装置酸性气联通线改部分酸性气至 1#硫磺，酸性气量处理量维持在 1100~1350m^3/h。因克劳斯一转催化剂全部更换为钛基有机硫水解催化剂后床层升温较难，掺一高掺阀已基本全开，床层温度在 290~302℃，且温升在 1~2℃，床层温升由换剂前的15℃左右降至2℃。为了维持克劳斯催化剂床层温度，调整操作将酸性气炉炉膛操作压力提至 30kPa 左右，使高温掺合气量增大维持床层温度，高温参合气中硫蒸气量增大，对硫磺转化率影响较大。实收硫磺产量并未增加反而减少(因一转、二转温升较小，说明反应量少)，硫磺能耗稍有降低。因此，硫磺能耗较前期降低约 2~5 千克标油/吨。

(3) 污水汽提单元能耗低主要是因为标定期间加工负荷高，另外根据三级硫冷器自产 0.30MPa 夹套蒸汽富余量，优化硫磺及汽提蒸汽用量平衡，将富余夹套蒸汽用至汽提塔加热，降低了汽提能耗，能耗降低，汽提能耗较前期降低约 0.2 千克标油/吨。

4.3　产品质量分析

此次标定期间，装置运行负荷低，均能满足装置生产的需要。标定期间委托化验室对生产的硫磺进行了质量分析，从化验分析结果可以看出，液化气脱硫及硫磺装置在满负荷运行情况下，吸附后液化气总硫较低，硫磺产品的质量达到了 GB 2449.1—2014 标准所规定的优等品质量要求。

4.4　尾气烟囱 SO_2 排放分析

从标定期间进行化验现场烟气对比和烟气 SO_2 分析仪的数据可以看出，酸性气经过硫磺回收和尾气处理后，大部分的硫元素已经被转化成单质硫，只有微量的硫元素经过焚烧炉焚烧后以 SO_2 的形式排至大气。在 12 月 15 日至 17 日标定期间，为了提高溶剂再生深度，增强对硫磺尾气中 H_2S 的吸收能力，提高再生塔加热蒸汽量，由 6t/h 提高到 7.8~8t/h，使烟气 SO_2 排放浓度达到 100mg/m^3 以下。但从硫磺运行来看，克劳斯系统一转、二转温升较小，说明转化反应量少，现场排硫检查，尾气进尾气处理系统夹带液硫量较多，实际硫磺收率并未增加。尾气加氢处理后大量 H_2S 被深度再生后的贫溶剂吸收返回至再生塔再生，形成循环，净化后尾气中 H_2S 含量降至 10mg/m^3 左右，促使烟气 SO_2 排放浓度达到 100mg/m^3 以下要求。

表 11　不同再生蒸汽量下烟气中的 SO_2 含量数据

再生蒸汽用量/(t/h)	贫液 H_2S/(g/L)	净化尾气 H_2S/(mg/m^3)	烟气 SO_2/(mg/m^3)
6.5	0.86	154	255
7.0	0.51	97.8	149
7.5	0.32	50.9	94.4
7.85	0.15	9.2	37.2
8.05	0.1	6.8	34.3

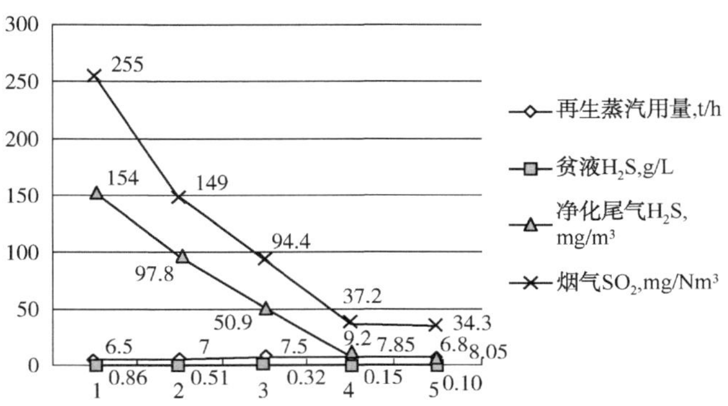

图 4　不同再生蒸汽量下烟气中的 SO_2 含量数据

5　存在问题

(1) 标定过程中，干气、液化气处理负荷为 80%，1#硫磺酸性气处理低负荷运行，处理负荷为 65%，酸性气燃烧炉温度偏低，增加了副反应生成的可能性。

(2) 1#硫磺开工后，酸性气燃烧炉前中后部热偶显示异常，前后部热偶由于插入的深度不够导致实际温度显示偏差较大，中部红外热偶显示偏差大，炉膛温度无法显示实际数据，低负荷生产时操作难度大，炉温偏低，氨不能完全分解。

(3) 标定及日常生产中化验分析显示 V5504 二氧化硫小于 0.02%，T5501、T5502 出口二氧化硫小于 0.02%，在不同工段样品分析结果相同，对生产操作没有指导意义。

(4) 硫磺烟气 SO_2 分析仪运行故障停用，无法准确判断尾气净化效果。

(5) 一转催化剂床层基本没有温升，高温掺合气量较大，直接影响反应器平衡转化率。

(6) 克劳斯尾气进尾气系统夹带液硫量较检

修前有所增加。

6 结论与建议

（1）标定期间，装置运行负荷较低，主要考核了再生溶剂更换为加氢尾气深度脱硫溶剂和硫磺催化剂更换后的效果，达到了装置标定性能考核的要求。

（2）本次再生溶剂更换为加氢尾气深度脱硫溶剂后，为满足硫磺烟气 SO_2 排放浓度达到 100mg/m^{3}以下要求，溶剂再生蒸汽由 6.5 吨/小时提高至 7.8~8 吨/每小时，提高了溶剂再生深度，溶剂再生（双脱）能耗增加约 10kgEO/t，但硫磺烟气监测 SO_2排放浓度平均在 58mg/m^3，在环保提标方面，适应新环保标准的要求，满足特殊区域烟气排放达标要求。

（3）在标定过程中，硫磺一转全部更换为钛基有机硫水解催化剂，效果不佳，床层提温较难，对停开工影响大，反应器中的平衡转化率降低。考虑到反应效果和该催化剂成本高，建议将一级反应器下部装少量的钛基有机硫水解催化剂，上部装硫回收催化剂 CT6-4B，以促进 COS 和 CS_2的水解，能够提高反应器转化率，降低开停工的影响。

（4）产品质量控制较好，硫磺各项指标均在优等品指标以上。

参 考 文 献

[1] 刘林. 克劳斯催化剂活性影响因素的分析. 炼油技术与工程，2016，46(11)：49-52.

[2] 李菁菁，闫振乾. 硫磺回收技术与工程[M]. 北京：石油工业出版社，2010：168-178.

塔河炼化混炼顺北原油技术分析与展望

李取武

（中国石化塔河炼化有限责任公司）

摘　要　2004年塔河炼化公司依托总部稠油技术改造，建成了年加工100万吨塔河重油1#常压装置，随着塔河原油性质的劣质化加剧，装置运行苛刻度上升，装置的实际运行参数与2004年设计参数异化越来越大。2016年8月，西北油田分公司在新疆阿克苏地区沙雅北区块探明大型轻质油气田，预计储量超过1×10^8t/a，在塔河炼化现有的装置试验加工顺北轻质原油，可以为塔河炼化今后发展及轻质原油综合利用提供数据支撑。

关键词　劣质化；轻质原油；综合利用

1　塔河炼化1#常压装置简介

1#常压装置规模为150万吨/年，主要由原油泵、电脱盐、闪蒸罐、常压分馏、常顶回流等部分组成，装置建设主要应对塔河重质原油产量不断增加的现状，依据塔河重质稠油的性质特点而设计，设计年开车时间为8000h。原油经过换热进电脱盐进行脱盐脱水后进入闪蒸罐闪蒸，闪蒸油气进焦化单元，闪底油进常压塔进行深度精馏，切割出常顶油、常一线、常二线、常压渣油及少量常顶油气。由于塔河重油盐含量及硫含量较高，为减缓塔顶结盐及腐蚀，常压塔顶设置了注水、注氨、注碱线。装置目前运行已14年，运行状态目前良好，可以满足塔河重质稠油的分离要求。

2　顺北油田简介

2015年2月，顺北1-1H井开钻，8月23日钻至7613.05m时显示主断裂带裂缝较发育，且裂缝带宽度较大，油气显示活跃。后开井测试，初期日产气23100方，日产油125方。2016年8月29日，中国石化在塔里木盆地顺北油田勘探取得重大突破，油气储量预测达到17亿吨，其中石油12亿吨、天然气5000亿方。

“断溶体”油藏理论是西北油田自2012年起，经过五年的探索实践、科研攻关，基于断裂、岩溶作用和断控岩溶的油藏特征研究，首次提出的油气圈闭新理论。在该理论的指导下，顺北油气田评价出12条主干断裂带，并在2条主断裂带、1条分支断裂带上实现了勘探突破。截至2017年底，14口开发井实现了稳定生产，累计生产原油27.6万吨，天然气1.98亿方。在塔河油田老区重新评价出8条断裂带，新部署井248口，贡献原油570余万吨。

3　顺北轻质原油混掺塔河重油基础数据模拟

3.1　顺北原油性质

塔河顺北轻质原油性质分析结果见表1。该原油20℃密度较轻，为0.7909g/cm³；蜡含量，为4.5%，相应的凝点较低，为-42℃；残炭值、胶质含量、沥青质含量均较低。该原油酸值较低，为0.08mgKOH/g，属于低酸原油；硫含量低，为0.08%，属于低硫原油；金属镍、钒含量均较低。按照原油的硫含量和关键组分分类，该原油属低硫石蜡基原油。

表1　顺北原油性质

分析项目	数值	
	顺北原油	塔河重油
API°	46.5	17.0
密度(20℃)/(g/cm³)	0.7909	0.9494
运动黏度(20℃)/(mm²/s)	4.316	—
运动黏度(40℃)/(mm²/s)	2.921	—
运动黏度(50℃)/(mm²/s)	—	1425
运动黏度(80℃)/(mm²/s)	—	154.4
硫质量分数/%	0.08	2.2
氮质量分数/%	0.02	0.41
碳质量分数/%	85.68	85.64
氢质量分数/%	14.09	11.68
闪点(开口)/℃	小于25	44
倾点/℃	-36	-3
凝点/℃	-42	-6
灰分质量分数/%	小于0.002	0.11
酸值/(mgKOH/g)	0.08	0.24
残碳质量分数/%	0.2	15.9

续表

分析项目	数值	
	顺北原油	塔河重油
蜡质量分数/%	4.5	2.0
胶质质量分数/%	0.4	10.9
沥青质质量分数/%	小于0.1	14.1
金属含量分析		
铁含量/(μg/g)	小于0.1	39.1
镍含量/(μg/g)	小于0.1	33.0
钒含量/(μg/g)	小于0.1	203.0
钙含量/(μg/g)	小于0.1	63.1
钠含量/(μg/g)	0.3	300.0
特性因数	12.3	11.7
第一关键组分(250~275℃) API°	42.2	34.9
第二关键组分(395~425) API°	32.9	20.5

与塔河重油比较，顺北原油具有密度、黏度低，硫、氮、金属含量少，具有较低的凝点和倾点，蜡含量相对较高，从上述特点可以看出，该原油在常压塔中各轻组分侧线收率较高，常渣收率降低，可提高常压部分轻质油收率。但是原油中蜡含量较高，达到了塔河重油的2倍，蜡含量的升高对原油的流变性质有一定影响[2]。

3.2　顺北原油与塔河重油混合性质研究

3.2.1　混合原油相容性分析

因顺北原油与塔河重油密度差较大，两种油品的混合效果对顺北原油加工影响较大，混合效果好利于装置运行，混合效果较差有可能导致常压塔运行大幅波动，影响各侧线产品质量及装置平稳运行。因此，塔河炼化公司委托石科院进行了顺北原油与塔河重油的相容性研究。

试验过程如下：将顺北原油按照质量比加入到塔河重油中，在具塞三角瓶中配置总量约100g混合原油，采用玻璃棒充分搅匀，加入磁子搅拌下持续1h，将样品密封后置于50℃恒温烘箱内，静置3h，使样品充分分散。取一滴样品于载玻片中央，盖上盖玻片，用400倍光学显微镜观察，并用图像采集系统采集照片。

试验结果：图1(a)~(e)分别是顺北原油加入5%至30%时，显微镜照片中只有部分黑色颗粒物质，这可能石油原油中的机械杂质，整体而言混合原油是相容的。

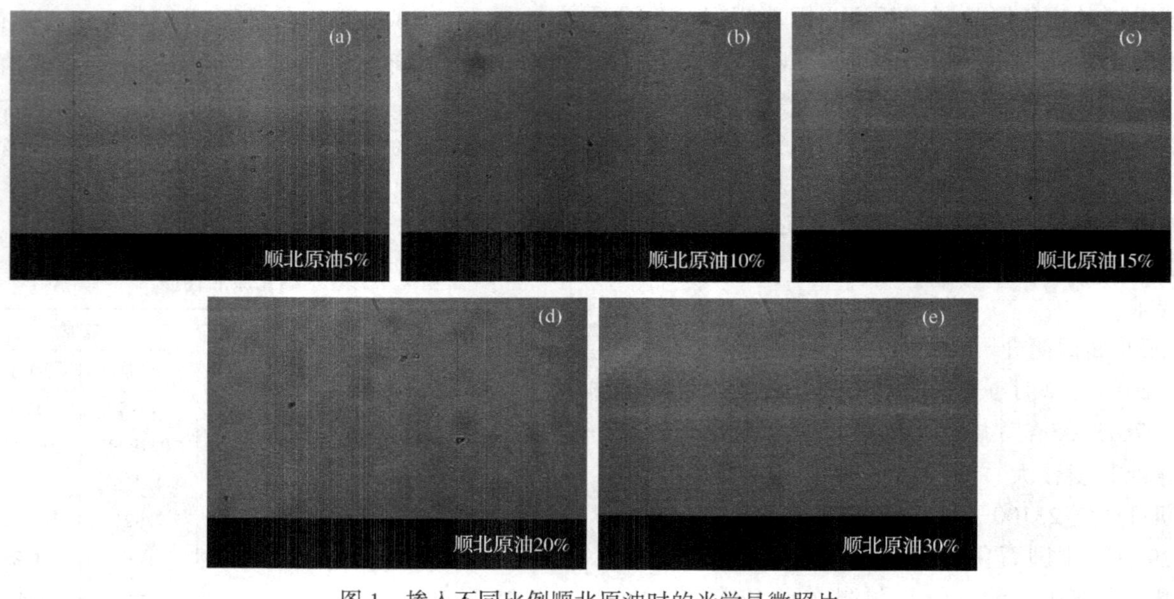

图1　掺入不同比例顺北原油时的光学显微照片

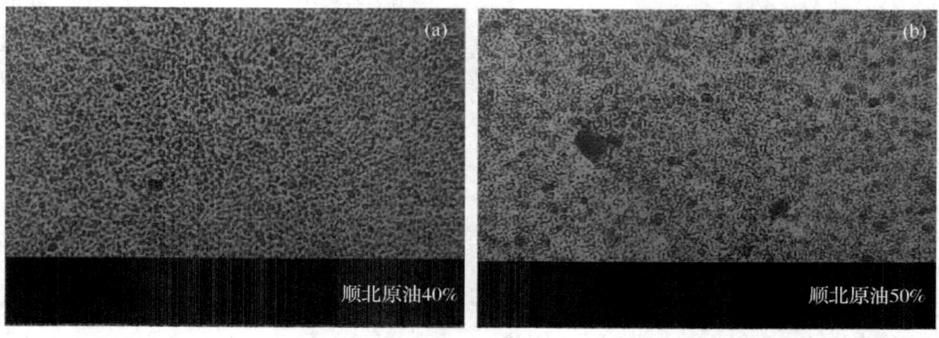

图2　掺入40%、50%顺北原油时的光学显微照片

但是，将混掺比例提高至40%和50%时，显微镜照片中有大量的第二相出现，可以判定，当顺北原油混掺比例达到40%及以上时，两种原油不相容。

3.2.2 混合原油性质变化

塔河重油掺入顺北原油后，原油质量得到改善，塔河重油的密度、硫含量大幅降低，5%馏出温度，10%馏出温、50%馏出温度降低，证明掺入顺北原油后常顶油、柴油占比提升，350℃、500℃馏出量变化不大，说明混掺油中渣油部分含量基本未受掺炼顺北油影响(表2)。

表2 不同混掺比例原油性质变化

项目	分析结果		
掺炼比例	5%	8%	10%
水分/%	1.5	0.5	0.3
密度(20℃)/(kg/m³)	941.7	938.4	930.7
馏程			
初馏	36	36	36
5%馏程	60	51.4	50.5
10%馏程	160.6	156.2	151.2
50%馏程	497	484.2	482.4
350℃馏出量/%(体积分数)	27.4	28.6	28.1
500℃馏出量/%(体积分数)	50.5	52.5	51.8
酸值/(mgKOH/g)	0.26	0.2	0.24
硫含量/%(质量分数)	1.95	1.89	1.82

3.2.3 混合原油加工沥青三项变化分析

随着沥青质含量的升高，公司所生产的沥青产品性质逐年衰减，对沥青产品的稳定性及生产高等级沥青影响较大。顺北原油沥青质含量较低，通过混掺顺北原油，有望改善塔河重质原油生产沥青的困局，下面针对掺入不同比例的顺北原油后对沥青三项影响进行分析，从而找到优化沥青生产的方向。

将顺北原油和塔河重质原油按照质量比5∶95、10∶90、15∶85进行混掺，折算成顺北原油蒸馏渣油和塔河重质原油蒸馏渣油的混兑比例。按照混兑比例，将两者的渣油(大于410℃、大于450℃)进行混兑，分析各自的沥青三项：针入度、软化点、延度(25℃)。由此考察两段馏程下不同原油掺炼比例的渣油沥青三项的变化趋势。以下数据为混合原油直馏渣油(大于410℃)的沥青三项(表3)。

表3 混合原油直馏渣油(大于410℃)的沥青三项

项　目	混比1	混比2	混比3	混比4
顺北原油掺炼质量比	0	5	10	15
软化点(环球法)/℃	69.4	69.1	67.5	66.5
针入度(25℃)/(1/10mm)	36	38	43	45
延度(25℃，5cm/min)/cm	7	7	7	7

通过上表数据可以看出，直馏渣油(大于410℃)随着顺北原油的混掺比例增加，软化点逐渐降低，而针入度逐渐升高。但是两者变化幅度较小。此三个比例下顺北原油的加入对延度没有影响。以下数据为混合原油直馏渣油(大于450℃)的沥青三项。

表4 混合原油直馏渣油(大于450℃)的沥青三项

项目	混比1	混比2	混比3	混比4
顺北原油掺炼质量比	0	5	10	15
软化点(环球法)/℃	89.5	88.8	88	87.1
针入度(25℃)/(1/10mm)	14	15.6	16.4	17.3
延度(25℃，5cm/min)/cm	4	4	4	4

上述数据表明(表4)，随着顺北原油的混掺比例增加，软化点逐渐降低，而针入度逐渐升高。但是两者变化幅度较小。此三个比例下顺北原油的加入对延度没有影响。

以上两组不同馏分下的沥青三项数据变化可以看出：第一，掺炼15%以下顺北原油与对塔河重油生产的渣油延度无影响，可以判定通过掺炼顺北原油提高塔河沥青的延度无法实现；第二，掺炼顺北原油可以有效地在一定馏程范围内提高沥青针入度，同时具有降低软化点的效果，使塔河沥青的软化点与针入度更加匹配，对生产高等级沥青原料有一定改善作用。通过对顺北原油组分分析可知，顺北原油沥青质、胶质含量均较低，掺炼后可以降低塔河重油中沥青质含量，同时也对胶质有一定稀释作用，沥青质含量的降低反应出来针入度的升高，软化点降低与上述研究完全吻合，本研究未能体现胶质含量降低后的影响，但是理论上胶质有分散沥青质的作用，含量降低以后会出现沥青质絮凝，对沥青抗老化性能有负面影响[3]。

3.3 理论测算混合不同比例顺北轻质原油对1#常压收率影响

按照顺北原油评价中组分切割数据，PIMS中模拟5%，8%，10%掺入顺北原油后各组分收率变化情况见表5。

表5 PIMS测算各侧线收率

组分	0	5%	8%	10%
	收率/%	收率/%	收率/%	收率/%
干气	0.1	0.3	0.39	0.49
常顶油	2.73	3.94	4.50	5.15
常一线	7.25	7.51	7.63	7.77
常二线	14.62	15.46	15.86	16.31
常渣	75.27	72.26	71.60	70.25

上述收率表明，混掺5%、10%顺北原油，常压塔各侧线收率变化趋势基本一致，除常压渣油外，干气、常顶油、常一线、常二线收率均有所上升。按照混掺10%测算：干气收率增加390%，常顶油收率增加88%，常一线收率增加7.1%，常二线收率增加11.55%，常渣收率减少6%。原油评价中馏分切割数据如表6所示。

30~170℃馏分收率30.9%；170~240℃馏分收率17.86%；240~360℃馏分收率24.95%，三段馏分收率与混掺后常压塔侧线收率变化趋势一致，也反映出顺北原油煤油(常一线)收率较低，常顶油收率较高，从组分上看，该原油走化工路线较炼油工艺路线有一定优势[4]。

表6 顺北原油馏分切割

十分度/℃ 百分度/℃	0	10	20	30	40	50	60	70	80	90
0				1.71	2.89	4.00	5.15	6.44	7.98	9.85
100	12.00	14.33	16.78	19.32	22.05	25.04	28.08	30.90	33.50	36.11
200	38.65	41.04	43.42	46.02	48.76	50.98	53.47	56.19	58.80	61.02
300	63.55	65.96	68.17	69.96	71.38	72.58	73.71	74.91	76.35	78.17
400	80.51	82.84	84.31	85.44	86.84	88.24	89.30	90.29	91.50	92.72
500	93.63	94.05	94.38	95.02	95.78					

4 1#常压装置混炼顺北轻质原油运行参数及产品结构分析

掺炼顺北原油后的塔河重油性质发生了变化，原油密度降低轻质油含量增加，对常压塔运行影响较大，以下部分重点对混掺原油进入常压塔后，塔的运行参数，各侧线收率变化进行深入分析，为综合利用顺北原油提供数据支撑。

4.1 常压塔运行参数对比

常压塔运行参数的变化可以直接反映出装置掺炼运行状态，因此本节重点对常压的压力，温度变化情况进行分析，以下参数按照常压塔负荷4000t/d(负荷率94.11%)进行对比(表7)。

表7 不同混掺比例各操作参数变化

混掺比例	0	5%	8%	10%
常顶温度/℃	102.36	102.35	103.81	102.88
常顶压力/MPa	0.07	0.07	0.07	0.07
常顶反塔回流量/(t/h)	15.86	15.91	15.97	16.14
常一线抽出温度/℃	176.56	181.47	186.15	178.70
常一中回流量/(t/h)	97.38	97.31	96.78	107.70
常一中抽出温度/℃	181.80	181.60	184.25	181.70
常二线抽出温度/℃	266.70	267.12	267.14	264.75

续表

混掺比例	0	5%	8%	10%
塔底注汽量/(t/h)	0.91	0.89	0.89	0.81
常顶抽出量/(m^3/h)	2.82	3.31	4.15	3.64
常一线抽出量/(m^3/h)	21.62	24.27	27.20	26.94
常二线抽出量/(t/h)	28.64	29.01	28.81	32.61
常渣量/(t/h)	82.54	79.68	77.62	77.75

常顶温度、压力变化不大，可见常压塔均在可控范围之内，常顶返塔流量变化不大，可见混掺油在塔顶分馏效果较差，可能与装置运行末期，上部塔盘有损坏，或塔盘间距较大精馏效果较差有关[5]。

各侧线抽出量均有上升，其中常一线抽出量增加较多，常渣量减少，由于掺炼8%时，出现常一线出装置温度超过工艺指标，在进行10%掺炼试验时，将常压塔注汽量减少，将轻组分油品压至常二线中，缓解常一线增量造成的操作波动，由此也可以看出在目前装置状态下，掺炼比例不适合大于8%。

4.2 常压塔产品结构变化

通过物料平衡数据对常压塔各侧线产品产量

变化进行综合分析，计算出顺北原油各组分收率情况，参照原油评价数据，对公司现有常压塔加工顺北原油效果总体评价。具体见表8。

表8 不同混掺比例各侧线收率变化

混掺比例	0%	5%		8%		10%	
组分		预测	实际	预测	实际	预测	实际
	收率/%	收率/%		收率/%		收率/%	
干气	0.1	0.3	0.13	0.39	0.13	0.49	0.13
常顶油	2.73	3.94	1.43	4.5	1.77	5.15	1.59
常一线	7.25	7.51	9.04	7.63	9.63	7.77	9.40
常二线	14.62	15.46	16.07	15.86	15.59	16.31	16.23
常渣	75.27	72.26	73.33	71.60	72.87	70.25	72.65

由于PIMS预测参照顺北原油评价数据进行测算因此与实际收率差别较大，另外常顶油与常一线分割模糊，随着掺炼比例的上升，分馏精度逐渐变差，另外，当掺炼比例达到8%时，常一线冷却负荷不足，出装置温度无法满足工艺指标要求。

从上述收率反推，顺北原油在1#常压塔中各组分收率见表9。

表9 顺北原油收率

馏分	收率/%
干气	0.10
常顶油	8.59
常一线	35.41
常二线	13.71
常压渣油	42.55

可见顺北原油在现有常压塔中的分离效果较差，13%轻质油组分未得到有效的分离，因此该常压塔加工顺北原油，轻质油产率不足，经济性相对较差。

5 塔河炼化工艺路线发展展望

顺北原油API°46.5，硫含量质量分数为0.08%，酸值为0.08mgKOH/g，第一关键组分(250~275℃)API°42.2，第二关键组分(395~425)API，32.9，为轻质低硫低酸石蜡基原油，该原油金属含量较低，尤其是镍和钒含量小于0.1μg/g，大于350℃常压渣油馏分质量收率27.42%，大于540℃减压渣油馏分质量收率4.22%，残碳质量分数仅为0.9%，氢质量分数为13.49%，由此可以看出，顺北原油不论从原油属性或是加工性能都是优质的加氢裂化原料，也是优质的裂解原料。

针对顺北原油上述特性，加工方案可以有不同选择。可针对不同的产品需求，选择增上加氢裂化与催化裂化装置，并根据目的产品的不同增建目的产品加工装置，这些装置的增加要全面考虑资源规模，产品市场，水电辅助条件的匹配度，并结合目前装置运行特点，降低低附加值产品产量，提高市场需求量大，产品价值较高的精细化工产品及炼油产品[6]。新建装置的增加既能转化高附加值产品又能兼顾去除过剩产能，缓解汽柴油市场过剩的现状，并为公司向化工路线转型提供依据，可将公司整体效益最大化。

6 结论

塔河油田顺北轻质原油产量逐年递增，就目前探明储量来看，未来几年顺北轻质原油产量将会持续增加，五年内有望达到160万吨/年。顺北轻质原油与塔河重油性质差别较大，两种原油混合超过40%时，混合原油出现分层，大量混掺存在问题。

塔河炼化公司现有常压装置加工顺北轻质原油，分离效率较低，顺北油混掺后，现有装置轻质油收率得到提升，但是常压塔顶负荷大幅上升，掺炼比例达到10%，加工负荷4000t/d，常压塔顶负荷达到100%，因此，现有条件下，混掺比例超10%后，继续增加轻质油的掺炼量受设备设计条件限制，不具备条件。

顺北原油密度较小，沥青质含量较低，在塔河重油中混掺后，可以降低塔河重油沥青质含量，但是同时也稀释了渣油中胶质含量，因此，对塔河沥青质量改善效果有限。

顺北原油具有密度小，硫含量、酸值低轻油

馏分占比高的特点，是优质的加氢裂化、催化裂解装置原料，化工轻油产品转化率高，符合塔河炼化公司转型需求，但是需要针对顺北轻质原油新建常压蒸馏装置，确保顺北轻质油拔出率。

参 考 文 献

[1] 高晓歌，吴鲜，洪才均. 北油田1号断裂带奥陶系原油地球化学特征. 石油地质与工程，2018，06(009)：42~49.

[2] 李鸿英，张劲军. 蜡对原油流变性的影响[J]. 油气储运，2002，21(11)：6-12.

[3] 戴咏川，戴承远. 石油沥青的软化点和化学族组成之间的关联关系探讨. 石油沥青，2003，18(2)：8~9.

[4] 周超. 重油加工路线的选择及经济性分析[J]. 炼油与化工，2013(1)：45-47.

[5] 薄德臣. 高效抗堵塔盘开发及工业应用研究[J]. 现代化工，2019，39(1)：192-195.

[6] 李明久. 炼化一体化企业合理优化结构提升企业效益的措施[J]. 乙烯工业，2018，30(4)：7-15.

塔河炼化氢气系统优化和资源综合利用

吴德鹏

（中国石化塔河炼化有限责任公司）

摘　要　随着汽柴油产品质量的升级，加氢处理深度不断增加，以塔河劣质原油为原料加工成清洁的汽柴油产品，氢气耗量大幅上升，氢气在全厂的加工成本占比逐渐增加。如何提高氢气资源优化利用率，对塔河炼化降低生产经营成本、提高企业效益具有重大意义。通过对塔河炼化公司供氢装置和耗氢装置的问题分析，提出优化氢气管网流程和综合利用氢气资源的措施，回收排放废氢，降低公司氢气成本，提高塔河炼化公司经济效益。

关键词　氢气；系统优化；综合利用

1　前言

塔河炼化公司主要加工新疆塔河劣质稠油，加工规模 500×10^4 t/a，由 150×10^4 t/a 和 350×10^4 t/a两套原油常压-焦化联合装置及配套的汽柴油加氢精制、制氢、临氢异构化、连续重整等12套生产装置构成。主要生产国-Ⅵ汽油柴油、3#喷气燃料等产品。随着塔河重质原油质量日趋劣质化，原油中硫、氮等杂物不断升高。为满足汽柴油产品质量升级需求，塔河炼化加氢处理深度不断增加，对氢气需求量和品质要求也不断提高[1-2]。合理优化氢源与用氢匹配、高效利用现有氢气资源，已成为炼化企业“降本增效”的重要措施之一。

2　氢气现状及分析

2.1　流程现状

为配合上游油田发展和国家汽油、柴油产品质量升级，塔河炼化公司分三次对生产装置进行了扩建改造。2010 年增上 350×10^4 t/a 原油常压-焦化联合装置及配套的加氢、制氢装置；2014 和 2016 年公司分别对两套汽柴油加氢装置进行了国-Ⅴ、国-Ⅵ加工量、质量升级改造。改造后两套汽柴油加氢精制装置都配置三台新氢往复式增压机，在较高负荷生产期间存在增压机两开一备运行，造成两台增压机运行效率低、能耗增加；临氢异构化装置为 UOP Penex 氢气一次性通过工艺，所产干气氢气含量高，但现有流程只作为全厂燃料气补充，造成氢源浪费；两套制氢装置 PSA 提纯系统，由于阀门内漏造成作为转化炉的解析气中氢气含量高，氢源浪费；另外，连续重整装置再生系统和二甲苯单元对氢气质量要求更为苛刻，为全厂氢气管网合理布局带来难度。

2.2　氢源现状

塔河炼化公司产氢装置主要包括一套 8000Nm³/h 天然气制氢装置（由于 PSA 阀门泄漏，实际产氢量在 7000Nm³/h 左右）、一套 20000Nm³/h 天然气制氢装置、一套 60×10^4/a 连续重整装置。两套制氢装置均采用 PSA 净化提纯，氢气纯度可以达到 99.9%，外供压力 2.4MPa。连续重整装置产氢纯度 92%，受当地市场需求量影响，装置负荷不高及受汽油质量芳烃指标限制，外供氢气量 2.4×10^4 Nm³/h，外供压力 2.4MPa。塔河炼化公司 1#汽柴油加氢装置建有一套高压废氢膜分离回收装置，主要回收排放废氢（循环氢）中的氢气，回收氢气 1250Nm³/h，纯度 98.7%，外供压力 2.4MPa 以上。另外，两套汽柴油加氢装置低分气含氢 70%以上，共建 1 套低分气膜分离装置，回收氢气 1800Nm³/h，纯度 85%，经三级压缩后外供压力达到 2.4MPa，并入氢气管网。

2.3　耗氢装置对氢气指标要求

两套汽柴油加氢装置和航煤加氢装置对氢气要求并不苛刻，所有的供氢装置均可以满足要求。连续重整再生系统需要氢气纯度大于 99.5%；二甲苯单元，要求氢气中水含量、H_2S 含量不大于 0.5μ/L；临氢异构化装置采用 UOP 公司 Penex 工艺，对氢气要求非常苛刻，要求 $CO+CO_2$ 含量不大于 10μg/g，Cl^- 含量不大于 5μg/g，总硫不大于 1μg/g；两套硫磺装置对氢气要求并不苛刻，所有的供氢装置均可以满足要求，最大用量在 1000Nm³/h。各装置氢气用量及指标如表 1，表 2 所示。全厂氢气管网见图 1。

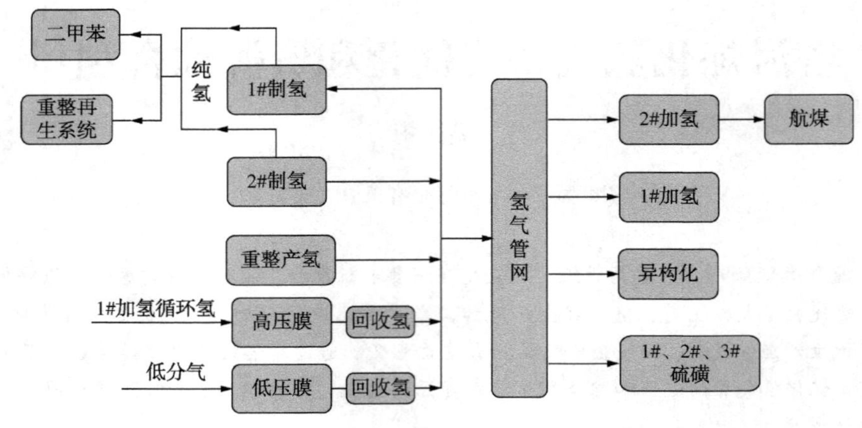

图 1　全厂氢气管网图

表 1　产氢装置氢气组成(%mol)

装置名称	1#制氢	2#制氢	连续重整	高压膜分离	低压膜分离
H_2	>99.9	>99.9	95.62	98.7	84.4
H_2S	—	—	—	0.8	2.24
C_1	0	0	1.41	0.32	5.78
C_2	—	—	1.4	0.0354	1.52
C_3	—	—	0.73	0.144	1.71
C_4	—	—	0.3		1.87
$>C_4$	—	—	0.05		0.74
N_2					1.74
$CO+CO_2$	≯20ppm	≯20ppm	—	—	—
产氢量	7000Nm³/h	20000Nm³/h	24000Nm³/h	1250Nm³/h	1800Nm³/h

表 2　各装置耗氢用量及质量指标(%mol)

装置名称	1#加氢	2#加氢	重整再生	二甲苯	航煤	硫磺	临氢异构化
氢气用量/(Nm³/h)	23000	21000	1000	300	500	1000	2400
H_2	>93	>93	99.5	>90	>93	>90	>94
$>C_1$			<0.5				6
$CO+CO_2$	≯30ppm	≯30ppm	—	≯20ppm	≯30ppm	≯30ppm	≯10ppm
水分			—	≯0.5ppm			饱和水
Cl^-	≯1ppm	≯1ppm			≯1ppm	≯1ppm	5ppm
H_2S				0.5μL/L			—
总硫							≯1ppm

2.4　氢气系统存在问题

(1) 重整氢没有 PSA 提纯单元，造成氢气纯度较低。两套加氢氢源主要是制氢产氢、重整氢、膜分离回收氢气。2#汽柴油加氢增压机单台负荷 20000Nm³/h，正常运行开一台新氢量不够，开两台又处于低负荷，装置能耗高。

(2) 1#汽柴油加氢装置加工焦化汽柴油为主，耗氢量偏大，采用两台往复式增压机并联运行，无备机如压缩机检修时装置需降量生产。两套装置正常运行时一台满负荷运行，一台只有 20%~30%做功需要开大返回线调节流量，存在“大马拉小车”现象，造成能耗高、灵活性差。

(3) 航煤装置建设时利用 2#汽柴油加氢装置增压机一级出口供氢，省去了增压机，但是 2#

加氢国-Ⅴ柴油升级时新增一台增压机 C 机，C 机出口无去航煤装置输送氢气的管线流程，降低了机组运行调整的灵活性。

（4）异构化氢气采用一次通过流程，反应后氢气含有微量氯化氢，通过水洗再碱洗，大约剩余 1700 Nm^3/h 的含氢气体，氢气含量占 72%，进入全厂燃料气管网，浪费氢源。

3　系统优化分析

3.1　氢气系统优化

（1）由于两套加氢装置增压机都是两台并机运行，总量 23000Nm^3/h，其中一台增压机作功负荷只有 20%~30%左右，建议按以下优化供氢流程：2#加氢装置由 2#制氢 PSA 装置全部供应新氢，在制氢装置满负荷时刚好满足 2#加氢装置一台增压全量输出即可满足装置负荷。建议接一条 DN100 管线 200m，将重整产氢 5000Nm^3~8000Nm^3/h 引至 2#制氢装置 PSA 进料，保证 PSA 进料是满负荷的，从而提高氢气管网氢纯度。这样一来氢气纯度增加，2#加氢理论耗氢体积量减少，一台增压机就可满足生产需要。只需将工艺流程改动即可满足需要，估计投资 10 万元，停一台压缩机可节电 150kW·h，两个月可回收投资。

（2）1#汽柴油加氢装置以加工焦化柴油为主要原料，采用石油化工科学研究院开发的中压加氢改质 MHUG 技术及其配套催化剂，生产低硫高十六烷值清洁柴油。一台加氢精制反应器串联一台加氢改制反应器，改质反应器具有轻微裂化和精制的功能，装置耗氢 23000Nm^3/h。两台增压机同时并机运行，一台压缩机负荷不高，造成能耗上升。建议：航煤加氢装置改为氢气一次通过流程，停开循环氢压缩机，航煤装置正常生产所需循环氢约 4000~5000Nm^3/h。故由 1#加氢装置增压机二级出口（8.0 MPa 左右）直接供给航煤装置纯氢。氢气经过航煤反应器反应后通过高压分离器压控排至氢气管网。按照航煤催化剂能够承受的最小氢油比 100v/v 来计算一次通过所需的氢气用量，在装置满负荷时需要的最小氢气量为 4000Nm^3/h。接一条 DN100 管线 800m，投资 50 万元，节约电量 35kW·h，年节约电量 30 万 kW·h 左右，节约电费 20 万元左右，2.5 年收回投资，同时也减少机组维护和人员操作管理成本。优化后的全厂氢气管网布置图见图 2。

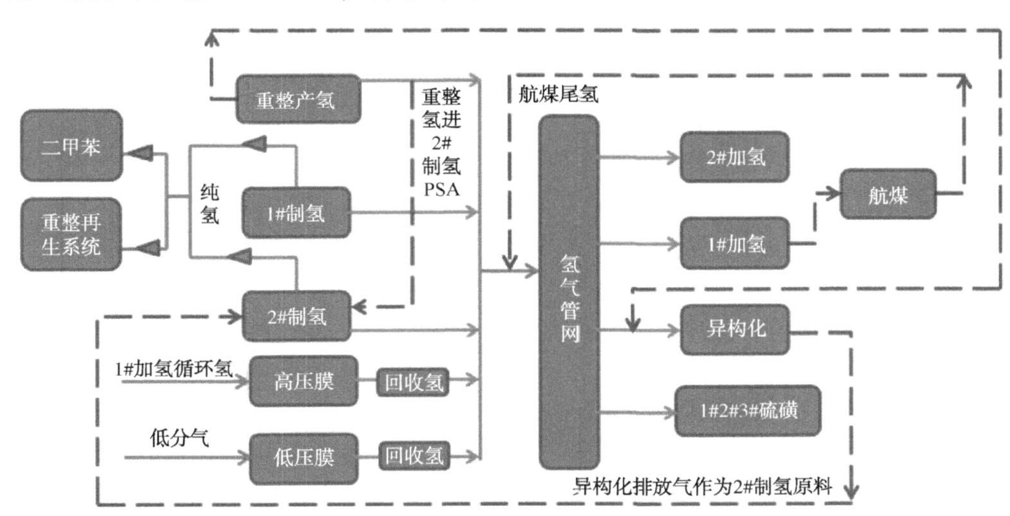

图 2　优化后的全厂氢气管网布置图

3.2　氢气资源的优化

（1）30×10^4t/a 临氢异构化装置对氢气要求 $CO+CO_2$ 极低，甲烷等气体不做要求，如用制氢装置氢气将对 PSA 操作可刻度高，氢气收率低；重整氢不含 $CO+CO_2$，有微量氯，可以在临氢异构化装置氢气预处理系统脱除，可以满足要求。另外如果制氢装置中断氢气供应，临氢异构化再次开工时间长、工序复杂、能耗高。因此综合考虑临氢异构化采用重整氢将更加可靠，建议从重整装置控制阀前引一条氢气线至临氢异构化装置。

（2）临氢异构化装置氢气属于一次性通过工艺，经异构化反应、分馏塔分离后所产干气经顶回流罐分离后进入碱洗、水洗塔脱氯，氢气纯度在 72%，压力 1.1MPa，大约 1700Nm^3/h 排入燃料气系统做燃料。考虑将此部分氢气进行回收，增上一台低温脱氯反应器，700Nm^3/h 做为制氢装置配氢，剩余 1000Nm^3/h 进入低压膜分离三级压缩机三级入口升压后进入 1#汽柴油加氢装置。

(3) 随着新建二甲苯装置开工，为保证汽油调和需要，重整苛刻度随之提高产氢量有所上升，在高负荷时保证重整产氢量在 28000Nm^3/h 以上，同时加上回收临氢异构化装置干气中氢气 1000Nm^3/h，这样可停开 1#制氢装置。

4 结语

通过优化氢气管网流程，对用氢装置、耗氢装置氢气指标分析，实现资源的合理、分级利用。停用 2#加氢低负荷增压机，航煤装置氢气循环改为一次通过流程，停开 1#制氢装置，回收临氢异构化排放废氢，降低装置能耗和运行成本，提高公司经济效益。

参 考 文 献

[1] 刘永忠，闫哲，良肖强. 动态氢气系统的静态分割综合与系统优化[J]. 清华大学学报：自然科学版，2012，52(3)：293-297.

[2] 任洪理，刘登峰，卢慧杰，等. 加氢型炼厂总加工流程氢气资 源的优化[J]. 化工设计，2008，18(3)：15-18.

塔河劣质稠油掺炼顺北轻质原油生产运行总结

吴振华

（中国石化塔河炼化有限责任公司）

摘　要　塔河炼化加工原油为塔河劣质原油，平均密度超过950kg/m^3，平均盐含量达到400mg/L以上，沥青质质和金属含量很高，电脱盐装置脱后含盐居高不下，给后续装置带来腐蚀泄露风险，另外塔河劣质原油轻质油收率较低，急需优化提升。工业试生产表明，在装置不改造并确保原油相容性的基础上，在塔河劣质原油中掺炼适当比例顺北轻质原油，混合原油密度和盐含量明显降低，电脱盐效果显著提高，轻质油收率大幅增加，在当前世界原油日益变重的大趋势下，轻重原油掺炼能减缓炼厂装置腐蚀，延长开工周期，提高轻收，增加经济效益，具有普遍的现实意义。

关键词　塔河劣质稠油；顺北轻质原油；掺炼；相容性；轻收；防腐

1　概述

塔河炼化公司1#常压焦化联合装置设计加工塔河劣质稠油，原设计规模为120×10^{4}t/a，始建成于2004年10月，于当年12月投产。2006年5月进行150×10^{4}t/a适应性扩能改造，于当年6月投产。装置由电脱盐、闪蒸、常压、分馏、焦化、吸收稳定等部分组成，原油经常压蒸馏后，常底渣油进焦化装置进行加工。

随着塔河油田的减产，顺北轻质原油的开采力度不断加大，目前阶段，在装置不改造的基础上，加工塔河—顺北掺炼原油，选择合适的掺炼比，不仅可以提高拔出率，还可以减轻装置腐蚀，延长开工周期，对提高炼厂综合经济效益具有非常重要的意义。

2　装置存在问题

2.1　电脱盐效果不理想

2018年塔河劣质原油平均密度超过950kg/m^3，平均盐含量达到400mg/L左右，塔河原油性质逐步恶化对1#电脱盐操作增加了难度，脱后含盐长期不达标，切水带油严重。如果原油密度能大幅降低，增加电脱盐油水密度差，脱盐效率将会明显提升。

2.2　常压腐蚀速度加快

原油中的无机盐及有机氯分解后随闪蒸油气进常压塔，造成塔盘结盐，由于产品质量调节需要，1#常压塔顶温度控制较低，增加了塔顶腐蚀风险。而电脱盐运行状态直接影响常压塔防腐效果。

2.3　常压轻收偏低

由于装置加工原油性质单一，轻质油收率仅为60%左右，在保证装置安稳生产的基础上，掺炼轻质原油[1,2]，增加高附加值产品，是当前较为可行的技术措施。

3　原油掺炼实验室调合分析

3.1　相容性考察

在塔河劣质稠油中掺入不同比例的顺北轻油，混合均匀后化验分析考察其性质。首先在相容性试验中顺北油掺炼超过30%出现不相容现象，见图1。因此建议采取5%～15%较为稳妥的比例做考察试验，见表1。

掺顺北15%

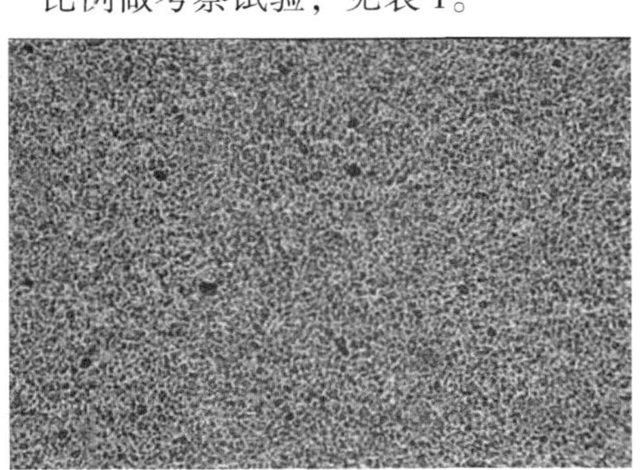

掺顺北30%

图1　塔河劣质稠油掺顺北轻油相容性对比图

3.2 质量性质变化

从表1可知塔河劣质稠油中掺炼不同比例顺北轻油后，混合原油的密度和盐含量均有不同程度的降低。

表1 塔河劣质稠油掺炼顺北轻油试验结果

项目	掺炼比例	数值
密度(20℃)/(kg/m³)	2%顺北原油	948.9
	5%顺北原油	941.9
	8%顺北原油	936.9
	11%顺北原油	933.3
	15%顺北原油	930.4
盐含量/(mgNaCl/L)	2%顺北原油	719
	5%顺北原油	696
	8%顺北原油	679
	11%顺北原油	667
	15%顺北原油	511

3.3 收率数据预测

不同掺比收率数据预测见表2。

4 掺炼原油进装置试生产总结

2019年4月塔河炼化1#常压—焦化装置进行掺炼原油试生产。顺北原油专罐单储，在塔河劣质原油收油时将顺北轻质原油按照5%、8%、10%比例分阶段混入，原油罐付1#装置前要保证搅拌器正常运行，原油密度均匀，换罐前原油分析要求上、中、下采样，且分析密度偏差≯5kg/m³。

4.1 原料分析

表3、表4数据来源于原油评价报告，可以明显看出顺北原油性质明显优于塔河原油，主要体现在密度低、盐含量低、金属杂质少，轻质油收率高的特点。

表2 不同掺比收率数据预测

组分	未掺炼		掺炼5%			掺炼10%		
	收率/%	产量/(t/d)	收率/%	产量/(t/d)	增量/(t/d)	收率/%	产量/(t/d)	增量/(t/d)
干气	0.1	4.1	0.3	12.2	8.1	0.49	20	15.9
常顶油	2.73	111.9	3.94	161.6	49.7	5.15	211.2	99.3
常一线	7.25	297	7.51	307.7	10.7	7.77	317.7	20.7
常二线	14.62	599.3	15.46	633.8	34.5	16.31	668.7	69.4
常渣	75.27	3086.1	72.26	2983.2	-102.9	70.25	2880.3	-205.8

表3 塔河原油与顺北原油性质对比

分析项目	塔河劣质原油	塔河顺北原油
API°	17	46.5
密度(20℃)/(g/cm³)	0.9494	0.7909
运动黏度(50℃)/(mm²/s)	1425	4.316(20℃)/(mm²/s)
运动黏度(80℃)/(mm²/s)	154.4	2.921(40℃)/(mm²/s)
凝点/℃	-6	-42
倾点/℃	-3	-36
残炭值/℃	15.9	0.2
灰分含量/%	0.11	<0.002
碳含量/%	85.64	85.68
氢含量/%	11.68	14.09
硫含量/%	2.2	0.08
氮含量/%	0.41	0.02
氯含量/(μg/g)	721	2
闪点(闭口)/℃	44	<25
水含量(脱水前)/%	0.49	0
机械杂质含量/%	0.17	—
酸值/(mgKOH/g)	0.24	0.08

续表

分析项目		塔河劣质原油	塔河顺北原油
盐含量/(mgNaCl/L)		831.7	<2
胶质含量/%		10.9	0.4
沥青质含量/%		14.1	<0.1
蜡含量/%		2	4.5
金属含量/(μg/g)	铁	39.1	<0.1
	镍	33	<0.1
	钒	203	<0.1
	钙	63.1	<0.1
	钠	300	0.3
	铜	<0.1	<0.1
	铅	0.2	<0.1
	镁	5.3	<0.1
特性因数		11.7	12.3
原油类别		高硫中间基	低硫石蜡基

表 4　塔河原油与顺北原油收率对比

项　　目	塔河原油	顺北原油
常顶油(初馏点-180℃)质量收率/%	8.72	23.09
常一线(165-230℃)质量收率/%	5.18	16.5
常二线(230-350℃)质量收率/%	17.08	26.55
常压总轻收/%	30.98	66.15
常渣收率/%	69.02	33.85

表 5　罐区不同顺北掺比混合原油主要性质对比

罐号	日期	掺比/%	密度(20℃)/(kg/m^3)	盐含量/(mgNacl/L)	水分(混合)/%
G101	2019/3/27	0	948.5	496	0.5
	2019/4/1	5	941.7	1950	—
	2019/4/2	5	943.2	844	—
	2019/4/7	8	938.8	820	0.9
	2019/4/8	8	938.5	832	0.45
	2019/4/13	10	931.4	577	—
	2019/4/13	10	931.2	589	0.4

1#常压装置配套 G101、G102 两台原油罐，一台收油、一台付油，例举一台罐数据做分析，从表 5 可以看出 2019 年 4 月 1 日开始在 G101 原油罐中掺炼 5%顺北原油，随后是 8%和 10%的比例，混合原油密度逐渐下降，4 月 1 日盐含量比未掺炼高是塔河原油盐含量突然升高造成，随后随着顺北油掺比的提高混合原油的盐含量也是逐渐下降的。表 4 罐区调和数据与表 1 实验室数据基本吻合。

4.2　物料平衡

顺北原油掺炼共分三个阶段：

第一阶段掺炼 5%，时间 2019 年 4 月 1 日 12：00 开始至 4 月 8 日 8：00 结束。

第二阶段掺炼 8%，时间 2019 年 4 月 8 日 8：00 开始至 4 月 14 日 12：00 结束。

第三阶段掺炼 10%，时间 2019 年 4 月 14 日 12：00 至 4 月 16 日 22：00 结束。

从表 6 和图 2 可知，掺炼顺北原油后，随着掺炼比例的增加，常压装置轻质油收率逐步增加[3]，常渣收率逐步降低，其中常一线收率增加最为明显，常顶其次，掺 5%时常一收率比不掺炼增加 1.09%，总轻收较不掺增加 1.42%；掺 10%时常一收率比不掺炼增加 2.2%，总轻收较不掺增加 3.65%。

表 6　顺北油掺炼常压物料平衡汇总表

时间	掺炼前		掺 5%		掺 8%		掺 10%	
	累计量/t	收率/%	累计量/t	收率/%	累计量/t	收率/%	累计量/t	收率/%
入料								
塔河原油	19997.0	—	19092.0	—	18676.0	—	7382.9	—
顺北原油	0.0	—	958.8	—	1612.0	—	801.1	—
合计	19997.0	—	20050.0	—	20288.0	—	8184.0	—
出料								
常压干气	20.0	0.1	20.3	0.1	20.7	0.1	8.3	0.1
常压石脑油	208.1	1.0	283.5	1.4	344.8	1.7	137.1	1.7
常压常一线	1359.4	6.8	1580.8	7.9	1810.0	8.9	736.8	9.0
常压常二线	3076.2	15.4	3076.4	15.3	3107.2	15.3	1325.4	16.2
常压渣油	15327.6	76.6	15083.3	75.2	14999.3	73.9	5974.2	73.0
损失	5.8	0.0	5.7	0.0	6.1	0.0	2.2	0.0
合计	19997.0	—	20050.0	—	20288.0	—	8184.0	—

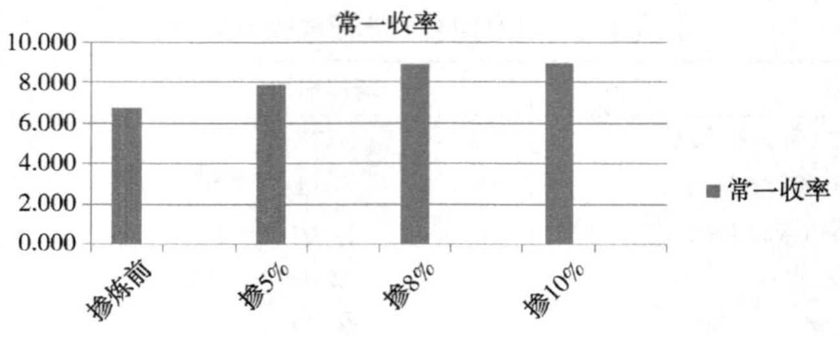

图 2　顺北油掺炼常一收率对比图

从表 7 和图 3 可知，掺炼顺北原油后，随着掺炼比例的增加，焦化装置轻质油收率逐步增加，焦炭收率逐步降低，其中焦化汽油收率增加最为明显，掺 5% 时焦汽收率比不掺炼增加 0.6%，掺 10%时焦汽收率比不掺炼增加 1.55%。

4.3　操作参数

由于塔河原油掺炼顺北油后，装置负荷变化主要反映在常压装置，因此未列焦化操作参数。从表 8 可知电脱盐和常压塔负荷变化在设计范围以内，操作数据整体正常平稳；电脱盐装置为应对原油密度降低而产生的电脱盐压力上升现象，提前适当降低原油进电脱盐温度，保证电脱盐运行平稳；常顶、常一线出装置流量略有上升，常一线油出装置温度出现超指标现象。

表 7　顺北油掺炼焦化物料平衡汇总表

时间	掺炼前		掺 5%		掺 8%		掺 10%	
	累计量/t	收率/%	累计量/t	收率/%	累计量/t	收率/%	累计量/t	收率/%
入料								
焦化进料	15327.4	—	15083.9	—	14999.3	—	5974.2	—
出料								
焦化气体	697.3	4.5	686.9	4.6	680.4	4.5	258.7	4.3
液化气	422.5	2.8	391.3	2.6	389.8	2.6	160.9	2.7
汽油	3521.5	23.0	3556.1	23.6	3581.5	23.9	1465.1	24.5
柴油	5799.7	37.8	5494.4	36.4	5961.2	39.7	2404.6	40.3
石油焦	4881.7	31.9	4950.3	32.8	4381.8	29.2	1682.9	28.2
损失	4.7	0.0	4.9	0.0	4.7	0.0	2.0	0.0
合计	15327.4	100.0	15083.9	100.0	14999.3	100.0	5974.2	100.0

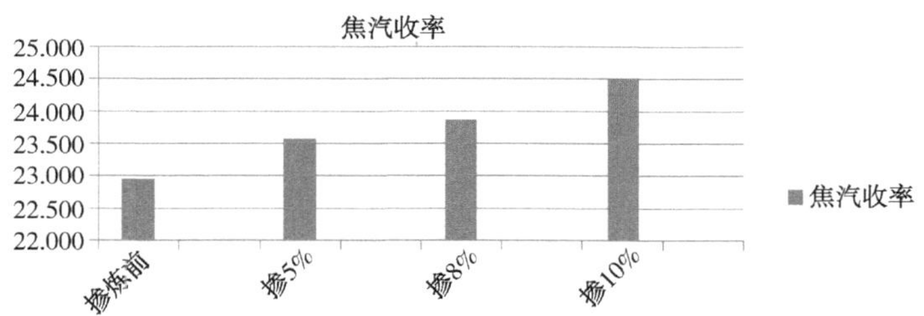

图 3　顺北油掺炼焦汽收率对比图

表 8　常压装置主要操作参数一览表

项目	单位	掺炼前	掺炼 5%	掺炼 8%	掺炼 10%
电脱盐入口温度	℃	142-146	136-142	139-142	138-141
电脱盐入口压力	MPa	1.06-1.08	1.04-1.06	1.04-1.06	1.04-1.06
电脱盐总注水量	t/h	17.5	15.5	15	15
闪蒸罐入口温度	℃	200-206	205-210	205-210	205-210
闪蒸罐顶压	MPa	0.15	0.15	0.15	0.15
常压炉出口温度	℃	347-349	347-349	342-346	342-345
常压塔顶温度	℃	104	102	102	102
常压塔顶压力	MPa	0.075	0.075	0.075	0.075
常压塔顶回流量	t/h	16	16	16	16
常一线抽出温度	℃	175	180	180	178
常一中抽出温度	℃	180	184	183	182
常一中返塔流量	t/h	98	97	97	100
常二线抽出温度	℃	266	266	265	265
常压塔底温度	℃	338	337	337	334
常顶出装置量	Nm^3/h	2	3	4	4
常顶出装置温度	℃	37	36	35	37
常一线出装置量	Nm^3/h	20	24	25	26
常一线出装置温度	℃	44	48	50	52
常二线出装置量	Nm^3/h	13	14	13	13
常二线热供料量	t/h	13	14	13	14
常二线出装置温度	℃	44	46	40	40
常渣去焦化分馏塔量	t/h	83	80	78	78

4.4　能耗分析

由表 9 可知，装置循环水、低压蒸汽、电耗总体变化不大；因焦化炉负荷下降，致使常压换热终温降低，常压炉燃料气耗量略有上升；掺炼期间焦化分馏塔顶气量增加，致使气压机负荷增加，中压蒸汽耗量略有增加。

表 9　不同掺炼比例能耗数据对比表

项目	掺炼前		掺炼 5%		掺炼 8%		掺炼 10%	
	耗量/t	能耗/(kgEo/t)	耗量/t	能耗/(kgEo/t)	耗量/t	能耗/(kgEo/t)	耗量/t	能耗/(kgEo/t)
常压								
原油量	19997	—	20050	—	20288	—	8184	—
新鲜水	0	0	0	0	0	0	0	0
循环水	75000	0.38	75000	0.37	75000	0.36	30000	0.36
低压蒸汽	171.6	0.65	173.16	0.65	179.4	0.67	73.81	0.68
燃料气	118.5	5.63	121.6	5.76	122.2	5.72	48.11	5.58

续表

项目	掺炼前		掺炼5%		掺炼8%		掺炼10%	
	耗量/t	能耗/(kgEo/t)	耗量/t	能耗/(kgEo/t)	耗量/t	能耗/(kgEo/t)	耗量/t	能耗/(kgEo/t)
电耗	157992	1.82	155212	1.78	153160	1.73	60692	1.71
常压能耗	8.48	8.57	8.5	8.34				
焦化								
原料量	15327	—	15084	—	15000	—	5974	—
除氧水	1326.3	0.79	1278.3	0.77	1312.56	0.81	505.3	0.77
循环水	75000	0.48	75000	0.49	75000	0.5	30000	0.5
低压蒸汽	-1887	-9.3	-1904.7	-9.6	-1965.8	-9.96	-811.9	-10.32
中压蒸汽	2390	13.72	2412.6	14.1	2369.8	13.9	988.5	14.56
燃料气	220.12	13.64	225.8	14.23	227.4	14.4	44.85	14.2
电耗	236988	3.56	232818	3.55	229134	3.51	91038	3.5
焦化能耗	22.85	23.53	23.16	23.22				

4.5 产品质量

4.5.1 原油质量情况

从图4、图5可知，顺北油掺炼后原油密度大幅降低，原油密度由950kg/m^{3}左右降至930kg/m^{3}左右，油水密度差增加，有利于油水分离，提高脱盐效果；脱后含盐呈明显下降趋势，含盐量由大于7mgNaCl/L降到小于5mgNaCl/L。

4.5.2 常压质量情况

从表10可知常压各侧线产品质量变化不大。

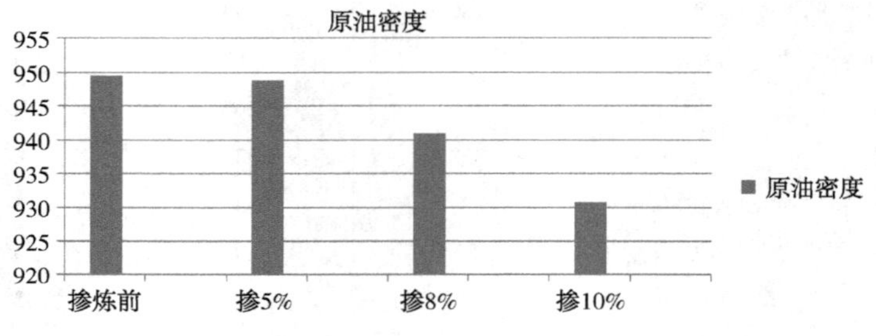

图4　顺北油掺炼原油密度变化图

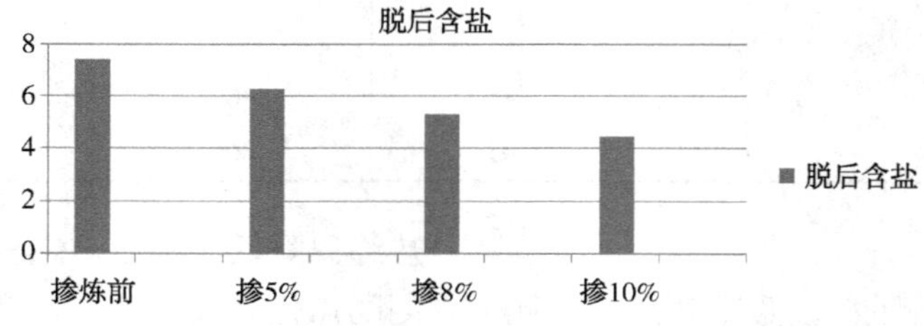

图5　顺北油掺炼脱后含盐变化图

表10　不同掺炼比例常压质量数据对比表

时间	常顶油(干点)	常一线(终馏点/闪点)	常二线(95%)
掺炼前	173.1	237.1/37.4	370.9
掺炼5%	172.6	239.2/37.4	367.4
掺炼8%	173.9	241.6/37.2	370.3
掺炼10%	174.9	241.1/37	370.2

5 存在问题及下一步措施

(1) 当塔河油中顺北油掺炼比超过5%后，常一线油出装置温度出现超指标现象，下一步将采取常一线部分改直供料，降低冷却器负荷的措施；或采取常一线出装置前增加空冷的措施。

(2) 常一线孔板流量计最大量程为15t/h，

当掺炼比达到5%时，常一出装置流量超程，无法串级自动控制，下一步将重新核算并更换流量计。

（3）为了使掺炼原油性质更加均匀，下一步计划在油田按比例掺炼后再管输入厂。

6 总结

在塔河劣质原油中掺炼适当比例顺北轻质原油，通过实验室相容性考察，确保工业试验时混合均匀，结果表明随着掺炼比提高，混合原油密度和盐含量明显降低，电脱盐效果显著提高，常压轻收大幅增加，与掺炼前预测对比，常一收率增加明显。在掺炼试验过程中，装置设备和操作未做大的变动，在当前原油日益变重的大趋势下，轻重原油掺炼能减缓炼厂装置腐蚀，延长开工周期，提高轻收，增加经济效益，具有普遍的现实意义。

参考文献

[1] 徐培泽，徐粉年. 原油的最佳掺炼比例[J]. 金陵石油化工，1998，(1)：8-11.

[2] 任瑞芳. 优化原油混炼比提高拔出率的探讨[J]. 江西石油化工，2000，(2)：1-4.

[3] 董福根. 优化原油混炼比提高拔出率[J]. 石油炼制与化工，1990，22(11)：14-19.

一种新型重质污油处理技术介绍

郭　辉[1]　曹　杰[1]　赵圣博[2]

(1. 中国石化塔河炼化有限责任公司；2. 沧州信昌化工股份有限公司)

摘　要　SOTU(Slop Oil Treatment Unit)技术是一种新型的污油处理技术，采用多级循环处理工艺。污油经过预处理部分的超声波破乳组件、次高频振动组件和高能电子束组件增核破乳后，经一级分离去除固体杂质，二级分离去除水分后，达到污油进装置或者进入原油罐回炼的目的。塔河重质污油油水密度差小，固体杂质含量较大，传统工艺技术处理难度大，经SOTU技术处理后，可以达到含水<3.0%的目的。

关键词　污油；SOTU技术；破乳；分离

塔河原油密度大(0.945~0.952kg/L)，盐含量高。以加工塔河原油的塔河炼化公司两套电脱盐运行效果不好，1#电脱盐脱后含盐5.5~13.5mg/L，2#电脱盐脱后含盐(3.5~5.5mg/L)；两套电脱盐排水含油量200~8000mg/L之间波动。电脱盐排水送至污水处理厂回收的污油具有密度大、水含量高，油水密度差小的特点，难于油水分离。回炼至焦炭塔会在焦化分馏塔挥发线上结盐，掺入原油罐区后电脱盐波动大，脱后含盐高，电脱盐排水油含量更高，装置无法正常运行。需要在污水处理厂对回收的污油进行处理，使污油含水小于3.0%，污水含油量小于150mg/L。

塔河炼化污油的实际情况是乳化严重、油品性质多样，以电脱盐含油污水和焦化污水混合后切水中的污油为主[1]。焦粉和其他杂质含量相对较高，对化学药剂不敏感。采用传统的工艺很难实现油水分离。用常规的罐区脱水工艺油相、水相很难达到相应的工艺指标要求和排放标准。污油回炼难度大，库存上升快，影响了日常的生产。为了能够顺利回炼回收的污油，需要寻找新的技术对污油进行油水分离。2018年12月沧州信昌化工股份有限公司对塔河炼化污油进行分离试验，试验处理量550m³。

1　沧州信昌污油处理试验介绍

SOTU污油处理技术采用了多级循环处理工艺，包括预处理装置、一级分离装置、二级分离装置。

1.1　技术原理简介

SOTU的核心处理单元采用了沧州信昌公司自主研发的高能物理技术，由超声波破乳组件、次高频振动组件和高能电子束组件组成。污油进入核心处理单元后，三个组件能够依据油品性质、含水率、含机械杂质情况，智能协同发挥作用。经过实验室小试、中试和油田、炼化企业现场投用，结果表明，高能物理增核破乳技术在污油三相分离处理过程中起到了至关重要的作用。污油经送料泵进入预处理装置(图1)，在预处理装置中与蒸汽充分混合升温，升温的污油被泵入核心处理单元增核破乳。

图1　预处理装置

(1) 预处理

超声波破乳[2]组件是利用超声波的特性和在传播过程中发生的机械振动、热作用和空化作用来实现的[3]。超声波在污油中传播时，通过机械作用使液体微粒振动，在机械振动作用下，乳核出现体积变大、重量增大、彼此碰撞聚集等现象，从而形成大乳核。聚集的大乳核乳化物在超声波空化作用下，表面张力迅速发生变化，可以达到几倍于原来的大小，并会突然溃缩，乳化状态打破[4](图2)。

次高频振动是基于污油特性，选用多自由度系统振动开发的振动组件。其机理是由多自由度系统振动，使得乳化液体在多个维度上进行运动、碰撞。在高频振动作用下，水相分子流速增大，其界面张力诱导了界面流动液滴接触、相遇的频率增加，液滴界面振动加剧，油水界面膜破裂，乳化状态打破(图3)。

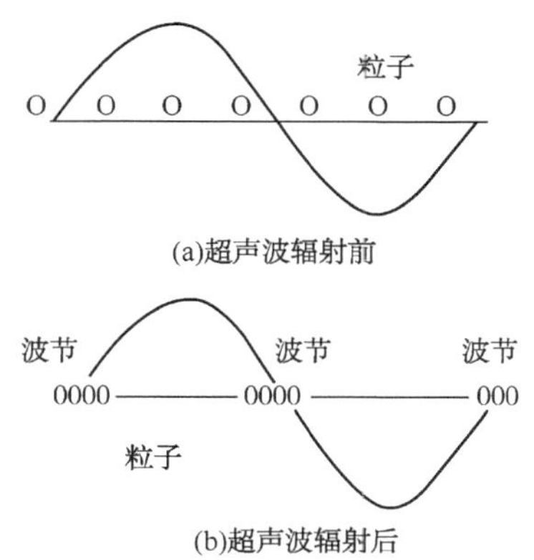

图2　超声波作用下粒子的“位移效应”示意图

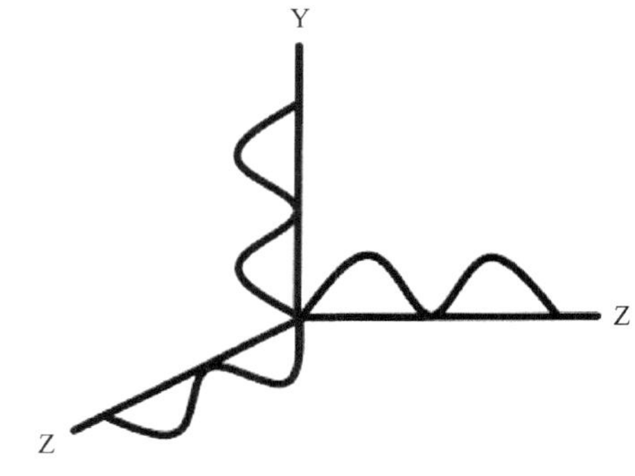

图3　多自由度系统振动

沧州信昌公司采用的微型高能加速器可以使少量的被加速的电子束轰击含泥污油，使其中部分含泥污油发生在常规方法下难以引发的物理化学反应，从而达到增核破乳的目的[5-7](图4)。

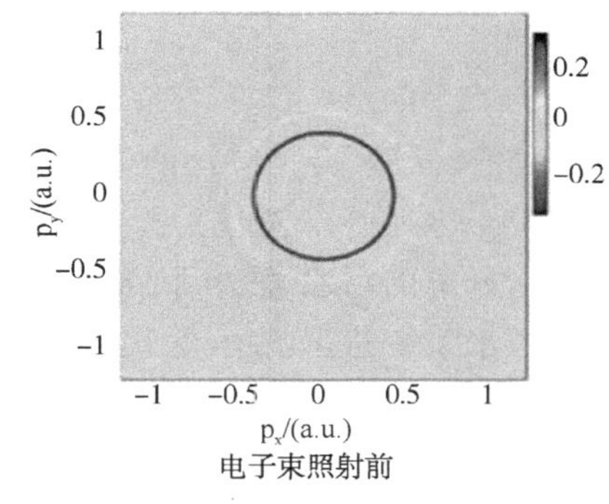

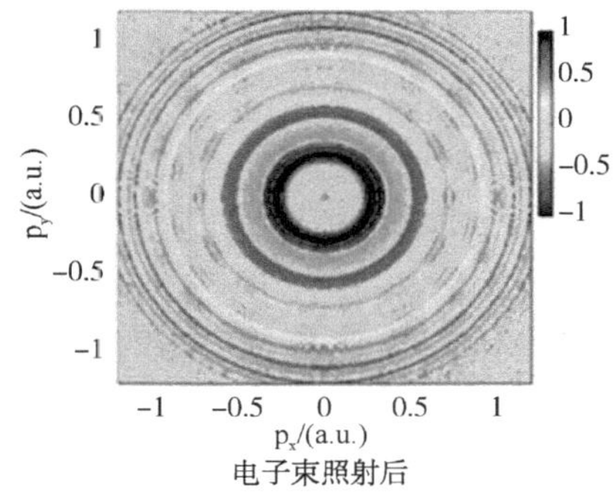

图4　电子束照射能量变化图

(2) 一级分离装置

一级分离装置(图5)是利用高速旋转的转鼓产生的离心力，把污油中的固体颗粒截留在转鼓内，并在力的作用下将固体向装置外自动卸出；同时在离心力的作用下，污油中的液体通过过滤介质、转鼓小孔被甩出，从而达到液固分离过滤的目的[8]。

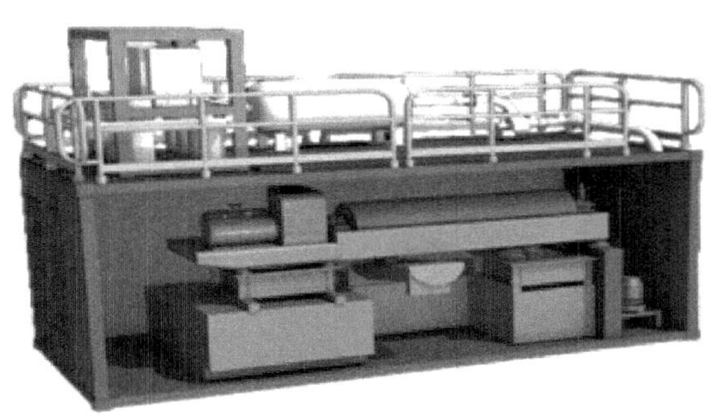

图5　一级分离装置图

(3) 二级分离装置

二级分离装置(图6)采用了沧州信昌公司特殊设计的旋分曲线，合理地解决油水分离的技术难题，使密度大的水沿环状路径流向外侧，密度小的油在内圈，并聚成大的油珠而上浮分离。二级分离装置采用的是沧州信昌公司自主设计制造的超高机械强度、超高旋转速度的分离机，最终实现油、水、固三相分离[9]。

图6　二级分离装置图

1.2　工艺流程

污油被输送到预处理装置中进行预加热后输送到一级处理装置中进行固液分离，一级分离后的固渣进入到叠螺机中进行固液挤压，固渣外排，污水输送到预处理装置中。一级分离后的油水进入到二级处理装置，进行油水分离，油输送到缓冲罐中经过外输泵输送至储罐，水输送到污水处理装置进行处理，乳化物返回到预处理装置，进行破乳增核，然后再进入一级处理装置循环处理[10]。具体流程图见图7。

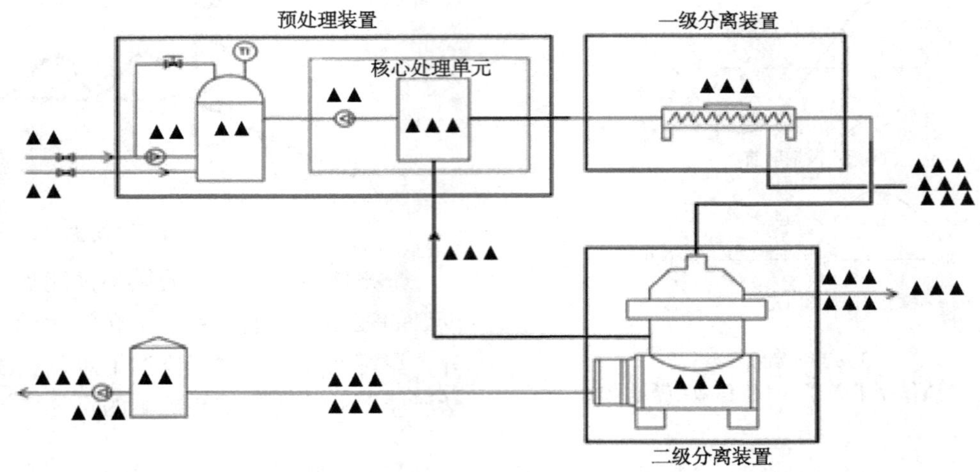

图7　流程图

2　塔河炼化污油处理试验情况

2.1　塔河炼化污油处理试验综述

根据塔河炼化污油性质，SOTU工艺重点主要是物理去除污油中的固体悬浮物，采用两级循环处理。两级离心分离，超强重力、超强增核来实现油水物理分离。

对污油进行加热，并进行物理增核，使污油具备固液分离条件。一级为固液分离器，去除污油中96%以上比重大于1.0的固体杂质；经一级处理后的污油，静置后实现初步油水分离。一级分离出的固体杂质成份和污油特性有关，油含量不超过0.5%~2%（重量比），含水70%~85%（重量比）。固体中有机物含量在0.2%~2.0%之间。处理后的油水混合物进入二级分离器，二级分离器为油水高速离心分离器，将污油和污水分开。二级处理后的油相出口含水率：0.2%~3.5%（随油品变化），水相含油30~150mg/L。处理后的污油、污水达到指标要求。该试验装置设计处理量为8t/h，由于塔河炼化污油乳化严重，油水密度差小，试验期间将污油处理量控制在3~4t/h。

工艺流程：污油经预处理器单元的气动隔膜泵从罐区TK-02B罐底排污口抽出，经蒸汽加热至90℃送入预处理器。和絮凝剂充分混合后进入一级处理设备来实现固液分离。分离出的固渣装袋转运储存（固渣量取决于污油中固含量，固渣中液体总含量<80%（105℃烘烤至恒重比原重）。经一级分离后的液体，进入二级处理设备进行油水分离。处理合格的污油进入二级处理撬装缓冲罐中，达到一定液位后经泵输送至TK-02C储罐，分离的污水输送到TK-02D罐底部排污口，经污水系统进入污水处理装置进行处理。未分离的乳化物返回到预处理装置，破乳增核后再进入到一级处理设备循环处理。具体流程图见图8。

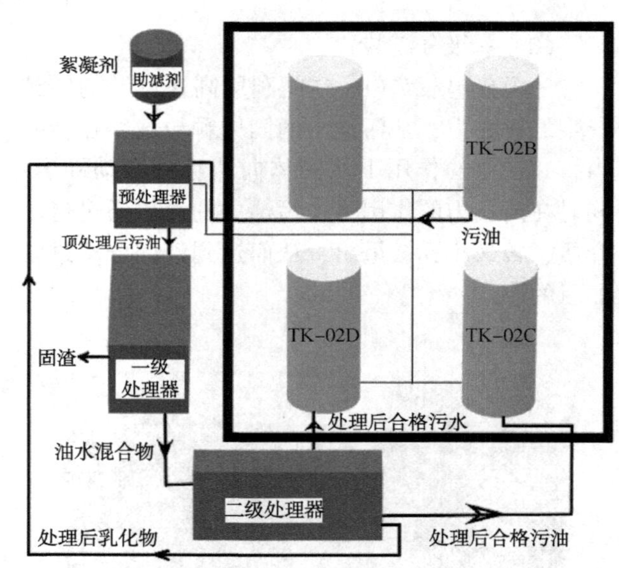

图8　塔河炼化污油处理实验装置流程图

2.2　塔河炼化污油处理试验及分析

2018年12月12日至12月31日，沧州信昌公司人员在塔河炼化现场进行试验。去除设备参数调试时间，累计处理时间为144h，合计处理污油550t，设备平均处理量为3.8t/h。塔河炼化污油处理试验分析数据见表1。沧州信昌公司试验装置出口油中水含量分析频次为14频次，塔河炼化化验室采样分析17频次。从图9可以看出，两家单位所做的处理后污油含水基本上都在3.0%以下。图9中的高点是12月30日16：00试验分析数据。超标原因是沧州信昌公司于当日12：00至16：00进行设备参数调整，优化处理量和质量的平衡点。将处理量提至5.5t/h，发现处理量一旦超过4t/h，处理后污油中含水会迅速上升至3.5%～12%。在现有工艺条件下，要求处理污油中含水<1%，污油处理量不超过4t/h。

表1　塔河炼化污油处理试验分析数据表

日期	时间	采样点	油中含水/%		密度/(kg/m³)	盐含量/(mg/L)
			化验室做样	厂家做样		
12月12日	20点	试验装置出口	0.35	—	—	—
	24点	试验装置出口	0.28	—	—	—
12月13日	12点	试验装置出口	3.25	—	—	—
	16点	试验装置出口	0.5	—	—	—
	20点	试验装置出口	0.45	—	—	—
12月27日	16点	试验装置出口	—	0.2	—	—
	22点	试验装置出口	—	0.3	—	—
12月28日	6点	试验装置出口	—	0.35	—	—
	10点	处理前TK-02B罐	40	—	—	—
	20点	处理后TK-02C罐	3.3	—	—	—
		试验装置出口	—	0.5	—	—
	22点	试验装置出口	0.25	0.25	—	—
12月29日	6点	试验装置出口	—	0.55	—	—
	10点	试验装置出口	0.4	1	959.5	9.1
	16点	处理前TK-02B罐	42	37	—	—
		处理后TK-02C罐	2.4	1.6	—	—
		试验装置出口	0.1	0.2	—	—
	22点	水中含油		56ppm	—	—
		试验装置出口	0.25	0.15	—	—
12月30日	6点	试验装置出口	—	0.4	—	—
	10点	试验装置出口	0.5	1.2	963.7	7.6
	16点	处理前TK-02B罐	33.33	32.5	—	—
		处理后TK-02C罐	1.83	1.75	—	—
		试验装置出口	10.8	10.5	—	—
	20点	水中含油	—	65ppm	—	—
		试验装置出口	—	0.4	—	—
	22点	试验装置出口	0.25	0.25	—	—
12月31日	6点	试验装置出口	—	0.38	—	—
	10点	试验装置出口	0.25	0.2	960.8	8.7
	16点	处理前TK-02B罐	53	45	—	—
		处理后TK-02C罐	6.2	7.0	—	—
		试验装置出口	1	0.4	—	—
	22点	水中含油	—	27ppm	—	—

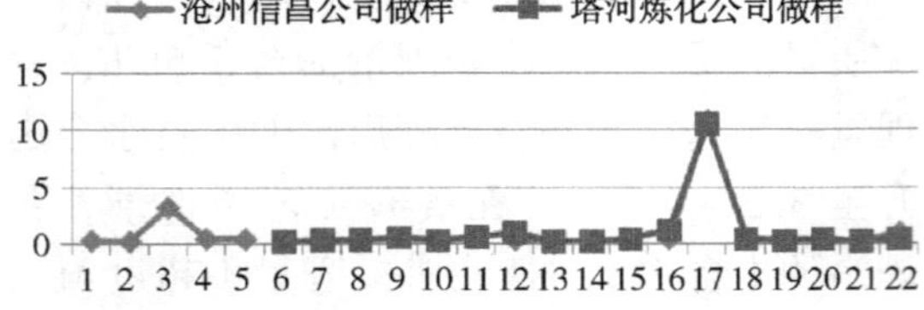

图9 试验装置出口水含量分析对比图

从表1中可以看出处理后的污油密度大，盐含量不超过10mg/L。剔除掉12月30日调整期间的分析。沧州信昌公司在塔河炼化公司的污油处理试验比较成功。图10、图11为处理前后污油图片。

图10 处理前污油

图11 处理后污油

2.3 塔河炼化污油处理试验经济性分析

此次试验共处理污油约550t，产出合格原油约240t，固渣约1.5t。原油产出率为43.64%，固渣率为0.27%，污水产出率为56.09%。其中设备总功率为35.8kW，合计用电约35.8×24×7≈6000kW，污油吨耗电为11kW·h，费用为6000×0.85=5100元，吨油电费为9.27元；运行期间共用水3×7=21t，污油吨耗水为0.04t，合计水费为21×2.8=58.8元，吨油水费为0.1元；蒸汽共使用38t，污油吨耗蒸汽约0.07t，合计蒸汽费用38×130=4940元，污油吨耗蒸汽为9元。处理吨污油能耗费用为：9.27+0.1+9=18.37元。

表2 处理吨污油公用工程用量及能耗费用情况

项目	数量	单价/元	合计费用/元	吨处理费用/元
电	6000KW·h	0.85	5100	9.27
新鲜水	21吨	2.8	58.8	0.1
蒸汽	38吨	130	4940	9
合计			10098.8	18.37

3 结论

沧州信昌化工股份有限公司污油处理技术在塔河炼化的应用是比较成功的。处理结果达到污油中含水≯3%，污水中含油≯150mg/L的要求。实际处理结果为污油中含水平均小于1%，污水中含油平均49mg/L。

塔河炼化污油中焦粉、浮渣含量高。试验单套油水分离设备连续稳定运行处理量为3.8t/h。处理量不得超过4t/h，处理量增大时会出现污油含水超过指标。可通过增加处理设备，提高污油处理量。

该技术是一种新型技术，应用于处理塔河重植污油处理。因污油中焦粉含量高，增加维护频次。焦粉密度介于油和水之间。焦粉随油水混合物料携带至二级处理设备，易将设备转鼓堵死，影响油水分离效率，增加设备维护频次。新疆冬季室外气温低，在-30℃的冬天施工，管线冻结2次，设备发生停机。后续需提高抗严寒能力。

参考文献

[1] 李清作. 老化油集中处理的工艺探讨[J]. 中国石油和化工标准与质量，2012，32(6)：65-66.

[2] 韩萍芳，祁高明，徐宁. 原油超声波破乳研究[J]. 南京工业大学学报(自然科学版)，2002，24(6)：30-34.

[3] 李英，赵德智，袁秋菊，等. 超声波在石油化工中的应用及研究进展[J]. 石油化工，2005，34(2)：176-180.

[4] 白晓慧. 超声波技术与污水污泥及难降解废水处理[J]. 工业水处理，2000，20(12)：8-14.

[5] Borrely S I, Cruz A C, Del Mast ro N L, et al. Radiation Processing of Sewage and Sludge[J]. Progress in Nuclear Energy, 1998, 33(1/2): 3-21.

[6] Junko Kazum. Enhancement of Wastewater and Sludge Treatment by Ionizing Radiat ion[C]. Proceeding of a Workshop on the Potential f or Engineering-Scale Processing of Waste Treatment Streams by Elect ron-Beam Irradiat ion, Published by the University of Miami,

1997：30-36，112-119，121-130，140-146，153-172，261-263.

[7] Fang Xingwang，Wu Jilan. Some Remarks on Applying Radiation Technology Combined with Other Methods to the Treatment of Industrial Wastes[J]. Radiat. Phys. Chem.，1999，55(4)：465-468.

[8] 梁金强，骆伟，李倩，等. 离心脱水技术在老化油处理中的应用[J]. 给水排水，2014(s1)：

[9] Borrely S I，Sampa M H O，Pedroso C B，et al. Radiation Processing of Wastewater Evaluated by Toxicity Assays[J]. Radiat. Phys. Chen，2000，57(3-6)：507-511.

[10] 郑铭，陈万金. 环保设备——原理、设计、应用[M]. 北京：化学工业出版社，2001.

HAZOP在航煤加氢装置上的应用

郭诗锋

（中国石化上海高桥石油化工有限公司）

摘 要 介绍了危险与可操作性分析(HAZOP)技术。对航煤加氢装置进行风险评估，从本质安全的角度，有效地识别工艺生产中的风险隐患和潜在危险，对较高风险提出了安全保护措施和改进建议，为消除装置安全隐患和加强安全管理提供了可靠的依据。

关键词 危险与可操作性分析(HAZOP)；航煤加氢；偏差；节点；安全评价

危险与可操作性分析(Hazard and Operability Analysis，简称HAZOP)是安全评价方法之一，是一种用于辨识设计缺陷、工艺过程危害及操作性问题的结构化分析方法。被公认是有效的风险评估技术，现已广泛应用于各类工艺过程和项目的风险评估工作中，显示了很强的影响力和生命力。

国家安全监管总局要求大力推广HAZOP技术应用。许多国有大型石油化工企业在役装置或生产单元都完成了初步评估工作和评估结果报告。集团公司计划用3年(2016~2018年)时间完成所有在役炼化装置第一轮的HAZOP分析。

1 HAZOP分析方法简介

HAZOP分析方法的本质是分析偏离设计工艺条件的偏差所导致的危险和可操作性问题，通过一系列的会议对工艺图纸和操作规程进行偏差分析，研究的侧重点是工艺部分或操作步骤的各种具体值，分析它们的可能原因、后果和已有安全保护措施等，同时基于风险大小、标准规范及最佳实践提出应该采取的安全保护措施[1,2]。

目前，HAZOP分析以其分析全面、系统、细致等突出特点已经被广泛应用于石油、石化等过程的工艺危险性分析。其针对复杂工艺危害分析是最有效方法之一，特别适用于炼化装置的风险分析。

2 HAZOP分析程序

HAZOP分析实施程序包括分析准备、会议分析、编制分析报告、建议措施落实等步骤。

2.1 HAZOP分析准备工作

2.1.1 了解HAZOP分析的需求

进行HAZOP分析前，应了解分析的目的和需要，对于已建项目的HAZOP分析，应提出相应防范措施，达到事故风险降低的目的。

2.1.2 收集HAZOP分析所需资料

熟悉分析的工艺对象和意图，并搜集资料，包括：工艺流程图、工艺管道和仪表流程图、装置布置平面图、工艺说明、设计文件、岗位操作规程、物料平衡图、设备与管线规格和标准、运行记录、检测报告和事故案例等。

2.1.3 组建分析小组

委任HAZOP组长及秘书，分析组长及秘书确立后将完成HAZOP分析会议策划、HAZOP小组成员筛选、HAZOP分析前期准备等工作。

组建分析小组。HAZOP分析是一组具有不同专业背景的人员，以会议的形式，研究分析工艺过程的危险和可操作性的问题。小组成员至少应包括安全、工艺、设备、仪表、设计、操作岗位的技术人员或专家。

2.2 HAZOP分析会议流程

2.2.1 节点的划分

按照设计意图、装置复杂程度、连续操作或间歇操作将工艺流程划分为多个单元，便于下一步分析。HAZOP分析将根据供审查的PID图纸进行。

2.2.2 确定偏差

分析每个节点时，都应将引导词与适当的工艺参数组合，以生成偏离了设计目的的偏差。HAZOP分析有七大原始引导词，分别是无、过多、过少以及/伴随、部分、相逆、异常。工艺参数包括具体参数和概念性参数。具体参数是指能够用具体数值来表达的参数，是能用仪器(仪表)测量的参数，主要有：流量、温度、压力、液位、组分等。概念性参数用于表达可能在装置出现的各种危险事件或活动(如泄漏、维护、启动停止等）。其组合为：引导词+工艺参数=偏差，对没有实际意义的偏差要舍弃。例如“无”这个引导词通常和“流量”组合在一起，表示“无流量”这个偏离。基本引导词及其含义和说明[3,4]见表1，常用的HAZOP分析偏差[4]见表2。

表1　基本引导词及其含义和说明

引导词	含　义	说　明
无，空白（NO或NOT）	设计与操作所要求的事件完全没有发生	未发生设计与操作所要求的事件，例如没有物流输入，流量为零
多，过量（MORE）	与设计标准值比较，数量增加	在量的方面有所增加，例如比设计规定过高的温度、压力、流量等
少，减量（LESS）	与设计标准值比较，数量减少	在量的方面有所减少，例如比设计规定过低的温度、压力、流量等
伴随（AS WELL AS）	相关参数的定性增加。在完成预定功能的同时，伴随多余事件发生/增加	虽然可达到设计和操作的要求，但在质的方面有所变化，例如物料输送过程中发生组分和相的变化，产生杂质
部分（PART OF）	相关性能的定性减少。数量和质量均有下降的变化/减少	仅能达到设计和操作的部分要求，例如物料输送过程中某种组分消失或输送其一部分
相逆（REVERSE）	出现与设计和操作要求相逆的事件	发生逆流、逆反应，加热而不是冷却等
异常（OTHER THAN）	出现与设计和操作要求不相干的事件	发生了异常事件或状态，完全不能达到设计和操作标准的要求，例如开停车、维修、改变操作模式

表2　常用的HAZOP分析偏差

引导词	工艺参数			
	流量	温度	压力	液位
无	无流量	—	无压力	无液位
过多	流量大	温度高	压力高	液位高
过少	流量少	温度低	压力低	液位低
伴随	流体数量和质量增大	—	水击作用	—
部分	流体数量和质量减少	—	—	—
相逆	逆流	—	真空	—
异常	等级规格或状态错误			

2.2.3　分析偏差产生的可能原因

从节点所涉及的外部事件、设备故障和人员操作失误等方面进行分析，查找因故障或误操作引起偏差的原因。关注并记录那些有意义的偏差。所谓有意义的偏差是指偏差产生的原因是可能实际发生的，其可能造成的后果会产生危险或带来操作问题。

2.2.4　分析偏差导致的可能后果

对每个有意义的偏差，应从直接和间接两个方面，对存在的可能会导致伤害或事故的设计缺陷，以及与设计操作意图相背离可能会导致的各种后果进行分析，考虑人身伤害、财产损失、环境污染和设备损坏等多方面。分析后果时要考虑所导致的最严重可能后果，而不是已采取保护措施和管理措施后的后果。

2.2.5　分析现有的保护措施

分析后果后，要同时分析那些在设计中已有的、可以防止危险发生或减轻其后果的安全措施和管理措施。主要有仪表指示、控制、报警、冗余系统、安全联锁系统、紧急泄压系统、紧急停车系统、安全预案以及演练等。保护措施要从偏差原因的预防（安全设施、设备仪表维护）与检测（如DCS控制系统、报警、化验分析等）和后果的控制和减轻（如安全联锁、安全阀、消防设施等）两个方面进行辨识。

2.2.6　后果风险评估

评估风险等级是HAZOP审查分析的重要环节。分析小组要判断现有安全措施是否充分，是否将风险降低到可接受水平，就需要对后果（包括人员伤害、财产损失、环境污染及声誉影响）进行风险评估并划分风险等级。HAZOP分析最常用的工具是风险矩阵，采用中国石化《HSE风险矩阵标准》（Q/SH 560—2013），评估出后果的严重性、发生的可能性和风险类型以及风险等级，确定高、中、低风险分布。后果按照其严重性从低到高依次分为A、B、C、D和E共5个等级。后果发生的可能性采用定性和半定量2种分级形式，按照事故发生频率从低到高依次分为1、2、3、4、5和6共6个等级。风险等级分为严重高风险、高风险、中等风险和一般风险4个等级，分别用红色、橙色、黄色和蓝色标示。

2.2.7　提出建议措施

根据风险评估和现有的保护措施，判断风险的可接受程度。如果认为现有安全措施已经把风险降低到可接受水平，后果分析到此结束；如果认为现有安全措施不能把风险降低到可接受水平，那么要提出一系列新的保护或安全建议措施，以降低装置风险并增强其可操作性。

2.2.8　编制 HAZOP 分析报告

HAZOP 分析会议记录结果进行整理、汇总、讨论并经过修正，形成 HAZOP 分析报告。

3　航煤加氢装置 HAZOP 分析

3.1　装置概括

航煤加氢装置设计规模为 600 kt/a 航煤，采用高压航煤加氢工艺，主要生产对色度变化指标要求较高的军用及出口航煤产品，增产航煤提高效益。年开工时数为 8400h。

3.2　装置原则流程

蒸馏常一线原料油进入原料油缓冲罐，升压后与混氢混合为混氢油。混氢油进入加热炉加热至反应温度后进入反应器，在反应温度 200℃～320℃，系统压力 3.5～7.0MPa 条件下，在反应器中在催化剂的作用下进行一系列的加氢脱硫、脱氮等加氢精制反应。

反应产物先后进入各级热（冷）高（低）压分离器进行气液分离，部分气相作为循环氢由循环氢压缩机升压，返回至反应系统。液相油进入分馏部分。分馏塔底航煤经精脱硫罐和产品过滤器除去微量硫化氢、游离水后作为航煤产品送出装置。

3.3　分析结论

航煤加氢装置 HAZOP 分析评价，考虑了人员安全、财产损失、环境污染及声誉影响四方面的风险，全装置包括反应器系统共划分 17 个节点。由于加氢反应器操作条件为高温、高压、临氢，操作条件苛刻，是装置的核心设备，也是加氢工艺的关键，故本文以反应器为例，选取了其进口流量过低或无、出口温度过高、压差过高、循环氢流量低/无等 4 个偏差。该偏差 HAZOP 分析如表 3 所示。为了更好地针对建议的实施顺序进行了解，对建议进行了风险排序，在考虑了已有保护措施情况下，后果严重程度与发生此种后果的可能性的组合中，通过小组讨论，针对中风险提出建议措施 1 条，没有发现高风险和严重高风险的问题。

表 3　反应器 HAZOP 分析记录

序号	偏差	可能原因	可能后果/危害	现有安全措施	严重性	可能性	风险等级
1	进口流量低/无	1. 原料泵 P7001 故障或停	1. 催化剂结焦，缩短催化剂寿命； 2. 反应器“飞温”，严重时设备损坏	1. R7001 出口温度显示及高报； 2. F7001 联锁； 3. 急冷氢控温； 4. P7001 备用泵； 5. 远程紧急停泵	2	5	B5
		2. 加热炉 F7001 炉管结焦或破裂	1. 炉管结焦、烧穿，油气泄漏燃烧，炉子损坏，严重时引起火灾爆炸，人员中毒伤亡	1. F7001 炉膛温度显示及高报； 2. R7001 出口温度显示及高报； 3. 急冷氢控温； 4. 瓦斯联锁切断，紧急停工； 5. P7001 停泵联锁	3	3	C3
		3. 流量仪表 FT7002 故障，流量控制阀 FC7002 故障	1. 催化剂结焦，缩短催化剂寿命； 2. 反应器“飞温”，严重时设备损坏	1. 控制阀副线控制； 2. 急冷氢控温； 3. 炉膛温度显示，高报警； 4. 反应器床层温度高报警	2	3	B3
2	出口温度过高	1. 反应器入口温度过高	1. 反应器超温，催化剂结焦，严重时可能引起飞温，催化剂失活、损毁，设备损坏； 2. 热高分 D7002 入口温度偏高，可能造成设备损坏	1. 开大 E1102 副线； 2. F7001 联锁停瓦斯； 3. 紧急泄压阀开启； 4. D7002 温度显示	2	3	B3
		2. 急冷氢量过小/无	1. 反应器超温，催化剂结焦，部分失活，导致催化剂损耗	1. F7001 出口温度显示； 2. 急冷氢控温	2	3	B3
		3. 原料组分中硫氮含量过高	1. 反应器超温，催化剂结焦，部分失活，导致催化剂损耗	1. 急冷氢控温	2	3	B3

续表

序号	偏差	可能原因	可能后果/危害	现有安全措施	严重性	可能性	风险等级
3	循环氢流量低/无	1. 循环氢压缩机防喘振阀误开	1. 氢油比过低，反应器床层温度波动，催化剂结焦，产品质量不合格。严重时循环机停机，装置停工	1. 反应器床层多点温度显示；2. 防喘振阀开度显示，报警；3. 循环氢流量显示；4. K7002 停机联锁	2	3	B3
		2. 循环氢压缩机故障/停机	1. 反应器床层温度波动，催化剂结焦，产品质量不合格，严重时循环机停机，装置停工	1. 反应器床层多点温度显示；2. 循环氢压缩机转速显示；3. 循环氢流量显示；4. 远程紧急停循环机 * *	2	5	B5
		3. 循环氢带液	1. 循环氢压缩机入口循环氢带液，设备损坏，密封点泄漏，严重时引起火灾爆炸，硫化氢中毒人员伤亡	1. 循环氢流量显示；2. 现场硫化氢报警仪报警；3. 入口 D7010 液位高高联锁；4. 远程紧急停循环机	3	3	C3
4	床层压差过高	1. 原料大颗粒杂质和金属化合物含量高	1. 催化剂活性逐渐下降，反应苛刻度逐渐增加，反应器床层压降逐渐升高，严重时无法维持正常生产，需停工换剂	1. 原料过滤器 FL7001，过滤器压差报警；2. 床层压差显示及高报警；3. 原料的分析及控制	2	3	B3
		2. 原料带水和紧急泄压导致催化剂粉碎	1. 催化剂活性中心减少，反应苛刻度逐渐增加，反应器床层压降逐渐升高，严重时无法维持正常生产，需停工换剂	1. 床层压差显示及高报警；2. 原料的分析及控制；3. 原料罐水油界面显示，液面、界面液位报警	2	3	B3

注：* * 建议措施：增设循环机的汽轮机排气压力联锁由单压力开关改为“三取二”系统；循环氢流量低低联锁。

4 结束语

航煤加氢装置 HAZOP 分析表明，HAZOP 分析技术对于保障在役装置的安全、平稳运行具有重要意义。

(1) 通过分析全面细致地排查了装置安全隐患，识别了装置重大风险。

(2) 提高了本质安全水平，有利于减少非计划停车次数，提高生产效率和产品质量。

(3) 确定关键设备(包括电气、仪表)。根据风险等级对设备进行分级管理，防止因关键设备问题导致重大人员伤亡或财产损失。

(4) 完善操作规程。针对识别出的风险较大的设备和操作，应进一步完善操作规程，通过安全管理来降低风险和防范事故。

(5) HAZOP 分析的最终报告可作为员工的技能培训资料，增强应对突发事件的反应和处理能力。

总之，通过 HAZOP 分析，能够使设计和操作人员全面系统地辨识出工艺设备、工艺流程和生产过程中存在的安全风险，明确了风险管理的重点，可采取有效的控制措施，将风险降低到可以接受的水平，预防和减少事故。

参考文献

[1] 中国石油化工股份有限公司青岛安全工程研究院. HAZOP 分析指南[M]. 北京：中国石化出版社，2008.

[2] 吕爽. HAZOP 分析在分子筛合成装置中的应用[S]. 安全、环保和健康，2016，16(12)：44.

[3] 罗云等. 注册安全工程师手册[M]. 第 2 版. 北京：化学工业出版社，2013：115.

[4] 张英太，杨剑锋，余涛. HAZOP 在柴油加氢精制装置风险评估中的应用研究[S]. 石油化工安全环保技术，2011，27(2)：17.

稠油变压器油络合脱氮工艺的应用研究

王凯明 柯友胜 张霞玲 王 燕

（中国石油克拉玛依石化有限责任公司炼油化工研究院）

摘 要 以变压器油糠醛精制油为原料，选择某国产脱氮剂，在实验室进行了变压器油基础油液相络合脱氮-白土补充精制组合工艺的探索试验。试验结果表明，与单纯的白土精制工艺相比，在精制变压器油满足国标GB/T2536质量指标要求的前提下，液相络合脱氮-白土补充精制组合工艺得到的精制变压器油基础油的总氮脱除率达到97%以上，白土用量减少60%，精制油品收率提高一个百分点。

关键词 变压器油；络合脱氮；白土精制；氧化安定性

1 前言

润滑油是以烃类化合物为主要组成的复杂混合物，其氧化安定性不仅与烃类物质有关，还与其中含有的少量非烃类物质(含硫、氮等杂环化合物)有关。氮化物尤其是碱性氮化物是影响基础油氧化安定性的主要成分之一，而某些硫化物的存在对油品的氧化有一定的抑制作用。在润滑油中碱性氮化物的特点是在氮原子上有一对未屏蔽的孤对电子，可与具有质子特征的脱氮剂或具有外层空轨道、离子半径较小的过渡金属离子化合物发生络合反应，形成络合物。在电场作用下络合物富集与精制油分离，或利用其与精制油的比重差自然沉降富集与精制油分离，达到脱去碱性氮化物的目的。

在润滑油基础油生产过程中，白土补充精制的缺点是白土用量大，精制油损失大，环保问题突出。润滑油液相脱氮-白土精制工艺就是针对白土补充精制的缺点开发的。脱氮精制是在一定的工艺条件下，采用脱氮选择性好、脱氮率高而脱硫率低的脱氮剂与糠醛精制油在液相状态下进行作用，通过脱氮剂与基础油中的碱性氮化物发生络合作用来降低油品中的碱氮含量，提高润滑油基础油的氧化安定性，而基础油的其他理化性能无明显变化。脱氮后的基础油再经过较小白土用量的白土精制过程，除去其中的微量脱氮残渣以及进一步脱除氮化物及胶质等非理想组分。脱氮精制不仅保证了基础油质量，而且还使白土用量大幅度下降，从而有效地减少了白土带油损失，提高了基础油的收率，最终提高装置的经济效益。

目前，中石油克拉玛依石化有限责任公司的变压器油基础油采用单纯白土精制工艺处理脱氮，存在白土用量较高、含油废白土排放量大等问题。在保证产品质量的前提下，本着保护环境、降低装置加工成本的原则，在实验室对变压器油基础油液相络合脱氮-白土补充精制组合工艺进行了探索试验。

2 试验方案

为了减少润滑油白土精制装置白土的用量，达到节能减排的目的，故用合适的脱氮剂来降低白土用量，在本试验中考察的是国内某公司提供的络合脱氮剂的脱氮效果。

2.1 原料

试验用油：取自变压器油糠精油和白土精制后变压器油基础油。

白土：采自白土精制装置。

脱氮剂：采用国内某公司生产的脱氮剂。

2.2 试验仪器

三口烧瓶、温度计、电动搅拌装置、电子天平、硫氮分析仪和电位滴定仪等。

2.3 试验方案

在实验室开展变压器油糠精油液相络合脱氮-白土精制组合工艺脱氮效果评价试验，具体评价方法分两步进行：

（1）液相络合脱氮工艺：用干燥的烧瓶称量适量变压器油糠精油，加热至80℃时，按不同比例加入脱氮剂，在85℃左右恒温定速剧烈搅拌30min，保温沉降，上层清油即为脱氮精制油。

（2）白土精制工艺：将装有制备的脱氮精制油的烧瓶安装氮气保护，然后加热至120～130℃，按不同比例加入白土，在120～130℃恒温搅拌30min，将油样沉降过滤，既得精制变压器油基础油。

3 络合脱氮试验条件考察

3.1 脱氮剂用量对碱性氮化物脱除率的影响

用干燥的烧瓶称量适量变压器油糠精油，加热至80℃后，按比例加入WSQ-2脱氮剂，在85℃左右恒温搅拌30min，保温沉降，上层清油即为脱氮精制油。通过络合脱氮剂加入量的变化考察对碱性氮化物脱除率的影响，实验结果详见表1。

表1 脱氮剂加入量对碱性氮化物脱除率的影响

分析项目	TN-1	TN-2	TN-3	TN-4	TN-5	TN-6	试验方法
脱氮剂加入量/%	0	0.1	0.2	0.25	0.3	0.35	
氮含量/(μg/mL)	47.6	18.1	4.2	2.4	1.8	1.5	ASTM D4629
碱性氮含量/(μg/g)	38.1	15.2	3.6	1.12	0.98	0.87	SH/T 0162
硫含量/(μg/mL)	125.6	123.5	122.2	121.8	119.6	119.5	ASTM D5453
中和值/(mgKOH/g)	0.01	0.01	0.01	0.01	0.01	0.01	GB/T 7304
碱氮脱除率/%	0	60	91	97	98	98	

由表1中试验数据可以看出，经过络合脱氮工艺，随着脱氮剂加入量的增加，变压器油糠精油中的碱性氮化物含量明显降低，当脱氮剂加入量达到0.25%时，碱氮化合物脱除率基本能够完全脱除，硫化物含量的损失较小，原因在于氮化物被脱除时，在氮化物的链或环上的硫同时也被脱除。总体来说，脱氮剂的使用起到了保硫脱氮的效果。

3.2 反应温度对碱性氮化物脱除率的影响

用干燥的烧瓶称量适量变压器油糠精油，加热至80℃后，WSQ-2脱氮剂的加入量为0.25%，在不同的反应温度下恒温搅拌30min，保温沉降，上层清油即为脱氮精制油。通过络合反应温度的变化考察对碱性氮化物脱除率的影响，实验结果详见表2。

由反应温度对碱氮脱除率的影响可知，脱氮剂与油品中氮化物的反应与温度有着密切的关系。温度太低，油品黏度较大，不利于脱氮剂与氮化物的接触，也不利于生成物从油品中分离出来，导致脱氮率较低。温度升高，油品黏度降低，不仅有利于脱氮剂与氮化物的反应，也有利于生成物的分离。根据反应温度对碱氮脱除率曲线显示，较适宜的脱氮温度在80~90℃。

3.3 反应时间对碱性氮化物脱除率的影响

用干燥的烧瓶称量适量变压器油糠精油，加热至80℃后，WSQ-2脱氮剂的加入量为0.25%，在80~90℃的反应温度下恒温搅拌不同的时间，保温沉降，上层清油即为脱氮精制油。通过反应时间的变化考察对碱性氮化物脱除率的影响，实验结果详见表3。

表2 反应温度对碱性氮化物脱除率的影响

分析项目	TN-7	TN-8	TN-9	TN-10	TN-11	TN-12	试验方法
反应温度/℃	50	60	70	80	90	100	
氮含量/(μg/mL)	36.8	24.2	6.5	2.4	2.1	2.0	ASTM D4629
碱性氮含量/(μg/g)	20.4	6.9	3.5	1.12	0.95	0.90	SH/T 0162
硫含量/(μg/mL)	124.4	123.7	122.8	121.8	120.2	119.7	ASTM D5453
中和值/(mgKOH/g)	0.01	0.01	0.01	0.01	0.01	0.01	GB/T 7304
碱氮脱除率/%	46	82	90	97	98	98	

表3 反应时间对碱性氮化物脱除率的影响

分析项目	TN-13	TN-14	TN-15	TN-16	TN-17	TN-18	试验方法
反应时间/min	10	20	30	40	50	60	
氮含量/(μg/mL)	28.4	4.2	2.4	1.8	1.3	1.1	ASTM D4629
碱性氮含量/(μg/g)	15.8	1.24	1.12	0.98	0.87	0.82	SH/T0162
硫含量/(μg/mL)	123.6	123.1	121.8	121.8	120.2	120.2	ASTM D5453
中和值/(mgKOH/g)	0.01	0.01	0.01	0.01	0.01	0.01	GB/T7304
碱氮脱除率/%	59	97	97	97	98	98	

由表3中的分析数据和图3可以看出，在络合反应起始时，随着反应时间的增加，碱性氮化物含量明显降低。当反应进行至20~30min，基本能够完全脱除变压器油糠精油中的碱性氮化物。因此，最佳反应时间为20~30min。

3.4　白土用量的考察

变压器油糠精油经过络合脱氮工艺处理后，虽然脱除了95%以上的氮化物和碱性氮化物，但是由于脱氮油中还含有少量的极性物质，必须经过白土处理进一步补充精制。试验条件为用干燥的烧瓶称量适量变压器油糠精油，加热至80℃后，WSQ-2脱氮剂的加入量为0.25%，在80-90℃的反应温度下恒温搅拌30min，保温沉降，上层清油即为脱氮精制油。脱氮精制油在不同白土用量的情况下进行白土补充精制试验，白土精制试验条件按照装置操作条件进行，白土精制时间为30min，精制温度为120-130℃。分析数据详见表4。

表4　白土用量对脱氮精制油的性能影响

分析项目	NB-1	NB-2	NB-3	NB-4	NB-5	NB-6	试验方法
样品名称	糠精油	脱氮油	试验样	试验样	试验样	馏出口	
脱氮剂用量/%	—	0.25	0.25	0.25	0.25	—	
白土用量/%	—	—	1	2	3	5	
氮含量/(μg/mL)	47.6	3.83	<1.0	<1.0	<1.0	<1.0	ASTM D4629
硫含量/(μg/mL)	125.6	123	121	120	120	118	ASTM D5453
碱氮含量/(μg/g)	38.1	0.98	0.0	0.0	0.0	0.0	SH/T 0162
糠醛含量/(mg/kg)	0.3328	0.2934	0.026	0.019	0.014	0.010	BSEN 61198
酸值/(mgKOH/g)	0.01	0.01	0.00	0.00	0.00	0.00	GB/T 7304
碱氮脱除率/%	0	98	100	100	100	100	

由表4中分析数据可以看出，变压器油糠精油经过脱氮工艺后，氮化物含量和碱性氮化物含量均大大降低，经过白土吸附精制工艺处理后，均能完全脱除碱性氮化物含量，且氮化物含量均能降至1μg/mL的范围之内。变压器油糠精油经过络合脱氮-白土精制组合工艺处理后的精制油样与装置馏出口变压器油油样在氮化物脱除效果上相比，基本相当。具体理化性能还要进一步对精制油样进行分析比对。

4　络合脱氮-白土精制油样制备

试验条件为用干燥的烧瓶称量适量变压器油糠精油，加热至80℃后，WSQ-2脱氮剂的加入量为0.25%，在80~90℃的反应温度下恒温搅拌30min，保温沉降，上层清油即为脱氮精制油。脱氮精制油在2%白土用量的情况下进行白土补充精制试验，白土精制试验条件按照装置操作条件进行，白土精制时间为30min，精制温度为120~130℃。实验室制备油样与装置馏出口油样进行性质对比分析。

由表5中变压器油糠精油经络合脱氮-白土精制组合工艺制备的精制油样的分析数据可以看出，能够较好的脱除变压器油糠精油中的碱性氮化物，总氮化合物含量也降至1μg/mL以下；与装置馏出口的白土精制油样相比，硫、氮化合物含量基本相当，精制效果处于同一水平。

对变压器油络合脱氮-白土精制工艺制备的精制变压器油与装置生产的精制变压器油进行性能全分析，分析数据详见表6。

表5　白土用量对脱氮精制油的性能影响

分析项目		糠精油	脱氮-白土样	装置样	试验方法
脱氮剂用量/%		—	0.25	—	
白土用量/%		—	2	5	
运动黏度/(mm^2/s)	100℃	—	2.375	2.382	GB/T 265
	40℃	—	9.673	9.706	
密度(20℃)/(kg/m^3)		—	884.0	883.8	SH/T 0604
折光率(20℃)		—	1.4823	1.4822	SH/T 0205
PCA/%		2.19	1.80	1.34	IP 346

续表

分析项目	糠精油	脱氮-白土样	装置样	试验方法
氮含量/(μg/mL)	53.6	<1.0	<1.0	ASTM D4629
硫含量/(μg/mL)	191	172	171	ASTM D5453
碱性氮含量/(μg/g)	41.9	0.0	0.0	SH/T 0162
酸值/(mgKOH/g)	0.01	0.01	0.01	GB/T 264
碱氮脱除率/%	—	100	100	

表 6　两种不同精制工艺制备的变压器油性能全分析

分析项目		脱氮-白土样	白土样	试验方法
脱氮剂用量/%		0.25	—	
白土用量/%		2	5	
运动黏度/(mm^2/s)(40℃)		9.673	9.706	GB/T 265
折光率(20℃)		1.4823	1.4822	SH/T 0205
PCA/%		1.80	1.34	IP 346
氮含量/(μg/mL)		<1.0	<1.0	ASTM D4629
硫含量/(μg/mL)		172	171	ASTM D5453
碱性氮含量/(μg/g)		0.0	0.0	SH/T 0162
糠醛含量/(mg/kg)		0.0377	0.0185	BSEN 61198
酸值/(mgKOH/g)		0.01	0.01	GB/T 264
击穿电压/kV		68.2	70.5	GB/T 507
介质损耗因数(90℃)		0.00017	0.00019	GB/T 5654
界面张力(25℃)/(mN/m)		48.5	50.0	GB/T 6541
氧化安定性(500h)	酸值/(mgKOH/g)	0.38	0.56	NB/T 0811
	沉淀/%(wt)	0.22	0.36	
	介质损耗因数(90℃)	0.113	0.205	

由表 6 中两种不同工艺制备的变压器油精制油样的性质分析数据可以看出，两个精制油样的理化性能和电性能基本同在一个水平，从氧化数据上看，经过络合脱氮-白土精制工艺能提高变压器油的氧化安定性，各项性能指标均符合国标 GB/T 2536 的指标要求。

5　经济效益估算

变压器油生产按年加工量 15×10^4t 计算，目前白土补充精制装置的物料平衡见表 7。

变压器油液相脱氮-白土补充精制工艺装置物料平衡见表 8。

根据各工艺的物料平衡等，比较白土工艺与脱氮-白土工艺的生产效益，如表 9。根据多家炼油厂使用总结，与白土工艺相比较，脱氮-白土工艺可节省滤纸滤布而降低成本 4 元/吨。

综合考虑，液相络合脱氮-白土补充精制组合工艺可节省 60%的白土，提高油品收率带来的收益可高达 1800 万元/a。

表 7　白土工艺物料平衡表

白土加入量/%(wt)	入方		出方		精制油收率/%(wt)
	原料油/(t/a)	白土/(t/a)	白精油/(t/a)	废白土/(t/a)	
5.0	150000	7500	146136.36	11363.64	97.42

表 8　络合脱氮-白土精制工艺物料平衡表

脱氮剂加入量/%(wt)	白土加入量/%(wt)	入方			出方			精制油收率/%(wt)
		原料油/(t/a)	脱氮剂/(t/a)	白土/(t/a)	精制油/(t/a)	脱氮尾渣/(t/a)	白土尾渣/(t/a)	
0.25	2	150000	375	2997.75	148343.21	487.5	4542.04	98.90

表9　白土工艺与脱氮-白土工艺效益估算表

项目	白土工艺/(万元/年)		脱氮-白土工艺/(万元/年)	
剂耗	白土：7500×1300	975	脱氮剂：375×15500	581.25
			白土：2997.75×1300	389.71
			小计	970.96
油品损失	(150000-146136.36)×8000	3090.91	(150000-148343.21)×8000	1325.43
其他增效			150000×5	75
综合成本	975+3090.91	4065.91	970.96+1325.43-60	2236.39
综合增效	4065.91-2236.39=1829.52万元/年			

液相络合脱氮-白土补充精制组合工艺不仅可创造显著的经济效益，还具有如下优势：(1)每年可减少活性白土用量约4500 t，同时可节省含油废白土的环保排污费；(2)可大大降低工人的劳动强度，扩大过滤装置的生产能力。

6　结论

液相络合脱氮-白土补充精制组合工艺脱氮效果较为显著，能选择性地脱除氮化物，具有保硫脱氮的特性。同时，以液相络合脱氮-白土补充精制组合工艺精制的变压器油基础油与目前单纯由白土精制生产的变压器基础油性质相当。

液相络合脱氮-白土补充精制组合工艺能减少白土精制过程中的白土用量，部分解决了含油废白土的环保难题，达到了节能减排的目的；同时提高了精制变压器油基础油的收率，可显著提高装置的经济效益。

参考文献

[1] 羊依智，姚佑美等. 润滑油基础油采用WSQ-2脱氮剂的连续液相脱氮工艺. 石油炼制与化工. 1998，29(7)：1-3.

[2] 高从然，范喜频等. 溶剂脱氮-白土精制作何工艺提高润滑油基础油氧化安定的研究. 润滑油，2004，19(4)：25-28.

[3] 朴香兰，朱慎林. 润滑油基础油的溶剂脱氮技术. 炼油设计，1999，29(10)：17-20.

管钳式 TIG 管道全位置焊接技术应用

唐元生　肖　新　牛宗志　董雪玮

（中国石化第十建设有限公司）

摘　要　工艺管道是能源工程类工艺模块的核心“动脉”、施工主要分为预制及安装两个阶段，多年来，工艺管道施工经过由自动化程度较低的手工及半自动转变为全自动、“现场预制后现场安装”转变为“工厂预制后现场安装”探索和实践，越来越多的工程项目让我们意识到管道施工在全生命周期的自动化、智能化是未来发展的一个重要方向。该文介绍了管钳式 TIG(以下简称管钳式 TIG 焊)管道全位置焊接技术在小口径管道中的应用。

关键词　工艺管道；管钳式 TIG；全位置；焊接

1　前言

管道工程是石油化工工程的核心工程之一，管道工程的施工进度直接关系到整个石油化工工程的进度。管道工程同时又是质量要求最高，工人技能要求最高，用工数量最多的工程。在人工成本的不可逆转的持续攀升，市场竞争日趋激烈的市场环境下，作为劳动力密集型企业的施工企业面临着成本居高不下的巨大压力。如何减少用工数量，提高劳动效率，成为施工企业实现赢利和发展的唯一途径。为此，国家提出了“中国制造 2025 计划”的智能化行动纲领。大多数施工企业容易忽略中小管径管道的自动化预制的重要性，片面认为提升大管径焊接效率是关键。而实际生产中，中小管径(即 $DN\leqslant 14$in)的管道数量约占管道工程总量的 60%~80%。

2　管钳式 TIG 管道全位置焊接特性

2.1　管道打底焊自动化

管道打底焊实现自动化是工艺管道自动焊接质量保证、提高预制效率、降低工人技能要求及成本的根本前提和基础条件。焊接作为管道智能制造中的核心工作，管钳式 TIG 采用无间隙组对技术、弧压自动跟踪技术，实现管道全位置 TIG 打底焊单面焊双面成型，焊接速度达到 80~100mm/min。该 TIG 打底焊，单面焊双面成型工艺，满足错边量≤1.5mm 的管道全位置焊接。解决管道工程难题，实现“机器替代人工”，实现高质量、高效率、低成本的运营目标是一个系统工程，也是一个具有创新的焊接工艺。

2.2　独特的专利技术

管钳式 TIG 焊采用独特的专利技术管钳(U 型变位机)为主要回转工装，适用于两端和中间具备三通的管件-直管-三通-管件的复杂管道预制形式，管钳中间开 U 型卡盘便于管道从上而下放入 U 型卡盘工装，采用固定卡在管道上快捷的将卡盘固定，使焊缝位置永远靠近管钳旋转动力盘附近，很好地解决了管道旋转过程中的轴向窜动和径向跳动。从而使得一次装卡实现多条焊缝焊接成为可能。

2.3　具有弧长跟踪系统

管钳式 TIG 焊的弧长跟踪技术，可以使得钨极到焊缝的高度保持恒定。

2.4　可实现生产监控

管钳式 TIG 焊解决生产线设备运行状态监控以及维护保养提示，并实现参数管理(焊接专家参数库调用)及监控。信息化系统将统计各个工位设备的产量信息，集中监控各个工件使用的参数信息，以及统计各个工件使用的焊丝/气体/功耗的信息，将整个设备状况完全透明化。信息化系统将各个工位设置“可视化”终端，可实时显示当前工位工作内容及相应的信息，设置焊接区域的软件数据库，实时记录每个工件的焊接工艺参数及操作人等相关信息，便于今后做质量跟踪。

2.5　远程服务

管钳式 TIG 焊的信息化实现远程监控和远程服务，让使用者简单操作，远程后台服务实现零距离服务。

2.6　可以实现小口径仪表管道预制及安装

仪表管道安装中，存在大量小直径、薄壁管道对接和插接焊缝的焊接，虽然可以大部分焊接采用预制的方式，但由于焊接难度大，需要高水平焊工进行焊接。

管道工程中还有大量管托需要焊接，焊接形式主要为角焊缝。传统的焊接方法是焊条电弧焊或熔化极气保焊，由于焊接对焊工技术依赖性强，不能保证焊接质量的稳定，并且工人劳动强度高，效率难以提升。

管钳式TIG焊可以轻松完成以上管道焊缝的焊接任务。

2.7 智能化焊接

管钳式TIG焊可实现最终智能化焊接做好前期铺垫，焊接质量得到保障同时依托信息化技术、高效自动焊接工艺、自动化、智能化装备；贯彻精益生产的理念，构架管道工程智能建造的系统解决方案，针对不同管道工程类型的特点，制定具体实施方案。

管钳式TIG焊焊接设备的管理系统与设计软件、材料管理软件、项目计划软件接口，也可以与客户和分包商的应用软件定制数据交换接口。

3 焊接设备及参数

管钳式TIG焊接设备为冷丝TIG焊接方法，为实现全位置TIG焊提供操作简单化的焊接方法，可以有效降低焊接技能人员的操作难度，保证焊接质量。见图1、图2。

图1 某品牌管钳式TIG电源

3.1 材料准备（示例）

（1）使用A312 TP316L不锈钢管道 ϕ168.3mm，厚度7.1mm。

（2）焊接方法是管钳式TIG设备管道全位置机动焊。

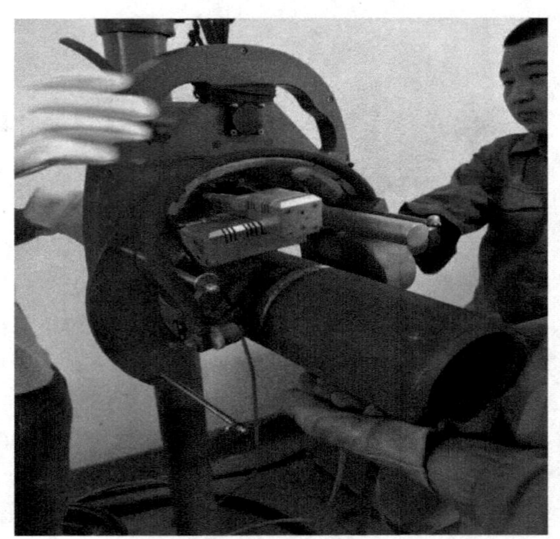

图2 管钳式TIG旋转焊枪

（3）打底、填充、盖面焊丝为 ϕ0.8mm。

（4）焊接位置为5G。

（5）电流类型：DC，电流极性：EN。

（6）气体类型Ar，气体成分≥99.99%，气体流速8L/min-15L/min。

（7）钨极类型：铈钨极，钨极直径 ϕ2.5mm。

3.2 焊接工艺参数

焊接共分4层，每层厚度大约为2mm。全部使用管钳式TIG焊接设，焊接参数为：电流125A，电压11V。操作面板见图3。

图3 操作面板

4 操作要点

（1）管钳式TIG焊焊枪机构重量不到20kg，一人就可以进行安装调整。根据焊口直径大小需要预先调节好加持范围，以管钳机构夹紧牢固为原则，管钳中间U型卡盘便于管道从上而下放入U型卡盘工装。由于焊缝位置永远靠近管钳旋转动力盘附近，很好地解决了管道旋转过程中的轴向窜动和径向跳动。旋转采用交流伺服电机控制，控制精度高，反应速度快。焊接前保证焊枪轴向距离焊缝中心在100mm范围以内，便于焊接时焊缝熔焊宽度有一定余量。

（2）由于有弧压跟踪，操作过程中可以不必过多关注电弧的高低。焊接操作的注意力更多在关注两侧熔合是否能够满足质量要求，停留时间要与摆动频率及行走速度、送丝速度包括焊接位置相吻合，避免由于这些参数的不匹配而导致两侧熔合不好或行走过慢而引起焊层过厚导致未熔合。

（3）由于不锈钢合金元素熔点各不相同，又是管道全位置机动焊焊接，所以焊接操作过程进行脉冲电弧焊接为主。

（4）5G 位置的焊接过程相当复杂，焊接参数范围窄，组对要求高，其熔池在整个焊接过程中受到三种力：重力、表面张力和电弧吹力。不同的焊接位置只有重力方向相同，其他 2 种力的方向始终在变化，所以管道全位置焊接过程中受力很复杂，在不同的位置需要分成若干个区间来设置不同的焊接参数，以满足焊接要求。

（5）管钳式 TIG 焊的弧长跟踪技术，解决钨极到焊缝的高度保持恒定。

（6）U 型管钳专利技术工装，解决管道旋转过程中的轴向窜动和径向跳动，是管道打底焊的关键装备工装。

（7）焊接试件焊缝外观质量如图 4 所示，焊接过程参数存储打印数据如图 5 所示。

图 4　焊接试件外观成型

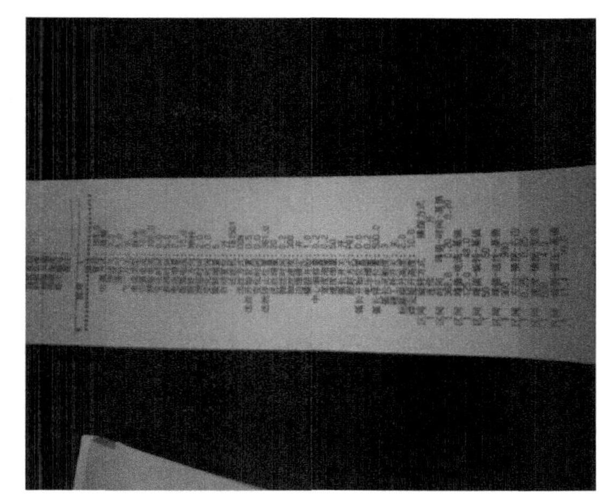

图 5　焊接过程参数存储后打印

5　结束语

焊接试验结果表明，管钳式 TIG 机动焊可以实现管道全位置的打底、填充和盖面工艺，焊缝表面可以得到光滑、均匀的成型。采用管钳式 TIG 进行不锈钢焊接工艺评定，焊接接头的强度、冲击韧性等力学性能符合要求，能够满足现场施工需求，有推广应用价值。此焊接工艺对组对间隙及错边量具有较高要求，需要机械加工坡口及减少错边量；焊接效率在今后的焊接工艺研发过程中还可能进一步提高。

参　考　文　献

[1] 雷世明. 焊接方法与设备[M]. 机械工艺出版社，2011.

[2] 陈祝年. 焊接工程师手册[M]. 机械工业出版社，2004.

[3] 林三宝，范成磊，杨春利主编. 高效焊接方法[M]. 机械工业出版社，2012.

控制催化汽油硫含量实践

闫运平

（中海油东方石化有限责任公司）

摘　要　分析了公司在现有工艺条件下加工陆丰、涠洲混合原油时，催化汽油硫含量与原料硫含量传递的关系。并从生产方面和管理方面介绍了公司催化汽油降硫实践。生产方面，通过原油品种调整和催化装置操作调整，催化汽油硫含量稳定控制到了200mg/kg以内。汽油加氢装置投产后，催化汽油的硫含量稳定的控制在10mg/kg以内；管理方面，通过培养员工质量意识，生产过程的控制、工艺方法的完善等方面加强管理和控制。通过实践催化汽油硫含量控制到10mg/kg以内。

关键词　催化汽油；催化原料；硫含量

1　前言

中海油东方石化有限责任公司（以下简称东方石化或公司）设计原料为海南岛附近生产的文昌油和西江油，由于资源配置问题更换为性质相近的涠洲油和陆丰油，辅助原料为LNG和甲醇等。一期主要装置九套：原料预处理装置、催化裂解装置、气体分馏装置、MTBE装置、柴油加氢装置、制氢装置、硫磺回收装置、产品精制装置、汽油加氢装置。

原油通过原料预处理装置产出常底重油，作为催化原料进入催化装置，经过催化裂化和分馏后产生催化稳定汽油，催化汽油通过加氢进一步优化产品质量。公司于2014年2月17日投料试车一次成功。由于公司采用DCC工艺，多产低碳烯烃兼顾汽油产量，设计汽油质量仅达到国三汽油标准。随着产品质量升级的步伐加快，国六A阶段标准汽油2019年1月1日已在全国正式推行，硫含量对汽油产品质量严重制约。因此，控制汽油产品硫含量、提高汽油产品质量势在必行。

2　催化汽油硫含量与原料硫含量关系

2.1　原油性质

2.1.1　涠洲原油

涠洲原油20℃密度为0.8676g/crn^3，40℃、50℃、80℃、100℃黏度分别为19.80mm^2/s、11.69mm^2/s、5.602mm^2/s、4.017mm^2/s，凝点高，为31℃，原油的蜡含量高，为24.92%，硫含量较低，为0.15%，氮含量为0.17%，残炭值为3.21%，灰分为0.021%。原油的胶质、沥青质含量分别为9.81%、0.20%。金属镍、钒、钠含量分别为11.95ng/g、1.05μg/g、18.50ng/g，盐含量为93.28mgNaCI/L。酸值低，为0.31mgKOH/g，属低硫低酸原油。

2.1.2　陆丰原油

陆丰原油密度较高，20℃密度为0.8359g/cm^3，40℃、50℃、80℃、1 00℃运动黏度分别为6.018mm^2/s、4.481mm^2/s、2.721mm^2/s、2.448mm^2/s，凝点较高，为30℃，原油的蜡含量较高，为24.10%，硫含量较低，为0.06%，氮含量较低，为0.09%，残炭值较低，为1.59%，灰分较低，为0.002%。原油的胶质、沥青质含量分别为5.12%、0.24%。金属镍、钒、钠含量分别为2.13μg/g、0.14μg/g、10.50μg/g，盐含量较高，为36.90mgNaCI/L。酸值较低，为0.22mgKOH/g，属低硫低酸原油。

2.2　常渣与原油硫含量关系

对开工以来原料硫含量变化对应产品的硫含量变化的数据作图，常渣硫含量与原油硫含量关系见图1。

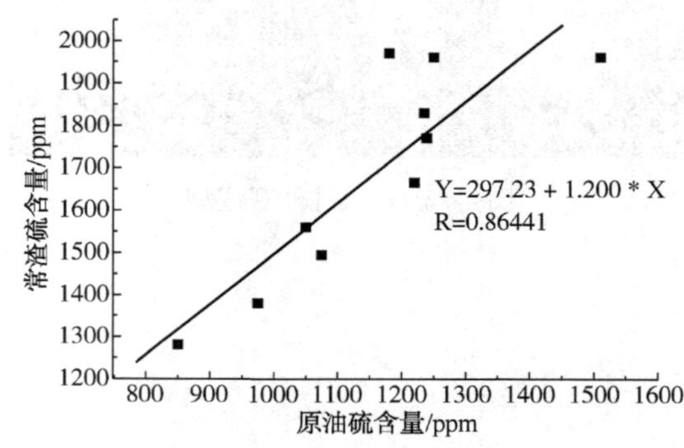

图1　原油量含量与常硫含量的关系

从图1可以看出|r|>0.7，在现有工艺条件

不改变的情况下，常渣硫含量与原油硫含量属于高度线性相关，且在原油硫含量为800~1500ppm时，常渣硫含量符合 $y=297.23+1.200x$ 的函数关系。

2.3 催化(稳定)汽油硫含量与催化原料硫含量关系

东方石化催化装置采用北京石油化工研究院开发的多产丙烯的专利技术(Deep Catalytic Cracking，简称DCC技术)，原油经过原来哦预处理之后的常渣作为催化装置的原料，典型数据如表1所示。

表1　催化原料典型性质

分析项目	单位	分析结果	分析方法
密度(20℃)	kg/m^3	902.8	SH/T 0604
IBP	℃	263.8	ASTM D7169
300℃回收质量	%(m/m)	1.9	ASTM D7169
310℃回收质量	%(m/m)	2.9	ASTM D7169
330℃回收质量	%(m/m)	5.4	ASTM D7169
350℃回收质量	%(m/m)	9.1	ASTM D7169
370℃回收质量	%(m/m)	14.9	ASTM D7169
500℃回收质量	%(m/m)	59.2	ASTM D7169
538℃回收质量	%(m/m)	67.5	ASTM D7169
600℃回收质量	%(m/m)	78.9	ASTM D7169
700℃回收质量	%(m/m)	92.8	ASTM D7169
750℃回收质量	%(m/m)	96.9	ASTM D7169
残炭	%(m/m)	5.13	GB/T 17144
运动黏度(100℃)	mm^2/s	14.52	GB/T 11137
硫含量	mg/kg	2024	GB/T 17040
氮含量	mg/kg	1487.7	GB/T 17674
碳含量	%(m/m)	86.30	SH/T 0656
氢含量	%(m/m)	12.85	SH/T 0656
饱和烃	%(m/m)	53.97	SH/T 0753
芳烃	%(m/m)	29.12	SH/T 0753
胶质+沥青质	%(m/m)	16.91	SH/T 0753

对催化原料硫含量变化对应产品的硫含量变化的数据作图，催化稳定汽油硫含量与催化原料硫含量关系见图2。

从图2可以看出 $|r|>0.7$，在现有工艺条件不改变的情况下，稳定汽油硫含量与催化原料硫含量属于高度线性相关，且在催化原料硫含量为1200~2100ppm时，符合 $y=-9.96+0.107x$ 的函数关系。结合常渣硫含量与原油硫含量关系推导出稳定汽油硫含量与原油硫含量关系大致符合：$y_{稳汽}=21.84+0.128x_{原油}$。

图2　稳定汽油硫含量与催化原料硫含量关系

3 汽油降硫实践

3.1 选择合适的原油

从上文可以看出催化汽油硫含量与原油硫含量关系属于高度线性相关，所以降低催化汽油硫含量，首先要从质量的源头原材料进行控制，由于本项目原设计选用海南周边低硫原油作为原料，原料的适应性较差，导致汽油硫含量超标。因此，建议与炼化公司计划部进行沟通，将适应本项目加工的超低硫原油(如：西江油、陆丰油)调配给公司加工生产，将常压渣油硫含量控制在0.15%以下，这样基本上可以将DCC装置催化汽油的硫含量基本上可以控制在200ppm以下。因源头的质量问题在事前得到有效控制，只有注重事前的预防和控制工作，才有可能从根本上提高产品的质量，降低生产成本。

经过与炼化公司沟通配置了一部分西江原油，原油结构变为涠洲原油、陆丰原油、西江原油，达到了催化原料整体硫含量下降的目的。

3.2 工艺及过程控制

3.2.1 工艺改善

3.2.1.1 工艺管理

生产工艺和质量检测标准是产品质量必要的技术支持。生产工艺是装置生产的指导性文件，是生产操作人员在生产过程中必须遵循的规章制定，指挥中心应组织通过反复的试验与实践，摸索出合理可行的工艺规程，形成成熟完善的生产工艺，获得必要的作业指导书，并保证成套工艺文件、作业指导书和检验文件的正确性，进而既保证了产品的质量又保证了产品的产量。质量检测标准包括产品的技术指标、要求、检测方法及产品的储运包装等内容，产品有相应的国家标准、行业标准的，直接引用相关标准即可，引用时应严格按照标准规定的指标、方法进行检测。没有相应标准的，企业应参照同行业、同类别的产品制定本企业产品的企业标准，制定的企业标准既要符合制定标准的规范又要满足产品质量检测的需求。成熟完善的生产工艺和准确适宜的质量检测标准组成产品质量必要的软件。

由于工艺流程的先天性不足，在日常生产运行中要加强工艺技术管理，针对不同的原油制定具体的生产调合方案，通过有效地工艺管理，最大限度地降低汽油产品硫含量。

3.2.1.2 催化装置操作方法上控制

1）降低干点

根据汽油产品中硫含量的颁布规律，约70%的硫集中在重汽油组分中，DCC装置通过降低汽油干点（≤180℃）的措施，达到降低催化汽油硫含量的目的。

2）添加硫转移剂

DCC装置催化剂中添加硫转移剂，根据国内同类装置运行经验，在催化剂中添加硫转移剂，可以降低汽油硫含量达20个单位左右。

3）第二反应器回炼重汽油

由于近70%的汽油硫集中在重汽油中，可以利用现有的汽油分割塔，将轻、重汽油进行切割分离，重汽油送到第二反应器进行回炼，这样也可以有效地降低汽油硫含量。

3.2.1.3 增加汽油加氢装置

建设汽油加氢装置，大幅度降低了催化汽油硫含量。东方石化汽油加氢装置采用全馏分催化汽油选择加氢脱硫技术（CDOS-FRCN）工艺路线，在较低的压力和缓和的操作条件下实现深度加氢脱硫，并尽量保留烯烃和降低辛烷值的损失。该技术采用三种催化剂，一种是脱二烯烃催化剂HDDO-100，该剂在很低的温度和很低的氢油比下具有良好的选择加氢脱除二烯烃、降低硫醇硫及小分子硫化物转化大分子硫化物等性能；一种是选择性加氢脱硫催化剂HDOS-200A和选择加氢脱硫醇催化剂HDMS-100，HDOS-200A具有良好的加氢脱硫选择性，催化剂HDMS-100属Ni系催化剂，相比Mo-Co催化剂对于硫醇硫具有很高的氢解作用，可达到汽油深度脱硫同时，使汽油硫醇硫指标合格，而汽油辛烷值基本不损失，具有良好的加氢脱硫醇选择性及辛烷值保持性能。

汽油加氢装置建设投产后，经过一段时间的运行，催化汽油的硫含量稳定的控制在10mg/kg以内。

3.2.2 完善监测仪器管理制度

完善监测仪器管理制度，对这些监测仪器定期的检查、校验，及时更新，使这些仪器真正起到监测指导生产的作用。检测仪器是检测产品质量时用到的仪器设备，包括色谱仪、光谱仪、质谱仪、分析天平、温度计、高温炉、玻璃仪器等等，产品质量的优劣都是通过这些仪器检测出来的，仪器的灵敏度、准确度、检出限将直接影响产品质量的监测结果，由于这些仪器监测出的数据代表产品的最终质量情况，对检测仪器的管理至关重要，购买仪器时要从仪器的灵敏度、准确度、检出限能够满足产品质量检测要求上综合考虑，分析人员要按照仪器规定的方法对仪器进行正确的使用、维护和保养，定期进行校准，或者和周边有分析能力的实验室比对。从而能够真实地反应产品的内在质量，保证检测结果的准确性。

3.2.3 中间产品的质量控制

对中间产品的质量控制，需要制定生产工艺、质量标准、质量控制程序、检验规程和化验分析计划。在生产运行时，各生产运行部要严格按照生产工艺规定的规程进行生产，生产出来后由化验中心按照质量标准和检验规程对中间产品进行检测，检测合格后才投入到下道工序。对于不合格的中间产品由车间进行返工处理或单独存放并做好标识，总之不能进入下道工序。指挥中心、化验中心要严格执行中间产品质量控制程序，运行六部动用中间产品时要注意合格品与不合格品的状态标识，化验中心要做好质量判定及标识工作，标明产品的状态并做好记录，预防运行六部误动。这样，把握住“合格品转入下道工序”的原则，从而消除在生产过程中中间产品对最终产品质量的影响因素。

3.3 成品的控制与管理

编制产品调和和出厂方案并流程化，硫含量控制方面设定了不大于8mg/kg的出厂内控指标，保证出厂产品质量合格。不合格成品包括两部分，一是企业自已检验出的不合格品，二是成品交付后客户经检测产生异议而认定的不合格品；对于第一种情况由企业自己出具方案处理，第二种情况应由双方的质检部门进行沟通，共同取样，按双方既定或一致认同的成品检测方法进行检测，确系质量问题，做好售后服务工作。

3.4　全员的质量意识、员工的能力、培训与意识—质量保证的关键

公司领导质量意识和职能的发挥是关键，首先决策层要不断更新经营理念，强化自身的质量意识和竞争意识，在企业运行质量管理体系（ISO9001：2008），确定正确的质量方针、目标，并为全体员工所理解和贯彻实施，重视建立质量激励机制，还要有指定的管理者代表，明确其职权，重视质量管理体系审核，增强质量管理体系的适应性和有效性。其次各级领导要不断更新思想，强化自身的质量意识，通过培训教育来提高全体职工的质量意识和质量控制技能，重视质量管理基础工作。生产操作人员要经过严格的培训考核取得上岗资格，应精通工艺规程、具备过硬的过硬的操作技能，工作时还应认真严格执行操作规程，不懈怠，不违反工艺规程，保证生产出高品质的产品。化验人员应具备娴熟的检测技能，正确的使用各种分析仪器，严格按照产品质量标准规定的方法进行检测，保证提供准确的产品质量数据。

4　结论

东方石化在现有工艺条件下加工陆丰、涠洲混合原油时，常渣硫含量与原油硫含量属于高度线性相关，且在原油硫含量为800-1500ppm时，硫传递符合 $y=297.23+1.200x$ 的函数关系。

催化稳定汽油硫含量与催化原料硫含量属于高度线性相关，且在催化原料硫含量为1200-2100ppm时，符合 $y=-9.96+0.107x$ 的函数关系。结合常渣硫含量与原油硫含量关系推导出稳定汽油硫含量与原油硫含量关系大致符合：$y_{稳汽}=21.84+0.128x_{原油}$；催化汽油产品硫含量与原料硫含量属于高度线性相关，汽油产品硫含量受原料硫含量影响大。

所以催化汽油的降硫从生产和管理两方面考虑。生产方面，主要是原油品种调整、催化装置操作调整和加氢装置投产。通过原油品种调整和催化装置操作调整，催化汽油硫含量稳定控制到了200mg/kg以内。汽油加氢装置建设投产后，催化汽油的硫含量稳定的控制在10mg/kg以内；管理方面，通过培训教育提高全体员工的素质能力和质量意识，从设备仪器的管理、源头的控制、生产过程的控制、工艺方法的完善等方面加综合考虑，加强管理和控制，保证催化汽油产品的质量。通过实践检验了催化汽油硫含量达到10mg/kg以内的目的。

参 考 文 献

[1] 龚朝兵，花飞，管岳贵. 硫在原油加工过程中的分布及应用[J]. 中外能源，2012，17(5)：84-89.

[2] 李明，李学军，张利侠. 硫氮污染源在各炼油装置中的分布，[J]. 石油工程建设，2010，36(6)：10-14.

[3] 郁军荣. 原油加工过程中硫分布的研究[J]. 石油化工技术与经济，2009，25(1)：20-23.

[4] 杨书显. 原油加工过程中硫分布规律分析与探讨[J]. 石油化工腐蚀与防护，2005，22(3)：30-33.

[5] 唐丽丽，赵东风，李石，欧阳振宇. 典型炼厂硫转移及硫分布分析研究[J]. 工业安全与环保，2013，9：89.

[6] 梁瑜. 加工塔河油技术分析[D]. 天津：天津大学化工学院，2012.

[7] 蔡建崇，彭成华，杨峰. CDOS-FRCN Ⅱ工艺在50万t汽油加氢装置中的应用[J]. 现代化工，2015(7)：132-134.

[8] 马文明，谢朝钢，朱根权，赵长斌. 2.2Mt/a增强型催化裂解装置运行情况分析[J]. 石油炼制与化工，2018(1)：8-14.

劣质重油悬浮床加氢裂化技术进展

黄新平 刘 钊 伍三军 王雪梅

（中国石油克拉玛依石化有限责任公司炼油化工研究院）

摘 要 悬浮床加氢裂化技术在重油加工方面具有原料适用性强，转化率高的优点。本文对国内外的多种悬浮床加氢裂化工艺技术从工艺流程、催化剂和技术特点等方面进行了详细的对比总结。结果表明，未来悬浮床加氢裂化技术发展的重点是高效催化剂的研发和技术的工程化转化。

关键词 重油加工；悬浮床加氢裂化技术；催化剂；工业化

1 前言

随着常规石油资源日益减少和重油开采技术日臻成熟，原油的生产呈现重质化、劣质化的趋势。因此，劣质重油的轻质化将成为炼油行业必须面对的一个重要问题。渣油加氢工艺对于高杂质含量的渣油原料加工有较好的适应性，在劣质重油加工中发挥着越来越重要的作用[1-6]。传统的重油固定床加氢处理工艺对原料要求残炭值低于15w%，总金属含量不超过200μg·g^{-1}，在劣质重油加工的使用存在一定的限制，而沸腾床加氢与悬浮床加氢技术在劣质重油的加工中可以适应更劣质的减渣，但工艺流程和设备更复杂，投资也更高。渣油主要加工工艺技术对比见表1。在几种渣油加氢工艺中，重油悬浮床加氢裂化技术对原料的适应性最强，尤其是对其他几种渣油加氢工艺影响较大的高金属、高残炭原料，且转化率高，符合提高资源利用率的发展趋势。

表1 重油加工工艺对比

加工工艺		重油催化裂化	延迟焦化	重油固定床加氢	重油沸腾床加氢	重油悬浮床加氢
原料油性质	残炭/%(w)	<8%	没有限制	<15	<40	没有限制
	总金属含量/(mg/g)	<20	没有限制	<200	<400	没有限制
工艺条件	反应温度/℃	500~520	495~505	370~420	400~450	430~480
	反应压力/MPa	~0.1	0.1~0.3	15~20	>15	10~20
	空速/hr^{-1}	—	—	0.2~0.5	0.2~0.8	0.7~1.0
技术难易程度		中等	低	低	复杂	复杂
技术的成熟性		成熟	成熟	成熟	较成熟	基本成熟
装置投资		低	低	中等	较高	中等

2 国外重油悬浮床加氢裂化工艺的研究进展

目前，国外主要的炼油技术提供商均开展了重油悬浮床加氢裂化技术的研究，主要有意大利ENI公司的EST工艺、委内瑞拉Intevep与法国Axens合作开发的HDHPLUS-SHP工艺、KBR和BP公司合作开发的VCC工艺、UOP公司的Uniflex工艺等[7-9]。

2.1 意大利ENI公司的EST技术

（1）工艺流程和操作条件

EST技术的工艺流程(图1)：催化剂与原料混合后进行悬浮床加氢反应；反应产物经过分离分别得到气体、石脑油、柴油以及减压馏分油(VGO)和减压尾油；减压尾油采用C_3或C_4进行溶剂脱沥青，脱油沥青(主要是沥青质与催化剂)循环反应；脱沥青油与VGO作为进一步深加工的原料。EST技术的主要特点：①原料的适应性强；②原料油全部转化；③产品质量优良，汽柴油能够满足欧Ⅳ标准；④原料油中的金属全部脱除；⑤没有燃料油或焦炭产物；⑥催化剂的消耗很低。

（2）催化剂

EST减压渣油悬浮床加氢裂化所用的催化剂

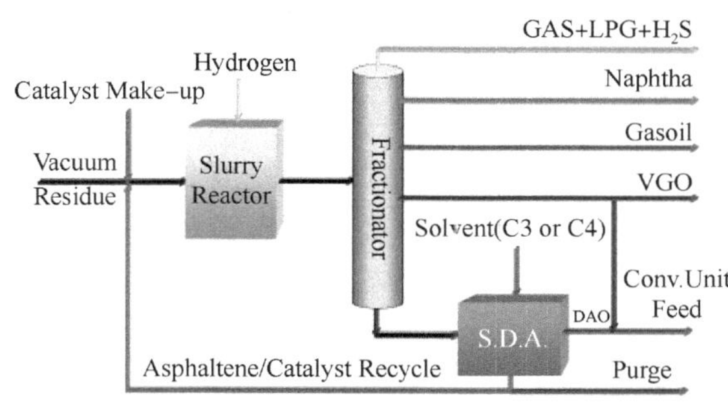

图 1　EST 技术的工艺流程

是一种油溶性母体在反应器中转化为以纳米级薄层形式存在的无载体的 MoS2，不会因金属和焦炭沉积在载体的孔隙中而出现堵塞问题，生焦的影响很小、表面积大和不存在传质扩散阻力，使 EST 催化剂比载体催化剂有更高的活性。

（3）半工业示范装置运行结果

建在 ENI 公司 Taranto 炼油厂的 5×10^4t/a 半工业示范装置于 2005 年底开始运转，装置稳定的运行情况和运行结果表明，EST 减压渣油悬浮床加氢裂化技术有较好的原料适应性和灵活性，脱金属率(HDM)大于 99%，脱残炭率(HDCCR)大于 97%，脱硫率(HDS)大于 85%，脱氮率(HDN)大于 40%，在技术上和经济上都是可行的。

（4）工业装置建设进展

ENI 公司于 2014 年在意大利 Sannazzaro 建设有一套加工能力是 115×10^4t/a 的悬浮床加氢工业装置，已经开工投产，是世界上第一套减压渣油悬浮床加氢裂化工业装置，其原则流程如图 2 所示。同时 2018 年 ENI 公司在国内中石化茂名石化建设一套 260×10^4t/a 的悬浮床加氢工业装置，浙江石化建设两套 300×10^4t/a 的悬浮床加氢工业装置，都在建设过程中。

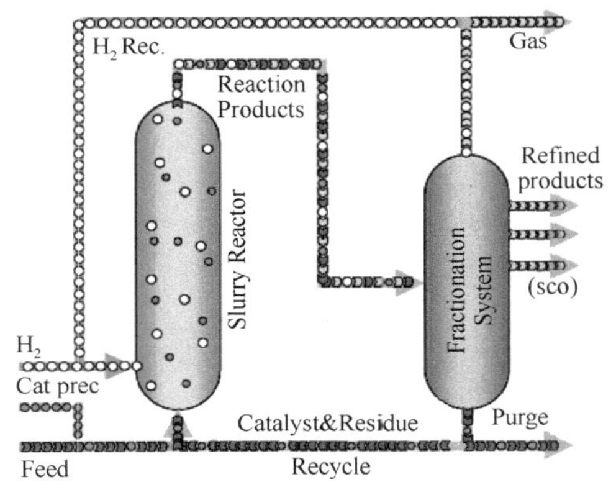

图 2　Sannazzaro 炼油厂悬浮床加氢裂化装置工艺流程

2.2　法国 Axens/IFP 公司与委内瑞拉 Intevep/PDVSA 合作开发的 HDHPLUS-SHP 技术

（1）工艺流程和操作条件

HDHPLUS-SHP 技术的主要特点是：①转化率可达 85%～93% 的渣油催化加氢转化技术；②渣油在临氢、固体添加剂和催化剂的作用下转化为高价值的以轻组分为主的产物；③金属催化剂通常分散在渣油中，形成起催化作用的乳状液；④添加剂是一种通过机械破碎和热处理方式制备得到不同特性的材料，以控制反应器内的流体力学特征；⑤可以处理含硫、金属、沥青质的减压渣油；⑥反应器为圆柱形的内部具有泡沫上升空间的三相反应器。

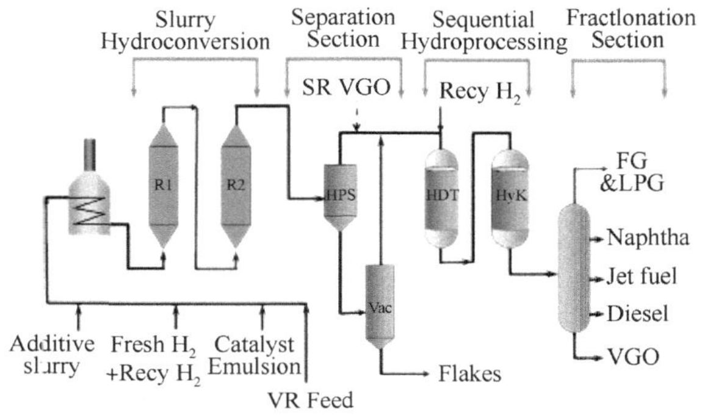

图 3　HDHPLUS-SHP 联合工艺流程

（2）催化剂

HDHPLUS 所用的催化剂是委内瑞拉富产的一种天然矿物，成本很低，其中含 4%～5w% 的钒和 1w% 的镍。它不仅有加氢转化功能，还能抑制气体和焦炭生成，促进脱金属，容金属能力强。催化剂用量为 2%～5w%。

（3）工业装置建设进展

委内瑞拉国家石油公司计划在 PuertoLaCruz 炼油厂和 ElPalito 炼油厂新建两套大型减压渣油悬浮床加氢裂化装置：加工能力分别为 50000bbl/d 和 46000bbl/d，减压渣油转化率 85%～92%；计划 2011 年投产，投资 17 亿～20 亿欧元，两套装置的建设从 2008 年一直停滞，暂时没有进一步消息。

2.3　UOP 公司的 Uniflex 工艺

（1）工艺流程和操作条件

Uniflex 工艺的特点是含有催化剂的原料油和循环氢在各自加热炉中分别加热到反应温度，然后进入浆态床反应器底部反应，转化完后产物经冷却进入一系列分离器，气体循环返回反应器，液体分馏得到馏分油和未转化的沥青残渣，部分减压重瓦斯油循环返回浆态床反应器进一步转化。Uniflex 工艺的反应温度为435～470℃，反应压力为14MPa。Uniflex 工艺反应后会产生较多的沥青残渣，约占进料的10%，通常用作锅炉燃料。其工艺流程如图4所示。

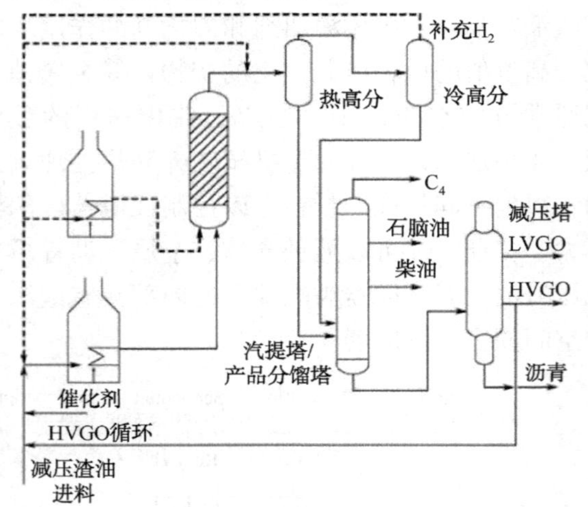

图4　Uniflex 工艺流程示意图

(2) 催化剂

Uniflex 减压渣油悬浮床加氢裂化所用的催化剂是一种能抑制生焦的廉价催化剂，不会因焦炭和原料油中高含量的有机金属化合物而中毒。这种专用的纳米级固体化剂(硫酸铁-水化合物在反应器中转化为硫化铁)与原料油混合，可使重组分的转化率达到最高并抑制生焦。催化剂的用量决定于原料油质量和操作苛刻度。催化剂具有双功能，主要为裂化产物的稳定提供缓和的加氢活性，同时限制芳烃饱和。

(3) 工业示范装置运行结果

加拿大 Montreal 炼油厂 5000bbl/d 工业示范装置曾以冷湖沥青的减压渣油为原料进行长期运转，结果表明能够实现高转化率并得到很高的中馏分油收率。在最苛刻的条件下运行，大于524℃馏分的转化率达到94w%，中馏分油收率是53%，C4～524℃收率略高于102%。

(4) 工业装置建设进展

目前 UOP 公司提出的工业集成方案主要有两种：一种是 Uniflex 与加氢处理集成生产超低硫柴油，工艺流程如图5所示。另一种是 Uniflex 与加氢处理集成生产船用燃料油，其工艺流程如图6所示。UOP 公司第一套工业装置将建在巴基斯坦卡拉奇炼厂 100×10^4t/a，目前还在计划过程中，没有进一步的消息。

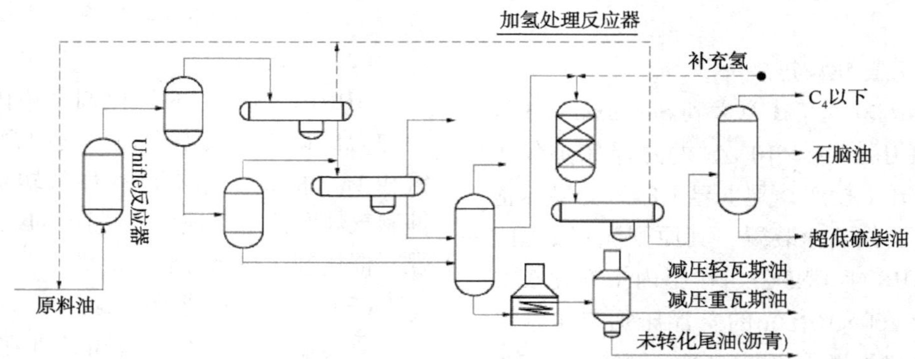

图5　Uniflex 与加氢处理集成生产超低硫柴油工艺流程

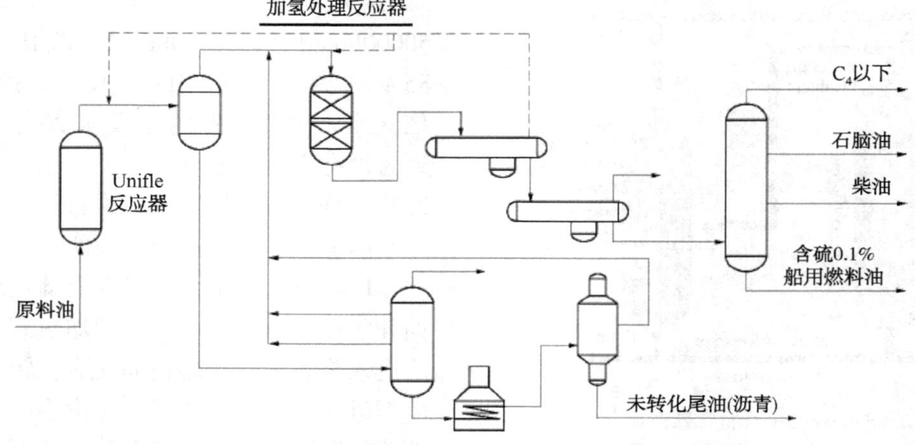

图6　Uniflex 与加氢处理集成生产船用燃料油工艺流程

2.4 KBR公司和BP公司合作推出的VCC悬浮床加氢裂化技术

（1）工艺流程和操作条件

BPVCC减压渣油悬浮床加氢裂化工艺流程如图7所示。减压渣油与催化剂和氢气混合，经换热和加热至反应温度以后进悬浮床反应器。反应系统是几台反应器串联，以克服返混的不利影响。通常反应系统的操作压力较高，在18～20MPa之间。在热分离器中，转化产物与未转化尾油分离，未转化尾油从热分离器底部排出，进减压蒸馏塔回收馏分油后，剩下的加氢渣油从减压塔底排出。回收的馏分油与热分离器顶部得到的馏分油一起在加氢处理反应器中进一步加工。

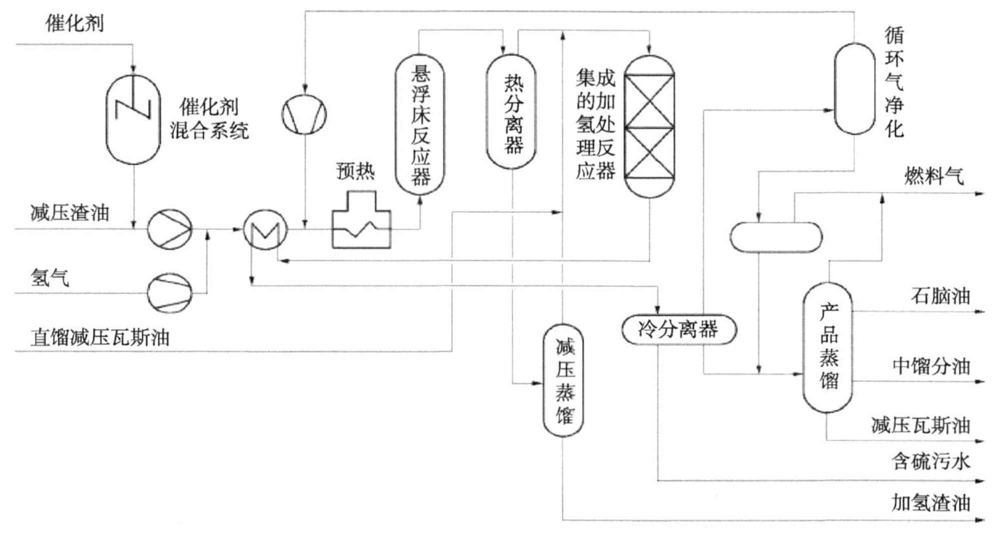

图7 BPVCC减压渣油悬浮床加氢裂化工艺流程

（2）催化剂

BPVCC所用的催化剂是一种炼铝工业的废料或褐煤半焦，并且含有镍和铁，呈粉末状，其用量通常为不大于2%（质量分数），成本较低。

（3）工业示范装置运行结果

BP公司3500bbl/d工业示范装置已成功运转10多年，主要特点是渣油转化率在95%以上，高压操作，稳定性和可靠性高，可用原料多，产品收率分布灵活，产品质量符合清洁燃料标准。

（4）工业装置建设进展

2015年KBR公司和中国延长石油集团合作，建设两套45万吨/年悬浮床加氢裂化装置，装置运行一段时间后，出现问题，目前正在停工改造中。2017年KBR公司计划在俄罗斯建设270万吨/年悬浮床加氢裂化装置，目前还没有进一步报道。

2.5 国外悬浮床加氢裂化技术比较总结

综合归纳上述几种减压渣油悬浮床加氢裂化技术的有关情况（表2），对比结果如下。

表2 国外悬浮床加氢技术对比

工艺名称	EST	HDHPLUS-SHP	Uniflex	VCC
技术拥有商	ENI	PDVSA和Axens	UOP	BP和KBR
装置规模/万吨/年	115	200（计划）	20	45
反应温度/℃	400～425	440～470	435～470	440～485
反应总压力/MPa	16	18～20	14	18～23
空速/hr^{-1}	0.3	0.4～0.7	—	0.5
催化剂类型	钼基	天然矿物	铁基纳米分散催化剂	天然矿物，褐煤
工艺路线	尾油循环	一次通过	重VGO循环	一次通过
单程转化率	低	85～92w%	90w%	95w%
尾油收率/%（w）	2.5～3.8	～10	～10	～5
工业化情况	实现	未实现	未实现	实现

（1）操作条件和催化剂类型有差别

国外悬浮床加氢裂化技术大体上可以分为3类：第一类是采用较高的压力、成本较低的催化剂和较高的空速，悬浮床加氢裂化反应系统与生成油加氢处理（或加氢裂化）集成在一套装置中，有利于提高产品质量并节省投资和操作费用，这类技术包括BPVCC技术和HDHPLUS技术；第二类是采用较低的压力、成本较高的催化剂和较低的空速（新鲜原料），悬浮床加氢裂化产品在另外的装置中加工，EST技术就属于这一类；第三类技术介于前两类之间，高压低空速，需要较大的压力容器，但稳定性好、灵活性大。

（2）工艺方案有所不同

BPVCC、HDHPLUS和Uniflex都采用一次通过高转化率方案，Uniflex把部分减压重瓦斯油循环；EST采用低转化率未转化尾油多次循环方案，最终实现高转化率。

（3）转化率有差异

减压渣油悬浮床加氢裂化技术成熟的首要标志就是转化率高，排出的尾油量少。上述4种技术均可实现高转化率，但都不是100%，都要排出一些尾油，有的还比较多。

EST的单程转化率相对不高，但通过未转化尾油多次循环实现高转化率，大型工业装置设计排出的尾油量是新鲜原料的2.5%~3.8%。

HDHPLUS大型工业装置设计单程转化率在85%~92%之间，沥青质转化率在80%~85%之间，排出的尾油量低于新鲜原料的10%。

BPVCC工业示范装置的最高转化率是95%，要排出5%以上的尾油。BP公司最近的报告称，当原料油转化率为95%时，沥青质转化率为90%。

Uniflex工业示范装置的最高转化率是94%，未给出沥青质转化率的数据，但UOP公司的报告称，排出的尾油（沥青）量约占新鲜原料油的10%。

（4）在建工业装置不多

目前ENI公司在意大利建设的115万吨/年工业装置于2014年投产。国内茂名石化正在建设260万吨/年工业装置，浙江石化正在建设两套300万吨/年工业装置。

KBR公司建在我国延长石油公司，两套45万吨/年工业装置，2016年投产；还有一套建在俄罗斯，原料为减压渣油，270万吨/年，计划2017年投产，目前还没有获得工业装置正常运行的数据参数。

3 国内重油悬浮床加氢裂化工艺的研究现状

随着国内劣质原油加工数量的不断增加，国内对渣油悬浮床加氢的技术开发也有长足的发展，部分技术已经完成了工业示范装置的建设与开工。

3.1 中石油和中国石油大学（华东）联合开发的悬浮床加氢技术

中国石油与中国石油大学（华东）、抚顺石化公司、中国石油石化研究院、克拉玛依石化公司、清华大学、中国石化工程建设公司等单位联合开展重油悬浮床加氢裂化技术的实验室研究和工业化试验工作，并于2004年在中国石油抚顺石油三厂建成5万吨/年重油悬浮床加氢裂化工业化试验装置，装置由反应系统、常减压分馏系统、催化剂硫化分散系统组成，于2004~2007年期间内进行了三个阶段工业化试验。原设计催化剂为铁、钼、镍多金属水溶性催化剂，工艺条件为：反应温度430~460℃，反应分压9~13MPa。目前石油大学重新开发了新一代的多金属油溶性催化剂，但还没有经过工业示范试验应用。图8为石油大学悬浮床加氢工艺流程。

3.2 北京三聚环保公司和北京华石能源公司联合开发的超级悬浮床加氢技术

北京三聚环保公司和北京华石能源公司联合开发的超级悬浮床加氢MCT技术，该技术建立在VCC技术路线之上，由福州大学为其开发了非油溶非水溶铁系多金属固体粉末催化剂，并对将悬浮床段与加氢裂化（处理）段由一个循环系统调整为独立的两个系统，并在催化剂混合、尾渣分离与分馏系统均进行了相应的优化。该技术主要用于加工非常规原油（超重原油、油砂、页岩油）及渣油、催化油浆、焦油、沥青、煤焦油等重劣质原料，可大幅提升重劣质原料的转化率。工艺条件为：反应温度430~470℃，反应压力18~23MPa，反应空速0.5h^{-1}（新鲜进料），总空速1.0h^{-1}，转化率大于95%。

北京三聚与北京华石于2016年在鹤壁建成一套5万吨MCT-10.8万吨加氢裂化/年工业示范装置，该装置于2016年2月首次开车成功后，加工原料以煤焦油为主，连续安全平稳运行6个月，悬浮床单元总转化率96%~99%，轻油收率92%~95%。

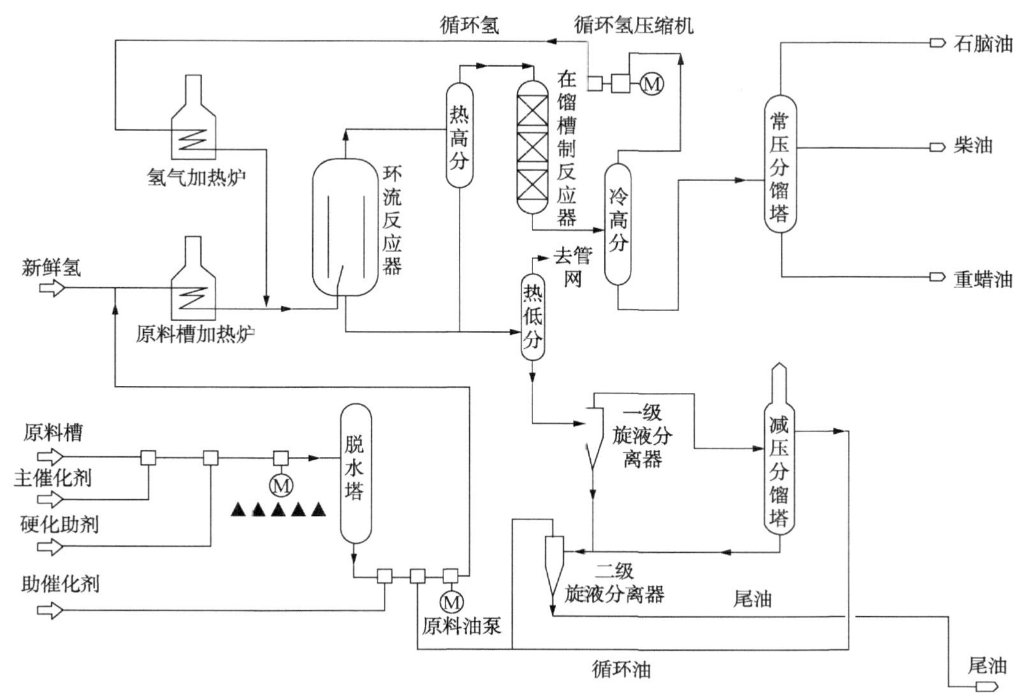

图 8 重油悬浮床加氢原则流程图

3.3 神华煤直接液化工艺技术

神华集团有限责任公司与北京煤化所合作开发了神华煤直接液化工艺技术，将煤磨碎成细粉后，与溶剂油混合制成煤浆，然后在高温、高压和催化剂存在的条件下，通过加氢裂化使煤中复杂的有机化学结构分子直接转化为清洁的液体燃料和其他化工产品。催化剂为铁系负载型催化剂，工艺条件为：反应温度 440-460℃，反应压力 18~20MPa，煤的转化率大于 90%。2008 年建成 200 万吨/年煤直接液化工业示范装置，是世界上第一套大型浆态床加氢工业装置，累计运行上万小时，工业化程度趋于成熟。图 9 为煤液化技术的主要流程示意图。

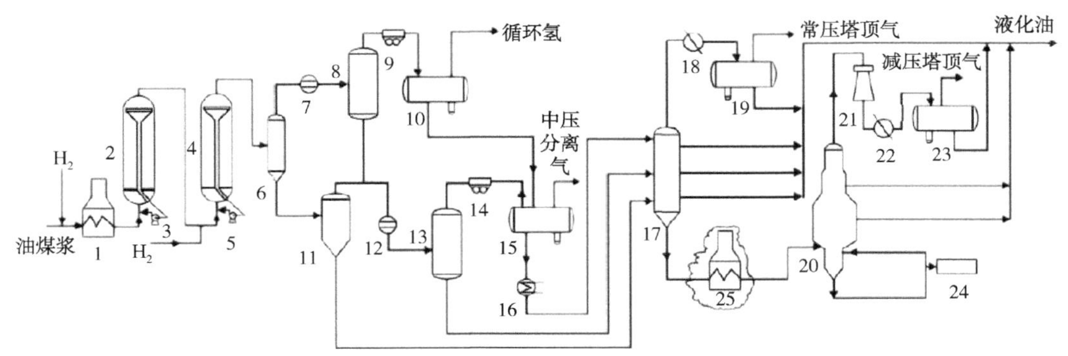

图 9 煤液化装置原则流程示意图

1—煤浆加热炉；2—煤液化第一反应器；3，5—循环泵；4—煤液化第二反应器；6—高温高压分离器；7，12，16—换热器；8—温高压分离器；9，14—空气冷却器；10—冷高压分离器；11—高温中压分离器；13—温中压分离器；15—冷中压分离器；17—常压蒸馏塔；18，22—冷却器；19，23—分离器；20—减压蒸馏塔；21—抽空器；24—成型机；25—减压塔进料加热炉(后增)

3.4 抚顺石油化工研究院悬浮床加氢技术

中国石化抚顺石油化工研究院在 20 世纪 90 年代初开始研究渣油悬浮床加氢技术，在分散型催化剂的制备和筛选、悬浮床加氢工艺等方面做了大量的研究工作，该院研究的水溶性乳化分散催化剂，金属加入量 200~400μg/g，在 10~15MPa，420~450℃条件下处理孤岛减渣，524℃以上馏分单程总转化率达到 50%-70%，生焦率低于 0.5%，目前该技术还未进入工业化放大阶段。

3.5 国内悬浮床加氢裂化技术比较总结

通过对国内几个主要的渣油悬浮床加氢裂化技术的讨论可以发现，由于起步较晚，国内的渣油悬浮床加氢裂化技术研究的发展与国外企业相比进展较慢，大部分还停留在实验室阶段。北京三聚环保开发的 MCT 超级悬浮床技术已经具备了进行工程放大的可行性。

4 展望

在原油重质化加剧、轻质清洁燃料需求量和品质持续增长的大环境下，悬浮床加氢裂化技术作为重油加工的先进技术，将在重油深度加工、提高转化率和轻油收率等方面发挥更为重要的作用，工业应用前景广阔。

目前需要进一步加强研发的一方面是新型高活性催化剂的制备技术，决定着悬浮床加氢裂化技术的高转化率和抑制生焦，工业装置运行周期；另一方面需要进一步发展悬浮床加氢裂化技术的工程化转化，积累更多的工业运行经验，完善工艺流程优化和关键设备的长周期运行。

参考文献

[1] 方向晨. 国内外渣油加氢处理技术发展现状及分析[J]. 化工进展，2011，30(1)：95-104.

[2] 张庆军，刘文洁，王鑫，等. 国外渣油加氢技术研究进展[J]. 化工进展，2015，34(8)：2988-3002.

[3] 陶梦莹，侯焕娣，董明，李吉广，权奕. 浆态床加氢技术的研究进展[J]. 现代化工，2015，35(05)：34-37，39.

[4] 王明进，童凤丫. 浆态床渣油加氢催化剂研究进展[J]. 工业催化，2015，23(09)：659-665.

[5] 许可，侯焕娣，董明，李吉广，陶梦莹，赵飞. 浆态床渣油加氢催化剂研究进展[J]. 现代化工，2017，37(05)：55-58.

[6] 刘元东，郜亮，温朗友，宗保宁. 浆态床重油改质技术新进展[J]. 化工进展，2010，29(09)：1589-1596.

[7] 刘美，刘金东，张树广，张海洪，等. 悬浮床重油加氢裂化技术进展[J]. 应用化工，2017，46(12)：2435-2440.

[8] 倪术荣，徐伟池，吴显军，王刚，郭金涛. 浆态床加氢裂化工艺技术进展[J]. 炼油与化工，2018，29(06)：1-3.

[9] 李雪静，乔明，魏寿祥，朱庆云，郑丽君. 劣质重油加工技术进展与发展趋势[J]. 石化技术与应用，2019，37(01)：1-8.

新型催化剂级配体系在1.4Mt/a加氢裂化装置的应用

闫司晗

（中国石化上海高桥石油化工有限公司）

摘　要　本文介绍了高桥石化加氢裂化装置使用的催化剂升级换代，装填过程采用了新型的级配方案。将FRIPP开发的FF-56、FF-66、FC-32A、FC-52、FC-80的催化剂体系。对比上一周期的催化剂体系下的反应系统参数变化、产品分布、产品质量。产品分布中的气相产品减少、中油收率升高；产品质量上有所改善，航煤产品中理想组分增加，柴油凝点降低，尾油的BMCI至降低，黏度指数提高。结果表明新的催化剂级配体系下，中油收率增加，产品性质得到改良。

关键词　加氢裂化；催化剂；航煤；BMCI；级配

随着对原油的持续开采，世界原油资源劣质化趋势明显，重质原油和含硫、高硫原油比例增加，已占原油总产量的75%以上，今后十年间含硫和高硫原油比例还会进一步增加。我国进口原油将更多的趋向于重质化、劣质化。加氢裂化作为重油深加工的工艺技术之一，具有原油适应性强、产品结构灵活以及实现清洁生产的同时，提高油品质量、改善产品结构的优点。在燃料-化工型或燃料-润滑油型的的原油加工方案中都扮演着重要角色。

高桥石化1.4Mt/a加氢裂化装置采用单段串联一次通过的工艺，2018年检修后进入第四周期运转。检修更换催化剂的方案上采用了FRIPP近年来开发的高效加氢裂化催化剂级配技术。

1　催化剂级配技术简介

1.1　催化剂主要物化性质

本装置上周期装填的是FRIPP开发的FF-56、FC-32A、3976催化剂，此次装置精制催化剂采用了新型的FF-66型加氢精制催化剂；裂化反应器使用了活性更高的FC-52催化剂和裂化性能较弱但加氢性能和选择性更好的FC-80加氢裂化催化剂（表1）。

表1　精制催化剂对比

保护剂	FF-56(部分再生)	FF-66
化学组成：		
MoO_3	22.0~25.0	20.0~24.0
NiO	3.6~4.2	4.0~4.8
物理性质：		
外观形状	三叶草/齿球	三叶草
孔容/(mL/g)	>0.32	>0.35
比表面/(m_2/g)	>160	>170
颗粒直径/mm	1.0~1.4	1.0~1.4
条长/mm	2~8	2~8
堆积密度/(g/cm^3)	0.93~0.96	0.75~0.85
压碎强度/(N/cm)	≥150	≥150

表2　裂化催化剂对比

催化剂	3976（弃用）	FC-32A（部分再生）	FC-52	FC-80
化学组成：				
WO_3	25.7	—	—	≥21.5
MoO_3	—	14.5~19.5	15.0~19.0	—
NiO	5.8	5.0~6.0	4.8~6.4	≥5.5
载体	CY分子筛不定型硅铝	改性Y分子筛	改性Y分子筛	BSSY分子筛
物理性质：				
外观形状	圆柱条形	齿球型	齿球型	齿球型
孔容/(mL/g)	0.30	≥0.32	≥0.33	≥0.30
比表面/(m^2/g)	260	≥260	≥350	≥180
颗粒直径/mm	6.0~8.0	2.0~2.4	2.0~2.6	2.0~2.6
堆积密度/(g/cm^3)	~0.9	~0.85	0.64~0.72	0.76~0.84
压碎强度/(N/cm)		≥50		
压碎强度/(N/粒)			≥30	≥30

从表2中可以看出级配方案中FC-32A、FC-52和FC-80三种催化剂的活性和特点不尽相同，其中FC-52大幅提高了比表面积提供了更多加氢、裂化反应的活性中心，同时降低装填密度，防止反应热积蓄造成活性下降甚至烧结，将其放置在第一床层可以通过精致反应器内生成的氨抑制催化剂过强的活性，同时可以保证第一床层的裂化反应深度；

再生的FC-32A催化剂装填在二、三床层，保证了裂化反应的持续进行，目前是装置调节裂化反应深度和高低分产品轻重比的重要手段；最后一床层采用富含孔结构的FC-80催化剂，以钨-镍作为活性金属，其活性中心对原料油中各组分的加氢反应机理不同于钼-钨系活性组分的催化剂，提高了反应的选择性，也改善了产品质量。

通过催化剂的理化性质以及级配方案，可以粗略了解到该级配方案对装置提升中油收率、改善产品性质有一定的帮助。

1.2 催化剂级配方案

FRIPP推荐的催化剂级配方案如表3所示。

（1）精制反应器FF-56加氢精制催化剂卸出再生后继续使用，不足部分补充FRIPP最新研制开发的具有更高脱氮活性、脱硫活性和活性稳定性的FF-66加氢精制催化剂；

（2）裂化反应器第一床层和第二床层的再生3976加氢裂化催化剂撇出弃用，第二床层底部、第三床层和第四床层的齿球型FC-32A加氢裂化催化剂卸出再生后继续使用，第四床层底部的FF-56后处理催化剂卸出后弃用；

（3）裂化反应器采用FRIPP开发的加氢裂化催化剂级配技术，第一床层裂化反应器装填加氢裂化活性相对较高的FC-52加氢裂化催化剂，第二床层和第三床层装填再生FC-32A加氢裂化催化剂，第四床层装填FC-80润滑油型加氢裂化催化剂，FC-80催化剂具有良好的加氢和加氢开环性能有利于改善加氢裂化产品质量、提高裂化反应选择性、提高催化剂运转稳定性，改善尾油BMCI值并兼产优质3#喷气燃料。后处理催化剂换用齿球型FF-66后处理催化剂。增强了催化剂的活性、选择性和加氢性能。

表3 精制反应器催化剂装填表

床层	装填物质	装填高度/mm	装填体积/m^3	装填重量/t	装填密度/(t/m^3)
一床层	空高	160			
	FZC-100B	90	1.25	0.80	0.642
	FZC-105	380	4.31	2.02	0.469
	FZC-106	470	5.67	2.65	0.468
	再生FF-56(密相)	6720	76.17	78.00	1.024
	φ3瓷球	100		1.15	
	φ6瓷球	140		2.0	
二床层	空高	100			
	φ10瓷球	110	1.25	1.00	
	再生FF-56(再生)	6980	79.12	79.97	1.011
	FF-66(密相)	3410	38.65	30.95	0.801
	φ3瓷球	60	0.68	0.75	
	φ6瓷球	140	1.59	1.93	
	φ13瓷球	高出收集器平面200	2.27	3.70	
	φ19瓷球		0.00	1.125	

表4 裂化反应器催化剂装填表

床层	装填物质	装填高度/mm	装填体积/m^3	装填重量/t	装填密度/(t/m^3)
一床层	空高	110			
	φ13瓷球	110		1.250	
	齿球FC-52	3640	41.261	29.150	0.706

续表

床　层	装填物质	装填高度/mm	装填体积/m^3	装填重量/t	装填密度/(t/m^3)
一床层	φ3 瓷球	100		1.250	
	φ6 瓷球	100		1.250	
二床层	空高	70			
	φ6 瓷球	100	1.134	1.250	
	再生 FC-32A	3530	40.014	33.000	0.825
	φ3 瓷球	70	0.793	0.700	
	φ6 瓷球	130	1.474	1.800	
三床层	空高	120			
	φ6 瓷球	100	1.134	1.250	
	再生 FC-32A	1920	21.764	18.000	0.827
	FC-80(齿球)	1680	19.043	15.500	0.814
	φ3 瓷球	100	1.134	1.250	
	φ6 瓷球	90	1.020	1.250	
四床层	空高	120			
	φ6 瓷球	110	1.247	1.000	
	齿球 FC-80	3700	41.941	32.800	0.782
	FF-66	1600	18.137	13.050	0.720
	φ3 瓷球	100	1.134	1.500	
	φ6 瓷球	105	1.190	1.250	
	φ13 瓷球	高出收集器平面 210	2.380	5.000	
	φ19 瓷球			1.000	

第四周期，装置催化剂装填量为330.42t，较第三周期的344.43t有所减少，主要原因是裂化反应器第一床层使用了活性更强的FC-52催化剂，装填密度较上周期大幅下降，用量较3976催化剂减少9t；裂化第四床层使用了FC-80催化剂，主要起到改善产品性能的作用，装填密度和装填量有所减少。

由此可见，新型的催化剂级配方案，在设计上满足装置的生产需要，同时减少了催化剂得装填量。

2　与上周期运行情况对比

2.1　原料油变化对比

本装置原料油主要使用常减压装置的减二至减五线的馏分油，通常采用冷热联合供料，一部分由常减压装置馏出口直供，另一部分由油罐补充。为了更准确地评价原料油的变化趋势，对比了装置第三周期、第四周期运行6个月时和第三周期中期的原料性质，见表5。

从表5可以看出，各时期的原料油密度相当，但是原料重质化、劣质化得趋势明显，残碳量、硫含量、2%回收温度和97%回收温度较上周期有较大提高。

表5　三、四周期运行同期装置加工原料变化

项目	单位	2015.5	2017.7	2019.1
密度	(20℃，kg/m^3)	920.95	917.2	922.05
残碳	%	0.18	0.182	0.21
水分	%	0.03	0.03	0.03
氮含量	mg/kg	1189.78	1193.94	1078.27
硫含量	%	1.91	1.844	2.08
2%回收温度	℃	325.00	348.55	357.83
10%回收温度	℃	397.50	385.5	393.23
30%回收温度	℃	—		418.77
50%回收温度	℃	447.50	438.5	441.40
70%回收温度	℃	—		466.50
90%回收温度	℃	473.50	498.5	508.73
97%回收温度	℃	488.50	511.5	530.70
2%-97%回收温度	℃	182.00	161.0	172.87

2.2　反应部分主要参数变化

对比三、四周期的反应运行参数，此次开工

后，精制反应器总温升较上周期基本持平；裂化反应器由于采取了新的级配方案，FC-80催化剂对芳烃具有更高的选择性，需要更多热量进行反应。本周期氢耗略小于第三周期，各床层冷氢量有所降低，一方面可能是由于FC-80更好的控制了二次裂化，另一方面可能是由于催化剂级配装填合理，将理想的反应顺序控制在适当的床层，减少了过度裂化，提高了氢气利用率(表6)。

表6　三、四周期运行同期反应器操作参数变化

项目	单位	2015.5	2019.1	催化剂设计参数
反应进料	t/h	154.92	155.29	167
新氢补入量	Nm^3/h	55563.19	53838.01	—
精制反应器入口温度	℃	348.24	352.88	350
冷氢量	Nm^3/h	26825.27	18159.40	—
精制一床层温升	℃	26.2	24.6	30
精制二床层温升	℃	24.4	25.4	18
精制反应温度CAT1	℃	376.36	375.09	372
裂化反应器入口温度	℃	371.02	371.78	368
一床层冷氢量	NM3/h	41929.58	35286.37	—
二床层冷氢量	Nm^3/h	13266.43	13196.54	—
三床层冷氢量	Nm^3/h	23314.08	19882.94	—
四床层冷氢量	Nm^3/h	24752.21	16860.35	—
裂化一床层温升	℃	4.5	4.8	9
裂化二床层温升	℃	7.6	11.42	9
裂化三床层温升	℃	9.4	10.9	10
裂化四床层温升	℃	11.3	9.6	10
裂化反应温度CAT2	℃	372.86	379.08	378

对比装置运行参数和FRIPP的设计参数，由于油品的重质化、劣质化，即使在新催化剂运行的前期，为保证精制油硫氮含量合格，精制反应器出口温度、反应温度较设计值均有所偏高，反应器温升上也可以看到，精制反应器R3101的两个床层总温升与FRIPP推荐总温升相近，但两个床层温升较为平均，FRIPP推荐操作参数第一床层反应深度更大，将脱硫脱氮反应集中在一床层中进行，目前装置裂化床层催化剂活性正常，精制脱硫脱氮效果较好；裂化反应器的操作参数中，一床层温升与设计推荐参数相差较多，主要是由于裂化反应器一床层装填了活性最高的FC-52催化剂，若温升过高，冷氢控制阀开度将过大(可能会超过60%)，装置紧急状态下的操作裕量将减少；另一方面，加氢精制反应器的出口温升高于推荐温升，也在一定程度上限制了一床层温升的提高。目前产品的产量满足装置运行要求，经与研究院讨论，执行目前的工艺操作参数。

3　催化剂性能评价

3.1　产品分布对比

FF-56、FF-66、FC-52、FC-32A和FC-80催化剂经开工硫化，裂化催化剂钝化后，进油并调整至正常开工，装置根据公司要求，根据增产重石脑油和航煤的方案进行加工。

表7　三、四周期运行同期产品收率对比

项目名称		2015.5	2019.1	产率/%
		产率/%	产率/%	预计
进方	加工量	100	100	100
	氢气	2.47	2.68	
出方	酸性气	0.61	1.17	0.55
	自产干气	3.84	2.23	1.3
	低分气	0.90	1.77	1.6
	液化气	3.94	1.09	1.2
	轻石脑油	7.67	7.30	7.23
	重石脑油	21.36	22.32	22.78
	航空煤油	28.17	30.40	27.64
	柴油	16.71	18.47	17.45
	尾油	19.11	17.75	20.25
	损失	0.15	0.17	—
合计		102.47	102.68	100

从表7可以看出，新型催化剂级配方案下。二次裂化情况较上周期有所减少，液化气产率降低、干气量减少；重石脑油+航空煤油收率由上周期的49.88%提高到了52.72%；尾油产率由19.11%降低至17.75%。

整体上看，级配方案下催化剂对原料中的重组分选择性好，二次裂化少，轻组分收率低，中间产品收率高，新型级配方案下的操作条件可以满足装置生产需求，提高了重石脑油、航煤的收率，达到了公司对装置下达的生产要求。

3.2　产品质量对比

三、四周期运行同期产品性质对比(及换剂设计参数)见表8。

3.2.1　与上周期产品质量对比

从表2-4的产品分析数据中看，与上周期相比，重石脑油产量较上周期有所提高，所以整体馏程变宽，终馏点提高。装置生产的重石脑油是连续重整装置的热进料，拔出更多重石脑油提高重整原料质量的同时也有助于降低全厂柴汽比。

表8　三、四周期运行同期产品性质对比（及换剂设计参数）

分析对象	分析项目	单位	2015.5	2019.1	产品方案预计值
脱硫干气	丙烷	%	16.55	9.59	—
	丙烯	%	0.05	0.01	—
	氮气	%	1.36	11.25	—
	二氧化碳	%	0.00	0.27	—
	反丁烯	%	0.00	0.00	—
	甲烷	%	9.56	9.42	—
	氢气	%	40.84	47.48	—
	顺丁烯	%	0.00	0.00	—
	碳五以上	%	2.90	1.10	—
	氧气	%	0.00	2.68	—
	一氧化碳	%	0.00	0.01	—
	乙烷	%	14.97	10.68	—
	乙烯	%	0.03	0.00	—
	异丁烷	%	6.18	4.74	—
	异丁烯	%	0.02	0.00	—
	正丁烷	%	7.56	2.73	—
	正丁烯	%	0.01	0.00	—
	硫化氢	mg/m³	—	17040.00	—
轻石脑油	C_3	%	0	0	—
	C_4	%	5	1.03	—
	C_5	%	29.62	26.1	—
	C_6	%	41.66	44.52	—
	C_7	%	23.77	27.79	—
	C_8	%	0.15	0.56	—
重石脑油	初馏点	℃	93.6	80.9	78
	10%	℃	107	101.95	98
	50%	℃	120.5	119.7	116
	90%	℃	139.5	150.6	144
	干点	℃	154.9	163.95	166
	全馏量	mL	98	98	—
	密度（20℃）	kg/m³	748.9	—	745.5
航煤	初馏点	℃	148.5	143.7	158
	10%	℃	169.2	165.9	187
	50%	℃	200.9	200.9	209
	90%	℃	247.5	239.8	236
	干点	℃	271.2	261.9	262
	全馏量	mL	98	98	—
	密度（20℃）	kg/m³	806	802.1	801
	闪点（闭口）	℃	45	43	—
	冰点	℃	<-52.0	<-52.0	<-52.0
	银片腐蚀	级	0	0	—
	铜片腐蚀	级	1	1	—
柴油	初馏点	℃	207.6	224.6	263
	10%	℃	249.2	—	278
	50%	℃	305.8	305.7	303
	90%	℃	345	339.6	344
	95%	℃	354.6	352.1	360
	全馏量	mL	—	—	—
	凝固点	℃	-2	-6.5	
	密度（20℃）	kg/m³	821.1	820.7	820.5
	铜片腐蚀	级	1	1	—
尾油	2%	℃	346	347	368
	10%	℃	375	383.5	389
	50%	℃	412	407.5	435
	90%	℃	465	457.5	486
	97%	℃	485	482	506
	全馏量	mL	139	137	—
	密度（20℃）	℃	844.1	839.2	836
	BMCI值		16	10.2	9.6
	含硫	ppm	<3.2	2.26	—
	含氮	ppm	0.56	0.815	—
	残炭	%	0.04	0.04	—

本周期装置产出的航空煤油各参数均符合喷气燃料要求，但是在增加产率的同时终馏点收窄，整体较上周期偏轻，密度也略有降低，可以看出在采用新的级配方案后航空煤油的产品组分有所变化，经过产品改性，航煤产品中的异构组分有所增加。同样的，柴油初馏点提高，凝点降低，说明异构组分增加，新型级配方案的改性功能有所体现。

装置尾油作为润滑油加氢异构装置的原料，生产APIⅢ类润滑油基础油。采用新型级配方案，本周期尾油BMCI值降低，催化剂对多环芳烃的转化能力增强，重组分中的芳烃含量减少，黏度指数也会有有所改善，可以为润滑油加氢异构装置提供更优质的原料。

3.2.2　与FRIPP提供参数对比

从FRIPP研究给出的本周期数据和装置标定数据相比，由于装置在运行过程中难以达到实验室的分割精度，航煤、柴油的初馏点较设计参数偏低，各馏程、终馏点的参数较设计值相差不大。说明目前催化剂的活性、选择性和加氢性能较好，可以实现了对目标产品收率的控制，体现了新型级配方案灵活生产的特点。

从尾油的分析情况与设计情况相比偏轻较多，50%、90% 回收温度和终馏点均较设计值低；但装置加工原料的密度、馏程较设计值均偏重，说明在裂化反应器中新装填的 FC-80 催化剂的选择性、异构改性性能较好，重质烃类的异构化程度高，降低了尾油的干点。

航煤重沸器的热媒是尾油，在航煤产量提高、尾油产量下降的情况下，航煤极有可能会出现冰点不合格的情况。经过几个月的调整发现航煤冰点对尾油重沸的需求有所降低；航煤的理想组分是环烷烃和多支链烷烃，既可以保证燃烧性能，在同分异构体中也拥有较低的结晶点，在开工后热媒减少的情况下，航煤仍能保证冰点合格，主要归功于新型级配催化剂的选择性和改性功能，增加了目标产物的收率。

4　结论

经过对比，FRIPP 设计的 FF-56、FF-66、FC-32A、FC-52、FC-80 的级配方案可以满足装置的生产需求。总体表现为反应部分的二次裂化反应减少，产品中气相组分和液化气的产率减少，中间馏分增加，重石脑油、航煤的产率明显增加。

FRIPP 的级配方案下，重石脑油收率提高，可以为连续重整装置提供更多的优质原料，对全厂降低柴汽比有所帮助。

FRIPP 的级配方案对原料中的芳烃转换性能较好，航煤产品的馏程馏程较上周期收窄，密度略有下降，可以看出在采用新的级配方案后航空煤油的产品组分有所变化，经过产品改性，航煤产品中的异构组分有所增加，使得在航煤产率提高，重沸热源尾油减少的情况下，依旧能够保证航煤冰点合格。

FRIPP 的级配方案的体系下，FC-80 催化剂的产品改性性能较为稳定，柴油产品异构产物增加，凝点较上周期下降。同样地，尾油的 BMCI 指数和黏度指数都有所提高，可以为润滑油加氢异构装置提供更优质的原料。

压缩机组轴系仪表检维修技术探讨

邱献文　沙海勇　何连之　马　强　林志权

（中国石化第十建设有限公司）

摘　要　本文对应用于压缩机组轴系仪表的检修，对用于旋转机械检测的检修要点和检查重点做了细致的说明，从工程建设角度详细介绍了压缩机旋转机械仪表和轴瓦温度测量仪表检维修时拆除、调试、安装的技术要求和安装重点。

关键词　轴系检测仪表；轴瓦温度；润滑油渗漏；检查和试验项目

1　引言

在石油和化工生产中，压缩机组是装置的核心设备之一，其运行质量直接关系到生产效率和安全运行。压缩机组轴系测量仪表是一个隐蔽工程，与机组检修交叉作业，检修安装困难而复杂，所以对此类仪表的检修质量要求较高。本文就压缩机组轴系仪表的检修和调试工作技术重点作简要分析，对实际工作中常见问题提出应对方法。

2　压缩机组轴系仪表检修特殊性

压缩机组作为生产装置的核心设备，压缩机组轴系仪表有别于其他常规类型，其拆除、安装、调试过程是一个多工种配合项目，在仪表相关规范和标准中也没有详细说明。由于机组运行后维修相当困难，因此对此类仪表的检修质量要求较高，建立正确的安装方法，理顺安装要领，消除由于检修不当造成的仪表故障，对增加其运行的可靠性和稳定性很有必要。下面对仪表的检修和调试中的主要施工内容做简要叙述。

3　压缩机组轴系仪表检修主要内容

压缩机组轴系仪表包括测量轴瓦温度传感器、转子径向振动传感器、横向位移传感器、转子转速传感器和用于做诊断分析键相位传感器。主要工作包括轴系仪表的拆除、传感器检查校验、传感器安装、回路调试及连锁调试等。

3.1　轴系仪表的拆除

在压缩机停机和油运停止后，得到生产部门批准和机械专业许可，按照机械专业检修作业进度和工序，对需要检修的仪表逐步进行拆除。

（1）绘制传感器安装位置和分布情况平面图，利于回装时传感器位置的确定和信息的记录（图1）。

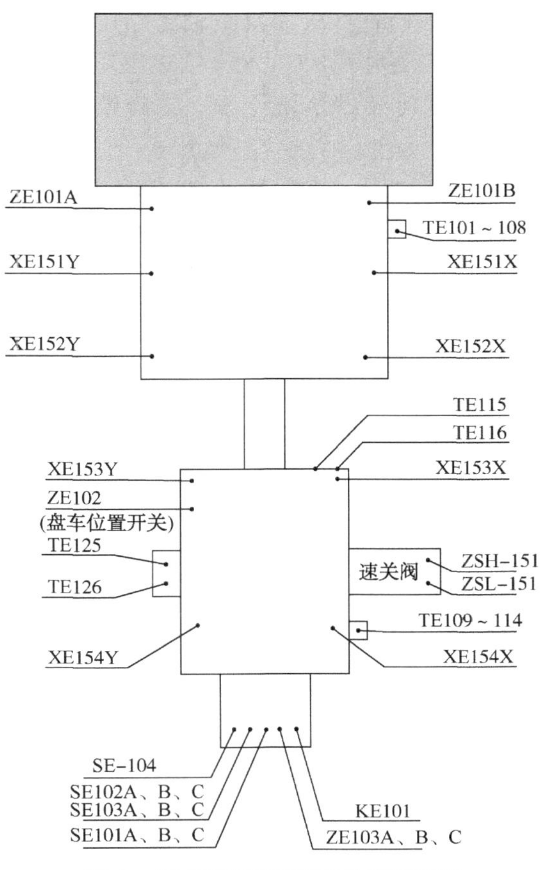

图1　传感器安装位置和分布平面图

（2）传感器拆除前用记号笔分别在机组上的安装位置和传感器上做好位号标记，拆除后用记号笔将标记写于细条布上，并将细条布分别系于传感器、延伸电缆及专用电缆上。应准确记录和标记轴瓦温度引线和电涡流式传感器尾线在机壳内的敷设路径及卡子的固定位置。

（3）拆除电缆保护管与传感器连接用的保护软管，由于机组仪表的不规则性，也应逐一做好标记，并对软管检查，发现有破损及时更换。

（4）轴瓦温度传感器拆除前，应对电阻值和绝缘进行测量；电涡流式传感器拆除前，应对间隙电压进行测量，并作好记录。拆除后的电涡流传感器的连接插头必须用电子清洗剂清洗干净。

（5）磁电（阻）式转速传感器应用塞尺对安装间隙进行测量，并作好记录。

（6）轴振动传感器和键相位传感器安装在机壳上，拆除一般不受其他专业影响，仪表专业可自行拆除。其他传感器因安装位置的原因，需有机械专业配合拆除。

3.2　传感器校验

（1）轴瓦温度传感器的检查。检查用仪器设备：数字精密万用表、100V 兆欧表。

① 外观检查：压缩机组轴瓦温度传感器基本上采用三线制 Pt100（385）铂热电阻，拆除后的轴瓦温度传感器清洗干净，检查铠装层有无破损。

② 绝缘电阻：使用 100V 兆欧表，检验电阻元件与保护管之间的绝缘电阻，铂电阻应不小于 100MΩ 合格。

③ 导通测试：在室温环境下，用数字精密万用表测量热阻各引线之间的阻值，测量结果应符合三线制热阻的特征，并按照 0.385Ω/℃将测得阻值换算成温度，与室温比对。如有需要进行热电性能试验。

（2）电涡流式传感器的检查。电涡流式传感器多用于转子的振动、位移、转子转速和键相测量。压缩机组上常用的 8mm 电涡流探头，传感器尾线长度有 0.5m 和 1m 两种，与 4.5m 和 8m 延伸电缆配套，并与匹配的前置放大器一起组成 5m 或者 9m 的测量系统。电涡流式传感器应做以下校验；

① 外观检查：检查传感器探头有无破损，传感器尾线和延伸电缆护套有无破损，根据情况是否需要更换，或采用热缩管进行二次保护。

② 型号匹配检查：检查传感器探头、延伸电缆、前置放大器型号，确认三者是否匹配。工程压缩机组上常用到的探头和延伸电缆的组合有：0.5m + 4.5m、0.5m + 85m、1m + 4m、1m + 8m。

例如：电涡流式传感器探头型号 330103-00-05-02-00 中加粗部分“05”表示探头长度为 0.5m。

延伸电缆型号 330130-045-00-00 中加粗部分“045”表示延伸电缆长度为 4.5m。

前置放大器型号 330180-51-00 中加粗部分“5”表示前置放大器适用 5m 的电涡流测量系统。

从举例中可以说明上述三者可以组成 5m 的电涡流传感器测量系统。

③ 阻抗检查：用数字精密万用表对探头和延伸电缆的电阻值进行检查，以本特利 3300XL 系列 8mm 电涡流传感器测量系统为例，参照表 1 和表 2。

表 1　探头电阻值

探头长度/m	从中心导体到外部导体的阻抗/Ω
0.5	7.45±0.5
1	7.59±0.5
1.5	7.73±0.5
2.0	7.88±0.5
5.0	8.73±0.7
9.0	9.87±0.9

表 2　延伸电缆的电阻值

延伸电缆长度/m	从中心导体到中心导体阻抗/Ω	从同轴导体到同轴导体阻抗/Ω
4.0	0.88±0.13	0.26±0.05
4.5	0.99±0.15	0.30±0.06
7.0	1.54±0.23	0.46±0.09
7.5	1.65±0.25	0.49±0.10
8.0	1.76±0.26	0.53±0.11
8.5	1.87±0.28	0.56±0.11

（3）电涡流式传感器间隙-电压特性校验，适用于电涡流式位移、振动、键相、转速等传感器测量系统的校验。

校验用仪器设备：本特利 TK3-2E、高精度数字精密电压表（四位半）、24V 直流稳压电源。

① 将探头固定于 TK3 螺旋千分尺上；将探头电缆予与延伸电缆连接；延伸电缆另一端接至前置放大器；前置器电源 VT 接入 -24VDC；公共端 COM 接入 24VDC；公共端 COM、输出端 OUT 接入数字电压表。

② 线路检查无误后供电。

③ 确定零间隙时应将测微计对准刻度“0”，使探头端面与试片表面轻轻接触，不宜过紧。

④ 调整螺旋测微计，缓慢增加间隙，每隔 250μm 记录一次电压值，直到数字电压表的读数基本不变为止。

⑤ 将所得数据标在直角坐标图上，做出探

头的间隙-电压特性曲线，该曲线中间为一直线段，其电压梯度应符合该仪表的技术要求。

⑥ 根据前面操作得出的数据填写下面表格，并生成曲线图。

⑦ 计算不同段的灵敏度，与要求值比较是否在允许范围内。

特性曲线灵敏度计算：

因为 8mm 探头线性范围 2mm，从距靶面约 0.25mm 开始，从 0.25mm 到 2.3mm；所以 (－18.0Vdc)－(－2.0Vdc)/(2.286－0.254) mm＝7.87V/mm。

精度：温度在 0~45℃之间，7.87V/mm±5%。

图 2、图 3 为电涡流探头间隙-电压特性校验示意图，图 4 和图 5 分别为不合格间隙-电压特性曲线和合格间隙-电压特性曲线。

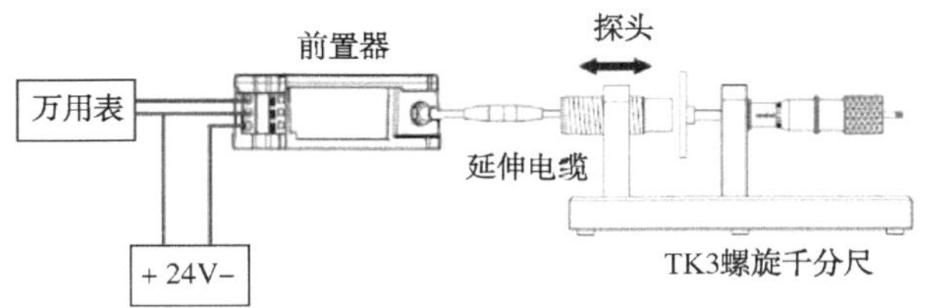

图 2 间隙-电压特性校验示意图

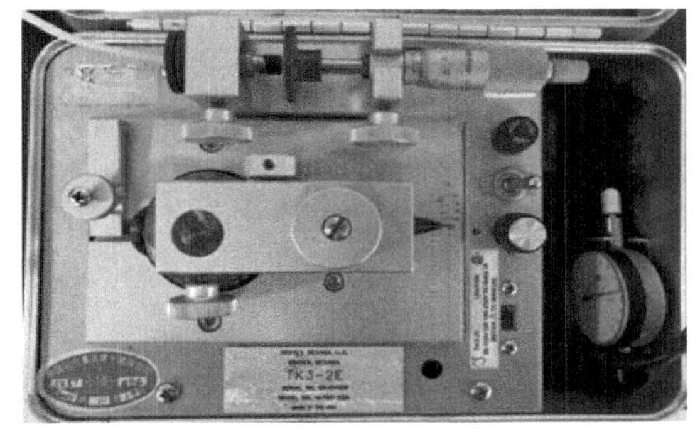

图 3 本特利 TK3-3E

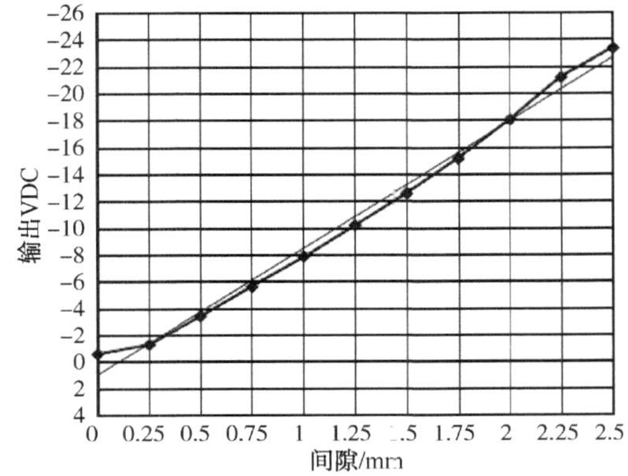

图 4 不合格间隙-电压特性曲线

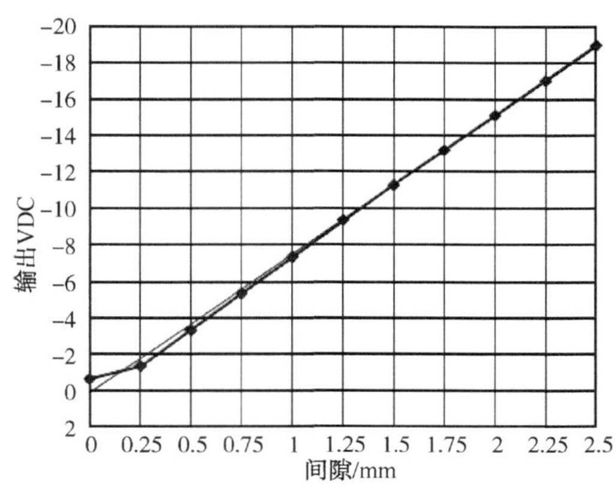

图 5 合格间隙-电压特性曲线

(4) 电涡流式传感器动态校验，适用于电涡流式振动传感器测量系统的校验。

校验用仪器设备：本特利 TK3-2E、高精度数字精密电压表(四位半)、24V 直流稳压电源。

与间隙-电压特性试验的区别是，动态校验时将探头固定于 TK3 斜盘上方手动调节摇杆上。斜盘为电涡流探头输入一个机械振动。通过手动调节摇杆组合的位置改变振幅，当摇杆组合对准斜盘中心时产生最小振值，移动摇杆组合到斜盘边缘产生最大振值。

① 参照图 3 将千分表安装在摇杆组合上，通过千分表可以测出斜盘上不同位置旋转产生的振值大小，此数据将作为标准参考值使用。

手动旋转斜盘，观察指针的指示变化，记录下最低点的指示和最高点的指示值。低点指针向负的方向变化，高点向正的方向变化，分别取变化的最大值。两值相加即为此位置的振值，并在摇杆组合的指针处做好记号。按此方法可以再选择做几个点作为参考。

② 电涡流探头的安装与螺旋千分表探头安装方法相同，唯一区别就是要设置振动探头与斜盘间隙。

将千分表取出，选取合适的夹具把振动探头装入，连接好前置器等设备，并送上电，调整探头与斜盘的间隙，用万用表测量间隙电压为－10VDC 左右，或用塞尺调整探头和斜盘的间隙为 1.3mm，最后拧紧旋钮固定好探头。

③ 上电前先检查 TK3 电源选择开关在 230VAC 档，接通电源，将调速控制旋钮逆时针调至最小，打开电源开关，电机启动斜盘会慢慢地旋转。慢慢调整调速控制按钮，调至中速。

④ 测量公共端 COM 和输出端 OUT 的交流毫

伏电压，按照公式：交流毫伏值=振动值×7.874/2.828计算出振动值，是否与千分表测量值相符，允许误差为±5%。通过手动调节摇杆组合的位置从斜盘的中心点向斜盘的边缘移动，模拟振动值从小到大。

图6为电涡流振动探头进行动态校验示意图。

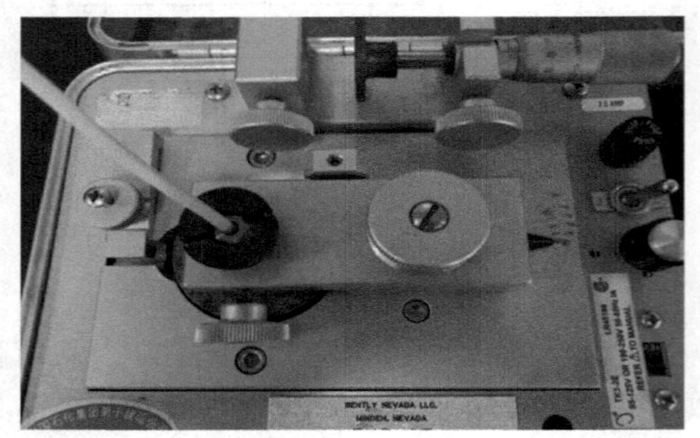

图6　本特利TK3-3E校验电涡流振动探头

(5)转速传感器校验。校验用仪器设备：高精度数字精密电压表(四位半)、数字频率计(0-50KHz，分辨率0.1 Hz)、高精度转速校验仪。

目前工程上常用的转速传感器有电涡流式和磁电(阻)式两种。电涡流式转速传感器进行转速校验前间隙-电压特性校验必须是合格的；磁阻式转速传感器转速校验前其物理参数测试，检查内部线圈的直流电阻和电感值，应与产品说明书中要求的一致。

① 将高精度转速校验仪水平放置在工作台面上。

② 按照被校验传感器的类型以及是否由转速校验仪提供传感器工作电源，将传感器与校验仪之间的线路连接好。

电涡流传感器应通过配套的前置放大器与校验仪连接；磁电式传感器应通过配套的隔离栅与校验仪连接。

③ 按照本次校验的方式、匹配的传感器工作电源、校验的齿数等，对校验仪进行设置。

④ 将传感器探头固定在相应的探头安装孔上，对于电涡流转速传感器的，可测量输出电压，调整探头安装位置使传感器电压输出值在线性中点附近(通常可取-8～-12V范围)。磁阻式转速传感器和磁电式转速传感器与测试面间隙一般为1mm左右。然后拧紧锁紧螺母，使探头固定在支架上。

⑤ 设置转速值，点击“转速输入框”，输入所需转速值。

⑥ 参照公式：频率=转速×齿轮数/60计算频率，分别与数字频率计测得的频率和校验仪显示的频率值比对，允许误差为±2%。

图7为高精度转速校验仪进行转速探头校验示意图。

图7　转速探头校验示意图

3.3　传感器安装

3.3.1　轴瓦温度传感器的安装

轴瓦分为轴向推力瓦和径向支撑瓦两种，温度传感器采用径向埋入方式安装，温度传感器一般采用Pt100(385)双只铂电阻，将热电阻装入瓦块预留孔内，每块瓦块的工作面浇铸有锡基轴承合金(俗称巴氏合金)层，通过测量瓦块温度的方式，反应轴承温度。

推力轴承有两组推力瓦环，分为主推力瓦块和付推力瓦块，每组通常由8～12块扇形推力瓦块，在正、负推力侧的上、下半各有一块推力瓦装入一只温度传感器，安装孔在两个不同瓦块的侧面；径向支撑瓦由五块扇形瓦块沿周向均布，径向支撑瓦只有下半部分的对称对位于垂直中心线两侧的两块有轴瓦温度安装孔，其他三块则无测温孔。

安装方法：

(1)轴向推力瓦和径向支撑瓦应提前在机械专业回装前将温度传感器装入瓦块内。

(2)对温度传感器进行安装前进行第一次绝缘电阻和阻值测试。

(3)在机械专业瓦块检验合格后，将温度传感器探头表面和预留孔内清理干净，除去油污。

(4)将双支铂热电阻插到预留孔底，保证与轴瓦的接触面紧密且充分接触，以保证感温的准确，温度传感器还应安装防脱出措施，温度传感器未配带固定件的，如外齿弹性垫圈，应在安装前对测温孔进行清洁除油，插入前在侧面和引线尾侧涂抹防油固定胶，将温度传感器固定，等待固定后再安装推力轴瓦。

（5）配合机械专业将安装好温度传感器的瓦块装入径向轴承和推力轴承，在传感器安装出口轴承座上用已加工好的卡扣，将温度传感器尾线首先固定，注意固定时应保留一定的窜动量。

（6）对温度传感器进行安装过程中第二次绝缘电阻和阻值测试。

（7）在机械专业配合下，安装原来路径依次对传感器尾线进行敷设、固定，直至机壳引线口。

（8）机组安装引线口普遍存在漏油现象，引线口的密封非常重要。封堵需要采用耐油材料，同时与壳体面完全接触，704胶具有优良的电绝缘性能、密封性能和耐老化性能，可在-50℃～+250℃的范围内长期使用。具体做法是：

使用丙酮或者酒精将引线口内、传感器尾线用到的密封部分和柱形或锥形挤压变形的耐油垫，擦拭干净除去油污；将密封垫和尾线涂抹密封胶后安装；将密封胶与长条细面布一起充分搅拌，由机壳内填堵到引线口内剩余空间，最后用密封胶封口。

（9）参照接线图将传感器引线依次引到接线箱，对温度传感器进行接线前的第三次绝缘电阻和阻值测试。

图8、图9、图10分别为轴瓦温度传感器安装前的进行检查、安装中和安装完后的轴瓦温度传感器示意图。

图8 轴瓦温度传感器安装前检查示意图

图9 轴瓦温度传感器安装中示意图

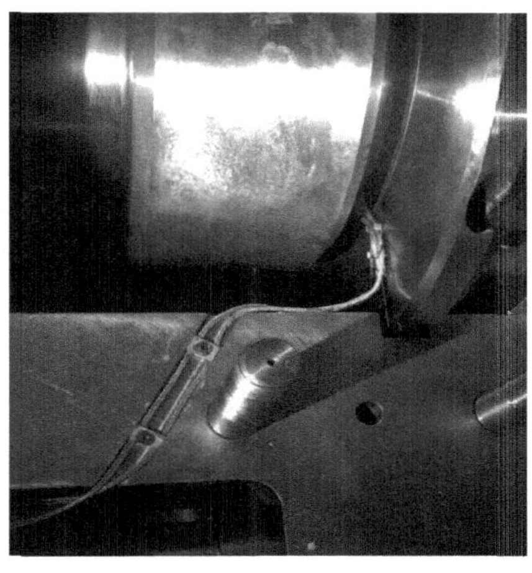

图10 轴瓦温度传感器安装后示意图

3.3.2 电涡流传感器的安装

工程压缩机组上的电涡流传感器常用于位移、振动、转速、键相等的测量，电涡流传感器的安装包括：电缆保护管和挠性管的复位安装、前置放大器的检查安装、机壳内探头固定支架的检查安装、探头的安装、探头延伸电缆敷设和连接和电缆接线等。

电缆保护管和挠性管的复位安装是主要检查挠性管的氧化和破损，应根据实际情况进行维修和更换；前置放大器一般都集中安装在接线箱内导轨上，检查其安装是否牢固，箱体外壳保护接地是否良好，箱内应清理干净无杂物；机壳内探头支架已长期使用过，这里就不对支架的安装位置、支架间距离、形状尺寸、材质等展开讨论，确认支架安装牢固无松动即可。

3.3.3 探头延伸电缆敷设

探头延伸电缆分为铠装和非铠装。非铠装延伸电缆使用电缆保护管进行铺设，穿管时对接头进行防护，放置损坏和被污染。铠装延伸电缆宜采用槽盒或断开试电缆保护管进行铺设。延伸电缆敷设路径应考虑避开高温及高温工艺设备和管道的上方和易受机械损伤的位置，和影响操作和妨碍工艺设备、管道检修的位置。

延伸电缆的外表皮是用聚塑料绝缘和密封的，探头的内部结构也已经绝缘，但是延伸电缆和探头电缆的接头是金属裸露的，而且不具有密封性和绝缘性。而延伸电缆转接头和探头电缆高频接头的连接处悬空在接线盒里，为了避免连接处和机壳接触以及加强其密封性，应该对连接处进行密封和绝缘保护，通常的做法是：

(1) 使用电子清洗剂对延伸电缆和探头电缆接头处清洗干净。

(2) 连接接头使用原厂接头护套或使用聚四氟乙烯密封带将接头处缠绕两层后，用热缩套管或低压自黏带包扎好。

(3) 使用热缩套管，对连接处进行密封和绝缘处理。

3.3.4　探头的安装

压缩机旋转机械检测仪表的安装通常有两种方法有机械法和电气法，前者使用塞尺测量探头和金属表面间的间隙，但是受作业空间限制。后者是用数字万用表观察前置器输出电压，根据间隙-输出电压性能曲线得出探头和被测表面的间隙值电压值，这种方法定位准确。

在实际的安装过程中，根据传感器原理的不同，两种安装方法都需要使用。电涡流式位移、振动、键相、转速等传感器的安装采用电气法，磁电式转速传感器采用机械法。电涡流式传感器间隙-输出电压性能曲线线性段的中间点电压作为该传感器安装点电压。

3.3.5　电涡流式振动探头的安装

用于轴振动测量的传感器采用径向安装方式，由于检测的振动是转子相对于机壳而言的，因此传感器安装在机壳的位置。

每个转子有两个支撑点，即前轴承和后轴承，由此，每个转子振动测量也分前轴和后轴，为了能够测量全方位径向振动数据，采用矢量叠加方式，即一个径向面安装两个传感器其探头，并成90°角度。两个探头定义为X探头(水平方向)和Y探头(垂直方向)。通常从驱动端看，X探头应该在垂直中心线的右侧，Y探头应该在垂直中心线的左侧。

(1) 根据压缩机组检测仪表分布点图，查找安装位置点并做好标记；

(2) 选择经过校验合格的对应检测仪表探头、延伸电缆和前置器，前置器安装在防爆接线盒内，延伸电缆穿过引线孔和密封格兰，沿电缆保护管敷设到对应探头安装后引出线位置；

(3) 对于水平剖分压缩机组测振仪表，首先安装探头支架；对于汽轮机和垂直剖分的压缩机，一般壳体带有安装用螺纹孔，需要检查螺纹孔的清洁度，防止安装过程中出现卡涩现象；

(4) 对于能够侧面查看到探头顶端位置的传感器，可直接安装；对于无法看到探头端部位置的传感器，宜先使用探针等物测出壳体表面到转子垂直端面的距离，并在探头安装杆上做出标记，作为旋转插入探头位置的参考点；

(5) 旋入安装探头，当探头端部与转子端面距离缩短到2mm时，连接探头尾线与延伸电缆，并向前置器供电，使用电压万用表测量传感器输出端子与公共端子之间的电压值，根据绘制出的探头静态特性曲线选定安装点电压，微调探头插深至安装点电压(9.8~10V左右之间)间隙1.25~1.27mm，锁定；

(6) 拧紧固定螺母，从而锁定探头位置。锁紧螺母与机壳之间应使用弹簧垫，增加弹性连接，防止探头安装杆与壳体振动频率不同时引起的松动；

(7) 引线处理，探头尾线端部应伸出压缩机壳体，以避免长期工作过程中油气渗入造成污染，尾线本身宜在其不受力的前提下进行固定，减小摆动幅度，引线端部与延伸电缆接头应在接线盒内连接；

(8) 按照“探头延伸电缆敷设”的做法，对延伸电缆与探头之间的接头进行防护和绝缘处理。

图11、图12、图13分别为振动探头安装图。

3.3.6　电涡流式位移探头的安装

位移探头多用于离心式压缩机和汽轮机转子的位移测量和往复式压缩机活塞杆偏离和活塞缸磨损程度的测量。

转子位移传感器检测轴端面移动距离，因此采用轴向安装方式。检测参数是轴端面与机壳固定件之间的间隙，所以传感器探头安装在端盖或者端盖引出的支架上。

(1) 透平式压缩机位移探头的定位应在安装联轴节前分段进行。

(2) 确认转子安装后轴向的可动范围(俗称轴窜量)，前后移动转子分别到两个端面，用万用表测出电压变化量，根据传感器灵敏度与电压幅值变化的关系计算出窜动量值，作为安装后核对依据。

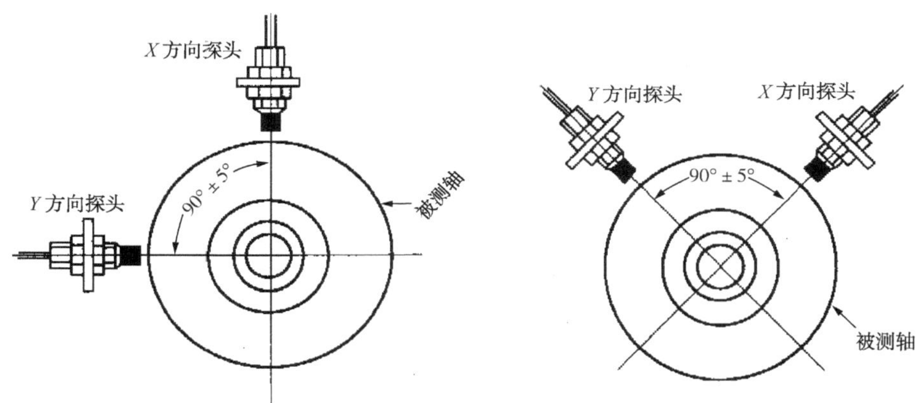

图 11 振动探头安装示意图

图 12 振动探头实物安装图

图 13 振动探头位置安装图

（3）确认压缩机转子的位置相对于位移探头安装点的位置。实际安装时，有两种情况，一种是机械专业人员将转子定位于窜量的中间；一种是机械专业人员将转子定位于轴向的可动范围（俗称轴窜量）的一端。即：

当转子定位于窜量的中间时：

（1）机械专业人员将转子定位于轴向的可动范围（俗称轴窜量）的中间，确定中间点为机械零位；

（2）安装位移传感器探头，当探头端部与被测端面间隙达到 2mm 左右时，连接探头尾线与延伸电缆、延伸电缆与前置器接线；

（3）向前置器供电，用万用表测量前置器输出端和公共端之间的电压值，选取特性曲线中间点作为安装点电压（9.8～10V）间隙 1.25～1.27mm，锁定；

（4）配合机械专业前后窜动转子，记录窜动前后位置时对应的电压值，并计算出窜量；

（5）核对数据，并观察系统侧读数是否一致。

当转子定位于窜量的一端时：

（1）根据绘制出的探头静态特性曲线，确定探头端面与旋转轴轴向端面的“0”间距（1.25mm）及其所对应的前置放大器的直流电压（9.8VDC）；

（2）安装时应由机组机械专业人员来回推动被测轴，同时测量记录下轴向的可动范围（俗称轴窜量），例如 0.6mm，这个值有机械专业人员通过千分表测得，并且与厂家资料一致。

（3）机械专业将轴朝向探头安装预留孔方向推动，直至止推盘与止推轴瓦接触为止。根据探头的静态特性曲线，可查获间距为 0.95mm 所对应的电压值 7.4V；

（4）计算验证；8mm 灵敏度 7.87 V/mm，轴窜量 0.6×7.87＝4.72V，

轴定位于中间点（机械定位“0”）时，间隙为 1.25mm，对应电压 9.8V，

所以当轴靠近探头端面时的电压 9.8－(4.72/2)＝7.44V，

远离时 9.8+(4.72/2)＝12.16V；

（5）将探头装入机组预留安装孔；

（6）安装完后，机械专业人员推动轴使轴两

端的止推盘与止推轴瓦接触，仪表人员此时测量间隙电压，并观察系统侧读数是否一致。

注：应做两次轴窜量测量。引线处理和探头固定参照电涡流式振动探头的安装。

3.3.7　键相探头安装。

键相测量就是在被测轴上设置一个凹槽或凸键，称为键相标记，当这个标记转到探头安装位置时，相当于探头与被测面间距突变，传感器会产生一个脉冲信号，轴转动一周产生一个脉冲信号，产生的时刻表明了轴在每转周期中的位置。同时通过对脉冲计数，可以测量轴的转速。通过将脉冲与轴的振动信号结合，可以确定振动的相位角，用于轴的动平衡分析以及设备的故障分析与诊断等方面。

凹槽或凸键要足够大，产生的脉冲峰值不小于7V，为避免由于轴向位移引起探头与被测面之间的间隙变化过大，应将键相探头安装在轴的径向。另外应安装在机组的驱动部分，即使驱动与载荷脱离，仍有键相信号输出。

当机组具有不同转速时，可以安装多套键相探头进行监测，从而为各部分提供有效的信号。

安装探头时，当标记是凹槽时，安装探头要对着轴的完整部分调整初始安装间隙，而不能对着凹槽调整；标记是凸键时要对着凸出顶部表面调整初始安装间隙，否则当轴转动时，可能会造成碰撞，剪断探头。

键相探头的安装方式和要求参照电涡流式振动探头的安装。

图14、图15分别为正确的安装示意图和错误的位置安装示意图。

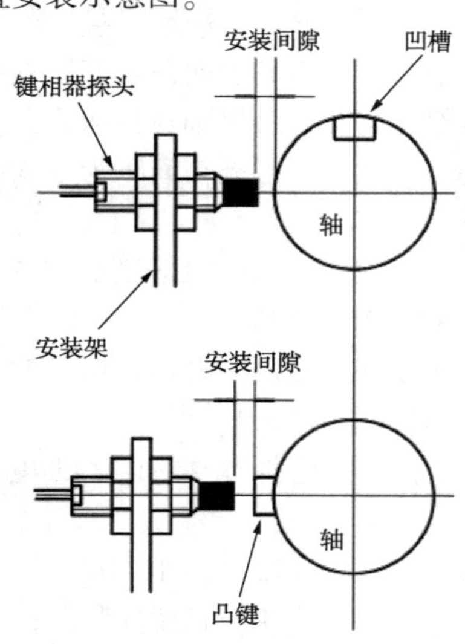

图14　正确的安装示意图

图15　错误的位置安装

3.3.8　磁电式转速传感器安装。

磁电式转速传感器安装时，一般规定电涡流传感器安装间隙为1.25mm左右，磁电传感器间隙值为1~2mm，具体应参照产品使用说明。其输出只有在转子旋转时才能发出脉冲电压，因此无法采用电涡流传感器的间隙电压安装方式，而是直接以机械确定间隙值为准。

机械方法确定间隙值的定位方法，使用塞尺测定间隙，进行安装。

电涡流式转速探头的安装参照电涡流式位移探头的安装，并用塞尺对间隙进行检查确认。

无论是磁电式转速传感器还是电涡流式转速传感器检测的都是齿轮、键槽个数或者轮盘槽，区别是径向安装和轴向安装，具体安装方法一致。转速探头安装时，应考虑转子的轴向位置，同时根据实际情况适当调整安装间隙。示意图见图16。

图16　转速探头安装示意图

4 结束语

由于压缩机组在生产装置的重要性和机组轴系仪表使用环境及本身所具有的特殊性，经过长周期多年运行使用后，机组轴系仪表的性能是装置运行正常的重要保证。因此必须通过严谨、细致、科学的检修，从而提高设备的可靠性，延长机组的运行周期，确保生产装置“安、稳、长、满、优”的运行。

参 考 文 献

[1] 自动化仪表工程施工及质量验收规范 GB 50093—2013.

[2] 石油化工仪表工程施工技术规程 SH/T 3521—2013.

中东原油减压蒸馏生产道路沥青可行性考察

周　敏　吴培锦

(中国石化广州石化公司)

摘　要　利用中东原油评价减压渣油性质考察其生产道路沥青的可行性，充分利用中东高硫原油的减压渣油直接生产高标号道路沥青，可减少延迟焦化高硫焦炭的生产、销售以及环境污染问题。科威特减压渣油(>530℃)的沥青性质均符合 90B 沥青质量产品要求。伊拉克巴士拉减压渣油(>530℃)的沥青性质均符合 70A 沥青产品质量要求。沙重减压渣油(>530℃)切轻点是生产直接沥青的好原料。沙中减压渣油(>530℃)低温延度好，深拔后的减压渣油适合生产道路沥青。

关键词　原油评价；中东高硫原油；减压蒸馏；直馏沥青

1　前言

随着高等级公路建设的迅速发展以及乡村公路的普及，我国对重交通道路沥青的需求越来越大。道路沥青的生产工艺主要有蒸馏法、氧化法、溶剂法、调和法等，其产品质量和路用性能与生产沥青的原油性质密切相关。其中选择合适的原油，用蒸馏法生产道路沥青能获得最佳质量的沥青产品，大部分可用于铺筑道路。它是道路沥青生产中加工流程最短，工艺最简便、生产成本最低的一种方法，总产量中的 70%~80%都是用该方法生产的[1]。低蜡环烷基和低蜡中间基原油是生产沥青的最佳原料。蒸馏法生产石油沥青是通过减压蒸馏实现的，对于重质原油，其密度越大，减压要求的真空度就越大。常减压装置的减压塔底渣油符合某种道路沥青规格的即称之为直馏沥青，否则即称为减压渣油。生产优质沥青的关键在于选择合适的原油。

国内高等级道路沥青质量标准分为 B 类：国家现行标准及交通部行业标准的 AH-70 或 AH-90。A 类：中海 36-1 技术要求重交通道路沥青。不同性质的原油得到的沥青性质差别很大。单纯一种原油得到的渣油有时很难满足高等级道路沥青的要求，不同的原油由于其性质的差异可以实现性能的互补。本文介绍进口中东原油减压蒸馏生产高等级道路沥青的可行性。

2　道路沥青的性质及质量要求

目前，修筑高等级道路沥青路面普遍选择质量要求更高、更严格的交通部标准 JTGF40-2004《公路沥青道路技术规范》，见表 1。该标准将沥青分为 A、B、C 三个等级。不同等级的沥青对应的质量要求不同。

表 1　交通部道路石油沥青技术要求(JTG F40-2004)

项　目		110 号沥青指标	90 号沥青指标	70 号沥青指标	50 号沥青指标
针入度(15℃)/(0.1mm)					
针入度(25℃)/(0.1mm)		100~120	80~100	60~80	40~60
针入度(30℃)/(0.1mm)					
针入度指数 PI		A：-1.5~+1.0；B：-1.8~+1.0	A：-1.5~+1.0；B：-1.8~+1.0	A：-1.5~+1.0；B：-1.8~+1.0	A：-1.5~+1.0；B：-1.8~+1.0
软化点/℃	≮	A：43；B：42；C：41	A：44；B：42；C：42	A：45；B：43；C：43	A：49；B：46；C：45
60℃动力黏度/($Pa \cdot s^{-1}$)	≮	120	140	160	200
延度(10℃)/cm	≮	A：40；B：30	A：20；B：15	A：20；B：15	A：15；B：10
延度(15℃)/cm	≮	A、B：100；C：60	A、B：100；C：50	A、B：100；C：40	A、B：80；C：30
含蜡量,%	≯	A：2.2；B：3.0；C：4.5	A：2.2；B：3.0；C：4.5	A：2.2；B：3.0；C：4.5	A：2.2；B：3.0；C：4.5

续表

项　目		110号沥青指标	90号沥青指标	70号沥青指标	50号沥青指标
溶解度,%	≮	99.5	99.5	99.5	99.5
密度(15℃)/(kg·m^{-3})		实测记录	实测记录	实测记录	实测记录
质量变化,%	≯	±0.8	±0.8	±0.8	±0.8
残留针入度比,%	≮	A：55；B：52；C：48	A：57；B：54；C：50	A：61；B：58；C：54	A：63；B：60；C：58
残留延度(10℃)/cm	≮	A：10；B：8	A：8；B：6	A：6；B：4	A：4；B：2
残留延度(15℃)/cm	≮	C：30	C：20	C：15	C：20

3 中东原油的性质

3.1 原油一般性质

广州分公司主要以加工进口原油为主。原油从广东惠州大亚湾入港靠泊卸油，经过长达170公里的输油管道输送至广州石化炼油装置。加工的中东原油主要有伊朗、伊拉克、阿曼、科威特、阿联酋、沙特、也门等国原油。原油评价试验所使用的各种原油均采集于广东惠州港广州石化码头油轮。各种中东原油的主要性质及实沸点数据见表2~表5。

表2　伊朗原油的主要性质

项　目	索鲁士	伊朗轻	伊朗重
API	19.00	33.32	29.66
特性因数K	11.6	12.0	11.90
密度(20℃)/(kg·m^{-3})	936.6	854.5	874.2
黏度(50℃)/(mm^2·s^{-1})	108.9	5.103	7.814
黏度(70℃)/(mm^2·s^{-1})	44.48	3.361	5.487
酸值/(mgKOH·g^{-1})	0.56	0.10	0.15
硫/%	3.93	1.36	1.87
氮/%	0.35	0.19	0.33
胶质/%	19.11	11.49	29.59
沥青质/%	9.52	0.00	5.43
残炭/%	12.66	3.92	6.11
原油类别	高硫含酸中间基重质	含硫低酸中间基中质	含硫低酸中间基中质

表3　阿曼、阿联酋原油的主要性质

项　目	阿曼	阿联酋		
		乌飒混合	穆尔班	扎库姆
API	30.68	38.65	39.85	39.75
特性因数K	12.1	12.0	12.1	12.0
密度(20℃)/(kg·m^{-3})	868.6	827.5	821.7	822.2
黏度(50℃)/(mm^2·s^{-1})	13.49	2.4284	2.377	2.365
黏度(70℃)/(mm^2·s^{-1})	8.08	—	—	—
酸值/(mgKOH·g^{-1})	0.55	0.08	0.05	0.05
硫/%	1.427	0.711	0.792	1.074
氮/%	—	—	—	0.21
胶质/%	17.73	1.56	2.15	22.80
沥青质/%	4.62	3.39	1.25	0.33
残炭/%	5.40	1.25	1.16	1.15
原油类别	含硫含酸石蜡基中质	含硫低酸中间基轻质	含硫低酸中间基轻质	含硫低酸中间基轻质

表4　科威特、伊拉克、也门原油的主要性质

项　目	科威特	巴士拉	也门	
			马西拉	马瑞普
API	30.79	29.22	34.19	43.65
特性因数K	11.9	11.90	12.0	12.1
密度(20℃)/(kg·m^{-3})	868.0	876.6	849.9	803.7
黏度(50℃)/(mm^2·s^{-1})	7.639	8.639	4.798	1.731
黏度(70℃)/(mm^2·s^{-1})	4.334	4.894	3.186	—
酸值/(mgKOH·g^{-1})	0.20	0.19	0.09	0.06
硫/%	2.671	3.090	0.490	0.105
氮/%	0.26	—	0.18	0.07
胶质/%	13.10	17.94	5.30	14.10
沥青质/%	4.21	14.67	1.85	0.54
残炭/%	6.51	6.90	3.02	1.04
原油类别	高硫低酸中间基中质	高硫低酸中间基中质	低硫低酸中间基中质	低硫低酸中间基轻质

表5　沙特原油的主要性质

项　目	沙超轻	沙轻	沙中	沙重
API	38.86	32.67	31.33	26.87
特性因数K	12.0	11.9	11.9	11.80
密度(20℃)/(kg·m^{-3})	826.5	857.9	865.1	889.7
黏度(50℃)/(mm^2·s^{-1})	2.729	4.844	6.368	13.41
黏度(70℃)/(mm^2·s^{-1})	—	—	4.241	7.286
酸值/(mgKOH·g^{-1})	0.08	0.06	0.22	0.25
硫/%	1.299	1.937	2.370	3.082
氮/%	—	—	0.22	0.31
胶质/%	6.42	22.48	11.06	9.05
沥青质/%	0	2.38	6.24	11.94
残炭/%	1.98	4.31	5.43	8.43
原油类别	含硫低酸中间基轻质	含硫低酸中间基轻质	含硫低酸中间基中质	高硫低酸中间基中质

从上述各种原油性质表中可以看出：阿曼属石蜡基；沙中、沙轻、科威特、伊朗、也门马希拉属中间基。有资料表明：石蜡基原油不适合生产沥青，中间基原油适合用蒸馏-溶剂脱沥青-调合以及蒸馏调合的方法生产道路沥青，其沥青含有一定数量的蜡、沥青收率高低不同、延度较小，比较适合生产重交沥青。环烷基原油加工沥青工艺适合用蒸馏法，其沥青性能含蜡量少、延度高、与石料的结合力强、感温性、高低温性能和抗老化性能好，是生产重交沥青的首选原油。

优质沥青原料的选择：经验方法预测：

(A+R)/W<0.5-不适合生产沥青。

(A+R)/W=0.5~1.5-可生产普通道路沥青。

(A+R)/W>1.5-可生产重交通道路沥青。

其中A-沥青质，R-胶质，W-蜡。

渣油四组分理想的搭配：饱和分6%~15%；芳香分32%~60%；胶质19%~39%；沥青质6%~15%。通过实验室原油评价来选择：将原油在实沸点蒸馏装置上进行常压和减压蒸馏，可得到不同的窄馏分以及釜底减压渣油。并计算收率、测试各馏分的性质。通过测定渣油的针入度、软化点、延度、蜡含量等数据可初步判断原油生产沥青的适宜性。

从上述表1~4中几种中东原油性质可以看出，阿曼属含硫含酸中质石蜡基原油，阿曼原油中乌飒混合、穆尔班、扎库姆属含硫低酸中间基轻质原油；伊朗的索鲁士属高硫含酸中间基重质原油，伊朗轻、伊朗重属属含硫低酸中间基中质原油；科威特、伊拉克的巴士拉属高硫低酸中间基中质原油；也门马西拉属低硫低酸中间基中质原油、马瑞普属低硫低酸中间基轻质原油；沙特的沙超轻、沙轻属含硫低酸中间基轻质原油、沙中及沙重属含硫低酸中间基中质原油。中东原油没有环烷基原油。

3.2 中东原油的实沸点蒸馏收率

对中东原油进行实沸点蒸馏，质量收率见表6~表9。

表6　阿曼、乌飒混合、穆尔班、扎库姆原油的实沸点蒸馏收率

馏分范围/℃	阿曼		乌飒混合		穆尔班		扎库姆	
	每馏分/%	累计/%	每馏分/%	累计/%	每馏分/%	累计/%	每馏分/%	累计/%
<160	13.84	13.84	22.62	22.62	23.18	23.18	22.00	22.00
160~240	9.74	23.58	18.26	40.88	16.75	39.93	17.65	39.65
240~360	18.00	41.58	25.90	66.78	25.09	65.02	23.77	63.42
360~500	19.18	60.76	18.02	84.80	18.67	83.69	19.53	82.95
500~530	4.57	65.33	3.41	88.21	3.42	87.11	3.36	86.31
>530	34.14	99.47	11.23	99.44	12.49	99.60	13.29	99.60

表7　科威特、伊拉克、也门原油的实沸点蒸馏收率

馏分范围/℃	科威特		巴士拉		马西拉		马瑞普	
	每馏分/%	累计/%	每馏分/%	累计/%	每馏分/%	累计/%	每馏分/%	累计/%
<160	15.81	15.81	15.52	15.52	17.59	17.59	34.19	34.19
160~240	12.51	28.32	12.34	27.86	14.17	31.76	16.66	50.85
240~360	18.66	46.98	18.91	46.77	21.74	53.50	19.68	70.53
360~500	18.57	65.55	18.46	65.23	21.57	75.07	15.69	86.22
500~530	4.32	69.87	4.40	69.63	4.46	79.53	2.76	88.98
>530	29.52	99.39	29.73	99.36	19.88	99.60	10.95	99.93

表8　伊朗原油的实沸点蒸馏收率

馏分范围/℃	索鲁士		伊朗轻		伊朗重	
	每馏分/%	累计/%	每馏分/%	累计/%	每馏分/%	累计/%
<160	7.15	7.15	17.57	17.57	15.65	15.65
160~240	5.36	15.49	14.40	31.97	12.79	28.44
240~360	15.77	31.26	20.83	52.80	19.58	48.02
360~500	18.31	49.57	19.53	72.33	19.11	67.13
500~530	5.09(~525℃)	54.66	4.60	76.93	4.27	71.40
>530	44.72(>525℃)	99.38	22.73	99.66	28.21	99.61

表9　沙特原油的实沸点蒸馏收率

馏分范围/℃	沙超轻		沙轻		沙中		沙重	
	每馏分/%	累计/%	每馏分/%	累计/%	每馏分/%	累计/%	每馏分/%	累计/%
<160	22.07	22.07	16.26	16.26	16.43	16.43	12.70	12.70
160~240	19.24	41.31	16.67	32.93	13.91	30.34	11.44	24.14
240~360	22.66	63.97	21.66	54.59	20.08	50.42	18.54	42.68
360~500	16.49	80.46	18.66	73.25	17.76	68.18	18.74	61.42
500~530	3.20	83.66	4.27	77.52	3.81	71.99	4.69	66.11
>530	15.90	99.56	21.99	99.51	27.55	99.54	33.38	99.49

4　大于530℃减压渣油生产道路沥青可行性分析

4.1　大于530℃减压渣油性质

对中东原油进行实沸点蒸馏后，各种原油减压渣油(>530℃)沥青性质见表10~表13。

从表10~表13中东原油减压渣油(>530℃)沥青性质中可以看出，阿曼、乌飒混合、穆尔班、扎库姆减压渣油针入度太大，不能直接作为沥青产品，可作为溶剂脱沥青原料生产沥青。科

威特减压渣油（>530℃）的沥青性质均符合 90B 沥青质量产品要求。伊拉克巴士拉减压渣油（>530℃）的沥青性质均符合 70A 沥青产品质量要求。也门马西拉、马瑞普、萨巴瓦减压渣油（>530℃）针入度太大，不能直接作为沥青产品，可以作为溶剂脱沥青原料生产沥青。伊朗轻、伊朗重减压渣油（>530℃）不能直接作为沥青产品，可作溶剂脱沥青原料生产沥青。而伊朗的索鲁士减压渣油（>530℃）不能直接作为沥青产品，不可作溶剂脱沥青原料生产沥青，只能作为焦化的掺炼原料。不过，有资料表明：实验室对索鲁士原油进行实沸点蒸馏>455℃可直接得到针入度满足 90 号沥青要求的减压渣油[2]。这点有待于技术研发部门原油评价试验装置将来继续这方面的工作来验证。沙特沙超轻、沙轻减压渣油（>530℃）不能直接作为沥青产品，可作溶剂脱沥青原料生产沥青，沙重减压渣油（>530℃）切轻点是直接生产沥青的好原料。沙中减压渣油（>530℃）低温延度好，深拔后的减压渣油是生产道路沥青的好原料。见表 14。

表 10　阿曼原油减压渣油（>530℃）沥青性质

项　目	阿曼	乌飒混合	穆尔班	扎库姆
针入度（10℃）/（0.1mm）	74	>200	>200	>200
针入度（15℃）/（0.1mm）	136	>200	>200	>200
针入度（25℃）/（0.1mm）	>200	>200	>200	>200
PI	—	—	—	—
软化点/℃	28	太软	太软	太软
60℃动力黏度/（Pa·s⁻¹）		太稀		0
延度（15℃）/cm	>150	17	33	无法测太软
含蜡量/%	2.10			4.20
溶解度/%	99.96	99.95	99.95	99.96
密度（20℃）/（kg·m⁻³）	983.1	943.6	969.6	981.2
四组分/%				
饱和烃	33.05	43.28	41..13	59.26
芳香烃	38.20	45.34	49.42	31.96
胶质	17.52	3.72	6.37	7.21
沥青质	11.23	7.66	3.08	1.57
薄膜烘箱试验后				
质量损失，%	0.15	0.10	0.13	0.10
针入度（25℃）/（0.1mm）	>200	>200	>200	>200
针入度比/%				
延度（15℃）/cm	>150	19	33	太软

表 11　科威特、伊拉克、也门原油减压渣油（>530℃）沥青性质

项　目	科威特	巴士拉	马西拉	马瑞普	萨巴瓦
针入度（10℃）/（0.1mm）	15	13	38	52	140
针入度（15℃）/（0.1mm）	27	20	74	101	>200
针入度（25℃）/（0.1mm）	81	62	>200	>200	>200
PI	-1.26	-1.01	—	—	
软化点/℃	44.5	47	37	42	39.8
60℃动力黏度/（Pa·s⁻¹）	165.9	211		18.20	
延度（15℃）/cm	>150	>150	132	47	太软
含蜡量/%	1.18	1.03	3.35	2.18	
溶解度/%	99.95	99.97	99.98	99.97	
密度（20℃）/（kg·m⁻³）	1030.7	1042.7	990.1	971.9	
四组分/%					

续表

项　目	科威特	巴士拉	马西拉	马瑞普	萨巴瓦
饱和烃	31.30	32.55	44.63	48.89	
芳香烃	43.34	26.37	37.49	34.65	
胶质	22.69	29.64	13.92	14.18	
沥青质	2.67	11.44	3.96	2.28	
薄膜烘箱试验后					
质量损失/%	0.15	0.16	0.18	0.16	0.15
针入度(25℃)/(0.1mm)	55	45	63	>200	>200
针入度比/%	67	72.6			
延度(15℃)/cm	>150	136	125	62	19

表 12　伊朗原油减压渣油(>530℃)沥青性质

项　目	索鲁士	伊朗轻	伊朗重
针入度(10℃)/(0.1mm)		17	9
针入度(15℃)/(0.1mm)	7	35	13
针入度(25℃)/(0.1mm)	12	140	34
PI	-0.08	-2.59	0.18
软化点/℃	79	35	54
60℃动力黏度/($Pa \cdot s^{-1}$)		50.0	442
延度(15℃)/cm	0.5	>150	12
含蜡量/%	2.61	1.70	1.98
溶解度/%		99.96	99.97
密度(20℃)/($kg \cdot m^{-3}$)		1012.1	1040.4
四组分/%			
饱和烃	无法分析	37.08	38.88
芳香烃	无法分析	39.32	36.79
胶质	无法分析	22.45	23.74
沥青质	无法分析	1.15	0.59
薄膜烘箱试验后			
质量损失/%	0.09	0.14	0.18
针入度(25℃)/(0.1mm)	10	87	24
针入度比/%	83	62	70.5
延度(15℃)/cm	0.3	>150	0.05

表 13　沙特原油减压渣油(>530℃)沥青性质

项　目	沙超轻	沙轻	沙中	沙重
针入度(10℃)/(0.1mm)	>200	67	21	11
针入度(15℃)/(0.1mm)	>200	128	35	16
针入度(25℃)/(0.1mm)	>200	>200	100	37
PI		—	-1.63	0.85
软化点/℃	太软	30	43	51.5
60℃动力黏度/($Pa \cdot s^{-1}$)			114.4	500
延度(15℃)/cm	60	>150	>150	44
含蜡量/%	3.18	1.43	1.71	2.15
溶解度/%		99.96	99.97	99.97
密度(20℃)/($kg \cdot m^{-3}$)	983.5	1014.6	1031.0	1042.3
四组分/%				

续表

项　目	沙超轻	沙轻	沙中	沙重
饱和烃	58.01	41.81	31.07	21.57
芳香烃	31.29	27.57	42.96	46.09
胶质	9.07	20.51	15.55	28.24
沥青质	1.63	10.11	10.42	4.10
薄膜烘箱试验后				
质量损失/%	0.19	0.20	0.15	0.14
针入度(25℃)/(0.1mm)	>200	>200	84	30
针入度比/%			84	81.1
延度(15℃)/cm	83	>150	>150	6.5

表 14　科威特、巴士拉、沙重、沙中原油减压渣油(>530℃)沥青性质

项　目	科威特	巴士拉	沙中	沙重	70A 沥青指标	90B 沥青指标
针入度(10℃)/(0.1mm)	15	13	21	11		
针入度(15℃)/(0.1mm)	27	20	35	16		
针入度(25℃)/(0.1mm)	81	62	100	37	60~80	80~100
PI	-1.26	-1.01	-1.63	0.85	-1.5~+1.0	-1.8~+1.0
软化点/℃	44.5	47	43	51.5	≮A：45	≮42
60℃动力黏度/(Pa·s^{-1})	165.9	211	114.4	500	≮160	≮140
延度(15℃)/cm	>150	>150	>150	44	≮100	≮100
含蜡量/%	1.18	1.03	1.71	2.15	≯2.2	≯3.0
溶解度/%	99.95	99.97	99.97	99.97	≮99.5	≮99.5
密度(20℃)/(kg·m^{-3})	1030.7	1042.7	1031.0	1042.3	实测记录	实测记录
四组分/%						
饱和烃	31.30	32.55	31.07	21.57		
芳香烃	43.34	26.37	42.96	46.09		
胶质	22.69	29.64	15.55	28.24		
沥青质	2.67	11.44	10.42	4.10		
薄膜烘箱试验后						
质量损失/%	0.15	0.16	0.15	0.14	≯±0.8	≯±0.8
针入度(25℃)/(0.1mm)	55	45	84	30		
针入度比/%	67	72.6	84	81.1	≮61	≮54
延度(15℃)/cm	>150	136	>150	6.5		
延度(10℃)/cm	50	6	122	4.5	≮6	≮6

5　存在问题及解决问题的方法

5.1　*存在问题*

广州分公司原油输送管线达 170 多公里，各种不同原油混油污染问题特别突出。原油互混造成沥青品种单一，质量不稳定。蒸馏(三)减压蒸馏设计负荷小，是整个石化系统同类装置最小的，而实际上已是高负荷生产。空冷冷却效果差，气温高时影响减压塔真空度。这两点均造成减压塔分离效果差。渣油输出泵采用柴油做封油，泄漏很小。如果长期用于生产沥青，渣油输出泵易损坏，三个月必须维修一次。

5.2　*解决方法*

(1) 选择合适的原油：尽可能多加工沙中、沙重、伊朗重油以及其他地区适合生产优质道路沥青的原油。

(2) 避免各种不同原油混油污染：首先，建议原油采购部门科学合理地做好原油采购计划及采购工作，最好能将适合生产沥青的原油依次采购到港进炼油装置。其次，应尽可能做到单输、单储、单炼，严格控制生产条件，以保持沥青质量的稳定。根据技术开发部原油评价分析结果，适宜生产沥青的原油到厂后，安排进罐的罐底油性质相近的储罐；当与罐底原油性质差异较大时，储罐需拉至最低液位时方可收油。原油罐接收原油按单品种或多品种分罐储存。这样，适宜生产沥青的原油可按单品种输送或多品种混合输送。

（3）选择合适的生产工艺：用蒸馏法直接生产沥青。通过调节蒸馏深度得到各种标号的道路沥青，为了增加生产的灵活性，可生产软、硬两种基础组分，再通过调和生产所需标号的沥青。

按照现有条件，广州分公司生产的沥青产品符合交通部新的《道路石油沥青技术要求》的 B 级或 A 级要求，但质量不稳定。只有通过选择合适的原油、减少混油、选择合适的生产工艺等措施，才能更多更好地生产出质量稳定、符合交通部新标准 A 级的沥青产品。技术开发部还需进一步探索各种中间基、环烷基原油直接生产各种不同牌号沥青的温度切割点给原油采购部门及生产调度部门参考，以便原油采购部门在年初计划时就计划好同质原油依次到港，尽可能避免原油性质完全不同原油互混。技术开发部多做试验，更好地配合广州分公司的沥青生产。

6 结论

（1）科威特减压渣油（>530℃）的沥青性质均符合 90B 沥青质量产品要求。伊拉克巴士拉减压渣油（>530℃）的沥青性质均符合 70A 沥青产品质量要求。

（2）阿曼、乌飒混合、穆尔班、扎库姆，也门马西拉、马瑞普、萨巴瓦减压渣油（>530℃）减压渣油针入度太大，不能直接作为沥青产品，可作为溶剂脱沥青原料生产沥青。

（3）伊朗轻、伊朗重减压渣油（>530℃）各种指标不达标，不能直接作为沥青产品，可作溶剂脱沥青原料生产沥青。伊朗的索鲁士减压渣油（>530℃）不能直接作为沥青产品，也不可作溶剂脱沥青原料生产沥青，只能作为焦化的掺炼原料。

（4）沙特沙超轻、沙轻减压渣油（>530℃）不能直接作为沥青产品，可作溶剂脱沥青原料生产沥青，沙重减压渣油（>530℃）切轻点是直接生产沥青的好原料。沙中减压渣油（>530℃）低温延度好，深拔后的减压渣油是生产道路沥青的好原料。

（5）原油采购计划部门必须根据原油性质做好原油采购计划排期，必须尽量降低不同性质原油混输的可能性。

（6）广州石化加工世界各地原油，单炼、混炼沥青原油，混炼比例、切割温度的选定仍有待技术研发部门做进一步的试验研究。

加氢改质催化剂级配技术的工业应用与研究

兰勇 刘江 郭伟 刘斌

（中国石油青海油田公司格尔木炼油厂）

摘 要 随着全球环境污染的加重和环保意识的提高，各国对成品汽、柴油质量的要求越来越高，柴油产品质量的提高主要通过加氢装置来实现。加氢改质装置是成品柴油二次加工的重要装置，A厂于2009年建成一套 80×10^4t/a 加氢改质装置。初建时生产硫含量满足国Ⅲ排放标准的调和柴油产品，目前由于柴油产品密度偏低，硫含量高，不能满足国Ⅳ、国Ⅴ新标准的要求。采用了中国石化抚顺石油化工研究院开发的FF-46加氢精制、FDW-3加氢降凝、FC-14B加氢改质催化剂的级配方案后，通过对催化剂的物化性质、性能、组合技术的研究与应用，生产出了完全能满足国Ⅳ、国Ⅴ新标准的低凝点柴油。

关键词 加氢改质；催化剂；级配技术；活性；低凝点柴油

1 前言

随着全球环境污染的加重和各国环保意识的提高，各国对成品汽、柴油质量的要求越来越高，我国也和世界其他主要国家一样，柴油产品质量标准在不断升级。加氢改质装置是成品柴油二次加工的重要装置，炼油厂于2009年建成加氢改质装置，设计规模为 80×10^4t/a，以直馏重柴油、直馏蜡油及催化柴油为原料，初建时使用某公司的加氢精制催化剂和加氢改质催化剂，采用中压加氢改质——中间馏分油加氢补充精制组合工艺，单段串联全循环流程。主要由反应部分（包括新氢和循环氢压缩）、分馏部分，其中反应部分采用炉前混氢方案，设有加氢精制反应器一台，加氢改质反应器一台，加氢精制反应器内设两个床层；加氢改质反应器内设三个床层，冷高分流程，分馏部分采用了脱丁烷塔+常压塔流程，双塔侧线汽提。

装置运行近五年，由于所产柴油密度偏低，不能满足国Ⅴ柴油质量升级的需要，依据国Ⅴ柴油质量升级的产品质量要求，在全厂总加工流程不变，生产优质的国Ⅳ柴油同时兼备国Ⅴ柴油标准。于2014年对加氢改质装置进行改造，改造后装置设计规模仍为 80×10^4t/a，加工方案以常一线轻柴油、直馏重柴油、直馏蜡油及催化柴油为原料，采用单段串联一次通过工艺和抚顺石油化工研究院开发的FF-46加氢精制、FDW-3临氢降凝和FC-14B加氢改质催化剂级配技术。

通过对抚顺石油化工研究院开发的催化剂的物化性质、性能、组合技术的研究与应用，冬季生产满足调和国Ⅴ排放标准-20#低凝柴油产品的需求，夏季生产满足调和国Ⅴ排放标准0#低凝柴油产品的需求，副产一部分石脑油、低分气和含硫干气。

2 催化剂级配技术的应用与研究

2.1 装置原料、产品工况

（1）我国目前实施的柴油质量标准规定，到2017年底，各项指标要达到国Ⅴ标准的水平。

（2）炼油厂加氢改质装置于2009年12月建成投产，并一次开车成功。加工的原料油分为冷、热进料，设计冷热进料比为2∶8，常减压装置的重柴油和直馏蜡油作为热进料全部进入该装置，占总进料量20%的冷催化柴油经罐区进装置，剩余的催化柴油按热进料考虑。

加氢改质装置原料、产品基本状况如表1~表5所示。

表1 柴油质量标准

对应排放标准	国Ⅲ	国Ⅳ	国Ⅴ
标准号	GB 19147—2009	GB 19147—2013	GB 19147—2013
开始执行时间	2010年1月1日	2015年1月1日	2017年1月1日
硫含量/%	0.035	0.005	0.001

续表

对应排放标准	国Ⅲ			国Ⅳ			国Ⅴ		
十六烷值/min	5# 0# -10#	-20#	-35# -50#	5# 0# -10#	-20#	-35# -50#	5# 0# -10#	-20#	-35# -50#
	49	46	45	49	46	45	51	49	47
密度(20℃)/(g/cm³)	810~850	790~840		810~850	790~840		810~850	790~840	
50%回收温度℃ 90%回收温度℃ 95%回收温度℃	不高于 300 不高于 355 不高于 365			不高于 300 不高于 355 不高于 365			不高于 300 不高于 355 不高于 365		
稠环芳烃/%	11			8			8		

表 2　原料油主要规格及数量

序号	名称	单位	数量	来源	备注
1	直馏蜡油	10^4t/a	26.70	减压蒸馏装置	
2	重柴油	10^4t/a	32.70	常压蒸馏装置	
3	催化柴油	10^4t/a	17.63	催化裂化装置	
4	氢气	10^4t/a	1.34	PSA 装置	

表 3　混合原料油主要性质

混合原料密度(20℃)g/cm³		馏程℃	S%	N%	凝点℃
冬季	0.8425	175~>372	0.21	0.0825	11
夏季	0.8273	169~>369	0.2	0.0600	3

表 4　反应系统操作条件

项　目	精制段	改质段
反应器入口压力/MPa(g)	12	
反应器入口氢油比/(Nm³/m³)	800：01：00	
体积空速(对新鲜进料)/h^{-1}	2.19	1.52
体积空速(对新鲜进料)/h^{-1}	0.9	
总体积空速(包括循环油)/h^{-1}	1.14	
第一床层入口温度/℃(初期/末期)	349/396	373/412
第一床层出口温度/℃(初期/末期)	366/411	379/416
第二床层入口温度/℃(初期/末期)	363/404	373/412
第二床层出口温度/℃(初期/末期)	374/415	381/419
第三床层入口温度/℃(初期/末期)		373/412
第三床层出口温度/℃(初期/末期)		381/420
总温升/℃(初斯/末期)	28/26	22/19
平均反应温度/℃(初期/末期)	365/407	377/416

表 5　产品主要性质

馏分/℃	<82	82~132	132~150	150~260	260~375	>375
密度(20℃)/(g/cm³)	0.6553	0.7286	0.7517	0.8009	≤0.810	0.8381
馏程 D-86,℃						
IBP/10%	43/47	75/96	135/140	168/182	264/284	385/410
30%/50%	54/60	101/106	142/145	193/204	302/314	415/419

续表

70%/90%	66/71	113/124	147/150	218/235	330/352	424/452
EBP	84	136	153	249	371	486
S/(mg/g)	<0.5	<0.5	<1.0	<1.0	<5	<10
N/(mg/g)	<0.5	<0.5	<1.0	<1.0	<1	<2
芳潜/%(m)		48.9	57.9			
芳烃/%(v)				7.7		
冰点/℃				<-60		
凝点/℃					-3	21

由表 5 可以看出重柴油产品密度≤0.810g/cm^3，偏低，不能满足国Ⅳ、国Ⅴ新标准的要求。

2.2 催化剂级配技术的应用

针对目前存在的问题，2014 年对装置进行了改造，改造后的设计规模仍为 80×10^{4}t/a，改造后的原料冬季工况为来自减压蒸馏装置的直馏蜡油 4.36×10^{4}t/a，来自重油催化裂化装置的催化柴油 12.09×10^{4}t/a 和来自常压蒸馏装置的直馏重柴油 13.28×10^{4}t/a，共计 29.73×10^{4}t/a；夏季工况为来自减压蒸馏装置的直馏蜡油 4.36×10^{4}t/a，来自重油催化裂化装置的催化柴油 12.00×10^{4}t/a，来自常压蒸馏装置的直馏轻柴油 10.88×10^{4}t/a 和直馏重柴油 13.28×10^{4}t/a，共计 40.51×10^{4}t/a。反应系统采用一段串联一次通过工艺流程，采用抚顺石油化工研究院开发的 FF-46 加氢精制、FDW-3 临氢降凝和 FC-14B 加氢改质催化剂组合。

2.2.1 催化剂和保护剂特性

本装置反应系统主要由 R101 和 R102 两个反应器串联组成，其中反应器 R101 设有两个催化剂床层，反应器 R102 设有三个催化剂床层，在反应器 R101 的顶部，采用多种保护剂的级配装填方案。催化剂主要由催化活性组分、辅助活性组分(助剂)和载体三种组分构成。载体实际上也是一种助剂，如果数量少于活性组分，其作用就是助剂；若数量多于活性组分，即为载体。载体是负载型催化剂的重要组成部分，是影响催化剂性能的重要因素之一。

(1) FC-14B 催化剂

FC-14B 催化剂是以无定形硅铝和少量活性物种为改质组分、以金属钨镍为加氢组分。FC-14B 催化剂用于劣质催化柴油加氢改质异构降凝，可在保持很高柴油产品收率同时，明显提高柴油的十六烷值和降低柴油的凝点，并使柴油密度、硫含量、氮含量、芳烃含量、T95 等指标得到明显改善，能满足炼厂增大操作灵活性和进一步增产优质柴油的需要。FC-14B 催化剂质量指标见表 6。

表 6　FC-14B 催化剂质量指标

FC-14B 项目	指标
WO_3/%(m)	20.0~24.0
NiO/%(m)	5.2~6.0
孔容/(mL/g)	>0.32
比表面积/(m^2/g)	>170
形状	圆柱条
直径/mm	1.4~1.6
长度/mm	3~8
自然装填密度/(t/m^3)	0.80~0.90
压碎强度/(N/mm)	≥13

(2) FDW-3 催化剂

FDW-3 催化剂是用以改善油品低温流动性的临氢降凝催化剂。以复合分子筛和氧化铝为载体，以金属镍为加氢组分。该剂具有孔结构合理、酸性功能与加氢功能匹配合理、降凝活性高、选择性好、稳定性好、机械强度高和对原料油适应能力强等特点，可与加氢催化剂组合用于含蜡劣质柴油加氢降凝或加氢改质降凝、生产低硫、低凝清洁柴油，也可用于润滑油馏分临氢降凝、生产润滑油基础油(表 7)。

表 7　FDW-3 催化剂质量指标

FDW-3 项目	指标
NiO/%(m)	1.5~2.5
孔容/(mL/g)	≮0.18
比表面积/(m^2/g)	≮250
形状	三叶草型
直径/mm	1.3~1.5
长度/mm	3~8
自然装填密度/(t/m^3)	0.65~0.75
压碎强度/(N/mm)	≮100

（3）FF-46 催化剂

FF-46 催化剂是新开发的一种加氢精制催化剂，该催化剂采用 Mo-Ni 组合作为催化剂加氢活性组分，采用适合的助剂及适宜的加入方式对载体进行改性，降低了载体表面的强酸含量，增强催化剂的稳定性，采用专有技术在分子水平上调节金属活性中心结构，使得加氢金属组分更易于硫化（表 8）。

表 8　FF-46 催化剂质量指标

FF-46 项目	指标
NiO/%(m)	3.8~4.2
MoO_3/%(m)	22~26
P	1.0~1.4
孔容/(mL/g)	≮0.30
比表面积/(m^2/g	≮160
形状	三叶草型
长度/mm	3~8
自然装填密度/(g/100mL)	95~105
压碎强度/(N/mm)	≮15

（4）保护剂

FZC-105 是由抚顺石油化工研究院研制开发的加氢保护剂，该保护剂具有较高空隙率、加氢活性适宜等特点。该剂广泛可用于重油加氢脱硫、加氢裂化和其他劣质油加氢过程，用于脱除原料油中的固体颗粒物和金属杂质（钙、铁、镍、钒、砷、硅等），保护主催化剂的活性和减缓床层压降的上升，从而达到延长整个装置运转周期的目的（表 9）。

表 9　FZC-105 的组成和质量指标

FZC-105 项目	指标
NiO/%(m)	0.5~1.5
MoO_3/%(m)	5~6
孔容/(mL/g)	≮0.70
形状	四叶轮
比表面积/(m^2/g)	100~125
长度/mm	3~10
堆密度/(g/100mL)	0.43~0.52
压碎强度/(N/mm)	≮5

FZC-106 是由抚顺石油化工研究院研制开发的加氢保护剂，该保护剂也具有较高空隙率、加氢活性适宜等特点。该剂广泛可用于重油加氢脱硫、加氢裂化和其他劣质油加氢过程，用于脱除原料油中的固体颗粒物和金属杂质（钙、铁、镍、钒、砷、硅等），保护主催化剂的活性和减缓床层压降的上升，从而达到延长整个装置运转周期的目的（表 10）。

表 10　FZC-106 的组成和质量指标

FZC-106 项目	指标
NiO/%(m)	2~3.5
MoO_3/%(m)	8~10
形状	四叶轮
孔容/(mL/g)	≮0.70
比表面积/(m^2/g)	110~145
长度/mm	3~10
堆密度/(g/100mL)	0.43~0.52
压碎强度/(N/mm)	≮5

2.2.2　催化剂的级配方案

加氢改质装置一反一床层装填 FF-46 加氢精制催化剂，在 FF-46 加氢精制催化剂顶部装填少量加氢催化剂保护剂 FZC-105 和 FZC-106；一反二床层装填 FF-46 加氢精制催化剂和 FDW-3 临氢降凝催化剂。二反一床层装填 FC-14B 加氢改质催化剂，二床层装填 FC-14B 加氢改质催化剂，三床层装填 FC-14B 加氢改质催化剂和 FF-46 精制催化剂。催化剂的级配方案见表 11 和表 12。

催化剂装填量合计：FZC-105 加氢保护剂 1.22t，FZC-106 加氢保护剂 1.29t，FF-46 加氢精制催化剂 47.27t，FDW-3 临氢降凝催化剂 8.72t，FC-14B 加氢改质催化剂 63.51t。

2.2.3　采用级配方案后反应系统的操作条件

反应器入口温度是加氢过程的重要工艺参数之一，在操作压力、体积空速和氢油体积比不变的条件下，加氢改质装置反应温度是调控产品质量最灵活、有效的手段。调节反应温度对转化深度有较大的影响，两者之间具有良好的线性关系，如果要增加 10%的转化率，只要将反应温度提高约 4℃就可以。同时转化率的提高进而影响到目的产品的分布。随着转化率增加，C5~204℃石脑油及 130~253℃喷气燃料的收率持续增加，同时 253~367℃重柴油收率也缓慢增加，但在较高的反应温度和转化率下烃类分子的二次裂解也会增加，则减少了中间馏分油的产率，即柴油产率。采用抚顺石油化工研究院催化剂级配方案后反应系统的操作条件基本不变，具体见表 13。

表 11　加氢反应器 R1 催化剂级配方案(ϕ2800mm)

床层	装填物	高度/mm	体积/m^3	密度/($t\cdot m^{-3}$)	重量/t
一床层	空高	200			
	ϕ13 瓷球	100			
	FZC-105	400	2.45	0.50	1.22
	FZC-106	420	2.58	0.50	1.29
	FF-46	3030	18.65	0.90	16.79
	ϕ3 瓷球	100			
	ϕ6 瓷球	150			
二床层	空高	100			
	ϕ13 瓷球	100			
	FF-46	4000	24.62	0.90	22.16
	FDW-3	1780	10.9	0.80	8.72
	ϕ3 瓷球	100			
	ϕ6 瓷球	200			
	ϕ13 瓷球	高收集器 200			

表 12　加氢反应器 R2 催化剂级配方案(ϕ2800mm)

床层	装填物	高度/mm	体积/m^3	密度/($t\cdot m^{-3}$)	重量/t
一床层	空高	200			
	ϕ13 瓷球	100			
	FC-14B	4180	25.83	0.86	22.15
	ϕ3 瓷球	100			
	ϕ6 瓷球	150			
二床层	空高	150			
	ϕ13 瓷球	100			
	FC-14B	4180	25.83	0.86	22.15
	ϕ3 瓷球	100			
	ϕ6 瓷球	150			
三床层	空高	100			
	ϕ13 瓷球	100			
	FC-14B	3620	22.19	0.86	19.21
	FF-46	1500	9.24	0.90	8.32
	ϕ3 瓷球	100			
	ϕ6 瓷球	150			
	ϕ13 瓷球	高收集器 200			

1. ϕ3 瓷球强度≥200N/粒，ϕ6 瓷球≥440N/粒，ϕ13 瓷球≥1300N/粒。
2. 所有瓷球的三氧化二铝含量 50%-60%之间。

表 13　反应系统操作条件表

反应器	加氢精制段	加氢改质段	备注
保护剂和催化剂	保护剂/FF-46/FDW-3	FC-14B/FF-46	
反应器入口压力	11.6 MPa	—	
反应器入口氢油体积比	800∶1	—	
主剂总体积空速	2.03/1.55h^{-1}	1.50/1.14h^{-1}	冬/季

续表

反应器	加氢精制段		加氢改质段			备注
平均反应温度/℃	362/361		372/376			冬/季
总温升/℃	34/43		12/23			冬/季
床层	1	2	1	2	3	冬/季
床层入口温度/℃	338/333	362/360	370/372	370/372	370/372	冬/季
床层出口温度/℃	362	372/374	374/379	374/380	374/380	冬/季
床层温升/℃	24/29	10/14	4/7	4/8	4/8	冬/季

2.3 催化剂级配技术应用后的产品分布

FF-46 加氢精制、FDW-3 临氢降凝和 FC-14B 加氢改质催化剂级配技术自 2014 年 8 月在炼油厂 80×10^4t/a 加氢改质装置运用以来，产品质量如见表 14。

装置改造后将 2016 年、2017 年的反应温度与重柴油产品凝点、密度等数据进行了对比，对比数据见表 15。

表 14　加氢改质装置设计产品性质一览表

产品名称	石脑油	轻柴油	重柴油	备注
密度(20℃)/(kg/m³)	725.2	804.6	830.4	
馏程/℃：				
IBP	57	168	265	
10%	69	182	290	
30%	93	197	309	
50%	111	209	319	
70%	130	228	334	
90%	150	245	353	
95%	159	251	364	
EBP	164	255	369	
硫/(μg/g)	<0.5	5	10	
氮/(μg/g)	<0.5	<5	<5	
凝点/℃		-50	<-20	
多环芳烃/%		0.6	1.0	
十六烷指数		45.0	72.9	

表 15　加氢改质装置实际产品一览表

日期	进料量/t	反应温度/℃	重柴油密度/(kg/m³)	凝点	备注
2017.6.5	100	330	803.6	1	
2017.6.6	100	330	804.2	3	
2017.6.7	100	330	805.2	1	
2018.6.5	100	330	819.7	-3	
2018.6.6	100	330	824.3	-3	
2018.6.7	100	330	823.2	-3	

综上所述可以看出：在反应进料量、温度、系统压力和循环氢流量及氢纯度不变的条件下，生产出合格的柴油产品，且重柴油凝点稳定。冬季以直馏蜡油、直馏重柴油及催化柴油为原料，生产调和国Ⅴ排放标准-20#低凝柴油产品的需求；夏季以常一线轻柴油、直馏重柴油、直馏蜡油及催化柴油为原料，生产调和国Ⅴ排放标准 0#低凝柴油产品的需求，副产一部分石脑油、低分

气和含硫干气。重柴油产品凝点和密度稳定，完全能够满足国Ⅳ和国Ⅴ柴油排放标准。

3　结论

（1）FRIPP 开发的 FF-46、FDW-3 和 FC-14B 催化剂级配技术，在加氢改质装置应用后，对原料油的适应性强、催化剂的活性稳定。

（2）FF-46 加氢精制催化剂脱硫率高，装置运行三年来重柴油产品硫含量一直≤5PPm。

（3）产品分布合理，重柴油产品凝点稳定，完全能够满足国Ⅳ和国Ⅴ柴油排放标准。

（4）重柴油产品密度≥810kg/m^3且稳定，完全能够满足国Ⅳ和国Ⅴ柴油排放标准。

参 考 文 献

[1] 韩崇仁. 加氢裂化工艺与工程. 北京：中国石化出版社，2001(2009.4 重印).

[2] 李大东. 加氢处理工艺与工程. 北京：中国石化出版社，2004.

[3] 邢颖春. 国内外炼油装置技术现状与进展. 北京：石油工业出版社，2006，10.

甲烷制氢生产工艺水氨氮生成原因分析探讨

陈向平 洪晓煜 李海建

（中国石油青海油田公司格尔木炼油厂）

摘　要　某甲醇厂采用以天然气为原料甲烷蒸气转化法生产工艺，原料天然气中氮气含量在3.9%左右，公用工程依托炼油厂，主装置独立生产，合成驰放气外送炼油厂提氢，解吸气返回甲醇装置主要作为燃料使用。该装置投产20年来于2018年大检修后首次出现转化工段工艺水中氨氮浓度高达860mg/L的现象，对达标排放及水质利用造成较大影响。天然气制甲醇不具备合成氨工艺生产条件，询问国内同类型装置，咨询有关专家均未遇到过此现象。本文针对该厂调整措施及氨氮浓度逐步下降的分析结果展开分析。

关键词　反应条件；合成氨；氨氮；工艺冷凝液

1　前言

某甲醇装置采用甲烷一段蒸汽转化法产出H_2、CO、CO_2及微量的CH_4及N_2等气体组分。原料为本油田天然气，主要成分如表1：

表1　油田天然气主要成分

组成	CH_4	C_2H_4	C_3H_6	C_4	CO_2	N_2
天然气(V%)	92.48	3.17	0.26	0.1	0.05	3.94

装置分为转化、合成、精馏、罐区、压缩机、除氧水、二氧化碳回收等工段。原料气采用钴钼加氢催化剂将有机硫转化为无机硫，在通过氧化锌脱除。工艺蒸汽采用转化工段自产的3.9MPa，温度400℃的中压蒸汽。脱盐水来自厂动力车间的一级除盐，在本装置内通过热力除氧获得合格的除氧水供装置自产中压蒸汽使用。转化气在进入合成工段前在逐步降温过程中要产生流量约31吨/小时的工艺冷凝液，在未发现氨氮浓度高之前排往厂动力车间回收利用。后期因氨氮值高改排至全厂污水管网，对水质利用及处理造成了很大影响。

2　氨氮反应机理及生成条件

氮气和氢气在没有催化剂的作用下，氨氮反应几乎不会发生。合成氨反应在低温、高压反应条件下是有利的。铁是合成氨反应的主要催化剂，在铁催化剂作用下将会加速反应进行。氢气和氮气发生合成氨反应首先是氮分子在铁催化剂表面进行化学吸附，使氮原子间的化学键减弱。进一步产生的反应是化学吸附的氢原子不断跟氮分子进行化学作用，并逐步生成$CH_2—CH_3$，最后氨分子从催化剂表面脱落生成氨。

合成氨反应条件为：温度350-500℃，氮氢比1：3，压力20-30MPa为最佳反应环境。查阅资料显示出不同温度、压力下气体中氨浓度如表2所示。

表2　不同温度、压力下气体中氨浓度

温度/℃	压力/MPa					
	0.101	10.13	15.2	20.6	30.39	40.52
350	0.84	37.86	46.21	52.46	61.61	68.21
380	0.54	29.95	37.89	44.08	53.50	60.59
420	0.31	21.36	28.25	33.93	43.04	50.25
460	0.13	15.00	20.60	25.45	33.66	40.49
500	0.12	10.51	14.87	18.81	25.80	31.90
550	0.07	6.82	9.90	12.82	18.23	21.20

由表2可以看出：低温度、高压力有利于合成氨反应生成。

铁作为合成氨的催化剂，在使用过程中其活性由小到大，逐步达到正常水平并在一段时间内达到稳定，然后活性开始下降并最终失去活性。铁催化剂也存在暂时性和永久性中毒现象。混合气体中存在的一氧化碳、二氧化碳都可以对铁催化剂造成中毒现象。但氢气和氮气可以使催化剂活性恢复。铁催化剂参与合成氨反应温度在500℃时活性最大，因此这也是合成氨反应温度一般选择在500℃左右进行的主要原因。

反应方程式：$N_2+3H_2 \longrightarrow 2NH_3$

3 工艺水生成氨氮的可能因素及分析结果

装置先后采取了原料天然气水洗测氨含量、原料气预热器内漏排除、提高水碳比、动力车间脱盐水临时停止配胺、加氢反应器临时停止加氢、反应工段余锅至冷热设备前转化气冷凝取样分析、提高补氢量、提高转化反应温度等一系列措施进行调整及分析取样，对调整措施技术分析如下：

3.1 对装置内的循环水、脱盐水及蒸汽冷凝液进行分析

脱盐水是装置产生蒸汽并参与甲烷反应的主要物料，经过对循环水、脱盐水、蒸汽冷凝液等物料进行了取样分析，结果显示循环水中氨氮含量为1.3mg/L，脱盐水和蒸汽冷凝液中未检出氨氮。为了判定分析数据的准确性，将同一样品送往外厂进行多次化验分析，结果与我厂分析结果一致。从而证实了样品的准确性(表3)。

表3 循环水、脱盐水、蒸汽冷凝液分析结果

样品名称	氨氮含量/(mg/L)	备注
循环水	1.3	
脱盐水	未检出	
蒸汽冷凝液	未检出	

3.2 对装置原料气、补入的解吸气和转化气进行分析

在判定到工艺水中氨氮浓度的准确性后，装置对原料天然气、厂PSA装置解吸气中及装置转化气的组成进行了化验分析，以求进一步判断氨氮产生的原因(表4)。

表4 原料天然气、解吸气分析数据

原料天然气(V%)		解吸气(V%)	
CH_4	92.48	CH_4	54.19
C_2H_6	3.17	H_2	26.87
C_3H_6	0.26	O_2	0.17
C_4	0.1	N_2	6.71
CO_2	0.05	CO	3.51
N_2	3.94	CO_2	8.55

通过以上化验分析数据判断出：原料天然气成分组成中氮气含量比以前的浓度增加了近3%，但不具备和氢气反应生成氨气的工艺条件。为了进一步判明原料天然气中是否存在造成装置冷凝液中氨氮上升的原因，装置采用了原料天然气进行水洗的检测方法，通过在脱盐水中通入原料天然气持续30min左右，化验检测水中氨氮含量数据为1mg/L，氨氮含量很小，从而排除原料天然气中存在造成工艺冷凝液氨氮含量上升的气体组成因素。

3.3 通过动力外供脱盐水中停止注胺来判定工艺冷凝液中氨氮情况

动力外送至甲醇装置的脱盐水中会注入一定浓度的氨水来调节pH值。为了判断注入的氨水是否是造成装置氨氮超标的原因，经过统一安排，对脱盐水临时停止注胺12个小时分析测定冷凝液中氨氮含量，数计显示注胺前后氨氮值没有明显变化，从而排除了动力注入氨水对工艺冷凝液氨氮值的影响。

3.4 通过提高水碳比进行调整分析

由于工艺蒸汽计量表显示误差等因素，调整前装置水碳比实际控制在3.0左右，转化气中残余甲烷含量在5~7 V%。为了降低转化气中残余甲烷含量，装置将工艺蒸汽量提高了12~18t/h，水碳比控制在4~5左右，转化气中残余甲烷含量下降至3.5V%左右，工艺冷凝液中氨氮浓度有了较为明显的下降，分析数据见表5。

表5 提高工艺蒸汽量分析数据统计

时 间	水碳比	F104氨氮/(Mg/L)	残余甲烷(V%)	备注
9月29日	2.9	421.09	7.8	
9月30日	3.0	357.22	7.9	
平均值	2.95	389.16	7.85	
10月3日	4.2	135	6.53	
10月4日	4.2	117	5.1	
10月5日	4.5	99.21	3.24	
10月6日	4.5	102	2.33	
10月7日	4.7	101	3.69	
10月8日	4.7	112.62	4.01	
平均值	4.46	111.14	4.15	

从提高水碳比后的数据可以看出，工艺冷凝液中总容器F104中的总氨氮含量逐步下降，并最终稳定在111Mg/L左右。转化气中残余甲烷含量逐步下降，由7.85下降至4%左右。看出增加水碳比后残余甲烷含量正常，但氨氮含量没有

持续下降，无法达到正常指标。说明氨氮含量下降是水蒸气量增加后是水的稀释作用造成的，生成氨氮的根本原因在系统中仍然存在。

3.5 采用高温气相微量冷凝析出水滴的方法成功取到转化炉废锅至余热处理工段前气体样品

甲烷蒸汽转化反应是在转化管内进行，在镍基催化剂作用下生成 H_2、CO、CO_2及 N_2、CH_4 等气体。在温度 820℃左右进入废锅(E101)，废锅充分回收转化气余热并产出中压蒸汽后进入后续冷换单元继续降温回收热能。工艺冷凝水中的氨氮就是从废锅出来在冷换单元降温过程中产生的。附工艺简图如图 1 所示。

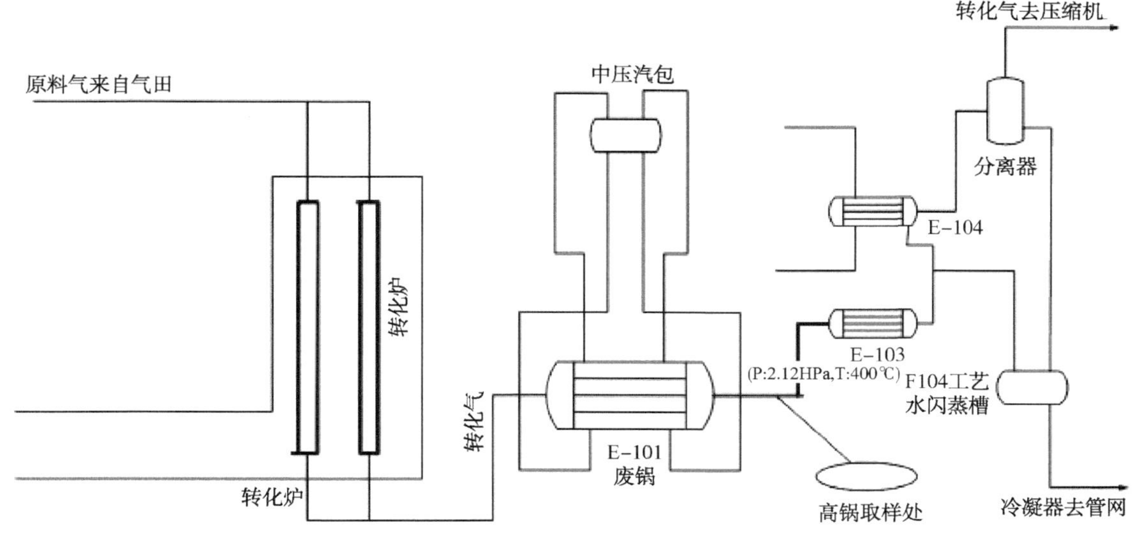

图 1　工艺简图

从工艺流程简图中可以看出，转化气经废锅取热后温度由 820℃降至 400℃左右继续进入冷换单元。通过在 E101 废锅出口至 E103 前取冷凝液分析氨氮值在 110Mg/L，和 F104 工艺冷凝液氨氮值基本一致，所以可以判定装置工艺冷凝液中的氨氮来自于 E103 冷换设备之前的废锅、转化管内。通过自制取样设施获得了冷凝后的液体样品，经化验分析结果显示，此处冷凝液中的氨氮浓度已经较高，排除了后续工段存在的工艺管路或设备内漏现象，证明工艺冷凝液中的氨氮来自前路的反应系统。E101 至 E103 前取样分析结果如表 6 所示。

表 6　E101 废锅至 E103 前取样分析结果

日期	E101—E103 氨氮含量(mg/L)	备注
10 月 7 日	118	
10 月 8 日	91	

此处高温转化气通过冷凝析出的水中氨氮含量与后续换热工段冷凝水中总氨氮含量基本接近，说明在转化催化剂的裂解反应环境或 E101 废锅内具备生成氨氮的化学反应条件，是造成甲醇装置工艺冷凝液氨氮超标的重要原因。

3.6 采用中断加氢反应器的氢气来源和提高加氢反应器氢气量的调整措施分析

通过取样分析判断出氨氮是在换热系统前生成的重要结论后，车间与加氢催化剂供应商联系，咨询断氢等技术问题后，采取了对加氢反应器临时断氢，并取得了两种工况下工艺水中氨氮含量的分析数据如下：

表 7　加氢量调整前后氨氮值统计

时　间	F102(mg/L)	F104(mg/L)	备注
10 月 9 日	155.11	117.15	停止供氢模式
10 月 11 日	200	140	大幅提高补氢量模式

通过对两种不同配氢运行模式下的数据分析对比得出，断氢后工艺水中总氨氮含量比正常供氢模式下上升了 10mg/L 左右，上升幅度不大。但大幅增加补氢量后，工艺水中总氨氮含量比正常供氢模式下上升了约 40mg/L，进一步说明在加氢催化剂、氧化锌脱硫剂和转化反应过程中存在氨氮生成的条件和反应环境。

3.7 同工艺参数及运行条件下数据对比情况分析

$10×10^4$t 甲醇装置在 2018 年 12 月生产期间

与2019年3月转化工段原料气处理负荷均为6500～7000Nm³/h。在水碳比FY107＝0.0033，FR108＝32－33(t)的运行条件下，氨氮分析及采集数据对比如表8。

通过在不同时期，同工艺运行条件下的对比可以看出，2019年3月的氨氮平均数据为58.28mg/L，比2018年12月下降了72.51mg/L，说明装置生成氨氮的反应环境和物质呈现出逐渐降低的趋势。附趋势图如图2所示。

表8　同工艺条件下数据对比

时　间	F104氨氮含量(mg/L)	备注
12月24日	146.92	(pH：6.72)
12月25日	147.6	(pH：6.78)
平均值	147.26	
2019年3月4日	112	(COD：4)
3.11	83	(COD：3)
3.14	63	(COD：3)
3.21	41	(COD：4)
平均值	74.75	

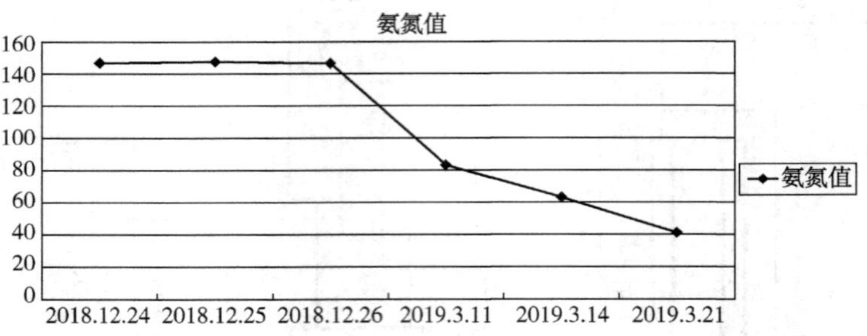

图2　生成氨氮趋势图

4　氨氮的来源分析

通过以上各项调整措施及化验分析数据的采集可以看出，装置内使用的脱盐水、蒸汽及循环水没有造成工艺水中氨氮含量超标，也不具备产生氨氮的反应机理。动力停补脱盐水中氨水，原料天然气水洗检测氨浓度等措施也没有使装置的氨氮降低。增加水碳比使转化气中残余甲烷含量得到了有效降低，说明较低的水碳比运行环境是转化气中残余甲烷含量上升的主要原因。通过增加水蒸气流量，工艺水中的氨氮含量得到了大幅下降并最终稳定在110mg/L浓度值，说明氨氮含量下降是水蒸气量增加后是水的稀释作用造成的，化学生成氨氮的根本原因在系统中仍然存在。通过停补氢气和大量补入氢气两种调整模式取得的数据分析，合成气作为补氢来源可以对系统氨氮含量产生变化，特别是在补入氢气大幅增加的运行条件下，系统中的氨氮含量上升了40～50mg/L，有着较为明显的上升幅度。通过自制取样设施获得高温转化气冷凝后的液体样品数据，可以证明在转化催化剂的裂解反应环境或E101废锅内具备生成氨氮的化学反应条件，是造成甲醇装置工艺冷凝液中氨氮超标的主要原因。

5　初步结论

催化剂的原材料配比和化学配方可以导致氨氮的生成环境，由于选择性等差异是化学形成氨氮的一个因素。装置废热锅炉在维修过程，换热管束会形成氨氮反应催化剂条件，在有氮气、氢气的环境中，铁加速了合成氨反应，因此是生成合成氨的另一项因素。甲醇装置经过6个月的运行后，工艺水的氨氮含量呈现出逐步下降的趋势，一方面原因是由于催化剂对合成氨的选择性逐步下降，另一方面与废热锅炉铁含量在CO、CO_2不断通过对催化剂形成中毒导致活性不断下降有关。

参　考　文　献

[1] 张永华. 合成氨的催化剂中毒与预防(J). 云南化工，2010(2)：76—80.

[2] 宋炎培. 变压工业合成氨条件的选择(J). 试题与研究：教学论坛，2012(29)：58.

辽河石化重劣质原油特色加工技术及应用实践

黄　鹤　李　平

（中国石油辽河石化公司）

摘　要　中国石油辽河石化公司凭借得天独厚的重劣质原油特色资源和不断的科技创新，深入研究不同原油资源的品质构成要素，利用重劣质原油中的优势组分，开发出适合不同原油品质的加工工艺及生产技术，生产出了适销对路的高质量沥青、低硫船用残渣燃料油和环保型特种工艺润滑油等特色产品，走出了一条独特的重劣质原油加工路线。

关键词　重劣质原油；沥青；低硫船燃；橡胶增塑剂

中国石油辽河石化公司是中国石油天然气股份有限公司下属的地区分公司，原油一次加工能力为 520×10^4t/a。辽河石化公司始建于 1970 年，是伴随着辽河油田的开发而诞生的，辽河油田曾是我国的第三大油田，现在辽河油田的年产量为 1000×10^4t，已持续稳产了 33 年。辽河油田年产的 1000×10^4t 原油中，有 600×10^4t 是重劣质原油（上游称为稠油和超稠油），重劣质原油资源丰富。辽河石化公司地处辽河油田腹地，经过近五十年的发展，凭借得天独厚的重劣质原油资源和不断地科技创新，走出了一条独特的重劣质原油加工路线，业已成为中国石油的稠油加工基地和特色产品生产基地。辽河石化公司特色产品主要有各种高质量沥青、环保型特种工艺润滑油和低硫船用残渣燃料油，都是重劣质原油高值化特色加工的产物，形成的生产技术也是重劣质原油加工最经济、最适用的技术。

1　辽河石化重劣质原油的资源特色

表 1 列出了辽河石化公司 2018 年原油加工的比例构成。从表中数据可以看出，在辽河石化加工的 457.7 万吨原油中，辽河低凝稠油、月东原油、辽河混合稠油、辽河超稠油和进口委内瑞拉波斯坎原油、哥伦比亚卡斯蒂娜原油，都属于重劣质原油，总占比高达 72.6%，是国内重劣质原油加工比例最大的炼油企业，这就是辽河石化加工的资源特色。

表 1　辽河石化公司 2018 年原油加工比例构成

原油品种		加工量/10^4t	占比/%
重劣质原油	辽河低凝稠油	73.7	16.10
	月东原油	44.0	9.61
	辽河混合稠油	82.4	18.00
	辽河超稠油	123.7	27.03
	委内瑞拉波斯坎原油	1.2	0.26
	哥伦比亚卡斯蒂娜原油	7.4	1.62
	合计	332.4	72.62
轻质原油	辽河混合稀油	119.8	26.17
	俄罗斯穆尔班原油	5.5	1.20
总计		457.7	100

表 2 列出了辽河石化加工的重劣质原油的典型性质。从表中数据可以看出，这些重劣质原油都属于环烷基原油，具有高密度、高黏度、高金属、高酸值、高沥青质、高胶质等特点，走传统的燃料油加工工艺路线，不仅加工工艺流程复杂、加工成本高昂，而且生产的产品品质较差、市场竞争能力较差。环烷基原油资源在世界范围内也是一种稀有资源，仅占原油储量的 2%左右，利用这些资源加工成各种高质量沥青、环保型特种工艺润滑油和低硫船用残渣燃料油等特色产品，不仅加工工艺流程简单、加工成本相对低廉，而且生产的产品市场紧俏、竞争力相对较强，避免了与传统加工工艺生产汽柴油的市场竞争。

2　辽河重劣质原油加工生产高质量沥青技术

重劣质原油普遍存在渣油收率高的特性，解决渣油出路问题是实现重劣质原油特色利用的技术关键。表 3 列出了辽河石化加工的重劣质重油的渣油收率，大部分原油减压渣油收率都在 60%左右，辽河超稠油高达 80%，渣油比例过高。

表2　辽河石化加工的重劣质原油的典型性质

项　目	辽河低凝稠油	月东原油	辽河超稠油	辽河混合稠油	哥伦比亚卡斯蒂娜原油	委内瑞拉波斯坎原油
密度(20℃)/(g·cm^{-3})	0.9699	0.9775	1.009	0.9424	0.9448	0.9920
API°	15	13	9	18	18	11
运动黏度/(mm^2·s^{-1})						
50℃	667.7	767.1	—	240.7	118.2	4225
80℃	107.6	121.5	2553	71.52	19.52	520.1
100℃	—	47.80	751.4	—	—	—
凝固点/℃	-14	-6	28	2	-34	4
蜡含量/%(m)	2.64	1.57	2.56	4.60	1.79	2.83
硫含量/(mg·kg^{-1})	3432	2913	4798	2900	19462	51400
氮含量/(mg·kg^{-1})	3713	2216	5499	5100	1682	1892
胶质/%(m)	18.84	21.04	28.11	22.64	11.87	16.29
沥青质/%(m)	2.25	2.88	3.38	2.24	9.58	10.51
灰分/%(m)	0.09	0.24	0.32	0.01	1.33	0.18
残炭/%(m)	7.99	9.68	14.82	10.04	13.05	14.79
金属/(mg·kg^{-1})						
Fe	24.9	57.3	32.2	13.24	16.8	6.01
Ni	59.9	27.3	110.8	50.49	57.6	101.2
Na	12.9	5.1	6.6	6.84	31.3	18.5
Ca	52.6	154.3	208.7	28.96	45.8	7.52
V	—	—	—	1.01	207.5	1202.1

表3　辽河石化加工的重劣质原油的渣油收率

原油品种	辽河低凝稠油	月东原油	辽河超稠油	辽河混合稠油	哥伦比亚卡斯蒂娜原油	委内瑞拉波斯坎原油
>450℃减压渣油收率/%(m)	64.13	60.09	81.27(>420℃)	57.97	45.19	71.05

重劣质原油一般含有较高的沥青质、胶质和高金属、高残炭、高硫、高氮组分，走传统的催化裂化加工工艺路线，无法满足该工艺对原料要求；走传统的焦化加工工艺路线，工艺可行，但后续的加氢工艺必不可少，工艺流程长，氢耗高，加工经济性差，而且没有特色；走渣油加氢的工艺路线，同样存在工艺流程长、氢耗高、加工经济性差的问题，而且技术也不十分成熟。重劣质原油中这些高沥青质、胶质组分是生产高质量沥青的优质组分，如果这些原油同时具备低蜡的特性，那么，这种重劣质原油是生产高质量沥青的优质原料。辽河石化加工的辽河稠油和超稠油中，除辽河混合稠油外，都具有低蜡含量的特性，都可以作为生产高质量沥青的优质原料。

在辽河石化近五十年的生产应用实践中，通过不断地科技创新，先后开发出了辽河低凝稠油常减压蒸馏生产高等级道路沥青技术、辽河低凝稠油渣油半氧法生产重交沥青技术、辽河低凝稠油掺炼辽河超稠油生产重交沥青技术、辽河超稠油改质——蒸馏生产重交沥青技术及聚合物改性沥青生产技术等利用重劣质原油开发高质量沥青生产技术，支撑了辽河石化公司沥青生产基地的建设。辽河石化公司沥青产量最高时达到了183×10^4t/a，近年来一直保持在160×10^4t/a以上，是国内最大的优质沥青生产基地。不仅产量最大，而且品种最全。辽河石化公司高质量沥青产品主要有重交通道路沥青、聚合物改性道路沥青、机场沥青及机场改性沥青、水工沥青及改性水工沥青、防水卷材专用沥青、橡胶沥青、高黏高弹沥青、高模量沥青、桥面沥青、温拌沥青及温拌阻燃沥青、汽车阻尼板专用环保沥青等等，产品品质均满足国家标准和行业标准的最高、最新水平，产品应用已覆盖我国公路、市政、航空、水利、水电、建筑、桥梁、隧道、汽车等相关领域。这些高质量沥青产品中大部分产品的首次开发成功属于国内首创并取代了国外同类产品，为我国民族工业的振兴起到了助推作用，引领了沥青行业的发展。利用低蜡含量的重劣质原油开发高质量沥青生产技术，高效地利用了重劣质原油中的高沥青质、高胶质组分，加工流程简单，产品特色突出，是解决这种重劣质原油渣油最经济、最高效的特色利用技术，破解了重劣质原油特色加工的技术难题。

3 辽河重劣质原油加工生产低硫船用残渣燃料油技术

低硫船用燃料油保供，是近期国内外备受关注的话题。根据国际海事组织的规定，2020 年 1 月 1 日起，全球船舶必须使用硫含量小于 0.5% 的低硫船用燃料油，我国作为国际海事组织的成员，已于今年 1 月 1 日起提前实施。目前全球船舶使用的船用残渣燃料油硫含量为 3.5%，在此水平上要下降 86%，尤其是渣油为主要组分的燃料油降硫，难度是显而易见的。国际海事组织新的“限硫令”的实施，不仅对船供油行业、航运业产生了重大影响，还会使全球的能源结构发生重大改变。根据国内权威机构的估算，目前，全球船用燃料需求约 3.2×10^8t，占石油总消费约 6%，其中船用燃料油需求约 2.1×10^8t，船用残渣燃料油需求占比约为 50%，2020 年预计约 1.7 亿吨高硫船用燃料油被船用柴油和低硫船用残渣燃料油所替代，短期内国际低硫船用燃料油的供给将呈现资源短缺的局面，资源短缺量可能达到近 1 亿吨。目前，中石化在组织攻关，中石油、中海油在组织攻关，地方炼厂、民企可能都在组织攻关，都想在这次能源结构变化中赢得一席之地、增强自身的竞争能力。

辽河石化作为中国石油的一员，按照中国石油总部的要求，于去年 10 月开始组织攻关，并于今年 3 月完成了低硫船用残渣燃料油生产基础设施的部分技术改造，4 月成功生产出了满足国际标准 ISO8217：2017 和国家强制性执行标准 GB 17411—2015“船用燃料油”技术要求的低硫船用残渣燃料油。辽河石化在加工原油品质方面虽然处于劣势，但在开发低硫船用残渣燃料油方面却占据了优势。辽河石化公司加工的辽河重劣质原油都属于低硫原油，硫含量都小于 0.5%，在开发低硫船用残渣燃料油方面具有天然的资源优势，对于削减辽河石化渣油产能和实现重劣质原油渣油高值化特色利用起着非常积极的作用。在世界范围内，具备低硫特质的重劣质原油资源较少，我国只有辽河稠油、中海 SZ36-1 稠油、新疆稠油、大港稠油等少数稠油资源具备这种特质，而且相对需求来说，产量也十分有限。因此，一些国际国内石油公司目前都在研究渣油加氢工艺或通过二次加工柴油馏分加氢后调和相对硫含量较低的含硫原油渣油来生产，加大低硫船用残渣燃料油生产的技术难度，同时也增加了低硫船用残渣燃料油的生产成本。

辽河石化在充分研究自身加工的辽河重劣质原油及其渣油组成结构的基础上，选择催化粗柴油、焦化粗柴油、焦化蜡油等二次加工劣质馏分为轻组分，以辽河混合稠油减压渣油或辽河超稠油改质渣油为重组分，通过两组分或多组分调和，成功开发出了 RME180、RMG380、RMG500、RMG700 系列低硫船用残渣燃料油产品，产品通过了国内权威应用部门的质量检验，满足国际国内最新标准要求。RMG380 低硫船用残渣燃料油产品已投放市场，用于国际海运船舶的加油业务。表 4 列出了利用辽河石化重劣质原油资源开发的低硫船用残渣燃料油系列产品的性质，根据国内最大的船供油公司--中国船舶燃料有限责任公司的检测评估，辽河石化开发的低硫船用残渣燃料油系列产品的质量均好于目前市场上供应的产品。辽河石化在充分评估低硫船用残渣燃料油市场风险和自身资源状况的基础上，正在加大对基础设施的技术改造，力争 2020 年以后逐步达到 100×10^4t/a 的生产规模，建成中国石油的低硫船用燃料油生产基地。

辽河石化低硫船用残渣燃料油的开发成功，为公司解决加工辽河重劣质原油渣油的出路开辟了一条新途径，解决了公司原来单独依赖沥青生产带来的市场风险，解决了公司继续开展重劣质原油轻质化研究带来的技术难题和巨额投资问题。由于辽河石化生产低硫船用残渣燃料油全凭加工辽河重劣质原油的资源优势，对选择的轻组分和重组分都不需要进行加氢处理，其加工的经济性显而易见，产品的市场竞争能力明显。

表4　辽河石化开发的低硫船用残渣燃料油系列产品的性质指标和技术要求

分析项目＼类别	RME180	RMG380	RMG500	RMG700	技术要求			
					RME180	RMG380	RMG500	RMG700
运动黏度(50℃)/($mm^2 \cdot s^{-1}$)	163.2	331.9	469.1	684.0	≯180.0	≯380.0	≯500.0	≯700.0
密度(20℃)/($kg \cdot m^{-3}$)	980.7	984.1	985.9	986.8	≯987.6			
酸值/($mgKOH \cdot g^{-1}$)	0.48	0.73	0.84	0.93	≯2.5			
倾点/℃	24	18	24	21	≯30			
闪点(闭口)/℃	158.0	167.0	170.0	170.0	≮60.0			
硫含量/%(m)	0.356	0.366	0.359	0.362	≯0.50(Ⅱ级)			
残炭/%(m)	3.01	6.41	6.39	7.73	≯15.00	≯18.00		
灰分/%(m)	0.012	0.015	0.035	0.010	≯0.070	≯0.100		
水分/%(v)	0.03	0.06	0.03	0.010	≯0.50			
净热值/($MJ \cdot kg^{-1}$)	40.4	40.2	40.3	40.3	≮39.8			
总潜在沉淀物(老化法)/%(m)	0.011	0.02	0.011	0.012	≯0.10			
硫化氢/(mg/kg)	<1.00	<1.00	<1.00	<1.00	≯2.00			
钒/(mg/kg)	1	1	1	1	≯150	≯350		
钠/(mg/kg)	13	8	12	11	≯50	≯100		
铝+硅/(mg/kg)	12	46	16	14	≯50	≯60		
使用过的润滑油(ULO)/($mg \cdot kg^{-1}$)					不合格判定标准			
钙	19	23	29	31	钙>30且锌>15			
锌	1	1	1	1	或			
磷	<1	1	<1	<1	钙>30且磷>15			
清洁性/级	3	3	2	2	≯3			
相容性/级	1	1	2	2	≯3			
中低温模拟实验/m %	0.92	0.92	0.95	0.92	≯1.00			
碳芳香度指数(CCAI)	855	850	849	845	≯860	≯870		

＊清洁度、相容性、中低温模拟实验三项检测指标是中国船舶燃料有限责任公司对外采购船用残渣燃料油企业标准的技术要求。

4　辽河重劣质原油加工生产特种工艺润滑油技术

重劣质原油的另一宝贵资源是其富含的环烷烃和芳烃资源，高值化利用这些资源是重劣质原油特色加工需要解决的技术难题。重劣质原油轻组分含量少，表5列出了辽河石化加工的几种辽河重劣质原油的汽、柴油及润滑油馏分油等轻组分的收率情况。从表中数据可以看出，除辽河混合稠油的汽油馏分收率稍高一点外，其他几种重劣质原油的汽油馏分收率均在1.0%左右；几种重劣质原油的柴油和润滑油馏分收率均在20%以下，辽河超稠油更低。

从重劣质原油的特色加工利用来看，汽、柴油馏分特色加工意义不大，都是通过传统的催化重整或加氢精制工艺生产汽、柴油调和组分，润滑油馏分是生产变压器油、橡胶增塑剂及增塑剂的优质原料，是加工轻质原油不能获取的宝贵资源。重劣质原油润滑油馏分生产的变压器油环烷烃含量高，具有较好的析气性，是世界范围内公认的生产优质高压、超高压变压器油及其他电气用油资源；重劣质原油润滑油馏分中环烷烃和芳烃资源，高效分离后与橡胶的相容性好，已成为合成橡胶、轮胎及橡胶制品行业首选的橡胶增塑

表5　辽河石化加工的重劣质原油轻组分收率

原油馏分/%(m)	辽河低凝稠油	月东原油	辽河混合稠油	辽河超稠油
<180℃	1.05	1.65	4.53	0.50
180~350℃	17.30	19.40	18.62	8.96
350~450℃	17.52	19.37	18.88	9.27(350~420℃)

剂、加工油和增塑剂。

在辽河石化重劣质原油加工应用实践中，开发了辽河低凝稠油润滑油馏分油加氢脱酸-糠醛精制-白土补充精制组合工艺技术和中、高芳烃环保橡胶增塑剂生产成套技术，实现了这种重劣质原油润滑油馏分中环烷烃和芳烃以及有毒芳烃和无毒芳烃的高效分离，开发出了变压器油、超高压变压器油、锂基润滑脂料、芳香型橡胶增塑剂、中芳烃环保橡胶增塑剂、高芳烃环保橡胶增塑剂等特种工艺润滑油系列产品，产品质量达到国家标准或行业标准的最高、最新水平，已广泛应用于各种输变电设备、合成橡胶、胶粘剂、轮胎及橡胶制品生产加工和应用行业。

辽河石化开发的润滑油生产组合工艺技术沿用了传统的润滑油生产的"老三套"工艺技术，是在充分研究辽河低凝稠油润滑油馏分资源组成和结构特点的基础上开发的，考虑到润滑油馏分酸值高的特点，在"老三套"工艺技术的基础上增加了加氢脱酸，减少了润滑油糠醛精制装置的结焦和腐蚀，同时也提高了目的产品的收率；考虑到润滑油馏分中蜡含量低的特点，在"老三套"工艺技术的基础上减少了溶剂脱蜡单元工艺，降低了组合工艺的能耗；考虑到润滑油馏分密度大、黏度大、有毒芳烃和无毒芳烃分离难度大的特点，开发了高效糠醛精制萃取分离塔及先进的工艺流程，实现了资源中有毒芳烃和无毒芳烃的高效分离，确保了开发的中、高芳烃环保橡胶增塑剂中致癌物含量满足欧盟环保法规的技术要求。

针对辽河混合稠油蜡含量相对较高(相对于辽河低凝稠油)的特点、老工艺无法实现特色利用的技术难题，辽河石化开发了环烷基润滑油高压加氢技术，采用加氢处理-异构脱蜡-补充精制组合工艺技术，最大限度保证了产品中的环烷烃含量、最大限度降低了产品中的芳烃含量，最大限度保证了目的产品的收率，实现了这种重劣质原油的高值化特色利用。新开发环烷基润滑油高压加氢技术既可以处理辽河低凝稠油润滑油馏分，也可以处理辽河混合稠油润滑油馏分，与原来的工艺形成互补，增加了重劣质原油特色加工利用的灵活性和创效能力。新工艺开发的主要产品为变压器油、工业白油、冷冻机油和环烷型橡胶增塑剂等特色产品，目的产品收率可达91.83%。新工艺开发的环烷型橡胶增塑剂的环烷烃含量高，表6列出了几种环烷型橡胶增塑剂的碳型组成数据。

表 6 环烷型橡胶增塑剂的碳型组成

环烷型橡胶增塑剂	N4006	N4008	N4012
碳型组成/%			
C_A	0	0	0
C_N	43	45	46
C_P	57	55	54

从表6中数据可以看出，碳型组成中CA值为0，CN值为45%左右，CP值为55%左右，新工艺确实达到了保留产品环烷烃和降低芳烃的目的；同时，新工艺开发的环烷型橡胶增塑剂三环以上多环芳烃含量PCA均为0，十六种特定多环芳烃含量均小于10mg/kg，高于欧盟环保法规规定的致癌物含量的最高标准要求，可以应用于与人皮肤直接接触的橡胶制品中；新工艺开发的环烷型橡胶增塑剂还具有很好光稳性和热稳性，是SBS充油、TPR或TPE造粒、胶粘剂行业较好的原料。新工艺开发的变压器油保留了馏分油中的环烷烃资源，是变压器油很好的调和组分；新工艺开发的工业白油因环烷烃含量高、与添加剂的相容性好，可以作为很好的金属切削液的调和组分、页岩油开采的油溶性助剂、化妆品级白油和食品级白油的深加工原料；冷冻机油可直接应用。和传统的重劣质原油馏分油加氢裂化比，新工艺加氢裂解深度浅、最大限度地保住了这些劣质组分中的优势资源、生产出了国民经济所需要的战略物资，无论从其加工的经济性评价，还是从重劣质原油资源的综合利用水平来看，优势比较明显。

5 结束语

和轻、中质原油加工相比，重劣质原油的品质虽然较差，但重劣质原油中含有轻、中质原油无法获取的宝贵的天然资源，资源依然优质。低蜡的重劣质原油是生产高质量沥青的优质原料，低硫的重劣质原油是生产低硫船用残渣燃料油的最廉价的原料来源，高环烷烃、高芳烃含量的重劣质原油润滑油馏分是生产变压器油、冷冻机油、橡胶增塑剂及加工用油等特种工艺用油难以替代的原料来源，因此，原油品质的优劣是相对的，关键是要深入研究不同原油资源的品质构成要素，开发出适合不同原油品质的加工工艺及路线、扬长避短，最大限度地利用好重劣质原油中的优势组分，开发出适销对路的特色产品满足市场需求，把劣质做成优质。在辽河石化公司近五十年的重劣质原油加工应用实践中，通过不断的科技创新，攻克了重劣质原油特色加工的一个又一个技术难题，合理地规避了重劣质原油轻质化加工的单一通途，走出了一条适合自身生存和发展的最经济、最适用特色之路，成为了中国石油最大的稠油加工基地和特色产品生产基地，为推进重劣质原油特色加工和利用的技术进步做出了积极贡献。

全蜡油硫化在渣油加氢装置开工中的应用

王俊华

（中国石化上海石油化工股份有限公司）

摘　要　上海石化390万吨/年渣油加氢装置在第二周期B系列开工预硫化过程中硫化退油至罐区后出现了硫化氢挥发的问题，为了解决该隐患，第三周期A系列开工预硫化采用了减二线蜡油代替柴油的全蜡油硫化的方式。通过与柴油+蜡油硫化方式的对比，分析预硫化阶段反应器压降和最大径向温差的情况，发现全蜡油硫化方式在催化剂预硫化阶段流体分布均匀。通过对A系列一个周期运转情况的分析，装置各项工艺参数均正常，产品加氢渣油性质与设计相吻合，说明经全蜡油硫化后催化剂的硫化效果满足工艺生产要求。

关键词　渣油加氢；催化剂；预硫化

1　装置概况

中国石化上海石油化工股份有限公司(以下简称上海石化)390万吨/年渣油加氢装置是上海石化炼油改造工程的核心装置，该装置以常压渣油、减压渣油、直馏重蜡油、焦化蜡油混合油为原料，加氢处理后为下游350万吨/年重油催化裂化装置提供原料，同时副产部分柴油和石脑油等。经过加氢后的渣油性质得到大大改善，作为重油催化裂化原料可以减少催化裂化装置的生焦量，提高轻质油品收率，改善催化裂化汽油产品性质，提高炼厂经济效益并满足环保要求。上海石化渣油加氢装置采用中国石化石油化工科学研究院(石科院)的渣油加氢处理RHT技术，由中国石化工程建设公司(SEI)设计，采用两个反应器系列和一个分馏系列，每列有五个反应器，两个系列可以单独开停工。

装置简单的工艺流程描述为：原料油进入原料油缓冲罐，经升压、预热、过滤、混氢、升温等流程后依次进入五台反应器(A系列R1101～R1105，B系列R1801～R1805)，在装填的催化剂作用下，进行加氢脱金属、脱硫、脱氮、脱残炭等反应。反应产物经高、低分分离，氢气循环，低分气脱硫后去下游装置提纯。低分油进入硫化氢汽提塔(C1201)经过蒸汽汽提除去H_2S气体，塔底油经升温后进入分馏塔(C1202)，最终得到气体、石脑油、柴油和加氢渣油。装置简易流程图如图1所示。

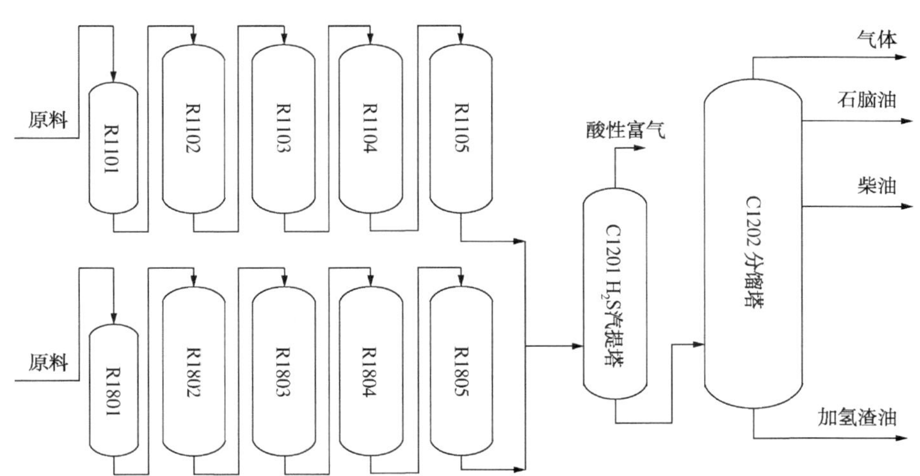

图1　渣油加氢装置简易流程图

2　常规硫化方式存在的问题

渣油加氢催化剂在出厂时活性金属组分以氧化态存在。基础研究和工业实践的经验表明，只有将催化剂进行预硫化处理，使催化剂的金属组分从氧化态转变为硫化态，催化剂才具有较高的活性、稳定性和选择性，才能够最大程度地发挥加氢催化剂的作用[1]。催化剂预硫化的方式一般有器内预硫化（干法硫化、湿法硫化）和器外预硫化[2]。常用的硫化剂有二硫化碳（CS_2），二甲基二硫醚（DMDS）等。湿法预硫化所用硫化油为直馏柴油、直馏减二线和直馏减三线。上海石化渣油加氢装置采用湿法预硫化，即在氢气存在下，采用含二甲基二硫（DMDS）的馏分油在液相状态下对催化剂进行预硫化。

上海石化渣油加氢装置自投产以来前两个周期均按照常规的硫化程序，依次进行柴油硫化和蜡油硫化。但由于装置设计采用了2个反应系列和1个硫化氢汽提、分馏的流程。在另一反应系列正常生产的情况下，柴油硫化结束后，硫化退油的去向就成了一个大问题。由于柴油组分较轻，并入分馏后易造成系统波动，并且为了保证下游催化裂化装置原料残炭不低于4.5%，未经硫化氢汽提的硫化柴油只能送至罐区。但退出的硫化柴油由于高压状态下溶解的硫化氢易在罐区挥发，对罐区及周边地区的环境造成很大的影响。

针对这个情况，我们提出了全蜡油硫化的方案，把常规方案的柴油硫化步骤改为用减二线蜡油硫化，由于减二线蜡油组分较重，并入分馏系统后对分馏系统的冲击较少，对催化进料的影响也较小。据文献[3]报道理想的硫化油应为氮、芳烃、杂质和沥青质含量均较低，极性物质较少的160~538℃（不同工艺过程要求的终馏点不同）石油馏分。由于氧化态催化剂的酸性大于硫化态，硫化初期极易吸附硫化油中的碱性氮、芳烃等使催化剂生焦的物质，覆盖催化剂的活性点，降低催化剂的硫化度。在选取硫化油时一般遵循两个原则：一是硫化过程中尽量避免催化剂积碳；二是黏度不影响油品流动性能和流体分布情况。硫化油一般都选取比正式进料馏分稍轻的油即可，柴油加氢催化剂一般选用航煤馏分做硫化油，蜡油加氢催化剂一般选用柴油馏分做硫化油。因此，渣油加氢催化剂选取减二线蜡油做硫化油理论上说是具有较大可行性的。并且也已有文献[4]报道某炼厂单台反应器尝试了全蜡油硫化工艺。

3　全蜡油硫化方式与柴油+蜡油硫化方式对比

3.1　硫化油性质对比

A系列2016年4月全蜡油硫化方式与B系列2015年10月柴油+蜡油硫化方式所使用的减二线蜡油和常三线柴油两种硫化油的性质对比如表1所示。减二线蜡油硫含量高于柴油，硫化油的作用不仅仅可以带走硫化过程中产生的热量，还可利用硫化油中的硫来减少硫化剂的用量，因此硫化油硫含量高是有一定好处的。减二线总氮含量分析为782.6mg/kg，虽然较柴油342.8mg/kg的含量高，但对于渣油加氢混合原料油进料≯0.22%的指标还是要少不少。

表1　硫化油性质对比

样品	残炭/%（wt）	硫含量/%（wt）	总氮/（mg/kg）	初馏点/℃	10%/℃	50%/℃	90%/℃	95%/℃	终馏点/℃
减二线（蜡油）	0.14	2.25	782.6	264	344	405	452	461	491
常三线（柴油）		1.48	342.8	219	283	334	361	367	371

3.2　硫化步骤对比

采用A系列2016年4月全蜡油硫化方式与B系列2015年10月柴油+蜡油硫化方式过程进行对比。具体步骤对比见表2。2种硫化方式在柴油冲洗前和引入减三线置换后的步骤基本没有区别。最大的区别有2点：①柴油冲洗结束后柴油+蜡油硫化方式在此时就开始注入硫化剂。而全蜡油硫化方式则用减二线蜡油进行置换，蜡油置换合格后才注入硫化剂；②硫化氢穿透催化剂床层后，柴油+蜡油硫化方式需引减三线蜡油后将柴油退至罐区，并且为了使H_2S尽可少挥发，需控制退油温度在95℃以下，待蜡油置换完成后方可退油至分馏系统。而全蜡油硫化则直接退油至分馏系统，并引减三线蜡油置换。

表2　全蜡油硫化方式与柴油+蜡油硫化方式步骤对比

累计用时	A系列全蜡油（2016年4月）	累计用时	B系列柴油+蜡油（2015年10月）
	引开工柴油进原料罐		引开工柴油进原料罐
45min	原料油泵投用，反应系统柴油冲洗	45min	原料油泵投用，反应系统柴油冲洗
3h	柴油量提至180t/h	3h	柴油量提至180t/h

续表

累计用时	A 系列全蜡油(2016 年 4 月)	累计用时	B 系列柴油+蜡油(2015 年 10 月)
8h30min	柴油冲洗结束，引减二线蜡油置换	13h30min	柴油改内循环，开始注入硫化剂，反应系统开始向 230℃升温
13h30min	蜡油置换合格，改反应短循环，开始注硫化剂，系统向 230℃升温	24h	硫化氢穿透，系统向 260℃升温
24h30min	硫化氢穿透，反应器往 280℃升温	31h	引减三线蜡油，退柴油至罐区，控制温度在 95℃以内
29h	停注硫化剂		
35h30min	减二线蜡油改进分馏系统	36h	停注硫化剂
36h30min	减二线蜡油硫化结束，引减三线蜡油开始减三线蜡油硫化	36h30min	蜡油退至分馏系统
		49h	反应器升温至 320℃，开始恒温
46h	反应器升温至 320℃，开始恒温	60h	掺渣 40t/h，投料
54h30min	掺渣 40t/h，投料		

通过对比，我们可以发现由于全蜡油硫化在减二线硫化结束后无需将含有大量硫化氢的硫化又送至罐区，可直接退油至分馏系统，进而与另一反应系列的加氢渣油混合后送至下游的重油催化裂化装置。很好的解决了硫化油在罐区挥发硫化氢的隐患。同时，由于减二线蜡油馏程较柴油组分重，经分馏出来的加氢渣油完全能够满足重油催化裂化装置对原料油残炭下限的要求。

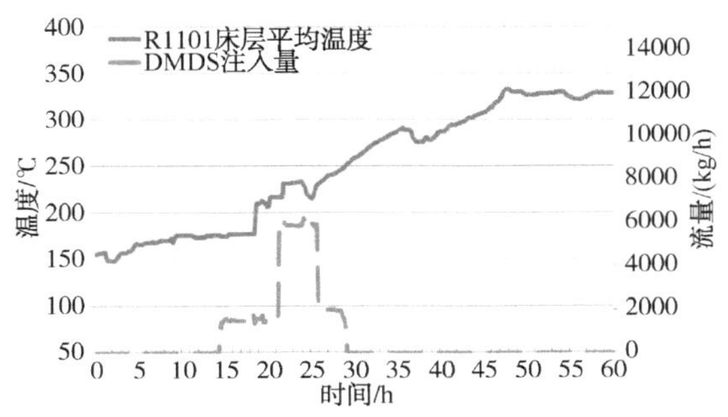

图 2 A 系列全蜡油硫化升温曲线图

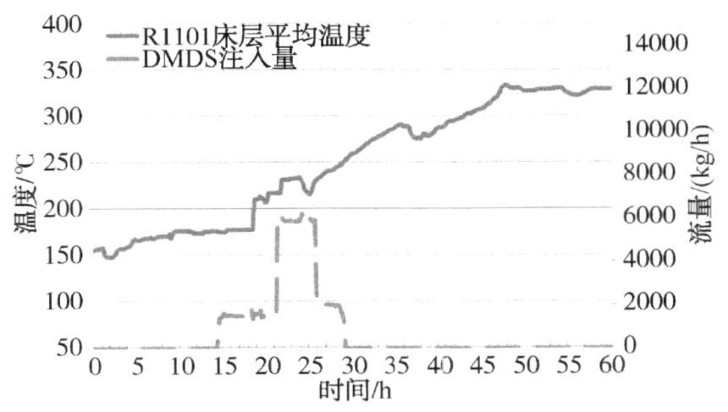

图 3 B 系列柴油+蜡油硫化升温曲线图

除了解决硫化油在罐区挥发硫化氢的隐患，我们从图 2 和图 3 的硫化升温曲线图对比发现全蜡油硫化过程中停注硫化剂的时间要明显早于柴油+蜡油硫化过程。这是由于采用减二线蜡油硫化代替柴油硫化，减二线蜡油中有 2.25% 硫含量，在硫化升温过程部分反应，使得循环氢中硫化氢浓度可以维持在高浓度的稳定状态，一方面既能降低硫化剂 DMDS 的使用量，又能保证催化剂硫化效果；另一方面提高硫化氢穿透反应器速度，缩短减二线硫化时间。经对比，全蜡油硫化方式与柴油+蜡油硫化方式相比开工时间提前了 5h30min，硫化剂 DMDS 用量减少了约 10t。

3.3 预硫化过程工艺参数

减二线蜡油和柴油作为硫化油最明显的区别在于馏程上的不同，进一步体现在理化性质上则是油品的分子量和黏度不同，而分子量和黏度则影响油品在催化剂床层中的流动性能和流体分布情况。如果在催化剂预硫化阶段油品在催化剂床层中分布不均匀，则容易形成偏流，影响催化剂预硫化效果，进而影响催化剂在整个运行周期中的性能和使用寿命。

3.3.1 反应器压降

预硫化过程中硫化油的流动性能可通过反应器压降来进行表征。分别选取全蜡油硫化方式和柴油+蜡油硫化方式第一个反应器 A 系列 R1101 和 B 系列 R1801 的压降来进行对比。从图 4 可以看出全蜡油硫化方式初期反应器的压降要明显高于柴油+蜡油硫化方式，这是由于在温度较低的情况下减二线蜡油黏度要大于柴油，但随着反应器的升温，油品的黏度与温度的关联性逐渐下降，在 25h(约 230℃)左右，2 种硫化方式的反应器压降基本就趋于一致了，即油品的流动性能相差不是特别大了。

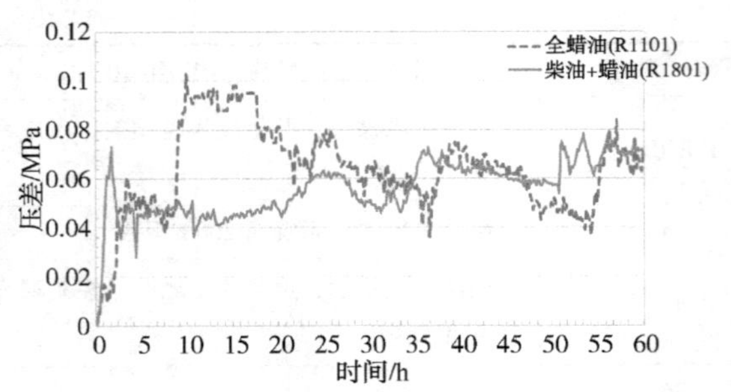

图4　R1101和R1801压降

3.3.2　反应器最大径向温差

催化剂床层中流体的分布情况可以通过反应器的径向温差来进行表征。分别选取全蜡油硫化方式和柴油+蜡油硫化方式第一个反应器A系列R1101和B系列R1801的径向温差来进行对比。反应器上、中、下各水平面上分别有4个对称的测温点，4个测温点的最高温度和最低温度的差即为该平面的最大径向温差。图5～图7为R1101和R1801上、中、下部最大径向温差对比情况。从图中可以看出，2种硫化方式的上、中、下部最大径向温差基本相近，反应器上部在2℃以内，中部在5℃以内，下部在7℃以内，并且全蜡油硫化方式的径向温差还略低于柴油+蜡油硫化方式。因此，可以认为全蜡油硫化方式预硫化阶段流体在催化剂床层中的分布较为均匀。

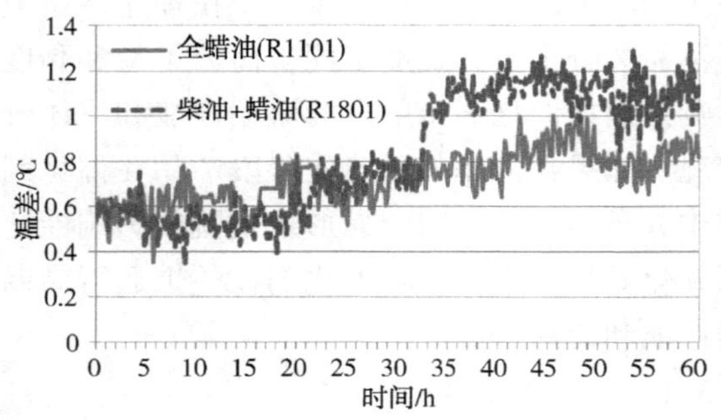

图5　R1101和R1801上部最大径向温差

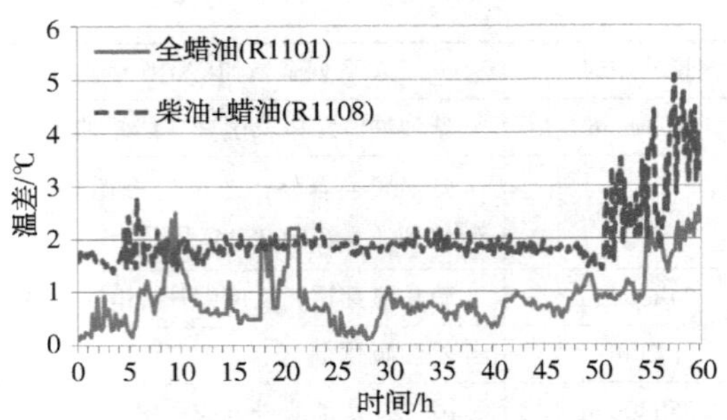

图6　R1101和R1801中部最大径向温差

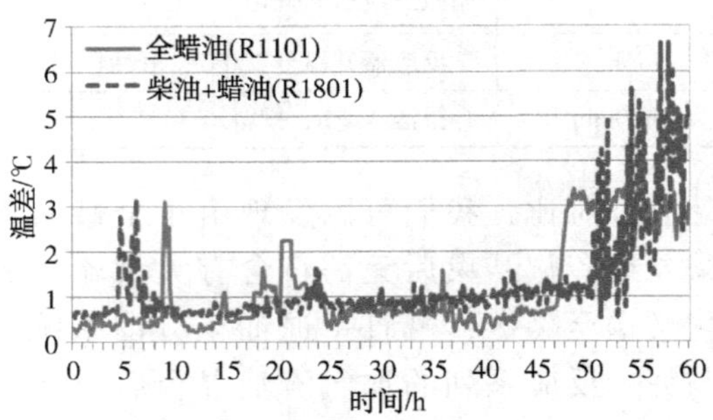

图7　R1101和R1801下部最大径向温差

4　效果评价

A系列催化剂采用全蜡油硫化方式预硫化后，开始掺渣进入正常生产阶段。至2017年10月A系列第三周期停工，装置各项工艺参数均正常，产品加氢渣油性质与设计相吻合，能够满足催化裂化装置进料要求。具体进料情况、工艺参数情况和产品质量情况如下。

4.1　进料情况

渣油加氢装置从A系列第三周期投入运转至停工，总进料量变化情况如图8所示，平均总进料量为468t/h，略高于设计负荷464t/h。

渣油加氢装置从A系列第三周期投入运转至停工，进料中500℃馏出量平均为43%，538℃馏出量平均为53%，即简单计算大于500℃减渣平均为57%，大于538℃减渣平均为47%。

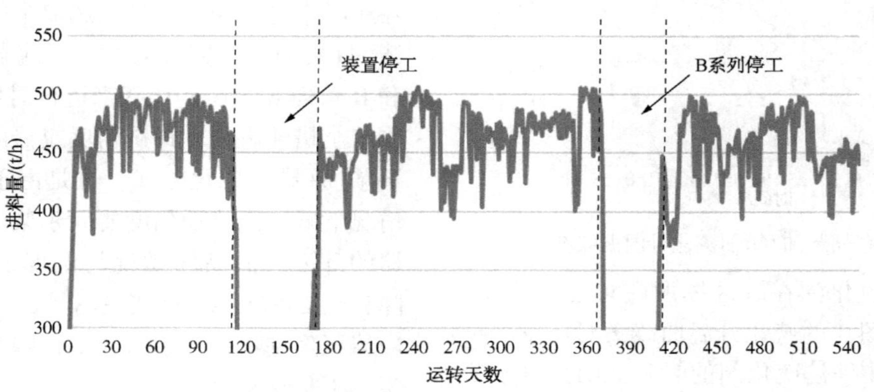

图8　A系列第三周期总进料量变化情况

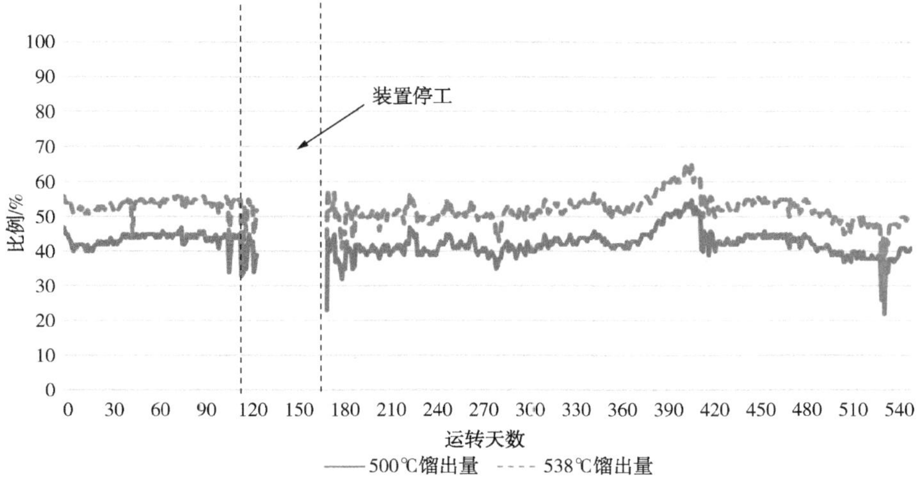

图 9　A 系列第三周期进料减渣比例变化情况

4.2　操作参数情况

4.2.1　反应器 CAT 和 BAT

渣油加氢装置 A 系列从第三周期投入运转至停工，整个催化剂床层平均温度(CAT)以及各反应器床层平均温度(BAT)的变化情况如图 10 和图 11 所示。由于 B 系列换剂初期反应温度较低，加氢渣油硫含量偏高，A 系列在运转 390~450 天时提温较快，末期 CAT 为 395℃，低于设计值 405℃。一反~五反的 BAT 分别为 380℃、393℃、397℃、399℃和 395℃。

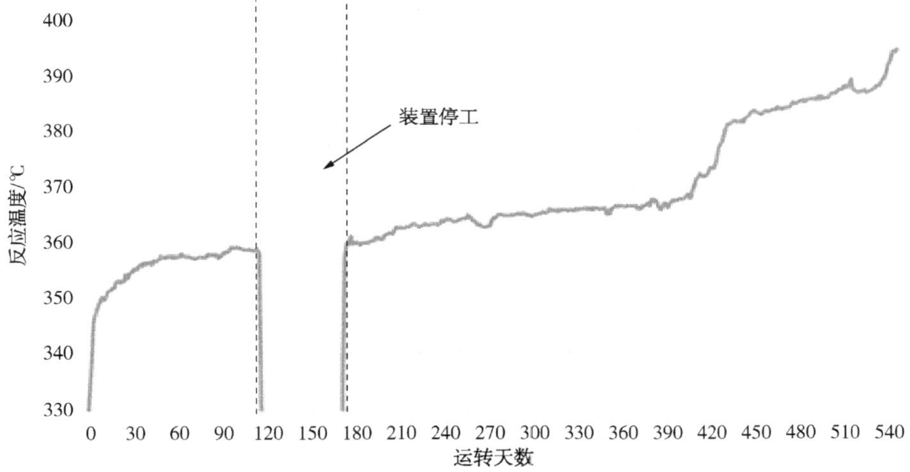

图 10　A 系列第三周期 CAT 变化情况

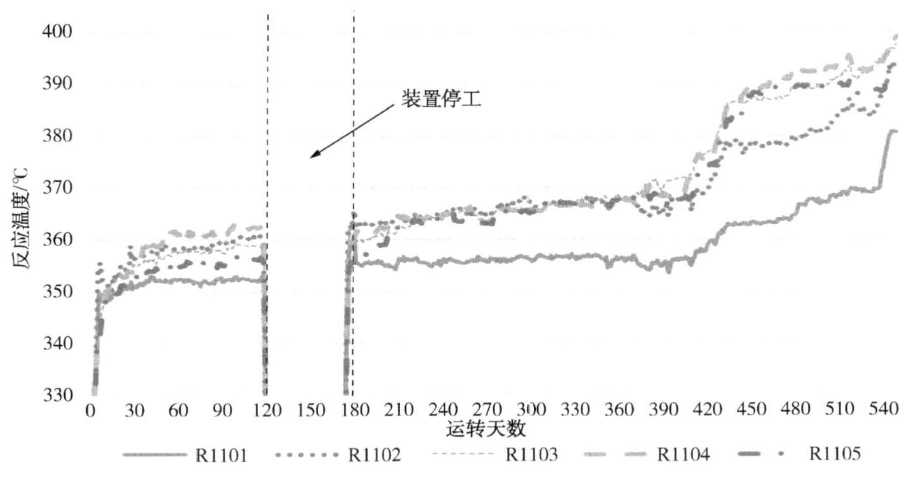

图 11　A 系列第三周期 BAT 变化情况

4.2.2　反应器温升

渣油加氢装置A系列从第三周期投入运转至停工，一反~五反温升以及总温升变化情况如图12所示。在运转390~450天时由于CAT提高较快，A系列各反应器温升和总温升均有所上升，末期总温升在72℃左右，与设计值一致。一反~五反的温升分别为10℃、26℃、13℃、13℃和10℃。

4.2.3　最大径向温差

渣油加氢装置A系列从第三周期投入运转至停工，反应器催化剂床层最大径向温差变化情况如图13所示。从图13可以看出各反应器径向温差均较低且稳定，均在6℃以下。说明A系列反应器在该周期内流体分布情况良好。

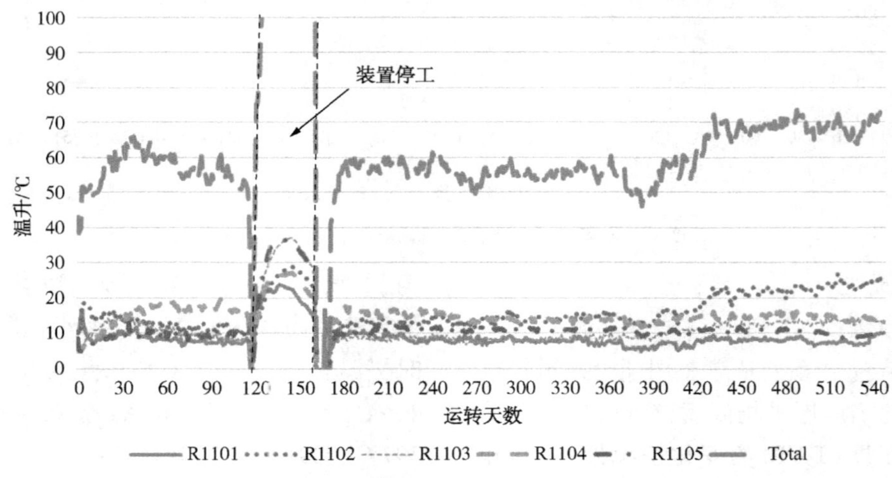

图12　A系列第三周期反应器温升变化情况

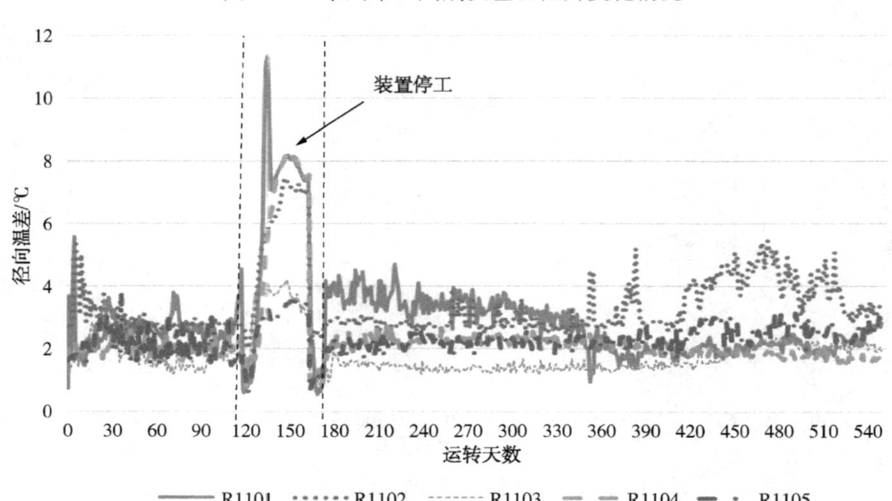

图13　A系列第三周期反应器最大径向温差变化情况

4.2.4　系统压降

由于随着装置的运转，A系列各反应器压力表显示的数据均出现了误差，渣油加氢装置A系列从第三周期投入运转至停工，反应器压降变化情况无法直接通过反应器压力表读取，但可间接通过循环氢压缩机出入口压降变化情况来体现。从图14可以看出，目前A列总压降在基本稳定在3.0MPa左右，未出现压降异常高的情况。

4.3　加氢渣油质量情况

4.3.1　硫含量

渣油加氢装置从A系列第三周期投入运转至停工，原料油以及加氢渣油硫含量变化情况见图15。由图15可以看出，原料硫含量大部分在3.0%~3.5%之间，产品加氢渣油硫含量平均0.54%，接近设计值0.55%。在运转510天~停工期间原料硫含量在3.5%~4.0%之间，A列大幅提温后，催化剂加氢脱硫活性得到提升，加氢渣油硫含量仍控制在设计值0.55%以下。

4.3.2　残炭值

渣油加氢装置从A系列第三周期投入运转至停工，原料油和加氢渣油的残炭值变化情况见图16。由图16可以看出，原料油的残炭值在

10.0%上下波动，加氢渣油的残炭值基本稳定在4.5%~5.0%之间，低于设计值5.9%。

4.3.3　金属含量

渣油加氢装置从A系列第三周期投入运转至停工，原料油和加氢渣油的金属(Ni+V)含量变化情况见图17。由图17可以看出，原料油的(Ni+V)含量在60~100ppm之间波动。产品加氢渣油金属(Ni+V)含量平均为15.5ppm，与设计值15ppm较为接近。

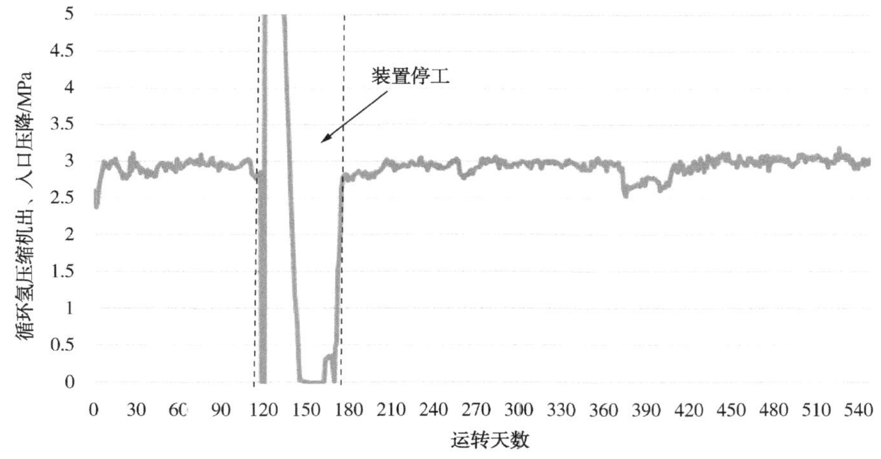

图14　A系列循环氢压缩机出入口压降变化情况

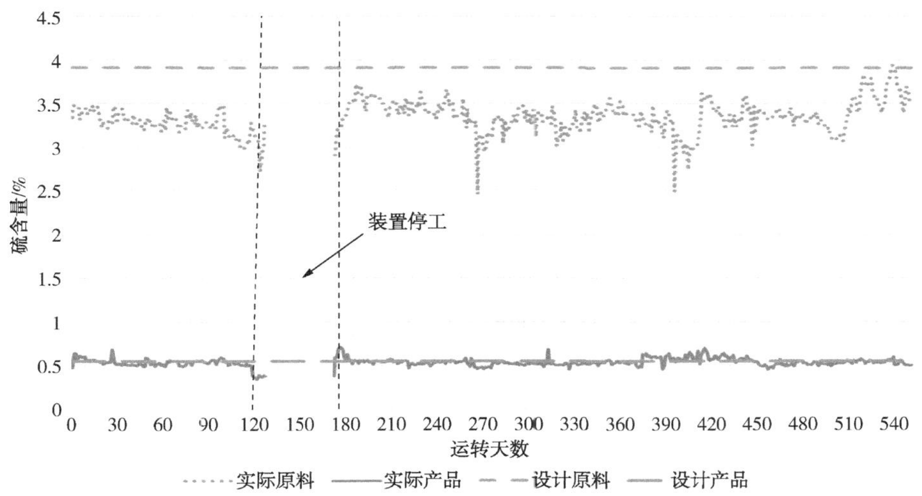

图15　A系列第三周期原料油和加氢渣油硫含量变化情况

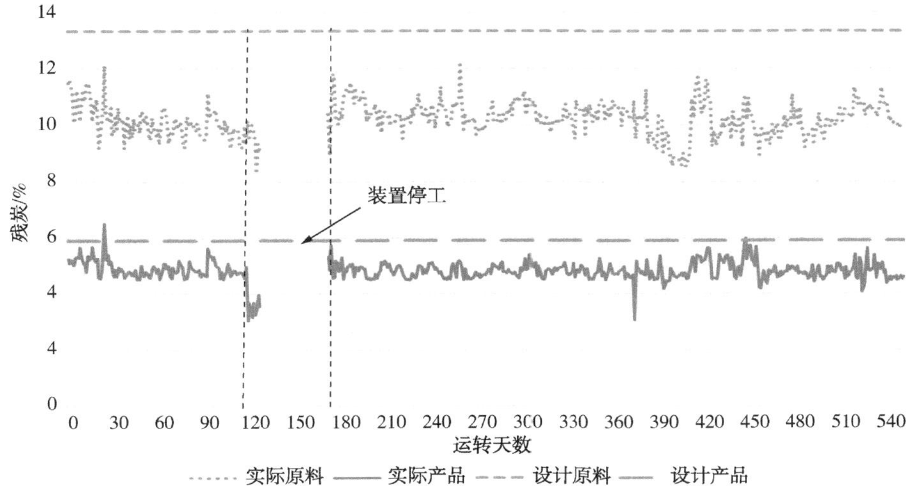

图16　A系列第三周期原料油和加氢渣油残炭值变化情况

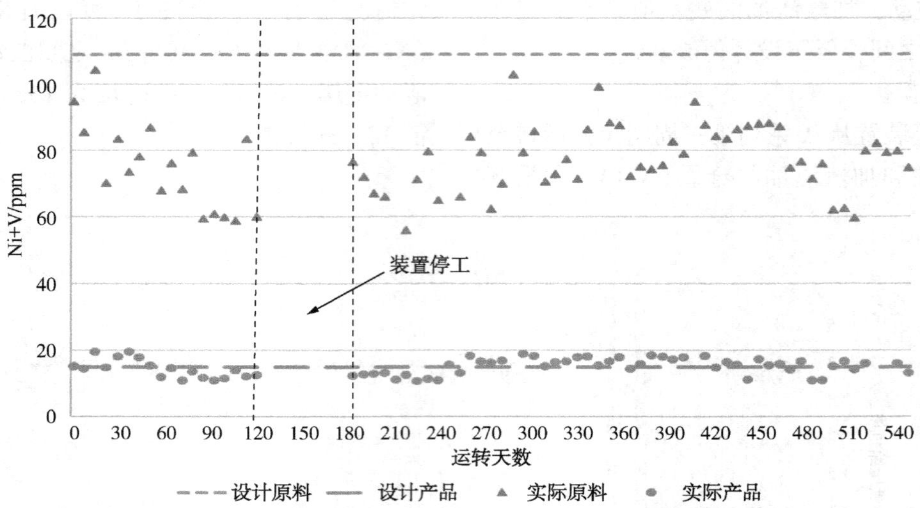

图17　A系列第三周期原料油和加氢渣油(Ni+V)含量变化情况

5　结论

（1）用减二线蜡油代替柴油的全蜡油硫化的方式在上海石化渣油加氢催化剂预硫化阶段的实施既解决了硫化退油罐区挥发硫化氢的隐患，又满足了下游催化裂化装置对原料残炭的要求。并且，较传统的硫化过程装置开工时间提前了5h30min，硫化剂DMDS用量减少了约10t。

（2）用减二线蜡油代替柴油的全蜡油硫化的方式在预硫化阶段硫化油在催化剂床层的分布情况良好，未出现反应器压降和径向温差异常的情况。

（3）经全蜡油硫化方式预硫化后的催化剂在一个周期内的加氢性能良好，装置各项工艺参数均正常，产品加氢渣油性质与设计相吻合。

参考文献

[1] 韩宝平，晋梅. 渣油加氢催化剂预硫化方法的研究[J]. 炼油技术与工程，2003，33(10)：42-45.

[2] 孙建怀. 分子筛型加氢裂化催化剂不同预硫化技术分析[J]. 炼油技术与工程，2018，48(3)：54-59.

[3] 李立权. 加氢催化剂硫化技术及影响硫化的因素[J]. 炼油技术与工程，2007，37(3)：55-62.

[4] 任国庆，于长旺，冯文欣. 渣油加氢催化剂全蜡油硫化[J]. 石油炼制与化工，20167，47(2)：69-73.

50A 基质沥青在常减压装置的试生产

李　捷

（中国石油化工股份有限公司金陵分公司）

摘　要　Ⅳ常减压装置用巴士拉、沙重、科威特等原油，在比较苛刻的减压蒸馏条件下，生产出针入度在 42~58（1/10mm）的基质沥青，并添加适宜的改性剂，成功生产出满足交通部规范要求的 50A 沥青。

关键词　50A 沥青；常减压蒸馏；沥青原料；操作参数；针入度

沥青是国民经济必不可少的重要物资，是修建现代公路和高速公路不可或缺的原料。近几年的实践表明，高温、重载会导致沥青路面损害。目前公路对沥青应用性能要求趋于硬质化，以提高公路的最终使用性能。

50A 沥青与高标号沥青相比，具有软化点高、针入度小、黏度大等特点，其高温性能优良，温度敏感性好。并且有相对较为低廉的价格，是一种性价比较高的提高路面抗车辙能力的材料，是目前高等级公路建设市场的新宠。当然，该产品的效益优势也很明显。

分公司Ⅳ常减压装置于 2012 年 4 月建成投产，拥有众多高新技术并有着多年生产 70A 等高标号沥青的丰富经验。由于国内能生产 50A 沥青的炼厂很少，缺少参考借鉴，无疑成为 50A 沥青试生产的一个难题，但通过不断地尝试和工艺调整优化，成功地生产出满足交通部规范要求的 50A 沥青。

2015 上半年，在分公司与科研单位合作开发的 90A 和 50B 道路沥青成功推向市场后，继续在Ⅳ常减压装置进行 50A 沥青的试生产。

1　50A 沥青的质量标准

目前，在世界范围内具有代表性的道路沥青的评价体系有 3 种，即针入度分级体系、黏度分级体系和 PG 分级体系，我国所选用的是按照针入度来分级。

按针入度分级（P 级）有 50A，70A，90A，AH70，AH90。主要有中国、日本、德国和欧盟使用。

针入度是指将一根严格规定尺寸的不锈钢针，在 25℃和总荷重为 100g 条件下，使针垂直贯入沥青试样 5s，试样被贯入的深度以 0.1mm 为单位，测定值为针入度。

针入度分类也存在一些优缺点。优点：沥青的针入度反映了沥青的黏稠程度。（1）25℃的温度基本反映了沥青路面的常用温度，因此，用 25℃的针入度间接反映了沥青的黏度，可以反映沥青在使用温度下的性能；（2）沥青针入度测试方法简单，仪器造价低，操作方便，方法比较完善；（3）通过测定不同温度下的针入度，确定沥青的感温性。缺点：（1）针入度试验是经验型试验，不能像黏度那样能够直接体现沥青本身的稠度；（2）在 25℃具有同样性能的沥青，在高温或低温下其性能可能存在很大的差别，没有反映沥青在使用温度区间内的性能。

表 1 为我国 50A 级沥青指标。

表 1　50A 级沥青指标

项　目	50A
针入度（25℃）/（1/10mm）	40~60
适用的气候分区	1~4
针入度指数 PI	≮(−1.5~1.0)
软化点（R&B）/℃	≮49
动力黏度（60℃）/（Pa·s）	≮200
延度（10℃）/cm	≮15
延度（15℃）/cm	≮80
含蜡量（蒸馏法）/%	≯2.2
闪点/℃	≮260
溶解度/%	99.5
密度（15℃）/（g·cm^3）	实测记录
TFOT（或 RTFOT）后质量变化/%	≯±0.8
针入度比/%	≮63
延度（10℃）/cm	≮4

2　生产沥青原料的筛选

2.1　适合生产沥青的原油

适合生产高品质沥青的原油主要是环烷基原

油和中间基原油。其中，环烷基原油适合用减压蒸馏法生产高品质沥青。所得沥青含蜡量少、延度高、与石料的结合力强，感温性能、高低温性能和抗老化性能好，是生产重交沥青的首选原油；中间基原油则适合用蒸馏+溶剂脱沥青+调合以及蒸馏+调合的方法生产高品质沥青。其沥青产品含有一定数量的蜡，沥青收率高低不同，延度较小。Ⅳ常减压装置主要加工的进口原油基本性质见表2。

2.2 优质沥青原料的选择

一种原油能否适宜生产道路沥青主要与其中的蜡含量、胶质、沥青质及渣油中的氢碳比有关。一般来说，当原油中的胶质含量(R)、沥青质含量(A)之和与蜡含量(W)的比值小于0.5时，不适宜生产道路沥青；介于0.5~1.5时，可以生产普通道路沥青；大于1.5时，可以生产优质道路沥青[1]。

表2 原油的基本性质

项　目	巴士拉	沙重	科威特
API度	32.9	27.6	30.14
密度(20℃)/(g·cm^3)	0.8568	0.8672	0.8713
凝点/℃	-32	-32	<-15
蜡含量/%	2.96	4.15	3.58
胶质/%	5.42	9.89	11.81
沥青质/%	1.02	4.8	3.75
残炭/%	5.21	7.93	7.32
硫/%	2.45	3.09	2.68
原油类别	中间基	中间基	中间基

各种原油生产沥青的可能性见图1，其减压渣油主要性质见表3。

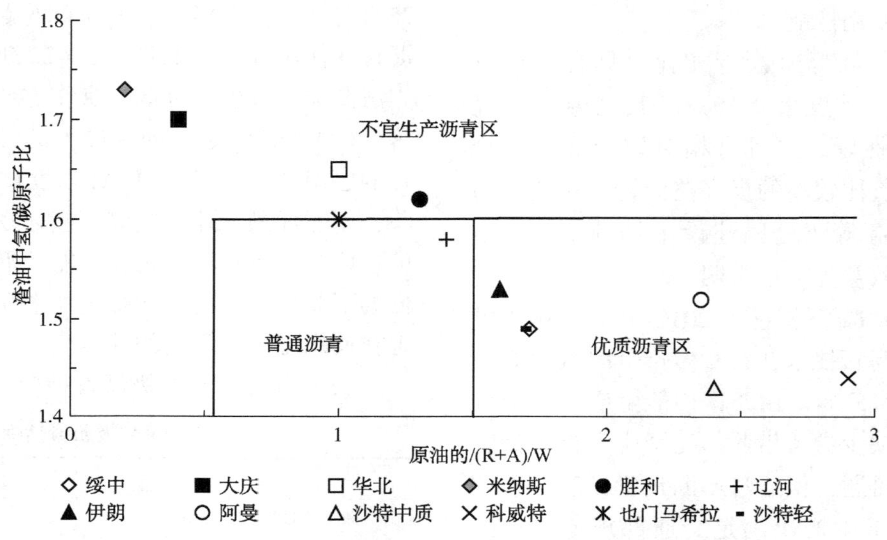

图1 各种原油生产沥青的可能性

表3 减压渣油主要性质

项　目	沙特中质减渣	科威特减渣	沙重减渣	绥中36-1减渣	巴士拉减渣
针入度(25℃)/(1/10mm)	75	65	63	87	75
延度(15℃)/cm	>150	>150	>150	>150	>150
软化点/℃	46.1	48.0	47.5	45.2	46.1
蜡含量(蒸馏法)/%	1.98	1.49	2.01	1.89	1.2
四组分/%					
饱和烃	10.1	8.3	7.5	18.4	16.26
芳香烃	50.5	50.8	53.0	76.4	52.12
胶质	32.1	30.3	28.0		25.88
沥青质	7.3	10.6	11.5	2.2	5.23

Ⅳ常减压装置在50A沥青试生产过程中采用的是进口巴士拉、沙重及科威特等原油，计算(A+R)/W：科威特为4.4，沙重为4.7，巴士拉为2.2，均小于1.5。通过计算和图1、表3都不难看出，装置所用的原油可以生产重交道路沥青，符合生产50A沥青的基本条件。

3　50A 基质沥青试生产

3.1　装置技术特点

Ⅳ常减压装置采用了 LPEC 公司自主知识产权的减压深拔技术，即在较低残压(1.6 kPa)和较低全塔压降(1.33 kPa)下，提高减压炉温，实现减压深拔。

(1) 装置减压渣油实沸点切割温度按 580℃设计，完全满足生产 50A 沥青的需要。

(2) 减压塔采用塔底急冷油流程，控制塔底温度 360℃左右。

(3) 采用过汽化油循环流程，改善减压炉进料物性(黏度降低)。

(4) 炉管注入适量蒸汽以降低油气分压，降低汽化温度，同时能提高加热炉管内介质流速，可减缓或抑制结焦。

(5) 减顶抽空采用蒸汽抽空和机械抽空组合型式，可以避免因抽空蒸汽压力不足影响塔顶真空度。

Ⅳ常减压装置的这些技术特点对沥青生产有着极大的优势，此外，还有着多年生产 70A 等高标号沥青的丰富经验，完全具备生产 50A 沥青的要求。

3.2　蒸馏法渣油切割温度与沥青针入度的关系

蒸馏法渣油切割温度与沥青针入度的关系见图 2。

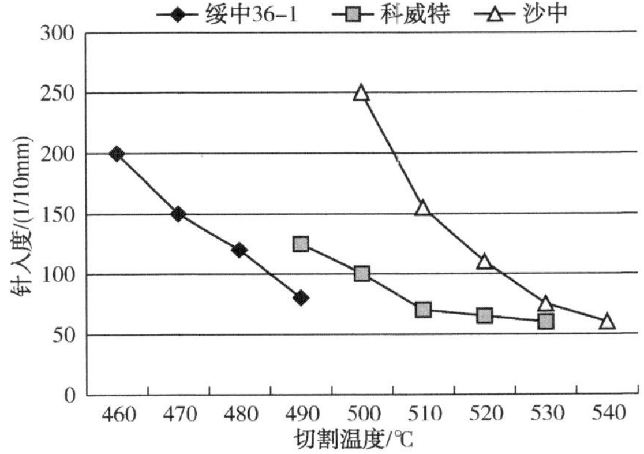

图 2　蒸馏法渣油切割温度与沥青针入度的关系

由图 2 可知，沙特中质、科威特、绥中 36-1 这 3 种原油经过适当的深拔，减压渣油针入度完全可以达到 50A 沥青的产品指标要求。

3.3　影响沥青质量的主要操作参数及调节

3.3.1　生产沥青主要操作要求

(1) 低炉温，高真空，低压降。

(2) 减压炉出口温度：370~390℃。

(3) 真空度：>98.5 kPa。

(4) 塔压降：<1.5 kPa。

3.3.2　影响沥青质量的主要操作参数和调节措施

影响沥青质量的主要操作参数有减压塔顶真空度、减压炉底吹气量、减压炉出口温度、减三线内回流量、减四线返塔及到减压炉进料流量等。

在 50A 沥青试生产过程中的调节措施如下。

(1) 提高真空度。减压塔顶真空度和闪蒸段压力是影响减压深拔的主要因素。操作中需要控制好塔顶温度，减底温度按≯360℃或更低控制，还需要调整好各中段回流取热比例，合理分配塔内气液相负荷。

(2) 调节减四线返塔和到减压炉进料的流量。50A 沥青需要将针入度控制在 42 ~ 58 (1/10mm)，一般将减四线返塔的阀门关到最小只留微量，减四线到减压炉进料阀门开大，尽量拔尽减四线油中的轻组分，同时保持减四线抽出量没有太大波动。

(3) 调整减三线内回流量。减三线内回流量对针入度的影响也比较大，回流量减小时，针入度减小。在试生产过程中，控制回流量在规定的最低值 100t/h 左右，尽量使针入度满足要求。

(4) 常压塔尽量做到深拔，确保减压塔负荷适中，防止影响减压真空度。

(5) 调整减压炉出口温度。减压炉出口温度对收率、针入度、软化点和组成等影响显著。生产 50A 沥青时需要尽量提高拔出率，其有效措施是提高减压炉出口温度。

(6) 增加塔底吹汽量。减底吹入蒸汽，降低减底液面的油气分压，提高拔出率，但是蒸汽量过大会影响减压真空度，影响产品质量。

3.3.3　试生产 50A 沥青的常减压操作参数

试生产 50A 沥青的常减压操作参数见表 4。

表 4　Ⅳ常减压典型操作参数

项　目	沙重	巴士拉：沙重(80：20)	科威特
加工量/($t \cdot d^{-1}$)	21000	21000	21000
常压炉出口温度/℃	352	350	349
减压塔顶真空度/kPa	99.49	100	98.82
减压塔进料段真空度/kPa	98.19	98.54	97.55
减压塔压降/kPa	1.31	1.46	1.27
减压塔底温度/℃	359	358	360

续表

项　目	沙重	巴士拉：沙重（80：20）	科威特
减压炉出口温度/℃	378	377	385
减底吹汽量/(t·d^{-1})	0.3	0.3	0.3
减三线内回流流量/(t·d^{-1})	105	106	100
减四线抽出量/(t·d^{-1})	35	32	34
减四线返塔阀门开度/圈	1.0	0.5	0.5
减四线到减压炉进料阀门开度/圈	3.0	3.5	3.5
减渣针入度/(10^{-1}mm)	45	54	50

由表4可以看出，Ⅳ常减压以不同原油生产基质沥青时，主要通过调节减压炉出口温度、减三内回流量和减四线返塔及到减压炉进料流量等参数来控制减压渣油的针入度，将其控制在42~58（1/10mm）范围内。

3.3.4　50A基质沥青的质量改进及路面应用

（1）50A基质沥青的质量改进

为弥补延度的不足，需要进行延度的改性。参照西安石化70A沥青改性的方法进行50A沥青的生产，采用荆门石化提供的糠醛抽出油改善沥青的延度。

2015年6月11日，Ⅳ常减压炼（80%巴士拉+20%沙重）原油，在1：00~8：00渣油针入度降低至45(1/10mm)转入100号罐。表5为成品罐调合的50A沥青产品质量。

表5　50A沥青产品质量

项　目	执行指标	内控指标	2015-06-12	2015-06-27	2015-07-01	2015-07-01
密度(15℃)/(g·cm^3)			1.045	1.038	1.040	1.038
针入度指数PI	-2.5	-2.5	-0.9	-0.9	-1.2	-0.9
针入度/(1/10mm)	40~60	42~58	49	58	56	58
软化点/℃	≥49	≥49.5	51	49	48.5	48.5
黏度(60℃)/(Pa·s)	≥200	≥200	384	275	311	250
10℃延度/cm	≥15	≥16	8	19	19	21
15℃延度/cm	≥80	≥85	92	>150	>150	>150
质量变化/%	-1.6	-1.6	-0.018	-0.020		-0.080
残留针入度比/%	≥63	≥63	67.8	66.0		65.5
残留延度(10℃)/cm	≥4	≥4.3	4.5	4.8		4.7
残留延度(15℃)/cm	≥10	≥10	15	17		17
备注			空白	加3%糠醛	加2.5%糠醛	加3%糠醛

6月25日至7月1日，质检中心用糠醛抽出油进行调和试验，其中最理想的调和比为加2.5%糠醛，其10℃的延度从8cm增加到19cm，达到≥16cm的质量要求。

7月10日，往100号罐调入70余吨糠醛抽出油，糠醛抽出油的比例为2.6%；7月13日，10℃延度为14cm。7月14日，10℃延度为13cm。7月17日，对100号罐进行上、中、下分层采样，10℃延伸度都非常接近13cm，排除混合不均的可能。

（2）路面应用

炼销公司对上述所产的50A沥青分别进行了应用性能研究和路面铺筑跟踪。分公司生产的满足现行规范的50A沥青，PG等级为PG70-22，分别在329国道浙江宁波段和江西多个工程应用，由于生产资源和质量指标的稳定性仍制约了现有江西招标项目的供应。

试生产满足交通部规范（修订版）的50A沥青产品，动稳定度达到2756次/mm，弯曲破坏应变为2448.8με，高低温路用性能指标优良。与江苏交科院、江苏新越公司合作，在省镇江市新建市政道路工程中得到成功应用；与湖北省交通设计科研院合作，在湖北省道S245巴鹤线恩施段进行工程应用，为后续推广应用奠定了基础。

尽管路面应用情况尚好，但是通过5-9月份两次的试生产表明：用糠醛抽出油调合50A沥青存在“针入度和10℃延伸度难以兼顾”的问题，衍生出：生产条件苛刻、质量裕度小、产品合格率低等一系列问题。其原因是糠醛抽出虽然具有油芳烃含量高、黏度大、有利于改善延伸度、在70A沥青改性中有成功应用，但因该油品分子量比沥青小、针入度极低，对50A沥青的针入度影响大，导致上述“针入度和10℃延伸度难以兼顾”的问题。按照沥青调合理论，下一步工作应该采用更大分子量、更大黏度、且有一定针入度的高分子材料——丁苯橡胶(SBR)进行试验和生产。

4 结论及建议

(1) 分公司Ⅳ常减压装置所选用的巴士拉、沙重、科威特等原油都很适宜生产优质道路沥青。通过不断尝试采用不同原油按不同比例试生产的 50A 沥青，其产品质量能够满足交通部规范的要求，路面应用也较为良好。

(2) 在 50A 沥青试生产过程中，主要通过提高减压塔顶真空度、控制减压炉出口温度、调节减三线内回流流量以及减四线返塔和到减压炉进料流量等来控制针入度。

(3) 生产沥青时，尽量不要过于频繁更换原油品种和掺炼其他不适合生产沥青的原油，避免影响沥青质量。

(4) 鉴于产出的沥青需要加糠醛进行调合，针入度才会有所上升。建议选用更加适宜的原油，可以生产出更低针入度的渣油。

(5) 检修期间加装减四线返塔和到减压炉进料流量计。调节减四线返塔和到减压炉进料流量是日常调节针入度的一个重要措施，Ⅳ常减压装置在设计时未在这两路管线上安装流量计，平时都是根据两个阀门的开度来大致了解流量情况。不仅无法在 DCS 直接观察记录，而且在调节过程中也会产生较大偏差，对针入度有较大影响。

参 考 文 献

[1] 李振华，程国香，宁爱民，等. 高等级道路沥青生产技术的开发与应用[J]. 石油炼制与化工，2000，31(7)：27-29.

YS-9010 银催化剂在扬子乙二醇装置上的应用

马银陈

（中国石化扬子石油化工有限公司）

摘　要　扬子石化乙二醇装置于 2017 年 7 月首次使用中国石化北京化工研究院燕山分院研制的 YS-9010 高选择性银催化剂。对该催化剂在装填、初始开车、初期性能表现等方面进行了介绍，并与上批银催化剂初期运行性能进行了比较。从 YS-9010 银催化剂 4 个月运行情况看，该催化剂性能稳定、活性好，选择性逐步提高至 88.1%左右。

关键词　银催化剂；乙二醇装置；环氧乙烷；首次 工业应用

环氧乙烷（EO）是一种重要的化工原料，主要用于生产乙二醇（EG）、表面活性剂、聚氨酯原料聚醚、医药、染料、橡胶、增塑剂以及树脂等[1-2]。工业上生产 EO 主要是在银催化剂[3-4]的作用下，在列管式固定床反应器中由乙烯与氧气直接氧化而得。氧化反应器是 EO/EG 装置的核心，银催化剂的性能，尤其是选择性，对 EO/EG 装置的经济效益和安全生产起着关键性的作用，不仅影响装置产量、单耗和产品质量，还影响装置的安全运行[5]。对银催化剂研究的关注点主要集中在 $\alpha-Al_2O_3$ 载体和助剂搭配两个方面。对载体的研究是为催化剂的活性组分和助剂提供更优化的负载空间，以提高催化剂的活性和稳定性，对助剂搭配的研究是为了提高催化剂的选择性和稳定性[6]。

扬子石化乙二醇装置采用美国科学设计公司（SD）工艺技术，设计规模为年产 18 万 t 当量环氧乙烷。2012 年 3 月建成投产，2017 年 6 月装置首次停车大检修，同时更换催化剂，选用了中国石化北京化工研究院燕山分院研制的 YS-9010 高选择性银催化剂。以下对该催化剂在扬子石化乙二醇装置 2#氧化单元上的首次工业应用情况进行介绍，并与该装置上一批使用的银催化剂初期性能进行比较。

1　YS-9010 银催化剂简介

1.1　物化指标

YS-9010 银催化剂外观呈柱状，银灰色，其各项物化性能指标见表 1。

1.2　操作条件

YS-9010 银催化剂工艺操作条件：入口乙烯摩尔分数，30%；入口氧气摩尔分数，7.8%；入口二氧化碳摩尔分数，0.5%；反应器出口 EO 摩尔分数，1.85%；反应器入口压力，2.1MPa；T-2115 出口循环气温度，37℃；空速，4000h^{-1}；时空产率，145kg/（h·m^3）。

表 1　YS-9010 银催化剂物化性能指标

项目＼尺寸	指标	实测
长度/mm	约 8.0	7.85
外径/mm	约 9.0	8.88
银质量分数/%	27.00～29.00	28.17
每粒平均侧向压碎强度/N	≥80.0	169.3
	≤20.0	0
磨损率（质量分数）/%	≤15.0	4.80
堆密度/（g·cm^{-3}）	760～860	780

1.3　性能保证

催化剂保证使用寿命 3 年；预计催化剂开车运行 15～25 个月时间段内，选择性出现最高，最高选择性不小于 90%；3 年预期平均选择性为 88.5%，保证平均选择性为 88.0%；4 年预期平均选择性为 88.0%。YS-9010 银催化剂性能预测及保证值见表 2。

表 2　YS-9010 银催化剂性能预测及保证值

时间	累积 EOE 量/万 t	汽包温度/℃		选择性/%	
		预测值	保证值	预测值	保证值
初始（6 个月内）	9	≤220	≤225	≥87	≥86.0
1 年末	18	≤231	≤236	≥88.5	≥87.5
2 年末	36	≤241	≤246	≥89	≥88.0
3 年末	54	≤251	≤256	≥88.0	≥87.0
4 年末	72	≤260		≥87.0	

2 YS-9010 银催化剂装填

2.1 反应器处理

采用抽吸法(以压缩空气通过专用管道和喷嘴将旧催化剂颗粒从列管上口喷出，在列管口安置专用吸嘴，通过真空装置将旧催化剂收集到临时储料罐)将旧催化剂卸除；然后用 ϕ60mm×120mm 的海绵柱从反应管顶塞入，用压缩空气自上而下吹出，靠摩擦力擦净附在反应管内壁上的颗粒、粉尘，再用压缩空气吹扫，保证反应管内壁干净，使内壁表面呈现金属色。经北化院燕山分院专家确认反应器的清洁程度达到规定要求后，进行催化剂装填。

2.2 催化剂装填

催化剂装填过程中，保证反应器内空气干燥，防止催化剂受潮。YS-9010 催化剂装填高度为 11000mm，上下弹簧高度各为 50mm，上惰性球高度 350mm，下惰性球高度 150mm，催化剂床层总体积为 159.22m³，实际装填堆密度 0.78t/m³。

2.3 压力降测定

催化剂装填完毕后，在反应器各区域不同位置任取 100 根列管，测定床层压力降，确定压力降合格范围和标准管。然后对每根反应器列管进行压力降测定，保证反应器每根列管压力降偏差在±3.5%以内，超出范围的调整相应列管催化剂装填量，直至达到要求。

3 YS-9010 银催化剂在乙二醇装置上的首次应用

反应器于 2017 年 7 月 13 日通入开车蒸汽升温，7 月 14 日启动循环气压缩机 C-2115，反应器 R-2110 中引入循环气进行两天的催化剂脱氨，工艺吸收水 pH 值保持在 8~9，未出现 pH 值高于 10 的情况。7 月 16 日 9：00，启动氧气混合站，投氧开车。经过 500h 驯化，生产负荷达到 86%。

3.1 催化剂性能指标计算

以装置在线分析仪器为主，离线取样分析辅助。

$$S_2=\frac{\Delta EO}{\Delta EO+0.5\Delta CO_2}\times 100\%$$

$$S_3=\frac{6\Delta EO}{5\Delta EO+2\Delta O_2}\times 100\%$$

$$S_{平}=\frac{S_2+S_3}{2}$$

注：ΔEO-反应器进出口 EO 浓度差；ΔCO_2-反应器进出口 CO_2 浓度差；ΔO_2-反应器进出口 O_2 浓度差；S_2、S_3、$S_{平}$-催化剂选择性。

通过两种选择性的计算方法分别计算出选择性 S_2、S_3，经数学平均后取得的数据 $S_{平}$，作为 YS-9010 银催化剂选择性指标。

3.2 催化剂脱氨

7 月 14 日启动循环气压缩机 C-2115，R-2110 引入循环气进行催化剂脱氨。循环气联运过程中发现洗涤水系统发泡严重，主要原因是 C-2115 运行前催化剂维持 220℃时间较长，洗涤水可能受到催化剂粉尘和逸出氨的污染，当日保持洗涤水置换。二氧化碳脱除系统和环氧乙烷吸收解吸系统联运正常，工艺吸收水 pH 保持 8~9，未出现 pH 高于 10 情况，但再生塔预冷凝器分离器 D-2221 直排水中有较浓氨气味。7 月 15 日，脱氨过程基本结束，工艺吸收水 pH 约为 8。

3.3 催化剂驯化

装置于 7 月 16 日 9：00，启动氧气混合站，投氧开车，对催化剂进行开车驯化。

考虑到 YS-9010 催化剂在本装置是第一次工业化应用，为确保催化剂性能达到最佳，驯化时间由 150h 增加到 500h。催化剂驯化过程选择性、反应温度变化见图 1。

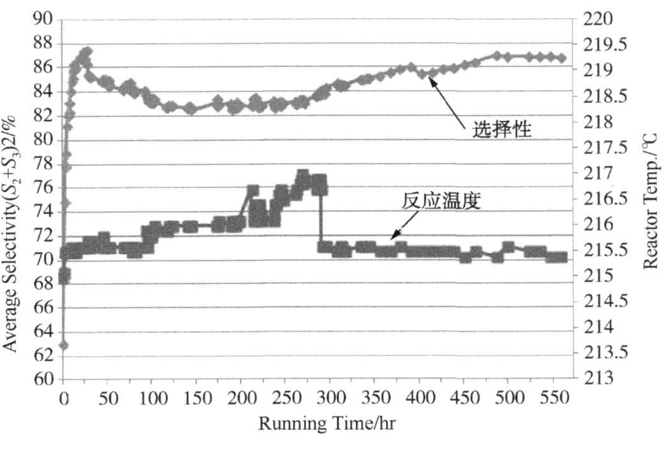

图 1　催化剂驯化过程中催化剂选择性、反应温度变化曲线

图 2 为催化剂驯化过程中氧气、乙烯浓度变化曲线。在催化剂驯化过程中，氧气乙烯浓度、反应温度符合驯化要求，未发生超浓度、超温情况；驯化过程中，反应温度较低，同时氧气、乙烯浓度低于设计值，说明 YS-9010 催化剂初始活性较好。

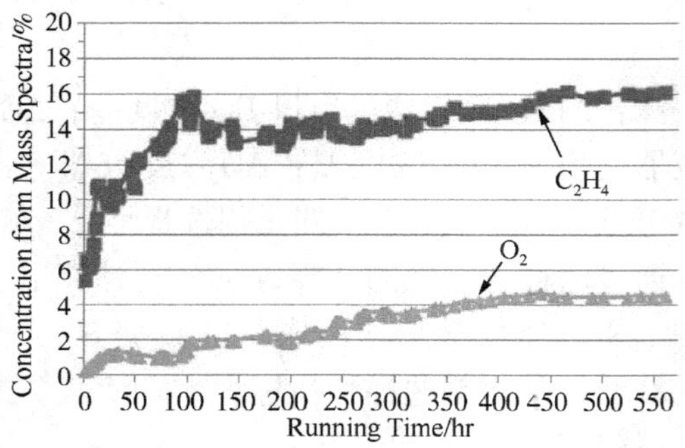

图 2　催化剂驯化过程中氧气、乙烯浓度变化曲线

经过 500h 的催化剂驯化过程，催化剂平均选择性约 86.7%，初期选择性超出保证值约 0.7%，表现出良好的性能；催化剂活性、选择性趋于稳定，完成开车驯化目标。驯化后工艺参数和催化剂性能见表 3。

表 3　驯化后工艺参数和催化剂性能

项　目	单位	参数
入口乙烯	mol%	16.4
入口氧气	mol%	4.52
入口二氧化碳	mol%	0.491
反应器出口 EO	mol%	1.51
反应温度	℃	215.3
选择性[$(S_2+S_3)/2$]	%	86.7

4　YS-9010 银催化剂初期性能表现

YS-9010 银催化剂在扬子乙二醇装置 2#氧化应用 4 个月中，选择性、活性以及运行阶段的产品质量均达到工业应用的要求。

4.1　反应温度

从图 3 可以看出，YS-9010 银催化剂自开车运行以来，在负荷处于 89.41%情况下，反应温度一直保持 215.5℃左右，低于预测温度 5℃，表现出良好的反应活性。

4.2　选择性

从图 4 可以看出，YS-9010 银催化剂自开车运行以来，在负荷处于 89.41%情况下，月平均选择性稳步上升，月平均选择性达到 88.1%左右，高出预测选择性 3%，装置物耗比更换前下降 15kg 乙烯/吨 EOE。

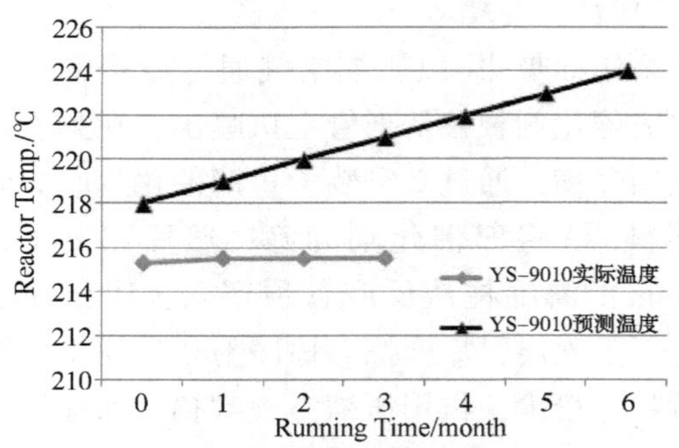

图 3　YS-9010 银催化剂实际温度与预测温度对比曲线

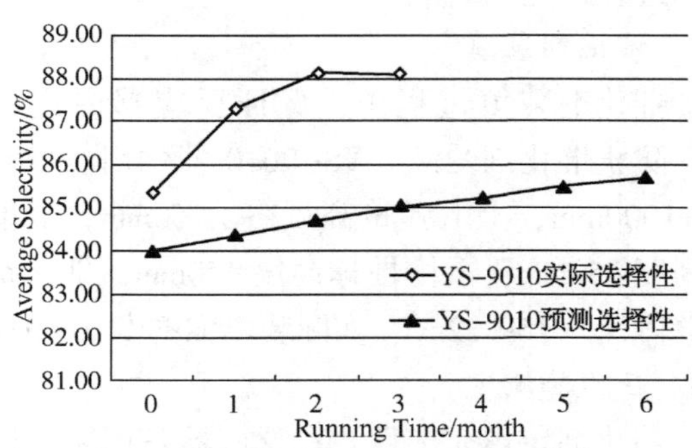

图 4　YS-9010 银催化剂实际选择性与预测选择性对比曲线

4.3　产品质量

反应杂质生成量是评价催化剂性能的重要指标，最终在产品质量中得到直接反映。从乙二醇产品紫外透过率(UV 值)看(图 5)：4 个月运行以来产品全部达到优等品，220nm UV 值均在 79%以上，275nm UV 值均在 96%以上.

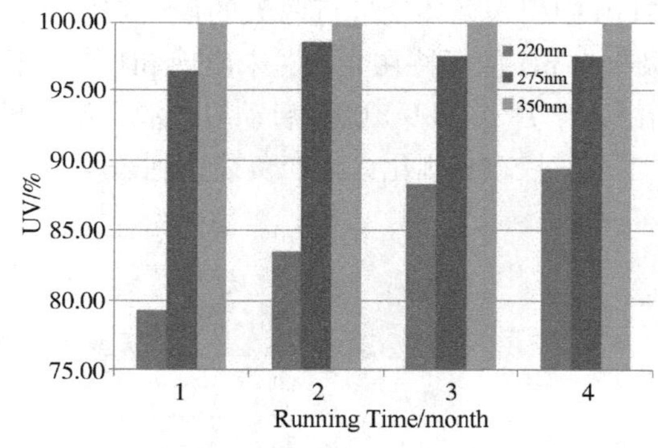

图 5　乙二醇产品 UV 值

5　结论

(1) YS9010 银催化剂于 2017 年 7 月 16 日在扬子乙二醇装置 2#氧化首次工业化应用，经过两天脱氮，500h 驯化，初始选择性 86.7%、反应温度 215.3℃。

(2) 从 YS9010 银催化剂 4 个月运行情况看，

催化剂性能稳定，反应温度稳定在 215.5℃左右，表现出很好的活性，选择性逐步提高至 88.1%左右，乙二醇产品质量一直处于优等品。

（3）YS9010 银催化剂在本装置属于首次使用，在高时空产率、长周期运行下性能有待继续考察，需要在操作过程中不断完善优化方案，确保全生命周期达到设计保证值。

参 考 文 献

[1] 成卫国，孙剑，张军平，等. 环氧乙烷法合成乙二醇的技术创新[J]. 化工进展，2014，33(7)：1740-1747.

[2] 宋河远，靳荣华，康美荣，等. 碳一化工路线制备乙二醇研究进展[J]. 催化学报，2013，34(6)：1035-1050.

[3] 蒋军，张志祥，王瑞璞，等. SiO_2 改性 $\alpha-Al_2O_3$ 载体对银催化剂结构与性能的影响[J]. 石油学报石油加工，2007，23(1)：35-40.

[4] 蒋文贞，张志祥，陈建设. 银催化剂使用前后的微观变化[J]. 石化技术，2004，11(2)：20-23.

[5] 陈建设，代武军，崔宝林，等. 环氧乙烷异构化反应动力学的研究[J]. 石油化工，2011，40(2)：175-178.

[6] 苗壮，史建公，郝建薇，等. $\alpha-Al_2O_3$ 载体的制备及其在环氧乙烷银催化剂中的应用[J]. 中外能源，2016，21(2)：60-68.

连续重整催化剂更换周期的经济效益对比

刘 捷[1]　刘 彤[2]　曹正堂[1]

(中国石油化工股份有限公司金陵分公司；2. 中国石化石油化工科学研究院)

摘　要　针对连续重整催化剂换剂周期的选择问题，基于金陵分公司 1.0Mt/a 连续重整装置催化剂使用两个生产周期的工业应用数据，从催化剂投资、燃料气消耗、产品收率等方面，综合分析了一个、两个生产周期更换新催化剂两种方案下，装置产生的经济效益。结果表明，一个生产周期(4 年)更换新催化剂的经济效益比两个生产周期换剂高 1987 万元/a，同时可减少因腐蚀造成的非计划停工次数，一个生产周期换剂更具有经济性。

关键词　连续重整；催化剂；使用周期；经济效益

催化剂活性是连续重整装置高效运转的关键。连续重整催化剂连续烧焦再生，催化剂因积炭造成的活性损失能够得到恢复。然而，随着运行周期的延长，催化剂不可避免地遭受不可逆损伤，如比表面积下降、载体晶相破坏、Pt 金属分散度减小以及杂质污染等[1-2]，导致再生催化剂活性持续下降，表现为重整装置 C_5^+ 液体产品(或芳烃)和纯氢等高附加值产品的收率下降，液化气和干气收率上升[3-4]。为了弥补催化剂活性下降带来的损失，不得不采取增加注氯量、提高反应温度等操作。由于注氯量的提高以及催化剂持氯能力的下降，会导致重整生成油、产氢及再生烟气中的氯含量持续增加，造成下游装置设备、管线等腐蚀加剧[5]，重整装置液相脱氯和气相脱氯操作费用上升[6]；反应温度提高，导致燃料气消耗增加，装置能耗上升，生产成本增加[7]。此外，催化剂到了使用末期，压碎强度下降严重，粉尘量增加[8]，导致反再系统压降异常[9]、催化剂提升不畅、内构件损坏[10]等异常停工的次数增多，也会影响装置的经济效益。

催化剂成本占连续重整装置生产成本的比重大。连续重整催化剂使用年限越长是否代表装置经济效益越高，业界一直存在争议。本文依据金陵分公司 1.0Mt/a 连续重整装置催化剂连续使用 8 年的生产数据，从催化剂使用成本、三剂及燃料气消耗成本、产品价值等方面对以下两种换剂方案进行经济效益核算，以期为重整装置确定合理的换剂周期提供决策依据。方案一为重整催化剂使用两个生产周期(8 年)；方案二为重整催化剂使用一个生产周期(4 年)，之后全部更换新催化剂，再次使用一个生产周期(4 年)。

1　两个周期的运行数据

金陵分公司 100×10^4t/a 连续重整装置由石脑油加氢部分、重整部分、催化剂再生部分及界区内配套公用工程组成；预加氢、重整反应及再生部分采用 UOP CycleMax 专利技术(UOP 仅提供专利许可)，其余部分的工艺及工程设计均由洛阳工程公司完成。重整部分的催化剂采用中国石化石油化工科学研究院开发的 PS-Ⅵ连续重整催化剂。35×10^4t/a 芳烃抽提装置采用中国石化石油化工科学研究院自主开发的环丁砜抽提工艺，工艺及工程设计均由金陵石化工程有限公司完成。100×10^4t/a 连续重整装置与 35×10^4t/a 抽提装置于 2011 年 11 月 21 日按计划停工检修改造，35×10^4t/a 芳烃抽提装置扩容改造为 45×10^4t/a。

1.1　生产数据

2008~2015 年，连续重整装置两个运行周期的主要生产数据见表 1。2008 年 1 月至 2011 年 11 月为本装置第一个生产周期，2011 年 12 月至 2015 年 12 月为第二个生产周期。第一个生产周期开始时更换了新催化剂，总装填量为 78t；第一个生产周期结束时，卸出 10t 旧催化剂回收贵金属，补充了 10t 新剂。

1.2　催化剂物理性质

两个运行周期内，重整催化剂比表面积的变化如图 1 所示。由图 1 可知，催化剂的比表面积从最初 196m²/g 到第一个生产周期末快速下降至 152m²/g；在第二个生产周期过程中，催化剂比表面积基本恒定在 150m²/g 左右，与新鲜催化剂的比表面积差距较大，所以第二个生产周期中催

表 1 2008 年–2015 年主要生产数据统计

年 份	2008	2009	2010	2011	2012	2013	2014	2015
重整处理量/t	737925	1065676	1135577	1066959	1214892	1196179	1148002	1161843
混氢产率/%	9.17	9.34	8.84	8.5	9.07	9.05	8.43	8.37
液化气产率/%	1.48	1.63	2.69	2.93	2.38	2.5	2.85	3.48
重整生成油产率/%	89.12	89.03	88.47	88.5	88.5	88.42	88.62	88.15
四氯乙烯消耗量/(g·t^{-1})	13.01	13.42	13.83	15.93	15.64	16.05	18.29	16.65
催化剂单耗/(g·t^{-1})	1.22	1.25	1.59	11.06	1.20	1.17	1.48	1.46
脱氯剂单耗/(g·t^{-1})	20.87	28.15	39.63	42.18	37.04	37.62	52.26	51.64
燃料气单耗/(t·t^{-1})	0.0392	0.0419	0.0406	0.0373	0.0433	0.0484	0.0506	0.0543

化剂活性明显低于第一个生产周期。比表面积下降的快慢与所采用的连续重整工艺有关。采用 UOP CycleMax 工艺的装置，由于再生循环气中水含量高，催化剂再生过程中比表面积下降较快；采用国产超低压连续重整(SLCR)、逆流连续重整(SCCCR)、Axens 等工艺的装置，再生循环气经过冷却和干燥，催化剂再生过程中比表面积下降较慢[11]。

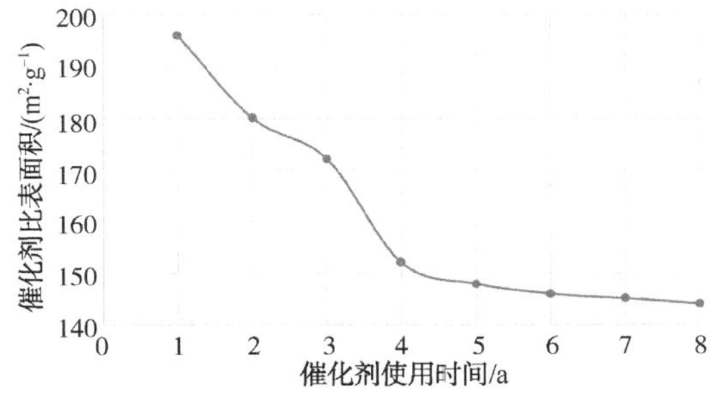

图 1 催化剂使用 8 年比表面积下降趋势

由表 1 可知，由于催化剂比表面积下降，高附加值产品重整生成油及混氢的收率逐年下降。为了保持产品辛烷值达标，需要提高反应温度，受此影响，裂化反应增多，造成低附加值的液化气收率逐年上升。脱氯剂、四氯乙烯等三剂和燃料气单耗同样逐年增加，第二生产周期显著高于第一生产周期。2012 年时生产数据优于 2011 年，主要是由于第一生产周期末大检修时，补充了 10 吨新鲜催化剂以替换旧催化剂。

两个运行周期内，重整催化剂强度的变化如图 2 所示。由于催化剂比强度下降，装置淘析出的粉尘量逐年增多，与表 1 内的催化剂单耗变化趋势吻合。2011 年催化剂单耗偏高，是因为将大检修时补充的 10 吨新鲜催化剂计算在内。

2 不同换剂周期经济效益比较

重整处理量按 110×10^4t/a 计，产品生产量

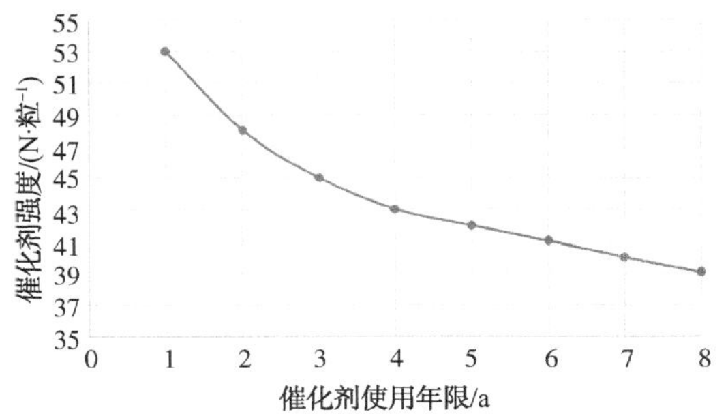

图 2 催化剂使用 8 年强度下降趋势

及燃料气、三剂等的消耗量按表 1 中的年均产率或单耗计。两种方案的原料成本、固定费用等的波动较小，后续讨论中认为两方案的上述项目相等。两种方案的效益差别主要从催化剂使用成本、三剂及燃料气消耗成本、产品价值等方面考虑。

2.1 原料、产品、三剂及催化剂平均价值

原料、产品及三剂等的平均价值如表 2 所示。其中氢气产品为混氢，重整进料按石脑油计，生成油取戊烷及苯类产品价格的平均值。表中价格均按 2008 年至 2016 年的平均价格计算。

表 2 原料、产品及三剂各项的价值

项目	价值/(元·t^{-1})
生成油	6000
氢气	9000
液化气	4041.47
催化剂新剂	1256000
催化剂旧剂	712200
四氯乙烯	15000
脱氯剂	12000
燃料气	2359

催化剂旧剂的价值指旧剂中所能回收的铂金的价值。铂金回收率按 95%计；同时扣减 5%的风险重量。铂金价格按 2008 年至 2016 年上海黄

金交易所收盘平均价，扣除5%风险费。铂金的回收费用为2.0万元/kg铂。旧剂的运费总计1.2万元。旧剂的重量按78t计。

催化剂新剂的价值指新剂生产过程中消耗的铂金价值与加工费之和。生产每吨PS-Ⅵ连续重整催化剂时的投铂金量为2.9 kg/t，另加2%的铂金购买手续费。催化剂加工费为30万元/吨。新剂的重量按78t计。

2.2 两种方案装置的投资与收益对比

表3列出了方案一和方案二所对应的成本及产品价值，以及方案一与方案二的差值。两种方案中第一周期开工时催化剂的采购成本一致，故不予考虑。由表3可知，方案一催化剂投资比方案二要少3720万元，但方案一的燃料气和三剂投资比方案二多9840万元，最终方案一的成本比方案二高6120万元。方案一低附加值产品——液化气的收益比方案二高9587万元，但是高附加值产品——生成油和氢气的收益比方案二低18645万元，最终方案一的实际收益比方案低9058万元。综合考虑投资与收益，8年间方案一比方案二的效益低15178万元。

表3 两种方案的成本及产品价值

项目		方案一	方案二	差值
催化剂和三剂成本/万元	催化剂补充	1293	5013	-3720
	四氯乙烯	202	185	17
	脱氯剂	408	345	63
	燃料气	92302	82542	9760
产品价值/万元	生成油	4678146	4687584	-9438
	氢气	700623	709830	-9207
	液化气	77076	67489	9587

2.3 其他效益损失

由于催化剂比表面积逐年下降，其持氯能力也逐年降低，导致生成油中的氯含量升高。生成油中氯含量升高会给下游处理装置带来一系列问题，最典型的是芳烃抽提装置的腐蚀泄漏问题。表4列出了芳烃抽提装置2008年首次开工至2018年装置发生的腐蚀泄漏情况，发生腐蚀泄漏的部位主要在溶剂环丁砜和水存在的地方，水含量越高的地方腐蚀泄漏频率越高。

抽提装置泄漏部位主要集中在重沸器管板与头盖交界处、积液箱侧壁与底板连接处等，如图3~图6所示。上述地方均有一个共同点，即液体流速缓慢，液体中的酸性腐蚀物如氯离子、磺酸以及亚硫酸等容易聚集，从而造成迅速腐蚀减薄穿孔。该装置第一、第二生产周期因腐蚀泄漏造成的停工分别为4次和11次，第二周期频繁泄漏停工与催化剂持氯能力下降密不可分。

表4 2008年至2018年芳烃抽提装置泄漏情况统计表

泄漏部位	泄漏次数	泄漏部位环境
汽提塔塔底重沸器	2	环丁砜、微量水
汽提塔塔底返塔线	2	环丁砜、微量水
汽提塔塔壁	2	环丁砜、微量水
回收塔塔底重沸器	4	环丁砜、明水
回收塔积液箱	3	环丁砜、明水
溶剂再生塔重沸器	6	环丁砜、水
水汽提塔重沸器	3	环丁砜、明水
贫富溶剂管线	>10	环丁砜、明水

抽提装置每次停工通常需要3天时间消漏处理，期间重整装置需要降低进料量20t/h。每吨重整进料加工效益按500元计，每次停工损失为72万元。此外每次抽提停工检修费平均30万。假设方案二第二周期重整催化剂全部换新后，芳烃抽提装置的停工次数由11次降至4次，与第一周期持平，则方案一增加7次抽提停工带来的效益损失为714万元。

图3 溶剂再生塔重沸器堵漏情况

图4 汽提塔塔底重沸器腐蚀情况

图 5　回收塔积液箱开裂情况

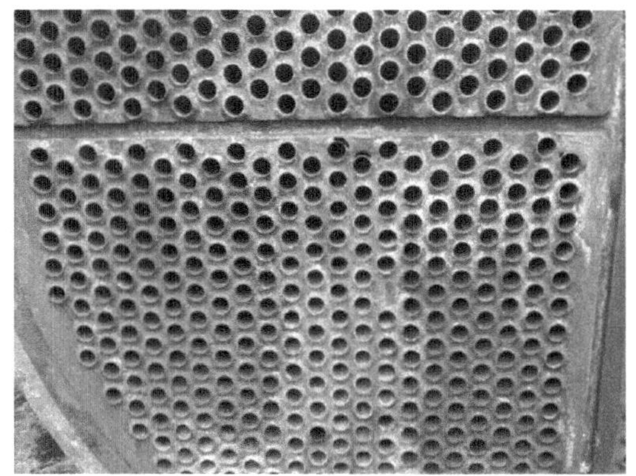

图 6　水汽提塔重沸器腐蚀情况

2.4　*两种方案效益之差汇总*

从投资与收益的角度考虑，方案一比方案二的效益低 15178 万元。此外，考虑因腐蚀造成的抽提装置泄漏停工，方案一比方案二多 7 次，效益损失 714 万元。两种方案总的效益之差为 15892 万元，8 年内平均相差 1987 万元/a。

3　结论

基于金陵分公司 1.0Mt/a 连续重整装置催化剂使用两个生产周期的工业应用数据，综合分析了两个生产周期更换新催化剂(方案一)和一个生产周期更换新催化剂(方案二)两种方案下，装置产生的经济效益。从催化剂投资、燃料气消耗、产品收率等方面对比投资和收益，方案一比方案二的效益低 15178 万元。考虑因腐蚀造成的抽提装置泄漏停工，方案一比方案二的效益损失 714 万元。连续重整催化剂使用一个生产周期换剂产生的经济效益比两个周期要高出 1987 万元/a，一个生产周期换剂更具有经济性。

参　考　文　献

[1] 马爱增，潘锦程，杨森年，等. 低积炭速率连续重整催化剂的研发及工业应用[J]. 石油炼制与化工，2012，43(4)：15-20.

[2] 王杰广，马爱增，张新宽，等. 连续重整装置催化剂更换的分析与判断[J]. 石油炼制与化工，2016，47(2)：32-37.

[3] 王以科，潘茂华. PS-Ⅵ连续重整催化剂工业运转性能跟踪[J]. 石油炼制与化工，2008，39(7)：36-40.

[4] 蒋项羽. PS-Ⅵ重整催化剂运行初期与末期性能分析[J]. 石油炼制与化工，2014，45(3)：66-68.

[5] 方大伟，马爱增，张新宽. 连续重整催化剂全生命周期技术经济分析[J]. 石油炼制与化工，2015，46(12)：1-4.

[6] 郑岩. 连续重整催化剂寿命末期面临问题的分析研究[J]. 中外能源，2011，16(7)：72-75.

[7] 秦南，陈国平，王净依. 延长连续重整催化剂使用寿命的技术措施[J]. 石油炼制与化工，1999，30(5)：19-22.

[8] 宋鹏俊. 连续重整装置催化剂粉尘异常原因及对策[J]. 炼油技术与工程，2014，44(4)：36-40.

[9] 李书璞，高志强，王军，等. 国产连续重整装置三反压降上升的原因分析及应对措施[J]. 山东化工，2015，44(23)：89-92.

[10] 邱杨. 连续重整装置再生系统问题分析及措施[J]. 齐鲁石油化工，2013，41(1)：40-44.

[11] 徐承恩. 催化重整工艺与工程(第二版)[M]. 北京：中国石化出版社，2014.

炼化一体化乙烯原料的优化与探索

薛海锋

（中国石化股份有限公司镇海炼化分公司）

摘　要　中国石化镇海炼化分公司1Mt/a乙烯装置依托23Mt/a炼油项目，积极拓展乙烯原料来源，并对原料结构进行优化调整，优化后石脑油原料占比降至39.3%，双烯与高附加值收率分别提至51.04%、62.71%，取得较好经济效益。但是调整后乙烯原料结构与当初装置的设计有较大偏差，导致装置运行出现一些瓶颈。通过采取一系列改造措施，缓解了原料轻质化给装置带来的影响，对同类型企业具有一定的借鉴意义。

关键词　乙烯裂解；炼化一体化；原料优化；探索

近年来，页岩气制烯烃表现出强劲的市场竞争力，同时煤制烯烃、原油为原料直接制烯烃等颠覆性技术也对传统乙烯产业结构和形态造成冲击。对于炼化一体化企业，如何通过内部资源整合提升竞争力，是摆在我们面前的首要任务。

中国石化镇海炼化分公司（简称镇海炼化）是中石化旗下的全资子公司，拥有23Mt/a原油综合处理能力与1Mt/a生产能力，是国内投入运行的最大的炼化一体化企业。企业按照“宜油则油、宜烯则烯、宜芳的芳”的原则，走出一条独具特色的乙烯原料优化路线。

1　乙烯裂解原料的来源

镇海炼化1Mt/a乙烯裂解装置于2010年4月20日首次投料，裂解炉区共有12台裂解炉，均采用中石化科技开发公司/鲁姆斯合作开发的SL-I、SL-IV型裂解炉。

该装置原设计以石脑油原料为主，占比为87.3%，投产后通过不断提高原料多元化水平，截至目前原料的种类已包含石脑油、加裂尾油、碳五、液化气、富乙烷气、催化干气等。

2　原料性质对裂解的影响

借助SPYRO模拟软件测算不同原料的产品分布如表1所示。

表1　不同乙烯原料的产品分布

产品	乙烷	丙烷	正丁烷	轻碳五	石脑油	常压柴油	加裂尾油
氢	8.82	2.27	1.57	1.01	1.56	0.94	0.51
乙烯	77.7	42.01	40.00	32.79	30.62	25.92	28.22
丙烯	2.76	16.82	17.27	17.05	15.53	16.15	16.49
丁二烯	1.81	3.01	3.50	4.75	4.56	5.38	6.20
苯	0.87	2.47	3.02	5.05	6.74	6.03	3.99

由表1看出，原料由轻到重，双烯收率呈现下降趋势，裂解反应中低价值的副产品增多，因此乙烯原料优化的方向还是轻质化和优质化。

3　原料资源的优化

3.1　富烯气体的综合利用

镇海炼化富烯气体来源分为两块，一是来自两套催化裂解富含乙烯的催化干气；另外一类是来自聚烯烃装置的外排尾气，具体组成见表2。

表2　富烯气体的组成 ψ%

项目	催化干气	Ⅰ PP尾气	Ⅱ PP尾气	PE尾气
氢气	48.41	4.81	0.66	0.03
甲烷	26.03			0.3
乙烷	9.71			23
乙烯	12.28	0.42	7.19	40.3
丙烷	0.03	10.16	7.43	0.06
丙烯	1.32	84.59	82.38	0.5
丁烷	0.21			

续表

项目	催化干气	Ⅰ PP 尾气	Ⅱ PP 尾气	PE 尾气
丁烯-1				20.1
碳五	0.19		1.57	0.05
产量/($m^3.h^{-1}$)	30800	850	1300	300

3.1.1 催化干气的优化利用

镇海炼化拥有两套催化裂化装置，催化干气中乙烷与乙烯的体积含量20%以上。乙烯项目投产前，这部分气体只能用作燃料，应有的价值没有体现。为有效利用这部分干气，乙烯裂解同步配套建设干气预精制单元，对干气中的有效组分进行回收，现每年可回收 C_2^+ 目标产品 60kt 以上。

3.1.2 聚烯烃尾气的优化利用

镇海炼化聚烯烃装置低压尾气因含有杂质不能直接回用，只能通过火炬系统白白烧掉，造成资源的浪费。为了回收这部分尾气中的富烯气体，通过流程优化将其管输至乙烯裂解裂解气压缩机 GB201 入口重新提纯回收。该项措施，实现年回收双烯目标产品 1000t 以上。

3.2 富乙烷气的优化利用

乙烯开工初期，装置设计了富乙烷气原料，但占比只有 0.6%，富乙烷气的主要来源是歧化装置汽提塔顶不凝气与重整 PSA 单元的解析气，正常情况下可向乙烯提供96kt/a 的原料。为了做大富乙烷气的份额，分析发现焦化干气中富乙烷气的含量非常可观，由于富含烯烃不能直接利用，因此 2014 年建设Ⅲ焦化装置时同步建设投用了气体中心单元，成功实现对焦化干气中的 C_2 的回收，年产富乙烷气 64kt 以上，年增加效益 1 亿元以上。全厂富乙烷气资源统计如表 3，目前Ⅰ轻烃不凝气、Ⅲ常常顶气的 C_2、C_3 含量在 30%以上，建议下步也将作为富乙烷气深化开发对象。

表 3 富乙烷气的组成 ψ%

项目	汽提塔顶气	PSA 解析气	焦化干气	Ⅰ轻烃不凝气	Ⅲ常初顶气	Ⅲ常常顶气
H_2	5.02	24.69	7.55	1.24		
CH_4	4.60	15.58	59.20	58.72	5.07	1.98
C_2H_6	50.24	30.51	21.89	22.62	13.98	14.13
C_2H_4	0.02	0	2.29	0.19		
C_3H_8	30.32	16.12	5.75	10.34	30.28	11.12
C_3H_6	0.01	0.10	1.21	0.05		
i-C_4H_{10}	2.34	4.78	0.25	0.53	7.45	6.31
n-C_4H_{10}	2.69	5.52	1.14	3.60	25.88	29.04
C_5H_{12}	4.76	2.70	1.42	3.19	17.39	37.43
产量/($m^3.h^{-1}$)	3900	8000	38000	1000	3500	500

3.3 饱和液化气的优化利用

乙烯项目投产前，镇海炼化的液化气资源基本都做民用液化气出厂。但民用液化气的消耗受季节影响较大，故液化气周转给生产带来极大的困难。在高库存的时候只能将部分液化气并入高瓦系统，甚至被迫降低装置负荷。乙烯项目投产后，根据液化气的评价分类利用，正构烷烃含量高的组分优先考虑生产乙烯原料，异构烷烃高的组分用于调合民用液化气产品。通过优化极大提高了液化气的价值，同时根据市场走向动态调整两组分的占比，大大提高了市场灵活性。镇海炼化液化气组分分析见表 4。Ⅰ轻烃液化气的丙烷与正丁烷含量在 70%以上，是优质的乙烯裂解原料。Ⅱ催化新脱液化气中的丙烷与正丁烷含量也在 70%以上，且烯烃含量也比较低，该物料部分外供周边化工厂江宁化工，部分产乙烯原料。三套气分装置的丙烷是理想的乙烯原料，但是冬季为了提高民用液化气的燃烧性能，需季节性的用于调合民用液化气。加裂与重整液化气异丁烷含量较高均在 30%以上，不考虑生产乙烯原料。焦化液化气由于富含烯烃不能直接作为乙烯原料，2014 年公司新上焦汽回收单元，精制后的焦化液化气丙烷与正丁烷的含量高达 90%，是极其优良的乙烯原料。

表 4　液化气的组成 ψ%

项目	Ⅰ轻烃 T1201	Ⅱ催化新脱	ⅢⅣ重整	ⅠⅡⅢ丙烷	ⅠⅡ加裂	焦汽回收	醚后碳四
C_2	7.26	4.02	3.80	0	6.11	0.46	0
C_5	0.25	0.59	1.96	0	0.69	0	0.05
丙烷	37.86	27.21	26.13	99.03	23.04	65.28	2.70
丙烯	0.79	0	0	0.91	0	0	0.39
异丁烷	15.52	24.95	33.97	0.02	43.37	8.69	48.72
正丁烷	38.09	43.02	32.42	0	26.78	24.49	11.73
反丁烯	0.08	0.07	0.28	0	0.01	0	14.05
顺丁烯	0.04	0.05	0.14	0	0	0	7.82
正异丁烯	0.11	0.09	1.30	0.04	0	0	14.44

目前醚后碳四量约 520kt/a，约 18×10^4t/a 醚后碳四作为专用料出厂，剩余约 34kt/a 醚后碳四均作为民用液化气出厂，产品附加值低，且随着民用天然气的广泛使用，可销售市场逐步减小，而这部分醚后碳四馏分是理想的烷基化装置原料。2019 年公司投产运行的烷基化装置以该组分为原料生产优良的汽油调合组分，同时附产品正丁烷年产量在 32kt 以上，届时将进一步拓宽了饱和液化气作为乙烯原料的来源。

3.4　轻碳五资源的优化利用

通过 SPYRO 软件进行模拟，正构碳五作为裂解原料双烯收率在 70%以上，异构碳五的双烯收率仅为 30%。但是正构碳五的研究法辛烷值较低仅 61，而异构碳五的辛烷值高达 92，按照“宜油则油，宜烯则烯”的原则，正构碳五含量高的组分适合作为乙烯原料，而异构碳五含量高的物料则用于调合汽油组分。乙烯项目投产前，轻碳五基本用于调合汽油组分，但正构碳五辛烷值特别低，造成汽油调合非常卡边，稍有偏差就会导致汽油罐不合格。炼化一体化后，可以根据各自特点分配流向。各轻碳五原料的组分分析见表 4，由表 4 可以看出，常减压的直馏碳五的正构碳五含量在 35%左右，是优质的乙烯原料。重整预加氢分馏塔的碳五含量也在 30%左右，尽可能用作乙烯裂解原料。重整脱戊烷塔异构烷烃高且苯的含量在 15%以上，不适合做乙烯原料。加氢裂化汽油的异构碳五含量更是高达近 54%，一般用作汽油调合组分。裂解碳五原料不足时，可通过提高Ⅲ常凝析油的掺炼比例增产部分轻石；或对重整料的初馏点进行合理切割，努力提高预加氢装置分馏塔碳五的外排量。

镇海炼化裂解碳五是管输至周边化工园区专门回收碳五二烯烃的金海晨光公司综合利用，剩余碳五抽余油返回镇海炼化Ⅱ加氢装置单烯烃饱和后重新用作乙烯裂解的原料。该措施年回用碳五资源 2.5kt 以上，也是对碳五资源的补充。

表 5　轻碳五原料的组成分析 ψ%

项目	常减压	重整分馏塔	重整脱戊烷塔	加氢裂化
C_4H_{10}	9.58	8.02	2.07	5.70
i-C_5H_{12}	32.76	25.05	40.61	53.99
n-C_5H_{12}	35.72	29.75	17.24	18.84
C_6H1_4	21.06	36.34	33.37	21.25

3.5　石脑油资源的优化利用

伴随着 1Mt/a 乙烯裂解装置的投产，石脑油的保供面临巨大挑战，直接表现为镇海乙烯、赛科外供、芳烃重整三大板块对石脑油的争夺。石脑油优化的重点既要做大石脑油的产量，又要根据 PONA 值合理安排石脑油的流向。

3.5.1　直馏石脑油的优化

通过对不同原油的直馏石脑油 PONA 分析，石蜡基原油的石脑油烷烃含量都在 60%以上，其中达混石脑油的正构烷烃更是高达 42%，非常适合产乙烯原料。中间基原油的石脑油烷烃含量也较高可以根据实际情况在乙烯料与重整料直接摆动。环烷基原油不是公司主炼油种，可根据考察情况安排石脑油加工方案。在正常生产时，原油采取分储分炼，根据原油数据库建立的 PONA 信息，固化石脑油的流向，同时通过动态调整石脑油的干点切割平衡控制石脑油库存。

3.5.2　焦化石脑油的优化

焦化石脑油链式烷烃在70%以上，但烯烃含量较高，必须经过加氢精制才能作为乙烯原料。2014 年老区装置提质升级，新建Ⅲ焦化装置停步停运 Ⅰ 焦化装置，同步配套建设焦汽回收单元，该单元将焦汽与焦化液化气混合加氢处理，精制石脑油作为乙烯原料。

3.5.3　柴油加氢装置石脑油的优化利用

ⅣⅥⅦ柴油加氢石脑油原流程仅产乙烯裂解原料，通过 RSIM 等优化软件对 3 套柴油加氢装置副产石脑油进行跟踪评价后，发现这几股物料芳潜远高于常减压装置产出的石脑油。2019 年进行流程改造，将此股物料改进重整装置用于生产芳烃，置换出的低芳潜石脑油用于生产乙烯，该石脑油年产量在 168kt 以上，具有较好的经济效益。

表 6　石脑油性质评价

项目	Ⅳ加氢石脑油	Ⅵ加氢石脑油	Ⅶ加氢石脑油	直馏石脑油	重整进料	乙烯进料
馏程 IBP~FBP	60~168	70~168	106~176	50~175	84~176	31~220
总芳潜	53.50	59.15	64.80	20.90	46.06	—
芳烃/%	14.94	17.13	21.15	13.78	11.01	8.03
烷烃/%	43.1	43.98	40.80	66.30	59.82	78.96
环烷烃/%	32.69	36.40	23.50	19.90	27.93	14.34
烯烃/%	0.02	0.02	0.03	0.01	—	0.06
总硫/mk/kg	9.15	6.02	4.60	290	450	250
硅含量/mk/kg	<1	<1	<1	—	—	—
硫化氢/mk/kg	10~20	10~20	10~20	—	—	—
RON	64.50	68.30	64.60	—	—	—

3.5.4　乙烯裂解抽余油的 C_6、C_7 环烷烃含量在50%以上，是非常好的重整原料，该股物料年产石脑油 84kt 以上，正常直供重整装置。

3.5.5　加裂重石脑油的性质稳定，C_6 以上环烷烃含量在 40%以上，是优质的重整原料，正常直供重整装置，不考虑生产乙烯料。

3.6　裂尾油的优化利用

根据 SPYRO 模拟的结果，尾油 BMCI 上升，双烯收率有所降低。镇海炼化正常投运 2 台尾油裂解炉，通过测算 Ⅰ Ⅱ 加裂尾油的 BMCI≤16.5 控制，尾油馏程按 260~530℃控制，恰好满足尾油原料的需求，且经济效益较高；如果进一步提高 BMCI 指标，富含石脑油组分的尾油将间断压入催化原料中，造成资源的浪费。建议今后结合新建 1.2Mt/a 乙烯与Ⅲ加裂投产情况，如果尾油存在缺口情况下，可适当提高尾油的 BMCI 指标增加尾油产量，同时可以通过操作优化将柴油组分压入航煤与尾油，直至柴油停止抽出，即压缩柴汽比，又挖掘尾油产量潜能。

表 7　加裂尾油 SPYRO 模拟数据

BMCI	乙烯	丙烯	丁二烯	初馏点,℃	终馏点,℃
13.5	28.85	16.86	6.35	289	496
14.5	28.67	16.73	6.24	270	509
16.5	28.4	16.60	6.24	250	512

4　乙烯原料优化利用的效果

按照目前每桶原油 65 $ 价格体系下，镇海炼化乙烯的吨原料成本为 4782 ¥，低于同类装置。石脑油的依赖度从设计的 87.3%下降至目前的45%以下，如表 8，实现了原料的多元化和轻质化。乙烯裂解装置双烯收率 51.04%，高附加值产品收率 62.71%，优化效果显著。同时根据各原料组分的实时价格走势，动态调整裂解炉原料的占比，巩固与拓展优势，提升炼化一体化加工灵活性与市场竞争力。

表8　近年来乙烯原料分布

项目	原规划		2017年		2018年	
	加工量kt/a	占比%	加工量kt/a	占比%	加工量kt/a	占比%
干气	80	2.6	53.8	1.6	46.9	1.6
富乙烷气	20	0.6	179.6	5.4	140.0	4.9
液化气	0	0	316.3	9.6	331.7	11.6
碳五	0	0	603.1	18.2	668.6	23.3
石脑油	2750	87.3	1433.8	43.3	1125.4	39.3
尾油	300	9.5	711.8	21.5	542.7	18.9
PP尾气			13.4	0.4	11.5	0.4
总计	3150	100	3312	100.0	2867	100.0

5　原料轻质化对乙烯裂解装置的影响及对策

（1）原料优化后气体及轻烃原料的占比高达40%左右，较原设计3.2%偏差较大，必须对裂解炉进行适应性改造，才能满足消耗乙烷、丙烷、液化气及轻碳五原料需求。BA-104设计只能裂解石脑油，改造后可裂解LPG气相原料，同时新增一台产能150kt/a的裂解炉BA-112，该炉可裂解C5、LPG、富乙烷和循环乙烷、丙烷。

（2）原料轻质化后另一个较为突出问题是甲烷氢产量增加，特别是在夏季裂解燃料气消耗减少的情况下，出现燃料气富裕，部分甲烷氢排放火炬，造成资源的浪费。为了回收这部分资源，专门铺设乙烯裂解至炼油芳烃PX装置管线，将2t/h左右的高压甲烷氢输送至炼油管网作为燃料气。同时受低压甲烷压缩机负荷限制，部分低压甲烷氢无法有效利用，通过技措从低压甲烷氢压缩机入口铺设专线至火炬气压缩机GB951入口回收，借助GB951升压将低压甲烷氢打入炼油燃料气管网。

（3）原料轻质化对急冷油塔DA151的影响也比较显著，直接表现为裂解汽油中重组分占比减少，轻组分占比增加，热分布上移，该塔原有的热平衡被打破。另一方面，粗裂解汽油收率减少，为了满足急冷水塔DA152粗裂解汽油的采出量，将急冷油塔的塔顶温度由设计的103℃提高至目前操作温度107℃，但温度升高也会加速DA151聚合物的生成。同时DA152汽油采出减少，大量粗裂解汽油在急冷油塔DA151与急冷水塔DA152系统中循环，加速急冷油塔塔顶回流的粗汽油中苯乙烯、茚、胶质等易聚物质累积，分析发现裂解汽油胶质含量超过30 mg/100mL。初期表现为该塔汽油段的压差上升。该问题在装置第一周期出现后通过在线清洗解决。第三周期运行一年后再次出现塔压上升苗头，汽油段的压差已经由开工时的5.6kPa上升至目前的6.9kPa，如图1所示。现采取①确保急冷油塔阻聚剂注入量。②监控塔盘压差，裂解炉投退料计划安排合理，防止长期大幅波动导致焦粉剥落堵塞塔盘底隙。③关注排查系统带入氧的可能情况。④密切监控粗汽油中的苯乙烯、二乙烯基苯、茚、胶质等指标，必要时引C_9^+资源对粗汽油系统进行定期置换，

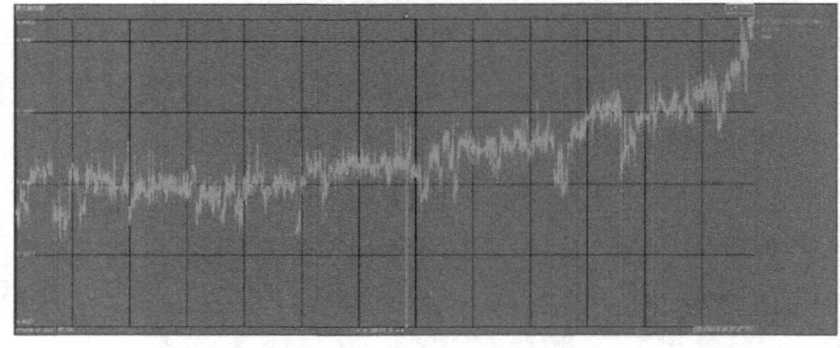
图1　第三周期急冷油塔DA151汽油段压差上升情况

（4）原料轻质化后双烯收率升高，加大了双烯精馏塔的负荷，两套塔顶冷却能力不足，出现乙烯精馏塔、丙烯精馏塔塔压偏高现象。利用第一周期停工大修机会，分别在乙烯精馏塔与丙烯精馏塔塔顶增设一组冷却器，确保双塔控制参数负荷设计指标。

（5）丙烯压缩机的制冷量也是制约装置轻质化的一个因素，特别是夏季高温时，丙烯机冷却器EA-501换热效果不佳，影响GB-501出口压力。现采取①严格控制循环水温度，确保不超工艺卡片。②提前做好预调节，平衡各段间负荷。

③必要时降负荷。同时，建议今后积极拓宽气相乙烯产品销路，也是降低丙烯机的负荷的一种思路。

6 小结

（1）镇海炼化通过对乙烯原料优化，整合炼化一体化资源优势，实现了低附加值气体及轻烃原料的高效利用，石脑油依赖度降低至50%以下，2018年更是低至39.3%，有效降低了乙烯原料的成本，提升了市场竞争力。

（2）乙烯原料轻质化后带来制约因素，通过专题攻关，实施相应措施后，均得到了有效的解决，可保证装置的长周期运行。

参考文献

[1] 王松含. 乙烯装置技术与运行[M]. 北京：中国石化出版社，2009

渣油加氢装置催化剂热点处理经过及形成原因浅析

陈振新

（中国石化扬子石油化工有限公司）

摘 要 炼油厂渣油加氢装置第三周期自2017年7月运行至2019年3月，累计609天，催化剂上堆积了大量金属硫化物及积碳，在运行末期出现了严重的热点问题。2019年1月10日，一反底部热偶TI-10612G温度开始迅速上涨，形成热点，装置对催化剂进行了全蜡油洗涤后重新恢复掺渣至105t/h。2019年1月25日一反底部TI-10612G温度再次迅速上涨，并带动TI-10612A缓慢上涨。为防止催化剂飞温并造成反应器壁超温，装置被迫再次对催化剂进行全蜡油洗涤。经过紧急处理，大大缓解了热点温度，待催化剂温度可控，装置缓慢将掺渣提至80t/h，稳定运行至计划停工日期，缓解了公司重油平衡的矛盾。此次热点处理过程，为同类装置处理相关问题积累了宝贵的经验。

关键词 渣油加氢催化剂；热点；蜡油洗涤；结焦

进入21世纪，原油劣质化和重质化的趋势逐步加剧，市场对清洁型油品的环保要求也越来越高，渣油加氢装置作为重油轻质化、生产清洁油品的重要手段，近年得到了快速发展，国内的渣油加氢装置也越来越多。尽管沸腾床、浆态床渣油加氢取得了工业化上的巨大进步，但是目前工业上最主要的、使用最多的还是固定床渣油加氢装置[1]。减压渣油包含了原油中90%以上的金属含量及沥青质含量，黏度大，在装置运行后期极易因催化剂形成局部热点和反应器压差大而被迫停工，这是影响渣油加氢装置长周期运行的两个最主要因素[2]。扬子石化渣油加氢装置前两个周期运行良好，虽然出现过热点问题，但是通过降低掺渣及反应温度都及时控制住了飞温的发生。在第三周期运行末期，由于催化剂上堆积金属较多，一反和二反压差较高，物料分配持续恶化，最终导致了热点的形成，TI-10612G最高达到905℃，远超催化剂供应商提供的不超过435℃的技术指导标准。在国内同类装置中，多次出现因催化剂飞温而被迫停工的情况。为了保护反应器及装置的安全稳定，本装置及时采取大幅降低反应温度用全蜡油洗涤、提高循环机转速及降低系统压力、优化原料等方式处理热点问题，最终成功将热点温度降低至正常水平。

1 催化剂热点处理经过

1.1 第一次热点经过

渣油加氢装置第三周期催化剂形成热点事件分为两个阶段，第一次是2019年1月10日，一反(R101)底部热偶TI-10612G开始迅速上升，正式形成热点。具体热点温度变化趋势如图1所示。

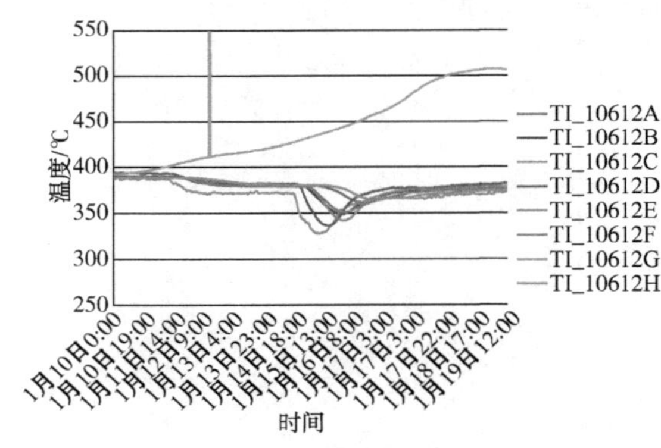

图1 第一次热点温度变化趋势

监控到TI10612G点温度开始上涨后，装置进行了降温降量处理，但是热点温度仍然持续上涨，至1月14日14：00涨至427℃。为了防止催化剂飞温，装置切断掺渣，开始全蜡油洗涤。从图1可以看出，在降温全蜡油洗涤的过程，TI10612B/C/D/E/F点温度开始缓慢下降，这是由于降低了反应炉出口温度、无掺渣反应热大量减少后的正常表现。而TI10612A/H点温度下降趋势比其他点严重滞后，TI10612G点温度仍然持续上涨，因而可以推断催化剂床层形成了一个由A/H/G三点包围的热点区域，如图2所示。

1.2 第二次热点经过

第一阶段热点经过处理后，TI10612G点温度逐渐趋于平稳并呈现缓慢下降的趋势，装置也逐步将掺渣提至105t/h。1月25日TI10612G点温度突然开始快速上涨，并带动TI10612A一起上涨。与第一阶段热点相比，此次热点温度上涨速度更快，最快接近50℃/h，TI10612G点温度最高涨至905℃。

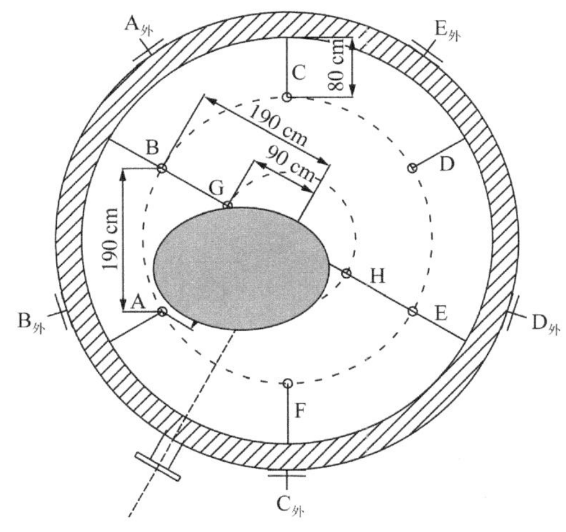

图 2　一反底部热点区域示意图

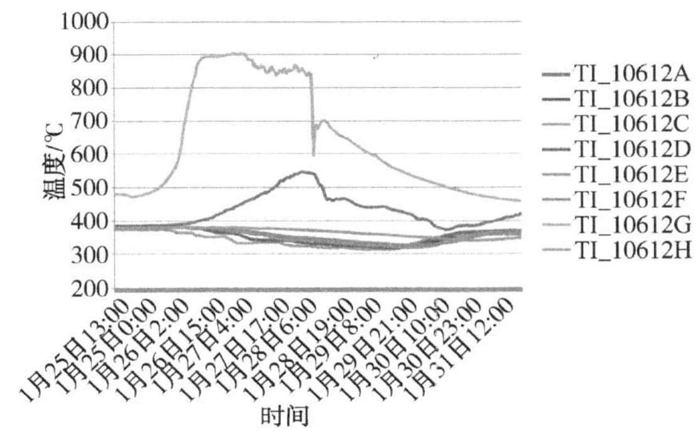

图 3　第二次热点温度变化趋势

此次热点温度远超床层温度控制上限435℃，为了尽早控制住热点，防止反应器器壁超温，装置再次停止掺渣，全蜡油洗涤催化剂。经过96h的降温降压蜡油洗涤，TI-10612G点温度下降至520℃，TI-10612A点温度下降至400℃左右。1月30日装置开始恢复掺渣，热点温度继续下降，在后续运行中，热点温度基本稳定。

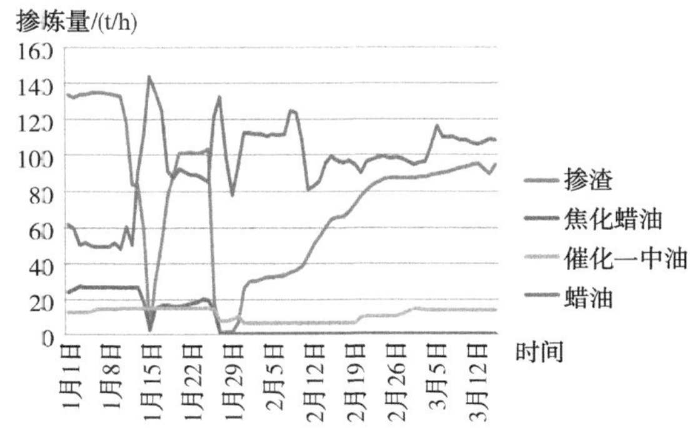

图 4　热点处理及恢复运行时的原料配比

1.3　两次热点处理过程对比

结合第一次热点处理过程，在第二次热点处理时进行了很多操作条件及原料配比上的优化。一是延长热点洗涤时间，直至热点温度大幅下降，使热点区域催化剂进入相对稳定状态，防止热点反复。二是优化操作参数，第二次蜡油洗涤时反应炉出口温度更低，系统压力更低，并通过提高循环氢压缩机转速增加循环氢量带温。三是大幅降低恢复时提掺渣速度，延长稳定时间。四是停止掺炼焦化蜡油，并稳定催化一中油的掺炼量(可能的情况下可以稍提)。

表 1　两次热点处理过程操作条件对比

	全蜡油洗涤时间	系统压力/MPa	一反入口温度/℃	提掺渣速度	处理后焦化蜡油掺炼	洗涤后热点温度情况
第一次	24	15.3	326	较快	掺炼	仍缓慢上升
第二次	96	13.0 *	315	缓慢	未掺炼	大幅下降

* 系统压力在13.0~15.5MPa之间来回调整，释放结焦热点区域内高温油汽

2　催化剂热点形成原因浅析

热点的形成基本都出现在物料速率小的区域，由于经过此区域的物料量及流速小，未能将反应热及时带走，导致该区域温度逐渐上升，温度上升到一定程度又会造成原料油发生深度转化(如热裂化等放热量大的反应)，最终导致局部温度过高而出现热点。催化剂装填不均、物料分配盘效果差、反应器内构件异常、系统波动装置调整幅度大、催化剂空隙堵塞等都容易造成催化剂形成沟流产生低流速区，进而形成热点。

结合本装置的设备及实际运行情况，分析认为热点形成主要是由四个方面造成的。

2.1　反应器顶分配盘效果不佳

扬子石化渣油加氢装置反应器内径(5.4m)为国内单系列最大，加之渣油加氢装置原料黏度高，使得物料在催化剂床层中分布性较差，不利于物料的均匀分配。分配不均的物料容易在床层中形成沟流，导致部分区域流速慢，反应热不易带走，进而形成热点。渣油加氢反应器顶部的物料分配盘对物料的均匀分配影响很大，而本装置

采用的是传统泡罩式分配盘，此种分配盘在物料黏度较大时极易导致物料分配不均。渣油加氢装置原料为减压渣油、焦化蜡油、VGO 等混合进料，100℃运动黏度达 70mm²/s 左右，泡罩式分配盘不能满足如此高黏度物流均匀分布的要求。目前海南炼化、长岭分公司、金陵石化等单位已更换为更为先进的喷射式分配器，较好的解决了径向温差的问题，成功遏制了热点的产生[3]。

2.2 系统波动导致反应器径向温差和压差上升

本周期出现过一次 3.5MPa 蒸汽管网温度过低和数十次氢气管网压力过低，每一次都会造成渣油加氢装置被迫大幅调整掺渣量及反应温度。由于装置系统大，氢气管网压力低导致系统压力快速下降，氢分压下降后会加速催化剂上积碳的形成，同时会使得脱金属反应在催化剂表面进行，使得催化剂入口被沉积的金属堵住。氢气管网的频繁波动，加快了催化剂床层空隙率下降，易使反应器介质分布不均，进而产生局部热点和压差上升。

2.3 金属 Fe 和 Ca 超标造成反应器顶部结焦

渣油加氢装置第三周期相比第一、第二周期已经增加了脱金属剂的含量，融金属能力增强。但是本周期运行时间更长，到生产末期时催化剂上沉积了大量金属硫化物，造成催化剂空隙率大幅下降。本周期原料中金属镍和钒控制较好，基本没有超标，然而金属铁和钙长期处于超标状况（原料中铁和钙控制指标分别为 7.4ppm 和 4ppm），如图 5 和图 6 所示。

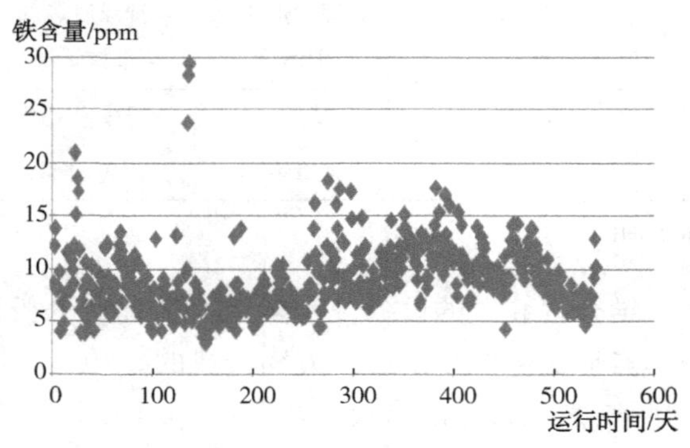

图 5　原料油中铁含量

在加氢处理反应条件下，铁以 FeS 的形式沉积在催化剂的外表面和颗粒之间，因而容易导致反应器上部床层的堵塞[4]。渣油中的钙一般沉积在催化剂表面，当原料中钙含量偏高时，也要考虑在催化剂体系中加入脱钙催化剂。在本周期中，钙含量共超标 163 天，铁含量共超标 341 天，其中 168 天铁含量大于 10ppm。由于催化剂体系中没有专用脱铁剂和脱钙剂，导致大量的 FeS 和 CaS 沉积在催化剂表面及颗粒之间，严重堵塞了上部保护剂床层，造成了反应器差压上涨及物料分配不均。含有大量金属镍、钒的原料油与一反底部脱金属催化剂接触时容易产生大量的热量，而原料分配不均造成了局部区域物料流速慢，不能及时带走反应热，从而形成了热点，高温又会造成胶质结焦，反过来进一步使热点加剧。

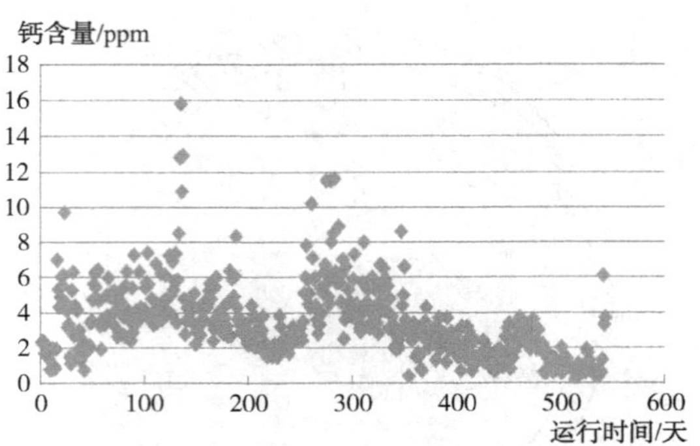

图 6　原料油中钙含量

2.4 催化一中油及焦化蜡油比例待优化

渣油加氢装置掺炼催化一中油，一方面可以降低原料黏度，另一方面因其芳烃含量高可以有效溶解渣油中的胶质及沥青质，有利于渣油原料性质的改善和加氢过程中杂质的脱除。2018 年下半年随着催化柴油改产高标号汽油装置的投产，压减了供渣油加氢装置的催化一中油，从 15t/h 降到 7t/h。催化一中油掺炼比例的大幅降低影响了原料中胶质和沥青质的溶解，对反应不利，加速了结焦的形成。

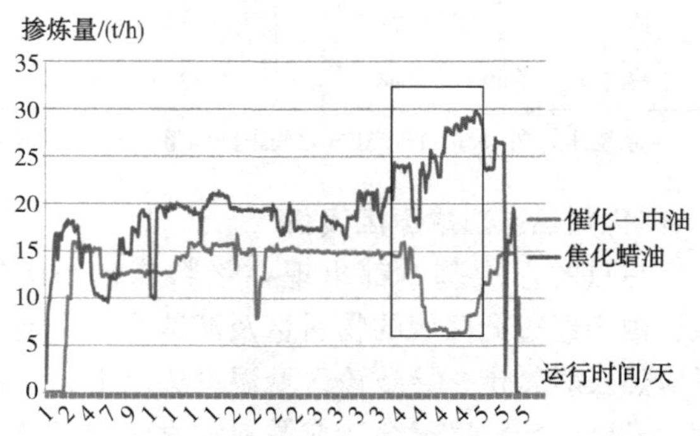

图 7　催化一中油和焦化蜡油掺炼量

焦化蜡油含有二烯烃等不饱和烃，容易导致催化剂的结焦加剧和床层温升大；同时携带焦粉，容易加速催化剂结焦，导致床层压差上升。渣油加氢装置的设计原料中焦化蜡油比例为

7.5%，本周期大部分时间焦化蜡油掺炼量为20t/h左右，在运行至420天左右开始增加了掺炼量，最大达到30t/h。在焦化蜡油掺炼量逐步增加后，一反和二反的压差及径向温度都呈现上升趋势，是此次热点形成的关键因素之一。

3 总结

（1）渣油加氢装置出现热点问题是制约装置长周期运行的关键因素之一，行业内已多次出现因热点被迫停工的情况。在热点形成初期，采取全蜡油洗涤的措施是非常有效的。对比本装置两次处置情况可以看出，当蜡油洗涤后热点温度处于一个下降趋势可以作为判断洗涤时间长短和效果的依据。

（2）停掺焦化蜡油、催化一中油能有效降低反应热的生产；大幅降低反应炉出口温度、四个反应器接近等温操作能快速带走热点附近温度；对反应系统进行降压-升压-降压的反复操作有利于结焦区域高温油汽的释放，在全蜡油洗涤时采取以上几个调整对热点温度的降低十分有效。

（3）结束全蜡油洗涤后，要按照催化剂专利商提供的参数缓慢恢复掺渣。在恢复初期，不能掺炼焦化蜡油，其会较快的引起热点的反复。热点稳定一段时间后，根据全厂物料平衡和装置剩余计划运行天数合理安排焦化蜡油的掺炼，尽量降低甚至不惨炼焦化蜡油。

（4）反应器顶分配盘效果不佳、装置较大波动（需要大幅调整掺渣）、原料性质（特别是金属含量高）、焦化蜡油掺炼比例过高、催化一中油掺炼比例较低等问题是导致本装置催化剂形成热点的主要原因。本装置在2019年检修时已更换高效的喷射式分配器，在装置运行中要避免装置大幅波动、严格监控原料中金属含量及优化焦化蜡油和催化一中油的掺炼比例，防止再次出现热点问题，影响装置的稳定运行。

参考文献

[1] 徐宗坤，赵俊伟，宋朝霞，等．固定床渣油加氢工艺发展与运行问题研究[J]. 化工技术与开发，2013，42(8)：51-54.

[2] 方向晨．国内外渣油加氢处理技术发展现状及分析[J]. 化工进展，2011，01：95-104.

[3] 石巨川．降低固定床渣油加氢反应器径向温差的技术措施[J]. 石油炼制与化工，2013，44(1)：83-84.

[4] 李大东．加氢处理工艺与工程[M]. 2. 北京：中国石化出版社，2016：378-386.

典型的焦炭塔预热线不畅原因分析及处置对策

傅钢强

（中国石油化工股份有限公司镇海炼化公司）

摘　要　焦炭塔是延迟焦化装置的核心设备，预热的充分程度对焦炭塔的使用寿命、分馏系统的平稳操作有决定性的影响。文章描述了除焦不净造成大量焦炭堆积在焦炭底部时，直接切换四通，底进料缓慢预热操作，和双进料管线其中一路管线结焦后，对结焦部位的清理和预防。希望通过摸索尝试，经验积累，避免底进料的异常工况造成装置生产波动，甚至非计划停工。

关键词　延迟焦化；焦炭塔；预热线；堵塞

1　前言

延迟焦化加工过程是重质原油热转化过程之一，也是一种石油炼制主要加工过程。焦炭塔是延迟焦化装置的核心设备，其工作状况是有规律的周期性间歇式生产，一个塔生焦，另一个冷焦及切焦。

切焦后，封闭塔顶、底法兰盖，采用蒸汽驱赶塔内空气并进行密封试验，然后引生焦塔顶高温热油气对新塔进行预热，油气自上而下通过焦炭塔进入甩油罐或放空塔。待焦炭塔预热至一定温度后，切换四通，将渣油引入新塔进行生焦。塔底的预热温度充分，焦炭塔的形变小，切换四通后，分馏塔的操作波动时间短，是保证装置安全平稳生产的关键性指标之一。

为缩短生焦时间，提高装置处理量，及提高出弹丸焦时的安全性等因素，近几年大部分焦化装置的焦炭塔都增设自动顶、底盖机，并配套焦炭塔的顺序控制系统，从而使得焦炭塔运行更加安全、可靠、高效。

底盖机的增设带来进料方式的变化，有的厂家保留了原有的单进料结构，但在投用后，底盖机出现了渣油泄漏的情况，采取在现有底盖机进料短管内加装导流板来解决[1]。有的厂家，增加了一个锥体进料短节，同时将原焦炭塔渣油进料方式由原底部中心进料改成单侧进料，但是，单侧进料运行一段时间后出焦口与底盖机，连接法兰开始泄漏，并且进料短节开始变形，再将单侧进料形式改为双侧进料形式，以避免单侧进料导致该部位的受热不均[2]。

底进料流程运行情况是影响焦炭塔是否预热正常的主要因素。曾出现的故障因素包括底进料隔断阀由于防结焦蒸汽的注入量的波动等因素导致的阀门结焦[3]，自动顶底盖机在运行中出现开关异常，阀位在关至20%左右时卡住。拆开底盖机阀板外壳后，发现阀板屏蔽罩变形，并且屏蔽罩螺栓已经拉断，导致底盖机阀板无法伸入屏蔽罩内部等异常[4]。除焦不净造成大量焦炭堆积在焦炭底部，和双进料管线其中一路管线结焦是预热终温无法达到工艺要求两种对正常生产影响很大的生产异常。

底进料线运行情况是影响焦炭塔是否预热正常的主要因素。除焦不净造成大量焦炭堆积在焦炭底部以及双进料管线其中一路管线结焦是预热终温无法达到工艺要求的最常见的两种原因。

2　焦炭塔除焦不净导致焦炭塔预热不畅及处理

2.1　焦炭塔除焦不净，引起的预热不畅

焦炭塔除焦不干净，导致焦块堵塞进料线，待生产塔表现为预热温升速度变慢，甚至预热终温难以达到正常切换四通的温度点。某焦化出现多次预热时，双侧进料线温度偏差大，进料线堵塞现象，最严重一次，导致预热难以进行，影响生焦网络。不得已装置降进料量延长生焦周期加以处理。

当日，焦-1除焦结束，按既定生产网络开始蒸汽吹扫、试压、放瓦斯预热；两小时后内操发现焦炭塔底部温度左侧分支进料110℃，右侧138℃，按常规温度趋势，在1h至1.5h之间会有一波快速温升，温度从140℃快速上升至230℃，结合温升和温度偏差，判断进料线堵塞。立即暂停预热，改用蒸汽吹扫进料线。塔底给汽流畅，焦炭塔压力快速上升。0.5h后停蒸汽吹扫继续预热，发现右侧分支进料

163℃，左侧 112℃，同时偏差报警。经两次蒸汽吹扫贯通后，预热温度仍未好转。为避免生产塔焦高过高，开始降处理量。继续放瓦斯预热，预热塔底部温度仍未上升。随后采用蒸汽憋放压吹扫。蒸汽停用后，发现焦-1 压力未下降，底部温度仍未上升。塔底管线进塔方向通畅，但难以出塔。怀疑塔底有较多数量的焦炭堆叠在底部渣油线进料口，形成“单向阀”效应，导致预热流程不畅通。

2.2 焦炭塔除焦不净，引起的预热不畅的处理

直接切换四通，底进料缓慢预热处理。缓慢将四通从焦 2 切换至焦 1 方向，将四通阀停在中间位置 V001、V002 同时进料。切四通时间自 13：00，持续至 16：15，焦 2 完全切至焦 1 生产。

在四通切换过程中，四通阀前压力随焦 2 切至焦 1 开度逐渐增大而升高，在四通阀开度 55%～60%之间，有一压力峰值，而后随四通阀开大而逐渐降低，见表 1。

表 1 四通阀开度

时间	13：10	13：20	13：25	13：30	13：35	13：45	14：50	15：05	15：10	16：15
四通阀开度	10%	20%	30%	40%	45%	50%	55%	60%	65%	100
焦 1 四通阀后压力/MPa	0.29	0.3	0.31	0.34	0.42	0.45	0.57	0.62	0.55	0.38

1）焦炭塔操作相应调整

随着进料线畅通，焦炭塔顶温度随后缓慢升高，蒸出存水。至 15：00 塔顶温度达 185℃，此时焦炭塔顶压力为 0.05MPa(表压)，该压力下水的沸点为 130℃，此时可认为焦炭塔内已基本无明水。而后，15：20 塔顶温度升高至 305℃，焦炭塔顶大油气阀稍开 5%，缓慢关焦炭塔顶油气至放空阀门，将焦炭塔顶油气逐渐改至分馏，15：35～16：00，焦 1 塔顶压力逐渐下降至与焦 2 平衡，焦 1 顶油气至分馏流程全开。

在四通切换过程中，焦 1 塔内压力在渣油缓慢改进，塔壁温度缓慢上升过程中，直至大油气线后路动改前，焦 1 压力未发生大幅升高，说明无塔内存水的突沸情况出现。

为防止长时间低流量引起生产塔进料线结焦及生焦孔道堵塞，焦 2 短节吹扫蒸汽在四通阀刚动作时稍开，后随四通阀开度逐渐开大。

消泡剂开至最大量，降低泡沫层高度。关注第三点中子料位计上升情况，至四通切换前，生产塔焦 2 中子料位计维持在 20%以下，未见明显上升。

2）分馏系统调整操作

切换四通过程中，分馏塔底热量随焦 1 较低温度油气的改进而逐渐降低，焦 1 顶油气改入后，分馏塔底油气温度最低降至 351℃，塔底渣油抽出温度降至 257℃。较低温度油气改入后 1h 内，分馏塔各侧线抽出量均大幅减小，在蜡油循环上表现尤为明显。不得已，装置蜡油过滤器切出运行，蜡油过滤器循环产污油。压缩机入口因干气量降低，需补入适量高压瓦斯以维持压缩机运行在喘振线外。约 1h 后油气逐渐产出。

由于进料量降低及四通切换过程中焦炭塔较低温度的油气改进，分馏塔热量不足，蜡油不平衡，分馏塔蜡油喷流量大幅降低，蜡油喷淋作改蒸汽准备。另外，装置内部分机泵及阀门采用蜡油作封油，蜡油量不足，导致封油使用存在缺口，严重时需外引蜡油作为封油以维持设备运行。

3）加热炉部分操作调整

不断提高加工量，由于负荷较低，油气产出量少，原料换热系统变化大，换热终温低，造成加热炉负荷较高。

由于分馏塔底温度下降过快，炉子波动较大，导致炉管表面温升较快。同时，为保证进料足够的生焦温度，加热炉出口温度提高至 500～505℃，以降低泡沫焦高度，以及为预热提供充足热量。

4）后续处理

焦 1 除焦情况：焦 1 生焦 22.5h，进行除焦，除焦情况正常。前期约 3h 的低温进料，并未对除焦造成较大影响；

对进料段部分管线进行了拆清，因四通阀后至焦炭塔入口段管线共存在四段弯管，只对放水短节段管线进行了拆装，高压水清理，同样未发现大量焦块。验证了块状焦堵在进料口的猜测，随进料温度逐步提高，焦块被热熔后重新进入焦炭塔。

大油气线内有较多残焦，随吹汽、冷焦等工

序进行进入放空塔，放空塔底过滤器压差上升较快，一周后分别对放空塔底的两台过滤器进行了拆清，清出焦块较多且相比正常生产过程中清出的焦大。

5）后续预防

对自动除焦系统进行优化。目前普遍炼厂采用了水力除焦程序包括钻具位置模拟显示技术、绞车无级调速变频技术、高压水泵的启动条件和紧急停车联锁等内容，在我国广泛应用[5]。随着技术的进展，又逐步进展到远程自动除焦。在使用过程中，由于原料性质的变化带来焦炭硬度的变化，存在除焦不彻底，在预热阶段由于塔发生热形变而剥落。我们队远程自动的除焦的控制参数进行优化，适当增加了除焦的时间，切焦的间距，以充分保证除焦的效果。

3　焦炭塔底进料线结焦导致焦炭塔预热不畅及处理

3.1　焦炭塔底进料线结焦，引起的预热不畅

在原料劣质化的过程中，国内焦化装置多次出现生产弹丸焦的情况。为了防止人工拆卸底盖机时，弹丸焦喷出烫伤作业人员及减少装卸底盖机时间，为缩短生焦时间，提升装置负荷，很多炼厂的焦化装置都在焦炭塔底部增设了自动底盖机。焦炭塔的进料方式也由底部中心进料改为了侧边进料。

单侧进料会导致焦炭塔底部进料短节受热不均，进而导致进料短节的变形。连带与其法兰连接的底盖机阀体、阀座变形也随之加大，使焦炭塔出焦口法兰密封性下降，发现泄漏[1]，所以大多数的炼厂均采用了双进料线模式。

双进料模式容易出现管线偏流结焦的情况。当焦炭塔底进料线结焦比较严重时，冷焦给水时可听到管线节流产生呜咽的声音。相同的给水控制阀阀位，给水量下降30~50t/h以上。进料管线的压降增加，切入该焦炭塔时，加热炉炉出口压力增加。在除焦开底盖的初期，管线由于结焦积水，进料线发生严重的水击，还会引起甩油阀，吹汽阀等电动阀零位的漂移。正常预热期间焦炭塔底温度难以达到280℃，需频繁卡小进分馏系统油气总阀，以保证预热效果。管内结焦的情况。

3.2　焦炭塔底进料线结焦，引起的预热不畅的处理

除焦结束，使用大流量的蒸汽对底进料管线进行吹扫，没有改变预热的速度。由于担心油气总阀卡阀带来的操作风险，决定调整生焦网络节点，安排对底进料管线进行高压水枪清洗。

为了尽量缩短清洗对生焦网络节点的影响，提前对底进料线架子搭设，在给水冷焦时就对进料管线上法兰逐个螺栓松紧情况进行检查。在除焦期间，提前拆螺栓至每片法兰留八颗螺栓。在除焦完成后全部，将管线外移，错开对接的法兰口进行管线的清焦作业。

底进料线来处有进料阀的蒸汽汽封和管道热电偶。先用高压水枪对与焦炭塔相连部分的管线进行清洗，判断管线结焦情况。发现靠西边一侧分支进料，在10min之内清焦结束。靠东边一侧分支进料在弯头处开始严重结焦。管线和结焦的情况见图1、图2。东侧进料U型弯处焦粉的厚度约占管线内径1/3；焦层非常致密，硬度很高。结在管线的底部。焦层的上方还有颗粒状的焦炭。

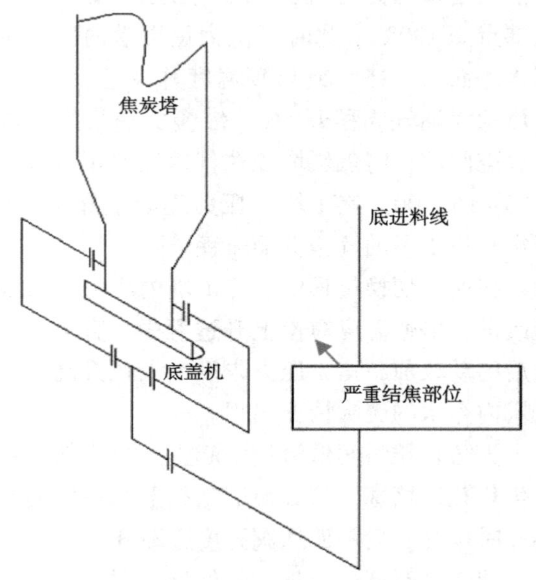

图1　焦炭塔进料管线示意图

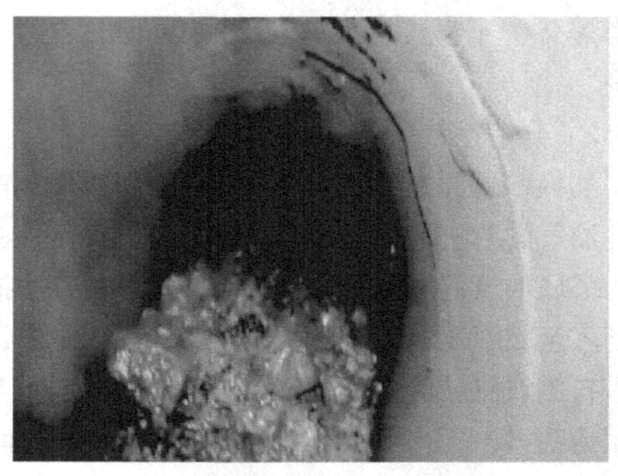

图2　焦炭塔底进料线结焦照片

晚上6：00交付清洗公司，先顺着流程从三通处开始高压水清洗，发现无法打通出水到焦炭塔底部。接着从与焦炭塔底盖机相连之处开始清洗，遇到弯头位置，发现一样无法有效彻底清洗管道内的结焦。第一次在清洗3小时后，按照原有的生焦网络，就被迫回装管线，恢复正常生产。第二次、第三次在提升清洗头压力，清洗时间增加到5小时才彻底完成清洗。

3.3 焦炭塔塔底进料线结焦的原因分析及对策

焦炭塔底进料一般是保持水平管线进料方式，在焦炭塔放水的时候，粉焦随放水进入到进料线，残存在管线内，尤其是弯头处的流动死角处。为了减少焦粉积聚，在底盖机关上之前，使用蒸汽大流量吹扫底进料线。吹扫蒸汽对粉焦吹扫效果较好，但对已生焦的部分焦炭，无法进行吹扫，容易出现越结越厚的情况。

在装置停开工的初期，炉出口温度已经达到正常生产的495~500℃之间，而加热炉流量仅有正常生产工况的60%~70%左右，底进料线管内流速较低。从清焦时打开的法兰口来看，顺着流程方向的东边进料管线没有结焦，而西边的进料管线结焦严重。

为了防止底进料线偏流结焦我们可以：

(1) 在底进料线表面设置热电偶，通过热电偶显示的温度监控两边管线的偏流情况。

(2) 优化底进料线的配管，根据热膨胀的情况，可以在分叉前再增加两个弯头，从水平直冲，变为水平转向下后均匀分配，或则改变原有的对称结构，增加东边的进料管线长度。

(3) 在两侧进料线的末端增加切断阀。切断阀后，放水通过斜管直接进焦池，防止焦粉进入水平进料线。当表面热电偶出现偏差后，在蒸汽大流量吹扫时，配合阀门的开关进行单边吹扫，提高吹扫效果。

4 结束语

焦炭塔是延迟焦化装置的核心设备，预热的充分程度对焦炭塔的使用寿命，分馏系统的平稳操作有决定性的影响。使用自动底盖机和自动除焦系统，逐步规范了除焦系统的操作，降低了除焦操作人员的工作量，但底进料线结焦或堵塞问题，成为困扰国内不少焦化装置平稳运行的突出问题。需进一步摸索尝试，逐步积累经验，避免底进料的异常工况造成装置生产波动，甚至非计划停工。

参考文献

[1] 刘瑞瑞，涂连涛，常风梅．焦炭塔进料短管内加导流板的可行性分析[J]．广东化工，2014，9：70-71

[2] 刘洋．焦炭塔进料结构的优化[J]．化工设备与管道，2015，8：25-26

[3] 辛根源，黄敏，李兴明，孙新东．延迟焦化装置焦炭塔进料管线隔断阀故障处理 [J]．设备管理与维修，2016，5：48-50.

[4] 严宇翔．延迟焦化装置焦炭塔系统长周期运行分析[J]．炼油技术与工程，2014，8：43-45.

[5] 林广田等．延迟焦化装置水力除焦系统自动控制技术[J]．炼油技术与工程，2006，12：47-49.

80万吨/年催化汽油烃重组装置运行优化

王　瑛　王　勇　郭　军

（中国石油兰州石化公司）

摘　要　2016年10月某石化公司80万吨/年烃重组装置开工生产，该技术较好地解决了催化汽油加氢脱硫后辛烷值损失的问题，同时也能为乙烯装置提供原料，发挥炼化一体化的优势。但装置运行过程出现芳烃油质量波动、返洗塔操作波动大、水洗系统不稳定等问题，通过分析原因，采取优化措施，现装置运行平稳。

关键词　烃重组；优化；汽油；辛烷值；溶剂含量

1　烃重组装置工艺简介

80万吨/年汽油烃重组装置采用北京金伟晖公司的HR烃重组专利技术，原理是根据不同烃类在溶剂中溶解度的差异，通过萃取分离将加氢后催化重汽油中的烃类组分进行重新组合，芳烃油作为高辛烷值汽油组分、化工轻油为优质乙烯原料。装置由中国石油华东设计院设计，2012年11月建成。装置由抽提、水洗、溶剂再生、辅助和公用工程等五部分组成。装置原则工艺流程图如图1所示。

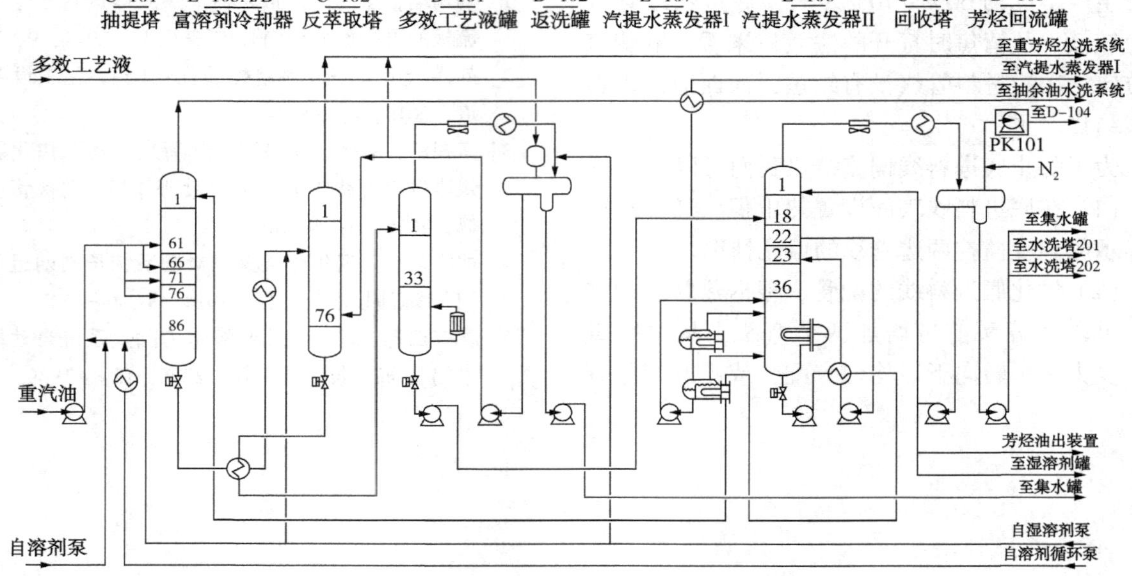

图1　烃重组装置原则工艺流程图

烃重组装置在高油价、国Ⅳ（硫含量<50μg/g）汽油时代，公司汽油调和组分辛烷值达标、汽油盈利高。根据效益最大化原则，装置建成后未投入生产运行。2016年10月公司国Ⅴ汽油时代（硫含量<10μg/g），由于汽油加氢深度加深，加氢汽油的辛烷值总损失在2.2个单位。汽油辛烷值不足，烃重组装置恢复生产，是有效提高辛烷值的手段之一。2018年8月公司组织生产国Ⅵ汽油，烯烃含量降低，催化汽油辛烷值降低1个单位，为保证高辛烷值汽油生产，烃重组装置长周期运行。

2　烃重组装置运行过程优化改造

2.1　芳烃回流罐D-103折流板增高，增强芳烃油与水的分离效果

溶剂回收系统芳烃回流罐D103中的水相在水包中聚集后，经水洗水泵P-109A/B增压，分

别送至抽余油水洗塔 C-201 和重芳烃水洗塔 C-202 作为产品水洗水，水洗水质量直接影响汽油产品水洗效果。实际操作中由于 D-103 折流板高度不足(原设计为 0.5m)，水沉降时间较短，无法有效进行油水分离，D-103 芳烃油水含量较高，约 400ppm，水洗效果不好，影响产品质量。经充分论证后，提出增高 D-103 折流板高度由 500mm 增高至 700mm，折流板增高后，芳烃油、水沉降分离时间增加 30 分钟，芳烃油水含量均值由之前 301~518mg/kg 下降至 130~191mg/kg，同时芳烃油溶剂含量均值下降约 10mg/kg，芳烃油溶剂含量、水含量两项指标显著提升。

2.2 新增系统除盐水至芳烃回流罐 D-103 专用补水线

对原芳烃回流罐补水流程进行优化，新接系统除盐水线至 D-103 补水专用流程，隔断原密封水泵补水流程，补充除盐水作为水洗水。一方面杜绝因机泵 P-106、P-107 机封内漏，造成水洗水溶剂含量上升；另一方面提高了水洗水的品质，简化了补水流程，弥补因 D103 水包容积小、调节空间不足的问题，可以及时足量补充除盐水，保证重芳烃、抽余油水洗效果，降低芳烃油溶剂含量。

2.3 优化重芳烃水洗流程，停止重芳烃水洗塔第 5 层塔盘水洗水

原重芳烃水洗塔水洗水分为两部分，顶部一层板水洗水来自芳烃回流罐 D-103，5 层板水洗水来自抽余油水洗塔，来自抽余油水洗塔的水洗水中溶剂含量为 1000~1300mg/kg。这部分水洗水进入重芳烃水洗塔后，自身溶剂含量高，水洗效果差，不利于降低芳烃油溶剂含量，2017 年 7 月 3 日导致芳烃油溶剂含量高达 86.2mg/kg，结合生产实际认真分析原因，关停了重芳烃水洗塔 5 层板的水洗水，不但使芳烃油溶剂含量下降，而且有利于重芳烃水洗系统的平稳操作。

2.4 停用水洗水泵密封水，杜绝设备内漏引起芳烃油溶剂含量上升的风险

装置密封水在密封水罐 D-502、水洗水泵 P-109A/B、回收塔贫溶剂泵 P-106A/B、中断循环泵 P-107A/B 密封腔之间循环，2017 年 7 月 26 日因贫溶剂泵 P-106A 机封故障，输送介质贫溶剂窜入密封水中，携带大量溶剂的密封水通过水洗水泵 P-109A/B 密封腔进入水洗水中，水洗水被溶剂污染，水洗水中溶剂含量达 1600mg/kg，导致芳烃油溶剂含量超标，经论证后，停用水洗水泵 P-109A/B 密封水对设备运行无影响，关停了水洗水泵 P-109A/B 的密封水，杜绝因设备内漏引起芳烃油溶剂含量上升的风险。

2.5 通过采用膨胀节的方式消除热应力，对返洗塔下部集液槽开裂焊缝进行修复

装置自 2016 年 10 月投产运行后，返洗塔 C-103 底温度波动频繁，塔底温度难以稳定，经分析后，判定集油槽漏液，集液槽中的液体流入塔底的升气通道中，导致塔底重沸器热虹吸无法有效建立，为保证返洗塔 C-103 底温控制正常，需要满液位操作来建立热虹吸，蒸汽耗量明显上升，导致了抽提塔、反萃取塔、返洗塔和回收塔的四塔界位控制不平衡。返洗塔 C-103 筒体热膨胀产生的力，对降液板形成横向拉力与左侧集液槽中液体对降液板产生的压力共同作用下，出现了焊缝开裂。经研究讨论，委托设计院进行设计，对返洗塔 C-103 底集液槽进行改造，用相同材质 304 不锈钢板作为卡子连接的连接板，一端与塔壁焊接，另一端与降液板错开，用规格 K14B 卡子紧固连接，这种连接可以使降液板横向活动，在热膨胀作用力下，可移动的卡子连接可以缓冲部分热膨胀带来对降液板的拉力。集液槽底部直角处承受的力是最大的，也是裂缝最集中的地方，在集液槽底部增加一块角钢，对整个集液槽底部有一个很好的支撑作用，为了更好的消除热膨胀作用下降液板承受的热应力以及液体对降液板的压力，在降液板上加了五块横向筋板。修复后，抽提塔、反萃取塔、返洗塔和回收塔四塔内溶剂分配均衡，塔液位稳定在 20%~30%之间，液位均在指标范围内。返洗塔 C-103 底温度，回收系统及水循环系统运行平稳，蒸汽用量由之前的 25t/h 降至 20t/h，恢复正常。

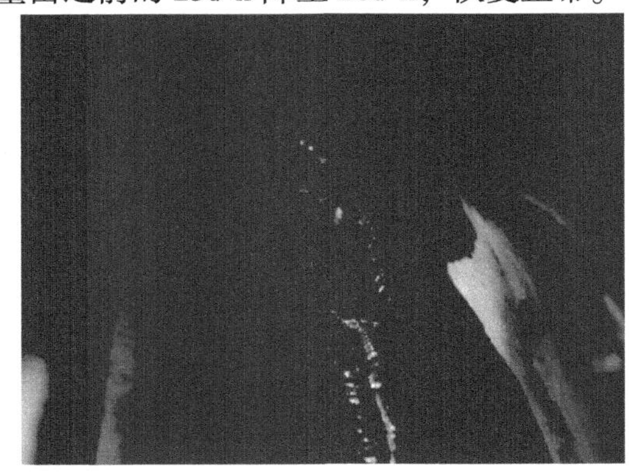

图 2 降液板中下部板上应力拉裂

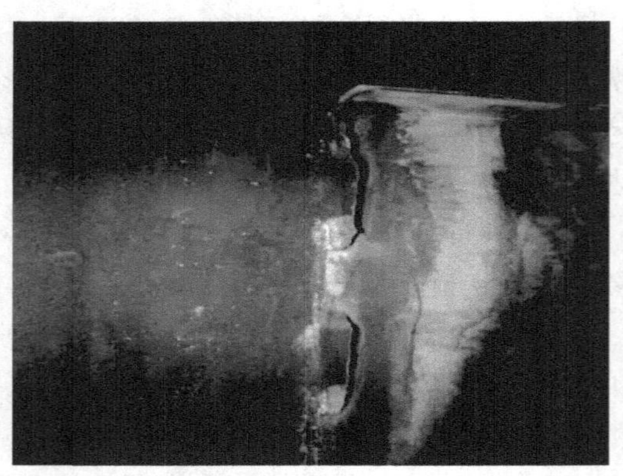

图 3　降液板中下部板上应力拉裂

图 4　中间某部位焊缝开裂

图 5　降液板底部焊缝开裂

2017 年 3 月中旬装置停工，对塔 C-103 集液槽进行改造。经车间研究讨论改造确定方案并委托设计院设计，对塔 C-103 底集液槽进行改造。以下是设计相关图纸及所用材料明细。

图 9 膨胀环与降液板连接图用相同材质 304 不锈钢板(比切下来的板宽 30mm)作为卡子连接的连接板，一端与塔壁焊接。另一端与降液板错开，用规格 K14B 卡子紧固连接(图 10、图 11)，这种连接可以使降液板横向活动，在热膨胀作用力下，可移动的卡子连接可以缓冲部分热膨胀带来对降液板的拉力。

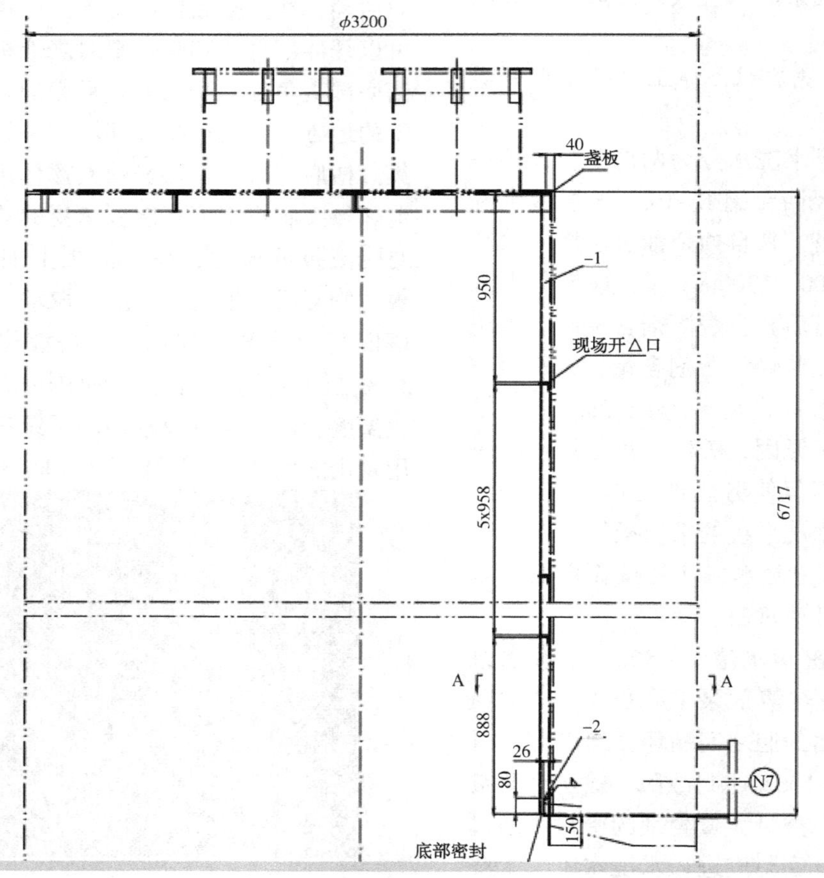

图 6　集液槽改造图纸

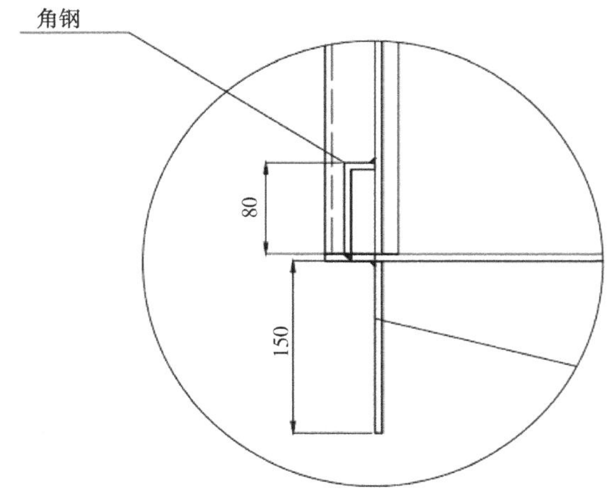

图 7　角钢部件图

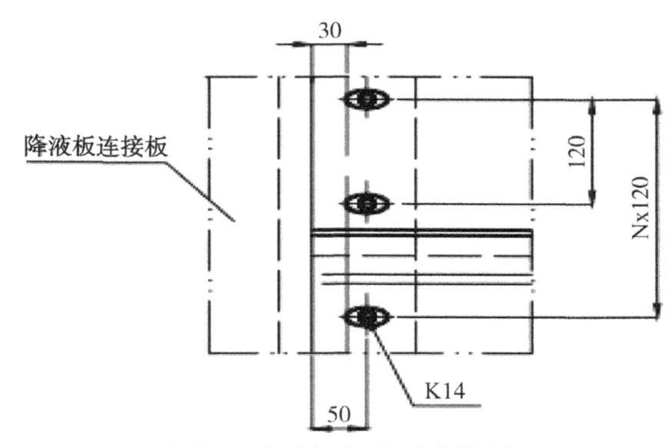

图 8　降液板与卡子连接图

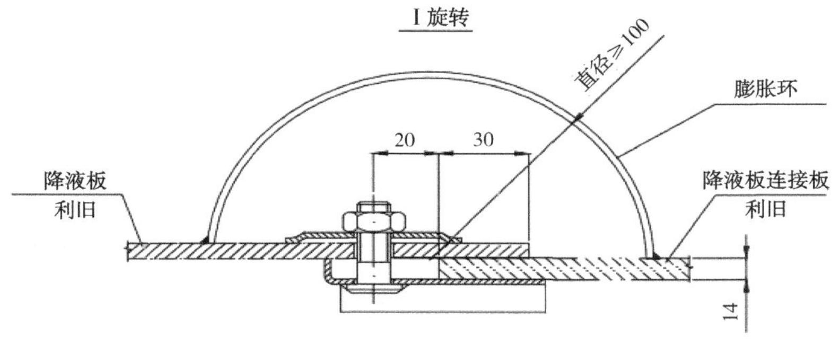

图 9　膨胀环与降液板连接图

图 10　卡子连接近距离现场图

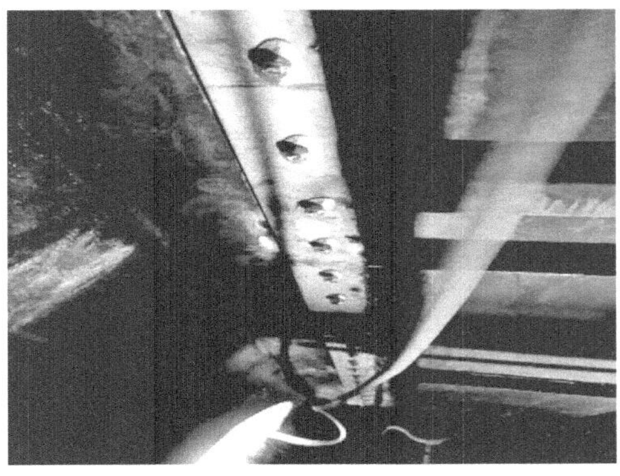
图 11　子连接整体效果图

在新加的不锈钢板两侧焊接直径 100mm 不锈钢膨胀环，将 K14B 卡子包裹在里面。一方面将卡子连接一端的缝隙封住起到一定密封作用，另一方面膨胀环可以分散热膨胀作用下不锈钢钢板的变形量。（图 12、图 13）

图 12　膨胀环现场实物图

图 13　膨胀环现场焊接

3　装置运行情况

3.1　馏出口产品质量(表1)

表1　芳烃油馏出口质量数据

时间	馏出口产品及分析项目	芳烃油						
		芳烃	烯烃	溶剂含量	硫含量	水含量	研究法辛烷值(RON)	铜片腐蚀(50℃,3h),级
		%(体积分数)	%(体积分数)	mg/kg	mg/kg	mg/kg	/	/
	控制指标	实测	实测	≤30.0	实测	实测	实测	≤1
2018.12	最小值	44.2	16.5	1	2.2	212	93.9	1
	最大值	46.02	17.82	8.7	12.9	406	95.4	1
	平均值	45.5	17.21	4.02	6.57	318	94.85	1
2019.1	最小值	43.3	15.2	1.2	3.1	156	93.9	1
	最大值	46.9	16.9	9.2	7.7	308	94.4	1
	平均值	45.6	16.4	4	5.3	224	94.2	1
2019.2	最小值	39.7	16.3	1.6	7	222	93.2	1
	最大值	46	17.2	13.9	10.6	222	93.2	1
	平均值	42.5	16.9	6.2	8.8	222	93.2	1

芳烃油溶剂远低于设计30 mg/kg以下，研究法辛烷值(RON)在93以上。

3.2　综合能耗

表2　能耗统计数据

对标指标能耗 kg. Eo/t	2017年实际能耗 kg. Eo/t	2018年实际能耗 kg. Eo/t
48.03	45.20	43.94

装置优化后综合能耗优于对标指标及2017年数据。

4　装置经济效益计算

装置2018年累计加工加氢重汽油413058吨，生产芳烃油225140t，收率大于54.51%，生产化工轻油187918t，芳烃油辛烷值(RON)达到93以上，比原料加氢重汽油辛烷值(RON)提高9.5个单位左右，同时汽油产品中烯烃含量大幅下降，满足汽油调和要求及乙烯装置的原料供给。芳烃油产品效益：225140t×130元×(93.6-84.1)=27804.5万元

化工轻油效益损失：187918t×(4180-3405)元/吨=14563.6万元

加工成本：78.88元/吨×413058t+23.72元/吨×187918吨=3703.9万元

产生效益：芳烃油产品效益-化工轻油损失效益-加工成本

=27804.5-14563.6-3703.9

=9537万元

烃重组装置2018年运行经济效益9537万元。

5　结论

(1) 烃重组工艺较好地解决了催化汽油加氢脱硫后辛烷值损失的问题，同时也能为乙烯装置提供原料，发挥炼化一体化的优势。。

(2) 通过对返洗塔C-103下部集液槽采用膨胀节的方式消除热应力改造，解决了返洗塔集液槽焊缝开裂问题。

(3) 通过生产过程优化，装置馏出口质量稳定，芳烃油芳烃油溶剂远低于设计30 mg/kg以下，研究法辛烷值(RON)在93以上。

参考文献

[1] 中国石油和石化工程研究会编著．炼油设备工程师手册(第二版)．北京．中国石化出版社．2010

提升橡胶填充油芳烃含量技术攻关

徐海清

（中国石油兰州石化公司）

摘　要　通过对某石化公司炼油厂NMP溶剂精制装置生产的橡胶填充油状况进行分析，阐述了影响橡胶填充油芳烃含量的主要因素，并根据诸因素提出了提升橡胶填充油芳烃含量的具体措施，以及合理的、可行的质量和操作指标。有效地提高了橡胶填充油芳烃含量合格率，取得了良好的效果。

关键词　橡胶填充油质量；芳烃含量；优化措施

某石化公司第一套溶剂精制装置，采用NMP溶剂精制工艺，由苏联设计，于1958年施工建设，1959年12月建成投产。装置原设计计加工能力为20万吨/年，经过多年的工艺技术改造，目前装置加工能力达到23万吨/年。原料来源于500万吨/年常减压蒸馏装置的减压馏分（减二线、减三线、减四线）及溶剂脱沥青装置的一段脱沥青油。所生产的主要产品为减二线、减三线、减四线精制油，其中作为副产品的减四线抽出油也可作为橡胶填充油。

为改善橡胶的弹性、柔韧性、易加工性、易混炼性等特性，通常需加入特定的橡胶油来达到目的。一直以来，某石化公司橡胶厂生产合成橡胶使用的添加剂橡胶填充油都是采购自市场。为了就近解决生产急需，降低成本，同时提高润滑油NMP溶剂精制装置的经济效益，自2008年以来，炼油厂NMP溶剂精制装置以500万吨/年常减压装置减四线馏分油为原料生产橡胶填充油，但实际生产中受原油结构变化、原料运动粘度、切割馏程波动以及NMP溶剂精制装置操作条件等因素的影响，2017年溶剂精制装置共生产橡胶填充油受芳烃含量的影响，合格率仅为75%。因此，依据溶剂精制装置现有原料状况，再对操作条件进行优化调整后，其结果表明溶剂精制装置橡胶填充油芳烃含量合格率得到了明显的提高，进而大大增加了产品产量。

1　橡胶填充油生产现状

1.1　NMP溶剂精制装置情况

溶剂精制装置利用NMP溶剂对润滑油原料中的理想组分和非理想组分具有不同溶解度的特性，采用液-液逆流接触方法，脱除润滑油原料中多环短侧链的烃类，含硫、氮、氧的化合物以及胶质、沥青质等非理想组分，改善润滑油的粘温特性、抗氧化安定性、颜色等使用性能。

1.2　加工原料情况

500万吨/年常减压装置是石化公司润滑油基础油生产的第一道工序，其主要是为后续的“老三套”润滑油加工装置提供原料，它的分馏效果的优劣直接影响到其后续的加工过程和润滑油产品的质量以及橡胶填充油芳烃含量。

由表1可以看出，2017年至2018年上半年减四线原料分析指标中，各项指标均满足加工原料分析指标要求。

表1　2017年至2018年上半年减四线原料分析

减四线分析项目	指标	最小值	最大值	平均值
密度（20℃）kg/m^3	实测	879.6	890.7	886.13
残炭%（质量分数）	实测	0.0207	0.1	0.0489
运动粘度（100℃）mm^2/s	7.0~14.5	7.52	12.78	10.172
色度号	≤5.0	3.5	5.0	3.99
酸值 mgKOH/g	实测	0.06	0.21	0.103
闪点（开口）℃	≥232	238	268	253.1

1.3　近年来橡胶填充油质量分析

由表2可以看出，影响橡胶填充油质量的主要因素是芳烃含量，其实际数据在81.2%~88.3%，合格率仅为75%。因此，橡胶填充油芳烃含量能否达标是增产橡胶填充油的首要条件。

表2　橡胶填充油质量现状

性质	指标	实际分析数据	合格率
蒸发损失（163℃，3h，1g），%（质量分数）	≤3.5	0.6~1.0	100

续表

性质	指标	实际分析数据	合格率
运动黏度(100℃)，mm^2/s	20.0~40.0	22.70~37.62	100
胶质,%(质量分数)	≤10.0	5.8~6.5	100
芳烃含量,%(质量分数)	≥85.0	81.2~88.3	75
闪点(开口),℃	≥220	236~254	100

2 橡胶填充油芳烃含量的影响因素分析

为了提升橡胶填充油芳烃含量，提高运行经济效益。炼油厂从加工原料、橡胶填充油操作条件及质量分析数据进行分析研究，找出影响橡胶填充油芳烃含量的主要因素有：

(1) 原料质量：原料运动黏度和原料切割馏程对橡胶填充油芳烃含量的影响。

(2) 操作条件：溶剂精制萃取塔顶部温度和底温温度、萃取溶剂比、萃取塔底部循环量、萃取塔湿溶剂量对橡胶填充油芳烃含量的影响。

(3) 橡胶填充油黏度对芳烃含量的影响

2.1 原料质量的影响

1. 原料黏度及馏分油馏程差

对于原料质量而言，影响橡胶填充油芳烃含量的主要因素为原料油切割馏程及原料黏度。表3为2017年至2018年减四线馏分油基本情况，结合这两年相应月份橡胶填充油芳烃含量图1数据来看，结果表明馏分油的馏程差越小，橡胶填充油的芳烃含量越高。根据实际生产情况，尽可能地减小馏分油的馏程差，有利于橡胶填充油芳烃含量的提高。

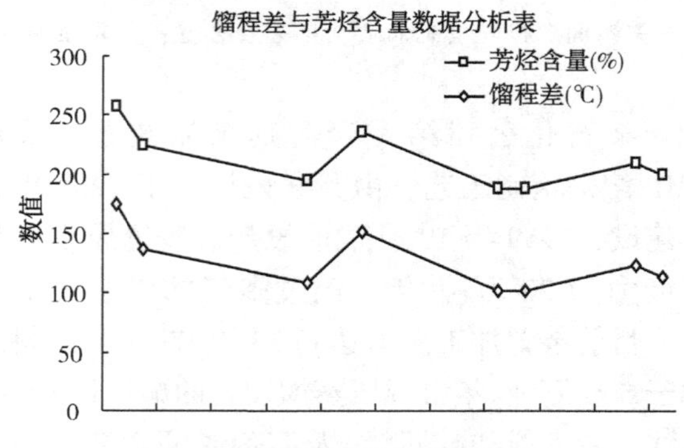

图1 馏程差与芳烃含量关系图

表3 2017年至2018年500万吨/年常减压装置减四线馏分油情况

项目	减压馏分油	闪点(开) ℃	黏度 mm^2/s (50/100℃)	色度 号	2%点馏出温度 ℃	97%点馏出温度 ℃	馏程差 ℃
2017年3月	减四线	248.4	10.74	3.5	360.5	535.8	175.3
2017年4月	减四线	248.9	9.77	3.5	393.3	530.9	137.6
2017年10月	减四线	244.7	8.87	3.5	400.5	508.6	108.1
2017年12月	减四线	247.2	10.79	3.5	383.4	534.4	151.0
2018年5月	减四线	254.5	10.31	3.5	415.4	517.2	101.8
2018年6月	减四线	254.5	10.56	3.5	415.17	517.5	102.33

注：表3数据均为2017年至2018年加工减四线时平均数据

从图2原料黏度与橡胶填充油芳烃含量数据分析表可以看出，在实际生产中，随着原料黏度增加橡胶填充油芳烃含量有增加趋势，所以控制原料的黏度是提高橡胶填充油芳烃含量合格率的手段之一。图中显示，当控制原料黏度在9.7~10.6mm^2/s之间时，对提高橡胶填充油芳烃含量最为有利。

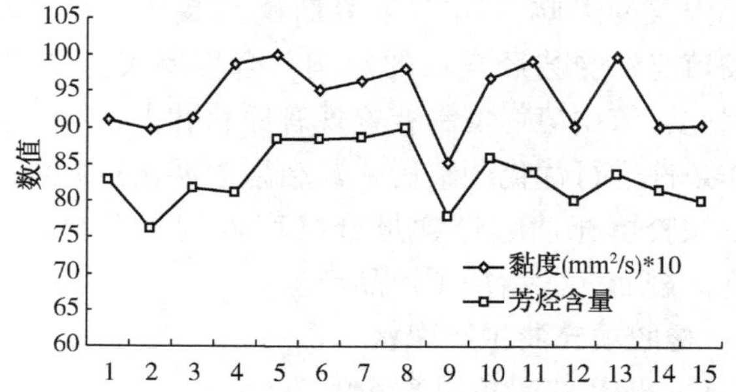

图2 减四线原料粘度与橡胶填充油芳烃含量关系

2.2 操作条件影响

从生产橡胶填充油来说，要求低的萃取温度、低的剂油比，但从基本生产来说，抽出油只是作为副产品，而主要产品是溶剂精制油，要求高的萃取温度、高的剂油比，因此这是一对矛盾，如何寻求最佳操作条件，既保证润滑油基础油质量，又保证抽出油芳烃含量就显得至关重要。

通过对近几年NMP溶剂精制装置橡胶填充油生产质量完成情况的研究，参考NMP溶剂精制装置历次橡胶填充油生产操作条件，总结出以下影响芳烃含量的操作参数并进行相应控制，来保证橡胶填充油芳烃含量。

（1）萃取底温、顶温和剂油比的影响

从图3、4、5萃取底部温度、顶部温度、剂油比和抽出油芳烃含量数据分析表可以看出，随着萃取温度的升高，溶剂的溶解能力增强，抽出油芳烃含量下降；随着萃取温度的降低，溶剂的溶解能力下降，抽出油芳烃含量上升。剂油比提高，精制深度提高，抽出油芳烃含量下降；剂油比下降，精制深度降低，抽出油芳烃含量上升。当塔-1底部温度控制在76℃~79℃之间时，芳烃含量合格率达到了83.3%，塔-1顶部温度控制在93℃~97℃之间时，芳烃含量合格率达到了88.2%，塔-1剂油比控制在1.7：1~1.8：1之间时，芳烃含量合格率达到了67.2%，

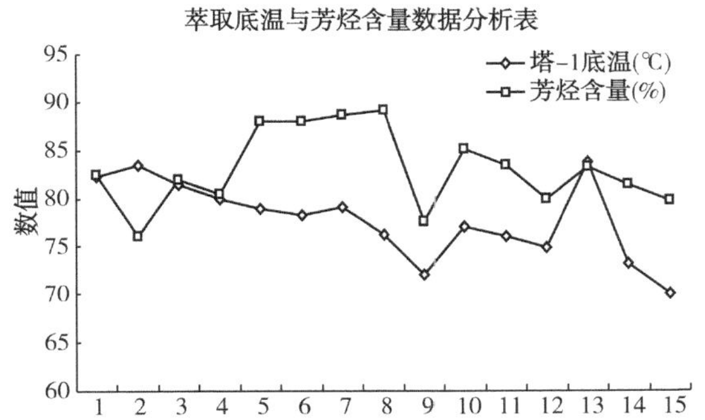

图3　萃取底部温度与橡胶填充油芳烃含量关系

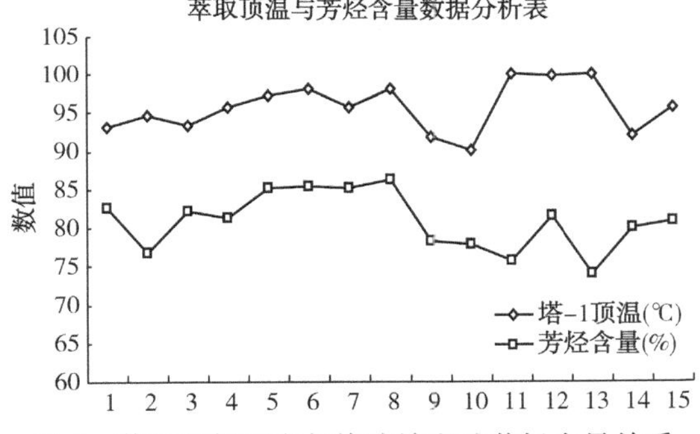

图4　萃取顶部温度与橡胶填充油芳烃含量关系

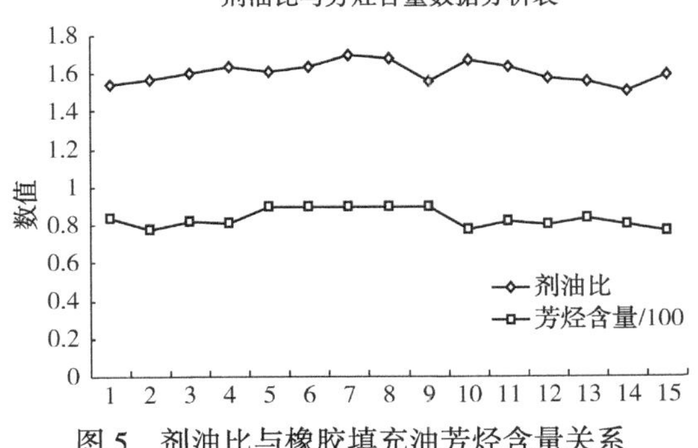

图5　剂油比与橡胶填充油芳烃含量关系

（2）塔-1底循环量的影响

塔-1底部循环量的大小直接影响着萃取塔底部温度的控制，当循环量增大时底部温度下降，反之，底部温度升高，因此底部循环量的控制好坏直接影响萃取塔温度的控制，进而对橡胶填充油的芳烃含量也产生影响，当温度低时选择性好，橡胶填充油的芳烃含量较大，当温度高时选择性差，橡胶填充油的芳烃含量则降低。

（3）萃取塔湿溶剂量的影响

萃取塔湿溶剂是为了提高溶剂的选择性，使得塔底溶剂中溶解的部分理想组分分离出来，抽出油中理想组分越少，芳烃含量越大，因此只有控制较低的湿溶剂量保证抽出油的芳烃含量。湿溶剂量降低，溶剂选择性降低，精制油产品收率下降，影响效益。因此需要确定一个较为合理的湿溶剂量。

2.3　橡胶填充油黏度对芳烃含量的影响

从图6橡胶填充油黏度与橡胶填充油芳烃含量数据分析表可以看出，橡胶填充油芳烃含量变化趋势随着芳烃含量的变化而同步变化，具体来看当黏度在35.7 mm^2/s~38.2mm^2/s范围内时芳烃含量合格率为80%，在28.7mm^2/s~35.7mm^2/s范围内时芳烃含量合格率仅为18.2%，说明黏度控制在较高的范围内，芳烃含量合格率也相对较高。

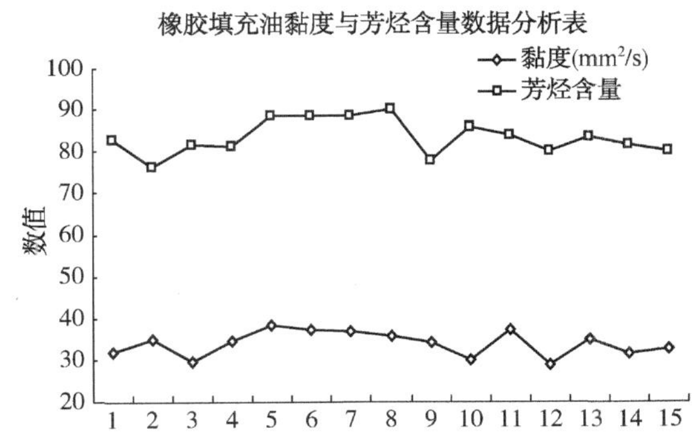

图6　橡胶填充油黏度与橡胶填充油芳烃含量关系

3　橡胶填充油质量提升优化调整措施

3.1　原料质量控制

原料质量是受到上游500万吨/年常减压装置的影响，本装置从操作条件调节的作用不大，所以根据实际的对比数据看出，500万吨/年常减压装置将芳烃含量和馏程控制在以下范围，有利于提高芳烃含量合格率。

（1）馏程控制：由图1可以看出，控制原料的2%点馏程在393~415℃时较有利于芳烃含量

的控制合格。

（2）原料黏度：由图2可以看出，控制原料的黏度在9.7 mm^2/s～10.6 mm^2/s 时有利于芳烃含量的控制合格。

3.2 操作条件控制

通过对近几年NMP溶剂精制装置橡胶填充油生产质量完成情况的研究，参考NMP溶剂精制装置历次橡胶填充油生产操作条件，同时从以上影响橡胶填充油的因素分析看出在生产中可以从调节和优化操作方面着手来提高橡胶填充油芳烃含量，来保证橡胶填充油芳烃含量。主要操作条件优化如表4所示。

表4 操作参数优化控制指标

项 目	工艺卡指标	优化控制指标
塔-1顶温度℃	88～102	93～97
塔-1底温度℃	73～87	76～79
剂油比(V/V)	≥1.6：1	1.7～1.8

4 优化调整的效果

自2018年至2019年上半年该石化公司橡胶填充油生产相关的500万吨/年常减压、23万吨/年溶剂精制对操作参数同时进行优化调整后，当常减压装置减压馏分油2%点馏程在393℃～415℃，原料黏度在9.7～10.6mm^2/s；溶剂精制装置萃取顶部温度控制在93～97℃，底部温度控制在76～79℃，剂油比控制在1.7～1.8(V/V)时橡胶填充油芳烃含量有明显上升趋势，合格率也达到了最高水平。

从2018年至2019年上半年橡胶填充油合格率统计表表5来看：蒸发损失、运动黏度、胶质和闪点均为100%，而影响橡胶填充油质量的关键指标芳烃含量也达到了100%，较2017年合格率提升了26%，说明优化调整后橡胶填充油芳烃含量能够100%满足生产要求。

表5 优化调整后橡胶填充油合格率统计表

性质	分析批次不合格点	总分析批次点数	合格率
蒸发损失(163℃，3h，1g)，%(质量分数)	0	28	100
运动黏度(100℃)，mm^2/s	0	28	100
胶质，%(质量分数)	0	28	100
芳烃含量，%(质量分数)	0	28	89.3
闪点(开口)，℃	0	28	100

5 结语

（1）在目前的条件下，常减压和NMP溶剂精制装置以控制馏程、原料黏度和控制精制深度为操作思路精心操作，摸索掌握了最佳操作条件；

（2）橡胶填充油作为辅助产品生产，其操作条件调整均会对产品产生很大影响。因此，仍需继续寻找最佳操作条件，来进一步提升产品合格率；

（3）通过优化调整橡胶填充油的生产运行参数，橡胶填充油芳烃含量有明显上升趋势，合格率也达到了历史最高水平，取得了良好的效果。

参 考 文 献

[1] 赵渊杰．润滑油溶剂精制过程中助溶剂的应用[J]．润滑油，1996，4

[2] 金秋．润滑油精制装置抽出油用作橡胶填充油[J]．石油炼制与化工，1993，6

用脱油沥青开发抗车辙母粒

任满年　王明东

（中国石油化工股份有限公司洛阳分公司）

摘　要　本文对溶剂脱沥青装置副产的脱油沥青的性能和造粒方法进行了详细的研究，在此基础上开发了脱油沥青干法造粒成套技术和抗车辙母粒新产品。对抗车辙母粒的路用性能进行了研究，用抗车辙母粒进行了间接和直接道路铺筑试验。结果表明：用软化点105℃～130℃的C4脱油沥青适合于干法造粒，该抗车辙母粒具有良好的高温抗永久形变能力和水稳定性，可以作为高等级公路的抗车辙添加剂，有效提高路面的抗车辙能力和抗水损害能力。

关键词　溶剂脱沥青；脱油沥青；抗车辙；母粒；抗车辙母粒

用C4脱油沥青（DOA）生产抗车辙母粒，是中国石化洛阳分公司开发的沥青干法造粒成套专利技术，现已形成了7.5万吨/年生产能力，产品在国内高等级公路、防水卷材、轮胎橡胶等行业得到了广泛的应用。

1　DOA的物性分析

1.1　试验原料

本研究所用的DOA和AH-90重交道路沥青（以下简称道路沥青）均取自中石化洛阳分公司四联合车间，其性质如表1所示。

表1　DOA和道路沥青的性质

项　目	DOA	道路沥青
针入度/（25℃）dmm	0	98
延度/（15℃）cm	0	>150
软化点/℃	118	44.2
闪点/℃	>360	262
蜡含量/m%	2.0	2.0
薄膜烘箱（163℃，5h）		
质量变化/m%	-	-0.492
针入度比/%	-	55.5
延度/（15℃）cm	-	>150
四组分/m%		
饱和分	6.2	11.9
芳香分	12.7	57.1
胶质+沥青质	81.1	32.0

1.2　主要仪器及测试条件

FT-IR测试：美国NICOLET公司生产的6700型红外光谱仪，分辨率4cm^{-1}，扫描次数32次，测试范围4000～400cm^{-1}。

DSC测试：美国TA仪器公司生产的Modulated DSC 2910型差示扫描量热仪，升温速率10℃/min，测试温度范围-50～200℃，采用氮气保护，氮气流量20ml/min。

流变性能测试：美国TA公司生产的ARES流变仪，金属平行模板直径25mm，板间距1.5mm，升温速率5℃/min，扫描速率10rad/s。

1.3　微观结构

1.3.1　FT-IR测试

红外吸收光谱法（FT-IR）是目前石油沥青化学结构分析中常用的方法之一，能够对沥青中的杂原子化合物及特征官能团做出鉴定。本测试采用压片法，DOA及道路沥青的红外光谱图如图1所示。

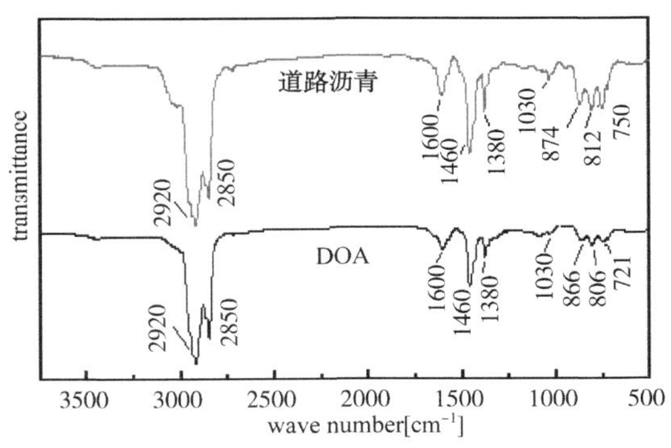

图1　DOA及道路沥青的红外光谱图

从图1可以看出，在波数2850cm^{-1}和2920cm^{-1}处出现较大的吸收峰，为$-CH_2-$的伸缩振动吸收峰。1600cm^{-1}为共轭双键C＝C（苯环骨架）振动引起的。在1460cm^{-1}和1380cm^{-1}处的两个强吸收峰是$C-CH^3$的不对称键与$-CH^2-$中的C-H面内伸缩振动引起的，1460cm^{-1}为$-CH^2-$的剪式振动吸收峰，1380cm^{-1}为$-CH^3$剪式振动吸收峰。1300cm^{-1}处的吸收峰是亚砜 S=O 官能团振动的结果。与 DOA 相比，道路沥青谱图的指纹区的芳烃特征吸收峰明显变大，且产生了位移，说明其芳香性强于 DOA，这与表 1 中两种物质的组成是相对应的。

以上分析表明，DOA 中含有大量的芳香集团和杂原子，具有较强的芳香性和极性，其组成与道路沥青基本一致。

1.3.2　聚集态结构分析

DSC 属于热分析方法的一种，采用试验样品与基准物质分别输入能量的方式，测定使试样温度与基准物质温度保持一致所提供的能量差值，即焓变(ΔH)。一般来讲，某一温度区间 ΔH 较大就说明此时物质处于多相态混合的状态中，即在此温度区间性能不稳定。

沥青的聚集态结构和热稳定性一般采用 DSC 进行分析和研究沥青是由分子量、化学成分以及结构各不相同的烃类物质组成的混合物，各组分在不同的温度下分别呈现不同的物理状态。在沥青路面使用温度范围内，沥青聚集态可以含有玻璃态、高弹态和粘流态。DSC 可以测定沥青聚集态随温度的变化情况，其吸热峰的大小和位置可以反映沥青微观性质变化。一般来说，DSC 曲线上吸热峰面积大，说明沥青在该温度区间发生变化的组分多，加热后沥青物理性质的改变程度就大，也即沥青的热稳定性差。优质道路沥青的 DSC 曲线应该是平坦的，很少有吸热峰或吸热峰很小，这样沥青性质才能稳定。

DOA 及道路沥青的 DSC 曲线分别见图 2，其吸热数据如表 2 所示。

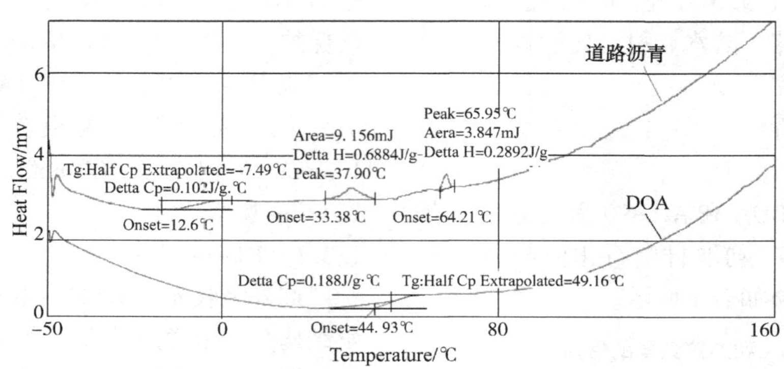

图 2　DOA 及道路沥青的 DSC 曲线

表 2　DOA 及道路沥青的吸热数据

项　目	第一峰		第二峰			第三峰		
	T_g/℃	吸热温度范围/℃	ΔH/J. g^{-1}	峰值温度/℃	吸热温度范围/℃	ΔH/J. g^{-1}	峰值温度/℃	吸热温度范围/℃
DOA	49. 61	44. 93~54. 29	—	—	—	—	—	—
道路沥青	-7. 49	-12. 66~2. 31	0. 6884	37. 90	33. 38~44. 28	0. 2892	66. 95	64. 21~67. 33

从图 2 和表 2 可以看出，DOA 的 DSC 曲线仅出现第一峰，即由玻璃态转变为高弹态而产生的吸热峰，其玻璃化温度 Tg 高达 49. 16℃，这与 DOA 富含大分子的胶质和沥青质是对应的。DOA 的 DSC 曲线平坦，未出现第二峰和第三峰，说明其热稳定性很好。道路沥青的 Tg 分别为 -7. 48℃，比 DOA 的 Tg 低 50℃以上，说明在 DOA 中的软组分可以大大地降低其玻璃化温度 Tg，使道路沥青在低温下显示出更好的柔韧性，改善了沥青的低温性能。道路沥青 DSC 曲线的第二峰为结晶态的蜡熔化所产生的吸热峰，这与表 1 中道路沥青的蜡含量测试结果是一致的。道路沥青 DSC 曲线出现了第三峰，说明其热稳定性和组分之间的配伍性较差。可见，DOA 的热稳定性明显好于道路沥青。

1.3.3　流变性能

为了衡量沥青结合料的抗永久变形能力，SHRP 规范中采用 G*/sinδ(抗车辙因子)来表征沥青的抗永久变形能力，高复数剪切模量和小的相位角对抗永久变形能力是有利的，为此，要求试样沥青的 G*/sinδ ≮ 1. 0kPa。G*/sinδ = 1. 0kPa 时所对应的温度越高，沥青的高温性能越好，更适用于高温地区使用。

DOA 和道路沥青的抗车辙因子-温度关系分别见图 3 和图 4。

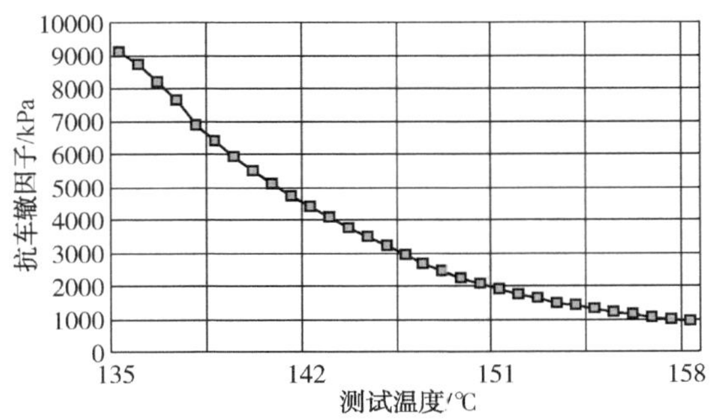

图 3 DOA 的抗车辙因子-温度关系

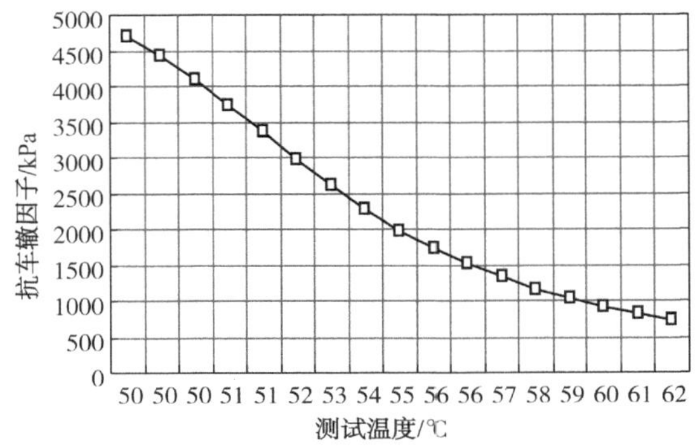

图 4 道路沥青的抗车辙因子-温度关系

从图 3 和图 4 可以看出，在抗车辙因子 $G^*/\sin\delta \geq 1.0$kPa 时，DOA 和道路沥青对应温度分别为 157.03℃ 和 59.26℃，说明 DOA 高温抗车辙性能大大地优于道路沥青，作为道路沥青的抗车辙添加剂在技术上是可行的。

2 DOA 干法造粒技术研究

2.1 实验室造粒

为了避免现有造粒硬质沥青造粒工艺对产品造粒的污染，本研究采用滴落法干法造粒工艺。实验室造粒共选用了 12 种不同软化点的 DOA 样品，其软化点分别为：70℃、75℃、80℃、85℃、90℃、95℃、100℃、105℃、110℃、115℃、118℃ 和 126℃。其中软化点 > 100℃ 的 DOA 样品均取自洛阳分公司 C4 Demex 溶剂脱沥青装置。对于软化点 ≤ 100℃ 的 DOA 样品，因沥青质抽提器的温度超过 130℃，无法直接从装置上取得。实验中采用高软化点的 DOA 与胶质调合的方法获得。

实验造粒方法为：将需要造粒的 DOA 样品加热到熔融状态，搅拌均匀。准备一块 500×500mm 洁净的平板玻璃，用玻璃棒醮取熔融态的 DOA 样品，逐滴滴落到玻璃板上，液滴间距约 10mm，直径约 5mm，保持滴落的液滴颗粒饱满。待玻璃板滴满后，在室温下冷却 1h，用不锈钢铲轻轻将固化的 DOA 颗粒铲离玻璃板。若铲离过程中 DOA 颗粒能与玻璃板顺利分离且无粘连，说明该试验样品用滴落法造粒是可行的，否则，可认为其不适合滴落法造粒。

造粒实验结果表明：软化点 ≥ 85℃ 的 DOA 样品可以成功造粒，软化点低于该温度的 DOA 样品有黏附玻璃板的现象，造粒效果不理想。黏附实验结果表明，软化点 105℃ 及其以上的 DOA 造粒样品不易黏附，便于储存和使用。但 DOA 软化点超过 130℃ 后，沥青质抽提器的操作温度低于 105℃，不利于溶剂脱沥青装置长期运行。因此造粒用 DOA 的软化点选择 105℃～130℃。

2.2 中试造粒试验

中试造粒试验采用回转式钢带滴落法干法造粒设备，其流程示意图如图 5 所示。

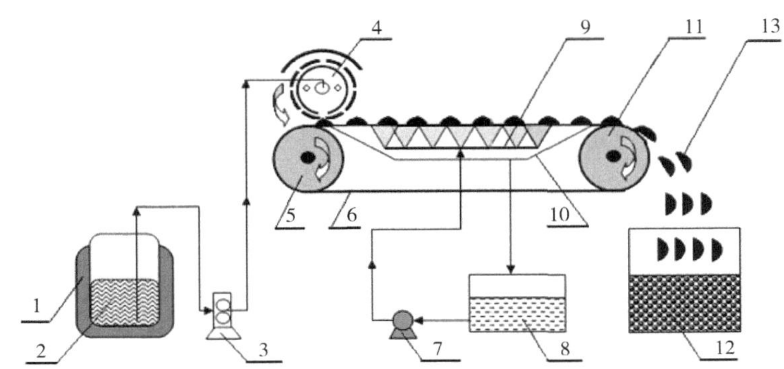

图 5 中试造粒设备流程示意图

1—加热器； 2—原料罐；3—原料泵；4—布料器；5、11—转子；6—回转钢带；7—冷却水泵；8—冷却水槽；9—冷却水喷淋系统；10—冷却水收集槽；12、13—抗车辙母粒将 DOA 样品在原料罐 2 中加热到预定温度，用原料泵 3 送至布料器 4，布料器依靠内外筒的相对运行将 DOA 流体切割为液滴，整齐地洒布在回转钢带的上表面上，形成一排半球形的颗粒。在钢带背面喷淋冷却水对进行强制降温，使其上的沥青颗粒冷却成型，当钢带运行卸料端已成型的沥青颗粒与钢带分离，收集后得到半球状的抗车辙母粒。

中型试验结果表明：DOA 样品洒布顺利，造粒性能良好，产品外观饱满亮洁，成型率高，说明采用回转式钢带滴落法干法造粒技术进行 DOA 造粒在技术上是可行的。

2.3　工业造粒试验

工业造粒试验生产线采用回转钢带滴落成型法干法造粒工艺，处理能力为 2.5×10^4t/a。其设备现场如图 6 所示。

图 6　DOA 工业造粒试验生产线现场

工业试验于 2012 年 7 月开工，经过多次优化后，装置运行平稳，成型效果好，生产的抗车辙母粒产品颗粒饱满，表面光洁，产品性能达到了指标要求。工业生产的抗车辙母粒的外观及质量指标分别如图 7 和表 3 所示。

工业试验表明：开发的回转钢带滴落成型法干法造粒工艺，适合于 C4 DOA 的造粒过程，所生产的抗车辙母粒产品颗粒均匀，品质好，为拓宽 DOA 的应用领域、提高附加值奠定了基础。

图 7　抗车辙母粒工业产品

表 3　抗车辙母粒工业产品的检测结果

项　　目	抗车辙母粒	质量要求	试验方法
软化点/℃	118	105~130	GB/T 4507
颗粒尺寸(粒径<8mm)/%	96	≮90	Q/SH 3210 049
针入度(25℃)/dmm	0	≯5	GB/T 4509
溶解度/%	99.81	≮99.5	GB/T 11148
灰分/%	0.18	≯1.0	SH/T0029

3　抗车辙母粒的应用

抗车辙母粒应用研究包括两部分：其一是用抗车辙母粒 70A 重交道路沥青调制 50A 和 30A 硬质道路沥青，与基质沥青和 SBS 改性沥青进行路用性能对比试验；其二是用抗车辙母粒调制的 30A 硬质沥青和抗车辙母粒直接拌合两种方法分别进行道路铺筑试验。

3.1　路用性能试验

为了研究用抗车辙母粒调合的硬质道路沥青的性能，委托国家道路及桥梁质量监督检验中心，对抗车辙母粒调制的 30A 和 50A 硬质道路沥青分别进行了 ATB-25(粗粒式连续密级配沥青稳定碎石)和 AC-16C(中粒式连续密级配沥青混凝土)混合料性能评价试验，测试结果如表 4~表 5 所示。

表 4　抗车辙母粒调制的 50A 与 70A、SBS 改性沥青混合料的路用性能试验

项目	调制 50A	70A	SBS -ID	JTG F40 技术要求
浸水马歇尔试验				
稳定度(浸水 0.5h)/kN	11.52	11.60	17.32	
稳定度(浸水 48h)/kN	10.90	10.08	16.47	
残留稳定度,%	94.6	86.9	95.1	≥80
冻融劈裂试验				

续表

项目	调制 50A	70A	SBS -ID	JTG F40 技术要求
冻融组劈裂强度/MPa	1.059	0.901	1.152	
未冻融组劈裂强度/MPa	1.142	1.012	1.208	
TSR,%	92.7	89.0	95.4	≥75
动稳定度/(次.mm^{-1})	2308	2034	4567	≥1000
低温弯曲破坏应变(-15℃)/με	3302	2227	4115	≥2000

表 5　抗车辙母粒调制的 30A 硬质沥青混合料的路用性能试验

项目	调制 30A	JTG F40 技术要求
浸水马歇尔试验		
稳定度(浸水 0.5h)/kN	12.9	
稳定度(浸水 48h)/kN	12.6	
残留稳定度,%	97.4	≥80
冻融劈裂试验		
冻融组劈裂强度/MPa	1.101	
未冻融组劈裂强度/MPa	1.241	
TSR,%	88.7	≥75
动稳定度/(次.mm^{-1})	2794	≥1000
低温弯曲破坏应变(-15℃)/με	3256	≥2000

从表 6 和表 7 可以看出：用抗车辙母粒与 70 号 A 级沥青调制 50A 和 30A 硬质道路沥青，有利于提高沥青混合料的高温抗永久形变能力，同时具有良好的抗水损害能力和低温抗裂性能。

3.2　道路铺筑试验

道路铺筑试验分为间接铺筑试验和直接铺筑试验两种，均委托江苏省交通科学研究院进行试验。间接铺筑试验是先用 70A 重交道路沥青与抗车辙母粒调制成 50A 或 30A 硬质道路沥青，然后与集料混拌均匀后进行道路铺筑。直接铺筑试验是将集料、70A 沥青和抗车辙母粒按比例直接加入到拌合楼中，搅拌均匀后用于道路铺筑。

3.2.1　间接铺筑试验

间接铺筑试验采用抗车辙母粒调制的 30A 硬质道路沥青。试验路段位于扬州市邗江区国省干线路 S243 和 S244 部分车辙较大的交叉口，该路段是连接扬州港和扬州工业园区的主干道路，重载货车较多。试验路分为两段，分别为 S243 省道 3+630～600m 长度为 30m 的下行直行车道和 S244 省道 45+085～123m 长度为 38m 的下行直行车道，施工时间均为 2011 年 11 月 26 日。2012 年 4 月和 2012 年 9 月底即通车 5 个月(经历一个冬季)和 10 个月(又经历一个夏季)对该试验路的铺筑情况进行了观测，包括现场外观、车辙、摩擦系数等状况检测。不同时间段试验路的外观对比如图 8 所示。

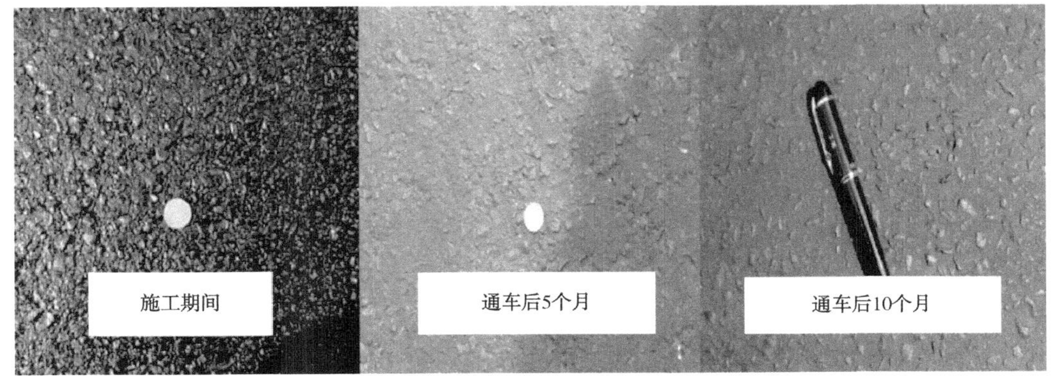

图 8　不同时间段试验路的外观

试验路通车 5 个月后和 10 个月后的检查结果表明，在国省干线公路上采用抗车辙母粒调制的 30 号硬质道路沥青作为胶结料，能够满足扬州气候对于混合料低温性的要求，所有试验路段表面未发现裂缝，混合料表面抗滑性能满足要求。

3.2.2 直接铺筑试验

直接铺筑试验于2012年10月23日在江苏省仪征市江(都)-六(合)高速公路上进行。

江-六高速公路系沪陕高速公路江都至六合段，全长76.1km，双向六车道。此次试验路段为JL-23标K49+630-K50+570右幅，长度为940m，采用耐久性高模量沥青混合料EME-14(70A沥青+抗车辙母粒)，铺筑厚度为6cm，总油石比为5.4%，70A重交沥青与抗车辙母粒的重量比=7∶3。拌合时，先将石料加热到210℃提升到搅拌缸，人工按比例投放抗车辙母粒，干拌15s，使母粒熔化，然后按比例喷入150℃的70A重交沥青拌合40s，形成合格的沥青混合料。

2013年4月对该试验段进行了复查，路面无车辙、无开裂，具有很好的耐高温性能。

直接和间接铺筑试验表明，以C4 DOA为原料，采用回转式钢带滴落法干法造粒工艺生产采用抗车辙母粒产品，能够显著改善道路沥青的抗车辙性能，满足高等级路面对沥青高温性能的要求。

4 结论

(1)脱油沥青干法造粒技术，工艺过程简单可靠，“三废”排放低，产品质量稳定，整体技术达到国际领先水平。

(2)造粒用脱油沥青的软化点选择在105~130℃。

(3)用C4脱油沥青生产的抗车辙母粒，具有良好的高温抗永久形变能力和水稳定性，可以作为高等级公路的抗车辙添加剂，有效提高路面的抗车辙能力和抗水损害能力。

电脱盐长周期运行问题与对策

周喜坤

（中国石油玉门油田炼油化工总厂）

摘　要　随着加工原油劣质化趋势越来越明显，装置加工含硫、含酸及重质等原油的比例越来越大，进厂原油盐含量、原油性质波动较大，经常出现过乳化现象，直接对电脱盐系统、装置平稳运行造成很大冲击。为了有效地解决原油深度脱盐和电脱盐排污带油超标的问题，装置根据电脱盐实际运行存在的问题，提出了电脱盐技术升级改造的建议，实施后电脱盐预计效果达到脱后含盐小于2mgNaCl/L，排水含油量小于300mg/L，使电脱盐实现长周期高效运行，并为后续加工装置提供优质原料。

关键词　电脱盐；脱后含盐；排污含油；长周期

1　前言

常减压装置作为一次加工装置，其产品基本上均为二次加工装置原料，包括催化裂化、重整、汽油加氢、柴油加氢、延迟焦化等装置的原料。在装置的运行过程中，电脱盐作为常减压装置的第一道工序，对下游工序起到至关重要的作用，一旦运行出现问题，会增加装置能耗，影响下游操作，加剧设备腐蚀甚至影响催化剂性能。

目前，常减压装置现有一套三级电脱盐成套设备，1997年建成投用，原油性质稳定时，运行工况较好，脱后含盐比较稳定，基本满足脱后含盐小于3mgNaCl/L指标。当原油乳化时，运行工况较差，脱后含盐波动极大，甚至不能满足脱后含盐小于3mgNaCl/L指标，电脱盐排污带油严重，增大下游水处理装置运行压力，同时也带来了极大的环保隐患。

综上说明电脱盐系统在实际生产运行过程中仍存在一些问题，对其实施技术升级改造，降低脱后含盐和电脱盐排污含油对于减缓装置低温腐蚀、提高下游装置催化剂性能、减轻水处理装置运行压力有着极大的意义。

2　电脱盐系统生产运行过程中存在的问题

2.1　应对原油劣质化抗冲击能力较差

装置加工原油的重质化、劣质化趋势明显，从吐哈轻质油到吐哈中质Ⅰ-吐哈中质Ⅱ，继而转变为硫含量较高的塔里木原油为主，加工比例达到75%以上。2015年开始掺炼吐哈稠油，掺炼比例达5%。

近年来随着塔指原油和吐哈稠油进厂比例攀升（表1），原油密度、硫含量、重金属含量尤其是Ni+V均有较大比例提升，原油呈现出重质化、劣质化的趋势，主要性质参数见表2。

由表2可以看出，2018年与2011年相比，进厂原油密度增加21.9kg/m^3，硫含量增加0.19个单位，Ni+V含量增加13.58个单位，原油重质化、劣质化趋势明显，给生产运行带来了很大的影响。

表1　2011~2018年玉门炼厂原油掺炼比例情况

项　目	2011年/%	2012年/%	2013年/%	2014年/%	2015年/%	2016年/%	2017年/%	2018年/%
吐哈轻质原油	45.58	11.51	0.29	0.00	0.47	1.52	0.22	0.08
吐哈中质Ⅰ	9.74	49.21	48.54	15.61	4.38	0	0	0
吐哈中质Ⅱ	0.00	0.00	4.64	22.50	2.88	0	0	0
吐哈稠油	0	0	0	0	5.64	5.09	4.44	5.30
塔指原油	10.49	8.62	13.34	38.06	61.46	69.40	78.32	77.70
哈国原油	6.45	2.12	0.72	0.02	0.11	0	0.05	0
新疆原油	4.67	3.97	1.14	0.02	0.72	1.50	0	0
玉门混合原油	23.07	24.58	31.32	23.79	24.34	22.49	16.97	16.92

表2　2011~2018年玉门炼厂加工混合原油性质

项　目		2011年	2012年	2013年	2014年	2015	2016年	2017年	2018年
密度	kg/m^3	840.4	859.7	865.40	866.70	867.6	866.0	864.9	862.3
S	%	0.24	0.31	0.35	0.48	0.53	0.59	0.48	0.43
酸值	mg KOH/g	0.29	0.34	0.30	0.26	0.199	0.229	0.202	0.261
Ni	μg/g	6.83	12.66	14.43	12.95	12.71	9.80	12.18	10.16
V	μg/g	3.03	2.46	3.19	7.48	10.15	13.04	11.32	13.28
Ni+V	μg/g	9.86	15.12	17.62	20.43	22.86	22.84	23.50	23.44

目前常减压装置加工的原油性质劣质化严重，增加了脱盐、脱水的难度，因为一些高比重、高黏度、高含盐、高酸值的原油在电脱盐罐内极易发生乳化，生成稳定的难以破除的乳化物，在电脱盐设备运行中，造成电脱盐设备运行电流比较高；而且一旦形成稳定的乳化层，电脱盐电流会在很短的时间内快速上升，发生短路、报警、设备跳闸等现象，严重影响装置正常运行，对后续装置的长周期平稳运行也带来很大的影响。

目前的电脱盐系统抗原油劣质化冲击能力较差，2018年平均值为2.720mgNaCl/L，合格率为99.81%(小于3mgNaCl/L)，但2018年4月加工北疆劣质原油时脱后含盐最高值达16.0 mgNaCl/L，均值为6.0 mgNaCl/L，合格率仅为16.7%，说明现有电脱盐系统对复杂易乳化原油适应性较差。

2.2　电脱盐罐容积过小停留时间不足，导致脱后污水含油严重

装置原设计时加工原油为吐哈轻质原油，原油性质较好，固含只有3.11g/L。随着加工原油劣质化日趋明显，进厂原油固含呈逐年上升趋势，2018年管输原油平均固含5.52g/L，原油中固含属于无效组分，不能转化为汽柴油产品。2018全年共加工南站管输原油168.0×10^4t，其中固含量为1.08×10^4t，部分在电脱盐罐底部形成油泥和渣滓，占用了电脱盐罐下部空间，导致油水分离时间不足。

经过计算，原油在罐内总停留时间仅31.2min，电场中总停留时间仅11.7min，原油在罐体最大截面处上升速度达到1.35mm/s，这些都说明现电脱盐罐体尺寸偏小，无法满足原油在罐内的总停留时间、电场停留时间及罐体最大截面处的上升速度要求。

由于电脱盐罐尺寸偏小、油水分离时间不足、罐底部分油泥存在，这些共同导致电脱盐排污带油严重超标，2018年正常取样均值为1189mg/L，合格率为62.46%，而抽查样均值为5777 mg/L，合格率仅为2.6%，总排水间歇性颜色发黑且带有较多的油泥及渣滓。

2.3　超声波破乳工艺无法满足脱后污水含油指标要求

常减压装置自2010年5月31日超声破乳在脱盐装置投用试验以来，运行平稳，可以有效地降低脱后含水COD及切水含油量，降低了污水装置的污水处理费用。2010年以加工吐哈轻质原油为主(比例高达52%)，密度轻(840.39kg/m^3)，固含低(3.11g/L)，油水界面易分离，脱盐效果好，污水含油低。

随着原油劣质化趋势的加剧，2018年常减压装置加工混合原油以塔指原油为主(比例高达77.7%)，密度升高(862.3kg/m^3)，固含高(5.52g/L)。由于原油中固含增加，液滴之间相互排斥碰撞的能量不足以破坏界面膜，导致超声波破乳运行效果大打折扣。2018年加工混合原油沥青质和胶质含量较高，属于多胶原油。沥青质和胶质是天然乳化剂，靠吸附作用浓集在油水界面上，组成牢固的分子膜，形成稳定的乳化液，不利于原油破乳脱盐，同时加剧了电脱盐排污的含油量，无法满足指标要求。

2.4　电脱盐设备使用年限较长，存在运行隐患

现每台电脱盐罐体上设置三台125kVA交直流全阻抗变压器，这些变压器均已运行超20年，电耗较高。当加工乳化严重或含水量较高的原油时，电脱盐运行电流偏大，为保护电气设备，电脱盐需进行断电操作，严重影响电脱盐运行效果。本周期电脱盐罐电极棒已击穿3次，严重影响电脱盐装置的安全、高效、平稳运行。

综上所述，现有的电脱盐系统已经无法满足原油日趋劣质化的发展趋势，电脱盐排污带油严

重，带来较大的环保隐患，需要对其进行技术升级改造，以实现长周期运行目标。

3 实施深度脱盐技术升级改造

为了从根本上解决电脱盐系统存在的上述问题，增强电脱盐系统对复杂劣质化原油的适应性，同时为了实现深度脱盐、解决电脱盐排污含油超标问题，实现电脱盐系统长周期运行，2019年检修期间要对电脱盐系统实施技术升级改造，以优化电脱盐系统运行，解决目前电脱盐系统存在的问题。具体技术升级改造措施如下所述。

3.1 采用对复杂劣质化原油更具适应性的电脱盐技术

电脱盐技术的选择是决定原油脱盐脱水性能指标的最关键因素，必须针对所处理的原油进行电脱盐技术选择。从电脱盐技术的市场应用情况来看，目前市场运行的电脱盐技术主要有交流电脱盐技术、交直流电脱盐技术、高速电脱盐技术和智能响应电脱盐技术。

为了增强电脱盐系统对复杂油品的适应性和解决原油预处理过程中原油复杂化、劣质化引起变压器负载增大、变压器运行电流持续升高、电脱盐罐跳闸自保等问题，需要选择合适的电脱盐技术，通过技术交流和外出考察，采用智能响应交直流电脱盐技术可以有效解决以上问题。

智能响应交直流电脱盐技术是一种在充分总结和继承了交直流电脱盐技术的技术特点，并针对劣质复杂原油加工研制开发的先进的智能化电脱盐技术。

该电脱盐技术的原理是把电脱盐工艺中油水聚集沉降的脱盐工艺过程与电力电子技术和自控技术结合起来，是一种对复杂油品具有较强适应性，并具有智能化响应控制特点的新型电脱盐技术。

智能响应交直流电脱盐技术之所以对重质劣质乳化原油具有较强的适应性，这是因为智能响应交直流电脱盐技术特别适用于削弱或避免电脱盐罐内油水界面处乳化液的形成和破除。当加工高含水高导电率的劣质原油时，在电脱盐罐体内往往形成难以破除的顽固乳化层。采用适用于劣质原油加工的智能响应电脱盐电源及控制系统后，通过根据油水界面乳化情况改变输出到罐体内的高压电场，使变压器的高压输出与变压器的输入形成一个闭环控制，以使输出的高压更适合油水界面乳化情况，确保电脱盐设备的正常运行和电脱盐的脱盐效率。

3.2 扩大电脱盐罐体尺寸，延长油水沉降时间，提高分离效果

目前电脱盐罐体尺寸仅 ϕ3200×21000mm(T/T)，按250万吨/年处理量计算，原油在罐内的总停留时间仅 31.2min，电场中总停留时间仅 11.7min，原油在罐体最大截面处上升速度达到 1.35mm/s，电脱盐罐体尺寸必须要完全满足原油在罐内的总停留时间、电场停留时间及罐体最大截面处上升速度的要求才能保证最终的脱盐脱水指标。根据所加工原油易乳化的特性，为保证达到深度脱后含盐指标，新增电脱盐罐的尺寸需满足下述要求：原油在电脱盐罐内的总停留时间需大于 45min，在电场内总停留时间需大于 15min，原油在电脱盐罐最大截面处的上升速度需不大于 1.1mm/s。

为了保证电脱盐装置达到较好的排水含油指标，除了要实现油水乳化液在罐内的快速分离还必须保证有足够的水层容积及水层停留时间。目前 ϕ3200×21000mm(T/T) 的电脱盐罐体根据正常油水界位为距罐底 0.8m 计算，水层容积仅有 34.5m^3，按照正常注水量 5%计算，水层停留时间仅 120.9min，同时由于电脱盐反冲洗系统损坏，罐底有部分油泥沉积，实际运行中的水层停留时间只会更少，难以保证水相里的细小油滴有足够充分时间上浮至油相。

综合以上因素考虑，至少采用 ϕ3800×22000mm(T/T) 的电脱盐罐体，选择此尺寸的罐体可以确保原油在罐内总停留时间、电场停留时间以及最大截面处的上升速度的要求，从而实现深度脱盐的目标。同时，选择此罐体由于直径较大，水层高度较高，罐内的水层停留时间较长，脱后排水含油量会有显著的改善。表3为电脱盐罐体尺寸具体计算对比过程：

表3 电脱盐罐体尺寸计算对比

项　目	原电脱盐罐体尺寸	电脱盐罐体尺寸	单位
罐体直径	3.2	3.8	m
筒体长度(T/T)	21	22	m
原油处理量	250	250	10^4t/a
年开工时间	8400	8400	小时
原油密度(20℃)	0.8623	0.8623	g/cm^3
每小时处理量	342.2	342.2	m^3/h

续表

项　目	原电脱盐罐体尺寸	电脱盐罐体尺寸	单位
罐体体积	178.1	264.7	m^3
水层高度	0.8	1	m
计算结果			
罐内总停留时间	31.2	46.4	min
强电场停留时间	3.08	5.38	min
中电场停留时间	3.69	6.15	min
弱电场停留时间	4.92	6.92	min
电场总停留时间	11.69	18.45	min
罐体最大截面处面积	70.2	87.7	m^2
最大截面处上升速度	1.35	1.08	mm/s
水层容积	34.5	55	m^3
水层停留时间	120.9	192.8	min

3.3 采用高效破乳剂与超声波破乳相结合的破乳方式

2018年11月，技术科协调化工原材料厂家对装置掺炼的玉门原油和南站管输原油进行的破乳剂评选实验如下：

以上述原油的破乳剂评选实验看，青西及庙矿原油脱出水水质较为清澈，油水界面较好，较为容易破乳；南站管输原油附壁较为严重，油水界面差，破乳较为困难，有可能引起排水带油。而装置以加工南站管输原油为主，该种原油固含高，油水界面膜较厚，油水乳化液比较稳定，单纯的依靠超声波技术的机械振动作用及热作用不足以将稳定的油水界面膜完全打破，导致油水乳化液不能实现快速分离，细小的油滴在电脱盐罐内未来得及上浮就随水排出，这也是目前电脱盐装置排水含油超标的一个重要原因。具体见表4~表6。

表4　青西原油破乳剂干剂出水量数据记录

破乳剂	加剂量/ppm	各时间段出水量/mL							
		15min	20min	25min	30min	35min	40min	45min	50min
SX10	10	0.05	0.2	0.25	0.3	0.35	0.4	0.45	0.5
SXR40	10	0.01	0.03	0.05	0.1	0.1	0.15	0.15	0.2
SX221	10	0.15	0.25	0.3	0.35	0.4	0.45	0.5	0.6
SX2115	10	0.15	0.25	0.3	0.35	0.4	0.45	0.5	0.5
SX168	10	0.15	0.25	0.3	0.4	0.45	0.5	0.6	0.6
SX631	10	0.02	0.03	0.05	0.05	0.15	0.25	0.3	0.4
SX36	10	05	0	0	0	0	0	0.15	0.15
空白	0	0	0	0	0	0	0	0.15	0.15

表5　庙矿原油破乳剂干剂出水量数据记录

破乳剂	加剂量/ppm	各时间段出水量/mL							
		5min	10min	15min	20min	25min	30min	35min	40min
SX10	10	0	0.15	0.3	0.4	0.5	0.6	0.7	0.8
SXR40	10	0	0.02	0.25	0.35	0.5	0.6	0.7	0.8
SX221	10	0.05	0.25	0.35	0.45	0.6	0.7	0.7	0.9
SX168	10	0.05	0.2	0.3	0.4	0.5	0.5	0.6	0.7
SX631	10	0	0.1	0.3	0.45	0.6	0.8	0.8	1
SX36	10	0	0.05	0.25	0.35	0.45	0.5	0.6	0.7
SX1714	10	0	0.05	0.2	0.35	0.45	0.5	0.6	0.8
空白	0	0	0	0	0	0.05	0.1	0.1	0.15

表 6　南站管输原油破乳剂干剂出水量数据记录

破乳剂	加剂量/ppm	各时间段出水量/mL							
		5min	10min	15min	20min	25min	30min	35min	40min
SX10	10	0	0.1	0.2	0.25	0.3	0.35	0.35	0.4
SXR40	10	0	0	0	0	0	0	0	0
SX221	10	0	0.25	0.3	0.45	0.6	0.6	0.6	0.6
SX168	10	0	0.2	0.3	0.4	0.65	0.75	0.85	1
SX631	10	0	0	0	0	0	0	0	0
SX36	10	0	0.3	0.45	0.5	0.6	0.6	0.7	0.8
SX1714	10	0	0.05	0.25	0.25	0.35	0.35	0.35	0.35
空白	0	0	0	0.01	0.01	0.02	0.02	0.02	0.02

为了从根本上解决电脱盐排污带油问题，装置建议根据破乳剂评选试验结果，加注具有较强针对性的高效油溶性破乳剂，改造后的电脱盐系统采用高效破乳剂与超声波破乳相结合的破乳方式，以降低脱后含盐和排污含油。同时建议在原油罐区加注低温破乳剂，通过原油在罐区内的低温破乳，进一步降低进装置原油的含水量及固体含量，为后续电脱盐系统的高效脱盐、脱水提供有利条件。

3.4　对水冲洗系统和静态混合器进行技术升级

原电脱盐系统反冲洗系统由于年久失修，在实际生产运行过程中已停用。在原油注水洗涤的同时，原油中固体杂质将逐渐沉积电脱盐罐体底部，油水界位的零位相应会升高，影响了水在罐内的停留时间，过多的杂质会使排放水的含油量上升。

因此，此次将恢复电脱盐反冲洗系统，对电脱盐罐进行定期在线反冲洗，及时将电脱盐罐内沉积的固体杂质排出。并对反冲洗喷嘴进行技术升级，采用 V 型喷嘴(如图 1 所示)。电脱盐装置的冲洗频率要根据原油含有泥沙的具体情况确定，一定要及时对罐体底部的泥沙进行冲洗，一旦淤积固化之后，会影响水冲洗的效果。

图 1　V 型喷嘴

电脱盐装置静态混合器与混合阀通径为 DN200mm，按 250 万吨/年加工量计算，混合系统内油水乳化液的流速达到 3.3m/s，远大于 1.8m/s 的适宜流速。流速过快会导致油水乳化液在混合系统内停留时间过短，混合不充分，有时甚至会出现过度乳化现象。为确保电脱盐系统高效稳定运行，将原混合系统更换为 SXS 型静态混合器(如图 2 所示)，其特点是能在更少量的混合单元内将油与水充分地混合成需要的油水乳化液。SXS 型混合器是按 24n(n 为混合单元数)的倍数对水滴进行分割的，经过混合器后，水滴直径可分割到 15~30μm。

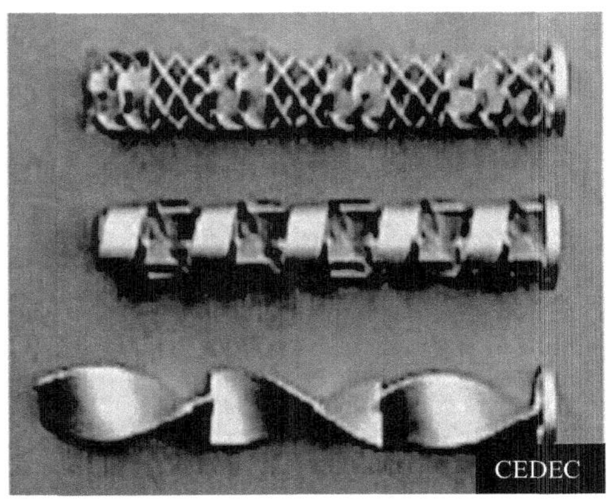

图 2　SXS 型静态混合器

4　技术升级后效果预估

图 3 为技术升级改造后的电脱盐系统工艺流程图：

升级前电脱盐系统的电单耗为 0.388 kWh/t 原油，技术升级改造后，采用智能响应电脱盐技术后，电脱盐电耗≤0.3kWh/t 原油。常减压装置目前处理量为 200 万吨/年，加工每吨原油节电为 0.388-0.3=0.088(kWh)，每年最少可以节电176000kWh，按每度电0.48元计算，每年节约电耗约8.4万元，降低了装置综合能耗。

2018年电脱盐排出污水含油约为1189mg/L，经改造后可确保电脱盐排出污水含油≤300mg/L，每年降低脱损约78t。技术改造后可以解决电脱盐排污带油超标现象，减轻水处理的生产运行压力。

升级改造后脱后原油含盐由原来的不大于3mgNaCl/L降低至不大于2mgNaCl/L，对装置整体低温防腐控制有着显著作用，同时可以提高下游装置催化剂性能，具有更加长远的经济效益。

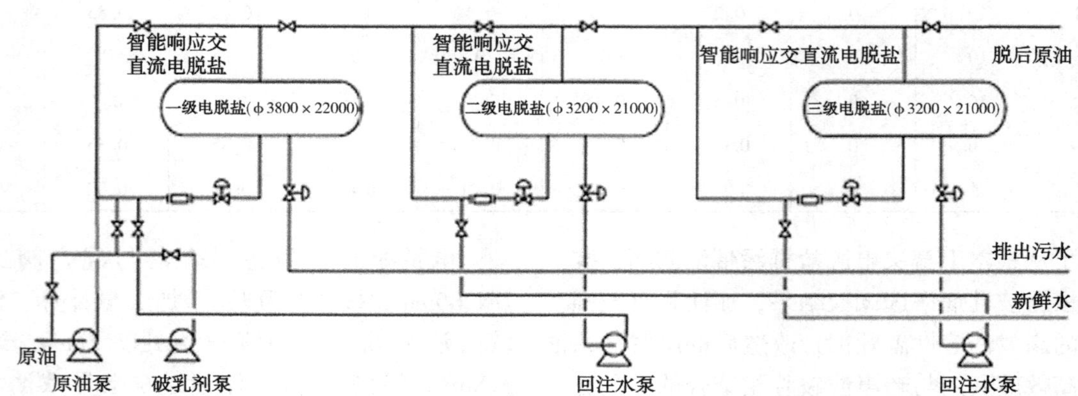

图3　电脱盐系统工艺流程图

5　结束语

电脱盐系统经过技术升级改造后，对原油劣质化、复杂化的适应性更强，同时有效解决了电脱盐长周期运行存在的问题。装置在实际生产运行过程中充分发挥电脱盐系统的作用，降低脱后含盐和排污带油，对于减缓装置低温腐蚀、提高下游装置催化剂性能、减轻水处理装置运行压力有着极大的意义。

在 70 万吨/年柴油加氢精制装置上应用的可行性研究

吴灵燕

（中国石油玉门油田炼油化工总厂）

摘　要　70 万吨/年柴油加氢精制装置现用的 PHF-102 催化剂 2019 年将达到换剂周期，从精制柴油质量情况反映出该催化剂已不能完全满足国Ⅵ车用柴油技术指标要求。通过对比国内外国Ⅵ柴油催化剂性能，优选出 PHD-112 催化剂进行中试评价，结果表明 PHD-112 催化剂完全满足炼化总厂生产国Ⅵ车用柴油的技术要求。

关键词　催化剂；国Ⅵ车用柴油；脱硫；脱氮；多环芳烃

1　玉门炼化 70 万吨/年柴油加氢精制装置催化剂现状

70 万吨/年柴油加氢精制装置自 2014 年建成投产至今所用催化剂为石化院（大庆中心）研发的 PHF-102 柴油催化剂，2016 年检修时为实现国Ⅴ质量升级将催化剂装填方式调整为密相装填，2018 年通过优化原料、调整操作装置按国Ⅵ柴油标准生产。目前 PHF-102 柴油加氢催化剂已运行 4 年多，2019 年将达到换剂周期。在近半年的国Ⅵ柴油生产中反映出，该催化剂芳烃饱和功能较弱，柴油多环芳烃超内控情况时有发生，质量控制存在风险，柴油池质量情况见表 1。

表 1　柴油池质量情况

项　目		国Ⅵ技术指标	内控指标	分析数据
硫含量	μg/g	≯10	≯9	6.5
多环芳烃	w%	≯7	≯6	6.6
十六烷值		≮51	≮52	55
十六烷指数		≮46	≮47	52
密度（20℃）	kg/m³	810～845		836

为确保柴油质量稳定可控，2019 年换剂时需要更换在脱硫、脱氮、芳烃饱和、提高柴油十六烷值等方面活性更高的催化剂。为此，炼化总厂开展了国Ⅵ标准新型柴油催化剂在 70 万吨/年柴油加氢精制装置上应用的可行性研究工作。

2　国内外国Ⅵ柴油催化剂发展简介

国内外国Ⅵ柴油催化剂主要有中石化抚研院的 UDS-8、中石化石科院的 RS-2100、雅宝公司的 KF-868、托普索公司的 TK-609、中石油石化院北京中心的 PHD-112 和大庆中心的 PHF-102，选取其中五种柴油催化剂进行性能对比，并模拟炼化总厂 70 万吨/年柴油加氢精制装置将来可能的最劣原料中试评价对比，结果分别见表 2、表 3。

从表 2 数据分析可知，与国内外同类型催化剂性能对比可以看出，PHD-112 柴油催化剂采用 NiMo 金属，提高了Ⅱ类活性中心比例，具有较高的 HDS、HDN 及芳烃饱和活性；堆密度较低，具有较好的经济性。PHF-102 柴油催化剂采用的是 NiW 金属，对比密度在 0.86～0.9，相较 PHD-112 而言，脱硫脱氮及芳烃饱和活性和经济性略差一些。从表 3 中试评价结果可以看出，PHD-112 催化剂的脱硫、脱氮、芳烃饱和活性均优于其他催化剂。

表 2　国内外柴油催化剂性能对比

牌　号	USD-8	KF-868	TK-609	PHF-102	PHD-112
技术特点	反应活性位协同作用技术	Ⅱ类 Co-Mo-S 或 Ni-Mo-S	Brim 中心，提高Ⅱ型活性中心的数量	磷、钛、硅元素以规整结构的分子筛结构单元引入催化剂载体	络合制备，提高Ⅱ类加氢中心活性从而提高催化剂加氢活性
堆比/（t·m⁻³）	0.85～0.87	0.94	0.89	0.86～0.9	0.85

续表

牌　号	USD-8	KF-868	TK-609	PHF-102	PHD-112
金属组成	NiMo	NiMo	NiMo	NiW	NiMo
金属含量	32%	28%	28~32%	26~30%	26~28%

表3　国内外柴油催化剂中试评价对比

催化剂		原料	PHD-112	PHF-102	USD-6	RS-2100	TK-609
反应温度	℃		330	345	350	363	370
原料构成		60%常二、常三减一+40%催柴、焦柴					
硫含量	μg/g	2939	6.7	24.8	26.4	9.5	19.2
氮含量	μg/g	587	2.1	8.2	7.5	3.3	3.6
多环芳烃	w%	13	2.3	5.7	4.5	2.6	2.5

3　PHD-112柴油催化剂

《国Ⅵ车用柴油标准》于2019年1月1日起执行，国Ⅵ柴油标准(硫含量≯10μg/g，多环芳烃≯7w%)对柴油中的多环芳烃含量提出更高的要求，这要求催化剂在具有深度脱硫活性同时兼具较高的脱芳脱氮活性。PHD-112主要针对国Ⅵ车用柴油标准，是基于Ⅱ类加氢活性相构建的新型柴油超深度加氢脱硫催化剂，同步解决降低硫含量和多环芳烃的技术难题，大幅提高了催化剂的加氢脱氮、脱芳性能，能够满足柴油加氢精制装置高稳定长周期运行的需求。以70万吨/年柴油加氢精制装置为研究对象，选取PHD-112催化剂开展了生产国Ⅵ柴油中试评价试验。

3.1　原料性质

70万吨/年柴油加氢精制装置加工的原料油为直馏柴油(常二、常三、减一)和焦化柴油。主要产品是0号、-10号国Ⅵ车用柴油，副产品是低分气和酸性气。2018年1~10月70万吨/年柴油加氢精制装置共计加工原料直馏柴油32.37万吨，焦化柴油11.79万吨，直馏柴油比焦化柴油约为73.3∶26.7。本次中试评价试验将直馏柴油和焦化柴油按照73.3∶26.7(重量比)的比例混合，所得混合柴油原料性质分析结果如表4所示。

表4　70万吨/年柴油加氢精制装置原料性质

项目		常二线	常三减一线	焦化柴油	混合原料
密度(20℃)/(kg·m^{-3})		826.9	852.2	853.1	838.5
馏程/℃	IBP	226	238	173	215
	10%	262	302	221	258
	50%	290	336	293	301
	90%	323	363	358	344
	FBP	338	375	372	365
硫含量/(μg·g^{-1})		1160	2800	3755	2203
氮含量/(μg·g^{-1})		46	285	1565	520
族组成，w%	链烷烃	54.5	52.3	37	49
	环烷烃	27.5	27.7	37.7	30.5
	芳烃/多环	18/6.7	20/8.2	25.3/9.1	20.5/8.3

由表4数据可知：柴油混合原料密度为838.5kg/m^3，硫含量为2203μg/g，氮含量为520μg/g，族组成分析结果显示：芳烃含量为20.5w%，多环芳烃含量为8.3w%。

3.2　试验条件

以表4混合柴油为原料，采用PFD-112催化剂，在 100mL 中试评价装置上模拟 70 万吨/年柴油加氢精制装置工艺操作条件，按照国Ⅵ车用柴油技术指标要求开展了评价试验，反应工艺条件见表 5。

表 5　中试评价反应工艺条件

项　目	单位	工艺条件
反应温度	℃	360
反应压力	MPa	6.5
空速	h^{-1}	1.3
氢油比	V/V	400

3.3　评价结果

PHD-112 中试评价试验数据与 70 万吨/年柴油加氢精制装置 PHF-102 催化剂工业生产数据进行对比，结果见表 6。

表 6　PHD-112 催化剂中试评价数据和 PHF-102 工业应用数据对比结果

分析项目		单位	原料	PHD-112 中试评价	PHF-102 工业应用
密度(20℃)		kg/m^3	838.5	823.6	825.4
馏程	IBP	℃	215	193	199
	10%		258	240	240
	50%		301	294	296
	90%		344	339	341
	FBP		365	357	359
硫含量		μg/g	2203	4.2	12.8
氮含量		μg/g	520	<0.5	3.7
族组成	链烷烃	w%	49.0	52.6	51.0
	环烷烃		30.5	36.4	35.2
	总芳烃		20.5	11.0	13.8
	单环芳烃		12.2	10.1	9.7
	多环芳烃		8.3	0.9	4.1

从表 6 数据分析可知：以常减压装置的直馏柴油和焦化装置的焦化柴油为原料，按照直馏柴油和焦化柴油 73.3%：26.7%(重量比)的比例混合原料，在反应温度 360℃、反应压力 6.5MPa、氢油体积比 400：1 的反应条件下，混合柴油原料油硫含量由 2203μg/g 降至 4.2μg/g，脱硫率大于 99.8%；氮含量由 520μg/g 降至 0.5μg/g 以下；多环芳烃含量由 9.3w%降至 0.9w%，多环芳烃饱和 8.4 个单位，脱除率 90%。在相同反应条件时下，PHD-112 催化剂的加氢脱硫、脱氮性能优于 PHF-102 催化剂，尤其多环芳烃的脱除率优于 PHF-102 催化剂 30%以上。

4　结论

70 万吨/年柴油加氢精制装置以直馏柴油和焦化柴油为原料，直馏柴油和焦化柴油按照 73.3%：26.7%(重量比)比例混合进料，混合柴油原料密度为 838.5kg/m^3，硫含量为 2203μg/g，氮含量为 520μg/g，族组成分析结果：芳烃含量为 20.5w%，多环芳烃含量为 9.3w%。在反应温度 360℃、反应压力 6.5MPa、氢油体积比 400：1 的反应条件下进行 100mL 中试评价，结果表明：柴油硫含量由 2203μg/g 降至 4.2μg/g，脱硫率大于 99.8%；氮含量由 520μg/g 降至 0.5μg/g 以下；多环芳烃含量由 9.3w% 降至 0.9w%，多环芳烃脱除率 90%；在相同反应条件下，PHD-112 催化剂的加氢脱硫、脱氮性能尤其多环芳烃饱和性能优于装置在用的 PHF-102 催化剂，说明 PHD-112 催化剂完全满足炼化总厂生产国Ⅵ柴油的技术要求。

200万吨/年连续重整装置长周期设计与建议

马 杰 唐绍泉

（中国石油独山子石化公司）

摘 要 2017年开工后，某石化公司炼油厂新建一套200万规模的连续重整装置，设计过程中，通通过对同规模单位连续重整装置的运行情况的调研，针对目前已运行连续重整装置长周期运行的主要瓶颈分析，提出针对性的改进措施，保证装置新建装置安全、长周期运行

关键词 重整；预加氢；长周期；建议

催化重整工艺是炼油和石油化工重要的工艺之一，通过临氢催化反应生成富含芳烃的重整生成油，同时副产氢气和液化石油气。重整生成油可直接作为汽油的调和组分，也可经芳烃抽提或其他转化及分离工艺制取芳烃产品-苯、甲苯和二甲苯，作为石油化工的基本原料。副产氢气是炼厂用氢的重要来源。

催化重整装置按照生产目的，可分为生产高辛烷值汽油和生产石油化工原料的芳烃两大类，目的不同其构成也不相同。对于生产高辛值汽油为目的的催化重整装置包括原料预处理、催化重整反应部分和产品稳定部分。在以生产芳烃为目的时，还包括芳烃抽提和精馏装置，是链接炼油和化纤系统的关键装置。

独山子石化公司炼油厂建设一套200万吨/年的连续重整装置，该装置以直馏石脑油、乙烯芳烃抽余油、加氢裂化重石脑油为原料，以苯、甲苯、混合二甲苯等芳烃为主要产品，同时副产高辛烷值C9+汽油组分、氢气、拔头油和液化气等。连续重整装置包含200万吨/年连续重整部分以及配套的芳烃抽提、PSA、公用工程和中间罐区等，装置预计2020年10月建成投产。

1 技术路线选择

石脑油加氢为非常成熟的工艺加工技术，国内外均有多家专利商或催化剂供应商可供选择，国内相关单位研制的石脑油加氢催化剂性能均达到国际先进水平。连续重整技术，目前国际上已经工业化的主流连续重整工艺专利技术有美国环球油品公司（UOP）和法国石油研究院（Axens）两家，两家的专利技术水平相差不大。两家的工艺技术都比较先进成熟，各具特点，UOP和Axens分别提供的最新再生工艺分别为Cyclemax Ⅲ和Regen C2。

通过比选，此次200万吨/年连续重整采用美国环球油品公司（UOP）技术，再生工艺为Cyclemax Ⅲ，UOP提供的最新催化剂再生技术中含催化剂氯吸附（Chlorsorb）设施，其利用待生催化剂对放空的再生气体中的氯进行吸附，取消了传统的再生放空气体的碱洗系统，回收再生放空气中的氯，使再生气达标排放。

2 影响长周期的主要因素与措施

针对国内各连续重整装置的调研，尤其是与公司新建加工规模接近的广西石化、四川石化公司等进行调研、实习，加之目前石化公司内部50万吨/年重整装置运行的经验，新建连续重整需要在设计过程中，借鉴同类单位的经验，规避其他连续重整装置已出现的影响长周期运行的问题与影响因素，通过解决以下的方面的问题，保证新建连续重整装置长周期运行。

2.1 预加氢反应器压降

连续重整装置是以精制石脑油为原料，直馏石脑油和加氢裂化装置重石脑油经过加氢精制，为重整装置提供合格的原料。重整装置运行过程中，预加氢单元的反应系统压降迅速上升，成为制约重整装置长周期运行的因素。

2.1.1 积垢造成的预加氢单元压降

独山子石化公司50万吨重整的预加氢单元，装置在2007年进行扩能改造后开工，预加氢反应器压降多次上升。2007年9月装置改造后开工，连续运行16个月至2009年3月，床层压降上升至0.3MPa以上，预加氢反应器因为压降升高进行了撇头处理。处理后，运行不足1年，预加氢系统运行到2010年3月床层压降上升至0.3MPa以上，车间又对预加氢反应器进行了撇

头处理，装置在一个运行周期中，连续 2 次压降上升，预加氢单元的装置正常运行，对重整装置长周期造成了严重的影响。

车间根据以往的经验，同时针对 2009 年和 2010 年的预加氢单元停工前压降上升的趋势和时间，反应器催化剂床层顶部积垢量过大，是造成反应器压降上升的原因。

两次打开反应器头盖后，发现反应器积垢栏部分装满，2010 年因为运行周期短，中间的大部分均未装满，2009 年 3 月撇头时，顶部积垢栏全部装满不同。如图 1～图 3 所示。

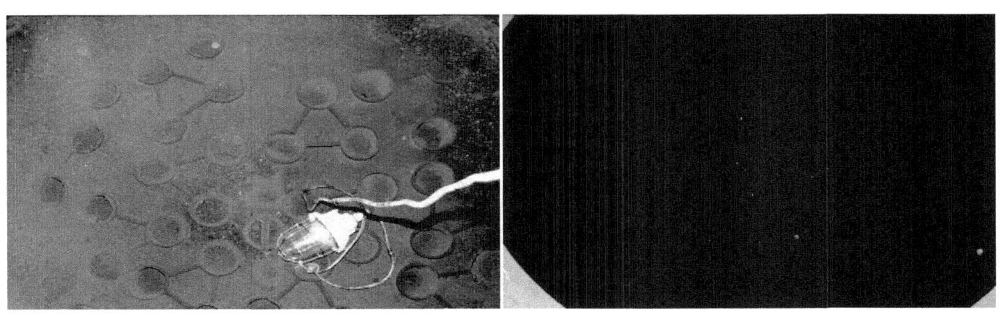

图 1　2009 年 3 月和 2010 年 3 月预加氢反应器撇头时顶部情况

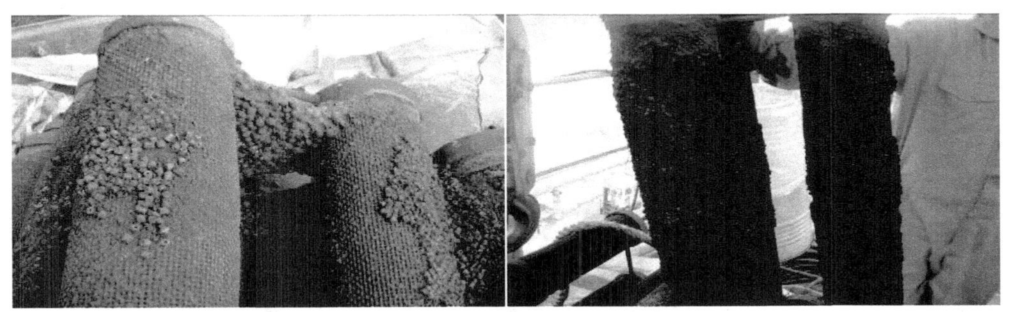

图 2　2009 年 3 月和 2010 年 3 月预加氢反应器积垢栏外部结垢情况

图 3　2010 年 3 月预加氢反应器积垢栏外部垢样

积垢栏从反应器顶部可用人力拉出，积垢栏之间无明显结垢现象，拉出的积垢栏部分沾有少量的瓷球和保护剂。积垢篮中垢渣大部分可以直接倒出，少量必须用外力敲击、震动才能从积垢篮中倒出，但积垢篮钢丝网中间小孔必须用钢刷子才能清理干净，垢样为致密的类似石棉瓦的黑色片状物，黑色片状物较脆，但不能压碎为粉末，致密片状物包裹住积垢栏导致反应器压降上升。预加氢催化剂撇头后于进入正常生产，反应器压降为 0.05～0.06MPa。

2.1.2　解决措施

为实现重整预加氢单元不停工检修，目前比较常用的方式有两个：

2.1.2.1　增加预加氢保护反应器

利用保护反应器起热过滤的作用，将部分杂质过滤阻挡，降低主反应器压降，一般情况下，保护反应器可以单独切出进行处理。

2011 年大修期间对重整预加氢单元进行技措改造，拆除现有的制氢反应器 R-103，在预加氢反应器前增设一台热脱砷反应器，一方面脱除原料中的砷，另一方面还可起到高温过滤作用、保护预加氢催化剂；拆除原 4 台卧式换热器和一台立式换热器，安装 6 台新卧式换热器。

2011 年大修后装置开工，运行至 2015 年装置连续运行 4 年，保护反应器和主反应器压降没有明显的上升。2015 年 6 月大修后开工，运行至 2017 年 11 月，保护反应系统压降开始上升，2018 年 5 月保护反应器压降上升至 0.35MPa，主反应器压降 40～60kPa 之间，没有明显变化。装置在2018年5月中旬对预加氢保护反应器进行了处理。

2.1.2.2　增加积垢栏和泡罩盘，增加保护反应器容垢能力

独山子石化40万吨/年汽油加氢装置运行期间反应器压降上升较快，通过床层加增积垢栏和泡罩盘，提高了反应器床层的容垢能力。在采用新的保护剂同时，增加了积垢栏的安装。增加共计安装∮150×600的积垢栏50个，增加了约0.44m³的容垢空间。优化装剂方案，为防止积垢栏装入减少保护剂层高，对催化剂的保护性降低，安装过程中在积垢栏中预先装入100mm的保护剂，增加保护剂层高。

为防止汽油加氢运行过程中，结焦物过早的堵塞泡罩盘的下沿和竖直缝隙，导致流通面积下降引起反应器的压降快速上升，同时保证其泡罩盘的分布效果，依照泡罩结垢，对泡罩进行切割改造处理，如图所示，利用泡罩自身的高度，延长了结焦物富集在泡罩盘上堵塞泡罩孔道时间，延长了装置的运行周期。具体见图4、图5。

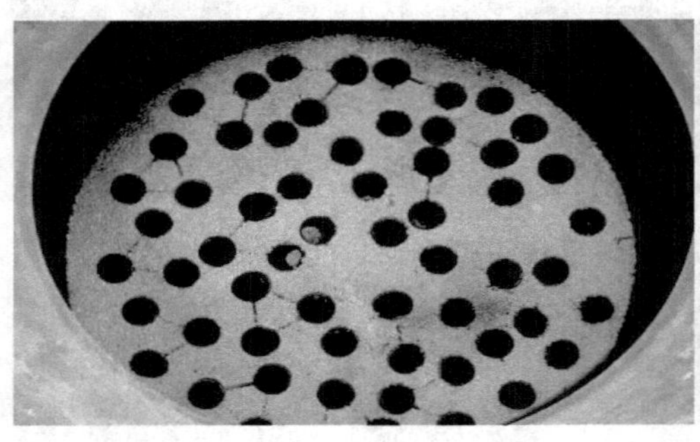

图4　40万加氢反应器积垢栏安装前后的床层

图5　40万加氢反应器切割前后的泡罩盘

40万吨/年汽油加氢装置，通过以上的改造，使装置的运行周期从最短时的2个月，上升至2年，效果明显。

2.1.3　原料脏造成的预加氢单元压降

广西石化公司石脑油加氢装置采用美国UOP公司的加氢精制工艺技术，并由UOP提供工艺包，由华东院进行设计，催化剂及保护剂选用UOP的加氢精制催化剂。保护反应器R-102和加氢反应器R-101均为兰州兰石机械设备有限公司制造。保护反应器R-102设计压力6.6MPa，设计温度370℃，加氢反应器R-101设计压力5.75MPa，设计温度375℃。

2013年大检修后开工以来，该装置的保护反应器出现了压降升高的情况，2014年12月停工抢修后再次开工不到1个月出现了压降继续升高的情况，最高达到0.88MPa，压降上升后，考虑到催化剂运行至末期，通过开副线，维持正常生产，未进行进一步处理。装置检修后开工，运行至2018年5月，保护反应器压降已上升到0.8MPa，开副线控制在压降在0.3~0.5MPa，维持生产。目前反应器入口压力4.7MPa，出口压力4.2MPa，保护反应器0.47MPa，加氢反应器压降0.043MPa。

该装置进料只有两股，一路为常减压的直馏石脑油，另一路为罐区的石脑油。对进料采样发现罐区石脑油较脏，杂质较多。原料过滤器压降增长较快，装置采购滤需要一定周期，为了保证重整的加工量要求，不得已将过滤器的副线给了一定开度，造成大量的污泥等带入了换热器及保护反应器中，这是造成保护反应器压降高。

2.1.4 解决措施

广西石化公司为解决预加氢压降上升的问题，增加了自动反冲洗过滤系统。

自动反冲洗过滤系统采用机械分离原理，使用进口的金属锲形缠绕丝网滤芯，将原料中的杂质分离出来。当原料流经装有滤芯的过滤容器时，颗粒物逐渐沉积并聚集在滤芯外表面区域形成滤 饼。随着滤饼厚度的增加，液流越来越难以穿过滤芯，压差增大，当压差或 DCS 系统设定的定时时间 达到预先的设定值时，DCS 系统输出信号每一支路滤芯进行反冲洗。

过滤器投用后，过滤器的反冲洗在运行中，如图 6 所示，压差设定为 50kPa，一直比较稳定。石脑油中的杂质含量相对较少，基本没有达到 50kPa 的压差设计值，都是达到了 720min 的设定值开始反冲洗工作。从反冲洗效果来看，冲洗之前在 40kPa 左右，冲洗完毕后能达到 8kPa 以下，说明反冲洗效果非常显著。加氢单元保护反应器的压降一直比较稳定，保护反应器压降一定比较稳定，基本都在 82kPa 左右，没有受到原料中杂质的影响，反冲洗过滤器应用效果明显。

自动反冲洗过滤器在独山子石化公司内部其他装置较多。2016 年原 60 万吨/年加氢裂化装置升级改造为 100 万吨/年蜡油加氢装置，装置原料处理，采用自动反冲洗过滤器，效果明显，如图 7 所示。蜡油加氢装置反应系统压降自 2016 年 11 月开工后，运行到 2018 年 7 月没有明显的变化，远超出同类蜡油加氢装置运行周期。

图 6 广西石化石脑油加氢装置反冲洗过滤器

图 7 独山子石化蜡油加氢装置反冲洗过滤器

2.2 重整进料板换压降与泄漏

焊接板式换热器，简称板换，板换因为换热面积大，换热效率高，广泛的应用在炼油芳烃歧化、异构化装置、重整装置等各类装置中，由于自身的特点，板换在此类装置中运用范围较广，应用相对较成功。近年新建的大型连续重整装置，大部分采用板换。重整装置板换操作温度在 500℃左右，温度高，对热膨胀及热应力释放的设计及结构要求也高。因重整装置特殊要求，装置故障紧急时抗冲击力相对较弱、板束或焊缝更易变形、开裂等原因易导致板换泄漏、压降高，影响重整装置周期。

重整装置板换的长周期运行，成为重整装置长周期运行的关键因素之一。

2.2.1 板换运行情况

某石化连续重整装置 2010 年 9 月开工，重整装置进出物料换热器采用法国Packinox公司焊接板式换热器，至今经历两次大检修。该板式换热器结构如下图所示，主体材质：SA387F22 CL2管板材质：SA240－TP321；板程：介质：氢、油；操作压力0.56MPa；操作温度：89℃/496℃；壳程：介质：氢、油；操作压力0.31MPa；操作温度：527℃/104℃；设备直径：Φ3620mm(内径)设备总高：17200mm。2016年检修前后重整板换运行平稳，未检出泄漏，重整板换泄漏发生在2016年第二次检修后。2016年大检修时，板换进行了化学清洗，清洗前后根据厂家提供的气密方法均进行了气密试验(图7，图8)，随着时间增加，板换压力逐渐下降，表明板换存在微漏。

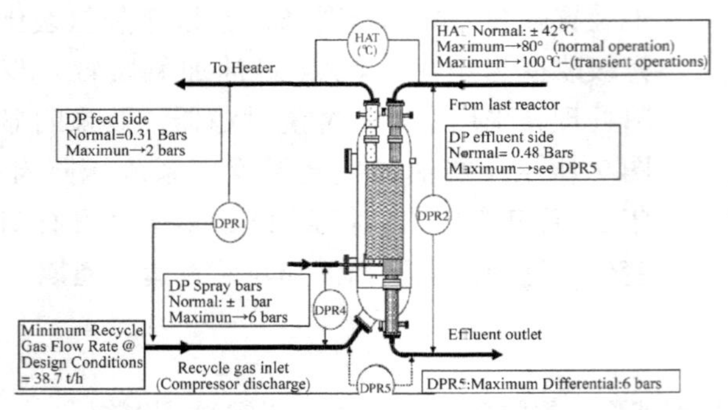

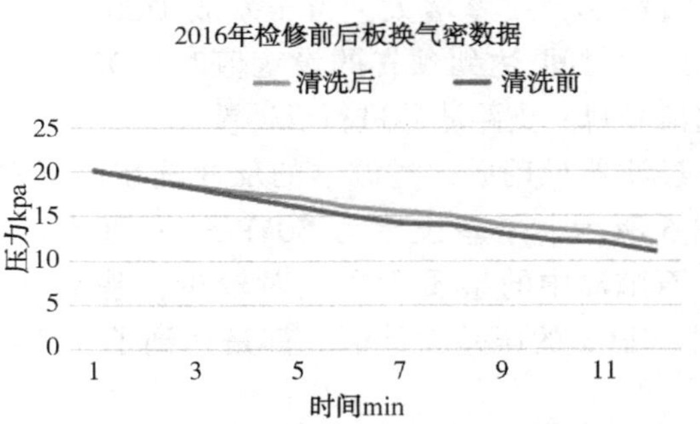

图8　重整板式换热器结构与运行情况

如图9所示，广西石化厂家提供的气密方法气密后由厂家计算重整板换气密数据测算结果泄漏率测算结果：清洗前：0.04560%；清洗后：0.03907%。根据帕奇诺对于重整装置板换的通用原则，泄漏率在0.5%以下(标准：0.5～1%用户自定是否维修，0.5%以下无需修理，1%以上必须修理)，因此，广西石化未对连续重整板换进行修复。

2017年9月以来，发现板换的泄漏率增加，经过与专利商专家进行了沟通，板换存在泄漏的情况，可以通过重整脱戊烷油中C9链烷烃含量来判断。从以下分析数据可以看出板换泄漏呈逐步扩大的趋势，具体如表1所示。

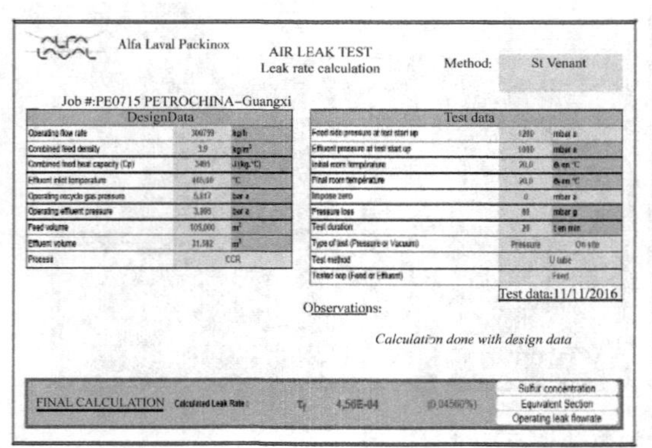

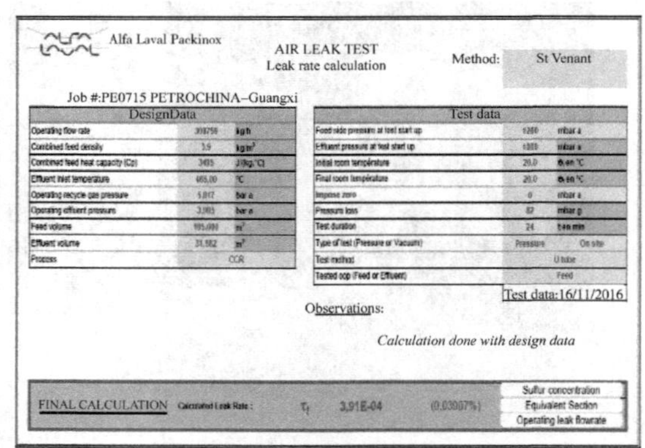

图9　重整板泄漏率计算情况

表1　重整板换泄漏情况

分析项目	2013年12月	2014年12月	2015年11月	2016年10月	2017年3月	2017年6月	2017年9月	2017年10月	2017年11月	2017年12月	2018年1月	2018年2月	2018年3月
重整生成油中C9链烷烃[%(m/m)]	未检出	未检出	未检出	未检出	0.12	0.12	0.18	0.12	0.12	0.13	0.46	0.42	0.47

续表

分析项目	2013 年 12 月	2014 年 12 月	2015 年 11 月	2016 年 10 月	2017 年 3 月	2017 年 6 月	2017 年 9 月	2017 年 10 月	2017 年 11 月	2017 年 12 月	2018 年 1 月	2018 年 2 月	2018 年 3 月
重整进料中 C9 链烷烃 [%(m/m)]	/	/	/	/	10.805	11.96	10.54	10.22	11.22	11.29	11.78	11.55	11.41
重整生成油收率	/	/	/	/	86.32	86.35	86.99	86.65	86.32	87.08	86.92	86.79	86.8
泄漏率	0	0	0	0	0.96%	0.87%	1.49%	1.02%	0.92%	1.00%	3.39%	3.16%	3.58%

备注：1. 2016 年 11 月份和 12 月份全厂停工检修；
2. 表中 2017 年 12 月份所取数据选取了重整芳烃检修消缺前数据；
3. 表中 2018 年 3 月份数据选取了 3 月 1 日至 3 月 21 日。

2.2.2 板换内漏原因分析

如图 10 所示为 2017 年 1 月至 4 月份，板换过滤器压降、板换热端温度的历史趋势(图中蓝色线为板换前过滤器压降；红色为板换热端重整原料换热后温度；红色为板换热端重整原料换热后温度；绿色为重整产品进入板换前温度)：2017 年 1 月份检修开工后，由于上游装置检修未对原料输送管线未吹扫干净，导致石脑油加氢压降快速上升，杂质传递到重整导致开工后从 1 月 29 日开始至 4 月 15 日板换前过滤器压降快速上升，约每班清理一次板换前过滤器；经检修更换滤网(增加滤网层数)，同时由于长时间冲刷，管道杂志量减少，板换过滤器压降上速度明显降低。

由图 11，图 12 可以看出，原料杂志含量快速上升后，频繁切换清理过滤器，导致板换温度频繁波动，且部分杂质进入板换，甚至导致进料板换喷淋管堵塞(2017 年 12 月份消缺)，导致板换泄漏扩大的原因。

受到重整原料带杂的影响，杂质进入板换后导致进料板换喷淋管堵塞。在重整处理量基本维持在 210t/h，在 2017 年 9 月至 11 月期间板换重整原料喷嘴压差已高达 0.42MPa(如图所示)。虽然进料过滤器每周清理 2-3 次，但从最近 3 个月的趋势来看，板换压差仍是逐步上升，由 0.30MPa 涨到 0.42MPa。2017 年 12 月份对板换原料喷嘴进行反吹清理消缺。

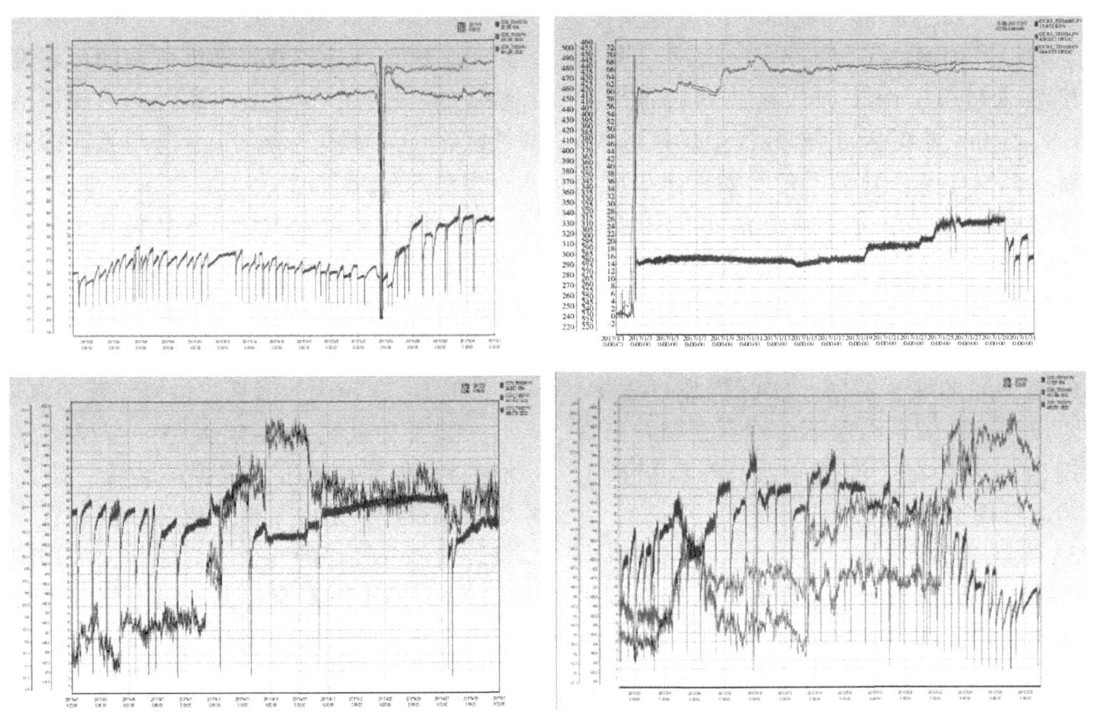

图 10　2017 年 1 月至 4 月连续重整板换过滤器玉降、板换热端温度的历史趋势图

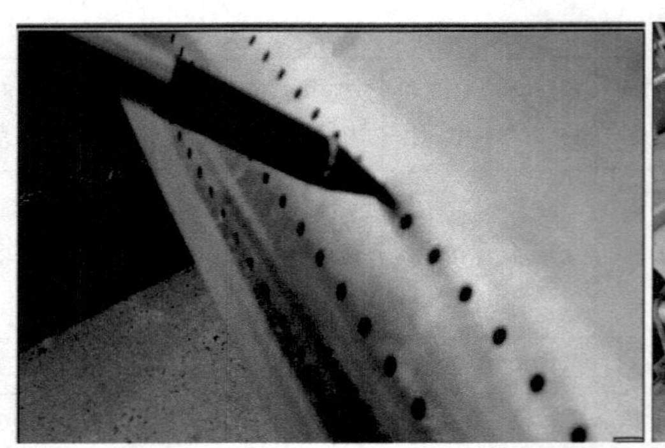

图11　连续重整板换进料喷淋管与局部放大图

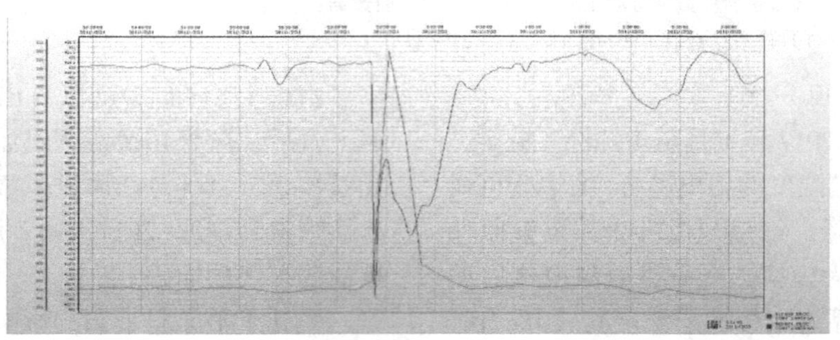

图12　板换热端温度趋势(红色线是板换混合进料出口温度)

2017年12月19日重整装置进行停工消缺(由于连续重整装置进料板换喷淋管因上游来料带有杂质的堵塞，造成板换进出口压差升高，停工检修)，20日开工进料，21日板换运行后发生波动。出口温度和加热炉出入口温度波动较大。

2.2.3　建议措施

增加板换入口过滤器，提高滤网过滤精度。目前，主要设计均增加了板换入口过滤器，但对过滤精度要求较低，由于板式换热器设备形式(板厚0.8~1mm，板间距3~5mm，全焊接形式)上的限制，其操作条件较为严苛，如进出口压差不能大于5kg/cm^2，介质必须清洁不能阻塞流道，一旦误操作，将造成不可逆的后果。

缩短石脑油精制单元与重整单元的流程。设计中，应避免石脑油加氢单元(供重整料)与重整单元分属不同的装置，防止实际操作过程中，因现场距离较远，信息沟通不对称，在装置出现异常状况时，无法有效沟通导致，导致板换上升，影响运行周期。

2.3　PSA系统故障

重整装置产氢作为炼厂主要廉价氢气来源之一，目前，新建大规模的连续重整装置，因为重整产氢量较大，一般设有氢气提纯的PSA单元，提纯后供厂部系统氢气管网。PSA，变压吸附法(Pressure Swing Adsorption简称)是一种新的气体分离技术，以吸附剂分子筛为例，其原理是利用分子筛对不同气体分子“吸附”性能的差异而将气体混合物分开。氢气变压吸附，从富氢气流中回收或提纯氢，改变操作条件可生产不同纯度的氢气，产品氢气纯度可达99.99%。程控阀是变压吸附装置的最主要的运转设备，在国外的统计中PSA装置故障的95%都出在阀门及其控制系统上。因而程控阀及其操纵机构的可靠性决定着装置的可靠性，工艺要求程控阀启闭灵活、密封性能好、无外漏、寿命长、阀门无泄漏开关寿命至少在50万次以上。

一般地，大型连续重整装置开工后，公司范围内的氢气中重整产品氢占比上升，PSA的长周期运行，直接影响到重整装置的长周期运行。

2.3.1　PSA运行情况

2.3.1.1　程控阀故障高，检修频繁，内漏严重

某石化公司PSA装置是一套设计公称产氢能力为12万Nm^3/h氢气提纯装置。装置于2010年建成投产，是以重整产氢和加氢装置、渣油加氢装置低分气等的混合气为原料，采用国内某公司的10-2-4 PSA流程变压吸附氢提纯技术，从混合气中提纯分离出纯度大于99.9%的氢气，送出界区去氢气管网，混合气在提纯后得到的解吸气，经解吸气压缩机升压后去全厂燃料气管网或者直接送至制氢装置作为原料。在2016年前程

控阀故障很高，而且主要集中在均压阀(一均、终升阀，二均、三均阀，四均、顺放阀)上。

2.3.1.2　氢气纯不断下降

装置至建成投产以来，氢气纯度不断下降，到目前为止，下降至 97%，原低于设计值 99.9%。其间，在 2011 年 9 月季 2012 年 6 月对受污染严重的吸附塔进行了部分换剂，且换剂后氢气纯度得以恢复，但仍然存在继续下降的趋势。具体见图 13。

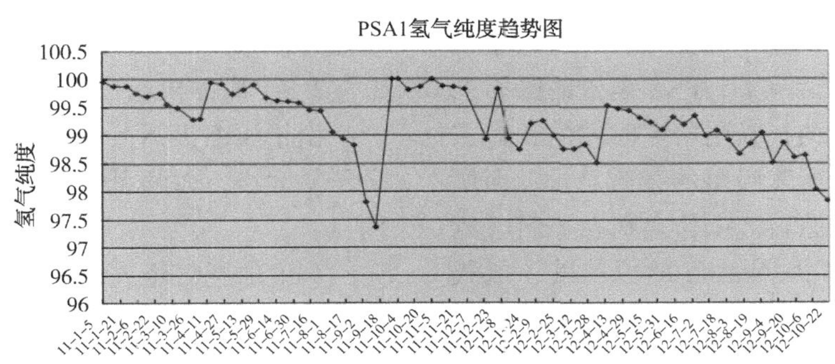

图 13　PSA 氢气纯度趋势

2.3.1.3　解吸气压缩机运行困难

由于解吸气压缩机为电机驱动的离心式压缩机，该类压缩机的打气量受介质分子量的影响很大，实际的运行工况中，因解吸气中分子量很低的氢气组分增加，分子量偏离设计值较远(设计 18.5，实际 11，调整后约 13~14)，同时因各塔吸附效果不一致，导致分子量有周期性波动，压缩机工作点左右大幅波动，向左接近喘振线，向右超出量程倾向电流。

2.3.1.4　低分气品质差，存在腐蚀

PSA 原料中，加氢装置的低分气氢气纯度和渣油加氢的低分气氢气纯度，运行周期后期，均低于 80%远低于设计工况的 89%，且带液严重并含有铵盐、硫化氢等杂质。对原料缓冲罐入口过滤器，底部不锈钢丝网等造成设备腐蚀、堵塞，催化剂塌落，吸附塔跑剂等。

2.3.2　问题原因分析

2.3.2.1　程控阀故障的原因

各吸附塔的均压曲线均匀平缓，实际的均压曲线陡升陡降，速度过快。主要是均压管线(尤其是二均、三均管线和四均、顺放管线)设计偏大，同时选择液压驱动的两位式蝶阀，不具备调节作用，瞬间全开全关，均压时气流速度太快，且现场噪音很大。

由于均压速度过快，均压时的高速气流引起床层顶部的吸附剂沸腾而粉化。同时因均压速度过快，程控阀密封面一方面受高速气流冲涮而损坏，磨损严重，另一方面因吸附剂粉化而加剧了密封面的破坏。

2012 年 6 月前，因原设计的均压管线过大，均压时间很短(一均至四均时间均在 5s 左右)。2012 年 6 月，为解决均压速度过快的问题，成都华西免费提供了控制均压速度的节流孔板，并在检修过程中对均压管线加装了节流孔板，从运行的均压过程看，加装孔板后均压时间从 5s 延迟至 12s 左右，均压速度得到了一定控制，但仍然偏快。理想的均匀曲线与实际均压曲线见图 14。

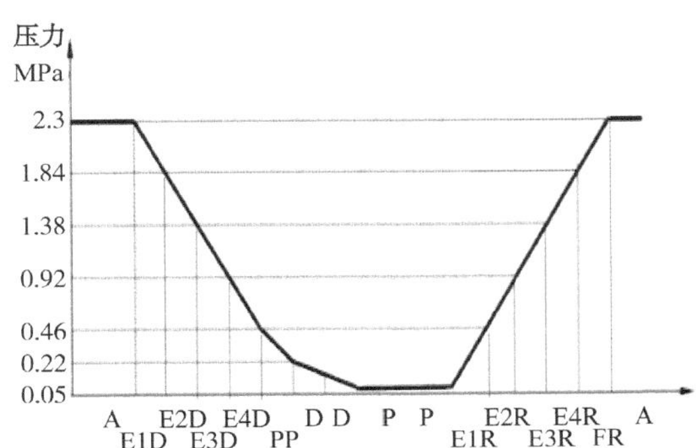

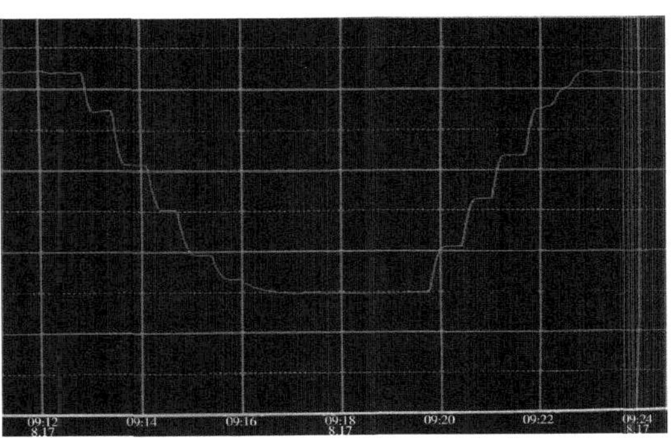

图 14　理想的均匀曲线与实际操作均压曲线

2.3.2.2　氢气纯度下降的原因

氢气纯度不断下降的主要原因是吸附剂受到污染(尤其是上层的分子筛类吸附剂)，致使吸附剂对杂质的动态吸附容量下降，大量杂质穿透进入产品气。

而引起吸附剂被污染的主要原因是：装置操作过程中未根据杂质处理量的变化，及时调整吸附时间，因正常操作情况下，PSA装置的吸附剂动态吸附容量是一定的，吸附所需时间的长短主要决定于每次吸附时所需吸附的杂质总量，而所需吸附的杂质总量受原料气操作负荷及原料气氢含量的影响很大，10万Nm^3/h的原料气，氢气变化1%，就有1000Nm^3/h解析气。即使进装置的原料气总流量维持不变，但因原料气氢含量的变化，进装置的杂质总量变化很大，如在操作中未根据杂质总量的变化及时调整吸附时间，势必会造成杂质的穿透(尤其是重烃类杂质穿透进入上层分子筛吸附剂)，进而造成吸附剂被污染，而吸附剂一旦被污染，吸附容量就会下降、杂质穿透量增加、氢气纯度进一步下降，如此形成恶性循环。

2.3.2.3　压缩机运行困难的原因

由于压缩机不上量的主要原因是解吸气平均分子量太小，而解吸气平均分子量的变化主要有两点：

(1)原料气组成的变化。原料气组成、产品氢纯度、解吸气氢含量之间的相互关系见表2。

表2　原料气组成、产品氢纯度、解吸气氢含量关系

	设计工况	操作工况一(回收率92%)			操作工况二(回收率90%)		
原料氢含量(V%)	90.41	91	92	93	91	92	93
产品氢纯度(V%)	99.9	99.9	99.9	99.9	99.9	99.9	99.9
解吸气氢含量(V%)	43.2	45	48.2	51.8	50.4	53.7	57.3
回收率	92.00%	92.00%	92.00%	92.00%	90.00%	90.00%	90.00%

从表中可以看出，即使在产品氢纯度和回收率不变的情况下，解吸气氢含量受原料气组成的影响也很多，加之因吸附剂的污染问题及操作参数的调整滞后，引起氢气回收率的减低，更造成了解吸气氢含量的增加。

(2)吸附剂动态吸附容量下降。因吸附剂受到污染，引起动态吸附容量下降，为保纯度，吸附时间不断缩短，氢气回收率不断下降，造成解吸气氢含量过高，见表3。

表3　原料气、产品、解吸气氢含量关系

	设计原料组成			实际原料组成		
原料氢含量(V%)	90.41	90.41	90.41	92	92	92
产品氢纯度(V%)	99.9	99.9	99.9	99.9	99.9	99.9
解吸气氢含量(V%)	43.2	48.7	53.2	48.2	53.7	58.2
回收率	92.00%	90.00%	88.00%	92.00%	90.00%	88.00%

从上表中可以看出，在原料组成不变的情况下，动态吸附容量下降，吸附时间缩短，氢气回收率下降，解吸气氢含量随之增大。

2.3.3　整改措施

2.3.3.1　重新加装节流孔板

鉴于蝶阀的结构问题，加装的节流孔板孔径偏大，节流效果不太理想，在均压管道上冲洗加装孔径更小，节流效果更显著的节流孔板，由成都华西免费提供所需节流孔板。2013年重新加装节流孔板后，一均至四均时间均可控制在20秒左右，较改造前延长程控阀门使用寿命。

2.3.3.2　吸附剂再生

根据目前装置运行的操作负荷(重整氢83000Nm^3/h，低分气12000Nm^3/h)、吸附时间($T^1+T^2=73s$)，按满负荷处理150000Nm^3/h原料气，吸附时间(T^1+T^2)60s核算，目前负荷下的吸附时间至少应为95，而实际吸附时间为73s，二者相差了30%，也就是说因吸附剂被污染，吸

附剂的吸附能力下降了 30%。

为了恢复吸附剂的吸附能力，同时尽可能降低整改投资，建议通过热氮再生的方式对吸附剂进行活化处理，具体如表 4 所示。

表 4　再生前后的吸附塔运行情况

	设计处理负荷 Nm^3/h	吸附时间（T1+T2）	原料气氢含量%	产品氢纯度%	氢气回收率%	解吸气氢含量%
再生前	95000	73 秒	92	98	87	65
再生后	95000	83 秒	92	99.9	90	54

从上表可以看出，通过吸附剂再生，使得吸附剂的吸附能力得以恢复，在操作负荷不变的情况下，可延长吸附时间，同时提高氢气纯度和氢气回收率，减低解吸气氢含量。

2.3.3.3　PSA 改造

2013 年改造后程控阀内漏问题仍然存在，至 2015 年 7 月检修内漏程控阀共 20 台，增加节流措施暂时缓解了 PSA 生产瓶颈，对 PSA 进行彻底改造是最终治本解决方案。

由实施改造的某公司重新计算，对现有吸附塔重新配比装填吸附剂；对管阀架进行改造，提供控制阀、控制系统；增加对两路加氢低分气的水洗处理，净化原料。采用新工艺技术对现有 PSA 装置进行改造于 2016 年 12 月检修期间实施，2017 年 1 月 4 日，改造后的 PSA 装置一次开车成功，1 月 10 日，PSA 装置正式投入运行，氢气纯度大于 99.9%，氢气回收率在 89% ~ 91%，如图 15 所示，高于保证值的 89%，解析气压缩机电流由改造前的 330A 降低到改造后的 260A（6kv 电机），节能效果明显。截至撰稿时，目前已稳定运行 18 个月，未发生运行波动及故障停车。此次 PSA 采用新工艺技术改造后达到预期效果，效益显著。

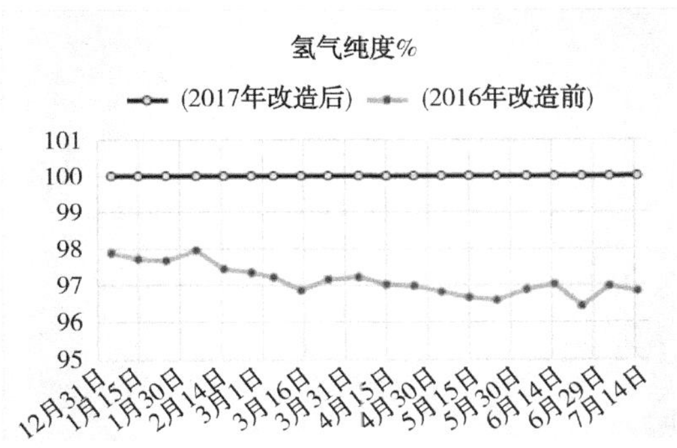

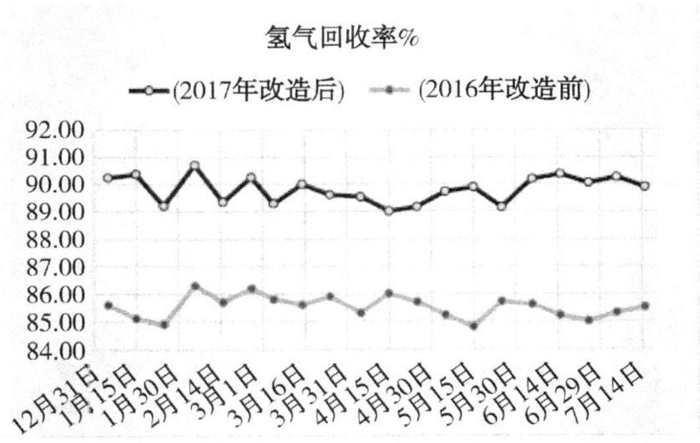

图 15　PSA 改造前后的氢纯和回收率变化曲线

3　总结

针对大型连续重整装置运行过程中，存在的影响装置长周期运行的关键因素的分析，借鉴相关经验，采取具针对性的措施及建议，利用更新的、更可靠的设备和技术，提高设计标准，从根本上保证装置长周期安全运行，同时为同类型装置设计和运行提供了宝贵的经验。

焦化分馏塔底循环油泵泵体内部低温结焦问题探讨

王晓强　杨有文　杨　芬　王博智　赵永山

（中国石油独山子石化公司）

摘　要　对焦化装置分馏塔底循环油泵叶轮及流道结焦的原因进行了查找分析，并提出了相应的预防措施。通过过滤勺清除过滤器前后管线内焦炭和控制污油及催化油浆掺炼量，可以降低固体颗粒含量，减少循环油泵体内的结焦程度；控制消除循环油中的氧来源，可以避免循环油在较低温度下就会发生结焦的现象；过滤器前后差压大于0.08MPa 时，要及时清理过滤器，防止流速过小，造成循环油在泵体内停留时间过长而引发的结焦；换塔前后控制好分馏塔底温度，防止温度过高造成结焦；平稳好分馏塔底液位，降低停留时间，减少结焦。通过以上操作的调整，从2016 年 11 月至今，P-109 泵体未发生过低温结焦现象。

关键词　焦化；分馏塔底循环油泵；低温结焦；叶轮

1　引言

独山子石化公司 1.2 Mt/a 延迟焦化装置分馏塔底循环油泵 P-109 正常运行时，出口压力可达0.75 MPa，2016 年3～10 月，仅仅半年内就发生两次打量不好的情况。检查过滤器运行状态，发现过滤器运行前后压差很小，过滤器运行正常。出口阀较小开度情况下，泵出口压力最高只能达到 0.45 MPa 左右，将机泵出口阀开大后，泵出口流量和电流都没有明显上升。

对 P-109 泵体进行拆捡后，发现叶轮上及流道入口有许多焦块附着，这些焦炭形状呈块状，直径最大的有 0.9 cm 左右，如图 1 所示。

a 焦块分布在叶轮流道入口

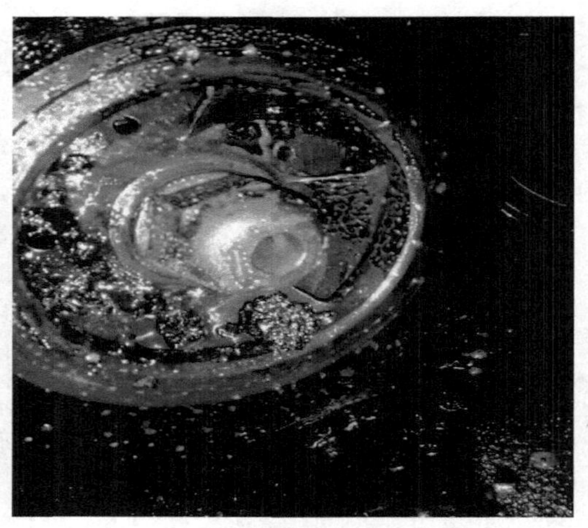

b 焦块分布在叶轮上

图 1　分馏塔底循环油泵泵体内结焦物形状及位置图

通过对 P-109 进口过滤器内的结焦物观察，发现结焦物有两种形态：片状和粉末状，无块状焦出现。片状焦是由焦炭塔大油气线内壁的焦片剥落而携带过来的，粉末状焦则是生焦期间由泡沫层携带而来。携带焦是焦炭塔操作过程中不可避免的产物，通过优化操作可以减少携带，但如何避免循环油在 P-109 泵体内结焦，尤其是在低温状态下结焦，就需要从重油的结焦机理开始研究。

2　重油结焦机理

一般稠油结焦是多种机制共同作用的结果，但结焦类型随温度变化，结焦机制主要有氧化沉积生焦、气相生焦和自由基聚合生焦。在温度低于 350℃且有氧气存在的情况下，稠油因低温氧化反应主要发生氧化沉积结焦：温度高于 350℃后稠油裂解反应占主导地位，此时气相结焦和自由基聚合生焦是稠油结焦的主要方式。张锐等所做的稠油低温氧化过程结焦行为实验结论认为：

稠油临界结焦温度降低与低温氧化存在显著热效应及组分变化有关，低温氧化过程导致稠油胶体结构稳定性降低，引起相分离，加速沥青质物理聚沉，发生化学共聚生焦[1]。通过恒定油藏温度(90℃)下，注入给定量的空气实验可以得出：空气与原油在油藏条件下，自发产生低温氧化反应，生成少量的 CO_2和 CH_4，低温氧化过程中原油族组分含量发生变化，饱和烃含量没变，芳烃减少；胶质量增加，沥青质没变，原油低温氧化反应结果使其羰基化合物含量有一定增加，原油黏度有所增加[2]。这些相关的文献都可以说明，重油在低温状态下，当具备了某些条件，可以发生结焦。

3 分馏塔底循环油泵 P-109 泵体结焦条件分析

3.1 泵体内结焦前身物的来源分析

分馏塔底过滤器在正常运行时，各种形态的焦炭都被拦截在分馏塔底过滤器内，车间通过对过滤器能量隔离，采取人工作业的方式进行清理。清理过程中，过滤器前管线内不可避免的也有一部分焦炭，在取出过滤器滤芯时，过滤器前管线内的介质会发生流动，将这部分焦炭带入过滤器后管线内，当分馏塔底过滤器投用后，这部分焦炭就会随介质一起进入分馏塔底循环油泵泵体内。颗粒稍大的焦炭有可能在泵体的某个部位发生卡涩或者在不流动的死角位置发生沉积，这些焦炭会起到诱导作用，吸附循环油中颗粒更小的焦炭和重组分胶质或沥青质，在350℃的低温下发生生焦反应，加剧焦炭的成长，由于焦炭与钢铁的膨胀系数不同，当焦炭成长到一定大小时，随着泵体流量及温度的变化，导致焦块脱落，长大的焦炭颗粒会发生剥落而卡在流道的入口或者泵出口阀处，导致分馏塔底循环油泵流量下降。

3.2 泵体内氧来源

分馏塔底过滤器清理结束后，由于过滤器内有一定量的空气进入，且过滤器没有空气置换流程，导致空气随介质一起进入 P-109 泵体内或进入分馏塔内。空气中的氧气会导致稠油临界结焦温度降低，这就为循环油低温结焦提供了更有利的条件。

3.3 循环油介质组成与低温结焦的关系分析

焦化原料的各组分组成差异较大，这些组分在生焦过程中的化学反应行为也有较大的差别。如表1是独山子石化公司1.2 Mt/a 延迟焦化装置循环油组分组成表。

表1　循环油组分组成表

项目		循环油
四组分	烷烃,%	48.13
	芳烃,%	38.93
	胶质和沥青质,%	12.95
元素分析	C,%	85.97
	H,%	7.07
残炭,%		2.39
硫,%		1.71
凝固点,℃		35.3
碱性氮/($mg.kg^{-1}$)		1818.37
总氮/($mg.kg^{-1}$)		4102.17
盐含量/($mgNaCl.L^{-1}$)		1

由表1可以得知：焦化循环油中烷烃含量占48.13%，而饱和烃主要发生断链反应，低温下，不易生成焦炭。

芳烃含量达到38.93%，但是芳环对热极为稳定，一般情况下不会发生断裂，如苯只有达到1900℃时才能断环生成乙炔[3]。高温下侧链断裂后易缩合成稠环芳烃结构，这是生成焦炭的前身物，随着反应时间的加长，其缩合程度逐渐增加，直至生成焦炭。高温下也会发生脱氢缩合反应而生成焦炭[4]。

胶质和沥青质含量占12.95%，其中，沥青质含量不足1%，胶质含量较多，为沥青质提供了较好的溶胶系统。通过邓文安[5]等对胜利减压渣油中胶质的热转化产物的分布研究可以发现350℃时，胶质为81.5%，庚烷沥青质为3.8%；370℃时，胶质为71.1%，庚烷沥青质为7.1%；400℃时，为胶质为，30.2%，庚烷沥青质为21.5%。可以发现当分馏塔底温度大于350℃时，胶质已经开始生成庚烷沥青质，当大于370℃至400℃时，胶质转化为庚烷沥青质的含量已经很高。通过对 Moschopedis 等[6]对阿萨巴斯卡沥青质的热分解生焦情况研究可知：沥青质在250℃左右时开始生成苯不溶物，大于300℃时，生成苯不溶物的速度开始急剧上升。正常生产时，分馏塔底温度控制在355℃左右，换塔期间，由于热量的变化，分馏塔底温度会发生波动，最高可上至370℃左右，因此，有相当一部分胶质会转变为庚烷沥青质，在此条件下，沥青质转变为焦炭的速度也开始上升。

焦化装置回炼污油和催化油浆时，受到回炼的污油的性质差异，和催化油浆中的催化剂颗粒浓度的影响，泵体内结焦还有可能恶化，结焦速率增加。

3.4　分馏塔底循环油发生低温结焦与温度的关系分析

重油在350 ℃以上时即开始发生热转化反应，但在热转化深度较浅时，不会出现喹啉不溶物；反应温度越高或停留时间越长，产生的喹啉不溶物越多[7]。胶质在350~410℃的反应温度范围内只有步量的甲苯不溶物生成。而在高于410℃的反应温度下，甲苯不溶物的生成量随反应温度的升高而急剧增加本装置分馏塔底温度正常条件下控制指标为350 ℃左右，当泵体内温度低于350℃时，在氧的存在下发生氧化沉积生焦，即氧与烃类物质结合生成氢过氧化物，随后发生脱碳和脱水反应。经一系列中间产物后，最终经多次脱氢缩合生成焦炭。此过程的发生，与停留时间的长短有很大关系，停留时间长，脱氢缩合反应就越容易进行，当分馏塔底过滤器差压增大时，循环油流速会降低，如果没有及时切换过滤器，循环油的停留时间会延长，促进脱氢缩合反应的进行。当分馏塔底温度高于350℃时，主要发生气相结焦和自由基聚合生焦，分馏塔底循环系统内介质为液相，可以判断较高温度时，泵体内结焦类型属于自由基聚合生焦。

4　防止P-109泵体内循环油低温结焦的措施

4.1　降低结焦前身物和结焦物含量

4.1.1　清理过滤器过程中，当过滤器滤芯取出后，用一个合适目数的过滤勺将过滤器器前后管线内的焦粉滤出，防止被带入泵体内。

4.1.2　实际生产中，要严格监控好催化油浆中灰分含量和污油来源，具体污油回炼量要根据污油的性质进行调整，催化油浆中灰分超指标要停止回炼，避免催化颗粒在P-109泵体内集聚而增加泵体结焦程度。

4.1.3　如果分馏塔底循环泵P-109叶轮内已经存在少量焦块，由于目前的循环油泵叶轮为封闭式叶轮，一旦有脱落的小焦块卡塞在叶轮中，将会导致焦块逐步积累和焦块逐渐结焦长大，最终造成机泵出口压力低，出口流量小，为此，可以将分馏塔底循环泵改为半封闭或者敞开式叶轮式机泵，保证焦炭颗粒从泵体打出。

4.2　控制氧来源

为了避免空气中的氧进入分馏塔底循环油泵，在分馏塔底过滤器处增加轻蜡油置换流程，将空气排出后，再投用分馏塔底过滤器。

4.3　降低循环油停留时间

分馏塔底过滤器运行期间，如果过滤器差压增大，要及时切过滤器，避免停留时间增加，造成泵体内结焦速度增加；控制好分馏塔底液面，加快分馏塔底液面的循环，降低停留时间，减少结焦。

4.4　降低分馏塔底温度

换塔前后，如果分馏塔底温度上升较高，要及时将循环油下回流打手动，将分馏塔底温度降低，尽量控制分馏塔底温度在350 ℃，避免温度较高造成结焦速率增加。

5　结论

针对P-109泵体在低温状况下可能引发的结焦因素做了深入的探究，认为引发低温结焦的主要因素是：“泵体内焦炭和催化剂等固体颗粒含量较高”、“循环油中存在着氧来源”、“循环油在泵体内的停留时间过长”和“分馏塔底温度较高”。前三个因素可以降低循环油的结焦温度，防止造成较低温度下就会结焦，第四个因素则会加剧循环油的结焦倾向，因此，通过降低固体颗粒含量和更换半封闭或者敞开式叶轮式机泵，消除循环油中的氧来源，缩短循环油在泵体停留时间和降低分馏塔底温度，可以减缓P-109泵体内的低温结焦现象。

参考文献

[1] 张锐，邓君宇，任邵然，等．稠油低温氧化过程结焦行为实验[J]．中国石油大学学报(自然科学版)，2015，39(4)：119-124

[2] 程月，张悫，袁鉴，等．低温氧化对原油组成的影响[J]．化学研究，2007，18(1)：67-69

[3] 瞿国华．延迟焦化工艺与工程[M]．北京：中国石化出版社，2008.

[4] 魏耀东，宋健斐，张锴，等．催化裂化装置沉降器内结焦的微观结构及其生长过程的分析[J]．燃料化学学报，2005，33(4)：445-449

[5] 邓文安，阙国和．胜利减压渣油胶质热反应生焦特性的研究[J]．石油学报(石油加工)，1997，13(1)：1-6

[6] Moschopedis S E，Parkash S，Speight J G. Themal decomposition of asphaltenes[J]．fuel，1978，57(7)：431-434

[7] 宋安太．塔河常压渣油结焦特性及焦化加工对策[J]．炼油技术与工程，2004，34(7)：6-8

炼油厂加工高硫原油存在问题及对策

涂连涛 关 创 胡 明 许显坤 龚传波

(中国石油独山子石化公司)

摘 要 独山子石化1000万吨/年蒸馏装置，设计加工原油硫含量0.62%(*wt*)。2017年开始，加工原油硫含量明显上升，硫含量平均值达到0.77%(*wt*)，最高0.995%(*wt*)，2018年1-7月原油硫含量平均值0.78%(*wt*)。根据未来原油加工计划预测，管输进口油中哈油比例逐渐下降，俄油比例逐渐上升，原油硫含量可能长期维持0.9%~1.0%(*wt*)。俄油不仅硫含量高，芳烃含量也较高，对炼油设备防腐、生产操作、物料平衡、产品质量均会造成不利影响。针对加工原油硫含量1%的情况，分析全厂硫平衡、胺液平衡，分析炼油各装置生产存在的问题，制定初步对策，并委托设计院按照原油硫含量1%(*wt*)对炼油装置设备、管道材质进行评估，确定材质升级方案，确保炼油厂2019年大修完成适应性改造。

关键词 硫；胺液；材质；改造

引言

独山子石化1000×10^4t/a炼油项目2009年8月投入运行，设计加工原油硫含量0.62%(*wt*)，2017年以来，加工原油硫含量明显上升，一般在0.7%~0.9%(*wt*)。根据未来原油加工计划预测，管输进口油中哈油比例逐渐下降，俄油比例逐渐上升，原油硫含量可能长期维持0.9%~1.0%(*wt*)。

按照原油加工量1000万吨/年，原油硫含量1%(*wt*)，全厂硫回收率按85%估算，硫磺回收量：$1000*1\%*85\%=8.5\times10^4$t/a。

目前新区硫磺设计负荷5×10^4t/a，负荷上限110%，即最大负荷5.5×10^4t/a。老区硫磺最大负荷0.4×10^4t/a，新老区硫磺合计最大负荷为5.9×10^4t，硫磺回收能力达不到。因此，原油硫含量若达到1%，无法实现原油加工量1000万吨，根据硫磺负荷反推，原油加工量要降至694万吨以下。基于此原因，2016年独山子石化开始启动新建5×10^4t/a硫磺装置及配套酸性水汽提、溶剂再生单元。新建5×10^4t/a硫磺项目建成投用后，炼油新区硫磺回收能力将达到10×10^4t/a，老区硫磺停工，老区富液送新区再生，老区贫液由新区供给。同时考虑老区单塔汽提装置停工，酸性水送新区单塔汽提。

虽然1000×10^4t/a蒸馏装置设计选材按原油硫含量1%(*wt*)考虑，但是独山子加工原油种类和比例已发生大幅变化，俄油比例上升，俄油硫分布的特点是：轻组分硫含量较低，硫向重组分集中。因此需要重新评估设备、管道材质。加工高硫原油的炼油厂，如果设备材质不合理，高温硫腐蚀将会很严重，例如：茂名炼油厂一蒸馏装置设计原油硫含量为0.77 %，后来加工原油硫含量上升至1.46 %，1997年装置操作温度在350 ℃以上的管线多次发生减薄穿孔事故。如：减压塔底渣油线至一次换热器入口管弯头减薄穿孔；渣油泵平衡管腐蚀穿孔；减压塔底流控阀及法兰腐蚀穿孔；常压炉转油线等部位腐蚀穿孔。1998年减压渣油泵出口Cr5Mo三通腐蚀穿孔，减四线在装置大修时发现穿孔[1]。

高温硫腐蚀风险极高，一旦泄漏，容易发生较严重的火灾事故。独山子石化炼油厂按照原油加工量1000×10^4t/a，原油硫含量1%(*wt*)，全面分析了全厂硫磺回收能力、胺液平衡及各炼油装置生产存在的问题，并制定了相应的解决对策。

1 全厂硫平衡分析

按照原油加工量1000×10^4t/a，原油硫含量1%(*wt*)，测算全厂硫平衡情况见表1。

由表1可见，原油加工量1000×10^4t/a，原油硫含量1%(*wt*)时，全厂硫回收率84.18%，硫磺产量为8.42×10^4t/a，远超目前新老区硫磺设计负荷。新建5×10^4t/a硫磺项目实施后，全厂硫磺回收能力将达到10.4×10^4t/a，可以满足硫磺回收要求。

2 全厂胺液平衡分析

按照原油加工量1000×10^4t/a，原油硫含量1%(*wt*)，测算全厂硫平衡情况见表2。

表1 全厂硫平衡

		产量，万吨/年	硫含量	硫量，万吨/年
原油带入	原油	1000	1%	10.00
物料带出	汽油	118	6 ppm	0.001
	航煤	34.64	2 ppm	0.000
	柴油	387	6 ppm	0.002
	乙烯料(蒸馏液化气)	12	258 ppm	0.003
	乙烯料(蒸馏石脑油)	270	1260 ppm	0.340
	催化油浆	0	0.8%	0.000
	加氢裂化尾油	72.28	2.4 ppm	0.000
	石油焦	40.5	3.04%	1.231
	加热炉瓦斯	22.5	15 ppm	0.000
	催化烧焦	4.84	0.073%	0.004
	合计	——	——	1.58
全厂硫回收率，%			84.18	8.42

表2 全厂胺液平衡

序号		装置名称	设计用量，t/h	实际用量，t/h
老区	1	硫磺干气脱硫塔	41.2	12
	2	硫磺尾气脱硫塔	13.5	11
	3	老区硫磺富液闪蒸罐	1.5	1.5
	4	重整预加氢循环氢脱硫塔	7	4.5
	5	气分装置液态烃脱硫塔	16.3	12
	6	80万汽油加氢循环氢脱硫塔	9.3	4.5
	7	100万蜡油加氢循环氢脱硫塔	22.5	22.7
	8	100万蜡油加氢干气脱硫塔	12	12
	9	100万蜡油加氢低分气脱硫塔	1	3
	10	老区火炬气柜瓦斯脱硫塔	10	4.5
	老区合计		134.3	87.7
	新区送老区贫液供给80万汽油加氢、气柜瓦斯就地脱硫、100万蜡油加氢等装置，合计46.7t/h			
新区	1	1000万蒸馏常压瓦斯脱硫塔	8	16
	2	1000万蒸馏减压瓦斯脱硫塔	6.9	8
	3	1000万蒸馏减压瓦斯超重力脱硫	20(2017年新增)	20
	4	1000万蒸馏干气脱硫塔	7	9
	5	1000万蒸馏液态烃脱硫塔	8	10
	6	120万焦化装置	43.8	31
	7	200万干气脱硫塔	99.7	100
	8	200万低分气脱硫塔	18.5	25
	9	200万液态烃脱硫塔	7.5	7.5
	10	新区硫磺	85	67
	11	二联合酸性水罐脱臭塔	/	6
	12	新区送老区贫液	/	46.7
	新区合计		300	346

由上表可见，当原油加工量1000×10^4t/a，原油硫含量1%(*wt*)，新区胺液再生系统负荷346 t/h，超设计最大负荷330t/h。新建5×10^4t/a硫磺项目包括300t/h胺液再生，项目建成后，新区胺液再生系统设计负荷将达到600t/h，可以满足加工高硫原油的生产需要。

3 炼油各装置问题分析

3.1 1000万吨/年蒸馏

问题一：目前蒸馏装置脱后减顶不凝气中总硫含量2000 mg/m^{3}左右，其中硫化氢仅为5ppm(2017年新增减顶气超重力脱硫，硫化氢脱除效果好，但无法脱除有机硫)，脱后减顶不凝气中几乎都为硫醇等有机硫，蒸馏装置减压炉烟气二氧化硫含量一般在35～45 mg/m^{3}之间，当减压系统进行深拔操作，减压炉出口温度达到424℃，减压炉烟气二氧化硫含量接近50 mg/m^3。当原油硫含量升高至1%(*wt*)后，按比例折算，脱后减顶气总硫含量将升至2250 mg/m^3，减压炉烟气二氧化硫将升高至40～50 mg/m^3，一旦操作有波动，很可能造成减压炉烟气二氧化硫含量超标，这种情况下无法进行减压深拔操作。

应对措施：2019年5月建成减顶气柴油吸收设施，通过柴油吸收降低减顶气的硫醇含量，设施投用后，减顶气总硫含量大幅下降，有机硫脱除率达到52%～88%，可保证减压深拔操作时减压炉烟气二氧化硫不超标。

问题二：原油硫含量达到1%(*wt*)时，侧线产品的硫含量升高，管线腐蚀可能会加剧。虽然1000万吨蒸馏装置设计选材按原油硫含量1%(*wt*)考虑，但是独山子加工原油种类和比例已发生大幅变化，俄油比例上升，俄油硫分布的特点是：轻组分硫含量较低，硫向重组分集中。所以重组分侧线硫含量可能会超设计。

应对措施：

(1) 委托设计院根据原油评价数据，测算蒸馏各侧线硫含量，再按照相关规范对设备材质和工艺防腐措施进行评估。根据设计院评估结果，在原油硫含量达到1%(*wt*)情况下，塔、容器、换热设备及管道材质满足装置运行要求，但应加强腐蚀监测。

(2) 定期对易腐蚀设备、管道进行测厚，发现减薄及时处理。

问题三：硫含量上升至1%(*wt*)，现有的常顶、减顶注中和剂泵加注量无法满足继续提大的需求，按照目前常顶注中和剂200ml/min、减顶注中和剂170ml/min核算，硫含量上升至1%时，加工量按照1000万吨/年核算，常顶需注中和剂311ml/min、减顶注中和剂261ml/min，目前常顶和减顶各开两台泵和三台泵，无备用泵情况，无法继续提高中和剂注入量，造成塔顶低温硫腐蚀加剧。

应对措施：

(1) 做好低温部位酸性水监测，及时优化调整塔顶注剂；

(2) 注剂泵换大，常顶和减顶各增加一台注中和剂泵；

(3) 常顶换热器E-102采购2台钛材TA1管束，已投入运行；

(4) 定期对塔顶低温部位进行测厚，发现减薄及时处理。

3.2 120×10^{4}t/a 延迟焦化

问题一：原油硫含量1%(*wt*)时，测算减压渣油硫含量达到2.35%(*wt*)，石油焦硫含量将达到3.04%(*wt*)，超过3B石油焦硫含量国标≤3.0%(*wt*)，焦炭无法出厂。

应对措施：根据石油焦质量变化，独山子石化制定了《4号石油焦》企业标准，根据《4号石油焦》控制标准，硫含量≤4%(*wt*)。

问题二：装置设计原料油硫含量1.655%(*wt*)，当原油硫含量达到1%(*wt*)时，预计焦化原料油硫含量达到2.12%(*wt*)，各侧线的硫含量升高可能造成管线腐蚀加剧。

应对措施：

(1) 委托设计院根据原料数据，测算焦化各侧线硫含量，再按照相关规范对设备材质和工艺防腐措施进行评估。根据设计院评估结果，除轻蜡油抽出至230℃前管线因轻蜡油酸值偏高需要更换为不锈钢材质，装置其他设备、管道材质均符合设计要求，但需要加强腐蚀监测。

(2) 定期对易腐蚀设备、管道进行测厚，发现减薄及时处理。

(3) 做好腐蚀探针监测和低温部位酸性水监测。

3.3 200×10^{4}t/a 加氢裂化

问题一：原料硫含量上升至1.3%(*wt*)，反应系统中硫化氢含量进一步升高，带入分馏系统，汽提塔C201汽提蒸汽量(目前为2.1t/h，已超过设计值1937kg/h)不足时，易造成硫化氢进入分馏塔C202，造成重石脑油硫化氢进一步含量升高[目前混合原料油硫含量为1.1%(*wt*)，重石中硫含量为3ppm，等比例测算混合原料油硫含量升至1.3%(m/m)后，重石脑油硫含量升高至3.6ppm]，对下游装置生产造成一定影响。目前重石硫含量较高，博士试验分析已经不合格。过多的硫化氢带入分馏塔C202后，也容易造成航煤银片腐蚀不合格。原料硫含量升高后，脱丁烷塔C204进料中硫化氢含量升高，若C204底温波动，轻石脑油硫化氢脱除不完全，易造成轻石脑油博士试验不合格，影响汽油调和。

应对措施：根据原料硫含量上升情况，及时提高汽提塔C-201汽提蒸汽量，提高脱丁烷塔C-204底温度，提高脱硫化氢效果，确保产品质量合格。联系设计院及塔盘专利商对C-201、C-204进行核算，发现两塔均有部分塔盘超负荷，计划2019年大修要对有问题的塔盘进行改造。

问题二：原油硫含量上升，俄油比例上升，蜡油Ⅰ芳烃含量上升，导致加氢尾油BMCI值上升，影响给乙烯供料质量。

应对措施：根据尾油BMCI情况，及时降低尾油量，并对反应温度进行适当调整，防止BMCI超指标。因此，当原油硫含量达到1%(*wt*)，会明显影响尾油产量。另外，为长远考虑，计划2019年大修换剂，采用芳烃饱和能力更强的催化剂，降低尾油BMCI。

3.4 干气低分气单元

问题：因原料硫含量上升，200×10^{4}t/a加氢裂化、300×10^{4}t/a直柴加氢、80×10^{4}t/a催焦柴加氢等3套加氢装置需增加排废氢量，保持循环氢硫化氢<10000ppm，预计三套加氢装置低分气量将大幅增加，可能导致干气低分气单元超负荷。

应对措施：200×10^{4}t/a加氢裂化装置在设计

时已预留循环氢脱硫塔位置，长远考虑，建议在 200×10^4t/a 加氢裂化装置新建循环氢脱硫塔。

3.5 柴油调合

问题：原油硫含量上升说明俄油比例上升，俄油密度大，芳烃含量高，会导致柴油馏分十六烷值下降，影响柴油调合。

应对措施：常三线为高十六烷值组分，当原油性质恶化时，及时增加常三线进直柴加氢原料的量，减少常三线去 200×10^4t/a 加氢裂化和 100×10^4t/a 蜡油加氢的掺炼量。这样调整会影响降柴汽比工作和大负荷生产尾油、航煤任务，因此，需要根据原油性质情况及时调整常三线加工方案，尽量卡边操作，实现效益最大化。

4 结论

（1）硫平衡、胺液平衡：按照原油加工量 1000×10^4t/a，原油硫含量 1%（*wt*），硫磺产量为 8.42×10^4t/a，远超目前新老区硫磺设计负荷。新建 5×10^4t/a 硫磺项目实施后，全厂硫磺回收能力将达到 10.4×10^4t/a，可以满足硫磺回收要求。新区胺液再生系统负荷 346 t/h，超设计最大负荷 330t/h。新建 5×10^4t/a 硫磺项目包括 300t/h 胺液再生，项目建成后，新区胺液再生系统设计负荷将达到 600t/h，可以满足加工高硫原油的需要。

（2）环保方面：蒸馏装置减顶不凝气硫含量上升，可能导致加热炉排烟 SO_2 不合格。通过增加减顶气柴油吸收设施，有效降低了减顶气有机硫含量，可保证减压深拔操作时减压炉烟气二氧化硫不超标。

（3）产品质量方面：原油硫含量 1%（*wt*）时，测算减压渣油硫含量达到 2.35%（*wt*），石油焦硫含量将达到 3.04%（*wt*），超过 3B 石油焦硫含量国标≤3.0%（*wt*），根据石油焦质量变化，执行《4号石油焦》控制标准（企业标准），硫含量≤4%（*wt*）。另外，为保证 200×10^4t/a 加氢裂化航煤银片腐蚀合格，轻石脑油博士试验合格，计划 2019 年大修对 C-201、C-204 部分超负荷塔盘进行更换。

（4）设备材质方面：根据设计院评估结果，在原油硫含量 1.0%（*wt*）的情况下：除 120×10^4t/a 焦化装置轻蜡油高温部位管线需要更换，其他装置设备、管线材质满足规范要求。因此，材质升级重点在焦化装置，但其他装置需要加强腐蚀监测工作，防止局部发生腐蚀泄漏。

参 考 文 献

[1] 任有才，张德印. 炼制高硫含硫原油主要装置腐蚀及防护调查[J]. 石油化工腐蚀与防护，2001，18(6)：18-34.

大型炼油企业转型升级对策

齐建勋 辛丹敏 呼玉芳 陈 姣 马恩红

(中国石油华北石化公司)

摘 要 本文从我国原油天然气对外依存度逐年提高、炼油能力整体过剩、柴汽比需求下降、汽油质量升级加快、化工原料短缺的现实出发，首先分析了世界原油资源分布以及主要原油性质，OPEC与苏联地区原油交易量占世界原油交易量的89.38%，并且几乎全部为含硫原油，原油残炭在0.7%~12.5%之间，据此提出：不依赖天然气资源，原油分输分炼，按两系列常减压加工，第一系列加工残炭>5%的劣质原油，第二系列加工残炭<5%的较优质含硫原油，原油适应性广，抗风险能力强；渣油分质加工，第一系列渣油采用C4溶剂脱沥青工艺，脱沥青油与第二系列渣油采用固定床渣油加氢-FCC组合工艺加工；脱油沥青气化生产合成气与氢气，合成气做全厂燃料，炼厂气全部外售；合成气及氢气成本较低，利于柴油及蜡油深度加氢裂化；加氢渣油采用FCC-MIP工艺加工，生产低烯烃的FCC-MIP汽油，降低汽油池中异构化汽油与重整汽油的调和比例，降低汽油产量，最大化生产优质化工原料；由于轻重石脑油收率高，通过外售部分石脑油调和国VIB汽油，不再需要烷基化油。

关键词 炼油转型；分质分炼；沥青气化；化工原料；国VIB汽油

1 我国炼油行业面临的形势

1.1 原油天然气资源对外依存度逐年增大

随着国民经济的发展，我国进口原油天然气数量逐年增加，2017年原油净进口量约为3.96亿吨，同比增长10.8%，对外依存度达到67.4%，较上年上升3%。2017年我国天然气消费量2373亿立方米，同比增长15.3%，对外依存度高达39%。

1.2 炼油能力过剩

截至2017年底，我国炼油能力已经达到8亿吨/年，居世界第二位。但原油实际加工量仅有5.68亿吨，加工负荷只有71%，产能过剩2亿吨以上，成品油市场竞争更加激烈。

1.3 油品消费结构发生重大变化

消费柴汽比逐年下降，2017年全国柴汽比1.30(图1)。

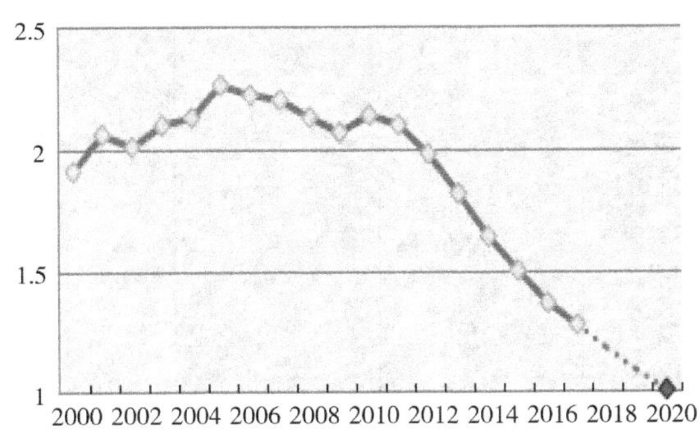

图1 我国消费柴汽比变化

航空煤油的需求强进，我国航空煤油需求年均增长10%，预计2020年需求将由目前的2600万吨/年提高到4000万吨/年(图2)。

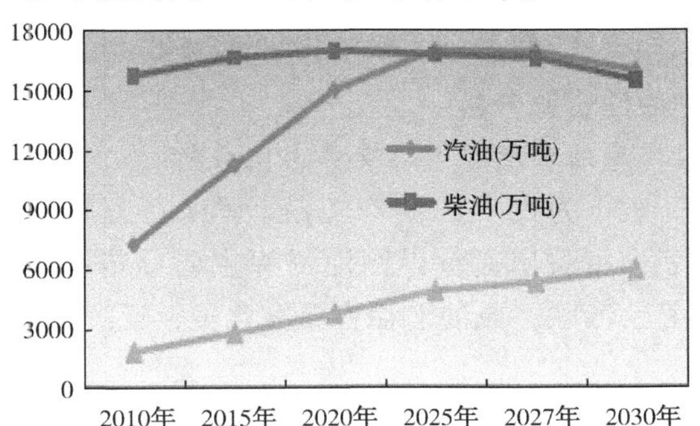

图2 我国成品油消费结构变化

1.4 汽油质量升级加快

车用汽油标准向低芳烃、低烯烃含量方向发展，国VIA标准于2019年1月实施，国VIB标准于2022年1月实施，解决汽油芳烃、烯烃与辛烷值之间的矛盾更为迫切。

1.5 化工原料需求旺盛

2020年乙烯产能将达3000万吨/年左右，年均增速6.8%，仍有2000万吨左右乙烯缺口。

我国对二甲苯进口量超过1100万吨，自给率不足50%。

面对以上局面，如何经济、合理地加工这些宝贵的原油天然气资源，提高原油的利用率是我国炼油工业当前和今后长期的重要工作之一。大型炼油企业由于加工规模大，拥有多套常减压装置，加工手段齐全，应率先转型升级，本文从原油资源的高效利用、重质油深度转化以及国VIB

汽油的生产等几方面提供一转型思路。

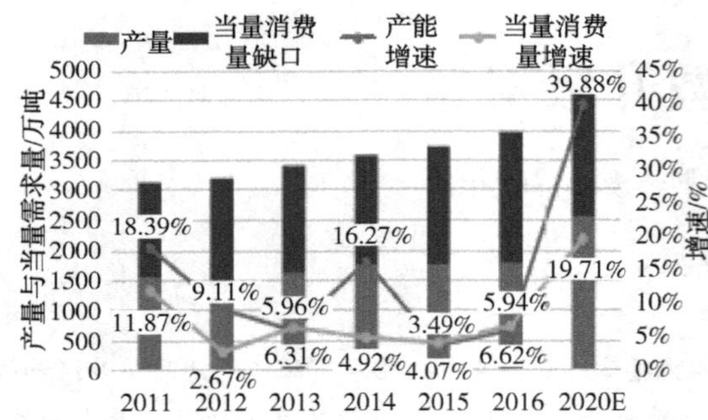

图3　我国乙烯供需变化

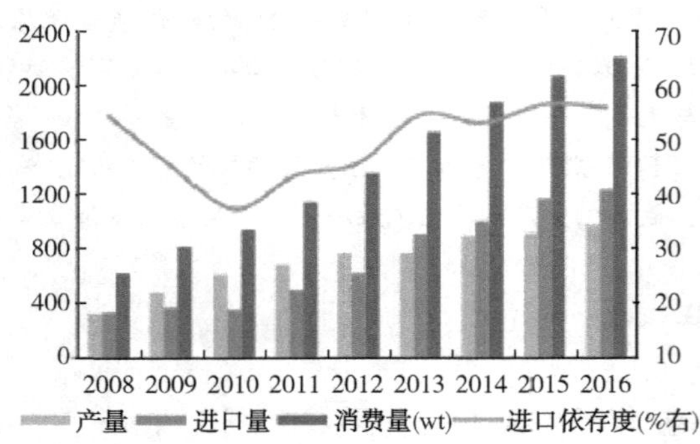

图4　我国对二甲苯供需变化

2　原油资源分析

2.1　原油资源分布及交易占比分析

表1为世界原油产需统计表(百万桶/日)，从表中可看出，世界原油资源主要分布在中东、北美、苏联，原油消耗主要在北美、亚洲、欧洲；世界原油交易量37.65万桶/日，OPEC与前苏联地区原油交易量占世界原油交易量的89.38%，非洲原油交易量占世界原油交易量的8.79%，拉丁美洲占比较少。

2.2　原油性质分析

表2为OPEC与苏联地区原油性质一览表，从表中可看出，OPEC与苏联地区原油几乎全部为含硫原油，原油残炭在0.7%~12.5%之间。

3　原油资源的高效利用　渣油分质加工

3.1　渣油加工难点

高效利用原油资源，关键是利用好渣油，优化渣油加工。图5为各渣油加工工艺适用原料范围，延迟焦化工艺原料适应性最强，但生产过程非密闭，产生大量石油焦固体产品，高硫焦利用存在诸多不利因素，难以达到更高的环保要求；悬浮床加氢裂化与沸腾床加氢裂化为临氢热裂化，反应产物不够稳定，易生焦结垢，裂化渣油较难利用，工程上较为复杂，应用较少；固定床加氢工艺相对应用较多，适用残炭<5%的较优质含硫原油。可见，仅用一种渣油加工工艺很难适应所有原油性质。目前，我国新建大型炼油企业已经普遍采用固定床渣油加氢工艺，多以50%沙特轻质原油+50%沙特中质原油为设计点，辅之以原油调和，由表2可计算出原油平均残炭5.15%。

表1　世界石油产需统计表(百万桶/日)

地区/国家	2017年需求	2017年非OPEC产量	2018.2 OPEC产量	需求-产量	交易量	交易占比
北美	24.88	21.47		3.41		
西欧	14.37	3.83		10.54		
OECD太平洋地区	8.16	0.39		7.77		
其他亚洲	13.16	3.60		9.56		
拉丁美洲	6.51	5.14	2.06	-0.69	0.69	1.83
委内瑞拉			1.55			
厄瓜多尔			0.51			
中东	8.17	1.24	24.32	-17.39	17.39	46.19
沙特			9.96			
伊朗			3.82			
伊拉克			4.46			
科威特			2.70			
阿联酋			2.80			
卡塔尔			0.58			
非洲	4.2	1.86	5.65	-3.31	3.31	8.79
阿尔及利亚			1.04			

续表

地区/国家	2017 年需求	2017 年非 OPEC 产量	2018.2 OPEC 产量	需求-产量	交易量	交易占比
利比亚			1.03			
尼日利亚			1.68			
安哥拉			1.57			
加蓬			0.20			
赤道几内亚			0.13			
OPEC 天然气液			6.9	-6.9	6.9	18.33
苏联	4.7	14.06		-9.36	9.36	24.86
其他欧洲	0.72	0.13		0.59		
中国	12.32	3.97		8.35		
加工盈余		2.21		-2.21		
总计	97.19	57.90	38.93	0.36	37.65	

表 2 OPEC 与苏联地区原油性质一览表

地区	原油名称	产地	中文名称	API	密度	硫含量/%	>550℃ %	残碳/%	V+Ni/ppm
中东	basrah heavy	伊拉克	巴士拉重	23.7	0.912	4.12	31	9.8	117
	basrah light		巴士拉轻	28.8	0.883	3.19	27	7.3	71
	Al shaheen	卡塔尔	埃尔沙辛	28.0	0.887	2.37	25	4.94	34
	Qatar Marine		卡塔尔海	32.7	0.862	1.85	21	4.96	30
	Qatar Land		卡塔尔陆	41.6	0.817	1.19	5	2.02	2.8
	Oman	阿曼	阿曼	31.1	0.870	1.40	28	5	21
	kec	科威特	科威特油	30.0	0.874	2.68	25	6.4	47
	SOROOSH	伊朗	索鲁士	18.9	0.941	3.88	43	12.5	106
	Iran heavy		伊朗重	29.3	0.880	1.90	34	6.2	128
	forozan		弗洛赞	29.7	0.870	2.34	25	5.7	53
	Bahregan			30.7	0.873	1.63	25	5.61	64
	SIRRI		希里	33.0	0.860	1.83	18	3.8	42
	Iran light		伊朗轻	33.6	0.860	1.50	20	4.5	51
	lavan		拉万	35.4	0.848	1.70	16	3.4	11
	south pars		南帕斯	58.0	0.742	0.21		0.02	
	arabian heavy	沙特	沙重	27.0	0.893	3.03	35	8.24	
	arabian medium		沙中	30.0	0.876	2.60	23	6.2	41
	arabian light		沙轻	33.0	0.860	1.90	16	4.1	15
	arabian extra light		沙超轻	39.3	0.829	0.81	9	2.2	
	Azeri Ceyhan	阿塞拜疆		36.6	0.842	0.15	12	1.4	5
	dubai	阿联酋	迪拜	30.4	0.874	2.13	20	5.08	77
	UPPER ZAKUM		上扎库姆	34.0	0.860	1.89	19	5.1	20.8
	das		达斯	38.8	0.831	1.14	13	1.74	18
	murban		穆尔班	40.0	0.825	0.74	10	1.29	4
	marib	也门	马里布	43.0	0.811	0.17	8		2.4

续表

地区	原油名称	产地	中文名称	API	密度	硫含量/%	>550℃ %	残碳/%	V+Ni/ppm
远东	URAl	俄罗斯	乌拉尔	31.5	0.860	1.40	20	3.7	71
	ESPO		艾斯坡	35.8	0.846	0.65	27	2.5	12.1
	sokol		索科尔	37.9	0.830	0.23	4		
	Sakhalin		萨哈林	44.7	0.800	0.14	7	0.7	

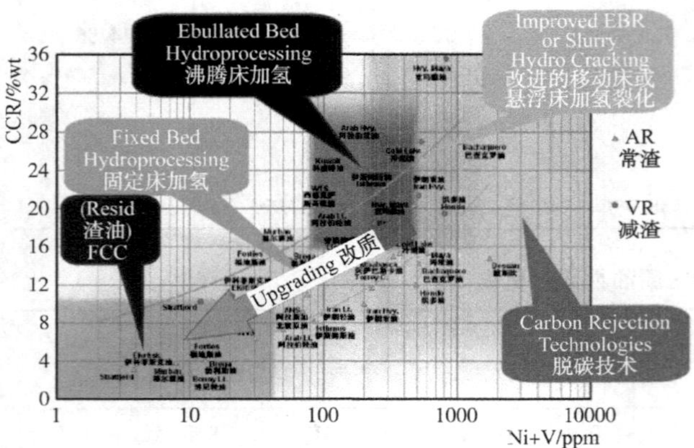

图5 各渣油改质工艺适用原料范围

3.2 原油分质分炼 适应性广 抗风险能力强

鉴于我国天然气需求旺盛，对外依存度逐年上升，作为大型炼油企业，不应再依赖天然气资源。大型炼油企业，炼油规模大，为适应原油的多样性和不确定性，增加抗风险能力，本文通过优化渣油加工工艺，提出以原油残炭5%为分界点，采用两系列常减压分质分炼的加工方案，两系列加工规模相同，如均为500万吨/年。

3.3 渣油分质加工 避免使用苛刻工艺

第一系列常减压加工残炭>5%的劣质原油，渣油金属和残炭含量高，做C4溶剂脱沥青原料，脱油沥青作为气化原料，生产合成气与氢气，合成气作为全厂燃料，合成气及氢气成本较低，本系列脱油沥青按原油收率16%考虑，原油适应性较广，基本覆盖所有含硫原油，原泊成本低。第二系列常减压加工残炭<5%的较优质含硫原油，渣油性质为高硫、中等金属和残炭含量，与第一系列脱沥青油混合按固定床渣油加氢-FCC组合工艺加工，多产催化汽油和LPG。

3.4 溶剂脱沥青

华北石化现有80万吨/年C4溶剂脱沥青装置，加工华北混合减压渣油(>520℃)，脱沥青油收率60%，残炭脱除率75.1%，Ni脱除率78.7%，V脱除率85.6%，见表3华北渣油C4溶剂脱沥青产品性质表。从渣油残炭脱除率看，表2中各种原油渣油经C4溶剂脱沥青后，脱沥青油性质满足固定床渣油加氢原料要求。

表3 华北渣油C4溶剂脱沥青产品性质表

项目	华北渣油	轻脱沥青油	重脱沥青油	脱油沥青	脱除率
收率，w%	100	25.6	34.4	40	-
残炭，w%	16.99	4.4	9	35.5	75.1
Ni，ppm	30.3	5.5	14.7	73	78.7
V，ppm	1.2	0.2	0.5	4.3	85.5

3.5 燃料与脱油沥青平衡

目前，国内大型炼油企业普遍采用渣油加氢-FCC-蜡油加氢裂化工艺，外购天然气，全厂燃料及制氢原料均为天然气+炼厂气，天然气+炼厂气占原油比例约6.27%，其中外购天然气占原油比例约2.8%，对于加工规模1000万吨/年的炼油企业，需外购天然气28万吨/年。本方案以脱油沥青为气化原料，生产合成气与氢气，副产蒸汽，合成气作为全厂燃料，炼厂气全部外售，就近补入市政天然气管网，外售量达35万吨/年，一举三得，为我国蓝天保卫战做出贡献。两种方案对比见表4，由表4看出，燃料+制氢原料折合脱油沥青占原油比例为7.95%，本方案第一系列脱油沥青收率16%，折合全厂脱油沥青收率8%，满足脱油沥青气化使用。

表4 两种加工方案对比表

项目	天然气制氢	脱油沥青制氢
综合商品率,%	92	90.43
催化烧焦,%	2.34	2.22
燃料,%	3.73	4.14
制氢原料,%	2.54	3.81
损失,%	0.24	0.24
小计,%	100.85	100.85

4 重质油深度转化最大生产优质化工原料

本文方案氢气与燃料(合成气)成本较低，因此将柴油及其以上馏分定义成重质油，深度转化，减少汽柴油产量，最大化生产优质化工原料。

4.1 柴油馏分加工

直馏柴油加氢裂化采用轻油型一次通过的加氢裂化模式，降低柴汽比，多产轻重石脑油，适当生产航煤馏分，尾油为优质柴油或乙烯料。

4.2 蜡油馏分加工

蜡油加氢裂化以直馏蜡油与 FCC 柴油为原料，采用轻油型尾油全循环的加氢裂化模式，多产轻重石脑油，适当生产航煤馏分与优质柴油，尾油为乙烯料。

以上加氢裂化轻石脑油作为异构化装置原料，重石脑油作为重整装置原料，多余外售。

4.3 加氢渣油加工

加氢渣油采用 FCC-MIP 工艺加工，生产低烯烃的 FCC-MIP 汽油，降低汽油池中异构化汽油与重整汽油的调和比例，从而减少汽油产量。FCC 汽油经 S-zorb 脱硫精制后，典型性质为 RON 89，烯烃含量 21.5%，芳烃含量 22%，苯含量 0.6%。

5 国 VIB 汽油的生产

5.1 国 VIA 汽油的生产

国 VIA 汽油标准与欧盟汽油标准接近，由于本文方案加氢渣油采用 FCC-MIP 工艺加工，S-zorb 汽油烯烃含量低，在汽油池中调和比例高达 75%，异构化油与重整汽油调入比例不大，且异构化油与重整汽油比例为 6：19，与生产的轻重石脑油比例接近，国 VIA 汽油的生产较为容易，92 号汽油(VIA)典型调和配比见表 5；95 号及以上汽油的生产可在以上汽油组分的基础上增加 MTBE 或乙醇实现。

5.2 国 VIB 汽油的生产

国 VIB 汽油标准是世界上第二严格标准，由于本文方案采用重质油深度转化工艺，轻重石脑油收率高，选择余地大，完全满足国 VIB 汽油生产需要，92 号汽油(VIB)典型调和配比见表 6，可以看出，异构化油与重整汽油比例为 13：22，与生产的轻重石脑油比例相背离，需要依靠外售部分轻重石脑油解决国 VIB 汽油生产问题。

5.3 烷基化汽油

液化气是天然气的良好替代品，目前，我国成品油已经过剩，考虑烷基化工艺具有能耗高，环保问题解决不彻底的缺点，作为拥有加氢裂化的大型炼油企业，通过外售部分石脑油调和国 VIB 汽油，不需生产烷基化油。

表 5 92 号汽油(VIA)典型调和配比表

名称	wt%	硫 ppm	烯烃 V%	芳烃 V%	苯 V%	氧%	RON	蒸汽压
异构化油	6.00	0.00	0.00	0.00	0.00	0.00	83.00	110.00
重整汽油	19.00	0.00	0.20	96.00	0.20	0.00	112.00	5.00
S Zorb 汽油	75.00	10.00	21.50	22.00	0.60	0.00	89.00	55.00
合计	100.00	7.50	16.28	33.20	0.49	0.00	92.54	52.11

表 6 92 号汽油(VIB)典型调和配比表

名称	wt%	硫 ppm	烯烃 V%	芳烃 V%	苯 V%	氧%	RON	蒸汽压
异构化油	13.00	0.00	0.00	0.00	0.00	0.00	83.00	110.00
重整汽油	22.00	0.00	0.20	96.00	0.20	0.00	112.00	5.00
S Zorb 汽油	65.00	10.00	21.50	22.00	0.60	0.00	89.00	55.00
合计	100.00	6.50	13.98	33.26	0.43	0.00	92.63	

6 全厂总加工流程

本方案全厂总加工流程见图 6，常减压装置采用两系列，其余装置是否采用单系列取决工程能力，主要产品有炼厂气、LPG、汽油、航煤、柴油、苯、聚丙烯，另外满足异构化及重整装置需求剩余的轻重石脑油做化工原料外售。

7 总结

本文从我国原油天然气资源对外依存度大、我国炼油能力整体过剩、柴汽比需求下降、汽油质量升级加快、化工原料短缺这一现实出发，首先分析了世界原油资源分布以及主要原油性质，OPEC与苏联地区原油交易量占世界原油交易量的89.38%，并且几乎全部为含硫原油，原油残炭在0.7%~12.5%之间，据此提出：

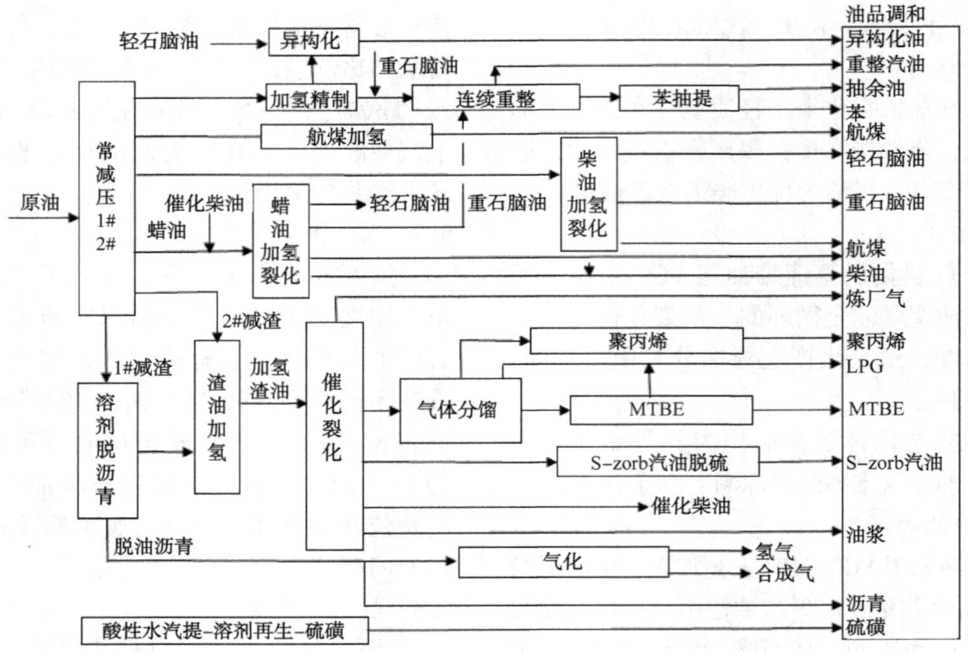

图6　全厂总加工流程

(1)不再依赖外部天然气资源，原油分输分炼，按两系列同规模常减压加工，第一系列加工残炭>5%的更劣质原油，第二系列加工残炭<5%的较优质含硫原油，原油适应性广，抗风险能力强。

渣油分质加工，避免使用苛刻工艺，第一系列渣油采用C4溶剂脱沥青工艺，脱沥青油与第二系列渣油采用固定床渣油加氢-FCC组合工艺加工，渣油利用率高。

脱油沥青气化生产合成气与氢气，副产蒸汽，合成气作为全厂燃料，炼厂气全部外售。

(2)合成气及氢气成本低，利于柴油及蜡油深度加氢裂化，最大化生产优质化工原料，同时生产优质航煤及柴油。

加氢渣油采用FCC-MIP工艺加工，生产低烯烃的FCC-MIP汽油，降低汽油池中异构化汽油与重整汽油的调和比例，减少汽油产量。

(3)本文方案轻重石脑油收率高，通过外售部分石脑油调和国VIB汽油，不需生产烷基化油。

以乙烯为原料生产高等级润滑基础油技术

高毕亚 李 勇

（中国石化上海工程有限公司）

摘 要 润滑油的性质主要由其基础油决定，聚α-烯烃(PAO)合成油由于存在原料成本高，三废排放多，工艺技术被国外大型公司领先，急需找到一个替代的基础油。本文介绍的以乙烯为原料一步法合成高端润滑油基础油技术，采用新型金属催化剂，乙烯转化率达到94%。小试结果性能优于市售PAO 40，该技术原料成本低，工艺简单，操作条件温和，具有很好的市场前景。有望成为一条全新的润滑油基础油路线，彻底取代传统聚-α烯烃的产品途径。

关键词 润滑油；基础油；乙烯；全合成；PAO；LPE；一步法

1 前言

润滑油是工业中极其重要的一种油品，是仅次于汽油、柴油、煤油的第四大油品。基础油是润滑油的重要组成部分，占润滑油的70%～95%，润滑油主要是基础油和各类添加剂调和而成，因此，润滑油的性质主要由其基础油决定[1-2]。

API于1993年将基础油分为五类(API-1509)，并将其并如EOLCS(API发动机油发照认证系统)中，其分类方法如表1所示。

表1 润滑油基础油的分类

类别	工艺	饱和烃含量	粘度指数VI	硫含量(%)
I类	物理分离	< 90%	80-120	>0.03
II类	溶剂工艺和加氢	≤90%	80-120	≤0.03
III类	全加氢	≥90%	>120	≤0.03
IV类	全合成(PAO)	> 99%	>140	—
V类	除I，II，III，IV外所有的品种			

I，II，III类都是石油裂解然后再进一步处理得到。IV类基础油指的是聚α-烯烃(PAO)合成油。这类基础油与矿物油相比，无S、P和金属，不含蜡，倾点通常在-40℃以下，黏度指数一般超过140，蒸发损失少、积碳少，工作温度范围宽、使用寿命长、机械磨损少，是配制高档、专用润滑油较为理想的基础油[3]。

2 PAO生产工艺及存在问题

2.1 PAO生产工艺

目前，工业上PAO的生产主要采用烯烃齐聚法[5]，以乙烯等低分子烯烃为原料通过齐聚产物C8～C12烯(最好是1-癸烯)为中间体来生产.ExxonMobil，Shell，BP Amoco及Chevron等公司均有自己的专利技术，除由于采用不同的催化剂体系而使操作条件及具体的工艺过程不同外，其生产过程均可分为两个步骤：一是乙烯等低分子烯烃齐聚为C4～C30 α-烯烃[7]，并进行分离得到目标产物1-癸烯(约占25 %)，二是进一步齐聚，并将齐聚物加氢饱和得到PAO基础油。

2.2 存在问题

PAO基础油合成路线中，第一步齐聚工艺得到的α烯烃分布宽(C4～C30)，而目标α-烯烃的收率低(不足40%)；第二部聚合生产工艺所用催化剂(主要是三氯化铝，三氟化硼催化)[6]不环保、产生的“三废”多。同时PAO的生产技术主要由ExxonMobil、BP Amoco及Chevron等[4]跨国石油公司领先掌握．全球的IV类油生产因受上游原料1-癸烯的产能限制，总产能和产量近15年来未见明显增长(仅从50万吨增加到60万吨)。

3 国内相关产业和技术现状、发展趋势

来自加州的市场调查公司Grand View Research最新发布的研究报告预测，预计至2025年，Ⅳ类油的使用量将以每年3.5%的速率递增，全球Ⅳ类油市场需求量将达到81.52万吨，即40.7亿美元。2015年Ⅳ类油需求量大约为60万吨，其中欧洲需求量约占40%，北美约占30%。尽管新兴市场亚太地区在日益增多的汽车需求以及经济强国中国的影响下，正处于Ⅳ类油消费快速增长的时期，但2015年亚太地区的消费量仅占Ⅳ类油全球总消费量的12%。虽然中国是个贸易出口大国，但是一直以来中国的Ⅳ类油消费需

求完全是由境外供应商来满足的。

基础油的生产技术是润滑油技术的发展基础，由于其研发过程漫长、投资巨大，其核心技术主要由大型石油公司掌握，这也造成了目前国内合成基础油的生产技术与国外存在较大的差距。据不完全统计，到目前为止国内研究和生产合成润滑剂的单位超过 10 家，已研制和生产的合成润滑油有聚 α-烯烃、酯类油、聚醚、硅油、氟油、磷酸酯等多个品种，但其生产规模都偏小，远不能满足国内润滑油生产企业的需求。而高端产品几乎全部来自国外进口。

从当前国内的未来需求看，我国的润滑油市场中的发展前景还是非常可观的。工业润滑油未来有很大发展空间。原因包括以下三点：首先，市场占比低于国际水平。2015 年，中国工业润滑油的市场占比(占润滑油市场整体的)为 48%，相比美国工业润滑油占市场 52%，德国占 60%，仍有较大发展空间。其次，工业润滑油产品种类多，且国内生产企业规模普遍做的不大，且多为同质化的中低端产品，市场竞争格局有待重新梳理。再次，工业润滑油终端用户的应用需求、设备制造商的性能要求也不断提高，给高性能的绿色环保型润滑油带来巨大商机。

总体而言，PAO 生产工艺复杂，成本过高，随着社会对环保，节能及排放要求越来越高，对高端润滑油及基础油需求越来越大，全合成基础油需求缺口越来越大，价格也日益走高。急需找到一个替代的基础油来降低成本，实现环保要求同时解决进口依赖度高等问题。

4　乙烯基润滑油技术路线

以乙烯直接聚合成的高性能基础油，国际国内还没有相关类似技术和装置报道。中国科学院上海有机化学研究所自主合成的 LPE，通过独特的催化剂对聚合物结构进行调控，完成化学品结构的定制。该技术采用新型催化剂，乙烯转化率达 95%，一步聚合加氢后得到基础油，工艺简单，操作条件温和。

4.1　乙烯基产品油与 PAO 油性能对比

由表 2 检测结果表明，中国科学院上海有机化学研究所自主合成的 LPE 跟传统 PAO 具有性能上的一致性，适合做全合成润滑油的基础油原料。在粘度指数、倾点、闪点、酸酯、氧化安定性指标上优于市售 PAO 40 油。

表 2　乙烯基产品油与 PAO 油性能对比

项目	测试标准	市售 PAO 40	LPE
运动黏度(40℃)	ASTM D445-15a	409.4 mm^2/s	328.5 mm^2/s
运动黏度(100℃)	ASTM D445-15a	40.13 mm^2/s	36.01 mm^2/s
黏度指数	ASTM D2270-10(2018)	148	156
相对密度(15.6/15.6℃)	ASTM D4052-15	0.8499	0.8426
倾点	ASTM D97-16	-42 ℃	-48 ℃
闪点(克利夫兰开口环)	ASTM D92-16	286 ℃	298 ℃
酸值	ASTM D974-14e2(Pro. A)	0.11 mg KOH/g	<0.01 mg KOH/g
氧化安定性	ASTM D2272-14a(Method A)	16 min	20 min
颜色 ASTM	ASTM D1500-12	L0.5	L0.5
蒸发损失(NOACK 法 步骤 B)	ASTM D5800-15a	1.6 %(m/m)	0.4 %(m/m)

4.2　新工艺简介

本工艺原理是以二乙基氯化铝 $AlCl(C_2H_5)_2$ 为副催化剂，以中国科学研究院上海有机所生产的催化剂为主催化剂，在压力 0.2~1.0MPa(G)、温度 10~50℃ 条件下，期间经历链引发、链增长、链行走、链终止等四个步骤。工艺流程由原料的储运工段、原料的精制配送工段、、聚合工段、后处理工段、加氢工段、轻重油分离工段等组成。

4.3　工业化实施进展

上海工程有限公司基于有机所自主开发的高性能有机金属催化剂，以及 30 升间歇釜式、30 升连续釜式聚合，100L 釜式聚合催化乙烯聚合实验数据的基础上，进行全流程模拟，完成反应系统、淬灭、吸附系统的设计和制造，开展3000吨工业规模装置技术工艺包及技术经济分析，完成示范装置工艺包开发，重点解决：(1)反应器设计与选型：溶剂二氯甲烷在操作条件下不气化；有效容积中如何快速移出反应产生的热量，保持催化剂和反应气的温升在一个可接受的范围内，避免局部飞温导致的反应失控。(2)独特的尾气处理措施：含卤元素及其化合物的可燃气体，需单独设计处理系统达到国家环保标准。同时完成了示范装置及其配套设施的方案规划、基础设计和详细工程设计，并最终在江苏某化工园区进行工业化应用。

5 结语

目前PAO油由于存在原料成本高、三废排放多、技术被垄断等因素，限制了在高端润滑油领域的应用和发展。以乙烯直接聚合成的高性能基础油，国际国内还没有相关类似技术和装置报道。目前小试结果，新技术LPE油品指标明显优于市售PAO，具有替代性。该技术聚合条件温和，原料和生产成本低，三废排放少，相对于PAO法具有显著的市场优势和前景。该技术可望开辟一条全新的润滑油基础油路线，彻底取代传统聚-α烯烃的产品途径。

高端润滑油是中国传统化工向新材料发展的重要方向，该技术的工业示范，为我国开发出具有市场竞争力和自主知识产权的全合成基础油成套技术奠定基础。

参 考 文 献

[1] 马建梅，李惠萍，胡子昭 . α-烯烃合成油的现状与展望 . 化学工程师 . 2011 年第 1 期，43-44.

[2] 宋宁宁、康茵 . 润滑油基础油的特点及生产工艺 . 工业技术 . 2010，38(1)，23-26.

[3] 王 超，刘梅芳，张艳林 . 聚合反应对聚-α 烯烃合成润滑油基础油性能影响的研究 . 化学工业与工程技术 2004(25)-5，23-25.

[4] 张君涛，候晓英，李坤武等，Ⅳ类基础油 PAO 的使用现状及其生产工艺简析，西安石油大学学报(自然科学版)2007(22)-5，54-55.

[5] 许健，彭立，马国梁等，合成润滑油基础油茂金属聚-α 烯烃合成研究进展，现代化工，2012(32)-9，29-30.

[6] 周在孝，丁洪生 . α-烯烃齐聚制 PAO 催化剂的研究进展 . 安徽化工 . 2009(35)-3，4-5.

[7] 李红平，冯乐刚，张海忠 . 中黏度 PAO 20 合成工艺条件优化 . 石化技术与应用 . 2015(33)-5，416-418.

关于塔顶冷凝系统水露点的流程模拟计算

郭　强　马　真　曹　然　牛　犇　弓　勋

（中国石油独山子石化公司）

摘　要　加氢装置塔顶冷凝系统气相组成复杂，常规的控制目标均是按照工艺生产运行情况设定的，未考虑冷凝至水露点温度以下时造成设备或管线的严重腐蚀情况，本文利用流程模拟软件，以加氢裂化装置实际生产数据为基础，计算塔顶冷凝系统水露点，设置防腐工艺指标，保证装置长周期运行。

关键词　塔顶冷凝系统；水露点；流程模拟；腐蚀

1　装置简介

中国石油独山子石化炼油厂 200 万吨/年蜡油加氢裂化装置，设计采用 UOP 公司提供的工艺包，由中国石油第一化工建设公司承建，2006 年 3 月开始建设，2008 年 8 月装置中交，2009 年 9 月开工投产。装置以减压蜡油、焦化蜡油为原料，采用单段一次通过流程，最大限度生产 BMCI<10 的尾油（作乙烯原料）和硫含量<50ppm，十六烷值>55 的优质柴油，同时副产轻烃气体、液态烃和石脑油。

2　计算背景

根据车间防腐工作计划的安排，要求核算汽提塔、分馏塔、脱丁烷塔等塔顶油气中水露点温度，控制塔顶内部操作温度高于水露点温度 14~28℃以上，控制塔顶回流量及温度，避免塔内因塔顶回流形成液相水腐蚀环境，并进行对标，形成报告。

塔顶油气的主要成分是轻烃、石脑油和水蒸气，还有 HCL、H_2S 以及其他杂质气体。当塔顶油气的温度降至水露点温度以下时，一部分水蒸气冷凝下来形成水相，HCL 和 H_2S 随之溶解于水相中，HCL-H_2S 水溶液可造成强腐蚀；当温度降至刚好使塔顶油气形成初始水相，即水露点时，谁的 pH 值最低，甚至低于 1，将造成设备或管线的严重腐蚀。研究塔顶油气的相行为时将塔顶油气视为烃-水体系，从防腐的角度，控制塔顶油气高于水露点温度 14~28℃为佳。

3　塔顶冷凝系统露点计算简介

对塔顶油气进行露点温度的 HYSYS 流程模拟计算时，必须解决油气组成的表征问题。对于未建模的装置，塔顶气相组成未知，可以采用“反推”的方法，即将污水、石脑油、瓦斯气等出料物流混合加热至塔顶条件来模拟塔顶油气；对于已建模的装置，塔顶气相处于塔的子环境下，无法添加调节模块，可以在塔模型中将塔顶气相作为引出物流至主界面，通过调节模块计算露点，见图 1。

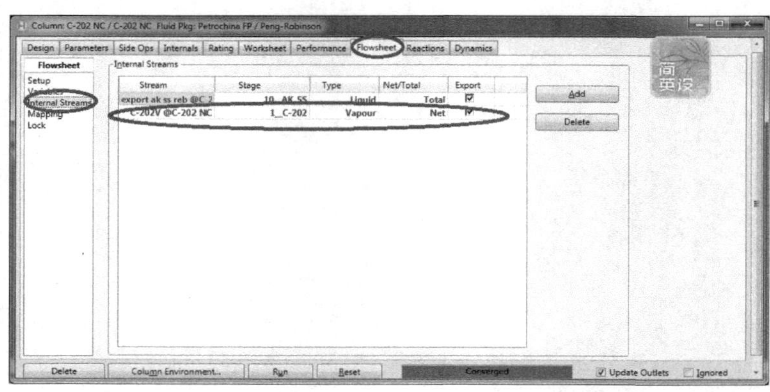

图 1

露点是指一个由多种组分形成的气态混合物，当温度降低到刚好使混合气体开始凝结第 1 滴液滴时的温度。对于烃-水体系，可能会出现富烃相和富水相 2 个液相，将出现初始烃相时的温度称为烃露点，将出现初始水相时的温度称为水露点，一般情况下第 1 液相是富烃相，第 2 液相是富水相，在组成一定的情况下，流量对露点温度的影响不明显，压力对露点温度的影响显著。

4　塔顶冷凝系统露点计算方法

烃露点的计算：利用调节模块计算某一输入压力 Pressure 下气相分率 Vapour Phase 为 1 的温度 Temperature 即为烃露点，压力 Pressure 为自变量，温度 Temperature 为因变量，利用 Case Study 研究二者之间的关系，生成列表。

水露点的计算：在物流 Worksheet-Properties 栏目最下方添加水露点 Water Dew Point 的显示项，压力 Pressure 为自变量，温度 Temperature 为因变量，利用 Case Study 研究二者之间的关系，生成列表。具体见图 2，图 3。

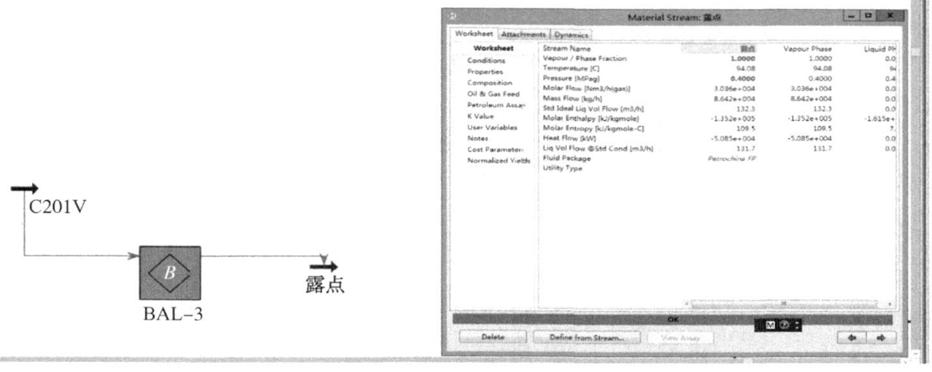

图 2

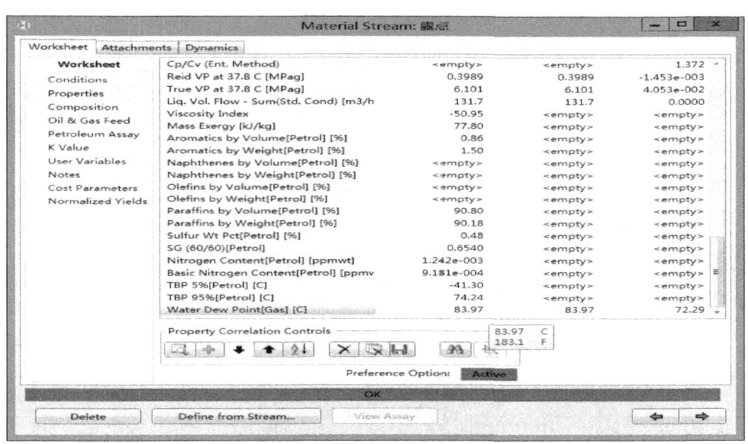

图 3

5　设计数据(表 1)

表 1　设计数据

塔器名称	200 万加氢裂化		
	汽提塔	分馏塔	脱丁烷塔
塔器位号	C-201	C-202	C-204
管道公称直径 mm	450	600	200
操作条件温度℃	94	143	65
操作条件压力 MPa	0. 586	0. 069	0. 931
设计条件温度℃	114	163	85
设计条件压力 MPa	0. 766	0. 249	1. 111
水压试验压力 MPa	1. 15	0. 37	1. 67
气密试验压力 MPa	0. 77	0. 25	1. 11
当前塔顶温度℃	97. 8	135. 4	63. 6
当前塔顶压力 MPa	0. 525	0. 046	0. 958
当前回流罐压力 MPa	0. 494	0. 035	0. 925
当前塔与罐压差 MPa	0. 031	0. 011	0. 033
塔顶温度指标℃	85~105	115~148	60~70
回流罐压力指标 MPa	0. 4~0. 6	0. 02~0. 05	0. 85~1. 05

6　计算结果及分析

(1) C-201(表 2)

表 2

	塔顶压力 MPa	烃露点℃	水露点℃
Case 1	0. 4	94. 08	83. 97
Case 2	0. 42	95. 64	85. 22
Case 3	0. 44	97. 15	86. 44
Case 4	0. 46	98. 62	87. 62

续表

	塔顶压力 MPa	烃露点℃	水露点℃
Case 5	0.48	100.05	88.77
Case 6	0.5	101.44	89.89
Case 7	0.52	102.80	90.98
Case 8	0.54	104.12	92.04
Case 9	0.56	105.41	93.08
Case 10	0.58	106.67	94.09
Case 11	0.6	107.90	95.08
Case 12	0.62	109.11	96.04
Case 13	0.64	110.29	96.99
Case 14	0.66	111.44	97.91
Case 15	0.68	112.57	98.82
Case 16	0.7	113.68	99.71
Case 17	0.72	114.76	100.58
Case 18	0.74	115.82	101.44
Case 19	0.76	116.87	102.27

当前C-201塔顶压力0.525MPa，对应的水露点温度在Case7~8之间，约91.3℃，当前塔顶温度97.8℃，大于水露点温度6.5℃，不符合高于水露点温度14~28℃的要求，若要满足要求，当前塔顶温度需提高至105.3℃，塔顶温度指标为85~105℃，略微超上限，可以通过降低塔顶压力的方式降低水露点温度。

当前工艺指标条件下，C-201塔顶压力靠下限控制，塔顶温度靠上限控制，方可满足高于水露点温度14~28℃的要求，但提高C-201顶温后轻石脑油量大，轻石泵负荷受限，可能面临轻石无法外送改重石的情况。

（2）C-202(表3)

表3

	塔顶压力 MPa	烃露点℃	水露点℃
Case 1	0.02	117.13	87.39
Case 2	0.025	118.53	88.53
Case 3	0.03	119.89	89.64
Case 4	0.035	121.20	90.70
Case 5	0.04	122.48	91.74
Case 6	0.045	123.72	92.75
Case 7	0.05	124.93	93.73
Case 8	0.055	126.11	94.68
Case 9	0.06	127.26	95.61
Case 10	0.065	128.38	96.51
Case 11	0.07	129.48	97.40
Case 12	0.075	130.54	98.26

续表

	塔顶压力 MPa	烃露点℃	水露点℃
Case 13	0.08	131.59	99.10
Case 14	0.085	132.61	99.92
Case 15	0.09	133.61	100.73
Case 16	0.095	134.60	101.51
Case 17	0.10	135.56	102.29

当前C-202塔顶压力0.046MPa，对应的水露点温度在Case6~7之间，约93℃，当前塔顶温度135.4℃，大于水露点温度42.4℃，远高于水露点温度，在现有指标条件下，即使塔顶温度靠下限控制，塔顶压力靠上限控制，依据能够满足高于水露点温度14~28℃的要求。

（3）C-204(表4)

表4

	塔顶压力 MPa	烃露点℃	水露点℃
Case 1	0.8	68.87	48.77
Case 2	0.82	69.81	49.22
Case 3	0.84	70.74	49.65
Case 4	0.86	71.65	50.04
Case 5	0.88	72.54	50.42
Case 6	0.9	73.43	50.77
Case 7	0.92	74.29	51.10
Case 8	0.94	75.15	51.40
Case 9	0.96	76.00	51.68
Case 10	0.98	76.83	51.95
Case 11	1	77.65	52.20
Case 12	1.02	78.46	52.43
Case 13	1.04	79.26	52.64
Case 14	1.06	80.04	52.84
Case 15	1.08	80.82	53.02
Case 16	1.1	81.59	53.20

当前C-204塔顶压力0.958MPa，对应的水露点温度在Case8~9之间，约51.6℃，当前塔顶温度63.6℃，大于水露点温度12℃，不符合高于水露点温度14~28℃的要求，若要满足要求，当前塔顶温度需提高2℃至65.6℃，塔顶温度指标为60~70℃，符合提温条件。

当前工艺指标条件下，设置塔顶温度平稳率指标靠上限控制，可满足高于水露点温度14~28℃的要求。

350×10⁴ t/a 重油催化裂化装置改造浅析

郭本强　李伯华

（中国石油大连石化公司）

摘　要　大连石化公司 350×10⁴t/a 重油催化裂化装置（以下简称四催化），自装置建成投产以来，受装置大型化相关技术的制约，掺渣比、加工量偏低和长周期稳定运行等系列问题影响，一直困扰公司生产运行和优化增效工作。随着技术进步，经过多年探索和论证，2017 年 4 月停检期间，装置采用中温强化烧焦等多项技术对反应、再生和能量回收系统进行了提高烧焦和取热能力、改善流化、增加剂油比、优化反应条件、强化三旋效率、消除高温烟道开裂、防止余热锅炉腐蚀泄露等工艺和设备方面的改造，工程费用九千余万元。装置在 2017 年 5 月 20 日一次开车成功。改造后，加工原料残炭比改造前重 0.5-0.95 个单位，总液收持平，加工量提高 700-1100t/d，装置加工重油能力得到显著提升；反再系统流化稳定，高温烟气管线和余热锅炉等设备运行正常，三旋改造后效果明显，烟脱浆液悬浮物含量下降 50%，烟机运行平稳、做功增加；改造后装置综合能耗降低 2.36kgoe/t；外排烟气氮氧化物含量下降 30%，改造效果显著。

关键词　催化裂化；长周期运行；强化烧焦 重质油加工；产品优化

1　装置改造概况

大连石化公司 350×10⁴t/a 重油催化裂化装置（以下简称四催化），于 2002 年 11 月建成投产，由洛阳石化工程公司设计，中油一建和六建承建，装置包括反应-再生、分馏、吸收稳定（包括气压机）、能量回收机组、余热锅炉、产品精制、余热回收和烟气脱硫共八个部分。

自四催化装置建成投产以来，受装置大型化相关技术的制约，掺渣比、加工量偏低和长周期稳定运行等系列问题一直困扰公司生产运行和优化增效工作。随着技术进步，经过多年探索和论证，2017 年 4 月停检期间，装置采用中温强化烧焦等多项技术对反应、再生和能量回收系统进行了提高烧焦和取热能力、改善流化、增加剂油比、优化反应条件、强化三旋效率、消除高温烟道开裂、防止余热锅炉腐蚀泄露等工艺和设备方面的改造，工程费用九千余万元。针对多年来存在的困扰四催化装置长周期问题，本次改造采取如下方案。

1.1　增加再生器取热能力

新增一台外取热器 R1105 及相应汽包 V1405，提高再生器取热能力；重新设计再生器内取热器（由 10 组变为 16 组并改在烧焦罐内），在取热的同时也可以解决原装置发汽量大、蒸汽过热度不足的问题；将原运行不稳定的气控式外取热器改为下流阀控提升返回式。

1.2　对再生器进行强化烧焦改造，提高再生能力和流化稳定性

原再生器烧焦能力不足、再生器稀相尾燃，二密床运行不稳定，旋分料腿易振动开裂导致跑剂，同时，危害烟机的稳定运行。本次采用中温强化烧焦技术对再生器进行改造，并在保留快速床+湍流床的再生型式基础上，将二密床大孔分布板由弧形板面变为平面型板面，改善流化均匀性，同时改善催化剂抽出区域的状态。烧焦罐内设置催化剂分布器，增设格栅，变主风分布管为主风分布板，优化催化剂与主风分布，实现降低再生温度的同时提高烧焦能力。

1.3　优化反应条件

再生温度降低到 680℃，为提高反应剂油比提供支持。对提升管进行缩径，并采用两层喷嘴的新型进料段，优化反应条件。在提升管底部设置冷热催化剂混合器，作为原料较重、再生温度高于设计值时提高剂油比的补充手段。

1.4　解决关键设备长周期稳定运行问题

原三旋单管因 2014 年停检前再生器旋分断料腿等问题导致催化剂跑损大造成磨损，虽然局部修补但效果不理想，并且原单管下料不畅、有不同程度结垢现象，影响烟机平稳运行。本次改造利旧原三旋壳体，更新分离单元，更换临界喷嘴，将三旋泄气量增加，解决三旋单管结垢问题。

余热锅炉省煤器由蒸汽吹灰改为激波吹灰。

三旋出口等处高温烟道多次出现开裂甚至突然爆裂，导致装置切断进料抢修。本次重新设计高温烟道；对双阀后易出现衬里脱落导致过热问题的烟道重新设计衬里材料并将管段在制造厂整体制作烘干。具体见图 1，图 2。

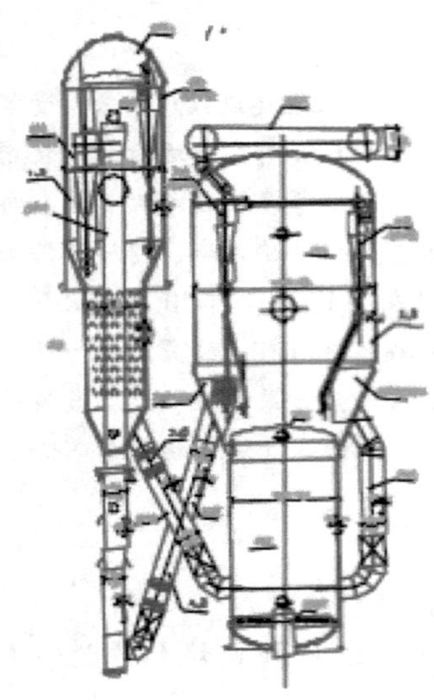

图 1　改造前反再总图

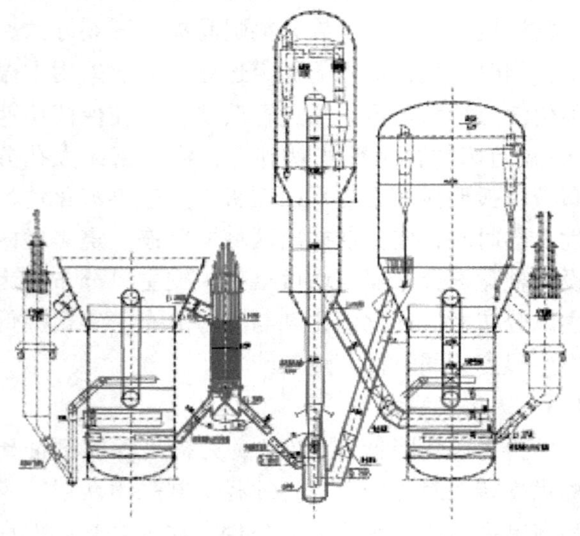

图 2　改造后反再总图

2　改造效果分析

2.1　加工负荷明显提升

选取改造前后，在总液收一致的情况下周平均数据进行对比，如表 1 所示。

表 1　同等总液收情况下对比

	改造前	改造后
加工量，吨	8793.08	9940.84
干气(%)	3.24	3.68
液化气(%)	18.22	16.98
汽油(%)	41.38	40.98
柴油(%)	5.69	4.16
热柴(%)	13.35	19.08
重柴(%)	4.07	1.65
油浆(%)	6.22	4.99
液收(%)	82.71	82.86
原料残炭(%)	3.63	4.58

在同等总液收条件下，改造后加工原料比改造前残炭重 0.95 个单位，处理量比改造前多 1147 吨/天，装置加工重质油能力显著提升。

2.2　装置能耗明显下降

收集改造前三个自然年份 6 月～10 月装置累计能耗数据，2014 年 6 月～10 月累计能耗 47.26kgoe/t，2015 年 6 月～10 月累计能耗 45.55kgoe/t，2016 年 6 月～10 月累计能耗 49.65kgoe/t，改造后装置 2017 年 6 月～10 月累计能耗 43.19kgoe/t，与改造前装置同期能耗最低的 2015 年相比，改造后能耗降低 2.36kgoe/t。具体数据见表 2。

与 2015 年相比，3.5MPa 蒸汽外送增加，能耗降低 2.33kgoe/t。由于工艺改造，反应系统用汽量减少，1.0MPa 蒸汽能耗降低 1.27kgoe/t。本次改造后，烟机结垢振动问题消除，烟机作功增加，装置电耗降低 1.49kgoe/t。

表 2　改造前后各年份能耗对比

单位：kgoe/t	2014 年 6 月～10 月	2015 年 6 月～10 月	2016 年 6 月～10 月	2017 年 6 月～10 月
电	8.8	9.74	10.25	8.25
1MPa 蒸汽	12.99	11.23	13.26	9.96
循环水	1.07	1.03	1.01	0.81
海水	1.36	1.61	1.72	1.67
除盐水	1.69	1.67	1.73	1.71

续表

单位：kgoe/t	2014 年 6 月~10 月	2015 年 6 月~10 月	2016 年 6 月~10 月	2017 年 6 月~10 月
含盐凝结水	-0.14	-0.21	-0.22	-0.33
含油凝结水	-0.6	-0.41	-0.56	-0.38
热量	-7.49	-7.08	-6.61	-6.40
催化烧焦	78.81	80.01	78.49	82.00
3.5MPa 蒸汽	-49.23	-51.78	-49.43	-54.11
能耗合计	47.26	45.55	49.65	43.19

2.3 外排烟气中氮氧化物含量明显下降

改造前，2016 年装置原料平均氮含量 0.153%，装置外排烟气氮氧化物含量为 $149.88mg/m^3$。改造后装置原料平均氮含量 0.196%，外排烟气氮氧化物含量为 $104.5mg/m^3$。改造前后对比，在原料氮含量增加 0.043% 的情况下，通过再生器的改造，烧焦罐温度的降低，外排烟气中氮氧化物含量下降 30%。

2.4 三旋改造后效果明显、烟机结垢振动问题消除

三旋内胆、临界喷嘴进行更新改造后，在自然跑损率 0.5kg/t 原料工况下，三旋出口烟气中粉尘含量显著下降，经过烟气脱硫系统洗涤后的浆液悬浮物含量，由改造前 $3716mg/m^3$ 下降至 $1856mg/m^3$，浆液悬浮物含量下降 50%。

改造前，2014 年 5 月 28 日，装置检修后开工，烟机运行 87 天后，因烟机振动高，装置进行了主备风机切换。2014 年 12 月 27 日，装置对烟机转子进行更换后，烟机运行 40 天后，因烟机振动高，再次进行了主备风机切换(表 3)。

表 3 烟机运行时间对比

时间段	2014.5.28~2014.8.22	2014.8.24~2014.12.19	2014.12.27~2015.2.4	2015.2.5~2015.6.19
运行天数	87(开工)	118	40(换转子)	144
时间段	2015.6.21~2015.9.15	2015.9.16~2016.8.10	2016.8.16~2016.10.7	2016.10.9~2016.11.5
运行天数	128	339	52(换转子)	27
时间段	2016.11.7~2017.2.18	2017.2.19~2017.3.27	2017.5.20~2017.11.9	
运行天数	103	36	173+(开工)	

四催化装置 2014 年停检以来，烟机几次在连续运行时间 3 个月左右便切换主备风机，对烟机进行在线清垢。本次改造后，烟机运行状态明显好转，烟机做功增加，机组电耗也较前两年明显下降，与 2014 年机组电耗最低值相比，改造后电耗平均下降 897.21kW·h，节能效果显著。

2.5 再生系统催化剂流化明显改善

本次改造，通过采用主风分布板、二密采用水平分布板、斜管入口增加脱气线、再生斜管及待生斜管位置的变更和改造，消除了原提升管及滑阀振动问题。再生器内床层分布均匀，电镜分析催化剂磨损问题得到明显改善，稀相径向温差由改造前的 81℃ 降低至 56℃，降低 25℃，温度分布更均匀。解决了过去高负荷下再生器尾燃问题，三旋入口与烧焦罐温差由改造前的 23℃ 降低至 6.2℃。

气控式外取热器改为下流阀控提升返回后，有效加强了装置对该外取热器发汽量的控制，改造前气控外取热器曾经 3 个月多达 22 次因流化不畅导致发汽量降低。改造后可通过滑阀灵活调节取热量大小，有效地提高了外取热能力和运行的可靠性。

2.6 余热锅炉腐蚀问题得到解决

本次改造，余热锅炉省煤器由蒸汽吹灰改为激波吹灰，解决了蒸汽带水造成炉管露点腐蚀泄漏的问题，同时过热蒸汽温度提高，烟气排烟温度降低，烟气脱硫系统水耗降低，锅炉激波吹灰综合效果明显好于蒸汽吹灰。

2.7 高温烟气管系故障率降低

2012 年 5 月 11 日装置检修后开工，9 月 15

日因三旋出口至双动滑阀水平管段膨胀节焊口突然爆裂，装置启动自保紧急停工；2014年5月27日装置检修后开工，6月3日因三旋出口至双动滑阀水平管段根部焊口开裂，装置停工闷床。过去装置检修后开工初期，易出现高温烟气管线开裂而造成装置非计划停工的问题，本次改造后开工至今，高温烟气管系运行正常，高温烟气管系故障率降低。

2.8　反应条件优化，汽油辛烷值上升

反应时间缩短，反应温度提高，低碳烯烃增加，改造前汽油辛烷值92.3，改造后汽油辛烷值93，汽油辛烷值上升。

2.9　装置过热蒸汽产量及品质均得到提升

本次装置改造，再生器内取热位置及过热能力进行改变，由再生器二密处10组内取热变更为烧焦罐内16组内取热。改造后，3.5MPa蒸汽产量增加50t/h，同时内取热出口3.5MPa蒸汽温度有所提高(表4)。

表4　进出内取热蒸汽温度对比

内取热位置	入口蒸汽温度	出口蒸汽温度
改造前：二密	246℃	376℃
改造后：烧焦罐	246℃	389℃

本次装置对余热锅炉省煤器吹灰形式做了变更，由蒸汽吹灰改为激波吹灰，同时新型保温材料的使用，使装置过热蒸汽温度显著提高，外送3.5MPa过热蒸汽由改造前的380℃提升至400℃，外送蒸汽品质得到提升(图3)。

3　存在的问题

3.1　产品分布未达到预期(设计汽油产率46%，实际累计平均40.5%，最高43.4%)

产品分布未达到预期主要有两个原因：

(1) 加工原料性质显著重于设计

在提交改造设计委托时，通过公司讨论上报的改造后装置加工的原料性质为，原料残炭3.72%，原料密度896.2kg/m^3，在渣油加氢装置换剂时，原料性质最为恶化，原料残炭4.09%，密度900.7kg/m^3。但装置开工后，受到全厂物料平衡影响，四催化装置加工原料平均残炭4.42%，最高4.8%，原料平均密度906.98kg/m^3，均显著高于设计值，对产品收率影响较大。

(2) 新型进料段未达到预期效果

通常催化裂化装置进料喷嘴出口均处于同一水平面的提升管壁上，本次四催化装置改造国内首创上下两层喷嘴不同插入深度同时进料，其设计思想是针对大型装置提升管直径过大、提升管中心油剂接触不良的问题进行改进，强化剂油接触，从而提高目的产品收率。

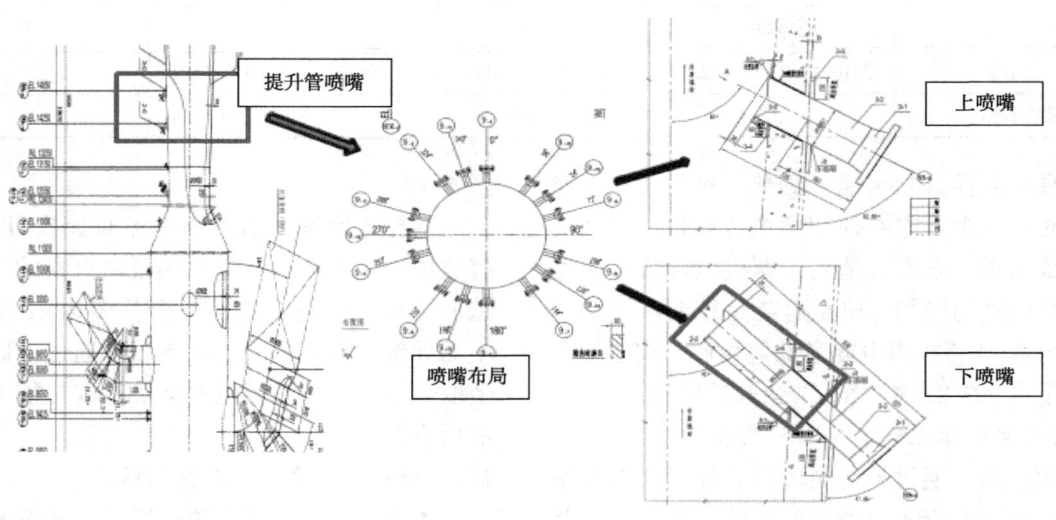

图3　提升管喷嘴图

但装置通过两次投用及切除下原料喷嘴实践发现，双层进料时汽油收率会降低2%以上，故装置将原料下层5个喷嘴彻底切除。目前推测下层喷嘴的存在，对提升管内平推流状态形成扰流影响。切除后，导致上层10个进料喷嘴进料负荷增加，偏离了最佳工作点，故导致产品收率未达到预期。

3.2　装置剂耗增加

本次改造后，经试验调整，最佳工作点二密藏量为270t(该指示值偏高，受取压点在器壁的边壁效应影响，实际小于该值，但比改造前增加)，催化剂循环量为2952t/h，催化剂停留时间为329s，催化剂停留时间有所增加。原烧焦罐设计温度为680℃，因装置加工高残炭原料、大处理量，装置烧焦罐温度为700℃，工况劣于设计工况，加速了催化剂的水热失活。同时，原料变重，铁和其它金属污染加重。因此为保证系统内平衡剂活性，装置剂耗增加(0.3～0.5)kg/t原料。

3.3 装置热剂滑阀卡涩问题

本次改造，装置新增了三个滑阀，即气控滑阀、热剂滑阀、冷剂滑阀。除气控滑阀运行正常外，新增外取热至烧焦罐的热剂滑阀，以及新增外取热至提升管的冷剂滑阀，均出现卡涩现象。虽然通过提高滑阀系统油压解决了装置冷剂滑阀卡涩问题，但热剂滑阀依然卡涩。在装置备机工况环境下，因热剂滑阀开度过大无法关小，会影响装置三台外取热器取热负荷匹配，带来烧焦罐温度过低，再生器稀相尾燃严重的问题。

4 下一步优化改进方向

4.1 新型进料段应进行改造

根据实际运行情况，分层进料未能改变原先油剂接触不好的问题，现在用的10个喷嘴单个设计进料能力为37.5t/h，实际达到40t/h以上，当雾化蒸汽压力波动时，进料量波动较大。

4.2 新技术应用

论证提高现有取热器发汽量的安全上限，在此基础上，制定采用富氧再生技术继续提高烧焦能力的方案。

5 结论

四催化装置改造后与改造前相比，同等性质原料总液收持平，虽然改造后汽油收率未达到预期，但因加工量提升日汽油产量多于改造前。加工原料残炭比改造前重0.5%～0.95%，剂耗增加0.3～0.5kg/t原料，处理量多700～1100t/d，装置加工重油能力得到显著提升，半年增加净利润1亿元以上，已收回改造投资。

改造后原提升管及滑阀振动问题消除，再生器内径向温差降低25℃，气控外取热器运行的可靠性得到提升，余热锅炉腐蚀问题得到解决，高温烟气管系故障率降低，3.5MPa蒸汽产量增加50t/h，外送过热蒸汽温度提高至400℃，过热蒸汽品质得到提升，装置能耗降低2.36kgoe/t，外排烟气中氮氧化物含量下降30%，三旋改造后效果明显，烟脱浆液悬浮物含量下降50%，烟机结垢问题消除，烟机功率平均下降897.21kW·h，节能效果显著。

综上所述，改造后装置日汽油产量有所增加，装置原料残炭和加工量显著提升，有效化解了公司生产运行的瓶颈问题，经济效益显著。同时，解决了困扰装置长周期运行的系列问题，装置运行的稳定性明显提高。总体上看，本次改造有效实现了提升装置长周期平稳运行水平和增加经济效益两个目标。

参 考 文 献

[1] 曹汉昌、郝希仁、张韩．催化裂化工艺计算与技术分析[M]，北京：石油工艺出版社，2000.

[2] 马伯文．催化裂化装置技术问答[M]，北京：中国石化出版社，2005.

[3] 牛驰．重油催化裂化装置能耗分析及节能措施，石油炼制与化工[J]，2010.

[4] 吴宇、董森、谢恪谦、刘艳萍．强化烧焦组合技术在催化裂化装置改造中的应用，炼油技术与工程[J]，河南．

UPC 催化裂化催化剂在 80×10^4 t/a 重油催化裂化装置中的应用

林怡名　张守前　初建军

（中国石油大连石化公司）

摘　要　UPC催化裂化催化剂是青岛惠城环保科技股份有限公司利用独有的专利技术，对FCC废催化剂进行逆向拆解回用其中的铝元素与稀土元素，采用先进的分子筛合成、晶化技术重新合成分子筛，再进行催化剂生产制备的一种通用型FCC催化剂，并在中石油大连分公司 80×10^4 t/a的催化裂化装置上进行工业应用。工业数据表明，应用UPC催化剂后，液化气收率提高1.42%，轻收提高0.36%，生焦率下降0.75%，装置产出价值提高25.83元/吨原料油。证实UPC催化裂化催化剂具有良好的活性和选择性，可以进一步优化产品分布，对FCC废催化剂资源化回用，环境保护具有重要意义。

关键词　UPC催化裂化催化剂；液态烃；汽油；危废；环保；增效

1　前言

催化裂化是炼油行业最重要、最复杂的二次加工过程，FCC催化剂在催化裂化工艺中扮演着重要角色。随着我国炼油加工能力的逐年增加，产生的FCC废催化剂也不断增多，2016年颁布的《国家危险废物名录》中将FCC废催化剂定性为危险废物。

FCC废催化剂中含有硅、铝和稀土等资源元素，以及原油中带来的镍、钒、铁、钙等重金属，因此处理方法从长远来看，填埋必将被取缔；作为平衡剂只能回用一部分；磁分离也只是减少了FCC废催化剂的产量，未对废剂进行回收利用，FCC废催化剂低碳循环处理和资源化利用已成为环境学科的发展趋势。

2　装置简介

大连石化 80×10^4 t/a重油催化裂化装置（以下简称二催化）是由中国石油化工总公司北京设计院设计，1988年12月21日进行试生产。装置包括反应再生、烟气能量回收、产品分馏、吸收稳定和污水预提升五个部分。为满足多产高辛烷值汽油和多产液化气的需求，装置采用多产高辛烷值汽油、多产液化气、重油裂解能力强的复合型超稳分子筛催化剂；从稳定操作、保证装置长周期运行及环境保护角度出发，采用CO助燃剂、金属钝化剂、油浆抗垢剂等多种助剂。

3　UPC催化裂化催化剂简介

UPC催化裂化催化剂是青岛惠城环保科技股份有限公司利用独有的专利技术，对FCC废催化剂进行逆向拆解回用其中的铝元素与稀土元素，采用先进的分子筛合成、晶化技术重新合成分子筛，再进行FCC催化剂生产。做到了对FCC废催化剂处理技术方面的无害化和资源化，不仅可以提高资源的利用率，还可以保护环境，带来一定的经济效益。

UPC催化裂化催化剂是青岛惠城环保科技股份有限公司研创的利用FCC废催化剂逆向拆解得到铝元素和稀土元素，重新合成的FCC催化剂，各项理化指标均符合行业新鲜剂要求。

表1　UPC催化裂化催化剂质量指标

项目		单 位	质量指标	质量数据
外观			灰白色微球	灰白色微球
灼减		%(m)	≤13.0	11.5
Ni		%(m/m)	≤0.03	0.01
V		%(m/m)	≤0.02	0.01
Ca		%(m/m)	≤0.20	0.07
Na		%(m/m)	≤0.30	0.14
磨损指数		%(m/m)	≤2.5	0.8
表观松密度		g/ml	0.65~0.85	0.72
比表面积		m²/g	≥230	298
孔体积		ml/g	≥0.35	0.40
粒	0~20μm	V%	≤3.0	1.6
度	0~40μm	V%	≤18.0	15.4
分	0~149μm	V%	≥89.0	90.4

续表

项目		单 位	质量指标	质量数据
布	D(v, 0.5)μm	μm	65.0~85.0	74.9
微反活性(800℃/4h, %H_2O)		%(m/m)	≥68.0	71.2

4 工业应用过程

本次 UPC 催化裂化催化剂工业应用，根据检尺数据测算，2018 年 1 月 21 日开始进入系统，使用前一个月(2017 年 12 月 21 日~2018 年 1 月 20 日)为空白数据收集期，UPC 催化剂藏量过半后，开始进行试用标定标定，根据周检尺数据测算，2018 年 3 月 15 日~2018 年 3 月 21 日，UPC 催化剂占总藏量 58%~62%，将该段时间定为标定期，将对原料性质、平衡剂数据、操作参数、产品质量情况、物料平衡等进行数据收集和分析。

5 工业应用数据跟踪

5.1 原料性质

5.1.1 原料残炭

空白期原料油残炭加权平均值为 5.51%，标定期原料油残炭加权平均值为 5.42%，空白期原料油残炭较标定期略高，满足装置工艺卡片要求。

5.1.2 原料密度

本次试剂空白期原料密度平均值为 920.4kg/m³，加注期原料残炭平均值 916.2kg/m³，标定原料残炭 917.0kg/m³，空白期原料残炭较加注期及标定期略高，满足装置工艺卡片要求。

从图 1、图 2 趋势图上来看，原料性质在 UPC 催化剂进入加注期后开始变化，后期趋于稳定，进入标定期后，原料性质已经接近于空白期水平，因此，原料变化基本不会影响本次 UPC 催化剂的试用结果。

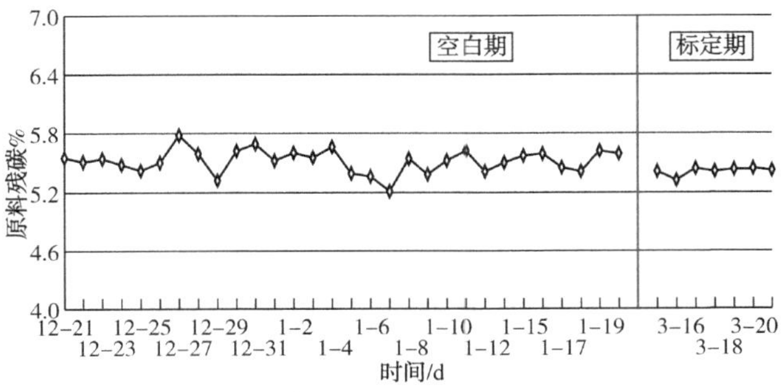

图 1　原料残炭趋势图

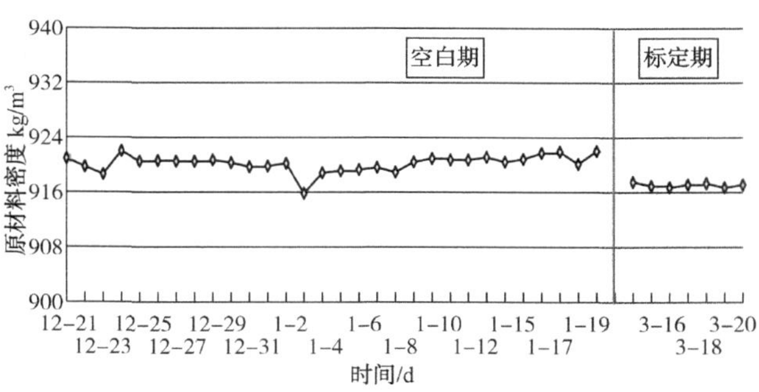

图 2　原料密度趋势图

5.2 催化剂性质

5.2.1 催化剂活性

本次试剂空白数据期，平衡剂活性平均 57 左右；加注期，平衡剂活性较空白期有所上升，达到 59 左右；标定期平衡剂活性平均 60。从趋势图上来看，平衡剂活性上升趋势明显，无大幅度波动(图 3)。

图 3　平衡剂活性

5.2.2 催化剂剂耗

图 4 为催化剂单耗趋势图，空白期催化剂平均单耗月为 1.24kg/t 原料，加注期催化剂单耗为 1.09kg/t 原料，标定期催化剂单耗为 1.1kg/t 原料。催化剂单耗根据每周检尺量进行计算，加剂量根据生产需要略有不同，单耗量有所波动，每周加剂量均在技术指标要求范围内。

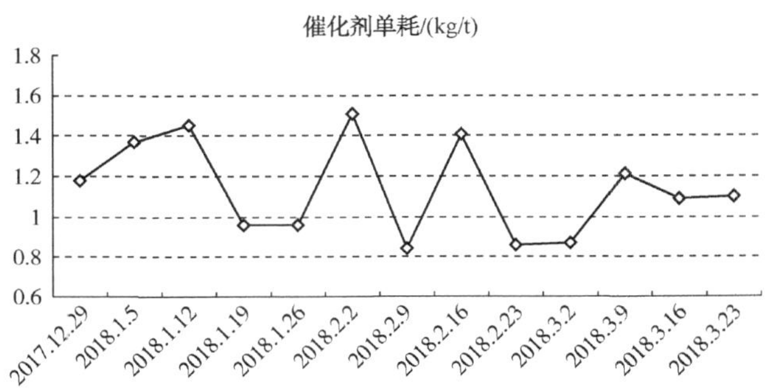

图 4　催化剂单耗

5.3 操作参数

表2为空白期操作参数、标定期操作参数及协议要求指标对比数据，空白期各操作参数及标定期各操作参数比较，相差不大，且均在协议要求指标范围内，装置操作平稳，未进行较大操作变动，未出现大幅度操作波动，设备运行状态较好，可认定为相似操作条件。

表2 操作参数对比

项目	单位	协议中要求指标	空白期均值	标定期
进料预热温度	℃	190~230	221.3	217.5
反应温度	℃	500~520	508.3	509.0
再生密相温度	℃	660~710	699.21	698.77
再生稀相温度	℃	670~720	715.44	713.84
催化剂单耗	kg/t	1.0~1.6	1.24	1.10
新鲜进料量	t/h	90~110	102.17	102.61

6 工业应用性能分析

6.1 物料平衡对比分析

表3数据显示，干气收率标定期数据较空白期高0.24%，液态烃收率标定期数据较空白期高1.42%，汽油收率标定期数据较空白期低0.19%，轻柴油收率标定期数据较空白期低0.87%，油浆收率标定期数据较空白期高0.15%，焦炭产率标定期数据较空白期低0.75%。汽油+液态烃收率，空白数据为59.06%，标定期数据为60.29%，标定期较空白期高1.23%。液态烃+汽油+柴油收率，空白期数据为81.44%，标定期数据为81.80%，标定期较空白期高0.36%。柴汽比，空白期数据为0.53，标定期数据为0.51。从数据上来看，标定期虽然汽油、柴油收率略低于空白期，但是，标定期的液态烃收率更高，液收更高。从产品结构上来看，标定期的产品分布更为合理。

表3 物料平衡对比

项目	加工量 t/d	干气,%	液态烃,%	汽油,%	轻柴油,%	油浆,%	烧焦,%
空白期	2454	3.21	16.94	42.12	22.38	5.90	9.35
加入期	2481	3.30	18.36	41.47	21.81	5.86	9.1
标定数据	2445	3.45	18.36	41.93	21.51	6.05	8.6

6.2 汽油辛烷值分析

图5为汽油辛烷值变化曲线，空白期的汽油辛烷值平均92.7，加注期汽油辛烷值平均92.9，标定期汽油辛烷值平均92.7。装置本周期开工后，汽油辛烷值一直保持在92以上的较高水平，本次试用UPC催化剂，对汽油辛烷值无明显影响。

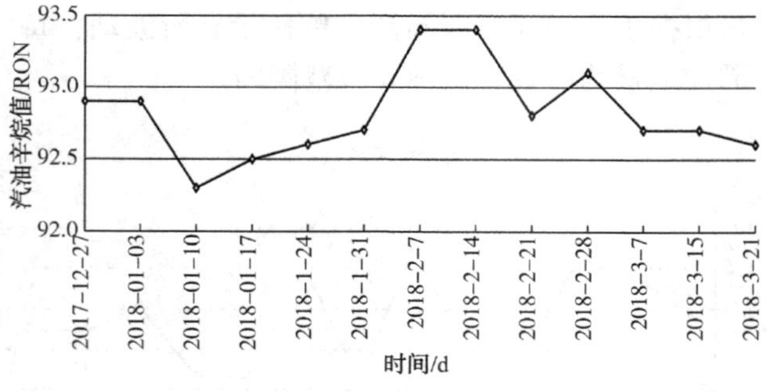

图5 汽油辛烷值

6.3 装置产值计算数据

根据技术协议给出的计算装置产值的公式得出：

空白期产出价值=干气收率×2000+液化气收率×4050+汽油收率×4050+柴油收率×3350+油浆收率×345+(平均汽油辛烷值-91)×汽油收率×50

$=0.0321\times2000+0.1694\times4050+0.4212\times4050+0.2238\times3350+0.059\times345+(92.7-91)\times0.4212\times50$

=3262.017元/吨油

标定期产出价值=干气收率×2000+液化气收率×4050+汽油收率×4050+柴油收率×3350+油浆收率×345+(平均汽油辛烷值-91)×汽油收率×50

$=0.0345\times2000+0.1836\times4050+0.4193\times4050+0.2151\times3350+0.0605\times345+(92.7-91)\times0.4193\times50$

=3287.843元/吨油

空白期产出价值计算得出为3262元/吨油，标定期产出价值为3288元/吨油，标定期结果较空白期增加25.83元/吨油，说明装置经济性稳中有升。

表 4 催化剂成本测算表

	不含税价格	含税价格	项 目	空白期	标定期
空白期剂不含税价格	17860	19000	剂耗，kg/T	1.24	1.1
UPC 标定期不含税价格	15043	17600	催化剂费用(元/吨油)	22.15	16.55
危废处置费不含税价格	2137	2500	危废处置费(元/吨油)	2.65	0
			催化剂总费用(元/吨油)	24.8	16.55
催化剂使用成本的降低，(元/吨油)				24.8-16.55=8.25	
效益增加值，(元/吨油)				25.83+8.25=34.08	

7 结论

大连石化二催化装置应用 UPC 催化剂后，根据原料油性质、平衡剂数据、操作参数、产品质量情况、物料平衡等数据，进行对比分析可以得到以下结论。

- 装置标定期与空白期原料油及生产操作基本处于相似水平，符合标定条件。
- UPC 催化裂化催化剂使用后能够维持良好的装置流化及操作稳定性。
- UPC 催化裂化催化剂的使用对各产品质量未产生不良影响。
- UPC 催化裂化催化剂具有较高的活性和稳定性。
- UPC 催化裂化催化剂使用后，液化气收率提高 1.42%，轻收提高 0.36%，生焦率下降 0.75%，装置产出价值提高 25.83 元/吨原料油，效益提高 34.08 元/吨。

UPC 催化裂化催化剂做到了对 FCC 废催化剂处理技术方面的无害化和资源化，不仅可以提高资源的利用率，还可以保护环境，并带来一定的经济效益。

参 考 文 献

[1] 刘腾，邱兆富，杨骥，曹礼梅，张巍．我国废炼油催化剂的产生量、危害及处理方法[J]．化工环保，2015，35(02)：159-164.

[2] 国家危险废物名录；2016

[3] Guido B，Paola R，Gabriella G，Giovanni Z，Leonardo G，Erica M，Roberto M. *The state of nickel in spent Fluid Catalytic Cracking catalysts*[J]. Applied Catalysis A，General，2014，486.

[4] 赵晓敏．FCC 废催化剂的综合回收利用[J]．炼油技术与工程，2017，47(04)：51-55.

[5] 叶阑珊，吕灵灵，杨驰，高玮．废催化裂化催化剂稀土元素回收方法综述[J]．广州化工，2018，46(10)：15-17.

活性白土原位合成介孔材料应用于油品脱硫的研究

金林鹏　施　力　孟　璇*　刘乃旺　王　昕

（华东理工大学化工学院）

摘　要　利用活性白土为原料，十六烷基三甲基溴化铵（CTAB）为模板剂合成了介孔材料，并通过等体积浸渍法对其进行改性。静态脱硫实验表明，铜（Cu^{2+}）负载量为20wt%的介孔材料，经过150℃活化后，对模拟油中丙硫醇的转化率接近100%。动态脱硫实验发现，介孔材料相比于活性白土能负载更多的铜，并且在相同的负载量下，表现出更为优异的脱硫性能。研究脱硫机理发现，丙硫醇在Cu^{2+}的催化作用下，形成了高沸点的二丙基二硫醚，后续可以通过简单的蒸馏实现深度脱硫的目的。

关键词　活性白土；介孔材料；油品脱硫；丙硫醇

1　引言

活性白土具有比表面积大，吸附能力强，脱色效率高，不与油脂及其它化学物质发生反应等优点，被广泛应用于液体脱色，例如食用油脱色[1-3]。使用活性白土对油脂进行脱色，不可避免地要夹带油，夹带量一般为活性白土量的20%~50%，从而增加了成本。为了减少食用油脱色工艺中的损耗，工业生产中会对白土的粒径进行控制，通过筛分除去粒径过小的白土颗粒，来加快过滤速度，减少白土的夹油量[4,5]。过去这类细颗粒白土的处理方式主要是回填，这种方式即污染了空气，又造成了极大的浪费。近年来，随着环境保护、可持续发展和合理利用资源观念的普及，研究开发细颗粒白土的资源化利用迫在眉睫。

目前介孔材料的制备所采用的原料大多数仍为化学试剂[6,7]。由于活性白土具有特殊孔道结构和丰富的硅源，可以通过适当的活化方式将其转化制备成介孔材料。本项研究采用细颗粒活性白土作为原料，通过适当的活化方法，在模板剂用量较少的情况下，得到了孔径分布均匀，比表面积较大的介孔材料。本文同时对合成的介孔材料进行了Cu^{2+}改性，并对其脱除模拟硫溶液中的丙硫醇进行了考察。

2　实验

2.1　实验试剂及实验原料

上海凌峰化学试剂有限公司购买的氢氧化钠（NaOH），十六烷基三甲基溴化铵（CTAB），盐酸（HCl）；阿拉丁试剂（上海）有限公司购买的丙硫醇，正己烷；黄山白岳活性白土有限公司提供的工业级活性白土。以上这些试剂无需进一步纯化即可使用。实验过程中均使用去离子水。

为了研究改性介孔材料对丙硫醇的脱除性能，本实验配制了含有丙硫醇的模拟原料。用吸量管取一定量的丙硫醇于容量瓶中，然后用正己烷溶液定容，其中丙硫醇含量为4000μg/g。

2.2　介孔材料的合成及改性

合成体系质量比为m（活性白土）：m（CTAB）：m（NaOH）：m（H_2O）= 10g：7.3g：2.9g：144g。取一定量的活性白土，加入适量的NaOH溶液（5%）搅拌0.5h，静置活化2h后，在强力搅拌下缓慢滴加CTAB溶液（15%）。之后加入合成体系中剩余的水，并用HCl调节合成体系pH值为10~11，继续搅拌1h后，将混合物转入内衬聚四氟乙烯的不锈钢反应釜中，在80℃下水热晶化4h。冷却到室温后，将反应釜内的固体用足量蒸馏水抽滤洗涤，120℃烘干过夜，并于650℃空气氛围下焙烧5h，得到最终产物。

铜的负载方法为等体积浸渍。取1g的介孔材料，将一定量的$CuCl_2$溶解于3ml的蒸馏水中，将$CuCl_2$溶液逐滴滴加到介孔材料中。120℃烘干5h后，在一定温度下活化处理2h，制得Cu^{2+}改性介孔材料。

2.3　改性介孔材料的评价

2.3.1　动态实验装置

连续实验反应器是由石英玻璃管制成，将其放入带有温控装置的加热炉中。在反应器中装入一定量的20~40目的改性介孔材料，样品的上下两端用石英砂填充。利用双柱塞微量泵将模拟原料油以6.0ml/h的流量输送入反应器内，空速

为 $5h^{-1}$。每 30min 在反应器的下端出口接取反应产物，并通过色谱分析反应产物里丙硫醇含量的变化，从而得到穿透曲线。动态连续实验装置如图 1 所示。

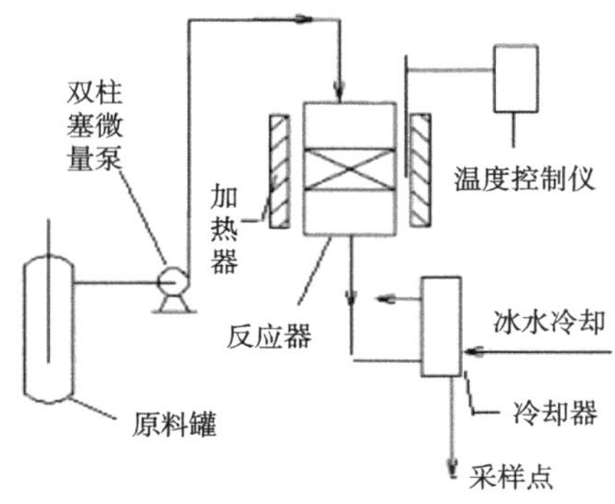

图 1　动态连续实验装置

2.3.2　静态间隙实验装置

称取 0.1g 的吸附剂，加入到三口烧瓶中，然后加入 10ml 模拟原料油。通过水浴温控装置，将温度设定在所需要的值，搅拌反应 12h。反应结束后，移取一定量的反应后原料，通过气相色谱分析原料中剩余的有机硫化物，并计算丙硫醇的转化率。静态间歇实验装置如图 2 所示。

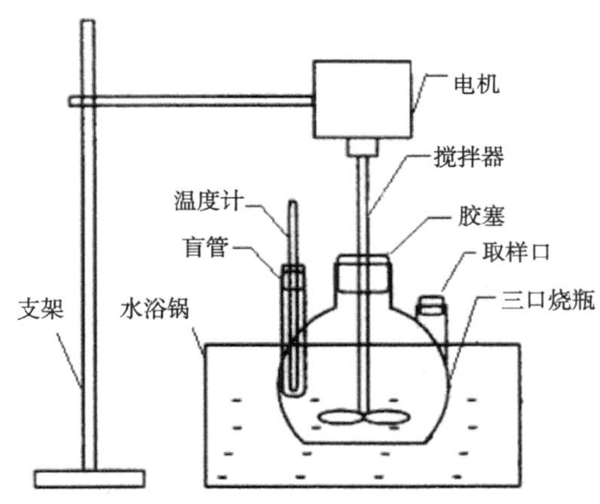

图 2　静态间歇实验装置

3　结果和讨论

3.1　BET 表征

孔径分布曲线由 BJH 方法计算所得。由图 3 可以看出，介孔材料具有一个明显的峰值孔径，而活性白土的孔径分布曲线接近于一条直线，两者的孔径分布曲线存在明显的不同。介孔材料的孔径范围为 2～4nm 之间，峰值孔径约为 3nm，这主要是模板剂 CTAB 在水热合成过程中产生的影响[8]。孔径分布曲线之间的差异证明了介孔材料的孔径较活性白土相比更加均匀，其孔道性质也与原有孔径分布广泛的活性白土有较大区别。

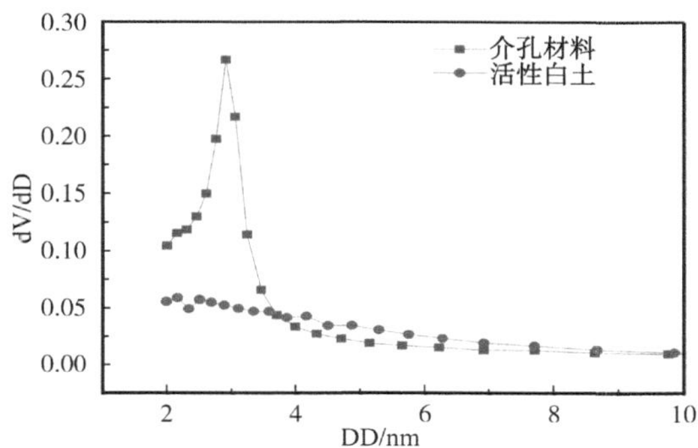

图 3　活性白土和介孔材料的孔径分布曲线

从图 4 中可以看出，介孔材料和活性白土的氮气吸-脱附曲线都比较符合Ⅳ型等温线，在较高的 P/P_0 范围内，观察到脱附滞后现象，呈现出滞后环。证明两者都存在介孔，但介孔材料的介孔数量较活性白土有了显著的提高[9]。从表 1 中也能看出，与活性白土相比，介孔材料的比表面积从 203.8m^2/g 变成了 484.8m^2/g，孔容也从 0.39cm^3/g 变成了 0.608cm^3/g。通过上述的 BET 表征数据的分析，证明了介孔材料的质构特性较活性白土发生了明显的变化，介孔材料的孔径更加均匀，介孔数量较多，比表面积以及孔容都显著增加。

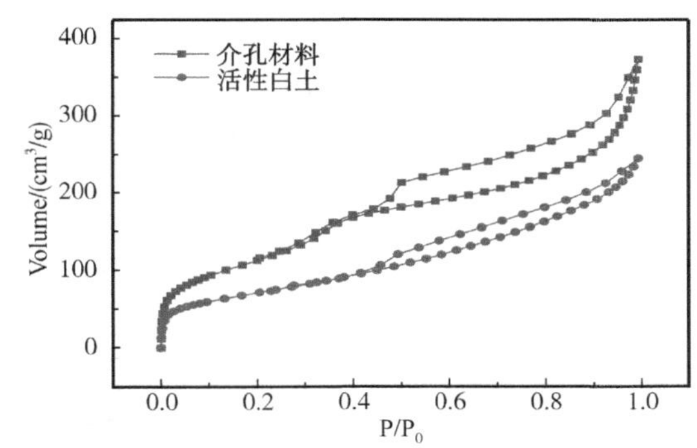

图 4　氮气吸-脱附曲线

表 1　活性白土和介孔材料的表面结构数据

Samples	surface area (m^2/g)	pore volume (cm^3/g)	pore size (nm)
介孔材料	484.8	0.608	5.278
活性白土	203.8	0.39	5.861

3.2　XRD 表征

活性白土和介孔材料的 X 射线衍射图谱如图 5 所示。可以看出，经过碱处理以及水热合成，活性白土特有的 d(001) 衍射峰变得几乎不可见，并且位置也发生了偏移，层间距变小，说明合成过程破坏了活性白土特有的层状结构。而在大角度区域的衍射峰变化不明显，说明合成过程中，较为温和的条件并不会对白土内大量的 SiO_2 结构造成破坏[10]。分析上述 XRD 结果，在碱和模板剂的作用下，活性白土在一定程度上发生分解，层间结构遭到破坏，分解的微细碎片与模板剂静电配位近程组装，很快形成了预期结构[11]。这也进一步解释了本文在较为温和的水热条件下实现了介孔材料的合成。

3.3　SEM 表征

图 6(a)，(b)，(c) 显示了不同放大倍数下活性白土的 SEM 显微照片，显示了活性白土的粗糙度和不规则层状结构[12]。由图 6(d)，(e) 可知，以活性白土为原料合成介孔材料，其样品的形态呈均匀的絮状分散。在大倍率下，介孔材料中仍然存在不规则的片状结构。证明了较为温和的碱处理仅破坏了活性白土特有的层状结构，而形成的微细碎片在模板剂的作用下发生重组形成介孔材料。

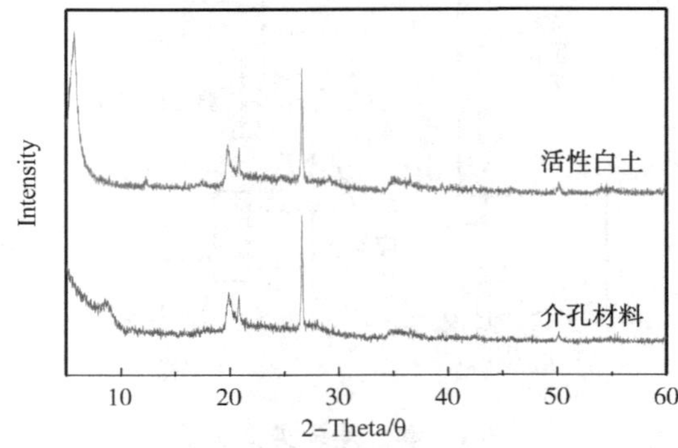

图 5　活性白土和介孔材料的 XRD 谱图

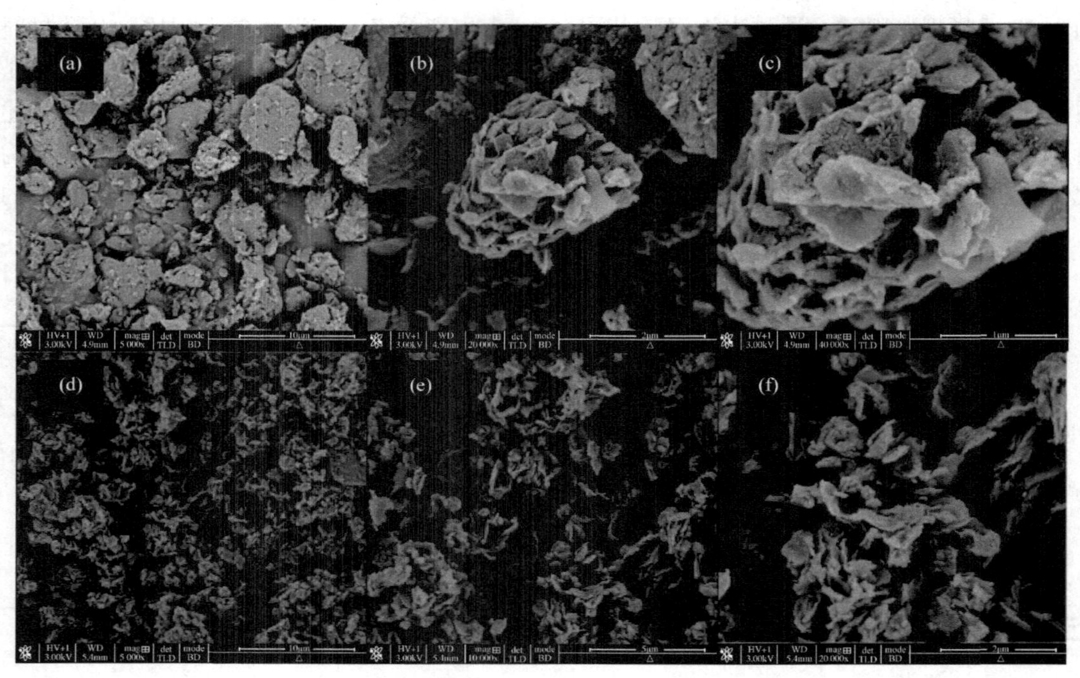

图 6　活性白土和介孔材料的 SEM 照片

3.4　脱除油品中的丙硫醇

3.4.1　静态脱硫实验

由图 7 可以看出，经过 $CuCl_2$ 改性后的介孔材料，对丙硫醇的脱除效果有明显改善。随着 Cu^{2+} 负载量的增大，改性介孔材料的脱硫效果随之增强。当负载量为 20wt%时，改性介孔材料对丙硫醇的脱除效果达到最好。继续增加 $CuCl_2$ 的负载量，增加介孔材料改性成本的同时，过量的 $CuCl_2$ 会堵塞介孔材料的孔道结构，原料中的丙硫醇不能通过介孔材料的孔道与活性中心充分接触，导致脱硫效果下降[13]。因此吸附剂表面的 $CuCl_2$ 作为有效的活性中心，明显的改善了介孔材料的脱硫效果，同时介孔材料的孔道结构也会影响脱硫效果。

本实验还考察了 Cu^{2+} 负载量为 20wt%的介孔材料在不同活化处理温度下对丙硫醇的脱除转化效果。如图 7 所示，分别表示了 120℃、150℃、250℃、350℃和 450℃热活化处理后对丙硫醇的脱除转化率。由图中可以看出，150℃活化处理后，改性介孔材料对模拟油中丙硫醇的转化率接近100%。当处理温度高于150℃时，丙硫醇的转化率下降，这是因为高温处理会使负载的氯化铜分解[13]。而120℃活化处理，会导致介孔材料中的水未能脱附完全而不能充分发挥效果。因此150℃活化处理既可以除去吸附的结晶水，又不会导致氯化铜分解，可以使改性介孔材料保持最优的脱除丙硫醇效果。

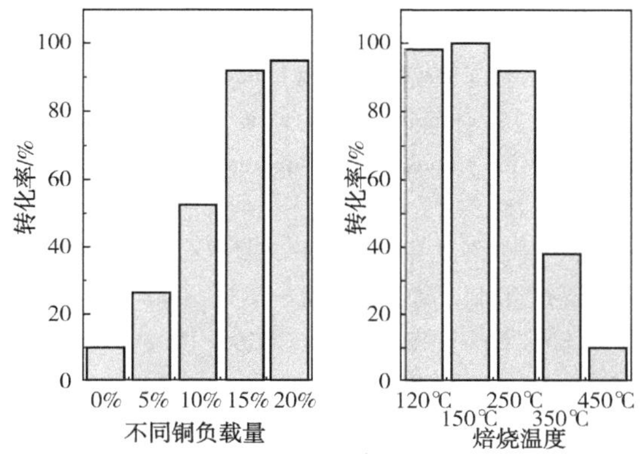

图7　铜改性介孔材料的静态脱硫结果

3.4.2　动态脱硫实验

从图8中可以看出，在活性白土和介孔材料上进行 Cu^{2+} 改性后，能明显提高对丙硫醇的脱除能力。对活性白土而言，Cu^{2+} 负载量为20%时，丙硫醇的穿透时间达到最大，继续提高负载量，穿透曲线变化不明显。这是由于活性白土的比表面积较小，没法提供更多的孔道区域来负载 Cu^{2+}。而对于介孔材料而言，Cu^{2+} 负载量为25%时，仍然能明显提高对丙硫醇的脱除能力。并且对比相同 Cu^{2+} 负载量的活性白土和介孔材料，改性介孔材料都表现出更为优异的脱硫性能。结合上述的BET表征数据，可以证明介孔材料由于具有更大的比表面积和孔容，更为均匀的孔道结构，能够提供更多的孔道区域来负载活性组分。

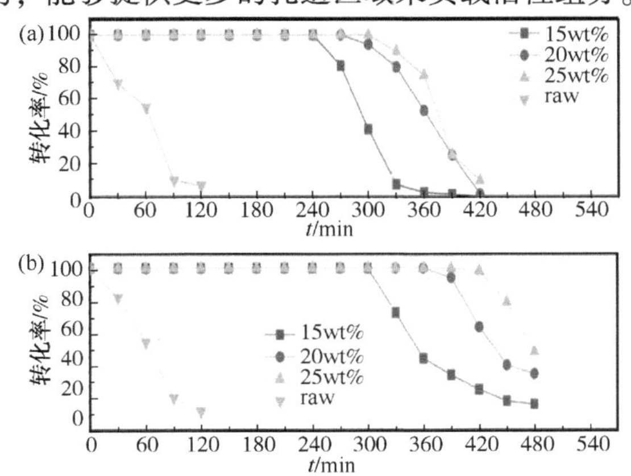

图8　不同铜负载量的活性白土(a)和介孔材料(b)对丙硫醇的穿透曲线

3.5　脱硫机理

本节实验对 Cu^{2+} 改性介孔材料的脱丙硫醇机理进行了讨论。如图9所示，对脱硫前后的模拟油溶液进行了气相色谱分析。可以看出，在19min左右的样品的色谱峰发生了明显的改变。后续对19min附近的色谱峰进行质谱分析，发现这个峰对应的化学物质为二丙基二硫醚。根据Doyle等的研究，[14] Cu^{2+} 可以与硫醇反应形成硫醇盐，当硫醇过量时，能继续与硫醇盐反应生成二硫化物，这与本实验得到的结果相符。证明了本实验中的脱硫机理是过量丙硫醇能在 Cu^{2+} 的催化下，生成高沸点的二丙基二硫醚，从而方便实现深度脱硫。

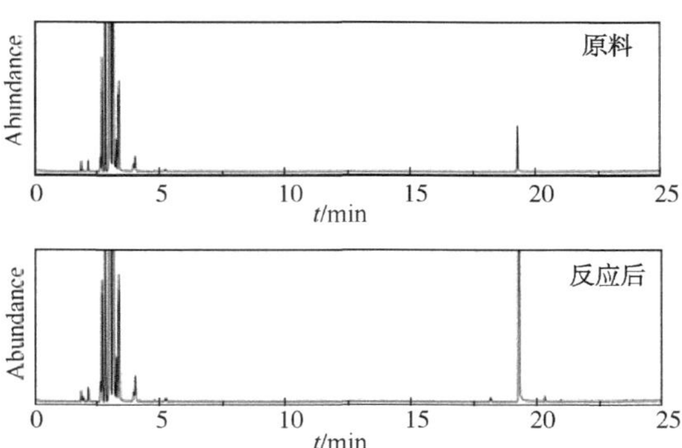

图9　模拟原料油反应前后的气相色谱分析

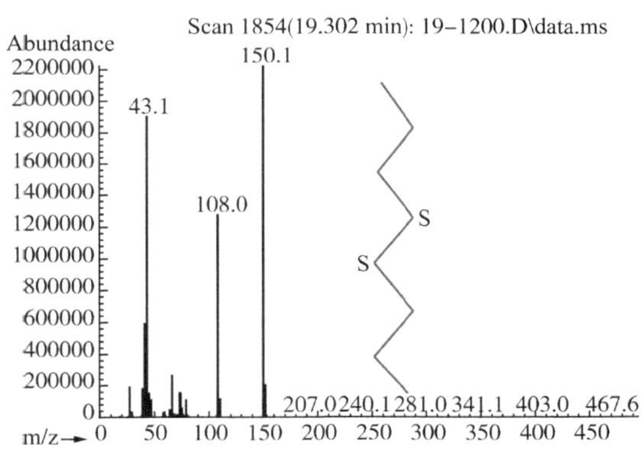

图10　19min附近色谱峰的质谱分析结果

4　结论

本实验采用了BET、XRD、SEM和GCMS等手段对样品进行了分析测试，并通过动态和静态实验比对了他们对模拟油中的丙硫醇的脱除性能，并探讨了脱硫的反应机理。主要结论如下：

（1）通过等体积浸渍法负载氯化铜可以显著地提高介孔材料对丙硫醇的脱除性能。同时通过对热活化温度的考察，证明当150℃热处理后，确保结晶水完全脱除的同时，又不造成 $CuCl_2$ 的分解，有利于丙硫醇的脱除。

（2）动态脱硫实验发现，介孔材料相比于活性白土能负载更多的铜，并且在相同的负载量下，表现出更为优异的脱硫性能。

（3）研究脱硫机理发现，过量丙硫醇在 Cu^{2+} 的催化作用下，形成了高沸点的二丙基二硫醚，方便后续实现深度脱硫的目的。

参 考 文 献

[1] REDDY K K，SUBRAMANIAN R，KAWAKATSU T，et al. Decolorization of vegetable oils by membrane processing［J］. European Food Research and Technology，2001，213(3)：212-218.

[2] SABAH E. Decolorization of vegetable oils：chlorophyll-a adsorption by acid-activated sepiolite［J］. Journal of Colloid and Interface Science，2007，310(1)：1-7.

[3] CHRISTIDIS G E，KOSIARI S. Decolorization of vegetable oils：a study of the mechanism of adsorption of β-carotene by an acid-activated bentonite from Cyprus［J］. Clays and Clay Minerals，2003，51(3)：327-333.

[4] 卢杨，徐爱军．活性白土对食用油脂的脱色研究［J］．粮油加工(电子版)，2010，(9)：13-6.

[5] 韩雪松．我国活性白土的生产状况［J］．上海化工，2010，35(6)：31-33.

[6] 宋晓岚，曲鹏，王海波，et al. 介孔材料的制备、表征、组装及其应用［J］．材料导报，2004，18(10)：28-30.

[7] 雷晓菊，王君，郝红，et al. 介孔材料的制备及应用研究［J］．硅酸盐通报，2014，33(10).

[8] 徐德兰，武翠翠，宋宏斌，et al. 介孔材料孔径调节的最新研究进展［J］．化工新型材料，2012，40(8).

[9] LUAN J-N，LI G-L，SHI L. Study of Modified Clay and Its Industrial Testing in Aromatic Refining［J］. Industrial & Engineering Chemistry Research，2011，50(12)：7150-7154.

[10] KAWI S，YAO Y Z. Silica bonded K10 montmorillonite (SBM)：a high surface area catalytic clay material［J］. Microporous and Mesoporous Materials，1999，28(1)：25-34.

[11] 蒋引珊，刘见芬，王安平．蒙脱石原位合成有序介孔材料［J］．高等学校化学学报，2003，24(11).

[12] WENG C-H，TSAI C-Z，CHU S-H，et al. Adsorption characteristics of copper(Ⅱ) onto spent activated clay［J］. Separation and Purification Technology，2007，54(2)：187-197.

[13] 仪得志．吸附法脱除油品中有机硫的研究［J］．华东理工大学，2014.

[14] DOYLE A，TRISTãO M L B，FELCMAN J. Study of fuel insolubles：Formation conditions and characterization of copper compounds［J］. Fuel，2006，85(14-15)：2195-2201.

因康洛依 800H 裂纹产生原因分析及焊接处理

杨永磊　黄　勇　李海强

（中国石油青海油田公司格尔木炼油厂）

摘　要　本文针对因康洛依 800H 镍基合金炉管裂纹产生原因进行分析；对裂纹焊接处理的有关问题进行了阐述；讲述裂纹彻底切除和先堆焊的优缺点；论证修复时降低焊缝拘束度以减小残余应力的具体操作。

关键词　因康洛依 800H；裂纹；工作应力；裂纹切除；堆焊；锤击

某甲醇装置转化炉炉管，材质为因康洛依 800H 镍基合金，由于在长周期连续运行期间，负荷、温度波动较大，北方气候寒冷，昼夜温差大，炉管温度升降很快，振动过大，使由于焊接清理不彻底或高温运行过的镍基合金中的各种裂纹源不断扩大，也有些裂纹是因为长期高温运行使原有材质组织成分发生变化，形成淬硬组织，在结构应力或其他外界载荷的作用下导致开裂。转化炉炉管内部介质中含有大量的氢，氢的渗入使材质不断形成裂纹源，也是导致开裂的重要原因。

1　裂纹产生原因的分析

1.1　母材的化学成分

因康洛依 800H 的化学成分见表 1。

表 1　因康洛依 800H 化学成分（%）

Ni	Cr	Fe	C	Mn
30.0~35.0	19.0~23.0	≥39.5	0.05~0.10	≤1.5
S	Cu	Al	Ti	Si
≤0.015	≤0.75	0.15~0.60	0.15~0.60	≤1.0

1.2　热裂纹的影响

在焊接因康洛依 800H 镍基合金时，所选用的焊材是因康镍 182，这是典型的镍基焊材，该焊材焊接时由于装配顺序不合理，应力较大，镍的导热系数小，热输入过大，高温停留时间过长，焊接收弧太快，没有填满弧坑，就会产生弧坑裂纹（图 1），继续焊接前没有彻底清除，有极小的一部分残留在焊缝中，在做射线检测时，很容易被判断成合格或气孔。也有一些是由于长期超温，在热循环峰值温度的作用下，使接头最薄弱的半熔合区形成细小液化裂纹。这些极小的裂纹就是冷裂纹、再热裂纹、疲劳裂纹的源头，再次受热后，经过多次的温度波动时，就会受到结构应力及其他外界载荷的影响，使其蔓延。

图 1　弧坑裂纹图

1.3　焊接缺陷的危害

镍基焊材的焊接特点除了产生弧坑裂纹以外，还会因液态镍在凝固时有害气体 O_2、H、CO_2 等不易溢出形成气孔。由于热输入较小以及一些氧化物的形成使其产生夹杂或未熔合（图 2）等焊接缺陷。焊接缺陷同样是各种裂纹的源头。图二所示的就是焊接缺陷未熔合引起的裂纹断口。

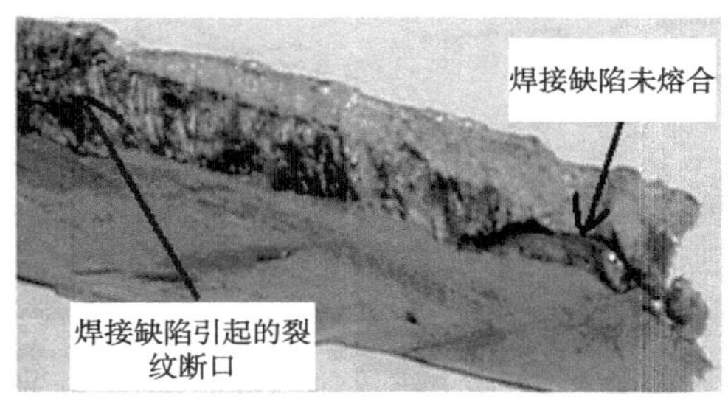

图 2　焊接缺陷图

1.4　再热裂纹的形成

虽然许多资料对因康洛依 800H 镍基合金进行了各种性能的分析，是不易产生再热裂纹的，但是旧材质理化分析结果和裂纹产生的部位、形状证明还是有大量的再热裂纹形成的（图 3）。这是由于该材质经过多次超温、多次降温，还有些是在修复时没有彻底清除，再次加热时使原有的裂纹或裂纹源不断扩大而导致的。

1.5　蠕变裂纹的形成

蠕变裂纹一般都产生在直径较小或管壁较薄

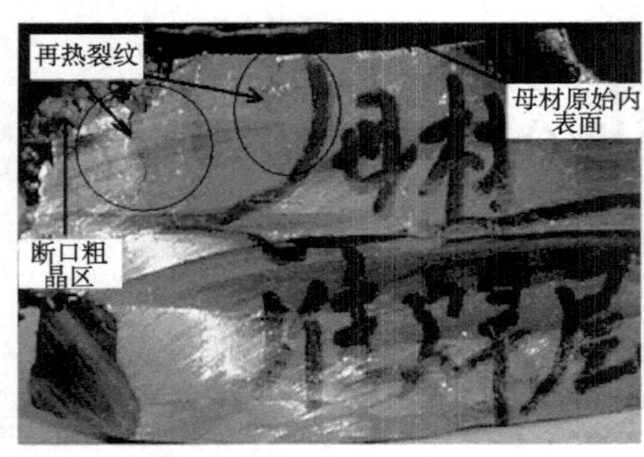

图3 再热裂纹图

的管道内部，例如转化炉 ф32mm 的猪尾管，就有蠕变裂纹形成(图4)，这是由于管壁薄，直径小，吸热和导热系数远远小于大直径厚壁管道，长期的高温运行，就会造成运行温度点超出因康洛依800H镍基合金高温屈服点的温度点，猪尾管又承受着很大的疲劳载荷，使其连续塑性变形，在变形过程中，管道内外具有一定的温差，就产生了平行于管道轴线的裂纹。

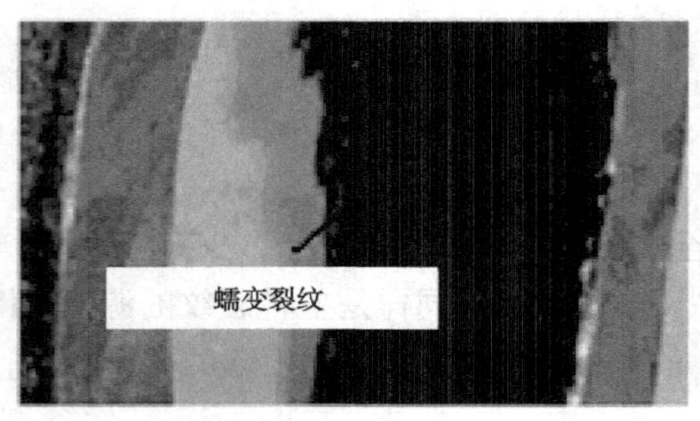

图4 蠕变裂纹图

1.6 晶界、应力腐蚀裂纹的产生

晶界、应力腐蚀裂纹是偶尔出现在因康洛依800H镍基合金直径小管壁较薄的管道上。它是由于长期高温工作，C渗入母材的深度比渗入大管道母材要多，另外焊接小管时热输入也要比焊接大管的热输入多，焊接过程不易控制层间温度，就形成了大量的脆性高、塑性差的碳化铬，在各种外界载荷、焊接残余应力和腐蚀介质共同作用下导致沿晶界开裂。

图5 晶界腐蚀裂纹图

2 裂纹的焊接修复(以厚度为25mm的管道仰位为例)

2.1 对裂纹准确定位，彻底清除

为了快速准确地将裂纹清除，必须进行射线和着色检测，来确定裂纹的深度、范围和走向，以便为彻底切除提供条件，防治打磨时范围过大或过小，耽误维修时间。发现裂纹后，应扩大面积进行切除。例如：一热裂纹位于原焊缝中心，就应在距裂纹两端20mm处钻止裂孔，从距原焊缝焊趾8mm处进行磨削，以防裂纹扩展，首次切除后应做着色检测，如有裂纹将继续切除，直到完全合格为止。切除后的坡口尺寸必须满足堆焊和封口焊接要求。由于要进行堆焊，所以必须改变坡口尺寸．具体尺寸(图6)：坡口面角度20°，跟部间隙16~18mm，不留钝边。

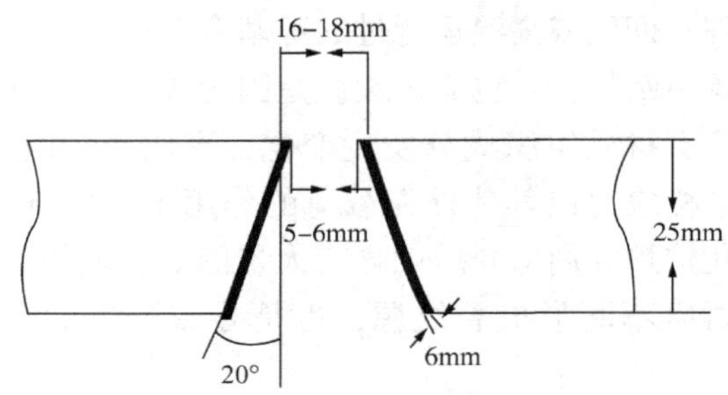

图6 坡口尺寸图

2.2 坡口面的堆焊

表面堆焊的焊接应力为线状应力(单向应力)，所以坡口面的堆焊可以减小整个接头的拘束度，它是通过坡口的间隙将焊接应力释放掉，所以就可以防止应力全部集中在性能最差的薄弱区——母材半熔合区，而在封口焊接时性能最差的薄弱区——半熔合区就会在堆焊层，堆焊层的各种性能都优于母材半熔合区，这样非常有利于裂纹的控制。

堆焊顺序：由外至内逐层逐道堆焊，单面堆焊5道2层，厚度5~6 mm，堆焊后24h进行着色检测，Ⅰ级合格后再进行封口焊接。封口焊接打底时内部必须充氩保护，以防氧化。填充到12mm时做一次射线检测，Ⅱ级为合格。不论是堆焊还是封口焊接都尽量减小热输入，控制熔合比和层间温度低于150℃，每一层焊完后要锤击焊缝以消除应力。待全部焊完48h后做一次射线检测，Ⅱ级为合格；做一次着色检测Ⅰ级为合格。

蠕变裂纹、晶界裂纹、应力腐蚀裂纹性质严

重，会严重影响生产，所以建议彻底更换。

3 生产实例

有一材质为因康洛依 800H 镍基合金的大小头（φ500mm×250mm×25mm）与，设计温度为 830℃的集气管接口，位于冷端到高温段的过渡段，就在数次升温降温以后，在管口圆周下 45°以下部位的焊道中心产生了 160 mm 长的裂纹。并且在 45°点的一端有明显的氧化痕迹。

3.1 裂纹分析

由于该接口位于冷端到高温段的过渡段，又经过数次升温降温，因此该接头受到结构应力的严重影响；又因是从 45°点沿焊道中心向下开裂，端点又有明显的氧化痕迹。水平固定口的 45°点基本是焊工习惯收弧点，因此，判断该裂纹为弧坑裂纹在结构应力和残余应力的影响下导致开裂（理化试验结果证明是热裂纹引起的）。

3.2 裂纹的处理

首先进行了射线和着色检测，确定了裂纹是厚度穿透性、长 165 mm 的直线裂纹。然后在距裂纹两端 20mm 处钻 φ8mm 的止裂孔，沿距焊缝焊趾 8mm 处用角磨机进行切割，并打磨出与图六相似的坡口。

3.3 焊接工艺

（1）设备：焊机采用 WS—400A；钨极：φ2.4mm；氩气：14L/min

焊材：因康镍 182　φ2mm；电流：110～120A

（2）先堆焊坡口面，每一面共 5 道 2 层，层道之间的温度低于 150℃，每次收弧都认真填满弧坑，每层堆焊接头要错开 10 mm 以上，焊完后，锤击焊道，再冷却 24 小时以后，做了着色检测，Ⅰ及合格。

（3）打底焊接时内部充氩保护，每道焊完收弧都认真填满弧坑，并控制层间温度低于 150℃。当填充到厚度的 50%，（即：12.5 mm）时冷却 24h 后做了射线检测，Ⅱ及合格，才继续焊接。全部焊完 48h 后又做了射线检测，Ⅱ及合格，着色检测Ⅰ及合格，又进行了气密实验，毫无泄漏。至今已经过 3 次的升温降温，修复部位任无裂纹，继续运行。

4 质量检验

外观平整美观，全部焊完 48 小时后做一次射线检测，Ⅱ级为合格；做一次着色检测Ⅰ级为合格。再进行气密试验，无泄漏为合格。

5 应急方案

每层每道之间温度必须低于 150℃，在焊接过程中如有特殊情况，停止焊接 2 小时以上，再次焊接前必须做着色检测合格后才能继续焊接。填充到 50%厚度时做一次射线检测，检测如发现裂纹必须重新切除重新焊接。

6 结论

从实践中可以看出，采用射线和着色检测快速准确的确定裂纹深度、范围和走向，扩大切除面积，通过坡口面堆焊使焊接应力从坡口间隙释放掉，减小整个接头的拘束度，非常有利于裂纹的控制。尤其使用过的材质效果非常明显。但是由于是特种材质的焊接，在操作过程中，要求焊工技术高、眼明手快，思想沉着。不断总结，让更多的经验帮助我们不断提高操作技能。

炼油增产乙烯原料存在的矛盾及解决方案

涂连涛　漆小川　胡　勇　孙兰霞　唐绍泉

（中国石油独山子石化公司）

摘　要　近年来，我国成品油消费增速出现回落，汽柴油消费比例变化，炼油产能过剩日趋明显。相比成品油，国内化工产品市场持续增长，化工新材料的需求旺盛，乙烯缺口较大。炼化企业降低柴汽比和减油增化的工作越来越急迫。2015 年开始，独山子石化原油加工量开始下降，且原油逐步劣质化，炼油为乙烯提供裂解原料量和质量的矛盾开始显现。为优化生产，分析了影响裂解装置双烯收率的原料质量因素，进而分析了影响石脑油正构烷烃含量和加氢裂化尾油 BMCI 的因素。通过分析发现，影响直馏石脑油正构烷烃含量的主要因素是原油性质、石脑油切割点。影响加氢裂化尾油 BMCI 的主要因素是催化剂性能、原料性质、尾油切割点、裂化反应温度。根据生产经验，当石脑油、尾油质量变差，不符合乙烯原料要求，建议采取原油掺兑、降低直馏石脑油终馏点、提高重柴油和尾油切割点、提高反应温度等措施。远期考虑，为进一步增产乙烯原料，建议采取：加氢裂化装置使用芳烃饱和能力更强的催化剂，从炼厂干气回收 C_2、C_3、C_4 作为乙烯原料，推进石脑油正异构分离装置建设，实现“宜烯则烯，宜芳则芳，宜油则油”的原料优化。

关键词　乙烯原料；正构烷烃；BMCI

2016 年国内成品油表观消费量为 3.13 亿吨，增速较 2015 年回落 6.2%。2017 年柴油消费量开始下降，预计 2020 年汽油消费量也将开始下降。炼油产能不断扩大，成品油的消费却呈现出萎缩的趋势，同时柴汽消费比例下降。我国炼油产能的快速增长，将导致国内市场严重的产能过剩，成品油市场供过于求的局面愈演愈烈。相比成品油，国内化工产品市场将持续增长，化工新材料的需求旺盛。我国经济长期稳定发展和化工新材料替代范围的不断增大，将推动国内烯烃需求量持续增长，乙烯供应将长期存在较大缺口。2017 年国内乙烯当量消费量 4150×10^4t，供应缺口 1800×10^4t，预计 2025 年我国乙烯当量消费量约 5420×10^4t，市场缺口 1500×10^4t 以上。炼化企业降低柴汽比和减油增化的工作越来越急迫。

独山子石化千万吨炼油及百万吨乙烯项目于 2009 年 8 月建成投产，同时原有小乙烯（22×10^4t/a）维持运行，设计按 1000×10^4t/a 炼油为大小乙烯（合计 122×10^4t/a）提供乙烯裂解原料，原料种类包括：直馏石脑油、加氢裂化尾油、加氢石脑油、加氢裂化轻石脑油、加氢裂化液化气、蒸馏液化气、重整拔头油、重整戊烷油等。其中，蒸馏石脑油约占 57%，加氢裂化尾油约占 25%。除炼油提供乙烯原料外，还外购少量轻烃。

独山子石化千万吨炼油及百万吨乙烯项目设计加工中哈原油管道输送的哈油和俄油混合油（统称进口油），其中以哈油为主。目前实际加工进口油、新疆油（目前主要是玛瑚油）、牙哈油。进口油中，俄油比例逐年提高，目前比例已超过哈油。俄油和哈油相比，密度、硫含量、芳烃含量都明显偏高，对炼油厂生产乙烯原料不利。

2015 年开始，受中哈管道原油资源平衡和成品油市场平衡制约，独山子石化原油加工量逐步下降，月加工量由 75×10^4t 下降至 62×10^4t，且原油性质也有劣质化趋势，原油密度、硫含量、芳烃含量上升。近年来，因乙烯利润好，乙烯厂维持大负荷生产，因此炼油供乙烯原料量和质量的矛盾开始显现。炼油厂如何在原油加工负荷下降、原油性质劣质化的情况下，为乙烯提供足够、优质的原料，成为公司挖潜增效的重要课题。

2016 年以来，为应对资源和市场变化，独山子石化启动了降低柴汽比、增产乙烯原料的工作，采取的主要措施有：蒸馏装置提高石脑油干点，汽柴油加氢装置提高加氢汽油干点，增产乙烯原料。蒸馏装置减压深拔提高蜡油收率，焦化装置降低柴油干点，提高焦化蜡油收率，常三线部分改进轻、重蜡油掺炼，使蜡油加氢裂化、蜡油加氢预处理、催化裂化等装置满负荷运行，增产加氢尾油和汽油，同时调整蜡油加氢裂化分馏塔操作，降低重柴油干点，提高加氢尾油收率，增产乙烯原料。2018 年，独山子石化柴汽比已降至 2.21，炼油提供乙烯原料 300×10^4t，占乙烯原料总量 76%，占原油加工量的 41%，为充分发挥炼化一体化优势奠定了基础。

以下针对炼油增产乙烯原料存在的矛盾进行分析，并提出解决方案。

1 影响裂解装置双烯收率的因素分析

在蒸汽裂解制乙烯工艺中，原料费用约占乙烯生产成本的 60%~80%，原料性质对裂解结果有决定性的影响[1]。PONA 是表征乙烯原料裂解性能的重要指标[2]，各族烃裂解性能顺序为：烷烃>环烷烃>单环芳烃>多环芳烃。目前国内外乙烯料一般要求烷烃含量 ≮ 65%，芳烃含量 ≯ 10%。直链烷烃乙烯收率最高，支链烷烃热裂解时容易生成丙烯，环烷烃容易生生成芳烃，芳烃容易生成重质芳烃甚至结焦[3]。加氢裂化尾油的 BMCI 也可作为衡量乙烯料质量的参考指标，BMCI 越低，质量越好。尾油 BMCI 计算公式：

$$BMCI = \frac{48640}{273.15 + \frac{T_{10} + T_{30} + T_{50} + T_{70} + T_{90}}{5}} + 473.7 \times \rho_{15.6} - 456.8$$

式中：T_{10}——试样 10%馏出温度，℃；

T_{30}——试样 30%馏出温度，℃；

T_{50}——试样 50%馏出温度，℃；

T_{70}——试样 70%馏出温度，℃；

T_{90}——试样 90%馏出温度，℃；

$\rho_{15.6}$——试样 15.6 ℃下的标准密度，g/cm^3。

统计独山子石化乙烯厂 2018 年 3~11 月新区裂解装置乙烯、丙烯、双烯收率，变化趋势见图 1：

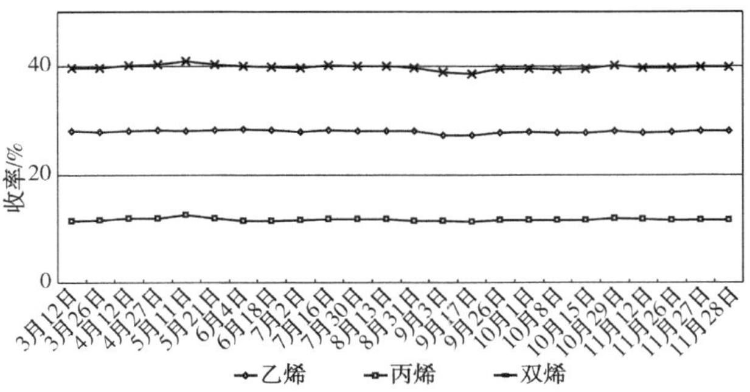

图 1 新区裂解装置乙烯、丙烯、双烯收率变化趋势

由上图可见，2018 年 7 月份开始，新区裂解装置双烯收率开始下降，9 月为收率最低点，之后开始回升。

因裂解装置操作参数未做调整，判断双烯收率变化的主要原因是裂解原料性质变化。新区裂解装置的原料主要为蒸馏石脑油和加氢裂化尾油，需要分别对两种原料的性质变化进行分析。

（1）2018 年 3~11 月蒸馏装置直馏石脑油烃族组成变化趋势见图 2。

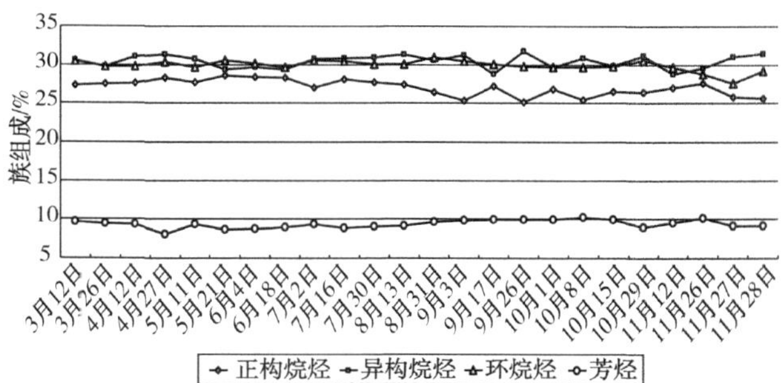

图 2 直馏石脑油烃族组成变化趋势

由上图可见，2018 年 7 月开始，直馏石脑油正构烷烃含量整体呈下降趋势，9 月份达到最低点，之后开始回升。异构烷烃含量有波动，但 7 月份以后总体变化不大。

（2）2018 年 3~11 月加氢裂化尾油主要性质变化趋势见图 3。

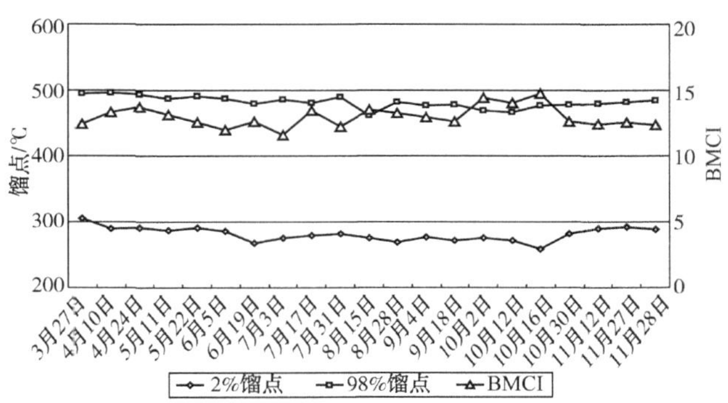

图 3 加氢裂化尾油主要性质变化趋势

由上图可见，2018 年 7 月开始，加氢裂化尾油 BMCI 呈上升趋势。10 月底接近工艺指标（≤15），之后通过提高重柴和尾油切割点，尾油 BMCI 开始下降。

综上，目前影响新区裂解装置双烯收率的主要因素是直馏石脑油正构烷烃含量和加氢裂化尾油 BMCI。

2 影响直馏石脑油正构烷烃含量的因素分析

（1）原油性质

原油性质不同，则切割得到直馏石脑油的烃

族组成也会有差异，2017 年 8 月和 2018 年 10 月进口油、牙哈油、玛瑚油分析数据见表 1。

表 1　三种原油性质比较

油种		进口油		牙哈油		玛瑚油	
时间		2017.8	2018.10	2017.9	2018.4	2017.7	2018.3
密度(20℃)，kg/m³		848.2	848.3	784.8	782	836.3	842
酸值，mgKOH/g		0.41	0.20	0.08	0.01	0.23	0.77
硫含量，m%		1.05	0.97	0.02	0.03	0.04	0.29
石脑油馏分(HK-200)收率,%		26.06	26.52	46.26	48.37	17.24	19.85
族组成,%	正构烷烃	29.21	28.94	27.21	25.54	24.73	23.85
	异构烷烃	31.47	30.99	25.14	24.97	38.71	34.85
	环烷烷烃	27.13	28.07	23.23	23.22	23.41	25.56
	芳烃	12.19	12.00	24.34	26.27	13.14	15.25
模拟产物收率,%	乙烯	28.06	27.20	24.12	23.98	26.94	26.68
	丙烯	11.42	12.24	10.08	9.61	11.28	11.07
	双烯	39.48	39.44	34.21	33.59	38.22	37.75

由上表可见，三种原油得到的石脑油相比，进口油石脑油正构烷烃和环烷烃含量高，玛瑚油石脑油异构烷烃含量高，牙哈油石脑油芳烃含量高；进口油石脑油乙烯收率高，牙哈油石脑油乙烯收率低；进口油石脑油和玛瑚油石脑油丙烯收率接近，牙哈油石脑油丙烯收率低。

2017 年至 2018 年，进口油石脑油正构烷烃和异构烷烃含量有所降低，环烷烃含量有所增加，芳烃含量先增后降，乙烯收率持续降低，丙烯收率先增后降；牙哈油石脑油正构烷烃和异构烷烃含量降低，芳烃含量增加，乙烯和丙烯收率降低；玛瑚油石脑油正构烷烃和异构烷烃含量降低，环烷烃和芳烃含量增加，乙烯和丙烯收率降低。

（2）石脑油切割点

2018 年 10 月，对进口油石脑油终馏点进行切割调整，模拟不同终馏点石脑油的裂解双烯收率，结果见图 4。

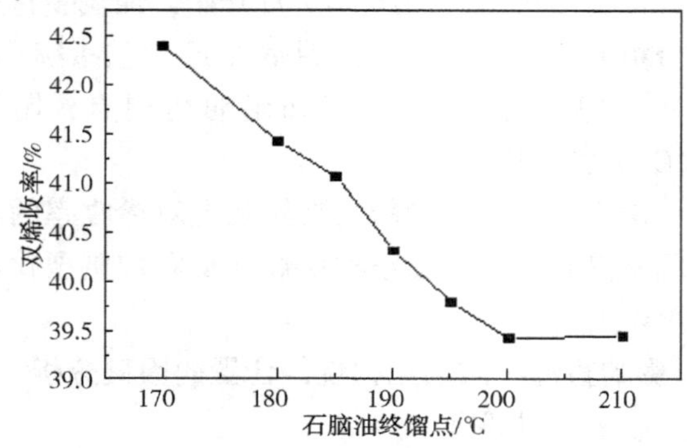

图 4　石脑油终馏点与双烯收率

由上图可见，直馏石脑油终馏点越高，模拟裂解双烯收率越低。

3　影响加氢裂化尾油 BMCI 的因素分析

统计 2014 年以来，加氢裂化尾油 BMCI 变化趋势见图 5。

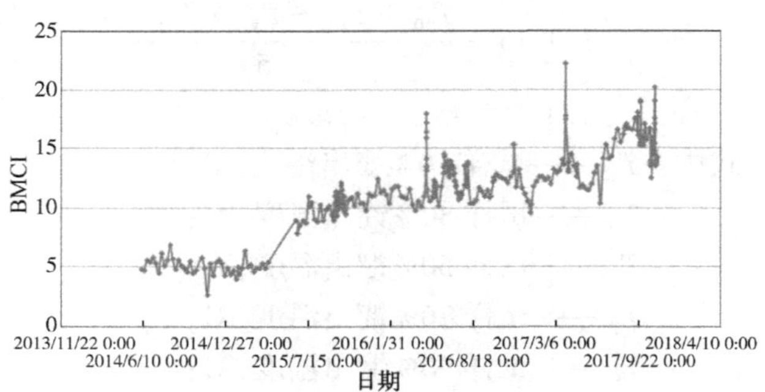

图 5　尾油 BMCI 变化趋势

由上图可见，2014 年 6 月至 2015 年 4 月大修前，尾油 BMCI 稳定，在 5 左右。2015 年 6 月开工以来，尾油 BMCI 较高，且总体呈上升趋势，尤其 2017 年以来尾油 BMCI 上升幅度较大，年初在 12 左右，2017 年 9 月最高到 18。影响尾油 BMCI 的因素分析如下：

3.1　加氢裂化催化剂

2015 年 4 月大修前，精制剂为 UF 型，裂化剂为 DHC 型，采取密相装填；2015 年大修更换为：精制剂为 KF 型，裂化剂为 HC 型，采取稀相装填。采取密相装填的 UF 型精制剂芳烃饱和能力强，DHC 型裂化剂芳烃饱和、开环能力强，因此该催化剂级配降低尾油密度效果较好，而大修更换的 KF 型、HC 型催化剂相应的芳烃饱和、开环裂化能力较差。大修换剂前后，在尾油切割点未明显调整的情况下，尾油密度变化趋势见图 6。

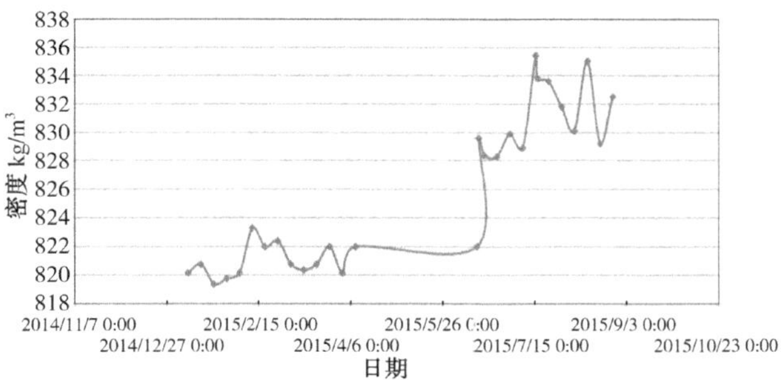

图 6　大修前后尾油密度变化趋势

由上图可见，加氢裂化催化剂更换后，尾油密度上升约 0.008 g/cm³，根据尾油 BMCI 值计算公式，BMCI 上升约 4 个单位。

3.2　加氢裂化原料性质

2014 年 6 月以来蒸馏加工原油硫含量变化趋势见图 7。

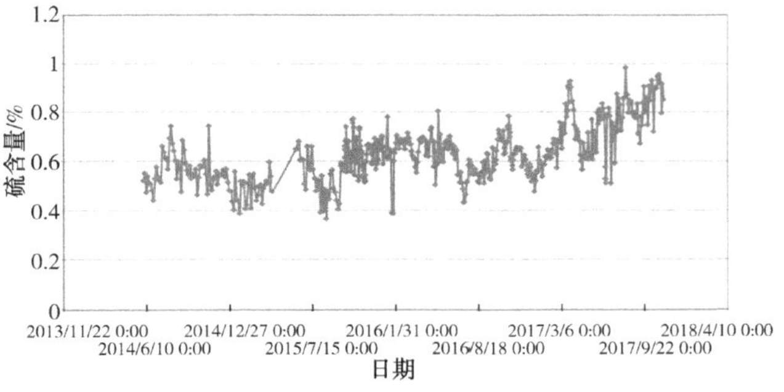

图 7　原油硫含量变化趋势

由上图可见，尾油 BMCI 变化趋势和原油硫含量变化趋势基本一致。2014 年至 2016 年原油硫含量总体有所上升，但幅度不大。2017 年以来，原油硫含量大幅上升，从 0.6% 上升至 0.95%，尾油 BMCI 由 12 上升至 18。原油硫含量上升说明原油中俄油比例上升，哈油比例下降。根据原油评价数据，哈油阿克纠宾油蜡油Ⅰ馏分芳碳比例 C_A：13.09%（芳碳比例 C_A 定义：芳香环上的碳数占原油分子总碳数的百分比），哈油库姆科尔油蜡油Ⅰ馏分 C_A：2.58%，俄油蜡油Ⅰ馏分 C_A：17.52%，俄油蜡油Ⅰ馏分芳碳比例明显较高。

2016 年 6 月以来，加氢裂化装置混合原料密度、尾油密度变化趋势见图 8。

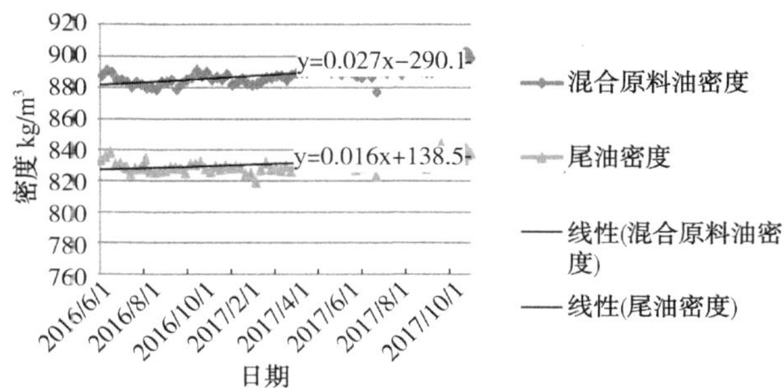

图 8　加氢裂化混合原料密度、尾油密度变化趋势

由上图可见，加氢裂化装置混合原料密度和尾油密度变化趋势基本一致。

结论：俄油加工比例上升，导致加氢裂化原料密度上升，芳烃含量上升，进而导致尾油 BMCI 值上升。

掺炼催柴对尾油 BMCI 的影响分析：

2016 年 7 月加氢裂化装置进行掺炼催柴试验：掺炼催柴前，尾油 BMCI 值 10.8，掺炼催柴 17t/h，尾油 BMCI 值 11.2，BMCI 值上升 0.4 个单位。

2017 年 4 月加氢裂化装置进行大负荷试验：掺炼催柴前，尾油 BMCI 值 12.9，掺炼 17t/h 催柴，尾油 BMCI 值 13.3，BMCI 值上升 0.4 个单位。

2017 年 11 月初，加氢裂化装置非计划停工恢复正常生产，在不掺炼催柴时，尾油 BMCI 值 13.8，掺炼 12t/h 催柴后，尾油 BMCI 值 14.1，BMCI 值上升 0.3 个单位。

以上生产数据说明：掺炼催柴对尾油 BMCI 影响不大。原因：催柴经反应和分馏后，主要进入重柴油及以上产品，因此，即使催柴芳烃含量高，但是不会对尾油 BMCI 产生大的影响。

3.3　尾油切割点

统计 2017 年 8 月以来尾油平均沸点变化趋势，结果见图 9。

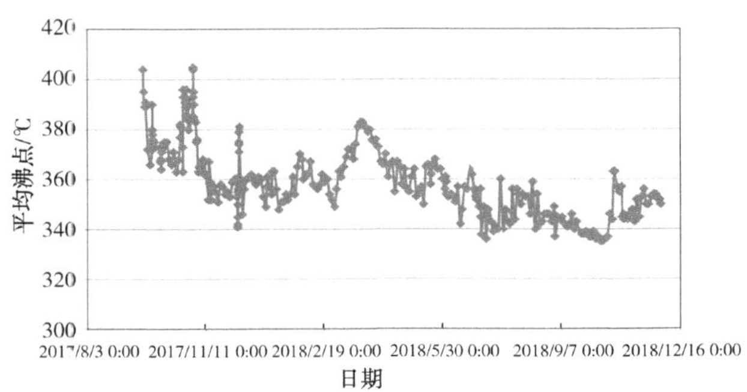

图 9　尾油平均沸点变化趋势

由上图可见，2017 年 8 月以来，为降低柴汽比，最大量生产尾油，为乙烯多提供裂解原料，加氢裂化装置调整分馏塔操作，将重柴油干点压轻，导致尾油变轻，尾油平均沸点总体下降约 40℃，根据 BMCI 计算公式，会提高尾油 BMCI 值 4.6 个单位。尾油平均沸点每下降 1℃，尾油 BMCI 约上升 0.11 个单位。

3.4　裂化反应温度

裂化反应平均温度提高，有利于开环裂化，降低尾油密度，从而降低尾油 BMCI，以 2017 年 8 月份加氢裂化装置提转化率试验结果来说明裂化反应温度对尾油 BMCI 的影响：

为充分发挥加氢裂化催化剂的作用，2017 年 8 月份开始逐步提高裂化反应平均温度 CAT2，从 391.6℃ 逐步提至 395℃，装置氢耗由 238 Nm^3/t 原料上升至 266 Nm^3/t 原料，尾油密度由 0.838 g/cm^3 降至 0.828 g/cm^3。根据 BMCI 计算公式，会降低尾油 BMCI 值 4.73 个单位。根据操作经验，原料性质和催化剂活性不变的条件下，裂化反应平均温度 CAT2 每提高 1℃，尾油密度可降低 0.00086g/cm^3，可降低尾油 BMCI 值 0.43 个单位。

4　总结和建议

综上分析，目前影响乙烯裂解双烯收率的主要因素是直馏石脑油正构烷烃含量和加氢裂化尾油 BMCI。影响直馏石脑油正构烷烃含量的主要因素是原油性质、石脑油切割点。影响加氢裂化尾油 BMCI 的主要因素是催化剂性能、原料性质、尾油切割点、裂化反应温度。根据生产经验，当石脑油、尾油质量变差，不符合乙烯原料要求，需要进行如下调整：

（1）原油掺兑，降低原油密度、硫含量，则原油中芳烃含量随之下降，烷烃含量上升。

（2）因原油性质变化导致直馏石脑油正构烷烃含量下降，则调整蒸馏装置操作，适当降低石脑油终馏点。

（3）因原料性质变化导致加氢裂化尾油 BMCI 上升，一方面，考虑调整反应温度，降低尾油密度，另一方面，调整分馏塔操作，提高重柴油和尾油切割点，提高尾油平均沸点，但这样会牺牲尾油收率。

远期考虑，为进一步增产乙烯原料，发挥独山子石化炼化一体化的优势，建议采取以下方案：

（1）为实现加氢裂化装置最大量生产优质尾油，同时兼顾航煤生产，原催化剂已不能满足要求，建议 2019 年大修需更换为芳烃饱和能力更强的催化剂。

（2）推进炼厂干气的综合利用。目前炼厂干气回收 C_2+技术已经成熟，回收的 C_2、C_3、C_4 都可作为乙烯原料，在保持乙烯负荷不变的情况下，可降低炼油加工负荷，有利于降低企业生产成本，降低成品油量。

（3）推进石脑油正异构分离装置建设，实现“宜烯则烯，宜芳则芳，宜油则油”的原料优化，使烯烃生产与芳烃、成品油生产的原料更加合理，产品收率更高，效益更好，成为炼化一体化企业新的经济增长点。

参 考 文 献

[1] 刘纪昌等．分离石脑油馏分组成优化乙烯原料[J]．精细石油化工，2008，25(5)：42-46.

[2] 魏然波．乙烯裂解原料组成的选择与优化[J]．中外能源，2013，18(11)：63-65.

[3] 杨利斌等．石脑油组成结构对乙烯收率的影响[J]．乙烯工业，2011，23(1)：17-19.

催化装置第二提升管回炼汽柴油的作用分析

黄深根

（中国石油化工股份有限公司长岭分公司）

摘　要　本文分析了催化装置第二提升管回炼汽柴油在产品结构、汽柴油质量升级等方面的作用，催化裂化工艺与加氢工艺相有机结合，利用催化装置第二提升管进行加氢催化柴油回炼，可以实现炼厂大幅度压缩甚至消灭催化柴油，彻底解决催化柴油出路问题，催化汽油辛烷值得到提高，同时第二提升管回炼汽油，汽油烯烃含量大幅度降低，能够满足未来国Ⅵ的要求，可以增产更多的低碳烯烃原料，有利于炼厂向炼化一体化发展。

关键词　催化裂化第二提升管；汽油回炼；加氢催化柴油回炼；柴汽比；质量升级；炼化一体化

1　前言

催化裂化是原油加工的重要二次加工手段，在我炼油企业中都占有重要的地位，催化裂化汽油占产品汽油的60%以上，催化柴油占柴油产品的30%左右。随着近几年来市场对产品要求的变化，以及成品油质量不断升级，对催化装置提出了更高的要求，其中催化柴油催化柴油由于密度大、十六烷值低、芳烃含量高，无法直接升级为车柴，因此如何有效利用催化柴油是柴油质量升级必须解决的难题，催化柴油是制约炼化企业高效、低耗实现柴油质量升级的最主要瓶颈。

汽油质量升级主要集中在烯烃、硫和苯含量以及蒸汽压、T50温度等方面，其中烯烃含量是汽油升级的难点之一，常规催化装置汽油的烯烃含量较高，一般在30%～45%，而国ⅥA、B阶段的汽油烯烃含量要求低于18%和15%，常规催化装置无法满足汽油质量对烯烃含量的要求。催化装置在炼厂整个加工环节中既有优势也有劣势，如何使优势得到更充分的发挥，而又能克服的劣势，需要有好的技术解决方案。

中石化长岭分公司经过几年的不断努力探索出适合解决方案，充分发挥催化装置第二提升管的作用，通过催化双提升管工艺和加氢工艺相结合，极大降低了柴油比，大幅度压缩了催化柴油，甚至做到消灭了催化柴油，很好地解决了催化柴油质量升级的难题。

利用第二提升管大幅度降低汽油的烯烃含量和硫含量，提高汽油辛烷值，多产低碳烯烃为化工装置提高原料。

2　装置现状及采取的技术措施

长岭分公司1#重油催化裂化装置于1996～1997年改造为两器同轴式重油催化裂化装置，设计规模为1.20Mt/a，2003年4月装置大检修增设灵活多效催化裂化(FDFCC)工艺，2006年4月对1#催化装置进行FDFCC-Ⅲ工艺技术改造，重油提升管设计加工能力1.05 Mt/a，第二提升管设计加工能力0.42 Mt/a，回炼本装置粗汽油。2014年装置汽油收率在42%左右，柴油收率超过25%，不能适应目前多产汽油、降低催化柴油产量的要求，2015年进行催化柴油进第二提升管回炼的探索性试验，根据1#催化装置FDFCC-Ⅲ工艺技术特点及回炼汽油的流程状况，按照加氢柴油回炼的不同点，进行必要的改造。

2016年1月开始实施120万/年加氢装置催化柴油回炼，2017年8月实施100万/年加氢转化装置柴油回炼，2018年将稳定汽油进行轻重分离，轻汽油与加氢柴油混合进第二提升管，一方面降低汽油烯烃，一方面降低或彻底消灭加氢催化柴油，2019年利用轻汽油和加氢柴油回炼顺利实现了ⅥA汽油的质量升级。

3　催化装置第二提升管作用分析

实施汽油或加氢催化柴油进第二提升管回炼，能够满足多方面的要求，第二提升管在降低柴汽比，降低汽油烯烃、降低汽油硫含量以及提高辛烷值，增产低碳烯烃方面具有举足轻重的作用。

3.1　降低柴汽比，改善炼厂产品结构

催化装置第二提升管将催化工艺与加氢工艺相结合，实现催化柴油完全转化，彻底解决催化柴油制约产品质量升级的瓶颈问题，同时将低价值的催化柴油转化为价值更高，市场需求旺盛的高辛烷值汽油和液态烃以及低碳烯烃。

柴油进第二提升管进料性质见表1。

表1　第二提升管的催化柴油进料性质

	1#催化柴油	3#催化柴油	120万加氢催化柴油	100万加氢催化柴油	
				12月14日	10月16日
链烷烃,%(w)	7.9	15.3	14.2	20.3	19.0
一环烷烃,%(w)	5.2	6.9	6.1		8.0
二环烷烃,%(w)	1.3	1	4.4		5.4
三环烷烃,%(w)	0.6	0.4	2.1		1.8
总环烷烃,%(w)	7.1	8.3	12.6	11.3	15.2
总饱和烃,%(w)	15	23.6	26.8	31.6	34.2
烷基苯,%(w)	9.6	16.6	11.4		21.3
总单环芳烃,%(w)	19.4	34.6	53.2	50.2	53.0
萘,%(w)	1.2	2	2.5		0.6
萘类,%(w)	33.3	23.5	6.1		5.9
苊类,%(w)	11.6	8.3	6.3		4.1
苊烯类,%(w)	9.5	4.7	3.6		1.4
总双环芳烃,%(w)	55.6	38.5	18.5	16.8	12.0
三环芳烃,%(w)	10	3.3	1.5	1.4	0.8
总芳烃,%(w)	85	76.4	73.2	68.4	65.8
总重量,%(w)	100	100	100	100	100
汽油前驱物,%(w)	34.4	58.2	80	81.8	87.2
密度, kg/m^3	985	928	915	893	890.7
硫含量, mg/kg	5225	3258	115	3.0	2.0

催化柴油进第二提升管回炼，由于催化柴油的性质较差，并不是理想的回炼原料，将催化柴油进行加氢处理，提高原料中汽油前驱物含量，加氢催化柴油进第二提升管柴油回炼后，53.55%转化成汽油，总转化率达到63.19%。

在加氢条件下催化柴油多环芳烃加氢饱和为汽油前驱物(烷基苯、茚满、四氢萘、茚类和环烷烃等)，将催化柴油进行加氢，加氢柴油中汽油前驱物含量增加20%，达到80%以上，进第二提升管回炼多产汽油，从而实现催化裂化装置大幅度提高汽油收率，降低柴油收率，降低柴汽比。下面以长岭分公司1#催化和3#催化装置物料数据为例说明。

表2　2018年1月1#催化、3#催化和100万加氢转化装置物料平衡

1#催化			3#催化			100万加氢转化		
原料	吨	%	原料	吨	%	原料	吨	%
蜡油	40430	31.21	蜡油	124361	55.35	加氢柴油	20479	26.49
加氢重油	48565	37.49	加氢重油	96436	42.92	加氢柴油	47211	61.07
加氢柴油	35777	27.62	轻污油	1234	0.55	加氢柴油	7658	9.91
外购渣油	4775	3.69	拔头油	2657	1.18	氢气	1960	2.53
合计	129547	100.00	合计	224688	100.00	合计	77308	100.00
产品	吨	%	产品	吨	%	产品	吨	%
干气	5662	4.37	干气	7561	3.37	干气	2415	3.12

续表

	1#催化		3#催化			100万加氢转化		
液化气	21364	16.49	液化气	34597	15.40	液化气	2436	3.15
汽油	55177	42.59	汽油	99317	44.20	汽油	16896	21.86
汽油原料	1508	1.16	加氢柴油	48358	21.52	重整料	384	0.50
加氢柴油	31827	24.57				乙烯裂解料	3789	4.90
烧焦	7495	5.79	烧焦	15590	6.94	柴油	15519	20.07
重污油	6306	4.87	重污油	8505	3.79	加氢柴油	35777	46.28
			回炼油	10394	4.63			
损失	208	0.16	损失	366	0.16	损失	93	0.12
合计	129547	100.00	合计	224688	100.00	合计	77308	100.00

表3　2018年1月1#催化、3#催化和100万加氢转化装置总物料平衡

原料	吨	%
蜡油	164791	51.43
加氢重油	145001	45.25
轻污油	1234	0.39
拔头油	2657	0.83
外购渣油	4775	1.49
氢气	1960	0.61
合计	320418	100
产品	吨	%
干气	15638	4.88
液化气组分	58397	18.23
汽油组分	177070	55.26
外甩加氢柴油	15519	4.84
库存催化柴油	4837	1.51
烧焦	23085	7.2
回炼油	10394	3.24
油浆	14811	4.62
损失	667	0.21
合计		100

2018年1月2套催化共处理318458t原料油，产生80185t催化柴油，75348t进100万加氢转化装置处理，罐区库存4837t，催化柴油经过100万加氢转化装置处理后加氢柴油70%进1#催化第二提升管回炼，30%去罐区做柴油调合组分。加氢催化柴油进1#催化第二提升管回炼，大部分加氢催化柴油转化为液态烃和汽油组分，部分柴油组分又循环进入100万加氢转化装置。

由此可见，催化装置总的物料平衡得到极大改善，有价值产品收率提高，柴油收率由原来的25%左右降低至4.84%，液态烃和汽油收率明显提高，如果100万能够全部处理2套催化装置的催化柴油，同时加氢催化柴油不外甩至罐区，能够实现催化装置消灭催化柴油。

3.2　第二提升管可以极大促进汽柴油质量升级

第二提升管可以提供一个单独的反应场所，汽油和柴油在第二提升管里与高温催化剂接触，发生裂化、异构化、氢转移、芳构化、烷基化等反应，使烯烃裂化、氢转移、芳构化，烷烃裂化、异构化等，这样原料中烯烃大部分被转化，异构烷烃、芳烃等增加，同时生成小分子的气体组分，所以，一方面汽油烯烃大幅度降下来，而辛烷值还有所提高，液态烃及丙烯也增加。汽油中的硫化物发生分解反应，有一部分生成硫化氢气体，有降硫的作用。

根据FDFCC-Ⅲ双提升管工艺运行情况以及化验分析数据，重油提升管的粗汽油烯烃含量在30%~35%左右，经过第二提升管回炼，副粗汽油烯烃含量可以降低至4%~5%，烯烃降低80%以上，脱硫效果也在30%~40%。

2018年要求完成汽油国Ⅵ的质量升级任务，主要是要控制催化汽油烯烃的含量，作为一项主要的技术手段就是将稳定汽油进行轻重汽油分离，1#催化装置重油提升管的汽油烯烃含量一般在30%~40%之间，重汽油的烯烃含量在15%以下，轻汽油烯烃含量45%以上，将烯烃含量高的轻汽油进第二提升管回炼，生产的汽油烯烃含量将大幅度降低，可以将催化装置出装置汽油烯烃含量降低至18%左右，从而实现催化汽油烯烃含量降低，满足汽油质量国Ⅵ升级的要求。

表4　第二提升管回炼汽油时汽油性质

样品名称	第二提升管出口液体		主粗汽油		副粗汽油		轻汽油		重汽油	
采样时间	17日9点	18日9点	17日9点	18日9点	17日9点	18日9点	17日9点	18日9点	17日9点	18日9点
密度/kg/m³	863.1	786.3	751	758.4	772	773.3	659	665.7	818.5	813.6
初馏点/℃	95	33	31.4	32.1	33.1	32.8	29.1	30.8	70	50.1
10%/℃	130.5	600	57.5	57.6	59.5	62.3	35.3	35.1	102.9	98.2
20%/℃		78.5	71.6	72.7	76.2	79.1	37.1	37.3	112.4	108.5
30%/℃		97	84.9	87.1	92.7	95	38.9	39.5	122.1	119
40%/℃		115	98.6	103.1	108.9	110.1	40.9	41.9	131.2	127.9
50%/℃	156	130	113.1	120.2	122.9	123.2	43.3	44.9	138.5	136
60%/℃		143	127.4	136.9	134.6	133.1	46.5	49	145.6	142.8
70%/℃		154	140.2	152.6	144.9	142.2	51.1	54.8	152.8	149.1
80%/℃		170.5	156.1	168.1	155.6	150.7	59.6	65.8	160.6	155.5
90%/℃	218	208.5	172.7	185.7	173.2	161.6	78.2	89.4	172.4	164
95%/℃						171.7		115.8	182.7	170.2
终馏点/℃	331	288	190.4	201.9	194.2	177.7	103.8	123.8	201.2	184.9
全馏/%	98.5	96	95.4	95.5	95.1	96.2	95.4	96.1	98.4	98.3
硫醇/ppm			28	20	7	8	40	23	36	30
总硫/%	0.062	0.04	0.085	0.078	0.054	0.044	0.017	0.017	0.065	0.056
芳烃/v%		54.6	30.6	39.7	52.2	51.5	3.6	9.9	68.4	67.8
烯烃/v%		2.9	36.7	31.9	3.3	3.8	43	39.1	5.5	5.4

第二提升管脱硫效果的充分发挥，可以有效降低汽油的硫含量，对降低下游汽油脱硫装置的负荷有重要的意义。

第二提升管另一重要作用是有利于汽油辛烷值的提高。

回炼汽油可以提高汽油辛烷值3个单位以上。

2017年第二提升管回炼100万加氢催化柴油时，副粗汽油通过预碱洗后直接去罐区做国Ⅴ汽油调合组分，重油提升管的主粗汽油去稳定，表5是两种汽油性质比较。

表5　2017年12月~2018年1月化验分析数据

分析项目	精制汽油（第二提升管汽油）	稳定汽油（重油提升管）
密度，kg/m³	799.15	730
研究法辛烷值	99.50	94.30
马达法辛烷值	86.80	81.90

续表

分析项目	精制汽油（第二提升管汽油）	稳定汽油（重油提升管）
实际胶质，mg/100mL	1.00	1.00
苯含量,%	2.14	0.72
初馏点,℃	29.31	28.30
10%,℃	67.86	43.70
终馏点,℃	201.24	193.00
硫含量，mg/kg	7.39	348.00
芳烃含量,%	62.36	25.00
烯烃含量,%	3.57	38.50

加氢柴油进第二提升管回炼，生产的副粗汽油烯烃含量3.57%左右。

回炼加氢柴油生产的副粗汽油辛烷值非常高，研究法辛烷值平均在99.5，高达99.8，马达法辛烷值平均86.8，可以作为高辛烷值汽油的调合组分。

3.3 增产液态烃以及丙烯

第二提升管回炼汽油时，汽油转化率可以控制，设计最高大于35%，液态烃的收率大于25%，液态烃中丙烯的含量高。

表6　第二提升管回炼汽油和加氢催化柴油产品分布估算

	回炼汽油		加氢柴油回炼
	设计,%	实际,%	
干气/%	2.63	4.11	1.61
液态烃/%	25.45	17.90	4.21
汽油/%	64.15	69.15	53.55
柴油/%	5.54	7.27	34.71
油浆/%	0	0	2.11
焦炭/%	2.23	1.57	3.82
合计/%	100	100	100
转化率/%	35.85	30.85	63.19

无论回炼汽油还是加氢催化柴油，都对增产液态烃有利，今后设想将C5~C6高烯烃的轻汽油进行进第二提升管回炼，既可以降低烯烃，降低硫含量，又可以增产液态烃，一举多得。

4 结论

催化装置第二提升管对充分发挥催化装置优势，克服劣势方面具有非常重要的作用。

通过与加氢工艺相结合，第二提升管通过回炼加氢催化柴油，可以大幅度压缩催化柴油，甚至消灭催化柴油，彻底解决催化柴油质量升级和后路问题，降低整个炼厂柴汽比。

第二提升管可以大幅度降低汽油的烯烃，满足今后汽油国Ⅵ升级的要求，同时可以大幅度降低汽油硫含量，非常经济脱硫，降低下游汽油脱硫装置的负荷，减少操作费用。

第二提升管可以提高汽油的辛烷值，特使是加氢催化柴油回炼生成的副粗汽油研究法辛烷值达到99以上。

第二提升管可以非常灵活多产液态烃以及丙烯等低碳化工原料，满足炼厂炼化一体化发展。

劣质渣油固定床加氢技术研究进展及展望

薛金召[1]　肖雪洋[1]　谢清峰[2]　白　宏[2]

(1. 湖南石油化工职业技术学院；2. 中国石油化工股份有限公司长岭分公司)

摘　要　重质化、劣质化是未来原油供应的主要趋势，经济环保的渣油加氢技术正逐步成为渣油加工最主要的技术手段，目前，固定床渣油加氢技术应用最为广泛。主要分析了国内外固定床渣油加氢技术现状及进展，探讨了今后的发展方向。国内固定床渣油加氢技术、催化剂研制、大型装置工程化设计及重大石化装备制造技术已十分成熟，固定床渣油加氢技术在相当长的时期内仍将是渣油加工的首选方案；新建装置应首推国产化技术；提高原料适应性，实现大规模、长周期、工艺组合最优化是未来固定床渣油加氢技术发展的重点。

关键词　渣油加氢技术；固定床工艺；技术进展；发展方向

我国原油大部分较重[1]，350 ℃以下的馏分占20%～30%(w)，大于500 ℃的减压渣油占40%以上，进口原油中的减压渣油约占30%(w)[2]。2018年，我国原油加工量达到6.04亿t。其中，进口原油4.62亿t，渣油产量巨大。原油供应趋于重质化、劣质化，但石油产品的需求趋于轻质化、清洁化。同时渣油与轻油的差价较大，特别在高油价时代，更加突出。对渣油进行高效转化是炼油企业提升竞争力的关键[3]，经济环保的渣油加氢技术是渣油加工的最有效途径。

渣油加氢主要有固定床、沸腾床、移动床和悬浮床4种工艺[4,5]。移动床工艺工业化应用不多，主要用作固定床工艺的预处理系统；悬浮床工艺是以临氢热裂化反应为主的过程，目前尚处于工业示范阶段；沸腾床工艺可用来加工高残碳、高金属含量的劣质渣油，转化率和精制深度高，近年来发展较为迅速；固定床工艺投资和操作费用低，运行安全，是目前工业应用最多和技术最成熟的渣油加氢技术。

本文综述了国内外固定床渣油加氢技术的现状及最新进展。从研制高性能催化剂、优化催化剂级配技术、改进工艺技术和缩短开停工换剂占用时间等方面讨论了延长装置长周期运行的技术措施。

1　固定床渣油加氢技术发展状况

国外固定床渣油加氢技术主要有美国CLG公司的RDS/VRDS技术、美国UOP公司的RCD Union技术，以及法国IFP公司的Hyval技术等。国内则以中国石化抚顺石油化工研究院(FRIPP)的SRHT技术及石油科学研究院(RIPP)的RHT技术为主。最近，中国石油也开发了具有自主知识产权的成套技术，均具有自主设计及建设大型固定床渣油加氢装置的能力与业绩。几种固定床渣油加氢技术的工艺流程、技术特点、关键参数、经济技术指标基本相同，它们的工艺技术情况见表1。

表1　典型固定床加氢工艺的操作条件及结果比较

项目	RDS/VRDS	RCD Union	Residfining	SRHT
专利商	CLG	UOP	Exxon	Sinopec
反应温度/℃	350～430	350～450	350～420	350～427
反应压力/MPa	12～18	10～18	13～16	13～16
体积空速/h^{-1}	0.2～0.5	0.2～0.8	0.2～0.8	0.2～0.7
化学氢耗(标况下)/($m^3\cdot m^{-3}$)	187	130	190	150～187
转化率/%	31	20～30	20～50	20～50
脱硫率/%	94.5	92.0	81.6	92.8
脱氮率/%	70	40	60～70	72.8
脱金属率/%	92.0	78.3	72.5	83.7
脱残碳率/%	50～60	59.3	56.5	67.1

我国在固定床渣油加氢技术研究和技术工程化应用方面起步较晚，但发展较快。1992年，中国石化齐鲁分公司引进CLG公司的RDS/VRDS技术建成投产了我国第一套渣油加氢装置，改扩建过程中又引进上流式反应器(UFR)专利技术，建成了世界首套采用UFR-VRDS联合技术的渣油加氢装置。1999年，我国自主开发、自主设计的首套国产SRHT装置在中国石化茂名

分公司投运，2006 年，首套国产 RHT 装置在中国石化海南炼化投入商业运行。截至 2018 年 12 月，国内(台湾除外)在产的渣油加氢装置共 23 套，加工规模为 5590.0 万 t/a，占我国原油加工能力的 9.3%(2018 年，我国原油加工量为 60357 万 t)，尤其是“十二五”以来，我国新投产的渣油加氢装置年处理能力就高达 4430 万 t，占总产能的 79.3%。其中，中国石化利用自有技术的优势，投产了 10 套装置合计产能约 1850 万 t/a。装置产能及技术来源见表 2。2020 年前，中国石化镇海炼化、恒力石化、浙江石化一期、中科炼化等企业还有渣油加氢装置投产，届时我国渣油加氢生产能力将达到 8000 万 t/a。

表 2　2017 年国内渣油加氢装置产能及技术来源

企业名称	规模 (10^4 t/a)	技术来源	投产时间	反应器个数	保护反应器是否可在线切除	是否可以单开单停
中石化齐鲁石化	150	CLG：UFR/VRDS	1992	2×3	可以	可以
中石化茂名分公司	200	FRIPP：SRHT	1999	2×5	不可以	不可以
中石化海南炼化	310	FRIPP：SRHT RIPP：RHT	2006	2×2	不可以	可以
中石化长岭分公司	170	RIPP：RHT	2011	1×4	不可以	—
中石化金陵分公司 1#	180	FRIPP：SRHT	2012	1×4	不可以	—
中石化上海石化	390	RIPP：RHT	2012	2×5	不可以	可以
中石化安庆分公司	200	RIPP：RHT	2013	1×5	可以	—
中石化石家庄炼化	150	FRIPP：SRHT	2014	1×5	可以	—
中石化扬子分公司	200	FRIPP：SRHT	2014	1×4	不可以	—
中石化九江分公司	170	RIPP：RHT	2015	1×4	可以	—
中石化荆门分公司	200	RIPP：RHT	2017	1×5		—
中石化金陵分公司 2#	200	FRIPP：SRHT	2017	1×4	可以	—
中石油大连西太	200	UOP：RCD Unibon	1997	2×4	可以	可以
中石油大连石化	300	CLG：UFR/VRDS	2008	2×5	可以	可以
中石油四川石化	300	CLG：UFR/VRDS	2013	2×5	可以	可以
中石油广西石化	400	UOP：RCD Unibon	2014	2×5	可以	可以
中石油云南石化	400	CLG：UFR/VRDS	2017	2×6	可以	可以
中石油辽阳石化	240	FRIPP：SRHT	2018	2×4	可以	可以
中化泉州石化	330	CLG：UFR/VRDS	2014	2×5	可以	可以
中海油惠州炼化	400	CLG：UFR/VRDS	2017	2×5	可以	可以
中国兵器盘锦北燃	80	RIPP：RHT	2013	1×2	可以	—
山东利津石化	260	UOP：RCD Unibon	2015	2×5	可以	可以
山东炼能神驰化工	160	CLG：UFR/VRDS	2016	1×6	可以	—

从投产的装置分布及采用的技术来看，呈现出的特点为：(1)国产化技术和国外技术并行发展。在产渣油加氢装置均采用固定床技术，其中，利用国产化技术的装置有 13 套，产能占比为 48.12%。(2)投资主体较为集中，但多元化趋势明显：中国石化、中国石油两家企业的渣油加氢装置产能为 4290 万 t/a，占全国总产能的 76.7%。但近年来中海油、中化及独立炼厂也投产了多套装置，尤其是恒力石化、盛虹石化、浙江石化等大型民企的加入，多元化趋势加剧。(3)单系列装置加工能力和核心设备大型化。(4)操作模式灵活化。固定床渣油加氢技术均可实现单开单停、保护反应器可切除操作。

2　装置长周期运行措施

固定床工艺技术成熟，产品收率高、质量好，脱硫率可达 90%(w)以上，可以加工大多数含硫原油和高硫原油的渣油，主要对残炭和金属含量有严格的要求。一般转化率为 15%～20%，主要为下游装置提供优质原料。

由于渣油较脏，颗粒物、杂质含量高且种类

多，在加氢过程中，颗粒物、金属杂质(如铁与钙、镍与钒)、胶质和沥青质等很容易沉积在催化剂的颗粒之间或催化剂的外表面，一方面使反应器床层压降快速上升，另一方面堵塞催化剂的孔口，造成催化剂快速失活。这两方面都会导致工业装置频繁停工和更换催化剂，缩短装置运行周期，降低装置的经济效益，而且会增加催化剂的卸载难度，并带来安全隐患。为保证装置的运行周期，通常需要控制原料油的总金属含量小于200 μg/g，残炭含量低于15%(*w*)，沥青质含量低于5%(*w*)[6]。

固定床工艺在相当长的一个时期内仍将是炼厂渣油加氢技术的首选。国内外技术的改进始终围绕着延长装置运行周期以及加工更加劣质的原料。

2.1 开发高活性催化剂

渣油加氢催化剂是渣油轻质化技术的关键。渣油加氢过程中存在多种类型的反应，采用固定床工艺，很难通过一种或一类催化剂来完成整个催化过程。渣油加氢技术的催化剂体系主要包括：保护剂、脱金属剂(HDM)、脱硫剂(HDS)和脱氮剂(HDN)。国外为固定床渣油加氢技术提供催化剂的专利商主要有美国ART公司的ICR系列催化剂、丹麦Topsoe公司的TK系列催化剂、法国IFP公司的HMC/HT/HF系列催化剂、美国Albemarle公司的KG/KFR系列催化剂、美国Criterion公司的RM/RN系列催化剂等。国内则以FRIPP的FZC系列催化剂及RIPP的RHT系列催化剂为主。

FRIPP于1986年开始渣油加氢技术的开发，1999年，SRHT渣油加氢催化剂及成套技术首次国产化。2014年，FRIPP又成功开发出了S-Fitrap催化剂体系，该技术形成毫米级-微米级-几百纳米级-几十纳米级孔道结构组合的高效保护剂和脱金属催化剂体系，并取得了较好的工业应用效果[7]。其中，泡沫陶瓷材料保护剂具有毫米级的内部孔道和85%(*v*)以上的内部孔隙率，特殊的内孔结构产生的盘旋路径，强化了它脱除FeS及拦截捕集碳粒和机械杂质等垢物的能力，提高了反应器的利用率并可有效抑制床层压降上升。微米级尺度孔道结构的保护剂以脱除适量沥青质、金属和铁等功能为主。双峰孔保护剂，形成扩散通道和反应通道，进一步脱除沥青质和金属，该保护剂具有较大的孔容、孔径，比表面积适宜，活性过渡合理。还开发了高性能的脱硫和脱残炭催化剂，实现了催化剂容金属量和脱残炭性能的平衡，有效延长的渣油加氢处理装置的运转周期。目前，FZC系列催化剂已在国内外10余套渣油加氢装置成功应用40多个周期。RIPP分别于2001，2007，2011年成功开发了第Ⅰ代、第Ⅱ代和第Ⅲ代RHT渣油加氢系列催化剂，已先后在包括台湾中油公司在内的12套工业装置上成功应用30余次，显示出优良的杂质脱除能力以及运转稳定性[8-9]。近日，RIPP从新型原材料研制、独特载体成型工艺开发及催化剂制备优化等方面入手，研制出新一代渣油加氢用RHT-200型催化剂。中试结果表明，它的活性及稳定性均有较大幅度提升，显示出良好的原料油适应性。2015年，中国石油利用载体无酸成型、“化学-物理”复合扩孔、活性金属非均匀负载技术制备了具有梯度、双峰、通畅、集中孔道集成特色的4大类12个牌号的固定床渣油加氢用PHR系列催化剂[10-11]，在大连西太平洋有限公司200万t/a渣油加氢装置Ⅰ系列首次进行工业试验，长周期运行结果表明，PHR系列催化剂性能与进口RM/RN催化剂相当。国内外渣油加氢催化剂种类及牌号见表3。

针对上流式渣油加氢工艺的特点，RIPP和FRIPP还分别开发了适用于UFR的专用催化剂，上流式渣油加氢催化剂种类及牌号见表4。

表3 渣油加氢催化剂种类及牌号

专利商	Albemarle	ART	FRIPP(Ⅱ)	RIPP(Ⅲ)	PRI(Ⅰ)	IFP(Ⅱ)	Topsфe(Ⅱ)
保护剂	KG 55 KF 542-9R KG 9-5R KG 5-3Q KG 5-2Q	ICR-122ZSF ICR-161 NAQ ICR-161 LAQ	FGF-01 FZC-100B FZC-103D FZC-103E FZC-13B	RG-20 RG-30E RG-30A RG-30A	PHR-401 PHR-402 PHR-403 PHR-404	ACT-066 ACT-070 ACT-072 ACT-077 ACT-139	

续表

专利商	Albemarle	ART	FRIPP(Ⅱ)	RIPP(Ⅲ)	PRI(Ⅰ)	IFP(Ⅱ)	Topsφe(Ⅱ)
脱金属剂	KFR15-1.5Q KFR15-1.3Q KFR22-1.3Q	ICR-161 KAQ ICR-165	FZC-28A FZC-204A	RDM-36 RDM-35 RDM-32 RDM-33B	PHR-101 PHR-102 PHR-103 PHR-104	HMC841 HMC868 HMC845 HMC945	TK-719 TK-733 TK-743
脱硫脱金属过渡剂	KFR33-1.3Q	ICR-167 KAQ	FZC-33BT				TK-753
脱硫剂	KFR53-1.3Q	ICR-186 KAQ ICR-181 KAQ	FZC-34BT	RMS-3/30	PHR-201 PHR-202 PHR-203	HF858 HF454 HM848	TK-773
脱残碳脱硫剂	KFR50-1.3Q KFR70-1.3Q	ICR-173 KAQ	FZC-41A	RMS-3B RCS-30 RCS-31 RCS-41	PHR-301	HT318 HT328 HT404	
支撑剂				RDM-32-3b RDM-32-5b			

表 4　上流式渣油加氢催化剂种类及牌号

	保护剂	脱金属剂	支撑剂
RIPP(Ⅲ)	RG-30E-8b/ RG-20A-5b/ RG-20A-3.5b	RUF-31/ RUF-32/ RUF-33	RUF-31-5b
FRIPP(Ⅱ)	FZC-10/ FZC-102K/ FZC-102N	FZC-10UH/ FZC-11UHT	–

2.2　优化催化剂级配技术

催化剂级配装填是指不同功能催化剂的联合使用。沿着反应物流动的方向，催化剂的颗粒粒径、孔径、孔隙率逐渐递减，活性由弱到强。各种催化剂的装填比例根据原料性质、操作条件和产品质量要求而定。当原料中大颗粒杂质较多时，应增加大粒径保护剂的装填比例，而当原料中小颗粒杂质较多时，应增加小粒径保护剂的装填比例。另外，渣油加氢装置反应器投资较大，为充分利用反应器空间，可以考虑采用具有一定加氢活性和孔隙率较高的活性支撑剂(如 RIPP 开发的 RDM-32-3b 和 RDM-32-5b)代替反应器底部的 Φ3～4mm 的瓷球。催化剂级配装填可有效改善物流分布，有利于颗粒物的均匀沉积，提高容垢能力，是缓解床层压降快速升高、提高催化剂利用率的有效途径之一。在渣油加氢反应器中，催化剂级配装填的顺序由上向下为保护剂、HDM、HDS、HDN。催化剂的级配原则见图 1。

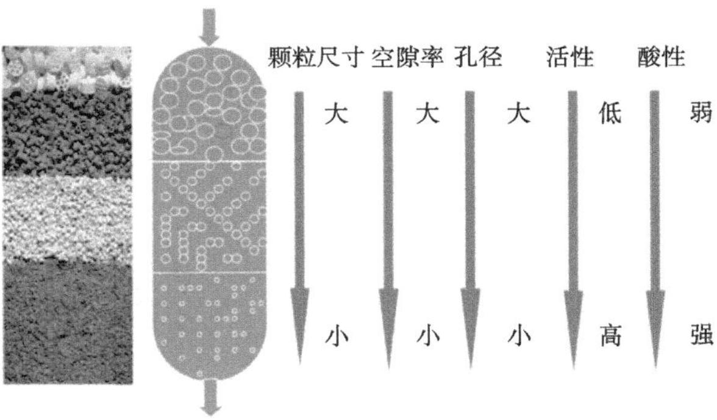

图 1　催化剂的级配原则示意图

反向级配。针对 UFR 反应器中催化剂活性沿反应物流动方向逐渐升高，而氢纯度逐渐降低，易导致渣油缩合生焦、产生床层热点而影响运行周期的问题，FRIPP 开发了反向催化剂级配 SHIFT-G 技术：将 UFR 反应器上部床层的原高活性催化剂适当替换成活性(主要是脱硫活性)稍低的催化剂，在这种情况下，既不损失催化剂的脱金属活性，又能有效防止床层温升过高，从而降低床层产生热点的风险。通过级配调整，实现了 UFR 和固定床整体运转 1.5a 同步换剂的目标。

2.3　工艺技术改进

为了降低进料中的金属含量，防止催化剂过早失活，工艺上除了在原料油缓冲罐设置氮封、进料管线上设置自动反冲洗过滤器、高铁钙含量的原料油增设脱钙剂加注设施外，通常还会在主反应器前加设UFR反应器、移动床反应器及沸腾床反应器或可切除/互换式保护反应器。

2.3.1 设置UFR反应器

CLG公司VRDS技术前置的UFR反应器。其主要特征为：UFR反应器设置3个床层，床层间用急冷油代替冷氢，从而可更有效地控制床层温升；使用催化剂多层级配技术装填两种上流式专用HDM和保护剂，以有效降低金属结垢堵塞催化剂床层的可能性，第一床层催化剂活性较低，第二、第三床层催化剂活性较好；渣油和氢气自下而上低速通过UFR反应器，使催化剂床层轻微膨胀，金属和焦炭等沉积物可以均匀地沉积在整个催化剂床层。运行结果表明，增加UFR反应器，反应系统初始压降减小且上升速率缓慢，平均脱硫、脱金属和脱残碳率(w)分别达到49%，31%，26%，其投资是(OCR工艺的50%，而且容易操作和控制。

2.3.2 设置保护反应器

UOP公司RCD Unibon技术设置的可在线切除保护反应器，预期寿命为50%的操作周期，第一主反应器上部与保护反应器装填的催化剂品种、数量相同，因而切除保护反应器后，仍可起到保护性的作用。每台反应器均采用单一床层，在反应器之间的连接管线上设有控制温升的冷氢点。IFP公司的Hyval-F技术[12]前置两台可互换式保护反应器，通过特殊的高压切换阀，可以变换其操作方式，如单独、串联(并联)。当一台保护反应器内的催化剂失活后，可在运转中切换至另一台保护反应器，而装置无需停工。保护反应器和主反应器均采用单一床层，分别装填HDM、过渡催化剂HDS/HDM和精制剂HDS。保护反应器与主反应器装填HDM，保护反应器的脱金属率可达50%(w)，并可使沥青质分解，适用于加工金属含量不高于350μg/g的渣油，运行负荷在92%以上。设置互换式保护反应器的Hyval-F工艺流程见图2。目前，有10套采用Hyvahl-F技术的工业装置在运转。

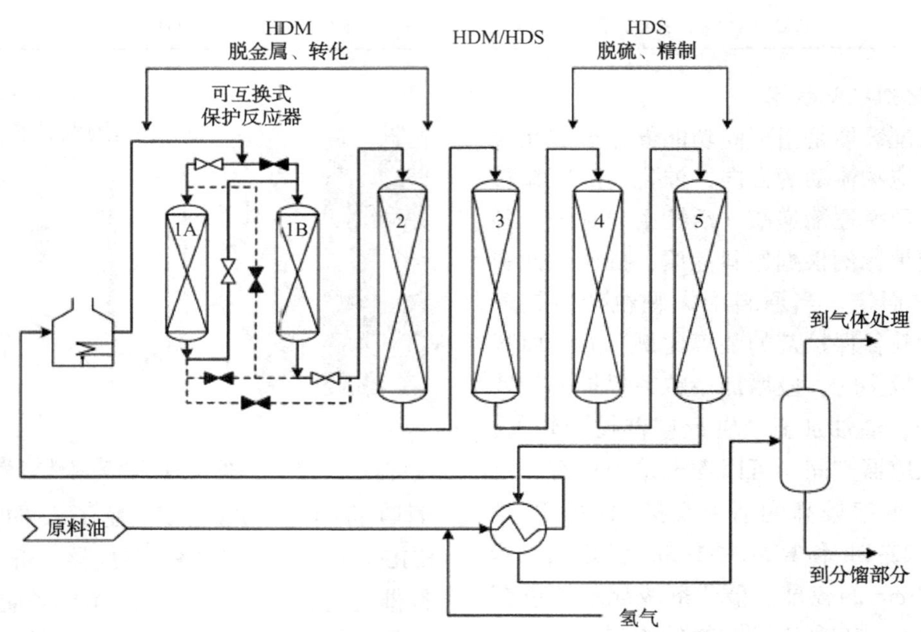

图2 设置互换式保护反应器的Hyval-F工艺流程

中国石化渣油加氢保护反应器可切除工艺已经实现工业化，保护反应器可互换工艺已在中试装置进行了10000 h以上稳定性运转试验。

2.3.3 设置移动床反应器

固定床渣油加氢技术前置移动床反应器的目的主要是脱除渣油中的大部分金属。移动床技术所用的脱金属催化剂可以进行连续/间歇置换，因而可以弥补固定床工艺不能加工劣质原料的不足，解决了反应器经常堵塞问题，减轻了后续固定床反应系统的负荷，实现了装置的长周期连续运行。虽然移动床工艺投资费用较固定床高，但总的经济效益有所提高。

移动床代表工艺有 CLG 公司的 OCR 工艺、荷兰 Shell 公司的 Hycon 工艺和 IFP 公司的 Hyvahl-M 工艺。移动床工艺按照催化剂与原料流向异同可分为逆流式和并流式。OCR 工艺和 Hyvahl-M 工艺属于逆流式操作。新鲜催化剂从反应器顶部加入，向下流动，新鲜渣油从反应器底部进入，首先与活性最低的催化剂接触。由于原料上行流速较慢，这种移动床实际上是按固定床模式操作的，只有在催化剂装填和卸载时才发生移动，对催化剂磨损可降至最小。催化剂提升介质用油浆或瓦斯油，装卸催化剂的操作是由带程序控制系统操纵。OCR 反应器的脱金属率和脱硫率(w)分别在 65%，55%以上。从经济角度考虑，当金属含量大于 200μg/g 时，可采用 OCR 方案代替 UFR 反应器；当金属含量大于 400μg/g 时，使用 Hyvahl-M 方案代替互换式保护反应器。Hycon 技术采用的是并流式操作，设置一个或数个料仓式移动床反应器，内部装填 HDM，反应器顶部和底部分别设有闸门系统，每天催化剂的置换量为反应器总装填量的 0.5%~2.0%，可加工金属含量大于 300μg/g 的劣质渣油。有待解决的问题是提高催化剂的机械强度，以防催化剂粉末被带到下游固定床主反应器中。

目前，OCR 工艺和 Hycon 工艺均有工业化装置在运行，Hyvahl-M 工艺尚未实现工业化。

2.3.4 设置沸腾床反应器

沸腾床反应器具有物料返混剧烈、温度分布均匀无热点、压降低且稳定、催化剂利用率高及沥青质转化能力强等优点，特别适宜处理劣质渣油。为发挥两种渣油加氢技术的优势，FRIPP 开发了前置 STRONG 沸腾床为保护反应器的渣油加氢工艺[13]，长周期中试结果表明，加工金属镍与钒含量为 118~233μg/g、残炭含量 15.7%~21.1%(w)的劣质渣油，所得加氢渣油金属、残碳含量分别下降至 7.8~10.6μg/g，5.2%~5.6%(w)，可以直接作为流化床催化裂化装置(FCC)原料，且运行周期能够达到3a，与下游装置运行周期相匹配，实现同步开停工。与单纯的 SRHT 技术相比，投资回报指标更佳。

2.4 缩短开停工换剂占用时间

为提高渣油加氢装置的运行时间，提高企业经济效益，FRIPP 开发了渣油加氢装置快速开停工技术方案：在开工阶段，通过选定主要压力等级引入氢气直接进行氢气气密、取消催化剂干燥、320℃蜡油恒温硫化、提高硫化升温速率、简化原料油切换等步骤；在停工阶段，采用了添加成膜剂、取消热氢气提、反应器降温不降量等措施；在卸剂/装剂阶段，强化人员配置，加强过程管理，做好方案优化和中间衔接。通过一系列技术创新和优化，最终将渣油加氢装置停工、换剂和开工的时间由原来的 31~33d 缩减为 18~20d[14]。

3 固定床渣油加氢组合新技术开发

3.1 固定床渣油加氢-渣油催化裂化

渣油加氢-渣油催化裂化(RFCC)组合工艺具有轻油收率高、生产过程清洁的优势[15]，已在国内新建或改扩建炼油项目中广泛应用。常规的渣油加氢-RFCC 组合工艺是渣油原料先在固定床加氢装置上进行加氢处理，加氢生成油通过产品分馏系统分离出液化石油气(LPG)、石脑油和柴油馏分，加氢尾油送出装置作为下游 RFCC 进料，RFCC 产生的重循环油(HCO)直接进行自身回炼。由于 HCO 富含多环芳烃，在 RFCC 回炼时生成了大量的焦炭和气体，轻油收率及品质均有下降，增加了再生器负荷；渣油原料又富含沥青质、胶质，固定床加氢装置与 RFCC 运行周期匹配性较差。

3.1.1 RHT-RFCC 双向组合技术

RIPP 在深入研究的基础上，创新性地提出高效 RHT-RFCC 双向组合新技术(RICP)，即将 RFCC 原来自身回炼的 HCO 外循环到渣油加氢，与减压渣油和减压凝析油一起加氢后再返回 RFCC 进行转化，使 HCO 在渣油加氢和 RFCC 两套装置间循环。RICP 组合工艺流程示意见图 3。

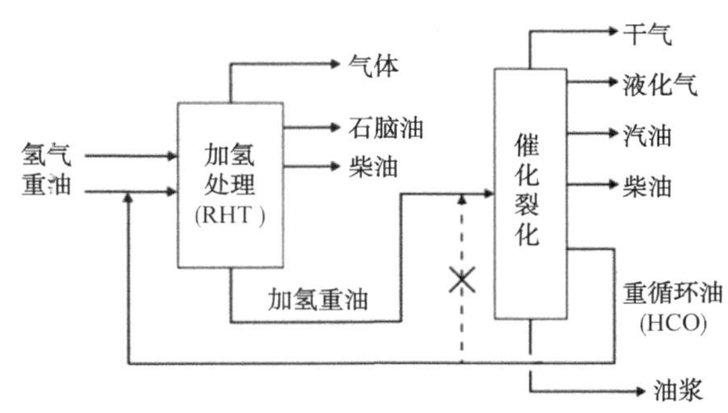

图 3　RICP 组合工艺流程

2006 年 5 月，RICP 技术在中国石化齐鲁分公司工业应用，并在中国石化安庆分公司、九江分公司、海南炼化，中国石油四川石化分公司逐步推广和应用。与常规的 RHT-RFCC 组合工艺相比，在HCO仅占渣油加氢装置进料量6%的条件下，RICP技术可使RFCC的处理量提高3.84%，汽油和柴油收率提高1.9%(w)，低价值产物(油浆和焦炭)收率降低1.66%(w)，渣油加氢装置运行周期延长20%~40%，为渣油的高效转化提供了有力的技术支撑[16-17]。

3.1.2 多产轻质油的催化裂化馏分油加氢处理与选择性催化裂化集成技术

常规的RFCC主要追求重油的单程转化率。大量研究结果表明：重质原料油在RFCC转化过程中所生成的干气和焦炭随转化率增加而缓慢增加，当转化率达到一定值后，干气和焦炭产率随转化率增加而急剧增加。为实现转化率与选择性的最优化，RIPP提出了IHCC工艺(IHCC工艺：多产轻质油的催化裂化馏分油加氢处理与选择性催化裂化集成技术)[18]，即加氢渣油原料油在选择性催化裂化装置(HSCC)上进行反应，反应后的物料经分离分出催化裂化蜡油(FGO)，FGO经选择性催化裂化蜡油加氢处理装置(HAR)选择性加氢处理，处理后的FGO再返回到HSCC装置。IHCC组合工艺流程示意见图4。

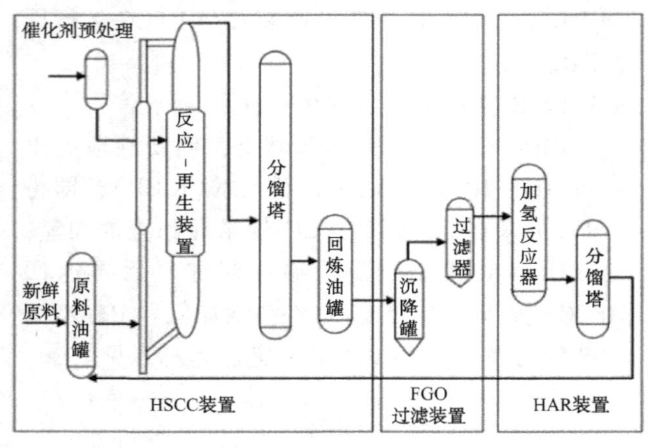

图4 IHCC组合工艺流程示意

工业试验结果表明：相对于常规FCC，采用IHCC技术不产生油浆，加工石蜡基常压渣油时，液化气、汽油、柴油等3种高附加值产品的收率提高6%；加工渣油加氢装置的加氢重油时，液化气、汽油、柴油等3种高附加值产品收率提高10%，焦炭和干气产率分别降低20%，40%。在多产汽油的方案中，汽油产率超过50%。IHCC工艺的成功开发标志着炼油技术从追求高转化率向追求高选择性转变，同时还部分解决了能效倍增与二氧化碳排放问题。

3.1.3 SRHT技术与RFCC深度组合技术

FRIPP开发出SRHT技术与RFCC深度组合的新工艺SFI[19]。其工艺原则流程见图5。该工艺特征之一是渣油加氢不设产品分馏系统，全馏分加氢生成油直接热供料进入RFCC装置加工，无需设进料泵，同时减少了大量换热设备；特征之二是RFCC装置取消HCO和油浆在装置内直接回炼操作，重柴油、HCO和油浆等富含芳烃重馏分外循环到渣油加氢装置原料罐，与新鲜渣油一起进行加氢处理与RFCC处理。SFI工艺流程简单，装置建设投资和操作费用较低，加氢生成油性质较好，增加了轻质油收率，可根据市场需要灵活调节柴汽比，焦炭的收率有所降低。SFI工艺已在中国石化金陵分公司、扬子分公司、齐鲁分公司、茂名分公司及石家庄炼化等进行工业应用。

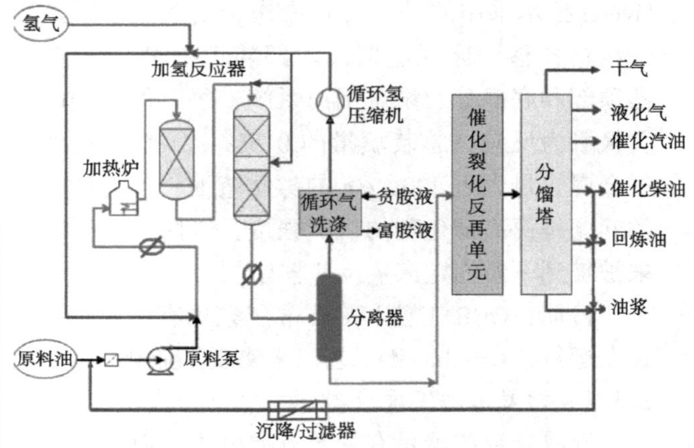

图5 SFI组合工艺流程

3.2 溶剂脱沥青-脱油沥青气化-脱沥青油加氢-FCC/加氢裂化组合技术

RIPP开发的SHF技术(SHF技术：溶剂脱沥青-脱油沥青气化-脱沥青油加氢-FCC/加氢裂化组合技术)是加工高硫、高金属含量劣质渣油的有效途径[20]，工艺流程示意见图6。SHF技术利用重溶剂(丁烷和戊烷)脱除渣油中几乎全部的沥青质和70%(w)以上的金属，得到的脱沥青油收率为80%~90%(w)，加氢后的脱沥青油是优质的FCC原料。除了做FCC原料，大于350℃的脱沥青油加氢后还可以做加氢裂化原料，所得中间馏分油质量好，喷气燃料的烟点和柴油的十六烷值都较好，是超低硫清洁燃料。脱油沥青汽化后可提供合成气作为制氢原料，并副产蒸汽、电和合成气等，制氢成本仅高于煤制氢，加热炉的烟气也不需要脱硫处理。

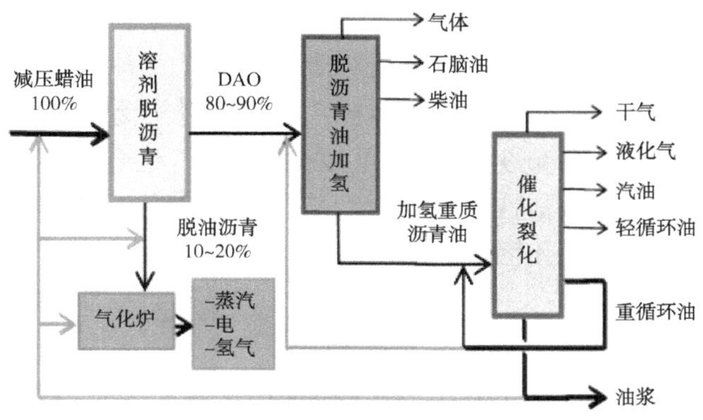

图 6　SHF 组合工艺流程

SHF 技术的关键在于解决了脱油沥青的出路问题，因此特别适用于以天然气为燃料、采用煤制氢受限制，且建有循环流化床锅炉、汽电一体化、化肥厂、燃料发电厂等可处理硬沥青的炼油厂。中国石化镇海炼化、福建联合、九江分公司重油加工采用 SHF 技术。波兰 Grupa Lotos 公司利用该技术直接生产喷气燃料 Je-1 和欧Ⅴ标准的柴油，循环模式下加氢裂化转化率达 80%。

3.3　固定床渣油加氢-延迟焦化组合工艺

该组合工艺充分考虑了低油价现状，使劣质渣油经过浅度加氢降低硫含量，然后进行减压蒸馏得到减压蜡油和尾油，减压尾油与催化油浆作为延迟焦化的原料，尾油和焦化装置得到的焦化蜡油作为 FCC 或加氢裂化的优质原料。

与固定床渣油加氢-RFCC 工艺相比，该工艺的一次性投资相对较高，液体产率较少，但渣油加氢进料空速可提高 40%，催化剂用量和氢耗(w)分别可减少 30%，25%，一般以含硫、低硫劣质渣油为主，不产生低价值的燃料级焦炭，还可解决催化油浆的出路问题。此外，在渣油加氢装置定期换剂过程中，不需更换原油，全厂各工艺装置可以维持在合理负荷下运行，实现重油加工灵活性和清洁化生产[21]。中化泉州、浙江石化均采用渣油加氢-延迟焦化组合工艺。

4　工程技术状况

提升单系列加工能力可以降低项目投资，但单系列最大处理能力受工艺流程设置、重大动静设备制造水平和装置能耗指标的限制。

4.1　重大石化装备进展

4.1.1　超大直径、超大壁厚加氢反应器

双超(双超：超大直径、超大壁厚)加氢反应器的成功研制为渣油加氢装置大型化提供了保障。中国一重集团有限公司研制的千吨级双超加氢反应器有 80 多台，其中，质量最大的反应器达 2224t，最大直径达 9000mm，最大壁厚达 358mm。中国第二重型机械集团公司成功研制出内径 5400mm、壁厚 400~600mm 的双超加氢反应器，说明我国掌握了极限制造的核心技术[22]。该成果已成功应用于中国石化扬子分公司、金陵分公司，中海油惠州炼化等渣油加氢装置。另外，为保证稳定的操作周期，中国石化工程建设公司(SEI)还成功开发出 UFR 反应器技术，目前已应用在连续液相柴油加氢精制的工程实践中。

大厚度 CrMo 抗氢钢工业应用成功。河北钢铁集团舞钢公司先后开发出 137mm 厚临氢 12Cr2Mo1R(H)、150mm 厚临氢 12Cr2Mo1R(H)钢板。2009 年，采用先进的电渣重熔技术生产出单重 37t，198mm 厚临氢 12Cr2Mo1R 钢板，并应用于中国石化长岭分公司渣油加氢热高压分离器项目。

重型压力容器轻量化设计制造关键技术获得突破。2010 年，合肥通用机械研究院研制出国产首台轻量化大型加钒钢制加氢反应器，应用于中国石油广西石化 400t/a 的 RDS 装置[23]，产品的节材效果(最大直径 5100mm，厚度减薄近 20mm，节材 5%~10%)与安全性能均达到国际先进水平。

4.1.2　氢气压缩机

大型往复氢气压缩机国产化水平连获突破。沈阳鼓风机集团股份有限公司(简称沈鼓集团)先后开发出国内首台 4M80，4M125 大型往复式压缩机，分别在中国石化茂名分公司 200 万 t/a 和长岭分公司 170 万 t/a 的渣油加氢装置实现工业应用。2014 年又研发了国内首台 4M150 型新氢压缩机，在中化泉州 400 万 t/a 渣油加氢装置实现长周期稳定运行。2016 年，针对镇海炼化 260 万 t/a 沸腾床渣油加氢工艺特点，沈鼓集团通过技术攻关，突破了往复式压缩机应用于循环氢工艺的关键技术难题，实现了世界最大吨位系列的新氢压缩机组和循环氢压缩机组的全部国产化制造。

循环氢压缩机超高压干气密封技术实现了国产化[24]。2013 年，四川日机密封件股份有限公司开发出 11 MPa 高压干气密封。2014 年，国内首套超高压干气密封完成 20 MPa 的试验和验证，于 2016 年在中国石化上海石化渣油加氢装置循环氢压缩机上首次工业应用，之后在中国石化长

岭分公司、扬子石化分公司得到推广。中国石化利用部分行程顶开进气阀技术研制的大型往复式压缩机流量无级调节系统也于 2013 年后在多套装置成功应用。

另外，渣油自动反冲洗过滤器、2500 磅级 CF8CDN400 大口径高压临氢阀门及原料油泵液力透平技术在渣油加氢装置也成功实现了工业化应用。

4.2　工程设计方面

CLG 公司采用炉前混氢、两相流换热流程，反应加热炉采用两路对称自然分配方案。由于加热炉炉管压降较大，单系列最大加工能力为 2.4～2.5 Mt/a；在处理量较大的装置中，UOP 公司通过增加高压换热器，实现了单相换热、炉后混氢，反应加热炉管采用四路可调方案，克服了炉管压降过高的问题，将单系列加工能力提高到了 2.8～3.0 Mt/a。SEI 公司研发了一系列渣油加氢单系列处理量最大化的技术[25]，开发了高压换热器并联设置方案，氢气及原料经调节阀分别分成两路进料，两路进料再靠对称分配进入四路炉管，反应产物对称分配成两路去换热器，避免了加热炉四路靠完全对称分配的风险，与 UOP 公司相比，该方案节省换热面积约 30%。开发了两组空冷器串联布置再分离方案、两组空冷器之间分离方案以及上述两种方案的组合方案，减少高压空冷器 4～6 片，减少了 INCOLOY825 型抗氢钢的用量。

重大石化装备和工程设计的国产化，为渣油加氢技术大型化奠定了坚实的基础。

5　结语

炼厂走重质化、劣质化的原油加工路线势在必行。固定床工艺仍是未来渣油加氢技术的主流。固定床工艺今后的研究重点为：提高单系列加工能力，减少项目建设投资；通过改善催化剂的性能、优化催化剂级配技术、开发可互换式保护反应器或 UFR 反应器、选择固定床渣油加氢组合技术等措施，以进一步提高对劣质原料的适应性及装置运行时间，最大限度地提升经济效益。

现阶段，根据原料性质及炼厂类型，固定床渣油加氢技术可选择如下加工方案：(1)当渣油中金属含量不大于 200μg/g 时，可采用设置有可切除保护反应器或 UFR 反应器的固定床工艺，或选择固定床-RFCC 双向组合工艺；(2)当渣油中金属含量大于等于 200μg/g 时，可采用设置有可互换式保护反应器或移动床反应器的固定床工艺；在使用天然气作燃料并采用煤制氢受限制的炼厂，高硫劣质渣油可以采用 SHF 组合工艺；为实现灵活性和清洁化生产，低硫劣质渣油也可以考虑采用固定床渣油加氢-延迟焦化组合工艺。

参　考　文　献

[1] 侯芙生. 中国炼油技术[M]. 第 3 版. 北京：中国石化出版社，2011：26-35.

[2] 黄鉴. 进口原油评价数据集[M]. 北京：中国石化出版社，2001：95-98.

[3] 钟英竹，靳爱民. 渣油加工技术现状及发展趋势[J]. 石油学报(石油加工)，2015，31(2)：436-443.

[4] 方向晨. 国内外渣油加氢处理技术发展现状及分析[J]. 化工进展，2011，30(1)：95-104.

[5] 任文坡，李雪静. 渣油加氢技术应用现状及发展前景[J]. 化工进展，2013，32(5)：1006-1144.

[6] 李大东，聂红，孙丽丽. 加氢处理工艺与工程[M]. 2 版. 北京：中国石化出版社，2016：10-16.

[7] 袁胜华，张成，蒋立敬，等. FRIPP 新一代固定床渣油加氢技术研究进展及工业应用[C]//炼油加氢技术交流会论文集. 北京：中国石化出版社，2017：739-751.

[8] Hu Dawei, Yang Qinghe, Dai Lishun, et al. Development and commercial application of third generation residue hydrotreating catalysts[J]. China Pet Process Pe, 2013, 15(2): 1-5.

[9] 邵志才，戴立顺，杨清河. 沿江炼油厂渣油加氢装置长周期运行及优化对策[J]. 石油炼制与化工，2017，48(8)：1-5.

[10] 程涛，赵愉生，谭青峰，等. PHR 系列固定床渣油加氢脱金属催化剂的研制[J]. 化工进展，2016，35(10)：3219-3225.

[11] 宋元栋. PHR 型系列催化剂在渣油加氢装置上的应用研究[D]. 大连：大连理工大学，2016.

[12] Kressmann S, Morel F, Harlé V, et al. Recent developments in fixed-bed catalytic residue upgrading[J]. Catal Today, 1998, 43(3/4): 203-215.

[13] 杨涛，刘建锟，耿新国. 沸腾床-固定床组合渣油加氢处理技术研究[J]. 炼油技术与工程，2015，45(5)：24-27.

[14] 杨刚，吴国林，张成，等. 固定床渣油加氢装置开工方案优化研究[J]. 炼油技术与工程，2017，47(10)：9-12.

[15] 孙丽丽. 现代化炼油厂技术集成应用的设计思路

[J]. 当代石油石化, 2010, 18(2): 8-12.

[16] 聂红, 杨清河, 戴立顺, 等. 重油高效转化关键技术的开发及应用[J]. 石油炼制与化工, 2012, 43(1): 1-6.

[17] Niu Chuanfeng, Gao Yongcan, Dai Lishun, et al. Study on application of bi-directional combination technology integrating residue hydrotreating with catalytic cracking RICP[J]. China PET Process PE, 2008, 448(1): 27-33.

[18] 许友好, 汪燮卿. 石油重质烃高效利用的 IHCC 工艺理论基础与工业实践[J]. 石油学报(石油加工), 2017, 33(3): 395-402.

[19] 刘铁斌, 耿新国, 吴锐, 等. 渣油加氢与催化裂化深度联合工艺技术研究[J]. 当代化工, 2012, 41(6): 582-584.

[20] Li Dadong. Crucial technologies supporting future development of petroleum refining industry[J]. Chinesse J Catal, 2013, 34(1): 48-60.

[21] 刘家明. 工程设计应对全球石油供求结构变化的思考[J]. 石油炼制与化工, 2012, 43(7): 1-7.

[22] 蒋良雄. 超大直径超大壁厚渣油加氢反应器的国产化研制[J]. 能源化工, 2016, 37(1): 79-87.

[23] 刘农基, 聂颖新, 陈崇刚, 等. 广西石化渣油加氢反应器轻量化设计制造[J]. 压力容器, 2015(1): 25-35.

[24] 王泽平, 毕晓明. 氢压缩机高压干气密封"硬对硬"摩擦副国产化技术分析[J]. 化工设备与管道, 2015(3): 57-61.

[25] 李浩, 范传宏, 刘凯祥. 渣油加氢工艺及工程技术探讨[J]. 石油炼制与化工, 2012, 43(6): 31-39.

渣油加氢原料预处理技术研究

谢琼玉　康之军　姚　飞　黄　华　余喜春

（湖南长岭石化科技开发有限公司）

摘　要　开展了膜强化传质技术在渣油加氢原料中脱钙、脱铁和脱水等预处理工艺技术研究，开发了膜接触器及其配套脱金属剂，并在中石化长岭分公司 170×10^4t/a 渣油加氢装置上完成 8000 t/a 工业侧线试验研究。结果表明，采用自主开发的膜接触器、工艺和脱金属剂进行渣油加氢原料预处理，在渣油进料空速 10～15h^{-1}、反应温度 130～140℃、反应压力 0.6～1.2MPa、总注水量 5%、脱金属剂用量 120ppm 条件下，采用两级处理工艺，脱后渣油水含量＜0.3%，钙含量≤3.0ug/g，脱钙率≥60%，铁含量≤10.0ug/g，脱铁率≥50%，切水油含量＜300mg/L；膜接触器经 2000h 运行，脱后渣油各项指标良好、稳定，反应器床层压力降无明显变化。

关键词　膜强化传质；预处理；脱钙；脱铁

1　前言

渣油加氢原料预处理即对渣油进行脱钙、脱铁、脱水等，改善渣油加氢原料性质，以延长渣油加氢装置运行周期。

膜强化传质技术是一种新型的传质技术，两相在膜反应器内的接触方式不是常规的混合分散式液滴之间的球面接触，而是特殊的非分散式液膜之间的平面接触。结合膜强化传质技术原理，开发的膜接触器是一种静态接触设备。接触器内装有大量具有一定规格和形态的细长纤维，当油相和水相与纤维束接触时，因表面张力和油水对纤维的亲和性不同，水相更易于在纤维束表面铺展，被纤维拉成一层极薄的膜，从而使小体积的水相扩展成大面积的液膜，此时油相顺着已被水相浸润的纤维流下，并与液膜之间存在一定的摩擦力，从而使液膜变得更薄。由于油水两相是在平面膜上发生接触，在接触过程中进行传质，因此膜反应器具有接触面积大、传质效率高、不易形成油水乳化等优点。

2　膜强化传质技术概况

2.1　膜强化传质技术原理

膜强化传质技术是一种新型的传质技术，两相在膜接触器内的接触方式不是常规的混合分散式液滴之间的球面接触，而是非分散式液膜之间的平面接触。

根据膜强化传质技术原理，开发的膜接触器是一种静态接触设备。接触器内装有大量具有一定规格和形态的细长纤维，当油相和水相分别顺着纤维向下流动时，因表面张力和油水对纤维的亲和性不同，水相优先润湿纤维束，被纤维拉成一层极薄的膜，从而使小体积的水相扩展成大面积的液膜，此时油相顺着已被水相浸润的纤维流下，并与液膜之间存在一定的摩擦力，从而使液膜变得更薄。由于油水两相是在平面膜上发生接触，在接触过程中进行传质，因此膜接触器具有接触面积大、传质效率高、不易形成油水乳化等优点。

2.2　膜强化传质技术应用

膜强化传质技术在国内外的炼厂已有应用，主要用于 LPG、汽油、煤油、柴油和溶剂油等油品的精制处理过程。

（1）在柴油碱洗中的应用

美国 MERICHEM 公司 NAPFINING 工艺和 MERIFINING 工艺[3]，分别用于直馏柴油和催化裂化柴油的碱洗。柴油和碱从上往下流经纤维膜接触器内的金属纤维束直达碱洗罐的底部，在其间完成脱硫反应和传质过程，到达底部时油碱两相分离。

由于该工艺未涉及高强度的混合分散过程，碱洗前不需要混合器，碱洗时也不会发生乳化现象，因此碱洗后也不需要水洗罐和砂滤器等设备。

（2）在汽油脱臭中的应用

美国 MERICHEM 公司将膜强化传质技术用于汽油脱臭，其工艺商标名称为 MERICAT。核心设备为纤维膜接触器，脱臭机理与其它方法相似，即将硫醇经碱和催化剂的作用，氧化为二硫化物（RSSR），但其反应的接触方式则为非分散式的膜接触。

3 试验部分

3.1 实验室小试研究

湖南长岭石化科技开发有限公司成立课题组，开展有关渣油加氢原料预处理新技术调研。实验室小试重点研究了膜强化传质技术应用于渣油加氢原料预处理的可行性，开发了膜反应器及其配套脱金属剂，开展了渣油加氢原料膜强化传质预处理工艺技术研究。小试研究结果表明：①膜强化传质技术应用于渣油加氢原料预处理技术可行，效果良好。②采用三级处理工艺，渣油加氢原料脱钙率≥60%、脱铁率≥50%，水含量≤0.10%、切水油含量≤300mg/L。

3.2 侧线试验

2017年，长岭分公司和湖南长岭石化科技开发有限公司在长岭分公司渣油加氢装置共同开展8000 t/a工业侧线试验研究。

3.2.1 侧线试验装置概况

侧线试验装置设计规模为8000t/a，渣油加氢原料处理能力为1.0 t/h，年操作时数为8000h，装置操作弹性为60%~110%。

装置主要分为膜脱金属和渣油深度脱水两个处理单元，其中膜脱金属单元由两级串联的膜处理系统组成（膜接触器和油水分离器），渣油深度脱水单元由一套闪蒸系统组成。

本装置以长岭170×10^4t/a渣油加氢装置原料作为输入，获得满足技术指标要求的处理后的渣油加氢原料（进渣油加氢装置）和外排水（进污水处理厂或污水处理装置）两个产品作为输出。

3.2.2 侧线试验工艺流程

装置工艺流程描述如下：

渣油加氢原料自渣油加氢车间（脱前渣油加氢原料）来，通过系统压力差自压至工业侧线装置。原料温度110~150℃，压力0.8~1.2MPa，流量600~1100kg/h（通过控制阀控制，流量计显示），监测渣油加氢原料入口温度和压力。

注水采用脱硫净化水，脱金属剂采用KJ-FMT1水溶性脱金属剂。先将脱金属剂采用助剂泵按一定加入量注入脱硫净化水中，然后再将含有一定量脱金属剂的脱硫净化水采用注水泵注入膜接触器内。注水温度40~80℃，压力0.8~1.2MPa，流量40~160kg/h。

渣油加氢原料和脱硫净化水分别由膜接触器顶部进入，在一级膜接触器内，渣油加氢原料与注水、脱金属剂充分接触，完成高效传质，实现渣油加氢原料的脱钙、脱铁等。经充分接触、高效传质处理后的渣油加氢原料与注水进入一级油水分离器进行沉降分离，油相从油水分离器顶部出来进入二级膜接触器内处理，水相从油水分离器底部出来进入二级膜接触器内或外排。

上层油相经沉降后进入二级膜接触器，脱硫净化水通过控制阀控制流量，分别进入二级膜接触器，经接触器处理后进入二级油水分离罐沉降分离。同样二级油水分离罐的上层渣油加氢原料进入闪蒸罐或直接出装置。处理后的渣油加氢原料进入闪蒸罐脱水后，经检验合格后由齿轮泵送回装置。一、二级膜接触器注入相对于渣油加氢原料的4.0%~8.0%（质量）的脱硫净化水，二级沉降分离后的切水也可作为一级膜接触的注水。

4 侧线试验结果与讨论

4.1 原料性质

试验原料为中石化长岭分公司170万吨/年渣油加氢装置的渣油，性质见表1。

表1 长岭分公司的渣油主要性质

项目	数据
密度(20℃)/($kg\cdot m^{-3}$)	894.4~978.3
运动黏度(80℃)/($mm^2\cdot s^{-1}$)	112.5
含水质量分数/%	0.03
铁含量/($\mu g\cdot g^{-1}$)	6.65~22.00
钙含量/($\mu g\cdot g^{-1}$)	2.24~7.14

4.2 试验方法

渣油和水（含一定浓度脱金属剂）分别通过泵控制，并采用电子秤计量，经预热器预热至反应温度后，从不同进料口进入膜接触器，油水经膜接触器处理后进入油水分离罐沉降分离，油层采样进行水分和钙铁含量等分析，水层循环利用，外排切水采样进行含油量分析。

4.3 侧线试验生产指标及分析方法

渣油加氢原料预处理侧线试验装置处理后渣油及切水各项生产指标及分析方法见表2。

表2 渣油加氢原料预处理装置生产指标及分析方法

项 目	生产指标	分析方法
渣油水含量(%)	≤0.3	GB/T260-77(88)
渣油铁含量(ug/g)	≤10.0	Q/KJKF112—2009
渣油钙含量(ug/g)	≤3.0	Q/KJKF112—2009
切水油含量(mg/L)	≤300	GB/T16488—1996

4.4 侧线试验工艺条件优化

侧线试验系统考察反应温度、进料空速、注水量、脱金属剂用量等工艺条件对渣油加氢原料脱金属效果和油水分离效果的影响，获得最优化工艺条件，为本技术的工业应用提供基础数据和理论依据(表3)。

表3 反应温度对渣油加氢原料预处理的影响

反应温度(℃)	115	120	125	135	140
水含量(%)	0.12	0.35	0.1	0.35	0.1
脱钙率(%)	89.5	89.7	64.0	73.4	62.4
脱铁率(%)	58.4	61.8	53.4	57.7	53.7
切水油含量(ppm)	282.0	195.0	33.5	60.1	123.0

工艺条件：P=0.8MPa；注水量5%；脱金属剂用量120ppm；进料空速$12h^{-1}$(表4)。

表4 进料空速对渣油加氢原料预处理的影响

进料空速(h^{-1})	10	12	15	17	20
水含量(%)	0.12	0.35	0.57	0.04	0.10
脱钙率(%)	66.4	63.4	69.3	62.3	80.3
脱铁率(%)	54.2	57.7	52.8	50.9	51.6
切水油含量(ppm)	22.2	60.1	195.0	5.85	34.0

工艺条件：P=0.8MPa；注水量5%；脱金属剂用量120ppm；温度135℃(表5)。

表5 注水量对渣油加氢原料预处理的影响

注水量(%)	4	5	6	8
水含量(%)	0.09	0.1	0.12	0.1
脱钙率(%)	66.7	80.3	66.4	62.3
脱铁率(%)	50.7	51.6	54.2	53.7
切水油含量(ppm)	6.3	34.0	22.2	44.5

工艺条件：P=0.8MPa；脱金属剂用量120ppm；温度135℃，空速$12h^{-1}$(表6)。

表6 脱金属剂量对渣油加氢原料预处理的影响

脱金属剂量(ppm)	120	150	175	200
水含量(%)	0.12	0.1	0.1	0.15
脱钙率(%)	60.4	80.3	62.3	60.7
脱铁率(%)	50.4	51.6	53.7	56.4
切水油含量(ppm)	25.0	34.0	47.0	38.0

工艺条件：P=0.8MPa；温度135℃，空速$12h^{-1}$，注水量5%。

4.5 侧线试验长周期运行

在最优化工艺条件下，考察工艺技术的稳定性，同时考察床层压力降的变化情况，为装置的长周期运行提供参考依据(表7)。

表7 优化工艺条件下渣油加氢原料预处理效果

运行时间(h)	200	400	500	800	1000	1300	1500	1800	2000
水含量(%)	0.10	0.15	0.10	0.20	0.15	0.27	0.08	0.12	0.20
原料钙含量(ug/g)	2.94	3.15	7.14	3.07	3.69	3.14	6.03	4.77	5.49
脱后钙含量(ug/g)	1.16	1.17	2.61	0.60	1.28	0.70	1.50	1.39	2.11
脱钙率(%)	60.5	62.8	63.4	80.4	65.3	77.8	75.1	70.9	61.6
原料铁含量(ug/g)	12.8	8.45	13.00	14.9	10.5	17.9	12.7	20.9	21.1
脱后铁含量(ug/g)	5.91	4.17	6.34	6.82	4.64	7.87	5.83	8.59	8.71
脱铁率(%)	53.8	50.4	51.2	54.2	55.8	56.0	54.1	58.9	58.7
切水油含量(ppm)	33.5	38.9	15.9	137.0	117.0	259.0	195.0	255.0	11.0

工艺条件：P=0.8MPa；温度135℃，空速$12h^{-1}$，注水量5%，脱金属剂150ppm。

侧线试验结果表明：在渣油空速10~$15h^{-1}$、渣油温度130~140℃、压力0.6~1.2MPa、总注水量5%、脱金属剂用量120ppm条件下，采用两级处理工艺，脱后渣油水含量<0.3%，钙含量≤3.0ug/g，脱钙率≥60%、铁含量≤10.0ug/g，脱铁率≥50%，切水油含量<300mg/L；膜接触器经2000小时运行，脱后渣油各项指标良好、稳定，反应器床层压力降无明显变化。

5 结论

采用自主开发的膜接触器和工艺进行渣油加氢原料预处理，并结合使用配套脱金属剂，增大了传质面积，提高了传质效率，增强了渣油预处理效果，改善了渣油加氢原料性质。经侧线试验得出以下结论：

(1) 成功开发了渣油膜强化传质预处理技术，脱钙、脱铁和脱水效果良好，工艺技术可行；

(2) 渣油经两级膜接触器处理后，各项技术指标达到工业生产指标要求。

参考文献

[1] 赵闯、蒋立敬、张庆军、翁延博．渣油微波改质技术研究进展，当地化工，2014，43(9)，1836～1839.

[2] 陆祥龙．国外渣油加氢预处理工艺的进展，石油化工技术经济，1990，6(1)，69～74.

[3] 胡尧良．轻质油品脱硫精制乳化难题的技术突破——介绍纤维膜接触器技术及应用，炼油设计，1999，29(5)，47～53.

低氮燃烧技术在燃气锅炉的应用

刘伟明　许磊权

（中国石化塔河炼化有限责任公司）

摘　要　文中分析了燃气锅炉中NO_x生成量大不能稳定达标的几种原因，针对塔河炼化公司90t/h燃气锅炉的结构形式及燃料气组成，采取了相应的技术改造及措施，锅炉烟气排放满足GB13223—2011火电厂大气污染物排放标准，本文重点对燃气锅炉燃烧过程产生氮氧化物机理进行了分析，选择了适宜的技术路线及方法达到了降NO_x的目的。

关键词　燃气锅炉；氮氧化物；低氮燃烧器；烟气再循环

塔河炼化公司75t/h燃气锅炉为无锡太湖锅炉厂制造的TH75-3.82/450-YQ型单汽包，属于混合燃气型锅炉，根据生产需要对锅炉进行了增容改造，改造后负荷由75t/h增容至90t/h，锅炉烟气按GB13271—2014《锅炉大气污染物排放标准》均能稳定达标。根据2014年8月19日国家环境保护部下达的“关于部分供热及发电锅炉执行大气污染物排放标准有关问题的复函”环函〔2014〕179号文，此锅炉烟气污染物排放执行GB13223—2011火电厂大气污染物排放标准，氮氧化物不能稳定达标。为满足环保排放要求及实现塔河炼化在新疆的可持续绿色发展目标，公司在2017年底及2018年初对燃气锅炉进行了低氮改造并投入了运行。

动力燃气锅炉燃烧系统由四台旋流式天然气燃烧器及控制部分组成，燃烧器在炉膛四角切圆布置，由于原有燃烧器设计的燃烧火焰太集中，导致火焰的中心温度较高，同时火焰产生局部热斑点，产生大量热力型的NO_x，且很难被消除，高负荷运行下NO_x偏高。

表1　改造前锅炉数据

1	锅炉负荷蒸汽t/h		75增容90
2	锅炉（台）		2
3	锅炉尺寸		4910×4910×14300
4	锅炉型式及燃料类型		四角切圆炉油气混烧改纯混合气
5	每台锅炉燃烧器（个）		4
6	燃烧器布置方式		四角切圆
7	助燃空气温度		
8	参数	锅炉蒸汽压力/MPa	3.82
		锅炉蒸汽温度/℃	450
		锅炉给水温度/℃	101—104
		锅炉效率/%	91.8
9	排放指标	SO_2/（mg/Nm³）	100
		NO_x/（mg/Nm³）	400
10	空气预热器型式		热管式
11	排烟温度/℃		≤90-160

表2　燃料特性分析

名称及符号	单位	测试一	测试二	测试三
燃料甲烷容积	%	56.14	55.46	54.71
燃料乙烷容积	%	19.48	19.17	19.06
燃料乙烯容积	%	2.92	2.92	2.83
燃料丙烷容积	%	1.92	1.92	2.02
燃料丙烯容积	%	0.93	1.06	1.11
燃料异丁烷容积	%	0.24	0.21	0.23
燃料正丁烷容积	%	0.33	0.26	0.32
燃料正丁烯容积	%	0.07	0.07	0.08
燃料反丁烯容积	%	0.09	0.09	0.10
燃料异戊烷容积	%	0.03	0.02	0.02
燃料正戊烷容积	%	0.05	0.02	0.02
燃料氧气容积	%	0.13	0.20	0.26
燃料氮气容积	%	1.14	1.48	1.92
燃料氢气容积	%	16.49	17.12	17.32

1　氮氧化物产生机理

NO_x包括热力型NO_x、快速型NO_x和燃料型NO_x。热力型NO_x是燃料燃烧产生高温（1500℃）将空气中的N氧化为NO_x，其排放量受燃烧温度、氧气浓度和停留时间影响。快速型NO_x在混合气中碳化合物燃料过浓时燃烧产生，通常情况下，只有在不含氮的碳氢燃料低温燃烧时，才重点考虑。燃料型 NO_x 主要为燃料中的 N 在燃烧过程中氧化生成 NO_x，它的产生主要与燃料燃烧的组成环境有重要关系。对于燃气锅炉，由燃料的热值高，致使燃烧形成的火焰温度较高，而且燃气中含氮量非常少[1-2]。根据以上三种形成 NO_x 机理分析，塔河炼化公司动力锅炉的主要 NO_x 为热力型 NO_x。

由于热力型 NO_x 的排放量受燃烧温度、氧气浓度和停留时间的影响：当燃烧局部温度高于1500℃时，NO_x 的生成速率按指数倍迅速增加；氧气浓度越高，燃烧温度越高，NO_x 的生成量越大；燃烧时间愈长，NO_x 生成量越大。

2　燃气锅炉氮氧化物的控制技术

针对火电氮氧化物的控制技术可以分为两种：一是炉内燃烧法控制 NO_x 技术；二是燃烧后烟气处理技术。

燃烧法控制 NO_x 是主要是基于燃料型 NO_x 和少量热力型 NO_x 的生成机理及其影响因素，采用调整燃烧参数的方法来降低 NO_x 的排放[3]。在实际应用过程中具有设备投资或改造成本小、运行费用低的特点。在技术可行条件下被优先考虑利用，主要包括低 NO_x 燃烧器、再循环烟气技术、空气分级燃烧技术和再燃技术。低 NO_x 燃烧器技术和空气分级燃烧及烟气再循环技术因良好的使用效果和技术经济性目前在低氮改造中已经得到广泛的应用。

空气分级燃烧技术主要通过将燃料燃烧所需的空气分成两股或多股送入炉膛燃烧区域，控制燃料燃烧初期燃烧强度和 NO_x 的生成量。

再循环烟气技术是在锅炉的尾部烟道中抽取一部分低温烟气直接送入炉内，或与一次风、二次风混合后送入炉内，这样既可以降低燃烧温度，又可以降低氧气浓度，因而可以有效降低 NO_x 的排放浓度。

烟气处理技术是通过在燃烧后的烟气中喷入适当的还原剂将 NO_x 加以还原，主要包括 SNCR 技术(非选择性催化还原技术)和 SCR 技术(选择性催化还原技术)。前者是将尿素或氨气与 900~1100℃左右烟气混合发生还原反应，脱硝效率可达 40%~70%左右，而后者是将氨气与 300~400℃烟气混合并将 NO_x 还原，其脱除效率在 95%左右。这两种技术与炉内燃烧法相比具有对燃烧效率、燃烧安全稳定性无影响的特点，同时脱硝效率高，其缺点是设备初投资费用和运行成本高和容易造成二次污染等问题。

3　塔河炼化公司燃气锅炉改造技术方案及机理

由于塔河公司 90 吨锅炉原燃烧器设计时优先考虑热效率及负荷率，使燃烧火焰过于集中，导致火焰中心温度较高，是 NO_x 生成量大的主要原因，因此针对燃烧器结构形式及燃料特点，本次改造是更换低氮燃烧器+烟气再循环技术进行脱硝技术改造。通过对中国船舶重工集团公司七一一研究所、中石化大连院及海湾环境科技(北京)股份有限公司技术交流和方案比选，塔河炼化公司最终选定海湾环境科技(北京)股份有限公司的低氮燃烧器+烟气再循环技术进行脱硝技术改造。

3.1　燃烧器方案

(1)更换燃烧器布置不变；(2)混合燃气燃烧器更换为 Bayeco 类 Variflame 系列低氮燃烧器；(3)原燃烧器开口尺寸满足改造燃烧器尺寸。

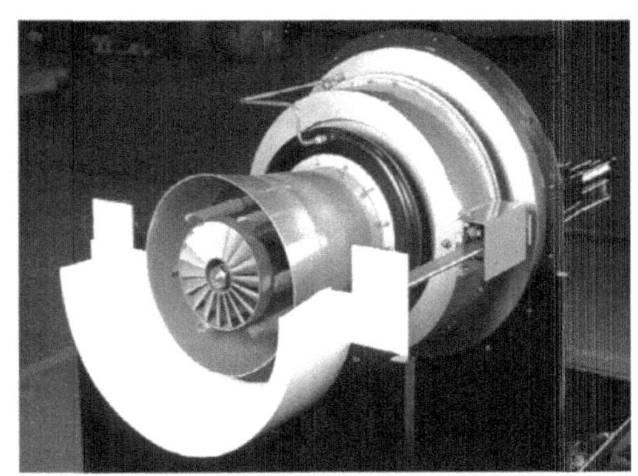

图 1　燃烧器结构图

如图 1 所示，燃烧器由中心一级燃料枪和分布四周的二级燃料枪组成。中心一级气枪布置在燃烧器的中心。一级燃料枪的外层为旋流稳燃盘，助燃风经过旋流稳燃盘后形成回流区，卷吸高温烟气与一级燃料混合，保证稳燃。二级燃料枪紧邻旋流稳燃盘，喷出后与助燃风快速混合，同时延迟其进入主火焰燃烧的原因降低 NO_X。助燃风经文丘里整流后，分布更加均匀，通过调整环绕文丘里的二次风可调节主火焰形状，在文丘里外面在安装一圈火道，在掺混 FGR 烟气时，可以保证更好的稳燃。

3.2　烟气再循环方案

根据改造前现场调研，原有鼓风机的流量有足够的裕量能满足新低氮燃烧器需要，考虑到压降需新增加烟气再循环风机。控制工艺作如下改造调整：(1)在引风机出口增加烟气分布组件，分流一部分烟气到送风机入口；(2)对送风机入口进行部分封堵以保证烟气流入；(3)烟气与空气混合后一起送入燃烧器；(4)需增加烟气再循环风门挡板及压力远传仪表。锅炉烟气系统流程见图2。

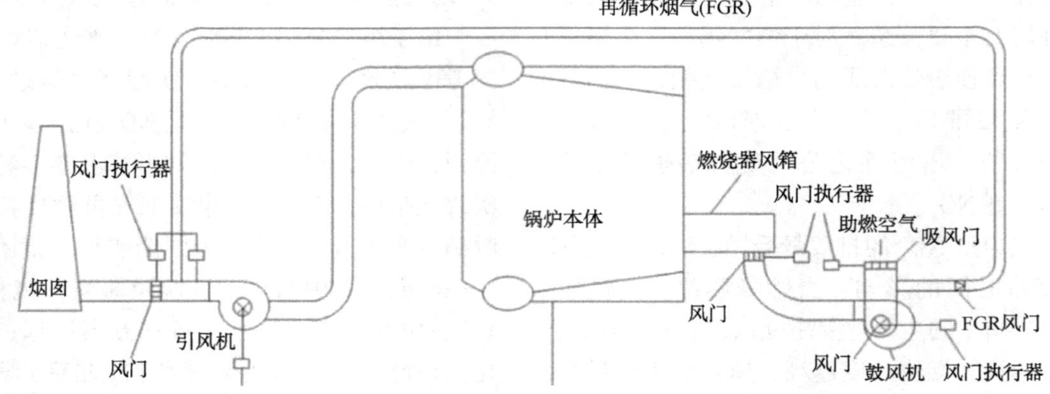

图2 锅炉烟气系统流程图

3.3 系统性能参数

经塔河炼化技术人员与海湾环境公司人员多次现场论证和讨论，锅炉在改造的同时既能满足降NO_X又不影响其负荷及其他工况，达成如下性能参数协议：

(1) 锅炉在30%～100% BMCR时，NO_X < 180mg/m^3。

(2) 低氮系统运行能力满足锅炉负荷变化要求。

(3) 低氮燃烧系统不对锅炉稳定运行产生干扰。

(4) 火焰中心适当，不刷壁，炉膛出口烟温偏差在正常范围之内。

(5) 循环烟道、高温过热器等受热面的金属壁温及蒸汽温度在正常范围内。

3.4 燃气锅炉低氮改造后标定数据(表3，表4)

表3 改造后标定期间热效率

名称及符号	单位	设计值	69.4t/h	76t/h	80.7t/h	85.1t/h	88.1t/h
排烟热损失	%	6.91212	4.998	4.913	5.355	5.443	5.362
化学未完全燃烧损失	%	0.5	0.5	0.5	0.5	0.5	0.5
散热损失	%	1	1.297	1.184	1.115	1.058	1.022
锅炉热效率η	%	91.5879	93.205	93.403	93.029	92.999	93.116

表4 改造后标定期间烟气分析

时间		负荷	O_2		NO		NO_x		NO_x(折算)	
			海湾/%	塔河/%	海湾/(mg/m^3)	塔河/(mg/m^3)	海湾/(mg/m^3)	塔河/(mg/m^3)	海湾/(mg/m^3)	塔河/(mg/m^3)
7月11日	17：41	70t/h	3.4	2.76	92	112.8	141	119	140.2	114.1
	18：10		2.2	2.62	92	105.4	141	110.7	131.3	105.4
	18：41		1.9	1.86	86	100	131	104.6	120.0	95.6
7月11日	18：56	75t/h	1.5	1.57	82	92	125	96.4	112.2	86.8
	19：53		1.6	1.85	87	101	133	106.6	120	97.4
	22：22		1.8	1.82	87	104.8	133	110.7	121.2	101.0
7月12日	11：28	80t/h	2.8	2.57	109	121.8	166	127.1	159.6	120.7
	12：12		2.7	2.5	99	115	152	121	145.4	114.4
	12：37		2.6	2.35	99	115.2	152	121	144.6	113.5

续表

时间		负荷	O_2		NO		NO_x		NO_x(折算)	
			海湾/%	塔河/%	海湾/(mg/m³)	塔河/(mg/m³)	海湾/(mg/m³)	塔河/(mg/m³)	海湾/(mg/m³)	塔河/(mg/m³)
7月12日	14：23	85t/h	2.5	2.41	106	129.3	162	136	153.2	128
	14：47		2.5	2.45	107	126.1	164	133.2	155.1	125.7
	15：26		2.4	2.41	105	127.3	160	133.7	150.5	125.8
	16：57		2.0	2.0	103	126.5	158	132.8	145.5	122.3
	17：37		2.1	2.1	105	128.1	160	134.5	148.2	124.5
	18：13	88t/h	1.5	1.52	99	121.1	152	127.3	136.4	114.4
	18：21		1.1	1.17	99	116.6	152	122.4	133.7	108.0
	19：07		2.4	1.8	11.9	91	182	195.4	171.2	174.7

塔河炼化地处西北，四季气温变化大，尤其是每年一月气温是12个月当中最低的月份，也是锅炉发力负荷最大的一个月，为直观的表现改造效果，以下表5、表6是低氮改造前后不同年份同期月份锅炉烟气数据。

表5　2017年1月动力锅炉烟气数据

数据时间	烟尘均值/(mg/m³)	二氧化硫均值/(mg/m³)	氮氧化物均值/(mg/m³)	O_2 含量均值/%	烟气温度均值/℃	烟气静压均/Pa
2017年1月1日	7.04	12.887	235.574	2.7	115.9	-449.15
2017年1月2日	7	50.995	184.383	2.6	116	-450.39
2017年1月3日	6.79	33.126	227.397	2.7	116	-450.35
2017年1月4日	6.86	1.679	245.276	2.7	116	-450.31
2017年1月5日	6.84	0.406	238.589	2.3	116	-449.84
2017年1月6日	6.97	0.403	231.973	2.7	116	-450.23
2017年1月7日	6.93	0.477	194.889	2.8	115.9	-450.26
2017年1月8日	7.18	0.414	213.288	2.9	115.9	-449.9
2017年1月9日	7.85	0.459	213.294	4.5	116	-451.27
2017年1月10日	7.43	0.424	239.256	3.7	116	-449.94
2017年1月11日	7.11	0.408	250.2	3	115.9	-449.89
2017年1月12日	7.11	0.407	227.689	3	116	-450.13
2017年1月13日	6.95	0.404	215.637	2.8	115.9	-450.35
2017年1月14日	6.92	0.403	220.242	2.8	116	-450.03
2017年1月15日	7.09	0.411	227.021	3.1	115.9	-450.16
2017年1月16日	7.08	0.411	232.174	3.1	116	-450.17
2017年1月17日	7.07	0.41	213.371	3.1	116	-450.38
2017年1月18日	6.97	0.405	211.886	2.9	116	-450.18
2017年1月19日	7.05	0.411	237.941	3.1	115.9	-450.06
2017年1月20日	7.06	0.416	225.763	3.1	116	-449.88
2017年1月21日	6.96	0.425	226.863	2.9	116	-449.63
2017年1月23日	6.95	0.406	240.117	2.9	116	-449.63
2017年1月24日	6.91	0.403	224.097	2.8	116	-449.46
2017年1月25日	7.03	0.41	238.634	3.1	115.9	-449.25
2017年1月26日	7.11	5.315	239.549	3.2	116	-449.6

续表

数据时间	烟尘均值/（mg/m^3）	二氧化硫均值/（mg/m^3）	氮氧化物均值/（mg/m^3）	O_2 含量均值/%	烟气温度均值/℃	烟气静压均/Pa
2017年1月27日	7.07	1.654	235.355	3.1	116	-449.27
2017年1月28日	7.06	0.481	228.033	3.2	115.9	-448.87
2017年1月29日	7.03	0.599	232.413	3.1	116	-449.37
2017年1月30日	6.94	0.41	213.787	2.9	115.9	-449.62
2017年1月31日	6.94	0.411	198.548	3.1	116	-449.09

表6　2019年1月动力锅炉烟气数据

时间	烟尘均值/（mg/m^3）	二氧化硫均值/（mg/m^3）	氮氧化物均值/（mg/m^3）	O_2 含量均值/%	烟气温度均值/℃
2019年1月1日	2.536	8.814	142.668	3.354	98.574
2019年1月2日	2.522	9.456	146.34	3.341	100.422
2019年1月3日	2.792	10.19	144.489	3.489	97.157
2019年1月4日	3.036	11.196	140.762	3.351	96.786
2019年1月5日	2.808	11.289	148.186	3.463	99.545
2019年1月6日	2.657	12.355	142.802	3.411	95.7
2019年1月7日	2.666	10.775	144.282	3.441	97.005
2019年1月8日	2.44	7.975	138.932	3.059	97.348
2019年1月9日	2.478	9.37	140.397	3.163	98.059
2019年1月10日	2.358	8.843	140.713	3.177	97.822
2019年1月11日	2.2	9.854	142.078	3.299	97.27
2019年1月12日	3.037	9.096	142.249	3.3	96.966
2019年1月13日	3.374	9.512	138.204	3.253	95.998
2019年1月14日	3.254	10.873	135.485	3.038	96.234
2019年1月19日	2.144	10.01	136.136	3.114	95.068
2019年1月21日	2.093	8.684	131.433	2.982	94.798
2019年1月22日	2.181	9.206	132.63	3.041	94.71
2019年1月23日	2.259	9.423	128.264	2.94	93.32
2019年1月24日	2.325	9.097	137.808	3.262	95.021
2019年1月25日	2.375	9.682	133.651	3.087	93.212
2019年1月26日	2.428	8.218	131.54	3.044	92.921
2019年1月27日	2.448	8.968	130.042	2.919	94.185
2019年1月28日	2.588	9.61	133.048	2.948	94.322
2019年1月29日	2.367	9.087	136.657	3.06	96.036
2019年1月30日	2.619	8.325	138.268	3.144	94.935

4　结论

塔河炼化公司95t/h燃气锅炉实施低氮改造后，锅炉在最大负荷时烟气中 NO_x、SO_2 及烟尘等各项污染物指标均满足GB13223—2011火电厂大气污染物排放标准，一系列降 NO_x 措施将 NO_x 由改造前的200~400mg/m^3 降至80~150mg/m^3，环保效益显著，改造效果好于预期。

参考文献

[1] 贾宏禄 . 350MW机组锅炉低氮燃烧改造分析[J]. 中国电力 . 2006(11)：1-5.

[2] 阎志勇 . 张慧娟 . 邱光明 . 锅炉分级燃烧降低 NO_x 排放的技术改造及分析[J]. 动力工程 . 2000. 20(4) 764-769.

[3] 董利 . 李瑞扬 . 炉内空气分级降低 NO_x 燃烧技术[J]. 电站系统工程 . 2003. 19(6：47-49).

浅析燃气锅炉的运行调节及应急处理

韩会亮　王新勇　王永春

(中石化塔河炼化有限责任公司)

摘　要　锅炉是一种能量转换设备，锅炉运行产生的热水或蒸汽可直接为工业生产和人民生活提供所需热能，也可通过蒸汽动力装置转换为机械能，或再通过发电机将机械能转换为电能。锅炉的运行状态要靠相应的措施来维持其运行的相对稳定。在运行过程中，要综合控制水位、汽压、蒸汽温度来保持锅炉运行稳定，这样才能提高锅炉运行的安全性和可靠性。

关键词　锅炉；汽压；汽温；水位

1　前言

塔河炼化公司动力车间共有四台中压燃气锅炉，1#、2#锅炉设计产汽量为45t/h，3#、4#锅炉设计产汽量为90t/h。锅炉设计燃料为天然气，实际运行以厂内自产干气为主，不足部分由天然气补充，1#、2#锅炉共用一台燃气分液罐，所用燃料气为1#硫磺外供系统干气，3#、4#锅炉共用一台燃气分液罐，所用燃料气为2#硫磺外供系统干气，正常生产时1#、2#燃气管网联通运行。锅炉主要生产3.73MPa、440℃的过热蒸汽，产汽送入中压蒸汽系统母管，供装置汽压机运行；装置所需0.8MPa、280℃低压蒸汽主要以驱动装置汽压机运行做功后蒸汽为主，不足时由3.73MPa、440℃中压蒸汽经减温减压器减温减压后供给。

锅炉运行参数主要是锅炉负荷、蒸汽压力、蒸汽温度和汽包水位等。其运行过程则表现为一个复杂的参数变动过程。在实际情况下，锅炉运行工况经常是不稳定的。各种原因都会引起工况变动，而最后则表现为运行参数的变动。如当蒸汽流量变动时，在其他条件未变的情况下，锅炉汽压、汽温、水位都发生变动。此时，必须对锅炉的给水量和燃料量、风量(即燃烧)等作相应的调节，才能使锅炉的蒸发量与所需蒸汽流量相适应，运行参数保持在额定值或规定的范围内。另外，即使在外界负荷不变的情况下，锅炉机组内部某一工况或因素的改变，同样也会引起运行参数的变动，因而也需要对锅炉机组进行必要的调节，才能使锅炉机组安全运行。

2　汽压调节

在锅炉运行中，蒸汽压力是必须监视和控制的主要运行参数之一。运行中如蒸汽压力波动过大，则会直接影响到锅炉的安全与经济运行。汽压降低，会减少蒸汽焓降，汽耗增大，导致锅炉运行的经济性降低；汽压过高，机械应力过大，将危及机炉和蒸汽管道的安全运行。当汽压高到安全阀动作时，会造成大量的排汽损失，同时还会引起汽包水位发生较大的波动，并影响到蒸汽品质。若压力调节不当或操作失误时，也容易引起锅炉满水或缺水事故。因此，运行中应严格监视锅炉汽压并维持其稳定。

影响汽压变化的因素可归纳为两方面：一是锅炉外部的因素，称为外扰；二是锅炉内部的因素，称为内扰。

2.1　外扰因素

外扰主要指外界负荷的正常变化以及在事故情况下的甩负荷，蒸汽管道故障等方面的影响，均属于外部扰动。它具体反映在锅炉出口蒸汽流量的变化上。如当外界负荷增大时，由锅炉送出的蒸汽量就增多，因而必然引起汽压下降。此时，如能及时调节燃烧，适当增加燃料量和风量，锅炉蒸发量相应地增加，则汽压将能较快地恢复至正常数值。塔河炼化锅炉产中压蒸汽主要用于驱动装置汽压机运行，中压蒸汽做功后内能下降，进入低压蒸汽管网给装置生产提供热量，装置汽压机甩负荷直接影响锅炉和中低压蒸汽管网正常运行[1]。

2.2　外扰实例及应急处理

现象：2016年5月11日1：54，2#焦化汽压机由于仪表故障连锁，甩负荷，锅炉至2#装置中压蒸汽量由58.6t/h快速下降至20.9t/h，造成锅炉主汽压力波动，瞬间上升，焦化汽压机甩负荷后，消耗中压蒸汽量减少，对应中压蒸汽进汽轮机做功后产生 1.0MPa 低压蒸汽量减少，低压蒸汽系统压力也下降。相关参数变化如图 1～图 3 所示。

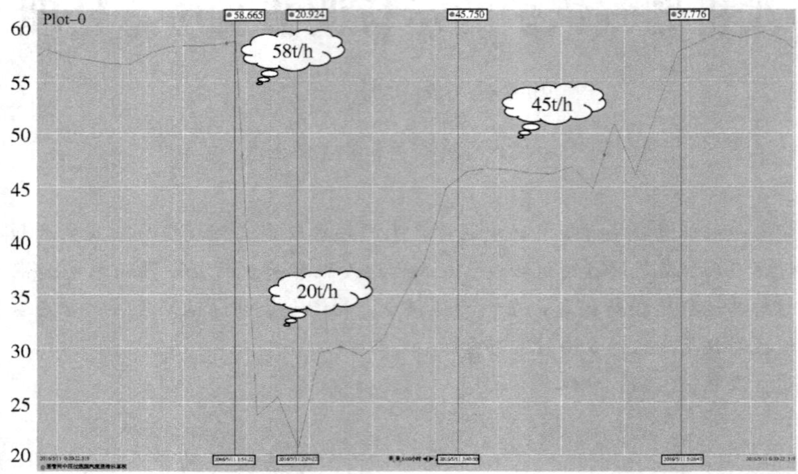

图 1　至系统中压蒸汽流量变化趋势图

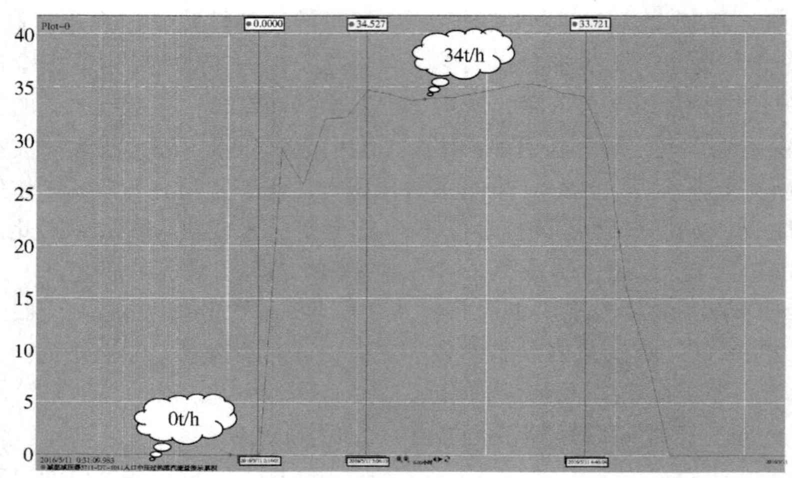

图 2　减温减压器进汽流量变化趋势图

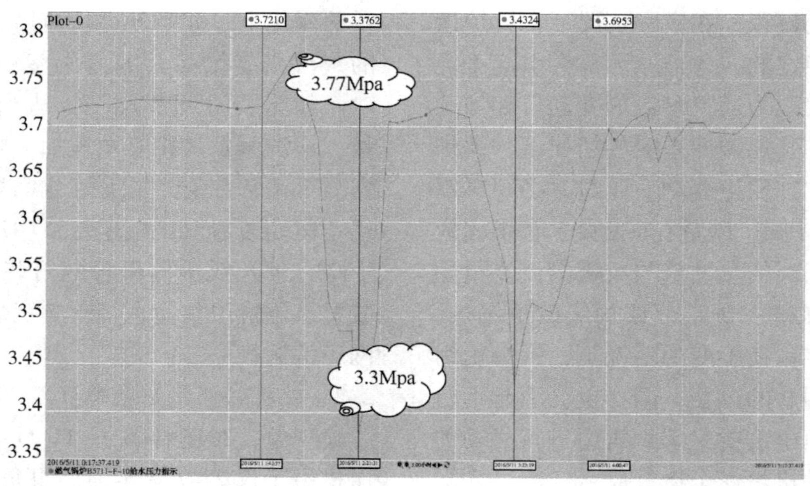

图 3　中压蒸汽压力变化趋势图

应急处理：发现异常后，解列锅炉汽包三冲量和燃料气自动，调整锅炉和减温减压器运行，控制锅炉燃烧和汽包液位，将锅炉产中压蒸汽通过减温减压器减压后补入低压系统管网，保持锅炉和蒸汽管网平稳。

2.3 内扰因素

内扰主要是指炉内燃烧工况的变动。对于燃气锅炉，如燃气的气压、气温的变化。在外界负荷不变的情况下，汽压的稳定主要取决于炉内燃烧工况的稳定。当燃烧工况稳定时，汽压变化是不大的；当燃烧工况不稳或失常时，炉膛蒸发受热面的吸热量发生变化，因而汽压必将发生大幅度的变化。塔河炼化4台锅炉均为中压燃气锅炉，正常生产时以厂内自产干气为燃料，燃料气管网压力0.5MPa左右，自产干气不足时，通过向燃气系统补充天然气，维持燃气系统压力，保证锅炉和加热炉燃烧所需燃料供应。

2.4 内扰实例及应急处理

现象：2016年9月26日1#装置停工吹扫，2#装置正常生产，锅炉1#、4#炉并列运行，14：29外界蒸汽负荷不变的情况下，1#锅炉燃料气压力由0.49MPa突然下降，14：36燃料气压力下降至0.12MPa，锅炉燃气量由2536Nm^3/h下降至1538Nm^3/h，由于燃气压力变化，导致锅炉供燃料量不足，燃烧失常，造成1#炉蒸汽压力由3.78MPa下降至3.43MPa。相关参数变化如图4、图5所示。

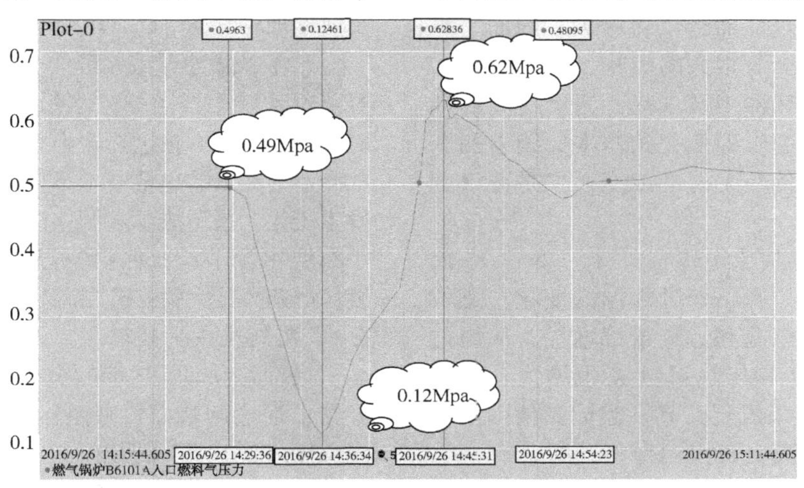

图4 1#装置燃料气压力变化趋势图

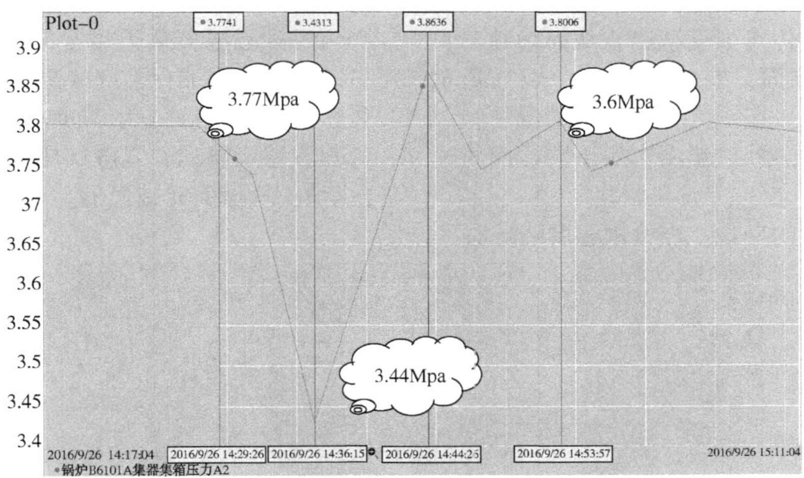

图5 1#锅炉中压蒸汽压力变化趋势图

应急处理：发现该异常后，及时调整1#炉燃烧，提高并列运行4#炉负荷，关小新老系统蒸汽串通阀，保证1#锅炉和2#装置运行，并查找原因，经查实为装置外供至1#燃气系统燃料气边界阀门误关引起，14：45燃料气压力恢复，调整锅炉燃烧工况，锅炉运行恢复正常状态。

2.5 运行中调整

汽压的变化反映了锅炉蒸发量与外界负荷所需蒸汽量之间的不平衡关系。而蒸发量的大小则取决于燃料燃烧的放热状况。因此，在一般情况下，无论是外扰还是内扰引起汽压的变化，均可用调节燃料的方法进行调节：汽压降低，加强燃烧；汽压升高，减弱燃烧。在异常情况下，当汽压急剧升高，只靠调节燃烧来不及时，则可开启过热器疏水门或向空排汽门排汽，以尽快降压。

在汽压调节过程时，调整燃料量后要及时调整风量，既要充分燃烧，又不能过氧燃烧；还要密切注意燃料性质、燃料压力变化情况，及时调节，调整不能满足需要时，应及时切火嘴，保证汽压稳定。

3　汽温调节

过热蒸汽温度是锅炉安全、经济运行的另一个重要指标。汽温过高，会加快金属材料的蠕变，还会致使过热器、蒸汽管道等产生额外的热应力，因而缩短设备的使用寿命。当发生严重超温时，甚至会造成过热器管爆管爆破。因而，汽温过高对设备的安全有很大的威胁。

饱和蒸汽在过热器中被加热，温度提高后即变成过热蒸汽。引起汽温变化的基本原因有两个方面，一是烟气侧传热工况的改变，二是蒸汽侧吸热工况的改变。

3.1　烟气侧的影响因素

（1）燃料量及炉膛出口处烟温的变化：燃料量增加，炉膛出口烟温和烟气量都增加，从而过热器的传热温差 Δt 和传热系数 K 也增大，所以传热量 Q 增加，结果汽温升高。当因其他因素造成炉膛出口烟温升高时，汽温也将升高。

（2）风量的变化：送风量或漏风量增加，炉内过量空气系数增大，低温的空气会导致炉膛温度下降，炉内辐射传热强度减弱，从而炉膛出口烟温升高。另一方面，空气量增加，烟气量增加，传热系数 K 增大。总之，在一般情况下，风量增加时，辐射过热器汽温将有所下降，而对流过热器气温升高。

（3）给水温度的变化：当给水温度降低时，从给水加热到饱和蒸汽需要的热量增加，如不增加燃料量，蒸发量将要下降。如要维持蒸发量不变，必须增加燃料量，这必将使过热器烟气侧的传热量增加，结果过热汽温升高。

（4）受热面的清洁程度：当过热器前的受热面积灰时，过热器的传热温差增大，汽温升高。当过热器本身被灰污时，过热器的传热系数减小而汽温下降。

3.2　蒸汽侧的影响因素

（1）锅炉负荷的变化。运行过程中的锅炉负荷时经常变化的。锅炉负荷变化时，汽温的变化特性与过热器的型式有关。塔河炼化四台锅炉过热器均为对流式过热器，对流式过热器的汽温变化特性是负荷增加时汽温升高，负荷降低时汽温降低。

（2）减温水量或水温的变化。在采用减温器的过热器系统中，当减温水量或减温水温发生变化时，将引起蒸汽在过热器内总吸热量的变化，当烟气侧传给蒸汽的热量基本不变时，汽温就会相应地发生变化。采用减温水调整汽温时，适当开大或关小减温水调节阀，保持汽温稳定。要注意调节幅度，严禁大开大关，造成汽温的大幅波动。

3.3　实例及应急处理

塔河炼化动力车间 45t/h 锅炉设置有面式减温器，通过调整面式减温器减温水流量来调节蒸汽温度，2014 年 4 月 21 日 10：30，正常运行的 2#炉主汽温度突然下降，发现异常后及时调整 2#锅炉燃烧和减温水流量，温度略微上升又快速下降，解列减温器后温度上升至正常；现场检查，打开面式减温器(图 7)减温水线导淋阀，发现大量蒸汽呲出，确认为 2#炉面式减温器故障，引起蒸汽温度波动，紧急点热备用的 3#锅炉，停 2#锅炉，检修面式减温器。具体见图 6。

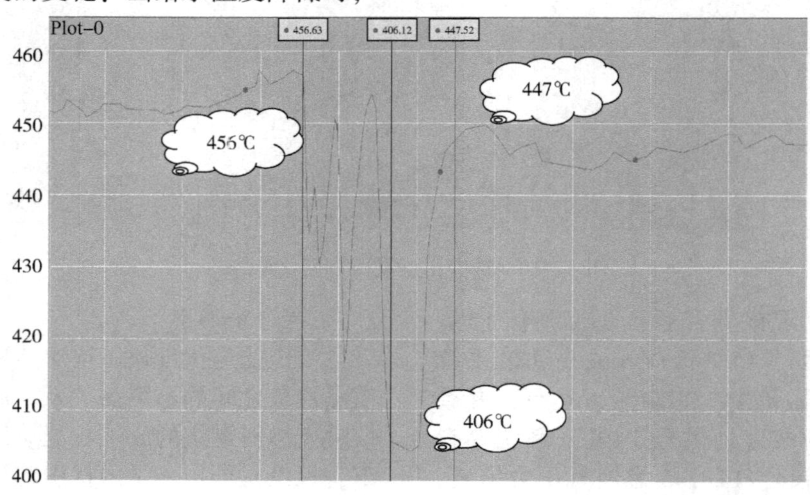

图 6　2#锅炉中压蒸汽温度变化趋势图

图 7 面式减温器减温水盘管漏点

4 水位调节

保持汽包内的正常水位是保证锅炉安全运行最重要的条件之一。当水位过高时，蒸汽空间缩小，蒸汽大量带水，蒸汽品质恶化，甚至引起管道内产生严重的水冲击，造成设备损坏；水位太低又可能造成下降管进汽，以至破坏水循环，水冷壁超温，甚至造成严重的设备损坏事故。随着锅炉容量的增大，汽包的容积相对愈小，因而允许存水的变动量也就愈小。如给水中断，可能不到几十秒就会出现“干锅”；如给水量与蒸发量不相适应，几分钟内就可能发生缺水或满水事故。因此，运行中必须严格监视汽包水位和核对各水位计的指示，防止水位计的堵塞、泄漏等故障的发生，使水位在正常值附近做小幅波动。锅炉汽包的正常水位，一般在汽包中心线下 100~200mm，运行中通常将水位波动范围限制在±50mm 内。

4.1 实例及应急处理

现象：12 月 22 日汽包液位(控制液位设定值为 52%)波动至 54.2%，汽包液位上升后在三冲量的控制下，给水调节阀开始关小，此时随着调节阀的关小，给水流量未发生相应变化，汽包液位高液位报警，汽包液位 71%，指示不变。汽包现场液位计无法确认汽包满水或缺水。主汽温度由 446℃开始下降，降至 257℃。

应急处理：

(1) 如果汽压和给水压力均正常时：经查看就地液位可见但高于正常值，已超过+50mm，汇报内操并监视液位。用手动关小调节阀，减少上水。调节阀失灵不能控制给水时，联系外操关小给水前截门控制给水量，并联系仪表到现场处理。按内操指示关小给水前截门，减小给水量(注意：不要将给水阀突然关死，防止省煤器汽化)。

(2) 经过上述处理后，水位仍上升超过极限水位(+150mm)时：开事故放水阀或联系外操开定排阀进行放水；同时严密监视主汽温度，根据汽温下降情况，关小或关闭蒸汽减温水阀；必要时联系外操开过热器、主汽管道疏水阀。

(3) 如水位超过水位计上部可见边缘，主汽温度急剧下降时：就地液位不可见，采用“叫汽法”可以看到汽时，汇报内操和班长。指示外操全关给水阀停止上水，开省煤器再循环；全开联箱及主汽管道疏水阀，加强疏水。及时联系内外操询问情况，如果确认事故无法消除，影响汽包的安全运行时，立即联系调度、车间值班干部和领导，按紧急停炉处理。

4.2 运行调整

锅炉运行中，汽包水位是经常变化的。根据负荷变化情况及时调节给水流量，不间断地通过水位表监督锅内的水位。锅炉水位应经常保持在正常水位线，为了使水位保持正常，要根据锅炉的负荷调节水位。锅炉在低负荷运行时，水位应稍高于正常水位，以防负荷增加时水位降得过低；锅炉在高负荷运行时，水位应稍低于正常水位，以免负荷降低时水位升得太高。在锅炉运行中应做到补水平稳、均匀，因为水位变化会使蒸汽压力、温度发生波动。对锅炉水位的监视，原则上应以装在汽包上的一次水位计为准。用水位计监视汽包水位时，还需时刻注意蒸汽流量、给水流量和减温水量，看它们的数值之差是否在正常范围内，否则应进行分析和检查。一般用改变给水调节阀的开度来改变给水量以调节汽包水位。调节阀可以自动也可以手动操作。当使用手动操作调节水位时，操作应尽可能平稳均匀，应避免对调节阀采用大开大关的幅度调节方法，以防止造成水位的大幅度波动。

5 结论

通过浅析锅炉运行调节的必要性及其影响因素等，旨在加强操作过程当中对锅炉运行调节，并通过不断的实践和学习，提高燃气锅炉运行调节的操作技能，达到防范事故发生的目的。

参考文献

[1] 叶江明. 电厂锅炉原理及设备. 北京：中国电力出版社，2004. 8. 20-36.

油品储罐发生火灾的原因及防范措施

王进刚

（中国石化塔河炼化有限责任公司）

摘　要　对炼化企业油品储罐设计、工艺控制、仪表故障、检修施工等多方面引发的典型火灾事故案例进行原因分析，针对性地提出了有效的预防措施，防止事故发生。

关键词　油品；储罐；火灾；防范措施

近几年石油化工行业安全形势十分严峻，尤其是石油储罐火灾爆炸事故频发，给人民群众的生命和财产安全带来了威胁。油品储罐是炼化企业的一个重要组成部分，储存着大量的易燃、易爆、易挥发、易流失的油品。一旦发生泄漏、着火、爆炸所造成的人身伤害、财产损失、环境污染等损失难于估计，社会负面很大，给企业的形象带来负面影响，社会各界的认可度都会降低。炼油企业安全防范的重点油品储罐，除设计源头，安全要求满足标准外，日常的安全管理也非常重要，应从隐患排查治理，标准化操作，制度执行以及油罐的运行、施工和检维修等各方面严格管理，对发生的事故分析原因、采取措施、防止事故发生。

为从根本上防止油品储罐火灾爆炸的恶性事故发生，有效的管理油品储罐，提高油品储罐的安全可靠性，分析储罐火灾发生的原因，应从储罐设计、检修控制、工艺控制、仪表控制多方面着手分析，并在储罐本质安全上实施改进措施，以防范事故发生。

1　储罐本质安全缺陷风险分析

1.1　储油罐存在爆炸性环境

在炼化企业的储罐爆炸事故中，汽油、石脑油、原油发生事故比例较大，主要原因汽油和石脑油易挥发、闪点低。大多数轻油罐为内浮顶罐。在储罐进油时介质油气从导向管、检尺口等处挥发，在其浮顶上部易集聚，对结构封闭的内浮顶，已形成爆炸空间，当储罐运行一段时间其浮顶上部空间可燃气体积就会聚至爆炸极限范围。当介质液位低于浮顶，在落床状态下，油品液位脱离浮顶后，增大了蒸发面积，同样形成爆炸空间。原油外浮顶罐大多数采用二次密封，在一次密封和二次密封空间同样形成爆炸性环境，2007年，某国储油库10X10^4立方米原油储罐连续发生两次火灾，均是由于外浮顶储罐的浮顶密封处遭雷击而发生火灾事故。

炼化企业的重质油、污油、污水等罐的火灾事故也时有发生，说明储存重质油、污油、污水等储罐空间内存在高浓度的油气，在对某石化企业的重质油、污油、污水储罐抽样检测中发现部分重污油闪点在30~50℃左右，闪点远低于工艺指标，罐内气相空间的可燃气体也超100%LEL。因重质油、污油和污水掺杂着轻组分油品，易在加温过程中析出或上游装置操作不当轻组分混入进入储罐，导致可燃气严重超标。在事故分析中发现部分污油、污水罐在设计之初并未考虑到此类储罐内释放可燃气的危险因素，将有些污油罐设计为地罐，罐顶气相线通大气，没有回收系统，罐体无呼吸阀阻火器等安全附件，现场亦无可燃气体报警置，无喷淋、泡沫等消防应急设施，一旦发生事故难以控制，且在污水、污油罐的生产运行、施工检修管理上也未引起重视。如2006年5月21日，某厂在重污油罐顶上动火发生储罐爆炸事故，2007年1月16日某厂在污水罐实施动火导致储罐爆炸事故发生等。

1.2　储油罐存在静电

静电火花也是导致储罐火灾是一个重要因素，静电的实质是存在剩余电荷。当两种不同物体接触或摩擦时，物体之间就发生电子得失，在一定条件下，物体所带电荷不能流失而发生积聚，这就会产生很高的静电压，当带有不同电荷的两个物体分离或接触时，物体之间就会出现火花，产生静电放电（ESD），所谓静电火灾是指静电放电火花引燃可燃气体、可燃液体、蒸汽等易燃易爆物而造成的火灾或爆炸事故。静电放电的能量和带电体的性质及放电形式有关。静电放电的形式有电晕放电、刷形放电、火花放电等。其中火花放电能量较大，危险性最大。静电引起火灾必须具备以下4个条件：

（1）有产生静电的条件。一般可燃液体都有较大的电阻，在灌装、输送、运输或生产过程中，由于相互碰撞、喷溅与管壁摩擦或受到冲击时，都能产生静电。特别是当液体内没有导电颗粒、输送管道内表面粗糙、液体流速过快时，都会产生很强的摩擦，从而产生静电。

（2）静电得以积聚，并达到足以引起火花放电的静电电压。油料的物理特性决定了其内产生的静电电荷难以流失而大量积聚，其电压可达上万伏，遇到放电条件，极易产生放电引起火灾。

（3）静电火花周围有足够的爆炸性混合物。油品蒸发、喷溅时产生的油雾和储油罐良好的蓄积条件致使油面上部空间形成油气——空气爆炸性混合物。

（4）静电放电的火花能量达到爆炸性混合物的最小引燃能量。当静电放电所产生的电火花能量达到或大于油品蒸汽引燃的最小能量（0.2～0.25MJ）时，就会点燃可燃混合气体，造成燃烧爆炸。

因静电放电（ESD）引起的火灾爆炸事故屡见不鲜，而且静电火灾具有一定的突发性、易爆炸、扑救难度大、易造成人员伤亡等特点，如何更好地做好防静电危害工作一直是安全管理工作的重要组成部分。如2016年6月25日某石化公司5000m^{3}沥青罐返回线设计在罐的顶部，由于返流量过大，产生静电，造成罐体爆鸣事故。2005年春，某企业采样人员在化工轻油罐和罐顶进行采样作业。在采样作业时猛拉快提，使采样壶在与油品及空气频繁的快速摩擦中产生静电。采样人员所戴橡胶手套与采样绳之间亦频繁摩擦产生静电，造成火灾事故。

1.3 油品储罐存在自燃物质

自燃是物质自发的着火燃烧过程，通常是由缓慢的氧化还原反应而引起，即物质在没有火源的条件下，在常温中发生氧化还原反应而自行发热，因散热受到阻碍，热量积蓄，逐渐达到自燃点而引起的燃烧。所以自燃的条件有3个，即发生氧化还原反应、放热、热量积蓄，主要过程有氧化、聚热、升温、着火。一般来说，引发储油罐自燃主要原因有3种：静电自燃、磷化氢自燃、硫自燃。

（1）静电自燃如上面介绍的，油罐在频繁装卸过程中，油品或运动部件与内壁相互摩擦，拍打油面，液位波动，运动部件晃荡，又由于油品含水和杂质量大等多种原因，极易产生静电，在运动部件和油罐形成巨大的飘浮带电体，静电通过接触点及突出部位放电，产生静电火花。人为操作不当产生静电。

（2）磷化氢自燃源于油品中的磷化氢，据有关资料表明，油品中的磷化氢以PH_3或P_2H_4的形式存在。PH_3通常以气态的形式存在于油罐的气相空间，且含量极低，其自燃点100℃，一般无自燃可能；而P_2H_4通常以液态的形式存在于油罐的液相空间，其与空气反应的活化能很低，在常温下就能发生自燃，但由于汽油的极性较强，少量P_2H_4溶解其中，且与空气隔绝，也不会发生燃烧。

（3）硫自燃起因于硫化铁自燃，硫化铁是石油贮罐硫腐蚀的主要产物，硫化铁在与空气接触时强烈反应放热，如出现热积蓄，温度提高，就发生自燃。原油中的硫分为活性硫和非括性硫，元素硫、硫化氢和低分子硫醇等统称为活性硫。活性硫对金属具有较高的腐蚀性，硫对设备的腐蚀可以分为低温湿H_2S腐蚀、高温硫腐蚀等，其对储油罐的腐蚀属于低温湿H_2S腐蚀。低温湿H_2S腐蚀又有2种腐蚀方式：一种是硫化氢气体溶解在罐壁上的水中生成氢硫酸，氢硫酸与罐壁金属铁发生电化学腐蚀；另一种是储罐内湿的硫化氢气体，在没有氧气存在的条件下与储罐内壁铁的腐蚀产物——铁的氧化物及其水合物发生电化学腐蚀。两类腐蚀的主要产物均是硫化亚铁。长期处于气相空间的储罐内壁腐蚀特别严重，其内防腐涂层被硫化成一层胶质膜，而处在液相部位的内防腐层无明显腐蚀痕迹，由于胶质膜对FeS具有保护作用，因此在FeS氧化时，氧化热量不容易及时释放，加快了其自燃速度。如：2010年5月9日，某石化公司5000M^{3}石脑油内浮顶罐，由于在导向管处发生硫化亚铁，引燃浮顶与罐顶之间爆炸性混合气体发生爆炸。

在罐顶通风口附近，FeS与空气接触，迅速氧化，热量不易积聚，而在油罐下部，越靠近浮盘的气相空间，氧含量越低，部分FeS被不完全氧化，生成单晶硫。该单晶硫呈黄色颗粒状，燃点较低，掺杂在块状、松散结构的焦硫化铁中，为焦硫化铁中的FeS的自燃提供了充足的燃烧条件。当油罐处于付油状态时，大量的空气充满油罐的气相空间，原先浸没在浮盘下和隐藏于防腐膜内的FeS渐被暴露出来，并在胶质膜薄弱部位首先发生氧化，迅速发热自燃，引起单晶硫胶质、橡胶密封圈燃烧，甚至导致火灾爆炸事故。

1.4　防雷防电实施不全

油罐区存在的油气混合物遇到雷击起火，即使油罐接地，亦会造成火灾。而浮顶罐雷击起火往往是浮顶与罐壁的电器连接不良或罐体密封性差所致。

2　储罐检修施工风险分析

储罐的防腐作业、用火和清罐作业是发生火灾事故频率最高的几项作业，因此认真总结和分析作业风险，才能保证储罐在施工过程中不发生火灾事故。

2.1　防腐作业过程的风险分析

检修施工中涉及刷油漆防腐作业，因油漆中富含甲苯易燃易爆溶剂，涂刷过程中挥发出大量易燃易爆气体，易在罐内积聚会形成爆炸空间，遇到漏电会引发火灾闪爆事故。造成人员伤亡。如2006年10月28日安徽省防腐工程总公司队新疆独山子在建原油储罐进行防腐作业时，发生闪爆事故，造成现场施工人员13人死亡。

2.2　用火作业风险过程的风险分析

在罐区的检维修动火项目，其焊接、切割、打磨等作业产生大量的明火，由明火引起的油罐火灾居第1位。其一，罐区在收发油、静止等不同工况下，油气从“大小呼吸”阀排出，特定条件下可能会在罐体附近积聚形成爆炸环境，其二罐区含有污水系统所连接脱水沟、污水井等潜在的风险点，一旦未封堵严实，未冲洗处理干净或未按要求落实相关动火安全措施，就会形成会在引爆点。其三在使用电气、焊修储油设备时，动火管理不善或措施不力而引起。例如，检修管线不加盲板；罐内有油时，补焊保温钉不加措施；焊接管线时，事先没清扫管线，管线没加盲板隔断；油罐周围的杂草、可燃物未清除干净等。另一个重要原因是在油库禁区及油蒸汽易积聚的场所携带和使用火柴、打火机、灯火等违禁品或在上述场合吸烟等。例如：2003年8月29日日本爱知县名古屋市一油库就因两个相邻油罐中一油罐进行焊接作业，另一油罐在清罐处理，大量油气挥发溢出，被电焊火花引燃导致火灾事故的发生。

2.3　清罐作业分风险分析

在储罐清罐初期，罐内介质被抽空后储罐内就形成爆炸性环境，此时若进入清罐，其人体产生的静电或使用非防爆器具均有可能成为着火爆炸的点火源。如2002年10月26日某石化供销公司组织清理油罐罐底污油时，在罐内使用非法防爆电器，发生火灾事故，造成一人死亡。

2.4　检修作业风险分析

对内浮顶的浮顶以及密封胶带拆除作业时，因少数浮筒内有油品渗入，密封胶带内的海绵含大量油气，在作业过程中出现泄漏，并快速挥发在罐内形成爆炸性空间，已发生闪爆。

3　工艺管理不到位风险分析

上游装置的平稳操作与指标控制也是影响储罐的安全运行一个重要因素，当上游装置因误操作、设施故障灯因素引起异常波动时，不合格的物料退至储罐，会给储罐运行不可估量的风险。

3.1　高温油进罐风险分析

当装置内换热器、空器、水冷出现故障或停用时，超过自然点的高温介质未经冷却直接进入储罐，在储罐储罐内瞬间自然导致储罐着火爆炸。例如：2010年7月24日某炼油厂常减压装置紧急停工，因换热器、水冷气未投用，造成300℃的热渣油直接进到罐区，造成渣油罐发生爆炸起火。

3.2　轻组分进罐风险分析

在石化企业中有常减压、加氢精制、催化重整、延迟焦化等装置，生产出的汽、柴油和重整油等成品或半成品送至罐区。当装置出现异常波动时或在装置开工期间含瓦斯气、氢气、硫化氢、液态烃C_3、C_4等轻组分物料可能会随污油或产品进入储罐，储罐内气相空间则充满大量易燃易爆气体，形成封闭的爆炸空间，致储罐本质上存在巨大的风险。若持续时间长，大量可燃气会直接从罐顶排至大气中。造成罐区周边内形成爆炸性环境。如2011年5月10日某石化公司催化裂化装置开工过程中粗汽油进储罐，油气从罐顶呼吸阀处溢出并飘出，遇到非防爆电器引发闪燃导致储罐着火。

4　安全仪表系统故障风险分析

仪表自动化系统直接反应罐区检测与控制水平，以及生产过程的安全受控与否。据不完全统计某大型石化厂的储运车间在一年内发现的仪表类故障有183起，在特定情况下个别仪表故障失灵的联动反应可能引发重大事故。如2005年因果伦敦邦斯菲尔德油库火灾爆炸事故，其主要原因就是油罐液位监控系统失灵，报警系统未能正常启动，导致储油溢油，进而引起大规模的火灾事故。

4.1 液位仪表设施故障失灵

液位仪表设施故障，意味着对储罐液位失去监控，易导致储罐冒罐溢油，或是浮顶罐液位过低使浮顶脱离液面形成爆炸空间，可能会导致事故发生。对某大型企业储运车间现场设施失效故障进行分析，6个月内操人员发现31次液位仪表故障，包括浮子卡涩，DCS死机，信号传输故障灯，约占储罐仪表故障总次数的41.3%，其中浮子卡涩是由于检尺立管内腐蚀产生较多铁锈引起，如1972年9月25日美国田纳西洲考里奇戴尔市一座直径为16.8米的汽油罐在输油时未发出过量充装的报警，致大量油品溢出发生火灾。

4.2 超限液位报警失效与检测

储罐安全仪表系统中设有高高液位、高液位、低低液位、低液位报警以及独立安装于罐体本体的高液位报警检测装置。其中液位报警为DCS系统内可按日常要求进行设置，同时可输入模拟量来进行测试，其缺点是一旦液位仪表设施或计算机系统出现故障，则该层保护也相应失去作用。高液位报警检测装置则是不受计算机DCS系统及液位仪表设施局限的双重保护，故障率降低，其缺点是无法再现校验，在油罐切除检修时方可以进行检测，运行过程中南海意确认是否完好。

5 防范建议和措施

5.1 储罐本体安全防范建议

（1）对储存易挥发的汽油、石脑油、苯等轻质油及含硫物料等介质的内浮顶罐建议增设氮封系统。隔绝空气进入罐内，消除储罐气相的爆炸性环境同时防止硫化亚铁自燃；重新评估重质油、污油、污油罐等安全风险，建议按甲B，乙类的石油储罐标准实施设计和建设。

（2）储存轻质油及含硫介质的储罐建议对导向管、检尺立管、气相线及其易腐蚀处因内部无法进行除锈防腐，建议材料升级为不锈钢，防止生成硫化亚铁化合物；若投资允许，可考虑用不锈钢材质建造该类储罐。

（3）考虑储罐周期性的检修动火风险，不以规范最小值设置储罐，适当增加储罐间距，降低检修用火带来的风险；同时建议对平台栏杆，爬梯、转动扶梯等保护措施以及易损部件进行材质升级、延长储罐检修的周期、降低风险因检修施工带来的风险。

（4）石油储罐的防雷、防静电的设施严格按规范设计要求进行，对防雷、防静电设施应定期进行检测，务必保证完好。

（5）油罐静电防护措施：从静电引燃条件可以得出，去除引燃三要素中的任何一项，都可以达到静电防火的目的，理论上，在静电发生--静电积聚--静电放电的过程中，杜绝或减缓其中任何一个环节的过程，都可能达到消除静电灾害的目的，而在每一个环节中，都可以根据设备条件和操作条件有针对性的制定的技术措施，要从以下几个方面采取措施[1]：

① 静电接地，对高绝缘的油品，静电接地不是防止静电产生的主要措施，而是泄漏设备静电电荷引入大地，并使金属设备与地建立等电位措施。对油罐来说，接地电阻一般要兼顾防雷接地要求，接地电阻不能大于10Ω。

② 跨电接地，跨接是保证系统各个部分处于接地状态的措施，在油罐的下列部分应注意再去跨接措施：管线法兰质检，零部件与管线之间、管线与设备的活动链接部分、浮顶油罐的浮顶等。跨接电阻不得大于0.03Ω，如果法兰的链接螺栓超过5个，则可以不进行跨接，但法兰的接触电阻不得大于0.03Ω，控制流速。

③ 控制流速。中国石油化工集团公司职业安全卫生管理制度(1995)的安全管理规定甲、乙类液体进入贮罐和槽车时，初流速不得大于1m/s当入口管浸没200mm后可提高流速，最高不得超过6m/s。甲、乙类液体含游离水、有机杂质以及两种以上油品混送时的初流速亦不得超过1m/s，甲、乙类液体经过添加抗静电剂，或有专门静电消除器与静电报警仪，流速可为6m/s，当液体输送管线上装有过滤器时，甲、乙类液体输送自过滤器至装料之间应有30s的缓和时间。

④ 为防止人体带静电产生电击或放电，引起可燃性物质着火、爆炸等事故的发生，必须消除人体静电，在罐区梯子口安装人体静电释放仪。

⑤ 增加油品静置时间：油罐进晚油后，罐

内电荷的泄散需要一个过程，油品静置时间的长短，取决于油品的电导率和油罐尺寸的大小，电导率越低，油罐尺寸越大，电荷越不容易泄散，静置时间就越长。

⑥ 增加油品静电消除器。

5.2 储罐检修施工安全防范建议

（1）严格控制罐区的检修施工作业，作业前须风险评估，对风险较大的储罐检修、项目改造、运行管线动火等作业应编制施工方案、并按方案实施具体做作业。同时应避免清罐、脱水、采样、拆加法兰盲板等作业与用火同处一个区域进行交叉作业。

（2）务必重视罐区用火安全措施的落实工作，尤其要控制周边轻质油罐的收付油作业，防止大量可燃气体在施工附近排放，落实罐区脱水沟、含油污水系统的封堵，以及严禁同时进行再运行设施敞开式作业现场有物料释放的交叉作业。对储罐等设施进行动火，务必先做到清扫，置换后对相连的设施进行彻底有效隔离，可燃气分析合格后方可动火。

5.3 工艺管理安全防范建议

（1）对石化企业而言要从上游装置加强平稳操作管理，重视下游储运系统的运行风险，严格装置各项指标控制，杜绝将氢气、轻烃等含轻组分产品退至储罐，影响储罐安全运行。

（2）高度重视轻质油储罐的运行管理，建立轻质油储罐定期检查腐蚀的情况，检测可燃气体浓度的有效机制，对有氮封的轻质油储罐投用前，需要用氮气置换分析后方可容许进油，并严格控制进油速度。

（3）从工艺方面入手来加强预防和控制。改进常压装置“一脱四注”工艺来降低硫含量；采用油渣加氢转化工艺来降低常压渣油的硫含量；油品进罐前进行有效的脱水来降低含水量；在分馏塔顶添加缓腐蚀剂，使钢材表面形成保护膜来起阻蚀作用，在油品中添加抗静电剂提高油品的电导率。

（4）从控制氧气的进入来破坏爆炸条件的形成。根据可燃物发生燃烧和爆炸的条件可知，要想避免储油罐发生火灾和爆炸事故，就必须禁止氧气或空气进入储油罐内。对于容量大的内浮顶油罐，可以实行收付混合操作方式，使浮盘在较小的范围内浮动，减少浮盘以下空间的硫化亚铁外露与空气接触的机会；采取高液位操作，减少油罐气相空间，减少腐蚀范围；采取惰性气体置换（氮气保护）的方法，既可实现无氧操作又可防止爆炸性混合气体的形成；在油罐付油时，采取注入蒸汽或氮气等保护措施，在停止注入蒸汽后，应及时注入氮气，防止空气进入油罐。

（6）从日常操作中进行控制。采取底部装油减少空气的进入、静电的产生和油雾的产生；加大注油管的管径以控制流速减少静电的产生；在检测井内进行检测和取样，并通过静置几分钟来避免静电的产生；定期采用酸洗、高pH值溶剂、多级氧化剂、钝化剂等方法来清除硫化亚铁沉积物；定期清罐尽可能地排除储罐中的积水；加强日常设备的检修、罐区的安全检查和巡检工作，将事故消灭在萌芽状态。

5.4 安全仪表故障安全防范建议

（1）提高液位安全仪表系统的可靠性，建议设置“三取二”的液位监控设施；采用非传统的液位超限检验手段，建议增加可靠性的液位检测系统，且配置更可靠的传感器可以实现故障检测报警。

（2）根据新的标准，尽快落实同一个油罐选用不同型号的两种液位计，以确保油罐液位的可靠性。

5.5 其他安全防范建议

（1）规范员工操作行为，加大安全检查与考核力度，消除违章操作。

所谓人的管理，就是要千方百计地防止因违章作业、违章操作、违章指挥而引起的爆炸事故。不仅要加强职工安全方面的培训、教育工作，让其认识到储油罐爆炸的危害性和严重性；还要进一步规范职工的行为，严格按照操作规程作业，尤其是操作细节，比如穿防静电工作服，不穿化纤类衣服和胶鞋上班作业等等。

（2）从设备方面采取措施

在易被腐蚀的地方，使用耐腐蚀的钢材；在易腐蚀设备内表面采用喷涂耐腐蚀金属或涂镀耐腐蚀材料等技术；在储油罐内壁严格按标准使用防静电涂料以消除静电放电产生的危害或静电引力导致的各种生产障碍；采用罐顶喷淋技术来有效降低油罐温度，延缓硫腐蚀，同时及时消散硫化铁氧化放出的热量；通过静电接地、跨接、设置静电缓和器来加强静电泄漏，防止静电积聚；安装避雷针来有效避免雷电的危害；加强罐体密封性检查和维修；对大型油罐安装可燃气体报警装置、灭火和冷却设施。

（3）从在线监测技术上来控制

① 建立适合的腐蚀监测网来控制与预防硫腐蚀失效。通过合理选点与布点做到在线监测和离线监测，长周期挂片与瞬时腐蚀速率测量相结合，可以全方位把握腐蚀状况，以便及时采取措施，防患于未然。

② 用可燃性气体报警器检测环境，使可燃气体、可燃液体蒸汽和粉尘的浓度控制在低于引起爆炸的极限范围。

③ 对易燃、易爆作业场所的防火设计采用自动报警和自动灭火系统。自动报警的探测器应采用防爆型，自动灭火的灭火剂应采用 CO_2 气体灭火剂。

参考文献

［1］王从梁．广东化工 2010(10)油品储罐着火爆炸原因分析与对策　P25.

自然循环锅炉水冷壁壁温特性研究

王新勇

（中石化塔河炼化有限责任公司）

摘 要 锅炉作为生产蒸汽热能的设备，在安全生产中具有至关重要的意义。锅炉受热面工作可靠性主要取决于管壁金属的温度工况。本文主要研究塔河炼化75t/h锅炉水冷壁壁温特性。在研究方法上考虑了单相流体区与两相流体区分界点的问题，探讨了水冷壁沿炉膛高度及宽度壁温分布特性。通过理论计算并结合该厂的运行实际，对锅炉水冷壁壁温特性进行研究分析，根据各段温度的变化规律找到可能的温度危险点，从而对现场运行有一定的指导意义。

关键词 锅炉；水冷壁；壁温；温度；热电偶；水动力

1 前言

水冷壁是锅炉的主要受热面之一，随着锅炉参数的不断提高，水冷壁管内工质的温度和压力也不断地提高。从省煤器来的欠热水经过水冷壁，受热、汽化成微过热蒸汽。由于炉膛内的燃烧过程是一个复杂的热物理化学过程，热流分布不匀，所以管内工质的状态和参数变化也极为复杂，可能出现水冷壁爆管现象，这就对安全运行造成了极大的威胁。塔河炼化目前有型号为TH75-3.82/450-Y/Q锅炉两台，采用燃烧燃料气、柴油混合烧。本文主要根据《JB/Z 201-83电站锅炉水动力计算方法》中壁温计算分析方法对75t/h锅炉水冷壁壁温特性进行研究分析。

2 锅炉技术特点及运行参数

塔河炼化TH75-3.82/450-Y/Q型中压锅炉是自然循环锅炉，采用π型布置、单炉膛、四角切圆燃烧。炉膛采用全膜式壁前吊后支结构型式。炉膛断面尺寸为4953*4953mm，各墙底部各有53根D60*4的水冷壁管子，受热后的汽水由上联箱收集后进入汽水分离器。锅炉主要设计及运行参数如表1所示。

表1 锅炉主要设计及运行参数

名称	符号	单位	数据
额定蒸发量	D	t/h	75
额定蒸汽压力	P_e	Mpa	3.82
额定蒸汽温度	t_{gr}	℃	450
设计给水温度	t_{gs}	℃	104
水冷壁管型号	D	mm	60*4
炉膛高度	H	m	9.568
炉膛周长	L	m	4.898*4=19.5959
炉膛壁面平均热负荷	q	kW/m^2	352
水冷壁节距	L	mm	120

3 计算方法

根据JB/Z 201-83电站锅炉水动力计算方法，对于布置在炉膛的接受辐射热的膜式水冷壁的正面内壁温度 t_n 按下式进行计算[1]：

$$t_n = t + \mu_{f1}\frac{\beta q_{max}}{\alpha_2} \quad (1)$$

式中 t——壁温计算点处管内工质温度，℃；

q_{max}——壁温计算点处正面外壁最大热负荷，kW/m^2；

μ_{f1}——水冷壁管内壁热量分流系数。对膜式壁按0.85[2]；

β——水冷壁管子外径与内径比值；

α_2——壁温计算点管子内壁与工质间的放热系数，kW/(m^2/℃)。

单面受热管子正面外壁温度 t_w 按下式计算：

$$t_w = t + \mu_{f1}\beta\frac{q_{max}}{\alpha_2} + \bar{\mu}_{f1}\beta\frac{2q_{max}\delta}{(1+\beta)\lambda_j} \quad (2)$$

式中 t_w——单面受热管子正面外壁温度，℃；

$\bar{\mu}_{f1}$——水冷壁沿厚度平均热量分流系数。对膜式壁按0.9；

δ——管子壁厚，m；

λ_j——管壁金属导热系数，kW/(m^2/℃)，20#钢选取0.039kW/(m^2/℃)。

4 水冷壁壁温特性

以自然循环锅炉的基本参数为基础进行讨论。考虑管壁厚度而不计水垢厚度。塔河炼化75t/h 锅炉采用四角切圆燃烧，炉膛各墙间热负荷不均匀系数均为 1.0，即各墙间水冷壁分布大致相同。故本文从沿炉膛高度壁温分布情况及沿炉宽(炉深)壁温分布情况两个方面研究水冷壁壁温特性。

4.1 沿炉膛高度壁温分布情况

在锅炉额定负荷 75t/h 为基准下，取炉膛最低点为起始点，分析水冷壁壁温沿炉膛高度壁温特性。水冷壁管内循环流速为 1.15m/s，沿炉膛相对高度 h/H 等于计算点高度与炉膛高度之比；

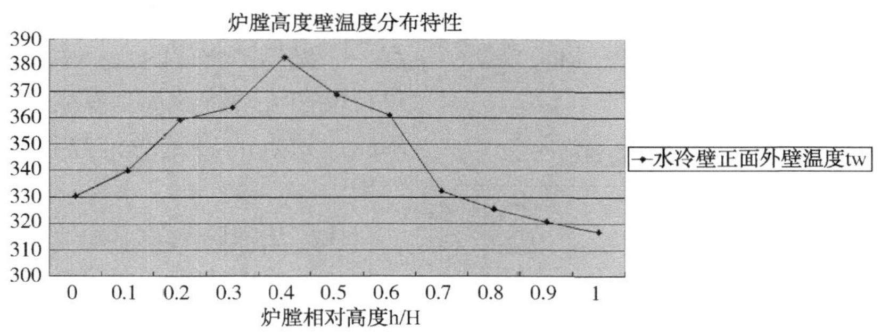

图 1 炉膛沿高度壁温分布特性

由图 1 炉膛高度壁温分布特性可以看出：锅炉水冷壁温度最高为 383.2℃，高温点在炉膛相对高度 h/H 等于 0.4 处(锅炉燃烧器相对高度为 0.3)。水冷壁温度随炉膛高度增加先增加后减小。最高温度与最低温度相差 66.39℃。

4.2 沿炉宽(炉深)壁温分布情况

在锅炉额定负荷 75t/h 为基准下，取炉膛最东侧为起始点，炉膛高度选取炉膛相对高度 h/H 等于 0.4 处(壁温最高层)，分析水冷壁壁温沿炉膛宽度壁温特性。水冷壁管内循环流速为 1.15m/s，沿炉膛相对宽度(炉深)l/L 等于计算点相对距离与炉膛宽度之比；

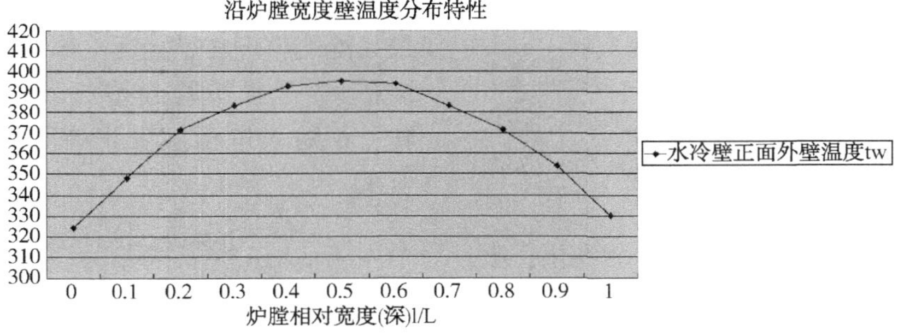

图 2 炉膛沿宽度壁温分布特性

由图 2 炉膛宽度壁温分布特性可以看出：锅炉水冷壁温度最高为 395.01℃，高温点在炉膛相对宽度(炉深)l/L 等于 0.5 处。水冷壁温度随炉膛相对宽度增加先增加后减小，高温点在炉膛中部。最高温度与最低温度相差 70.85℃。

4.3 理论数据与实测数据对比

75t/h 锅炉在炉膛燃烧器中心(标高 2.87)以上 1m-2m 处布置有四台热电偶，主要用于监测炉膛水冷壁正面外壁温度。1#、3#及 4#水冷壁热电偶布置在炉膛宽度的中部，2#水冷壁热电偶布置在水冷壁东北角。1#、3#及 4#热电偶标高 4.87m，2#热电偶标高 3.87m；相关热电偶布置位置如图 3 所示。

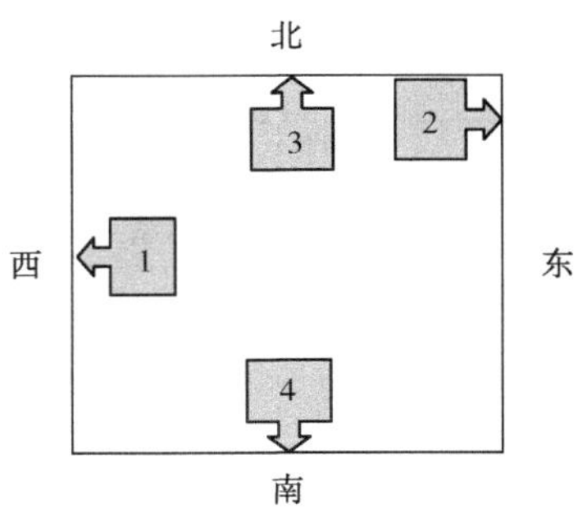

图 3 热电偶布置图

在75t/h负荷时，对锅炉水冷壁实测正面外壁温度与理论计算值进行对比，各测量点均比理论值高，差值在50~60℃之间。存在差值主要原因在理论计算中，未考虑水冷壁结垢影响，且实际测量中热电偶布置在水冷壁向火侧，锅炉炉膛辐射热及烟气对流会对管壁温度测量产生影响。2#热电偶布置在炉膛东北角，理论计算值及实际测量值均比布置在炉膛宽度中部的测点低，炉膛壁温分布中部较东北角布置的高57℃。相关数据如表2所示。

表2　锅炉水冷壁温度理论及实际测量值

序号	理论计算值	实际测量值1	实际测量值2	实际测量值3	最大差值
1#热电偶	395.01	432	446	422	50.99
2#热电偶	324.15	400	391	410	55.85
3#热电偶	395.01	457	440	451	61.99
4#热电偶	395.01	464	447	455	59.99

4.4　单相流与两相流的分界点(欠热沸腾起始点)

由图1所示在炉膛沿高度壁温分布特性中，水冷壁温度随炉膛高度先增加后减小，存在某高度壁温达到最大值。水冷壁中入口介质为104℃的除氧水，在炉内吸热过程中分别经历单相水介质、两相水汽混合物及单相蒸汽介质三阶段工况。

第一阶段工况：单相水介质阶段，水通过水冷壁导热作用吸收炉膛辐射热，由于吸热作用，水冷壁内工质温度随炉膛高度提高而升高，从而使管壁温度增加。

第二阶段工况：水冷壁内工质逐渐汽化，吸收带走大量水冷壁导热热量，从而使水冷壁壁温得到冷却，水冷壁壁温逐渐下降。此阶段工质为两相水汽混合物(图4)。

流动工况	欠热水	泡状流动	弹状	环状流动	雾状流动	湿蒸汽	过热蒸汽
→							
质量含汽率	x=0.0						x=1.0
传热工况	单水流热相对传	欠热沸腾	饱和沸腾	很高热负荷,膜态沸腾 高热觉荷,核沸腾加对流 低热符合,两相强迫对流		雾快冷却或液体欠缺区	单:相过热蒸汽对流传热

图4　工质传热工况图例

第三阶段工况：单相蒸汽阶段，工质已全部汽化完毕，管壁温度冷却效果下降，逐渐开始上升。此段在汽包锅炉中无法达到，水冷壁出口处为汽水混合物，经汽水分离后再对蒸汽进行过热。

综上所述表明，在加热的蒸发管内沸腾传热中有一段为欠热沸腾区段(如图3所示)，在此区段靠近管壁的水层微过热，产生气泡，而管中心的大部分水还具有欠热。把流动欠热沸腾中气泡开始脱离加热面的点定为单相流与两相流的分界点——欠热沸腾起始点。由于此点前后流体的传热特性和流动特性都会发生很大变化，所以欠热沸腾起始点的确定对传热计算有着非常重要的作用[3]。

设欠热沸腾起始点距管子入口长度为L，则由加热通道内热量平衡关系[4]：

$$Q=S_L Q_e=cm(T_{os}-T_{in}) \tag{3}$$

式中　S——加热表面周长，m；

T_{os}——欠热沸腾起始点处的流体温度,℃；

T_{in}——工质的入口温度,℃；

Q_e——计算点管内热负荷，kW/m^2；

C——工质比热容KJ/(kg·C)。

在锅炉设计压力3.82MPa，蒸发量75t/h，过热蒸汽温度450℃，给水温度104℃。依据热力计算可得75t/h锅炉单相流与两相流的分界点——欠热沸腾起始点L等于3.42m，即水冷壁最高温度出现在燃烧区上部0.54m处。根据公式3所示，欠热沸腾起始点L不随负荷增加而变化，仅随入口温度发生变化，变化趋势如图5所示。

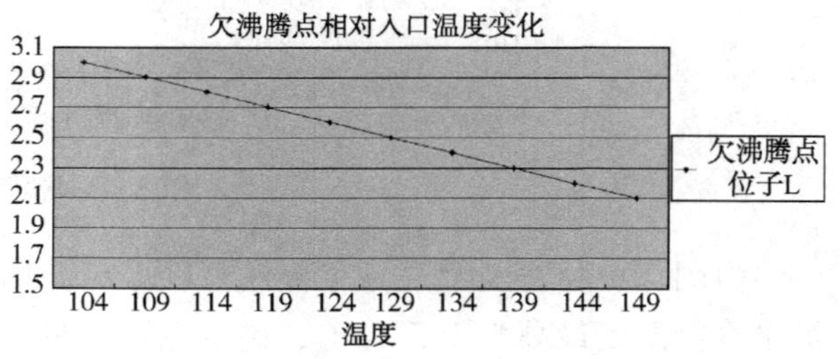

图5　欠沸腾点相对入口温度变化

5　结论

5.1　水冷壁壁温分布特性

水冷壁壁温随炉膛高度先增加后减小，在欠热沸腾点处达到最高；水冷壁壁温随炉膛宽度先增加后减小，在中部位置达到最大，两者最高温度为395.01℃。因此，在日常运行过程中，需要加强对炉膛燃烧器以上0.54~2m处水冷壁温度监测。水冷壁温度监测点建议布置在燃烧区以上0.5~2m处，并布置在炉膛中部。

5.2 欠热沸腾起始点

存在单相流与两相流分界点。在分界点处锅炉水冷壁温度达到最高。单相流与两相流分界点为欠热沸腾起始点。75t/h锅炉欠热沸腾点L为3.42m，即离管子入口3.42m处。欠热沸腾点不会随锅炉负荷发生变化。影响因素主要有工质入口温度、燃料性质及炉膛结构。在炉膛结构及燃料性质未发生变化时，欠热沸腾点随工质入口温度提高而下降，从而使锅炉水冷壁壁温最高出现位置逐渐降低。

5.3 优化方向

本文分析建立在锅炉四角切圆燃烧均衡平稳情况下进行，对结垢及四角分布不均等情况未给予分析。今后使用Fluent软件模拟炉内燃烧工况，分析炉膛内热负荷分配情况及边界条件发生变化后燃烧情况，从而达到分析指导现场控制水冷壁壁温的作用。

参 考 文 献

[1] 王孟浩.JB/Z 201-83电站锅炉水动力计算方法.上海：上海发电设备成套设计研究所，1984.36-38.

[2] 黄承愁.锅炉水动力学及锅内传热.北京：机械工业出版社，1982.34-35.

[3] 李志宏，刘文铁，刘石.膜式水冷壁壁温影响因素的数值分析[J].热能动力工程，2003，18：173-176.

[4] W瓦格纳，A克鲁泽.水和蒸汽的性质[M].北京：科学出版社，2003：134-135.

高效抗堵塞塔盘在污水汽提装置的应用

王保卿　黄冠云

（中国石化广州分公司）

摘　要　介绍了高效抗堵塞塔盘在广州石化污水汽提(二)装置汽提塔的应用情况，对比了操作参数、处理效果、能耗、生产能力等状况，针对存在问题，提出了原料注碱等措施，高效抗堵塞塔盘能够满足汽提装置生产需要，有效提高了装置运行周期。

关键词　FMP 塔板；污水汽提；脱除率；能耗；压降

1　简介

污水汽提(二)装置于 1989 年由北京设计院设计，采用双塔流程，双塔分别为脱硫化氢塔和脱氨塔。1997 年进行了改造，由广州石油化工总厂设计院设计，把原脱氨塔改为脱硫脱氨塔，采取单塔流程和全吹出汽提工艺[1]，处理能力为 60t/h。

1.1　改造前浮阀塔运行状况

炼油污水中存在大量的焦粉、催化剂粉末、油泥、乳化油等杂质，特别是在大修或停工停工期间，大量含清洗液、冲洗污水进入污水汽提装置；污水汽提（二）装置原料罐罐容较小仅 3000m^3/h，沉降时间 40h，杂质不能有效沉降。生产过程中原料夹带固体杂志和乳化油在高温塔盘结垢，长期运行累积造成浮阀黏死堵塞(图 1)，操作上出现塔盘压降增大、蒸汽耗量增加、净化水中污染物脱除率下降，甚至出现抽出线带水、淹塔损坏塔盘、环保排放超标等现象，装置必须进行停工清堵。

图 1　汽提(二)浮阀塔盘堵塞情况

装置运行周期短，给全厂含硫污水平衡带来压力(表 1)，同时消缺处理过程存在环保、安全风险和检维修过程经济损失。

表 1　近年污水汽提(二)塔盘堵塞停工消缺时间汇总

项目	时间							
消缺时间	201705	201510	201502	201412	201312	201305	201212	201204
运行时长	19 个月	8 个月	2 个月	12 个月	7 个月	5 个月	8 个月	

1.2　高效抗堵塞塔盘改造

为提高装置运行周期，解决塔盘频繁堵塞问题，公司委托中国石化抚研石油化工研究院进行了设计改造，改造采用的新一代高效抗堵塞塔盘(FMP 塔板)技术项目。2017 年 5 月 22 日广石化炼油二部污水汽提(二)装置停工进行塔盘改造，将旧浮阀塔盘改造为高效抗毒塞塔盘，于 6 月 2 日改造完成(图 2)，于 4 日开车成功。

图 2　汽提(二)改造后塔盘安装图

FMP 塔板[2](图 3)具有无返混、无浓度梯度，高传质效率，阻力降低，抗堵性强等特征；其采用了集液导出装置(即导液槽)，做到了塔板上各点无返混、无浓度梯度，使得传质过程均保持在高推动力下进行；塔板在结构设计上基本没有可堵塞的部件，在喷嘴处气速较高不易形成堵塞，对有颗粒沉液的物系，抗堵持续时间长，抗堵作用显著。

图 3　FMP 塔板结构图

2　运行状况对比分析

选取装置改造前，改造开工初期和现阶段 3 个阶段数据(改造初期、现阶段使用满负荷标定数据)，分别从操作参数、污水处理效果、能耗单耗情况、生产能力评定等方面进行了对比分析。

2.1　操作参数

装置选取了改造前，改造开工初期，当前阶段的主要操作参数(表 2)进行对比，其中改造开工初期和现阶段选用的满负荷(处理量 60t/h)标定数据。

表 2　污水汽提(二)主要操作参数

项目	时间		改造前		改造开工初期		现阶段	
	位号	单位	201512002	20151203	20170614	20170615	20190123	20190129
T-202 进料量	FIC-201	t/h	60	60	60	60	60	60
T-202 塔顶温度	TIC-308	℃	111	111	112	115	111	110
T-202，20 层温度	TI-309	℃	113	114	116	118	115	114
T-202 进料温度	TI-306	℃	92.8	92.7	89	89	70	70
T-202 塔底温度	TIC-202	℃	120	121	121	123	120	119
T-202 塔底液面	LIC-204	%	50	51	50	50	54	56
T-202 塔顶压力	PIC-203	kPa	69	64	78	92	72	67
汽提蒸汽量	FIC-202	t/h	6.2	6.2	6.2	6.6	9.2	10
在线分析	AI-1401	mg/L	17.2	10.5	48	52	36	57
含硫污水温度	TI301	℃	31	30	30	27.7	27.8	27
净化水量	FI7012	t/h	47.7	46.4	42.9	47.2	49.7	49
酸性液量	无	m^3/h	4.8	5.2	7	7.2	4.2	4.8
蒸汽压力	PIC231	MPa	0.89	0.90	0.79	0.84	0.88	0.91

在更换塔盘后为保证净化水氨氮≯40mg/L 情况下，各种操作参数与 2015 年消缺后对比情况如下：汽提蒸汽量高 0.4～0.5t/h，塔顶温度高 2～3℃，塔顶压力高 15～25kPa。在满负荷状态下，T-202 塔底温度控制在 122℃左右，净化水的氨氮指标才能控制在 40mg/L 内(指标值的 2/3 范围)，在消缺后换热器的换热效果较消缺前有大幅提升，换热终温能达到 93℃左右。对比 2015 年消缺后同样满负荷、蒸汽量相同工况下，更换新塔盘后的汽提塔 T-202 的塔顶温度、压力均高于 2015 年消缺后，塔顶温度在 112℃～115℃之间，约高 3℃，塔顶压力 80～110kPa，高 20～30kPa。改造后塔顶压力记录值最高为 114kPa，未超工艺卡片控制值 150kPa，这个上升幅度是在为控制塔顶温度、压力而调低进料温度的结果。在此工况下，塔顶空冷器、水冷器处于全投用状态，塔顶压力调节阀也处于全开状态。在更换新塔盘后，塔顶的冷却负荷较原浮阀塔盘大，满负荷状况下，塔顶的冷却能力处于满负荷状态。从表 2 数据可以看出，在蒸汽量一致下，更换新塔盘后塔顶温度上升 2.5℃，塔顶压力上升 18.5kPa，说明塔内上升的蒸汽量较原浮阀塔盘上升，新塔盘的热量交换效率低于原浮阀塔盘。

2019 年与 2017 年结果对比，在不注碱的情况下汽提蒸汽量较 2017 年高约 0.63～1.06t/h，塔顶温度低 1～4℃，塔顶压力低 6～20kPa。在满负荷状态下，T-202 塔底温度控制在 119℃左右，净化水的氨氮指标控制在 53mg/L 内(卡边控制)，换热器的换热效果较 2017 年下降，换热终温仅能达到70℃左右较2017年下降19℃。塔顶温度在110~111℃之间，降低3~5℃。塔顶压力保持稳定未超工艺卡片控制值150kPa，塔顶空冷器、水冷器处于全投用状态，塔顶压力调节阀控制在75%左右。在更换新塔盘后，塔顶的冷却负荷较原浮阀塔盘大，满负荷状况下，塔顶的冷却能力处于满负荷状态。从表2数据可以看出，在蒸汽量升高的情况下，塔底温度、塔顶温度和塔顶压力均有下降，说明2019年较2017年分离效果下降。

2019年酸性液流量平均为4.5t，较改造初期7.2t下降37.5%，主要原因是：①2019年原料中氨氮较低，第一阶段氨氮仅为2017年的56.2%，为设计值的36.4%，②汽提塔分离效果下降，蒸汽量使用增大情况下，与2017年相比塔顶压力下降6~20kPa，塔顶温度降低3~5℃，塔顶抽出量下降，塔顶富含氨氮和硫化物抽出量下降，对净化水质量存在不利影响。

2.2 污水处理效果

装置选取了改造前，改造开工初期，当前阶段的原料水和净化水分析结果（表3），对比塔盘改造前后处理效果，其中改造开工初期和现阶段选用与操作参数同期数据。

表3 污水汽提(二)原料水、净化水性质

阶段	采样日期	原料水				净化水			
		pH值	氨氮/(mg/L)	硫化物/(mg/L)	CODcr/(mg/L)	pH值	氨氮/(mg/L)	硫化物/(mg/L)	CODcr/(mg/L)
现阶段	20190129 21:00	12	1850	2810	11200	8.4	10.1	12.3	1060
	20190129 15:00					8.2	10.5	8.47	1020
	20190129 09:00	10	2320	4220	8450	8.1	53.1	16.3	975
	20190129 03:00					8.1	53	8.52	1040
	20190128 21:00	11	2020	4000	8860	8.2	44.1	18.5	1010
	20190123 21:00	9.1	2130	4820	10600	8.9	38.7	13.9	1280
	20190123 15:00					8.8	39.2	1.44	1290
	20190123 09:00	11	1650	2180	9100	8.8	46.6	10.3	1220
	20190123 03:00					8.9	48.8	17.9	1230
	20190122 21:00	11	1140	4520	7050	8	14.2	21.2	1050
改造开工初期	20170613 17:00					8.9		1.26	1310
	20170613 21:00	11	2980	2570	20200				
	20170613 23:01					8.8	18.9	0.66	1610
	20170614 7:00					8.8	41	<0.10	1220
	20170614 9:00	11	3930	3120	49000				
	20170614 12:00					8.1	39.5	0.3	1060
	20170614 17:00	10	2500	2440					
	20170614 17:00					8.7		0.36	1700
	20170614 21:00	10	2550	2300	8850				
	20170614 23:00					9	29.2	1.56	2120
	20170615 7:00					8.5	31.1	0.6	1440
	20170615 9:00	9.3	2740	1230	5050				
	20170615 12:00					8.7	23.8	<0.10	1130
	20170615 17:00					9		0.36	1440
改造前	20151202（2015年消缺后）		3620	3400			18.1	9.48	
	20151203（2015年消缺后）		3530	3220			8	8.66	

通过对比2017年和2019年，在60t/h处理量情况下，2019年净化水的氨氮均值48.8mg/L高于2017年值为36.6mg/L，同样高于2015年消缺后的13mg/L；硫化物均值13.7mg/L高于2017年结果0.8mg/L。

2017开工初期在60t/h处理量下，净化水的氨氮、硫化物、pH值等指标均满足新排放标准，COD出现超标情况，COD指标主要受原料水COD含量影响，汽提塔的蒸馏过程不具备脱除COD能力。剔除COD影响，T-202新塔盘在满负荷情况下能满足生产需要。

2019年进料在60t/h，注碱操作时考察净化水的氨氮、pH值等指标均满足新排放标准，但是注碱时平均pH值达8.8，硫化物存在部分超标情况；停止注碱，选择氨氮卡边质量指标60mg/L内操作，蒸汽量较注碱明显要增加1t/h左右，同时净化水中氨氮也有明显升高，达到53mg/L，29日14：30时开始开始注碱25L/h观察注碱对净化水质量的影响。可以看出在其他条件不变情况下通过注碱操作，净化水氨氮从53mg/L下降至10.5mg/L。另外通过数据可以看出，虽然COD的脱除原理不明显，但是蒸汽提高后，在原料COD维持稳定情况下，净化水中COD明显下降，下降幅度约20%，可见提高蒸汽有利于COD的脱除。

通过净化水质量可以看出，T-202能够满足当前生产要求，通过注碱可以达到节约蒸汽提高净化水合格率效果，但是当前情况下净化水中硫化物的脱除效果不稳定，存在个别超标现象。

2.3 能耗单耗对比

污水汽提装置主要耗能设备为汽提塔，其工作原理为塔底蒸气重沸器将塔底净化水转化为蒸汽，塔底蒸汽与塔顶进料污水气液两相逆向接触，在各层塔盘上进行介质和热量交换，污水中的挥发性有毒有害物质(硫化氢、氨等)扩散到气相中脱除，塔底排出合格净化污水。其中蒸汽为汽提装置的主要能耗消耗，原料污水中污染物浓度和净化水中污染物的排放指标对蒸汽消耗影响较大。

(1) 指标变化对能耗影响

由于环保要求的提高，装置自T-202改造起，净化水的指标不断收窄(表4)，相应提高了操作难度和塔分离效果要求(污染物在低浓度时脱除更难)，增大了蒸汽消耗。净化水中硫化物指标由35mg/L降至15mg/L，同时在标定过程中注碱影响，2019年标定时出现硫化物超标情况(按照改造时间标准质量合格)。按照最新的指标，满负荷情况下，若要达到净化水稳定合格，蒸汽消耗增大。

表4 装置净化水控制指标

指标	20170701前(改造前)	20170701后(改造后)	20180101后
氨氮/(mg/L)	≯100	≯60	≯60
硫化物/(mg/L)	≯50	≯35	≯15
pH	6~9	6~9	6~9
COD/(mg/L)	≯1500	≯1500	≯1500

(2) 能耗单耗情况

污水汽提的主要能耗是汽提蒸汽的消耗，蒸汽单耗占了装置能耗的70%~85%(表5)，在能耗对比中着重分析蒸汽能耗单耗和占比的变化(图4)，时间上同样选取改造前，改造开工初期，当前阶段数据(其中改造开工初期和现阶段选用的满负荷标定处理量60t/h条件下数据)。

表5 污水汽提(二)能耗单耗对比

阶段	时间	蒸汽单耗41.87MJ/t	装置能耗41.87MJ/t	蒸汽能耗占比/%	装置负荷率/%
现阶段	20190129	12.7	15.33	82.84	100
	20190123	12.16	14.78	82.27	100
开工初期	201706	11.36	13.96	81.38	100
改造前	201701-201704	10.69	14.40	74.24	60.97

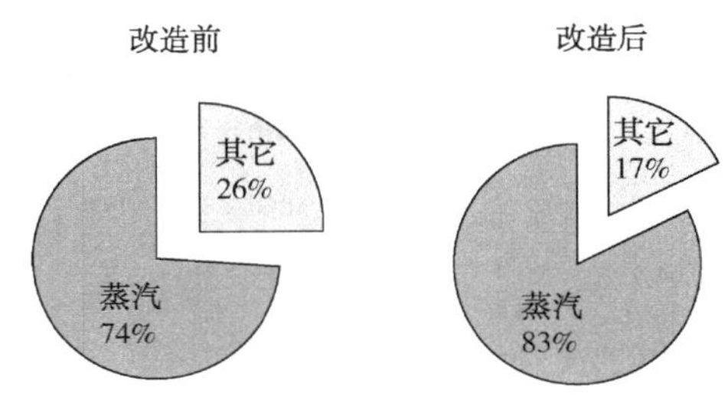

图4 高效抗堵塞塔盘改造前后蒸汽能耗占比

从表5数据可得出如下结论：

① 与原浮阀塔盘时操作条件，塔底温度要提高2~3℃以上才能保证具有相同的氨氮脱除率，要达到提温效果，蒸汽用量每小时需多耗约0.5t，在满负荷60t/h进料量工况下，增加单耗约0.6kg标油。在蒸汽单耗相近的工况下，新塔

盘氨氮脱除效率偏低，达到与旧浮阀塔盘相同处理能力与效率的工况，新塔盘的蒸汽单耗相对要高。

② 在装置100%负荷时蒸汽单耗及装置总耗均与2017年有所增加，并且塔盘的氨氮脱除率比改造初有下降，增加注碱可以提高氨氮脱除效率，降低蒸汽单耗，正常情况下蒸汽能耗较2017年满负荷高0.8×41.87MJ/t，不注碱时高1.34×41.87MJ/t。

③ 新鲜水和循环水能耗持平，主要变化有电耗和蒸汽：电耗单耗较改造前下降0.6×41.87MJ/t，主要原因：ⅰ汽提装置电耗主要为照明及机泵用电，改造前数据负荷仅为60.97%，导致电耗单耗上升；ⅱ蒸汽单耗较改造前上升2.01×41.87MJ/t，在总单耗中占比上升8.6%(图4)，蒸汽能耗单耗较改造前增大，主要原因：改造后新塔盘的热量交换效率低于原浮阀塔盘；随环保要求不断提高，净化水的指标不断收窄，增大了蒸汽消耗。

2.4 生产能力评定

污水汽提装置生产能力，体现在污水中污染物脱除率，长周期运行效果以及节能降耗水平，其中污水中污染物脱除率为最重要指标，其影响因素为原料水污染物浓度和处理后净化水中污染物浓度(表6)。

表6 改造后数据与设计数据对比

时间	2017年(不注碱)	2019年(注碱)	2019年(不注碱)	设计值(不注碱)
处理量/(t/h)	60	60	60	60
蒸汽单耗/(t/t)	0.15	0.16	0.17	0.157
原料水氨氮/(mg/L)	2917	1640	2063	4500
原料水硫化物/(mg/L)	2193	3840	3677	4000
原料水COD/(mg/L)	17740	8917	9503	
净化水氨氮/(mg/L)	30.6	37.5	50.1	≯100
净化水硫化物/(mg/L)	0.73	12.9	14.4	≯50
净化水COD/(mg/L)	1448	1214	1008	
氨氮脱除率/%	98.95	97.71	97.57	
硫化物脱除率/%	99.97	99.66	99.61	
COD脱除率/%	91.84	86.39	89.39	

2019年原料水氨氮偏低，最高平均氨氮仅为设计值45.8%，在设计情况下(不注碱)氨氮卡边合格需要的蒸汽单耗为0.17，2017年原料氨氮为设计值的64.8%，其中2019年原料硫化物达到设计数据，由于环保指标提高，目前满负荷运行蒸汽单耗已经超过设计单耗，净化水硫化物平均值卡边合格，个别点存在超标情况。

T-202能够满足当前生产要求，通过注碱可以达到节约蒸汽提高净化水合格率效果，但是当前情况下净化水中硫化物的脱除效果不稳定，存在超标现象。

与2017年相比，2019年能耗明显上升，设计情况(不注碱)上升0.02，在蒸汽上升情况下，2019年净化水中氨氮和硫化物均较2017年有明显上升，脱除率[3]存在下降，主要原因：塔盘改造后开工到标定时间已经连续运行19个月，运行时间较长，塔内存在杂质影响分离效果。

塔盘改造后运行周期存在明显提升，连续运行19个月情况下，未出现塔盘堵塞情况，仍能满足装置生产要求，但运行后期存在能耗上升，净化水中污染物脱除效果下降情况。

3 问题及改进

3.1 原料性质复杂

实际生产过程中，污水汽提(二)定位为处理全厂检修污水和应急的槽车污水，原料水浓度波动较大，特别是接收消缺(或大修)污水时，污染物成分比较复杂。

汽提(二)自炼油二系列大修开始，由于接收槽车转运的大修装置吹扫水，以及焦化装置产生水等，造成净化水质量不稳定，2017年7月6日净化水中氨氮由12.7mg/L突升至167mg/L，调整蒸汽等操作均无法实现净化水合格。

考虑到原料污水中可能存在固定铵，单纯使用增大蒸汽无法实现脱除效果。2017年7月7日开始注碱操作，恢复汽提塔注碱后效果不够明显。装置借鉴污水汽提(四)经验，增加原料注碱线，通过原料注碱，在同样蒸汽消耗下，净化水中氨氮存在明显下降(表3)，实现了净化水氨氮合格。随后运行过程中一直根据净化水质量装置动态调整原料注碱量。

3.2 实际运行能耗偏高

污水汽提(二)实际运行平均负荷较低，2018年平均负荷率65.3%，由于抗堵塞塔盘气相孔径较大，维持塔底温度和压力稳定情况下，负荷偏低时，蒸汽耗量较高负荷工况下降程度有限，导致正常运行时装置能耗偏高(表7)。

表7 2018年度能耗统计报
(处理量343070t，负荷率65.27%)

项目	本年累计		
	实物量/t	41.87MJ	41.87MJ/t
耗蒸汽1.0MPa	69067.00	5249092	15.30
耗新鲜水	25877.000	4399.09	0.01
循环水	6790175.00	679017.5	1.98
电kwh	2605000.00	599150	1.75
合计		6531658.59	19.04

4 结语

针对炼厂含硫污水杂质较多，汽提装置运行周期较短的问题，广石化污水汽提(二)装置进行了高效抗堵塞塔盘的改造，通过改造前后操作运行情况对比，以及在装置应用过程中遇到的问题及改进，总结如下：

① 新改造的高效抗堵塞塔盘，净化水中污染物含量稳定合格，能够满足当前生产要求。

② 塔盘改造后运行周期存在明显提升，连续运行19个月情况下，未出现塔盘堵塞情况，净化水质量稳定合格，能够满足长周期稳定运行要求。

③ 与改造前相比蒸汽单耗增大2.01×41.87MJ/t，在总单耗中占比上升8.6%。主要原因：改造后新塔盘的热量交换效率低于原浮阀塔盘；随环保要求不断提高，净化水的指标不断收窄，增大了蒸汽消耗。

④ 提高蒸汽量能提高硫化物和氨氮的脱除率，也能在一定程度提高COD脱除效果，提高净化水合格率。

⑤ 实际生产过程中，针对原料水中污染物组分和浓度波动，通过原料注碱可以提高氨氮脱除效率，也能起到降低蒸汽消耗的作用，但是一定程度上增大净化水中的硫化物含量。

⑥ 由于新改造塔盘气相孔径较大，负荷偏低时，蒸汽耗量较高负荷工况下降程度有限，导致低负荷运行情况下，新塔盘能耗上升明显。

参 考 文 献

[1] 何红梅；刘成军．单塔低压全吹出工艺在苏丹喀土穆炼厂100×104t/a酸性水汽提装置上的应用，中外能源，2011：1-2.

[2] 陈建兵；刘海彬．采用FMP塔盘应对污水汽提塔的堵塞问题，炼油技术与工程，2018年第10期：2-4.

[3] 戴猷元；余立新．化工原理下册，清华大学出版社：65-102.

克石化纳滤浓水降解 COD 技术研究

聂春梅　牛春革　方新湘　范跃超

（中国石油克拉玛依石化有限责任公司炼油化工研究院）

摘　要　鉴于新环保法的压力，克石化纳滤浓水成为公司持续发展的一个环保制约因素。本文针对克石化纳滤浓水的水质特点，采用高级氧化技术对其进行处理，试验发现，臭氧投加总量、空速、催化剂填充量、臭氧注入方式均为高级氧化反应的主要影响因素。当臭氧投加量为 150g/h，催化剂填充量（v/v）为 90%，空速为 0.5h^{-1}，停留时间为 150min，臭氧投加浓度为 300mg/L 时，纳滤浓水 COD 可从 167.5～225mg/L 降低到平均值为 34.6mg/L，满足出水 COD 小于 60mg/L 的指标，吨水处理成本为 4.4 元/吨。

关键词　浓水；高级氧化；催化；组成分析

1　前言

目前，克石化公司通过两套分别为 170m^3/h 和 200m^3/h 污水处理装置进行污水深度处理和回用，2015 年新建一套 300m^3/h 的供锅炉用水的深度处理装置，总计浓水量可达 4800m^3/d。该纳滤浓水属高盐度高 COD 型废水，有机物成分复杂、有毒有害污染物多，COD 在 150～300mg/L 之间，经试验分析属难降解型有机物，尤其是废水中的烷基酚类，对生物有杀灭作用。目前，产生的纳滤浓水一般都是掺兑排放或在污水系统内自身循环，造成公司吨油水消耗量增加或在系统内不断循环累积，给后续工艺造成冲击。随着国家污水排放标准的不断升级、公司加工量不断扩充及纳滤浓水 COD 数值的不断提高，纳滤浓水的处理将成为公司亟待解决的难题。

2　实验部分

2.1　试验水源

本实验原料水取自克石化公司 200m^3/h 深度处理装置的纳滤浓水。该浓水 pH 为 7～8，COD 为 100～250mg/L，总溶解固体为 2526～4640mg/L，其中，氯离子为 1150～1311mg/L。经 GC-MS 分析，克石化纳滤浓水中，2，4-二叔丁基苯酚含量最高，为 67.7mg/L，占 30%以上（图 1）。

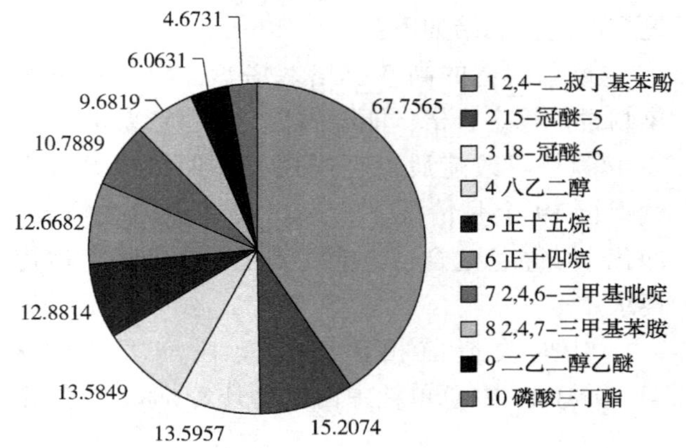

图 1　浓水中有机物组成分析

2.2　试验设备与仪器

中试高级氧化试验装置：由南京哈宁和炼化院合作开发设计。由空气压缩系统、变压吸附制氧系统、臭氧制备系统、催化氧化反应单元四部分构成。高级氧化试验装置设计空速为 0.3～2.5h^{-1}，催化剂由南京哈宁提供。

气相色谱质谱联用仪：型号为安捷伦 7890-5975C。丙酮为内标，内标加入量是 5ul，废水取样量 8ml，进样，20ml 顶空瓶中进行顶空-固相微萃取，固相微萃取纤维涂层是 PDMS/DVB，60℃萃取 30min。

其他分析仪器：COD 测定仪采用 CR3200 COD 消解仪，德国 WTW；photolab s6 光电比色计，德国 WTW；总有机碳（TOC）分析仪采用美国利曼，Torch；臭氧浓度检测仪采用北京山美水美，LIMICEN；pH 计采用 Cole-Parmer® 公司的 pH/mV/Ion/℃电位计（Model 59003-35），取样测定。

2.3　试验方法

臭氧氧化实验：以纳滤浓水中 COD 的去除率为指标。纳滤浓水经泵进入一级催化氧化反应器的底部，与来自臭氧发生器的臭氧化空气在一级催化氧化反应器底部顺流接触，在催化剂的作用下，臭氧被吸收并直接或催化产生羟基自由基与有机物反应，当臭氧消耗完全时，污水由一级催化氧化反应器顶部溢流进入二级催化氧化反应器底部，与另一股来自臭氧发生器的臭氧化空气在二级催化氧化反应器底部顺流接触，臭氧或催化产生羟基自由基与未降解完全的有机物继续发生反应，出水由二级催化氧化反应器顶部溢流出，经过气水分离后最终进入稳定池，进而达标排放。试验过程中的尾气采用加热分解。试验出水按需求进行检测。

3　结果与讨论

试验期前期，正常纳滤浓水的COD为150~170mg/L，试验后期，因新环保法提高了对外排水COD的要求，浓水被掺入二浮出水入口处，在污水系统内自身循环，由于浓水中有机物的可生化性较差，COD不断循环累积，使得试验期后期的浓水COD平均值为180~220mg/L，瞬时值多次高达240mg/L，并且有逐渐增加的趋势。

3.1　相同臭氧投加量，不同投加点个数考察

适当增加臭氧气体的投加点个数可有效增强气液传质，提高对纳滤浓水中有机物的去除率。当臭氧投加总量相同，空速均为$1h^{-1}$，分别考察臭氧不同投加点个数对浓水的高级氧化效果。从下表可以看出，采用两点投加方式的出水COD要低于一点投加方式，COD去除率高出14%（表1）。

表1　空速为$1h^{-1}$时的高级氧化效果对比

工艺条件		二级臭氧，一点投加		二级臭氧，两点投加	
空速/h^{-1}		1		1	
一、二级气量分配比		4/0		2/2	
原料COD/(mg/L)		172		163.6	
臭氧投加量/(g/h)		150		150	
臭氧投加浓度/(mg/L)		150		150	
出水COD/(mg/L)	取样点	平均值	去除率/%	平均值	去除率/%
	一级出水	90	47.7	107.4	34.4
	二级出水	80.4	5.6	54	32.6
	总出水	80.4	53.3	54	67

3.2　相同臭氧投加量，不同空速的考察

空速为单位时间单位体积的催化剂所处理的污水量，决定了污水在催化反应器中的停留时间。在催化剂一定的前提下，空速较小时，反应时间长，去除率较高，但单位时间内处理的水量小，吨水处理能耗高；空速较高时，虽然装置的处理能力增加，吨水处理能耗降低，但由于反应时间不够充分，污染物的去除率下降。因此，需要试验确定最佳空速。气体投加方式、臭氧投加量均相同，考察不同空速下的高级氧化效果（表2）。

表2　不同空速下的高级氧化效果对比

工艺条件	二级臭氧，两级气量							
空速 h^{-1}	1		0.7		0.5		0.5	
臭氧投加量/(g/h)	150		150		150		150	
臭氧投加浓度/(mg/L)	150		214		300		300	
原料COD/(mg/L)	207		165		167.5		224	
出水COD/(mg/L)	平均值	去除率/%	平均值	去除率/%	平均值	去除率/%	平均值	去除率/%
	116.4	43.8	56.52	65.7	32	80.9	42	81.3
COD去除总量/(g/h)	90.6		75.93		67.75		91	

高空速条件下COD的去除总量较大，但COD降幅小，出水COD不能满足新的污染物排放标准；当空速较小时，可对其进行深度处理，在臭氧投加量足够的前提下，出水COD满足新的污染物排放标准。当臭氧投加量为150g/h，投加浓度为300mg/L，催化剂填充量(v/v)为90%，空速为$0.5h^{-1}$，纳滤浓水COD可从167~224mg/L降低32~42mg/L，满足出水COD小于60mg/L的指标。见表2。

3.3　相同空速，不同臭氧投加量的考察

臭氧投加量直接影响着氧化效果和处理成本。投加量过低，达不到氧化的处理效果，投加量过高，水中的有机物易生成极性较强的中间产物，且还有可能增加臭氧副产物的生成量，进而大大增加臭氧发生系统投资和运行费用。因此臭氧投加量的选择是十分重要的。但是，臭氧投加量与有机物的去除率并不是成线性关系，最佳的臭氧投加量因水中有机物的种类和浓度不同而有所差异，应通过试验确定。空速、气体投加方式相同，考察不同臭氧投加量时的高级氧化效果。

表3　空速为$0.5h^{-1}$时的高级氧化效果对比

工艺条件	一级臭氧，两级气量	二级臭氧，两级气量
空速/h^{-1}	0.5	0.5
一、二级气量分配比	2/2	2/2
原料COD/(mg/L)	146	167.5
臭氧投加量/(g/h)	75	150
臭氧投加浓度/(mg/L)	150	300

续表

工艺条件	一级臭氧，两级气量		二级臭氧，两级气量	
出水 COD/(mg/L)	平均值	去除率/%	平均值	去除率/%
	63.89	56.24	32	80.9

从表3可以看出，臭氧投加量是高级氧化效果的关键因素。当臭氧投加量较高时，总的COD去除总量较高，出水COD较低。臭氧为投加量为150g/h较臭氧投加量为75g/h时的COD去除率高出24%，但与COD的去除总量并不成比例。

3.4　相同臭氧投加量，不同催化剂填充量的考察

臭氧催化氧化可将臭氧的强氧化性和催化剂的吸附、催化特性结合起来，能有效解决有机物降解不完全的问题。催化剂可提高臭氧的反应活性和利用率，提高有机物的降解率和矿化程度，因此，催化剂的填充量对COD的降解效果也有很大的影响。臭氧投加量和投加方式相同，考察不同催化剂填充量时的高级氧化效果(表4)。

表4　不同催化剂填充量的考察

试验条件	无催化剂		50%填充量		90%填充量	
水量/(m^3/h)	0.5		0.5		0.5	
一、二级气量分配比	1/1		1/1		1/1	
臭氧投加量/(g/h)	150		150		150	
臭氧投加浓度/(mg/L)	300		300		300	
原料 COD/(mg/L)	205		205		192.7	
出水 COD/(mg/L)	平均值	ΔCOD去除率/%	平均值	ΔCOD去除率/%	平均值	ΔCOD去除率/%
	124.5	39.3	61.6	70	48.8	74.7

由表4可知，浓水流量为0.5m^3/h，臭氧投加总量为150g/h，无催化剂时，出水COD较催化剂填充量为90%时高出75.7个单位，催化剂填充量为50%时，出水COD较催化剂填充量为90%时高出12.8个单位。

3.5　尾气组成分析

根据高级氧化反应机理和浓水COD理论氧气消耗量计算，高级氧化处理浓水后尾气中的氧含量依然较高，直接排放不经济。为此，通过取样分析尾气组成，判断是否具有再利用价值。

表5　尾气组成分析

气体组成		空速 h^{-1}			
		0.3	0.5	0.7	1
进气	氧气/%	91.2	88.32	88.4	90.5
尾气	氧气/%	90.32	87.06	87.11	88.9
	氮气/%	9.68	12.94	12.89	11.1

从上表可以看出，尾气中氧气浓度都大于80%，满足臭氧发生器的进气氧浓度要求。但尾气中检测不出CO_2气体，判断是由于氢氧化钙的投加，与CO_2发生反应而得以去除，这也与反应过程pH的变化趋势相印证，即随着高级氧化反应的进行，水的pH会逐渐降低。

3.6　最佳条件下的运行结果

以前期试验考察确定的最佳中试反应条件为依据，进行试验稳定性考察。臭氧投加量为150g/h，投加浓度为300mg/L；催化剂填充量(v/v)为90%；空速为0.5h^{-1}；停留时间为150min；采用两级等比例注入臭氧气体。

运行期间，COD的降解曲线见图2，其他污染物排放标准见表6。

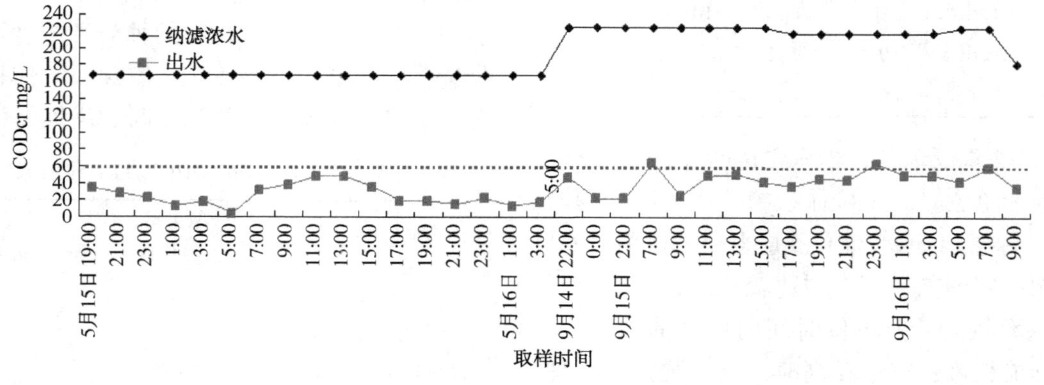

图2　最佳运行条件下COD降解情况

由图2可知，在相同的工艺条件下，经高级氧化后，出水水质较稳定，但当纳滤浓水COD增加时，出水COD相应增加，当浓水COD为218~225mg/L时，出水COD个别超过60mg/L，超出排放标准。此时，应适当增加臭氧投加量，保证出水稳定达标。当臭氧投加量为150g/h，催化剂填充量为90%，空速为0.5h^{-1}，停留时间为150min，浓水中有机物去除情况如表6所示：

表6 水中有机物去除情况

有机物名称	浓水	平均出水	总降解率
2，4-二叔丁基苯酚	67.7565	9.4537	86.0
15-冠醚-5	15.2074	0.2201	98.6
18-冠醚-6	13.5957	0.4181	96.9
八乙二醇	13.5849	—	≈100
正十五烷	12.8814	1.8459	85.7

对照《石油炼制工业污染物排放标准》GB 31570-2015，经高级氧化后，出水中的TOC、总氮、悬浮物（SS）等指标也满足新的污染物排放标准要求，详见表7。

表7 中试达标排放水质

序号	污染物项目	纳滤浓水	高级氧化出水	GB 31570—2015
1	pH	7~8	8~9	6~9
2	悬浮物/（mg/L）	10~20	66~76	70
3	化学需氧量/（COD，mg/L）	181~225	34.1	60
4	五日生化需氧量/（BOD，mg/L）	12~17	4~8	20
5	总氮/（mg/L）	1.6	1.2	40
6	总有机碳/（mg/L）	60~70	11.6~15.8	20
备注		其他指标未检测		

高级氧化水处理技术具有无需化学试剂，操作条件容易控制，无二次污染，加之化学稳定性高、无毒且成本低等潜在的优势。

最终，通过实验室研究形成一套适合克拉玛依石化公司纳滤浓水的处理方案，并于2017.10在公司污水提标改造项目3000单元中得以工业化应用，使出水满足国家标准《石油炼制工业污染物排放标准》GB31570—2015的最新要求。

4 结论

（1）通过有机物组成分析，克石化纳滤浓水的处理难度较大，依据水中残留的难降解型组分，可考虑从源头上处理，以进一步降低后续处理难度。

（2）通过试验发现，臭氧投加总量、空速、催化剂填充量、臭氧的注入方式均为高级氧化反应的主要影响因素，臭氧投加量越大，空速越小，催化剂填充量越高，越有利于臭氧氧化反应，臭氧气体分级注入，可提高臭氧的利用率，进而增加氧化效果。当臭氧投加量为150g/h，催化剂填充量为90%，空速为0.5h^{-1}，停留时间为150min，纳滤浓水COD可从167.5~225mg/L降低到平均值为34.6mg/L，满足出水COD小于60mg/L的指标，水中主要机物浓度的去除率大达86%以上。经高级氧化后，其他所测出水指标也满足新污染物排放标准要求。

（3）采用实验室研究确定的技术方案，在克石化公司工业水车间实现了技术的工业化转化。自投产以来，新建的浓水催化氧化单元出水的COD、TOC、氨氮、硫化物、总氮、总磷、BOD、SS等均满足石油炼制工业污染物排放标准（GB31570-2015），达到项目预期技术指标，配合公司顺利完成了年度节水指标。经验证，实验室的研究路线可行、工艺可靠稳定，且符合克石化公司的浓水水质。

参考文献

[1] 于旭霞.2，4-二叔丁基苯酚的合成[J]. 甘肃石油和化工，2012，第三期：22-24.

应用氢夹点技术从炼厂排放气中回收氢气

吴斌超　张士元

（中国石油克拉玛依石化有限责任公司）

摘　要　本文针对克石化炼厂排放气现状及运行中存在的问题，对氢夹点技术研究，建立混合氢源的模型。通过夹点图找出克石化炼厂氢夹点，用数学方法证明氢气网络存在优化的可能。根据夹点匹配原则，结合克石化炼厂现有条件，对重整装置PSA驰放气采用膜分离-PSA耦合工艺。对比单一的回收技术，耦合工艺扬长避短，兼顾各自优点，达到最优回收目标产物。改造实施后回收氢气纯度满足各加氢装置需求，每年增产氢气1218.5×10^4m^3，每年创效约1600万元，值得在炼厂推广。

关键词　炼厂排放气；氢夹点；氢气回收；耦合回收工艺；实施效果

引言

近年来我国政府要求炼化企业对其生产出来的成品油进行质量升级换代，以适应日趋严格的排放标准，这无疑是改善环境、治理雾霾等污染、促进绿色发展、增添民生福祉的重要举措。那么要降低成品油中的硫含量，必须对炼油企业生产出来的汽柴油产品进行深度加氢，这就极大地增加了炼油企业氢气的需求量，随着氢气产品的紧缺，必然引起了炼油企业想方设法从排放气中回收氢气来降低炼油成本，这就给从炼厂排放气中回收氢气提供了很好的发展机遇。

1　克石化炼厂排放气、氢气网络现状及运行存在问题

1.1　克石化炼厂排放气现状：

克石化炼厂排放气分为两部分，这两部分没有本质的区别，区别在于回收工艺路线的不同，最终都汇入燃料气管网，充当装置加热炉燃料：第一部分是由火炬活塞式压缩机加压回收的气体，气体由各装置塔顶气及焦化装置放空气组成；第二部分是由80×10^4t/a连续重整PSA驰放气组成，由本装置螺杆压缩机加压送至燃料气管网。

表1　克石化炼厂排放气中氢气含量(共5个样)

组成	单位	2017.8.15	2017.9.15	2017.10.28	2017.11.28	2017.12.15	平均值
氢气	%	57.8	58.90	45.26	44.82	45.34	50.42

如表1所示，炼厂尾气中氢气平均含量高达50.42%，也就是说大量宝贵的氢气资源充当廉价的加热炉燃料，氢气资源浪费严重。

1.2　克石化炼厂氢气网络现状：

如表2所示，克石化炼厂氢气网络供需平衡，其中60%氢气是由3.5×10^4m^3/h制氢装置提供，原料为外购天然气，因此生产成本高。

表2　克石化炼厂氢气网络平衡表

项目	装置名称	流量/($m^3\cdot h^{-1}$)	纯度/V%	驰放气	纯度/V%
氢源	3.5万方/时制氢	33000	99	6000	66
	60万吨/年连续重整装置PSA	23000	96	5000	82.14
	氢源合计	56000			
氢阱	一套高压加氢	8000	98	850	39.17%
	二套高压加氢	8000	98	950	57.21%
	120万吨/年加氢改质	20000	92	1200	52.56%
	90万吨/年柴油加氢	10000	92	800	6.71%
	8.5万吨/年加氢处理	2000	95	50	32.4%
	30万吨/年加氢脱酸	1500	92	100	43.2%
	5万吨/年临氢降凝	1000	92	100	35%
	氢阱合计	56000			

克石化炼厂运行存在的问题：一方面主要产氢装置是由天然气作为原料制氢，氢气生产成本高；另一方面是炼厂排放气中大量氢气没有回收

而充当廉价的燃料使用，造成氢气资源的极大浪费。

2 氢夹点技术

2.1 氢夹点技术来源

夹点技术最早被成功应用在换热网络中，后来在1999年由Alves提出了采用氢气纯度作为推动力的氢夹点分析方法，同时建立了氢气网络中氢源和氢阱的概念来研究氢夹点技术。

2.2 氢源与氢阱

应用夹点法，首先要把与氢气相关的装置设置为氢源和氢阱。一般来说，氢阱指的是消耗氢气的装置，如高压加氢、汽柴油加氢装置。氢源指的是提供氢气的装置，如重整、制氢装置等。

2.3 建立混合氢源模型

经对加氢装置分析发现，加氢装置反应器入口氢气纯度需求并不是公用工程来的新氢，而是纯度高于加氢装置的混合氢，这就给我们提供另一种思路，在氢气网络中，氢阱需求的氢气不一定是由制氢装置生产，也可以从炼厂尾气中提纯的氢气，和氢源组成混合氢源进入氢阱，这样循环使用从而提高用氢效率。图1就是按照这种思维方式下耗氢装置的简化模型。

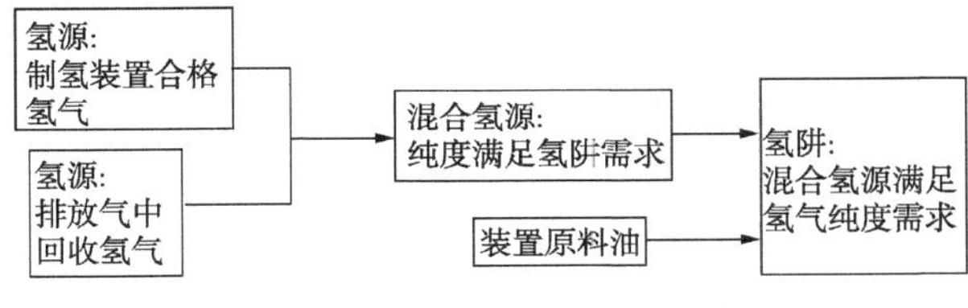

图1 混合氢源模型

图1中，是氢气网络中的氢源与排放气中的提纯氢组成混合氢源与原料油参与反应，满足氢阱装置氢气需求，这样做的益处是既利用了炼厂排放气，又减少了公用工程新氢用量。

但是这个模型也存在两个限制性条件：一是排放气中回收氢源必须是其他装置供给的，不可能是本装置自己供给。因为如果本装置回收氢源进行内循环，就产生装置氢气系统内循环杂质积累与氢气纯度互相影响的缺点；二是混合氢不但要氢气纯度满足氢阱需求，而且其中CO、CO_2的含量也要满足氢阱的需求。

2.4 氢夹点图的画法

在氢气网络中，氢源纯度远远大于氢阱需求纯度对优化整个网络是没有意义的，由图1所示，可以从排放气中回收氢气和新氢组成混合氢源，只要混合氢源的纯度满足氢阱的需求纯度，这虽然降低了氢源的品质，但是却减少了公用工程新氢的耗量，因此可以通过找出氢气网络这个约束点来优化网络，约束点即为氢夹点。

氢网络夹点图的画法是先在图中分别画出每个物流的流量和纯度关系，以氢气流量为横坐标，纯度为纵坐标。然后按照氢气纯度由高到低的次序组合所有氢源物流，前一个氢源的终点与下一个氢源的起点的横坐标相同，所有的氢源连接一起即为氢源的复合曲线。同理，氢阱按照氢气纯度由高到低的次序组合所有氢阱装置，即为氢阱的复合曲线(图2)。

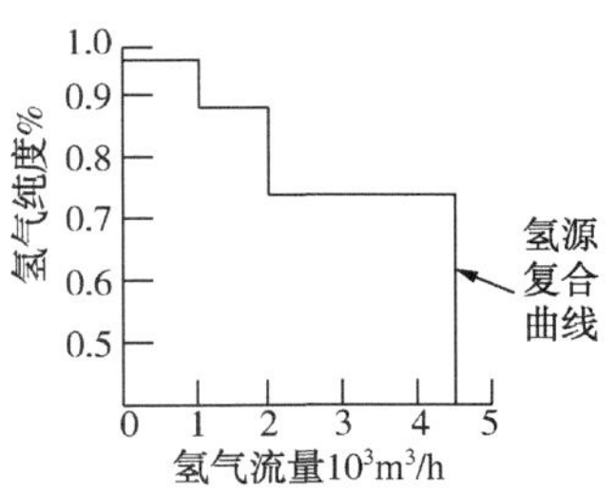

图2 氢源复合曲线

同理，将所有氢阱连接即作出氢阱复合曲线。

如图3所示，氢源和氢阱多次相交，把整个区域分为多个空间，氢源位于氢阱线上方，这个区域氢气过剩为正值(+)；氢源位于氢阱线下方，这个区域氢气过剩为负值(-)，必须要有氢气补充；由高浓度开始计算，由高浓度的剩余氢气来填补低浓度氢气的亏缺，最终得到剩余氢总量等于0即为氢夹点。

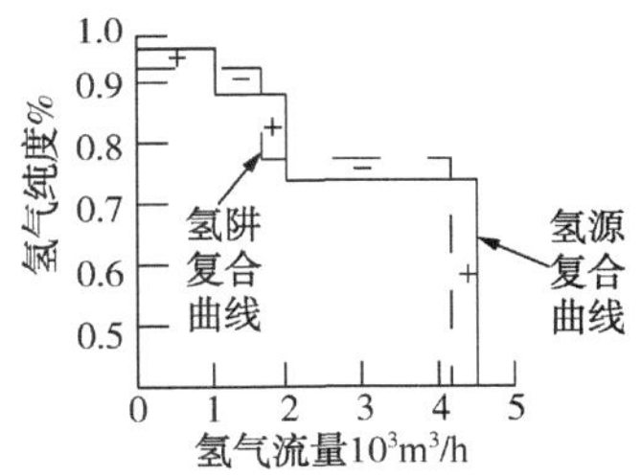

图3 氢源和氢阱复合曲线

如图4所示，用高纯度氢气富余量填补低纯度氢气亏缺量，图中黑色部分是填补后的剩余量，按照这样依次填补，直至得到剩余氢为零的点即氢夹点，一般来说，在夹点之下的氢源不能供应夹点之上的氢阱使用，在炼厂实际应用中氢源的纯度低于供应氢阱的需求纯度，就是表示氢气网络中的氢气不足，需要增加高纯度的氢源与之混合提高纯度满足氢阱需求，它缺乏的这部分氢气为剩余氢。

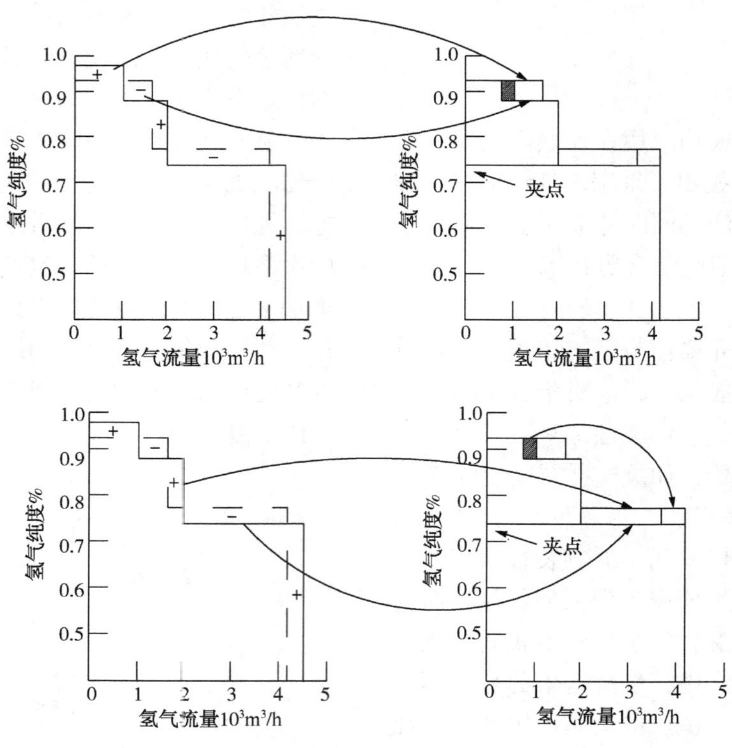

图4　氢气夹点计算过程

2.5　夹点匹配原则

夹点匹配原则：夹点之上的氢源不应供应给夹点之下的氢阱，即不允许通过夹点的氢气供应。因为如果把夹点之上的氢气用于夹点之下的氢阱，会导致夹点之上的氢气不足，那么夹点之上的氢源就无法和夹点之上的氢阱完全匹配。夹点下上的氢源不应供应给夹点之上的氢阱，即满足不了氢阱的需求纯度。

2.6　提纯装置的设置

提纯装置的设置关键有两个方面：一是提纯哪些排放气；二是提纯排放气量的确定。一般来说，氢气的纯度越高，提纯时需要消耗的能量越少，如果氢气的纯度很高，可以直接用于氢阱，就不需要设置提纯装置，于是我们应该解决选择什么纯度的氢气去进行提纯。

通过氢气夹点图分析，来解决这个问题，设置提纯装置通过夹点是最优的选择，在此基础上，应该尽量提纯在夹点之下，氢纯度越高，消耗能量越少的排放气。提纯夹点之下的氢气，生产出纯度高于夹点的氢气。就是把低品质存在余量的氢气送到了紧缺的区域，可以减少新氢供应。

3　应用氢夹点法从炼厂排放气中回收氢气

3.1　克石化炼厂氢夹点技术应用

如表2所示，根据氢源与氢阱的氢气纯度和氢气量画图5，从氢气纯度高的地方开始，用富余量弥补亏缺量，依次填补，得到剩余氢总量为零的点，即为氢夹点。

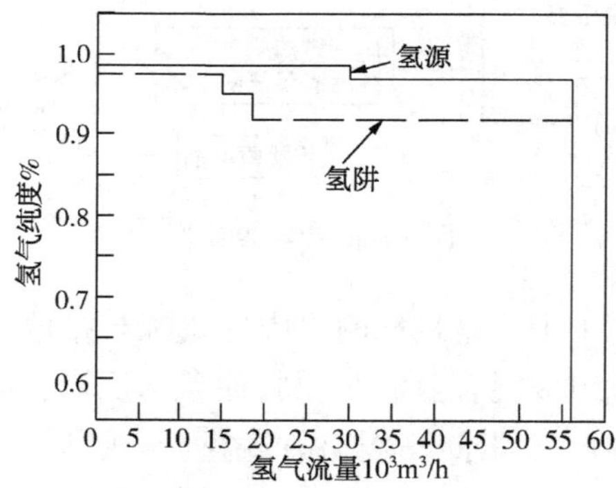

图5　克石化炼厂氢源与氢阱复合曲线

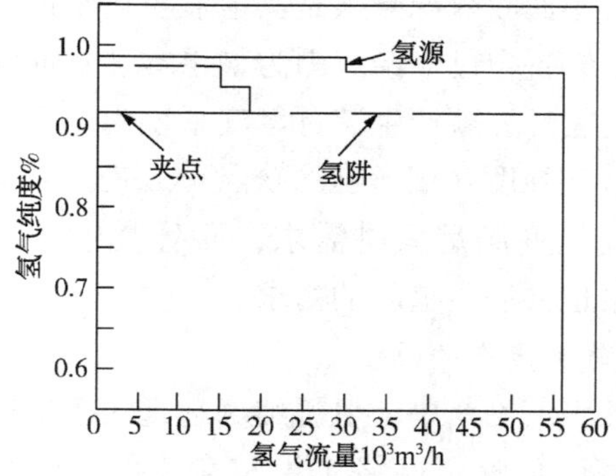

图6　克石化炼厂氢气夹点计算过程

如图5与图6所示，克石化炼厂氢夹点为92%，氢源曲线一直在氢阱曲线之上，说明克石化炼厂氢气网络氢气富余量很大。找到克石化炼厂氢气网络中的氢夹点后，再采用数学计算方法证明克石化氢气网络氢气富余，优化的空间很大。

制氢装置产氢量（Fso1），氢气纯度（Yso1），重整PSA产氢量（Fso2），氢气纯度（Yso2），一套高压加氢装置耗氢量（Fsi1），需求氢气纯度（Ysi1），二套高压加氢装置耗氢量（Fsi2），需求氢气纯度（Ysi2），120×10^4t/a加氢改质耗氢量（Fsi3），需求氢气纯度（Ysi3），90×10^4t/a柴油加氢耗氢量（Fsi4），需求氢气纯度（Ysi4），45×10^4t/a柴油加氢耗氢量（Fsi5），需求氢气纯度（Ysi5），8.5×10^4t/a加氢处理装置耗氢量（Fsi6），需求氢气纯度（Ysi6），30×10^4t/a加氢脱酸装置耗氢量（Fsi7），需求氢气纯度（Ysi7），5×10^4t/a临氢降凝装置耗氢量（Fsi8），需求氢气纯度（Ysi8）。

$$H=\int ab(\text{YR}-\text{YK})\,dF\geqslant 0$$

对于多个氢源与氢阱，采用式(1-2)计算：

$$F\text{so1}\times Y\text{so1}+F\text{so2}\times Y\text{so2}=\Sigma F\text{si}\times Y\text{si} \quad (1-2)$$

把表1-2数据代入式(1-2)中：

$$H=(F\text{so1}\times Y\text{so1}+F\text{so2}\times Y\text{so2})-\Sigma F\text{si}\times Y\text{si}$$

$$H=2587\geqslant 0$$

计算结果是克石化炼厂剩余氢大于零，它表示生产氢气装置提供的纯氢量大于耗氢装置需求的纯氢量，进一步证明克石化炼厂氢气网络存在优化的可能性。

3.2 选择合适回收气体

在炼厂氢气实际回收中需要考虑以下几点：

（1）要考虑改造装置的负荷是否有余量接纳新的物流；

（2）优先考虑临近装置改造，目的是减少管线连接费用；

（3）要考虑回收流体量大小与铺设管线的成本费用；

（4）要考虑回收气体中杂质对氢气网络的影响。

从表2氢源与氢阱数据表得知，重整装置PSA驰放气中氢气纯度最接近氢夹点，结合炼厂实际情况，优先考虑回收。

3.3 氢气回收技术比选

如表3所示，深冷分离法相比其他两种方法，优点是氢气回收率高，对原料要求低，缺点是投资高，操作可靠性低；膜分离法相比其他两种方法，优点是投资最少，操作可靠性最高，氢气回收率最高，缺点是产品氢气纯度略低于其他两种；变压吸附法介于深冷分离法与膜分离法之间。因此，炼厂一般选择采用操作可靠性高、投资少的膜分离法回收氢气。

表3 三种常用氢气回收方法比选

特点	深冷分离法	变压吸附法	膜分离法
产品氢气纯度/%	92-99	99	<92
氢气回收率最大值/%	95	85	95
进料压力/MPa	2.5-5	1.5-3	2.0-18
产品氢气压力最大值/MPa	7	2	14
原料中氢含量/V%	>30	>60	>40
相对投资	2-3	1-3	1
操作可靠性	低	中	高

3.4 膜分离-PSA法耦合工艺回收氢气

从表4中可以看出，经过膜处理后，提纯后氢气纯度为92.075%，流量为3800m³/h，大于氢气网络夹点（92%），可以直接供应至氢阱装置，同时没通过膜的1200m³/h渗余气进入燃料气管网。

表4 膜分离法应用前后对比分析

分析数据	CO/(mg/m³)	CO_2/(mg/m³)	氢气/%	C_4及以下/%	硫化氢/%	氨含量/%	流量/(m³/h)
进料	微量	微量	82.14	17.24	0	0	5000
渗透气	0	0	92.075	9.35	0	0	3800
渗余气	微量	微量	30.203	55.30	0	0	1200

但在实际应用需要考虑两点：一是怎样才能使不同纯度的氢源达到完全混合，以保障氢阱在使用过程中不会截流使用纯度较低的氢源；二是虽然氢气纯度满足，但其中CO、CO_2的含量是否满足加氢装置需求，基于以上考虑，需要对提纯氢气进行二次提纯。

如图7所示，60万重整装置PSA（二套PSA）驰放气经过分液罐分液后进入压缩机升压，升压后进行二次分液，然后进入膜分离装置，渗透气（提纯氢气）经过二次提纯装置生产出合格氢气供氢阱装置使用，二次提纯装置利旧30万吨/年重整PSA（一套PSA）。驰放气回收采用膜分离和PSA法耦合工艺，既取膜分离法投资少，操作可靠性高的优点，又兼顾了膜分离产品氢气纯度不高的缺点。

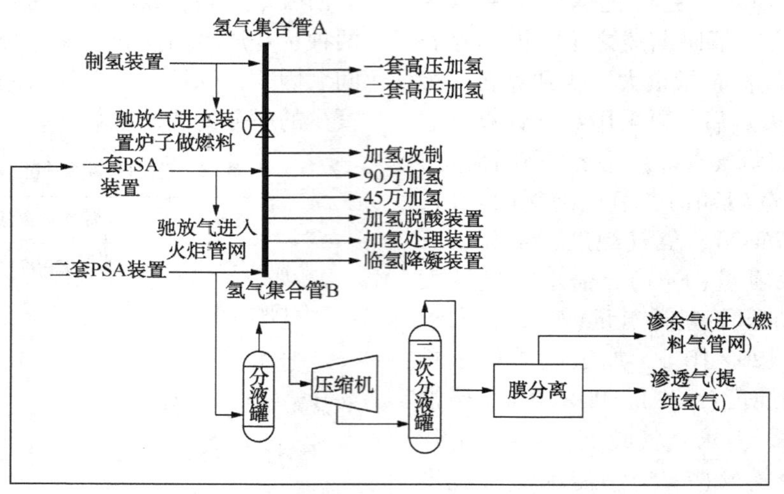

图7　重整PSA装置驰放气提纯图

如表5所示，克石化炼厂回收工艺的氢气纯度满足加氢装置氢气纯度需求，而且试车期间各加氢装置馏出口分析全部合格。

表5　回收氢气产品纯度分析

时间	60万重整PSA驰放气，氢气纯度/%	膜分离渗透气，氢气纯度/%	30万重整PSA产品氢气纯度/%
2017.10.29	71.73	91.08	96.82
2017.10.28	74.89	94.96	98.43
2017.10.28	75.32	93.28	98.14
2017.10.28	68.43	87.36	96.23
2017.10.28	79.10	93.78	97.11
2017.11.1	72.13	94.53	97.86
平均值	73.60	92.50	97.43

从表6可以得知：改造后30万重整PSA装置外送氢气量增加1218.5343×$10^4m^3/a$。

表6　改造前后增产氢量对比表

	项目	改造前（2015.8-2016.7）	改造后（2017.8-2018.7）
		数量/(m^3/a)	数量/(m^3/a)
1	30万重整PSA装置外送	39912654	52097997
2	氢气变化值/(m^3/a)		增加值12185343

4　结论

本文针对克石化炼厂排放气、氢气网络现状及运行中存在的问题，对夹点技术进行研究，建立混合氢源模型，根据氢气夹点匹配原则，提出设置提纯装置通过夹点，把低品质存在余量的氢气送到了合格氢气紧缺的区域，以达到减少公用工程的新氢的目的。根据氢夹点图计算方法找出克石化炼厂氢气网络夹点，同时用数学方法证明炼厂氢气网络存在优化可能性，依据炼厂排放气数据，确定回收重整装置PSA驰放气是最优方案，对三种常用氢气回收技术进行必选，结合炼厂实际运行工况，摈弃单一的氢气回收技术，开发出膜分离和PSA法耦合工艺提纯氢气技术，既取膜分离法投资少，操作可靠性高的优点，又兼顾了膜分离产品氢气纯度不高的缺点。改造实施后，回收氢气纯度满足各加氢装置需求，且装置馏出口分析合格，每年回收合格氢气1218.5万方，创效约1600万元，值得在炼厂推广应用。

参 考 文 献

[1] 刘永忠，张超，彭春来，冯宵．氢网络公用工程消耗量与流股匹配数的优化[J]．石油加工，2007，5：78-83.

聚焦生产技术难题，助力企业绿色发展

朱铁光

（岳阳长岭设备研究所有限公司）

摘　要　安全和节能环保，事关企业效益乃至企业生命。多年来岳阳长岭设备研究所一直坚持“做设备主动管理的深度参与者，做绿色环保技术的先行探索者”的发展思路，一方面积极开发先进的动静设备监测诊断技术和在线治理技术，提前预知预警设备运行状态，为企业设备的预知维修、设备完整性管理和长周期运行提供强有力的技术支撑；另一方面针对企业节能环保的突出难题，大力开发实用的设备节能新技术和高效的环保新技术，取得了显著的成效。多项特色技术为石化等企业绿色发展作出了应有的贡献。

关键词　设备；监测；诊断；维修；节能；环保；清洗

1　前言

随着炼油化工装置日益向大型化、智能化、长运行周期化方向发展，对设备运行的安全性、可靠性提出了越来越高的要求；同时随着国家对能效提升和排放提标的要求越来越严，对装置运行节能和环保的要求也越来越高。如何保障装置的长周期安全运行和节能环保的要求，是每个企业面临的重要的课题。

岳阳长岭设备研究所，脱胎于中国石化长岭炼化，是中国石化唯一一家整体改制的企业级设备研究所。从1980年建所伊始，我们一直秉承“立足石油石化行业，解决生产技术难题，为石化主业排忧解难“的工作方针，针对企业生产技术难题，做技术转化与应用研究的桥梁。近年来，企业设备管理更突出主动管理的思想，同时对设备经济运行提出了更高的要求。在此情况下，我们提出了“做设备主动管理的深度参与者，做绿色环保技术的先行探索者”的发展思路。一方面积极开发先进的动静设备监测诊断技术和在线治理技术，提前预知预警设备运行状态，为企业设备的预知维修、设备完整性管理和长周期运行提供强有力的技术支撑；另一方面针对企业节能环保的突出难题，大力开发实用的设备节能新技术和高效的环保新技术。经过近40年的积淀和发展，逐渐形成了四大核心技术能力，即：涵盖动设备监测诊断、塔器等工艺设备监测诊断、腐蚀监(检)测与评估、带压作业等设备长周期运行相关技术；以节能监测诊断、余热回收、新型保温技术为特色的节能相关技术；以环保监测、纳米气浮、高效污油脱水、污泥干化等为特色的环保相关技术；涵盖高压水射流清洗和化学清洗，特别是新型特殊设备的特色清洗相关技术。这些技术和产品的研制开发，为企业解决了大量的生产技术难题，为企业绿色发展作出了应有的贡献。

2　做设备主动管理的深度参与者

设备预防性维修包括三种方式，即定期维修、状态维修和主动维修。定期维修是传统的预防性维修，状态维修是对设备进行状态监测和分析的基础上，以设备的运行状态发展情况为依据进行的预防性维修。主动维修，则是结合设备设计制造特点、历史运行情况及当前运行状态变化特点和趋势而主动控制的维修方式，它是主动采取一些事前的维护维修和在线状态调控措施，将导致故障的因素控制在一个合理的水平或者强度内，来预防系统设备进一步的发生故障或者失效。设备监测诊断及预报是主动维修实施的技术基础，真正找到设备故障产生的根本原因和适用的状态预报技术是主动维修模式实施的前提。

2.1　设备主动维修对设备监测诊断技术的要求

设备监测诊断技术在石化行业已得到普及应用，从现场应用的角度看，监测诊断技术工作大致可分为如下几个层次：

① 监测层次：判断设备运行状态是否正常；

② 诊断层次：如果设备运行不正常，则分析出故障部位、性质、原因和严重程度；

③ 预报层次：对设备状态进行定量化分析评估，预测设备状态变化趋势，以确定设备还能否继续运行，还能运行多长时间；

④ 调控层次：能否在不停工的情况下，通

过调整操作，改善设备运行状态或避免状态进一步急剧恶化，延长设备运行周期，避免不必要的非计划停工，从而直接用于指导生产，真正实现监测-诊断-预报-治理一体化。

在大多数情况下，目前普遍还只能定性地回答“设备运行是否正常”“故障原因是什么”等问题，还停留在上述的监测、诊断两个层次，虽然可以一定程度地实现按状态维修，但仍不能完全达到深入分析、准确预报，主动指导设备运行状态调控和维护维修的要求。

提升设备监测诊断技术的应用水平，实现设备主动管理、主动维修的要求，可发挥如下几方面的作用：

一是提前预知设备状态变化，对设备状态进行预报预警，提前做好备品备件准备和生产计划调整准备。

二是准确诊断设备故障深层次原因，针对性地采取适合的状态调控措施，改善设备状态，延长运行周期。设备运行状态异常时，是否需要立即停机检修，要综合考虑故障的严重程度、发展趋势及停机对生产所造成的影响大小等因素。有时，虽然设备存在故障，但不至于引起突发性事故，可以在加强监测的情况下坚持运行，选择对生产最有利的时机来进行检修。实践告诉我们，有些故障可以通过调整运行操作参数，改善其运行状态，甚至消除故障，使设备恢复正常。尽量做到能开则开、该停则停，延长设备运行周期，实现企业经济效益的最大化。

三是最大限度降低故障影响。优先采用带压作业等不停工在线维修、现场动平衡等不解体先进维修方式。如果必须停工解体检修，则必须做到针对性维修，缩短检修时间，减少生产损失。

四是发现设备先天不足，改进设计和制造，提升设备本质安全。

2.2　设备主动维修的实践和成效

从20世纪80年代初，我们开始动设备状态监测、腐蚀监测、水质监测等监测诊断工作，为适应设备主动维修的要求，近年来我们特别重视监测—诊断—预报—调控—治理一体化的主动设备管理理念，重点做了如下几个方面的工作：

一是拓展监测诊断涵盖的设备范围。原来的设备监测诊断主要针对动设备的振动故障和静设备的腐蚀故障，目前监测诊断范围已扩展至塔器监测、换热器监测、反再系统监测、加热炉监测、储罐监测、管道监测等等。

二是扩展监测分析目的。以前的监测分析以安全为主要目的，主要为了防止发生泄漏、设备事故、非计划停工等。目前已经扩展至以提升设备能效、提高产品质量等运行经济性为目的。例如对加热炉的监测诊断可以找到加热炉能效提升的办法，采用伽马射线监测技术对塔器等进行诊断可以找到产品分布不好、产品质量欠佳的原因，等等。

三是提高分析诊断准确性。一方面加强多种监测分析手段的融合，从不同侧面综合分析，提升诊断准确性。例如，对转动设备的诊断，除常用的振动分析手段以外，还辅以润滑油铁谱分析与清洁度分析、温度场分析、烟气粉尘浓度和粒度分析等，相互印证，提高诊断结论的置信度。另一方面采用更新更先进的监测分析方法和手段。此外，通过建立设备监测诊断案例库，从大数据中挖掘故障特征，不断积累诊断经验。

四是开发应用设备状态预报预警技术。除传统的单参数、线性的趋势分析方法以外，不断开发多参数、非线性的更适合于设备特性的状态预报和预警方法，例如人工神经网络预测技术、灰色理论预报技术等，不断提升预报精度。

五是归纳总结设备状态在线调控方法。设备状态异常的原因多种多样，除自身设计上导致的先天不足以外，大体上可分为以下两大类。

一类是因为设备运行操作参数不当而造成的设备功能或运行状态异常。如动设备的喘振、共振、油膜涡动、壳体热变形、流体冲击和介质抽空等等，由于设备本身状况良好，因此大多数情况下，无需停机检修，只需重新调整操作参数，设备运行状态就可以恢复正常。例如，某空压站一台空压机开机时发生阵发性的强烈吼叫声，最大振值达17mm/s(正常运行时仅2mm/s)，严重威胁着机组的安全运行。对该机组的振动进行分析表明：机组存在动静件摩擦的情况，故障原因是由于轴承油膜失稳造成的。根据这一结论，调整润滑油温度，当润滑油冷后温度由30℃升至38℃后，机组强振消失，恢复了正常运行。后来，为进一步验证该结论，还多次调整润滑油温度，以考察机组振动的变化情况，结果表明，当润滑油温度在35℃~38℃左右时，可显著降低机组振动，解决了该机组多年来的运行技术问题，避免了设备事故的发生。

另一类是设备本身零部件功能失常，如转子不平衡、不对中、动静摩擦、部件松动等等。这种类型的故障虽然在绝大多数情况下，需要停工后进行解体检修，才能恢复其正常功能，但有时也是因为操作不当而造成的设备损伤，只要能调整操作，也有可能改善或控制运行状态的恶化。例如，某焦化装置气压机组运行一段时间后，透平部分振值持续上升，达二级报警以上，严重威胁着装置的安全生产，按常规应停机进行检修。对该机组进行连续的跟踪监测和分析，先后四次出具分析报告和诊断意见，认为透平强振的主要原因是转子结垢造成的不平衡，其直接原因是透平入口蒸汽质量较差，且入口温度较低，导致较容易在转子上结垢。按故障性质分析，其振动不会突然急剧上升，可以在加强监测的情况下，坚持继续运行。并建议设法改善蒸汽质量，提高蒸汽入口温度、降低转速，以控制机组振动的发展。后来，使蒸汽入口温度由 370℃ 提高至 410℃，该机组在加强监护的情况下一直坚持运行了 1 年，振值一直维持在 65~75 μm 左右波动，没有继续上涨。从而避免了因非计划停工可能给生产带来的巨大损失。

六是开发应用降低故障影响的先进维修手段。如对设备和管道泄漏、腐蚀减薄等故障，采用带压堵漏、带压开孔、带压封堵、带压断管、碳纤维补强等不停工在线故障维修手段，对机组转子不平衡采用在线动平衡校验等。例如，某企业(ZHQZ)重整增压机 K202 油动机进油软管穿孔漏油，这是关键设备，常规的处理方法需要停机更换软管。但是停机造成全厂生产大范围降量调整，势必会对公司当期效益造成严重影响。我们采用碳纤维补强加带压堵漏的组合技术成功地进行了在线堵漏，不仅避免了一次关键设备的停机，而且稳定了全厂的生产运行，避免了巨大的经济损失。

2.3 目前具备的主要监测诊断和主动维修手段

经过四十年的技术积淀和发展，我们具备了涵盖动设备监测诊断、塔器等工艺设备监测诊断、腐蚀监(检)测与评估、水质监测分析、能效监测分析、带压作业等设备长周期运行相关技术能力，并具备了振动在线治理、噪声治理、带压在线作业等在线调控和维修能力。

2.3.1 转动设备监测诊断与治理技术

在线与离线、远程与现场振动分析：采用时域、频域、时频域分析、全息谱技术、轴心轨迹趋势分析、PeakVue 技术、声发射技术、神经网络状态预报技术等，可准确诊断、预报大机组、机泵等设备故障，并提出在线状态调控的措施建议。

润滑油铁谱分析与清洁度分析：可分析机组磨粒尺寸、形貌、成因、部位等，准确判断机组状态及润滑油清洁度。

烟气粉尘浓度与粒度分析：可提供催化三旋出入口烟气粉尘离线密闭采样，并准确分析烟气粉尘浓度和粒径分布，评价三旋粉尘分离效率，并辅助判断烟机结垢和磨损状态，为烟机安全运行和生产决策提供重要依据。

现场动平衡：可快速、免拆卸对风机及部分机泵和机组进行现场动平衡校验，降低设备振动。

噪声监测与治理。

2.3.2 腐蚀监测与腐蚀调查技术

腐蚀监测：可及时检测、评价常减压装置及二次加工装置的硫含量和酸值变化情况，了解油品腐蚀性质的变化及分布规律，提出原油混炼方案、指导装置防腐工作；可提供常减压装置整体腐蚀控制设计方案，包括电脱盐管理整体方案设计、塔顶腐蚀控制设计等；可在装置易腐蚀部位安装挂片探针及腐蚀在线监测设施、分析塔顶含硫污水中腐蚀介质含量，指导装置工艺防腐参数的调整，控制设备腐蚀，实现装置长周期运行。

腐蚀调查：采用现代物理监测手段对炼油化工生产装置检修期间设备腐蚀形貌、腐蚀范围、腐蚀程度、腐蚀产物、腐蚀原因进行调查和分析，对装置整体腐蚀状况进行全面、系统的评估，对设备更新、下周期检修项目、工艺及材料防腐蚀措施等提出建议，为企业领导层的决策提供重要依据。

防腐保温衬里防火工程监理：可对石油化工建设项目中的防腐、保温、衬里、防火工程进行全过程质量管理，包括施工方案、质量计划审查审核；承包商及专业管理人员资质审查；原材料的检验及比选；施工过程质量控制；工程竣工验收等，确保每道工序、每个质量控制点都受到有效管理和监控，提高施工质量。

阴极保护：可为储罐、水冷器提供阴极保护技术服务，包括方案设计、材料供货、现场施工等，减缓设备的腐蚀。

失效分析：可提供腐蚀介质含量分析、金相组织检测、腐蚀产物分析(EDX、XRD)以及断口扫描电镜(SEM)等现代物理检测技术，分析失效原因，提出相关防腐措施。

近三年来完成了中石化、中石油、中海油50多家企业的300多套装置的设备腐蚀调查与评估。

2.3.3 炉管与衬里监测诊断技术

高温炉管监测诊断：采用短波红外技术监测高温炉管运行状态，根据红外热像温度场分布特点可准确判断炉管结焦、氧化掉皮、高温蠕变、堵塞等常见故障，保障炉管运行安全

衬里监测诊断：通过红外热像分析，可准确判断衬里裂纹、冲刷、脱落等故障。

2.3.4 塔器等工艺设备监测诊断技术

伽马射线监测诊断技术：对于塔类设备可诊断运行过程中由于工艺介质的腐蚀、结垢以及操作的波动等造成塔内件损坏、堵塞等故障现象。对于管道设备(高温油气管线等)等，可诊断管内结焦或结垢堵塞故障。

烟气露点监测：监测烟气露点温度，避免露点腐蚀。

2.3.5 循环水监测诊断与查漏技术

循环水监测与水质异常原因分析；

循环水系统泄漏监测与查找。

2.3.6 带压作业技术

包括带压堵漏技术、带压开孔技术、带压封堵技术、带压剪管技术、碳纤维修复补强技术等设备在线修复与故障治理技术，它们都是避免装置停工和安全事故非常实用的技术。

以碳纤维修复补强技术为例。它是利用碳纤维材料在纤维方向的高强度特性，依靠热固性树脂基体增强，采用湿铺工艺在服役管道外包覆一个复合材料修复层，与管道形成一体，分担管道承受的内压，降低含缺陷处管道的应力水平，从而达到对管道补强的目的，以恢复管道的正常承载能力。

它具有如下技术特点：(1)可在不卸料、不泄压、不动火情况下实施碳纤维复合材料修复补强，可以避免由于焊接施工所带来各项风险，保障管道运行的连续性，并有效消除承压管道带病运行的安全隐患，同时也避免非计划停车修复带来的经济损失。(2)碳纤维弹性模量高，与钢的弹性模量较接近，有利于复合材料尽可能多地承载管道压力，降低含缺陷处管道的应力水平，补强层与管道具有非常好的变形协同性。美国天然气研究协会(GasResearch Institute)的研究表明，纤维复合材料对压力管道的修复效果取决于复合材料的抗拉强度和弹性模量。碳纤维的抗拉强度和延伸率高，用于管道修复具有极高的安全性。(3)碳纤维复合材料和修补剂均具有较高的层间剪切强度，耐腐蚀性能、耐温性能、抗老化性能优异。(4)碳纤维复合材料的抗蠕变性能优异，其强度随着服役时间的增加基本保持不变。(5)施工简便快捷，快速抢修，约2~31h即可完成施工。

例如，某催化装置的一段非净化风总管，管径为DN80，压力为0.6MPa，管道内壁腐蚀非常严重，已多次出现管壁减薄穿孔引发泄漏。但生产装置离计划停工检修还有近两年时间，若紧急停工更换该管线需要1天多时间才能完成，而且会导致生产装置大面积停工停产，经济损失将十分巨大。针对该情况，采用碳纤维复合材料对该段管线进行整体修复补强，施工用时仅半天，施工全过程生产装置不需要进行任何操作调整，也未给装置安全生产带来任何影响和波动。该管线修复补强后继续使用了近两年，避免了装置非计划停工带来的巨大经济损失。

3 做绿色环保技术的先行探索者

节能环保已上升为国家发展战略，国家对企业能效提升和排放提标的要求和标准越来越高。发展初期企业对节能和环保工作普遍不够重视，因此当前面临的节能和环保压力巨大。近年来我们适应企业需求，大力发展实用高效的节能环保新技术，取得了较好的成效。

3.1 节能技术开发突出针对性和实用性

设备节能问题就是在现有的工艺条件下如何最大限度地发挥设备效能，降低设备能耗。设备节能主要包括节能测试与评价、节能改造、传热性能修复等三个环节。首先是要对主要用能设备进行全面深入的节能测试和评估，摸清设备当前的能效状况，找到存在的主要问题。二是要针对存在的问题进行必要的操作调整和节能改造。三是必要时进行在线的或离线的节能性能修复。

为适应企业能效提升的要求，近年来我们重点做了如下几个方面的工作。

3.1.1 找准企业节能的短板和突破口

加热炉的能耗、设备管道的保温散热损失在

石化装置能量损耗中占有极大的比重，而且以前各企业对加热炉和保温的能效管理普遍不够重视。对多个企业的管道保温性能测试结果表明，70%以上的管道保温性能不达标，近一半的管道保温散热损失超标50%以上，超过20%的管道散热损失超标100%。加热炉热效率也有很大一部分达不到行业标准。因此我们将提高加热炉热效率、减少保温散热损失作为我们节能技术开发的两个主要方向。

3.1.2 提升节能测试诊断的能力和水平

设备节能首先要了解设备当前的能耗状况、存在的主要问题，它是节能工作的基础。节能测评技术就是利用先进的测试仪器，对设备的能效状况进行测试，对被测对象进行节能状况评价，分析存在影响能效的主要问题及原因，分析节能潜力，提出有针对性的操作和维修、改造建议，制订改造技术方案，进行投入产出分析等等。

因此提升节能测试诊断的能力和水平就显得非常重要。近年来我们投入节能测试的技术装备近千万元，并培训充实节能监测技术人员30多人，为提高节能测试和节能诊断的能力和水平奠定了坚实的基础。

目前我们已经具备加热炉综合热效率标定测试、锅炉热效率试验、设备及管道保温性能测试与评价、汽机凝汽器性能试验与评价、燃烧效率与烟气主要成分测试、衬里监测与散热损失标定、烟气露点监测、压缩机及机泵等动设备能效测试、换热器能效测试等能力。

近年来，我们作为中石化节能测评中心，负责中石化炼油事业部、化工事业部、资产管理公司以及中海油等单位的加热炉、裂解炉、锅炉、凝汽器、管道保温等检查和测试评价工作，每年进行设备节能测评800余台次。通过测试评价，了解了设备的能效现状，并提出了有针对性的操作和检维修建议与改造总体方案，为企业降低能耗、提高经济效益发挥了积极的作用。

以某石化企业焦化加热炉F101/2为例，该炉设计热负荷为20.2MW，节能测试结果为排烟温度140.5℃，氧含量6.37%，散热损失3.88%，热效率89.3%。根据测试数据及现场情况，分析认为该加热炉主要存在如下问题：

(1) 排烟氧含量高　辐射室顶氧含量为2.9%，对流室顶氧含量为5.6%，由此判断对流室及空气预热器存在漏风现象。进一步测试和检查发现，对流室漏风主要集中在弯头箱两侧，弯头箱门虽然用浇注料进行了封堵，但浇注料不少已经开裂。建议检修时全面封堵对流段所有可能的漏风处。

(2) 排烟温度较高　测试露点温度仅为80℃左右，因此排烟温度仍有降低的空间。通过技术改造，排烟温度降低至120℃左右不会影响安全运行。排烟温度高与预热器运行年限较长、换热原件失效有关。建议修复或更换换热元件。

(3) 散热损失较大　其原因为内衬使用性能下降。建议对加热炉衬里进行整改。

分析认为：该加热炉热效率提升潜力大。按上述方案整改后，加热炉热效率将达到92%以上。

装置大检修时，企业按照上述方案对该炉进行了节能整改。整改后测试，加热炉排烟氧含量降至3.64%，排烟温度降至121.8℃，散热损失降至2.49%，热效率升高至92.51%。每年可节约燃料（标准燃料油）468.4t，产生经济效益140.5万元。同时减少了烟气中二氧化硫及氮氧化物的排放量，减少环保压力，产生了较好的社会效益。

3.1.3 开发了系列加热炉能效提升实用技术

针对影响加热炉热效率的主要因素，开发了以长效热管技术为核心的余热回收系统改造技术，以降低排烟温度，并延长热管使用周期；开发了加热炉外壁纳米保温喷涂技术，以降低散热损失；开发了加热炉漏风精确查找与堵漏技术，以降低排烟氧含量，其中后两项技术可在不影响装置正常运行的条件下在线实施。

(1) 长效热管技术：开发了在线消除不凝气的热管延寿技术，可延长热管使用寿命3~5年，保障1~2个运行周期不失效。

(2) 组合式空气预热器技术：单一型式的预热器均存在一定的应用局限性。因此，空气预热器的发展方向，是通过多种预热器进行合理组合，以适应现场不同的要求，例如热管与扰流子组合，热管与搪瓷管的组合，热管与板式预热器的组合等等。

例如，某公司800×10^4t/a常减压蒸馏装置常减压炉预热器，原为热管预热器，由于燃料的改变及负荷的加大，热效率达不到设计要求。装置停工检修时，将原预热器改造为扰流子、长效钢-水热管组合式空气预热器。改造前后测试数据如表1所示。

表1　改造前、后预热器标定测试数据对比表

测试值 / 测试项目名称	改造前（2009.10）	改造后（2010.10）
入预热器烟气温度/℃	322	322
出预热器烟气温度/℃	178	123
烟气流量/(kg/h)	135900	151560
入预热器空气温度/℃	29	24
出预热器空气温度/℃	230	260
空气流量/(kg/h)	126000	140040
排烟氧含量(V)/%	2.5	2.4
回收热量/kW	7098	9263
热效率/%	90.22	92.72

从改造前后测试数据对比情况看，在烟气入口温度相同的情况下，排烟温度较改造前降低55℃，热效率提高2.5个百分点。多回收的热量相当于年减少燃料油耗量1632吨，折合人民币489.6万元，投资回收期约半年，节能效果明显。

（3）纳米保温喷涂技术：开发了纳米陶瓷微珠高效保温涂料及相关喷涂工艺，只需在加热炉外壁喷涂2~2.5mm厚的保温涂料，就可显著降低外壁散热损失。

（4）热管修复技术：热管使用一段时间以后，由于管外腐蚀及管内不凝气积聚会导致失效，如果直接更换则成本较高。我们采用长效热管修复技术，不但能恢复热管效能，延长使用寿命，而且大大降低投资费用（约为直接更新费用的三分之一）。

（5）改进的氦质谱检测技术：该技术可准确查找到加热炉漏风点，经堵漏后降低排烟氧含量，提高热效率。该技术还可查找汽轮发电机组凝汽器及真空系统泄漏点，堵漏后，可有效提升汽轮机组真空度和机组热效率。

例如，某公司制氢转化炉对流段入口处氧含量为3.75%，空预器入口处氧含量为6.62%，两者间漏风量为2.87%，但利用常规手段无法查找出具体漏风部位。我们利用氦质谱示踪气体检漏原理对其进行了全面的检漏，查找出5个漏风部位，并根据漏风部位的现场条件、表面温度进行了相应的堵漏处理，漏风量由堵漏前的2.87%降至堵漏后的0.47%，降幅达85%。加热炉热效率由89.9%提高至91.8%，按照该炉运行负荷58.2MW计算，每年将产生经济效益110万元。

3.1.4　开发了新型保温修复技术和产品

（1）管道保温在线修复技术：针对保温改造施工工作量大、影响生产、旧保温材料带来大量固废难以处理等特点，开发了在线纳米涂料保温修复技术。该技术的核心是研制了一种保温隔热性能优异、施工方便快捷的保温隔热材料——“纳米保温涂料缠绕带”，施工时无需拆除原有保温，只需将它按一定的规范缠绕在管道保温的外表面，可大大降低热力管道散热损失。

（2）新型阀门保温套：传统的阀门保温套存在易导致法兰泄漏引起安全事故、保温性能不达标、装拆不便易损坏等问题。针对这种情况，我们开发了系列新型安全型、易装拆、高效阀门保温套，见图1、图2。其主要特点如图1，图2所示。

图1　系列新型阀门保温套

图2　现场安装的新型阀门保温套

防泄漏：在保温套外壳增加了法兰面散热槽，有效防止法兰面泄漏或泄漏了没被发现而导致安全事故。

易装拆：采用锁扣结构装拆。

效果好：保温材料采用高效绝热材料，减少散热损失20%以上。

寿命长：壳体内衬一体化，确保不损坏，重复利用，寿命可达15年以上。

外观整洁：外壳采用不锈钢型模，美观整洁。

3.1.5　开发了系列能效修复化学清洗技术

任何热能设备，随着运行时间的延长，其换热性能均会出现会不同程度的劣化。加热炉、换热器等设备运行一段时间以后，换热表面通常会产生结垢、结焦等现象，随着运行时间的延长，这种现象会更加严重。一方面灰垢常常会导致设备腐蚀，甚至造成设备事故；另一方面更会显著影响其传热效率，导致能耗大幅升高。因此，设备运行一定时间以后，必须对其换热性能进行修复，以恢复其传热性能。最有效的换热性能修复方法是对换热表面进行清洗。在很多情况下，化学清洗无需拆卸设备，甚至不需要停工，且清洗效果好。

近年来，我们结合生产现场需求，大力开发实用的化学清洗技术，目前对炼油化工装置系统钝化及除臭清洗、超级清洗、蒸汽管网及新建装置系统清洗、加热炉(裂解炉)对流段化学清洗、大型全焊板换热器及各类进口板式换热器清洗、各类型纤维膜清洗、各类型滤芯清洗、空冷清洗、各类型填料清洗、各种工业塔、换热器、反应釜、燃烧炉、锅炉等工业设备及中央空调等清洗方面均具有独到的技术。其中以传热性能恢复为目的的清洗技术主要有：加热炉对流段外表面化学清洗、余热锅炉化学清洗、炉管化学清洗、重质油垢化学清洗、锅炉省煤器化学清洗、换热器清洗、空气预热器清洗等等。绝大多数情况下，化学清洗对换热性能的修复率可达到90%以上，有时甚至能100%恢复，其节能效果非常显著。

例如：催化裂化余热锅炉是石化企业最重要的余热回收装置之一。但随着运行时间的延长，排烟温度会逐渐升高，回收效率逐渐下降，其主要原因是省煤器翅片管积灰结垢。因此定期清洗除垢对余热锅炉维持高效率非常重要。2017年8月，我公司对某石化催化装置余热锅炉省煤器翅片管外表面进行了化学清洗，清洗后翅片管现金属本色、钝化膜完好，无点蚀及二次锈(如图3所示)。清洗后排烟温度由195℃下降至143℃，下降了52℃，自产汽量增加了78t/d。

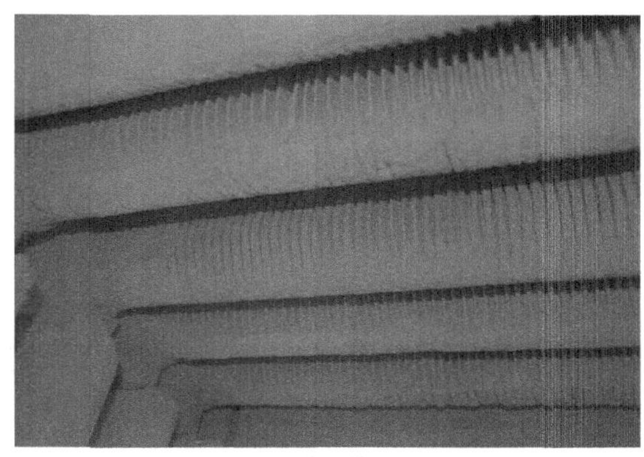

(a)清洗前

(b)清洗后

图3　余热锅炉翅片管清洗前、后对比

化学清洗前后，工艺数据对比情况如表2所示。

表2　余热锅炉翅片管清洗前、后工艺数据

清洗前	2017.08.18 数据	清洗后	2017.09.10 数据
烟气温度	505℃	烟气温度	506℃
排烟温度	195℃	排烟温度	143℃
24小时自产汽量	462t	24小时自产汽量	540t

由上表数据可看出，自产蒸汽量每日多产78吨。按每吨蒸汽成本220元/吨计算经济效益：78吨/日×220元/吨×333日(以每年运行8000小时，折合333日计算)=571.43万元/年。不到1个月即可收回全部投资。

3.2　环保技术开发重视高效实用和资源化利用

环保问题关系到企业的生命。各企业在污水排放、固废处置、废气达标、VOC治理、粉尘治理等各个方面均面临很大的压力。

污水排放面临提标的压力，同时应考虑如何减排，做好污水回用的工作；固废处置以前很多企业均是外委处理，费用高，而且运输、处理资质、最终处置等方面面临法律风险。

近年来我们结合现场需求，一方面加强环保监测能力建设，另一方面加大环保新技术开发和应用力度。重点做了如下几方面的工作。

3.2.1 加强环保监测力量和能力建设

环境治理工作离不开环境监测。我们承担了长岭分公司的VOC监测、外排废水、废气、环境空气、环境水体、环境噪声、污水分级控制及污水处理过程、环境应急监测、饮用水检测、职业卫生相关检测以及其他与环境保护和职业健康有关的业务。近年来我们不断充实环境监测力量，完善环境监测装备，提升环境监测资质。建立了40多人的环境监测人员队伍，拥有环境监测分析装备原值1000多万元，具备环境监测CMA资质等。

3.2.2 突出解决难点热点环保问题

高难度含油污水处理、污泥浮渣等固废处理、污油脱水处理、高浓度含盐污水处理、污水回用等是企业普遍面临的难点热点问题，我们结合生产实际，重点在这些方面集中攻关，开发了如下几项环保相关技术：

纳米气浮高效除油技术：通过纳米气泡提升气浮效率和除油效果，一级气浮除油率一般可达98%以上，硫化物去除率也达75%以上，同时对苯丙芘等去除率90%以上。可有效解决焦化焦炭塔顶吹气冷凝水含油高、恶臭等问题。

污泥浮渣等减量化资源化利用技术：采用除油脱水+蒸汽干化的工艺，可将水、油、渣的完全分离，污泥浮渣含水率降至30%左右，减量率达90%，干泥可进CFB或固废焚烧炉焚烧。以较低的费用实现了浮渣、油泥的减量化、稳定化、无害化处置，且全过程均在企业内部进行，危废不再出厂处置，风险可控，大大降低了企业的环保风险。

该技术具有如下显著特点：(1)干化程度可控，三泥减量率高。正常时干泥含水率可经济控制在30%~40%，根据现场要求干泥含水率可低至10%。三泥减量率可达到90%~95%。(2)可高效回收三泥中的污油，利用干泥中的热值，提升资源化利用效率。可实现三泥中固、油、水快速分离，分离出的污油含水率低，可进装置回炼；固体杂质干化处理后，含水率控制在30%以下(呈粉状或小颗粒状)，热值最高可达到标准煤，替代煤炭掺烧。(3)安全环保，无二次污染。脱水脱油和干化过程中全程密闭收集处理，大幅减少VOC散发。同时特设以下安全保护：①油泥进干化设备前，先进行“脱油”改性处理，减少油泥中油气组分，源头上降低干化风险；②干化反应器加盖密闭，避免空气(氧气)进入；③干化反应器设有氧含量、VOC(s)气体在线监测设备；控制氧含量<2%，超过该临界值时自动通入氮气，降低反应器中的爆炸性气体、氧气等浓度，避免风险；氧含量超标时，蒸汽可以直接进入腔体内，冲稀氧气，双重保险。(4)三泥脱水、干化设备均为一体式设备，建设周期短，投资费用低。三泥高效脱水及干化装置集三泥脱水、闭输送、油泥干化、尾气治理、DCS自控等成套技术工艺，油泥处理效率高、设备占地面积小，便于拆卸、运输、安装；建设周期短，投资费用低，仅为进口同类设备1/4~1/3。(5)自动化程度高，运行成本低。

高效污油脱水净化技术：可快速一次性实现污油中的“油、水、泥”的分离。该技术处理效率高(处理周期一般<72h)，成本低，操作简单，节能降耗。处理后的污油含水率可从50%降至1%以下，固含量可从20%降至1%以下，处理后的污油与原油性质较类似，完全达到回炼要求。

催化剂等粉料包装粉尘治理技术：如催化剂生产的干胶粉包装车间，粉尘泄漏大，车间粉尘浓度超过100mg/m^3，经治理后，粉尘浓度降至2mg/m^{3}以下，达到国家环保要求。

环氧丙烷等高浓度污水处理技术。

污水回用技术等。

3.2.3 突出资源化利用

污水、污油、油泥中均含有可供利用的资源，我们开发的环保处理技术特别注重在处置的过程中一定要最大程度的做到资源化利用。

例如，油泥浮渣等减量化资源化利用技术，采用“调制改性”+“除油”+“新型机械脱水”+“桨叶式蒸汽干化”+“CFB锅炉掺烧”的工艺，先对油泥调质改性将油泥中绝大部分的含油分离出来，经简单处理后可进行回收回炼；经干化后的干泥还具有一定的热值，可进CFB锅炉与煤掺烧等。

4 部分特色技术简介

经过近年来的工作，我们逐渐形成了动静设备监测、诊断与治理一体化，节能监测诊断、节能技术开发、节能设备研制和节能维修服务一体化，环保监测、环保技术开发与高效环境治理设备设施一体化，清洗配方和清洗工艺开发、清洗施工技术服务一体化，并形成了40多项专利，其中伽马射线扫描诊断技术、碳纤维修复补强技术、纳米保温修复技术、纳米气浮技术、高效污油脱水技术、污泥减量化资源化利用技术、大型板换化学清洗技术、过滤芯清洗技术、纤维膜清洗技术等高效实用，具有行业领先地位。下面简单介绍其中几项特色技术。

4.1 伽马射线扫描诊断技术

石油化工装置塔设备在运行过程中由于工艺介质的腐蚀、结垢以及操作的波动等情况，造成塔设备出现塔内件损坏、堵塞等故障现象，导致产品质量下降，塔设备不能正常运行，从而影响装置的长周期、稳定运行。对这类故障以前没有合适的检测诊断技术。

（1）技术原理

我们开发的伽马射线扫描诊断技术被誉为工业CT，其检测原理是：伽马射线透过物体后的辐射强度，与物体的厚度、密度及物质对γ射线的吸收系数有关。在塔设备的检测过程中，当塔径、塔壁厚为固定值时，射线穿过塔设备后的辐射强度只与塔内的混相的密度相关。正常运行的塔设备其内部密度分布是有一定规律的，如塔内件有明显的损坏、堵塞等情况，则塔内的气液相分布势必会出现异常。塔设备的射线扫描检测，就是利用射线扫描得到塔内介质密度变化情况的扫描图谱，分析塔内气液相分布情况，找出气液相运行的异常现象与位置等，诊断塔器出现故障的原因。

（2）检测示意图

在塔器检测过程中，射线源与辐射信号接收探头分别布置在塔顶两侧，确保射线源与探头在同一水平高度（如图4左侧所示）。检测时，根据塔器的直径、塔盘间距等内部情况，选择合适的步距，放射源与探头自塔顶至塔底同步向下移动，同时采集射线穿过塔器后的辐射强度数据，汇总所有数据，即可形成射线穿过塔器垂直方向截面后的检测图谱（如图4右侧所示）。

（3）适用范围

板式塔：塔盘漏液、雾沫夹带、液泛（淹塔）、偏流等故障现象，分析出塔设备设计缺陷、结垢堵塞和内件损坏的具体位置。

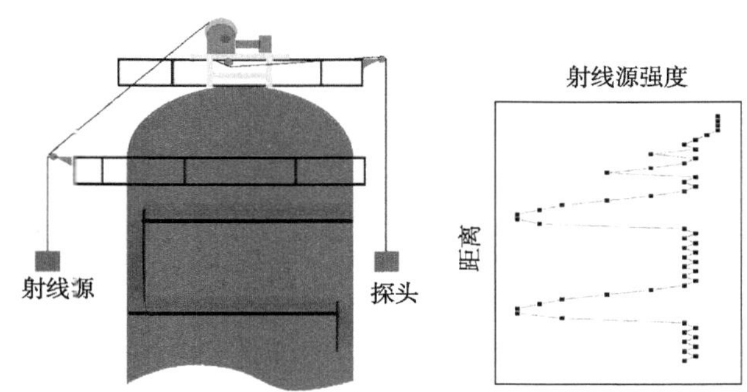

图4 塔器伽马射线扫描检测示意图

填料塔：填料层内物料分布不均、偏流等故障现象，分析出填料层的结焦、腐蚀与塌陷等情况的具体位置。

（4）典型案例：某常压塔射线扫描检测

某石化800万吨/年常减压装置常压塔运行过程中出现常一线航煤抽出温度波动幅度大，流量不稳定，偶尔出现抽空的故障情况。常压塔常一线抽出口上方共17层塔盘，为判断塔盘是否出现损坏，采用伽马射线扫描诊断技术对该塔进行了检测，形成了图5所示的检测图谱。将常压塔中间降液管两侧的塔盘检测图谱（分别用红、蓝两种颜色表示）对比分析，其塔盘承液情况如表3所示：

表3 常压塔常一线上方塔盘液层厚度数据（单位：cm）

塔盘编号	左侧塔盘液层厚度	右侧塔盘液层厚度	备注
1#~4#	10~15	10~15	两侧塔盘液相负荷正常。
5#	20~25	30~35	分布不均匀，液相负荷偏大。
6#	5~10	10~15	分布不均匀，左侧塔盘液相负荷偏低。
7#	30~35	25~30	分布不均匀，液相负荷偏大。
8#	10~15	0~5	分布不均匀，右侧塔盘接近干板状态。
9#	10~15	10~15	气液相分布正常。
10#	0~5	10~15	分布不均匀，左侧塔盘接近干板状态。
11#	0~5	10~15	分布不均匀，左侧塔盘接近干板状态。

续表

塔盘编号	左侧塔盘液层厚度	右侧塔盘液层厚度	备注
12#	10~15	0~5	分布不均匀，右侧塔盘接近干板状态。
13#	5~10	0~5	分布不均匀，塔盘上液相负荷偏低。
14#~17#	10~15	10~15	两侧塔盘液相负荷轻度分布不均。

分析发现：常一线抽出口上方的主要异常情况为：5#~13#塔盘上存在液层厚度异常、同一层塔盘降液管两侧液相负荷分布不均等偏流现象，连续多层塔盘上液体流动不畅与偏流的现象最大的可能性为其塔盘或降液管存在不同程度的结垢堵塞所致。

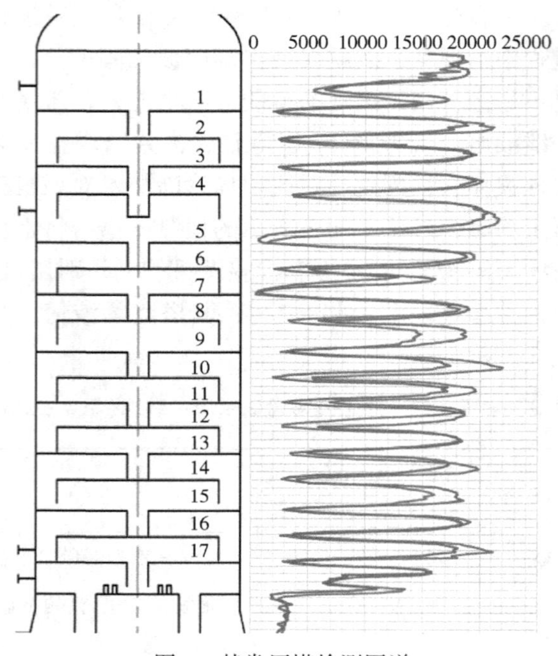

图5 某常压塔检测图谱

（双溢流板式塔，蓝色和红色线分别表示中间降液管两侧塔盘的检测图谱）

检修发现，该常压塔常一线抽出口上方塔盘与降液管内存在大量油泥，降液管局部底隙位置堵塞严重(图6)，与诊断结果一致。

总之，伽马射线监测诊断技术能准确地检测塔器等设备的故障原因与故障位置，为设备的故障处理、操作优化及消除瓶颈等提供依据。该技术获得了国家专利，通过了中国石化集团公司的技术鉴定，近年来，我们对该技术不断提升完善，该技术在各石化企业得到了越来越多的应用，累计检测塔设备超过300台次，取得了丰富的检测、

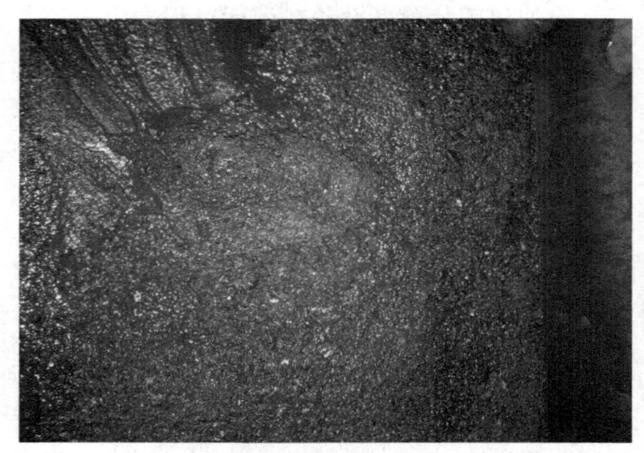

图6 降液管底隙位置被大量油泥堵塞的照片

诊断经验，为石化用户解决了大量难题。

4.2 纳米涂料管线保温修复技术

（1）管道保温现状

热力管道的散热损失是石化企业能耗的重要组成部分。对多个企业的管道保温性能测试结果表明，70%以上的管道保温性能不达标（评价准则：GB/T 8174—2008《设备及管道绝热效果的测试与评价》），近60%的管道保温散热损失超标50%以上，相当一部分散热损失超标100%。

对保温性能不达标的管道进行改造，其经济效益将十分显著。以工艺介质温度410℃、表面热流密度441.4w/m^2（达标值为207.2w/m^2，超标率为100%）、长度1000m、管径ϕ300mm、保温厚度120mm的热力管道为例，如果经保温修复后，散热损失达到GB/T 8174—2008中的规定，将年节约标油260t，约合78万元。因此保温修复的节能潜力非常巨大。

但是如果对保温性能不达标的管道进行保温更换，会有很多难题难以克服。一是大量拆下来的保温材料作为固废难以处理；二是施工工作量

大，而装置检修期很短，留给保温更换的时间非常有限，而装置正常生产期内，一方面很多管线因温度高不能在线施工，另一方面大量保温材料装拆影响正常生产；三是很多保温管道间间隙很小，没有增大保温厚度的空间。

（2）纳米保温修复技术的优势

针对上述难题，我们自主研发了一种“热力管道在线保温修复技术”，该技术可很好地解决上述问题，并使管道散热损失达到标准的要求。

该技术的核心是研制了一种保温隔热性能优异、施工方便快捷的保温隔热材料——“纳米保温涂料缠绕带”，它是将高性能的纳米保温涂料浸渍在特种多孔纤维材料上复合而成。该材料外观呈带状，尺寸为 1000 * 100 * 2mm 和 1000 * 200 * 4mm 两种规格。施工时无需拆除原有保温，只需将它按一定的规范缠绕在管道保温的外表面，再涂刷防水保温涂料即可（也可在外表面再包裹一层铝箔进行进一步的防护）。

该技术具有如下优势：

可在线施工，不影响正常生产；

无需拆除原有保温，不产生固废，施工现场整洁，施工方便快捷；

保温厚度基本不增加，适用于狭小空间；

密闭性能好，不进雨水；

保温不塌陷；

保温性能优良，两层保温缠绕带一般可降低散热损失 40%～50%；

成本较低，可节约保温材料及施工成本约 40%；

投资回收周期短，大都在半年至一年之内。

（3）应用实例

某蒸汽管线总长度为 1545 米，始端蒸汽温度为 425℃，末端蒸汽温度为 361℃，温降 64℃。管道表面平均温度 61.9℃，平均热流密度为 405.6w/m^2，散热损失超标率高达 91%（标准值 212w/m^2），年超标散热量为 17595GJ，约合 420.2 吨标油，折算成人民币为 126.1 万元。

采用上述保温在线修复技术对该管道进行保温性能进行修复，修复后管道外观如图 7、图 8 所示。修复前后管道散热情况对比见表 3，表面热流密度变化情况见图 9。

经计算，保温修复后，年回收热量为 19403.6GJ，折合标油 473.4t，约合人民币 139.1 万元，投资回收期仅为 10 个月。

图 7　修复后管道外观 1

图 8　修复后管道外观 2

表 4　修复前后管道散热情况对比

项目	表面温度（实测值）/℃	表面温度（换算值）/℃	热流密度/（w/m^2）	热流密度标准/（w/m^2）	超标散热量/GJ	散热损失超标率/%
保温修复前	35.8	61.9	405.6	212	17595	91
保温修复后	23.7	43.5	192.1	212	-1808.6	-9
修复前—修复后	12.1	18.4	213.5	/	19403.6	

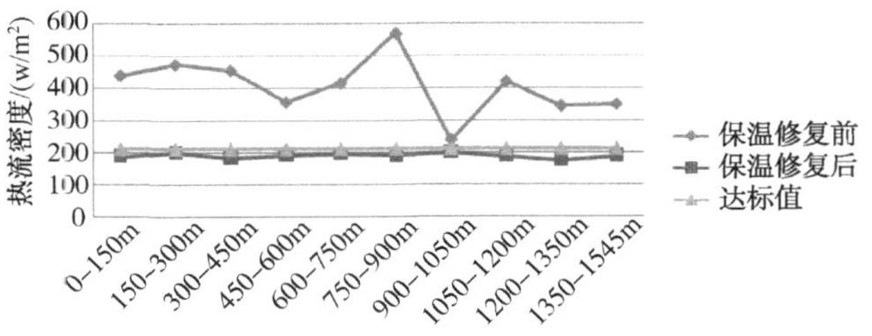

图 9　保温修复前后热流密度变化情况

4.3　纳米气浮高效除油技术

“隔油+气浮”是目前各石化企业污水除油的主要手段。其中，气浮浮选技术，是去除水中乳化油的过程。影响气浮除油效率的因素较多，其中气泡粒径的大小、分布、黏附性能是衡量气浮工艺处理效果的关键。目前，各石化企业基本采用“涡凹气浮”和“溶气气浮”两种方式，当来水油含量超标时，很难做到出水含油量达标，从而给下游的生化处理系统带来较大的影响。为此，我们研究开发了高效纳米气浮污水处理技术。

(1) 技术原理

该技术的核心是“微纳米气泡发生装置”，该装置产生的气泡粒径小(微纳米级)，密度大，能耗低，操作简单。在此基础上，结合“全流程气浮”+“共凝聚气浮”的最新设计理念，研制了成套的“微纳米气泡气浮除油技术”，其主要处理流程如图10所示。

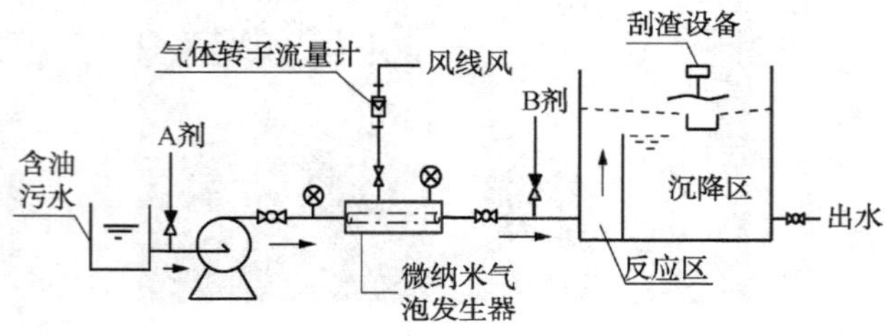

图10　纳米气浮污水处理流程示意图

含油污水加入絮凝剂后通过污水泵(或管道混合器)混合，此时，污水中将产生含油小矾花颗粒，再通过微纳米气泡发生器，产生大量直径在50nm~500nm左右的微纳米气泡，已形成的小矾花颗粒吸附大量微纳米气泡，起到良好的“共凝聚气浮效应”。然后进入到气浮机反应区，微纳米气泡与水中形成的较大絮体相互黏合，一起进入分离区。在气泡浮力的作用下，絮体与微气泡一起快速上升至液面，形成浮渣层，实现渣、水分离。浮渣由刮渣机刮至浮渣区，下部清水排出。

(2) 与传统气浮性能对比情况

针对某石化公司电脱盐污水系统，我们采用新型纳米气浮技术与现有的“溶气气浮工艺”处理效果进行对比，具体情况见图11、图12，对比分析结果见表5。

图11　微纳米气浮除油装置

图12　含盐污水气浮处理前后对比

表5　与加压溶气气浮效果比较(单位：mg/L)

序号	进水油含量	出水油含量		
		加压溶气气浮(一级)	加压溶气气浮(二级)	微纳米气泡气浮(一级)
1	1175.2	786.1	154.7	16.10
2	2017.5	1635.0	877.9	20.40
3	4082.5	3562.8	1574.2	82.80
4	388.8	205.6	41.5	13.43
5	425.0	257.6	43.3	19.60
6	142.4	48.6	16.7	18.76

由此可见，新型纳米气浮技术除油效果显著优于两级加压溶气气浮，进水油含量在2000mg/L以内时，出水油含量一般可控制在20mg/L以下。

(3) 现场应用实例

石化炼厂延迟焦化装置的焦炭塔顶吹汽冷凝水，是一种典型的高污染、难降解的有机物工业废水，水中含大量乳化严重的轻质污油，油含量经常达10000mg/L，以上，此外还含有很高的酚类、杂环化合物等，目前各企业对该股污水的处理均感到较为棘手。

我们利用纳米气浮除油技术，对其进行除油、脱臭处理。该技术于2014年10月份开始投入运行至今，从现场检测的各项数据来看：污水除油效果优异，对水中油含量、硫化物及COD去除作用明显，处理后的污水用做冷焦水的补充水，不再外排，起到了“节水减排”的功效。处理效果见图13、图14，分析结果如表6所示。

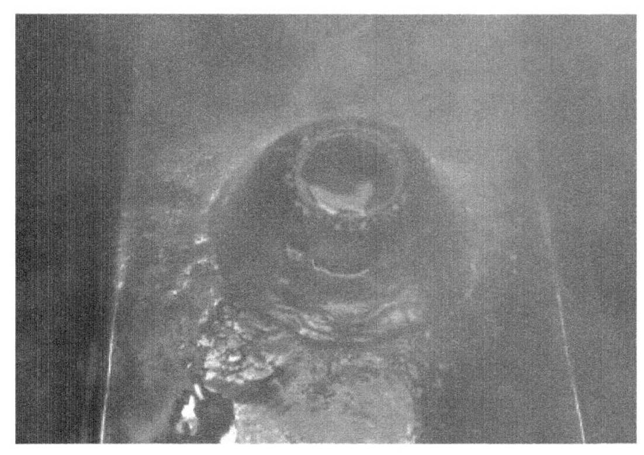

图13　焦化装置出水形貌

图14　焦化污水处理前后效果

表6　焦化吹汽冷凝水除油处理结果

日期	油/(mg/L)			COD/(mg/L)			硫化物/(mg/L)		
	处理前	处理后	去除率	处理前	处理后	去除率	处理前	处理后	去除率
2014.11.5	9700	125.0	98.7%	21000	1310	93.8%	1510	289	80.9%
2014.11.25	12300	117.0	99.0%	40800	1366	96.7%	862	213	75.3%
2014.12.9	11450	156.0	98.6%	12924	988	92.4%	1180	205	82.6%
2015.5.20	3300	109.8	96.7%	30430	1990	93.5%	533	219	58.9%
2015.6.9	44650	98.0	99.8%	76334	1162	98.5%	1000	271	72.9%
2015.6.19	9325	67.7	99.3%	31278	1057	96.6%	827	245	70.4%
2015.7.13	3954	138.1	96.5%	31875	1325	95.8%	830.4	275	80.9%

(4) 主要优势

① 除油效果优异，特别是在高浓度含油污水处理上表现尤为突出。在污水油含量<1000mg/L时，出水油含量可稳定达到<20mg/L的要求，满足下游生化处理的要求；在污水油含量>10000mg/L时，出水油含量可稳定达到<150mg/L，去除率达到98%以上。

② 气浮方式实现了“全流程气浮”，可直接用含油污水来产生微气泡，无需“溶气气浮”用处理后清水回流产生微气泡方式，单台气浮机污水处理量更大，操作更为简单。且不需要在气浮机池底放置气泡释放器，避免了常见的释放器堵塞问题。

③ 设备能耗低，不再使用气浮泵或涡凹气浮机来产生气泡，只需通入少量压缩风来发生气泡。且微气泡发生器可多组设置，抗冲击能力强。

4.4　纤维膜在线清洗技术

纤维膜分离技术最先应用于液态烃脱硫醇，后来由于其良好的分离、浓缩和提纯特性，逐渐扩大到脱盐类工艺中，现应用范围有继续扩大趋势。其结垢后清洗难度很大：一是污垢包含碳酸钙沉淀、硫酸钙沉淀、金属(铁、锰、铜、镍、铝等)氧化物沉淀、硅沉积物、有沉积混合机物、微生物(藻类、霉菌、真菌)，种类繁多，二是纤维丝细小、量多，一般是捆扎式，清洗空间极小，附着物相当难以清除。我公司采用分步清洗、分类除垢的方法，解决了这一难题。

应用实例：2017年4~5月，我公司完成了某企业多台液态烃脱硫醇纤维膜组件清洗任务，清洗效果明显：清洗后的纤维丝光亮、洁净、无断丝(清洗前、后对比见图15)，清洗操作简单，不需要拆卸纤维膜组件。清洗前后工艺数据对比情况见表7。

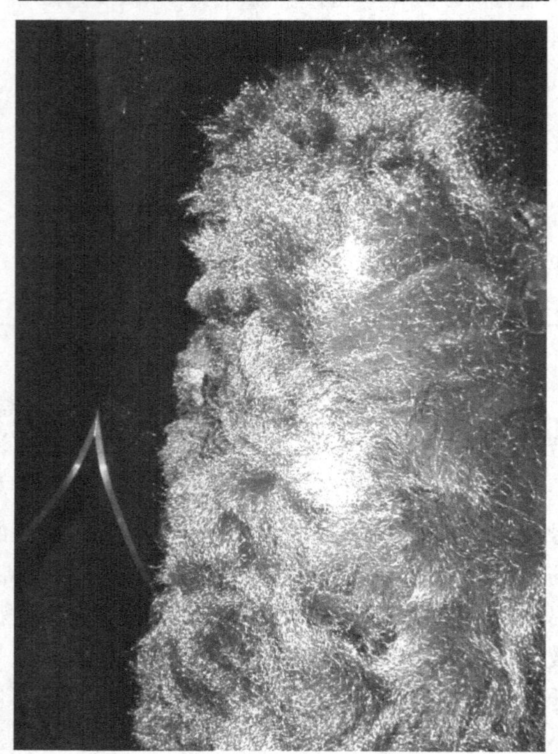

图15　液态烃脱硫醇纤维膜清洗前、后

表7　清洗前后工艺数据对比

装置名称	设计压降/kPa	清洗前压降/kPa	清洗后压降/kPa
脱硫装置	≤50	70-80	17-19
精制装置	≤150	350-400	120-150

由上表数据可看出，清洗前压降已明显超出工艺设计范围，并影响到正常生产，清洗后其压降低于设计压降，恢复了正常生产。

5　结束语

总之，建所40年来，我们一直坚持"聚焦生产技术难题，助力企业绿色发展"的指导思想，从生产现场找课题、向难点热点问题挑战，特别是近年来，我们明确了"做设备主动管理的深度参与者，做绿色环保技术的先行探索者"的角色定位，坚持"加快人才梯队建设，加速技术和机制创新，加强产业转化和市场拓展"的经营方针，已经建立起一支240人的科研和技术服务团队，逐渐形成了动静设备监测、诊断与治理一体化系列技术，节能监测诊断、节能技术开发、节能设备研制和节能维修服务一体化系列技术，环保监测、环保技术开发与高效环境治理设备设施一体化系列技术，清洗配方和清洗工艺开发、清洗施工技术服务一体化系列技术，并形成了40多项专利。其中转动设备监测诊断技术、腐蚀监测与腐蚀检查技术、伽马射线扫描诊断技术、带压作业与碳纤维修复补强技术、纳米保温修复技术、加热炉能效诊断与提效改造技术、长效热管技术、纳米气浮技术、高效污油脱水技术、污泥减量化资源化利用技术、硫化亚铁气相钝化等系统清洗技术、大型板换与纤维膜等新型装备的特色化学清洗技术、过滤芯清洗技术等高效实用，独具特色，具有行业领先地位。在此基础上，我们还开发了纳米保温涂料、纳米保温修复缠绕带、纳米气浮设备、污泥减量化资源化利用成套撬装设备等技术装备。

这些技术和装备已经在石化、煤化、电力、造纸、冶金等行业得到越来越广泛的应用，设备监测诊断及带压作业技术先后在中石化武汉石化、镇海石化、长城能化，中海油惠州炼化、大榭石化，中石油庆阳石化，以及华菱钢铁、中化泉州石化等大型企业设立长期服务点，节能监测诊断及节能环保产品在国内100多家企业得到广泛应用，装置腐蚀调查技术、热管修复技术、清洗技术等检修相关技术，在国内各行业200多家企业推广应用，清洗等技术还多次走出国门，为苏丹、马来西亚、越南等石化企业提供服务，受到用户广泛好评。

格尔木炼油厂节水优化思路探讨

虞建华　贾小红　安金兄

（中国石油青海油田公司格尔木炼油厂）

摘　要　格尔木炼油厂作为燃料油型炼油厂，受加工量、加工成本等因素影响，公用工程中尤其水消耗较大，节水空间弹性较大。本文通过对全厂新鲜水日常使用量进行对比分析，利用各装置对水质要求不一致，分析各装置产生的“废水”并加以利用，达到节约新鲜水的目的。

关键词　消耗；节水；污水回用；中水回用

水作为炼油厂的消耗资源，由于其加工、成本低廉且回收成本高等较多阻碍因素，在一定程度上再次利用存在一定困难，从而水资源的浪费直接导致生产成本增加。美国、日本早在 20 世纪 60、70 年代初开始大规模建设污水废水处理厂，回收利用。

格尔木炼油厂是以生产燃料油为主的炼化企业，是格尔木市的用水大户，2019 年上半年能耗统计报表显示，日均用水量在 9000t 左右，加工使用新鲜水量 2.0 左右，远高于同行业水平。随着生存环境问题及对企业降本增效的要求，节能降耗日益严峻，节水减污增效益也成为本厂一项技术难题。

1　炼油厂各类水资源使用情况

1.1　炼厂新鲜水的来源

格尔木炼油厂目前使用的新鲜水主要来源为格尔木市政供水、地下水和厂外大渠水。由于受到当地气候影响，大渠水使用期限间歇性只有 4 个月左右，且使用时水质比较浑浊，泥沙含量较高，管线设备存在淤堵风险，后期泥沙清理工作较为繁琐；格尔木市政供水为自来水厂提供，水质较好，工业用水成本较高。炼厂所需的地下水是通过深井泵，抽出部分地下水，混合自来水，作为新鲜水使用。但是该地下水大部分产自地下未经处理，由于地理位置原因，该水含盐量比较高，易结垢，并不适合长期使用。以上三种新鲜水使用所占比例见表 1(以 2019 年 7 月份为例，下同)。

表 1　厂新鲜水主要来源

新鲜水来源	市政供水	自产地下水	大渠水
使用量	130932	92432	60705
占比/%	46	33	21

由于大渠水枯水期停用，雨季时由于含泥沙较多，在使用过程中水量受限，致使本厂外购新鲜水波动较大。如：2019 年 7 月使用市政供水 130932t，比 6 月多使用 25876t。

1.2　炼厂各个装置新鲜水用量

炼厂各装置使用新鲜水量详见表 2，由表 2 可以看出，全厂主要使用新鲜水装置分别为脱盐水站、循环水场以及催化裂化装置。由于受到全厂脱盐水使用量的影响，造成脱盐水站成为本厂的用水大户，使用量达到全厂总水量的 2/3。循环水场由于蒸发、渗漏以及冲洗等原因，循环水场补水也成为本厂用水大户。催化裂化装置每月使用新鲜水量均在 2～2.5×10^{4}t，主要使用量在催化烟气脱硫洗涤塔补水，由于烟气温度较高，水蒸发较多，造成新鲜水的补充量较大。

表 2　全厂各装置使用新鲜水量

使用单位	催化裂化脱硫装置	脱盐水站	循环水场	其他使用装置
使用量	25080	161230	88352	8875
占比/%	9	57	31	3

1.3　炼厂各装置除盐水用量

炼厂各装置使用脱盐水量详见表 3，动力车间锅炉房以及 10×10^{4}t 甲醇装置使用除盐水量比重最大；根据各装置生产工艺特点，气分聚丙烯、30×10^{4}t 重整以及空压站等装置使用除盐水量平均维持在 2500 吨/月左右。气分聚丙烯装置，由于工艺需要，间歇式使用除盐水作为聚合釜夹套用水，使得全厂除盐水用量波动很大。因 2019 年 7 月该装置除盐水用量较上半年其他月份增加明显，致使新鲜水的用量也相应增大。

表3 各装置使用脱盐水量对比分析

使用单位	常减压装置	汽油加氢醚化	加氢改质	PSA装置	30万吨催化重整	气分聚丙烯	10万吨甲醇	锅炉房	空压站
使用量	2763	2350	2293	1093	4461	9579	39449	78785	2848
占比/%	1.92	1.64	1.60	0.76	3.11	6.67	27.47	54.86	1.98

2 优化思路

2.1 减少脱盐水使用量

从上述数据分析来看，炼厂若减少部分装置的脱盐水使用量将会大大降低新鲜水量，同时降低脱盐水的生产成本。综合考虑生产工艺及设备对水质的要求，建议对目前使用脱盐水装置进行腐蚀等分析，利用其他水或全厂使用后的其他“洁净水”替代，达到节约脱盐水目的。

2.2 中水回用

从全厂各装置使用工业水的情况来看，大部分装置都只使用“一次水”，各装置使用后直接进行外排，若各装置对所用的工业水进行有效的二次利用或者有效的回收，这将大大降低全厂新鲜水的使用成本。

2.3 寻找新“水源”

全厂新鲜水除了市政供水、地下水供水比较稳定之外，大渠水供水受限，导致冬季市政供水量远远大于夏季。考虑目前炼厂增加了新的污水处理装置，污水分析部分项目达到循环补充水要求，若使用外排污水作为循环水补充水，可以节约循环水场补充的新鲜水量。

3 具体优化措施

3.1 气分聚丙烯装置脱盐水的“等效替换”

目前根据气分聚丙烯装置生产工艺，聚合釜升温时采用低压蒸汽为脱盐水加热，循环水作为换热介质为聚合釜换热降温，长时间运行夹套内易产生水垢，影响聚合釜换热效果，需重复进行清垢工作。甲醇车间工艺冷凝液平均排放量30吨/小时，且温度在100℃左右，该冷凝液并没有被甲醇车间进行回收利用，而是直接排放。

甲醇工艺冷凝液pH值在4~6之间，呈弱酸性，带一定腐蚀性。此工艺冷凝液可以回收利用，作为聚合釜夹套用水。只要定期做好设备腐蚀监测，不但可以节约除盐水量，还可以有效避免夹套内结垢，减轻清垢工作。

气氛聚丙烯装置聚合釜使用甲醇车间工艺冷夜存在以下几点优势：(1)利用带有弱酸性的工艺冷夜减少、清除水垢。聚合釜目前使用脱盐水进行升温作业，采用循环冷却水进行降温作业，在此过程中，会在夹套内壁上形成垢层，此时利用该水将势必减少夹套内壁结垢；(2)减少三车间蒸汽使用量。聚合釜在升温过程中，需要使用低压蒸汽对低温脱盐水进行加热，而工艺冷凝液通过调节温度从而直接达到聚合釜升温所需要的温度，从而减少蒸汽用量；(3)甲醇装置与气分聚丙烯装置相邻，两套装置之间有闲置互通的工艺设备及工艺管线，无需重新采购新的设备及管线。

3.2 催化裂化烟气脱硫装置补充新鲜水的“等效替换”

催化裂化装置目前洗涤塔采用的洗涤水为新鲜水，该部分新鲜水主要为市政供水。烟气脱硫装置使用新鲜水主要作用为对烟气中的粉尘进行洗涤，对水质要求较低。大渠水为天然水，水质能达到该要求。

存在潜在危害因素：大渠水为流动水，在流动过程中所含泥沙较多，虽经过215单元沉淀，泥沙含量有所降低，但含量仍比较高。若该部分洗涤水采用大渠水，将有可能增加烟气脱硫装置固废，同时增加固废处理费用。烟气脱硫装置采用大渠水优势：节约用水，若完全等效替换，将能每个月节约这部分补充水，大约20000t左右，若每年按照5个月计算，每年节约新鲜水10×10^4t左右。

3.3 215单元化碱池新鲜水的“等效替换”

催化裂化烟气脱硫装置采用的是碱洗。动力车间215单元有碱液配置池，采用新鲜水进行碱液配置，考虑碱液配置的水对水质要求不高，若采用大渠水进行配置，可以节约该部分新鲜水，每月大约1000t左右。采用大渠水进行碱液配置存在潜在危害因素：由于大渠水含有泥沙，在进行碱液配置时，泥沙可能沉积在碱液池中，造成后续清理，产生清理费用。

3.4 外排污水回用可能性

3.4.1 外排污水水质分析

本厂外排污水目前显示200t/h，由于17、18年对外排污水升级改造，目前外排污水水质较好，外排污水水质详见表4。从表4可以看出，外排污水在目前所做的检测项目中均符合循环水补充水水质要求，从现有的检测数据来看，外排污水完全可以作为循环水补充水来使用。

表 4　外排污水、循环补充水、自来水水质对比

项目	单位	补充水水质要求	外排污水实测值
pH		6.5~9.0	7.8
CODCr	mg/L	≤60	31
BOD_5	mg/L	≤10	-
氨氮	mg/L	≤10	0.59
悬浮物	mg/L	≤30	4.9
浊度	NTU	≤10	-
硫离子	mg/L	≤0.1	-
石油类	mg/L	≤2.0	1.8
挥发酚	mg/L	≤0.5	0.22
钙硬度（以 $CaCO_3$ 计）	mg/L	50~300	-
总碱度（以 $CaCO_3$ 计）	mg/L	50~300	-
氯离子	mg/L	≤200	-
硫酸根离子	mg/L	≤300	-
总铁	mg/L	≤0.5	-
电导率	μS/cm	≤1200	-
总氮	mg/L	-	16.7
总磷	mg/L	-	0.2

注：补充水水质要求采用中国石油化工集团公司企业标准《水务管理技术要求 第 2 部分：循环水》Q/SH 0628.2—2014

3.4.2　外排污水回用存在优势

外排污水若能回收利用，将会对本厂工业水的使用带来较为可观、较大的经济效益，完全改变炼厂全厂用水的分布。具体优势如下：

（1）全年循环水的补充水将不再使用新鲜水或大渠水，每年将节约新鲜水 $70 \sim 100 \times 10^4$t，每吨新鲜水目前市价 1.9 元/吨，全年可节约成本 133 万~190 万。

（2）若采用污水回用，油品车间地下水水泵将有可能停用，将节约该泵用电费用。

3.4.3　外排污水回用存在危害

外排污水由于存在较多有机物，含磷、含氮，加入循环水后可能造成有机生物的生长，加大药剂的使用量。同时由于外排污水的氯离子等的存在，将会对设备造成一定的损害，特别是不锈钢材质设备。

4　结论

合理利用各装置使用“一次水”后的“二次水”，并加强水的二次使用，将能大大节约新鲜水。同时，根据全厂各装置对水质要求不同，合理进行统筹，减少脱盐水使用，不仅节约新鲜水，还同时节约脱盐水生产成本。

参 考 文 献

[1] 马增国．胜利炼油厂循环水场节水减排措施探讨[J]．齐鲁石油化工，2009，37(2)：133~136.

[2] 白小春，刘锦芳，刘喜平．中水回用技术在炼油厂污水处理装置中的应用[J]．炼油与化工，2018 年 5 期．

[3] 周本省．工业水处理技术[M]．北京：化学工业出版社，2002：20.

[4] 王炳轩．石化企业用水水平评价研究[D]．咸阳：西北农林科技大学，2016.

[5] 姜文，万志强．石化污水回用于循环冷却水系统处理技术探讨[J]．石油化工设计，2012，29(1)：7-9.

[6] 赵锐，李本高，高嵩．美国炼油污水处理现状与发展趋势[J]．工业水处理，2016，36(1)：1-6.

[7] 姜文，万志强．石化污水回用于循环冷却水系统处理技术探讨[J]．石油化工设计，2012，29(1)：7-9.

[8] 孙根行，刘梅．国内外炼油废水深度处理及回用现状与展望[J]．安全、健康和环境，2010，10(2)：28-31.

[9] 高嵩，李本高，赵锐．美国炼油厂循环冷却水处理与污水回用现状[J]，化工环保，2017，37(2)：129-134.

两级掺和工艺硫磺回收装置尾气达标排放研究

张金召 杨胜利 严松山

（中国石油青海油田公司格尔木炼油厂）

摘 要 青海油田格尔木炼油厂硫磺回收装置偶尔出现尾气排放超标的问题。本文分析了造成硫磺尾气排放超标的主要影响因素，并根据工作实践提出了相对应的解决措施，达到降低尾气排放中SO_2含量，实现硫磺尾气排放长周期稳定达标的目的。

关键词 硫磺尾气；高温掺和；有机硫水解；溶剂发泡

青海油田格尔木炼油厂硫磺回收装置于2008年8月建成投产，2016年在现有基础上进行改造，改造后生产能力为年回收硫磺6430t，采用高强力烧氨火嘴分流法、外掺合、两级转化Claus工艺；硫磺尾气外补氢源的还原—吸收法尾气处理工艺，排空烟气中SO_2排放浓度小于400mg/m³。主要流程为含氨酸性气和清洁酸性气预热后进入酸性气燃烧炉燃烧，氨气焚烧为氮气，硫化氢通过H_2S/SO_2在线比值分析自动调节配风保持过程气中的H_2S/SO_2比率始终趋近2：1，燃烧后的过程气经两级掺和、两级反应生成硫磺后剩余的过程气经加氢还原吸收后，送至尾气焚烧炉将过程气中的各种形态的硫焚烧为SO_2后经烟囱排入大气。尾气排放执行《石油炼制工业污染物排放标准》SO_2不超过400mg/m³。

自2018年10月至今，炼厂硫磺回收装置尾气排放时有超标的情况，尾气排放值靠上限运行，抗波动能力弱。主要存在硫磺回收吸收塔所用N-甲基二乙醇胺（以下简称MDEA）溶剂发泡，过程气中有机硫含量偏多，设备故障多等因素。

1 尾气达标排放的影响因素

1.1 MDEA溶剂发泡

炼厂硫磺装置吸收塔所用MDEA溶剂和干气、液化气脱硫溶剂，汽油醚化装置和补充加氢装置循环氢脱硫溶剂共用一套再生系统，在运行过程中MDEA溶剂多次出现发泡情况，主要表现为干气脱硫塔瓦斯带液进入后路，尾气吸收塔底富液泵抽空不上量，干气脱硫塔液位波动等现象。溶剂发泡后硫磺尾气吸收效果变差，并且尾气吸收塔底富液泵抽空后，吸收塔液位上涨，为了避免液位满塔窜入后路，只能被迫降低进塔贫液流量，贫液流量降低后尾气吸收效果差，导致硫磺尾气排放超标。

1.2 MDEA溶剂的再生效果

炼厂溶剂再生塔塔内降液管堵塞导致富液进入重沸器中流量偏低，重沸器负荷偏低，导致重沸器返塔温度高达130℃（正常开工时温度在121℃左右），溶剂再生效果差，贫液中硫化物含量偏高，尾气中硫化氢吸收效果差。同时由于再生负荷偏低，再生塔底重沸器贫液返塔法兰接管和附近器壁在2018年11月至2019年2月之间出现腐蚀泄漏现象，给装置运行带来了很大的困难。

1.3 过程气中有机硫含量偏多

炼厂硫磺回收装置制硫工艺采用两级高温掺和+两级克劳斯反应，尾气加氢催化剂选用的低温加氢催化剂。一级反应器中装填有两种催化剂分别为A958铁基催化剂和A988钛基催化剂，二级反应器中装有一种催化剂A918铝基硫磺回收催化剂。在高温掺和过程中燃烧炉内的烟气除了加热过程气外，还会带入部分反应的副产物如羰基硫、二硫化碳等，由于A988钛基催化剂对有机硫水解有非常好作用，在一级反应器中绝大部分有机硫水解为硫化氢，但二级反应中铝基催化剂没有水解有机硫的作用，导致二级反应器出口过程气中有机硫含量偏高。而三级反应器使用低温加氢催化剂，有机硫水解不完全，导致部分羰基硫进入后路不能在吸收塔中被MDEA溶剂吸收，在尾气焚烧炉内焚烧生成二氧化硫是目前炼厂硫磺回收装置尾气排放超指标的关键影响因素。

2 解决措施

2.1 减少MDEA溶剂发泡

引起溶剂发泡的主要原因是溶剂中杂质含量

增多，主要有胺液中的降解产物、烃类、表面活性剂、固体颗粒物等。针对上述影响因素提出相应的解决措施

2.1.1 加强溶剂过滤

通过过滤减少溶剂的油烃、硫化铁、不溶于水的固体颗粒杂质等。炼厂贫液过滤器采用两级机械过滤+一级活性炭过滤的方式，可以去除50μm以上的杂质。同时根据压差对溶剂过滤器定期进行反冲洗，保持过滤器的过滤效果。下一步停工检修计划将贫液过滤器升级为自动反冲洗功能的过滤器，可以更好地提高过滤效果。

2.1.2 脱除溶剂中的烃类

溶剂中的烃类一般可以通过闪蒸除油和机械撇油的方式脱除，格炼硫磺装置富液进再生塔前设有富液闪蒸罐，闪蒸罐温度在98℃左右，压力控制在0.24MPa即可以有效地将富液中烃类闪蒸出去又可以保证富液可以自压进入再生塔，同时富液闪蒸罐内设有隔油板，定期撇油可有效地降低溶剂的中的烃含量，该装置每季度撇油一次。

2.1.3 减少溶剂降解

溶剂降解主要有高温降鮃和氧化降解两种，高温降解主要出现在再生塔及塔底重沸器，防止高温讲解最主要的是控制蒸汽温度，该装置使用的蒸汽为0.35MPa蒸汽，温度在160℃左右，再生塔底温度120℃。该装置蒸汽温度偏高，存在高温降低的情况，下一步计划更换蒸汽减温减压器增加减温水的注入量，将蒸汽温度降低至140℃，减少溶剂的高温降解。

预防氧化降解主要是防止MDEA溶剂与氧气接触：一是溶剂储罐V5104为常压储罐，日常运行中需要使用氮封保护，避免空气进入引起氧化降解；二是新溶剂溶剂加注时易接触氧气，加注新溶剂时在地下溶剂罐V5106充氮气保护。

2.1.4 对系统内溶剂进行胺液净化。

2019年5月格炼硫磺装置委外对系统内的MDEA溶剂进行净化复活作业，主要目的是去除胺液中热稳定盐含量，同时将与热稳定盐结合的束缚胺转化为活性胺，恢复胺液的脱硫效率。随着胺液净化的运行，胺液中的热稳定盐、氯离子、颗粒物杂质含量逐渐降低，净化后热稳定盐含量由2.17%下降至0.98%，达到了热稳定盐含量低于1%的技术要求。

表1 溶剂净化前后数据对比

项目	净化前	净化后	单位
外观	橙色	清澈透明	
热稳盐	2.23	0.98	%
氯离子	1873.57	未检出	ppm
起泡高度	20	3	mm
消泡时间	20	3	s
颗粒物	66	未检出	ppm
有效载荷	0.39	0.43	mol/mol

2.2 提高MDEA溶剂的再生效果

由于再生塔底重沸器贫液负荷偏低，经常性出现蒸汽穿透的情况，穿透后重沸器换热效果差，贫液再生质量变差再生后，贫液中H_2S含量高时维持2g/L左右。为了解决该问题，该装置通过对重沸器贫液侧外补凝结水的方式来增加冷介质，提高换热效果，保证溶剂再生质量，同时对系统内多余水分通过再生塔顶回流罐送至酸性水汽提装置，提高了贫液水分的置换量。经上述调整后再生塔顶部温度保持在110℃以上，贫液中H_2S含量下降至0.6~0.8g/L之间，贫液再生质量满足硫磺尾气吸收的要求。

2.3 调整反应器温度，提高制硫反应和水解反应

根据硫磺的工艺流程可以得知二级掺和阀为羰基硫进入后路的主要途径，车间在调整中将一级反应器进口温度由276℃调整至268℃，反应器内温度下层在325℃，提高反应器制硫效率和有机硫水解效率；二级反应器进口温度由238调整至220℃，反应器内床层温度控制在230℃左右，在保证制硫效果的情况下减少有机硫通过二级掺和阀进入后路的量；根据三级反应器催化剂的特性加氢反应在200℃以上即可发生，但有机硫水解反应温度越高水解效果越好，最佳温度在316℃左右，因此将三级反应器进口温度由280℃提高至315℃，提高了有机硫水解效果。

2.4 流程改造，增加尾气碱洗

2019年6月装置在不停工的情况对装置进行了利旧改造，在吸收塔后尾气焚烧炉前增加了尾气碱洗单元，使用20%的NaOH溶液，循环量为5t/h。碱洗单元投用后可以把吸收塔出口尾气中的H_2S全部吸收，进一步降低尾气中SO_2含量。

3 结论

3.1 调整效果

经过上述调整后硫磺装置尾气中SO_2含量明

显下降，2019年7月1日~31日，尾气中SO_2排放均值在212.8mg/m^{3}较2019年5月均值315.53mg/m^{3}下降了102.73mg/m^3，尾气排放满足国家要求的400mg/m^3，可以实现稳定达标排放，每年可减少向大气排放2.7t SO_2气体。

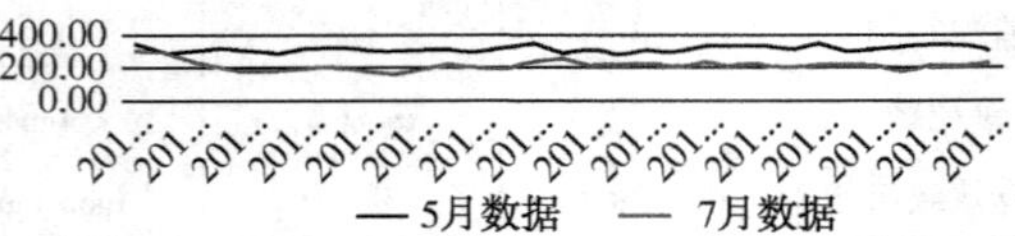

图1　硫磺装置尾气排放SO_2含量对比图

3.2　下一步建议

（1）为了减少再生塔底重沸器蒸汽穿透，保证换热效果，建议在重沸器出口凝结水管线上增设疏水阀两台。

（2）在二级反应下层铺设A988钛基催化剂提高二级反应器的有机硫水解效果，减少有机硫带入后路过程气。

（3）对再生塔底重沸器本体进行更换，新壳体内部做防腐处理或升级为不锈钢材质，减少重沸器腐蚀泄漏，保证设备稳定运行。

参考文献

[1] 刘江平，李敏，陈志刚《MDEA溶剂发泡原因及控制措施》.

硫化氢选择氧化催化剂的开发与应用

许金山　刘爱华　刘剑利　刘双成

（中国石化齐鲁分公司）

摘　要　选择具有良好化学惰性的气相法 SiO_2 为载体，加入一定量的改性剂，以及氧化铁为主的复合氧化物作为活性组分，采用浸渍法制备出 LS-03 选择氧化催化剂。实验室小试评价结果表明：在反应温度为 200℃、气体体积空速为 $1600h^{-1}$、H_2S 体积分数为 1%～3%的条件下，LS-03 催化剂 H_2S 选择氧化的转化率可达 95%以上，硫磺产率为 90%以上，综合性能达到国外同类催化剂水平。催化剂中试生产和工业放大试验结果表明：在入口温度为 190℃、硫化氢含量 0.48%～0.57%（φ）的条件下，超级克劳斯单元硫化氢转化率保持在 97%以上，硫回收率在 90%以上，装置烟气 SO_2 排放浓度均低于 $550mg/m^3$，达到装置设计指标，低于国家环保法规规定的 $960mg/m^3$ 的排放标准。

关键词　H_2S；选择氧化；催化剂；开发；工业试验；硫回收率

1　前言

Super Claus 工艺是目前最成功、应用最广的直接氧化类工艺，是由荷兰 Comprimo 公司（现已更名为 Jacobs 公司）与 VEG 气体研究院和 Utrech 大学合作开发并拥有，采用通过改变以往单纯提高 H2S 与 SO_2 反应进程的方法，在传统 Claus 转化之后，最后一级转化段使用新型 H_2S 选择性氧化催化剂，以此来改进 Claus 工艺的硫回收技术[1]。

Super Claus 工艺在国内发展很快，主要应用在煤化工和天然气净化行业，处理后装置废气排放均能达到国家大气污染物综合排放标准[2]。该工艺的核心技术在于反应段采用了先进的 H_2S 选择氧化催化剂，打破了常规 Claus 过程的化学平衡限制，可将 Claus 尾气中大部分 H_2S 直接氧化成元素硫。前期，催化剂的开发因载体、活性组分以及制备工艺的原因，使得催化剂的转化率偏低[3]。为此，中国石化齐鲁分公司研究院开展了新型 H_2S 选择性氧化催化剂 LS-03 的开发，并于 2014 年进行了硫化氢选择氧化催化剂中试放大生产及在神华宁煤煤炭化学工业公司甲醇厂 6kt/a 硫回收装置上的工业应用试验，2015 年进行了标定试验。本文重点对催化剂的研发及工业应用试验结果进行介绍。

2　小试试验

2.1　催化剂的制备

催化剂载体采用挤出成型法，催化剂采用浸渍法，具体制备流程见图 1。

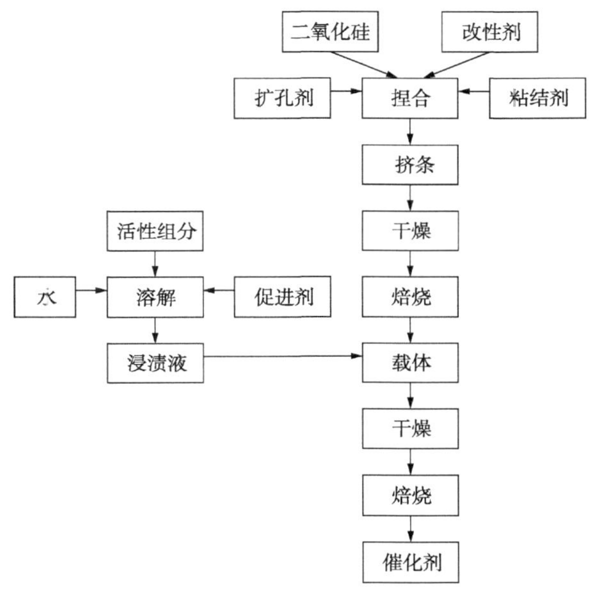

图 1　催化剂制备工艺流程

2.2　催化剂的分析表征

催化剂的颗粒压碎强度采用大连化工研究设计院生产的 DLII 型智能颗粒强度测定仪进行检测，相对误差小于 1%。SEM 表征采用德国蔡司的 EVO18 型扫描电子显微镜，电压 20kV，电流 2.776A。催化剂的比表面积、孔体积、平均孔径测定采用美国麦克公司生产的 ASAP3020 型物理吸附仪，BET 法；测定前在氮气气氛下 300℃，处理 3h。XRD 表征采用日本生产的 Smartlab Ⅲ型 X 射线衍射仪，管电压 40kV，管电流 40mA，铜靶。

2.3　催化剂的活性评价

催化剂的活性评价在微反装置上进行，催化剂装填量为10mL，以$2H_2S+O_2\rightarrow 2S+2H_2O$、$2H_2S+3O_2\rightarrow 2SO_2+2H_2O$为指标反应，入口气体组成为$H_2S$ 1%、O_2 1.5%、H_2O 30%，其余为N_2，试验条件为：气体体积空速$1600h^{-1}$，反应温度200℃，催化剂的性能评价指标为：H_2S转化率，硫磺选择性以及硫磺产率。

2.4　小试结果与讨论

2.4.1　催化剂的制备

2.4.1.1　载体的种类选择

常用的催化剂载体为Al_2O_3和SiO_2。按照相同的配方及制备工艺，考察$\alpha-Al_2O_3$和SiO_2对催化剂性能的影响，结果见图2和图3。

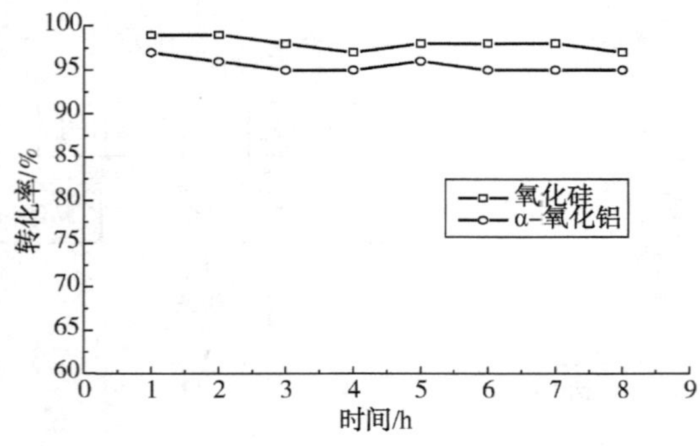

图2　载体对H_2S转化率的影响

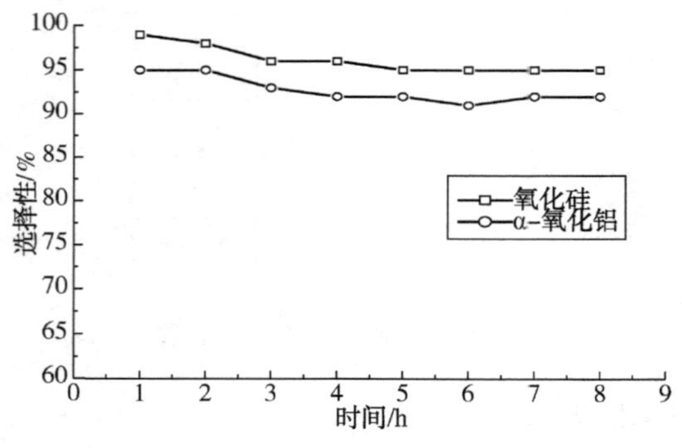

图3　载体对硫磺选择性的影响

2.4.1.2　SiO_2类型的优化选择

德国Degussa公司的气相法生产技术全球领先，其SiO_2产品比表面积分布均匀、含水量低，品质优良。因此实验室优选德国Degussa公司生产的物化性质比较接近的气相法二氧化硅和沉淀法二氧化硅作为对象进行考察，按照相同的配方挤条成型、焙烧后制备载体，载体的物化性质见表1。

表1　不同种类二氧化硅制备的载体物化性质对比

项　目	气相法	沉淀法
比表面积/($m^2\cdot g^{-1}$)	87	99
孔体积/($mL\cdot g^{-1}$)	0.58	0.34
平均孔径/nm	24.58	13.26

2.4.1.3　气相法二氧化硅的优化选择

为了优化选择制备载体的原料，用不同比表面面积的气相法SiO_2制备催化剂，考察催化剂的性能，结果见表2。

表2　不同比表面积SiO_2对催化剂性能的影响

项目	比表面积/($m^2\cdot g^{-1}$)			
	30	50	150	200
转化率/%	96	98	98	98
选择性/%	95	95	94	93
硫磺产率/%	90	93	92	91

注：表中数据为新鲜催化剂运转10h的平均值，下同。

2.4.1.4　载体焙烧温度对催化剂性能的影响

按照相同的配方及制备工艺，将不同温度焙烧的载体制成催化剂进行活性考察，结果见表3。

表3　载体不同焙烧温度对催化剂性能的影响

项目	焙烧温度/℃				
	$T-100$	$T-50$	T	$T+50$	$T+100$
H_2S转化率/%	98	98	98	97	97
硫磺选择性/%	93	94	95	95	95
硫磺产率/%	91	92	93	92	92

2.4.1.5　改性剂加入量选择

固定其他组分不变，考察催化剂制备过程中添加不同量的改性剂的催化剂性能，结果见表4。

表4　改性剂加入量对催化剂性能的影响

项目	改性剂加入量(w)/%				
	$X-1$	$X-0.5$	X	$X+0.5$	$X+1$
H_2S转化率/%	98	97	98	98	98
硫磺选择性/%	91	93	95	95	95
硫磺产率/%	89	90	93	93	93

2.4.1.6　催化剂活性组分的选择

固定氧化铁为主活性组分，选择其他多种氧化物作为助活性组分，按相同配方制备催化剂进行催化性能考察，结果见表5。

表 5 催化剂助活性组分的优化选择

项目	氧化物 A	氧化物 B	氧化物 C	氧化物 D
H_2S 转化率/%	98	98	98	98
硫磺选择性/%	95	87	92	91
硫磺产率/%	93	85	90	89

2.4.1.7 活性组分含量的优化选择

以气相法 SiO_2 为载体制备原料，改性剂加入量为 *X*%，氧化铁和氧化物 A 复配作为活性组分，进行活性组分加入量对催化剂性能的影响考察，结果见表 6。

表 6 催化剂活性组分含量的优化选择

项目	活性组分含量(*w*)/%				
	Y-2	Y-1	Y	Y+1	Y+2
H_2S 转化率/%	96	97	98	98	98
硫磺选择性/%	92	93	95	94	93
硫磺产率/%	88	90	93	92	91

根据以上各项参数的优化结果，确定 LS-03 催化剂较佳制备工艺为：采用德国 Degussa 公司生产的比表面积为 $50m^2/g$ 的气相法 SiO_2 为载体原料，催化剂载体采用挤出成型法，加入 *Y*%的氧化铁和氧化物 A 活性组分(两者质量比为 6∶1)和 *X*%的改性剂，催化剂制备采用浸渍法，焙烧温度为℃。

2.4.2 与国外同类催化剂的性能比较

2.4.2.1 催化剂物化性质比较

对 LS-03 催化剂和国外最好的 F 催化剂进行物化性质的比较，结果见表 7。

表 7 催化剂物化性质比较

项目	LS-03 催化剂	F 催化剂
外观	红褐色条形	红褐色条形
直径/mm	3	3
比表面积/($m^2 \cdot g^{-1}$)	42	43
孔体积/($mL \cdot g^{-1}$)	0.54	0.52
孔分布(*w*)/%		
<30nm	3.1	4.5
30~100nm	60.3	57.7
>100nm	36.6	37.8
强度/($N \cdot cm^{-1}$)	108	82
物相	无定形	无定形

2.4.4.2 催化剂性能比较

在入口气体组成为 H_2S 1%，O_2 1.5%，H_2O 30%，其余为 N_2，气体体积空速 $1600h^{-1}$，反应温度 200℃的条件下，对 LS-03 催化剂和 F 催化剂在相同条件下进行活性评价，结果见表 8。

表 8 催化剂性能比较

项目	反应温度/℃			
	180	200	220	240
LS-03 催化剂				
H_2S 转化率/%	96	98	99	99
硫磺选择性/%	96	95	91	88
硫磺产率/%	92	93	90	87
F 催化剂				
H_2S 转化率/%	97	98	99	100
硫磺选择性/%	95	95	90	86
硫磺产率/%	92	93	89	86

2.4.3 催化剂稳定性考察

为了考察催化剂的稳定性，在入口气体组成为 H_2S 1%，O_2 1.5%，H_2O 30%，其余为 N_2，反应温度 200℃，气体体积空速为 $1600h^{-1}$ 的条件下，对 LS-03 催化剂和 F 催化剂分别进行 1000h 的活性稳定性评价，结果见图 4 和图 5。

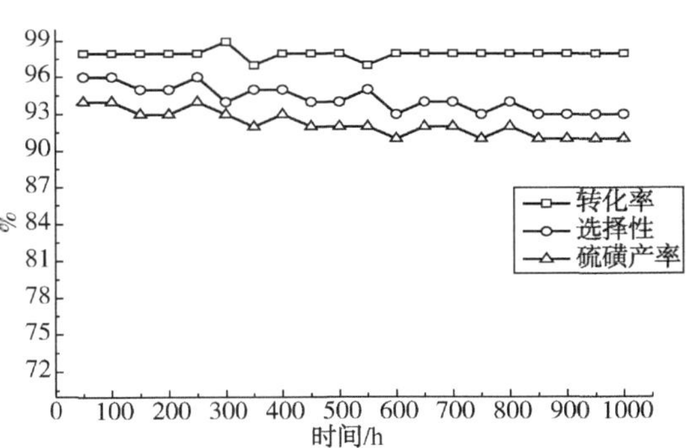

图 4 LS-03 催化剂的稳定性考察结果

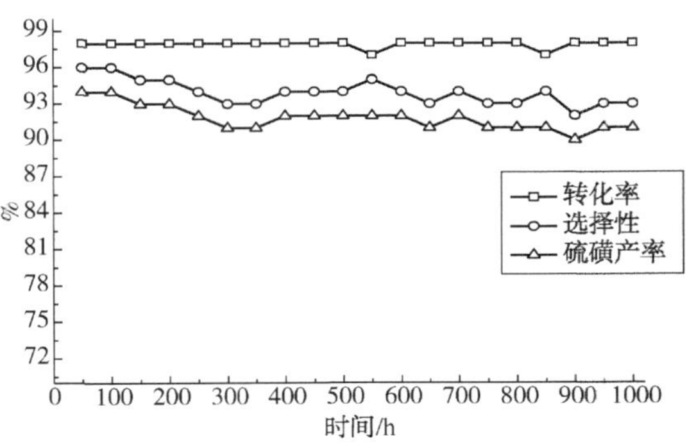

图 5 F 催化剂的稳定性考察结果

将运转前后的催化剂样品进行物理性质的比较，结果见表 9。从表 9 可以看出：催化剂在运转前后的比表面积及孔体积基本保持稳定，没有显著变化，表明催化剂具有较佳的结构稳定性；催化剂的物相仍旧为无定形，没有出现任何晶相氧化铁的XRD特征峰，表明活性组分仍然处于高度分散状态，没有生成大的粒子，催化剂具有良好的稳定性。

表9　运转前后催化剂物理性质比较

项目	运转前		运转后	
	LS-06	F	LS-06	F
比表面积/（$m^2 \cdot g^{-1}$）	42	43	40	39
孔体积/（$mL \cdot g^{-1}$）	0.54	0.52	0.53	0.51
物相	无定形	无定形	无定形	无定形

3　工业试验

3.1　LS-03硫化氢选择氧化催化剂的工业应用试验

实验室对工业生产的催化剂分进行了催化剂物化性质分析，结果表明，LS-03催化剂工业试生产样品具有良好的催化活性，各批次之间具有较好的重复性，达到小试及国外同类催化剂水平。

LS-03硫化氢选择氧化催化剂工业应用试验是在神华宁煤煤炭化学工业公司甲醇厂6kt/a硫回收装置上进行的。2014年10月30日至11月1日进行催化剂装填，2014年11月2日硫回收装置开工，11月2日至11月6日完成LS-03催化剂氧化，11月6日装置运行正常。

3.1.1　装置简介

超级克劳斯工艺是目前最成功、应用最广泛的选择氧化类工艺，既可处理低浓度酸性气，又可处理常规克劳斯尾气。该工艺有两种类型，分别为超级克劳斯和超优克劳斯[4,5]。超优克劳斯是在超级克劳斯工艺基础上，通过调整催化剂及工艺条件，将总硫回收率进一步提高。神华宁煤煤炭化学工业公司甲醇厂6kt/a硫回收装置采用的为超优克劳斯硫回收工艺，装置工艺流程示意见图6。

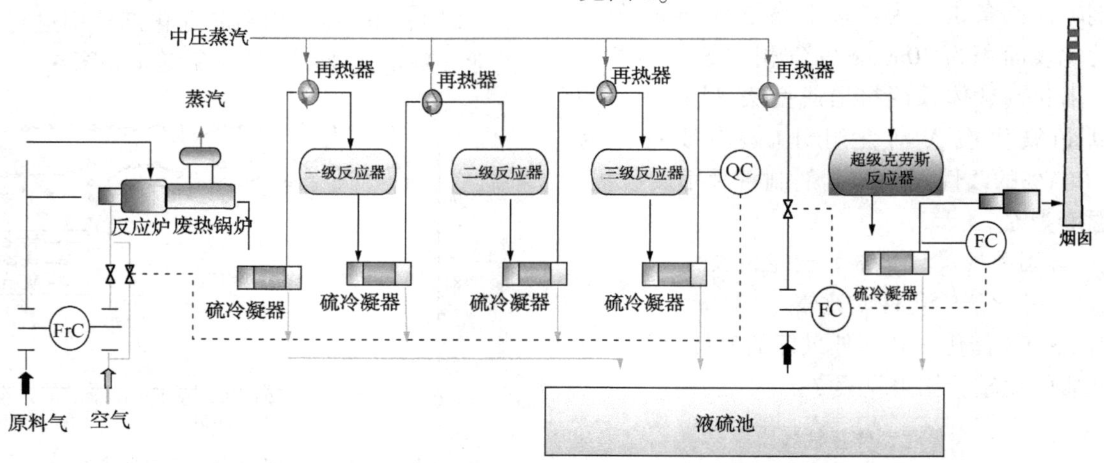

图6　6kt/a硫回收装置工艺流程示意图

3.2　催化剂装填

神华宁煤甲醇厂硫回收装置一、二、三级反应器和超级克劳斯反应器为组合式反应器，四个反应器共用一个壳体。根据试验安排，2014年10月30日至11月1日，超级克劳斯反应器由下往上依次装填ϕ6mm瓷球高度50mm、ϕ3mm瓷球高度50mm、LS-06选择氧化催化剂装填高度700mm、上覆盖ϕ6mm瓷球高度50mm，催化剂装填示意见图7。

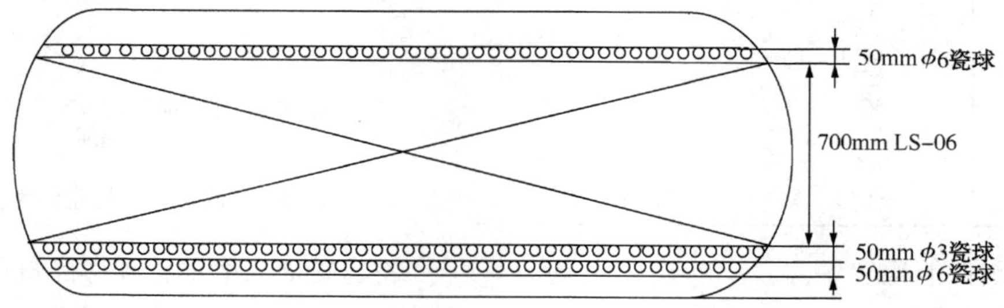

图7　催化剂装填示意图

3.2.2　催化剂的氧化

在正常操作条件下，超级克劳斯催化剂具有非常高的 H_2S 选择氧化选择性。然而，新催化剂的非完全氧化饱和态将会使得一部分 H_2S 转化成 SO_2 而不是单质硫。因此，首先应该对催化剂进行氧化处理以达到操作条件。该过程操作要求比较苛刻，重点是控制硫化氢含量与稳定时间，具体步骤为如图 8 所示。

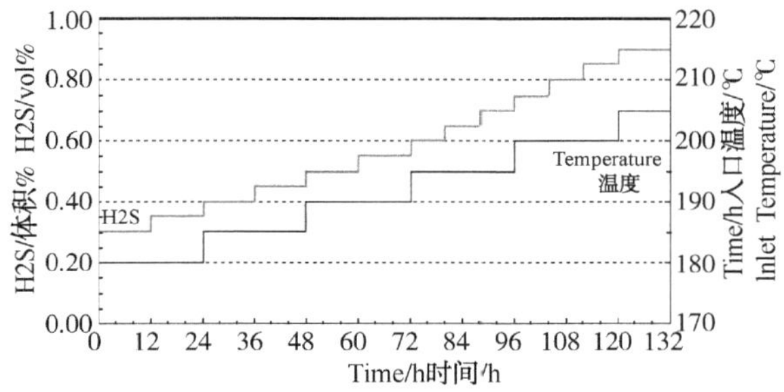

图 8　超级克劳斯反应器开工流程示意图

3.2.3　装置开工后运行情况考察

2014 年 11 月 6 日装置运行正常，表 10 列出了装置开工正常后标定期间主要操作参数。

表 10　装置开工后标定期间主要操作参数

项目	11 月 6 日	11 月 7 日	11 月 8 日	11 月 9 日	11 月 10 日	11 月 11 日
酸性气流量/($kg \cdot h^{-1}$)	2209	2316	2272	2758	3361	3244
装置负荷/%	61.36	64.36	63.12	76.60	93.36	90.12
一级反应器						
入口温度/℃	240	240	240	240	240	240
出口温度/℃	290	290	290	302	314	315
二级反应器						
入口温度/℃	224	224	224	223	226	226
出口温度/℃	228	230	230	232	236	236
三级反应器	0					
入口温度/℃	194	193	198	191	198	196
出口温度/℃	196	196	196	187	194	194
超级克劳斯反应器						
入口温度/℃	200	199	198	199	189	189
上部温度/℃	205	204	204	207	205	204
中部温度/℃	212	212	214	212	211	212
下部温度/℃	217	217	217	216	217.5	219
出口温度/℃	212	211	212	215	212	212
冷凝器						
一冷出口温度/℃	173	171	171	173	176	176
二冷出口温度/℃	163	163	162	166	168	167
三冷出口温度/℃	156	156	157	157	160	158
四冷出口温度/℃	126	126	131	129	132	133
焚烧炉						
炉膛温度/℃	539	550	519	525	533	536
燃料气/($kg \cdot h^{-1}$)	68.0	67.8	67.2	80.0	90.7	88.5

从表 10 中数据可以看出，开工后装置运行正常，随着反应负荷的提高，一级反应器温升由 50～60℃增加到 70～80℃，超级克劳斯反应器温升由 10℃左右增加到 20℃左右，二级反应器温升保持在 20℃左右，三级反应器温升保持在 10℃左右，这表明大部分催化反应在一级反应器已完成，少量反应在二级和三级反应器进行。超级克劳斯反应器发生的主要是 $2H_2S+O_2 \rightarrow 2S+2H_2O$ 反应，该反应为强放热反应，故随着反应负荷的增加床层温升增加。图 9 列出了开工后装置的烟气 SO_2 排放浓度的数据。

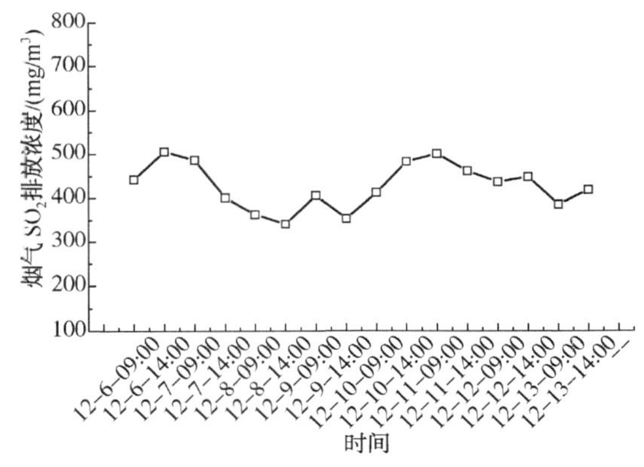

图 9　装置开工后烟气 SO_2 排放浓度数据

从图 9 可以看出，烟气 SO_2 排放浓度均低于 $550mg/m^3$，达到装置设计指标，低于国家环保法规规定的 $960mg/m^3$ 的排放标准。

3.2.4　工业放大标定试验

在装置稳定运行 1 年后，装置负荷稳定保持在 90%～100%，于 2015 年 11 月 9 日～11 月 11 日，对装置运行情况进行了系统标定。重点考察装置运行一年后烟气 SO_2 排放情况，对烟气在线仪每小时 SO_2 排放浓度数据进行了采集，具体数据见图 10。

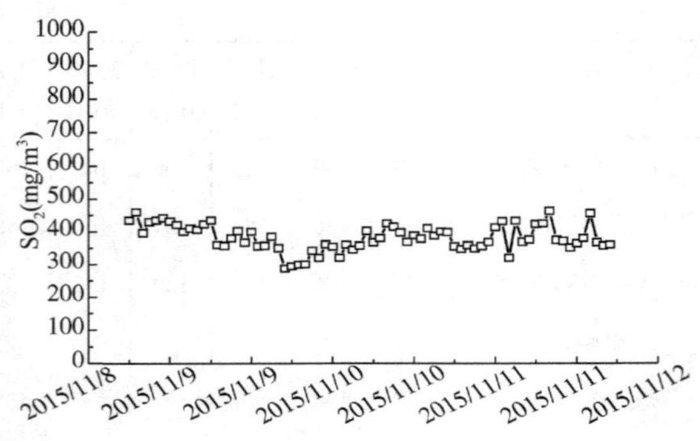

图10 标定期间烟气中SO_2排放浓度

从图10可以看出，标定期间装置烟气SO_2排放浓度均低于500mg/m^3，达到装置设计指标，低于国家环保法规规定的960mg/m^{3}的排放标准。

4 结论

（1）开发了LS－03H_2S选择氧化制硫催化剂，以SiO_2为主要原料，采用挤出成型工艺制备载体；以氧化铁和氧化物A复配作为活性组分，采用浸渍法工艺制备催化剂。

（2）工业试生产的催化剂性能评价结果表明，催化剂具有较好的制备重复性，各项性能达到或超过国外同类催化剂水平。

（3）工业应用试验结果表明，装置运行正常，超级克劳斯单元催化剂的硫化氢选择氧化转化率保持在98%以上，硫回收率在90%以上，装置烟气SO_2排放浓度均低于550mg/m^3，达到装置设计指标，低于国家环保法规规定的960mg/m^{3}的排放标准，工业放大试验取得成功。

（4）在依托LS－03催化剂开发成功基础上，可以形成新型克劳斯+超级克劳斯工艺硫回收技术。该技术相比目前通常使用的克劳斯+还原吸收工艺装置建设费用可节约30%，装置运行成本可降低30%。

参 考 文 献

[1] 岑岭，赖英才．浅谈我厂超级克劳斯硫回收装置的工艺特点[J]．石油与天然气化工，2003，32(5)：286-294.

[2] 汪家铭．超级克劳斯硫磺回收工艺技术现状及前景展望[J]．化工中间体，2008，12(12)：60-66.

[3] 殷树青，唐绍峥，张义玲．LS-941H2S选择性氧化超级克劳斯催化剂的研究[J]．石油炼制与化工，2004，35(7)：6-9.

[4] 杨斌，周永林．煤化工硫回收技术比较[J]．小氮肥，2014，42(5)：7-9.

[5] 汪家铭．超级克劳斯硫磺回收工艺技术现状及前景展望[J]．化工中间体，2008，12(12)：60-66.

浅谈深化安全管理的途径

黄 健

（中国石油青海油田公司格尔木炼油厂）

摘 要 随着国家经济发展，社会群体对安全问题的关注程度越来越高，事故对企业的生产经营成果产生了颠覆性、否决性和归零性的影响，特别是信息技术进入互联网时代，负面消息的爆炸式传播必将给企业的生产、经营、管理和声誉带来巨大的损失。格炼地处青藏高原，周边生态环境脆弱，如何贯彻习总书记的指示，树立“红线”意识，在环境保护方面，呵护世界屋脊的碧水蓝天，在安全生产的前提下创造社会财富、造福青藏人民，这是化工企业面对的重大课题。

关键词 安全体系；“五级”防控；生产受控；安全文化

1 主要问题分析

当前安全生产的突出矛盾有两个，一是高标准的安全期望与基础工作薄弱之间的矛盾，例如安全方面虽然做了大量工作，但事故事件总量没有明显减少。二是风险压力持续上升和隐患治理难度大效率低之间的矛盾，例如目前还没有形成快速治理隐患的制度机制，生产装置的老化和技术标准升级造成的隐患难以整改，如储罐间距不足的问题；有部分隐患在生产过程中难以解决需要等待机会，还有承包商问题、环保问题等，特别近期连续发生的几起重大事故直接暴露出企业面临的化工生产过程风险和社会风险在不断升级。为降低安全风险，提高管理水平，需要对存在的问题进行深入分析，经系统排查，安全工作在属地管理、直线责任、隐患治理等十类33项问题，矛盾的主要方面包括以下五个方面：

1.1 系统管理依然薄弱

（1）对管理体系的理念、原则认识不足，落实不到位

理念决定态度，态度决定行为，行为决定结果。表现出来的结果，其根源是理念的认识不足。从审核暴露出部分领导干部不熟悉中国石油核心价值观的问题，说明各级管理人员还没有能够做到深刻理解、随时落实。对企业积极提倡的诸多HSE理念，没有认真理解和认同，当然就更谈不上落实。从反思会分析的问题来看HSE九项管理原则，中“有感领导”、“直线责任”、“属地管理”等没有很好地落实。

（2）体系管理没有发挥出应有的作用

在体系管理方面，还没有认识到体系是科学的管理方法，各级管理人员常常将体系工作做为一项附加工作，或是某一岗位的工作，只是应付检查，体系管理要求和日常业务工作流程不一致，结合不紧密，体系管理文件成为摆设，成为“两张皮”，部分管理人员和专业技术人员没有认真学习体系管理，对体系的作用、定位没有准确清晰的认识，造成思想认识上的“两张皮”这些问题是困扰体系管理深入推进的症结所在。

（3）制度短板还没有消除

在分析中发现专业管理制度有漏洞和冲突，说明我们在顶层设计，制度建设方面投入精力和时间不足，另一方面，我们对制度缺少必要的学习培训，在实际工作中由于不熟悉法律法规、标准规范、程序文件和管理制度，直接影响了工作质量，或者看不出现场问题，常凭经验管理深入不下去。

上述面问题长期存在，每年都有所进步，但从总体上看进步幅度与发展要求相比明显不够，有量的积累，但还没有形成质的变化。

1.2 隐患总量依然较大

按照杜邦对中石油的诊断结论，企业处在严格监管的初期阶段，不论是在宏观上看集团层面，还是微观到我厂的具体问题，均呈现隐患和风险集中暴发的趋势。按照《生产过程危险和危害因素分类与代码》（GB/T13861—2009），对安全隐患进行分类分析，分析日常监督检查暴露的隐患类型及分布情况，可以看出，管理原因和设

备设施问题的综合占60%以上。问题的表现形式高度类似，例如承包商违章问题和项目管理问题。经深度分析，结果均指向相同管理短板：即基础管理滑坡，执行力不足；隐患数量大整改难度大；项目建设安全风险高。通过内外反复密集的检查和分析，基本达到了对安全管理现状的“深翻细耕”，管理短板和问题均已充分暴露，下一步就是把主要精力转向彻底整改隐患、强化基础工作，需要一个较长的时期进行攻坚，达到管理提升的目标。

1.3 隐患治理周期长风险潜伏期长

除需要等待时机治理的隐患外，整改慢，拖延的时间长还与缺少及时处置隐患的机制有关系。实际解决问题的过程中，从资金申请到位、正式立项招标谈判、申报材料计划等待采购到实际进入现场实施的时间跨度非常大。一些资金投入小，比较零散的隐患治理工作非常难开展，比如梯子平台这类问题很零散，从申请费用到实施周期拉的很长，中间变数很多，等到了实施的时候又有若干问题出现，总是整改不彻底，车间自己的整改力量有限，也造成问题拖延周期表较长，应该从制度建设上考虑对隐患的整改采取专门流程，使发现的问题立即得到处置，避免同一个问题被重复提出来。

1.4 环保压力沉重

我们面临的环保压力依然沉重，突出表现在三个方面，一是污水处理抗冲击能力低，且不具备深度处理回用手段，未来应对减排指标和排放标准提升的难度大，必须提前攻关未雨绸缪，二是“三泥”和工业碱渣的无害化处置将面临越来越大的成本压力。三是打赢蓝天、碧水、净土保卫战，持续改善生态环境质量的压力越来越大。特别是早期建设的生产装置已无法和快速升级的标准和管理要求相适应，VOCs治理及异味管控难度依然大。

1.5 承包商短板长期存在

项目建设中的安全风险主要来自承包商，由于格炼所处社会环境依托差，施工方作业人员结构复杂且不稳定，平均安全技能低，基本无安全意识。虽然各级机构组织的安全教育总频次并不低，但是难以纠正多年养成的习惯性违章和淡漠的安全意识，这是导致“三违”问题、施工现场“低、老、坏”问题反复出现直至成为顽固症结的根源之一。与企业制度的安全要求相比，承包商投入的施工安全措施费用远远不够，硬件条件难以满足高标准的安全施工需要，再加上人员素质低造成项目建设的安全风险非常高。然而，雇佣高素质的施工人员和保障安全措施的硬件投入都会造成工程总费用的提高，在投资观念和现实操作没有根本转变的情况下承包商管理短板治理将在很长一段时期内难以实质推进。

2 解决的途径

2.1 建立五级防控削减过程风险

在隐患排查方面，根据厂区不同区域的风险差异设计抽样框，编制详细的年度监督计划和项目建设及检维修专项监督计划，克服隐患排查的随意性和盲目性。在管理层面上构筑“五级防控体系”，把落实岗位职责的巡回检查和落实属地管理的自查整改作为隐患治理的第一级防控；各职能部门落实直线管理责任和专业检查，是隐患治理的第二级防控；通过外部审核与各级检查发现管理漏洞，弥补现场检查可能存在的片面性，是第三级防控；依赖专业设备进行的监测，通过组织内外部的专业技术评价或风险排查治理深层次的隐患是第四级防控；通过开展群众性安全活动，大范围排查治理隐患是第五级防控。

通过构建多级防控体系，大大增强了岗位责任的落实，在2018年大检修的作业风险管控中见到了明显成效，未发生事故；在专业领域，各职能部门通过应用专业技术分析提前防范风险，设备开展了专项监测，生产工艺开展了HAZOP分析和PHA分析，安全科开展了现状安全评价与年度风险评价活动排查整改隐患705项，有效缓解了隐患集中爆发的高风险压力。

2.2 强化监护削减作业风险

在制度层面，突出监护在高危作业中点对点、人盯人的高效防范作用，对高危作业的监护加强了监督管理，在作业审批方面提高了标准，作业前强制开展工作前安全分析，对作业项目进行风险评估后采取相应监督监护措施，此项工作有效提升操作人员的风险防控技能，确保作业风险识别充分，安全措施落实到位，监护人员履行职责，从各个层面削减高危作业带来的风险。

2.3 加强承包商监管

（1）重点遏制施工作业人员的违章行为，坚决辞退入厂教育中不及格的人员，对典型的安全隐患和违章作业先进行处罚通报再开展现场教育，重点监督特种作业备案人员与现场施工人员是否一致；监督作业过程监护人员的落实，安全方案审查和技术交底，严格作业许可管理，危险作业必须由属地单位技术人员办理许可证，确保现场施工作业全过程受控。

（2）对事故高发的作业进行专项整治。例如对脚手架施工现场进行专项安全检查，采取挂牌许可管理。脚手架搭设人员持有效的特种作业资格证。脚手架作业应办理作业许可证，采用绿色和红色警示牌进行标识。对个人使用的安全带进行定期检查，及时更换已损坏的。对生命线等作业防护设施进行检查，确保技术措施能发挥应有的作用。

2.4 强化交通管理

在管理方面强化内部准驾证制度、行车进行监控，三交一封等制度管理；硬件方面充分利用GPS车辆管理平台、手持雷达测速仪严格监控，严肃处理“超员、超载、超速”三超行为，举办理论培训班，促进安全意识的提高。

2.5 加强消防“四个能力”建设

必须持续开展以“检查消除火灾隐患能力、扑救初起火灾能力、组织引导人员疏散逃生和自我宣传教育培训能力为主要内容的消防工作“四个能力”建设。建立消防安全“户籍化”管理档案。将单位基本情况、每幢建筑消防安全基本信息、消防安全管理制度、逐级消防安全责任落实情况、员工消防安全教育培训及灭火和应急疏散预案及时录入消防安全“户籍化”管理档案；及时录入日常动态管理。结合日常隐患排查工作开展消防检查，规范消防安全管理，提高全厂消防保障能力。

2.6 加强应急技能训练

我们对应急预案的策划与修订实施持续改进。2013年厂级演习的频次提高到10次，各生产车间根据自身生产特点都强化了应急预案培训和演练工作，定期聘请专家对预案进行评审和完善。在应急培训方面，重点要求职工了解如何调动资源，熟知本岗位的应急分工，在演习训练中逐步提协调配合能力。也可以开展专项技能培训例如为提高岗位人员的应急技能组织佩戴空呼比赛促进岗位人员应急的技能提高。

2.7 努力提高培训效果

（1）重视应知应会的培训

应按不同的岗位级别策划安全培训应知应会的内容，开发多媒体课件，依托网络资源建立网络化培训系统和应急培训系统努力提高培训效果。

（2）加强外来施工人员安全教育

针对不同的工种，进行不同的安全培训。针对不同的工种，提出相应的安全施工要求，在施工作业前各专业派专人对施工人员进行专业技术考核，严防质量隐患引发安全事故。

（3）强化事故案例学习

采用多媒体的授课方式开展“事故案例学习”活动，促使员工引以为戒、警钟长鸣，事故案例教育活动做到全员覆盖，通过长期教育，促进员工在意识观念上形成对安全生产的重要性的认识，建立对安全的需求的自主行为。

（4）强化管理人员培训

基层单位专兼职安全人员的工作能力和作用能否充分发挥，影响安全管理网络管控效果。在资质培训方面，鼓励职工参加注安师考试提升安全业务素质。

2.8 实施科学管理迈向长治久安

（1）实施体系管理

20世纪60年代，自系统工程原理广泛应用于管理活动中后，人们越来越认识到人的因素在安全管理中的作用，安全管理的理念进入到全面、全过程、全员的阶段。目前已在企业实施的QHSE体系、AQ3013体系就是系统化的管理，强调安全是全体员工的责任，只有依托科学的体系管理，才能逐步建立正确的安全文化，实现长治久安。格炼在践行体系管理的过程中，采取了滚动审核、化整为零，由面到点深入审查一个要素，从对现场问题的审核，上升到管理流程和管理效果的分析判断，管理的提升从纵深寻找突破口，收到了较好的效果。要保障体系自身的诊断机制，必须建立相对稳定的体系审核员队伍和管理制度，才能保证审核质量。

（2）建设双重预防机制

根据国家建设双重预防机制的要求，我们从2017年成立组织机构开始筹备工作，积极参加了内外部各级培训，邀请了专家指导我厂完成风险分级防控机制的初步建立，将每个岗位的风险重新辨识和评价，开展分级防控，制定了各级防控措施，形成了分级防控评价报告。2018年投入600万元建成硬件平台，其中，高危作业管理，实现了作业预约和审批流程化管控，依托移动终端，强制人员到现场签票，有效管控了作业风险；电子巡检管控，通过对人员的轨迹进行精确定位，切实提升巡检质量；风险辨识、分级防控与风险度动态研判、将风险辨识与评价结合在日常巡检、隐患排查、工作前安全分析等过程，有效提升员工的风险防控技能推动员工风险意识的形成，提升风险辨识与评价的基本技能；隐患闭环管理，实现了隐患的全过程管理和销项、统计分析；消防与应急通讯指挥系统，实现了内部通讯资源的联通共享，应急信息可通过电话群拨的方式实现快速传递，双重预防体系基本建设成型，有力推动了安全管控水平的提升。

3 结束语

安全作为一门交叉学科，属于技术性强的领域。事故呈现出的不确定性规律，要求安全工作以不变应万变，所谓不变就是强化基础工作不能变，只有隐患总数明显下降，全员安全意识普遍提升，正确的安全文化逐步沉淀，企业才能获得长治久安。

参考文献

[1] 陈朋，凤宝莲 HSE 风险管理理论与实践 北京：石油工业出版社 2010.
[2] 刘强，化工过程安全管理实施指南 北京：中国石化出版社 2016.
[3] 彭力，石油化工企业安全管理必读 北京：石油工业出版社 2004.
[4] 原国家质量监督检验检疫总局质量管理司 质量专业理论与实务 北京：中国人事出版社 2002.
[5] 胡月亭，安全风险预防与控制 北京：团结出版社 2017.

油雾回收在机泵群油雾润滑系统中的应用

逯红江

（中国石化齐鲁分公司胜利炼油厂）

摘　要　油雾润滑是采用喷雾方法实现润滑，由于油雾的弥散性，不可避免的，会有一部分油雾扩散到周围环境中，对环境、设备造成污染。文章介绍一种油雾回收设施在机泵群油雾润滑系统中的应用，并在前期调研的基础上，对油雾润滑中残雾回收的方法做进一步探讨。

关键词　油雾润滑；环保；油雾回收；残雾；润滑

1　油雾润滑原理及存在问题

1.1　油雾润滑原理

油雾润滑技术作为一种集中润滑方式，目前广泛应用于石油化工等领域。随着油雾润滑技术在生产实践中的广泛应用，给生产、操作及日常维护带来了很多方便。油雾润滑这种润滑方式，是通过管道引来的干燥清洁空气送进油雾发生器中，将液态润滑油雾化成悬浮在高速喷射流中的粒径为微米单位的微细油颗粒从而形成油雾，然后通过输送管道输送到不同类型的凝缩嘴后，可以凝缩成颗粒度不同的湿雾，以弥散到不同类型的摩擦副之间，从而能形成油膜，起到润滑作用。油雾润滑具有很多的优点：如动力消耗少；成本及维护费用低；便于集中管理；散热性好；易带走摩擦热从而降低摩擦副温度；由于油雾具有一定的压力，可以在轴承箱内起到一定的密封作用，防止润滑油被污染；降低事故率；减轻工人劳动强度等。[1]

目前常用的油雾雾化方式有超声、文氏管喷嘴、旋动射流等方法。图1为机泵群油雾润滑系统组成示意：

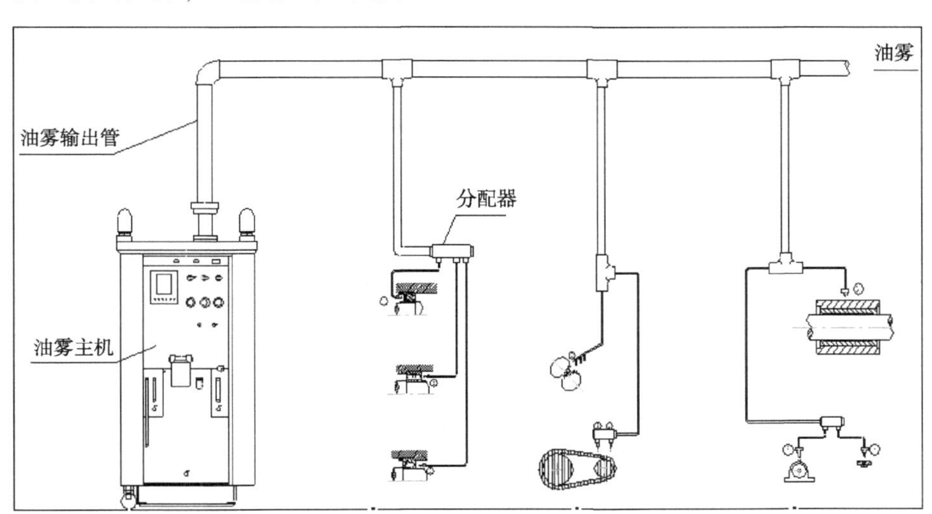

图1　机泵群油雾润滑系统组成

1.2　油雾润滑存在问题

油雾润滑采用的是喷雾的方法来实现润滑，由于油雾要经过轴承，较大颗粒的油滴容易沉积在轴承表面，然而一些体积较小的油滴随着空气而喷散出去。油雾润滑系统产生的油雾约有20%~30%左右扩散到周围的环境中，造成环境污染、设备和工件的污染，而工人在有油雾的地面上行走时滑倒的可能性也会增加，在某些环境中，特别是泵房内，油雾浓度达到某种程度易引发火灾，存在安全隐患。并且，由于油雾颗粒的粒径一般在5μm以下，这个粒径范围内的颗粒物对人体的健康产生影响。油雾的污染问题，已经引起国内外相关行业的高度重视。因此对油雾的治理和回收就显得相当重要，这无论对环境的改善还是油雾润滑的发展都有极其重要的意义。

很多生产装置建设初期，出于减少一次性投资等方面的原因，机泵群油雾润滑系统没有配套油雾回收系统，目前环保要求日益严格，挥发性有机物(VOC)治理迫在眉睫。因此油雾润滑残雾治理工作已成为各个装置必须要做的一项工作。

图2中，轴承箱油封端泄漏的泊雾在设备表面凝结，容易产生积灰影响散热、影响设备现场面貌且增加了工人清扫设备的工作量；集油箱顶部排空口逸出的油雾量较大，污染工作环境。

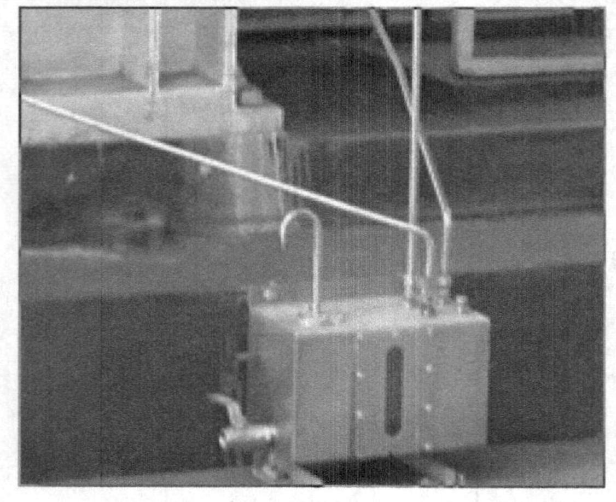

图2　轴承箱油封泄漏油雾、集油箱顶排空口油雾逸出

2　油雾回收系统工作原理及方案选用

2.1　油雾回收原理及应用

油雾润滑系统产生的油雾大部分变成润滑油润滑轴承，还有一小部分油雾没有被利用。油雾回收装置就是把油雾润滑应用中多余的油雾进行回收，回收后进行油、气分离，油落在废油箱中，洁净的空气排放到大气中。针对油雾的回收治理可以有很多方法和原理，包括机械分离法、静电沉积方法、洗涤吸收方法、过滤法、复合式净化法法等。[2]

(1) 机械分离法

机械分离法的原理是利用油颗粒的密度大于空气的密度，通过使用重力，或通过产生离心效应等使油颗粒从空气中分离出来，以达到净化的目的，利用重力分离即使油雾经过空气沉降器，使大部分的油颗粒及其他固体颗粒物都能沉降分离出来；离心式分离即使油雾流入旋风分离器或其他离心式分离设备，利用气流旋转离心效应使油颗粒从空气中分离出来。

(2) 静电沉积法

静电沉积法的原理是使油雾流入高压电场，使油颗粒在电场力的作用下被吸附，以达到净化的目的。静电沉积法分离油颗粒的效率相对较高，且设备占地面积小，但形成的油垢黏度较高，不易清洗，长期使用会在集尘极表面形成一层油膜层，使净化效率大幅下降，并且当油液沉积较多时可能发生起火。

(3) 洗涤吸收法

涤吸收法是使吸收液与油雾废气接触，使油颗粒从气体转移到液体中从而起到净化作用，常见的洗漆吸收工艺为喷淋，使油雾颗粒与喷嘴喷出的液体接触，从而使油雾颗粒从空气中分离，起到净化作用，这种处理方式效率高、设备结构简单、运行费用低、管理方便；缺点是产生的污水会造成二次污染，造成资源的浪费。

(4) 过滤吸附法

过滤吸附法的是使油雾中的油颗粒物与过滤材料发生碰撞，使油雾颗粒被捕捉到滤料中从而起到净化作用。常用的过滤材料有活性炭，滤布、纤维及一些矿物质，其中以活性炭最为广泛。过滤吸附法投资少，操作简单，对油雾中的颗吸附性大，缺点是吸附材料容易吸附饱和，设备使用成本很高。

(5) 复合式净化法

由于各种净化方法的优缺点差别较大，为了达到更好的净化效果，并降低设备的运行成本，可以采用多种净化技术相结合的方式，如将机械分离法与过滤分离法结合、离心分离法与静电沉积法相结合等。例如将机械分离与静电分离设备相结合，利用电场力与惯性力或离心力的共同作用，能够对较大或较小粒径的颗粒起到更好的分离作用。[3]

2.2　油雾回收方案选用

油雾润滑已经被列入 API610，但目前国内各个装置使用的机泵油雾润滑并非全部参照 API610 标准进行制作安装，很多机泵为由原来稀油润滑改造为当前使用的油雾润滑，因此根据各每台机泵油雾润滑安装方式的不同，选择适用的油雾回收安装方案。

（1）第一种方案

油雾单进单出时，只抽回收箱弯管处的油雾。此种情况是原有的油雾润滑不做任何改动，效果只能保证弯管处没有油雾，但轴承箱两端还有少量的油雾冒出(图 3)。

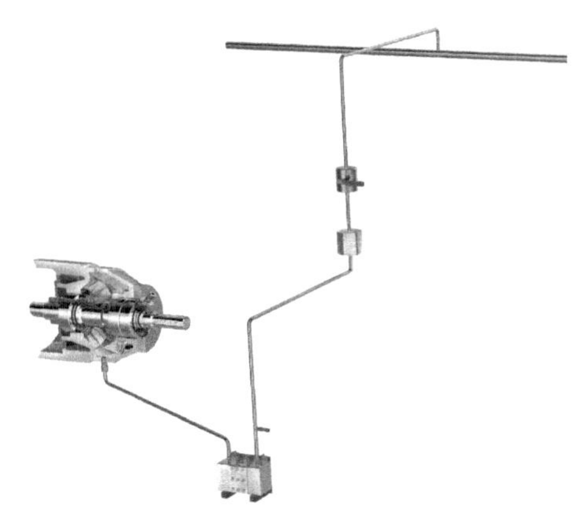

图 3　油雾回收方案(1)

（2）第二种方案

油雾单进单出时，抽回收箱弯管处的油雾和轴承箱两端的油雾。此种情况是在轴承箱两端加上罩子，把轴承箱两端的油雾集中在罩子内，然后抽走。原有的油雾润滑不做任何改动，在轴承箱两端增加两个罩子。效果是大部分油雾都被回收，只有罩子和轴之间的间隙有微量油雾冒出(图 4)。

图 4　油雾回收方案(2)

（3）第三种方案

油雾两端进单出时，抽回收箱弯管处的油雾。原有的油雾从两端进入，符合 API610 的标准。此时两端进雾口在机泵出厂时就有，或者用户改造。效果是所有油雾都被回收(图 5)。

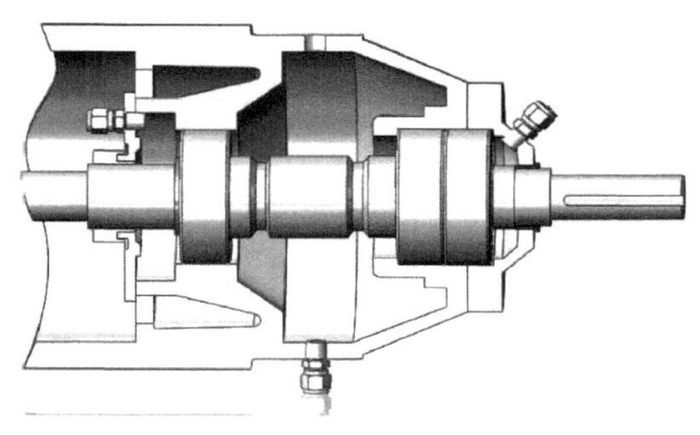

图 5　油雾回收方案(3)

2.3　油雾回收应用

以中国石化齐鲁分公司 4#常减压装置机泵群为例，该装置于 2010 年投用机泵群油雾润滑系统 1 套，有 55 台离心泵采用油雾润滑方式。通过对该装置加装油雾回收系统，以减少油雾的排放，满足现场环保要求。根据实际情况，该装置选用第二种方案对残雾进行回收。主机内部工作原理示意图见图 6。

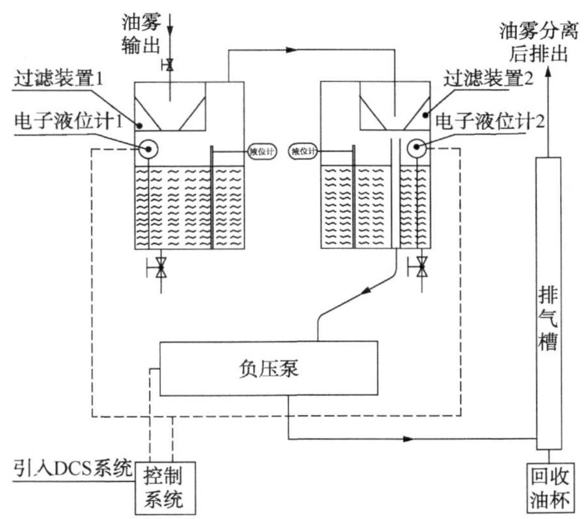

图 6　4#常减压装置油雾回收主机工作示意

电动负压泵产生负压，使得油雾进入一级过滤装置，经一级过滤后再进入二级过滤，油雾经两级过滤后油雾分离成油和洁净的空气，空气排到大气中，油滴落到各自的油回收箱。当一级和二级油回收箱的油达到油位上限时发出报警信号，人为放掉废油。控制系统同时传送 DCS。

油雾回收主机示意见图 7。

主机主要组成：电动负压泵，过滤装置 1，过滤装置 2，回收油杯，排气槽，控制系统等。主机进入运行状态后，正常工作时不需要人为操作，但要进行定期(一周)巡检。检查过滤装置 1 和过滤装置 2 油箱液位是否高于液位计上限，高于上限需放掉油。同时检查电子液位计。

机泵群油雾回收示意图见图 8。

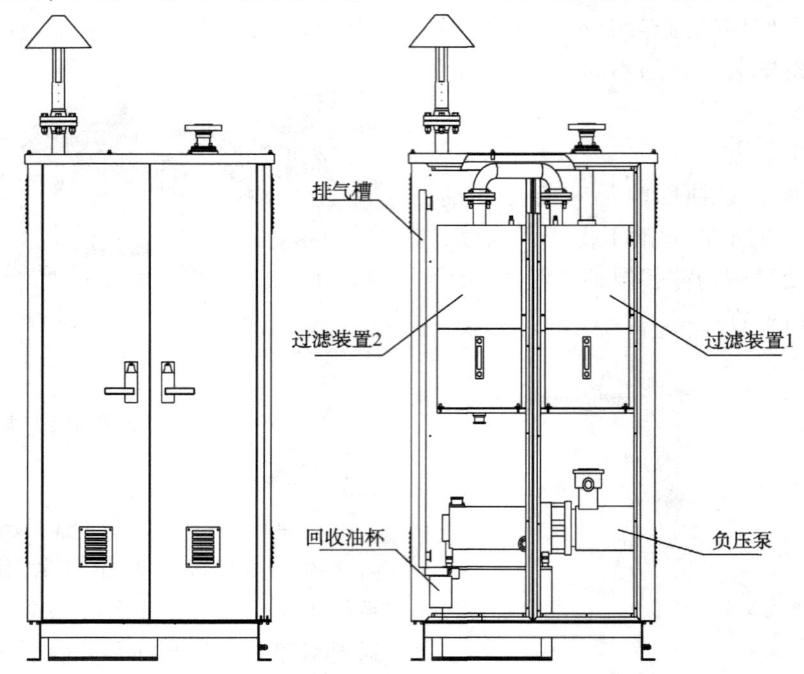

图 7　油雾回收主机示意

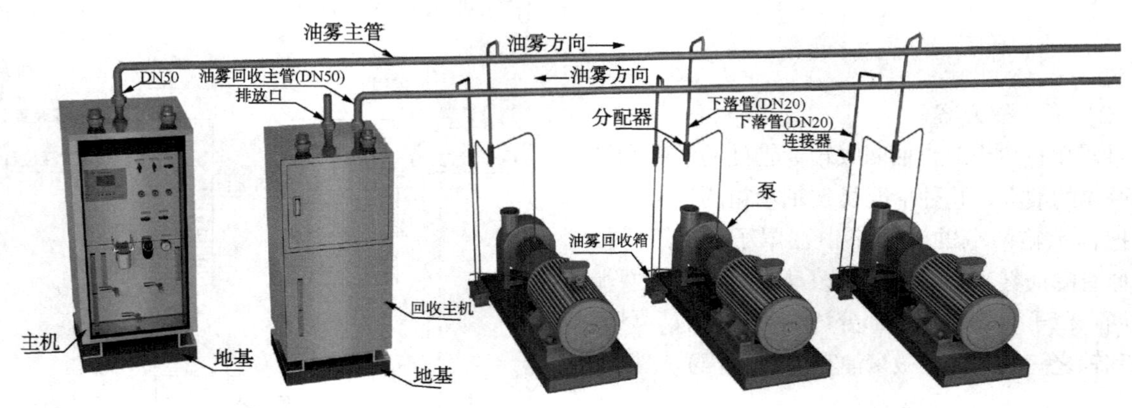

图 8　机泵群油雾回收示意图

油雾回收系统安装完成后，投用前，需由专业厂家进行调试，用专用压力计测出每台泵泵腔内的压力，测出回收箱内的压力。根据各泵测得的压力，通过球阀调节泵腔内至微负压，同时保证油雾通过轴承且有足够的油量，并锁定球阀。

3　应用效果

油雾回收系统投用后，现场机泵回收箱弯管处已看不到明显的残雾逸出，现场环境有了非常大的改善。由于该装置的机泵不能采取两端进雾方式，故备用泵轴承箱两端将有少量的油雾溢出，但较改造前浓度和溢出量将大幅度降低。被集中回收的油雾经过滤吸附后，凝结率最高可达 95%以上。

4　结语

随着我国对环境保护的日益重视，国家或行业已陆续制定出各种法律、标准及规范严格约束油气无序挥发或排放。中国石化集团公司 2018 年组织制定了《绿色企业行动计划》，并明确指出2023年以前，集团公司所属企业基本完成绿色企业创建。目前机泵群油雾润滑在各个企业应用广泛，但大部分都没有配套油雾回收设施。齐鲁分公司4#常减压装置机泵群投用油雾回收设施后，现场工作环境较以往有了很大的改善，基本消除了油雾润滑残雾挥发导致的环境污染，是治理企业内同类“非绿色”顽疾行之有效的方案。

参考文献

[1] 张淑华，王平，苏立明．油雾润滑中残雾处理方法的研究[J]. 包钢科技，2008(6)：36-38.

[2] 陈建文，宋锦春，张志伟等. 用离心装置进行残雾回收的研究[J]. 冶金设备，2007(3)：49-51.

[3] 慕惠师．离心式油雾回收装置中油雾流场的数值模拟及实验研究[D]. 东北大学，2015.

金陵石化芳烃联合装置节能降耗技术探讨

王志华

（中国石油化工股份有限公司金陵分公司）

摘　要　本文主要介绍了金陵石化芳烃联合装置自初始开工以来实施的各项综合节能降耗技术，具体从二甲苯塔塔底加热炉节能改造、歧化精馏换热网络优化、甲苯塔降压操作、装置原料优化、新型催化剂应用等等各方面展开节能分析及探讨。通过实施相关节能措施，金陵石化芳烃联合装置能耗明显降低，为国内同类芳烃装置优化用能提供了经验参考。

金陵石化芳烃联合装置包含一套1.0Mt/a连续重整装置和一套0.6Mt/a对二甲苯装置，于2008年年底全面开工投产。根据中国石化集团公司总部细分，金陵石化芳烃联合装置又分为预加氢、重整、重整分离、芳烃抽提、歧化及烷基转移、二甲苯回路等6个分单元，芳烃联合装置工艺原则流程示意图如图1所示。

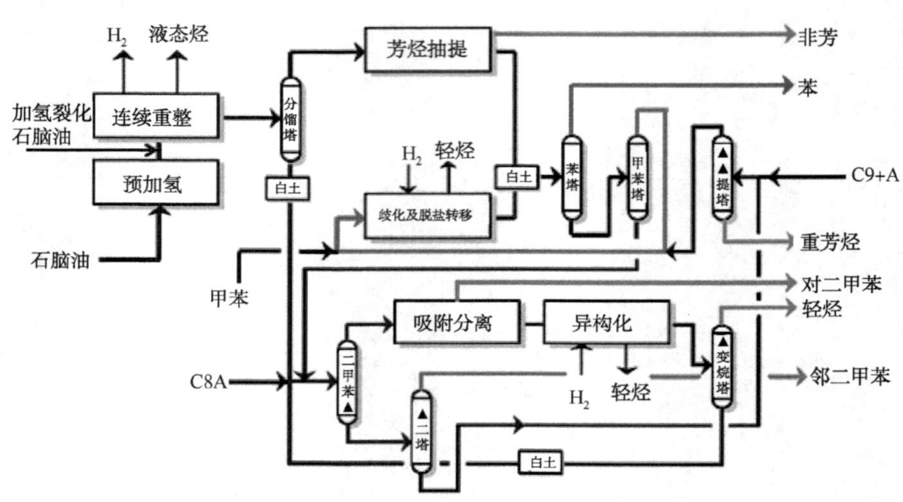

图1　芳烃联合装置工艺原则流程图

在当前石化企业的发展形势下，炼化一体化是世界各大石化公司在石化建设方面的发展趋势。中国石化的化工板块有两大龙头，一是乙烯装置，二是芳烃装置，这两个龙头都是中国石化集团公司化工板块的耗能大户[1]。2017年，两大类装置的能耗合计已超过化工板块能耗的50%。这两大化工装置节能工作的力度和成效，在很大程度上影响到中石化集团公司节能减排总体目标的实现。近年来，乙烯装置经过努力，能耗有了明显下降。相对来说，芳烃装置的节能降耗工作还存在进一步提升改进的空间。而芳烃联合装置能耗居高不下的情况，也是芳烃装置利润进一步提高的最大制约因素。本文详细论述了金陵石化芳烃联合装置在二甲苯加热炉节能改造、歧化精馏换热网络优化、甲苯塔降压操作、重整原料优化、新型三剂运用等各个方面进行具体技能措施介绍，同时对节能措施的使用效果进行了探讨。

1　二甲苯加热炉节能改造

1.1　余热回收系统更换为板式-铸铁板式余热回收器

二甲苯加热炉余热回收系统原为热管式换热器，加热炉排烟温度达到140℃。2016年9月，金陵芳烃联合装置利用大修机会将其更换新型板式-铸铁板式预热系统，同时采取控制烟气换热旁路阀开度的方式，以保证在排烟温度降低的同时减少烟气露点腐蚀，所有调节阀门、引风机、鼓风机利旧。新的换热器由5块模块(3块钢模块+2块铸铁模块)组成，烟气自上而下流经板束一侧，冷空气横向依次经过两块铸铁板模块，反复折流横向流过3块钢模块，与热烟气形成错流传热。在钢模块与铸铁模块交界的位置设置6个冲洗水接口，用于冲洗铸铁板烟气侧，水在烟道联箱及引风机底部排出，排水接入装置含油污水井，如图2所示。

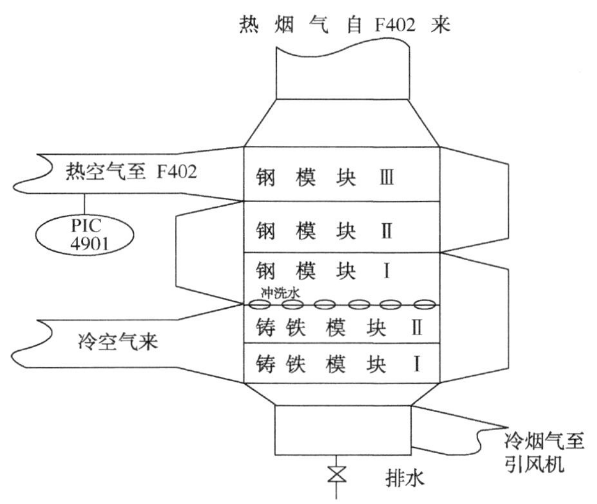

图2　F402A/B余热回收系统换热示意图

1.2　CO分析仪器控制鼓风机变频

F402A/B加热炉烟气系统同时新增加CO在线分析仪，实施理论配比燃烧优化控制系统改造项目，DCS控制示意图如图3所示。通过烟气中的CO含量来表征燃烧水平，建立燃烧过程数学模型，将CO含量作为主控变量，通过控制鼓风机变频开度，将烟气中的CO含量在50~100ppm。在满足同样的热量供出的基本条件下，理论配比燃烧以相对较低的燃料气消耗达到了工艺要求。同时，理论配比燃烧还可以从生产工艺源头上减少污染物排放和降低局部炉管氧化速率，实现加热炉真正节能高效、安全平稳运行。

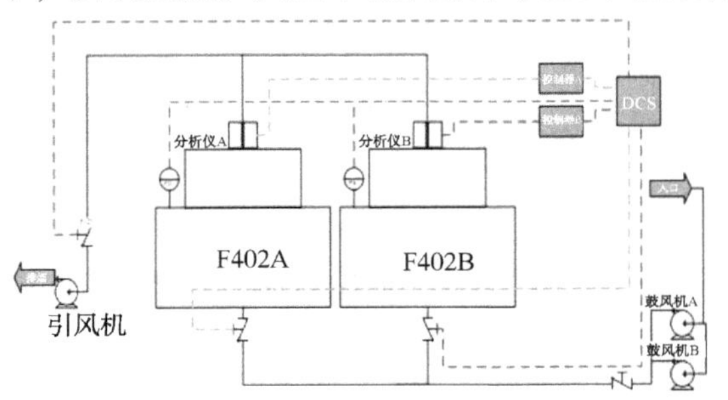

图3　CO分析仪控制F402鼓风机DCS示意图

1.3　采用新型高效低氮燃烧器

F402A/B由原先普通燃烧器，改为新型高效低氮燃烧器。新型燃烧器瓦斯火枪从燃烧器底部分成6路，在炉膛内部通过火盆砖结构使火枪瓦斯进入方向改变。瓦斯进入炉膛内部后，再分成12路火枪，火盆砖内外各6路，各路瓦斯喷入点巧妙配合。瓦斯点燃后形成低压区，使燃烧后一部分烟气和瓦斯预混后再次参与燃烧，同时拉长了火焰长度，降低焰芯温度。

1.4　二甲苯加热炉改造效果

二甲苯加热炉该项目实施后也进行了经济核算：2016年11月~2017年1月期间本装置二甲苯加热炉瓦斯总耗量下降明显，直接的降低装置加工成本。根据理论配比燃烧模式使得进入炉膛燃烧的空气量减少，排烟温度降低使得较多烟气热量充分利用，所以加热炉消耗燃料气量必然下降。对比技改前后80%负荷下，二甲苯加热炉F402A/B燃料气消耗工况(表1)。

表1　80%负荷F402A/B改造前后瓦斯消耗量对比表

项目	日期	PX产量 t/h	F402A m^3/h	F402B m^3/h
改造前	第一天	55.66	4168	4393
	第二天	54.08	4113	4347
	第三天	55.64	4169	4405
改造后	第一天	54.27	4089	4345
	第二天	54.11	4068	4291
	第三天	55.15	4111	4339

从表1中得出，在装置负荷相近同为80%的情况下，改造前F402A/B瓦斯总耗量约为8532m^3/h，改造后F402A/B瓦斯消耗总量约为8414m^3/h，燃料气量降低了1%以上。按每年运行8400h，瓦斯密度为1.5kg/m^3，瓦斯价格按2270元/吨计算，80%负荷工况下每年节约的瓦斯费用约为(8532-8414)×1.5×2270×8400/1000/10000=337.51万元。F402节能的瓦斯量折合成标准油后，降低芳烃联合装置加工能耗约3~4kgEO/t。

2　歧化精馏系统换热网络优化

2.1　歧化精馏系统原换热网络

芳烃联合装置歧化单元精馏部分甲苯塔为提温提压操作，甲苯塔顶压力设计为0.45MPa。甲苯塔底采用圆筒式加热炉F102供热，F102设计负荷为40.50MW。如图4所示，即为芳烃联合装置歧化单元原换热网络，甲苯塔顶气相组分为苯塔重沸器E112A/B提供热源，其余热量通过甲苯塔顶空冷A106进行冷却。在物料平衡及换热流量控制上，苯塔、甲苯精馏单元主要物料采用先进控制技术进行调节，以保持歧化单元精馏系统的物料平衡和换热稳定。

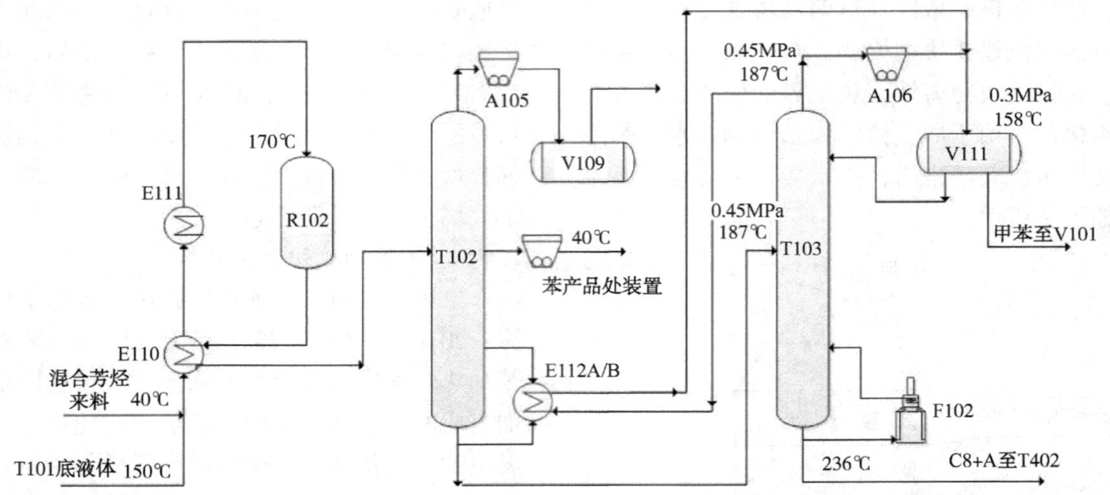

图4 原苯塔、甲苯塔精馏换热流程图

2.2 歧化精馏系统换热网络优化

通过换热网络优化分析发现，甲苯塔塔顶气187℃温位及流量可有效替代R102白土塔入口物流E111加热器中的中压蒸汽。我公司联系设计院进行甲苯塔顶气相多余的热量替换中压蒸汽介质对歧化单元白土塔入口物料进行加热的改造项目设计可研，并联系施工单位进行换热器及相关管线改造实施，如图5所示即为更新后的歧化精馏系统换热网络。

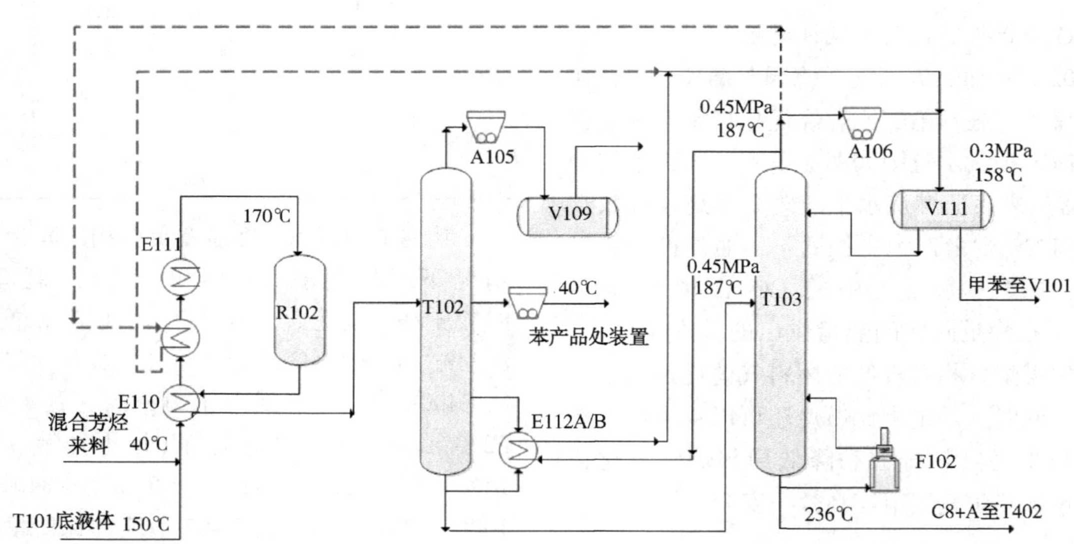

图5 改造后苯塔、甲苯塔精馏换热流程图

2.3 换热优化节能总结

2016年11月，甲苯塔顶气体E111B换热器就位，其相关新管线配管已经实施。装置计划于2019年大修期间增设E111B热源介质侧控制阀后，E111B改造项目尝试投用，在苯产品质量达标情况下，将白土塔入口温度预计可由原先的193℃降低至178℃。改造后，原先换热网络存在的不足可以得以解决，原来冷却的热量可用于回收。对歧化精馏塔局部加工成本核算后，可节约2~3t/h装置内中压蒸汽消耗及部分除氧水含量。

按分公司日效益数据3.5MPa蒸汽价格145元/t，年运转8400h，此次换热优化节约经济加工成本365.0万元，芳烃联合装置总耗可降低4-5kgEO/t。

3 甲苯塔降压优化操作优化运行

如前节介绍，芳烃联合装置甲苯塔原设计为提压操作，以塔顶多余高温位气相为苯塔提供再沸热量。甲苯塔设计顶部压力0.45MPa，顶部温度187℃，以确保为苯塔(塔底温度150℃)提供足够的传热动力。

3.1 甲苯塔运行现状分析

经过饱和蒸气压公式换算后得出当塔顶压力0.41MPa的情况下，顶温应在178℃左右，仍足以保证为苯塔塔底物料供热。在优化甲苯塔操作之前，先经过Aspen plus模拟软件构建模型对甲苯塔分离进度进行核算，如图6所示。

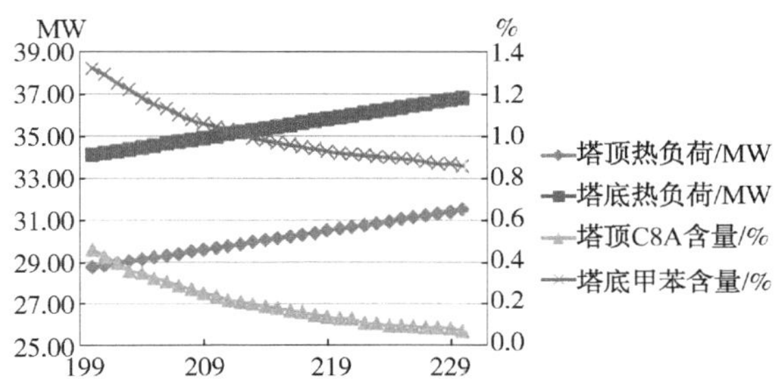

图6　甲苯塔aspen plus计算模型图

在甲苯塔进料163t/h负荷下，随着甲苯塔回流量的降低，甲苯塔顶与塔底热负荷都呈现逐步下降趋势。当甲苯塔回流量低于212t/h之后，甲苯塔顶与塔底的产品组分偏离正常产品要求。此时，最优回流量对应的塔底加热负荷为35.18MW，而设计基本工况216t/h对应的加热负荷为35.56MW。在设计甲苯塔满负荷工况下，随着甲苯塔降低回流量4t/h，在满足该塔顶底组分分离精度的前提下，可节约380kW加热量。由此，可以判定满负荷情况下通过优化降低甲苯塔顶压力与降低回流量，可以在保证甲苯塔顶、底产品分离精度的前提下实现节能降耗。

3.2 甲苯塔降压优化过程

在甲苯塔进行降压优化调整过程中，通过尝试设置不同的甲苯塔回流比来跟踪甲苯塔顶成绩。另外，在确定甲苯塔最优回流比后，通过设定不同甲苯塔顶压力下工况下进行降压优化调整。优化期间调整参数及甲苯塔顶产品成绩如表2和表3所示。

表2　实施过程甲苯塔塔顶压力与塔顶产品成绩表

分析项目	塔顶压力/MPa	非芳/%(m/m)	苯/%(m/m)	甲苯/%(m/m)	乙基苯/%(m/m)	对二甲苯/%(m/m)	间二甲苯/%(m/m)
1	0.430	0.018	0.003	99.956	0.023	0.00	0
2	0.425	0.012	0.000	99.962	0.026	0.00	0
3	0.420	0.020	0.000	99.909	0.031	0.02	0.02
4	0.415	0.017	0.003	99.855	0.045	0.04	0.04
5	0.410	0.024	0.004	99.729	0.083	0.08	0.08

表3　实施过程中甲苯塔回流比与塔顶产品成绩对比表

分析项目	回流比/(t/t)	非芳/%(m/m)	苯/%(m/m)	甲苯/%(m/m)	乙基苯/%(m/m)	对二甲苯/%(m/m)	间二甲苯/%(m/m)
1	7	0.014	0.003	99.965	0.027	0.00	0.00
2	6.7	0.012	0.004	99.909	0.035	0.02	0.02
3	6.3	0.012	0.000	99.875	0.043	0.04	0.03
4	6	0.023	0.001	99.751	0.085	0.07	0.07

3.3 甲苯塔降压优化效果

对比同等负荷下降压节能效益，选取了2018年与2012年部分时间段作为实施前后数据对比。下表4为甲苯塔工艺参数调整数据：

表4　实施过程中在对应压力与塔顶产品成绩对比表

时间	F102燃料气消耗	甲苯塔压力	甲苯塔负荷
	m^3/h	MPa	t/h
2012年7~9月平均	3420.49	0.45	143.73
2018年8~11月平均	3242.09	0.42	148.62
差值	-178.4	-0.03	4.89

降压优化实施后，在甲苯塔负荷稍有增加的情况下，燃料消耗降低了178.4m^3/h，约降低能耗3.56kgEO/t。以燃料气密度0.85kg/m^3，燃料气孔板5%偏差及干气价格2640元/吨计算。91天产生的效益为：178.4m^3/h×95%×0.85kg/m^3×2640元/吨×24h/天×91天=83.06万元。

4 重整原料的调整优化

4.1 重整原料优化

芳烃联合装置原料的性质对芳烃产率有重要的影响，选用高环烷烃含量的原料进行重整反应可大增芳烃产率，同时延长重整催化剂使用寿命。目前常用芳烃潜含量或芳构化指数(N+2A)表示原料的优劣。反应条件不变的情况下，原料中的N+2A不同，则芳烃产率有很大变化，(N+2A)与芳烃产率呈现负相关关系。对于组分较为稳定的原料来说，更加严格地对原料中的轻组分进行切割，切取适合于重整反应的组分进入重整装置会降低装置加工能耗、提升经济效益。重整原料中轻重组分含量与原料馏程有关，可通过调整原料初馏点与终馏点来优化原料芳构化指数与芳烃潜含量。

如表5所示，在进行重整装置分馏单元预处理分馏塔优化过程中，始终将塔底温控制在167~169℃左右，灵敏塔盘温度由108℃调整至110℃左右，明显降低了原来重整进料轻组分含量。由表3可看出原料优化结果，重整进料初馏点由原78.3℃提高至83.4℃，而干点由167.8℃下降至164.6℃，对重整下游对二甲苯分装置无利用价值的C10+A组分降低了1.2%。

表5 优化前后重整进料分析数据对比表

项目	优化前(2014)	优化后(2015-2017)
密度(20℃)/(kg/m^3)	734.2	736.6
初馏点/	78.3	83.4
终馏点/	167.7	164.3
C10+含量/%	8.8	7.6
烷烃含量/%	59.4	58.0
环烷烃含量/%	27.0	28.5
芳烃含量/%	13.2	13.0
芳烃收率/%	53.6	55.2

4.2 原料优化效果

从表6可以看出，经过对原料调优及掺炼比例优化，重整分装置关键技经指标显著提高：重整装置供管网氢气产率由8.7%升高至9.1%，脱戊烷油收率由86.88%升高至88.96%。重整原料优化后可适当下调重整反应温度，间接降低芳烃联合装置循环加工能耗约10~15kgEO/t。

表6 优化前后重整产品分析数据对比表

项目	优化前(2014)	优化后(2015-2017)
戊烷油收率/%	6.32	5.89
液化气收率/%	3.05	2.4
脱戊烷油收率/	86.88	88.96
氢气产率/%	8.7	9.1
产氢气纯度/%	91.5	92.1

5 催化剂换剂应用分析

5.1 异构化催化剂换剂分析

金陵芳烃联合装置原异构化催化剂SKI-400自2008年底开工投入使用，连续运行两年半后性能下降明显，具体表现为反应产物中C9+A重组分副产物明显含量上升，产品对二甲苯和原料乙苯的转化能力不足，尤其是C8A芳烃损失大于4%，继续运行对装置的经济效益构成较大影响。分析出异构化旧剂存在的问题后，于2011年7月将该剂更换成标准公司的新一代Oparis-Plus剂。新Oparis-Plus异构化剂贵金属铂为0.3%，较原剂铂含量相近。新Oparis-plus催化剂使用标准公司密相装填法，催化剂总装填量由116.6t下降至107.3t，装填密度约为676kg/m^3。

表7 异构化催化剂换剂前后工艺参数及催化剂性能对比表

催化剂	出口温度/℃	氢油比	EB转化率/%	PX/ΣX/%	C8A损失/%
SKI-400	375	4.4	21.2	21.6	5.5
Oparis-plus	372	3.6	31.3	23.2	2.3

从表7两种催化剂性能对比可以看到，新Oparis-Plus催化剂的氢油比由4.4降低到3.6，反应循环氢压缩机组低压蒸汽耗量下降20%，实际耗量由40.0t/h降到约32.0t/h。换剂一年后对二甲苯转化率为23.2%，比旧剂提高了1.6个百分点；EB转化率由21.2%提高到31.3%，提高10个百分点；C8芳烃损失由5.5%降到2.3%。新剂C8环损裂解副反应明显下降，异构化脱庚烷塔顶排出的气体副产物由原来的6.9km^3/h下降到2.1km^3/h。异构化汽提塔底含苯、非芳液相组分也由4.02t/h下降到1.76t/h，并降低了芳烃联合装置抽提单元的进料负荷。

表8 Oparis-plus三个周期内催化剂关键性能参数对比

	反应器出口温度/℃	空速h-1	氢油比/%	EB转化率/%	PX平衡率/%	C8A损失/%
初次投用(2011年7月)	372	3.1	4.4	33.2	96.8	2.3
一次再生(2014年5月)	369	2.4	3.6	26.3	96.7	2.2

续表

	反应器出口温度/℃	空速 h-1	氢油比/%	EB 转化率/%	PX 平衡率/%	C8A 损失/%
二次再生（2016 年 11 月）	363	2.7	4.0	35.2	96.4	2.2
目前（2019 年 3 月）	390	2.8	4.2	22.5	96.3	2.9

如表 8 所示，金陵芳烃联合装置分别于 2014 年 4 月、2016 年 11 月之间进行两次异构化催化剂再生工作，两次再生后异构化催化剂各项性能如乙苯转化率、C8A 损失及 PX 平衡率整体运行平稳。得益于 Oparis-plus 催化剂三个周期稳定表现，芳烃联合装置加工损失及能耗维持在低位。

5.2 新型吸附剂应用分析

目前，金陵芳烃联合装置吸附分离单元所用吸附剂为 UOP 公司第二代吸附剂 ADS-27，国内 RIPP 公司最新产品 RAX-4000 吸附剂与美国 UOP 公司推出 ADS-47 吸附剂在分子筛形式上做出了较大创新。最新一代吸附剂在节能方面的优势可有效降低解吸剂循环量，从而降低芳烃联合装置吸附精馏塔热负荷，降低吸附循环过程的公用工程消耗。在相同装填体积的情况下，新吸附剂可利用进料及可产出产品量均较 ADS-27 提升很多。例如：扬子石化所用的 UOP 的 ADS-47 相比于 ADS-27 可节约 20%～30%的解吸剂循环量[2]；而海南炼化使用的中石化自主研发的 RAX3000，其解吸剂/进料比率为 1.0，而金陵分公司芳烃装置为 1.22，存在较大的提升空间，在原吸附剂 ADS-27 运行至末期时，金陵芳烃联合装置可通过更换为最新一代吸附剂可有效降低装置剂油比，降低吸附分离单元精馏塔加热及循环物料加热能耗。

6 总结

金陵石化芳烃联合装置通过从二甲苯加热炉节能改造、优化换热、降压操作、原料优化、三剂更新等等方面进行展开节能降耗工作，对装置用能优化不断进行探究。经过各种节能手段实施，金陵芳烃联合装置能耗由开工初期 2009 年的年均能耗 678.18kgEO/t 降低至 2018 年年均 633.46kgEO/t，较能耗设计值 658.05kgEO/t 下降了 3.70%。经过各项节能手段的实施，金陵芳烃联合装置为分公司生产运行创造了经济效益，同时也为同类芳烃装置提供了节能降耗参考措施。

参 考 文 献

[1] 古立杰，3 种吸附剂在扬子石化吸附分离装置中的性能对比，辽宁化工，2014，42(01)，25-29.

无磷处理剂在超低硬循环水中的应用

任志峰　杨　玉　魏　新　刘金香　常　磊

（中国石油化工股份有限公司北京化工研究院）

摘　要　通过实验室小试筛选出缓蚀性能较好的无磷缓蚀剂ZH-H，其为阳极抑制型缓蚀剂，与阴极抑制型缓蚀剂锌盐和磺酸盐共聚物复配后，在硬度很低的循环水中表现出良好的缓蚀效果。动态模拟试验中，循环水的"钙硬+总碱度"控制在200mg/L左右，碳钢试管腐蚀速率0.025mm/a，黏附速率2.6mcm。工业应用试验中，循环水的钙硬平均51mg/L、总碱度平均61mg/L，碳钢试管腐蚀速率0.022mm/a，粘附速率2.9mcm，优于国家标准。

关键词　无磷；循环水处理；工业应用试验

工业循环冷却水一般使用含磷水处理剂，但磷会造成水体的富营养化，近些年国家不断提高水污染物排放标准，越来越多的循环水场开始使用无磷药剂。无磷水处理剂虽然环保，但相对于有磷水处理剂缓蚀性能偏低，主要用于腐蚀性不强的硬度和碱度适中的循环水中。我国某南方企业循环水场的补水为超低硬水，腐蚀性较强，未见国内报道此种水质使用无磷水处理剂。

1　实验部分

1.1　实验原材料

HS-T、ZH-P、ZH-H，聚合物，工业产品；钼酸钠、钨酸钠，化学试剂，分析纯；

挂片、试管，20#碳钢、不锈钢等材质，高邮秦邮仪器化工有限公司。

1.2　实验仪器和设备

RCC-Ⅰ型旋转挂片腐蚀试验仪、冷却水动态模拟试验装置，高邮市秦邮仪器化工有限公司；CHI660D电化学工作站，上海辰华仪器公司。

1.3　实验用水

旋转挂片腐蚀试验和动态模拟试验用水是利用实验室自来水进行稀释并补充碱度、Cl^-进行配制的；电化学工作站评价缓蚀剂用水为标准腐蚀性水质（参见GB/T 18175-2000）。本文Ca^{2+}、Mg^{2+}、碱度均以$CaCO_3$计，水质条件如表1所示。

表1　实验水质条件

	Ca^{2+}/(mg/L)	Mg^{2+}/(mg/L)	总碱度/(mg/L)	Cl^-/(mg/L)	电导率/(μS/cm)
模拟补充水	15-25	/	25-30	3-9	约70
模拟循环水	90-100	/	100-110	60-65	350-380
标准配制水	500	200	200	750	/

1.4　实验方法

1.4.1　旋转挂片腐蚀试验

参照GB/T 18175—2014[1]和中国石油化工总公司编制的《冷却水分析和试验方法》[2]第404条规定，恒定温度45±1℃，20#钢或其他材质。

1.4.2　冷却水动态模拟试验

参照HG/T 2160—2008[3]和《冷却水分析和试验方法》[2]第407条规定，系统贮水量为100L，循环水量180L/h；进口水温32±0.2℃，进出水温差约10℃，热介质为常压饱和蒸汽；试验管为ϕ10mm×1mm，外表镀铬的20#无缝碳钢管；浓缩倍数约4.0；通过投加强氯精控制微生物；运行初期按照正常加药量的2倍进行基础投加，冷态运行3h后开始加热。

1.4.3　电化学试验方法

使用CHI660D电化学工作站进行电化学测试，采用三电极体系，20#碳钢电极为研究电极（工作面积1cm²，工作面积以外的部分用聚四氟乙烯封装）。将四口烧瓶置于30℃恒温水浴中，接好电路后测定开路电位时间曲线，直至开路电位稳定，即每分钟开路电位变化小于1mV。动电位极化曲线测试的电位扫描范围为-200mV~+200mV（相对于开路电位），扫描速率为0.5mV/s。

2　实验结果与讨论

2.1　无磷配方筛选小试试验

2.1.1　电化学测试

电化学动电位极化曲线测试对缓蚀剂进行缓蚀性能的评价是一种快速、有效的方法。利用Tafel直线外推法所测得腐蚀速率越小说明缓蚀剂的缓蚀效果越好。通过对几种无磷缓蚀单剂

Na_2MoO_4、Na_2WO_4、HS-T、ZH-P 进行动电位极化曲线的测试，结果如图 2-1 所示，可以看出，在标准配制水的条件下，基本上随着浓度的增加 Na_2MoO_4、Na_2WO_4、HS-T、ZH-P 的极化曲线的腐蚀电位均正移，且通过计算知整个极化曲线向低电流方向移动，尤其是阳极极化曲线，电流降低比较明显，属于阳极抑制型缓蚀剂。

图 2-2为不同浓度 Zn^{2+} 在钙和碱度均为 200mg/L、AA/AMPS 有效浓度为 8mg/L 的试验溶液中的动电位极化曲线，可知随着 Zn^{2+} 浓度的增加，自腐蚀电位负移，自腐蚀电流密度减小，属于阴极抑制型缓蚀剂，需与其他药剂复配使用。具体见图 1，图 2。

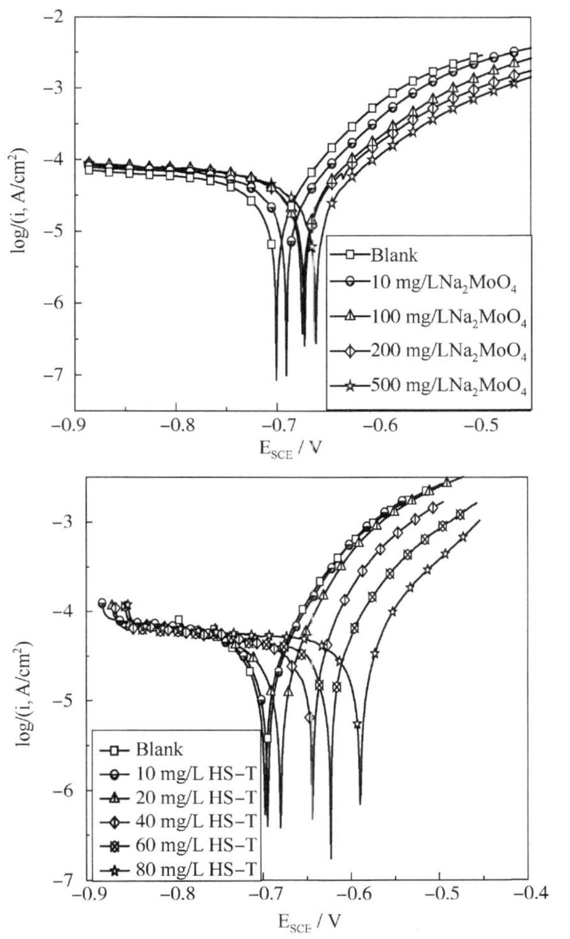

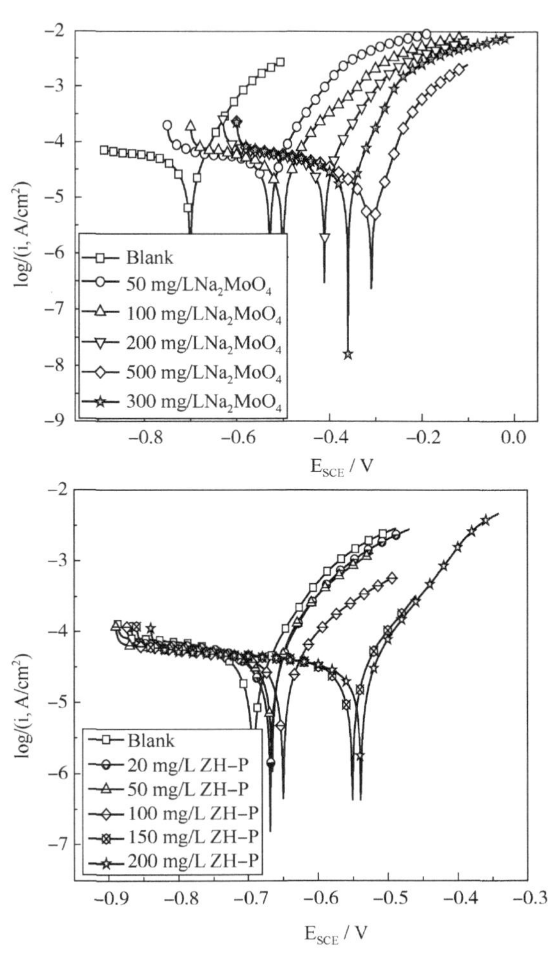

图 1 几种缓蚀单剂的动电位极化曲线

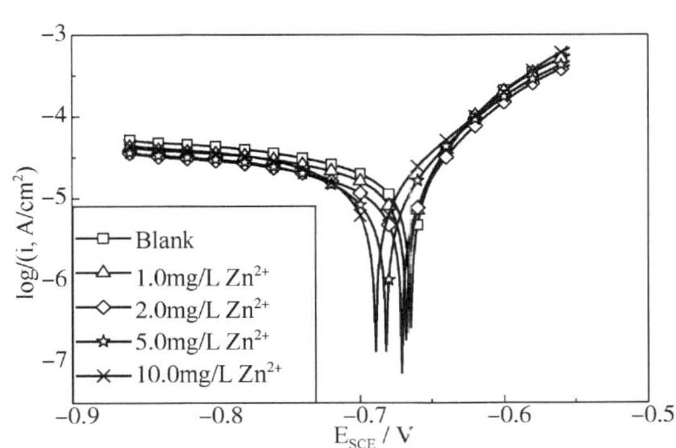

图 2 Zn^{2+} 的动电位极化曲线

2.1.2 无磷配方腐蚀挂片试验

选择无磷药剂进行旋转挂片腐蚀试验，结果见表 2。可以看出，在 Ca^{2+} 100mg/L、碱度 100mg/L 左右使用无磷药剂时，ZH-H 缓蚀效果较好，ZH-P 在浓度较高时才有较好的缓蚀效果，HS-T 的缓蚀效果不好。因此，初步将 ZH-H 作为超低硬水的无磷缓蚀剂主剂，其浓度 y6mg/L 时，其与锌盐和磺酸盐共聚物复配后腐蚀速率为 0.020mm/a，缓蚀效果较好。

表 2 单剂碳钢旋转腐蚀挂片试验结果

HS-T/(mg/L)	ZH-P/(mg/L)	ZH-H/(mg/L)	腐蚀速率/(mm/a)	缓蚀效率/%
x6	/	/	0.791	40.1
y0	/	/	0.602	54.4

续表

HS-T/(mg/L)	ZH-P/(mg/L)	ZH-H/(mg/L)	腐蚀速率/(mm/a)	缓蚀效率/%
y5	/	/	0.300	77.3
r0	/	/	0.570	56.8
/	y2	/	0.967	26.7
/	y6	/	0.412	68.8
/	r0	/	0.077	94.2
/	/	y0	0.067	94.9
/	/	y2	0.044	96.7
/	/	y4	0.045	96.6
/	/	y6	0.020	98.5

注：配方中含有磺酸盐共聚物和锌盐。

2.2 动态模拟试验

通过实验室小试，基本确定了超低硬循环水系统无磷水处理配方，即ZH-H+磺酸盐共聚物+锌盐。为了进一步完善此配方、验证此阻垢缓蚀剂配方与杀菌剂的相容性，以及循环水水质的控制范围，进行了动态模拟试验。

2.2.1 动态模拟试验循环水水质情况

正常运行过程中，循环水水质的基本控制在：钙硬+总碱度200mg/L左右，相当于长江水；pH值在8.4~8.6之间；电导率490~515μS/cm；初始投加药剂后，循环水在浓缩过程中锌离子因成膜消耗很快，正常运行后两个系统循环水中锌离子浓度基本维持在2.0mg/L左右；循环水总铁浓度基本维持在0.5mg/L以下。

2.2.2 动模试验结果

试验结果见表3。可以看出，采用此无磷低锌阻垢缓蚀配方，其碳钢试管的腐蚀速率、黏附速率以及试片的腐蚀速率均优于中国石化标准，说明该配方具有很好的缓蚀、阻垢及分散性能，也为进一步工业应用试验奠定了技术基础。

表3 动态模拟试验结果

项目	单位	中国石化指标	数值
碳钢试管腐蚀速率	mm/a	<0.075	0.025
碳钢试管黏附速率	mcm	≤15.0	2.6
碳钢试片腐蚀速率	mm/a	<0.075	0.024

2.3 工业应用试验

某南方循环水场的补水为超低硬水，2018年11月8日到2019年1月14日，使用中国石化北京化工研究院的无磷水处理技术进行了工业应用试验。

2.3.1 循环水系统参数

循环水系统参数见表4。

表4 循环水系统参数

项目	循环水系统
设计循环水量 R/(m^3/h)	14000
保有水量 V/(m^3)	4100
补充水量 M/(m^3/h)	110(平均)
系统设备材质	碳钢、铜、不锈钢
供回水平均温差/℃	5.0

2.3.2 补充水水质情况

循环水系统补充新鲜水，平均钙硬22mg/L、总碱度30mg/L，超低硬低碱，不利于腐蚀的控制；但利于结垢的控制。

2.3.3 循环水水质

图3、图4为循环水系统工业试验期间的循环水钙硬、碱度、总铁和锌离子变化情况，在两个多月的工业运行试验中。

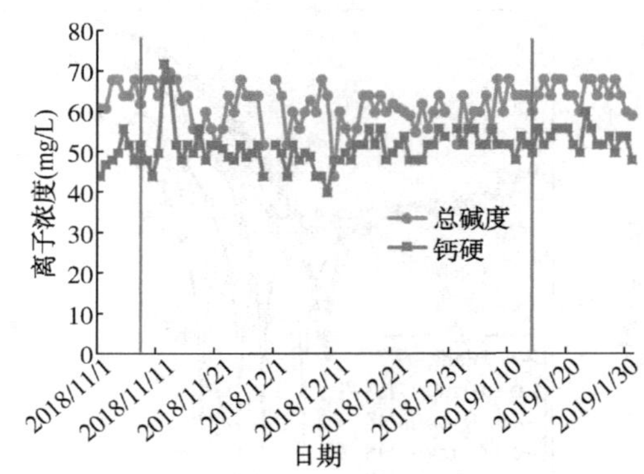

图3 循环水钙硬、总碱度变化趋势

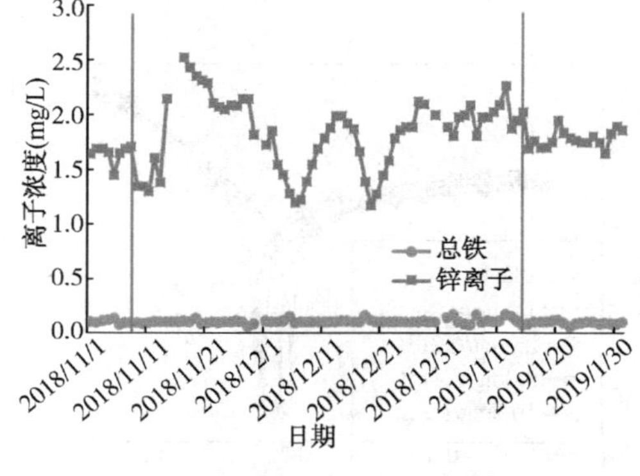

图4 循环水锌离子、总铁变化趋势

(1) Zn^{2+} 稳定在1.0~2.5之间，平均1.8mg/L，表明缓蚀阻垢剂的投加比较平稳，从根本上抑制了循环水的腐蚀和结垢；

（2）循环水中缓蚀因子总碱度基本在50～70mg/L之间，很低；但总铁控制较好，<0.2mg/L，表明碳钢不锈钢的腐蚀在无磷缓蚀剂的作用下得到了较好的控制。

（3）循环水的 Ca^{2+} 40～70mg/L，平均为51mg/L，总碱度平均为61mg/L，在这种情况下结垢会比较容易控制。

（4）循环水的游离氯控制的较稳定，循环水异养菌数不超过 1.0×10^4 个/mL，浊度≤7NTU，生物黏泥<2ml/m^3，说明氧化型杀菌剂的投加稳定，微生物控制较好。

2.3.4 试管试片监测结果

旁路监测换热器的监测结果见表4，可知试管的腐蚀速率和黏附速率全部达标，试片的腐蚀速率全部达标，平均结果优于国家标准GBT 50050—2017[4]，即碳钢腐蚀速率<0.075mm/a，黏附速率≤15mcm，不锈钢腐蚀速率<0.005mm/a。

表4 监测换热器监测结果

日期/（年-月）	试管腐蚀速率/（mm/a）		试管黏附速率/mcm		试片腐蚀速率/（mm/a）	
	碳钢	不锈钢	碳钢	不锈钢	碳钢	不锈钢
2018-11	0.013	0.002	1.5	0.8	0.014	0.001
2018-12	0.031	0.001	3.9	0.8	0.027	0.001
2019-1	0.023	0.001	3.3	1.1	0.021	0.001
平均	0.022	0.001	2.9	0.9	0.021	0.001

3 结论

根据实验室小试试验、动态模拟试验和工业应用试验结果，得到以下结论：

（1）开发的无磷水处理剂的缓蚀和阻垢效果较好，在钙硬和碱度不大于100mg/L的循环水中，腐蚀速率和黏附速率优于中国石化的标准。

（2）开发的缓蚀阻垢剂不含磷。

（3）无磷水处理剂与杀菌剂的相容性较好，循环水的微生物控制较好，异养菌数均未超标。

参考文献

[1] GB/T 18175—2014. 水处理剂缓蚀性能的测定. 旋转挂片法[S].

[2] 中国石油化工总公司生产部发展部. 冷却水分析和试验方法[M]. 安庆：安庆石油化工总厂信息中心，1993：375-413.

[3] HG/T 2160—2008. 冷却水动态模拟试验方法[S].

[4] GB/T 50050—2017. 工业循环冷却水处理设计规范[S].

二级膜分离耦合工艺处理石化罐区废气

魏 昕 郦和生 杨 丽 侯秀华 李 宇

（中国石化北京化工研究院）

摘 要 本文介绍了二级膜分离技术耦合冷凝、变压吸附工艺回收处理含有高浓度挥发性有机物和苯系物的化工厂罐区外排“呼吸气”的效果。结果表明，进气的非甲烷总烃质量浓度范围41000~182000mg/m^3，进气中苯、甲苯和二甲苯的质量浓度分别为400~1400mg/m^3，150~1600mg/m^3，300~2100mg/m^{3}时。尾气中非甲烷总烃质量浓度始终低于80mg/m^3，去除率均高于99.9%。苯、甲苯和二甲苯的去除率分别为99.6%、99.6%和99.8%。抗冲击负荷试验将进气量提高50%，尾气中非甲烷总烃质量浓度仍低于80mg/m^3。二级膜单元可以高效浓缩轻烃，既回收获得可燃气，又解决了轻烃积累所造成的尾气超标难题。

关键词 挥发性有机物；VOC；苯系物；膜分离

本工作采用自主研发的高性能有机气体分离膜和膜组件，设计开发了针对高浓度VOCs废气和含苯系物废气的二级膜分离技术，结合活性炭吸附和冷凝工艺，对天津石化烯烃部B罐区外排“呼吸气”进行回收处理。考察了二级膜分离-冷凝-吸附工艺对非甲烷总烃、苯系物的去除效果，以及对轻烃的浓缩效果，为膜分离技术在此类实际废气处理中的应用提供技术参数及设计依据。

1 实验部分

1.1 实验材料

实验废气为天津石化烯烃部B罐区，6个石脑油罐、4个粗芳烃罐及混合苯罐日常呼吸阀外排的混合废气，其主要组成见表1。

表1 实验废气的主要组成

组分名称	进气质量浓度/(mg/m^3)	排放标准/(mg/m^3)
非甲烷总烃	127200~158000	80
乙烷	23~292	无具体要求
乙烯	898~1567	无具体要求
丙烯	298~2333	无具体要求
丙烷	277~498	无具体要求
苯	1980~2487	4
甲苯	298~589	15
二甲苯	120~150	20

自制高分子复合膜：采用聚偏氟乙烯(PVDF)平板膜为基膜，改性聚二甲基硅氧烷(PDMS)为功能层，该膜功能层的厚度为200~500nm。

采用安捷伦公司4890型气相色谱仪测定废气中非甲烷总烃的浓度，分析方法参照HJ/T 38—1999《固定污染源排气中非甲烷总烃的测定气相色谱法》。色谱条件：硅烷化玻璃微珠填充柱，进样口温度120℃，柱温80℃，检测器温度170℃，载气(N_2)流速10mL/min，H_2流速40mL/min，空气流速300mL/min，尾吹气流10mL/min；阀进样量1mL。计算方法：外标法，配制甲烷标准试样系列，绘制标准曲线，以峰面积回归进行测算。

2 工业应用试验

2.1 工艺流程

2018年2月，首套工业处理装置建成投用，到2019年3月，稳定运行一年以上。该装置的工艺流程见图1。工艺包括二级膜分离单元、冷凝单元和变压吸附单元。废气由罐顶连通管进入装置，当废气达到设定压力后，装置开启，废气进入缓冲罐，通过压缩机提升压力和换热器降低温度后，进入一级膜分离单元。有机物优先透过膜，形成透过侧浓气，然后通过真空泵和二级压缩机提升压力后进入制冷机，冷凝后过饱和有机物液化。在气液分离器中，冷凝油品与气相分离并回流至石脑油罐。剩余饱和油气进入二级膜分离器，大部分有机物透过膜后进入真空泵回流继续冷凝，少部分有机物随渗余侧气体回流到缓冲罐。由于二级膜的存在，回流的废气VOCs浓度较进入一级膜的废气VOCs浓度低，一级膜渗余侧气体浓度降低，变压吸附单元的处理负荷降低，有利于深度处理和吸附剂的长期使用。更多的有机物可经冷凝过程液化回用。相比于传统的先冷凝、再膜分离的工艺，进入冷凝机组的气量减小，制冷机能耗更低。膜分离后的渗余气体进入活性炭变压吸附单元，两个活性炭罐交替使用，一个吸附时，另一个进行真空解吸和再生，以保证活性炭不会吸附饱和而失效。经过处理后的尾气直接排放。

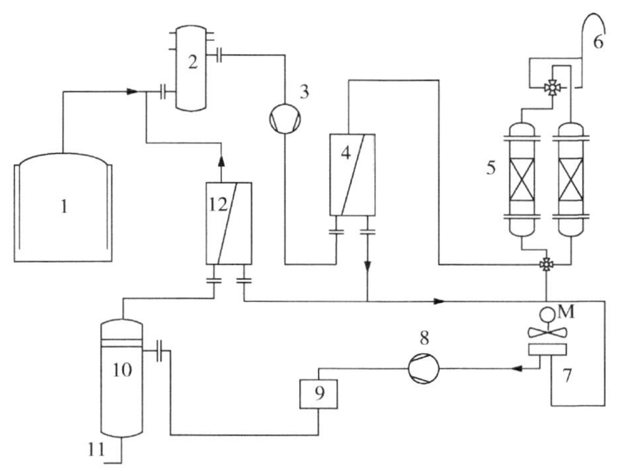

图 1　油气回收装置工艺流程

1—石脑油罐；2—缓冲罐；3—一级压缩机；4—一级膜组件；5—吸附罐；6—排放口；7—真空泵；8—二级压缩机；9—制冷机组；10—气液分离罐；11—轻烃排放管线；12—二级膜组件

装置额定处理能力 $600m^3/h$。主要运行参数：一级膜面积 $120m^2$，一级膜分离上游侧压力 0.25MPa，膜分离跨膜侧真空度 -0.09MPa；二级膜面积 $40m^2$，二级膜分离上游侧压力 0.27MPa，膜分离跨膜侧真空度 -0.09MPa，冷凝单元温度 0~5℃，变压吸附周期 30min，吸附压力常压，解吸真空度 -0.08MPa。

2.2　试验结论

工业装置效果调试和运行初期，罐区油罐内废气浓度高，气量波动大，非甲烷总烃浓度最高可达 $240000mg/m^3$。装置在调试阶段和运行初期对非甲烷总烃的去除效果见图 2。

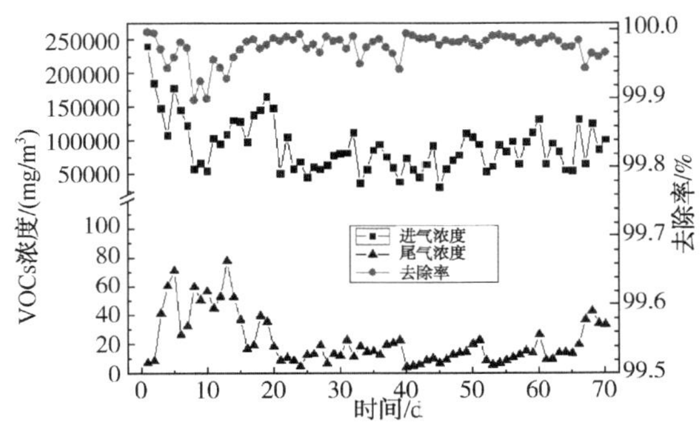

图 2　非甲烷总烃处理效果

从上图中可看出，非甲烷总烃去除率超过 99.8%。尽管进气浓度波动大，但尾气指标稳定，始终低于 $80mg/m^3$ 的排放标准。随着气量和浓度趋于稳定，装置尾气浓度均低于 $40mg/m^3$。本阶段废气达标率为 100%。二级膜分离为主的工艺，对于废气的进气浓度适应性强，即使超过设计负荷，也可以达标排放。

罐区包含 4 个涉苯储罐，因此废气中含苯、甲苯、二甲苯的浓度较高，"三苯"排放标准分别为 $4mg/m^3$、$15mg/m^3$、$20mg/m^3$。针对"三苯"的检测分析数据如图 3、图 4、图 5 所示：

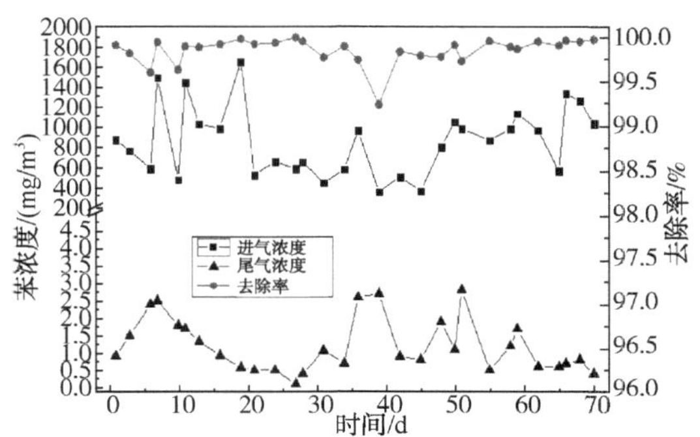

图 3　苯的去除效果

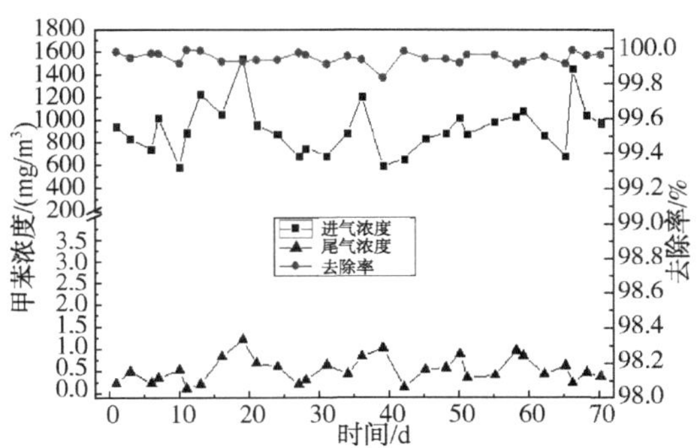

图 4　甲苯的去除效果

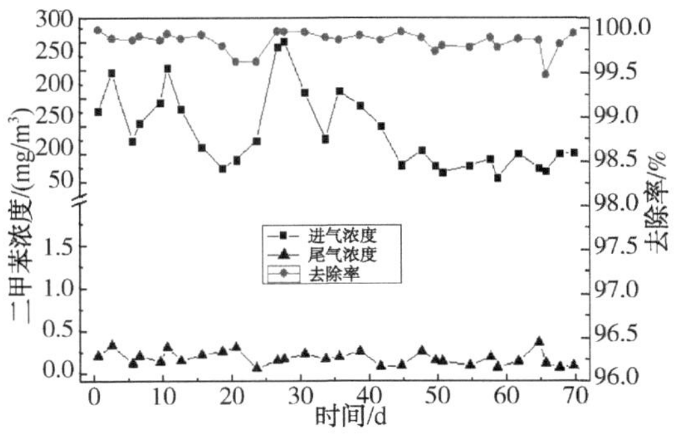

图 5　二甲苯的去除效果

从图3、图4、图5中可看出，废气中苯和甲苯浓度较高，分别在400至1800mg/m³和600至1600mg/m³之间，二甲苯浓度略低在50至300mg/m³之间。装置对“三苯”的整体去除效果明显，尾气中苯浓度均低于3.0mg/m³，平均浓度1.2mg/m³左右。尾气中甲苯浓度均低于1.5mg/m³，平均浓度低于1mg/m³。二甲苯浓度全部均低于0.5mg/m³。装置对“三苯”的去除率高于99%，尾气中“三苯”达标率为100%。数据证明，本项目采用的无机纳米粒子添加配方，对苯系物具有较好的处理效果。成套装置可满足目前最高的国家排放标准。

由于企业工况调整，通入了其他罐区废气，平均气量350m³/h。从而使本项目进入高负荷运行阶段。总进口平均气量在610m³/h，污染物浓度与波动较第一阶段略有降低。本阶段为期54天，装置对废气的去除效果如图6所示。

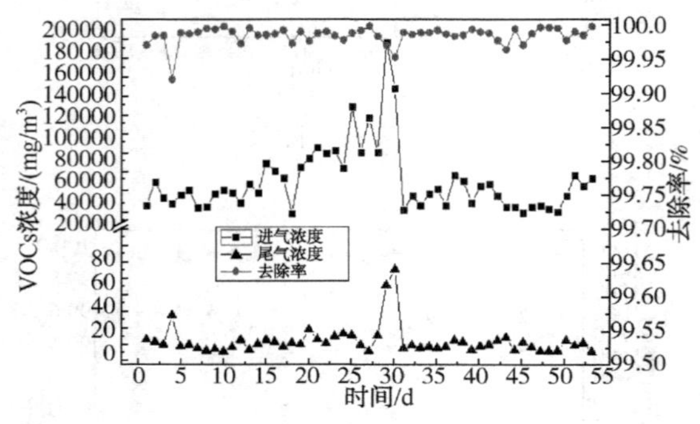

图6 高负荷处理阶段处理效果

装置进气非甲烷总烃浓度大多在40000至100000mg/m³之间，其中短时废气浓度较高，达到196000mg/m³。从处理效果看，在进气浓度稳定，即使气量超过设计负荷，尾气指标大多可低于20mg/m³。当进气浓度超高时，尾气浓度为72mg/m³和67mg/m³，膜分离对于高浓度废气的适应性，保证了装置具有较强的抗冲击负荷能力。整个阶段，装置的去除率全部超过99.9%，尾气达标率100%。

2.3 经济效益

B罐区油气回收项目，其废气中有机物浓度高、轻烃含量高、苯系物含量高，可回收利用价值大。在未建油气回收装置之前，平均排放量260m³/h，峰值接近600m³/h，平均总烃浓度约120000mg/m³，年排气时间5000h左右。本装置投用后，年回收的油品总量约为158t，具有一定的经济效益。

2.4 社会效益

罐区空气质量抽样检测结果表明，距离罐区防火堤15m处的三个监测点，VOCs平均浓度由装置投用前的1.320mg/m³降低到投用后的低于检出下限(0.006mg/m³)，厂区空气质量明显改善。本项目有效提高了企业厂区空气质量，提升了安全性，在一定程度解决了企业的环保生存危机。

3 结论

(1) 本项目针对天津石化烯烃部的废气特点，设计开发二级膜分离耦合技术，克服该废气苯系物含量高、VOCs总浓度大的难题，实现了自主研发有机气体分离膜及二级气体膜分离耦合油气回收技术的首次工业应用。

(2) 进气非甲烷总烃的浓度波动大、高负荷运行等复杂条件下，工艺对尾气中非甲烷总烃的浓度始终低于80mg/m³，苯、甲苯、二甲苯的浓度分别低于4mg/m³、15mg/m³、20mg/m³，尾气指标始终符合国家石油化学工业污染物排放标准。

(3) 项目每年可回收油品158t以上，且厂区周边空气质量得到了有效改善，在一定程度上克服了企业的环保生存危机。

参考文献

[1] GB 31571—2015石油化学工业污染物排放标准[S].
[2] 郭森，童莉，周学双，等．石化行业的VOCs排放控制管理[J]. 化工环保，2014，34(4)：356-360.
[3] 郝吉明，马广大，王书肖，等．大气污染控制工程[M].3版．北京：高等教育出版社，2010：414-470.
[4] 王海沛，陈绍云，张永春，等.KOH改性活性炭吸附羰基硫及再生性能的研究[J]. 现代化工，2019，39(1)：128-132.
[5] 许伟，刘军利，孙康．活性炭吸附法在挥发性有机物治理中的应用研究进展[J]. 化工进展，2016，35(4)：1223-1229.
[6] 黄维秋，石莉，胡志伦，等．冷凝和吸附集成技术回收有机废气[J]. 化学工程，2012，40(6)：13-17，71.
[7] 肖潇．液体吸收资源化处理工业甲苯废气的研究进展[J]. 环境科学与技术，2011，34(6)：169-173.
[8] Sadrzdeh M，Amirilargani M，Shahidi K，et al. Gas

permeation through a synthesized composite PDMS/PES membrane [J] . J Membr Sci, 2009, 342 (32): 236-250.

[9] Shokrian M, Sadrzadeh M, Mohammadi T. C_3H_8 separation from CH_4 and H_2 using a synthesized PDMS membrane: Experimental and neural network modeling[J]. J Membr Sci, 2010, 346 (14): 59-70.

[10] 朱鋆珊，马平，郭丽．膜分离技术及其应用[J]. 当代化工，2017，46(6)：1193-1195，1199.

[11] Riceiro C P, Freeman B D. Carbon dioxide/ethane mixed-gas sorption and dilation in a cross-linked poly (ethylene oxide) copolymer[J]. Polymer, 2010, 51: 1156-1168.

Ce改性Mg-Al复合氧化物在高酸原油脱酸中的应用

蒋斌波 席志祥 陆飞鹏 王靖岱 阳永荣

(浙江大学)

摘　要　高酸原油的催化脱羧为高酸原油的加工利用提供了一条新的路径。本文将催化脱酸反应引入高酸原油加工处理中，采用模型酸证实了高酸原油催化脱羧的可行性，同时，优化了高效脱酸催化剂的最优脱酸工艺条件。Ce改性的Mg/Al催化剂上高酸原油脱酸实验结果表明，在剂油比为0.05，反应温度>300℃时，脱酸率达到85%以上，脱酸后原油酸值<0.5mgKOH/g，满足工业要求。循环实验证明催化剂可多次回收利用，催化剂经四个周期反应后脱酸率仍可达83.2%，具有一定工业应用价值。

关键词　高酸原油；模型酸；脱酸反应；改性Mg-Al复合氧化物

引言

在实际炼油生产中往往会遇到有机酸腐蚀问题，比如高酸原油加工中以环烷酸为主的有机酸对炼油设备腐蚀的难题[1-3]。对于高酸原油，其酸性含氧化合物包括环烷酸、脂肪酸和芳香酸等，其中绝大多数为环烷酸。环烷酸的存在不仅会对常减压设备造成腐蚀，还会使得原油乳化，严重影响炼油装置的稳定运行。现有工艺采用加注缓蚀剂、材质升级的措施，但并未从根本上解决环烷酸的存在及其对设备的腐蚀问题。

以催化脱酸方式为消除环烷酸提供了一条可行性强，效益高的路线。US5985137专利[4]提出了采用CaO、MgO等氧化物作为催化剂处理高酸原油，该方法将催化剂先与高酸原油混合在送入混合反应器中发生催化脱酸反应，最后将原油和固体颗粒进行分离，脱酸率可到96.8%。US5389240专利中[5]提出了采用水滑石等金属氧化物固溶体脱除液态烃，特别是柴油中环烷酸组分，高酸原油脱酸率可达95%以上。此外，AiHua Zhang等[6]以萘甲酸为模型化合物考察了MgO催化剂上的催化脱酸反应，说明金属氧化物脱酸反应不仅通过酸碱中和反应脱除羧酸，而且通过催化剂上的脱羧反应实现环烷酸的脱除。然而，若脱羧反应温度过高，会导致原油中有效组分发生裂解反应，从而造成有机碳的损失。此外，考虑到原油加工工艺以及有机酸腐蚀规律等因素，脱酸反应需要在较低的温度下进行才能满足工业应用。因此，开发高效的高酸原油脱酸催化剂，降低催化脱酸反应温度，是催化脱酸工艺走向工业应用的必经之路。

为了解决上述工业问题，结合本组之前对脂肪酸酮基化反应的催化剂、反应机理等方面的研究[7,8]。本文采用模型酸对一系列脱羧催化剂进行筛选，证实了脱酸反应的可行性。同时，本文制备了铈改性的Mg-Al水滑石类复合氧化物催化剂，并将其应用于高酸原油脱酸反应中，对脱酸工艺条件进行优化，并考察催化剂多次反应再生后脱酸效果，为高酸原油的高效利用提供新思路。

1　实验材料和方法

1.1　材料

本文中用到的气体与化学试剂如表1所示。

表1　实验所用药品原料与气体

药品名	化学式	分子量	规格/纯度	生产商
硝酸铈	$Ce(NO_3)_3 \cdot 6H_2O$	434.2	A.R.	国药集团化学试剂有限公司
硝酸镁	$Mg(NO_3)_2 \cdot 9H_2O$	256.4	A.R.	国药集团化学试剂有限公司
硝酸铝	$Al(NO_3)_3 \cdot 9H_2O$	375.1	A.R.	国药集团化学试剂有限公司
氨水	$NH_3 \cdot H_2O$	35.0	A.R.	国药集团化学试剂有限公司
尿素	$CO(NH_2)_2$	60.1	A.R.	国药集团化学试剂有限公司
无水乙醇	C_2H_6O	46.1	A.R.	国药集团化学试剂有限公司
无水碳酸钠	Na_2CO_3	106.0	A.R.	国药集团化学试剂有限公司

续表

药品名	化学式	分子量	规格/纯度	生产商
氢氧化钠	NaOH	40.0	A.R.	国药集团化学试剂有限公司
乙酸	CH_3COOH	60.0	A.R.	国药集团化学试剂有限公司
环己甲酸	$C_7H_{12}O_2$	128.2	A.R.	阿拉丁试剂（上海）有限公司
正十二烷	$C_{12}H_{26}$	170.3	A.R.	阿拉丁试剂（上海）有限公司
碱性蓝 6B	$C_{37}H_{30}N_3NaO_4S$	613.7	A.R.	国药集团化学试剂有限公司
石英砂	-	-	40~60 目	国药集团化学试剂有限公司
氧化铝	Al_2O_3	102.0	A.R.	国药集团化学试剂有限公司
氧化镁	MgO	40.3	A.R.	国药集团化学试剂有限公司
高纯氢气	H_2	2	99.99%	杭州今工气体有限公司
高纯氮气	N_2	28	99.99%	杭州今工气体有限公司

催化剂制备

Mg-Al 复合氧化物（MgAl-LDH）制备具体过程如下：称取一定量的 $Mg(NO_3)_2 \cdot 9H_2O$ 和 $Al(NO_3)_3 \cdot 9H_2O$ 溶于去离子水中，称为 A 液；称取一定量的 NaOH 和 Na_2CO_3溶于去离子水中，称为 B 液。将 A 液和 B 液通过蠕动泵同时加入盛有一定量去离子水的烧杯中，通过控制滴加速度，控制溶液 pH 为 9~11。滴加结束后在 65℃油浴中反应 4h，并陈化 12h。过滤得到白色沉淀，去离子水洗涤至中性并在 80℃下干燥 12h，然后在马弗炉中焙烧 8h 得到催化剂，焙烧后样品记作 Mg(Al)O(Mg/Al=3)，其余不同 Mg/Al 样品通过改变硝酸镁与硝酸铝的比例制得。

改性 MgAl-LDH 制备方法同上述过程，并按照一定比例将 Al 取代为 Ce，其中改性元素采用对应的 $Ce(NO_3)_3 \cdot 6H_2O$。改性水滑石样品经焙烧后样品记作 Ce-MgAl。

将 Al_2O_3作为载体分别浸渍 10wt.%NaOH 和 MgO，得到催化剂 Na/Al_2O_3和 MgO/Al_2O_3。

催化剂活性考评

模型酸脱羧反应

本文采用小型固定床反应装置进行模型酸脱羧反应的考评。该反应装置由气、液多路进料系统、预热器、固定床反应器、分析系统、气液分离与收集系统等部分组成，实验装置如图 1 所示。

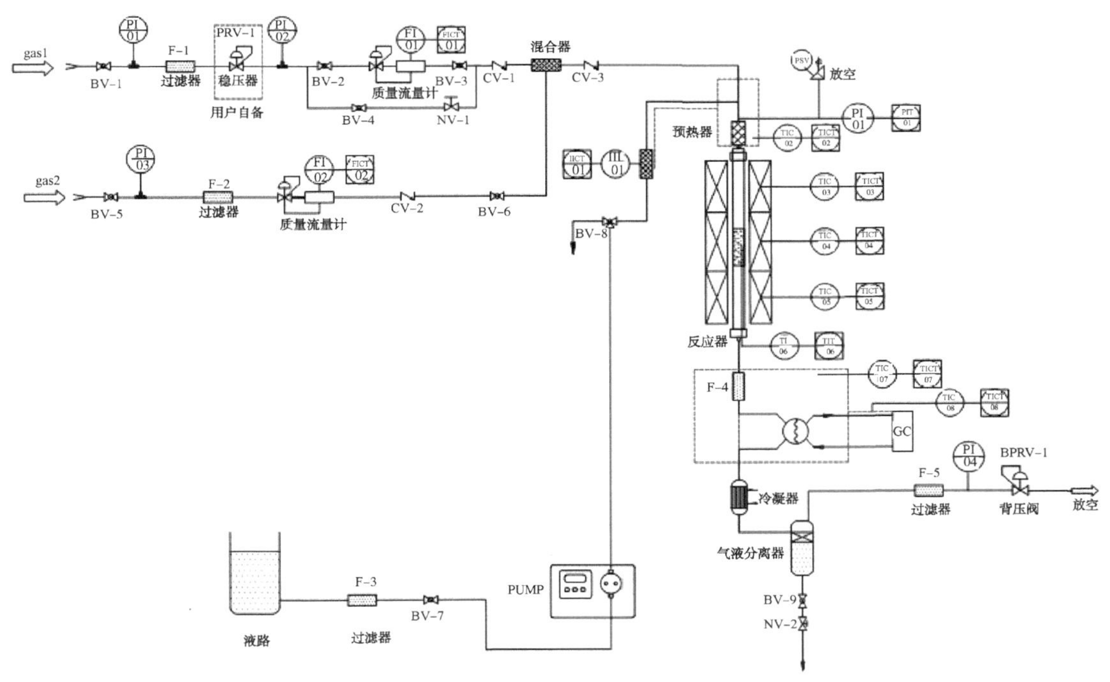

图 1 模型酸脱羧反应实验装置流程图

1.2 原油脱酸反应

高酸原油脱酸实验装置如图 2 所示。采用电加热套加热，N_2气氛保护，尾部采用两个洗气瓶起到隔绝空气并防止倒吸的作用。高酸原油的酸值滴定采用 GB264-83 中的方法。

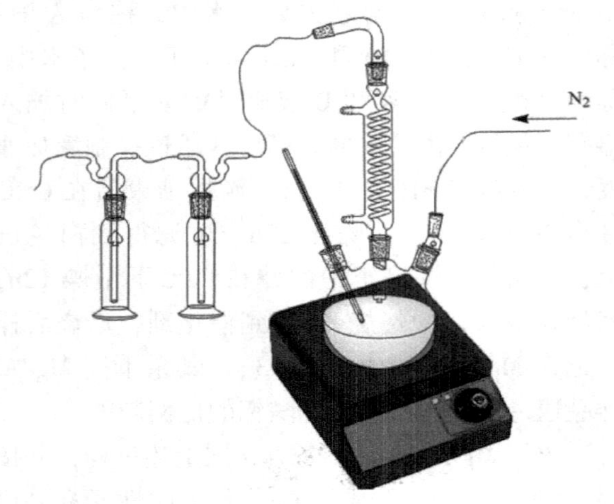

图 2　高酸原油脱酸反应装置

产物分析方法

模型酸组成为：环己烷甲酸（CHCA）含量为 3wt.%，乙酸（AA）含量为 2wt.%，其他均为十二烷溶剂。反应在固定床微反装置上进行（如图 1），模型酸原料采用 HPLC 泵并经汽化器（200℃）后送入固定床反应管。

本文采用气相色谱在线进样的方式对产物进行分析，气相色谱仪的色谱柱分别采用 FFAP 毛线管柱（30m×0.32mm×0.5μm）和 TDX-01 填充柱分析有机组分和 CO_2。其中毛细管柱分离产物采用氢火焰离子化检测器（FID），载气为 N_2，而填充柱分离产物采用热导池（TCD）检测器，载气为 H_2。

本文利用反应前后物料守恒关系，建立了反应前后物料质量平衡方程，从而建立产物质量分数与色谱峰面积的关系，拟合出各组分的标准曲线。在相同的色谱条件下，在线测得反应条件下各组分的峰面积。根据各组分的标准曲线，计算出各组分的质量分数和质量流量，进而得到反应转化率和选择性。

2　实验结果讨论

模型酸脱酸实验及催化剂优选

图 3 为几种不同催化剂的筛选结果，反应温度为 350℃。Al_2O_3 酸性催化剂的环己基甲酸转化率仅为 45%，乙酸转化率为 32.3%，在所有催化剂中活性最低，但其 CO_2 收率为 32.8%，说明酸性催化剂上催化脱酸作用较强。Na/Al_2O_3 催化剂上环己基甲酸转化率相比于 Al_2O_3 提高至 48%。并且乙酸转化率提高至 57.4%。CO_2 收率达到 39.1%，可见碱性中心的引入可有效提高催化脱酸作用。MgO/Al_2O_3 催化剂上环己基甲酸转化率为 57.2%，乙酸转化率为 50.6%，CO_2 收率为 38.2%，说明 MgO 活性组分更适宜于催化环烷酸转化，并且负载型催化剂的催化作用相比于纯 MgO 得到提高。此外，本文中 CO_2 收率是根据直接脱羧反应（$RCOOH \rightarrow RH+CO_2$）的方程式进行计算，事实上环烷酸在碱性催化剂上还存在酮基化反应[6]，该过程也产生 CO_2，但其中部分羧基进入酮产物中。因此这也可能是脱酸转化率高但 CO_2 收率较低的一个原因。

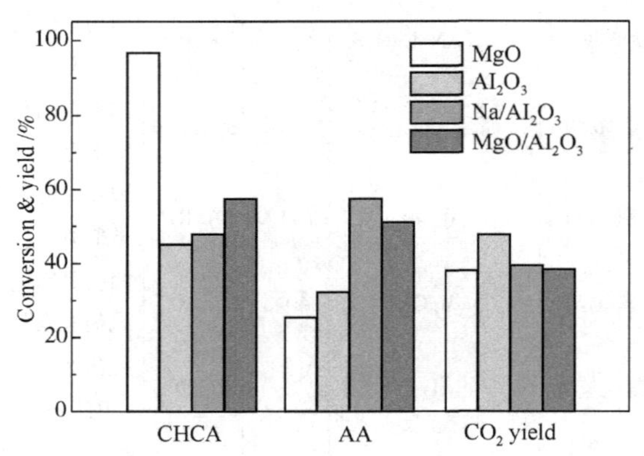

图 3　不同活性组分催化剂脱酸活性

由上述催化剂筛选并结合文献[6]可知，MgO 基催化剂更适宜于环烷酸的脱酸转化。然而，由之前研究可知[7,8]，纯 MgO 催化剂由于碱性过强且结构不稳定，反应后易形成较多羧酸盐物种，因此导致催化剂结构被破坏。特别对于高酸原油的液相体系，很容易造成活性组分的大量流失，不利于工业应用。Mg-Al 复合氧化物催化剂可以有效解决上述问题。本文对不同比例 Mg-Al 复合氧化物催化剂的模型酸脱酸效果进行了比较，如图 4 所示。随着 Mg/Al 比例逐渐增加，环己基甲酸的转化率逐渐增加，由 44.4%（Mg/Al=0.5）逐渐上升至 89.2%（Mg/Al=3）。相比于纯 MgO，复合氧化物小分子乙酸转化率明显提高，CO_2 收率（Mg/Al=3）收率为 44.4%，也略高于纯 MgO（38%）。Ce-MgAl 催化剂的环烷酸脱酸率为 91%，基本接近纯 MgO，且 CO_2 收率为 45.3%，说明了 Ce 的引入明显提高了催化脱酸作用。由上述模型酸考评实验可知，Mg-Al 复合氧化物（MgAl-LDH）催化剂具有优异的催化脱石油酸的效果。

原油催化脱酸工艺研究

由上节可知 Mg-Al 催化剂具有较好的石油酸脱酸活性。本小节将以 Ce 改性 Mg-Al 复合氧

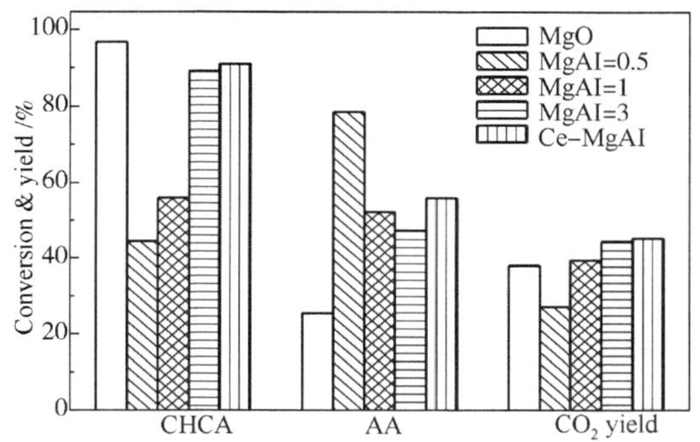

图 4　Mg-Al 复合氧化物上的脱酸活性

化物催化剂(Ce-MgAl)为考察对象，研究其高酸原油脱酸工艺参数。高酸原油为达混原油，酸值为 1.7mgKOH/g。

由于高酸原油主要对常减压蒸馏装置产生腐蚀，而常减压装置初始温度为 350℃左右，因此高酸原油催化脱酸温度需低于该温度，否则会额外增加能耗，并且温度过高也会导致原油中有效组分发生热裂解反应而损失。因此，我们考查了在剂泊比 0.05，反应时间 30min 下考察反应温度对 Ce-MgAl 催化剂脱酸效果的影响规律，如图 5 所示，在 190℃下，脱酸转化率仅为 33%，随着反应温度的升高，脱酸效果逐渐上升，并在 320℃时脱酸转化率达 90%以上，反应后高酸原油酸值为 0.18mgKOH/g，满足<0.5mgKOH/g 的工业要求。同时，在 300℃下进行空白试验，无催化剂情况下高酸原油热脱酸的转化率仅为 29%。

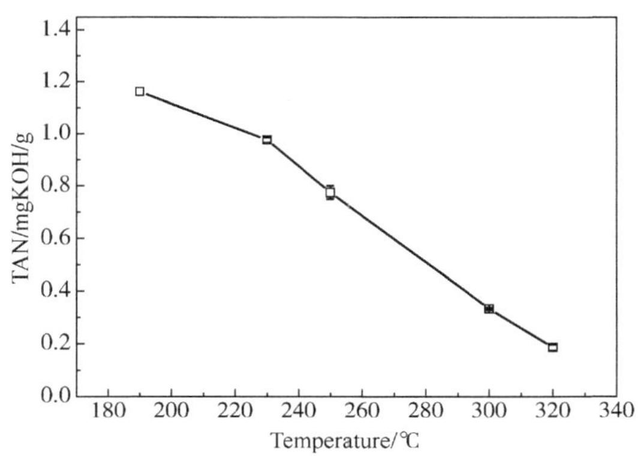

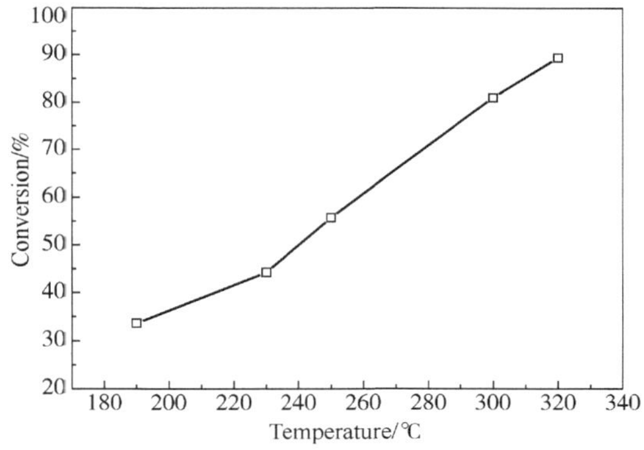

图 5　反应温度对脱酸反应的影响

(Catalyst/Oil = 0.05，TOS = 30min)

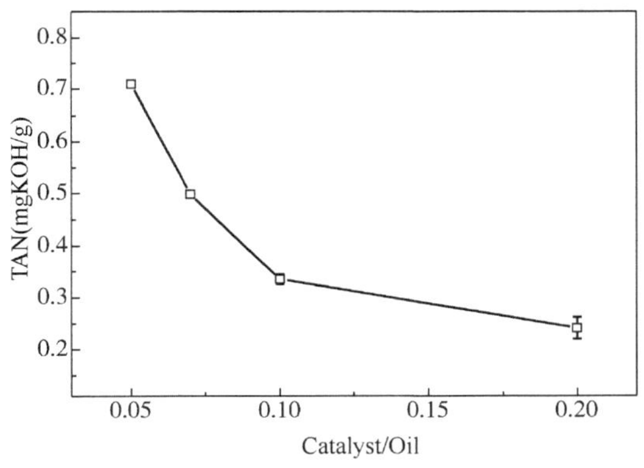

图 6　剂油比对高酸原油脱酸反应的影响

(T = 260℃，TOS = 30min)

在反应温度为 260℃，反应时间为 30min 时考察剂油比对高酸原油脱酸反应的影响，如图 6 所示，随着剂油比的提高，催化活性逐渐上升，当剂油比为 0.07 时，反应后原油酸值为 0.5mgKOH/g，而当剂油比为 0.1 时，反应后原油酸值为 0.33mgKOH/g，完全符合工业要求，且脱酸率可达 80.8%。当剂油比升至 0.2，脱酸后酸值为 0.24mgKOH/g，脱酸率达 86%。表 2 列举了文献中报道的几类催化剂的脱酸活性数据，并与本文的研究数据进行比较。可见，本文催化剂具有反应时间短，反应活性高的特点，且对剂油比要求低。

表 2　不同文献报道催化脱酸活性对比

Reaction condition	MgO[a]	CaO[b]	MgO[b]	Mg-Al/γ-Al_2O_3[c]	Ce/Mg-Al
Reaction time/h	4	1	1	2	0.5
Reaction temperature/℃	300	300	300	300	300
Acid removal/%	82%	24.2%	14.8%	83%	81%
Catalyst/oil	0.2	0.1	0.1	0.2	0.05

由于高酸原油成分复杂，沸程宽，因此催化剂在处理高酸原油过程中可能发生系列变化，从而影响催化剂的回收再利用。基于以上原因，对260和320℃反应后催化剂进行了FTIR和XRD表征。如图7所示，反应后催化剂在1566cm^{-1}和1461cm^{-1}出现明显吸收峰，代表-COO羧酸基团的对称和不对称振动峰[11]。由此说明，在反应过程中催化剂碱性位吸附羧酸发生脱酸反应。其中2924cm^{-1}和2853cm^{-1}处的吸收峰代表CH_2-伸缩振动峰，说明反应后催化剂吸附了少量原油组分。从低波数的吸收振动峰可以看出，在320℃下反应时，位于400~600cm^{-1}处的晶格氧振动吸收峰基本保持不变，说明其在催化脱酸反应后复合氧化物结构并未发生变化。然而，在260℃反应温度下反应时，红外低波数吸收峰发生收缩和偏移，说明此时M-O结构遭到一定的破坏。

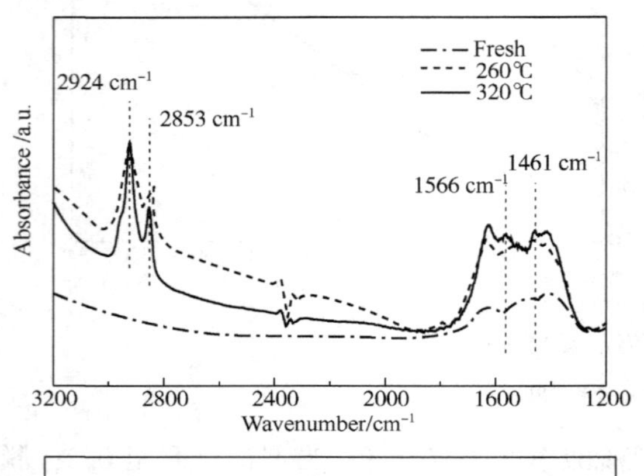

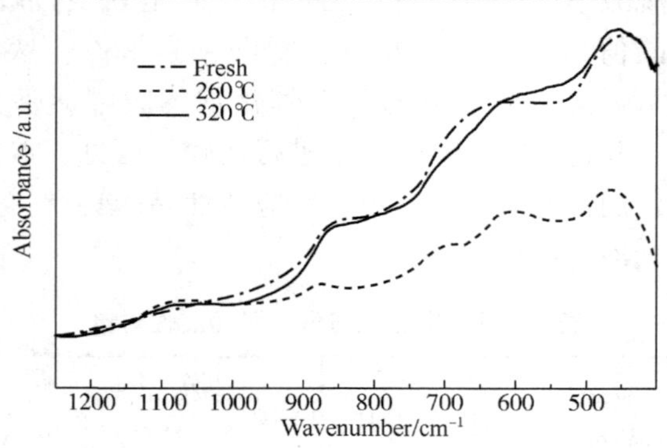

图7　反应后催化剂的FTIR图

对反应后催化剂进行XRD表征，如图8所示，脱酸催化剂具有明显的MgO的晶型，在28.6°处为CeO_2的{111}晶面衍射峰。320℃反应后催化剂的MgO衍射峰基本未发生变化，氧化铈的衍射峰明显发生收缩，同时在低角度出现杂峰，这可能与吸附形成羧酸盐相关。而在260℃反应后的催化剂MgO衍射峰明显收缩，且低角度的羧酸盐杂峰强度增强，说明在260℃下催化剂与原油中环烷酸组分形成了较多的羧酸盐组分。而此时，氧化铈衍射峰基本保持不变，这是因为在260℃下掺杂的Ce-O键未能起到很好的催化脱酸作用，由于其较强的键能，M-O键并未打断。由上述结果推测，在较低温度下，催化剂碱中心会直接吸附环烷酸组分形成羧酸盐，从而导致MgO结构的变化。而在较高温度下Ce-O活性组分也起到催化作用。

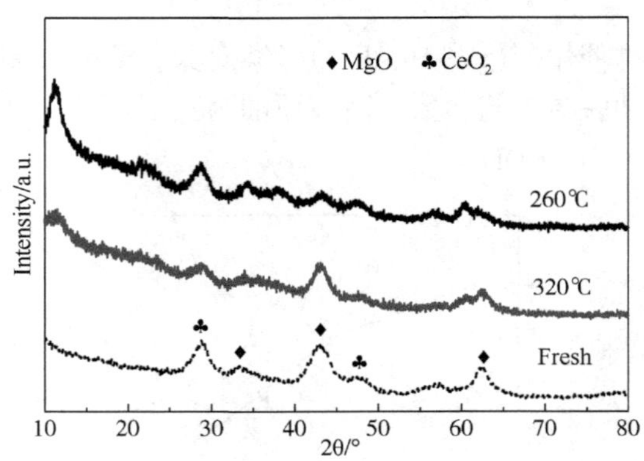

图8　反应后催化剂的XRD衍射图

基于上述反应后催化剂的表征，将300℃反应后催化剂进行回收，并在480℃下焙烧60min得到再生催化剂，该过程主要用于烧尽催化剂上吸附的少量原油组分。如图9为多次再生催化剂的高酸原油脱酸效果，可知初始脱酸转化率可达88.6%，并且脱酸转化率随着再生周期的增加略微降低，第四个周期反应后脱酸率仍可达83.2%。由此说明，在300℃下反应催化剂经多次回收再利用后仍可保证一定的脱酸效果。

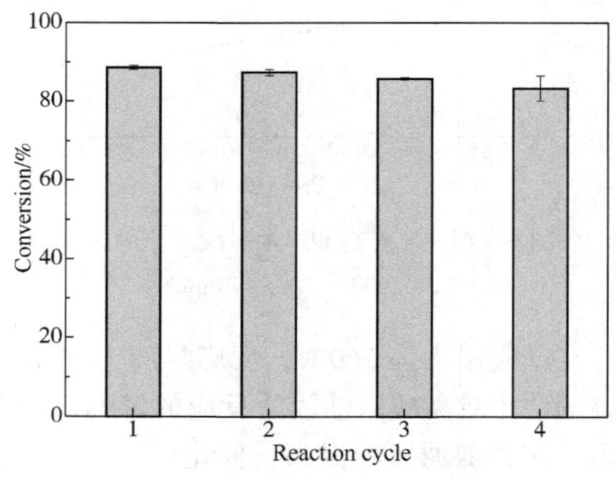

图9　多周期再生下Ce-Mg-Al脱酸活性变化
（T=300℃，Catalyst/Oil=0.05，TOS=30min）

3 结论

高酸原油模型酸脱酸实验表明，Mg-Al 基复合氧化物催化剂具有突出的脱酸效果，其中 Ce-MgAl 催化剂的环己基甲酸转化率为 91%，基本接近纯 MgO，CO_2收率可达 45.3%。高酸原油脱酸实验表明，Ce-MgAl 催化剂在剂油比为 0.05，反应温度>300℃时，脱酸率达到85%以上，脱酸后原油酸值小于 0.5mgKOH/g，满足工业要求。循环实验证明催化剂可多次回收利用。由本文研究结果可知，将催化脱酸工艺引入高酸原油处理过程中，能有效解决脱除有机酸组分，解决有机酸腐蚀问题。该工艺具有绿色污染、反应过程简单易控制以及投资成本低的特点，因此具有重要的工业应用价值。

参 考 文 献

[1] 傅晓钦，田松柏，侯栓弟，等．高酸原油催化脱酸工艺研究进展[J]．化工进展．2005(09)：968-970.

[2] 申明周，彭松梓，崔中强．高酸原油脱酸工艺技术研究[J]．石油化工设计．2006，23(1)：15-17.

[3] 苗勇，纪琳．原油脱酸方法研究进展[J]．石油与天然气化工．2006，35(4)：292-294，321.

[4] Ohsol E O, Gillespie T E, Pinkerton J W. Process to upgrade crude oils by destruction of naphthenic acids, removal of sulfur and removal of salts[P]. 1999-11-16.

[5] Gillespie R D, Arena B J. Naphthenic acid removal as an adjunct to liquid hydrocarbon sweetening[P]. 1995-2-14.

[6] Zhang A, Ma Q, Wang K, et al. Naphthenic acid removal from crude oil through catalytic decarboxylation on magnesium oxide [J]. Applied Catalysis A: General. 2006, 303(1): 103-109.

[7] Lu FP, Jiang BB, Wang JD, et al. Insights into the improvement effect of Fe doping into the CeO2 catalyst for vapor phase ketonization of carboxylic acids [J]. Molecular Catalysis. 2018, 444: 22-33.

[8] Lu FP, Jiang BB, Wang JD, et al. Promotional effect of Ti doping on the ketonization of acetic acid over a CeO2 catalyst [J]. RSC Advances. 2017, 7 (36): 22017-22026.

[9] Ding L, Rahimi P, Hawkins R, et al. Naphthenic acid removal from heavy oils on alkaline earth-metal oxides and ZnO catalysts [J]. Applied Catalysis A: General. 2009, 371(1-2): 121-130.

[10] Wang Y, Zhong D, Duan H, et al. Removal of naphthenic acids from crude oils by catalytic decomposition using Mg - Al hydrotalcite/$\gamma-Al_2O_3$ as a catalyst [J]. Fuel. 2014, 134: 499-504.

[11] Mekhemer G, Halawy S A, Mohamed M A, et al. Ketonization of acetic acid vapour over polycrystalline magnesia: in situ Fourier transform infrared spectroscopy and kinetic studies [J]. Journal of Catalysis. 2005, 230(1): 109-122.

产排污系数法在污染物核算中的应用与分析

刘雨辰

（中国石油化工股份有限公司金陵分公司）

摘　要　通过一套常减压蒸馏装置的污染物核算的案例分析，说明了在当下环境下使用产排污系数法进行计算时核算结果与实际情况相差较大。因此建议在对没有在线监测设备的污染物排口进行污染物核算中使用排污系数法计算得出工业废气排放量，再结合相关污染物浓度的第三方检测数据进行核算。同时指出了目前国内产排污系数开发工作存在的缺陷不足，并提出了应着重于大数据开发与建立数据库以达到及时性，连续性开发的目的。

关键词　产排污系数；污染物核算；开发方向

随着我国经济持续快速发展，环境形势愈发严峻，发达国家上百年工业化过程中分阶段出现的环境问题，在我国已经集中出现[1]。原有的环境统计已经跟不上经济发展和环保工作的实际需要。国务院在2007年开展了全国范围内的污染源普查。产排污系数作为环境领域内的重要基础数据，已经广泛应用于环境质量管理工作中[2]。由于产排污系数开发周期较长，无法适应快速提升的环境需求与现状，因此有必要对目前的产排污系数与实际情况进行比较，认识产排污系数开发的必要性与未来的研究趋势。

1　产排污系数基本概念

产排污系数的概念最早由《工业污染源产生和排放系数手册》[3]提出，具体分为产物系数和排污系数。产污系数，即污染物产生系数，指在典型工况生产条件下，生产单位产品(或使用单位原料等)所产生的污染物量。排污系数，即污染物排放系数，指在典型工况生产条件下，生产单位产品(使用单位原料)所产生的污染物量经末端治理设施削减后的残余量，或生产单位产品(使用单位原料)直接排放到环境中的污染物量，当污染物直排时，排污系数与产污系数相同。由此可见，和产排污系数所对应的是各种生产工艺及工况。即在一定的工况下，某种工艺所产生的各种污染物的量都由一个其对应的系数来确定。

我国最早的排污系数手册是1996年出版的《工业污染源产生和排放系数手册》，但是随着我国经济和技术水平迅速发展，部分产排污系数已经失真，与实际相差较大，因此在2007年12月31日为时间节点进行的第一次全国污染源普查，基于本次污染源普查，部分产排污系数得到更新，也增加了部分新工艺的产排污系数。并且将以2017年12月31日为时间节点进行第二次全国污染源普查。因此在利用产排污系数法进行污染物排放计算时虽然比较简便，但是也存在不灵活，与实际情况联系不紧密，一旦产排污系数与实际失真严重，则计算结果偏差会增大等缺陷。产排污系数的计算方法主要是在排口不具备在线监测条件时使用。

2　排污系数法计算方法

根据环境保护部2017年发布的《纳入排污许可管理的火电等17个行业污染物排放量计算方法》[4]，对于不能有效获取自动检测数据的废气污染源，污染物实际排放量可使用产排污系数法，利用如下公式进行计算。

$$E=\alpha\times Q$$

式中　E——核算时间内污染源某污染物排放量，kg；

α——污染源某污染物的产排污系数；

Q——核算时间内燃料用量、原料(产品)量，单位为t或10^4Nm^3具体与生产工艺有关。

具体的计算方法为，首先，确定需要查找小类行业代码和行业名称，根据手册目录，翻查到相关行业。其次，根据相关产品名称、原料名称、生产工艺、生产规模，细读相关注意事项，确定产污系数。最后，根据相关末端处理技术，细读相关注意事项，确定排污系数[5]。将产排污系数代入上公式，即可得出污染物的排放量。

3 产排污系数法在大气污染源核算的案例计算

以某常减压蒸馏装置为分析对象。该常减压蒸馏装置生产能力为800×10^{4}t/a，常压炉和减压炉均使用厂区管网所供给的燃料气，并且均使用低氮燃烧器作为末端治理措施。并且在2018年1月共使用燃料气847.86万标立方，原油加工量为652632t。由于该装置常压炉减压炉联合烟道尚未安装在线监测仪器，无法直接获取烟气排放量等数据，因此使用产排污系数法进行污染物排放核算。根据《纳入排污许可管理的火电等17个行业污染物排放量计算方法》，其主要气体污染物的排放系数如表1所示。

表1 常减压蒸馏装置产排污系数(>500万吨/年)

	污染物名称	单位	产污系数	末端治理技术名称	排污系数
常减压蒸馏装置(800万吨/年)	工业废气量	立方米/吨原料	133.02	直排	133.02
	氮氧化物	kg/1万标立方米燃料	18.71	低氮燃烧	15.59
	二氧化硫	千克/吨原料	0.0793	直排	0.0793
	烟尘	kg/1万标立方米燃料	0.02N	直排	0.02N

注：其中N为废气排放量

根据上表所示各污染物排污系数，可计算得出该常减压蒸馏装置在2018年1月份中所排放的工业废气总量，氮氧化物总量，二氧化硫总量以及烟尘总量，整理得到表2。

表2 常减压蒸馏装置2018年1月份污染物排放量(排污系数法)

常减压蒸馏装置(800×10^{4}t/a)		污染物名称	单位	排放量
		工业废气	万标立	8681.31
原油加工量/t	燃料气使用量/(万标立)	氮氧化物	千克	13218.09
652632	847.86	二氧化硫	千克	51753.71
		烟尘	千克	2255.64

由于产排污系数是根据2007年12月31日全国污染源普查结果核算得出，其相对应的工艺处理水平以及末端治理水平均为当时的全国平均水平，因此对于现在的现实情况可能存在部分失真，为了尽量避免排污系数失真而带来的误差，该常减压装置对联合烟道排口中废气的氮氧化物，二氧化硫，烟尘排放浓度委托第三方进行检测，其在2018年1月份检测结果为：二氧化硫排放浓度46mg/m^3，氮氧化物排放浓度63mg/m^3，烟尘排放浓度7mg/m^3。这样在拥有相关监测因子浓度而无法通过在线监测直接获得废气排放总量的情况下，可以将排污系数法与监测法相结合，即利用排污系数法算出废气排放量，然后利用此废气排放量与第三方监测所得各项污染物浓度计算得出最终的污染物排放量。这样既可以解决无法直接获得废气排放量的问题，也可以减少因排放系数失真带来的偏差。根据此方法，可以得出该常减压装置在2018年1月份的各项污染物排放量，如表3所示。

表3 常减压蒸馏装置2018年1月份污染物排放量(排污系数法+监测法)

常减压蒸馏装置(800万吨/年)			污染物名称	排放浓度/(mg/m^3)	排放量/kg
原油加工量/t	燃料气使用量/(万标立)	工业废气排放量/(万标立)	氮氧化物	63	5469.23
652632	847.86	8681.31	二氧化硫	46	3993.4
			烟尘	7	607.69

综合比较表2与表3中的各项污染物排放量可以看出，排污系数法在当下进行污染物核算时与现实情况已经存在较大偏差，通过排污系数法所得出的污染物排放量均多于监测法所得。实际上，通过表2我们可以算出各项污染物在排污系数法体系下的排放浓度，经过计算可得氮氧化物的排放浓度为152.26mg/m^3，二氧化硫排放浓度为596.15mg/m^3，烟尘排放浓度为25.98mg/m^3。《石油炼制工业污染物排放标准(GB 31570—2015)》中对环境敏感区域的污染源排口气相污染物做了如下限值：氮氧化物的排放浓度100mg/m^3，二氧化硫排放浓度50mg/m^3，烟尘排放浓度20mg/m^3。可见排污系数法体系下这些污染物排放浓度均要大于排放限值。因此目前排污系数法中的各项污染物排污系数已经不再适用于当下的环境，在对没有安装在线监测的污染源排口进行污染物核算时，使用排污系数法与监测法相结合的方法，可得出较为客观的结果。

4 产排污系数法在大气污染源核算的计算分析

通过上述案例可以看出，《纳入排污许可管

理的火电等17个行业污染物排放量计算方法》所提供的排放系数对于该装置已经不适用。其实不仅仅是对于该常减压蒸馏装置，对于大部分装置来说，所提供的排放系数与实际情况都存在较大失真，已经无法直接运用于目前的污染物核算工作当中。排放系数的本质，是该生产工艺在某个固定时间点的废气排放平均水平，它也可以反映出全国范围内该生产工艺的清洁生产，节能减排的水平。目前所使用的排放系数根据2007年12月31日全国范围内的平均水平所核算得出，和当下的生产工艺水平以及节能减排水平均存在较大差距。加热炉所使用的燃料气性质，火嘴使用的低氮燃烧器技术，加热炉烟道空气预热器热量回收技术，以及装置内其他换热设备的换热能力以及换热效率的提升等，都会导致这一差距的增大。因此目前这种以10年为间隔的间断性开发模式，会导致排污系数逐渐失真，与现实情况相差越来越远，无法适应当下经济快速增长，环境问题提出的环境需求。

相比较于国内，国外的排污系数开发工作，例如美国，起步较早，数据样本大，体系较为成熟。EPA(美国环境保护局)最早在1972年即发布了AP-42，即Compilation of Air Pollutant Emission Factors的最初版本，其中的污染物排污系数被用于估算空气污染污的排放量。并且在1977年，1985年，1993年以及2015年分别进行了更新修订，目前最新版本的AP-42为第五版，更新于2015年。AP-42一直被用作于美国空气质量管理的主要工具。而这五个版本中的数据更新轨迹也可以清晰地反映出这段时间美国全国范围内清洁生产，节能减排技术的更新与进步。例如在1972年最初版中工艺加热炉的氮氧化物排污系数为120~230lb/10^6sfc[6]，而在最新版第五版中，配备低氮燃烧技术的加热炉排口氮氧化物排污系数为50lb/10^6sfc[7]。

我国将以2017年12月31日为节点进行第二次全国污染源普查，届时将会有部分排放系数的更新，也会追加部分新工艺的排污系数。这样在使用排污系数法进行污染物核算时的失真与误差将得到有效的控制。但是全国范围内的工艺技术水平以及节能减排水平和地方范围内仍存在一定区别，因此在使用排污系数进行核算时仍将存在一定误差。

5 结论

（1）通过以某常减压蒸馏装置为计算对象，分别以排污系数法以及排污系数与监测法相结合的方法进行了2018年1月份大气污染物的核算。其计算结果比较如表4所示。

表4 常减压蒸馏装置2018年1月份污染物排放量计算结果比较

常减压蒸馏装置(800万吨/年)			项目名称	监测法		排污系数法		
				排放浓度/(mg/m^3)	排放量/kg	排放系数	单位	排放量/kg
原油加工量/t	燃料气使用量/(万标立)	工业废气排放量/(万标立)	氮氧化物	63	5469.23	15.59	kg/1万标立方米燃料	13218.09
652632	847.86	8681.31	二氧化硫	46	3993.4	0.0793	千克/吨原料	51753.71
			烟尘	7	607.69	2.66	kg/1万标立方米燃料	2255.64

通过表4可以看出由目前的排放系数所得出的污染物排放量与实际情况已存在较大误差，目前的排放系数已经无法直接使用于污染物核算工作。因此在没有在线监测，无法取得有效的废气排放量时，建议将排污系数法与监测法相结合，以减小排放系数失真所带来的影响。

（2）随着工艺技术的更新以及节能减排措施的广泛应用，相同工艺的排放系数应呈现不断减小的趋势。因此，在一个排污系数开发的周期之内，其初期的计算结果与实际情况相差较小，而随时间推移，这个差距将被逐渐拉大。在末期进行核算时，应尽量使用排放系数与监测数据相结合的核算方法。

由于不同地区不同企业所采取的设备质量，减排措施不同，同时在环境敏感区域的污染源排放口所采取的监测因子限值相较其他区域更为严格，在使用排污系数进行计算时不可避免会出现误差。这种误差是不可避免的，并且只能依赖于国家对于排放系数的不断开发更新。由于产排污系数的开发依赖于大数据的核算，因此建立大数据核酸数据库以及实时信息管理系统将有助于开发的连续性和及时性。同时针对不同环境地区的企业可以分开核算，这样也可以增加排污系数的有效性。

参 考 文 献

[1] 周生贤．生态文明建设：环境保护工作的基础和灵魂[J]．环境科学文摘，2008(02)：1-3.

[2] 段宁，郭庭政，孙启宏，欧阳朝斌．国内外产排污系数开发现状及其启示[J]．环境科学研究，2009，22(05)：622-626.

[3] 中国环境保护局科技标准司．工业污染物产生和排放系数手册[M]．中国环境科学出版社，1996.

[4] 环保部．纳入排污许可管理的火电等17个行业污染物实际排放量计算方法[Z]，2017.

[5] 第一次全国污染源普查资料编纂委员会．第一次全国污染源普查工业污染源产排污系数手册[M]．中国环境科学出版社，2011.

环保成套设备项目实施中问题分析及应对策略

赵彬屹

（中国石油化工股份有限公司金陵分公司）

摘　要　针对环保成套设备在项目建设过程中出现的问题，从项目招标、采购、施工过程中挖掘其深层次原因，并从采购团队、采购管理制度、招标技术文件编制、供应商现场考察、合同签订、工程联络和设计协调、正在制造设备的检验和监制、到货验收、建立信息交互平台等方面提出应对措施，以期为今后环保成套设备采购的风险控制提供有益借鉴。

关键词　成套设备；招标技术文件；技术协议；项目建设；过程控制

近年来，国家对环保治理工作力度大幅提高，对各项排放指标要求越来越严，各炼化企业根据自身特点均加快了对环保提标改造的步伐。据不完全统计，中石化系统内合同金额200万以上的环保成套设备就有122套，涉及采购资金达8.88亿，其中，200～500万元的63套，500～1000万元的40套，1000～2000万元的12套，2000万元以上的7套，平均每套成套设备的采购金额约为755万元，最高采购金额达5030万元。在中石化122套环保成套设备中，分公司共有12套，在所有石化企业环保提标改造项目中最多，涉及采购资金9004万，占中石化本轮环保提标改造采购金额的10%。

各企业根据自身的特点，主要采用EP+C（成套设备供货+施工总承包）模式和EPC（设计采购施工）模式进行项目建设，前者较为多见，但不管哪一种模式均属于“他人设计、他人采购”的模式，这两种模式确实给业主方减少了很大的工作量，但同时也带来了更多不可控的风险，给业主方物资采购部门提出了更多的要求。

1　成套设备常见问题统计

环保成套设备在建设过程中反映出来的问题大致可分为以下10类：招标技术文件不明确不完善问题；供应商设计、制造问题；物资到货进度问题；沟通确认不及时不明确问题；成套设备出厂、入库验收问题；设备入场保护问题；资料交付不及时问题；供应商履约问题；成套设备调试问题；超限设备的运输问题。根据分公司2017年4月至2018年7月环保项目建设过程中产生的100个时间，统计各类问题产生的比例如图1所示，其中，由于招标技术文件不明确不完善（包含技术要求、供货状态、施工界面、资料交付要求等）引发的问题占33%，供应商设计、制造问题占25%，成套设备验收及入场保护问题占12%。根据图1问题统计可以看出，通过进一步完善明确招标技术文件、加强成套设备的过程控制，严格履行成套设备的验收以及加强沟通协调极大程度改善成套设备的问题。

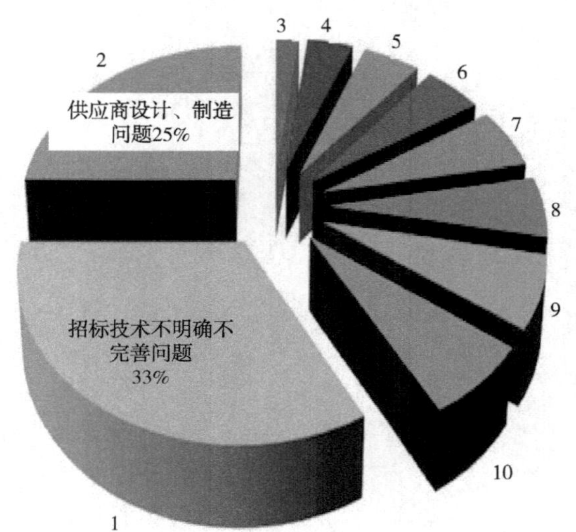

图1　成套设备问题统计

1—招标技术文件不明确不完善问题33%；2—供应商设计制造问题占25%；3—超限设备运输问题2%；4—成套设备调试问题4%；5—供应商履约问题5%；6—资料交付不及时问题5%；7—成套设备出厂、入库验收6%；8—设备入场保护问题6%；9—沟通确认不及时问题不明确问题7%；10—物资到货进度问题7%。

2　成套设备常见问题原因分析

2.1　企业内部招标技术文件的编制主体不明确，主体责任没落实

《中国石化物资采购公开招标实施方案（试

行)》仅明确招标技术文件由招标人负责编制，但该“招标人”一词是泛指，分公司也没有相关规定进一步落实编制主体。但从目前的实际情况来看，招标技术文件的编制、校对及审核是由设计院完成的，设计院代业主方执笔完成了招标技术文件的编制。这种委托第三方编制的模式弱化了业主方技术部门的责任，导致相关技术部门对招标技术文件的审核力度不够。

2.2 项目建设期急迫，物资采购等关键环节的时间存在不合理压缩

由于项目建设期急迫，一个工程项目启动以后，通常处于边设计、边采购、边施工的状态，留给招标采购的时间严重不足，某些项目自收到请购文件到要求项目中交的时间不足3个月，项目建设如此急迫，造成技术文件的编制、审核确认、成套设备的设计以及制造等各环节没有充足的时间。

2.3 项目建设没有建立统一的信息交互平台，导致相关重要条件不能最终呈现到招标技术文件中

一个项目从立项开始到招标采购环节，相关部门会围绕该项目召开各类会议并形成一定的共识，但由于没有统一的信息交互平台，各类信息不能系统完整的汇总和有效传递，造成技术部门在编制审核招标技术文件时，无法有效利用到该类信息，致使不该出错的问题还是会出错，不该出现的问题还是会出现。例如，公司某尾气治理成套设备的招标技术文件没有明确考虑到增加密闭采样器的事宜，其实，在项目前期的《基础设计审查会职业卫生意见》中已有要求，就是因为该文件没有最终流转到具体执行层，所以才会造成该类问题的产生。

2.4 招标完成没有进一步签订技术协议

技术协议作为规范成套设备的文件，是对招标技术文件中相关技术要求的进一步明确和补充，能防止因招标技术文件的不明确带来的隐患和纠纷。有专家认为，招标完成后签订技术协议的行为对中标商或者投标商会产生不公平的可能，签订高于招标技术文件要求的将对中标供应商不公平，签订低于招标技术文件的将对其余投标商不公平，所以，某些成套设备在完成招标后就没有进一步签订技术协议，恰巧是因为该成套设备的招标技术文件不够明确，可能会造成供应商出现严重的设计条件选择错误，产生较为严重的安全隐患。

2.5 供应商成套设备范围内的技术文件及设计图纸缺少业主方审核主体

关于供应商成套设备范围内的技术文件及设计图纸确认，按以往认知，我们会认为这是业主方委托的设计院的工作，有问题当然应该由设计院负责，实际上招标技术文件中并没有明确业主方技术部门或者设计院要对供应商提供的技术资料准确性负责，即供应商的设计行为是存在管控缺失的。这样，因供应商设计而导致的问题责任没有从制度上进行明确。例如，某成套设备，因供应商的设计条件与业主方所委托的设计院所认可的不一致，导致管线的焊接质量存在很大的隐患。所以，一定要明确供应商技术资料的审核主体。

2.6 供应商对技术文件的贯彻执行不到位

技术文件包含招标技术文件以及投标人中标后与买方签订的技术协议，在编制和签订阶段，尽管字斟句酌编制的很完善，但供应商往往在履行合同时存在严重的技术偏离或脱节现象，有些供应商根本没有把技术文件在企业中落实，具体实施时还是按照企业原来的要求进行操作，导致到货的设备与技术文件存在较大的差异。

2.7 供应商能力参差不齐

主要表现为以下几个方面：(1)多数环保成套供应商的工艺技术靠国外引进，技术依赖比较大，后期技术支持、售后等不及时。(2)多数环保成套供应商靠设计起家，所以，整个企业的管理模式还是偏重设计，而忽略成套设备的制造过程、现场施工环节的管理。(3)环保成套供应商总体现状为人员流动大，一个项目的设计、制造、管理人员极其不稳定，这给业主方的项目管理带来很大的影响。

2.8 成套设备的设计、制造过程缺少有力的过程控制

在设计资料的确认方面，由于供应商设计文件缺少业主方技术部门或者第三方监督主体的审核确认，造成很多错误的设计不能及时发现，多数问题最终流转到施工现场和设备本身，由此增加了问题整改难度和风险。

在成套设备制造过程中，仅通过技术条件限制和后期验收，而缺少过程控制，无法有效阻止质量问题产生，从当前在建和已建成的多个环保项目来看，设备的制造、管线的焊接问题较多，但多数是在验收环节甚至到了施工现场才发现。

从目前成套设备反映出来的质量问题来看，对成套设备中的重点物资或者某些成套设备采取监造很有必要。

根据《中国石化重要设备材料监造管理办法》和《金陵石化重要设备材料监造管理实施细则》两个文件对重要物资的定义及分级管理的要求，成套设备没有被明确纳入监造范畴，但文件也明确了物资装备中心有义务完善必检物资的目录，强化物资加工制造过程的质量监督和检查。

2.9 设计协调会或工程联络会过于简单

目前，设计协调会、工程联络会的召开仅侧重设计界面的讨论，所以，该类协调会基本成了供应商与业主方设计院的对接洽谈会，而没有把其作用最大化。

设计协调会应该是进一步传达技术要求的会议，应该由公司各职能部门与供应商共同参与。由发展规划处强调设计界面、资料和图纸的交货要求；由机动处或工程处强调设备、材料的技术要求以及交工要求；由设计单位强调交货状态和范围的要求；由技术部门强调技术方案。这是一次彻底对方案和后期制造、施工要求明确的平台

2.10 成套设备验收执行不到位

由于受出差经费等因素的限制，而且多数成套设备的物资来自不同的供货商，所以，出厂前的验收显得琐碎，大部分成套设备的出厂前验收都不能正常开展。由此，多数问题即便发现也是来到了现场，增加了问题处理的难度。另外，相关部门对成套设备的质量验收或者质量监督介入过晚，例如，某些部门往往等到项目中交前几天才进行管线或容器焊缝的抽检，如出现问题，则很大程度会影响到项目的中交进度。

2.11 供应商售后服务能力弱

由于成套设备中的许多部件均为供应商外购，可能供应商对此性能也不熟悉，如有问题供应商也只能请分包商进行解决，来来回回不仅浪费时间而且还有可能无法解决问题。另成套设备涉及到机械、电气、仪表等方面的知识，现场服务人员知识跟不上，企业内部又缺少一种很好的信息沟通协调机制，导致现场服务不能满足工程建设的需要。

3 应对策略

3.1 建立一个强有力的工程设备采购团队

成套设备对采购人员整体要求较高，要求采购人员既懂专业知识、施工程序，又有商务方面的知识，同时还要求他们具有较强的沟通能力。在采购团队组建中，要选取不同层次的人员，进行优化组合。由不同的人员完成以下事情：(1)牵头组织成套设备技术附件的签订；(2)对设备制造进度及产品质量实施过程控制；(3)根据采购合同或技术附件规定的时间，负责催交图纸资料；(4)协调设备到货进度，根据工程网络合理安排到货时间；(5)组织到货验收，清单装箱数量，检查实物外观、尺寸，按照技术附件确认供货范围等。

3.2 编制成套设备采购管理制度

根据上文时对中石化各分、子公司成套设备的统计情况，分公司在这一轮环保治理提标改造过程走在了石化行业环保治理的最前列，但由于新上环保项目多数涉及前沿科技、专利技术等，工厂各方面存在一些跟进不足的问题，导致一些技术文件对物资的要求不明确、施工界面不清晰等，由此，在后期项目建设过程中遇到了很多从前没有遇到过的问题。所以，建议物资采购部门牵头编制成套设备采购管理制度，用制度去充分明确各部门、各环节的处理要点。

3.3 重视招标技术文件的编制

招标技术文件作为供应商投标报价的核心文件，产品的属性已全部体现在文件之中。根据分公司前期招标完成的22项成套物资，因招标技术文件的不明确不完善引发的问题占项目建设期问题的三分之一，所以，负主责的技术部门牵头做好招标技术文件的编制及审查审核工作是避免纠纷、保证设备安全的关键。

3.4 加强对成套设备供应商的现场考察

对于重大关键或运用新技术、新工艺的成套设备，必须组织相关人员对供应商进行现场考察。之前必须拟定现场考察表，有的放矢地进行，可以从以下几个方面对供应商进行考察：企业的发展历史、生产装备能力、质量保证措施和检测手段、技术力量、近三年的生产和销售情况、财务状况和近三年的利润、成套能力、外协件的比例等。考察报告上必须有结论性意见，且有每个参加考察成员的签字。

供应商的应用业绩需仔细核对，最好去业绩使用单位进行考察，一个成熟产品的开发需要经过反复的实验，如果供应商的同类产品制造业绩不佳，或没有制造出这类产品的经验，制造出来的产品往往不是成熟产品，往往会出现这样那样

的问题，给下一步的安装、调试埋下隐患。

3.5 把好合同签订关，控制采购风险

合同作为买卖双方建立业务关系的法律文件，在签订合同时要认真探讨合同主要条款。以下3点为具体手段：

（1）要明确付款要求。国内采取的付款模式主要是“0+9+1”，即成套设备投入运行并标定合格后支付合同金额的90%，余下10%作为质保金。分公司对环保成套设备的货款设置条件为：经过调试合格、稳定达标运行三个月，并经72小时标定合格后90个工作日内以电汇或承兑汇票方式向乙方支付合同总价的90%，质量保证金为合同总价的10%，在设备质保期满无质量问题的，甲方在到期后90个工作日内向乙方无息支付该笔尾款

（2）要明确质量保证期。一般设定为货到18个月或者标定合格并正常运行12个月，以先到为准。

（3）要明确风险责任。在乙方交付标的物使用后3个月内，因乙方原因仍未能调试合格的，视为订立合同目的无法实现，即根本违约，甲方有权依法解除合同，乙方不得要求支付合同价款。乙方除承担甲方为履行本合同所做出的各项准备形成的损失外，还应当承担合同总价款30%的违约责任。因乙方违约致使该环保项目未能按期投用且造成地方环保部门查处或处罚的，乙方应当承担因此造成的一切损失。

3.6 重视合同履行过程中的工程联络会和设计协调会

成套设备因涉及到机、电、仪、管道等方面的内容，虽然双方在技术附件中对技术参数、供货范围进行了明确，但双方在具体设计过程中，可能由于各自情况变化需对技术参数进行调整，供方在采购时如电气、仪表等部件无法达到业主的要求进行变更。在工程联络会上需对涉及设计、中间资料交接、外包、供货范围等相关问题进行一并解决。

设计协调会也是对技术文件的进一步宣贯和澄清，各部门均要参与并向供应商强调到位。另外，重视施工阶段的工程联络会，定期反馈项目建设过程中存在的问题，及时落实整改。

3.7 加强在制造设备的检验和监制

对于关键的设备建议在合同中约定委托第三方或业主自己派人到制造单位进行监造，对于采用监造的，必须在监造大纲中对原材料复验、半成品控制、成品检验根据物资不同分别给予明确。监造人员需审查设备制造的原材料、外购配套件、标准件以及坯料的质量证明文件及检验报告，检查制造商对外购件、外协件和原材料的复验报告，监造方对制造过程中出现的问题必须提出监造建议书，要求供应商给予整改。对于没有派人进行监造的，产品包装出厂前务必派相关人员到现场进行全方面验收，出厂验收过程中发现的问题可以及时让厂家处理。

3.8 严格控制到货验收关

采购人员在设备到货时应及时组织相关人员进行验收，对照技术附件认真核对供货范围，对成套备件如电气、仪表、阀门需要核对技术参数、型号、分包商特别是防爆等级，在技术附件中对材质、壁厚、油漆等有明确要求的，应安排检验人员对材质进行光谱分析、对壁厚及油漆进行测厚。到货时如发现设备有明显的锈蚀、外观变形应责成供应商进行整改。

对于设备随机资料需与技术附件进行认真核对，产品质量证明书、产品说明书、相关图纸、水压试验报告（性能试验报告）、材质复验证明、外购件的相关资料等，经核对后及时进行归档。

3.9 建立环保项目建设信息交互平台

信息管理是项目管理的一个关键环节，从项目立项开始就应该重视此工作，建议建立信息交互平台，收集并上传从项目可研开始的各类专项、专题会议最终达成共识的相关技术标准和要求，让项目建设的资料文件系统化。

4 结语

环保成套设备是一个项目的重要组成部分，不是公司某一个部门的事情，从招标技术文件的编制、中标后技术资料的确认、设备制造、验收、安装、调试到试运行，各环节都需要各部门做好相应的配合，才能确保项目高质量按期完成。

基于破乳脱水和催化裂解的含油污泥处理工艺研究

毕 卉 焦润山 纪禹操

（中石化洛阳工程有限公司）

摘 要 含油污泥指原油、重质油或各类成品油与泥土、水和其他杂物混合形成的泥状物，多形成于油田开采、石油炼制、运输和储存等过程中，是现代石油化工行业主要固体污染物。含油污泥成分复杂，且对生态环境危害极大，其有效处理成为制约石油化工行业发展一大难题[1]。本研究涉及一种基于破乳脱水和催化裂解的含油污泥处理工艺及设备（下文简称工艺），探索出一整套适应不同性状的含油污泥的减量化、无害化和资源化处理流程。工艺包括对含油污泥的脱水、轻质油分脱油以及重质油分的催化裂解和分离。并利用中型试验装置对含油污泥进行处理，含油污泥中原油资源得到充分利用，各类标准均能达到农用污泥污染物国家控制标准，且对于含有废塑料、其他杂物的含油污泥具备完善处理程序，成本和能耗较现有技术均大为下降，处理效率明显提高。此外，该工艺设备能够小型化、撬装化，可转运至含油污泥产生处进行处理。

关键词 含油污泥处理工艺；破乳脱油；催化裂解；塑料处理；减量化；无害化；资源化；撬装设备

1 含油污泥处理现况分析

1.1 含油污泥的性质

含油污泥多形成于油田开采、石油炼制、运输和储存等过程中，是现代石油化工行业主要固体污染物之一。含油污泥的性质由其的成分决定，而含油污泥的成分受其形成原因影响较大，下面对含油污泥主要形成原因及其性质特征作简要说明：

（1）油田开采产生含油污泥，此类含油污泥大多含油量高且多为原油，含有原油开采使用的净水剂、设备垢物、细菌等物质，普遍存在黏度大，泥土颗粒细以及脱水困难等特征[2]；

（2）油田集输过程产生含油污泥，此类含油污泥成分最为复杂，含油率极高（70%以上），含水率较大（25%），泥沙等含量较小，此外还含有沥青质和石蜡等物质；

（3）炼油厂污水处理系统产生含油污泥，此类含油污泥含水率较大（40%~90%），含油率较低（10%~50%），泥沙等固体颗粒含量极低；

（4）事故产生含油污泥，此类含油污泥多泥土成分较高，含有多为单一品种成品油，处理难度小。

由于含油污泥形成原因多，成分分布广，现有含油污泥处理方式难以适应多种类型含油污泥处理，工艺通用性差是目前含油污泥处理面临的主要问题之一。

1.2 现有含油污泥处理工艺介绍

目前，国内外含油污泥的处理方法主要分为生物法和非生物法两类，下面对这两类处理方法作简要介绍：

生物法：生物法指石油降解微生物以烃类物质作为碳源进行生物代谢，从而将含油污泥中的石油烃类转化二氧化碳等无机物的处理方式[3]。主要有生物地耕法、生物强化法、生物破乳法等。

（1）生物地耕法，对含油污泥进行填埋，由土壤中微生物对含油污泥进行自然降解。关月明等采用生物地耕法对含油率9.0%的含油污泥进行处理，120天后石油降解率达65.6%。生物地耕法对环境二次危害较大，预计未来将逐渐弃用[4]。

（2）生物强化法，通过向含油污泥植入特定微生物，对含油污泥进行高效代谢处理，欧阳威等利用生物强化法对含油率12.68%的含油污泥进行处理，56天后含油率降至6.98%，去除率为31%[5]。

（3）生物破乳法，利用具有破乳功能的微生物改变油泥物性，使油泥中油分聚结上浮并分离，处理过程中无需将石油烃类完全降解。孙建成等使用生物破乳法处理含油污泥，原油回收率可达90%以上[6]。

非生物法：非生物法多利用物理、化学反应

对含油污泥中油分进行处理或回收。主要处理方法包括热脱附、溶剂萃取、焦化热解等方法。

(1) 热脱附法，使用热碱性溶液对含油污泥进行反复洗涤，再通过气浮分离油分。童蕾等利用热脱附法将原含油率25%左右的含油污泥含油率降至1.2%[7]。热脱附法是我国处理含油污泥的最常用方法。

(2) 溶剂萃取法，即使用有机溶剂将含油污泥油分溶解萃取，之后再蒸馏，以达到分离作用。张秀霞等使用溶剂萃取法处理含油污泥，脱油率达80%~95%[8]。

(3) 焦化法，基于重质油的高温热裂解和热缩和反应对含油污泥油分进行处理，周建军等利用焦化法处理含油污泥，液相油品收率大于80%，废渣含油率低于3‰[9]。

2 基于破乳脱水和催化裂解的含油污泥处理工艺原理

基于破乳脱水和催化裂解的含油污泥处理工艺的目的是对含油污泥中的水、石油烃类、泥沙以及其他杂物进行分离，并主要对水和石油烃类资源进行回收。因此，该工艺的主要流程包括含油污泥的破乳脱水、重质油催化裂解以及处理产物的净化回收储存。此外，为节约能耗，该工艺利用了设备加热炉和处理得到的泥沙的余热对含油污泥进行加热脱水。下面对各步骤进行说明。

2.1 含油污泥的破乳脱水

除原油开采产生的含油污泥外，多数含油污泥含水量在25%~90%之间[10]，比例较大，脱水可以有效缩小其体积，且对含油污泥后续处理十分必要。目前，含油污泥的脱水方法包括机械脱水、加热脱水、化学调质脱水以及超声波脱水。其中，机械脱水的滤后液的悬浮物和COD浓度高[11]，而加热脱水方法具有处理简单、脱水程度高、能源效率高、对石油烃类资源破坏程度小等优点，因此工艺采用加热脱水方式对含油污泥进行脱水处理。

工艺的破乳脱水装置包括两个加热脱水炉，分别采用加热炉烟道气和处理后泥沙作为热源对含油污泥进行加热。加热炉中设有螺旋输送器，可推动含油污泥前后移动，避免油泥滞留加热炉中造成过热结焦。此外，螺旋输送器可以对含油污泥进行搅拌，使其受热均匀，各部分均可以充分受热。工艺破乳脱水装置见图1。

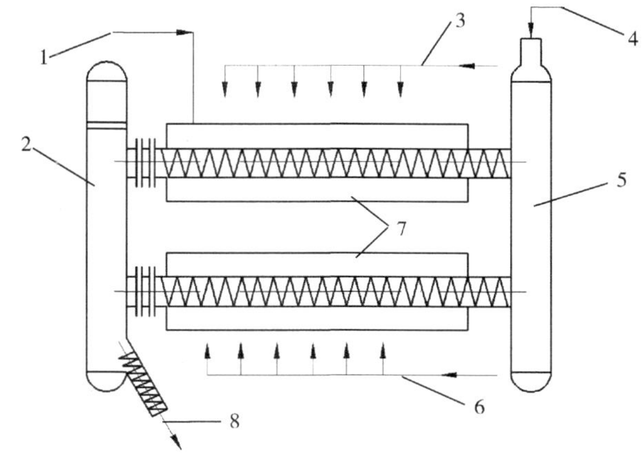

图1　工艺破乳脱水装置

1—加热炉烟道气，2—油泥水分离器，3—燃料气加热
4—含油污泥，5—油泥进料仓，6—燃料油加热
7—加热脱水炉，8—脱水后含油污泥

工艺在破乳脱水过程中，需加入破乳剂，促进含油污泥的破乳。破乳后，一些轻质油分和破乳产生的不凝气会和水分蒸发产生的水蒸气混合形成油水气混合气体，后续处理会对混合气体各成分进行分离。

由于给破乳脱水装置使用加热炉烟道气和处理后泥沙余热进行加热脱水，两种热源所带热量并不相同，为确保两个脱水加热炉内含油污泥能够充分脱水，两个脱水加热炉所进含油污泥量应不同。热源热量大的含油污泥进料量应较大，进料量由加热脱水炉入口经电动旋转阀门控制。

若加热脱水炉内温度达不到含油污泥破乳脱水所需加热温度，应通过燃烧本工艺处理产生的燃料油或不凝气作为燃料补充额外所需热量。工艺设备开工前8小时，装置的全部供热由外购燃料燃烧提供。

经中型试验装置含油污泥处理实验，含油污泥的破乳脱水的最合适加热时间为30min。实际生产过程中，可以根据含油污泥含水量高低进行适当延长和缩短，以保证处理质量和生产效率。

2.2 含油污泥的催化裂解

经破乳脱水处理后，含油污泥中的水分、少量轻质油分以及少量不凝气体已经被除去。此时，含油污泥主要成分为不易气化的重质油分和泥沙等固体颗粒。对于重质油分，工艺采取催化裂解处理，将重质油分的高烃类分子裂解成为较轻烃类分子和少量轻质分子不凝气(甲烷、乙烷和丙烷等)[12]，实现重质油分与泥沙的分离和回收。

工艺的催化裂解装置包括一组脱油炉、连接脱油炉的催化裂解罐和其他管线和净化系统。脱油炉用于含油污泥的催化裂解系统的加热，为提高加热效率和节省设备空间，脱油炉采用分段式设计。含油污泥经脱水后进入脱油炉，先在第一段脱油炉内进行加热并由螺旋输送器推送向前运动，而后到达第一段脱油炉末端后为保证泥沙质量合格(含油量500～3000mg/kg)，经管道进入第二段脱油炉继续加热并由螺旋输送器推动向前运动。之后，完成一次催化裂解的含油污泥重质油分基本除去，产生的泥沙进入储渣池，后作为热源对处理含油污泥进行破乳加热脱水。一级催化裂解剩余的重质油气和不凝气混合气体经净化后，进入催化裂解罐进行二级催化裂解，一级催化裂解后若不存在重质石油烃类时，可免去二次催化裂解。最终，产生较轻质油分和不凝气混合气体，经净化分离后储存，用于本装置燃料或外售。工艺催化裂解装置见图2。

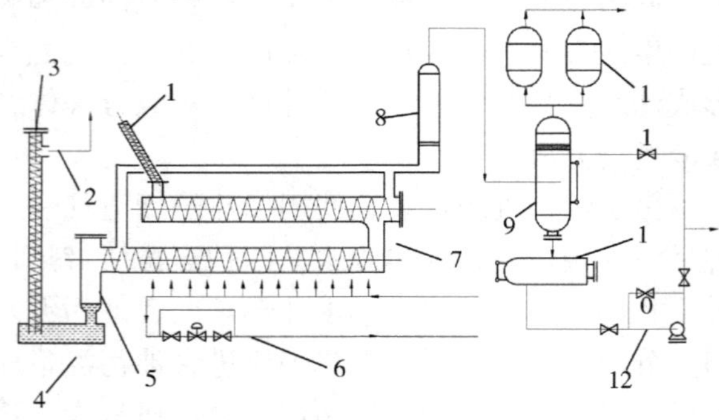

图2 工艺催化裂解装置

1—第二螺旋输送器；2—砂土和渣油；3—第三螺旋输送器；4—受渣池；5—油泥气分离器渣油砂土分离段；6—燃料油加热管线；7—脱油炉；8—油泥气分离器重质油气分离段；9—除尘器；10—油储存罐；11—催化裂解罐；12—油循环管线

根据含油污泥含油量的多少和油泥性状不同，工艺采取两级催化裂解反应。一级催化裂解发生在脱油炉中，催化剂采用的液相催化剂；二级催化裂解发生于催化裂解罐中，采用气相催化剂。对于油分主要为原油(稠油)、产生于石油开采过程的含油污泥，由于含油污泥较干稠，与液相催化剂接触面积有限，一级催化裂解意义不大，故主要依靠二级催化裂解和气相催化剂对油分进行处理回收。而对于原油资源集输过程中产生的含油污泥，则主要依靠一级催化裂解和液相催化剂处理油分。一些含油污泥成分复杂，可同时进行两级催化裂解反应，确保较高除油率。其中液相催化剂采用半径0.5mm圆形颗粒的催化剂，气相催化剂则采用柱状颗粒(直径3mm，长10mm)的催化剂。

石油烃类的催化裂解反应宜采用适当温度和较短的反应时间的操作方式[13]。因此，工艺采用310－390℃的反应温度，反应时间为30min，催化裂解除油效果优异。

2.3 含油污泥处理产物的净化回收储存

含油污泥经工艺处理后得到水、轻质油、重质油、不凝气和泥沙，各种产物均被充分回收利用，下面详细说明各产物处理回收过程。

含油污泥在破乳脱水过程中产生了水蒸气、轻质油气和极少量不凝气的混合气体，混合气体在加热脱水炉中与含油污泥分离，进入冷凝冷却器。经冷凝冷却器冷却后，混合气体中的水蒸气和轻质油气液化，并与不凝气一同进入油水气分离器。在油水气分离器中，不凝气经上方管道进入不凝气净化回收系统，底部油和水自然分层分离。水进入污水处理系统，经处理后用于设备冷却使用，多余水量外排。轻质油经净化后储存，用于设备燃料或外售。

含油污泥在催化裂解过程中生成轻质油和不凝气混合气体，以及除油后的泥沙。泥沙直接进入储渣池，并由输送器送至破乳脱水装置中以泥沙余热为热源的加热脱水炉对含油污泥进行加热脱水。轻质油气和不凝气混合气体进入抽真空系统，抽真空后轻质油气液化并与不凝气分离，进入储油罐储存。而不凝气则与破乳脱水工序中产生的不凝气一同进入不凝气净化系统，净化后进入储气罐储存，最后用于设备燃料燃烧。另外，脱油炉加热产生加热炉烟道气，经管线通入破乳脱水装置中以加热炉烟道气为热源的加热脱水炉中加热含油污泥。

3 基于破乳脱水和催化裂解的含油污泥处理工艺重要参数确定

由于含油污泥成分范围分布较大，本研究仅就特定几种含油污泥进行处理试验，并根据实验结果确定处理工艺参数范围。

3.1 破乳脱水工艺参数

破乳脱水工序较为简单，涉及的工艺参数并不多，主要为破乳脱水加热温度和加热时间，破乳脱水效果由含油污泥脱水率表示。

表1 某海港船舱含油污泥脱水率受加热温度影响表

加热温度	80℃	85℃	90℃	95℃	100℃
脱水率	97.11%	98.02%	98.61%	98.96%	99.10%

由表1可知，充分加热的情况下，含油污泥破乳脱水工序的脱水率随加热温度升高而升高，但当加热温度达到90℃以上时，加热温度进一步升高对含油污泥脱水率的影响有限。同时，当温

度过高时，含油污泥可能结焦。因此，工艺要求含油污泥的破乳脱水工序的加热温度范围为90-100℃，优选温度为95℃。

对上述含油污泥进行不同时间破乳脱水加热，脱水率结果如表2所示。

表2　某海港船舱含油污泥脱水率受加热时间影响表

加热时间	10min	15min	20min	25min	30min	35min	40min
脱水率	23.34%	60.56%	82.52%	94.67%	97.75%	98.29%	98.79%

含油污泥脱水率在加热30min后没有明显提升，为了节约工艺能耗，实际生产中加热时间为30~35min。

3.2　催化裂解工艺参数

催化裂解工艺参数包括脱油炉加热温度、反应时间、催化剂种类、催化剂颗粒、催化剂颗粒大小等，而反映工序效果的参数主要是处理后泥沙的含油量。

其中，对含油污泥的催化裂解过程影响最大的是加热温度，下面通过某油田减量化处理后的含油污泥（含油5.4%，含水30.5%，含泥砂64.1%）处理试验说明这两个工艺参数的影响和确定工艺参数范围的基本原则。

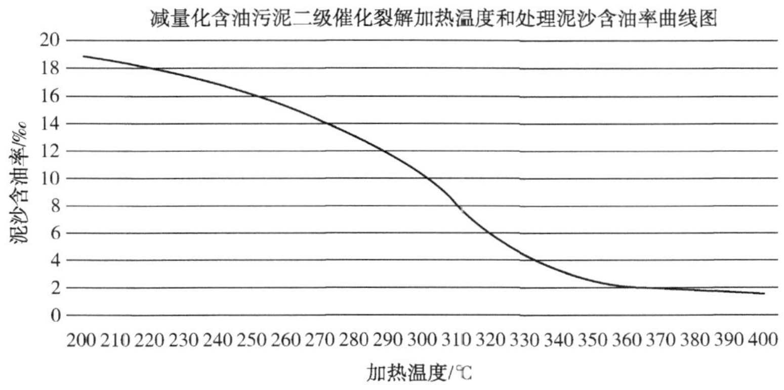

图3　减量化含油污泥二级催化裂解加热温度和处理泥沙含油率曲线图

对上述含油污泥在不同温度下加热30min，进行二级催化裂解，并测量处理后得到的泥沙含油率，数据如图3所示。加热温度达到260℃以后，处理后泥沙含油率随加热温度进一步上升而迅速下降。加热温度达到340℃以后，泥沙含油率降至3‰以下，符合农用污泥污染物国家控制标准（GB 4284—2018）要求。360℃以后，泥沙含油率下降有限，且由于含油污泥已经完成脱水，成分较黏稠，温度过高易造成油泥结焦。因此，催化裂解加热温度不易超过400℃。该油田减量化处理后的含油污泥的最佳催化裂解温度为380℃。

含油污泥的最佳催化裂解温度受多种因素影响，上述减量化含油污泥含水量较大，含油量较少，且油分分子量较小，催化裂解温度可以较高。对于一些油田开采产生的含油污泥，含油量高，分子量较大，较低温度加热进行催化裂化即可达到较好处理效果。同时，采取较低温度催化裂化可以避免因含油污泥过于黏稠而造成结焦现象。取某油田重质原油（稠油）油泥（含油21.5%，水10.4%，泥砂58.1%），在不同温度下加热30min，进行二级催化裂解，并测量处理后得到的泥沙含油率，数据如图4所示。

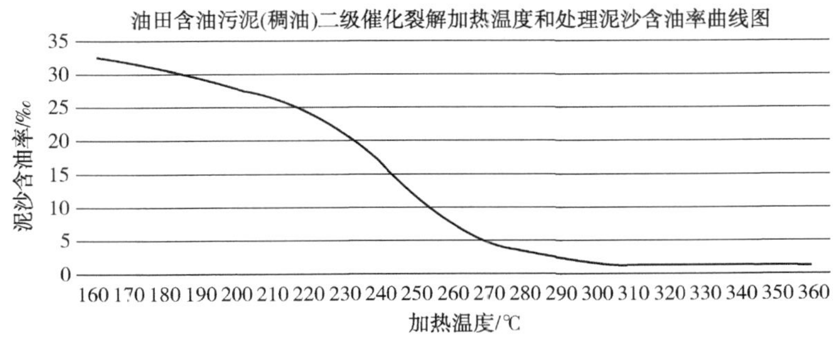

图4　油田含油污泥二级催化裂解加热温度和处理泥沙含油率曲线图

可见，此类含油污泥的催化裂解加热温度和含油率曲线明显左移，最佳加热温度为 345℃，较之前案例明显降低。

加热时间同样是催化裂解的重要参数，确定最佳加热时间对于工艺能耗降低和生产效率提升具有重要意义。上述减量化含油污泥和油田含油污泥分别在其最佳催化裂解加热温度下加热不同时间，处理后泥沙含油率结果如图 5 所示：

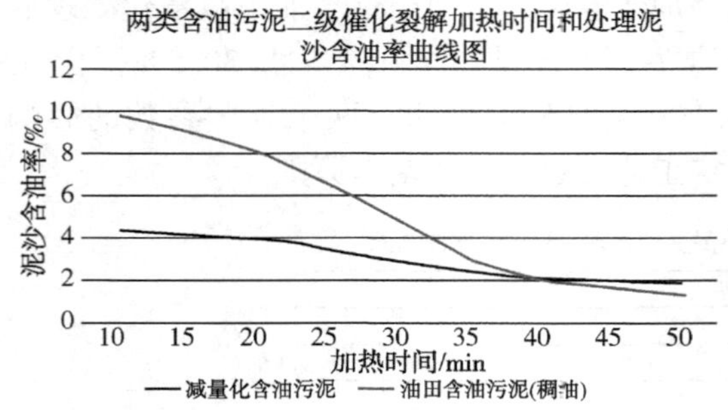

图 5　两类含油污泥二级催化裂解加热时间和处理泥沙含油率曲线图

上述两类含油污泥在最佳催化裂解加热温度下加热 40min 左右泥沙含油率均降至 2‰左右，说明加热温度受含油污泥成分、性质影响较小。本研究通过大量试验发现，催化裂解加热时间在 35~45min 范围满足大多数含油污泥催化裂解工序，处理后泥沙含油率可达到国家排放标准。

催化裂解工序中用到的催化剂成分可根据含油污泥组成成分改变，以达到最佳处理效果。催化剂颗粒形状、大小主要影响催化剂与含油污泥油分接触面积，接触面积越大，催化效果越好[14]。因此，催化剂颗粒多使用球状和柱状，颗粒大小在考虑经济效益的情况下取最小颗粒即可。

3.3　处理产物的净化回收工艺参数

处理产物的净化回收主要涉及各产物的物理分离、杂质去除和储存等过程，工序步骤并不复杂，设计主要工艺参数较少。

其中，含油污泥中重质油分经脱油炉加热和一级催化裂解作用后成为多种烃类分子的混合气体，气体常裹挟微小泥沙颗粒等杂质，在进入催化裂解罐进行二级催化裂解之前，有必要对有机混合气体进行净化，除去杂质颗粒。净化方式采用一种有效的吸附剂，对油气中携带微细粉尘吸附净化，以防止催化剂活性降低，油气体入口到液面距离是重要参数，距离过大影响各产物产量，距离过小净化效果不佳。经试验，测距离为 10cm 时，混合气体净化纯度可达 90%以上，满足生产要求。

此外，不凝气体净化系统中使用的净化液，用以除去不凝气体中存在的碳、氮等与氧反应产生的酸性气体。经试验，工艺中净化液浓度为 10%~13%时，不凝气净化效果最佳。实际生产中，净化液浓度会随处理量增加而逐渐减少，应增加浓度自动监测系统，动态维持净化液浓度恒定。

除上述参数外，其他工艺参数考虑实际生产情况进行调整即可，在此不再赘述。

4　基于破乳脱水和催化裂解的含油污泥处理工艺优势和特点

工艺可以通过修改特定工艺参数以适应不同性质、成分的含油污泥处理，产生泥沙含油率可达 3‰以下。其他指标如：污泥产物的污染物浓度指标、卫生学指标、理化指标都能符合国家标准要求(国家标准 GB 4284—2018)。

工艺一定特色的加工设备及专用催化剂的配合，使得含油污泥的正构烷烃、异构烷烃、烯烃、二烯烃、环烯烃、环烷烃、芳烃、环芳烃、多环芳烃都能得到很好的回收。从油泥中回收的混合油，清澈透明，可作为本加工装置燃料油使用，也是原油深加工装置的优质原料。

工艺流程中有三段余热得到充分利用：一是烟道气余热；二是泥砂残渣带出的余热；三是脱水时产生的蒸汽潜热，有效降低了含油污泥处理能耗。

工艺能够有效处理废塑料、其他杂物，简化含油污泥预处理流程，节省杂物分拣、剔除的人力和物力成本。

工艺可做到长周期不间断连续生产，含油污泥处理效率和成本均优于现有处理技术，能够解决目前含油污泥处理难度大、环境危害大、处理成本高的问题，为含油污泥的无害化和资源化处理提供了一套解决方案。

5　总结

本研究详细对比了现有含油污泥各种处理方法的优缺点，说明了目前含油污泥处理存在的问题和未来发展的方向；介绍了基于破乳脱水和催化裂解的含油污泥处理工艺处理含油污泥的各工序流程，以及各工序实际原理；论证了各工序重要工艺参数的取值范围和工艺参数随实际生产情况改变的基本原则；分析了工艺的含油污泥实际处理效果以及相比于现有技术的优势、特点；证明了工艺能够低成本、高效率地实现含油污泥的减量化、无害化和资源化处理。

参 考 文 献

[1] 匡少平，吴信荣．含油污泥的无害化处理与资源化利用[M]．化学工业出版社，2009.

[2] 杨豪，刘磊．含油污泥处理技术研究现状[J]．石油化工应用，2017(11)：12-17+21.

[3] 商雪娇，李思，张金辉，et al. 生物法处理含油污泥的研究进展[J]．当代化工，2014(4)：622-624.

[4] 关月明，张忠智，张卫木，等．生物地耕法降解含油污泥的研究[J]．石油化工高等学校学报，2010.

[5] 欧阳威，刘红，于勇勇，et al. 微生物强化处理与堆制强化处理含油污泥对比试验[J]．环境科学，2006，27(1)：160-164.

[6] 孙建成，桂召龙．生物法处理滨一区含油污泥[J]．油气田地面工程，2013(5)：27-28.

[7] 童蕾，魏昌华，赵中一．表面预处理+热洗涤法处理含油污泥的方法研究[J]．安徽化工，2005，31(5)：45-47.

[8] 张秀霞，耿春香，冯成武．溶剂萃取——蒸汽蒸馏法处理含油污泥[J]．上海环境科学，2000(5)：228-229.

[9] 周建军，吴春笃，赵朝成，et al. 含油污泥焦化处理实验研究[J]．北京石油化工学院学报，2007，3(2)：53-56.

[10] 高琦琳，由庆，王国辉，et al. 含油污泥在我国油田中的应用[J]．中国石油大学胜利学院学报，2010(1).

[11] 金一中，王毓仁．含油污泥处理技术进展[J]．环境污染与防治，1998(4).

[12] 曹国庆．常压渣油催化裂解多产丙烯乙烯(MPE)工艺研究[D]．中国石油大学，2010.

[13] 李丽，高金森，徐春明，et al. 重油催化裂解集总动力学模型研究[J]．现代化工，2006(s2).

[14] 王铁军，常杰，吴创之，et al. 生物质焦油裂解催化剂制备及其催化裂解性能[J]．煤炭转化，2003，26(1)：89-93.

迷宫密封内浮顶油罐泄漏损耗研究

李 云

（中国石油化工股份有限公司金陵分公司）

摘 要 降低内浮顶油罐密封泄漏损耗对保护环境和节约经济都具有重要意义。本文以一台大型内浮顶油罐为研究对象，基于RNG k-ε理论建立该内浮顶油罐油气泄漏控制方程，采用Gambit软件建立该油罐油气泄漏计算模型，并应用CFD方法对该油罐密封泄漏损耗进行数值模拟。结果表明，内浮顶油罐采用迷宫密封时的油气泄漏量为5.116t/a，相比内浮顶油罐采用囊式填充密封时的油气泄漏量6.818t/a，迷宫密封可降低油气损耗达25%。采用实验方法分别对具有囊式填充密封的内浮顶油罐和具有迷宫密封的内浮顶油罐在收、付原油操作时的油气泄漏浓度进行测量。实验结果表明，在相同情况下，具有迷宫密封的内浮顶油罐在收、付原油时的油气泄漏浓度均低于具有囊式填充密封的内浮顶油罐。

关键词 内浮顶油罐；密封；泄漏损耗；数值模拟；实验研究

随着我国石油化工的发展，石油的安全供应不仅关系到人们的正常生活，也关系到一个国家的经济发展与社会稳定[1]。采用内浮顶覆盖在油罐液体表面，因其具有成本低，施工周期短，耐腐蚀性、不占容积和使用寿命长等特点而被广泛应用，也是目前公认较理想的降低油品蒸发损耗的方法。但石油在存储过程中，在夏季地球大气层太阳辐射强度可达1.373kW/m^2[2]，导致罐壁与罐内温度增加，致使油品中的轻烃组分易通过内浮盘边缘密封件与罐壁间隙发生泄漏损耗。这不仅会造成经济损失，而且降低石油质量和污染环境[3-4]。因此研究内浮顶罐密封泄漏损耗对节约经济和保护环境都有重要意义。

有关油罐密封泄漏损耗研究已有许多报告。偶国富等[5]研究了一二次密封的泄漏机理，对静止储存及原油收发损耗进行了定量计算。吴宏章等[6]通过研究油罐内气体空间油气浓度的分布梯度、分子扩散、热扩散、强迫对流等作用对油品蒸发损耗的影响，提出了内浮顶油罐蒸发损耗的计算公式。文建军等[7]采用CFD数值模拟方法研究了浮顶油罐一、二次密封空间内的油气浓度影响因素。赵晨露[8]与宋贤生等[9]用CFD方法对油罐油气扩散运移规律进行了数值模拟。马健等[10-12]采用CFD方法研究了环境温度、风速、湿度等气象条件对储油罐排气扩散规律的影响。Humphrey Pasley等[13]通过风洞实验表明浮顶油罐迎、背风面罐壁内侧压差会引起一、二次密封空间内油气产生不均匀分布。Hassanvand等[14]采用CFD方法研究了进油速度、温度、初始蒸汽质量分数等参数对汽油罐进油飞溅过程中汽油蒸发损失的影响。

在公开报道文献中，尽管有关油罐密封泄漏损耗研究工作有一些报告，但有关大型内浮顶油罐油气密封泄漏损耗的数值模拟研究较少。本文以本公司10000m^{3}原油储罐为研究对象，基于RNG k-ε理论建立该内浮顶油罐油气泄漏控制方程，通过CFD方法对该油罐迷宫密封泄漏损耗进行数值模拟，并以本公司两台分别采用囊式填充密封与迷宫密封的内浮顶原油储罐（$D_1=D_2=$ 25m，$V_1=V_2=10000\text{m}^3$）为研究对象，采用实验方法分别对具有囊式填充密封的内浮顶油罐和具有迷宫密封的内浮顶油罐在收、付原油操作时的油气泄漏浓度进行测量，研究迷宫密封的内浮顶油罐的泄漏特性。

1 模型建立

1.1 数学模型

依据计算流体力学理论，数学模型包括的控制方程有质量守恒、动量守恒和能量守恒方程[7-9]，考虑到本文所选取的湍流模型及原油为多组分混合物，本文的数学模型还包括湍流方程与组分输送方程。

1）连续性方程：

$$\frac{\partial\rho}{\partial t}+\frac{\partial}{\partial x_j}(\rho u_j)=0 \tag{1}$$

式(1)中：ρ 为混合气体的密度，kg/m^3；t为时间，s；x_j为对应(x，y，z)三个方向的运动；

u_j为(x, y, z)三个方向上的速度分量，m/s；

2）动量守恒方程：

$$\frac{\partial(\rho u_i)}{\partial_t}+\frac{\partial}{\partial x_j}(\rho u_i u_j)=-\frac{\partial p}{\partial x_i}+\frac{\partial}{\partial x_j}\left(\mu_t\frac{\partial u_i}{\partial x_j}\right)+\frac{\partial}{\partial x_j}\left(\mu_t\frac{\partial u_j}{\partial x_i}\right)+(\rho-\rho_a)g_i \tag{2}$$

式(2)中：p 为绝对压力，Pa；μ_t为流体湍流黏度，Pa·s；g_i为重力加速度分量，m/s^2；p_a为油蒸气密度，kg/m^3；

3）能量守恒方程：

$$\frac{\partial(\rho T)}{\partial t}+\frac{\partial}{\partial x_j}(\rho u_j T)=\frac{\partial}{\partial x_j}\left(\frac{\mu_t}{\sigma_T}\frac{\partial T}{\partial x_j}\right)+\frac{c_{pv}-c_{pa}}{c_p}\left[\left(\frac{\mu_t}{\sigma_c}\right)\frac{\partial w}{\partial x_j}\right]\frac{\partial T}{\partial x_j} \tag{3}$$

式(3)中：T 为流体温度，K；∂t 为湍流普朗德数，一般取 0.9～1.0；σ_c为湍流施密特数，一般取 1；c_{pv}为泄漏物质定压比热，J/(kg·K)；c_p为混合流体定压比热，J/(kg·K)；c_{pa}为空气定压比热，J/(kg·K)；

4）组分输送方程：

$$\frac{\partial(\rho\omega)}{\partial t}+\frac{\partial}{\partial x_j}(\rho\, u_j\omega)=\frac{\partial}{\partial x_j}\left(\rho\, D_1\frac{\partial\omega}{\partial x_j}\right) \tag{4}$$

式(4)中：ω 为组分质量分率；D_1为流体湍流扩散系数，m^2/s；

5）湍流模型：

$$\frac{\partial(\rho k)}{\partial t}+\frac{\partial(\rho k\, u_i)}{\partial x_i}=\frac{\partial}{\partial x_j}\left(\sigma_k\mu_{eff}\frac{\partial k}{\partial x_j}\right)+G_k+\rho\varepsilon \tag{5}$$

$$\frac{\partial(\rho\varepsilon)}{\partial t}+\frac{\partial(\rho\varepsilon\, u_i)}{\partial x_i}=\frac{\partial}{\partial x_j}\left(\sigma_\varepsilon\mu_{eff}\frac{\partial\varepsilon}{\partial x_j}\right)+C_{1\varepsilon}^*\frac{\varepsilon}{k}G_k-C_{2\varepsilon}\rho\frac{\varepsilon^2}{k} \tag{6}$$

式(5)、(6)中：k 为湍动能，m^2/s^2；ε 为耗散率，m^2/s^3；G_k为由于平均速度梯度引起的湍动能，m^2/s^2；μ_{eff}为有效黏性系数；$C_{2\varepsilon}=1.68$；$\sigma_k=1$；$\sigma_\varepsilon=0.75$；

$$\mu_{eff}=\mu+\frac{0.0845\rho\, k^2}{\varepsilon} \tag{7}$$

$$C_{1\varepsilon}^*=C_{1\varepsilon}-\frac{\eta\left(1-\frac{\eta}{\eta_0}\right)}{1+\beta\eta^3} \tag{8}$$

式(8)中：$C_{1\varepsilon}=1.42$；$\eta_0=4.377$；$\beta=0.012$；

$$\eta=(2\,E_{ij}\cdot E_{ij})^{1/2}\frac{k}{\varepsilon} \tag{9}$$

$$E_{ij}=\frac{1}{2}\left(\frac{\partial u_i}{\partial x_j}+\frac{\partial u_j}{\partial x_i}\right) \tag{10}$$

1.2 几何模型

本文所研究的内浮顶油罐($V=10000\text{m}^3$，$D=25\text{m}$)迷宫密封结构简图如图 1 所示，该内浮顶油罐迷宫密封结构主要由迷宫密封橡胶带、聚氨酯软泡沫塑料块、压板及螺栓等组成，该油罐罐壁与迷宫密封件接触面高度为 20cm，内浮盘与罐壁之间的距离为 25cm。内浮盘与罐壁之间的环形间隙通过迷宫密封件密封后主要依靠密封件自身膨胀性与罐壁良好紧密接触时，油气流进齿腔在腔内发生能量耗散，在每个齿腔内产生压降来实现密封以降低油气损耗。

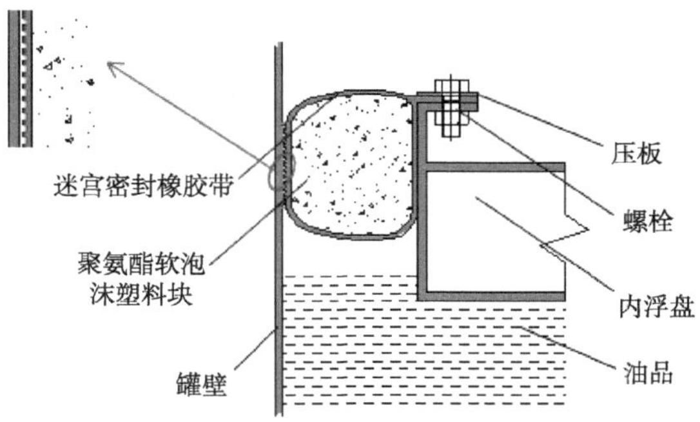

图 1 迷宫密封装置

图 1 中局部放大图为该内浮顶油罐罐壁与迷宫密封件之间的密封间隙，其具体结构如图 2 所示，图 2 中迷宫密封间隙长为 200mm，迷宫密封件与罐壁间隙为 0.1mm，迷宫密封齿高 h 为 1.8mm，齿宽 b 为 2.8mm、齿隙 t 为 0.3mm、齿倾角 β 为 28°、密封齿数为 55 个。为研究该内浮顶油罐迷宫密封泄漏特性，采用 Gambit 软件建立该油罐迷宫密封几何模型，如图 3 所示。在进行网格无关性分析后，几何模型划分单元尺寸为 0.05mm，最终划分几何模型网格单元总数为 159778。模型上、下边分别表示迷宫密封件外壁与内浮顶油罐内壁，模型左、右边分别表示油气泄漏进口与出口。

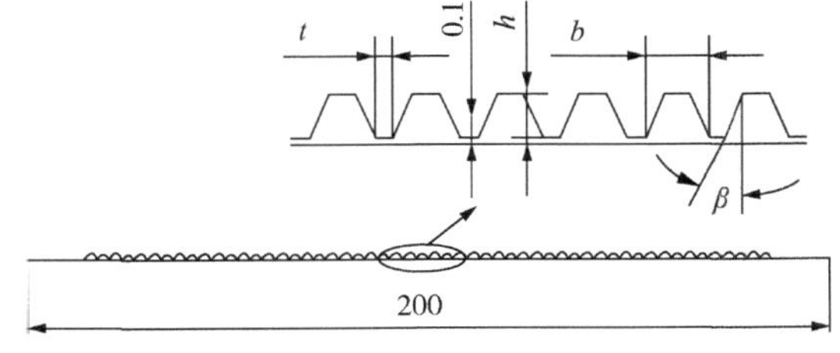

图 2 迷宫密封间隙几何模型

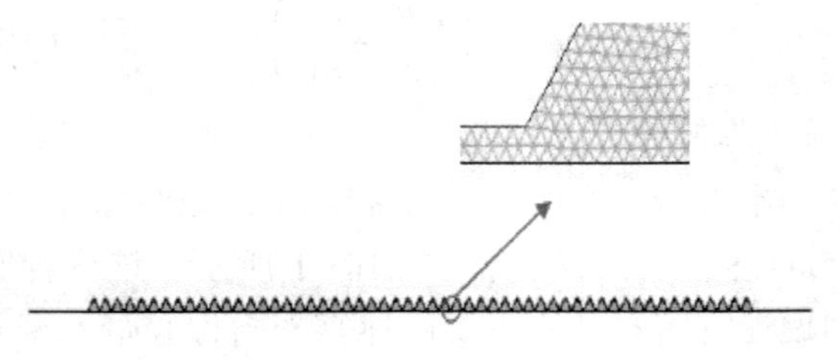

图3　网格划分示意图

1.3　求解器及边界条件设置

油蒸汽通过罐壁间隙流动属于低速流动，且压强变化小，可按不可压缩流体处理，采用隐式求解方法，求解器选用组分传输模型，油蒸汽流动时沿罐壁附近会产生回流，油气贴罐壁流动会产生流线弯曲，且为低雷诺数流动，因此选用RNG $k-\varepsilon$ 模型，以提高模拟的精度和准确度。在计算域内，油气入口设置为压力入口边界，方向向上且垂直入口，大小取原油25℃时的饱和蒸汽压40.50kPa[15]；油气出口设置为压力出口边界，方向向上且垂直出口，大小取40.49kPa；浮顶油罐内壁与浮盘边缘密封件外壁的边界类型均为固体壁面边界。

2　数值模拟结果及分析

2.1　迷宫密封间隙油气泄漏速度分布

图4是该内浮顶油罐迷宫密封间隙油气泄漏速度分布云图。由图4可看出迷宫密封间隙内油气最大泄漏速度为 6.89×10^{-3}m/s，由其密封腔放大图可看出当油气流经齿隙时，油气泄漏速度增大，而后油气流进齿腔内形成漩涡且流速有所降低。这是因为油气流经齿隙时，气流受到节流作用，气流的压力与温度下降，流速增加，当油气通过齿隙流进齿腔后，由于齿腔容积突然增加，气体发生膨胀形成涡流，气体部分动能转化为热能，使得气体流速降低。

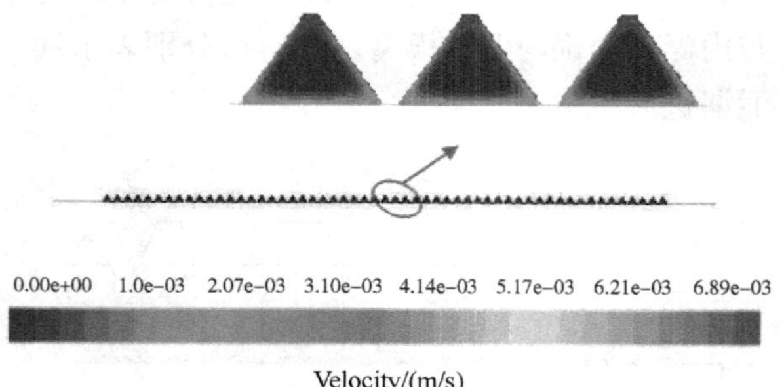

图4　迷宫密封间隙油气泄漏速度分布云图

2.2　迷宫密封间隙油气压力分布

图5是该内浮顶油罐迷宫密封间隙油气压力分布。由图5可看出迷宫密封间隙内油气压力呈阶梯式分布，图中55个阶梯表示油气在55个密封齿腔内均会产生一次压降，且油气依次流过每个齿腔时压降会有所增大。这是因为油气每流进一个密封齿腔均发生一次膨胀并造成气体容积增加和压力下降，而齿腔内容积增大了的气体在流经齿隙时就需要有更大的流速，即需要有更大的压力差，这样则使每个齿腔内的压力降越来越大，使得油气不能通畅的泄漏[16]。

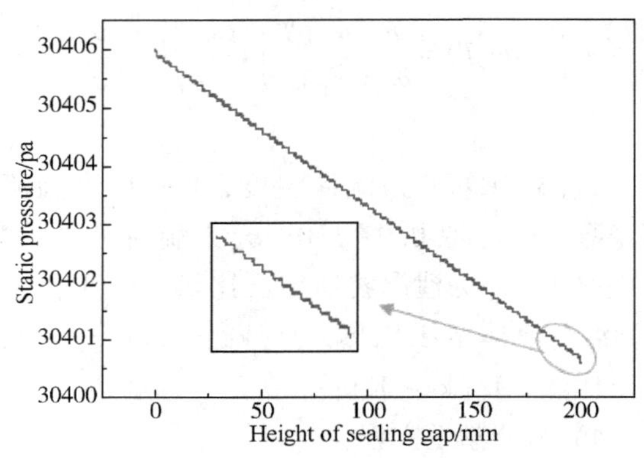

图5　迷宫密封间隙油气压力分布

2.3　迷宫密封间隙油气湍流动能分布

图6是迷宫密封最后5个齿腔内油气湍流动能分布云图。由图6可看出油气在齿腔中部处湍流动能最大，从齿腔中部向齿腔四周湍流动能逐渐减小，这说明油气在各密封腔中部处能量耗散最强，从密封腔中部向齿腔四周能量耗散逐渐减弱。这主要是因为油气进入齿腔后在腔内中部处形成强有力涡流，油气动、热能转化充分，齿腔中部处能量耗散增强。

图6　迷宫密封最后5个齿腔内油气湍流动能分布云图

迷宫密封性能取决于密封腔内流体能量耗散情况。由图6中数值模拟结果分析可知油气在迷宫密封齿腔内形成的涡流形状、大小及强度等与其湍流动能耗散有密切关系。为研究其与流体湍流动能耗散之间的关系，引入单位质量的油气能量耗散函数[16]：

$$\varphi = 2v\, e_{ij} e_{ij} \tag{11}$$

式(11)中 e_{ij} 表示应变速率张量，且：

$$e_{ij} = \frac{1}{2}\left(\frac{\partial V_i}{\partial x_j} + \frac{\partial V_j}{\partial x_i}\right) \tag{12}$$

$$e_{ij} e_{ij} = \frac{1}{2}\omega^2 + \frac{\partial V_j \partial V_i}{\partial x_i \partial x_j} = \frac{1}{2}\omega^2 + \nabla \cdot [(V \cdot \nabla) V] \tag{13}$$

式(13)中又有 $(V \cdot \nabla) V = \nabla(|V|^2/2) - V \cdot \omega$，则(11)式可化为：

$$\varphi = 2v\left[\frac{1}{2}\omega^2 + \frac{1}{2}\nabla^2 |V|^2 - \nabla \cdot (V \cdot \omega)\right] \tag{14}$$

对式(14)进行积分可得到能量耗散率方程式：

$$\phi = 2v\int \frac{1}{2}|\omega^2| dV + 2v\int \begin{bmatrix} n \cdot \nabla \dfrac{|V|^2}{2} - \\ n \cdot (V \times \omega) \end{bmatrix} dS \tag{15}$$

当流体内无固定边界，流体在无穷远处处于静止状态；或固体边界将流包围时式(15)中面积分等于零，则式(15)可化为：

$$\phi = 2v\int \frac{1}{2}|\omega^2| dV = 2vQ > 0 \tag{16}$$

式(16)从理论方面很好地解释了涡流与流体湍流动能耗散之间的关系，即迷宫密封齿腔内涡流形状、大小及强度等直接影响着流体在齿腔内的湍流动能耗散率。

2.4 迷宫密封与囊式填充密封泄漏损耗数值模拟结果对比

图 7 是罐壁与内浮盘之间采用囊式填充密封，密封间隙为 0.1mm，密封高度为 20cm 时油气泄漏速度分布云图。由图 7 可看出，油气泄漏最大速度出现在密封间隙中部处，最大泄漏速度为 8.78×10^{-3}m/s，且油气泄漏速度在靠近两侧壁面处逐渐降低。

图 8 是密封间隙出口处油气泄漏速度数值模拟结果，其中横坐标表示密封间隙截面宽度，纵坐标表示油气泄漏速度。图 8 可看出，由于壁面对气体流动的阻碍作用，使得气体流速在靠近两侧壁面处逐渐减小。由出口处油气泄漏平均流速计算油气泄漏量，计算公式为：

$$m = \pi d \delta \rho \bar{v} \tag{17}$$

式(17)中：m 是油气泄漏量，kg/s；d 是内浮顶油罐直径，m；δ 是囊式填充密封件与罐壁

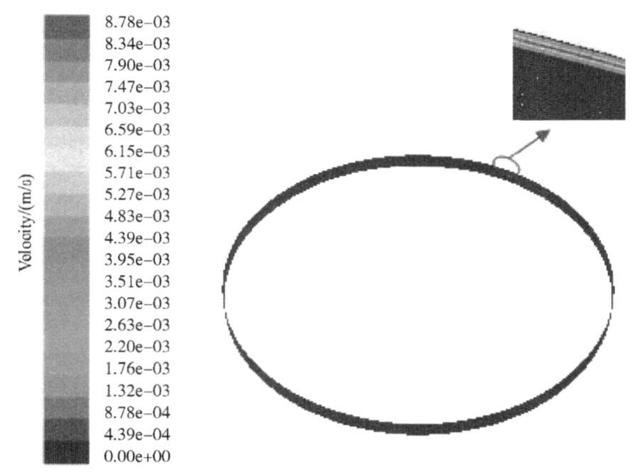

图 7　密封间隙油气泄漏速度分布云图

密封间隙，m；$\bar{v}$ 是出口处油气泄漏平均速度，m/s；ρ 是原油蒸气密度，取 4.25kg/m^3；根据图 8中数据可求得密封间隙出口处油气泄漏平均速度为 6.49×10^{-3}m/s，将其代入式(17)计算得内浮顶油罐油气泄漏量为 6.818t/a。

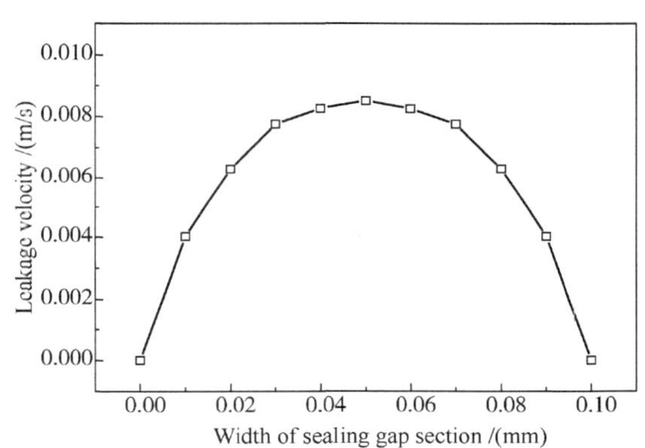

图 8　密封间隙出口处油气泄漏速度

表 1 是所研究的两台内浮顶油罐分别采用囊式填充密封与迷宫密封时的油气泄漏损耗数值模拟结果。由表 1 可看出内浮顶油罐采用迷宫密封时的油气泄漏损耗理论计算与数值模拟结果较为相近，验证了数值模拟结果的准确性。相比内浮顶油罐采用囊式填充密封时的油气泄漏量 6.818t/a，迷宫密封可降低油气损耗达 25%，这表明内浮顶油罐采用迷宫密封比囊式填充密封具有更加良好的密封效果。这是因为囊式填充密封主要依靠密封件与罐壁之间产生摩阻效应来降低油气泄漏量，而迷宫密封件与罐壁间除过产生摩阻效应外，还有透气效应、流束收缩效应和热力学效应，其中热力学效应至关重要，它以消耗油气能量的方法来降低油气泄漏量。

表1　油气泄漏量数值模拟结果

密封结构	迷宫密封		囊式填充密封
计算方法	理论计算	数值模拟	数值模拟
泄漏量/(t/a)	4.512	5.116	6.818

3　内浮顶油罐密封泄漏损耗实验研究

3.1　内浮顶油罐密封泄漏损耗实验测量方法

本文实验测量研究对象为本公司两台分别采用囊式填充密封与迷宫密封的内浮顶原油储罐($D_1=D_2=25\text{m}$，$V_1=V_2=10000\text{m}^3$)，这两台内浮顶油罐及其分别安装的囊式填充密封与迷宫密封形状、结构尺寸和第三、第四章数值模拟所研究完全相同。这两台内浮顶油罐编号分别为“#689”与“#690”，如图9所示，其中“#689”号内浮顶油罐安装囊式填充密封件，“#690”号内浮顶油罐安装迷宫密封件，图10是“#690”号内浮顶油罐中迷宫密封示意图。为进一步验证内浮顶油罐采用迷宫密封时的密封效果，对“#689”与“#690”号内浮顶油罐油气泄漏浓度分别进行现场实验测量。

图9　“#689”与“#690”号内浮顶油罐示意图

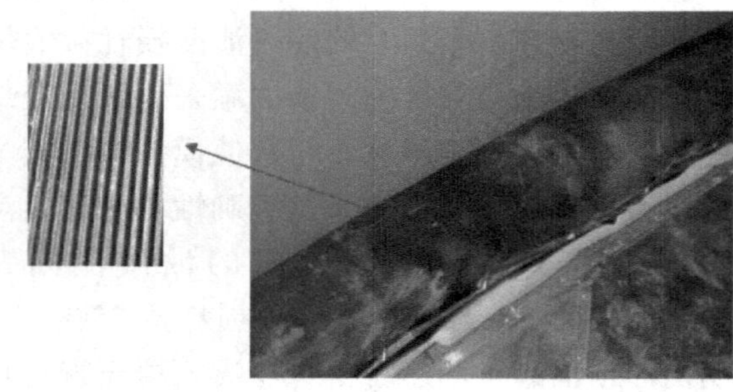

图10　内浮顶油罐迷宫密封示意图

由于内浮顶油罐在静置存储正常运行时，人无法进入罐内对密封件与罐壁间隙油气泄漏浓度进行测量，因而对这两台内浮顶油罐在收、付原油时的油气泄漏浓度分别进行两次测量，以验证大呼吸情况下内浮顶油罐迷宫密封性能。实验测量采用HD-P900便携式烃类探测器，其测量范围为0~1000ppm，检测分辨率不低于0.01ppm。另外，所需测量仪器还包括风速计(测量范围0~10m/s，检测分辨率不低于0.1m/s)与温度计(测量范围-20~70℃，检测分辨率不低于0.1℃)。

按照GB 20950—2007《储油库大气污染物排放标准》[17]，对这两台内浮顶油罐同时刻收、付原油时的油气泄漏浓度分别进行两次测量，具体测量方法如下：

① 油气泄漏浓度测量应在环境风速不大于3m/s，环境温度不低于20℃的气相条件下进行；

② 油气泄漏浓度测量应选在收、付油相对集中时段进行；

③ “#689”与“#690”号内浮顶油罐中初始含油量相同，且每次收、付油速度与收、付油量相同时，同步测量两油罐3个透光孔(编号A、B、C)、4个罐顶外围通风孔(编号A1、B1、C1、D1)和4个泡沫发生器法兰(编号A2、B2、C2、D2)处油气浓度，每个测量点测量3次，且当连续测量3次油气浓度相对误差小于±5%时，取其平均值作为测量结果。

④ 采用HD-P900便携式烃类探测器测量时，仪器探头距泄漏点(面)25mm，移动速度4cm/s；

3.2　内浮顶油罐密封泄漏损耗实验测量方法

本文所研究的两台内浮顶油罐分别采用囊式填充密封与迷宫密封时，同步对这两台内浮顶油罐各两次收、付原油时的油气泄漏浓度进行实验测量。表2是这两台内浮顶油罐各两次收、付原油时油气泄漏浓度测量的环境条件。

表2　油气泄漏浓度测量的环境条件

环境条件	第一次测量		第二次测量	
	收油	付油	收油	付油
油面高度/m	8.2	14	9.7	12
环境风速/(m/s)	2.4	1.7	2.4	2.8
环境温度/℃	36	32	26	34
油品温度/℃	33	30	22	31
收/付油速度/(m^3/h)	220	86	200	160

3.2.1　内浮顶油罐囊式填充密封泄漏损耗实验测量结果

表3是内浮顶油罐在采用囊式填充密封收、

付原油时，油气泄漏浓度两次测量结果。由表 3 可知该内浮顶油罐在第一次收、付原油时各测量点油气泄漏浓度平均值为 11.42ppm 与 6.27ppm，第二次收、付原油时各测量点油气泄漏浓度平均值为 7.34ppm 与 8.69ppm。

表 3 内浮顶油罐采用囊式填充密封时油气泄漏浓度测量结果

测量点名称	第一次测量/ppm		第二次测量/ppm	
	收油	付油	收油	付油
透光孔 A	10.29	6.08	7.01	8.41
透光孔 B	10.84	6.81	8.06	8.51
透光孔 C	12.08	6.02	7.08	9.33
罐顶通风孔 A1	10.97	6.09	6.97	8.49
罐顶通风孔 B1	11.27	5.96	8.38	8.46
罐顶通风孔 C1	11.26	6.93	7.07	8.48
罐顶通风孔 D1	13.17	5.99	7.13	9.38
泡沫发生器法兰 A2	10.81	5.94	7.03	8.34
泡沫发生器法兰 B2	10.96	6.10	7.11	8.42
泡沫发生器法兰 C2	12.98	6.01	8.22	8.57
泡沫发生器法兰 D2	11.02	6.99	6.98	9.18

3.2.2 内浮顶油罐迷宫密封泄漏损耗实验测量结果

表 4 是内浮顶油罐采用迷宫密封收、付原油时，油气泄漏浓度两次测量结果。由表 4 可知该内浮顶油罐在第一次收、付原油时各测量点油气泄漏浓度平均值为 7.40ppm 与 4.35ppm，第二次收、付原油时各测量点油气泄漏浓度平均值为 4.98ppm 与 5.97ppm。

表 4 内浮顶油罐采用迷宫密封时油气泄漏浓度测量结果

续表

测量点名称	第一次测量/ppm		第二次测量/ppm	
	收油	付油	收油	付油
透光孔 A	7.12	4.31	4.90	5.76
透光孔 B	7.09	4.71	5.45	5.79
透光孔 C	7.93	4.39	4.84	6.69
罐顶通风孔 A1	7.27	4.38	4.68	5.59
罐顶通风孔 B1	7.33	4.22	5.54	5.73
罐顶通风孔 C1	7.29	4.76	4.77	5.82
罐顶通风孔 D1	7.99	4.13	4.91	6.71
泡沫发生器法兰 A2	7.13	4.09	4.76	5.60
泡沫发生器法兰 B2	7.21	4.08	4.82	5.72
泡沫发生器法兰 C2	7.93	4.05	5.45	5.67
泡沫发生器法兰 D2	7.16	4.70	4.74	6.61

3.3 油气泄漏损耗实验测量结果对比及讨论

图 11 是所研究的两台内浮顶油罐在第一次测量油气泄漏浓度时，这两台油罐各测量点处油气泄漏浓度变化。由图 11 可看出内浮顶油罐采用迷宫密封收、付原油时各测量点油气泄漏浓度都明显低于内浮顶油罐采用囊式填充密封，验证了在相同情况下内浮顶油罐采用迷宫密封比囊式填充密封具有更加良好的密封性能。由图 11(a)也可看出这两台内浮顶油罐收油时，在测量点透光孔 C、罐顶通风孔 D1 与泡沫发生器法兰 C2 处油气浓度比其他测量点较大，图 11(b)可看付油时，在测量点透光孔 B、罐顶通风孔 C1 与泡沫发生器法兰 D2 处也有相同情况。这是因为在测量时，这几个测量点处于下风向，油气在风力影响下易聚集在测量点附近，使得这几处测量点油气浓度偏大。另外，由对比图可看出，两油罐付油时各测量点油气浓度均低于收油时，这主要是因为这两台内浮顶油罐在付油时环境风速、环境温度、油品温度及付油速度均低于收油时，因而其各测量值均小于收油时油气浓度。

图 12 是所研究的两台内浮顶油罐在第二次测量油气泄漏浓度时，这两台油罐各测量点处油气泄漏浓度变化。由图 12 可看出内浮顶油罐采用迷宫密封收、付原油时各测量点油气泄漏浓度都明显低于内浮顶油罐采用囊式填充密封，验证

了在相同情况下内浮顶油罐采用迷宫密封比囊式填充密封具有更加良好的密封性能。由图12(a)与图12(b)也可看出这两台内浮顶油罐在收、付油时，透光孔B、C和罐顶通风孔B1、D1及泡沫发生器法兰C2、D2等测量点处于下风向，因此油气浓度测量值比其他测量点较大。

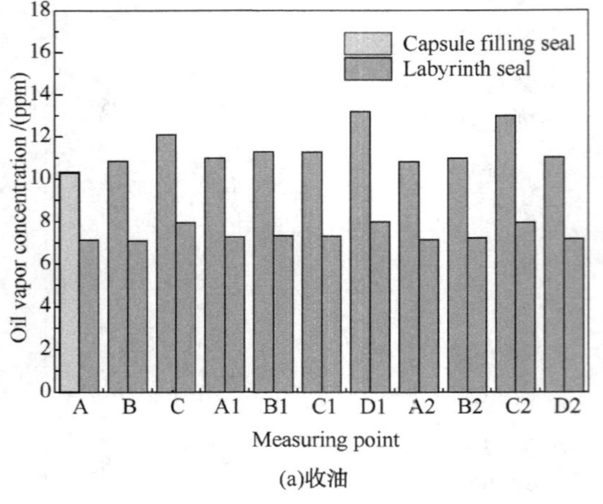

(a)收油

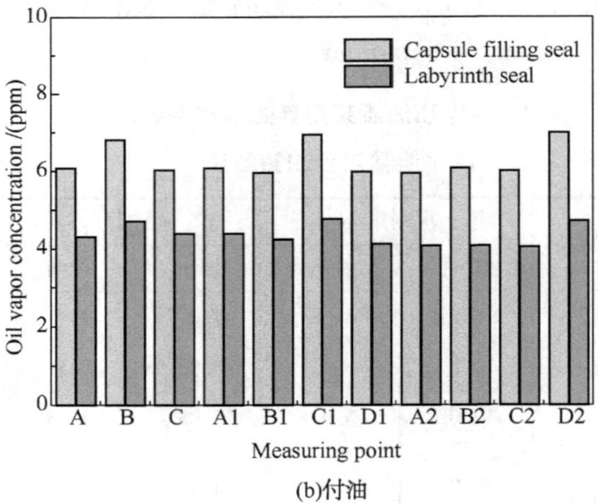

(b)付油

图11 内浮顶油罐各测量点处油气浓度变化

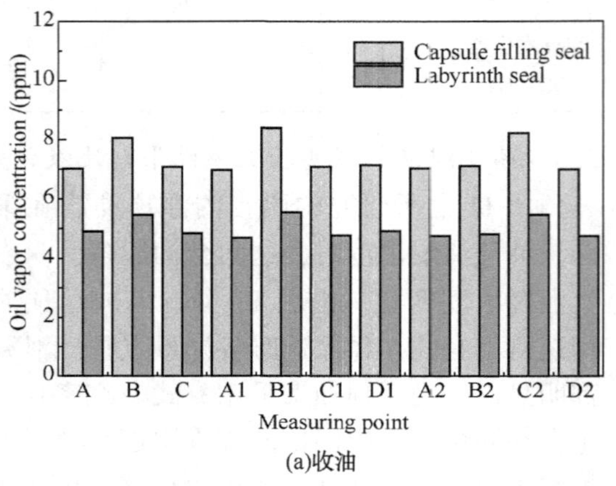

(a)收油

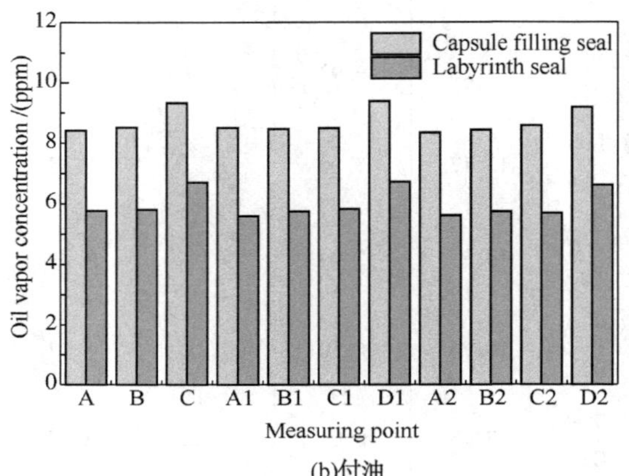

(b)付油

图12 内浮顶油罐各测量点处油气浓度变化

4 结论

本文主要以本公司一台采用迷宫密封的内浮顶油罐($V=10000m^3$，$D=25m$)为研究对象，通过CFD方法对该油罐迷宫密封泄漏损耗进行数值模拟，并以本公司两台分别采用囊式填充密封与迷宫密封的内浮顶原油储罐($D_1=D_2=25m$，$V_1=V_2=10000m^3$)为研究对象，采用实验方法分别对具有囊式填充密封的内浮顶油罐和具有迷宫密封的内浮顶油罐在收、付原油操作时的油气泄漏浓度进行测量。主要研究内容与结论如下：

(1)采用CFD方法对该油罐迷宫密封泄漏损耗进行了数值模拟，通过分析迷宫密封间隙内油气泄漏速度、压力及湍流动能分布来研究该油罐迷宫密封泄漏特性。数值模拟结果表明：在密封间隙内油气流经齿隙时油气泄漏速度增大，而后油气流进齿腔内形成漩涡且流速降低；密封间隙内油气压力呈阶梯式分布，且油气依次流经每个齿腔时压降有所增大；油气在齿腔中部处湍流动能最大，从齿腔中部向齿腔四周湍流动能逐渐减小。

(2)数值模拟结果对比表明，内浮顶油罐采用迷宫密封时的油气泄漏量为5.116t/a，相比内浮顶油罐采用囊式填充密封时的油气泄漏量6.818t/a，迷宫密封可降低油气损耗达25%。

(3)实验结果表明，在相同情况下，具有迷宫密封的内浮顶油罐在收、付原油时的油气泄漏浓度均低于具有囊式填充密封的内浮顶油罐。

参考文献

[1] 武淑慧. 中国石油安全现状与战略分析[D]. 大连：东北财经大学，2010.

[2] Farzaneh-Gord M, Saadat-Targhi M, Nabati A, et

al. Effects of the exterior surface paint color on sludge formation in a crude oil storage tank[J]. Energy Fuels, 2010, 24 (12): 6489-6500.

[3] Farzaneh - Gord M, Nabati A, Rasekh AR, et al. Effects of outer surface paint color on crude oil evaporative loss from the Khark Island storage tanks [J]. Brazilian Journal of Petroleum and Gas, 2011, 5 (3): 123-137.

[4] 陈北平. 北京市油品蒸发损耗研究[D]. 北京: 北京交通大学, 2008.

[5] 偶国富, 金浩哲, 王勇, 等. 大型双盘浮顶原油储罐密封泄漏损耗分析[J]. 油气储运, 2008, 27(6): 58-61.

[6] 吴宏章, 黄维秋, 杨光, 等. 内浮顶油罐"小呼吸"对环境影响过程的分析[J]. 环境科学, 2013, 34(12): 47

[7] 文建军, 丁波. 浮顶油罐密封圈油气分布数值模拟[J]. 中国安全生产科学技术, 2016, 12(2): 57-61.

[8] 赵晨露, 黄维秋, 石莉, 等. 内浮顶罐中油气扩散运移的数值[J]. 安全与环境学报, 2015, 15(3): 72-77.

[9] 宋贤生, 刘全桢, 宫宏, 等. 大型罐区油气扩散规律的 CFD 数值模拟研究[J]. 中国安全生产科学技术, 2008, 4(2): 86-90.

[10] 马健. 气象条件下储油罐危险区域划分的数值模拟方法研究[D]. 南京: 南京航空航天学, 2013.

[11] 马健, 房春花. 风速对储油罐气体扩散影响的 CFD 模拟方法研究[J]. 广东化工, 2012, 39(17): 18-19.

[12] 马健, 房春花. 环境温度对储油罐气体泄漏扩散影响的研究[J]. 炼油技术与工程, 2013, 43(1): 58-61.

[13] Humphrey Pasley, Colin Clark. Computation fluid dynamics study of flow around floating-roof oil storage tanks[J]. Journal of Wind Engineering and Industrial Aerodynamics, 2000, 86 (1): 37-54.

[14] A. Hassanvand, S. H Hashemabadi, M. Bayat. Evaluation of gasoline evaporation during the tank splash load-ing by CFD techniques[J]. International Communications in Heat and Mass Transfer, 2010, 37(7): 907-913.

[15] 徐影萍. 原油在不同温度下的饱和蒸气压及其经验公式[J]. 油气储运, 1994, 13(3): 47-50.

[16] 童秉纲, 尹协远, 朱克勤. 涡运动理论[M]. 安徽: 中国科学技术大学出版社, 2009: 51-52.

[17] GB 20950-2007 储油库大气污染物排放标准[S].

相变化吸收剂捕集 CO_2 解吸能耗中试研究

苏奇超　方佳伟　柯文秋　张琳雨　张卫东

（北京化工大学）

摘　要　本中试实验自行设计实验流程及搭建中试设备，对相变化吸收剂的解吸能耗进行了测定。针对相变化吸收剂下液相不易解吸的问题，提出了用膜闪蒸解吸设备代替解吸塔进行实验。实验表明，相变化吸收剂循环负载量为1.5mol/kg，相比于传统吸收剂提高60%，相变化吸收剂解吸能耗为2.48GJ/ton CO_2，相比于传统吸收剂降低40%，也表明膜闪蒸解吸工艺解吸效率高且具有工业可行性。

关键词　CO_2 捕集；相变化吸收剂；解吸能耗

1　前言

CO_2 减排已成为人类共识。目前，工业 CO_2 捕集技术中，化学吸收法由于其较大的吸收容量及较好的分离作用已广泛应用于工业过程中 CO_2 的捕集。在传统工业醇胺法捕集 CO_2 的过程中，CO_2 解吸能耗为3.7～4.2GJ/tonCO_2[1,2]，解吸能耗较高成为了制约其发展的主要因素。醇胺法捕集工艺的解吸能耗可分为四部分，分别是升温能耗、解吸的化学反应热、水蒸发潜热、热损失[4,5]。解吸反应热是解吸过程的必需能耗，约占醇胺法解吸总能耗的50%～60%。吸收剂升温显热和水蒸发潜热是解吸过程的无效能耗，分别约占解吸总能耗的10%和30%～40%[6][7]；热损失主要与保温效果及现场温度有关。因此，降低无效的吸收剂升温显热和水蒸发潜热是进一步降低解吸能耗的关键。

为了降低能耗，大量研究着致力于新型吸收剂的开发。新型吸收剂的开发主要集中于复合吸收剂和无水吸收剂。如 Svendsen 等[8,9]所开发的 N-甲基-1，3-丙二胺（MAPA）和2-二甲氨基乙醇（DMMEA）复合吸收剂，Zhang 课题组[10-13]研究了基于羟乙基乙二胺（AEEA）和 N-乙基乙醇胺（EMEA）的无水吸收剂。此外，AAILs-PEG400[14]，[Bmim][BF4]+MEA[15]等无水吸收剂也得到开发。上述吸收剂多采用高黏度有机胺或离子液体，导致吸收 CO_2 黏度巨大，给解吸过程带来难度。

2009年，Hu[16]提出的相变化吸收剂概念受到广泛关注，相变化吸收剂在吸收 CO_2 前均相，吸收后形成 CO_2 贫液相和富液相两个不相溶的液相，仅富液相进入解吸单元，进而降低升温显热及水蒸发能耗。另外，其循环负载量较传统吸收剂提高了60%～70%[17-19]。法国石油研究所[20]开发了 DMX 相变化吸收剂，并进行了系统研究，认为其可将捕集能耗可降低为2.1GJ/ton CO_2。方梦祥[21,22]等人开发了相变化吸收剂（DMCA+MCA），并根据其物化性质对解吸能耗进行了模拟，得到能耗值为2.48GJ/tonCO_2，较传统吸收剂能耗降低40%。相变化吸收剂尽管理论能耗较低，但目前尚无较大规模的实例验证以表明相变化吸收剂的优势。

相变吸收剂下液相因负载过大，其黏度也过大，这也对解吸效率造成了一定的影响。目前已有的文献报道中[23-25]，解吸实验均只有在小试热解吸中得出的数据，尚无与之相匹配的高效解吸方法。为解决这一难题，本实验室开发了膜闪蒸工艺[24-27]，利用膜作为一种分散介质将吸收剂迅速分散成小液滴增大传质面积，将传质效率提升了几个数量级，使吸收剂在膜器内的停留时间仅为数秒，从而实现高黏度体系吸收剂的解吸过程强化，有利于实现相变化吸收剂高粘下液相的高效解吸。

本文提出了用膜闪蒸工艺进行相变化吸收剂解吸，并进行中试实验验证相变化吸收剂理论解吸能耗。对水蒸发潜热、升温显热进行了测定；考察了不同温度、膜后压力、循环负载量对解吸能耗的影响；探究了较优条件下的解吸能耗，并与传统吸收剂进行了比较。

2　实验（材料与方法）

2.1　实验装置及流程

中试实验装置如图1所示，混合气由塔底进

入吸收塔与吸收剂接触吸收，吸收好的下液相进入分相器静止分相，下液相经过过滤后进入换热器管程与热水进行换热，然后进入膜闪蒸设备进行解吸，吸收剂过膜后进入气液分离器，分离后的气体被真空泵抽走，解吸贫液冷却后再与上液相混合进入吸收塔，再次进行吸收。下液相在解吸前后均进行CO_2负载测定，换热器壳程进出口，管程进出口均安装温度计，对吸收剂及热水进行换热前后的温度进行测定，膜闪蒸设备内部设置温度计，对膜后温度进行测定。

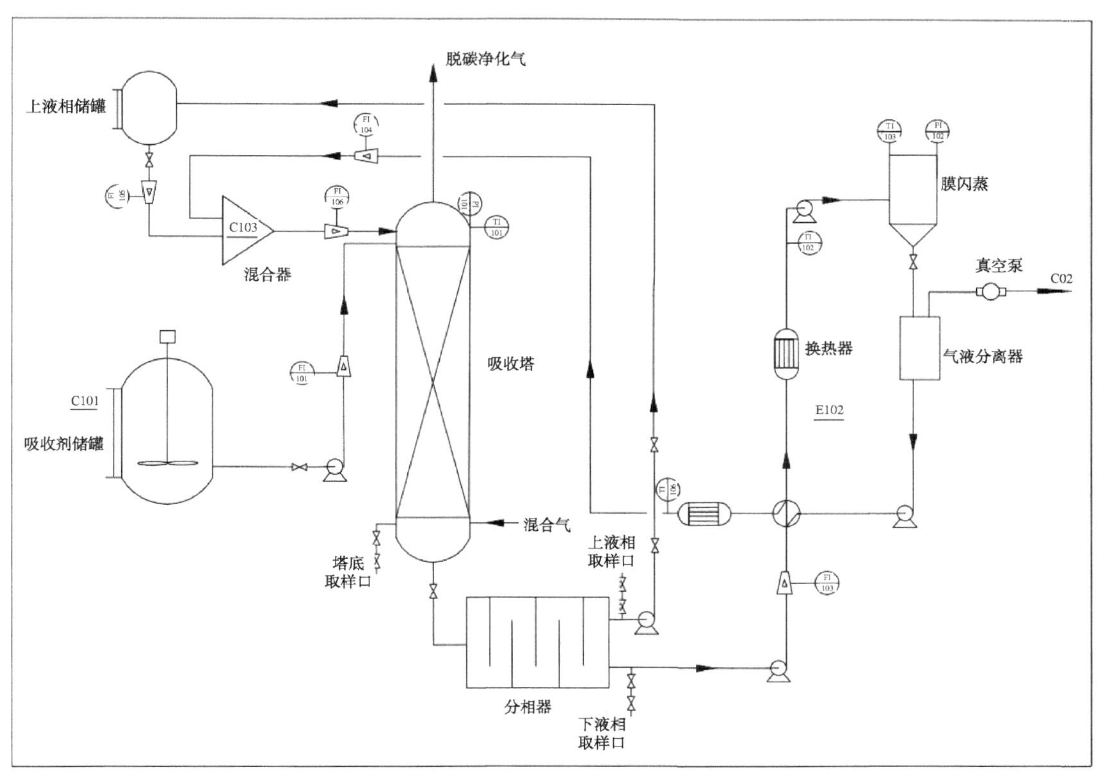

图1　中试实验流程图

2.2　实验材料

N-甲基二乙醇胺(MDEA)，工业级，南京科正化工有限公司；MEA，工业级，天津中和盛泰化工有限公司；正辛醇，工业级，郑州欧尼嘉商贸有限公司；有机溶剂BHKL，工业级，广州市润宏化工有限公司；浓硫酸，分析纯，北京化工厂。

2.3　计算方法

解吸总能耗(Q)可分为三部分：解吸反应热(Q_d)、吸收剂升温显热(Q_s)、水蒸发潜热(Q_l)，热损失(Q_m)各部分能耗计算公式如式(1~4)所示。

解吸总能耗Q：

$$Q=Q_d+Q_s+Q_l+Q_m \tag{1}$$

式中：Q为解吸总能耗，GJ/t CO_2；Q_d为解吸反应热，GJ/t CO_2；Q_s为吸收剂升温显热，GJ/tCO_2；Q_l为水蒸发潜热，GJ/t CO_2，Q_m为热损失，GJ/t CO_2。

吸收剂CO_2负载为：

$$\alpha=\frac{(V_2-V_1)}{m\times V_m}\times\frac{T_0}{T} \tag{2}$$

式中，α为吸收剂CO_2负载，mol/kg；T_0为0℃的开尔文温度，K；T为测定时温度，K；V_m为标况下气体摩尔体积，L/mol；V_1和V_2分别为量气管内CO_2解吸前后的体积读数，L；m为吸收剂质量，kg。

(1) 解吸反应热Q_d：

$$Q_d=-\Delta H_{abs} \tag{3}$$

式中：ΔH_{abs}为吸收反应热，GJ/t CO_2。解吸反应热为1.28GJ/t，为定值，可以查文献得到。

(2) 热损失Q_m：

通过本次中试实验，对系统热损失进行实测。

(3) 水蒸发潜热Q_l：

$$Q_l=\frac{\Delta n_{H_2O}\cdot \Delta H_{vap}(T)}{\Delta m_{CO_2}} \tag{4}$$

$$\Delta m_{CO_2}=m_2\Delta\alpha\cdot M$$

式中：Δn_{H_2O}为解吸过程中吸收剂中水的减少量，即蒸发量，mol；$\Delta H_{vap}(T)$为在温度T时水的摩尔蒸发焓，GJ/mol；Δm_{CO_2}为CO_2解吸量，ton。M为CO_2摩尔质量，g/mol。

水蒸发潜热主要与吸收剂水浓度、温度及压力有关，另外也与循环负载有关。由式2-3可以看出，一定温度下，循环负载越高，水蒸发潜热越低。

（4）吸收剂升温显热Q_s：

$$Q=\frac{m_1C_p\Delta T}{\Delta m_{CO_2}} \tag{5}$$

$$\Delta m_{CO_2}=m_2\Delta\alpha\cdot M$$

式中：C_p为吸收剂热容，GJ/ton K；ΔT为吸收剂进出解吸单元的温度差，K；m为吸收剂质量，ton；Δm_{CO_2}为CO_2解吸量，ton；M为CO_2摩尔质量，g/mol。

3 结果与讨论

3.1 热损失能耗测定

由于热损失能耗与装置本身及环境温度有关，为排除水蒸发对于实验测定的影响，本节采用相变化吸收剂中的高沸点有机溶剂作为冷媒进行热损失能耗测定实验，结果如图2所示。

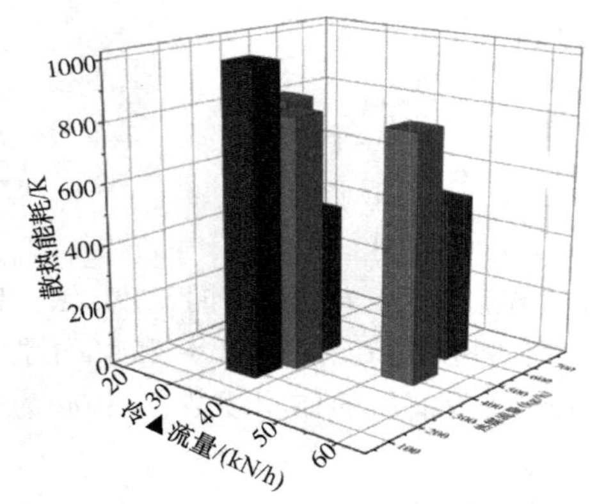

图2 不同冷媒热媒流量下的散热能耗

由图2可得，不同冷热媒流量下，用未负载的吸收剂作为冷媒进行热损失能耗测定，1h内系统热损失平均能耗为750KJ，散热能耗占总能耗的3%。系统散热主要原因是换热器及管道的保温效果较差。

3.2 水蒸发潜热测定

为测定相变化吸收剂的水蒸发潜热，并于传统吸收剂进行对比，本文分别采用100kg相变化吸收剂和传统吸收剂，在中试装置内循环6h，循环温度88-90℃，测定相变化吸收剂和传统吸收剂的水蒸发量，结果如图3所示。

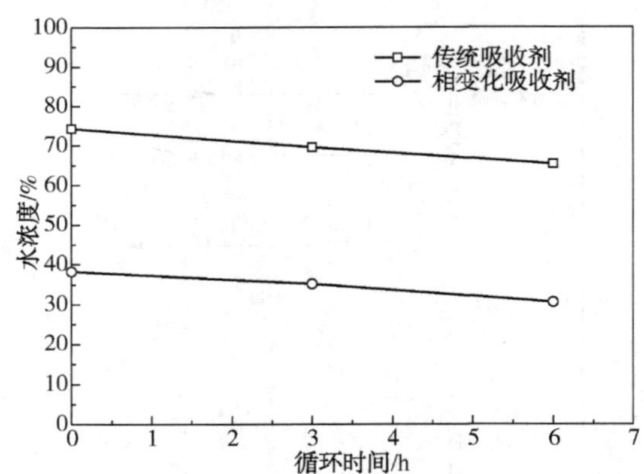

图3 相变化吸收剂与传统吸收剂在88-90℃下水蒸发数据

由图3可得，相变化吸收剂与传统吸收剂的水蒸发量分别为7.62kg、9kg。通过计算得到相变化吸收剂与传统吸收剂解吸过程中水蒸发消耗能量分别为2870KJ、3390KJ。

由于在同样温度下进行实验，故相变化吸收剂与传统吸收剂水蒸发消耗能量相差不大。但这两种吸收剂的循环负载相差较大，相变化吸收剂的循环负载约为传统吸收剂的1.8倍，通过计算得到相变化吸收剂与传统吸收剂水蒸发潜热分别为0.35GJ/t、0.95GJ/t。

3.3 利用膜闪蒸前后温差计算的水蒸发能耗

膜闪蒸可视为一个绝热过程，因而水的蒸发能耗等于吸收剂降温的显热。吸收剂经过膜闪蒸解吸过程时，经实验测定，膜前后温差为9.4~10℃，经计算此部分能量为2397~2958KJ。与上节通过水的蒸发量所计算得到的水蒸发能耗（2870KJ）基本吻合，表明水蒸发能耗的计算依据可信。

3.4 解吸能耗测定结果

由第二部分可知，释放的CO_2量对解吸每吨CO_2所需的能耗值影响很大，如下面公式所示。而释放的CO_2量由吸收剂的循环负载量体现。因此，为探索较优的解吸条件，本文测试了不同条件下吸收剂的循环负载量，结果如下。

$$Q=\frac{m_1 C_p \Delta T}{\Delta m_{CO_2}}$$

$\Delta m_{CO_2}=m_2\Delta\alpha \cdot MW$ 为 CO_2 解吸能耗，GJ/t；m_1 为热媒流量，kg/h；m_2 为吸收剂流量，kg/h；C_p 为水比热容，KJ/kg/℃；Δm_{CO_2} 为 CO_2 释放量，g/h；ΔT 为热媒进出口温差,℃；$\Delta\alpha$ 为循环负载，mol/kg；M 为 CO_2 摩尔质量，g/mol。

3.4.1 温度对于解吸负载的影响

由图 4 可看出，初始负载为 2.4mol/kg，解吸贫液负载随解吸温度升高而降低，因而循环负载量随着解吸温度的升高而升高。

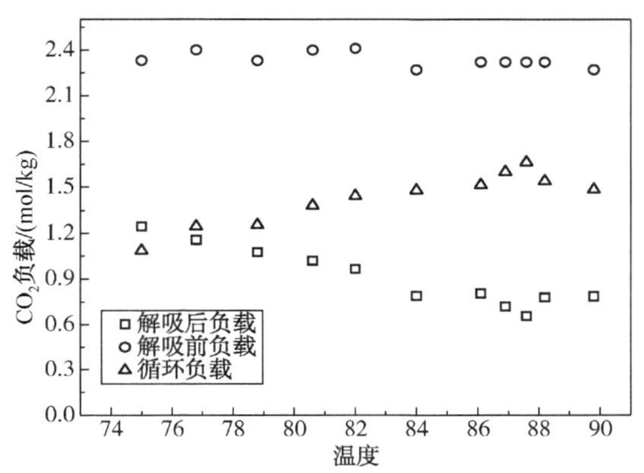

图 4 温度对于吸收剂 CO_2 负载的影响

3.4.2 膜后压力对于解吸负载的影响

考虑到膜后真空度可能对膜闪蒸解吸效果产生影响，考察了微负压与常压下对于解吸负载的影响。由图 5 可知，在微负压与常压条件下，贫液负载几乎无变化，说明膜后侧压力对解吸效果影响很小，但考虑到微负压可以及时将解吸后的 CO_2 移出膜闪蒸器，而且微负压的操作与规模化应用时 CO_2 压缩机的泵前压力是一致的，因而后期实验均在微负压条件下进行。

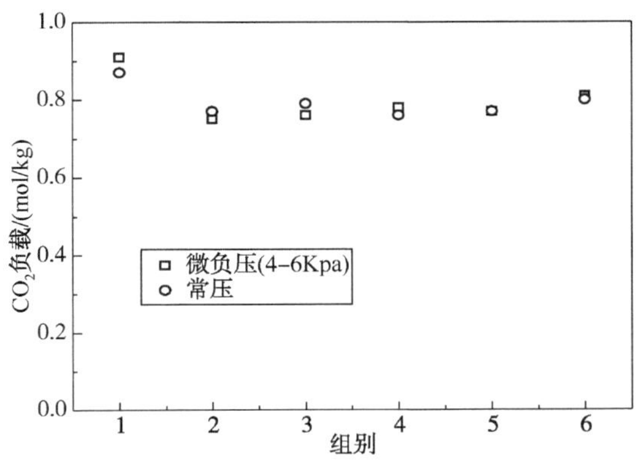

图 5 微负压与常压对解吸贫液负载的影响

3.4.3 不同解吸温度解吸能耗的影响

初始负载为 2.4mol/kg，冷媒流量在 40-50kg/h，75～90℃之间，由图 5、6 可得，解吸能耗随着温度升高而降低，解吸温度在 85-90℃之间，解吸能耗较低。

对于传统 MDEA 捕集 CO_2 工艺，吸收饱和负载为 1.6mol/kg，解吸贫液负载为 0.75mol/kg，循环负载为 0.85mol/kg（解吸温度 90℃）；而对于相变化吸收剂膜闪蒸解吸工艺，吸收饱和负载为 2.4mol/kg，解吸贫液负载为 0.75mol/kg（解吸温度 90℃），循环负载为 1.65mol/kg。由图 6 可得，解吸贫液负载越高，解吸能耗越高，所以，适当提高温度来降低解吸负载是降低解吸能耗的一个途径。

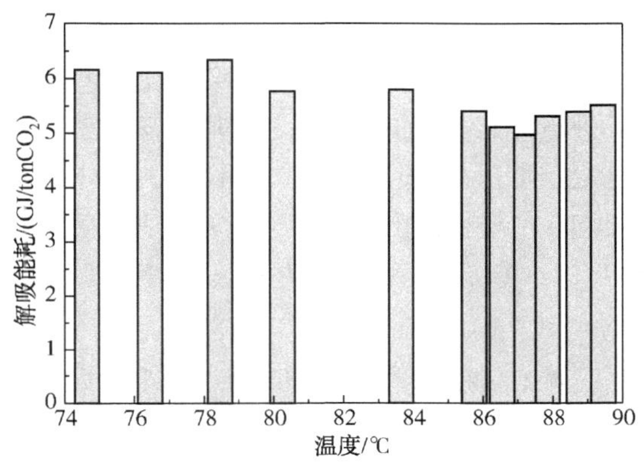

图 6 温度对于解吸能耗的影响

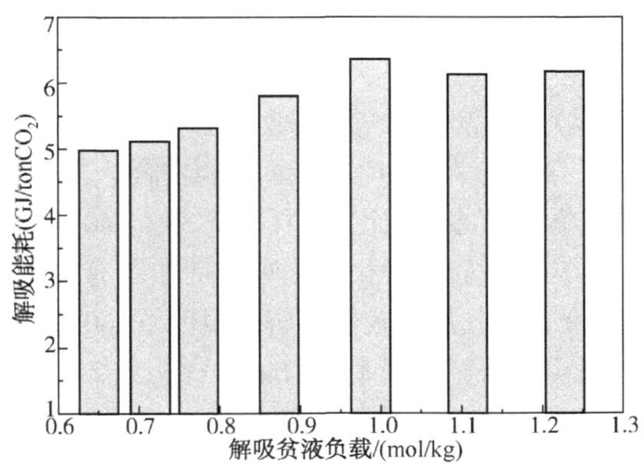

图 7 贫液负载对解吸能耗的影响

3.4.4 较优条件下相变化吸收剂解吸能耗

在前期实验中，由于冷媒量较小（40-50kg），来不及建立稳定平衡，造成的能耗计算误差较大。后改为采用较多的冷媒（吸收剂富液），经 1h 稳定后，再进行测样。此时能耗计算误差较小。经过对实验条件的摸索，确定了较优的实验条件为：冷媒流量为 100～120kg/h，热媒流量600kg/h，膜前温度80-82℃，循环负载1.5mol/kg，吸收剂升温温差为52℃。在此实验条件下，解吸能耗为3.6GJ/t。

由表1可得，实际值与理论值数据误差为3.5%，数据稳定，解吸总能耗基本维持在3.6-3.7GJ/t。

表1 较优实验条件下解吸总能耗（未回收贫液显热）

组别	冷媒流量/(kg/h)	热媒流量/(kg/h)	膜前温度/℃	循环负载/(mol/kg)	解吸能耗/(GJ/t)
1	120	570	82	1.49	3.62
2	106	567	80.6	1.47	3.75

3.4.5 能量回收后的相变化吸收剂解吸能耗

由于现场实验条件的限制，余热并未进行能量回收。根据工业捕集工艺中，吸收剂升温温差为10-20℃，而现场实验中升温温差为52℃左右。进行能量回收时，也设定升温温差为20℃，计算得到升温显热为0.77GJ/t，总能耗为2.48GJ/t，与目前醇胺法工业捕集CO_2能耗相比(3.7-4GJ/t)，能耗降低40%。具体数据如表2所示。

表2 能量回收后相变化吸收剂能耗数据（设定传热温差为20℃）

解吸能耗/(GJ/t)	反应热/(GJ/t)	升温显热/(GJ/t)	水蒸发能耗/(GJ/t)	热损失/(GJ/t)
2.48	1.28	0.77	0.34	0.09

4 结论

本次中试测定相变化吸收剂的膜闪蒸解吸能耗值为2.48GJ/t，且与理论计算值相吻合，与工业醇胺法捕集CO_2能耗相比，能耗降低30%~40%。

本次中试验证了相变化吸收剂中具有的优势，(1)相变化吸收剂在较低的解吸温度下(80℃)，可以达到较高的循环负载(1.5mol/kg)；(2)由于降低了解吸温度，增大了循环负载，水蒸发潜热得到了显著的降低。

另外，本次中试验证了膜闪蒸解吸工艺可应用于高黏体系的解吸，且具有较好的解吸效果，也大大降低了设备投资成本及设备尺寸。

综上所述，相变化吸收剂及膜闪蒸解吸工艺在工业捕集CO_2中具有较大的优势，极具前景。

参考文献

[1] 李海涛，毛松柏，陈曦，汪东．燃煤电厂烟气CO_2捕集过程中再生能耗的研究[J]．应用化工，2017，46(10)：1925-1928+1945.

[2] 李小飞，王淑娟，陈昌和．胺法脱碳系统流程改进及优化模拟[J]．化工学报，2013，64(10)：3750-3759.

[3] Alie C, Backham L, Croiset E, et al. Simulation of CO_2 capture using MEA scrubbing: a flowsheet decomposition method[J]. Energy conversion and management, 2005, 46(3): 475-487.

[4] Freguia S, Rochelle G T. Modeling of CO_2 capture by aqueous monoethanolamine[J]. AIChE Journal, 2003, 49(7): 1676-1686.

[5] Lin P-H, Wong D S H. Carbon dioxide capture and regeneration with amine/alcohol/water blends [J]. International Journal of Greenhouse Gas Control, 2014, 26(0): 69-75.

[6] Meldon J H. Amine screening for flue gas CO_2 capture at coal-fired power plants: Should the heat of desorption be high, low or in between? [J]. Current Opinion in Chemical Engineering, 2011, 1(1): 55-63.

[7] Oexmann J, Kather A. Minimising the regeneration heat duty of post-combustion CO_2 capture by wet chemical absorption: The misguided focus on low heat of absorption solvents[J]. International Journal of Greenhouse Gas Control, 2010, 4(1): 36-43.

[8] Brúder P, Lauritsen K G, Mejdell T, et al. CO_2 capture into aqueous solutions of 3-methylaminopropylamine activated dimethyl-monoethanolamine[J]. Chemical Engineering Science, 2012, 75: 28-37.

[9] Brúder P, Owrang F, Svendsen H F. Pilot study—CO_2 capture into aqueous solutions of 3-methylaminopropylamine (MAPA) activated dimethyl-monoethanolamine (DMMEA)[J]. International Journal of Greenhouse Gas Control, 2012, 11: 98-109.

[10] Chen S, Chen S, Fei X, et al. Solubility and Characterization of CO_2 in 40 mass % N-Ethylmonoethanolamine Solutions: Explorations for an Efficient Nonaqueous Solution[J]. Industrial & Engineering Chemistry Research, 2015, 54(29): 7212-7218.

[11] Chen S, Chen S, Zhang Y, et al. An investigation of the role of N-methyl-diethanolamine in non-aqueous solution for CO_2 capture process using ^{13}C NMR spectroscopy[J]. International Journal of Greenhouse Gas Control, 2015, 39: 166-173.

[12] Chen S, Chen S, Zhang Y, et al. Species distribution of CO_2 absorption/desorption in aqueous and non-aqueous N-ethylmonoethanolamine solutions [J]. Inter-

national Journal of Greenhouse Gas Control, 2016, 47: 151-158.

[13] Guo C, Chen S, Zhang Y, et al. Solubility of CO_2 in Nonaqueous Absorption System of 2-(2-Aminoethylamine)ethanol+Benzyl Alcohol[J]. Journal of Chemical & Engineering Data, 2014, 59(6): 1796-1801.

[14] Li J, Dai Z, Usman M, et al. CO_2/H_2 separation by amino-acid ionic liquids with polyethylene glycol as co-solvent[J]. International Journal of Greenhouse Gas Control, 2016, 45: 207-215.

[15] Yu G, Fan S, Chen X, et al. CO_2 absorption by binary mixture of ionic liquids-monoethanolamine at lower pressure[J]. International Journal of Greenhouse Gas Control, 2016, 44: 52-58.

[16] Hu L. Phase transitional absorption method[M]. US Patent 7, 541, 011. 2009.

[17] Pinto D D D, Zaidy S a H, Hartono A, et al. International Journal of Greenhouse Gas Control, 2014, 28(0): 318-327.

[18] Zhang WD, Jin XH, Tu WW, Ma Q, Mao ML, Cui CH. Applied Energy, 2017, 195: 316-323.

[19] Yang FS, Jin XH, Fang JW, Zhang WD, et al Green Chemistry, 2018, 20(10): 2328-2336.

[20] Raynal L, Alix P, Bouillon P A, et al. The DMX process: an original solution for lowering the cost of post-combustion carbon capture[J]. Energy Procedia, 2011, 4: 779-786.

[21] WANG M X. Experimental study of phase transition solvents for CO_2 capture from coal-fired flue gas[D]. Hangzhou: Zhejiang University, 2013.

[22] WANG M X, FANG M X, WANG Z, et al. CO_2 absorption and desorption by phase transition lipophilic amine solvents[J]. Journal of Zhejiang University(Engineering Science), 2013, 47(4): 662-668.

[23] 徐志成，王淑娟，陈昌和．液液两相吸收剂吸收 CO_2 的实验研究[J]．清华大学学报(自然科学版)，2013，53(03)：336-341+352.

[24] 金显杭．面向 CO_2 捕集的相变吸收剂开发及应用研究[D]．北京化工大学，2017.

[25] 涂巍巍，方佳伟，李竹石，毛梦琳，金显杭，刘晓阳，张卫东．基于 MEA 的 CO_2 相变化吸收剂的开发[J]．中国科学：化学，2018，48(06)：641-647.

[26] 马雨联．CO_2 中空纤维膜解吸过程的研究[D]. City：北京化工大学，2012.

[27] 宋江慧．膜闪蒸过程 CO_2 解吸性能及复合吸收剂的研究[D]. City：北京化工大学，2013.

催化烟气脱硝床层氨逃逸问题分析及措施

郭莹莹　刘　彬　周玉杰

（中国石油兰州石化公司炼油厂）

摘　要　为了使重催装置外排烟气中 NO_x 浓度满足≤100mg/Nm^3（干基）的要求，2016 年某石化公司组织实施了重催装置烟气脱硝项目，利用 NH_3 与再生烟气中的 NO_x 反应，保证排放烟气 NO_x 浓度达标。在装置运行后期，发现烟气中 NO_x 排放达标的同时却造成了外排水中氨氮含量异常上升，主要原因为烟气脱硝反应器床层出现氨逃逸。本文阐述了氨逃逸带来的危害，通过分析氨逃逸产生的原因，提出了控制氨逃逸的具体控制措施，并在实际操作中应用，烟气脱硝装置氨逃逸得以控制。

关键词　烟气脱硝；氨逃逸；问题分析；措施

1　概述

随着我国工业化和城市化发展，氮氧化物（NO_x）引起的酸雨、光化学烟雾等环境问题日益受到人们重视。催化裂化装置是炼厂重要的重油轻质化装置，是炼厂氮氧化物（NO_x）主要来源，约占炼厂排放总量的 50%[1]。2016 年，为使 300 万吨/年重催装置外排烟气中 NO_x 浓度满足《石油炼制工业污染物排放标准》（GB31570-2015）NO_x 浓度≤100mg/Nm^3（干基）的要求（2017 年 7 月 1 日起施行），某石化公司组织实施了 300 万吨/年重催装置烟气脱硝项目，该项目采用 SCR 脱硝技术，同时对两台余热锅炉进行配套改造。项目建成后，可减少 NO_x 排放 841.2t/a。截至目前，该余热锅炉已连续运行 2.5 年，在运行后期，烟气脱硫外排水氨氮含量出现异常升高，主要原因为脱硝反应器床层出现氨逃逸。

2　烟气脱硝的原理

重催装置反应再生过程中，原料中的氮有 40%~50% 以焦炭形式随待生剂进入再生器[2]，再生过程中氮与氧气发生反应生成 NO_x，随烟气排放至大气，造成环境污染，是重要的环保控制指标。

本装置余热锅炉脱硝床层采用选择性催化还原（SCR）脱硝技术，利用氨气作为脱硝剂。来自两酸的氨气在混合器内与空气混合稀释后，由喷氨格栅喷入烟道与烟气充分混合，进入脱硝反应器；在脱硝反应器内，350℃左右烟气中的 NO_x 在催化剂的作用下与 NH_3 发生还原反应，生成 N_2 和 H_2O[3]。烟气脱硝系统所用催化剂为托普索公司专利催化剂，是以二氧化钛（TiO_2）为载体的波纹板式催化剂，加工工艺是先制作玻璃纤维加固 TiO_2 基板，再把基板放到催化活性溶液中浸泡，使活性成分能均匀吸附在基板上[4]，该催化剂的催化活性材料是金属氧化物 V_2O_5 等。脱硝反应器最佳催化反应温度区间为 320℃至 400℃之间，该技术脱硝效率可达 80%以上，不会形成二次污染。

烟气脱硝主要的化学反应方程如下：

$$4NO+4NH_3+O_2 \longrightarrow 4N_2+6H_2O \tag{1}$$

$$6NO_2+8NH_3 \longrightarrow 7N_2+12H_2O \tag{2}$$

NO_x 去除率取决于加入氨的量（表示为氨氮摩尔比），在高的氨氮摩尔比下，可以达到很高的 NO_x 去除效率，但同时会增大氨逃逸。在运行过程中，由于氨氮不完全反应或者催化剂模块安装不够密封，过剩的 NH_3 逃逸出催化剂床层，这些催化反应完成后烟气中剩余的 NH_3 体积浓度，就被称为氨逃逸[5]。氨逃逸量是衡量 SCR 运行健康状况最重要指标之一。

3　氨逃逸的危害

（1）外排水中的氨氮含量升高

表 1　2018 年 11 月~12 月烟气脱硫工业污水氨氮含量统计表

采样时间	氨氮（mg/L）指标≤300	采样时间	氨氮（mg/L）指标≤300
2018.11.1	132	2018.12.3	409
2018.11.5	208	2018.12.4	456
2018.11.7	40.8	2018.12.5	428
2018..11.8	259	2018.12.6	527
2018.11.12	268	2018.12.7	270

续表

采样时间	氨氮(mg/L)	采样时间	氨氮(mg/L)
	指标≤300		指标≤300
2018.11.13	276	2018.12.10	115
2018.11.14	188	2018.12.11	143
2018.11.15	377	2018.12.12	66.9
2018.11.16	378	2018.12.13	222
2018.11.19	456	2018.12.14	194
2018.11.21	311	2018.12.17	115
2018.11.26	422	2018.12.19	66.0
2018.11.28	546	2018.12.20	42.1
2018.11.29	617	2018.12.21	414
		2018.12.24	365
		2018.12.25	358
		2018.12.26	244
		2018.12.29	193

从表1中发现，在采集的34个点中，最小值40.8mg/L、最大值617mg/L、平均值284.7mg/L，有超过35%的工业污水氨氮含量超过排放指标300mg/L。经排查原因发现，造成工业污水氨氮含量升高的直接原因就是烟气脱硝床层出现氨逃逸，烟气进入后续烟气脱硫装置吸收塔内，与塔中部喷淋装置喷出的高密度水帘逆向接触，氨极易溶于水(溶剂度达到700：1)，随洗涤水排出装置，造成工业污水氨氮含量升高。

(2)低温省煤器炉管出现结盐结垢现象，压降上升，换热效率下降。

表2 2019年3~7月份锅炉外排烟气温度记录表

排烟温度/℃	日期						
	3.15	3.30	4.3	4.15	6.25	7.5	7.11
炉901	175.4	177.6	184.9	189.5	149.3	151.7	152.5
炉902	189.3	188.1	191.2	192.4	142.1	144.7	145.2

表3 2019年3~7月份锅炉省煤段压力记录表

日期		3.15	3.30	4.3	4.15	6.25	7.5	7.11
锅炉901 kPa	入口压力	5.46	5.26	5.43	5.65	3.21	3.35	3.36
	出口压力	4.64	4.24	4.37	4.47	2.56	2.69	2.71
	压降	0.82	1.02	1.06	1.18	0.65	0.66	0.65

续表

日期		3.15	3.30	4.3	4.15	6.25	7.5	7.11
锅炉902 kPa	入口压力	6.13	5.28	5.88	6.27	3.25	3.13	3.18
	出口压力	5.25	4.12	4.76	4.98	2.73	2.59	2.66
	压降	0.88	1.16	1.12	1.29	0.53	0.54	0.52

由表2、表3可发现，装置运行后期与检修后开工相比，两炉排烟温度上升约30℃，省煤段压降上升约0.5kPa。

原因分析：检修期间，发现省煤段的炉管上有白色晶体附着，这种垢物易溶于水，pH值约为2，可判定为硫酸氢铵，其主要形成原因是烟气中含有SO_2、SO_3和水蒸气，与脱硝床层逃逸的氨反应生成亚硫酸氢铵和硫酸氢铵，亚硫酸氢铵稳定性差，生成后容易分解，所以铵盐主要是硫酸氢铵。

生成铵盐主要反应：

$$NH_3+SO_2+H_2O \rightleftharpoons NH_4HSO_3 \quad (1)$$

$$NH_3+SO_3+H_2O \rightleftharpoons NH_4HSO_4 \quad (2)$$

硫酸氢铵在200℃~260℃是一种黏性很强的盐，附着在省煤器管束的翅片上，黏结烟气中的催化剂粉末，形成垢物，造成省煤器炉管换热效率下降、排烟温度上升，换热层流通面积降低、压降上升。

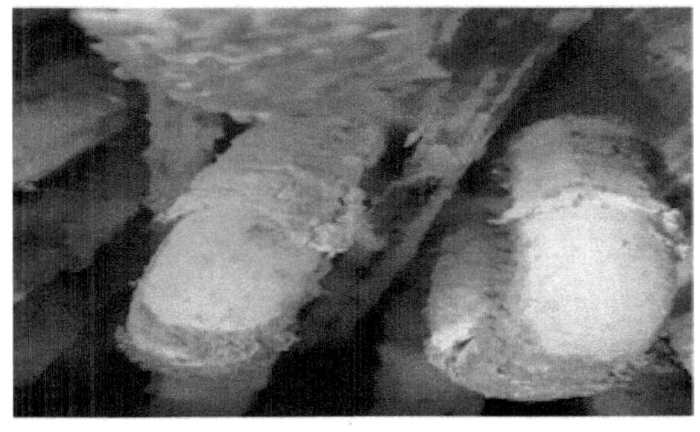

图1 锅炉901低温省煤段炉管结盐结垢情况

4 氨逃逸原因分析

4.1 催化再生烟气携带氨气

重催装置反应再生过程中，原料中的氮化物通过物理或化学作用吸附在催化剂上形成氮焦，最终随待生剂进入再生器。本装置再生器为贫氧燃烧再生形式，再生烟气中CO含量控制要求为3.3%~8.0%(Vol.)，在此环境下，焦炭中的氮焦转化为NH_3和HCN，再生烟气中通常检测不到

NO_x，再生烟气进入后续CO焚烧锅炉后通入过剩空气进行完全燃烧，充分回收CO化学热能的同时NH_3和HCN将完全转化为NO_x[7]

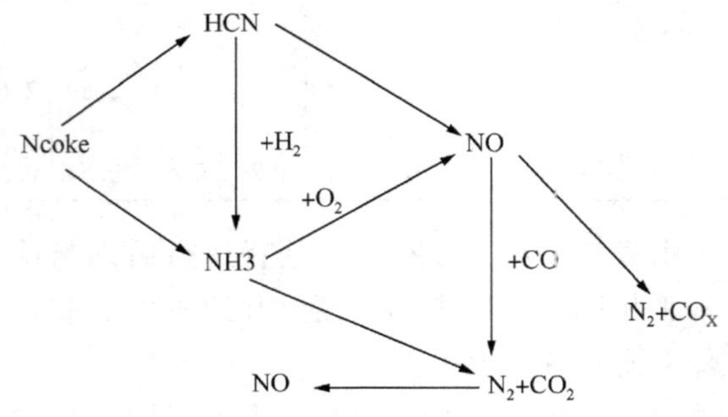

图2　FCC再生器内NO_x生成和分解反应网络图NO_x

由图2可见，再生烟气进入余热锅炉前就携带NH_3，如果CO焚烧锅炉内供氧不足，再生烟气中的NH_3将会得以保留进入后续系统。而脱硝反应器床层入口没有设置氨气检测系统，所以，当烟气中携带的氨气大于脱硝反应所需要的氨气量，加上脱硝系统喷的氨，就会直接导致氨逃逸升高。

针对此问题，兰州化工研究中心配合车间进行了相关数据检测，具体情况如表4所示。

表4　B901脱硝反应器工况运行表

测点1#炉		不喷氨	喷氨
脱硝入口	NO_x/(mg/m^3)	15.8-24.8	6.9-9.0
	NH_3/(μL/L)	281.2	258.1
	CO/(mg/m^3)	27130	35870
脱硝出口	NO_x/(mg/m^3)	0-0.2	0
	NH_3/(μL/L)	278.9	368.2
	CO/(mg/m^3)	23595	31540

由表4数据可见：

(1) 锅炉B901炉膛内CO未完全燃烧，脱硝反应器入口烟气处于高度贫氧状态、NO_x含量较低，此状态下即使不喷氨，NO_x含量也可保证达标排放，检测数据基本为0。

(2) 此状态下，再生烟气中的NH_3含量保留率高，氨逃逸达到200μL/L以上，可造成下游烟气脱硫装置排水氨氮超标。

表5　B902脱硝反应器工况运行表

检测点2#炉		不喷氨	喷氨
脱硝入口	NO_x/(mg/m^3)	177.6-225.6	187.8-230.6
	NH_3/(μL/L)	0.09	10.3
	CO/(mg/m^3)	4263-5081	3221-3403

续表

检测点2#炉		不喷氨	喷氨
脱硝出口	NO_x/(mg/m^3)	152.4-185.4	87.1-96.3
	NH_3/(μL/L)	0.14	50.12
	CO/(mg/m^3)	6069-6175	1293-1996

由表5数据可见：

(1) 锅炉B902内CO完全燃烧，脱硝反应器入口烟气中NO_x含量较高、CO含量较低、无NH_3含量，此状态下如果不喷氨，NO_x将出现超标，脱硝反应器出口无氨逃逸。

(2) 此状态下喷氨，NO_x可得到有效控制，但是脱硝反应器出口仍存在氨逃逸，说明脱硝反应器反应效率下降或者密封存在问题。

4.2　*脱硝床层喷氨过多*

经实践发现，同样的烟气，经过不同的焚烧炉和脱硝反应器后，烟气中的氨逃逸明显不同；901炉的在线氨逃逸检测仪表经常超量程，而902炉氨逃逸表运行正常，为避免901炉氨表超标，停止901喷氨，在一定的时间范围内，保持工况不变，对902进行喷氨，记录氨罐液位下降情况，核算902的具体喷氨量与理论所需的喷氨量是否一致。

表6　脱硝锅炉氨含量计算表

	入口NO_x	出口NO_x	烟气量	理论需氨量
902炉	320mg/m^3 据DCS	133mg/m^3 (理论值估算)	21万Nm^3/h	15.1kg/h (按96%的纯度计算)
合股		70mg/m^3		
901炉	10mg/m^3	10mg/m (离线检测)	22万Nm^3/h	0

表7　液氨加注期间罐尺数据记录表

时间	液氨罐液位/%	液氨罐罐尺/m	对应体积/m^3	加注量/kg
10：00	57%	0.684	2.671	
11：00	53%	0.675	2.633	23.45

由表6，表7可见，902炉的理论需氨量为15.1kg/h，但实际喷氨量为23.45kg/h，实际的喷氨量大于理论的喷氨量，脱硝床层喷氨太多。

原因分析：

(1) 两台余热锅炉出口未单独设置NO_x分析系统，脱硝床层喷氨量无法准确控制

由于设计原因，催化装置两台余热锅炉只在

烟气总出口线上设置了 NO_x 分析系统，未在锅炉出口单独设置 NO_x 分析系统，因此两炉的喷氨系统无法实现自控，只能通过手动调节。当外排烟气的 NO_x 升高时，由于无法确定是那台锅炉的 NO_x 升高，内操不得不提高两台锅炉的喷氨量，从而导致过量的未参与反应的氨随烟气进入烟气脱硫装置，造成氨逃逸。

（2）氨逃逸测量仪表指示不准

装置自开工以来，SCR 脱硝喷氨采用手动调节，通过烟气出口的 NO_x 的浓度以及脱硝床层出口的氨逃逸表来调节喷氨量。氨逃逸测量仪表采用对穿式激光光谱法进行测量，由于氨逃逸设计值≯3ppm，并且氨具有极强的吸附作用和水溶性，这就要求仪表安装要接近脱硝反应器出口，才能更精确地检测出氨逃逸数值。但激光光谱法测量时，仅检测的某一截面的氨逃逸，无法获取整个截面上平均的氨逃逸数据，测量结果不具代表性，若检测点流场分布不均，氨逃逸准确性将会更差[8]。另外，受烟气中携带 SO_2、颗粒物、水分影响，检测孔经常结盐（ABS）或者积灰，干扰检测数据的准确。

（3）氨流量计计量不准确

脱硝装置喷氨流量计选用的是精度要求较高的浮子流量计，但装置使用的液氨来自两酸的酸性水汽提装置，杂质较多，浮子流量计频繁卡涩以致损坏，且无备件更换，装置运行后期只能凭经验来调节喷氨量，计量不准加剧了喷氨过量，导致氨逃逸上升。

4.3　脱硝床层氨气分布不均

稀释后的氨气在 SCR 进口烟道中由于喷氨格栅的各路节流调节不理想或者喷氨格栅管道磨穿等原因造成二次拌和不理想，反应床层的氨气出现分布不均匀的现象，局部浓度高的地方氨逃逸升高[9]。

4.4　催化剂

（1）催化剂模块箱安装密封不可靠

本装置 SCR 脱硝床层是由催化剂模块箱构成，模块箱之间用密封条进行密封，在装置运行后期密封条脱落，部分氨气和烟气走旁路，导致氨逃逸，此问题在检修打开后得到确认，脱硝反应器多处密封条破损。

（2）催化剂中毒失活

粉尘中的碱性组分和水凝结在催化剂上，导致催化剂中毒；烟气经过反应床层产生的铵盐及飞灰中的小颗粒沉积在催化剂的小孔中，致使烟气不能顺利流通，这样就会阻碍 NO_x、NH_3、O_2 到达催化剂活性表面，引起催化剂钝化失活[10]。

催化剂的中毒钝化失活导致催化剂还原能力减弱，氨气和 NO_x 反应不完全，造成氨逃逸。

4.5　耙式吹灰器损坏

检修时发现脱硝催化剂床层上部耙式吹灰器脱离轨道掉落，局部吹灰效果变差，一方面可导致催化剂床层表面积灰，堵塞了催化剂的入口小孔，造成催化剂的有效过烟表面减少，烟气从未堵塞的催化剂表面通过时速度加快并快速磨损，直至过烟的催化剂局部出现塌陷失效，氨气随烟气从催化剂床层的磨损塌陷处逃逸，另一方面，局部吹灰距离缩短，可造成脱硝催化剂局部损坏。具体见图 3。

图 3　锅炉 901 脱硝床层上部吹灰器损坏与积灰情况

5　改进措施

5.1　CO 焚烧炉控氧操作，将 CO、NO_x 控制在合理的范围内

锅炉 B901 燃烧不完全，是氨逃逸的主要来源。为降低 B901 氨含量，提高锅炉配风，降低烟气量，保证炉膛温度<900℃的指标前提下，对锅炉进行控氧燃烧，经反复试验发现，脱硝反应器出口烟气中 CO 控制在 4000～7000mg/m^3，可保证 NO_x 浓度≤100mg/Nm^3（干基），同时可控制烟脱外排水氨氮含量≤200mg/L（2019 年指标要求）。

5.2　脱硝床层增设采样点

（1）在余热锅炉高温省煤段下方新增采样口，可直接检测烟气入口的氨气浓度，从而为喷氨系统操作调整提供更精确依据。

（2）在脱硝床层入口上方，增设对称的四个采样点，可不定期检测脱硝床层入口烟气流场以及氨气和 NO_x 浓度分布情况，更好的控制氨氮摩尔比，指导操作进行喷氨调整，使操作更为细化，减少喷氨过量的情况，从而降低了氨逃逸。

5.3 两炉分别增设烟气出口分析系统

现两炉共用一个 NO_x 分析系统，检测两炉烟气混合后的 NO_x 值，从而导致两炉出口 NO_x 数值无法分开显示，自动喷氨控制也无法实现。利用装置停工检修对两炉增设单独烟气出口分析系统投用后。两炉出口 NO_x 实现单独监测，投用自动喷氨系统，提高了测量和控制的准确性，有效避免喷氨过量造成的氨逃逸。

5.4 更换喷氨流量计

检修期间对两台喷氨浮子流量计进行更换。两台余热锅炉单独实现外排烟气 NO_x 检测后，喷氨自动控制回路即可投用，更换浮子流量计后，可实现喷氨系统精确的显示和控制，降低了人为操作产生的滞后以及流量计显示有误导致喷氨量过多的现象，减少了氨逃逸。

5.5 脱硝床层上部设置导流板和整流格栅

利用导流板和整流格栅的碰撞整合作用，将进入格栅前流动的烟气，氨气调整为竖直向下同时使气体速度分布整合的相对均匀，增大氨水在烟气平面的覆盖率，使氨水充分反应，防止氨水喷射量太多而造成烟气中氨的逃逸率增大[11]。

5.6 及时更换催化剂

催化剂是 SCR 系统的核心，在使用过程中随着运行时间的增加，催化剂的活性逐渐降低，催化还原的效果变差，为满足排放的要求保证参数合格，操作人员不得不大量喷氨，从而造成氨逃逸[12]。针对这种问题在本次检修期间对脱硝催化剂进行了更换，使用兰州化工研究中心研发的 PDN-102 型脱硝催化剂，一方面将原本的上下两层堆砌的模块改为一层，减少密封面积，从而减少氨气旁路逃逸的可能性；另一方面及时更换催化剂，保证下一个运行周期脱硝床层的反应活性，同时催化剂成本由原来的 1200 万减少至 800 万，节约了资金成本。

5.7 确保耙式吹灰器运行正常

在 SCR 系统运行中，吹灰器的正常工作是保证催化剂活性的重要手段，通过加强吹灰，减少烟道阻力，使烟气与氨水充分反应，增大氨水的使用率，所以我们要重视吹灰器的正常运行，加强巡视检查，发现异常时，及时联系检修处理，以避免因飞灰堵塞造成 SCR 催化剂失效而引起氨逃逸问题。

6 结论

表 8 开工后脱硝床层运行参数记录表

项目	日期 2019 年	床层入口 NO_x 含量/（mg/m^3）	床层出口 NH_3 逃逸量/（uL/L）≤3	净化烟气中 NO_x 含量/（mg/m^3）≤100	外排水氨氮含量（mg/L）≤200
锅炉 901	7.3	415.1	1.1	83	
	7.4	416.4	1.0	74	
	7.5	412.8	0.6	76	110
	7.6	403.7	0.2	78	
	7.7	407.5	0.7	72	
	7.8	413.4	1.1	87	145
	7.9	402.2	1.3	74	
锅炉 902	7.5	389.5	0.9	76	110
	7.6	382.1	1.3	78	
	7.7	377.9	1.2	72	
	7.8	372.5	1.4	87	145
	7.9	385.3	1.3	74	

从表 8 可得，自装置开工以来通过采取以上措施，锅炉达到了最佳运行状态。(1)两台锅炉脱硝床层氨逃逸量维持在 1.0uL/L 左右，低于报警值 3uL/L；(2)净化烟气中 NO_x 含量没有出现超指标(100mg/m^3)现象，基本在 90mg/m^3 以下；(3)烟气脱硫装置外排水氨氮含量满足了≤200mg/l 的新指标要求。

参 考 文 献

[1] 陶龙骧．催化裂化反应过程中的结焦及其控制因素[J]．辽宁化工，1988(01)：34-36.

[2] 潘罗其，聂白球，付安军，等．降低不完全再生催化裂化装置烟气 NO_x 排放的技术改造[J]．石油石化绿色低碳，2018，3(5)：17-22.

[3] 韩希昌，马阳，魏莱，等．模糊 PID 在 SCR 烟气脱硝系统中的仿真与应用[J]．沈阳工程学院学报(自然科学版)，2018，14(3)：259-262，273. DOI：10.13888/j.cnki.jsie(ns).2018.03.011.

[4] 吴杰．催化剂脱硝性能的试验研究[D]．浙江：浙江大学，2006.

[5] 张国鑫．SCR 脱硝出口的高精度氨氮同时测量方案及对喷氨优化控制的意义[A]．国家火力发电工程技术研究中心．2017 火电厂超低排放 SCR 系统升级改造技术研讨会论文集[C]．国家火力发电工程技术研究中心：北京中能联创信息咨询有限公司，2017：7.

[6] 刘淑鹤，李欣，方向晨，等．催化裂化烟气 SCR 法脱硝装置运行问题分析与对策[J]．炼油技术与工程，2018，48(11)：5-8，13.

[7] 杨斌，吴章柱．催化裂化装置烟气中 NO_x 生成机理分析及控制方法[J]．化工技术与开发，2017，46(9)：51-53. DOI：10. 3969/j. issn. 1671-9905. 2017. 09. 014.

[8] 张国鑫．SCR 脱硝出口的高精度氨氮同时测量方案及对喷氨优化控制的意义[A]．国家火力发电工程技术研究中心．2017 火电厂超低排放 SCR 系统升级改造技术研讨会论文集[C]．国家火力发电工程技术研究中心：北京中能联创信息咨询有限公司，2017：7.

[9] 朱建军．SCR 装置运行中降低氨逃逸率的几项措施[A]．中国节能协会热电产业联盟．2016 燃煤电厂超低排放形势下 SCR 脱硝系统运行管理及氨逃逸监测、空预器堵塞与低温省煤器改造技术交流研讨会论文集[C]．中国节能协会热电产业联盟：北京中能联创信息咨询有限公司，2016：5.

[10] 邓涛．火电厂烟气 SCR 脱硝催化剂在线活化实验研究[D]．长沙理工大学，2012.

[11] 沈雷，韩娟娟．SCR 脱硝装置中整流格栅的优化设计[J]．中国环保产业，2014(05)：48-51.

[12] 李帅英，武宝会，姚皓，牛国平，王晓冰，黄钢英，张立德，路晓峰，刘毅．SCR 催化剂活性评估对 NO_ x 超低排放影响[J]．中国电力，2017，50(08)：163-167.

应用负面清单管理推进炼厂节能再上新台阶

丁遵义　李晓梅　魏小燕

(中国石油玉门油田炼油化工总厂)

摘　要　建立并应用能耗管理负面清单是炼化板块今年节能工作的新要求，也是对炼厂节能工作中存在的问题进行分析探索的一种新方法，逐项消除负面清单可以有效帮助炼厂管理者提高节能管理水平，发现并消除企业的节能瓶颈，进一步促进玉炼节能管理工作的健康发展。

关键词　负面清单现金加工成本；能耗管理；能源利用三环节；负面销项

1　前言

根据炼化板块2018年4月份炼油企业节能管理对接会的要求，年底炼油能耗力争达到61kg标油/t，所有炼厂必须全面消灭“7”字头，原油综合损失和炼油能耗等关键指标要求时时有进步，节能管理不仅要从数据上取得成绩，更要在能源消耗实物量上见到实实在在的节能效果，各炼厂的现金加工成本要取得明显的下降，提高企业盈利能力，同时板块技术总工程师邢总要求，各炼厂建立并应用能耗管理负面清单，针对性地开展2018年节能节水工作。

2　应用能源三环节分析法建立负面清单

(1) 炼油生产是连续、多工序、多层次的加工过程，包括生产运行、油品储运、设备运行和维护等过程，所有的环节均涉及能量的利用，可以说，石油加工全过程就是能量的流动过程，分析和寻找能源流向，发现能源流失点，堵住能源动力费用失血点是降低加工成本、减少动力外购费用占比、提高企业盈利能力的工作重点，发现和整理能源流失点的过程就是负面清单管理能耗的落地实践。

(2) 玉炼的能源管理负面清单采用三环节分析法，把炼油过程中发生的能源分为“能量转换环节”“能量利用环节”和“能量回收环节”三个环节，以能源三环节为框架，分析能耗使用过程中存在的不足，针对性地建立能耗管理负面清单，玉炼能耗管理负面清单(能源三环节)详见表1。

(3) 为了更好地提升炼厂各项能耗技术指标，还要从氢气的优化高效利用环节和水资源优化利用两个方面建立能耗管理负面清单，玉炼能耗管理负面清单(管理优化)详见表2。

表1　玉炼能耗管理负面清单(能源三环节)

序号	用能环节	分解指标	负面清单	管理措施	整改技措
一	能量转换环节	1. 外购蒸汽品质	蒸汽管网老化，保温材料采用老式硅酸盐，管网压力和温度损失高。	加强蒸汽品质监督管理	管网更换为新式稀土保温，减少蒸汽品质损失。
		2. 余热锅炉效率(自产蒸汽)	催化装置烧焦高，产汽效率低，余热锅炉效率低。	加强锅炉除灰管理	更换除灰器
		3. 工艺加热炉热效率	柴油改质排烟温度高218℃	加强操作优化。	空气预热系统改造
			航煤加氢排烟温度高270℃		新增空气预热系统
			焦化装置排烟温度150℃左右		对流室技术改造
		4. 瓦斯质量脱后瓦斯含硫控制≤20mg/Nm^3	实际目前控制在30mg/Nm^{3}以下，影响加热炉的排烟温度135℃。	—	进行瓦斯脱硫脱氢改造。

续表

序号	用能环节	分解指标	负面清单	管理措施	整改技措
二	能量利用环节	1. 装置达标(公司级)	催化装置双提升管式烧焦工艺，烧焦高，能耗75kg标油/t	—	催化装置进行节能改造
		2. 热进料	催化装置热进料目前(90℃)	裂化料163℃	对常减压装置换热流程优化
			焦化热进料目前(170℃)	减渣210℃	对常减压装置换热流程优化
		3. 装置内部指标(烧焦率、烟气做功)	催化烧焦率高9.5%,	—	催化装置节能改造
			烟气做功差，催化烟机蝶阀开度只有33%，催化烟机轴振动80，电机电流消耗高。	—	催化装置节能改造，将对两个装置热联合进行优化。
		4. 蒸汽的优化利用	蒸汽管网布局不合理，柴油改质和常减压装置蒸汽品质差	—	优化蒸汽管网，柴油改质装置使用独立的蒸汽抽出口。
			焦化等装置存在大量的蒸汽伴热。	—	装置蒸汽伴热改为热水伴热
			苯抽提装置没有进行除盐水站改造，个别机泵冷却循环水直排。	—	进行除盐水站改造
		5. 原油换热网络优化	原油换热终温只有280℃，初常顶热量仅用来加热热水。	进行换热网络优化改造，利用初常顶油气加热原油停用多台换热器，减少换热损失。	
		6. 能量平衡	未进行能量平衡测试	—	邀请专业人员进行此工作。
三	能量回收利用环节	低温热的利用	1. 低温热冬季用于采暖使用，夏季采暖停用后，无法得到有效利用。	—	热媒水项目将对此进行改造
			2. 酸性水净化水热利用效果差。	—	热媒水项目将对此进行改造
			3. 凝结水回收系统规模小，不能全部回收利用，部分凝结水直接排地井	—	凝结水闭式回收项目将对此进行改造。

表2 玉炼能耗管理负面清单(管理优化)

序号	用能环节	分解指标	负面清单	管理措施	整改技措
一	氢资源优化	1. 氢气的优化平衡(利用氢气的夹点)	目前没有进行夹点技术进行氢平衡优化。	利用夹点技术进行氢气的优化平衡。	—
		2. 废氢、富氢气的回收利用。	瓦斯中氢气含量大于30V%	将氢气含量大于60V%进入脱硫塔、氢气膜分离等设施，脱硫、脱氢处理。	

续表

序号	用能环节	分解指标	负面清单	管理措施	整改技措
二	水资源优化	1. 开展水平衡测试	正在开展	联系专业单位进行水平衡测试。	对水平衡测试发现问题进行整改。
		2. 循环水系统的优化，浓缩倍数≥4.0	循环水系统浓缩倍数<4.0，补水量高，系统闭合度低。	加强药剂加入的管理，减少外排水。	试用新型药剂，提高循环水浓缩倍数，降低补水量。
		3. 污水的回收利用(适量回用)回收率≥50%	污水回用主要用于全厂绿化、浇树，还没有用于循环水补水。	—	污水回用系统改造，达到补充循环水指标要求。
		4. 含硫污水汽提净化水的回收比例≥60%	目前净化水只有电脱盐回用，回用范围太小。	优化操作，进一步提高净化水指标。	对酸性水汽提塔进行技术改造，对侧线氨冷却系统进行调整。

3　负面清单能耗管理的工作方法

(1) 从能量转换、能量利用、能量回收三环节、氢气和水资源优化利用5大方面分析和收集能耗管理不足和缺失，建立能耗管理负面清单。

(2) 在能耗管理负面清单中，针对提出的问题，进行认真分析，提出解决方案，对于能够采用管理措施进行销项的问题，在实际工作中主要通过管理提升降低炼厂的能耗。对于无法单凭管理措施解决的问题，就要从管理和技术改造两个方面同时努力，彻底消除该方面对能耗的影响。

(3) 负面销项工作是一项琐碎的、长期的工作，尤其管理措施的落实，就是日复一日、年复一年的长期工作，不可能一劳永逸。负面销项工作关键是要长期坚持下去，只有坚持不懈的开展能耗管理方面销项，才能从根本上提升能耗管理水平，通过不断应用新技术进行适应性技术改造，才能夯实炼厂的节能基础，早日实现炼油能耗消灭“7字头”的奋斗目标(图1)。

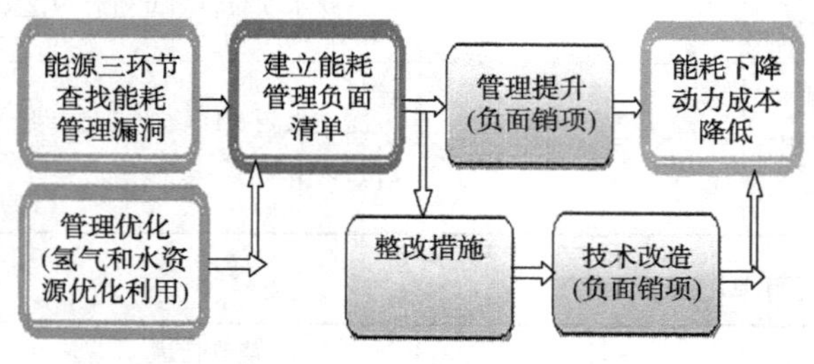

图1　负面清单能耗管理的工作方法流程示意图

4　负面清单对管理能耗的积极意义

(1) 负面清单管理能耗法是炼化板块今年极力推荐的一种能耗控制的新办法，对炼厂而言，它是一种高效快捷的能耗管理方式，其核心就是“找症结、寻不足、提建议、重改进”。通过开展“找症结、寻不足”找出能耗居高不下的相关原因，建立负面清单，摸清企业的用能现状，掌握主要用能设备和工艺装置的效率指标和企业的能源利用率，查清余热资源和回收利用情况。负面清单的建立，有利于发现所有影响炼厂能耗持续下降的因素，其特点是简捷实用，深入直观。

(2) 清单对能耗进行管理主要是通过分析能源利用三环节，分析企业及产品的用能水平，很容易将影响炼厂能耗的问题根源理顺，发现影响能耗下降的瓶颈，然后针对问题开展“提合理化建议和技术改造”，最后从提升管理和技术改造两个方面同时发力，逐一解决限制企业能耗下降的“负面清单”。

(3) 企业确立负面清单后，只有持续解决炼厂的能耗瓶颈，才会水到渠成、畅通无阻地实现炼油能耗下降、动力成本降低和企业盈利增强的三赢局面。负面清单能耗管理办法是一项长期宏大的工程，建立负面清单只是迈开万里长征的第一步，其后的工作重点就是逐条销项，不断解决瓶颈，不断取得能耗管理的进步。

(4) 利用负面清单找出企业能源利用关键节点，找出能量损失的原因，找出炼厂节能潜力与部位，明确节能途径，为企业节能规划和节能改造提供依据，在年度投资确立节能项目时，可以避免闭门造车、节能工作找不准发力点，为以后的节能改造指明方向，让“负面清单”发挥出“正效应”。

5　车间的负面清单能耗管理

(1) 负面清单能耗管理法就是要从基层抓

起，从装置、车间抓起，在实际能耗管理工作中要善于发现问题，揭开盖子将问题暴露出来，这样才可以着手分析能耗管理中存在的不足，从而把问题解决，取得车间节能工作的进步，实现装置能耗达标。其实问题与成绩是并存的，如果发现不了问题，就得不到进步，能耗管理将停滞不前。发现问题之后，就要勇于面对，尽早面对，并采取有针对性的办法解决问题，问题不会因为我们不去解决而消失，其实这也是提高我们能源利用效率行之有效的重要方法。车间级负面清单能耗管理示意图见图2。

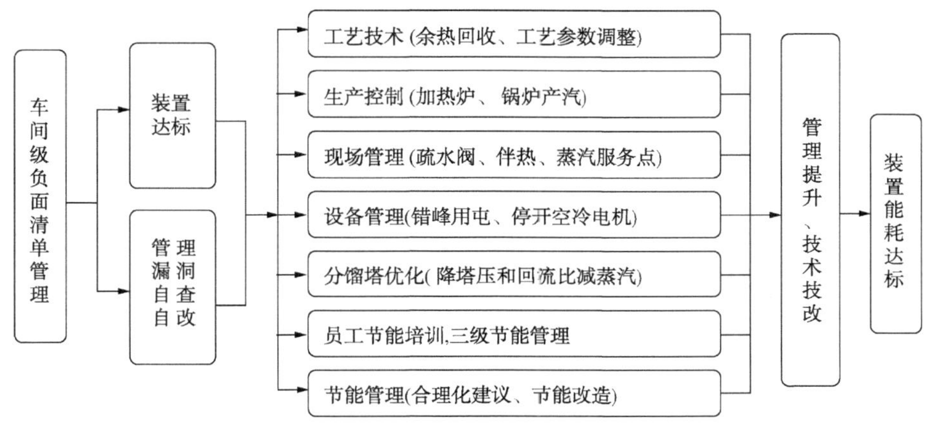

图2　车间级负面清单能耗管理示意图

(2) 负面清单能耗管理不仅对全厂的能耗下降有显著效果，对各生产装置而言有同样的积极意义，各车间可以借鉴并运用负面清单进行装置达标管理。对此，各车间要高度重视负面清单能耗管理，在今后的节能管理中，学习并利用负面清单管理的方法，持续推进车间能耗管理的提升，为总厂的节能降耗添砖加瓦，全厂上下同心协力、共同努力持续降低玉炼的炼油能耗，炼油能耗早日“灭7进6”。

(3) 各车间要从工艺技术、生产控制、加热炉操作、分馏塔参数优化、设备用电管理和班组三级节能管理等细小工作着手，积极开展装置达标和员工节能培训，建立全层面分析，查找车间能耗管理存在的问题，结合认真反思剖析，对问题逐条准确“把脉”，找出工作瓶颈，开出“药方”，为今后装置开展技术改造明确方向，落实整改措施。积极跟进并采用节能新技术、新设备，使节能工作和工艺技术进步相结合，让装置节能插上科技的翅膀，实现科技节能。

6　结束语

能耗管理犹如逆水行舟，不进则退，应用负面清单能耗管理就是要及时敏锐地发现问题，勇敢地面对问题，冷静地分析问题，积极地解决问题，这是炼油企业能耗管理不断发展与进步的动力。负面清单对于我们来说，既是问题，同样也是节能潜力，是能耗管理提升的机遇，如果我们能圆满地解决问题，企业能耗将出现大幅度下降。把解决负面问题转变为能耗管理提升机遇，让负面清单发挥正效应，需要发动全体员工对能耗管理改进出言献策，为提升总厂的能耗管理、降低动力成本、增强企业盈利水平、提高企业竞争力贡献更大的力量。

炼厂氢气系统分析及优化

黄震宇　于焕良

（中国石化股份天津分公司研究院）

摘　要　介绍了某炼厂氢气系统的现状，合理利用氢气降低氢气使用成本已成为提高炼厂经济效益的关键。通过对氢气系统建模、夹点分析等技术手段，提出了某炼厂氢气系统优化的建议。

关键词　氢气系统；夹点分析；膜分离；连续重整；氢回收

1　前言

在原油加工过程中，氢气一直扮演着重要的角色。目前，发达国家的加氢装置能力占原油蒸馏能力的比例均在50%以上，美国高达80%。据权威机构预测，今后5年世界炼厂的氢气消耗增长将超过40%。而近年来随着原油劣质化、重质化程度的加深，加氢技术在炼油企业中迅速推广，氢气资源消耗造成了炼油厂成本的迅速上升，影响了企业的经济效益。简称某炼厂拥有1250万吨/年原油综合加工能力，各类加氢装置氢气用量大，氢气资源尤其是高纯氢气资源紧张，因此实现氢气系统优化、提高氢气利用率，降低氢气成本十分重要。

2　氢气系统现状

2.1　产用氢情况

某炼厂氢气网络可分为供氢单元、用氢单元、氢回收单元及氢气管网四部分：

(1) 供氢单元包括天然气制氢、100万吨/年连续重整、80万吨/年连续重整、乙烯氢及膜分离氢。

(2) 用氢单元包括加氢裂化装置、柴油加氢装置、航煤加氢装置、蜡油加氢装置、90万吨/年S_ zorb装置、硫磺回收装置等。

(3) 氢回收单元由一套膜分离装置构成。

(4) 氢气管网压力2.0MPa，老区及新区连通。

某炼厂氢气平衡见表1。

表1　某炼厂氢气平衡表

		纯氢量/(Nm^3/h)
	供氢	
1	制氢装置供氢	53946
2	100万吨/年连续重整装置供氢	52080
3	80万吨/年重整供氢	29700
4	膜分离装置供氢	18600
5	中沙乙烯供氢	40850
	小计	195176
	用氢	
1	蜡油加氢装置	20900
2	航煤加氢装置	1407
3	200万吨/年柴油加氢装置	19673
4	260万吨/年柴油加氢装置	30891
5	120万吨/年加氢裂化装置	42722
6	180万吨/年加氢裂化装置	72675
7	90万吨/年S_ Zorb	1900
8	硫磺回收装置	1425
9	不平衡量	3600
	小计	195192

某炼厂仅有一条氢气管网，压力为2.0MPa，由于不同氢源都进入同一管网(图1)，导致高纯氢与低纯氢混用，管网氢纯度不高，装置用氢紧张；另外，加氢装置低分气通过膜分离系统进行回收，由于膜分离氢含氨，而重整产氢含氯，造成下游用氢装置铵盐结晶腐蚀，影响装置正常生产。

产氢单元氢气组成如表2所示。

2.2　现状分析

某炼厂目前氢气总产量约为195000Nm^3/h，主要有制氢氢气、重整氢气、化工氢气、乙烯氢气、膜分离回收氢等不同类型。耗氢装置主要有两套加氢裂化装置、两套柴油加氢装置、蜡油加氢、航煤加氢、汽油加氢装置等。为实现生产国五汽柴油的目标，公司先后通过改造小乙烯裂解装置、增加重整装置石脑油加工比例、控制加氢

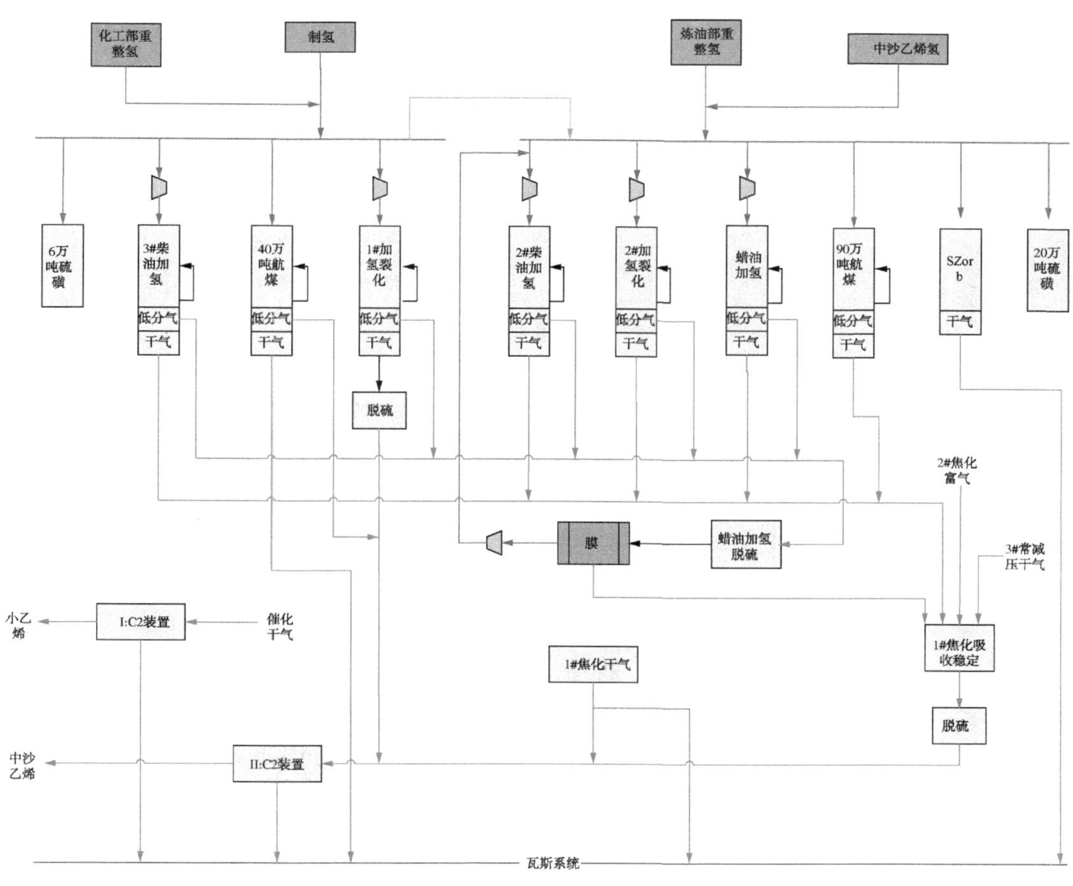

图 1

表 2　产氢单元氢气组成

	80 万吨重整氢	乙烯氢	100 万吨重整氢	制氢产氢	膜分离氢
组成	V%	V%	V%	V%	V%
H_2	92.09	95	93.53	99.99	93.29
CH_4	2.94	4.984	1.77		4.24
C_2H_6	2.37		2.19		1.48
C_3H_8	1.79		1.21		0.53
iC_4	0.34		0.28		0.14
nC_4	0.32		0.14		0.23
C_5+	0.15		0.88		0.09
CO		0.016			
Σ	100	100	100	100	100

装置氢油比及废氢排放、膜分离回收氢气等措施，提升氢气产耗的平衡率及资源利用率，大大改善了公司氢气资源不足的局面。然而，上述措施仅停留在技改技措、操作调整等方面，在氢气系统的信息化及智能化管控方面仍然相对薄弱，难以快速响应装置操作调整、生产方案变化等带来的影响。主要表现在以下方面：

（1）临氢装置操作及管理相对粗放，柴油加氢、蜡油加氢、加氢裂化等耗氢装置的氢气单耗、氢油比、低品质氢排放等关键指标，主要通过手工计算方式进行，面对原料油及产品质量要求变化等情况，难以找到各临氢装置的最佳操作条件、确定各氢耗关键指标的最佳运行范围，不可避免地造成了氢气资源的损失及浪费。蜡油加氢、柴油加氢等装置的新氢纯度、氢分压、循环氢纯度等指标控制不尽合理，造成了不必要的化学氢耗或油溶氢耗，损失了一定的氢气资源。

（2）氢气资源未实现充分利用，目前公司有重整氢气、制氢氢气、化工氢气、膜分离回收氢、乙烯氢气等各种氢源，各类氢源的氢气纯度不尽相同，通过氢管网混合后供蜡油加氢、加氢裂化等装置使用，新氢纯度、氢用量等无法及时响应原油性质、加工负荷、产品质量要求的变化。柴油加氢、汽油加氢、硫磺回收等装置存在氢气资源高质低用情况，造成废氢排放量及回收成本的增加。各装置产耗量的波动必然导致各类氢源在管网中分布状态的变化，难以控制氢纯度、氢压力等关键指标，无法进行氢气资源的梯级优化利用，难以实现精细化操作。

3 氢气系统优化

3.1 氢气系统优化方法

以氢气管网模的分布情况及结构参数为基础，采集供耗端流量、温度、压力及化验分析数据，基于燃料气、氢气物性、流体水力学与热力学耦合计算，对管网进行精确模拟，实现管网任意管段流量、纯度、压降、流速等重要状态的计算，实现管网的精细化与智能化管理，技术路线如图2所示。

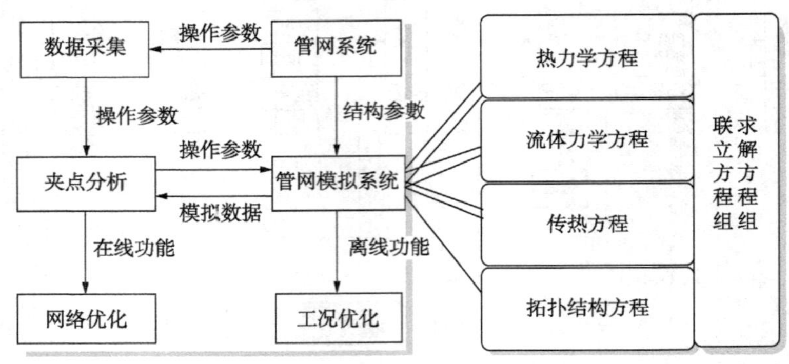

图2 氢管网模拟技术路线框图

管网模拟所涉及的计算通常有三部分：性质计算、流体力学计算以及传热计算。性质计算对于模拟的结果影响很大，管网模拟所要涉及的计算主要有传递性质和热力学性质计算两方面。对于燃料气、氢气等管网模拟，需要通过可以获得的 P、T、F 及组分等变量计算确定密度、黏度、对流传热系数的变化情况。

对于氢气、瓦斯等介质在管网中的 P、V、T 之间的变化关系同样可以采用 Peng-Robinson 状态方程进行计算，其基本方程如下：

$$p=\frac{RT}{V-b}-\frac{a}{V(V+b)+b(V-b)}$$

通过状态方程可以进一步推导出介质的焓和熵的计算方程如下：

$$(H_m-H_m^{ig})=$$

$$RT\left\{Z-1-\frac{1}{2^{1.5}bRT}\left[a-T\left(\frac{\mathrm{d}a}{\mathrm{d}T}\right)\right]\ln\frac{V+(\sqrt{2}+1)b}{V-(\sqrt{2}-1)b}\right\}$$

$$(S_m-S_m^{ig})=$$

$$R\left[\ln\frac{p(V-b)}{RT}+\frac{1}{2^{1.5}bR}\left(\frac{\mathrm{d}a}{\mathrm{d}T}\right)\ln\frac{V+(\sqrt{2}+1)b}{V-(\sqrt{2}-1)b}-\ln\frac{p}{p_0}\right]$$

对于黏度系数和导热系数等物性参数的计算，可参考《气液物性估算手册》选取适合介质组分体系的经验方程或半经验方程计算。

对于氢气、瓦斯在管网中的流动过程采用 Beggs-Brill 方程进行压降计算，计算公式如下：

$$-\frac{\mathrm{d}p}{\mathrm{d}l}=\frac{[\rho_l H_l+\rho_g(1-H_l)]g\sin\theta+\gamma F/2d_iA}{1-\{[\rho_l H_l+\rho_g(1-H_l)]VV_{sg}\}/P}l$$

对于散热过程可分为介质对管道壁面的对流传热、管壁与保温层内的热传导、管道外表面和空气直接的热对流三个过程，经推导出单位管长的散热量计算方程如下：

$$\frac{\mathrm{d}Q}{\mathrm{d}l}=\frac{\pi(T-T_o)}{\frac{1}{\alpha_i d_i}+\frac{R_i}{d_i}+\frac{1}{2\lambda_1}\ln\frac{d}{d_i}+\frac{1}{2\lambda_2}\ln\frac{d_o}{d}+\frac{1}{\alpha_o d_o}+R_o}$$

对于氢气、瓦斯等介质管网的模拟计算过程拟采用如下思路，首先解析管网拓扑结构进行解析形成管道连接矩阵，假设管网的温度分布不变，首先计算各节点的介质物性，然后将管道连接矩阵和各管段的流动方程相结合进行方程组的求解，获得管网中各节点的 P、F 分布情况。然后采用序贯方法对各节点的温度 T 进行求解，根据求解获得的温度分布情况，重新基于 P、T 对介质的物性参数进行计算，计算后将其重新代入流动方程进行计算。如此，循环直到各节点温度、压力计算结果不再变化时计算结束。

以公用工程最小为目标，采用夹点分析、超结构优化两种方式综合考虑氢气流量、纯度、压力和有害杂质等因素，分析最优的氢气供应方式，提出实现全系统资源节约的匹配原则，对氢网络进行分析和优化。氢网络系统的最小公用工程用量可以采用剩余量的夹点分析法获得，以氢网络夹点分析为例，主要的计算步骤如下：

（1）获得氢网络中氢源和氢阱的浓度和流量数据；

（2）将氢源和氢阱的氢气浓度分别按降序排列；

（3）以氢气浓度为纵坐标，流股的流量为横坐标，分别作出氢源和氢阱的流量-浓度复合曲线；在流量-浓度复合曲线图上，每一股氢源和氢阱分别可以用一条水平的线段表示，线段两端点横坐标之差表示该股氢源或氢阱的流量，纵坐标表示其浓度。将所有表示氢源的直线段首尾相接为一折线，即氢源的流量-浓度复合曲线。同理，可得到氢阱的复合曲线，如图3（a）所示。这样，氢源复合线以下的面积代表氢源可提供的氢量；氢阱复合线以下的面积代表氢阱需要的氢量；氢源复合线位于氢阱复合线上方，表示这个区域氢量过剩，可以补偿给亏缺区域；氢源复合线位于氢阱复合线下方，代表这个区域氢量亏缺，必须有氢量补充。在氢气网络中，氢源提供的氢气总量必须大于或等于氢阱所消耗的氢量，这时的氢气网络才可能优化。

计算氢夹点，将流量-浓度复合曲线图转化为剩余氢量图。两曲线纵坐标相同，而剩余氢量图的横坐标为剩余氢量。如果氢源与氢阱包围的某部分面积为正值，则剩余氢量图上横线向右方延长，其长度等于氢源与氢阱包围的部分的面积；反之向左。剩余的氢气均按氢源和氢阱两者中低品质的浓度来取值。假设最高浓度氢源的流率，即公用工程用氢量，通过迭代计算作出氢剩余量图，直到公用工程氢的剩余量为0时，即得到系统的氢夹点，如图3(b)所示。

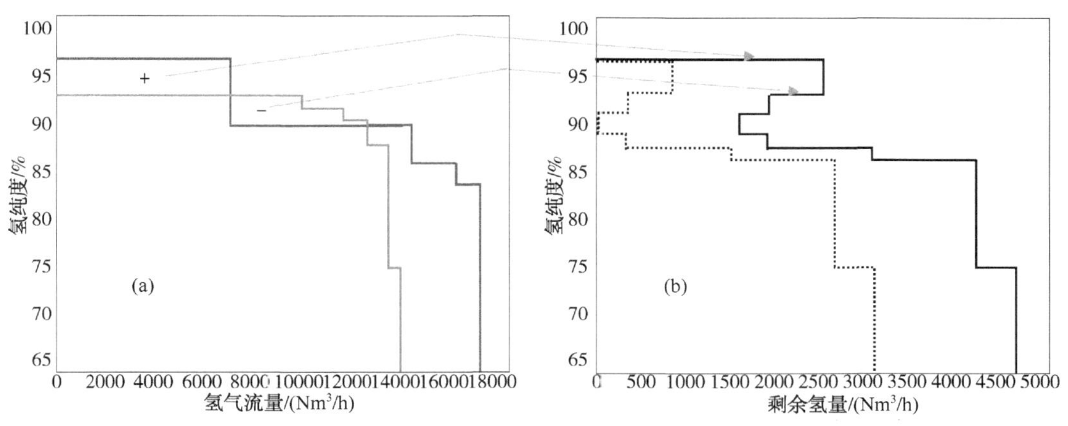

图3　夹点分析过程示意图

氢气系统的优化可使用超结构方法，建立结构模型，以总的氢气、蒸汽、瓦斯的消耗成本最小为目标，综合考虑流量、纯度、热值、温度、压力和有害杂质等因素为约束条件，在对全厂现有网络不做较大改动的前提下，分析和设计出最优的供氢、供汽方式，为优化生产提供依据。

以氢气系统为例，建立超结构优化模型的步骤如下：

（1）综合考虑氢气系统中的供氢装置、耗氢装置、提纯装置、管网等；

（2）根据装置特点，归入氢源或氢阱，或者是既是氢源又是氢阱的类型。

（3）在系统中建立从氢源到氢阱所有可能的连接，得到超结构模型；

（4）建立数学模型来表述设计方案，模型包括优化目标和各种约束条件；

（5）选择合适的优化算法进行计算，得到优化结果。

假定主要从供氢量和供氢压力两个方面影响氢源的加工费用。由于生产工艺不同，各供氢装置氢气的生产成本不同，如何调整不同供氢装置的供氢量是优化的关键。另一方面，耗氢装置的操作压力与供氢装置的氢气压力不同，需要通过压缩机连接。不同的压力匹配将导致压缩机的能耗不同，构成了另一个需优化的因素。在本模型中，假设固定各种供氢装置的氢气价格，以炼油厂供氢费用和压缩机电费之和达最小为目标，表达式如下：

$$C=\sum_{j}\left(\sum_{k}F_{j,k}\times C_{j}\right)+C_{e}\times\sum_{j}\sum_{k}(3.6\times P_{j,k})$$

式中 C：总费用，元·h^{-1} $F_{j,k}$：从氢源 j 到氢阱 k 的流量 $Nm^3\cdot h^{-1}$；C_j：氢源 j 的价格，元/m^3；C_e：压缩机用电单价，元/kW·h；$P_{j,k}$：氢源 j 到氢阱 k 的压缩能耗，W；其中 $P_{j,k}$ 的计算公式如下所示。

$$P_{j,k}=\frac{c_p\times T}{\eta}\left[\left(\frac{P_0}{P_i}\right)^{\frac{\gamma-1}{\gamma}}-1\right]\times\frac{\rho_0}{\rho}\times\frac{F_{j,k}}{80.64}$$

式中 c_p：氢气等压热容，J/mol·K；T：压缩机入口温度，K；H：压缩机效率；ρ_i、ρ_0：压缩机入口、出口压力，MPa；γ：氢气等压热容与等温热容之比。

3.2 氢气系统优化方案

（1）增加一条低压氢气管网

由于某炼厂仅有一条压力为2.0MPa的氢气管网，不仅存在高纯度氢气与低纯度氢气混用的问题，而且当供氢单元供氢量出现波动时会直接造成氢气管网的波动，影响下游生产装置的正常生产。若增加一条1.6MPa的低压氢气管网，不但可以实现高纯度氢气与低纯度氢气的分离，更能够保证当供氢单元供氢出现波动时，氢气管网可以不受影响。这样既满足了不同用氢装置对氢气纯度的要求，同时也可以保障公司的正常生产。

（2）重整氢、膜分离氢分开使用

由于膜分离氢与重整氢混用造成下游装置出现铵盐结晶腐蚀的问题，因此可以考虑将膜分离氢与重整氢分别进入不同的氢气管网，纯度较低的膜分离器可与纯度高的制氢产氢一同进入高压氢气管网，该管网氢直供两套加氢裂化装置；而纯度较高的重整氢则可与其他氢源一同进入另一氢气管网，这路管网氢可供对氢气纯度要求不高的柴油加氢及航煤加氢等装置。

（3）含氢气体回收利用

所有加氢低分气都送焦化吸收稳定系统回收轻烃，由此造成其中的氢气组分被焦化干气稀释，而无法回收。可新建一低压脱硫塔、轻烃回收塔，所有加氢干气经脱硫升压后先进入轻烃回收塔，回收其中的轻烃，脱烃尾气再送PSA和膜回收装置回收氢气。这样可以确保大部分的氢气被回收利用，降低了装置的生产成本。

参考文献

[1] 冯宵．氢夹点原理及其应用．第二届石油化工节能论坛，2006.

[2] 梁铁伟，宋育贤．国外炼厂氢气的回收与优化利用．国外油田工程，2002.

[3] 方怡中，马婧．降低炼厂氢气成本的途径．会议论文，2005.

[4] 刘军．镇海炼化氢气网络优化研究．学位论文，2004.

[5] 邱若磐，尹洪超．应用夹点技术优化炼油厂氢气网络．齐鲁石油化工，2008.

[6] 瞿国华．炼厂用氢的低成本战略探讨．石油化工技术经济，2007.

[7] 赵振辉，冯霄，刘永忠等．氢气网络系统的夹点分析与匹配优化．化工进展，2008.

[8] 卫建军，刘永忠，张亮等．炼油厂中含氢气体排放的最小化与废氢资源化处置方案研究．炼油技术与工程，2010.

[9] 邱若磐．炼油厂氢气资源优化利用研究．学位论文，2003.

[10] Ahmad M I. Zhang N, Jobson M. Modelling and optimisation for design of hydrogen networks for multiperiod operation[J]. J. Clean Prod., 2010.

[11] 焦云强，苏宏业，侯卫锋．炼油厂氢气网络柔性优化．化工学报，2012.

[12] 刘永忠，张超，彭春来等．氢网络公用工程消耗量与流股匹配数的优化．石油学报，2007.

[13] 郭亚逢，郭宏新，张楠等．炼油厂氢气网络优化的工程设计应用．石油学报，2012.

[14] 于泽淼，冯霄．以佣最小为目标的氢气分配网络优化．化工学报，2011.

[15] 焦云强，苏宏业，侯卫锋．炼油厂氢气系统优化调度及其应用．化工学报，2011.

[16] 张毅，阳永荣，刘军等．炼油厂氢气网络集成管理．石油学报，2004.

[17] 张毅．炼油厂氢气网络集成技术的研究．学位论文，2003.

合成氨装置转变系统催化剂活性分析

帕孜丽亚·居来提　孙　翔　林美玲

（中国石油塔里木油田公司塔里木石化分公司）

摘　要　塔里木油田公司石化分公司合成氨装置转变系统使用的催化剂有6种，其用量大，且价格昂贵，催化剂的活性的高低和运行质量的好坏对合成氨的产量和能耗重大都有重大影响。对正在使用的催化剂，它的活性性能如何、使月寿命还有多长，对其作出正确判断的意义是十分重大的。本文通过平衡温距、床层压差、出口气体含量、床层温度变化，对正在使用的一段、二段转化催化剂、高变、低变催化剂活性进行判断，为今后的实际生产提供可靠的数据支持。

关键词　合成氨；一段炉；二段炉；高变；低变；催化剂；活性

1　概述

氨是化学工业的重要原料之一，具有非常广泛的用途。随着世界性资源的日益匮乏，全国化肥市场普遍受到原料涨价带来的不利影响，生产成本增加，经济效益下滑，为了降本增利，各厂都在进行节能技术改造。催化剂是化工生产中化学反应的载体，是决定反应方向、反应深度的核心因素，利用催化剂提高反应速度和实现选择反应成为现代化工生产中最为经济有效的一种方法，直接决定装置的经济效益和生产周期。实际生产过程中，由于催化剂参与了一系列中间阶段的反应，在长期受热和化学作用下会发生一些不可逆的物理和化学变化，影响其催化性能，最终必然失活而不能继续使用。合成氨装置转变系统中一段转化，二段转化，高温变换，低温变换催化剂在合成氨工艺生产过程中具有非常重要的作用。评估催化剂活性和如何最合理地利用催化剂的效能成为了合成氨装置生产管理的重中之重。

2　工艺流程

原料气与来自工艺冷凝液汽提塔和来自中压蒸汽管网的中压蒸汽混合进入一段炉对流段的第1组盘管换热，被加热后进入一段转化炉转化管内，在镍基催化剂的作用下，原料天然气中的烃类与水蒸气反应生成 H_2、CO、CO_2；

一段炉出口气体仍含有较多的甲烷，为了进一步转化，需要提高温度。在二段炉催化剂床层上部空间，首先是空气中的氧气与一段转化气中的氢进行燃烧放出大量热，温度可达1200～1250℃，残余的甲烷又继续转化。

气态和液态烃加压蒸汽转化制得的转化气含有12%～15%的CO。变换工序的作用是使CO在有催化剂参在的条件下和水蒸气反应而生成 CO_2 和 H_2。这样一方面增加合成氨反映所需原料氢气，同时又除去了合成氨催化剂的毒物CO。

工业生产中经过高温变换后气体中的CO的质量分数在3%左右，再经低温变换，CO的质量分数可降至0.2%～0.5%，这样可提高 H_2 产率，并减轻后面净化工序的负担和投资费用。

3　催化剂

3.1　催化剂物化特性

Z111-6YQ型一段炉转化催化剂是以镍为活性组份，氧化铝为载体、稀土氧化物为助催化剂的烧结型气态烃蒸汽转化节能型催化剂。二段转化催化剂是由托普所公司提供，二段催化剂运行一直比较稳定，但是已接近催化剂使用寿命时间（10年）。B113-2型一氧化碳高温变换催化剂，以 Fe_2O_3 为活性组分，以 Cr_2O_3 为助剂，并添加了其他适量的助剂。B205-1型一氧化碳低温变换催化剂是采用先进工艺生产的铜-锌-铝系产品。最大特点是具有较高的选择性，能有效地抑制醇类的生成。

3.2　催化剂使用情况

装置运行至今，一段炉、二段炉、高变炉催化剂已经到厂家提供的使用年限，低变催化剂去年年底新更换，对这些催化剂活性做出判断，并采取有效措施是稳定生产的重要前提。

4　催化剂的活性判定

4.1　一段转化催化剂

（1）平衡温距

平衡温距指反应器出口温度和相应于出口气

体组成的平衡温度之差。平衡温距往往可以用来反映催化剂的活性。

一二段转化气对于变换反应的平衡温距通常为零(即变换反应进行迅速，总是处于平衡状态)。随着催化剂的衰老，这个差距愈来愈大，催化剂中毒时平衡温距急剧增加。利用这一理论，由一段炉出口工艺气温度查表可得变换平衡常数，从而可以利用式 K_P变$=p_{CO_2}\cdot p_{H_2}/p_{CO}\cdot p_{H_2O}$来求出一段炉出口工艺气湿基中的含水量$W_{H2O}$。再利用$K_P$转$=[CO]\cdot[H_2]^3/[CH_4]\times[H_2O]*[P/(100+W_{H2O}]^2$求出转化平衡常数，查表可得转化平衡温度，从而可知转化平衡温距。计算结果见表1所示。

表1 一段炉的平衡温距计算表

时间	出口温度/℃	出口绝压/MPa	变换反应平衡常数	转化反应平常数	平衡温度/℃	平衡温距/℃
2018.4.13	803	3.705	1.0346	258.9	814	-11
2018.6.2	802	3.700	1.0381	278.7	817	-15
2018.8.9	803	3.719	1.0345	271.9	816	-13
2019.4.6	800	3.642	1.0454	179.8	798	2
2019.5.4	798	3.693	1.0528	190.6	801	-3
2019.5.15	798	3.696	1.0528	145.1	789	9
2019.5.29	798	3.722	1.0527	97.3	773	28

结果显示，一段炉平衡温距出现负值，负的温距在热力学上是不可能的，参考2017年托普索公司计算的一段炉平衡温距为-15℃，这主要是由于从出口到实际测温点之间热损失，分析组成，水碳比或操作数据不一致性的现象导致的。最近一次的平衡温距接近30℃，一段转化炉一般按平衡温距为20~30℃设计，结果表明催化剂使用寿命已到后期。虽然能满足后段生产要求，但也要时刻观察一段炉压差，考虑催化剂粉化等因素的影响。

(2) 一段炉出口甲烷含量

在对历年一段炉的出口甲烷含量进行了统计，结果见图1所示：

一段炉出口甲烷含量在指标(9.4%~11.08%)范围内呈现上升的趋势，目前已接近上限，可推断一段炉催化剂活性下降。

(3) 一段炉压差

催化剂粉化会使一段炉压差急剧增大，会影响一段炉催化活性。对历年压差进行统计，结果见图2所示：

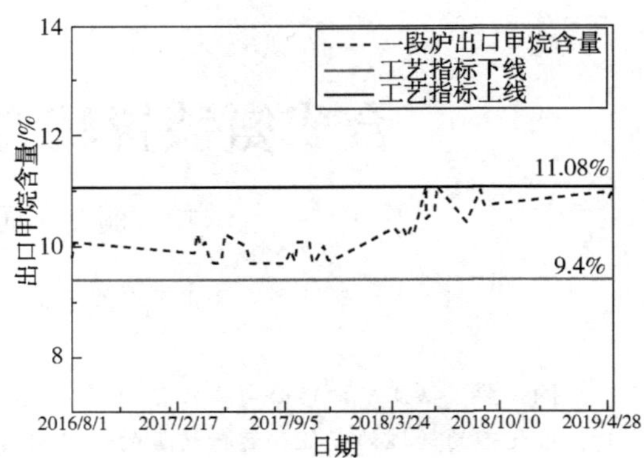

图1 一段炉出口甲烷含量

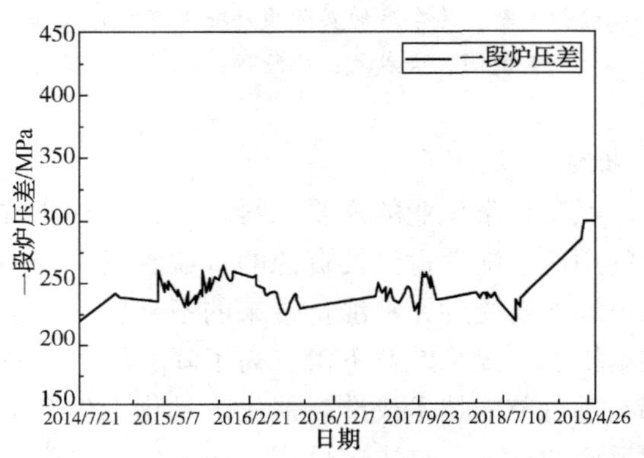

图2 一段炉压差

由图中看出，最近一段炉压差明显有增大的趋势，一段炉的实测阻力已达0.29MPa，相较于同等负荷下催化剂使用平稳期的阻力0.24MPa，上涨了0.05MPa，说明催化剂可能由于结块、析碳、强度下降而粉末化等原因引起催化剂活性下降。

4.2 二段转化催化剂

(1) 平衡温距

二段转化炉催化剂平衡温距计算方法同一段炉平衡温距方法，计算结果如表2所示。

表2 二段炉的平衡温距计算表

时间	出口温度/℃	出口绝压/MPa	变换反应平衡常数	转化反应平衡常数	平衡温度/℃	平衡温距/℃
20180413	1005	3.602	0.5545	9331.88	1002	3
20180602	1008	3.597	0.5506	7772.58	991	17
20180809	1016	3.616	0.5402	10068.69	1006	10
20190406	1008	3.549	0.5506	8163.71	994	14
20190504	1004	3.590	0.5558	7234.83	987	14
20190511	1002	3.604	0.5584	8040.82	993	9
20190529	1002	3.633	0.5584	6868.84	984	18

通过计算二段炉平衡温距，结果显示近期二段炉平衡温距在18℃左右，转化系统设计和正常运行中平衡温距二段转化炉为10~40℃，表明催化剂活性尚可。但数据显示二段炉出口温度在下降，通过考察二段炉出口甲烷含量、转化率、二段炉压差进一步考察催化剂活性。

（2）二段炉出口甲烷含量和甲烷转化率

在对历年二段炉的出口甲烷含量及甲烷转化率进行了统计，见图3所示：

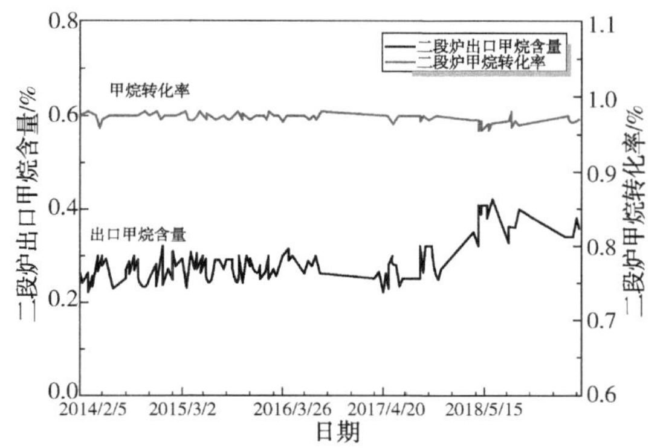

图3　二段炉出口甲烷含量和甲烷转化率

由上图看出，二段炉出口甲烷含量保持在0.4%以下，随着时间推移，出口甲烷含量明显上升，接近工艺指标上限0.4%，转化率保持比较稳定。二段转化炉出口残余甲烷含量对系统的产量与消耗定额影响颇大。出口甲烷含量高，不仅这部分甲烷没有转化，而且合成工序必须加大惰气排放，造成更多的浪费。二段转化炉出口残余甲烷含量每降低0.1%，合成氨产量可增加1.1%~1.4%。因此，二段转化炉出口甲烷长期处在超标状态是很不经济的。按现在出口甲烷含量增加0.1%计9kmol/h，生成H_2就会减少36kmol/h，同时合成系统要弛放掉增加的9kmol/h的甲烷，还会带出72kmol/h的H_2（弛放气中H_2/CH_4约为8：1），总共损失H_2达到108kmol/h，折合成氨产量为29.37t/d。

（3）二段炉压差

通过对历年二段炉的压差进行统计分析，结果见图4所示：

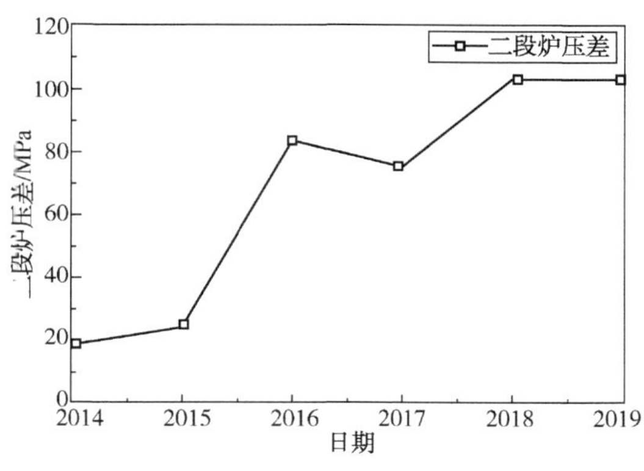

图4　二段炉压差

从2014年到2019年的运行数据分析得到二段炉压差由0.018MPa上升到0.103MPa，压差上升明显，目前已达到103kPa，说明催化剂可能由于结块、析碳、强度下降而粉末化等引起催化剂活性下降。

由于二段炉出口甲烷含量对系统产量和能耗影响较大，更换二段炉主要是由于甲烷含量超标，出于对长期经济效益的考虑，若出现二段炉出口甲烷含量持续超标时，结合实际生产情况可以考虑更换二段炉催化剂

4.3　高变催化剂

催化剂活性判定常常利用出口气体的平衡温距来评估。

（1）平衡温距

以2019年5月11号的数据为例：高变出口温度为428.7℃，转化工序的水碳比为3.04。高变出口气体干基组成见表3所示。

表3　高变炉出口气体干基组成

组分	H_2	N_2+Ar	CO	CO_2	CH_4
含量	60.08	20.95	3.48	15.16	0.33

以干的高变气作为100（单位是Nm^3或公斤分子）。天然气不含氮气或含量非常少，高变气中的N_2和Ar完全来自二段炉加入的空气，因而同时带入的O2为5.57。高变气中的氧原子数为（每一个分子CO_2含两个氧原子）33.8。其中由空气带入的氧原子数为11.14。来自水蒸气分解得氧原子数为22.66。根据碳平衡知道天然气用量，再由水碳比得知工艺蒸汽量为57.67。残余未分解的H_2O量为35.01。高变反应平衡常数为7.48。查得$t_平$ = 447.5℃。平衡温距 = 447.5 − 428.7 = 18.8℃ ≈ 19℃。将测量数据进行计算，结果如表4所示。

表4　高变炉平衡温距计算表

时间	出口温度/℃	变换反应平衡常数	平衡温度/℃	平衡温距/℃
20180412	441.5	7.01	455	13.5
20180515	441	7.29	450	9

续表

时间	出口温度/℃	变换反应平衡常数	平衡温度/℃	平衡温距/℃
20180602	442	7.09	454	12
20180630	442	7.56	446	4
20180811	442	7.56	446	4
20190406	431	7.91	441	10
20190424	433	7.67	445	12
20190504	430	7.66	445	15
20190511	429	7.48	448	19
20190525	427	7.82	442	15
20190529	426	7.68	444	18

目前变换反应平衡温距在 15~20℃，已经远离变换反应平衡温距的理论优化范围 5~10℃内，活性有所下降。

（2）高变出口 CO 含量和变换率

高变炉出口 CO 含量在 3%~4%，结果见下图 5 和图 6 所示：

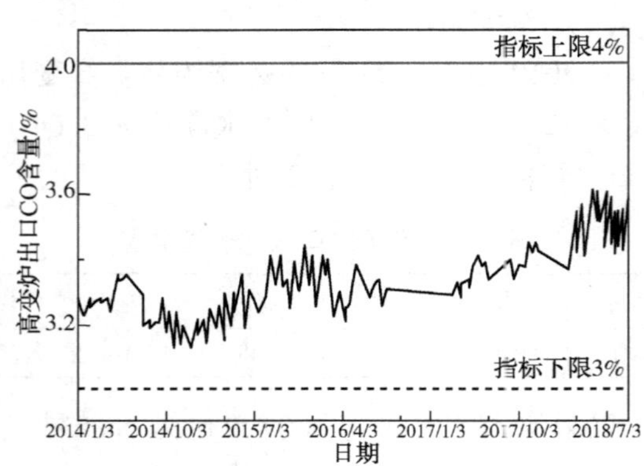

图 5　高温变换炉出口 CO 含量

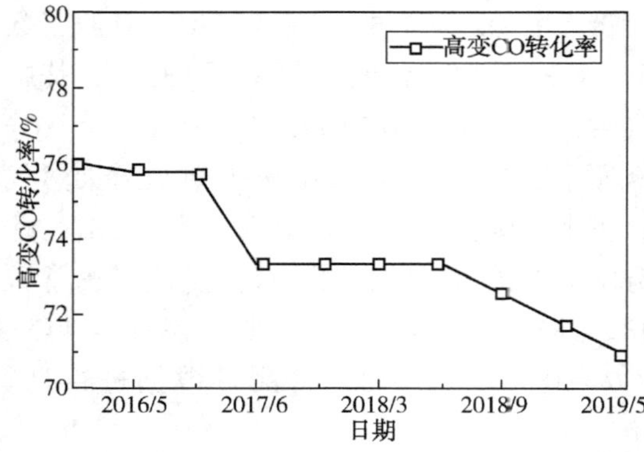

图 6　高温变换炉 CO 转化率

高变炉出口 CO 的浓度一直保持在允许范围内，但出口 CO 含量逐渐升高，CO 转化率下降，可以推测高变催化剂活性有所下降。

（3）高变炉压差

床层压力降的方法只是定性描述催化剂活性和床层阻力变化的趋势(图 7)。

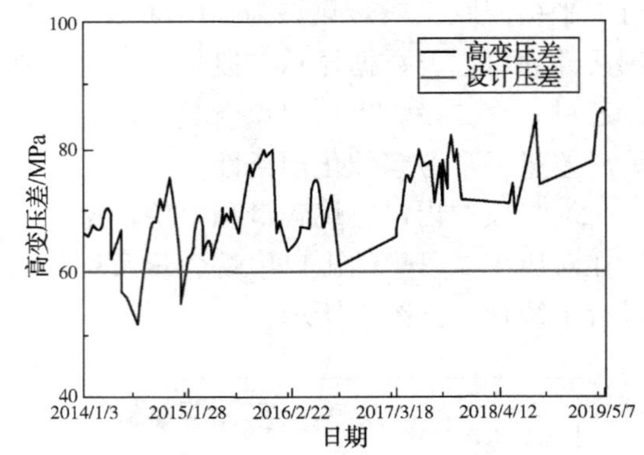

图 7　高温变换炉压差

高变催化剂内部小孔物理堵塞会造成其活性下降，因此系统阻力的变化情况可以反映其内部小孔的物理堵塞情况。由上图可以看出，高变炉的床层压差随着时间的推移逐渐上升，在每一次开工时间节点上床层压差出现骤降的现象，后又逐渐上升，主要是由于开工阶段气体吹扫将催化剂表面的沉积物吹出造成的。根据高变炉压差数据得到目前高变炉床层压差已达 80kPa，高于设计压差 60kPa。

（4）床层热点温度

变换工段，床层热点是人们关注的重要参数，但往往注意的是热点的高低，对热点的位置却常常忽视。床层热点的位移与否及移动速度可以用来判断催化剂床层的活性状况。

将高变入口温度、床层测温点 2、3、4、出口温度对时间作曲线(由于探测点位置在催化剂床层上面，并且后期出现故障，因此剔除测温点 1 的数据)，并设床层温差 Δt_1 = 床层测温点 2 - 入口温度；Δt_2 = 床层测温点 3 - 床层测温点 2；后面以此类推，并作 Δt 对时间的曲线：

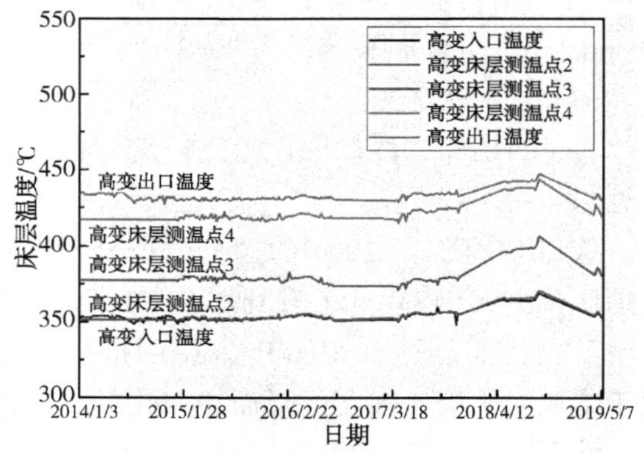

图 8　高温变换炉床层温度

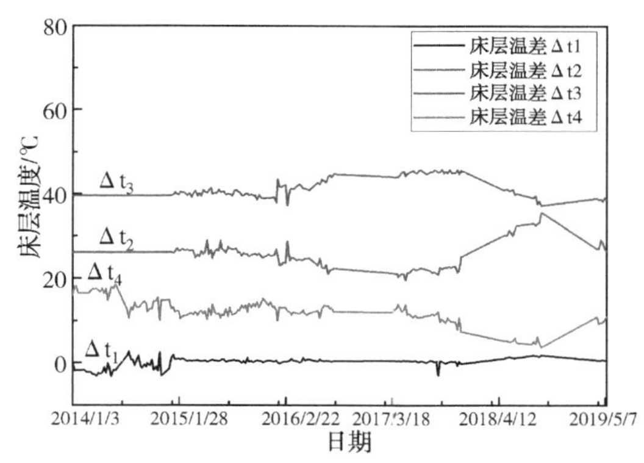

图 9　高温变换炉床层温差

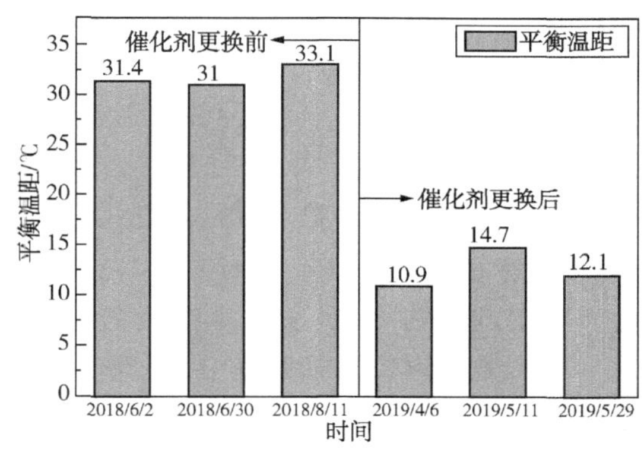

图 10　低温变换炉出口平衡温距

由图 8，图 9 看出：第 1 层催化剂基本没有显示出活性，是因为第一层主要是氧化铝磁性小球，并且催化剂在还原后体积缩小，床层下沉，使第 1 层只有很少量催化剂所致；第二层，第三层催化剂的反应活性都较好。由于工艺气中的有毒物质使活性组分中毒，并且粉尘堵塞催化剂微孔使上层催化剂很快失活，同时失活的催化剂可继续吸附工艺气中的毒物和粉尘，对下层催化剂起到保护作用。这一点可以从第二、第三层催化剂的活性持久得到验证。当提高入口温度，第一层床层温度上升不明显，第二层温差上升较大，而第三层和第四层温差却下降。这是由于高变催化剂在使用初期首先利用其低温活性，将入口温度控制在 350～360℃，比正常操作温度低 30℃，提高高变入口温度使第二层的活性得到很大提升，达到第二层最佳反应温度附近，温差上升较大。第三层床层的温差始终最大，反应最为剧烈，热点温度在第三层。床层温差最高不超过 50℃，有效防止了催化剂被烧坏而造成其活性下降(每变换 1%CO，床层温升 7℃)。

高变催化剂同其他催化剂不同，更换主要原因不是催化剂活性下降、出口 CO 含量超标，而是床层阻力升高所致。因此，建议更换高变催化剂。

4.4　低变催化剂

(1) 平衡温距

计算更换低变催化剂前后的平衡温距，结果见图 10 所示：

低变炉是多段绝热反应器，当平衡温距为 10～30℃之间就会实现催化剂用量的最佳化。平衡温距过大(>30℃)，这表示催化剂装填量不够、催化剂活性不高或催化剂已经中毒衰老；平衡温距过小(<10℃)，表示出口处反应已过于接近平衡，床层底部的催化剂不能很好的发挥作用，即变换炉能力有富裕。由结果看出，更换低变催化剂之前低变炉的平衡温度大于 30℃，更换后平衡温距在 12℃，表明更换后催化剂活性非常好。

(2) 低变出口 CO 含量和变换率

将更换催化剂之前与之后的 CO 含量对时间作图，如图 11 所示：

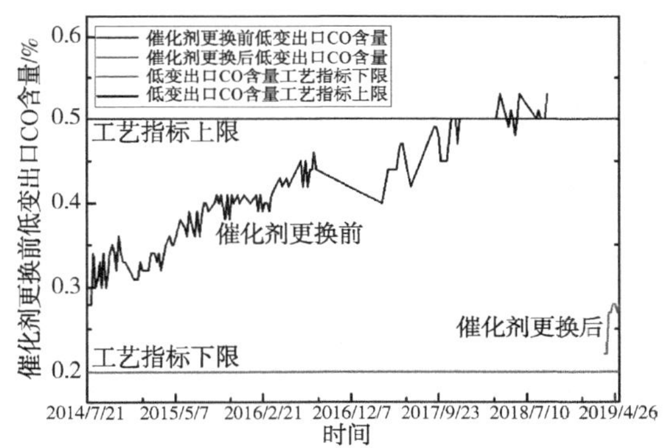

图 11　低温变换炉出口 CO 含量

在更换催化剂之前低变炉出口 CO 含量达到 0.5%以上，超过设计指标。更换催化剂之后低变炉出口 CO 含量降低，达 0.21%，说明更换后的催化剂具有很好的活性。

低变出口 CO 降低 1mol，将增加 4molH_2，增加 H_2后，二段炉加入 N_2相应增加，燃烧反应消耗部分 H_2，氢氮比 3：1，空气中氧含量为 0.21，氮气含量 0.79，消耗 0.63molH_2，增加氢气量约为 3.4mol。此外，由于低变出口 CO 减少 1mol，甲烷化出口 CH_4相应减少 1mol，合成回路驰放气量也会随之减少，B514 出口高压驰放气中 CH_4 含量 7.87%，AR 含量 3.06%，氢气含量

63.78%，设计 100% 负荷，R205 出口气量为 231609Nm^3/hr（干基），R205 出口 CO 下降 0.1%：假定年有效运行天数为 330 天，预计年增产液氨量为 8586t。每小时增产 CO_2 量为 231.6Nm^3。年增产 CO_2 量为 1834272Nm^3。每吨尿素消耗液氨为 0.5635t，CO_2 为 373.33Nm^3。年增产尿素 4913t。满足尿素生产后液氨余量：5817t。即低变炉出口每降低 0.1%，理论上年增产尿素 4913t，液氨 5817t。更换低变催化剂是由于出口 CO 含量超标。

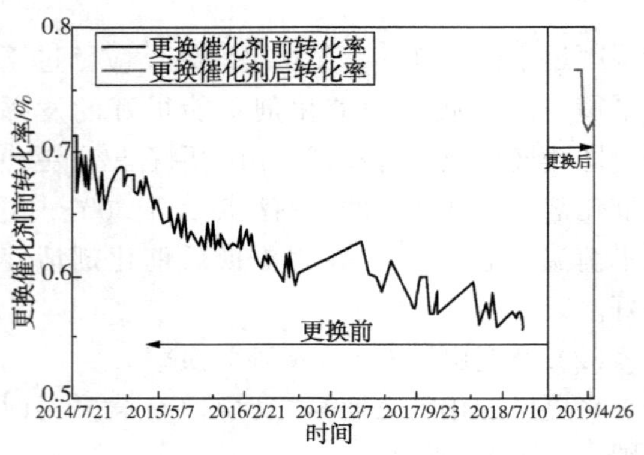

图 12　低温变换炉 CO 转化率

更换催化剂之前，CO 变换率逐年下降，更换催化剂后，转化率大幅度升高，高达 75%，说明该催化剂有很好的催化性能。

5　总结

本文介绍了催化剂活性的评价方法，通过平衡温距、床层压差、出口气体含量、转化率、床层温度等数据，对正在使用的一段、二段转化催化剂、高变、低变催化剂活性进行评估，根据各项结果建议更换一段炉和高变催化剂，二段炉催化剂可根据实际生产要求决定更换时间，新更换的低变催化剂活性很好。要延长催化剂的使用寿命，首先必须对运行进行科学管理，使其在最佳条件下运行；其次，对催化剂使用寿命的正确预测，以及使用终结的科学、准确判定也是十分重要的，将两者结合起来才能充分发挥催化剂的作用，延长催化剂使用寿命，减少催化剂消耗，达到节能降耗的目的。

参考文献

[1] 袁一，曾宪龙．大型氨厂合成氨生产工艺[M]．北京：化学工业出版社，1981：185-240.

合成氨装置节能问题的研究及解决措施

钱 浩

（新疆巴州塔里木能源有限责任公司轮南轻烃厂）

摘 要 针对合成氨装置开工阶段和系统短停阶段工艺气放空的现状，想办法将这些放空的工艺气进行回收利用，节约燃料天然气用量。对合成气压缩机正常运行期间轴端密封气连续放空的情况进行了分析，有效回收了这部分放空的工艺气。这些措施不仅回收了大量放空工艺气，节约了天然气用量，而且减少了二氧化碳的排放，达到了节能降耗和保护环境的目的。

关键词 工艺气；合成气压缩机；放空；回收；节能降耗

合成氨装置在开车阶段和系统短停阶段，由于保护设备和催化剂需要，有三部分放空气未进行回收。一是脱硫槽108-D出口放空阀PV-221工艺气放空，二是脱碳系统前的粗原料气分离器102-F1的塔前工艺气放空，三是进合成气压缩机前的吸入罐104-F出口工艺气。此三部分放空气直接排放到大气中，造成能源浪费和环境污染[1]。

开车正常后，合成气压缩机密封系统密封气在污油捕集器顶部直接放空，也没有进行回收。这样在开工阶段和正常生产阶段，均有大量的工艺气放空掉，不仅造成原料气和燃料气的浪费，又造成环境污染。

本文针对合成氨装置不同工况下工艺气放空外排的情况，采取合理的措施将开车阶段、系统短停阶段和正常运行阶段放空工艺气进行有效回收，实现了节能降耗和安全环保的双重功效。

1 不同工况下工艺气放空的原因

1.1 脱硫槽出口工艺气放空

如图1所示，合成氨装置转变系统开工初期，需要对一段炉进行氮气和蒸汽升温，以提高催化剂的活性，这期间炉顶烧嘴燃烧产生热量加热炉管，产生高温烟气。原设计中，对一段炉对流四段盘管通入原料气，与流经的高温烟气进行换热，避免对流四段盘管过热损坏[2]。

一段炉触媒蒸汽升温至650℃，流经一段炉对流四段的原料气持续在脱硫槽出口放空阀PV-772处放空。工艺气温度340~380℃，压力为4.2MPa。在转变系统氮气升温末期，引原料气进界区，通过对流四段盘管，在脱硫槽108-D出口放空阀PV-221控制少量放空（约40%的负荷原料气量即5250kg/h放空气量可以满足对流四段的保护要求）。这个放空过程在一段炉蒸汽升温阶段大概需要8小时，所放空的天然气量约5万Nm^3。

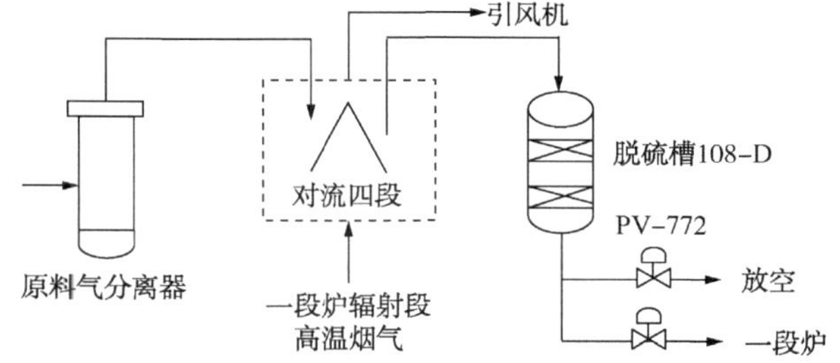

图1 脱硫槽出口放空工艺气流程

1.2 脱碳系统吸收塔前工艺气放空

脱碳系统运行前需要对吸收剂本菲尔溶液进行加热，加热源为工艺气。系统负荷达到80%，利用前端工艺气对溶液进行浓缩，碳酸钾溶液浓度达到27%以上，DEA浓度达到2.0%以上后才能进行串气操作。

如图2中加粗线所示，而作为加热热源的工艺气，通过再沸器111-C和本菲尔溶液加热器106-C将溶液温度提高后，在吸收塔前放空[3]。工艺气温度为70~80℃，压力为2.1MPa，工艺气总量49.47t/h，吸收塔前放空气大约占工艺气总量的4.05%，其中氢气组分占了放空气的16.86%，甲烷组分占了放空气的2.07%。这个溶液加热浓缩阶段每次开工需要36h，所放空的工艺气主要可用成分为氢气和甲烷，折算为天然气约21.5万Nm^3。如遇到前端空压机故障检修，这个时间就要延长，如2016年塔西南化肥厂检修空压机期间，这个放空气量（折算为天然气）达到了48.36万Nm^3。

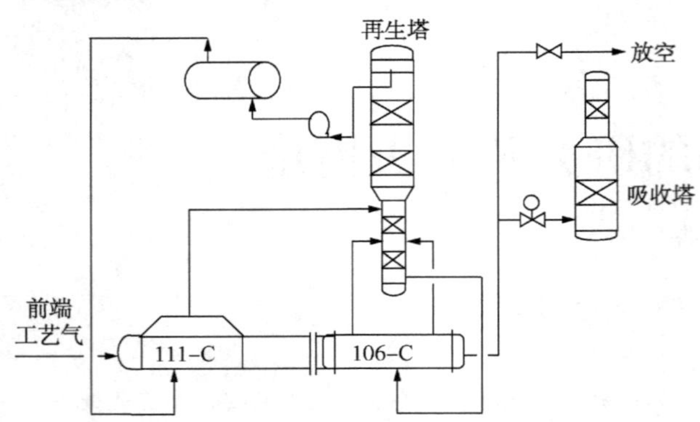

图2　脱碳系统溶液加热工艺气流程图

1.3　合成气压缩机前工艺气放空

如图3所示，工艺气经过脱碳系统后，进入甲烷化炉除去微量的一氧化碳和二氧化碳。当一氧化碳和二氧化碳的浓度达到10ppm以下时才能引入合成气压缩机，这个过程工艺气温度为35~40℃，压力为2.6MPa，工艺气总量为24.14t/h，放空工艺气约占工艺气总量的16.57%，其中氢气组分占了放空气的16.86%，甲烷组分占了放空气的2.07%。

而这部分工艺气在未达标前，经过甲烷化炉在合成气压缩机前放空阀PV-4处放空。当合成气压缩机正常或异常停机时，工艺气也在放空阀PV-4处放空。根据不同情况，从处理合成气压缩机故障或后端高压系统故障，到合成气压缩机再次开机，视情况需要20~50h，这个放空气量（折算为天然气）可达到11.48~28.7万Nm^3。如2016年处理高压系统问题，花费了50h，放空气量（折算为天然气）达到28.7万Nm^3。

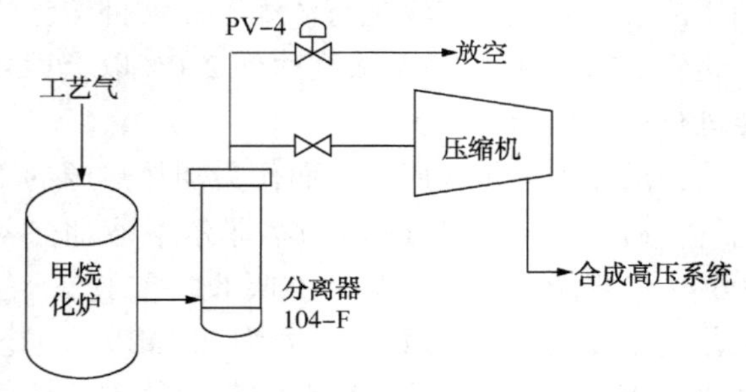

图3　进合成气压缩机前工艺气流程图

1.4　合成气压缩机高、低压缸密封工艺气放空

如图4所示，合成气压缩机轴端采用浮环油膜密封，压缩机正常运行时，一部分工艺气随着密封油进入密封油分离器，被分离的工艺气直接排放，密封油则进入脱气槽净化后重复使用。

低压缸工艺气总量24/h，污油分离器放空氢氮气大约占工艺气总量的4.17%，其中氢气组分占了放空气的16.96%，甲烷组分占了放空气的2.08%。高压缸工艺气总量93.29/h，污油分离器放空氢氮气大约占工艺气总量的0.36%，其中氢气组分占了放空气的14%，氮气组分占了放空气的65.07%，氨气组分占了放空气的2.84%。压缩机正常运行期间，按照90%~100%负荷计算，低压缸每小时放空气量（主要可用成分为氢气和甲烷，折算为天然气）为200~260Nm^3，高压缸每小时放空气量（主要可用成分为氢气和甲烷，折算为天然气）为280~364Nm^3。

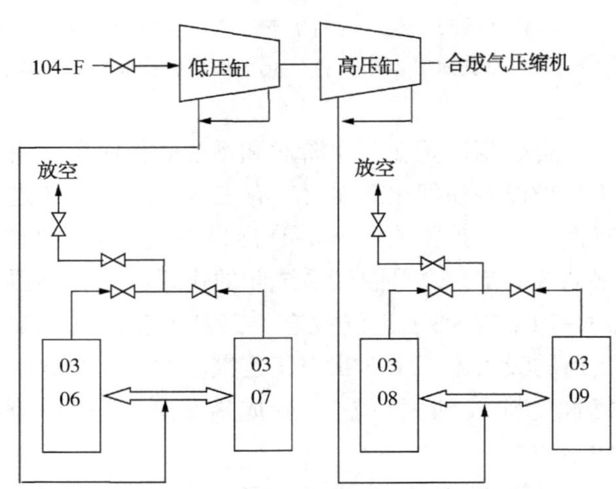

图4　合成气压缩机放空工艺气流程图

2　处理措施

2.1　回收脱硫槽出口放空工艺气

如图5所示，将脱硫槽108-D出口经一段炉对流四段加热约340-380℃，压力为4.2MPa的原料气进行降压冷却后引入燃料气系统用于一段炉燃烧，这样就可以将原来放空的原料气进行合理利用并减少燃料天然气的消耗[4]。

如图5所示，换热器使用的冷却水为精制水，从精制水总管引出，换热后的精制水就近回到除氧器，被加热后的精制水也提高了除氧器中精制水的温度。从108-D出口，PV-221前管线引出放空原料气管线（3″），将这部分压力为4.2MPa的原料气经过减压阀降压至0.7MPa（比燃料气系统压力高0.1MPa）后引入换热器进行冷却（冷却到100℃）后，引到燃料气系统调节阀PV-76阀前管线，用于一段炉炉顶烧嘴燃烧用燃料气。在从原料气管线引出放空气时，加装止回阀用于防止燃料气倒流进原料气系统。

开工初期，精制水流量在30~50t/h，精制水管线还是采用原来的尺寸（6″），将360~380℃的放空原料气冷却到100℃，0.7MPa的精制水

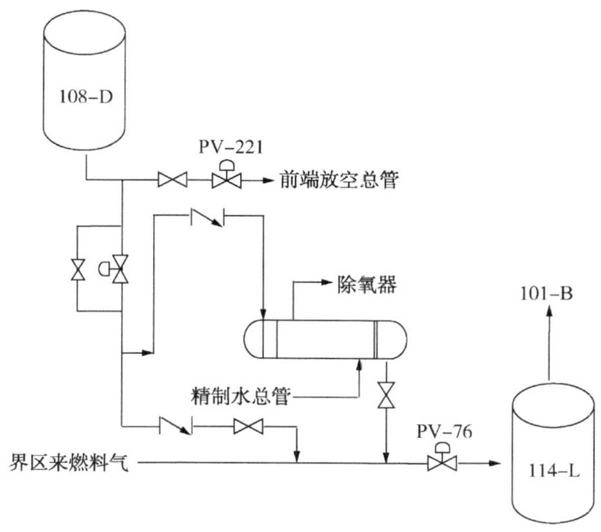

图 5　PV-221 放空气回收改造图

从 30℃加热到 100℃。

对无相变的传热

$$Q=W_1C_{p_1}(T_1-T_2)=W_2C_{p_2}(t_1-t_2)$$

式中，C_p 为流体平均定压比热容，kJ/(kg·℃)，对水 $C_{p_2}=4.2$kJ/(kg·℃)；T 为原料气的温度/℃；t 为精制水的温度/℃。

$T_1=380$℃，$T_2=100$℃，$t_1=30$℃，$t_2=100$℃精制水流量平均为 40t/h。

$$Q=W_2C_{p_2}(t_1-t_2)=40\times10^3\times4.2\times(100-30)$$

$$=11.76\times10^6\text{kJ/h}$$

对逆流传热

$$Q=KA\Delta t_m$$

$$t_m=[(T_1-t_2)-(T_2-t_1)]/\ln[(T_1-t_2)/(T_2-t_1)]$$

$$t_m=\frac{[(380-100)-(100-30)]}{\ln[(380-100)/(100-30)]}=151.5℃$$

对水质较好的精制水，K 取 1200(W/m^2·℃)。

所需冷却器的换热面积

$$A=Q/K\Delta t_m=11.76\times10^6/(1200\times151.5)=64.8\text{m}^2$$

在换热器原料气入口阀加装 1″旁路阀用于辅助调节进气量，满足初期小气量放空气的回收调节[5]。

2.2　回收脱碳系统吸收塔前放空工艺气

工艺气切换到塔前放空阀(V1008)放空，即在正式串脱碳前将工艺气部分引至塔前放空，在系统稳定的前提下，可将塔前放空部分工艺气引入燃烧气系统。控制系统负荷 80%，对溶液进行浓缩，溶液浓度达到 27%以上 DEA 浓度在 2.0%以上后串脱碳系统。串气结束后，将放空气切出燃料气系统。

如下图 6 所示，将吸收塔前的压力为 2.1MPa 得放空工艺气经过减压阀降压至 0.7MPa(比燃料气系统压力高 0.1MPa)后引入燃料气系统用于一段炉燃烧，这样就可以将原来放空的工艺气进行合理利用并减少燃料天然气的消耗。

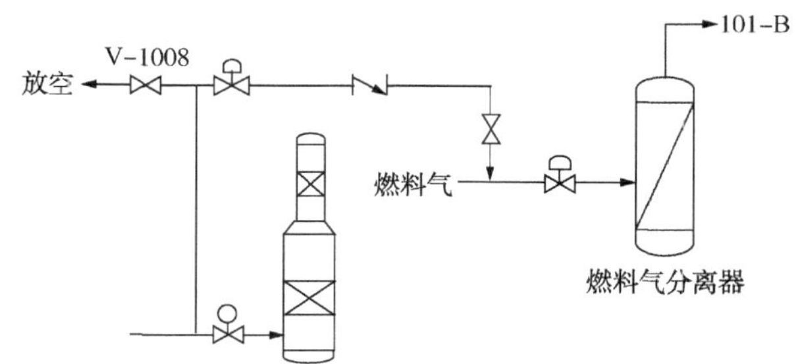

图 6　吸收塔前工艺气回收改造图

2.3　回收合成气压缩机前放空工艺气

如图 7 所示，经过甲烷化炉在合成气压缩机前放空阀 PV-4 处放空的 2.6MPa 的工艺气经过减压阀降压至 0.7MPa(比燃料气系统压力高 0.1MPa)后引入燃料气系统用于一段炉燃烧。这个过程应缓慢，通过调节阀逐步将放空气引入燃料气系统，保证燃料气系统平稳。待合成气压缩机开机正常运行后，放空阀 PV-4 放空减小至 5%以下，缓慢、平稳将工艺放空气退出燃料气系统。这样就可以将原来放空的工艺气进行合理利用并减少燃料天然气的消耗。

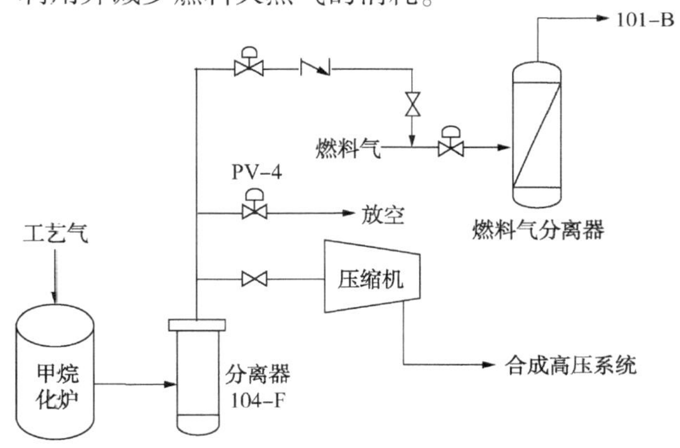

图 7　进合成气压缩机前工艺气流程图

2.4　回收合成气压缩机浮环油膜密封放空工艺气

如图 8 加粗线所示，将合成气压缩机低压缸的密封放空气引到燃料气分离罐前和氨放空总管。开、停工期间关闭去燃料气系统阀门，正常运行时将放空气经过减压阀降压至 0.7MPa(比燃料气系统压力高 0.1MPa)后导入燃料气系统燃烧。将高压污油捕集器放空氢氮气接入压缩机一段入口大阀前，并与低压缸的密封放空气去燃料气分离罐前的管线碰头，开、停工期间关闭去压缩机阀门或去燃料气系统的阀门，正常运行时将放空气经过减压阀降压至2.8MPa(比压缩机进口气压力一致)后导入压缩机进口进行回收。

在合成气压缩机出现跳车的情况下，为防止燃料气倒回机组系统，在低压缸的密封放空气引到燃料气分离罐前加装止回阀，机组停车后不泄压，停机后关闭去燃料气系统切断阀。在将低压缸的密封放空气引入燃料气系统前，利用已有的燃料气过滤器进行进一步处理，保证了密封放空气的洁净度。在往燃料气系统投用低压缸的密封放空气时，分阶段进行处理，先将密封气引入氨放空总管，再逐步将气导入燃料气系统，确保燃料气压力不发生较大波动。

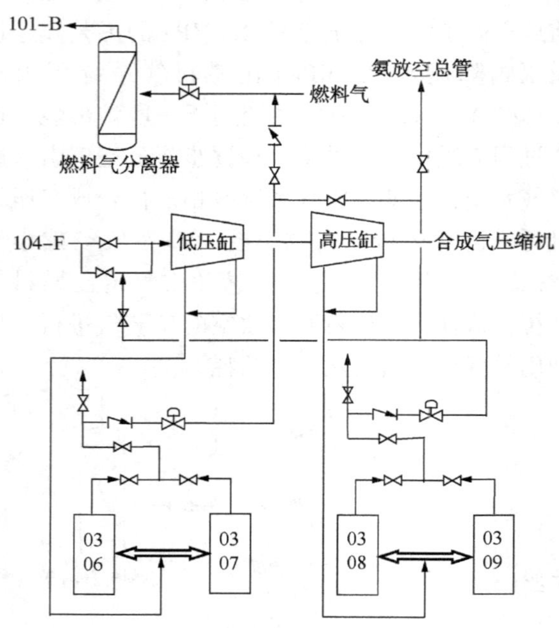

图8　合成气压缩机放空工艺气回收流程图

3　效果评价

成功回收了开车阶段转变工段放空天然气，年均节约燃料天然气量5万Nm^3。既保护了设备，也达到了节约能源的目的。成功回收了开车和系统短停阶段脱碳、合成工段放空工艺气，年均节约燃料天然气量104.56万Nm^3。同时避免了放空气外排污染大气，减少燃料天然气燃烧产生二氧化碳污染环境。创造性的回收了合成装置合成气压缩机高压缸和低压缸密封放空气，年均可节约燃料气量345.12万Nm^3，达到了低压缸密封放空气有效利用的目的，为创建资源节约型企业和保护环境拓宽了思路。

4　经济效益及社会效益

4.1　经济效益

按照每年300天计算，每年产生的经济效益为：

（1）开工阶段和系统短停阶段因回收三部分放空气而减少的燃料气用量为109.56万Nm^3，产生经济效益为120.52万元。

（2）正常生产阶段每年因回收合成气压缩机低压缸污油分离器放空氢氮气而减少的燃料气用量为143.8万Nm^3，产生经济效益158.18万元。回收合成气压缩机高压缸污油分离器放空氢氮气而减少的燃料气用量为201.3万Nm^3，产生经济效益221.43万元。

年经济效益为：120.52万元+158.18+221.43万元=500.13万元

4.2　社会效益

（1）减少燃料天然气燃烧产生CO_2的排放量8788.58吨，降低了现场噪音，保护了环境。

（2）避免了开工和系统短停阶段转变、脱碳、合成前工段工艺气的放空；在合成气压缩机正常运行阶段，杜绝了合成气的放空节约了天然气能源。为企业的节能减排提供了新思路，同时降低了管理成本，实现企业和矿区的可持续发展。

5　结语

本文研究了合成氨装置开工阶段和系统短停阶段放空大量工艺气的现状，经过分析放空工艺气的组分，将放空工艺气引入一段炉燃料气系统，以减少燃料气用量。分析研究合成气压缩机高压缸和低压缸密封放空气回收的可行性，完善原设计，节约原料气和燃料气，杜绝氢氮气直接放空，改善放空气污染环境的现状，取得了显著的经济效益和社会效益。

5×10^4 t 硫黄回收装置首次开工运行总结

梁晓乐　陈　刚　魏佳龙　刘鹤鹏　李国民

（中国石油华北石化公司）

摘　要　本文主要介绍了华北石化公司 5×10^4t 硫磺回收装置首次低负荷开工的情况，对开工半年来装置运行情况作了简要总结。该装置其尾气处理采用了 Cansolv 吸收工艺，通过半年来的认证，该工艺应用于硫磺回收可以满足尾气达标排放的要求。

关键词　克劳斯；康索夫；烟气；腐蚀

1　概述

1.1　装置简介

华北石化公司 25×10^4t/a 硫磺回收联合装置是公司千万吨炼油质量升级项目的重要环保装置，联合装置由 2 套 10×10^4t/a，1 套 5×10^4t/a 硫磺回收，2 套 140t/h 酸性水汽提和 3 套 300t/h 溶剂再生装置组成。硫磺回收采用三头三尾设置，其中 Claus 部分采用三维的 SRU 硫回收工艺，尾气处理采用壳牌 Cansolv 吸收工艺。经过近 3 个月的三查四定、蒸汽吹扫、水冲洗、水联运、烘炉烘器和催化剂装填等开工准备工作，5×10^4t硫磺于 9 月 21 日点炉升温，28 日上午炉膛温度升至 1000℃左右，引入清洁酸性气投料开车，29 日通过中部分流部分酸性气，伴烧少量氢气，调节炉温大于 1250℃，引入含氨酸性气。现场检查各冷凝器排硫口，液硫产品为亮黄色，装置投料一次开车成功。

1.2　工艺流程概述

1.2.1　制硫部分

来自于溶剂再生的清洁酸性气和酸性水汽提的含氨酸性气分别经过酸性气分液罐（V101A、V101B）脱除携带的凝液后进入制硫部分，全部含氨酸性气与部分清洁酸性气混合后进入制硫炉（F301）前部燃烧器，剩余的清洁酸性气进入制硫炉中部。其目的为提高制硫炉前部火焰温度，使其达到 1250℃以上，如此高的火焰温度可以更彻底的分解氨。进入制硫炉的配风分为两路，主配风根据酸性气流量前馈比例调节主风量，付配风根据设置在捕集器（V103）出口过程气管线上的 H_2S/SO_2比值分析仪反馈调节付风量。确保捕集器出口过程气 H_2S/SO_2比值为 2∶1，从而提高制硫部分的硫回收率。

制硫炉燃烧的高温过程气余热通过制硫余热锅炉（E301）发生中压蒸汽来回收。降温后的过程气进入一级冷凝冷却器（E302）冷至 160℃，冷凝下来的液硫与过程气分离，自底部进入硫封罐（V304A）。过程气加热器（E303）经自产的中压蒸汽加热至 220～240℃进入一级转化器（R301），在催化剂的作用下，过程气中的 H_2S 和 SO_2转化为元素硫。反应后的气体进入过程气换热器（E304）管程与二级冷凝器（E305）出口的低温过程气换热，过程气换热器（E304）管程冷凝下来的液硫，自底部进入硫封罐（V304B），过程气进入二级冷凝器（E305），冷却至 160℃，冷凝下来的液硫自底部进入硫封罐（V304C）。分离后的过程气再经过气气换热器（E304）壳程，被加热至 200～220℃进入二级转化器（R302），过程气中剩余的 H_2S 和 SO_2进一步转化为元素硫。反应后的过程气进入三级冷凝器（E306）冷却至 160℃。冷凝的液硫自底部进入硫封罐（V304D）。顶部出来的制硫尾气经尾气分液罐（V303）分液后进入尾气焚烧炉（F302），分离下来的液硫自底部进入硫封罐（V304E）。

1.2.2　尾气处理部分

制硫尾气进入尾气焚烧炉（F302），在 650℃高温下，将尾气中的硫化氢、有机硫和单质硫全部焚烧为 SO_2，高温烟气经过蒸汽过热器（E307）和废热锅炉（E308）回收热量，温度降至 300℃左右送至预洗涤塔（C321）。烟气首先进入预洗涤塔的文丘里段，在喉管处与文丘里循环泵喷入的循环洗涤液接触，烟气初步降温至 68.5℃左右，然后进入气体冷却塔，与冷却塔循环泵送来的冷却循环液在填料中充分接触，烟气被进一步冷却到 38℃。然后烟气进入两级电除雾将烟气中的酸雾降低至≤5mg/Nm³。最后烟气自底部进入SO_2吸收塔(C331)，与塔内贫吸收剂逆向接触，在填料表面完成对SO_2吸收，合格烟气经烟道排至烟囱。塔底富吸收剂经泵(P331)升压后，送至解吸塔(C132)，在塔内解吸出SO_2，返回制硫部分制硫炉回收，塔底的贫吸收剂经(P133)升压循环使用。贫吸收剂还设有过滤单元AFU(PA131)和净化单元APU(PA132)，用于除去其中固体杂质和吸收过程中形成的热稳态盐。

1.3 装置特点

硫磺回收由Claus制硫、Cansolv尾气处理、液硫储存和成型等部分构成，其中制硫部分采用成熟的部分燃烧法，两级转化Claus硫回收工艺，制硫余热锅炉产生中压蒸汽回收余热。尾气部分采用壳牌Cansolv吸收工艺，制硫尾气经过热焚烧、洗涤冷却和电除雾，再通过专用的吸收剂吸收SO_2，使净化烟气中的SO_2<100mg/m³，满足国家GB31570-2015的排放要求。该装置具有以下特点：

(1) 克劳斯部分燃烧炉采用双区燃烧控制方案，以在炉前部获得高温分解酸性气中的NH_3。

(2) 克劳斯一级反应器入口中压蒸汽加热器再热过程气，通过调节加热蒸汽的流量控制再热温度，控制精准灵活。

(3) 克劳斯二级反应器入口采用气气换热控制入口温度，通过控制气气换热的旁路开度，调节进入气气换热器的过程气量，从而控制二级入口温度。

(4) 一三级硫冷凝器共用一个壳体，发生低低压蒸汽循环利用方案提高硫回收率，减少冷侧的控制和调节回路。二级硫冷凝器和气气换热器采用直连方式，减少管路配置。

(5) 制硫催化剂均采用四川能特的催化剂，一级转化器采用CT6-4B和CT6-8B的级配方案，CT6-4B为抗漏氧催化剂，可以消除过程气中的微量漏氧，避免催化剂硫酸盐化。CT6-8B为钛基催化剂，可以有效提高有机硫水解率，增加硫回收率。二级转化器全部装填CT6-2B为铝基催化剂。

(6) 进制硫燃烧炉的酸性气和空气采用比值仪进行配比调节，在尾气分液罐出口过程气线上设置H_2S/SO_2在线分析仪，根据在线比值仪的信号反馈微调进制硫炉的空气量。

(7) 装置设计引入BMS系统，将制硫炉和尾气炉的自动点火、进料、停车、吹扫、停工保护等安全联锁引入SIS，并通过BMS系统控制，提高了装置运行的安全性和自动化水平。

(8) 尾气处理采用壳牌Cansolv吸收工艺，该工艺属于氧化吸收工艺，相对于还原吸收工艺来说工艺流程缩短，控制起来较为简单。

2 装置试车情况

2.1 试车进度

2.1.1 烘炉、烘器

按照施工规范，制硫炉、焚烧炉和反应器衬里施工完毕后先要进行自然养护干燥，然后再进行烘炉。考虑到首次用瓦斯烘炉，低温区域温度不易控制，因此先采用气电混合加热法进行预烘炉。此种加热方式为低于200℃，使用电加热法升温，200℃以后引入燃料气进行气电混合升温，这样可以在低温段更准确控制升温速率，在高温段更有效的控制温度波动偏差，让温度缓慢、稳定的传递到各层衬里材料，使衬里材料平稳缓慢的升温，这样不但更充分的排除水分，而且更好的保护了衬里材料免受温度冲击，从而保证了烘炉质量，为设备稳定、长周期的安全运行打好基础。预烘炉完成后检查烘烤效果，然后再采用瓦斯进行烘炉，主要是高温段烘烤，以使炉子衬里达到运行时的温度。具体见表1，图2，图3。

表1 烘炉烘器时间安排

序号	设备名称	设备位号	预烘炉时间	瓦斯烘炉时间
1	3#硫磺焚烧炉	F-302	2018.7.14~7.23	2018.8.7~8.19
2	3#硫磺制硫炉	F-301	2018.7.18~7.27	2018.8.8~8.19
3	3#硫磺一二级转化器	R-301/302	2018.7.16~7.20	

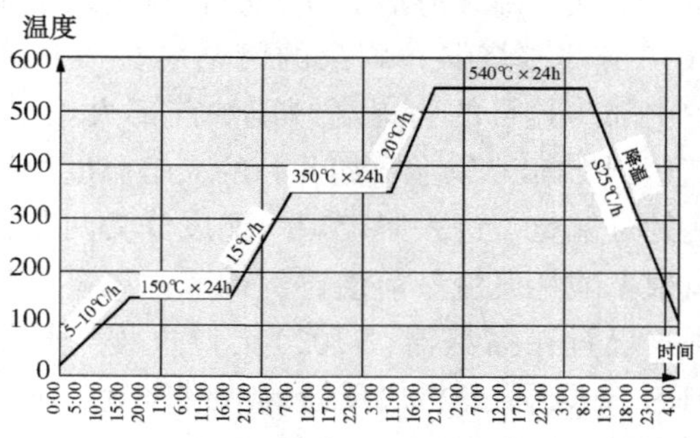

图1 制硫炉烘炉曲线图

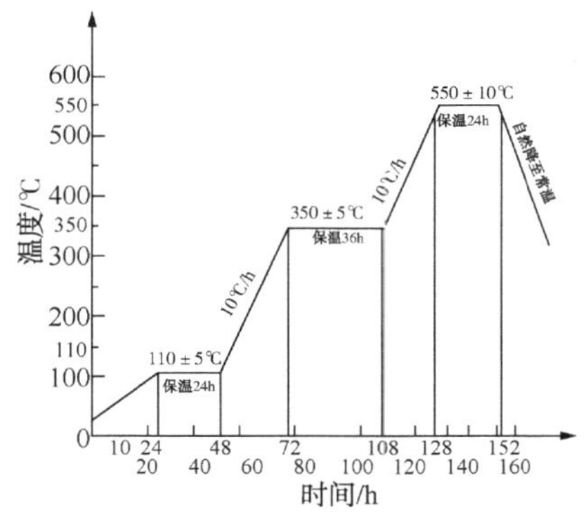

图2 尾气炉烘炉曲线

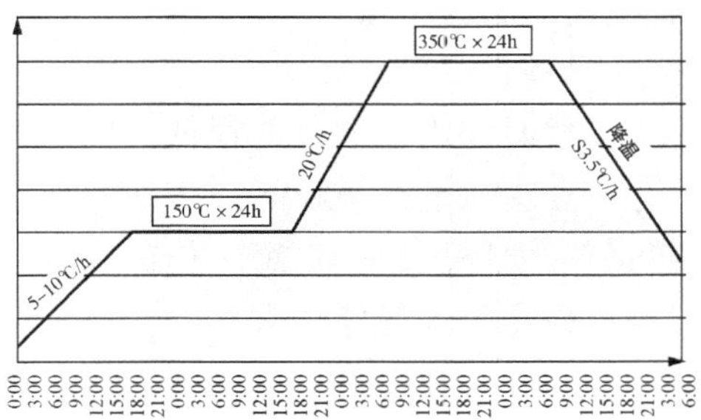

图3 反应器烘烤曲线

2.1.2 瓦斯烘炉烘器

2018年8月7日装置引入瓦斯(天然气)烘炉，先对尾气炉点燃点火枪，8月8日制硫炉点燃点火枪和主火嘴，按照升温曲线升温。9日在点尾气炉主火嘴时，多次点火均告失败，后来发现火检仪的看火窗部分被火盆遮挡，导致火检仪检测不到火焰信号，虽然每次实际点火都能成功，然而火检仪检测不到火焰信号，BMS系统就会联锁熄火。后来经厂家多次调整火检仪角度，放大检测信号，问题才得以解决。

2.1.3 烘炉烘器的检查

8月19日烘炉结束，降温检查。

(1)转化器检查情况：转化器衬里出现不同长度的细小裂纹，裂纹最宽处为2.5mm，最长约1.2米；装剂口及卸剂口内侧衬里敲击空响；

(2)尾气炉检查情况：杜克燃烧器火检仪的观察孔部分被遮挡；锥段外圆衬里椭圆度检查ϕ2000 * 1985，水平段偏差较大；二级风进口处衬里砖有裂缝；

(3)制硫炉检查情况：炉体侧面两处人孔砖开裂；炉内环向砖的出现裂缝，宽约2cm，有的未在施工膨胀缝处膨胀，炉内多处全周环向及径向长裂缝，裂缝宽1.0cm，深度可看到里面一层的砖体；废热锅炉迎火面瓷保护套管有19根存在纵向和轴向开裂情况；

最后施工单位将问题一一处理，更换破裂的瓷保护套管，衬里裂缝过大的地方采用耐火胶泥混合陶纤封堵。

2.1.4 催化剂装填

2018年8月26日~27日转化器装填催化剂，按照级配方案一级转化器上部1/3装填抗漏氧催化剂CT6-4B，下部2/3装填钛剂CT6-8B，二级转化器全部装填铝剂CT6-2B。考虑到反应器入口设置有分布器，床层顶部没有装填瓷球(图4)。

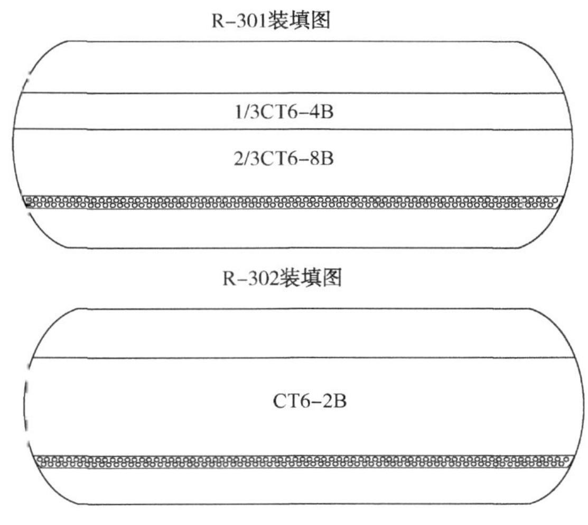

图4 催化剂装填图

2.2 装置开工过程

2018年9月21日尾气炉引瓦斯烘炉升温，23日制硫炉F301升温至700℃，尾气炉F302升温至500℃恒温，上午9：30将烟气由放空改进转化器，用烟气给转化器升温。26日制硫炉900℃恒温，转化器床层各点温度大于200℃。尾气部分的预洗涤塔循环建立，电除雾送电投用，吸收剂循环再生运行正常。28日进酸性气开工，首先将制硫炉温度提高至大于1000℃，满足引清洁酸性气条件，控制瓦斯100Nm^3/h，风量3000Nm^3/h，启动BMS引清洁酸性气开工程序。由于开始硫比值仪未调校好，配风没有参考，且酸性气组分波动较大，造成制硫炉配风不足，多余的硫化氢在尾炉中燃烧，致使尾炉超温较多。及时调整配风尽量使制硫尾气中的二氧化硫过剩，逐渐降低尾炉温度，中午比值仪厂家调校好仪表，使得制硫炉配风有了参考，操作渐渐稳定下来。由于开始制硫炉配风不合适，吸收塔入口烟气二氧化硫浓度很高，最高甚至超过30000ppm，虽然吸收剂可以吸收下来，但是返回制硫炉的二氧化硫气体很多，导致解吸塔顶憋压，当逐渐调整配风比例后，操作慢慢好转，排放浓度也能控制的较好。

3 主要工艺操作参数(表2~表4)

表2 酸性气组成分析数据

项目	清洁酸性气	含氨酸性气	备注
H_2S	60.5	48.12	由于含氨酸性气温度高，含水较多，采样后温度降低，氨全部溶于水，因此分析数据有偏差
CO_2	27.25	0.29	
NH_3	—	—	
烃类	0.11	4.7	
空气	0.81	44.92	
H_2O	6.73	1.96	

表3 5万吨硫磺回收操作数据

项　　目	10.6	10.8	12.8	12.10
清洁酸性气量/(Nm^3/h)	1006	995	992	1022
含氨酸性气量/(Nm^3/h)	729	721	765	654
伴烧氢气量/(Nm^3/h)	202	196	188	179
二氧化硫气体入炉量/(Nm^3/h)	119	116	120	105
主风量/(Nm^3/h)	3720	3713	3828	3628
付风量/(Nm^3/h)	763	765	898	1261
制硫炉前压力/(kPa)	12.3	12.1	11.5	11.2
制硫炉前部温度/℃	1271	1275	1317	1313
制硫炉中部温度/℃	1235	1220	1371	1323
一反入口温度/℃	225	226	231	231
一反床层温度/℃	238	314	326	328
二反入口温度/℃	220	220	221	222
二反床层温度/℃	216	236	241	240
尾气炉温度/℃	623	631	603	605
尾气炉烟气氧含量/%	2.3	2.4	2.3	2.4
预洗涤塔文丘里循环量/(t/h)	38.6	38.5	36.5	36.2
预洗涤塔冷却循环量/(t/h)	128.5	128.2	127.4	134.2
文丘里塔循环液pH值	2.56	3.12	3.23	3.15
塔顶出口温度/℃	37.5	38.2	37.0	38.0
一级电除雾电压/kV	35	41	32	33
一级电除雾电流/A	69	72	65	69
二级电除雾电压/KV	40	42	25	40
二级电除雾电流/A	45	55	36	51
吸收塔贫吸收剂量/(t/h)	15.6	15.9	13.2	13.4
贫吸收剂pH值	5.45	5.42	5.41	5.46
富吸收剂pH值	4.68	4.75	4.81	4.83
尾气排放SO_2含量/(mg/m^3)	65	58	16.5	15.7

表4 硫磺产品质量分析

项目	优等品	一级品	合格品	硫磺产品
纯度，w/%	≥99.95	≥99.5	≥99.0	99.98
铁，w/%	≤0.003	≤0.005	不规定	0.00007
灰分，w/%	≤0.03	≤0.1	≤0.2	0.009
水，w/%	≤0.1	≤0.5	≤1	0.05
砷，w/%	≤0.0001	≤0.01	≤0.05	0.000007
有机物，w/%	≤0.03	≤0.3	≤0.8	0.007
酸度，w/%	≤0.003	≤0.005	≤0.02	0.0001
机械杂质，w/%	无	无	无	无

4 存在问题及解决办法

4.1 装置低负荷运行情况

开工一段时间内装置负荷很低，低于设计值30%，清洁酸性气量在1000Nm^3/h，含氨酸性气为700Nm^3/h，计算负荷在20%左右，为了提高炉膛温度，采用了氢气伴烧方案，伴烧量控制在200Nm^3/h，保证炉膛温度在1250℃以上，使含氨酸性气分解完全。由于进料中的含氨酸性气比例较大，同时伴烧氢气产生大量的水，对克劳斯反应有抑制作用，因此根据硫比值仪的分析结果看H_2S+SO_2的浓度超过1.3%，克劳斯部分硫回收率偏低。

4.2 转化器床层温度显示问题

装置引入酸性气后，炉膛温度正常，但是一二级转化器床层没有温升，只有出口温度升高。无论是增加还是减少配风，床层温度均无变化。直到10月7日下午，三维公司的开工专家来指导工作，看到一二级转化器床层上中下各点温度都相同，立即指出是温度计套筒进水造成的，由于施工期间温度计套筒为敞口状态，因下雨积水，安装温度计时又没有处理，开工后温度计套筒内的水受热汽化，温度计所测量的就是该温度下饱和蒸汽的温度，因此床层上中下三支温度均相同。只要打开套筒法兰，将内部水分吹干，即可正常显示温度。当现场拆开温度计套筒法兰时，果然有蒸汽冒出，随后逐个吹扫干净，恢复安装，床层温度显示正常，床层温升达到100℃左右。

4.3 装置腐蚀泄漏问题

由于尾气处理采用了Cansolv吸收工艺，该工艺处理的是SO_2气体，介质的腐蚀性大大增加，虽然设计中已经有针对性的升级了设备、管道材质，但是运行中仍然出现了泄漏。分析原因基本都是产品质量、施工质量把控不严。2018年10月14日上午，发现贫吸收剂储罐液位从夜班开始持续上涨，立即进行原因排查，最后将解析塔顶后冷器（E133）循环水切除放空，发现有SO_2介质排出，判断E133发生内漏，立即停止再生，将E133从系统切出，对该设备进行吹扫、置换、隔离、检修。15日上午，施工单位对换热器进行拆解，打开壳程封头，发现管束小浮头下部有7根螺柱已被腐蚀断或腐蚀完了，只有螺帽散落，据此确定内漏的部位是小浮头法兰。经核查图纸，螺帽及螺柱均应采用S30408材质，现场核实，螺柱材质与螺帽不符。15日下午，按照图纸要求将螺柱全部更换为S30408材质，螺帽利旧，设备回装试压合格，问题得以解决。

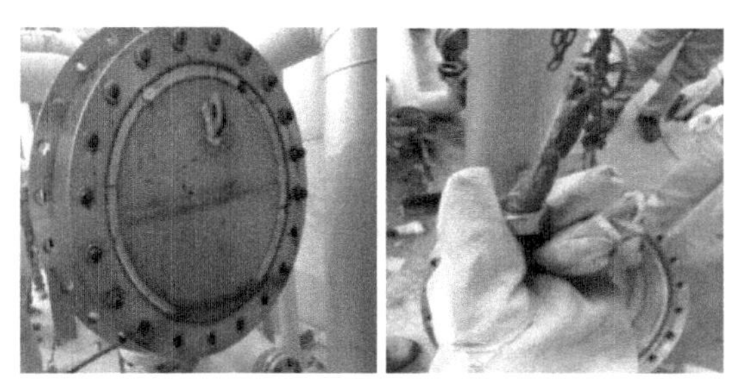

图5 解吸塔顶后冷器小浮头螺栓腐蚀情况

5月9日早上，3#预洗涤塔的文丘里下方弯头处发现泄漏，拆开保温后发现漏点位于弯头焊道边缘，由于该设备的介质为烟气洗涤循环液，pH值为2~3，属于稀酸环境，设计时选用了耐稀硫酸材质254SMo（S31254），由于此处压力仅为10KPa，考虑成本采用了复合板（S31254+Q345）材质，根据泄漏位置咨询厂家，判断为焊接质量问题。只能待停工后处理。

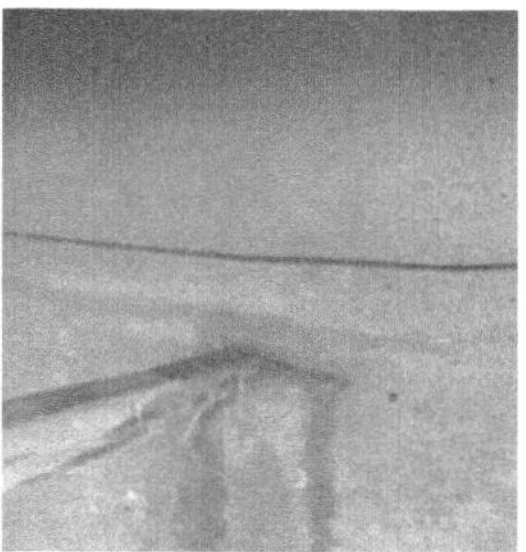

图6 预洗涤塔的文丘里下弯头腐蚀泄漏情况

5 结论

华北石化公司25×10^4t硫磺回收装置尾气处理部分采用Cansolv氧化吸收工艺，使得流程简化，开停工操作简单。首次开工在20%极低负荷下一次开车成功，且运行较为理想，硫磺产品达到优级品标准，同时保证了尾气排放达到$<100mg/m^3$的标准。目前虽然遇到了一些问题，但均在摸索解决之中，这也是Cansolv工艺首次应用于大型硫磺装置的成功案例，为硫磺回收尾气处理工艺多元化做出了积极探索的贡献。

合成氨装置脱碳系统开车流程的优化及节能环保总结

王爱民　何　欢　钱　浩　郑晓建　孙　翔

（中国石油塔里木油田公司塔里木石化分公司）

摘　要　针对合成装置在开停工过程中需排放大量的工艺冷凝液，不仅造成水资源浪费，而且增加环保排放方面的压力问题，采取对脱碳、汽提塔环保节能流程操作优化及革新，脱碳岗位开车把握好开车节点、系统大小循环一起建立，节省开车时间，对回收冷凝液管线进行交叉使用，停车过程中，修订连锁设置，生产运行中执行夏季运行方案。实践表明，一系列节能环保技改与优化措施落实后，降耗增效效果显著，节能环保效益明显。

关键词　脱碳系统；工艺冷凝液；P309停机；优化改进；节能环保

在当前能源形势及社会条件下，合成氨生产必须要进行节能。尤其是在开停工过程中，节能降耗的需求和环保压力并存的情况下，创新和革新势在必行。

中国石油塔里木油田公司石化分公司（简称塔石化）450kt/a合成氨装置采用丹麦托普索传统蒸汽转化工艺（由中国成达工程有限公司据托普索工艺包完成初步设计和详细设计）。2010年3月24日一段炉首次点火，5月5日成功打通流程产出液氨，试车投产一次成功。其中，脱碳系统采用BASF公司活化MDEA两步法吸收工艺（溶剂为aMDEA），主要设备包括1台CO_2吸收塔（两段式填料塔），1台CO_2汽提塔和2台闪蒸塔；粗合成气在CO_2吸收塔中经过两段吸收、两段再生以及一段汽提后，其中的绝大部分CO_2、CO得以脱除，产出高纯度的氢氮合成气，其残余的CO_2、CO进一步在甲烷化反应器中予以脱除。

合成氨装置脱碳系统是一个承上启下的系统，其运行的稳定性及节能环保属性对整套合成氨装置的运行效能有着重大影响。尤其是工艺冷凝液在复工开车当中，需要大量的排放，浪费大量的水资源，同时也造成环保方面的压力，为此把握脱碳开车节点的时间、冷凝液回收管线的交叉使用、B304冷凝液与汽提塔的与系统负荷匹配增加、对冷凝液泵停机的连锁进行修订设置等措施的采取，在节能降耗方面有了质的飞跃，安全环保方面得到有效保证，也为今后生产运行方面提供操作依据。

2018年2月底，合成氨装置复工开车；2018年3月4日合成氨装置运行正常，9月17日计划停车，连续运行198d。2019年3月18日复工开车到如今，总共开车达5次，尤其是今年开车次数3次以上，按照以上措施的实施，得到充分的验证，也将这些措施的采取纳入到操作规程和开工方案当中。

1　脱碳系统大小循环同时建立，节约开车时间

1.1　脱碳循环建立

1.1.1　脱碳小循环

塔石化合成氨装置脱碳系统在以往开车过程中，先建立各塔液位，启动P302（贫液泵）和P303（CO_2汽提塔进料泵），经过一段时间的循环，调整好各塔的液位，这个过程中，也穿插脱碳系统蒸浓，工艺冷凝液部分就地排放，这就是脱碳系统的小循环。

1.1.2　脱碳大循环

在以上小循环建立的基础上，运行一段时间，在这个过程中，调整好各塔的液位，液位稳定后，启动P301（半贫液泵），然后在进一步调整各个塔的液位，直至平衡为止。

1.1.3　脱碳大小循环同时建立

从去年复工开车，脱碳岗位就进行大小循环同时建立，启泵的顺序为：P302——P303——P301，每启一台泵之前先进行排气，在2018年建立大小循环的时候，都发生了泵气缚现象，造成泵不打量，循环被迫停止，重新进行泵排气后，为避免此现象的发生，即将所有的泵进行排气，如启贫液泵，则对其贫液泵的两台泵同时进行排气，同理，启半贫液泵和CO_2汽提塔进料泵，同样进行所有泵同时排气，在今年复工开车

3 月 18 日，4 月 15 日和 7 月 1 日的 IS-1 的连锁，整个合成氨装置进行开车，脱碳岗位都是进行大小循环同时建立，在启泵前，都进行同时排气，每一台泵启动间隔 5min。按照以往的开车程序，整个脱碳岗位建立循环和液位的调整需要 10h，经过优化只需 3h 左右，节时节电。具体见图 1，图 2。

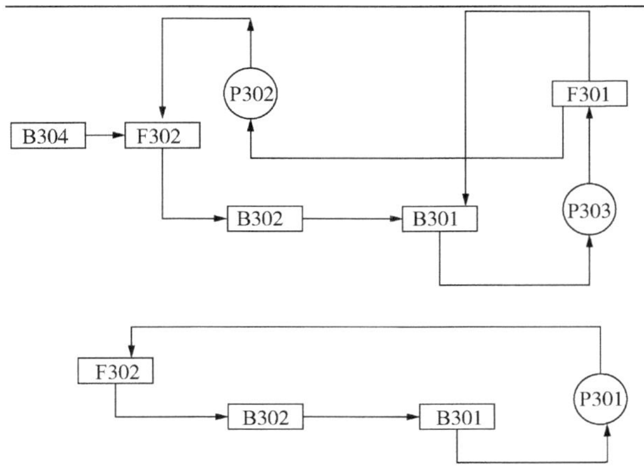

图 1　传统脱碳循环的建立

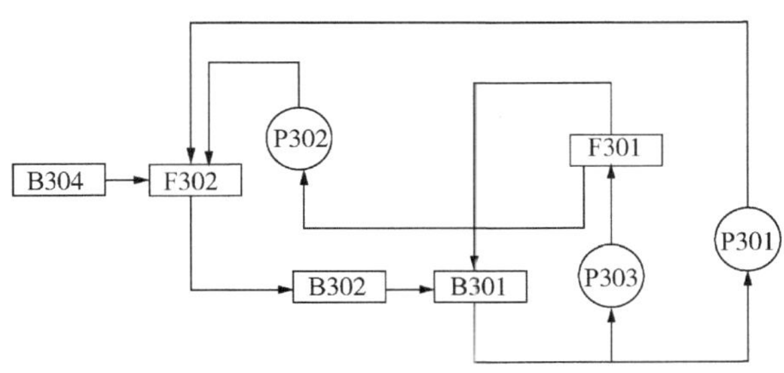

图 2　新型脱碳循环同时建立

2　脱碳系统工艺冷凝液的回收

2.1　工艺冷凝液的流程简述

从生产流程前端的合成气制备部分分离出来的工艺冷凝液，即在 B304（低变气分离器）收集工艺冷凝液，送往工艺冷凝液汽提塔（F701）中提纯。其中工艺冷凝液收集有两部分，一种是脱碳前端系统来的工艺气冷凝液，另一种是甲烷化分离器和合成压缩机来的冷凝液汇合，通过 P309（甲烷化工艺冷凝液泵）打入到 B304 中。

二段转化炉中产生的少量氨、低温 CO 变换炉中产生的少量甲醇、以及来自粗合成气中的 CO_2，在工艺冷凝液中发生如下平衡反应：

$$NH_3+H_2O \longrightarrow NH_4^{+}+OH^{-}$$

$$CO_2+H_2O \longrightarrow H^{+}+HCO_3^{-}$$

$$HCO_2^{3-} \longrightarrow CO_2^{3-}+H^{+}$$

$$NH_3+HCO_3^{-} \longrightarrow NH_2COO^{-}+H_2O$$

甲醇溶解在工艺冷凝液中。

为了减少脱盐水装置化学品的消耗，用中压蒸汽汽提冷凝液。

工艺冷凝液汽提塔的操作压力 40.7barg，从工艺冷凝液汽提塔顶出来的汽提蒸汽送往转化工段作为工艺蒸汽。在转化工段，汽提蒸汽中含有的甲烷和氨发生反应生成氮、氢和二氧化碳。汽提后的工艺冷凝液在工艺冷凝液换热器（E7011/2/3）中被冷却到约 90℃，同时预热进入工艺冷凝液汽提塔的工艺冷凝液。汽提后的冷凝液最终在汽提塔冷却器（E702）中冷却到 38℃ 后送往脱盐水装置回收使用。

2.2　脱碳系统工艺冷凝液回收管线的小改造

脱碳在开车的过程中，在工艺冷凝液气体塔没有投用之前，因为负荷的不同，造就 B304 和 B311 的液位不好控制，于是就地排放，但是从 2018 年复工开始，就不能进行就地排放，为此，只要 B304 有一定的液位，汽提塔系统就开始进行加热汽提，两者之间互相匹配的增加各自的需求量，当 B304 液位稳定在一定值后，就启泵 P308 输送到汽提塔中，之前可以用工艺气一定的压力在 P308 泵没开的情况下压至汽提塔内，及时通入相对应的汽提蒸汽，虽然电导还是不能满足 20us/cm 以下，但将其冷凝液回收到循环水的吸水池中，还是可以的。于是，在将冷凝液输送到动力车间的管线上引一条管线至循环水吸水池中，这样避免合成氨装置在开车过程中大量冷凝液排放的难题，

装置工艺冷凝液从 4 月 25 日起，因动力车间回收尿素装置的冷凝液，故我生产部就将冷凝液回收到循环水池中，在系统满负荷当中，每小时回收 55t 冷凝液，到目前为止，共回收冷凝液共计 116d，均小时为 53t/h。

2.3　甲烷化工艺冷凝液泵（P309）停机时机的优化

为保民生用气，2018 年 9 月 17 日塔石化合成氨装置计划停车，当合成冷冻岗位将合成气压缩机（K431）停机后，按照停车方案就要进行甲烷化系统（其工艺流程见图 2）的停车，即按下联锁 IS-6，甲烷化炉（R301）即切出系统，工艺气将切至脱碳系统前放空，而启动 IS-6 联锁的结果之一就是甲烷化工艺冷凝液泵（P309）也会停机；但因合成气压缩机刚停机，其段间分离器

(S431)和(B509)内还有一定的(冷凝液)液位，且要排至甲烷化分离器(B311)，这样就会造成B311液位高。为避免B311冷凝液就地排放而造成环境污染和影响现场操作，就需要晚停P309。为此，进行如下优化：将IS-6部分联锁，将其联锁之一的条件旁通，即甲烷化炉切除后，P309继续运行，亦即IS-317不联锁，直至B311低报(低液位报警值为10%)，在P309不至于发生抽空的情况下现场人员和室内人员再配合停运P309。如此就可避免工艺冷凝液的就地排放，既环保又回收了冷凝液(减少MDEA溶液消耗)。如今，本项操作优化措施已被固化到操作卡和停车方案中。具体见图3，图4。

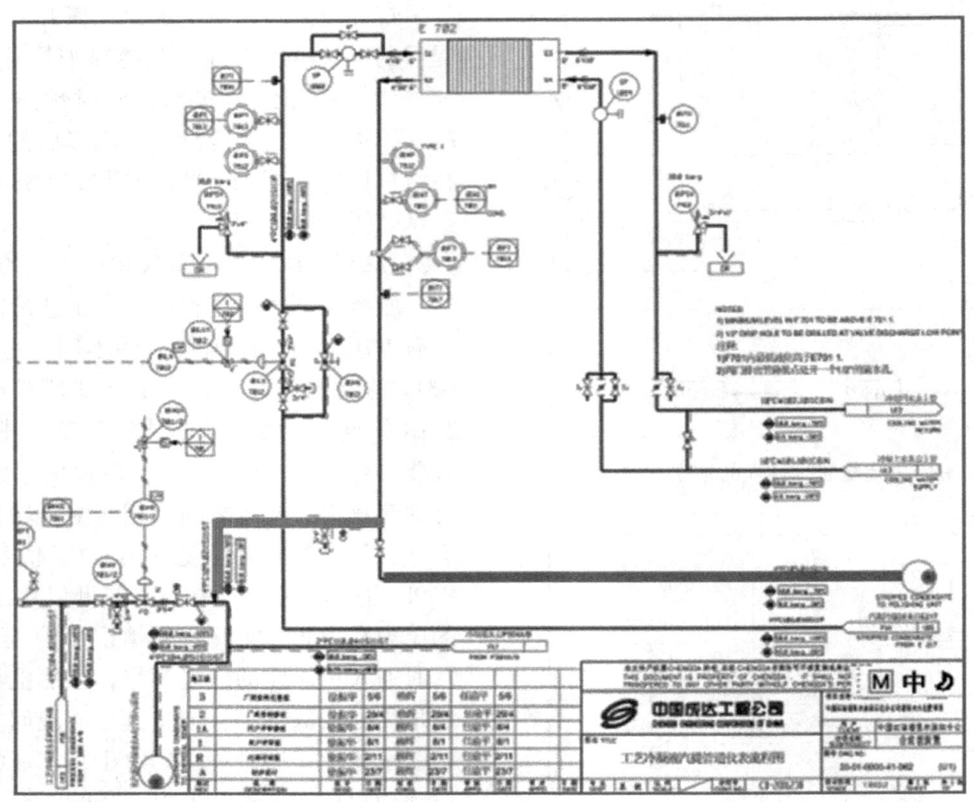

图3 脱碳冷凝液回收管线小改造

其中红色线：是指正常生产时合格冷凝液去动力装置；蓝色线：就是开车期间冷凝液回收到循环水的吸水池中，这条管线有两个截止阀、一个止回阀。

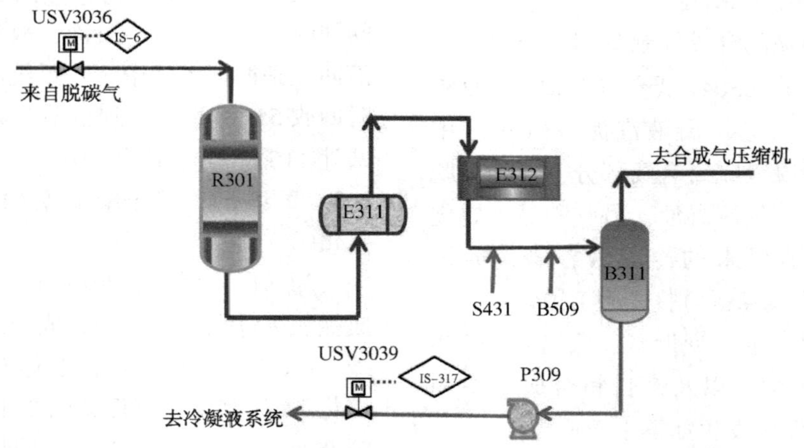

图4 甲烷化工序系统流程简图

R301—甲烷化炉；E311—甲烷化进出口换热器；B311—甲烷化出口分离器；E312—甲烷化气冷却器；P309—甲烷化工艺冷凝液泵；B509—补充气分离器；S431—合成气压缩机(K431)一级段间分离器

3 脱碳 A301 清洗步骤优化

脱碳系统的 A301 过滤器严格执行 A301 操作卡，把握好脱盐水注液阀的开关时间，查看每次冲洗和反冲洗 T302 液位上涨的趋势，并严格将工艺指标的执行情况纳入考核。

在执行 A301 操作卡的过程中，针对清洗过程中高位开关(LSH3901)变绿关闭脱盐水注入阀的步骤，有的班组耗时多，有的班组在规定的时间内；多次统计发现，至 A301 满液切断注水阀，控制在 6min 内，T302 液位上涨不多(T302 液位上涨过多意味着 MDEA 溶液被稀释)。为此，对 A301 操作规程作出如下修改并严格考核：在清洗 A301 的过程中，高位开关(LSL3901)变绿操作人员则及时将脱盐水注入阀(XV3911)关闭，节约 3min 的冲洗时间，以避免长时间进水而造成 MDEA 溶液被稀释(图 5)。

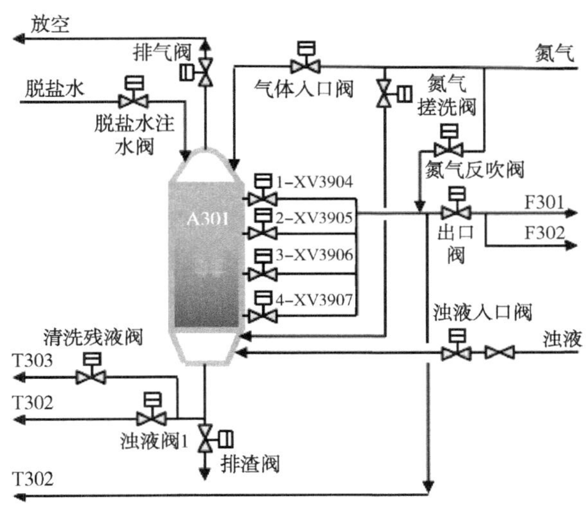

图 5　MDEA 溶液过滤工艺流程示意

A301—MDEA 溶液过滤器；T303—废液槽；T302—地下槽；XV3904、XV3905、XV3906、XV3907—分组伐；XV3914—排渣阀；XV3915—排残液阀；F301—CO_2 汽提塔；F302—吸收塔

4 脱碳循环水系统运行方式的优化

每年夏季，生产系统都会因环境温度高而不能满负荷生产，造成合成氨装置消耗较高。为节能降耗，据夏季的生产情况，并结合相关机泵的运行数据及 2018 年 2 次试验的情况，决定进行如下优化改进：将合成氨装置快锅给水泵由双泵运行改为单泵运行；为保证全系统的蒸汽平衡，停运循环水透平(设计蒸汽消耗量为 21t/h)，增开 1 台循环水电动泵。脱碳循环水系统运行方式的优化于 2018 年 7 月 11 日开始实施，至 2018 年 9 月 17 日合成氨装置计划停车，期间设备运行状况良好、装置运行平稳。2019 年 3 月 18 日复工以来，一直执行的是夏季运行方案，即快锅给水泵一台运行，循环水电泵三台运行，停循环水透平，到目前为止，因地制宜的根据当时的实际情况，在用电便宜的时候，实行去年的夏季生产运行方案，在 7 月 26 日之前，系统负荷都是维持在 100%，节能效果明显。

5 循环水量全厂进行分配，确保 E510 指标受控

E510 是冰机回路中的一个重要设备，主要任务是冷却冰机出口的高温气氨。E510 冷却效果不好直接导致冰机出口压力、温度上升，接近高报警值。机组动力蒸汽消耗增大，同时给机组安全运行带来隐患。E510 冷却效果不好还会造成 B504 液氨受槽中的液氨温度升高，冷冻圈冷冻效果变差，进而造成合成回路、新鲜气、驰放气和惰性气体以及尿素造粒系统冷却不好，系统负荷受限，装置产能下降，综合能耗上涨。因此 E510 换热效果的好坏成为制约装置夏季满负荷运行的一个瓶颈。

为此，我厂采取以下措施：

(1) 对 E510 的打压方式从以往的气压试验，改为水压试验，并且只要有漏的地方都进行堵漏，否则会因 E510 堵漏不彻底，氨漏至循环水中会造成局部 pH 值偏高，形成硅酸盐垢，堵塞换热器列管，而且，在线进行清洗的时候，合成冷冻岗位的负荷要进行调整，各项参数也要进行调整，消耗增加，系统的平稳率下降。

(2) 循环水量进行调整(表 1)

表 1

用户	调整前水量 t/h	调整后水量	用户	调整前水量 t/h	调整后水量
表冷器 E401	6900	5500	尿素二氧化碳压缩机 FI1119	5527	5200
氨压缩机出口冷凝器 E510	882	1046	尿素装置 FI1118	8462	8570
合成气冷却器 E504	2423	2450	合成装置 FI7037	18900	17300

通过以上措施的采取和实施，今年 3 月 18 日以来，没有对 E510 进行清洗，也在 7 月 26 日才进行的降负荷操作，之前都是 100%负荷进行运行的。

6 脱碳循环水岗位优化创新带来的经济效益

（1）脱碳岗位流程创新和优化带来的

脱碳岗位大小循环一同建立，保守估计节约6小时，此时所节省的电费P301、P302、P303也相当可观，P301：195050kW、电价0.39元/(kW·h)计算，少开1个小时节约电费1950×8×0.39=6084元；同理，P302：780×5×0.39=1521元；90×5×0.39=175.5元；截至目前，脱碳开车共4次，则节约电费(6084+1521+175.5)×4=31122元

（2）P309停机时机优化带来的效益：由于是回收冷凝液，不至于将其排放到地面，环保并节能，社会效益以及减轻操作人员的劳动强度凸显，无法准确计算，故忽略不计。

（3）工艺冷凝液回收，不进行排放，进入自身系统的循环水当中，回收共116×24×53×5=73.8万.

（4）A301清洗方式优化带来的效益：实际生产情况表明，每次清洗A301，若其清洗时间超过6min，T302液位上涨明显，据运行统计数据T302液位上涨3.03%，T302的容量为30m^3，系统会增加水量约30×3.03%×1000=909kg；而按照优化后的规程进行操作，A301清洗按照新规程操作节约3min后，系统减少水量909÷1000=0.91t；按污水处理费用4元/t计算，节约费用0.91×4=364元。

A301清洗方式优化前，其清洗时间超过6min，系统会多出91t的水，会造成MDEA溶液稀释，需要通过蒸浓维持其浓度，按照维持MDEA溶液浓度在39%～42%、蒸浓效率约60%（就是1t的水需要1.6t的蒸汽或者说热量来消耗掉）、蒸汽价格90元/t计算，蒸浓费用最低为0.91×90÷60%=136.5元。

可见，A301清洗方式优化后，清洗一次，带来的经济效益为3.64+136.5=140.14元，按照去年的运行状况，和今年目前为止，如果运行到11月为止，估计清洗32次，节水费用32×140.14=484.5元。

（5）去年在线清洗E510共2次，每一次清洗都需要将系统负荷从100%降至85%进行操作，每天少产225t氨，少产尿素399t，1吨尿素目前均价为1900元/t，故清洗一次E510则消耗=(10+399×1900)×2=1516万元。

（6）脱碳岗位执行夏季生产运行模式：为节能降耗，据夏季的生产情况，决定进行如下优化改进：将合成氨装置快锅给水泵由双泵运行改为单泵运行；为保证全系统的蒸汽平衡，停运循环水透平（设计蒸汽消耗量为21t/h），增开1台循环水电动泵。脱碳循环水透平停运前，合成氨装置脱盐水消耗量为9047m^3/d，脱碳循环水透平停运后，脱盐水消耗量为8725m^3/d，日减少322m^3。快锅给水泵由双泵运行改为单泵运行，按快锅给水泵功率 250kW、电价0.39元/(kW·h)计算，停运1台快锅给水泵日节约电费250×24×0.39=2340元；脱碳循环水透平停运后，快锅平均减产中压蒸汽322t/d，蒸汽价格按90元/t计算，日节约蒸汽费用322×90=28980元。循环水透平停运前，日耗电101864kW·h；循环水透平停运、增开1台循环水电动泵后，日耗电143106kW·h，日增电耗41242kW·h，按电价0.39元/(kW·h)计算，日增电费41242×0.39=16084元。

脱碳循环水系统运行方式的优化于2018年7月11日开始实施，至2018年9月17日合成氨装置计划停车，期间设备运行状况良好、装置运行平稳。2019年3月18日复工以来，一直执行的是夏季运行方案，即快锅给水泵一台运行，循环水电泵三台运行，停循环水透平，在7月26日之前，系统负荷都是维持在100%，节能效果明显。脱碳循环水系统运行方式优化后，至2018年9月17日合成氨装置计划停运，共运行65d，今年2019年3月18日复工到目前为止，共运行127天，合计节约运行成本(2340+28980-16084)×(65+127)÷10000=289.5万元。

（7）综合经济效益

综合经济效益为31.12+73.8+0.0485+289.5+1516=1910万元。

7 结束语

实现节能减排、提高企业经济效益，需从生产中的小细节抓起，如上述针对脱碳系统实施的小改小革、A301冲洗时间节约3min等，看是小节，但其长期的节能环保意义是深远的。抓好生产中节能环保的小细节，并辅之以适当的绩效考核，既能实现降耗增效，又能提高岗位操作人员

的积极性和创造性。

脱碳系统岗位是合成氨生产合格氨的承上启下作用的一个岗位，尤其是工艺冷凝液回收是全装置乃至整个塔石化在环保方面，尤其是开停车之间的关键所在，创新和优化不仅仅解决我厂环保压力，同时合理安排脱碳岗位的开车方式，交叉作业有序进行，复工开车的时间有效缩短，节能降耗的能效提高，且将此方法固化到开车方案中，也在每年冬季停工过程中保护设备安全过冬，环保开车、停车提供操作依据。

参考文献

[1] 袁一，曾宪龙．大型氨厂合成氨生产工艺[M]．北京：化学工业出版社，1981：185-240.

[2] 丹麦托普索公司．中国石油塔里木油田分公司日产1500吨合成氨装置操作原则[Z]. 2008：5.

汽轮机排汽废热在供暖中应用

何 欢[1] 郝小娟[2] 吕 勇[2] 吴云鹏[3]

（1. 中国石油塔里木油田公司塔里木石化分公司；2. 中国石油塔里木油田公司塔西南勘探开发公司；3. 中国石油塔里木油田公司乙烯项目部）

摘 要 针对塔西南化肥厂合成氨装置余热资源的现状，通过系统研究分析汽轮机低真空改造技术的可行性、汽轮机低真空改造的技术保障措施、汽轮机低真空改造技术中存在的问题和应对措施等，最终提出优化改造方案，首次将合成氨装置透平表冷器余热用于生活区冬季采暖，通过对表冷器余热资源的利用，提高了能源的综合利用率、减少资源的浪费，缓解冬季天然气使用紧张的状况，实现企业和社会的双赢。

关键词 汽轮机；凝汽器；供暖

1 概述

大型合成氨装置既是一个氨厂，又是动力厂，能量有机分配，综合利用。合成氨装置的压缩机的动力常采用凝汽式汽轮机，汽轮机的排汽被冷却而凝结成水，同时冷却水被加热，其大量热量散发在大气中，从而产生汽轮机的热源损失。这种损失是造成循环热效率低的一个主要原因。而将凝汽式汽轮机改为低真空供热，是提高全厂热效率，减少环境污染是一种节能减排的创新方法。

通过研究全厂热力系统能源的分布和用户消耗情况，依据能源梯级利用的原则，经过优化和对比分析，制定了余热回收方案，即在保证塔西南化肥厂改造后装置安全运行的前提下，采用科学、经济的方式回收装置中富余热量用于厂区和生活区冬季供暖。优选汽轮机低真空供热方案，就是将汽轮机凝汽器的真空降低，提高汽轮机的排汽温度，利用汽轮机的排汽来加热冷却水，提高冷却水的出口温度，将凝汽器的循环水直接作为采暖用水为热用户供热，简言之就是把热用户的散热器当作冷却设备使用(原则性原理图见下图 1)。汽轮机改为低真空供热后，热用户实际上就成为化肥装置的“冷却塔”，汽轮机的排汽废热可以得到有效利用，避免了冷源损失，大大提高了能源的综合利用率。减少环境污染，具有重要的意义。

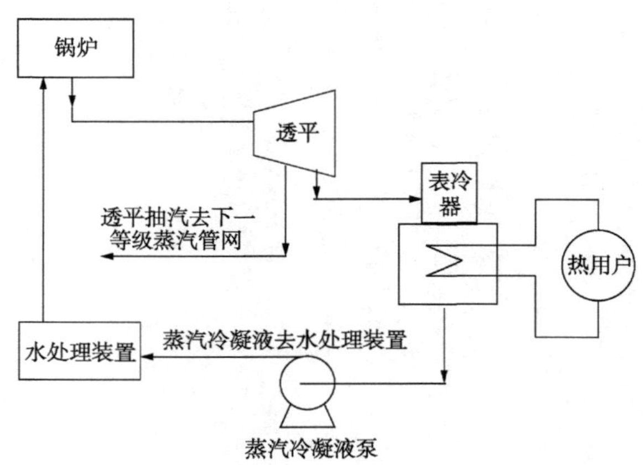

图 1 汽轮机低真空循环水供暖原则性原理图

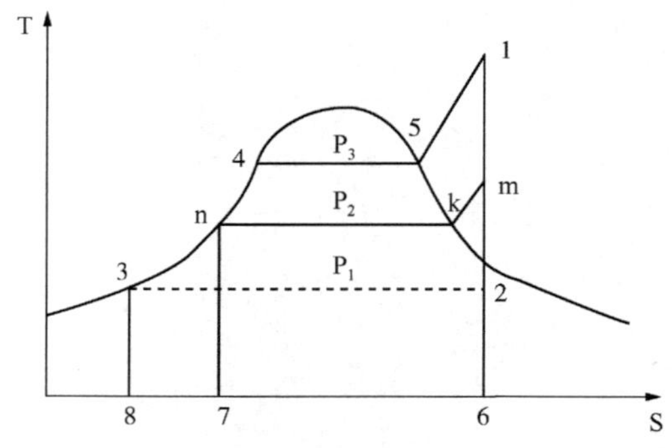

图 2 凝汽运行工况和低真空运行工况温熵图

如图 2 所示，当汽轮机在纯凝工况运行时，面积 1-2-3-4-5-1 为蒸汽在汽轮机中做功的焓，面积 2-6-8-3-2 为排出废汽的焓；改造成低真空循环水供热后，面积 1-m-k-n-4-5-1 为蒸汽做功的焓，面积 m-k-n-7-6-m 为用于供暖的热量。显然，汽轮机低真空循环水供热的经济效益比纯凝汽工况时要高。另外，采用低真空循环水供热，还可以取代大量分散供暖的小锅炉，既提高了能源的利用效率又减少了大气污染，具有重要的节能和环保意义。

将低真空供热系统用于冬季采暖，而将此项

技术应用于化肥装置还未有过，因为大型化肥装置的汽轮机都为单台，且转速较高，同时运行与装置的运行紧密程度较高等特点，其随着汽轮机低真空循环水集中供热后，其功率将降低，对装置的运行会造成一定的影响。为此，在进行改造时要非常谨慎，但这既面临着挑战，也面临着机遇。

2 汽轮机低真空改造的可行性

塔西南化肥厂低温废热资源丰富，可以向采暖水提供至少40.7MW的热量。只需要进行运行工况的调整变化，而无需要进行透平机组的改造；集中供热区域的热负荷已具备。在原表冷凝器的系统上并联新增一个新表冷凝器，老表冷器冷却仍采用循环水，而新表冷器冷却仍采用采暖水，夏季使用原有循环水系统，冬季主要采用供暖水系统和原有循环水系统并联运行的方式，热态切换，根据热负荷需要，把透平排汽的冷凝液逐渐由原表冷凝器切换到新的表冷凝器。这种切换方法机组不必停运，经济性好，同样安全可靠。

3 汽轮机低真空改造的技术措施

3.1 热负荷的选取

准确地确定热负荷是保证机组改造成功及提高经济性的关键。依据供热地区的环境温度、供热面积、供热要求来确定供热量，然后选择循环水温度、排汽压力并进行可靠性验算。从而确定汽轮机的原则性热力系统。

排汽参数：$P=0.025$MPa，$T=65$℃，$h_P=2617$kJ/kg，$h_C=272$kJ/kg，排汽量：$L_P=63$t/h，采暖期按照160天计算，采暖热指标按65w/m^{2}计，具体数据见表1。

表1 塔西南化肥厂合成氨装置压缩机透平参数表

序号	名称	位号	功率	总凝汽量/(t/hr)	汽轮机形式	表冷器压力/KPa	表冷器温度/℃
1	空气压缩机汽轮机	101-JT	5841kW	63	抽汽凝汽式	-75	50
2	合成气压缩机汽轮机	103-JT	7567kW				
3	高压锅炉给水泵汽轮机	104JT	1290kW				
4	氨压缩机汽轮机	105JT	3581kW				

可提供热量 $Q0=(2617-272)\times 63\times 10^3=147735000$kJ/hr；折合热负荷为41MW，若此部分热量全部被回收，燃料气低位发热值32836kJ/NM^{3}计算，折算节约燃料气$=147735000\div 32836=4499$NM^3/hr，每天节约天然气107976Nm^3；按采暖季160天计算，一个采暖季可节约天然气气$=107976\times 160\div 10000=1728$万Nm^3；可供暖面积$=(2617-272)\times 63\times 10^3\div(3600\times 10^{-6})\div 1000\div 65=631346$m^2。[1,13,21]

表冷器能提供的热负荷为41MW，而实际热用户的需要热量为供热首站供热区域主要为西区锅炉房区域，供热负荷为38.7MW。

3.2 排汽压力的选择

从采暖管网运行的经济性分析和机组的安全运行考虑，排汽压力只能控制在-59kPa～-76kPa范围内，最高不要高于-59kPa；为使机组长期安全运行，实际运行中冷凝器采暖水的出水温度一般在47℃～65℃，在寒冷期，当凝汽器的供热量达到最大时，热用户热量不足部分由西区锅炉将采暖水加热至所需温度后提供给热用户。

3.3 防止冷却管结垢问题

热网采暖水采用软化水，结垢问题得到缓解。在停运期间进行湿式保护，即充满经过化学处理的采暖水。

3.4 防止凝汽器冷却管泄漏

凝汽器的温升增大，由于壳体和换热管材质膨胀系数不同，膨胀量不均匀产生应力。但通过平稳的操作对凝汽器进行缓慢的升温和降温，同时排汽压力最高不要高于-59kPa；这样可以防止凝汽器冷却管出现泄漏。

3.5 低真空运行负荷调节

初、末期采暖用户的热全部来自表冷器废热，而严寒期供热来自两部分，包括表冷器废热和锅炉补充热量。

3.6 循环水供热系统故障的补救措施

采取并联运行表冷凝器的方式，未改变透平机组运行工况，又增加了系统和机组运行的稳定性，缺点就是有部分热量不能回收。在极寒天气，其热量不足部分由西区锅炉进行补充加热，在紧急情况下，可在短时间内迅速进行切换。

4 汽轮机低真空运行存在的问题分析及改进措施

4.1 功率影响

凝汽式汽轮机组功率同蒸汽流量和理想焓降

成正比，如果将机组排汽温度提高到65℃，透平的功率下降4%。可通过增加入口蒸汽来提高功率，同时可以增加供热负荷。在汽轮机循环水供暖温度达不到要求时，通过锅炉进行补充加热，同时改变表冷器的运行调节参数，改造后机组的其他运行主要参数基本不变。

即　$$N=GH/3600 \quad (1)$$

式中　N——汽轮机的功率。kW；

G——汽轮机进汽流量，kg/hr；

H——理想焓降。kJ/kg；

在生产过程中，将凝汽器真空降低，相应的排汽压力和排汽温度随之升高。降低凝汽器真空，提高循环水温度后的计算数据见表2。

表2　透平排汽温度变化透平参数变化表

透平排汽温度/℃	透平排汽压力/MPa	表冷器真空度/MPa	透平入口温度/℃	透平入口焓值/(kJ/kg)	出口焓值/(kJ/kg)	机组焓降/(kJ/kg)	减少做功/%
50	0.011	-0.076	500	3346	2591	755	
60	0.019	-0.069	500	3346	2609	737	2%
65	0.025	-0.063	500	3346	2618	728	4%
70	0.031	-0.057	500	3346	2626	720	5%
75	0.038	-0.050	500	3346	2634	712	6%
80	0.047	-0.050	500	3346	2643	703	7%

4.2　低真空运行对轴向推力的影响。

在背压升高的初期，其轴向推力先是减小的，当背压升高到一定程度后，才逐渐增大。汽轮机排汽压力不高于-50kPa，相应的排汽温度不大于75℃，仍然在机组推力轴承安全运行的范围内，因此对机组可以不必改动，仍能保证安全运行。推力轴承可以满足汽轮机低真空运行工况的需要，而我们排汽压力最高不要高于-59kPa，远远小于极端工况值。具体见图3。

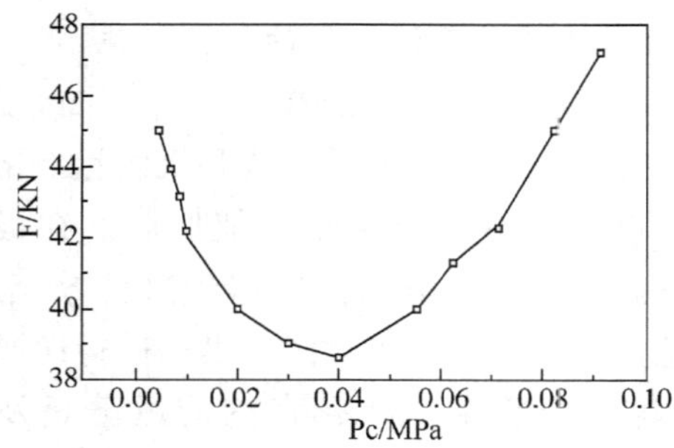

图3　汽轮机轴向推力随被压变化图

新表冷器将化肥厂凝汽器热量集中回收，利

4.3　低真空运行对汽缸膨胀的影响。

排汽温度升高，汽缸的膨胀将会因其与转子的相对变化从而引起通流部分动静间隙改变，或在热应力作用下发生变形，造成接合连接螺栓松动或变形，甚至造成机组剧烈振动，以及破坏接合面的严密性。运行中控制排汽压力最高不要高于-59kPa；这样就降低了对汽缸膨胀的影响，甚至没有影响。

4.4　强度和刚度核算。

排汽压力控制不大于-59kPa，汽缸、隔板、叶片、转子、螺栓等强度均能满足要求，变工况在可许的范围内，运行是安全可靠的。无需进行改造和更换。

4.5　凝汽器的承压。

凝汽器的承压能力为0.6MPa，是在设计范围内，能满足要求，但是为了预防热网突然瓦解等特殊情况，还采取了以下措施：在热用户回水管路上加装安全阀，保证回水压力不超过0.4MPa；供热循环水回路上安装逆止阀。

4.6　排汽温度和振动的影响。

由于排汽温度升高，排汽缸支承座膨胀量增加，使汽轮机后轴承抬高量增加，造成机组振动值增大，经计算及分析表明，若在转子找中时考虑轴承的标高变化，不会产生振动问题。

5　设计改造思路和改造方案

经过优化和对比分析，我们优化方案，采取原有表冷器并联一个新表冷器，两个表冷器可以互为切换，原表冷器冷却介质仍为循环水，新表冷器却介质仍为采暖水，根据采暖需求，调节表冷器热负荷。

用凝汽器循环水出水(65℃)经供热首站水泵加压后，供至基地西区锅炉房循环水泵入口，由循环水泵将循环水送至各采暖单体，再由锅炉房新增回水加压泵将循环水(55℃)送回化肥厂而完成一次循环。供暖初、末期：热源采用循环水向热用户直接供热，即新增凝汽器循环水出水(65℃)经供热首站水泵加压后，供至基地西区锅炉房循环水泵入口，由循环水泵将循环水送至各采暖单体，再由锅炉房新增回水加压泵将循环水(55℃)送回化肥厂而完成一次循环；严寒期供热：严寒期供热：供热模式改为新增表冷器循环水出水(65℃)经供热首站水泵加压后，供至基地西区锅炉房循环水泵入口，由循环水泵将循环水送至锅炉，锅炉加热循环水的方式将循环水加热至所需

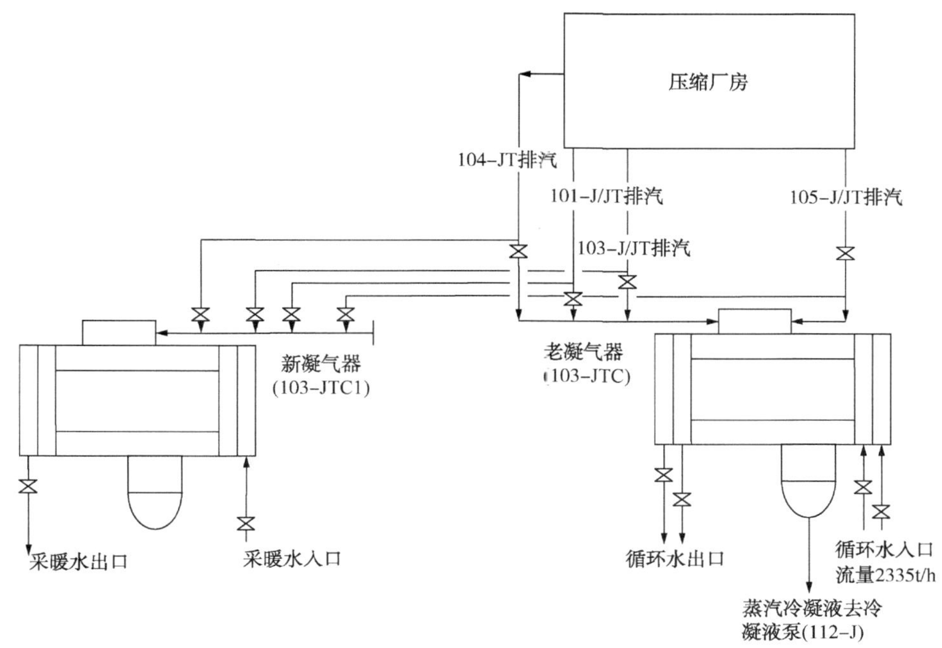

图 4　并联凝汽器流程简图

温度后(65℃)供至采暖用户，再由锅炉房新增回水加压泵将循环水(55℃)送回化肥厂而完成一次循环。西区锅炉房末站至化肥厂首站和表冷器 ¢630×8 工艺管线约 7200 米，最高设计压力 1.0MPa，最高操作温度为 75℃。操作介质为采暖水，具体见图 4 和图 5。

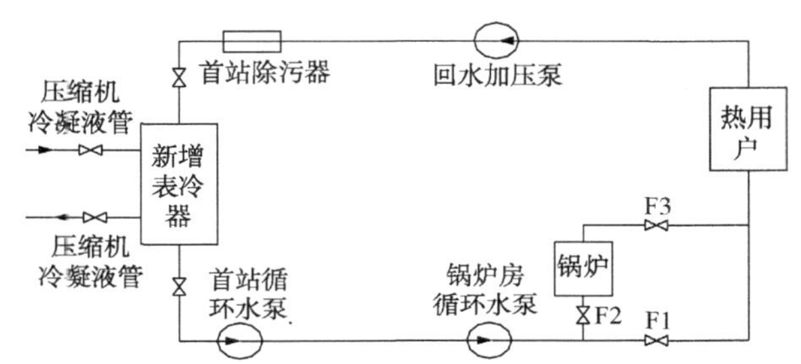

图 5　热力系统原则流程图

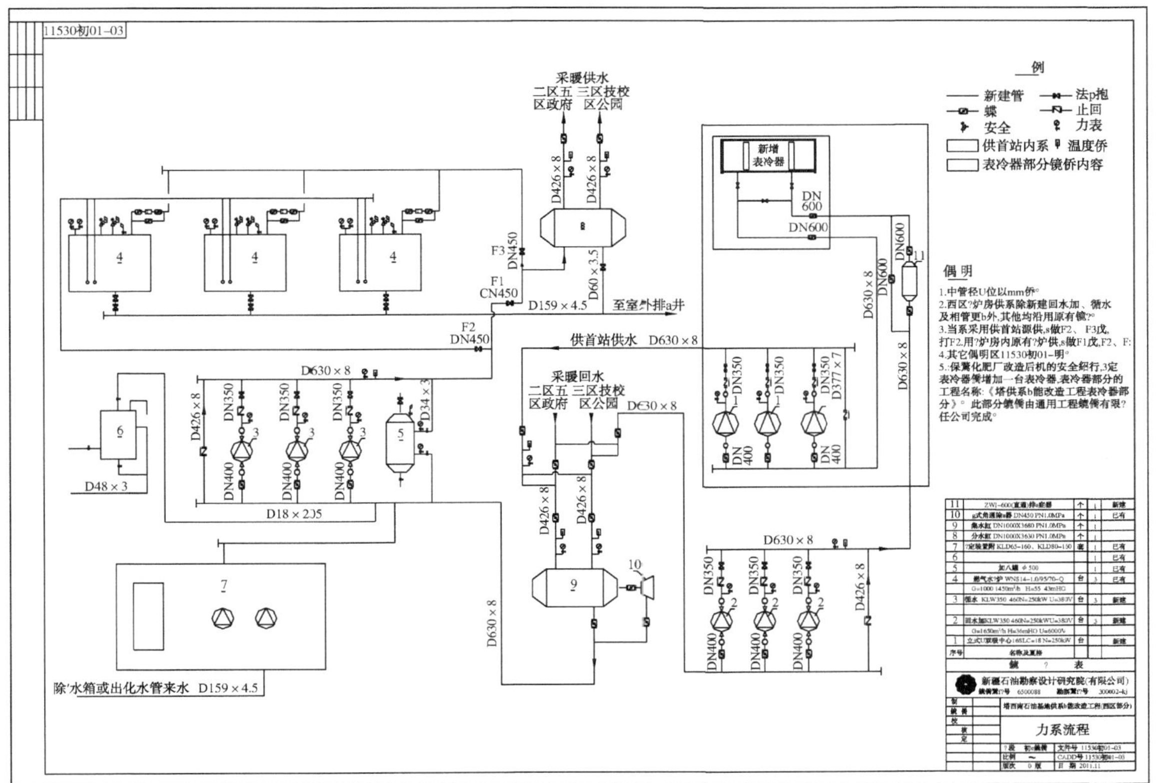

图 6　热力系统流程图

6　投用及实施效果

2013年10月底将凝汽器废热投入采暖系统，具体运行数据见表3。

表3　表冷器采暖期间运行数据表

日期＼项目	采暖水进表冷器压力/kPag	采暖水进水温度/℃	采暖水出水温度/	采暖水流量/(t/h)	新表冷器103-JTC1压力/kPag	原表冷器103-JTC压力/kPag	原表冷器冷凝液温度/℃
	PT-101	TE-101	TE-102	FT-101	PI-68A	PI-68	
2013.10.22	289	38	45	1152	-72	-71	56.5
2013.10.24	249	43	51	1156	-72	-71	56.5
2013.10.27	263	43	52	1166	-72	-71	56.5
2013.11.2	257	42	50.3	1166	-72.7	-70.8	56.8
2013.11.17	292	47	57.2	1421	-70.1	-72.7	54.6
2013.11.23	303.6	47.2	56.2	1492	-70.2	-73	54
2013.11.28	337.6	52.1	61.7	1672	-67.3	-75.3	50.7
2013.12.6	332	53	63.3	1675	-64.2	-80.2	41
2013.12.18	325.7	53.6	63.6	1674	-63	-79.7	42.4
2013.12.25	332	50.8	60.5	1693	-67	-80.8	39.5
2014.1.25	340	53.8	61.6	1692	-66	-77.8	46.2
2014.2.6	340	51.1	60	1692	-68	-77.2	47.2
2014.2.11	340	52.3	62.7	1696	-68	-77.1	47.3
2014.2.18	340	53	62.8	1701	-64	-80	41.7
2014.2.21	330	51	61.1	1703	-64	-78.7	44
2014.3.8	340	49.9	59.9	1709	-67	-79.3	43
2014.3.15	330	50.6	60.9	1709	-66	-78.7	44.5
2014.3.21	340	42.9	50	1695	-76	-74.3	52.2
2014.3.26	360	36.9	40.8	1605	-80	-71.1	56.5
2014.3.31	290	35.9	40	1540	-80	-70.8	56.8

6.1　投用

（1）整个采暖季新表冷器负压-63～-80kPag，原表冷器负压-70.8～-80.2kPag，其参数均在设计正常范围内，原表冷器的负压由原来的-62kPa，逐步变为-70.8～-80.2kPag，这对透平蒸汽系统更加有利，其运行工况进一步优化，高压蒸汽用量降低2t；新表冷器根据环境温度对采暖温度的要求而调整，在最冷的季节，新表冷器负压可控制为-63kPag，新表冷器采暖水出水温度可达65℃，其运行工况比在夏季的原表冷器负压-58kPa要好，表冷器的参数没有脱离设计值，安全运行得到了保障，未改变透平机组运行工况。

（2）在采暖的初期和末期，仅运行西区锅炉房1台循环泵，此时采暖水流量为1150t/h左右，也能满足供暖需求，这样达到节电和增强采暖水系统稳定性的作用；在采暖中期，再开西区锅炉房加压泵一台，流量为1470t/h左右；在极寒天气中，西区锅炉房2台循环泵运行，2台加压泵运行，流量为1650t/h左右，在极寒天气中为确保机组运行不受影响，没有过多的提供废热，不足热量由西区锅炉进行补充，收到了良好效果。

由于化肥厂首站泵站用电采用化肥厂用电，而西区锅炉房泵站用电采用小区居民用电，西区锅炉房泵站用电级别较低，停电的概率较大，为此，我们考虑将化肥厂首站泵站的循环泵低流量联锁启动挂上，当西区锅炉房泵站突然停电后，采暖水流量下降，当采暖水流量低于900t/h时，化肥厂首站泵站的1台循环泵自启动，若采暖水流量仍旧继续下降，采暖水流量低于750t/h时，化肥厂首站泵站再自启动1台循环泵，以确保采暖水流量不再下降，新表冷器负压不要上升过快。在3月份停供热前进行此联锁的实验，能够达到自启动联锁要求，这又增加了化肥厂合成氨工艺系统和采暖系统的安全性和稳定性。

6.2 节能节水

以新增表冷器换热数据为基础，2013 年 10 月 21 日至 12 月 30 日，采暖水进口平均温度 46.4℃，出口平均温度 55.8℃，设备整体运行良好。采暖水平均流量 1477m^3/h 计算，热量计算如下：

$$Q = W \times C \times \Delta t$$
$$= 1477 \times 103 \times (55.8 - 46.4) \times 4.1868$$
$$= 58.31 \times 106 kJ/hr$$

节约天然气：以 2013 年 10 月燃料气低位发热值 32836kJ/Nm^3 计算，每小时折算燃料气 = 58.31×106÷32836 = 1776Nm^3/hr，每天节约天然气 42621Nm^3，按采暖季 160 天计算，一个采暖季可节约天然气 = 42624 × 160 ÷ 10000 = 682 万 Nm^3。按照每方天然气 0.92 元计算，年实现节能效益 627.4 万元。以吨标煤热值 29307kJ/kg 计算，每天节约标煤 = 58.31 × 106 ÷ 29307 × 24 = 47.76t，一个采暖季节约 7642t 标煤。

减排 CO_2：以每天节约天然气 42621Nm^3，每标方天然气总碳量 98.4% 计算，每天减排 CO_2 = 42621÷22.4×0.984×44÷1000 = 82.4t，一个采暖季减少 CO_2排放为 13184t；

节水：正常生产合成氨装置表冷器消耗循环水 2400t/hr，占循环水总量的 20%，循环水蒸发量为 170m^3/hr，供暖用水损耗为 2%。则整个采暖期减少循环水在凉水塔的闪蒸损失水量 = 170t/hr×0.2×24×160 天×98% = 127949t，水价格按 1.42 元/m^3 计，每年可节约循环水的成本为 18.2 万元。

汽轮机排汽废热回收部分可降低合成氨装置综合能耗 2.61GJ/t 氨。

6.3 社会效益

在冬季将凝汽式汽轮机改为低真空供热，就是人为将汽轮机凝汽器的真空降低，提高汽轮机的排汽温度，利用汽轮机的排汽来加热冷却水，提高冷却水的出口温度，并利用其对外进行供热的运行方式，是一种节能减排的全新思路。

该项目改造是利用化肥厂压缩机蒸汽透平排汽的废热，通过表冷器提取回收后作为集中供热的新热源，本身具有高效、节能、环保的特点，是国家推荐的节能技术。通过改善表冷器加热了采暖水。通过采暖水与乏汽的换热，热用户实际上就成为化肥厂的“冷却塔”，达到了生产余热的有效利用的目的。用循环水供热，既能将锅炉新蒸汽高品位能量充分利用，又能较好地利用表冷器排放到循环水中的低品位能量对用户集中供热，利用循环水集中供热，避免了透平机组大量余能损失，节省了大量的能源投入，是一种方便、经济、高效的供热措施。

7 主要技术创新点

化肥装置汽轮机低真空循环水在供暖中的首次成功应用，有显著的经济效益，系统总节能率提高，该项目改造是利用化肥厂压缩机蒸汽透平排汽的废热，通过表冷器提取回收后作为集中供热的新热源，本身具有高效、节能、环保的特点，是国家推荐的节能技术。通过改善表冷器加热了采暖水。通过采暖水与乏汽的换热，热用户实际上就成为化肥厂的“冷却塔”，达到了生产余热的有效利用的目的。用循环水供热，既能将锅炉新蒸汽高品位能量充分利用，又能较好地利用表冷器排放到循环水中的低品位能量对用户集中供热，利用循环水集中供热，避免了透平机组大量余能损失，节省了大量的能源投入，是一种方便、经济、高效的供热措施。

7.1 化肥装置首次应用

将化肥装置高速运转的蒸汽冷凝式透平排汽余热用于生活区冬季采暖，这在国内属于首次应用，之前仅在热电厂应用较多，主要是因化肥装置透平的转速高，与装置工艺结合紧密等因素，改造不慎将給装置带来巨大运行风险，甚至无法运行，基于这些不利因素，化肥厂均未实施。但我们经过工艺安全论证分析，认为存在问题可以通过相应的技术手段逐一解决，改造是完全可行的。

7.2 并联增加一台表冷器

综合装置工艺因素，将对装置运行的影响降低到最低，需要在原表冷凝器的系统上并联新增一个新表冷凝器，老表冷器冷却仍采用循环水，而新新表冷器冷却仍采用采暖水，同时对泵站进行相应的改造，新建两条管网将热用户和化肥厂的管网连接起来，夏季使用原有循环水系统，冬季主要采用供暖水系统和原有循环水系统并联运行的方式，热态切换，即在机组处于运行状态下，根据热负荷需要，把透平排汽的冷凝液逐渐由原表冷凝器切换到新的表冷凝器。这种切换方法机组不必停运，经济性好，同样安全可靠。因此，在机组处于运行状态时，不必停机切换，且切换方便，可互为切换，将对系统的影响降低到最低。供暖初、末期：热源采用表冷器加热采暖水直接向热用户直接供热，严寒期供热：热源先采用表冷器加热采暖水，其热量不足部分再由西区锅炉将采暖水加热至所需温度。

7.3 未改变透平机组运行工况

在投入运行时，我们采取根据热用户对温度的需求，逐步将透平排气从老表冷器切换到新表冷器，随着热量进入新表冷器加热采暖水，老表冷器热负荷的降低，而其冷却介质循环水仍维持不变，老表冷器的负压由原来的-62kPa，逐步变为-70.8～-80.2kPag，这对透平蒸汽系统更加有利，其运行工况进一步优化，高压蒸汽用量降低2吨；新表冷器根据环境温度对采暖温度的要求而调整，在最冷的季节，新表冷器负压可控制为-63～-80kPag，新表冷器采暖水出水温度可达65℃，其运行工况比在夏季的表冷器负压-58kPa要好，表冷器的参数没有脱离设计值，因此我们安全运行得到了保障，未改变透平机组运行工况。

7.4 没有对机组进行改造

我们采取并联运行表冷凝器的方式，这样就使运行工况没有脱离设计值，未改变透平机组运行工况，避免了因机组运行工况脱离设计值，而对机组进行相应的改造，同时对工艺系统的影响降到最低，又增加了系统和机组运行的稳定性，缺点就是有部分热量不能回收，在极寒天气，其热量不足部分由西区锅炉进行补充加热，在紧急情况下，可在短时间内进行迅速进行切换。

8 推广应用前景

化肥装置汽轮机低真空循环水在供暖中的首次成功应用，不仅节约能源，减少环境污染，也是现在企业节能挖潜的有力措施，是一种节能减排的全新思路，有显著的经济效益，系统总节能率提高，为化肥装置回收汽轮机排汽低品位废热积累了经验，在同类装置有很高推广价值，这将对提高能源综合利用水平，改善环境，降低成本，提高供热质量有着重大意义。

参考文献

[1] 夏敏文. 热能工程设计手册[M]. 北京：化学工业出版社，2000.

[2] 于遵宏. 大型合成氨厂工艺过程分析[M]. 北京：中国石化出版社，1993.

[3] 袁一，曾宪龙. 大型合成氨生产工艺[M]. 北京：化学工业出版社，1984.

[4] 沈士一，庄贺庆，康松，庞立云. 汽轮机原理[M]. 北京：水利电力出版社，1992.

[5] 王宇清. 供热工程[M]. 北京：机械工业出版社，2004.

[6] 石兆玉. 供热系统运行调节与控制[M]. 北京：清华大学出版社，1994.

[7] 汪玉林. 汽轮机设备运行及事故处理[M]. 北京：化学工业出版社，2006.

[8] 薛春褚. 改造凝气电厂利用循环水供热[M]. 哈尔滨：哈尔滨船舶学院出版社，1994.

溶聚丁苯橡胶装置汽提单元节水降耗研究

郭 庆 周俊杰 陈晓博 尚志强 杨治泽

（中国石油独山子石化公司）

摘 要 本文介绍了中国石油独山子石化分公司丁苯橡胶装置汽提回收单元在开车水运阶段按照原设计使用脱盐水时出现管线水云、能耗高、过程耗时长的问题。车间通过改造蒸汽凝液系统流程，将蒸汽凝液引入到汽提单元。汽提单元开车水运过程完全使用凝液取代了脱盐水。凝液系统的循环再利用，每年节约能耗534705.6kg标油，此改造减少了装置能源消耗，降低装置生产成本，提高了经济效益。装置既做到了环保、清洁、节能，又做到了“降本增效”。改造后装置解决了水击现象，消除了设备损坏的风险，延长了设备使用周期。装置脱盐水管网压力自此以后未出现波动现象，装置运行平稳，此次改造为装置平稳运行打下了坚实的基础。

关键词 凝液；脱盐水；汽提；蒸汽

1 概述

独山子石化分公司丁苯橡胶装置汽提回收单元利用汽提作用把聚合胶液中的溶剂油和橡胶分离开，溶剂油精制后循环使用，橡胶经过脱水挤压干燥后包装。汽提过程在三个汽提釜和一个胶粒水罐中通过胶液与低压蒸汽逆流接触完成。汽提单元采用的是水析法凝聚原理：利用溶剂油易挥发和橡胶不溶于水难挥发的特点，在汽提剂、机械搅拌的共同作用下，胶液呈液滴状分散于热水中，蒸汽直接通入热水中，靠部分蒸汽冷凝放出的潜热来加热热水，热量由热水传递给胶粒，此时液滴中溶剂油受热汽化，并被大量的水蒸汽带出汽提釜，将溶剂脱除。溶剂蒸出后的橡胶呈颗粒状分散于水中并充分与水接触，洗涤橡胶中所含的杂质，降低橡胶中灰分含量。

汽提单元在开车阶段首先要进行水汽联运，需向汽提釜中注水建立液位，通蒸汽将各汽提釜温度控制在100℃以上，汽提系统压力和温度正常之后将胶液喷入汽提釜中开车。本文主要针对解决汽提单元建立水运时使用脱盐水所带来的问题提出改进方法。

2 问题概述

橡胶联合车间丁苯橡胶装置汽提单元开车水运操作指南要求：使用蒸汽将汽提釜加热至100℃以上，温度达到要求后开始注入脱盐水；将4个汽提釜注入20%液位的脱盐水，之后加入中低压蒸汽控制汽提釜温度在100℃以上。采用以上方式进行生产开车易引起系统水击、脱盐水压力下降不能正常冲洗汽提系统泵和搅拌机封等问题。

（1）水击现象

脱盐水温度为常温，汽提釜温度要求控制在100℃～130℃。按操作要求将脱盐水注入汽提釜中时，需要缓慢注入中低压蒸汽，使汽提釜温度达到控制要求。此时冷介质脱盐水遇蒸汽后会形成水击现象，现场管线设备水击较大，严重时会使管线出现脱焊、裂纹等，导致设备损坏和使用寿命变短。

（2）脱盐水系统压力下降

开车阶段将4个汽提釜注水到20%的液位总共需要65吨脱盐水，为保持脱盐水系统压力能满足设备机封冲洗要求开车时使用脱盐水量不能过大，装置建立汽提水运时间长。脱盐水注入依靠调整手阀开度控制，操作时稍不注意开阀过大会导致脱盐水管网压力下降，其他用户压力降低，存在损坏设备的风险。

（3）增加能耗

脱盐水为常温，注入系统中的65t脱盐水需要用蒸汽加热至100℃～130℃，蒸汽耗量较大。

3 改进思路

3.1 利用装置蒸汽凝液开车水运

装置设置有中、低压蒸汽凝液收集罐V-0704，主要收集装置溶剂塔低压蒸汽凝液、各中低压蒸汽疏水器凝液、各蒸汽换热器凝液。蒸汽凝液收集罐V-0704设计参数为：储罐体积

$20m^3$、操作压力 0.045MPa、操作温度 110℃、凝液外送量 42t/h。储罐中的凝液通过泵 P-0701/S 送出装置。凝液收集罐同时可以产生低低压蒸汽，蒸汽凝液进入 V-0704 闪蒸后产生的低低压蒸汽用于丁二稀精制塔再沸器加热，再沸器凝液由泵送至 P-0701/S 出口一起送出装置。

3.2 可行性论证

蒸汽凝液收集罐 V-0704 设计参数为：储罐体积 $20m^3$、操作压力 0.045MPa、操作温度 110℃、凝液外送量 42t/h。

（1）温度

蒸汽凝液温度为 110℃，满足汽提釜水运温度 100℃~130℃的要求。

（2）流量

凝液外送设计量 42t/h，汽提单元水运需要 65t，只需要 1.5h 汽提单元就可以建立水运操作。使用脱盐水开车水运为避免造成脱盐水管网压力过低，通常使用量<15t/h。

（3）其他

装置内蒸汽与溶剂油、丁二烯、空气换热，蒸汽冷凝后形成凝液，液相干净无杂质，同时 pH 值为中性，无油类等杂志，满足汽提单元水质要求。

3.3 方案实施

（1）改变装置凝液外送流程，由原来凝液直接外送界区流程变更为 P-0701/S 出口经各线汽提单元后出界区，在凝液外送线上增加压力调节回路，确保凝液系统在汽提使用凝液补水和冲洗时的压力正常。

（2）保留汽提单元开工用脱盐水线，以备在汽提釜停车时降温使用。

（3）将汽提单元所有机泵入口脱盐水线自管廊引线处断开，改为自管廊凝液线引至胶粒水泵入口，同时增加汽提送后处理 6 条物料线的凝液冲洗线。

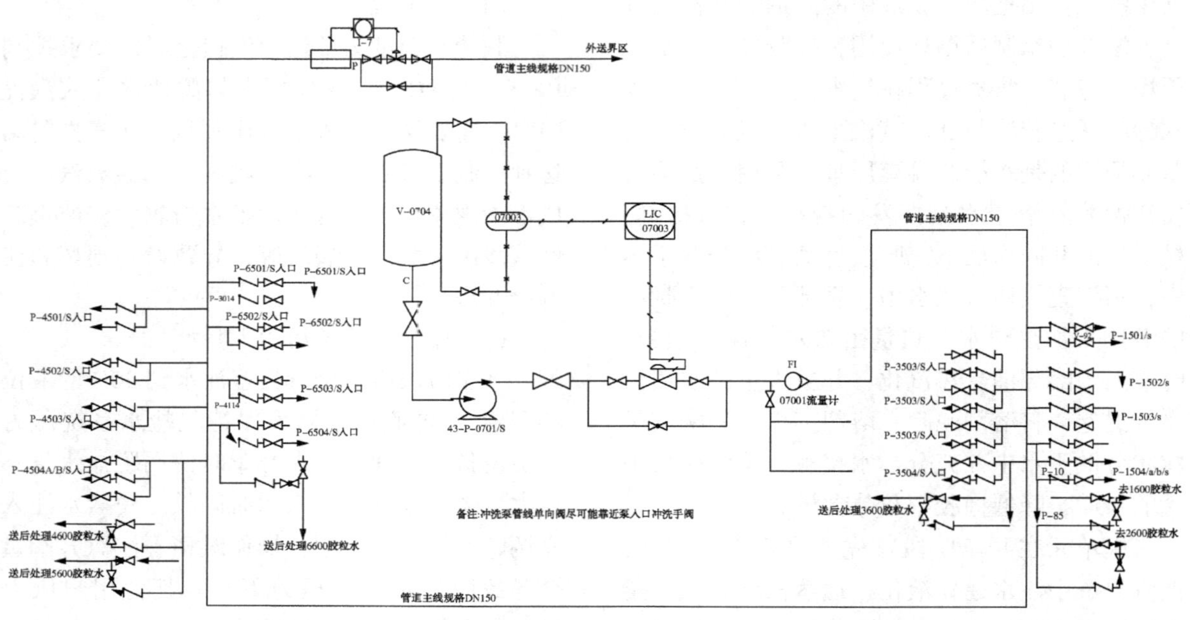

图 1 改造后凝液外送流程简图

3.4 改造后运行方式(图 1)

蒸汽凝液回收系统改造后运行方式：

（1）装置凝液系统的温度、压力控制指标不变，仅改变凝液外送流程；

（2）在汽提单元开车水运时使用凝液代替脱盐水注入汽提釜；

（3）汽提单元使用凝液开车时要保证凝液系统小流量外送，避免影响丁二烯精制塔凝液正常外送。

4 实施效果评价

4.1 实施效果

（1）凝液线改造后，汽提单元开车水运建立循环的时间由以前 4h 缩短为 2h；

（2）汽提单元改用凝液开车后，消除脱盐水压力低造成设备损坏的隐患，装置设备运行得到了良好的保障；

（3）改用凝液后汽提单元水质 pH 在 7~9 之间，满足装置运行要求；

（4）使用凝液开车消除了汽提开车水运阶段的水击现象，有效避免了装置设备及管线焊缝因水击造成的损坏。

4.2　节能效果

本装置共有 4 条汽提单元生产线，每条线开车最低需消耗脱盐水总量为 65t，每条生产线开停车为 4 次/年，4 条生产线共计 16 次。

（1）生产线因开车操作减少脱盐水消耗量：65×4×4 = 1040t/a；

（2）减少蒸汽消耗量：

据化工原理，220℃ 低压蒸汽的焓 H = 2801kJ/kg；不同温度下水的焓值如表 1 所示。

表 1　不同温度下水的焓值

温度/（T/℃）	焓 H/（kJ/kg）
30	125.69
110	461.34
117	490.98

经过计算：

（1）1t 脱盐水从 30℃ 加热到 117℃ 消耗蒸汽量为：

65 * 1000 *（490.98−125.69）÷2801÷1000 = 8.48t

（2）1t 凝液从 110℃ 凝液升温到 117℃ 消耗蒸汽量为：

65 * 1000 *（490.98−461.34）÷2801÷1000 = 0.69t

（3）使用凝液后汽提单元开车每次节约蒸汽量为：

（8.48−0.69）* 65 = 506.35t

开工时将 30℃ 的脱盐水升温至 117℃，需要消耗低压蒸汽 8.48t；将 110℃ 凝液升温到 117℃ 消耗低压蒸汽 0.69t；使用凝液后汽提单元每次开车可节约蒸汽 7.79t；一年可累计节约蒸汽 1040 * 7.79 = 8101.6t。

累计一年节约能耗：8101.6 * 66 = 534705.6kg 标油。

5　结论

（1）通过装置凝液系统的改造，汽提单元开车水运过程凝液完全取代了脱盐水。凝液系统的循环再利用，每年节约能耗 534705.6kg 标油，此改造减少了装置能源消耗，降低装置生产成本，提高了经济效益。装置既做到了环保、清洁、节能，又做到了“降本增效”。

（2）改造后装置解决了水击现象，消除了设备损坏的风险，延长了设备使用周期。装置脱盐水管网压力自此以后未出现波动现象，装置运行平稳，此次改造为装置平稳运行打下了坚实的基础。

参　考　文　献

[1] 中国石油独山子石化公司丁苯橡胶联合车间丁苯橡胶装置操作规程[M]，2018.8.

[2] 中国石油独山子石化公司 10 万吨/年 SSBR&8 万吨/年 SBS 装置工艺管道及仪表流程图[M]，2008.4.30.

[3] 陆美娟，张浩勤．化工原理（上册）．第二版．北京；化学工业出版社，2009.

依托清洁生产 实现节能减排

申海燕 杨昌辉 金方友 周俊杰 刘玉丰

（中国石油独山子石化公司）

摘 要 聚苯乙烯装置从清洁生产入手，厘清三废产生的源头，合理制定治理方案，并实施。通过开展清洁生产，使全体员工从思想上转变观念，认真做好节能减排工作，实现了聚苯乙烯装置，节能降耗、减污增效，为企业员工提供了更佳的工作环境，实现环境与经济双赢，为同行业推行清洁生产、实现节能降耗提供了重要参考。

关键词 聚苯乙烯；清洁生产；节能减排

1 引言

在当今社会中，工业生产是社会物质生产的主要方式，它对综合国力有着决定性的影响，但同时，工业生产又是环境污染的主要来源。这是因为，工业生产是一种物质转换过程，其输入端是资源，输出端是产品和废弃物。另外，物质资源的生产方式，是社会生活的基础和社会发展的决定力量。显然，“清洁性生产”方式是对“污染性生产”方式的挑战和进步。因此，清洁生产是二十世纪80年代末，由联合国整理提出的一个科学合理的工业生产模式的新理念。其核心内容就是“节能、降耗、减污、增效”。所以，清洁生产是可以达到经济、环境、社会三个效益高度统一的工业生产的崭新模式，是关于产品和产品生产过程的一种新的、持续的、创造性的思维，是指对产品和生产过程持续运用整体预防的环境保护新战略。

清洁生产是指将整体预防的环境战略持续应用于工艺生产过程和产品控制过程中，通过一些行之有效的措施的实施来减少对人类和环境的污染，将污染风险降到最低，通过开展清洁生产审计，可对生产装置的每个单元和环节、每道工序可能产生的污染进行定量监测，提出高物耗、高能耗、高污染的原因，然后有的放矢地提出对策、制定方案，防止和减少污染物的产生，达到节能、降耗、减污、增效的目的。

2 装置清洁生产预评估及方案制定

2.1 装置概况

独山子石化公司 13×10^4t/a 聚苯乙烯装置为“改扩建炼油及新建乙烯工程”的新区化工部分11套生产装置之一，其由二条生产线组成，即一条 9×10^4t/a 通用级聚苯乙烯(GPPS)生产线和一条 4×10^4t/a 抗冲级聚苯乙烯(HIPS)生产线。装置共有操作人员35人，专业技术管理人员5人。

聚苯乙烯装置成套引进S&W及其合作专利商的工艺技术，其中HIPS生产线采用美国GE公司工艺技术，GPPS生产线采用PDS公司(Process DevelopmentService，Inc)研发的GPPS专利技术。二条生产线均为本体连续法聚合工艺，生产不同牌号的抗冲级聚苯乙烯(HIPS)及通用级聚苯乙烯(GPPS)。是由上海工程公司(SSEC)设计，中油六建完成施工。

本装置的建设规模为年产聚苯乙烯13万吨，其中GPPS生产线的设计能力为 9×10^4t/a(11.25t/h)，HIPS生产线的设计能力为 4×10^4t/a(5t/h)，装置年操作时间按8000小时计。GPPS线主要生产GPPS500、GPPS500N、GPPS500NT三个主要牌号。HIPS线生产HIE-1、HIEM两个主要牌号。

聚苯乙烯装置为乙烯厂新建装置，装置自2006年6月开始土建施工，2009年6月5日中交，并于2009年9月27日一次投料试车成功。目前装置GPPS生产线生产负荷为8.5t/h，HIPS为3.2t/h，均未达到设计负荷。

2.2 工艺流程示意图和工艺技术简介

1) GPPS生产线工艺技术简介

新鲜的苯乙烯单体在氧化铝吸附塔里除去阻聚剂(TBC)，然后和回收的单体进行在线混合，混合后的混合物被送入预聚合反应器CSTR中，在这儿完成 50%－65%的转化，转换率随产品牌号而改变。在 CSTR 之后加入矿物油，内部润滑剂硬脂酸锌和蓝剂，这些添加剂随物料一同进入柱塞流的末段反应器，可完成最终 65%－85%的转化。最终转化率取决于牌号，产率，单体纯度。C-Star Plus 使用热引发以减少原料成本，减少投资成本和维持极好的产品透明度。反应完成的物料进入脱挥系统，以脱除未反应的单体，工艺杂质和反应副产物，然后产品被送至造粒系统，最终输送到成品料仓。脱挥器顶部气相进入净化系统，净化后的苯乙烯单体返回到进料系统循环使用。有一小部分循环液从净化系统中排出，用于维持 GPPS 产品较好的透明度和较高的反应动力学速率(图 1)。

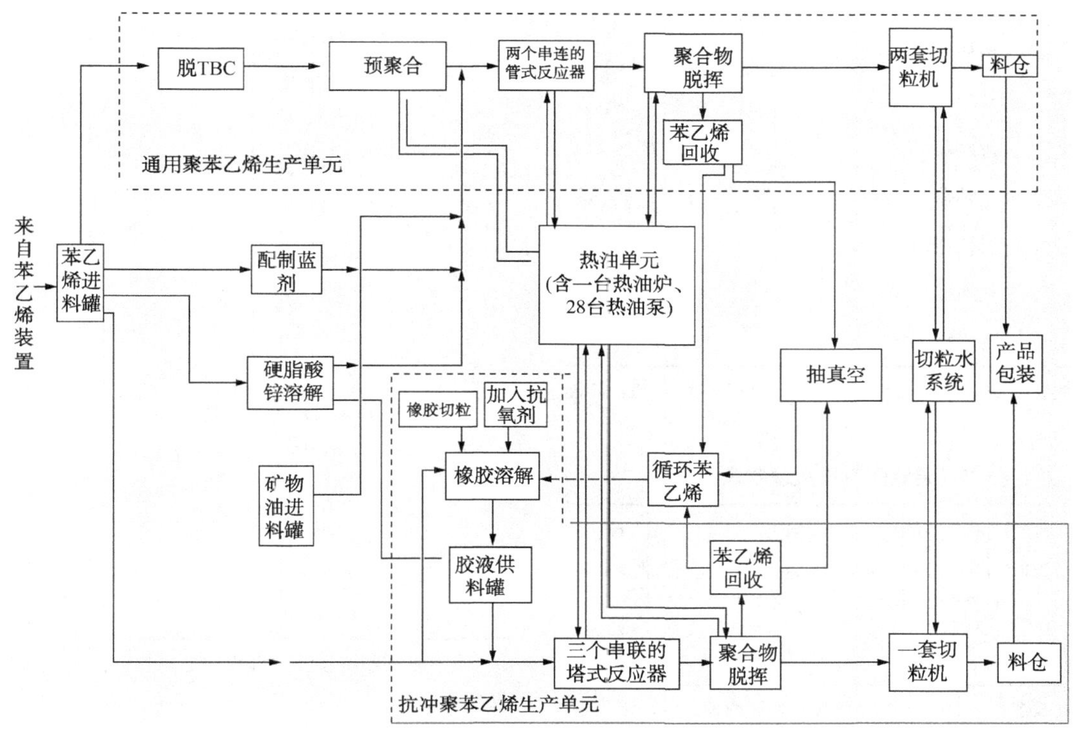

图 1　装置工艺流程图

2）HIPS 生产线工艺技术简介

聚丁二烯橡胶被切碎后溶解在苯乙烯中，胶液以固定不变的浓度在所有牌号中使用。这样可在转产时可减少不合格牌号的生产，提高产品的一致性并减少操作失误。抗氧剂和硬脂酸锌溶液直接加到橡胶溶解罐中。橡胶溶液按配方加新鲜苯乙烯和回收的苯乙烯进行稀释，随后被连续计量，过滤和加热后向反应区供料。反应区用的是 GEAM 技术，利用三个相串的立式搅拌反应器生产聚合物。通过三个反应器可最终获得 65%－75%产品。最终转化率随产品牌号的不同而发生变化。矿物油直接加入到反应器的入口。GEAM 反应器系统利用热引发。热引发聚合减少了原料成本，减少了投资成本并保持了良好的产品色泽。反应完成的物料进入脱挥系统，脱除未反应单体，工艺杂质和反应副产物。然后产品被送至造粒系统，最终输送到成品料仓。脱挥器顶部气相进入净化系统，净化后的苯乙烯单体循环返回供料部分，有一小部分排出作为工艺燃料。

2.3　装置的环境现状(表 1)

表 1　装置废水排放现状表

序号	废水源	指标名称	设计值	实际值	排放去向	排放方式
1	含油污水	排放量 t/月	/	416.7	经污水池收集后，送净化水联合车间	间歇
2		pH	6~9	8.3		
3		COD/(mg/L)	≤60	22.0		
4		石油类/(mg/L)	≤100	2.8		

注：此表数据为 2017 年四季度监测数据。

聚苯乙烯装置产生的废水主要是含油污水。

含油污水来自粒料冷却单元的少量造粒冷却水，生产区地面冲洗水(表 2~表 6)。

表 2　装置 Voc 排放现状

污染源	排放量/kg
加热炉 AF-1610	549.64
苯乙烯单体缓冲罐	1007.1
矿物油缓冲罐	168.3
循环罐	119.7
装卸车	36.03
排放罐	70.7
橡胶溶液进料罐 T-3140A	171.2
橡胶溶液进料罐罐 T-3140B	171.2
热油罐	0
装置密封点	661.83

注：此表为 2017 年 Voc 监测数据，数据来源于 Voc 管控平台。

表 3　装置烟气排放现状表

污染源	排放去向	排气量/(m^3/h)	SO_2/(mg/m^3)	NO_x/(mg/m^3)	CO_2/(mg/m^3)	排放规律
加热炉 AF-1610	大气	3901	3.0	94	2	连续

注：此表数据为 2017 年四季度废气监测数据。

表 4　装置噪声实测数据表

测点名称	测定值 dB/A	测点名称	测定值 dB/A
热油炉风机	71.4	风送风机	75.4
真空风机	88.5	造粒厂房 AD-2513 附近	75

注：此表数据为 2017 年噪声监测数据。

装置噪声源主要是风机。

表 5　聚苯乙烯装置固体废弃物排放一览表

序号	废渣液排放源	排放规律	排放量/(t/a)	主要组成	处理方法及去向
1	阻聚剂吸附床	1 次/1 月	45	废氧化铝吸附剂	危险固废填埋
2	橡胶浆料进料过滤器	1 次/天	34.5	废过滤元件，聚丁二烯，含残留的 SM	危险固废填埋

注：此表数据为 2017 年数据。

表 6　装置废烃排放现状表

序号	废烃排放源	主要组成	设计排放量/t	实际排放量/t	去向	排放规律
1	废烃罐	苯乙烯(64.02%) 乙苯(33.98%) 对二甲苯(0.0074%) 间二甲苯(0.0196%) 异丙苯(0.5844%) 邻二甲苯(0.0352%) 正丙苯(0.3942%) 甲基苯乙烯(0.0131%) 苯乙炔(0.0086%) 重组分(0.0218%)	120	144	压入罐车外售	废烃罐液位大于 70% 时，将废烃压空至槽车内

注：此表数据为 2017 年全年监测数据，废烃的主要组成数据来自 LIMS。

2.4　分析装置现状

从表 7 可以看出，聚苯乙烯装置的能耗远低于设计值，装置的物料损耗与设计值基本持平。

表 7　聚苯乙烯装置清洁生产指标对比

指　标		设计值	2017 年实际值
一、资源能源利用指标			
1. 综合能耗/(kg 标油/t 原料)		66.73	41.105
2. 新鲜水用量/(t 水/t 油)		≤0.05	0.0038
3. 原料加工损失率/%		0.8	0.7
二、污染物产生指标			
1. 含油污水	3.1.1　单排量/(kg/t 原料)	≤60	51.9
	3.1.2　石油类含量/(mg/L)	≤150	2.68
2. 加热炉烟气中的 SO_2 含量/(mg/Nm^3)		≤100	3
3. 固体废弃物/(t/a)			79.5
4. 苯乙烯废液/(kg/h)			150
5. Voc 排放量/(kg/a)			3213.13

固体废弃物排放量为 79.5t/a，主要有脱

TBC 塔产生的废氧化铝和胶液过滤器 S-3115/3116 产生的废过滤原件两种，由于装置生产的 GPPS500NT 要求原料中 TBC 含量小于 15ppm，脱 TBC 塔需每月更换一次氧化铝填料，以满足产品质量要求；另外 HIPS 线所用的低顺胶与设计不同，产生的不溶物较多，所以需每天清理胶液过滤器 S-3115/3116。

苯乙烯废液量为 150kg/h，原设计作为热油炉的燃料，但由于采用废烃作为燃料时，热油炉运行不稳定，而热油炉的稳定运行是装置稳定运行的前提，所以实际未采用废烃为燃料，采取的措施是在装置内装车外卖，平均每周外卖废烃一次，外卖价格是 1585 元/吨，外卖时，需按危化品进行处理，而危化品在输送和处理过程中存在一定风险，据了解，目前新疆只有两家公司能够处理，由于可处理废烃的企业太少，导致废烃外卖困难。苯乙烯废液的主要组成为苯乙烯和乙苯，占 98%，如果将其回收利用，不但减少了装置三废，实现了清洁生产，每年(按 8000h 计算)还可为企业带来经济效益。

表 8　苯乙烯废液回收效益计算表

序号	废液量/(t/a)	废液单价/(元/t)	废液总价/元	废液中苯乙烯+乙苯的量/(t/a)	苯乙烯价格/(元/t)	苯乙烯总价/元
1	1200	1585	1902000	1176	5041	5928216

废烃中的乙苯和苯乙烯经处理最终都转化成苯乙烯利用，所以，乙苯也按苯乙烯的价格进行计算，经济效益 = 147 * 8000 * 5041 - 150 * 8000 * 1585 = 402.6 万元

聚苯乙烯装置 2017 年 VOCs 排放总量为 2942.95kg，罐区 VOCs 排放量为 1708.2kg，由于新环保法的出台，对 VOCs 的管控愈加重视，根据以上分析，将废烃回收和 VOCs 管控定为小组的清洁生产重点工作。

2.5　确定清洁生产目标

通过上述筛选清洁生产重点确定清洁生产目标如下：

(1) 通过废烃回收改造项目，将苯乙烯废液回收，返回上游原料罐；

(2) 降低装置单耗；

(3) 通过罐区 VOCs 治理，消除装置主要排放源，消除储罐 VOCs 气体排放。

表 9　清洁生产目标

序号	项目	现状 2017 年	目标
1	废苯乙烯回收量	0t	1000t
2	聚苯乙烯装置单耗	1.008t/t	降低 0.002t/t
3	聚苯乙烯装置 VOCs 排放量	3213.13 千克/年	降低 1200 千克/年

2.6　方案制定

针对物料平衡结果，从影响生产过程的八个方面(原辅料和能源、技术工艺、设备、过程控制、产品、废物、管理、员工)对废物产生的原因进行了分析，针对原因提出清洁生产方案。

表 10　方案汇总表

方案类别	方案编号	方案内容	预计投资/万元	方案类型	环境效益	经济效益
无低费方案	1	开展设备创完好活动和设备周检	/	设备	减少设备跑、冒、滴、漏	潜在效益
	2	完善车间制度，并严格执行制度，运用制度对车间的各个生产环节进行监控，减少废物的产生量	/	管理	保持平稳生产，减少和杜绝装置异常排放	潜在效益
	3	对员工进行操作技能培训，减少和杜绝各类事故的发生，提高清洁生产意识	/	管理	提高清洁生产意识，减少三废排放，降低物耗	潜在效益
	4	对装置内密封点的 VOCs 气体排放进行治理，降低 VOCs 气体排放量，减少环境污染		设备	密封点 VOCs 气体年排放量小于 100kg	VOCs 减排 0.36kg/d

续表

方案类别	方案编号	方案内容	预计投资/万元	方案类型	环境效益	经济效益
	5	脱TBC塔氮气吹扫时在排气口放置活性炭箱	2	工艺	减少废气排放，降低VOCs气体排放量，减少环境污染	潜在效益
中高费方案	6	增加废烃回收设施	210	技术	降低恶臭气体排放	每年可增加效益402.6万元/年
	7	增加罐区VOC治理设施	1000	设备	罐区VOC排放量减少500kg	潜在效益

3 方案实施

3.1 无低费方案

方案1：开展设备创完好和设备周检

每月持续对班组设备创完好活动进行验收评比，通过评比正向激励班组持续开展设备创完好活动，及时消除设备的跑、冒、滴、漏现象，减少物料的跑损，通过设备创完好活动，可以提高班组对设备的维护水平，减少设备的故障，为装置的平稳生产提高可靠地保障。

方案2：完善车间制度，并严格执行制度，运用制度对车间的各个生产环节进行监控，减少废物的产生量。

车间增加了工艺波动管理，将设备故障、泄漏、着火、异常等生产出现的所有异常现象进行统计汇总，分析原因，制定整改措施，定期进行总结，制作课件供操作工学习，加强管理，以减少工艺波动的发生，减少异常波动产生的废物量。

方案3：对员工进行操作技能培训，减少和杜绝各类事故的发生，提高清洁生产意识。

通过每月技术课对装置操作难点，历年工艺波动，工艺变更等知识对员工进行培训，在转产或开停工之前对员工进行相关知识的培训，提高员工操作技能，员工操作技能的高低直接影响装置的运行水平，通过持续的对员工进行培训，可以为装置的平稳生产提供人员的保障。

方案4：对装置内VOCs气体排放源进行治理，降低VOCs气体排放量，减少环境污染

13万吨/年聚苯乙烯装置2018年检测出超标点7点，已全部完成修复，VOCs气体排放量由0.39kg/d降低至0.03kg/d。通过进行LDAR治理工作，13×10^4t/a聚苯乙烯装置2018年一季度减排VOCs气体0.36kg/d，具有良好的环境效益。同时对易聚集VOCs气体的下水井、地漏等部位进行清洗、封堵，并在下水井升气孔处增加活性炭吸附措施，阻止VOCs气体扩散。

方案5：脱TBC塔氮气吹扫时在排气口放置活性炭箱，有效降低VOCs气体排放，减少现场异味，减少对环境的污染。

13万吨/年聚苯乙烯装置脱TBC系统由两个并联的塔40-C-2201A/B组成，该塔是以氧化铝为填料的吸附床，吸附加入GPPS反应器的苯乙烯原料中TBC阻聚剂，氧化铝从顶部装填底部卸料。该系统包括氮气吹扫和蒸汽清洗系统。13万吨/年聚苯乙烯装置脱TBC塔的处理周期为每月1次，每次氮气吹扫3天，吹扫时将活性炭箱放置在排气口，经活性炭吸附并经检测合格之后再排向大气。

3.2 中高费方案

3.2.1 增加废烃回收设施

3.2.1.1 建设内容

原位更换排放泵P-1651A/B及在排放罐T-1650外增设外盘管伴热。排放罐T-1650内存储的废烃，经排放泵39-P-1651A/B输出，在其输出管线上引一根DN50的管线至聚苯乙烯装置界区，后经系统管廊90管廊至H管廊，利用H管廊上火炬凝液线输送至储运联合车间20管廊界区，在此处引一根DN150的管线经A管廊至储运联合车间T-0004罐，再由T-0004罐输送至乙烯急冷油塔进行回炼。

3.2.1.2 工艺说明：

1）废烃回收改造流程说明

废烃罐T-1650中废烃经排放泵P-1651A/B送至储运联合T-0004罐，再经T-0004罐送至乙烯急冷油塔回炼。

2）流程图(图2)

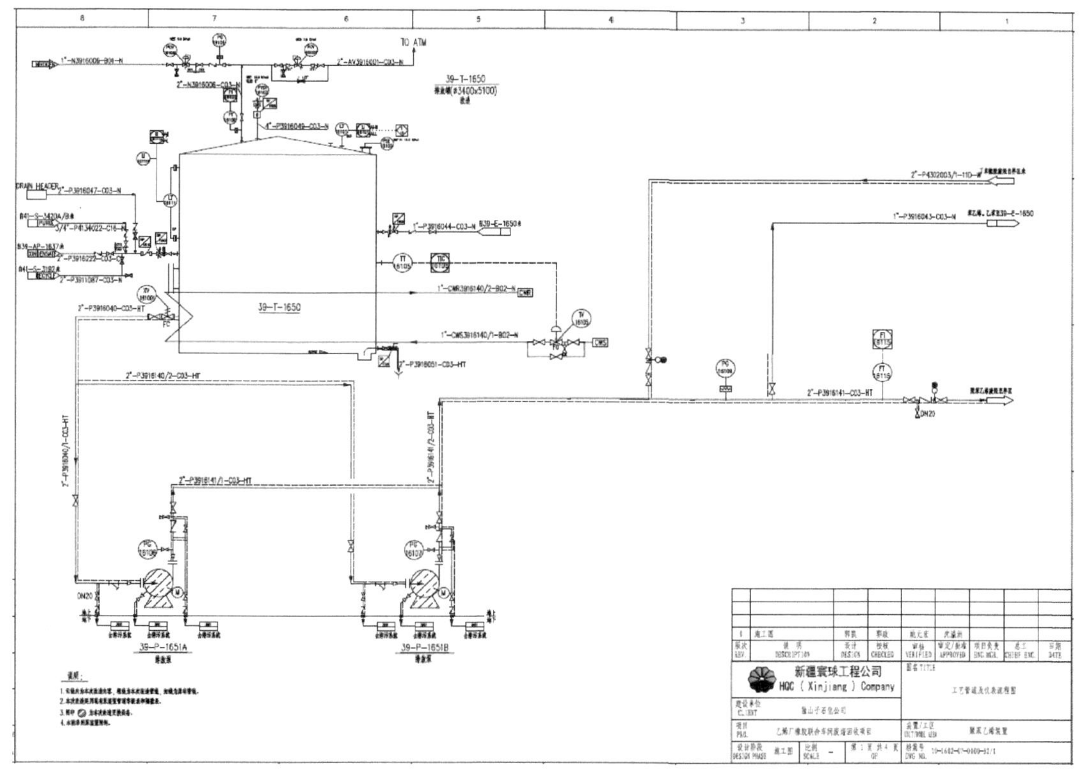

图 2　废烃回收系统流程图

3.2.1.3　运行情况

废烃回收项目于 4 月 28 日施工结束，4 月 30 日已通过竣工验收，5 月 8 日设施正常投用。

未改造前聚苯乙烯装置每周废烃装车一次，每次装废烃 38 吨左右，2017 年装卸车产生 VOCs36.03kg，废烃回收项目投用后，废烃全部管输至乙烯一联合急冷油塔回炼，装卸车产生的 VOCs 为 0。

通过实施废烃回收项目，减少了 VOCs 的排放量，改善了环境质量，回收利用了装置废烃，VOCs 气体检测值满足 GB31570-2015《石油炼制工业污染物排放标准》要求，取得了良好的环境效益和经济效益。

废烃项目经济效益核算：5-10 月共回收废烃 1085 吨，产生经济效益(5041-1585) * 1085 = 375 万元。

3.2.2　方案 7：罐区 VOC 治理设施

3.2.2.1　建设内容

1）新增废气风机两台

2）新增活性炭吸附塔 1 台

3）新增废气缓冲罐 1 台

4）新增废气冷凝器 1 台

5）相应配管及仪电安装

3.2.2.2　工艺说明

1）流程说明

罐区罐顶集气罩收集的呼吸阀及加料口间断挥发的 VOCs 废气、切胶机集气罩收集的 VOCs 废气和 C-2201 废气经管线进行收集，汇入总管线，通过聚苯乙烯罐区废气增压风机(39-AK-1200A/B)增压后输送至加热炉风机入口，与加热炉风机气相混合后进入加热炉。

来自各低压储罐进料及热呼吸时产生的 VOCs 废气经管线进行收集后进入冷凝液收集罐(39-V-1200)缓冲，缓冲后的废气进废气冷凝器(39-E-1200)冷凝。当压力高于聚苯乙烯罐区废气增压风机(39-AK-1200A/B)出口减压阀阀后压力时，此股废气排至风机出口管线，与集气罩收集废气混合后进加热炉风机入口，与加热炉风机气相混合后进入加热炉。废气冷凝器(39-E-1200)冷凝的液体进冷凝液收集罐(39-V-1200)收集，收集罐达到一定液位后通过凝液出料泵输送回废苯乙烯罐(39T1650)。

当加热炉停车检修时，废气增压风机(39-AK-1200A/B)出口进活性炭吸附罐(39-V-1210)吸附，达标后排放。

2）工艺流程图(图 3)

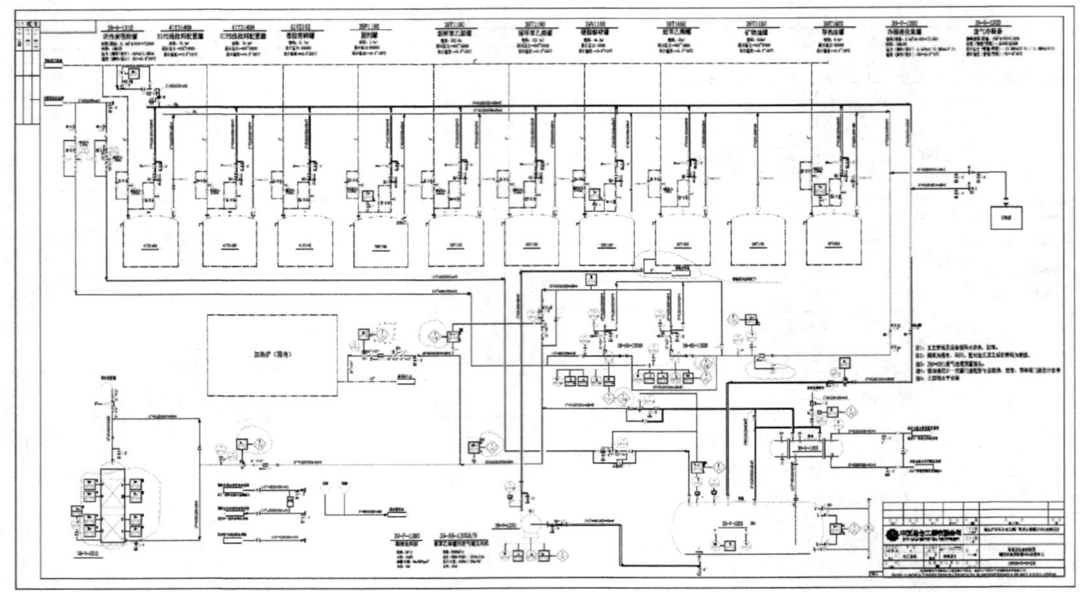

图 3　罐区 VOCs 治理系统流程图

3.2.2.3　运行情况

罐区 VOC 治理项目于 6 月 30 日通过竣工验收，2018 年 7 月 20 日正式投用活性炭吸附塔流程。截止到目前，运行正常，取样分析结果显示达到设计要求。8 月 20 日到热油炉焚烧流程（单向阀未到位）完成验收，投用，投用后热油炉熄火三次，切出系统，考虑到对工艺影响较大，暂不切入热油炉焚烧。继续运行吸附塔流程（图 4）。

样品取回时间点				
NONE / Y-1210出口				
总烃(甲烷计)	(体积分数)/%			
非甲烷总烃	mg/m³	4.38	1.62	
苯	mL/m³	<1	<1	
甲苯	mL/m³	<1	<1	
乙苯	mL/m³	<1	<1	
苯乙烯	mL/m³	<1	<1	
样品取回时间	…	16:00	23:00	
NONE / V-1210出口				
总烃(甲烷计)	(体积分数)/%			
非甲烷总烃	mg/m³	58.5	859	
苯	mL/m³	3	<1	
甲苯	mL/m³	1	<1	
乙苯	mL/m³	<1	<1	
苯乙烯	mL/m³	1	<1	
样品取回时间	…	15:00	23:00	
NONE / V-1210周围环境				

图 4　LIMES 上 VOCs 治理系统排口 VOCs 气体分析

2017 年罐区的 VOCs 排放量为 1965.63kg，2018 年罐区的 VOCs 排放量为 1240.74kg，通过实施罐区 VOCs 治理项目，2018 年比 2017 年减少了 VOCs 的排放量 724.89kg，改善了环境质量，VOCs 气体检测值满足 GB31570-2015《石油炼制工业污染物排放标准》要求，取得了良好的环境效益。

4　实施效果

（1）将废苯乙烯进行回收利用，2018 年产生经济效益 375 万元，后期还会继续产生经济效益，预计 622 万每年。

废烃回收项目投用后，废苯乙烯通过 P-1651A/B 管输至储运罐区，后转至乙烯联合急冷油塔回炼。投用至后废苯乙烯回收量见表 11。

表 11　废烃回收量统计表

时间	2018 年 5 月	2018 年 6 月	2018 年 7 月	2018 年 8 月	2018 年 9 月	2018 年 10 月	合计
废苯乙烯回收量烃量	90t	171t	210t	180t	199t	235t	1085t

注：数据来源于统计信息网。

根据废烃输送统计结果，2018 年 5~10 月共回收废烃 1085 吨，产生经济效益为 375 万元。

（2）降低了聚苯乙烯装置单耗

2018 年累计回收废烃 1085t，按废烃中苯乙烯含量为 50% 计算，回收苯乙烯 542.5t，截至 2018 年 10 月聚苯乙烯产量为 83511.575t，降低单耗 0.006t/t。

表 12　废烃投用后单耗对比

时间	2018 年 5 月	2018 年 6 月	2018 年 7 月	2018 年 8 月	2018 年 9 月	2018 年 10 月
统计信息网上苯乙烯单耗	0.974	0.972	0.972	0.969	0.972	0.995
抛出废烃中回收苯乙烯后的单耗	0.969	0.962	0.962	0.959	0.962	0.978

（3）减少了装置 VOCs 气体排放量

13×10^4t/a 聚苯乙烯装置 2018 年 VOCs 气体减排情况见表 13。

表 13　13 万吨/年聚苯乙烯装置 VOCs 气体排放量统计（数据来源于 VOC 管控平台）

项目	VOC 排放量/kg		
	2017 年	2018 年	减排量
密封点	661.83	179.61	482.22
罐区 VOC	1965.63	1240.74	724.89
装卸车	36.03	12.08	23.95
热油炉	549.64	131.45	418.19
VOC 排放量总计	3213.13	1563.88	1649.25

通过应用 LDAR（泄漏检测与修复）技术，装置密封点减排 VOCs 气体 482.22kg，通过罐区 VOCs 治理，减排 VOCs 气体 724.89kg，通过废烃回收项目，减排 VOCs 气体 23.95kg，另热油炉减排 VOCs 气体 418.19kg。2018 年共计比 2017 年减排 VOCs1649.25kg。

5　结论

13×10^4t/a 聚苯乙烯装置制定和实施了 5 项无低费清洁生产方案和 2 项中高费清洁生产方案。通过这些清洁生产方案的实施，完成了节能降耗、减污增效的既定目标，取得经济效益 375 万元。

废烃回收项目投用后，回收废烃 1085 吨，减排 VOCs23.95kg，罐区 VOCs 治理项目投用后，罐区氮封及呼吸阀排出气体均收集进入 VOC 处理设施，合格后排放，减排 VOCs724.89kg；通过开展 LDAR 治理工作，装置各密封点 VOCs 气体排放量减排 482.22kg，创造了经济效益和环境效益，实现资源的综合利用，推动了节能减排、清洁生产工作深入持久开展。

中水回用乙烯循环水系统的药剂筛选及水质管理措施

樊明蓓

（中国石油独山子石化公司）

摘　要　分析了中水作为乙烯循环冷却水系统补水后的水质变化特点；并依据中水和新鲜水的水质特征进行水处理药剂的评价和筛选。缓蚀阻垢实验结果和水处理药剂的使用结果表明，中水大量回用后，系统所投加的水处理剂完全可以有效控制系统的腐蚀和结垢，通过调整药剂的使用比例，可以适应较宽的浓缩倍数控制范围。

关键词　中水回用；乙烯循环水；水冷器；水处理

随着经济的持续发展，国家环保法规愈发严格，民众环保意识日益增强，工业生产污水经处理合格后外排空间日趋减小，这就要求企业尽可能地减少污水外排量。在石油化工行业中，经处理后的中水大多是作为循环水的补充水使用，从而减少新鲜水的取水量，实现减排的目标。

独石化乙烯厂公用工程联合车间第三循环水场设计循环量为80000m^3/h，系统保有水量为25000m^3。该系统自2009年投用运行至今已有10年的历史。自2018年始拟将中水回用比例从2017年度的15%提高到50%。对于中水回用于循环冷却水系统而言，因污水处理工艺流程长，中水出水水质本身波动较大，使得循环水系统水质容易相应产生较大的波动。

1　回用中水的处理流程

乙烯循环水系统回用的中水主要来自两个污水处理工艺，其分别为含油污水和清净废水系列，含油污水主要为装置生产区排出的低浓度生产污水，其含盐量、含油量、CODcr浓度等均较低；而清净废水主要为各个装置区排出的冷凝液、未受化学污染的水以及循环水系统的排污水等，其污水处理工艺流程分别如图1和图2所示：

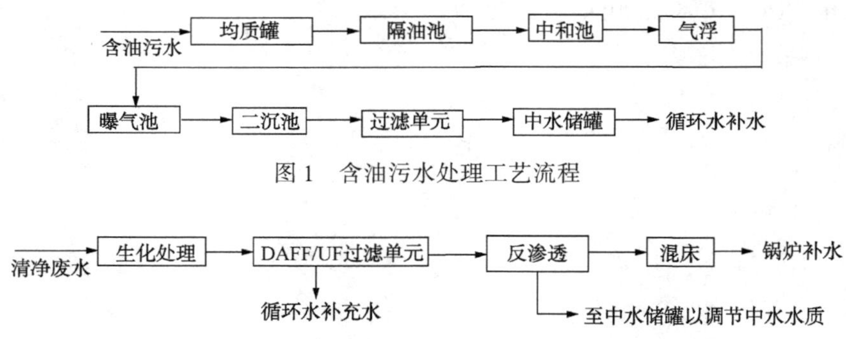

图1　含油污水处理工艺流程

图2　清净废水处理工艺流程

使用中水后的循环水系统均面临异养菌数量增加、生物黏泥含量增大、系统氧化性杀菌剂耗量增大，水体的腐蚀性增强，以及水体的浊度和色度变差等情况。因为中水本身含有较多的微生物且长距离输送又为微生物的滋生提供了时间和温床；待中水补进循环水系统后，会破坏系统中原有的带电生物微团的稳定性，容易发生水中胶体脱稳，进而使得循环水多呈现浑浊的状态，尤其是在中水回用用量大的时候表现更为明显。同时在中水回用过程中发现，中水的氨氮含量不规律性波动较大，过高的氨氮会在硝化菌的作用下发生硝化反应[1]，释放出H$^+$离子，造成循环水pH值降低，且氨会与铜材质的水冷器等设备发生络合作用，促进铜材质的腐蚀[2]，可以与水中的缓蚀剂在设备表面形成局部竞争性吸附，阻止缓蚀剂与金属表面的有效螯合效用，进而促进腐蚀，在水质管理中多通过提高氧化性杀菌剂的量以控制氨氮超标对循环水系统的影响。

2 回用中水水处理药剂的实验筛选

考虑到系统的中水回用比例将提升至50%甚至更高的水平，为了更好地控制系统，更为客观地反馈水处理药剂的性能特征，采用现场取新鲜水和中水的方法进行静态实验[3][4]和动态试验[5]，两者比例为新水：中水=1：1，实验用药剂由国内外知名的水处理药剂生产商提供，并根据实验结果评选最优的水处理药剂的组合。实验用水的年度均质分别如表1和表2所示：

表1 新鲜水水质的年度均值

序号	控制指标	单位	最大值	最小值	平均值
1	pH(25±1℃)	—	8.47	7.8	8.24
2	电导率(25℃)	μs/cm	331	187.9	264.16
3	二氧化硅	mg/L	12.4	5.9	8.81
4	钙硬度（以 $CaCO_3$ 计）	mg/L	121	63.1	87.57
5	硫酸根	mg/L	69.2	13.42	43.48
6	氯离子	mg/L	16	2.6	9.26
7	镁离子	mg/L	32	8.3	20.39
8	全硅	mg/L	12.8	6.2	9.22
9	溶解氧	mg/L	9.89	7.83	9.02
10	铁离子	mg/L	0.17	0.01	0.06
11	硝酸根	mg/L	8.35	1.92	4.14
12	浊度	NTU	3.9	0.1	0.82
13	总碱度（以 $CaCO_3$ 计）	mg/L	88.8	63.77	75.98
14	总硬度	mg/L	145	78.7	107.68

表2 年度中水出水水质统计

序号	项目	单位	控制指标	最大值	最小值	平均值	合格率
1	硫酸根	mg/L	≤120	140.57	24.78	63.36	100%
2	末端余氯	mg/L	≥0.1	4.17	0.05	0.08	17.93%
3	电导率(25℃)	μS/cm	≤800	903	275	440.22	100%
4	总碱度(以 $CaCO_3$ 计)	mg/L	≤150	144.1	59.59	89.17	100%
5	铁离子	mg/L	≤0.5	0.39	0.04	0.17	100%
6	氨氮	mg/L	≤3	18.64	0.01	2.53	88.92%
7	pH(25±1℃)		6.5~9	8.23	6.99	7.67	100%
8	浊度	mg/L	≤5	12.7	0.03	2.27	99.10%
9	COD_{cr}	mg/L	≤30	29	8	17.26	100%
10	氯离子	mg/L	≤100	67.93	0.1	27.14	100%
11	悬浮物	mg/L	≤10	66	5	8.62	100%
12	总硬度(以 $CaCO_3$ 计)	mg/L	160	156.72	98.88	120.64	100%
13	硫化物	mg/L	≤0.1	0.08	0.01	0.02	100%
14	总磷(以P计)	mg/L	≤1	0.38	0.02	0.08	100%
15	油	mg/L	≤5	1.36	0.11	0.39	100%

静态旋转腐蚀挂片和静态阻垢实验选择16种药剂组合进行实验验证，挑选出4组效果最好的药剂进行动态试验验证，其静态实验结果如表3所示，动态试验结果如表4所示：

表3 静态试验评价结果

实验组编号	药剂厂商	阻垢率/%	腐蚀速率/(mm/a)	缓蚀率/%
1	药剂组合1#	85.17	0.012	99.17
2	药剂组合2#	88.34	0.034	97.71
3	药剂组合3#	91.37	0.020	98.67
4	药剂组合4#	93.21	0.018	98.78

表4 动态模拟试验结果

药剂厂家 控制要求	试管黏附速率≤15mcm	试管腐蚀速率≤0.075mm/a	挂片腐蚀速率≤0.075mm/a	综合排名
药剂组合3#	4.15	0.0316	0.0382	1
药剂组合4#	4.79	0.0500	0.0498	2
药剂组合1#	19.9	0.0332	0.0218	3
药剂组合2#	21	0.22	0.0990	4

根据表3的静态实验结果，其均可满足现场的使用要求；但是根据表4的动态模拟实验的结果，最终选择综合排名最好的药剂组合3#进行

工业使用，该药剂组合有上海洗霸提供，分别为缓蚀阻垢剂 ECH－334A、阻垢分散剂 ECH－334D、铜缓蚀剂 ECH-351。

3 中水回用循环水系统的日常管理

3.1 日常水处理运行指标控制

乙烯厂第三循环水系统因为循环水量大、供回水温差高，其相对而言浓缩倍数控制较高。在中水大量回用于乙烯循环水系统后，循环水水质呈现一定的恶化，尤其当回用比例超过 50% 以后，水质开始逐渐变混浊。为了保证循环水系统的健康平稳运行，首先提高了系统的余氯运行控制值，将系统的末端回水实测余氯控制指标从≥0.05mg/L 调整为 0.2～0.5mg/L，同时结合浓缩倍数的变化，以及补水的实际情况，控制循环水的日常运行，其日常运行水各检测项目均值见表 5所示：

表 5 日常运行水质监测结果

项目	单位	指标	最大值	最小值	平均值
pH		7～9	8.98	8.11	8.46
电导率	μs/cm	≤2500	2950	1610	2245.5
浊度	NTU	≤20	7.3	2.5	4.13
COD_{Cr}	mg/L	≤20	90	27	39.48
钙硬度（以 $CaCO_3$ 计）	mg/L	≤800	764.3	371.1	565.69
总碱度（以 $CaCO_3$ 计）	mg/L	100～300	494.65	116.74	209.04
总硬度（以 $CaCO_3$ 计）	mg/L	≤1200	837.8	520.3	668.39
有机膦	mg/L	4-7	6.02	4.13	4.64
氯离子	mg/L	≤350	317.62	137.13	214.36
硫酸根	mg/L	≤900	962.64	412.5	717.12
氨氮	mg/L	≤10	0.52	0.01	0.05
唑类	mg/L	3～10	8.8	3.1	5.33
铁离子	mg/L	≤1	0.48	0.11	0.22
生物粘泥量	mg/L	≤3	1.89	0.06	0.2
浓缩倍数	mg/L	4～10	12.68	4.64	7.68

在日常水质控制中，通过提升精细化管理，从而保障了系统水质的稳定运行。在日常的水质巡检中，坚守“望、闻、问、切”的四步巡检法则，通过观察水体外观有无异样、初步轻闻水体是否有异味，如发现异常则进一步采用仪器检测，进而判定水体是否存在泄露等情况；再者，通过与当日值班班组的深入沟通，了解现场是否有异常操作，并通过对分析数据的实时分析，判断水质的稳定性等。

与此同时，在回用中水的补水管线开管安装生物粘泥滤网，每日至少对回用中水的生物粘泥滤网进行巡检 2 次，以确定是否存在回用中水生物粘泥过多的情况。当发现系统存在泄露等异常情况时，加大氧化性杀菌剂的投加量，确保系统余氯至稳定在 0.1mg/L 以上，以保障系统氧化性杀菌剂的浓度，有利于系统的稳定运行。

3.2 循环水系统的监测结果

根据系统的运行情况，在日常水处理效果的监测中，分为月度、季度和年度进行监测，其运行监测结果如表 6 所示：

表 6 2018 年度水处理监测结果统计

监测项目	指标	最大值	最小值	平均值
月挂试管年腐蚀率/(mm/a)	≤0.075	0.0648	0.0025	0.0197
月挂试管污垢沉积率/mcm	≤15	5.68	0.22	2.0625
季挂试管年腐蚀率/(mm/a)	≤0.075	0.0154	0.0073	0.0108
季挂试管污垢沉积率/mcm	≤15	1.87	0.63	1.305
年挂试管年腐蚀率/(mm/a)	≤0.075	—	—	0.0046
年挂试管污垢沉积率/mcm	≤15	—	—	1.01
塔后不锈钢挂片腐蚀率/(mm/a)	≤0.005	0.0012	0.0000	0.0002
换热器出口不锈钢挂片腐蚀率/(mm/a)	≤0.005	0.0004	0.0000	0.0002
塔后碳钢挂片腐蚀率/(mm/a)	≤0.075	0.0124	0.0017	0.0046
换热器出口碳钢挂片腐蚀率/(mm/a)	≤0.075	0.006	0.0018	0.006
塔后铜挂片腐蚀率/(mm/a)	≤0.005	0.0142	0.0003	0.0038
换热器出口铜挂片腐蚀率/(mm/a)	≤0.005	0.0076	0.0002	0.0019

表 6 中的运行监测结果表明，水处理药剂组合 3#能很好地适应中水回用水质。但在实际使用中，高浓缩倍数条件下的水质运行叠加中水回用的影响，月度最大的腐蚀速率高达 0.0648mm/a，在之后的运行中，通过分析循环水系统的特征及运行情况，适当增加了分散剂的

用量，则腐蚀率降低，黏附速率也相应降低。经分析认为，其过高的浓缩倍数条件下，水处理药剂的停留时间过长，这对于起分散作用的有机聚合物在微生物、氧化性杀菌剂、水中丰富的氧共同存在和作用下容易产生降解，进而降低了药剂的分散性能，即水处理药剂的有效含量有一定的降低。之后，经过提高阻垢分散剂的药剂浓度，此可以有效分散循环水中的生物黏泥和悬浮物等，进而有效地降低了系统的腐蚀速率和黏附速率。

3.3 生物粘泥对系统腐蚀的影响

为了验证生物粘泥对循环水系统的腐蚀影响[6]，分别对中水进行超滤过滤前和过滤后的水质进行静态腐蚀挂片实验，实验结果如表7所示：

表7 中水超滤前后的腐蚀率对比

实验用水质	药剂投加	平均腐蚀速率/(mm/a)
超滤过滤前中水	空白，不加药剂	0.4462
	投加药剂	0.0249
超滤过滤后中水	空白，不加药剂	0.6532
	药剂组合	0.0089

表7中投加的药剂组合及浓度为：缓蚀阻垢剂ECH-334A，80mg/L；阻垢分散剂ECH-334D，20mg/L；铜缓蚀剂ECH-351，10mg/L。

从表7的实验结果看，空白实验时，当超滤将中水所含的有机物、悬浮物、生物粘泥等去除之后，其腐蚀速率相较过滤前的中水腐蚀率要大；在投加一定浓度的水处理药剂情况下，过滤后的中水腐蚀率却相对而言要低很多。这主要是因为中水过滤前，其水中的悬浮物、生物粘泥从微观角度可能会黏附物在挂片外表面上，短时间内起到隔绝水中腐蚀性离子对金属表面的腐蚀作用。而在投加水处理药剂之后，其过滤后的中水腐蚀性相较而言大大降低，这主要是因为中水中的悬浮物、生物黏泥胶体等均会吸附一定的水处理药剂，使得有效作用药剂的浓度降低；另一方面，中水所含的悬浮物等被去除之后，有利于水处理药剂在金属表面的物理和化学作用，进而起到了很好的金属保护作用，使得其滤后的中水腐蚀率较低。

经过对表7的实验结果分析，结合日常水质运行控制效果，可以判定当中水回用量大时，适当提高阻垢分散剂的用量，可有效起到分散水中悬浮物、粘泥等作用，一方面可以保障一定浓度条件下的水处理药剂与水冷器金属器壁的有效作用面积，起到防腐作用；另一方面也可避免粘泥沉积于器壁表面等情况，避免造成垢下腐蚀。

4 结论

（1）中水回用乙烯厂循环水系统后，循环水的水质波动较大，水体外观变差，增加了水质日常管理的难度。

（2）中水回用后，针对日常的水质管理工作进行了精细化的分解，通过“望、闻、问、切”四步巡检法可以及时有效发现水质异常；通过生物滤网实时监控补充水和循环水的生物粘泥变化情况。

（3）在中水回用后，及时有效地提高了系统的回水实测余氯值，从平均0.05mg/L提高至平均0.25mg/L，从而有效地控制了微生物的滋生。

（4）针对中水回用，通过静态和动态试验筛选水处理药剂，实验结果和使用结果表明其完全可以有效满足高浓缩倍数、高中水回用比例条件下的系统运行要求，且适应浓缩倍数范围宽，水处理效果好。

（5）中水回用量大或生物粘泥量大时，适当增加阻垢分散剂的用量，在其分散阻垢作用的同时，也将有利于系统的腐蚀控制。

参考文献

[1] 林根仙，何蓉，郭俊文，氨氮对循环冷却水系统的危害与对策[J]，工业水处理，2006，26(5)：82-84.

[2] 伍发元，黄种买，苟晓东，城市二级出水回用作火电厂循环冷却水氨氮的腐蚀研究[J]，贵州化工，2004，29(1)：6-7.

[3] 国家技术监督局，GB/T 18175—2000 水处理剂缓蚀性能的测定旋转挂片法[S]. 北京：中国标准出版社，2000.

[4] 国家技术监督局，GB/T 16632—2008 水处理剂阻垢性能的测定碳酸钙沉积法[S]. 北京：中国标准出版社，2008.

[5] 中华人民共和国国家发展和改革委员会，HG/T 2160—2008 冷却水动态模拟实验方法[S]. 北京：化学工业出版社，2008.

[6] 印胜伟，控制热电厂循环水系统微生物腐蚀和粘泥的措施[J]，中国给水排水，2006，22(22)：99-102.

某石化企业温室气体排放分析及减排途径

王文利

（中国石油大连石化公司）

摘　要　为建立企业运营低碳管理体系，抓住碳交易项目市场发展机遇，挖掘企业潜在碳资产、摸清温室气体排放量底数是基础。按照相应核算指南要求，研究某石化企业生产过程中的各个环节，识别六类温室气体排放源项。收集数据，核算温室气体排放量。通过分析得出该企业燃料燃烧产生的排放量是最大。收集目前温室气体的减排途径，给出初步可行的途径。

关键词　温室气体；石化企业；排放源；核算；减排

《巴黎气候变化协定》为2020年后全球应对气候变化行动作出了安排，2016年中国加入该协定。国家“十三五”规划纲要明确“实行重点单位碳排放报告、核查、核证和配额管理制度，推动建设全国统一的碳排放交易市场”。炼油过程需要消耗大量能源，这些能耗主要来自化石燃料的燃烧，同时运行期间需要的电力和蒸汽，大部分也是由化石燃料转化而来，因此炼油过程将排放大量的二氧化碳。作为高耗能高排放行业的炼油企业，势必面临国家碳排放管控。本文分析了某石化企业2016~2018年温室气体产生环节和排放量，研究分析可行的减排途径。

1　概况及核算边界

该石化企业原油加工规模达千万吨，是典型的燃料-润滑油型炼厂，拥有常减压、催化裂化、催化重整、加氢精制、制氢、糠醛精制、润滑油白土精制装置等主体生产装置及其相应的配套设施系统，主要生产汽油、煤油、柴油、润滑油基础油和石蜡、苯类、聚丙烯等石化产品。

按照《中国石油化工企业温室气体排放核算方法与报告指南（试行）》[1]（简称石化指南）和《中国发电企业温室气体排放核算方法与报告指南（试行）》[2]（简称发电指南）要求，分析确定该企业的核算边界除生产装置外，还包括母管制运行的自备热电厂、辅助生产系统以及直接为生产服务的附属生产系统等。

2　识别排放源

全面分析企业生产过程中的各个环节，确定排放源类别包括燃料燃烧排放、火炬燃烧排放、工业生产过程排放、CO_2回收利用、净购入电力和热力隐含排放等6类排放源项。燃料燃烧包括全部的加热炉、锅炉。生产过程排放包括催化裂化的催化剂再生及催化重整的催化剂再生，轻烃转化制氢环节、污水处理场生化单元及酸性气回收装置原料气等。制氢装置产生的CO_2作为产品外售。同时还包括火炬燃放、公司的净购入电力和外销热力等。识别边界内排放设施详见下表1。

表1　主要排放源信息表

排放种类	能源/物质品种	排放设施
化石燃料燃烧	燃料油	热电厂锅炉、各生产装置加热炉
	炼厂干气	热电厂锅炉、各生产装置加热炉
	柴油	厂内用铲车、运输车等
	汽油	厂用车辆
火炬气燃烧	火炬气	气体、聚丙烯装置长明灯、异常火炬燃放
工业生产过程	催化剂再生、石脑油、液态烃转化制氢	催化裂化、催化重整、制氢等装置
净购入电力	电力	生产装置、办公楼
净购入热力	蒸汽、热水	储罐自供暖、外供
CO_2回收	/	制氢装置产生的CO_2被回收外售

其中锅炉使用化石燃料产生的排放适用于“发电指南”，其他排放设施涉及的排放适用于“石化指南”。

3　确定核算方法

采用如下核算方法：

$$E_{GHC}=E_{CO_2\_燃烧}+E_{CO_2\_火炬}+E_{CO_2\_过程}-R_{CO_2\_回收}+E_{CO_2\_净电}+E_{CO_2\_净热}$$

其中：

E_{GHC}——温室气体排放总量，单位为 tCO_2；

$E_{CO_2\_燃烧}$——化石燃料燃烧活动产生的 CO_2 排放，单位为 tCO_2；

$E_{CO_2\_火炬}$——火炬燃烧导致的 CO_2 排放，单位为 tCO_2；

$E_{CO_2\_过程}$——工业生产过程产生的 CO_2 排放，单位为 tCO_2；

$R_{CO_2\_回收}$——CO_2 排放回收利用量，单位为 tCO_2；

$E_{CO_2\_净电}$——净购入电力隐含的 CO_2 排放，单位为 tCO_2；

$E_{CO_2\_净热}$——净购入热力隐含的 CO_2 排放，单位为 tCO_2。

3.1 燃料燃烧排放

消耗的燃料类别包括燃料油、炼厂干气、汽油、柴油等，燃料油用于热电厂锅炉、蒸馏、催化重整装置等；生产装置产生的炼厂干气，用于热电站锅炉、工艺加热炉等多个生产工艺装置；柴油、汽油用于企业内用车。

（1）除锅炉以外的排放设施使用的燃料油、炼厂干气、汽油、柴油等化石燃料的排放采用《石化指南》中的核算方法：

$$E_{CO_2\_燃烧} = \sum_j \sum_i (AD_{i,j} \times CC_{i,j} \times OF_{i,j} \times \frac{44}{12})$$

其中：

$E_{CO_2\_燃烧}$——化石燃料燃烧活动产生的 CO_2 排放，单位为 tCO_2；

$AD_{i,j}$——燃烧设施 j 内燃烧的化石燃料品种 i 消费量，对固体或液体燃料以及炼厂干气以 t 为单位，对其他气体燃料以万 Nm^3 为单位；

$CC_{i,j}$——设施 j 内燃烧的化石燃料 i 的含碳量，对固体和液体燃料以 tC/t 为单位，对气体燃料以 tC/万 Nm^3 为单位；

$OF_{i,j}$——燃烧的化石燃料 i 的碳氧化率，取值范围为 0~1；

$E_{CO_2\_净热}$——净购入热力隐含的 CO_2 排放，单位为 tCO_2。

（2）热电厂锅炉使用的燃料油、炼厂干气等化石燃料的排放采用《发电指南》中的如下核算方法：

$$E_{燃烧} = \sum_i (AD_i \times EF_i)$$

其中：

$E_{燃烧}$——化石燃料燃烧的二氧化碳排放量（吨）；

AD_i——第 i 种化石燃料活动水平（太焦），以热值表示；

EF_i——第 i 种燃料的排放因子（吨二氧化碳/太焦）；

i——化石燃料的种类。

3.2 火炬燃烧排放

企业火炬分别设在气体、硫磺回收、聚丙烯装置。硫磺回收装置的火炬气主要成分为瓦斯，进入火炬气的瓦斯和进入硫磺回收装置的瓦斯为同一管道，因未对进入硫磺回收火炬气装置的瓦斯进行单独计量，故将硫磺回收火炬气燃烧排放视作化石燃料燃烧排放，参照上述燃料燃烧进行计算。其他火炬燃烧采用计算方式如下：

$$E_{CO_2\_火炬} = E_{CO_2\_正常火炬} + E_{CO_2\_事故火炬}$$

其中：

$E_{CO_2\_火炬}$——火炬燃烧导致的 CO_2 排放，单位为 tCO_2；

$E_{CO_2\_正常火炬}$——正常工况下火炬气燃烧产生的 CO_2 排放，单位为 tCO_2；

$E_{CO_2\_事故火炬}$——非正常工况下火炬气燃烧产生的 CO_2 排放，单位为 tCO_2。

$$E_{CO_2\_正常火炬} = \sum_i \left[Q_{正常火炬} \times \left(CC_{非CO_2} \times OF \times \frac{44}{12} + V_{CO_2} \times 19.7 \right) \right]$$

其中：

$Q_{正常火炬}$——正常工况下第 i 号火炬系统的火炬气流量，单位为万 Nm^3；

$CC_{非CO_2}$——火炬气中除 CO_2 外其他含碳化合物的总含碳量，单位为吨碳/万 Nm^3，计算方法见下式；

OF——第 i 号火炬系统的碳氧化率，如无实测数据可取缺省值 0.98

V_{CO_2}——火炬气中 CO_2 的体积浓度；

19.7——CO_2 气体在标准状况下的密度，单位为 tCO_2/万 Nm^3。

$$CC_{非CO_2} = \sum_n \left(\frac{12 \times V_n \times C_{Nn} \times 10}{22.4} \right)$$

其中：

V_n——火炬气中除 CO_2 外的第 n 种含碳化合物（包括一氧化碳）的体积浓度，%；

C_{Nn}——火炬气中第 n 种含碳化合物（包括一

氧化碳)化学分子式中的碳原子数目。

$$E_{CO_2-事故火炬} = \sum_j (GF_{事故,j} \times T_{事故,j} \times CN_{n,j} \times \frac{44}{22.4} \times 10)$$

其中：

j——事故次数；

$GF_{事故,j}$——报告期内第j次事故状态时的平均火炬气流速度，单位为万Nm^3/小时；

$T_{事故}$——报告期内第j次事故的持续时间，单位为小时；

$CN_{n,j}$——第j次事故火炬气气体摩尔组分的平均碳原子数目；

44——CO_2的摩尔质量，单位为g/mol；

3.3　生产过程排放

企业生产过程排放包含催化裂化装置、催化重整装置、制氢装置等，采用《石化指南》给定的核算方法进行核算，具体如下所示。

（1）催化裂化装置

$$E_{CO_2-烧焦} = \sum_{j=1}^{N} (MC_j \times CF_j \times OF \times \frac{44}{12})$$

其中：

$E_{CO_2-烧焦}$——催化裂化装置烧焦产生的CO_2年排放量，单位为tCO_2；

MC_j——第j套催化裂化装置烧焦量，单位为t；

CF_j——第j套催化裂化装置催化剂结焦的平均含碳量，单位为tC/t焦；

OF——烧焦过程的碳氧化率；

i——催化裂化装置序号。

（2）催化重整装置

由于只对重整过程使用的催化剂量、重整前、后的含碳量进行化验分析、统计，故采用如下公式计算：

$$E_{CO_2-烧焦} = \sum_{j=1}^{N} \left[MC_j \times (1 - CF_{前,j}) \times \left(\frac{CF_{前,j}}{1 - CF_{前,j}} - \frac{CF_{后,j}}{1 - CF_{后,j}} \right) \times \frac{44}{12} \right]$$

其中：

$E_{CO_2-烧焦}$——催化剂间歇烧焦再生导致的CO_2排放量，单位为tCO_2；

MC_j——第j套催化重整装置在整个报告期内待再生的催化剂量，单位为t；

$CF_{前,j}$——第j套催化重整装置再生前催化剂上的含碳量(%)；

$CF_{后,j}$——第j套催化重整装置再生后催化剂上的含碳量(%)。

j——催化重整装置序号。

（3）制氢装置

$$E_{CO_2-制氢} = \sum_{j=1}^{N} \left[AD_r \times CC_r - (Q_{sg} \times CC_{sg} + Q_w \times CC_w) \right] \times \frac{44}{12}$$

其中：

$E_{CO_2-制氢}$——制氢装置产生的CO_2排放量，单位为tCO_2；

AD_r——第j套制氢装置原料投入量，单位为t；

CC_r——第j套制氢装置原料的平均含碳量，单位为tCO_2/t(%)；

Q_{sg}——第j套制氢装置产生的合成气的量，单位为万Nm^3合成气；

CC_{sg}——第j套制氢装置产生的合成气的含碳量，单位为万Nm^3合成气；

Q_w——第j套制氢装置产生的残渣量，单位为t；

CC_w——第j套制氢装置产生的残渣量的含碳量，单位为tCO_2/t,%残渣；

J——制氢装置序号。

3.4　CO_2回收利用量

制氢装置生产工艺产生CO_2，回收的CO_2对外出售，无企业回收自用，采用《石化指南》中的计算方法核算相关回收量，具体如下所示。

$$R_{CO_2-回收} = (Q_{外供} \times PUR_{CO_2-外供} + Q_{自用} \times PUR_{CO_2-自用}) \times 19.7$$

其中：

$R_{CO_2-回收}CO_2$——回收利用量，单位为tCO_2；

$Q_{外供}$——回收且外供的CO_2气体体积，单位为万Nm^3；

$Q_{自用}$——回收且自用作生产原料的CO_2气体体积，单位为万Nm^3；

$PUR_{CO_2-外供}$——CO_2外供气体的纯度(CO_2体积浓度)，取值范围为0~1；

$PUR_{CO_2-自用}$——CO_2原料气的纯度，取值范围为0~1；

19.7——CO_2气体在标准状况下的密度，单位为tCO_2/万Nm^3。

3.5　净购入电力和热力隐含的排放

$$E_{CO_2-净电} = AD_{电力} \times EF_{电力}$$

$$E_{CO_2-净热} = AD_{热力} \times EF_{热力}$$

其中：

$E_{CO_2\_净电}$——净购入电力隐含的 CO_2 排放量，单位为 tCO_2；

$AD_{电力}$——净购入的电力消费量，单位为兆瓦时(MWh)；

$EF_{电力}$——电力供应的 CO_2 排放因子，单位为吨 CO_2/MWh；

$E_{CO_2\_净热}$——净购入热力隐含的 CO_2 排放量，单位为 tCO_2；

$AD_{热力}$——企业净购入的热力消费量，单位为 GJ；

$EF_{热力}$——热力供应的 CO_2 排放因子，单位为吨 CO_2/GJ。

3.6 数据来源

该企业 2016-2018 年的能源消耗、外购电力、外购热力、相关的生产台账、装置设计参数及日常化验分析数据等。

4 碳排放核算及分析

4.1 核算结果

该企业 2016-2018 年各源项温室气体排放量的核算度如表 2 所示。

表 2 企业边界内 2016-2018 年总碳排放表

年　度	2016	2017	2018
化石燃料燃烧排放量($t\ CO_2$)	2832143.019	2358835.118	2709168.755
火炬燃烧排放量($t\ CO_2$)	46910.6458	58709.9113	14811.29
生产过程排放量($t\ CO_2$)	2137800.897	1673308.045	2094897.35
二氧化碳回收量($t\ CO_2$)	-30981.6644	-27085.0966	-20491.6936
净购入电力排放量($t\ CO_2$)	927652.9491	788046.7499	879375.1703
净购入热力排放量($t\ CO_2$)	-184130.4879	-173820.7248	-155165.502
总排放量($t\ CO_2$)	5729395.359	4677994.002	5522595.37

排放量存在异常波动的原因说明：2017 年较 2016 年排放下降 18.4%，2018 年较 2017 年排放增加 18.1%，主要原因是 2017 年企业有停产(4~5 月份)检修情况，2016 年、2018 年均正常生产，无停产情况。

4.2 核算结果分析

由核算结果可知企业总碳排放是由燃料燃烧、火炬燃烧、生产过程排放、CO_2 回收、电力间接排放及热力排放六个部分组成。其中间接热力排放量为负值，原因是除租赁的储罐需要购入热力，企业生产过程中催化裂化等装置及自备电厂产生的热力，从节能环保的角度考虑不仅供本企业充分利用且能将其外输。CO_2 作为产品外售是负值。

所有排放源中燃料燃烧产生的排放量最大，其次为生产过程排放，排放量最小的是火炬燃烧。如图 1 所示，以 2018 年数据为例，燃料燃烧排放占比为 49.06%，生产过程排放占比为 37.93%，两者占总排放的 86.99%，电力间接排放为 15.92%，火炬排放为 0.27%。

从表 2 可看出碳排放总量由于每年生产状况不同，排放总量不具有可比性，由于工艺在 2016-2018 年间未发生重大改变，结合每年的原油加工量对比每年的排放数据，如下表 3 所示。

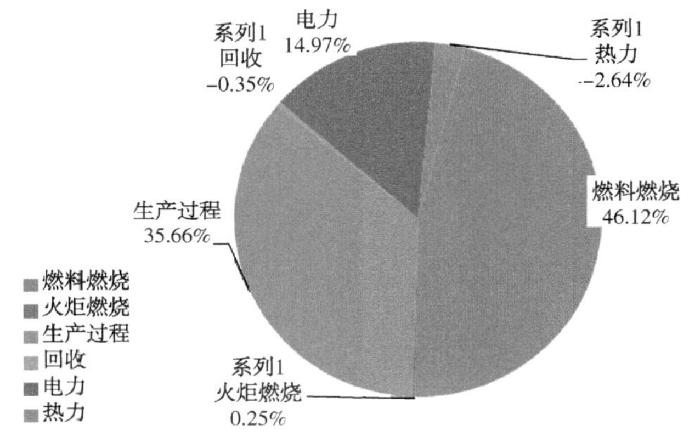

图 1 2018 年企业碳排放分布

表 3 原油加工碳排放强度

	2016	2017	2018
碳排放总量/万 t	573	468	552
原油加工量/万 t	1677.9	1308.5	1678.2
碳排放强度/(t/t)	0.341	0.358	0.329

由表 3 可以看出，该企业在 2016~2018 年间，其原油加工碳排放强度值为 0.329~0.358t CO_2/t 原油。

5 减排途径

国际上 CO_2减排主要有三种途径：①能源替代：改善优化能源结构，大力发展低碳能源或开发太阳能、水能、风能、核能等无碳能源替代化石能源，减少或彻底避免 CO_2排放。②节能：过程优化，淘汰落后工艺，开发节能新技术和新工艺，提高化石燃料利用效率和转化效率，间接减少 CO_2排放。③碳捕集封存与利用：从化石燃料的排放源中分离回收 CO_2，并采用各种物理、化学和生物方法实现 CO_2的封存和利用。

从目前发展形势来看，非化石能源风险和成本均较高，即使可替代，过快的转变必然强烈影响全球能源供应体系进而破坏全球经济的发展。所以，尽管核能、风能、太阳能和其他可再生能源发展迅猛，但仍需要依靠化石能源满足全球能源的需求。此外，化石燃料效率的提高及节能新技术的应用对快速增加的能源需求来讲，减排潜力有限。即对于炼油厂，燃料利用效率的提高程度受当前炼油技术发展限制。要实现减排，第三种途径更为切实可行。对该企业而言，尽可能回收制氢装置的二氧化碳作为产品外售，其次跟踪炼油新技术，降低能耗，减少排放。

燃油锅炉脱硝改造后存在问题和解决措施

李艳松　王国岩　房　鑫　刘运飞

（中国石油大连石化公司）

摘　要　热电联合脱硫脱硝项目2016年10月-2017年5月陆续投运，到现在运行一年半到2年，全部完成整改目的，电厂锅炉全部满足国家排放指标，而且指标优于环评要求的指标。作为国内首例燃用油浆锅炉进行脱硝改造，其脱硝改造后存在问题和解决措施，将会给同类型锅炉改造提供借鉴。

关键词　油浆；脱硝改造；减排

1　引言

大连石化公司共有6台以催化油浆为主要燃料的燃油蒸汽锅炉，均为1975～2001年投产锅炉，原设计标准低，属于紧凑型燃油、燃气锅炉，炉膛容积热负荷非常高，炉膛出口烟气温度达1200-1300℃，所用燃烧器也不是低NO_x排放燃烧器，因此在运行过程中氮氧化物的产生不可避免，也不可能实现烟气达标排放。2015年3月份开始烧油浆，根据GB 13223—2011《火电厂大气污染物排放标准》中烟尘≤30mg/m³，SO_2≤200mg/m³，NO_X≤200mg/m³，热电联合锅炉2015年各台锅炉烟气中排放的烟尘、二氧化硫、氮氧化物全部超标严重，从2015年5月份大连市环保局开始对我公司进行环保超标处罚，造成不良设备影响，电厂锅炉甚至面临违法关停的风险。必须立即整改。

影响本项目技术方案确定的主要因素是：设计条件、脱硝效率、脱硫效率、除尘效果、运行稳定、占地面积、经济效益、工程投资等。本项目计划2016年建成投用，时间非常紧迫；项目所在电厂为多年陆续扩建的生产车间，车间内可用空地或拆迁移位用地非常紧张；锅炉燃用催化油浆所带来的经济效益非常可观。针对本项目的约束条件和各技术的特点及适用性，结合各技术方案对比分析，排除OCT脱硝脱硫除尘一体化技术、干法、半干法脱硫技术、石灰石-石膏法脱硫技术，只能采用LNB、SNCR、SCR烟气脱硝技术和WGS脱硫除尘技术。选择性催化还原法（SCR）它具有脱硝效率高、脱硝产物不产生二次污染的优点。结合中海壳牌（惠州）燃油锅炉使用SCR技术的实际情况，SCR脱硝技术可以应用在燃油锅炉上，针对本项目对工艺要有较高脱硝效率的要求，必须而且只能采用SCR脱硝技术作为本项目的主脱硝技术。

热电联合脱硫脱硝项目2016年10月～2017年5月陆续投运，到现在运行2年，全部完成整改目的，电厂锅炉全部满足国家排放指标，而且指标优于环评要求的指标。2018年完成值见图1和图2。

大连石化公司电厂1#出口(1#－4#炉)月平均值年报表　　月平均值年报表　导出

时间	烟尘			二氧化硫			氮氧化物			烟气流量(m³...	氧含量(%)	烟气温度(℃)	烟气湿度(%)	烟气压力(Pa)	烟气流速(m/
	mg/m³	折算mg/m³	t/m	mg/m³	折算mg/m³	t/m	mg/m³	折算mg/m³	t/m						
1月	7.91	11.81	2.80	8.94	13.38	3.14	32.06	47.85	11.26	465376.26	9.33	51.53	4.80	-0.02	11.61
2月	6.28	8.74	2.04	17.79	24.67	5.75	37.83	52.65	12.24	488847.35	8.43	52.80	8.37	0.02	12.72
3月	4.91	7.35	1.99	8.42	12.61	3.47	36.53	54.56	14.72	544600.86	9.29	52.96	7.93	-0.02	14.11
4月	4.17	7.39	0.71	8.01	13.91	1.30	38.13	66.57	6.50	357849.96	10.90	51.25	7.85	-0.10	9.42
5月	4.10	5.92	1.13	9.98	14.35	2.76	57.13	82.24	15.68	370335.04	8.85	53.25	8.86	-0.21	9.72
6月	3.87	5.24	0.95	13.57	18.78	3.24	73.17	101.22	18.01	369926.91	8.29	54.71	10.45	-0.28	9.94
7月	3.29	5.24	0.46	3.36	5.09	0.72	59.43	92.93	9.15	198961.50	8.55	47.50	9.63	-0.31	5.37
8月	3.28	5.10	0.84	4.88	7.66	1.28	75.50	115.82	19.23	342306.62	9.31	54.99	11.61	-0.36	9.37
9月	3.18	4.39	0.80	1.62	2.23	0.42	86.89	119.85	21.84	349063.63	7.99	54.59	10.02	-0.28	9.37
10月	3.48	5.12	0.90	3.99	5.77	1.01	82.48	118.40	22.03	364285.13	8.52	53.34	11.17	-0.19	9.87
11月	4.59	6.79	0.26	13.79	20.15	0.81	66.26	98.49	3.80	278686.58	8.88	51.90	9.17	-0.16	7.34
12月	-	-	-	-	-	-	-	-	-	-	-	-	-	-	-
平均值	4.46	6.66	1.17	8.58	12.60	2.17	58.67	86.41	14.04	375485.44	8.94	52.62	9.08	-0.17	9.88
最大值	7.91	11.81	2.08	17.79	24.67	5.75	86.89	119.85	22.03	544600.86	10.90	54.99	11.61	0.02	14.11
最小值	3.18	4.39	0.26	1.62	2.23	0.42	32.06	47.85	3.80	198961.50	7.99	47.50	4.08	-0.36	5.37
样本数	11	11	11	11	11	11	11	11	11	11	11	11	11	11	11
排放总量(t) 量(万立方米)		-	12.88	-	-	23.89	-	-	154.468	272042.08	-	-	-	-	-

图1　二期环保监测结果

大连石化公司电厂2#出口(5#－6#炉)月平均值年报表　　月平均值年报表　导出

时间	烟尘			二氧化硫			氮氧化物			烟气流量(m³...	氧含量(%)	烟气温度(℃)	烟气湿度(%)	烟气流速(m/	烟气压力(Pa)+
	mg/m³	折算mg/m³	t/m	mg/m³	折算mg/m³	t/m	mg/m³	折算mg/m³	t/m						
1月	9.93	13.44	1.84	2.76	3.66	0.05	34.03	46.07	5.46	251230.24	8.02	56.50	4.53	6.53	0.04
2月	5.25	7.27	0.91	2.32	3.15	0.41	31.17	42.98	5.38	260375.46	8.32	56.61	5.38	6.69	0.05
3月	5.19	7.14	1.21	4.92	6.71	1.13	29.94	41.29	5.96	313965.14	8.24	56.57	5.26	8.06	0.04
4月	6.07	8.74	0.98	8.25	11.82	1.33	35.79	52.01	5.76	315253.93	8.85	56.38	5.77	8.11	0.02
5月	7.35	10.97	1.55	7.61	11.14	1.61	54.35	80.82	11.50	285322.08	9.20	54.63	5.88	7.30	-0.01
6月	2.25	3.37	0.40	10.86	16.04	1.93	68.70	102.19	12.37	277387.93	9.23	54.63	6.24	7.13	-0.04
7月	2.08	2.79	0.40	6.89	9.26	1.32	82.47	109.44	15.54	318854.30	7.47	57.34	7.59	8.40	-0.08
8月	3.61	4.95	0.82	6.12	8.22	1.44	79.14	107.19	18.17	308854.22	7.77	58.22	7.18	8.12	-0.09
9月	3.42	5.33	0.79	6.25	10.00	1.45	71.64	112.74	16.56	322751.67	9.59	54.29	5.98	8.34	-0.05
10月	3.48	4.87	0.79	4.86	6.64	1.11	84.11	116.05	18.94	310828.34	8.00	55.70	3.98	8.17	-0.01
11月	4.01	4.73	0.22	7.12	8.49	0.40	102.89	121.38	5.64	270047.88	5.79	58.12	4.19	7.12	0.01
12月	–	–	–	–	–	–	–	–	–	–	–	–	–	–	–
平均值	4.76	6.69	0.90	6.18	8.65	1.15	61.30	84.74	11.21	294079.56	8.22	56.27	5.63	7.63	-0.01
最大值	9.93	13.44	1.81	10.86	16.04	1.93	102.89	121.38	18.94	322571.67	9.59	58.22	7.59	8.40	0.05
最小值	2.08	2.79	0.22	2.32	3.15	0.40	29.94	41.29	5.38	251230.24	5.79	54.29	3.98	6.53	-0.09
样本数	11	11	11	11	11	11	11	11	11	11	11	11	11	11	11
排放总量(t)量(万立方米)		–	9.92	–	–	12.62	–	–	123.27	206995.77	–	–	–	–	–

图2　一期环保监测结果

脱硫脱硝项目投运后，锅炉总体运行平稳，在此将锅炉改造前后参数变化和运行情况总结，汇总脱硝改造后锅炉运行中存在问题和解决措施，希望能够给同类型锅炉改造提供借鉴。

2　脱硫脱硝项目投运前、后燃用燃料情况

2015年3月份开始烧油浆，燃油中平均黏度、热值、机杂、水分稍有降幅，硫含量、灰分大幅增加，造成受热面腐蚀和积灰严重。硫含量平均值比较稳定，但2015年和2018年分别有1个月硫含量超过0.4%，2015年最高值为0.6%。瓦斯成分中H_2S含量的算术平均值比较稳定，但实际波动范围较大，0~100mg/m³；低位发热量也是5000~19000kcal/kg波动。

脱硫脱硝项目2016年10月底运行，2017年、2018年比较2015~2016年主要变化就是灰分增加，2018年比2015年增加21%，比2017年增加7%。这也是2018年锅炉积灰较快的原因之一。

表1　燃用燃油化验成绩(混合器后)

日期	灰分% ≤0.3%(wt)	杂质% ≤0.2%(wt)	闪点/℃	倾点/℃	水分% ≤1.0%(wt)	S% ≤0.4%(wt)	密度/ (kg/m³)	黏度 mm²/s ≤150mm²/s
2014年	0.0159	0.1306			0.075	0.2366	928	47.49
2015年平均	0.019	0.109	234	5	0.055	0.35	985	27.092
2016年度平均	0.022	0.092			0.040	0.309	1014	18.282
2017年度平均	0.0215	0.0935			0.0435	0.3006	990	15.87
2018年度平均	0.023	0.091			0.040	0.305	1004	19.095

2018年为1~9月份平均值。

表2　燃用瓦斯化验成绩

	瓦斯中H_2S含量	单位	低位发热量	单位
2015年平均	27.77	mg/m³	6343.49	kcal/kg
2016年度平均	37.48	mg/m³	6538.65	kcal/kg
2017年度平均	34.92	mg/m³	8519.63	kcal/kg
2018年度平均	36.76	mg/m³	8936.44	kcal/kg

3　脱硫脱硝项目投运前后的清灰次数情况

2015年1#-6#锅炉全部清灰一次，2#、3#、4#锅炉2次清灰。合计9台次。

2016年1#-6#锅炉全部清灰一次，3#、4#、5#、6#锅炉2次清灰。合计10台次。

2017年1#-6#锅炉全部清灰一次，2#、4#、6#锅炉2次清灰。5#锅炉3次清灰(1次人工清灰)。合计10台次。

2018年，2#、3#锅炉全部清灰一次，4#、6#锅炉2次清灰，5#锅炉3次清灰、合计9台次。

从年度总台数比较，脱硫脱硝项目投运前后变化不大。

从单炉运行时间比较，锅炉运行周期从改造前6个月缩短到2018年3~4个月。

4 脱硫脱硝项目投运前后的排烟温度和预热器运行情况

从年度总平均排烟温度和预热器暖风温度比较，脱硫脱硝项目投运前后变化不大。

表3 年度总平均排烟温度和预热器暖风温度比较表

1#锅炉						
加热炉位号	烟气组成 O_2%	过剩空气系数	排烟温度 ℃	暖风温度 ℃	开工天数	实际热效率 %
2015年	7.06	1.58	149.53	67.67	208.63	89.55
2016年	5.39	1.39	147.4	65.55	123.25	89.98
2017年	-	-	-	-	-	-
2018年	5.62	1.44	158.56	64.04	116.08	89.73
2炉						
加热炉位号	烟气组成 O_2%	过剩空气系数	排烟温度 ℃	暖风温度 ℃	开工天数	实际热效率 %
2015年	4.26	1.3	130	71.69	300.42	91.83
2016年	5.64	1.42	124.29	66.62	216.71	91.6
2017年	5.89	1.46	147.98	66.85	117.92	90.03
2018年	6.3	1.48	150.17	64.41	209.33	89.84
3炉						
加热炉位号	烟气组成 O_2%	过剩空气系数	排烟温度 ℃	暖风温度 ℃	开工天数	实际热效率 %
2015年	4.94	1.37	134.39	69.24	238.13	91.29
2016年	5.25	2.96	143.49	65.61	186.63	90.8
2017年	8.74	1.87	129.94	67.51	53.88	89.53
2018年	6.52	2.34	151.42	67.49	222.63	89.67
4炉						
加热炉位号	烟气组成 O_2%	过剩空气系数	排烟温度 ℃	暖风温度 ℃	开工天数	实际热效率 %
2015年	2.53	1.15	151.6	64.32	296.38	91.4
2016年	3.26	1.21	142.57	65.27	226.17	91.23
2017年	7.13	1.59	144.26	80.73	99.04	89.06
2018年	3.33	1.23	152.47	67.32	277.88	90.98
5炉						
加热炉位号	烟气组成 O_2%	过剩空气系数	排烟温度 ℃	暖风温度 ℃	开工天数	实际热效率 %
2015年	2.4	1.15	150.47	64.88	242.5	91.49
2016年	2.47	1.15	145.9	69.56	150.96	91.68
2017年	2.83	1.18	152.95	32.83	134	91.15
2018年	2.26	1.28	157.25	36.46	292.21	91.37
6炉						
加热炉位号	烟气组成 O_2%	过剩空气系数	排烟温度 ℃	暖风温度 ℃	开工天数	实际热效率 %
2015年	1.07	1.1	152.13	64.66	125.92	91.68
2016年	4.26	3.66	164.15		168.17	90.2
2017年	2.76	1.17	151.33	34.14	125.63	91.39
2018年	2.82	1.18	160.22	34.85	240.92	90.84

从单炉相同工况参数比较，高压炉抽取5#锅炉、6#锅炉数据，中压炉抽取2#、3#锅炉数据(见表4)。从下表参数对照，脱硫脱硝项目投运前后的烟气温度和过热器运行情况，变化不大。由于锅炉清灰周期缩短，脱硫脱硝项目投运后的最高烟气温度低于投运前，使烟气最高氮氧化物浓度低于投运前，对脱硝系统运行有利。

表4　高压炉改造前典型工况运行参数统计表

时间			2015年12月15日9：00	
项目		单位	5#炉	6#炉
负荷		t/h	157	165
主汽压力		MPa	9.21	9.29
主汽温度		℃	526	533
给水温度		℃	219	181
一级减温器前汽温	左	℃	396	414
	右	℃	396	410
一级减温器后汽温	左	℃	347	354
	右	℃	356	350
二级减温器前汽温	左	℃	493	503
	右	℃	484	495
二级减温器后汽温	左	℃	476	469
	右	℃	470	467
炉膛压力		kPa	0.035	0.04
省煤器前烟气压力	左	kPa	2.1	7.82
	右	kPa	2.15	2.18
省煤器后烟气压力	左	kPa	2.49	2.41
	右	kPa	2.49	2.39
空气预热器后烟气压力	左	kPa	3.66	3.02
	右	kPa	3.67	3.21
屏过出口烟气温度	左	℃	896	885
	右	℃	870	872
高过后烟气温度	左	℃	697	762
	右	℃	690	694
省煤器前烟气温度	左	℃	576	596
	右	℃	574	563
省煤器后烟气温度	左	℃	299	333
	右	℃	335	310
排烟温度	左	℃	142	150
	右	℃	145	141
烟气含氧量		%	3	3
炉膛出口过剩空气系数		%	1.17	1.17

续表

时间			2015年12月15日9：00	
项目		单位	5#炉	6#炉
送风机电流	左	A	270	264
	右	A	277	252
引风机电流	左	A	335	271
	右	A	325	317
来油压力			3.04	2.96
来油温度			112	117
瓦斯压力			0.07	0.04
暖风器出口风温	左		61	57
	右		67	57
投油枪数			5	5
投瓦斯枪数			1	1

排烟温度和预热器运行情况方面，可以看出5#锅炉、6#锅炉改造后，随着积灰严重，排烟温度左右偏差增大，尤其是左侧在积灰末期可能导致低于指标，造成预热器腐蚀，进而使锅炉发汽能力下降。主要原因在于预热器灰堵，单侧烟气流通量下降(表5~表7)。

表5　高压炉改造后典型工况运行参数统计表(2018年)

项　目		单位	5#炉	5#炉	6#炉	6#炉
状态			清灰前	清灰后	清灰前	清灰后
时间			1月15日	10月15日	4月15日	7月15日
负荷		t/h	151	212	160	192
主汽压力		MPa	9.16	9	9.12	9.1
主汽温度		℃	522	530	517	518
给水温度		℃	178	203	175	175
一级减温器前汽温	左	℃	395	405	400	401
	右	℃	394	410	395	392
一级减温器后汽温	左	℃	352	345	345	357
	右	℃	355	345	347	353
二级减温器前汽温	左	℃	497	509	499	501
	右	℃	505	511	495	498
二级减温器后汽温	左	℃	472	464	461	461
	右	℃	463	472	459	458
炉膛压力		kPa	0.048	0.061	0.036	0.069
省煤器前烟气压力	左	kPa	0.21	0.27	0.17	0.22
	右	kPa	0.21	0.27	0.12	0.18
高温省煤器后烟气压力	左	kPa	0.52	0.68	0.38	0.45
	右	kPa	0.44	0.65	0.36	0.41

续表

项目		单位	5#炉	5#炉	6#炉	6#炉
空气预热器后烟气压力	左	kPa	5.9	3.9	5.7	1.8
	右	kPa	3.6	3.6	5.8	2.4
屏过出口烟气温度	左	℃	784	908	892	897
	右	℃	807	914	859	881
高过后烟气温度	左	℃	611	702	759	712
	右	℃	642	711	684	660
高温省煤器前烟气温度	左	℃	521	583	587	553
	右	℃	527	578	556	531
SCR 入口烟温	左	℃	300	339	351	317
	右	℃	301	339	338	310
排烟温度	左	℃	128	155	157	144
	右	℃	151	150	179	158
过热器区烟气含氧量		%	3.1	1.6	2.1	1.45
炉膛出口过剩空气系数			1.173	1.082	1.11	1.074
送风机电流	左	A	229	281	234	254
	右	A	226	283	192	260
引风机电流	左	A	37	39	39	34
	右	A	45	41	42	39
来油压力			3.07	3.17	2.94	3.1
来油温度			105	127	136	140
瓦斯压力			0.03	0.19	0.17	0.04
暖风器出口风温	左		86	69	56	96
	右		67	78	59	95
投油枪数			6	6	5	6
投瓦斯枪数			1	2	1	2

表 6 中压炉改造前典型工况运行参数统计表(2016 年)

项目		单位	2#炉	3#炉
时间			9:00	9:00
负荷		t/h	76	64
主汽压力		MPa	3.5	3.6
主汽温度		℃	433	438
给水压力		MPa	6.6	6.7
给水温度		℃	104	104
二级减温器前汽温	左	℃	360	372
	右	℃		
二级减温器后汽温	左	℃	331	302
	右	℃		
一级过热器(高过)出口汽温	左	℃	432	436
	右	℃	430	445
二级过热器(低过)出口汽温	左	℃	338	368
	右	℃	331	393

续表

项目		单位	2#炉	3#炉
炉膛压力	左	kPa	-0.04	-0.07
	右	kPa		
省煤器前烟气压力	左	kPa	0	0
	右	kPa	-0.1	0
省煤器后烟气压力	左	kPa	-0.3	-0.4
	右	kPa	-0.3	-0.4
空气预热器后烟气压力	左	kPa	-0.8	-0.7
	右	kPa	-0.8	-0.8
过热器后烟气温度	左	℃	561	529
	右	℃	534	523
省煤器后烟气温度	左	℃	175	200
	右	℃	220	289
排烟温度	左	℃	116	142
	右	℃		
暖风器出口风温	左	℃	69	65
	右	℃		
烟气含氧量	左	%	5.4	5
	右	%		
过剩空气系数	左	%	1.35	1.31
	右	%		
送风机电流	左	A	15	15
	右	A		
引风机电流	左	A	22	20
	右	A		
来油压力		MPa	3.25	3.4
瓦斯压力		MPa	0.09	0.03

表 7 中压炉改造后典型工况运行参数统计表(2018 年)

项目			2#炉	2#炉	3#炉	3#炉
单位			清灰前	清灰后	清灰前	清灰后
负荷		t/h	110	91	87	114
主汽压力		MPa	3.5	3.5	3.5	3.5
主汽温度		℃	426	434	434	424
给水压力		MPa	6.1	6.4	6.4	6.2
给水温度		℃	165	175	175	167
二级减温器前汽温		℃	357	377	381	367
二级减温器后汽温		℃	320	256	287	304
一级过热器(高过)出口汽温	左	℃	417	421	431	430
	右	℃	427	420	438	417
二级过热器(低过)出口汽温	左	℃	342	360	382	375
	右	℃	329	365	377	367
炉膛压力	左	kPa	-43	-0.04	-0.04	-75
	右	kPa				

续表

项　目			2#炉	2#炉	3#炉	3#炉
省煤器前烟气压力	左	kPa	0	-0.1	-0.1	-0.2
	右	kPa	0	0	0	-0.1
省煤器后烟气压力	左	kPa	-0.9	-0.2	-0.2	-0.8
	右	kPa	-0.9	-0.2	-0.2	-0.8
过热器后烟气温度	左	℃	587	483	500	482
	右	℃	558	463	478	500
SCR 入口烟气温度	左	℃	330	321	341	357
	右	℃	312	327	357	354
排烟温度	左	℃	140	126	136	157
	右	℃				
暖风器出口风温		℃	58	56	57	67
烟气含氧量	左	%	3.5	4.5	5.5	4.3
	右	%				
过剩空气系数	左	%	1.2	1.25	1.35	1.26
	右	%				
送风机电流	左	A	17	35	38	17
	右	A				
引风机电流	左	A	23	21	21	25
	右	A				
燃油阀后压力		MPa	2.27	1.87	1.97	2.16
瓦斯阀后压力		MPa	0.07	0.03	0.03	0.05

同样现象，反映在2#、3#、4#锅炉上，改造前，锅炉也有积灰现象，运行参数反映在屏过出口烟气温度、高过后烟气温度增加，导致烟气氮氧化物浓度增长方面，没有预热器灰堵和排烟温度下降的现象，说明预热器灰堵的原因在于高硫环境下硫酸氢氨生成，造成结盐。预热器的声波除灰器对结盐不起作用。

5　问题处理措施

从油浆成分变化，结盐造成排烟温度低、预热器漏的现象看，预热器结盐是造成锅炉运行周期缩短的主要原因，油浆成分中灰分增加是次要原因。

5.1　防止结盐的措施

1）操作管理方面

造成预热器结盐的主要原因在于喷氨过多。查询操作参数历史趋势和以往检查记录，在线氨逃逸表显示没有出现长期超标，仪表维护也校验参数正常，由此确认存在烟气温度、流速不均情况。改造前省煤器后烟气温度左右差按照工艺指标控制在40℃以内即可；改造后，要求SCR入口烟温偏差小于10℃。每台锅炉安装左右两个温度测点，不足以反映整个反映截面的温度场。就这两个测点，也是只有在清灰后的点炉初期可以保证小于10℃，随后期积灰的增加，温度场越来越不均，无论怎么进行调整，基本维持12-16℃的温差，出现局部喷氨较多，而氨逃逸表检测不到情况。

2018年5月车间进行脱硫脱硝耗氨耗碱班组竞赛。对班组耗氨和耗碱分别进行评比，每月各取前三名进行嘉奖。以SCR单位剂耗作为考核，数值小的班组为优胜班组。设置连续20分钟超工艺指标否决项防止操作出现大失误。通过氮氧化物浓度卡指标上限运行的手段，降低氨逃逸，控制脱硫脱硝用氨量。实施后，氨逃逸表指示没有太大变化，但氮氧化物浓度有所提升，6月份到现在氨剂耗明显有减少，明显减少了氨硫结晶，锅炉运行周期也应该有所延长。从《表8环保减排指标完成进度》可以看出，6月份以来，在满足工艺指标排放的基础上，NO_X综合效率明显下降到一个合理的稳定状态，减排后NO_X排放量随锅炉负荷稳定缓慢提高。

2）工艺管理方面

烟气温度、流速不均，看不见，摸不着，没有足够的温度和流速测点来监视，只能通过两侧温度差监控。车间工艺管理人员根据负荷变动情况，随时调整喷氨格栅，保持氨逃逸表指示在最小值。

为确保锅炉的运行安全，机动设备处和热电联合车间研究制定锅炉必须停炉清灰的运行指标如下，准备按照暂行规程先试行，随后再根据燃料和运行变动情况适时调整(表8)。

表8　环保减排指标完成进度

项目	减排前 SO_2 排放量	减排后 SO_2 排放量	SO_2 综合效率	减排前 NO_X 排放量	减排后 NO_X 排放量	NO_X 综合效率	烟尘(颗粒物)排放量	标态流量
单位	t	t	%	t	t	%	t	
指标		<850	> 80		<950	> 80		
1月	123.56	3.68	97.02	214.62	18.27	91.49	4.87	55471

续表

项目	减排前 SO_2 排放量	减排后 SO_2 排放量	SO_2 综合效率	减排前 NO_X 排放量	减排后 NO_X 排放量	NO_X 综合效率	烟尘(颗粒物)排放量	标态流量
单位	t	t	%	t	t	%	t	
2月	119.8	6.29	94.75	209.95	17.97	91.30	2.99	50837
3月	131.69	4.66	96.46	210.54	22.24	89.44	3.31	65039
4月	162.47	4.01	97.53	182.34	18.79	89.70	2.52	50155
5月	123.99	4.4	96.45	154.45	27.3	82.32	2.69	48853
6月	115.33	5.72	95.04	151.71	33.19	78.12	1.48	46628
7月	110.15	2.21	97.99	142.55	30.45	78.64	1.04	39093
8月	108.46	2.71	97.50	147.28	37.37	74.63	1.68	48456
9月	115.7	1.87	98.38	147.34	38.5	73.87	1.65	48391
10月	167.96	2.17	98.71	165.72	42.1	74.60	1.78	50355
11月	257.88	4.12	98.40	189.01	35.83	81.04	1.98	43551
12月	239.08	1.14	98.82	211.36	46.86	77.83	2.83	56165
合计	1776.07	42.98	97.58	2126.87	368.87	82.66	28.82	602994
减排量		1733.09			1758			

初步定三个指标，其中2个指标同时达到，须请示停炉清灰(表9)。

表9 锅炉必须停炉清灰的运行指标

锅炉	1#	2#、3#	4#	5#、6#	说明
过热器烟温升高幅度/℃	100	120	150	150	最高负荷时，左右侧平均值烟温和清灰后点炉初期烟温比较
预热器区压差/kPa	4.0	4.0	4.3	4.3	最高负荷时，预热器区左右侧平均值烟压的差值
锅炉的最高负荷/(t/h)	80	90	170	170	引风机全开，锅炉保证氧含量不超标所能达到的最高负荷

3）设备管理方面

2018年8~9月陆续更换了5#、6#锅炉预热器。后续做好燃烧器和油枪的维护，确保燃烧良好。

5.2 防止油浆成分中灰分增加的措施

1）公司层面

2018年4月16日，生产技术处组织召开了锅炉积灰问题讨论会。机动设备处、生产运行处、储运车间和热电联合车间参加会议，形成如下系统解决方案和措施：

① 生产运行处择机安排储运车间对913#和914#及801至805#罐进行清罐，以减少罐底沉积物对澄清液的影响。

② 生产技术处和储运车间组织对油浆沉降系统操作规程进行完善和修订，进一步规范油浆沉降系统的运行方式。

③ 生产技术处安排油浆沉降剂厂家在不增加费用的前提下，对沉降剂进行改进，进一步提高沉降效果。

以上措施得到落实，但油浆成分中灰分含量2018年7~10月份平均值和上半年一样都是0.023%，比2015年增加21%，比2017年增加7%。还需要继续观察。

2）车间层面

2018年5月开始，热电联合车间联系质检增加化验频次，每天对油浆成分中灰分含量监控，对0.028%~0.029%的高参数联系上游单位处理。

班组统计表中增加油浆成分中灰分含量记录，班组按照责任区划分进行油枪清理，车间监督。通过刚性考核，提高班组运行调整时防止冒烟和积灰的意识。

5.3 其他问题的解决措施

1）2#锅炉的脱销系统于2016年12月份投运，存在清灰初期100t/h以下SCR区域温度低于指标情况，两侧温度差也高于其他锅炉，只能维持高负荷运行。车间已经提报2019年-2020年大修理计划，准备尽快改造。

2）1#-4#锅炉没有设计稀释风预热器，冬季运行会出现喷氨格栅的喷嘴结盐现象，目前没有产生较大后果，车间继续监护。

3）原设计电厂用液氨为连续供给，能够保证液氨罐有来自管网的固定的压力，将液氨送入液氨汽化器，实现气化，而液氨汽化器后压力正好可以将多余的液氨阻拦在液氨汽化器外，实现自动控制。现在无法连续供氨，液氨罐压力靠液氨罐气相阀来传递液氨汽化器出口压力使液氨压入液氨汽化器中，这样无法实现自动控制，需要用液氨汽化器入口手阀来控制气化氨量。操作员调整一次0.5~1h，每班组调整1-2次，因此计划在2个液氨汽化器入口上增设调节阀，接入DCS，实现自动控制。车间已经提报2019年-2020年技改技措申请，希望能在2020年停检期实施。

6　结束语

该项目是国内首例催化油浆澄清脱除颗粒物后供给锅炉燃用，也是氨气为脱硝还原剂的SCR工艺技术国内首例在燃油锅炉的应用。2年的实际工程运行情况表明，锅炉进行SCR技术改造，技术运行指标满足烟气排放环保达标排放要求、锅炉装置及烟气脱硝设施操作方便、运行稳定，燃用油浆带来的经济效益非常显著。

炼化新区空气系统运行分析与优化对策

杨航洲 刘玉超 郭新平 蔡晓东

（中国石油独山子石化公司）

摘 要 空气系统包括仪表用风和杂用工厂用风，在炼化行业是重要公用工程系统，主要用于炼化装置的仪表控制阀门驱动、装置吹扫、置换用风，也作为工艺气体使用。本文在介绍独山子石化公司炼化新区空气系统平衡和应急管理，结合目前炼化新区空气系统存在的问题，提出了改进对策与措施，并进一步提出整体优化构想。

关键词 空气系统；平衡；问题与对策；建议

1 炼化新区空气系统简述

1.1 供风装置概述

炼化新区供气装置为炼油新区空压站、乙烯厂1#、2#空压站（1#空压站在老区、2#空压站在新区）、动力站空压站等四套空压装置。

1.1.1 炼油新区空压站

炼油新区空压站设置三台离心压缩机，单台额定风量9000Nm^3/h，配套有三套9000Nm^3/h微热再生吸附式空气干燥器；仪表风和工业风系统各设置一座缓冲罐（独立运行，无联通）。仪表风和工业风均经过干燥器干燥处理外送（表1）。

表1 炼油新区空压站设备参数表

项目	型号	功率	设计流量/容积
空压机（3台）	离心式	3×985kW	3×9000Nm^3/h
干燥器（3套）	微热再生干燥机	3×85kW	3×9000Nm^3/h
仪表风缓冲罐（1座）			400m^3
工厂风缓冲罐（1座）			400m^3

1.1.2 乙烯厂1#空压站

乙烯厂1#空压站设置三台离心压缩机，单台额定风量6000Nm^3/h，三套空气干燥系统，两台活塞式仪表风增压机，高压仪表风球罐（3.0MPa）一座（表2）。

表2 乙烯厂1#空压站设备况参数表

项目	型号	功率	设计流量/容积
空压机（3台）	离心式	3×800kW	3×6000Nm^3/h
干燥器（3套）	微热再生干燥机	3×20kW	3×9000Nm^3/h
仪表风增压机（2台）	活塞式	2×90kW	3×1071Nm^3/h
高压仪表风罐（1座）			120m^3

1.1.3 乙烯厂2#空压站

乙烯厂2#空压站设置四台离心压缩机，单台额定风量13200Nm^3/h，，三套微热再生干燥系统，活塞式仪表风增压机一台，高压仪表风球罐（3.0MPa）两座（表3）。

表3 乙烯厂1#空压站设备况参数表

项目	型号	功率	设计流量/容积
空压机（4台）	型离心式	3×1470kW	4×13200Nm^3/h
干燥器（3套）	微热再生干燥机	3×120kW	3×13200Nm^3/h
仪表风增压机（1台）	活塞式	55kW	600Nm^3/h
高压仪表风罐（2座）			2×200m^3

1.1.4 动力站空压站

动力站设置五台离心压缩机，单台额定风量12000Nm^3/h，，五套微热再生干燥系统，另外还设置四台螺杆式压缩机和微热式干燥器（表4）。

表4 乙烯厂2#空压站设备况参数表

项目	型号	功率	设计流量/容积
空压机（5台）	型离心式	5×1480kW	5×12000Nm^3/h
干燥器（5套）	微热再生干燥机	5×160kW	5×12000Nm^3/h
应急调峰空压机（4台）	螺杆式	4×132kW	5×1392Nm^3/h
应急调峰干燥器（4套）	微热再生干燥机	4×7.5kW	5×132Nm^3/h

1.2 外管网系统

炼油新区与乙烯新区仪表风系统在B接点连通，管径DN300，正常运行时阀门处于开启状态，流通能力约为25000Nm^3/h；乙烯新区与炼油新区工厂风系统在B接点连通，管径为DN300，正常时阀门处于开启状态。

乙烯老区与乙烯新区仪表风系统在A接点连通，管径DN200，阀门处于开启状态，流通能力约为11000Nm³/h。

炼油新区与动力站仪表风系统在C2节点联通，管径DN65，乙烯新区与动力站仪表风系统在C1节点联通，管径DN80(图1)。

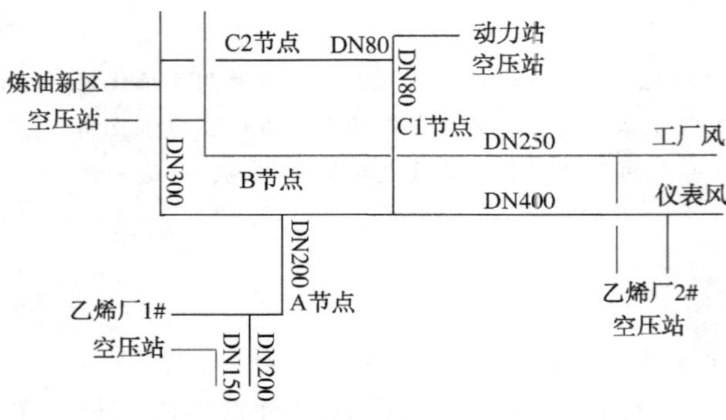

图1 炼化新区空气系统流程简图

2 系统平衡与应急管理

2.1 系统平衡

炼化新区及乙烯老区三个生产区域，合计消耗空气约40900Nm³/h，其中仪表风16200Nm³/h，工厂风24700Nm³/h，动力站空气系统未配备计量未做统计。具体平衡见表5。

上表表明：

(1) 炼油新区、乙烯新区及乙烯老区在运空压机余量6500Nm³/h，优化调整三个区域空气系统运行方式，合理安排空压机运行，存在优化空间。

(2) 炼油新区、乙烯新区及乙烯老区三个区域供出与消耗存在较大偏差，外供量与消耗量偏差8630Nm³/h，占外供量的21%，其中仪表风偏差3530Nm³/h，工厂风5100Nm³/h。

表5 炼化新区仪表风\\工厂风供出与消耗平衡表

区域		炼油厂新区	乙烯厂新区	乙烯厂老区	动力站	合计
空压机设计能力/(Nm³/h)		9000 * 3	13200 * 4	6000 * 3	12000 * 5	-
机组运行方式		1开2备	2开2备	2开1倍	4开1备(冬季)	-
在运机组余量/(Nm³/h)		1200	2500	2800	-	6500
供量出/(Nm³/h)	仪表风	1800	8900	5500	12000(估算)	14400
	工厂风	6000	15000	3700	36000(估算)	26500
	小计	7800	23900	9200	48000(估算)	40900
消耗量/(Nm³/h)	仪表风	980	6290	3600	-	10870
	工厂风	1400	12000	8000	-	21400
	小计	2380	18290	11600	-	32270

2.2 应急处理

2.2.1 处置原则

空气系统应急主要为空压机故障停运，空气系统供量不足，应急调整原则为：

(1) 快速投用仪表风应急储罐，保障仪表风系统压力。

(2) 调整各空压站仪表风与工厂风外供比例，减少工厂风供给，保障仪表风压力。

(3) 若乙烯厂清焦风压缩运行，调整流程补充仪表风、工厂风系统。

(4) 根据系统缺口、装置耗量以及生产关系权重，控制用户使用。

2.2.2 应急保障能力

乙烯厂1#、2#空压站三座高压仪表风储罐保供仪表风量为12480Nm³/h，可维持仪表风0.86h。另外，炼油厂新区仪表风和工业风缓冲罐(容积均为400m³，压力为0.65MPa)，故障状态下可保供炼油新区不小于15min的应急用量。

乙烯厂1#、2#空压站各配备两台清焦风压缩机设计能力分别为18000Nm³/h * 2、27500Nm³/h * 2，额定总供风能力91000Nm³/h，必要时，调整内部流程，补充仪表风和工厂风系统。

3 主要问题与对策

3.1 供风系统互相扰动，系统波动大

3.1.1 问题描述

炼油新区与乙烯新区互联互通，受使用用户、站内供风系统控制及干燥器再生操作影响，系统较大波动；反之，系统波动又加剧系统调整，形成互相扰动、互相影响的恶性循环。

2018年5月17日组织关闭B节点仪表风和工厂风阀门，对系统波动运行情况进行测试，

测试表明：炼油新区空压站外供仪表风、工厂风波动较大，仪表风流量波幅为 3800Nm³/h、压力为 0.06MPa，工厂风波幅为 2700Nm³/h、压力为 0.05MPa，且波动具有周期性，具体见图 2。

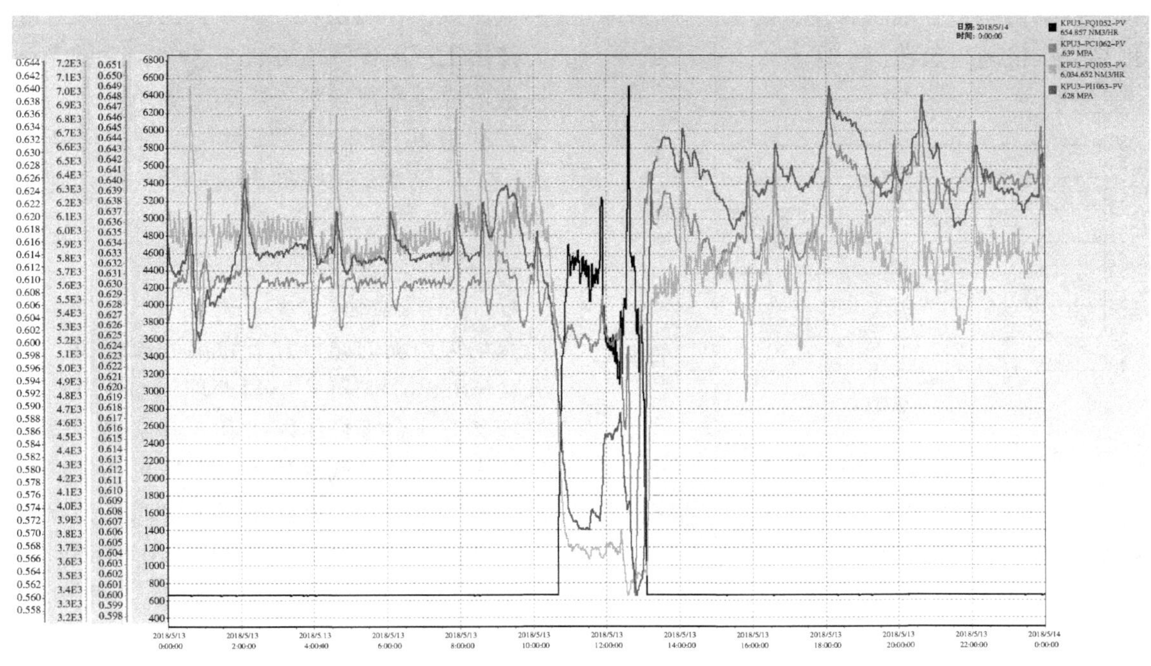

图 2　2018.5.12～5.14 炼油新区仪表风、工厂风波动趋势截图

3.1.2　对策

1. 调整仪表风压力控制

（1）优化仪表风压力控制阀 PC－1062 的参数设定，逐步将 P 值由 100 调为 80，I 值由 10 调至 20，运行一段时间后，再根据乙烯厂 2#空压站 PID 参数整定，以增加阀门动作的灵敏性。

（2）根据乙烯厂 2#空压站压力设定值，提高炼油新区仪表风压力控制值，将 PC－1062 的压力由 0.63MPa 提高到 0.65MPa，增加净化风系统缓冲时间。

2. 调整炼油新区干燥机运行模式

干燥气再生用风量为 900Nm³/h（占总风量 7%），再生间隔 1h49min，单塔再生频次为 8 小时1 次，调整在运两台干燥器再生时间，避免出现两台或多台同时再生，削减影响因素。

3. 错峰调整间歇用户使用时间

炼油新区 5 台加热炉声波吹灰器风时间集中，出现叠加用风现象，优化吹灰时间，削峰平谷，减少系统波动，调整前后见表 6。

炼油新区采取以上措施后，仪表风流量保持在 3600～4300Nm³/h、工厂风保持在 1700－2500Nm³/h 之间，压力波动幅度均小于 0.015MPa，效果良好。

表 6　炼油新区加热炉吹灰器用风调整前后时间表

单　位	加热炉位号	使用空气量/（Nm³/h）	使用时间	
			优化前	优化后
120 万焦化	F－101	350	21：00－21：30	8：50－9：20
200 万加氢裂化	F－101/F201	350	21：00－21：15	19：00－19：15
300 万直柴加氢	F－101	350	20：45－21：00	20：45－21：00
80 万催焦柴加氢	F－101	350	20：45－21：00	22：00－22：15
	F－201	350	21：25－21：35	23：15－23：30

3.2　质量指标影响空压机负荷

3.2.1　问题描述

乙烯厂 2#空压站空压机出口温度指标为≤50℃，而干燥器进口温度指标≤40℃，二者存在 10℃偏差，设计偏差造成干燥器负荷增加，为保障外供指标合格，根据干燥器出口露点数据控制干燥器负荷，从而影响空压机高负荷运行。

3.2.2　对策

夏季空压机出口温度最高在 45～48℃左右，

根据饱和空气含水表，45℃时饱和空气含水量约为40℃时的1.33倍，48℃时饱和空气含水量约为40℃时的1.58倍，若在空压机出口增设水冷器，可根本降低压缩空气水含量，降低干燥器负荷，提高空压机运行负荷(图3)。

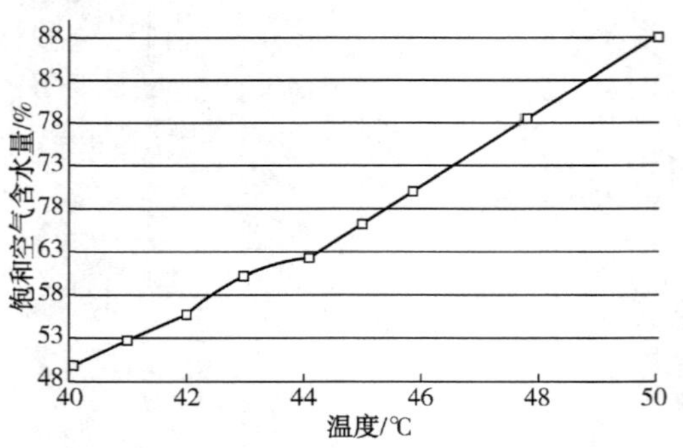

图3　温度与饱和空气水含量关系图

乙烯厂2#空压站增加水冷器项目已报公司技改技措项目2019年大检修期间实施完成。

3.3　空压机运行模式不经济

3.3.1　问题描述

夏季高温时段，炼油新区空压站一台空压机运行，外供空气加自用8500Nm³/h，系统余量仅余500Nm³/h；乙烯1#空压站两台空压机运行，外供加自用风9500Nm³/h，1#空压机为老旧机组出力仅3500Nm³/h，系统无调整余量；乙烯厂2#空压站两台空压机运行，外供加自用风24000Nm³/h，系统无调整余量。

为了满足系统供风需求，乙烯厂2#空压站投运清焦风压缩机，补充系统缺口，清焦风压缩机功率3357kW，供风量27600Nm³/h，炼化新区空压机运行模式不经济，且系统稳定性差。

3.3.2　对策

(1) 全开B节点仪表风、工厂风系统线阀门，乙烯厂新老区和炼油新区空气系统由乙烯厂2#空压站控制，多点控制改为一点控制，提高系统稳定性。

(2) 增开炼油新区空压站1台空压机，停运乙烯厂1#空压站1#空压机，同时，停止乙烯厂2#空压清焦风补空气系统，提高设备利用率，降低电耗。

节电效益核算：

小时节电：$Q=3357-800+900=3257$度；

夏季峰值以三个月计算，年度节电：3257＊90＊24=703万度；

电费以0.26元/度计，年可节约运行成本：703＊0.26=182万元。

2018年9月组织对系统进行优化调整，但乙烯新区管材为碳钢，B节点处于区域对顶段，长期低流量，管线积灰、积杂；乙烯一联合废碱单元使用工厂风作为压缩机工艺气，大量含杂工厂风会造成压缩机连锁，影响废碱单元运行。经讨论，利用2019年大检修时机，对炼化新区仪表风、工厂风系统进行彻底吹扫后按照优化调整方案进行优化。

3.4　动力站内部流程设置不合理

3.4.1　问题描述

动力站动力站设置五台离心压缩机、配套有五套微热式干燥器，单套处理能力12000Nm³/h，另配备有4台螺杆压缩机和4套微热干燥器，用于仪表风系统的调峰稳压。空压机与干燥器流程上一一对应，当干燥器干燥下降时，为保障供风指标合格，被迫增开空压机，2017年和2018年冬季均出现因露点质量不合格，增开空压机现象。

在仪表风系统互联互通的C1、C2接点两条仪表风管线管径仅为DN65，不于应急互供整体优化运行；此外，空压站存在出口未配备流量仪表以及内部工艺控制流程不完备的情况，影响系统精细管控。

3.4.2　对策

(1) 优化动力站内部流程，将老厂房四台空压机与配套四套干燥器改为母管是连接，配备供风系统计量仪表。具体见图4，图5。

(2) 优化动力站外部流程，具体内容为(具体见图3.3)：

① 将C1、C2接点仪表风管线扩经更换为DN150管线，并配备流量计。

② 动力站4台螺杆空压机出口母管连至临近离心式空压机出口管线。

③ 炼油老区仪表风线与机务用风加管线连接线。

④ 将动力站空压站出口母管仪表风支线蝶阀更换为电动阀，增加压力控制调节系统。

以上流程优化改造，已在计划2019年大检修期间实施完成。

4　优化思路与建议

依照“公用工程系统集中化、提高整体效益”的优化思路与原则，目前公司六个生产区域空气系统“孤岛式”运行，不满足未来发展需求，后续需重点考虑在升级完善空压机自启功能、增加高压仪表风应急储存设施等本质提高保障能力的基础上，逐步实现公司供风系统集中化，降低企业运行成本。

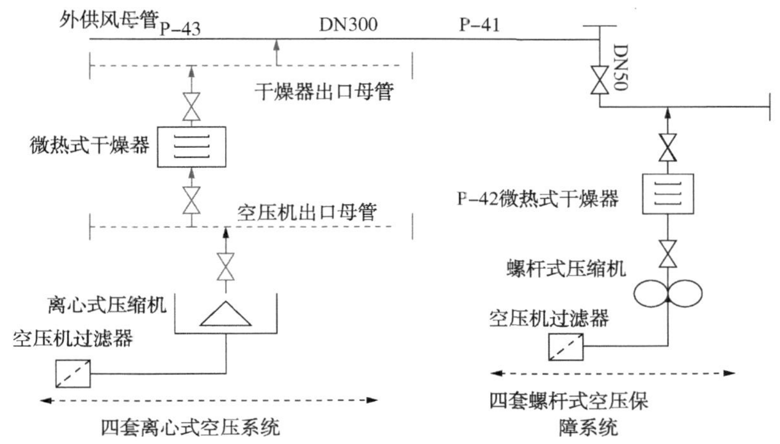

图4 动力站空压站老厂房内部流程优化简图

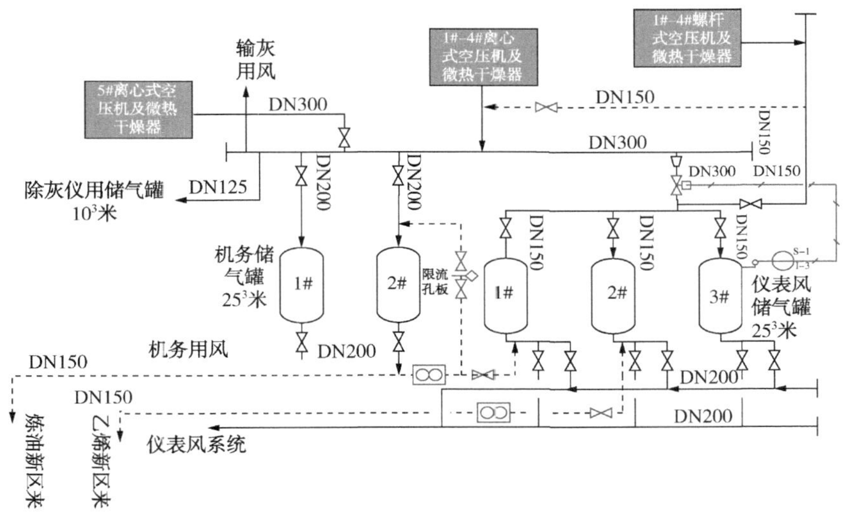

图5 动力站空压站外围系统流程优化简图

S Zorb 装置汽油降烯烃工艺试验及应用

黄喜阳　谢清峰

（中国石化长岭分公司）

摘　要　为解决产品汽油中烯烃含量高的问题，通过对 S Zorb 工艺技术反应机理研究，进行了 S Zorb 装置汽油降烯烃工艺创新摸索。通过装置降烯烃试验，得出在一定范围内降低反应器入口温度或提高氢油比，有利于提高装置降烯烃能力。根据装置试验结果进行了全流程国ⅥA 汽油试生产，最后形成国Ⅵ汽油降烯烃生产方案，主要通过进一步优化原料汽油加工流程稳定原料汽油烯烃含量，控制装置主要参数反应器入口温度在 400~410℃之间、氢油比按照不低于 0.25 进行调整，可以实现国ⅥA 汽油稳定生产。

关键词　S Zorb；烯烃；氢油比；质量升级

《车用汽油》国家标准 GB 17930—2016 于 2016 年 12 月 23 日发布和实施，车用汽油（国Ⅵ A）标准于 2019 年 1 月 1 日实施，国Ⅴ、国ⅥA 车用汽油质量指标主要差异见表 1。

表 1　国Ⅴ、国Ⅵ车用汽油质量指标主要差异

<table>
<tr><th rowspan="2" colspan="2">项　目</th><th>国Ⅴ车用汽油</th><th colspan="4">国ⅥA 车用汽油</th></tr>
<tr><th>国标</th><th colspan="2">国标</th><th colspan="2">厂内控</th></tr>
<tr><td colspan="2">牌号</td><td>92/95/98</td><td colspan="4">92/95/98</td></tr>
<tr><td>研究法辛烷值</td><td>≮</td><td>92/95/98</td><td colspan="2">92/95/98</td><td colspan="2">92.2/95.2/98.2</td></tr>
<tr><td>抗暴指数</td><td>≮</td><td>87/90/93</td><td colspan="2">87/90/93</td><td colspan="2">87.15/90.15/93.15</td></tr>
<tr><td>50%蒸发温度/℃</td><td>≯</td><td>120</td><td colspan="2">110</td><td colspan="2">108</td></tr>
<tr><td>蒸汽压（夏季）/kPa</td><td></td><td>40~65</td><td colspan="2">40~65</td><td colspan="2">45~63</td></tr>
<tr><td>蒸汽压（冬季）/kPa</td><td></td><td>45~85</td><td colspan="2">45~85</td><td colspan="2">48~83</td></tr>
<tr><td>诱导期/min</td><td>≮</td><td>480</td><td colspan="2">480</td><td colspan="2">500</td></tr>
<tr><td>氧含量（m）/%</td><td>≯</td><td>2.7</td><td colspan="2">2.7</td><td colspan="2">2.6</td></tr>
<tr><td>有机含氧化合物含量（m）/%</td><td>≯</td><td>/</td><td colspan="2">/</td><td colspan="2">/</td></tr>
<tr><td>苯含量（体积分数）/%</td><td>≯</td><td>1.0</td><td colspan="2">0.8</td><td colspan="2">0.77</td></tr>
<tr><td>芳烃含量（体积分数）/%</td><td>≯</td><td>40</td><td colspan="2">35</td><td colspan="2">33</td></tr>
<tr><td>烯烃含量（体积分数）/%</td><td>≯</td><td>24</td><td>18</td><td>15</td><td>16</td><td>13</td></tr>
<tr><td colspan="2">密度/（kg/m³）</td><td>720~775</td><td colspan="2">720~775</td><td colspan="2">720.3~774.7</td></tr>
<tr><td colspan="2">国家执行标准时间</td><td>2017 年 1 月 1 日</td><td colspan="2">2019 年 1 月 1 日</td><td colspan="2"></td></tr>
<tr><td colspan="2">厂内控执行时间</td><td></td><td colspan="2"></td><td colspan="2">2018 年 10 月 15 日</td></tr>
</table>

从表 1 中可以看出国ⅥA 车用汽油质量指标对汽油中烯烃、芳烃、苯含量要求更低。对中石化长岭分公司来说，国ⅥA 汽油质量升级面对的主要困难是烯烃含量的降低，国Ⅴ汽油生产期间两套 S Zorb 装置烯烃含量分别为 22%（1#S Zorb）、28%（2#S Zorb）左右，远高于国ⅥA 汽油烯烃含量指标。为应对国ⅥA 汽油质量升级，除上游催化装置调整工艺降低催化汽油烯烃含量外，S Zorb 装置作为汽油加工主体装置，必须调整工艺生产，最大程度降低精制汽油烯烃含量。

1　试验原理

在 S Zorb 过程中有五步主要的化学反应：硫的吸附；烯烃加氢饱和；烯烃加氢异构化；吸附剂氧化；吸附剂还原。从中可以看出烯烃主要参与烯烃加氢饱和及烯烃加氢异构化反应，其中烯烃加氢饱和反应尤为剧烈。

（1）烯烃加氢饱和

烯烃来自原料汽油中，它们是含有双键的碳

氢化合物，化学式如下表示：C—C—C—C ══C，烯烃通常分布在汽油馏分的初始部分(轻组分)，主要是 C5、C6 和 C7。典型的烯烃加氢饱和反应可表示如下：

C—C—C—C ══C+H_2⟶C—C—C—C—C

烯烃加氢饱和反应是强放热反应，若反应器内发生大量的加氢反应，将会使反应器内温度急剧升高，而且烯烃加氢饱和反应越多，氢气损耗加大，汽油辛烷值损失越大。

(2)烯烃加氢异构化

烯烃的异构化反应是我们希望在反应器内发生的副反应，它可以使汽油产品的辛烷值提高。典型的异构化反应如下：

C ══C—C—C—C—C+H_2⟶

C—C ══C—C—C—C+H_2

C ══C—C—C—C—C+H_2⟶

C—C—C ══C—C—C+H_2

烯烃的加氢异构化反应是微放热反应，而且在汽油组分中发生异构化的烯烃所占比例不高，所以不会使反应器的温度产生显著的变化。

从烯烃加氢反应中我们可以看出，烯烃加氢饱和反应会降低汽油中烯烃含量，而烯烃加氢异构化并不会降低烯烃含量。反应温度、反应压力、氢分压、吸附剂的活性及藏量等都会影响到烯烃加氢饱和反应的进行。

(1) 温度。由于烯烃加氢饱和反应是放热反应，温度升高不利于烯烃饱和反应进行。通常情况下，在正常操作温度(399~438℃)，烯烃加氢饱和反应会随温度的升高而减少。

(2) 压力。提高反应器压力，一方面增加氢的分压(H_2/HC 一定)，使烯烃加氢反应的速率增加；另一方面由于烯烃加氢饱和反应后总体积减少，提高压力有利于烯烃加氢饱和反应的进行。提高反应器压力同时可以降低反应线速，流化床层的传质传热效率降低，油气初始反应温度相应降低，烯烃饱和反应增加。

(3) 氢分压。在反应器总压力不变的情况下，增加组分中的氢气的浓度或比例，氢分压增加，使烯烃加氢饱和反应的速率及程度增加。

(4) 吸附剂活性及藏量。吸附剂活性越强越有利于烯烃加氢饱和反应的进行，主要表现在吸附剂上的硫含量越少活性越大。吸附剂藏量主要影响反应器的质量空速，通过增加反应器内的吸附剂可以降低质量空速(WHSV)，将使烯烃加氢饱和反应速率增加。

2 单装置试验方案及效果

2.1 2#S Zorb 装置试验方案及效果分析

1) 试验时间：2018 年 2 月 7~10 日，为期 3 天。

2) 试验条件：试验期间反应进料流量平均为 135t/h；原料汽油硫含量在 180ppm 左右；为保护反应器过滤器，反应系统压力高控至 2.6MPa 左右；吸附剂藏量维持稳定，以保证横管收料正常为准；通过冷产物分离器顶排废氢去高瓦，稳定循环氢浓度在 90%左右；吸附剂性质维持相对稳定，化验分析显示，待生剂载硫载碳分别为 5.74%、2.32%，再生剂载硫载碳分别在 4.01%、1.34%，吸附剂中粒径<20um 在 10%左右。按照先降低反应器入口温度再提高循环氢流量(氢油比)进行试验，如表 2 所示，其他参数保持稳定。

表 2 2#S Zorb 装置试验调整参数

项目	加热炉出口温度/℃	氢油比
2018 年 2 月 7 日 10：00	420	0.28
2018 年 2 月 7 日 22：00	410	0.28
2018 年 2 月 8 日 10：00	400	0.28
2018 年 2 月 8 日 18：00	390	0.28
2018 年 2 月 9 日 11：20	380	0.28
2018 年 2 月 9 日 21：15	390	0.32
2018 年 2 月 10 日 9：00	390	0.33

3) 试验效果：

表 3 2#S Zorb 装置试验数据

项目		2018 年 2 月 7 日 10：00	2018 年 2 月 7 日 22：00	2018 年 2 月 8 日 10：00	2018 年 2 月 8 日 18：00	2018 年 2 月 9 日 11：20	2018 年 2 月 9 日 21：15	2018 年 2 月 10 日 9：00
烯烃含量/%	原料汽油	32.9	33.9	33.9	33.7	32.0	34.2	35.3
	稳定汽油	27.9	27.1	26.1	29.0	27.0	26.5	25.4
	差值	-5.0	-6.8	-7.8	-4.7	-5.0	-7.7	-9.9

续表

项目		2018年2月7日10:00	2018年2月7日22:00	2018年2月8日10:00	2018年2月8日18:00	2018年2月9日11:20	2018年2月9日21:15	2018年2月10日9:00
稳定汽油硫含量/ppm		5.8	3.8	3.1	6.2	8.2	7.8	3.7
RON损失		0.6	0.7	0.9	0.7	0.7	1.1	1.1
反应器平均温升/℃		14.3	15.0	18.0	20.1	21.0	21.2	23.5
芳烃含量/%	原料汽油	22.7	21.9	22.0	24.1	22.0	22.2	22.1
	稳定汽油	23.8	22.6	21.9	22.4	21.4	23.9	23.7
	差值	1.1	0.7	-0.1	-1.7	-0.6	1.7	1.6
苯含量/%	原料汽油	0.78				0.74	0.75	
	稳定汽油	0.82				0.76	0.89	
	差值	0.04				0.02	0.14	
干点/℃	原料汽油	197.4	193.0	197.7	195.8	195.3	194.4	195.5
	稳定汽油	198.1	195.5	196.7	199.8	195.5	195.0	195.4
	差值	0.7	2.5	-1.0	4.0	0.2	0.6	-0.1

从表2、表3中可以看出：

1）在氢油比为0.28条件下，反应器入口温度为420℃降至400℃过程中，烯烃损失由5.0%上升至7.8%，稳定汽油硫含量合格，汽油RON损失由0.6上升至0.9；

2）在氢油比为0.28条件下，反应器入口温度由400℃降至380℃过程中，烯烃损失反而下降至5.0%，稳定汽油硫含量无法稳定合格，逐步提高氢油比至0.30以上仍无法稳定合格；

3）在反应器入口温度为390℃条件下，氢油比由0.28提至0.33（新氢压缩机机满负荷）过程中，烯烃损失由4.7%上升至9.9%，稳定汽油硫含量合格，汽油RON损失由0.7上升至1.1。

4）从反应器温升来看，降低加热炉出口温度及提高氢油比，反应器温升上涨比较明显；

5）汽油芳烃含量、苯含量、干点等其他主要性质变化幅度较小且无规律。

2.2　1#S Zorb装置试验方案及效果分析

1）试验时间：2018年3月7~21日，为期15天。

2）试验条件：试验期间反应进料流量平均为146t/h；试验期间原料汽油硫含量在340ppm左右；1#S Zorb装置在2#S Zorb装置试验基础上进行了方案优化，进一步缩小调整参数范围，延长试验时间。试验期间待生剂载硫量在7%~9%、载碳量在2%~4%，再生剂载硫量在6%~8%、载碳量在1%~3%，吸附剂中硅酸锌含量在20%左右。按照先提高循环氢流量（氢油比）再降低反应器入口温度进行试验，如表4所示，其他参数保持稳定。

表4　1#S Zorb装置试验调整参数

项　目	加热炉出口温度/℃	氢油比
2018年3月7日	415	0.28
2018年3月8日	415	0.30
2018年3月10日	415	0.32
2018年3月12日	410	0.32
2018年3月14日	405	0.32
2018年3月16日	400	0.30
2018年3月20日	395	0.28
2018年3月21日	405	0.28
2018年3月22日	415	0.28

3）试验效果：

表5　1#S Zorb装置试验数据

项　目		2018年3月7日	2018年3月8日	2018年3月10日	2018年3月12日	2018年3月14日	2018年3月16日	2018年3月20日	2018年3月21日	2018年3月22日
烯烃含量/%	原料汽油	22.9	22.6	27.7	27.5	28.8	26.3	27.6	27.3	24.3
	稳定汽油	17.4	16.4	20.1	20.1	19.8	20.2	19.0	20.8	18.8
	差值	-5.5	-6.2	-7.6	-7.4	-9	-6.1	-8.6	-6.5	-5.5

续表

项目		2018 年 3 月 7 日	2018 年 3 月 8 日	2018 年 3 月 10 日	2018 年 3 月 12 日	2018 年 3 月 14 日	2018 年 3 月 16 日	2018 年 3 月 20 日	2018 年 3 月 21 日	2018 年 3 月 22 日
稳定汽油硫含量/ppm		3.9	4.7	4.4	6.3	4.5	4.3	6.0	5.0	4.6
RON 损失		1.4	1.1	1.1	1.3	1.3	1.2	1.2	0.7	1
反应器平均温升/℃		20.5	21.3	25.1	24.5	26.2	27.0	27.6	24.3	21.0
芳烃含量/%	原料汽油	22.6	23.6	22.5	22.0	20.3	22.2	21.3	22.2	23.5
	稳定汽油	21.4	21.6	24.6	21.8	23.2	19.4	22.3	22.2	23.2
	差值	-1.2	-2.0	2.1	-0.2	2.9	-2.8	1.0	0	-0.3
苯含量/%	原料汽油	0.67			0.68			0.55	0.58	
	稳定汽油	0.72			0.62			0.60	0.65	
	差值	0.05			-0.06			0.05	0.07	
干点/℃	原料汽油	194.0	193.0	194.2	194.9	201.2	197.2	201.5	194.8	198.8
	稳定汽油	194.5	197.0	197.3	197.1	201.6	197.0	199.1	195.9	198.0
	差值	0.5	4.0	3.1	2.2	0.4	-0.2	-1.6	1.1	-0.8

从表 4、表 5 中可以看出：

1）在反应器入口温度保持 415℃不变，氢油比由 0.28 提高至 0.32 过程中，汽油烯烃损失由 5.5%上升至 7.6%，稳定汽油硫含量合格，汽油 RON 损失有上涨趋势；

2）氢油比保持 0.32 不变，反应器入口温度由 415℃至 405℃时，烯烃损失汽油烯烃损失由 7.6%达到 9%；稳定汽油硫含量合格，汽油 RON 损失上升；

3）氢油比降至 0.28 保持不变，反应器入口温度由 395℃提高至 415℃过程中，汽油烯烃损失由 8.6%下降至 5.5%，在 395℃下稳定汽油硫含量无法稳定合格，汽油 RON 损失呈下降趋势；

4）从反应器温升来看，降低加热炉出口温度及提高氢油比，反应器温升上涨比较明显；

5）汽油芳烃含量、苯含量、干点等其他主要性质变化幅度较小且无规律。

2.3 试验结论

通过汽油降烯烃试验，可以得出以下结论：

1）在一定范围内降低反应器入口温度或提高氢油比，装置降烯烃能力有所提升，稳定运行情况下原料汽油烯烃含量越高，烯烃损失越大，汽油 RON 损失增加，汽油芳烃含量、苯含量、干点等其他主要性质变化幅度较小且无规律。

2）试验过程中发现采取先提氢油比再降反应器入口温度的操作，有利于装置的正常运行，稳定汽油硫含量相对容易控制。

3 S Zorb 装置汽油降烯烃工艺应用

3.1 S Zorb 装置国ⅥA 车用汽油试生产

根据两套 S Zorb 装置汽油降烯烃试验结果，结合全厂汽油系统运行情况，制定出 S Zorb 装置国ⅥA 汽油质量升级降烯烃工艺方案并进行为期 4 天试生产。试生产期间原料汽油加工方案按照 1#S Zorb 装置加工全部 3#FCC 汽油，2#S Zorb 装置加工 1#FCC 汽油及巴陵汽油，其中 2#S Zorb 装置由于汽油来量不够部分内循环，稳定汽油硫含量按照 3ppm~8ppm 控制，在其他操作参数及吸附剂活性相对稳定条件下，提前按照降低反应器入口温度同时提高循环氢流量（氢油比）调整到位。整个试生产过程中装置运行平稳，装置关键运行参数如表 6 所示（取平均值）。

表 6 装置关键运行参数表

装置名称	操作参数	单位	数值
1#S Zorb	催化汽油来量 FI1001	t/h	146
	反应进料量 FIC1101	t/h	148
	新氢流量 FI1501	Nm^3/h	4500
	反应系统压力 PIC1202	MPa	2.65
	循环氢流量 FIC1102	Nm^3/h	8900
	反应器入口温度 TIC1606	℃	405
	氢油比		0.26
	反应器藏量	t	48
	反应线速	m/s	0.28
	再生器温度 TIC2607	℃	500
	再生器压力 PIC2601	KPa	120
	稳定塔压力 PIC5101	MPa	0.63
	稳定塔底温度 TI5006	℃	125
	稳定塔顶气 FI5101	Nm^3/h	1400
	原料汽油平均硫含量	ppm	268
	稳定汽油平均硫含量	ppm	4
	待生剂硫含量	%	10.48
	再生剂硫含量	%	8.08

续表

装置名称	操作参数	单位	数值
2#S Zorb	催化汽油来量 FI71002	t/h	124
	反应进料量 FIC71101A	t/h	135
	新氢流量 FI71501	Nm^3/h	3600
	反应系统压力 PIC71202	MPa	2.53
	循环氢流量 FIC71102A	Nm^3/h	9100
	反应器入口温度 TIC71606	℃	405
	氢油比		0.28
	反应器藏量	t	32
	反应线速	m/s	0.34
	再生器温度 TIC72607	℃	500
	再生器压力 PIC72601	KPa	130
	稳定塔压力 PIC75101	MPa	0.6
	稳定塔底温度 TI75006	℃	132
	稳定塔顶气 FI75101	Nm^3/h	1400
	原料汽油平均硫含量	ppm	200
	稳定汽油平均硫含量	ppm	4
	待生剂硫含量	%	7.83
	再生剂硫含量	%	5.63

3.1.1　1#S Zorb 试生产数据及分析

1#S Zorb 装置国ⅥA 车用汽油试生产数据如表7所示。

表7　1#S Zorb 装置汽油分析数据

采样时间	样品名称	烯烃含量/%	芳烃含量/%	苯含量/%	RON
2018.6.14	原料汽油	21.7	21.3	0.59	90.3
	稳定汽油	16.5	20.4	0.65	88.9
	差值	-5.2	-0.9	0.06	-1.4
2018.6.15	原料汽油	24.3	21.0	0.70	90.3
	稳定汽油	18.8	20.8	0.64	89.1
	差值	-5.5	-0.2	-0.06	-1.2

从表7中可以看出，可以看出原料汽油烯烃含量在21%~25%时，汽油烯烃损失在5%~6%之间；芳烃含量变化幅度较小，略有降低；苯含量变化幅度很小，且无明显规律；RON损失较大，达到1.2以上。这与1#S Zorb装置汽油降烯烃试验结果基本一致。

3.1.2　2#S Zorb 试生产数据及分析

2#S Zorb 装置国ⅥA 车用汽油试生产数据如表8所示。

表8　2#S Zorb 装置汽油分析数据

采样时间	样品名称	烯烃含量/%	芳烃含量/%	苯含量/%	RON
2018.6.14	原料汽油	25.5	30.5	0.90	94.2
	稳定汽油	19.6	29.6	0.95	93.2
	差值	-5.9	0.9	0.05	-1
2018.6.15	原料汽油	26.1	30.2	0.88	94.0
	稳定汽油	19.9	30.8	0.94	92.9
	差值	-6.2	0.6	0.06	-1.1

从表8中可以看出，可以看出原料汽油烯烃含量在26%左右时，汽油烯烃损失在6%左右；芳烃含量变化幅度较小，无明显规律；苯含量变化幅度很小，略有增加；RON损失较大，达到1以上。这与2#S Zorb装置汽油降烯烃试验结果基本一致。

3.1.3　试生产结论

通过两套S Zorb装置随全厂进行国ⅥA车用汽油试生产，可以看出在一定范围内降低反应器入口温度或提高氢油比，稳定运行情况下原料汽油烯烃含量在21%~26%时，汽油烯烃损失在5%左右，芳烃含量、苯含量有一定幅度变化，RON损失有所增加。

3.2　S Zorb 装置国ⅥA 车用汽油生产

2018年9月25日起，S Zorb装置正式按照汽油降烯烃方案进行汽油生产。在试生产方案基础上，进一步优化原料汽油加工流程，稳定原料汽油烯烃含量；控制装置主要参数反应器入口温度在400℃~410℃之间、氢油比按照不低于0.25进行调整。从装置运行情况来看，1#S Zorb装置原料汽油硫含量在320ppm左右、烯烃含量在25%左右，2#S Zorb装置原料汽油硫含量在200ppm左右、烯烃含量在24%左右，稳定汽油硫含量基本控制在指标范围内（≯8ppm），平均烯烃含量在指标范围内（指标根据出厂汽油调和需要调整），1#S Zorb装置月平均如图1，2#S Zorb装置月平均如图2，其中由于原料汽油性质变化、装置吸附剂循环异常等问题，偶有硫含量、烯烃含量超标情况，但生产调整后不影响罐区汽油出厂。

4　结语

面对国Ⅵ汽油质量升级要求，为降低汽油的烯烃含量，在无其他辅助降烯烃设施条件下，利用现有SZorb装置进行汽油降烯烃工艺创新摸

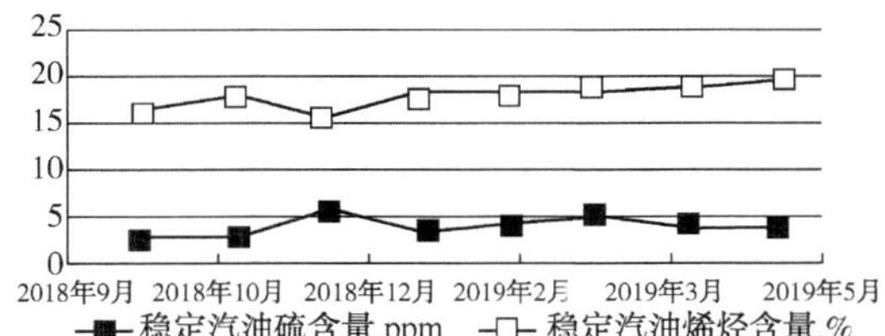

图 1 1#S Zorb 装置稳定汽油性质

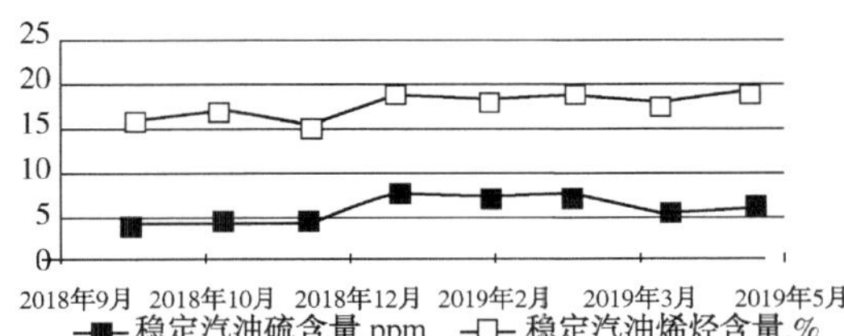

图 2 2#S Zorb 装置稳定汽油性质

索。通过单装置汽油降烯烃试验，得出在一定范围内降低反应器入口温度或提高氢油比，装置降烯烃能力有所提升，稳定运行情况下原料汽油烯烃含量越高，烯烃损失越大，汽油 RON 损失增加。根据单装置试验结果进行了全流程国ⅥA 汽油试生产，最后形成国Ⅵ汽油降烯烃生产方案并指导生产。装置进行国Ⅵ汽油生产以来，稳定汽油硫含量及烯烃含量基本控制在指标范围内，满足出厂汽油生产要求。

炼厂清罐污油回收及油泥减量化资源化处理应用

刘洁波

（中国石化长岭分公司）

摘　要　采用“污油膜强化传质技术+油泥改性干化技术”对中石化长岭分公司王龙坡罐区12#清罐污油进行处理。结果表明：(1)污油净化处理效果良好，净化后污油中水含量小于3.0%，固含量小于2.0%，净化回收的污油全部回炼；(2)处理后的油泥含水率可以控制在30%以下，呈小颗粒状或粉状，减量率在85%以上；(3)处理后的外排水中油含量小于300mg/L，满足进入炼厂污水处理系统的要求；(4)实现了炼厂重劣质污油处理的清洁化、资源化和减量化，具有较好的经济效益、环保效益和社会效益。

关键词　清罐污油；污油净化回收；油泥；清洁化减量化资源化处理

1　引言

油品特别是原油在储罐储存过程中，油品中少量机械杂质、沙粒、泥土、重金属盐类以及石蜡和沥青质等重油性组分沉积在储罐底部，形成又黑又稠的胶状物质层，其数量一般占该储罐容量的1%~2.2%。目前清罐污油(罐底油泥)已被列入《国家危险废物目录》，《国家清洁生产促进法》要求必须对底泥进行无害化处理。当前国内油罐底泥主要采用机械化清罐方式处理，其原理是：在储罐中通入大量的氮气和蒸汽，将油泥中部分油回收，沉积在底部的绝大部分固体杂质搅拌后倒入另一个原油储罐当中，剩下极少量油泥及清罐残余固体再进行外运委托有资质的单位处理。这种原油罐清罐处理方式并没有将大部分固体杂质去除，只是进行了转移，反而导致原油中固体杂质不断累积，固体杂质随原泊进入生产装置，造成了原油脱水难度大、电脱盐切水油含量高，甚至影响后续炼油生产。

因此，开展炼厂清罐污油资源化和清罐油泥减量化处理研究和应用是十分必要的，对环境保护、节能降耗和炼油装置长周期运行具有重要意义。

2　现状分析

中石化长岭分公司储运部王龙坡原油罐区12#储罐存有清罐污油总量达9000吨。其固含量和水含量较高，乳化较严重，直接掺炼电脱盐装置易造成电流升高、电场不稳，影响常减压装置安全稳定生产，对清罐污油进行采样分析，密度、黏度大、水含量高。具体分析结果见表1。

表1　清罐污油原料性质

序号	项目	数据	分析方法
1	密度/(kg/m^3)	948.6~987.5	GB/T 2540—81
2	50℃黏度/(mm^2/s)	70.6~125.4	GB 265—88
3	水含量/m%	35.8~88.2	GB/T 260—77(88)
4	固含量/m%	5.4~11.6	GB/T 6531—1986(1991)

清罐污油若得不到及时、有效处理，影响原油罐区运作和装置运行，采用“污油高效净化处理技术”和“油泥改性蒸汽干化”处置工艺，可以实现王垅坡12#储罐中的清罐污油回收资源化、油泥处理无害化和污水处理清洁化的目标。

3　污油膜强化传质和油泥改性干化技术工艺简介

3.1　工艺流程

王龙坡清罐污油净化处理装置设计为撬装式，设计规模为2.0×10^4t/a，处理能力为2.5t/h，年操作时数为8000h，操作弹性为60~110%。油泥脱水处理装置设计规模为8.0×10^4t/a，处理能力为10t/h，年操作时数为8000h，可根据油泥情况和生产单位要求调整，操作弹性为50~120%。清罐污油处理整个工艺流程分为三个工段：即污油净化回收工段、固渣清理收集工段、(人工)清罐工段。其中污油净化回收及固渣干化处理原则工艺流程如图1所示。

膜强化传质净化处理技术以膜接触反应器为核心。在较高温度条件下，结合配套的助剂，污油与注水在膜接触器内充分的接触传质，将污油中的水及固相充分的“转移”到水相，然后进入高效油水分离器中进行油水分离。分离后的油相即为脱水、脱固后的合格油品。含有少量油切水经过预处理后达到污水处理厂要求后进污水系统处理；分离出的固渣（油泥）再进行后续干化处理。

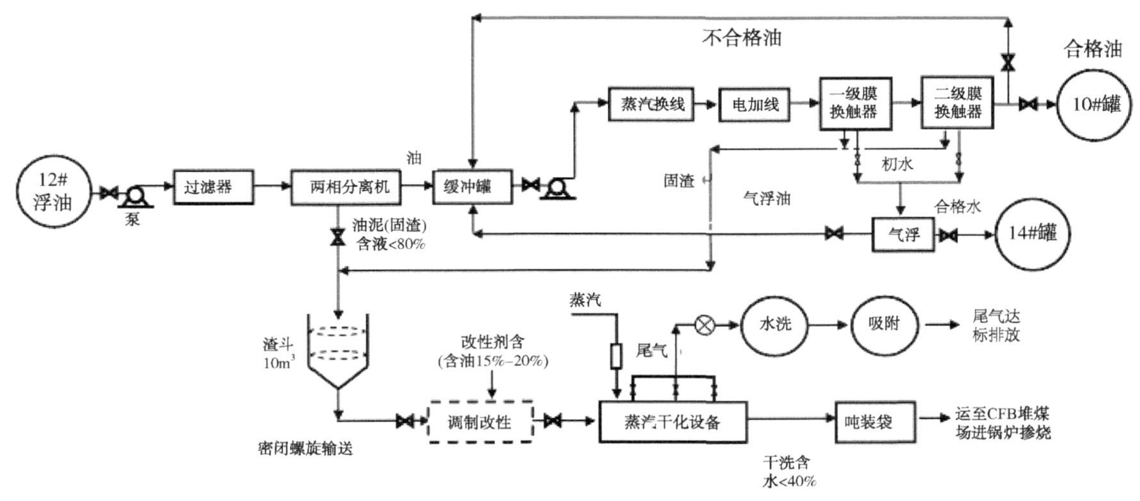

图 1　污油净化处理装置及固渣（油泥）干化处理装置工艺流程图

“固渣脱水—干化焚烧”技术工艺处理主要包括：固渣（含油污泥）改性单元、改性油泥蒸汽干化单元、废气治理单元；含油污泥改性单元与含油污泥（改性油泥）蒸汽干化单元通过污油螺旋连接；改性油泥蒸汽干化单元与废气治理单元通过 DN150mm 管道连接，通过引风机将废气抽出进废气治理单元。废气治理单元包括水洗罐、活性炭吸附罐，静电吸附等工艺，尾气处理后达标排放。

3.2　主要设备清单

污油净化处理装置及油泥脱水蒸气干化装置主要设备清单如表 2 所示。

表 2　污油净化处理及油泥处置装置主要设备清单

序号	单元	设备名称	规格	数量/（台/个）	备注
1	污油净化处理单元	膜接触器	DN250×3000	2	专利设备
2		高效油水分离器	DN1400×5900	2	专有设备
2		两相分离器	/	1	
4		污油换热器	/	1	
5		污油原料泵	处理量 2.5m³/h	2	
6		助剂泵	最大流量 1L/h	2	

续表

序号	单元	设备名称	规格	数量/（台/个）	备注
7	油泥处理单元	螺旋输送机	7000mm	3	加盖密封
8		油泥改性单元	处理量 1m³/h	1	
9		撬装蒸汽干化设备	8000×3000×3000mm	1	专利技术
10		尾气净化处理系统	/	1	
11		油泥脱水机	3000×2000×1000mm	1	专有设备
12		全自动溶药机	2000×1000×1000mm	1	专有设备

3.3　操作条件

表 3 给出了清罐污油处理工业装置的边界工艺条件（输入）和需要输出的物料流边界条件。

表 3　污油净化处理及油泥干化处理边界工艺条件

序号	项目	边界工艺条件
1	污油	处理量：2.5t/h，温度 50～60℃，压力常压
2	罐底油泥	常温常压
3	蒸汽	流量：0.3t/h，温度 110～120℃，压力 0.3～0.4MPa

续表

序号	项目	边界工艺条件
4	仪表风	压力≮0.4MPa，无有毒、易燃、易爆和腐蚀性介质的干燥空气。
5	新鲜水	压力0.2~0.4MPa，用量0.7~0.8t/h。主要用于机泵冷却。污油净化单元流量：0.2t/h；油泥干化单元流量0.5t/h，<50℃，
6	电	总功率250kW，其中污油净化装置180kW，油泥干化装置70kW
7	净化油	温度<50℃，常压
8	外排水	温度<45℃，流量<2.0t/h
9	离心机脱出固渣	常温，0.25~0.50t/h
10	干油泥	常温，0.50t/h

4 清罐污油处理技术应用情况

4.1 处理后污油的水含量和固含量情况

图2为污油原料经过离心分离和两级膜传质处理后，污油中水含量和固含量的跟踪监测数据。从图中可以看出，通过该装置进行处理后，正常生产期油相中水含量和固含量分别小于3.0%和2.0%，达到污油回炼要求，且没有出现较大幅度的波动，装置运行平稳。

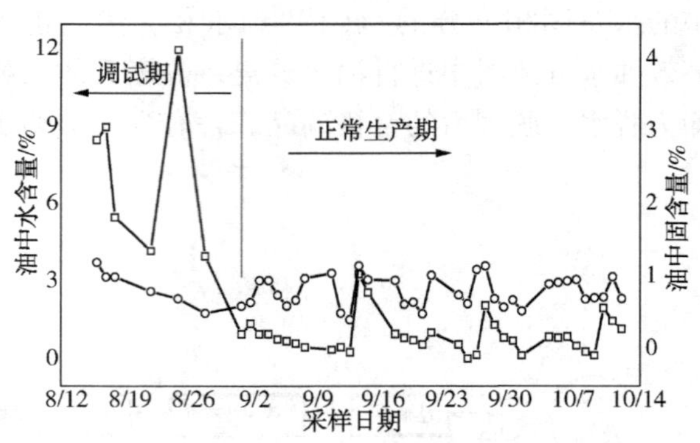

图2 净化处理后污油水含量和固含量

图3对比了污油净化处理前后的外观和微观形貌变化，其中，左上图中样品依次为污油原料、离心后污油、净化处理后污油以及外排水从图中可以看出污油净化处理后转变为均一稳定的油相。为更清晰表明污油性质变化，通过显微镜依次对污油净化前后进行了成像分析。右上图和左下图为放大48倍污油原料和离心后污油的显微镜照片，可明显看出油中含有大量水分，污油中形成稳定的油-固-水胶团。右下图为净化处理后污油的显微镜照片，净化处理后获得的油品色泽均一，水和固得到了有效的脱除。

图3 净化处理前后污油外观及微观形貌变化

4.2 油泥中固相处理效果

（1）离心机分离出的泥

离心脱固采用进口卧式离心机，在污油原料温度55~65℃条件下，污油固含量由之前的5.4%~11.6%降至脱固后的1.3%~3.2%，脱出的泥饼水含量78%~81%，净化污油满足回炼要求，脱出的泥饼进行进一步干化脱水处理，处理前后污油形貌具体见图4、图5。

（2）离心机分离后的泥进一步脱水干化

进料油泥含水率为75.3%，油泥中掺入20%的油泥改性剂，干化反应1.5~2h（蒸汽干化反应见表4），出料的油泥含水率可以控制在30%以

图4　清罐污油处理前形貌

图5　离心机分离出固渣形貌

下，当进料油泥中油含量较少时，出泥呈粉末状，随着出料水含量的增加，油泥减量率减小。

图6　油泥改性后形貌（掺比20%）

图7　干化后形貌（含水2.8%）

表4　脱水油泥干化情况

序号	反应器温度/℃	蒸汽温度/℃	电机频率/hz	出料情况		备注
				形貌	含水率	
1	95	171	50	干粉状	2.8%	进料含油量高
2	95	169	50	干粉状	5.1%	进料含油量高
3	95	171	50	小颗粒状	18.7%	进料含水率高
4	95	165	50	小颗粒状	29.5%	进料含水率高

4.3　外排水油含量

图3中4号样为污油经油水分离后的外排水样，从图中可以看出外排水均一稳定，没有可见油层。跟踪分析排水中油含量，分析结果均小于300mg/L（图8），外排水可直接进入污水处理场污水池，且不影响正常的污水处理。

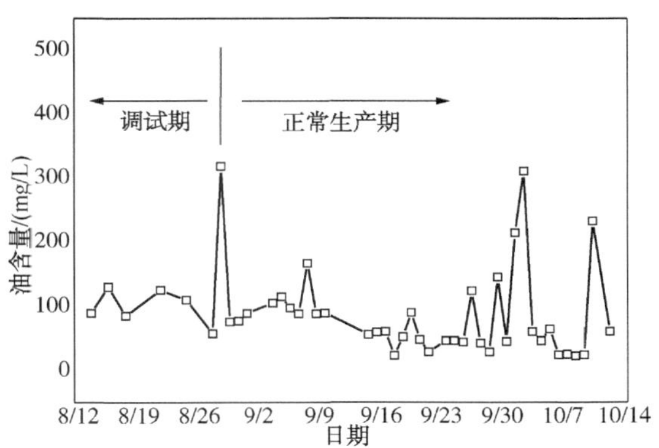

图8　外排水中油含量

5　效益预算

5.1　污油回收产生的经济效益

按清罐污油处理量9000t，污油回收率为70%计算，可以直接回收合格污油约6300t作为原料进行回炼加工。以原油价格2700元/t估算，回收的污油带来的产值约为1701万元。

5.2　公用工程消耗估算

（1）污油净化处理单元

按污油处理量9000t，污油处理公用工程消耗成本115元/t计，所消耗的公用工程成本约103.5万元。

（2）油泥干化处理单元

清罐污油在纤维膜脱水处理过程及12#罐底部的油泥总量约4742m^3，油泥干化处理公用工程消耗成本约128元/m^{3}计，所消耗的公用工程成本约60.88万元。

5.3　环保效益

解决了目前清罐污油脱水困难及油泥危废处理困难难题，同时解决了清罐污油长期库存存在的环保和安全问题，实现污油的资源化、清洁化和彻底化处理；12#罐中污油中的油泥通过蒸汽干化处理后，实现了油泥的减量化处理；干化后的油泥热值较高，送至 CFB 锅炉掺烧，充分利用了油泥中残留油分所蕴含的热能，实现了危险废物的资源化、无害化处理。

6　结论

（1）采用污油膜强化传质净化处理成套技术处理劣质污油，处理后污油水含量小于 3.0%，固含量小于 2.0%，可直接掺入原油或掺炼电脱盐，外排污水油含量小于 300mg/L。

（2）离心机分离出固渣改性后，再通过蒸汽干化脱水装置处理，出料含水率可以控制在 30%以下，呈小颗粒状或粉状，减量率在 85%以上；

（3）装置运行平稳，成功实现了炼厂重劣质污油处理的清洁化、资源化和减量化，具有良好的经济效益、环保效益和社会效益。

参　考　文　献

[1] 邹启贤，陆正禹．油田废水处理综述[J]．工业水处理，2001，21(8)：1.

[2] 任满年，董力军．炼油厂重污油回收方法的研究[J]．石油炼制与化工，2006，37(1)：47.

[3] 孙绪博，韩霁昌．炼油废水处理系统污油的来源及处理技术[J]．石化技术，2016，23(10)：44.

[4] 王波，黄华，佘喜春．国内外污油脱水技术新进展[J]．广东化工，2015，42(4)：54.

[5] 刘英斌，佘浩滨，花飞，等．惠州炼化轻污油系统存在问题与优化[J]．中外能源，2013.

[6] 吴振华，郭辉，张强．炼油厂重污油回炼技术探讨[J]．石油化工安全环保技术，2017，33(1)：56.

云式除尘技术处理Y型分子筛尾气工业应用

蒋飞华　梁维军　杨　柳　卢　辉

（中国石化催化剂有限公司长岭分公司）

摘　要　通过对影响云式除尘系统不同二流体喷嘴、风压、水压、云雾发生器和云雾除尘器压差等主要影响操作参数的考察，确定了云式除尘系统最佳操作参数，首次实现了云式除尘系统在Y型分子筛尾气粉尘处理的工业应用，使得Y型分子筛尾气排放粉尘浓度稳定控制在18.0mg/m^{3}以下（GB 31571—2015指标要求粉尘浓度≤20.0mg/m^3[1]），达标排放。

关键词　云式除尘；操作参数；分子筛尾气；粉尘处理；工业应用

1　背景

Y型分子筛生产外排尾气中的粉尘颗粒极细，大部分在10.0μm以下，D（v，0.5）低于5.0μm，且存在高温、高湿、腐蚀性强等特点，对于除尘设备要求很高，曾尝试过旋风分离除尘、旋液除尘和干法电除尘等除尘技术，效果都不理想，难以达到新国标《石油化学工业污染物排放标准》（GB 31571—2015）（粉尘浓度≤20.0mg/m^3）要求。因此，选择一种高效、稳定的除尘技术对Y型分子筛生产外排尾气达标排放至关重要。

2　云式除尘技术

2.1　基本原理

云式除尘技术基本原理：利用雾化方法[2]将液态水雾化成微米级雾粒，构建相对湿度过饱和的环境，在扰动的流场中细颗粒与饱和水蒸气充分混合，细颗粒作为凝结核，饱和水蒸气在其表面附着并液化（“云”物理学原理[3]），使细颗粒粒径不断长大，从而增大了粉尘的体积与重量，从而降低其流体“曳力”[4]，使细粉尘颗粒的收集效率大大提高，原理见图1。与此同时，过饱和雾气中的液滴与粉尘颗粒相互碰撞，发生合并、团聚等微物理过程，释放大量的负离子与粉尘颗粒产生静电式反应，使其更易沉降，从而达到除去微米级粉尘的目的。

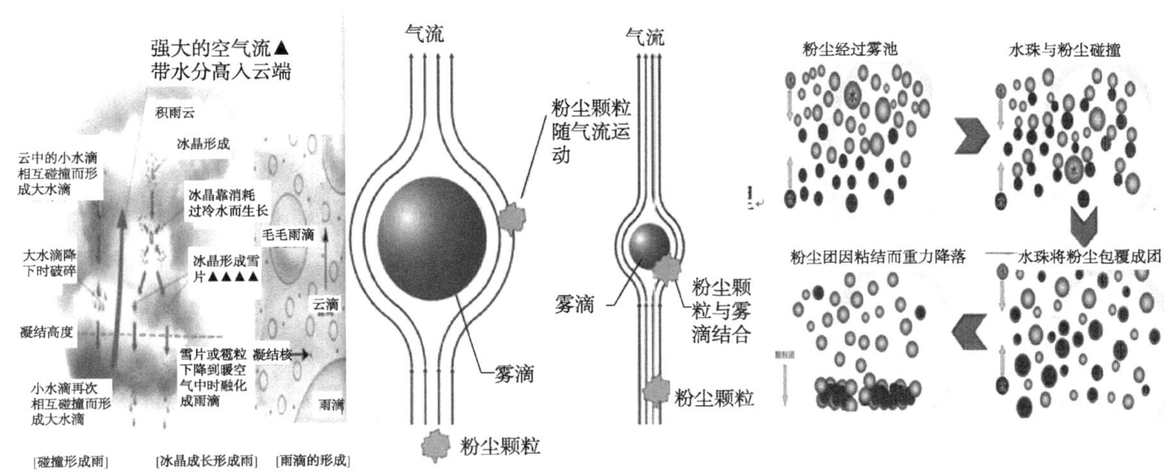

图1　“云”物理学机理

2.2　装置结构

云式除尘装置结构，如图2所示。它主要由云雾发生器（颗粒生长区，即“成云”）和云式除尘器（收尘区，即“下雨”）组成，尾气粉尘在云雾发生器营造的“云”氛围下与雾滴团聚长大，进入云式除尘器中形成“降雨”而被除去。

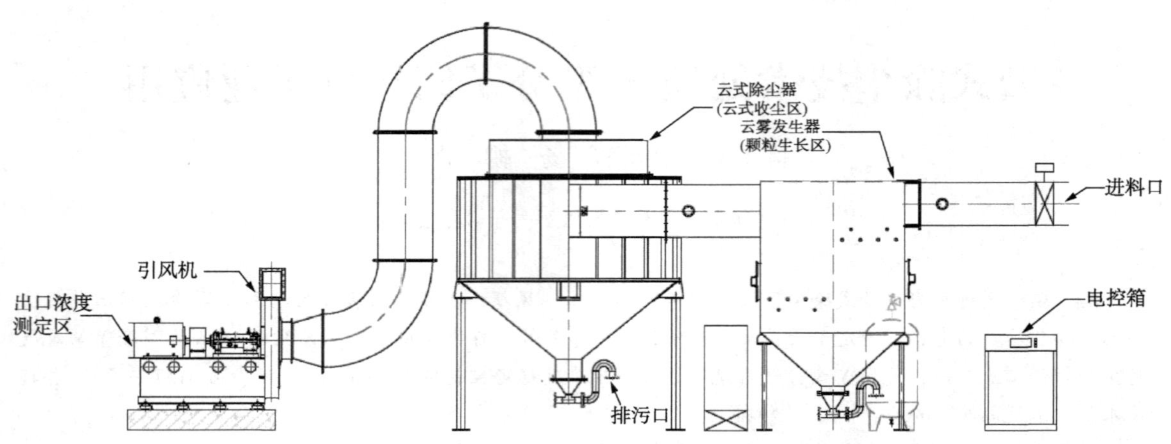

图2 云式除尘装置结构图

3 工业应用技术研究

为验证云式除尘技术对分子筛尾气粉尘去除适应性，在不改变原有粉尘处理工艺的条件下，中间增加云式除尘装置进行粉尘处理，见图3。云式除尘装置主要影响粉尘净化效果的控制因素有：雾化装置(喷嘴型号、数量)、雾化状况(雾化水压、水量、气压、气量)、云雾发生器和云雾除尘器工况压差、入口粉尘浓度等，通过在生产工况条件下对主要影响因素进行技术研究，找出最佳控制值，实现粉尘达标排放。

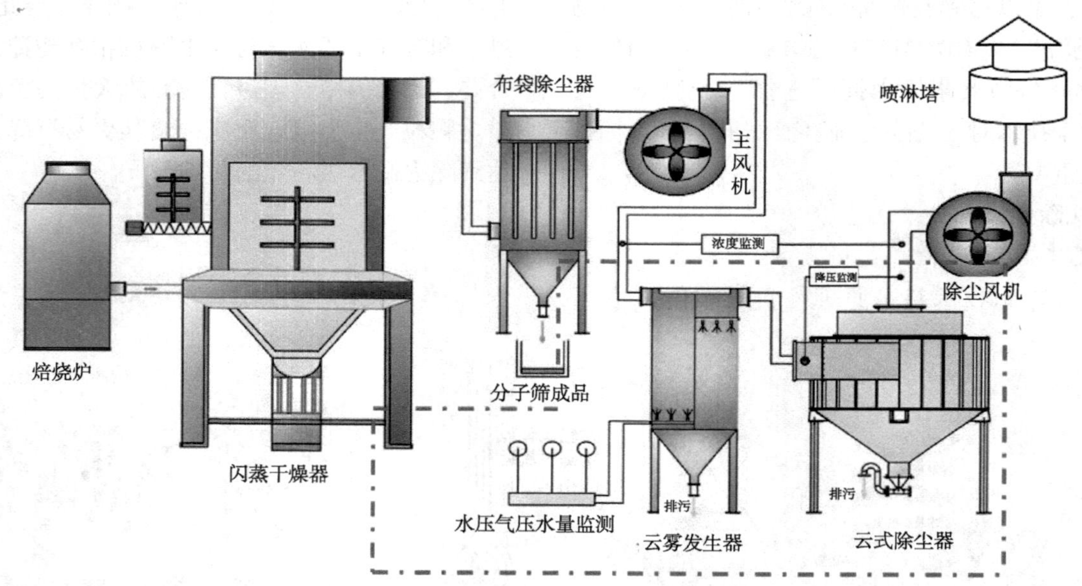

图3 分子筛生产尾气处理系统

3.1 雾化装置对除尘效率的影响

3.1.1 喷嘴型号对喷雾粒径的影响

图4、图5、图6是各型号雾化喷嘴试验及形成雾滴粒径分布情况，以及雾滴粒径与出口浓度的关系。

根据“云”物理学原理，雾滴粒径越细，比表面积越大，反应活化能越强，越能与粉尘颗粒结合长大，越能捕捉粉尘。因此，由图4数据表

图4 雾化喷嘴试验

编号	产地	Dv10(μm)	Dv50(μm)	喷嘴选择
1	美国	0.3892	8.251	√
2	国产	34.09	132.9	
3	国产	8.205	24.24	
4	国产	3.74	11.64	√
5	国产	4.942	35.75	
6	国产	26.32	61.02	
7	国产	2.712	10.92	√
8	国产	11.68	29.45	
9	国产	0.3798	13.06	√
10	国产	31.69	53.61	

图5　雾化喷嘴雾滴粒径数据

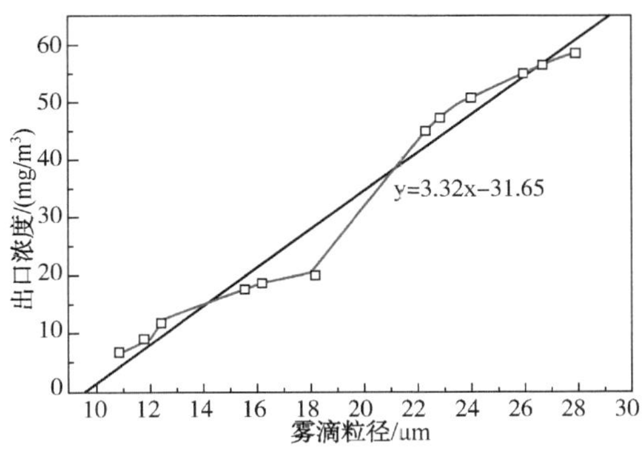

图6　雾化雾滴粒径与出口浓度

明，在相同雾化水压和流量下，1#、4#、7#、9#等4个喷嘴雾化效果比较理想。

3.1.2　水压对雾化粒径的影响

图7是保持仪表风压、距雾化喷嘴距离不变，改变水压，测量雾滴粒径影响情况。

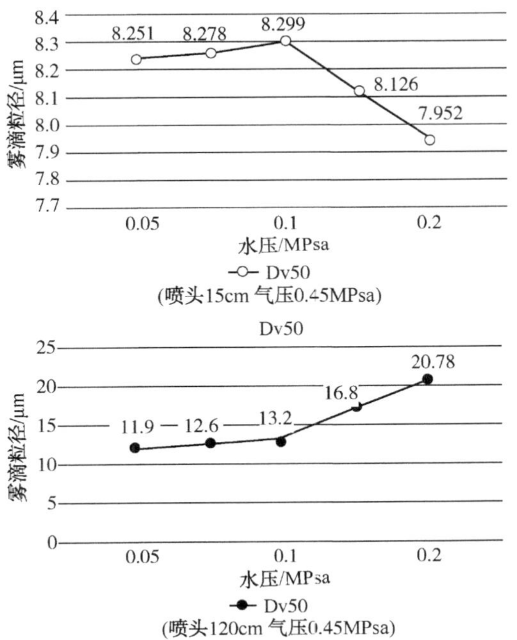

图7　水压对喷嘴雾滴粒径的影响

从图7影响关系图看出，雾滴粒径随水压增大而减小。

3.1.3　风压对喷雾粒径的影响

图8是保持水压、距喷嘴距离不变，改变气压，测量雾滴粒径影响情况。

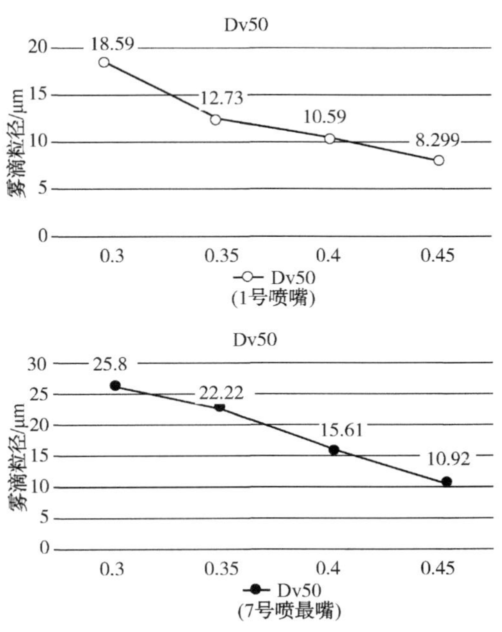

图8　气压对喷嘴雾滴粒径影响图

图8表明，固定雾化水压，喷雾液滴的粒径随着喷嘴入口气压的升高而逐渐减小，雾化效具更好。因为喷射压差越大，液体从喷嘴喷出时的速度越大，空气对液膜的扰动作用也越大，从而液膜破碎得越细，形成的液滴颗粒越小。

3.1.4　雾气浓度的影响

为了考察雾气浓度对云式除尘系统除尘效率的影响，在不同入口粉尘浓度时，变化雾气浓度，其他条件不变，测试云式除尘系统出口浓度变化情况。通过调节云雾发生器内喷嘴数量，考察雾气浓度0到666.7g/m³情况。当喷嘴全停时，雾气浓度为0；喷嘴开20支时，雾气浓度为333.3g/m³；喷嘴40支全开时，雾气浓度为666.7g/m³。

图9是不同雾气浓度时，出口浓度随入口浓度的变化情况。

由图9可知，随着入口粉尘浓度的增大，出口粉尘浓度明显增大。同时，随着雾气浓度的提高，相同入口粉尘浓度时出口粉尘浓度要低。入口粉尘浓度低至一定值时，雾气浓度增加对降

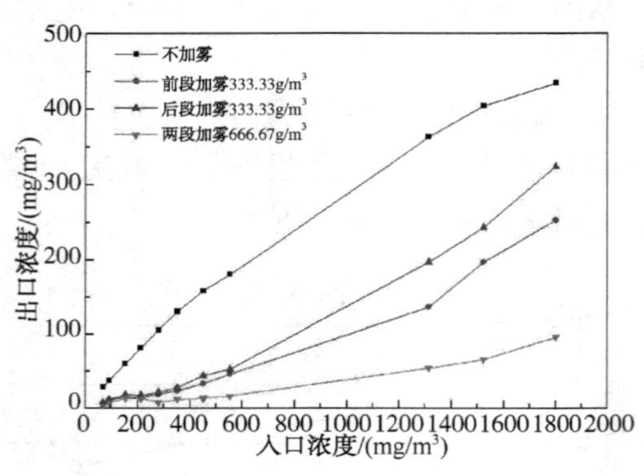

图 9　雾气浓度对出口浓度的影响

低出口粉尘浓度不明显；随着入口粉尘浓度的增加，出口粉尘浓度随雾气浓度增大降幅也加大。原因是对同一入口浓度的粉尘，雾气浓度接近饱和，雾气冷凝速率降低，作用效果接近极限；而当入口浓度增大，雾气消耗量也相应增大，低雾气浓度作用效果变差。因此，实验数据证明，雾气浓度与入口粉尘浓度保证约 1000：1 的比例，出口粉尘浓度稳定达标。

3.1.5　雾化水压和水量对除尘效率的影响

表 1 是调整雾化水压和水量对除尘效率的影响情况。

表 1　雾化水压和水量对除尘效率的影响

风机 1/Hz	风机 2/Hz	风压/MPa	水压/MPa	进水/(m^3/h)	入口烟气温度/℃	入口粉尘/mg/m^3	出口烟气温度/℃	出口粉尘/mg/m^3
A	B	0.436			125	169	54	
		0.436			124	172	55	
		0.436	a_1	A_1	125		55	48.7
		0.436	b_1	B_1	126		54	33.0
		0.436	c_1	C_1	125		55	32.5
		0.436	d_1	D_1	124		56	14.1

表 2 是工业试生产过程中关闭雾化器出口侧一组喷嘴(10 支)对云式除尘装置除尘效率的影响情况。

表 2　雾化器对除尘效率的影响

风量/m^3/h	入口		出口		风机		云雾发生器				雨雾除尘器
	温度/℃	粉尘/(mg/m^3)	温度/℃	粉尘/(mg/m^3)	C402/Hz	云雾/Hz	压差/MPa	水量/(m^3/h)	水压/MPa	风压/MPa	压差/MPa
15000	116.3	680	55.9	416	A	B	C	D	a_1/0.0	b_1	c_1
	116.5	321	56.1	380	A	B	C	D	a_1/0.0	b_1	c_1
	117.3	280	56.3	169	A	B	C	D	a_1/0.0	b_1	c_1
	116.2	278	56.0	127	A	B	C	D	a_1/0.0	b_1	c_1
	c_1	115.8	267	56.2	172	A	B	C	D	a_1/0.0	b_1
	c_1	116.1	230	56.1	176	A	B	C	D	a_1/0.0	b_1
	c_1	116.8	218	55.9	170	A	B	C	D	a_1/0.0	b_1

表 1 和表 2 数据表明，不保证一定的雾化水量、水量，以及关闭一组雾化器，云式除尘装置净化粉尘浓度无法达到最新标准。

3.1.6　雾化风量和风压对除尘效率的影响

表 3 是在保持其他条件不变情况下，改变仪表风风量和风压对除尘效率的影响情况。

表 4 是工业试生产过程中关闭云雾发生器雾化仪表风对云式除尘装置除尘效率的影响情况。

表3 仪表风风量和风压对除尘效率的影响

平均入口粉尘浓度/(mg/m³)	232											
水压/MPa	b_1			b_2			b_3			b_4		
气压/MPa	水量/(m³/h)	气量/(m³/h)	出口/(mg/m³)	水量/(m³/h)	气量/(m³/h)	出口/(mg/m³)	水量/(m³/h)	气量/(m³/h)	出口/(mg/m³)	水量/(m³/h)	气量/(m³/h)	出口/(mg/m³)
a_1	A1	124	54.7	B1	120	50.5	C1	120	47.3	D1	116	50.1
a_2	A1	124	35.6	B1	120	33.4	C1	120	32.6	D1	116	35.5
a_3	A2	140	27.8	B2	148	20.3	C2	148	18.8	D2	148	18.1
a_4	A2	140	33.0	B2	148	19.4	C2	148	14.8	D2	148	15.2
a_5	A3	156	27.5	B3	180	18.2	C3	184	15.9	D3	188	6.9
a_6	A3	212	21.7	B3	212	19.2	C3	212	16.0	D3	216	7.5

表4 关闭云雾发生器雾化仪表风对云式除尘装置除尘效率

风量/m³/h	入口		出口		风机		云雾发生器				雨雾除尘器
	温度/℃	粉尘/(mg/m³)	温度/℃	粉尘/(mg/m³)	C402/Hz	云雾/Hz	压差/MPa	水量/(m³/h)	水压/MPa	风压/MPa	压差/MPa
15000	107.8	108	55.9	35	A	B	C	D	c_1/c_2	0	c_1
	108.5	67	56.2	28	A	B	C	D	c_1/c_2	0	c_1
	110.1	45	56.1	22	A	B	C	D	c_1/c_2	0	c_1
	110.5	88	55.9	31	A	B	C	D	c_1/c_2	0	c_1

表3和表4数据表明，在保证主风机和引风机运行频率、雾化水量和水压不变的情况下，不保证一定的雾化风或没有雾化风，云式除尘装置除尘效率差，外排粉尘浓度较高。

因此，通过大量生产研究和检测数据表明，要保证云式除尘装置较好的粉尘净化效果，雾化器必须选择符合1#、4#、7#、9#等4个喷嘴雾化效果的雾化器，并控制雾化水量 $B_2 \sim B_3 m^3/h$、水压 $c_1 \sim c_2$ MPa之间、雾化风压 $\not< c_1$ MPa、雾化水气比控制1∶130~300(v)。

3.2 云雾发生器和云雾除尘器压差对除尘效率的影响

表5是保持云式除尘装置其他操作条件不变情况下，调整生产线主风机和云式除尘器引风机频率对云式除尘器和云雾发生器压差的影响。

表5 工况压差对除尘效率的影响

风机		云雾发生器					云雾除尘器	
C402/Hz	云雾/Hz	压差/MPa	水量/(m³/h)	水压/MPa	风压/MPa	压差/MPa	压差/MPa	出口滴水情况
20	44	A_1	a_1	b_1/b_2	c_1	D_1	E_1	滴水较大
18	47	A_3	a_1	b_1/b_2	c_1	D_1	E_2	滴水较大
18	47	A_3	a_1	b_1/b_2	c_1	D_1	E_2	滴水较大
12	50	A_8	a_1	b_1/b_2	c_1	D_1	E_3	少量滴水
12	50	A_9	a_1	b_1/b_2	c_1	D_1	E_4	少量滴水
13	50	A_{10}	a_1	b_1/b_2	c_1	D_1	E_5	少量滴水
15	50	A_{11}	a_1	b_1/b_2	c_1	D_1	E_6	基本无滴水
17	49	A_{12}	a_1	b_1/b_2	c_1	D_1	E_7	基本无滴水

续表

风机		云雾发生器					云雾除尘器	
C402/Hz	云雾/Hz	压差/MPa	水量/(m^3/h)	水压/MPa	风压/MPa	压差/MPa	压差/MPa	出口滴水情况
25	44	A_{13}	a_1	b_1/b_2	c_1	D_1	E_8	基本无滴水
25	44	A_2	a_1	b_1/b_2	c_1	D_1	E_9	基本无滴水
25	44	A_4	a_1	b_1/b_2	c_1	D_1	E_{10}	基本无滴水
28	48	A_5	a_1	b_1/b_2	c_1	D_1	E_{11}	基本无滴水
28	48	A_5	a_1	b_1/b_2	c_1	D_1	E_{12}	基本无滴水
28	48	A_7	a_1	b_1/b_2	c_1	D_1	E_{13}	基本无滴水

表5数据表明，在风压≮c_1MPa条件下，控制主风机运行频率≮25.0Hz、云式除尘器引风机运行频率≮44.0Hz，可保证云雾发生器压差≮D_6MPa，云雾除尘器压差≮E_6MPa，云式除尘装置除雾效果较理想。

因此，要实现云式除尘系统的最佳去除效果，在保证主风机运行频率≮25.0Hz、云式除尘器引风机运行频率≮44.0Hz、水量B_2~$B_3$$m^3$/h、水压$c_1$~$c_2$MPa、风压≮CMPa条件下，云雾发生器最佳工况压差≮D_6MPa，云雾除尘器最佳工况压差≮E_6MPa。

3.3 入口粉尘浓度对除尘效率的影响

为了考察云式除尘装置出口粉尘浓度与入口粉尘浓度的关系，保持雾化水压B_2~B_3MPa，雾化气压≮c_1MPa，云雾发生器压差≮D_6MPa，云式除尘器压差≮E_6MPa，并设定操作参数为最佳，综合分析云式除尘装置前布袋除尘器滤袋在一个更换周期内，云式除尘装置入/出口粉尘浓度变化情况，见图10。

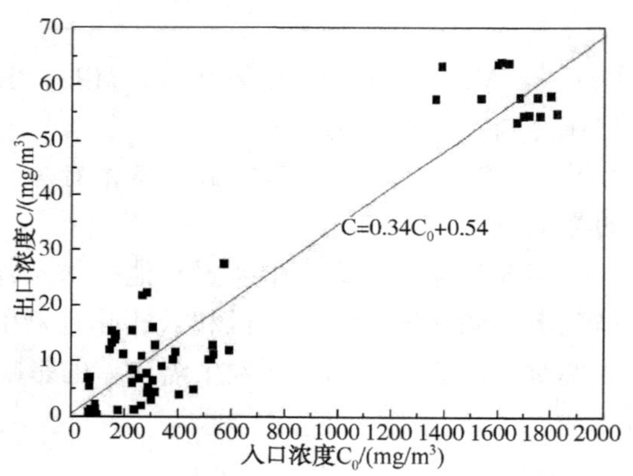

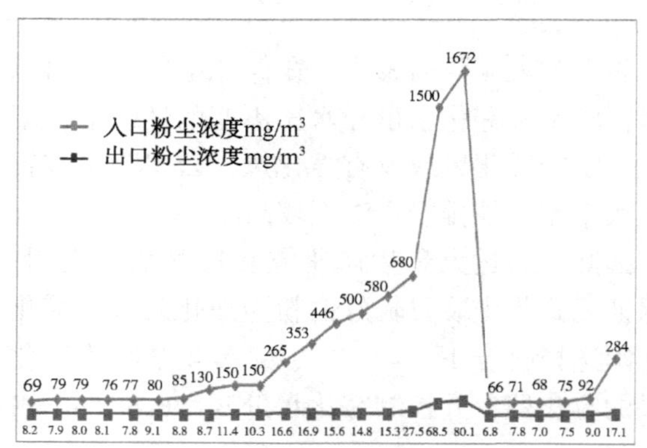

图10　出口粉尘浓度与入口粉尘浓度的关系

由图10可知，随着云式除尘装置入口粉尘浓度的提高，出口粉尘浓度也逐渐增大。当入口粉尘浓度小于600mg/m^3时，出口粉尘浓度的增长趋势较平缓，同时均能稳定控制18.0mg/m^3以下；当布袋除尘器滤袋老化严重，出现破损时，云式除尘装置入口浓度达到1500mg/m^3以上后，出口粉尘浓度也迅速增大，出口粉尘浓度难以控制在20.0mg/m^3以下。因此，云式除尘装置入口粉尘浓度要求小于600mg/m^3比较适宜。通过线性拟合，入口粉尘浓度与出口浓度成正比，其表达式可表示为：

$$C=0.034C_0+0.54$$

式中　C——出口粉尘浓度，mg/m^3；

C_0——入口粉尘浓度，mg/m^3。

从公式计算，要保证云式除尘装置出口浓度≯20.0mg/m^3，出入口粉尘浓度C_0必须小于572.4mg/m^3，与实际控制600mg/m^3以下相符合。

表6是工业试生产过程入口浓度升高对云式除尘装置除尘效率的影响情况。

表6　入口浓度升高对云式除尘装置除尘效率

风量/ m^3/h	入口		出口		风机		云雾发生器				雨雾除尘器
	温度/℃	粉尘/(mg/m^3)	温度/℃	粉尘/(mg/m^3)	C402/Hz	云雾/Hz	压差/MPa	水量/(m^3/h)	水压/MPa	风压/MPa	压差/MPa
15000	115	638	55.9	25	正常	正常	正常	正常	正常	正常	
	117	859	56.2	42	正常	正常	正常	正常	正常	正常	
	115	1356	56.1	53	正常	正常	正常	正常	正常	正常	
	121	1720	55.9	63	正常	正常	正常	正常	正常	正常	

因此，不论从理论公式计算出入口粉尘浓度 C_0 必须小于572.4mg/m³的理论依据证明，还是从表6检测数据证实，要保证云式除尘装置出口粉尘浓度≯20.0mg/m³，入口粉尘浓度控制≯600mg/m³比较适合。

综上所述，通过云式除尘装置主要工艺控制参数优化调整，得出的最佳工艺控制参数，见表7。

表7　最佳工艺控制参数

风量/ m^3/h	风机		云雾发生器					雨雾除尘器	入口粉尘
	C402/Hz	云雾/Hz	压差/MPa	水量/(m^3/h)	水压/MPε	风压/MPa	雾化水汽比/V/V	压差/MPa	浓度/(mg/m^3)
15000	≮25	≮44	≮D6	$B_2 \sim B_3$	$c_1 \sim c_2$	≮C	1：130~300	≮E6	≯600

4　工业应用结果

云式除尘装置自工业应用以来，运行2年检测的粉尘结果数据，见表8。

表8　粉尘结果数据

风量/(m^3/h)	分类项	入口		出口	
		温度/℃	粉尘浓度/(mg/m^3)	温度/℃	粉尘浓度/(mg/m^3)
15000	平均值	121	116	61	11.8
	最大值	126	597	65	17.5
	最小值	118	42	55	6.4

从表8可以看出，Y型分子筛生产外排尾气中的粉尘采用云式除尘装置净化处理可以将入口≯600mg/m³尾气粉尘浓度稳定降至18.0mg/m³以下，可达到2017年7月1日执行的最新环保法粉尘排放浓度标准要求。

5　结论

1）云式除尘技术处理Y型分子筛尾气工业应用结果表明，保证入口粉尘浓度≯600mg/m³的条件下，可以稳定将尾气粉尘浓度降至18.0mg/m³以下。

2）云式除尘技术处理Y型分子筛尾气工业应用结果表明，控制云式除尘系统表3-7中的操作条件，外排尾气粉尘浓度都能降至18.0mg/m³以下。

3）云式除尘技术处理Y型分子筛尾气工业应用结果表明，装置耗水量低，单位时间排出的灰浆水量小，极易实现回用。

4）云式除尘装置的收集物是水溶液形式，在保证入口分子筛尾气粉尘浓度≯600mg/m³，不会黏结在本体壁面，也不会造成排污口堵塞。

5）云式除尘装置采用微米级干雾喷嘴，雾化效果好，耗水量小，不易堵塞，使用寿命长。

6）云式除尘装置无易损件，运行维护简单，维护费用低，运行成本低。

参　考　文　献

[1] 石油化学工业污染物排放标准[S].

[2] 陈涛，王晓彧，等．压电换能式超声波雾化喷嘴的研究进展[J]．声学技术，2010，29(4)：449-452.

[3] 梅森 B. J. 云物理学[M]．北京：科学出版社，1978.

[4] 陈兴隆，张风登．空气中PM2.5成因与扩散规律的建模与仿真[J]．信息技术，2014(11)：1-5.

降低裂解炉氮氧化物排放研究

汤佳香

（中国石化广州分公司）

摘　要　控制及减少氮氧化合物排放量已成为乙烯裂解炉技术后续发展的重点及焦点；广州石化裂解炉通过更换为低氮烧嘴后，可满足环保要求，本文通过对氮氧化物生成机理、低氮燃烧技术进行分析；提出操作中空气预热温度低于80摄氏度、烟气中氧含量降低及熄灭长明灯有利于抑制 NO_x 的生成，同时对裂解炉烧嘴改造后存在的问题进行了分析及研究，提出优化乙烯干燥器操作流程，延长其再生周期、燃料气系统增加聚结器、增加蒸汽入炉膛等措施，有效地解决烧嘴堵塞、部分空气预热器无法投用及裂解炉热备、烧焦 NO_x 浓度偏高问题。

关键词　氮氧化物；低氮烧嘴；分子筛；堵塞

1　前言

氮氧化合物（NO_x）的排放给人类和自然环境带来严重的危害，主要体现在影响人类健康、影响森林和作物生长及影响全球气候三个方面[1]；一方面，NO_x 形成光化学烟雾对人类呼吸系统产生刺激及致癌作用，另一方面，NO_x 与水蒸气反应形成酸雨，破坏作物及树木的根系营养循环系统；同时 NO_x 对臭氧的循环具有破坏作用，是引起温室效应的一种。据测算，排向大气中的 NO_x 绝大部分是由燃烧过程产生的，乙烯裂解工业生产过程中裂解炉燃烧排放的氮氧化合物量正是其中之一，因此控制及减少氮氧化合物排放量已成为乙烯裂解炉技术后续发展的重点及焦点。

2　NO_x 的生成机理

NO_x 的生成过程十分复杂，其间涉及200余种基元反应，在众多的研究中，一般将 NO_x 生成划分为3种，即燃料型 NO_x（F-NO_x）、热力型 NO_x（T-NO_x）和快速型 NO_x（P-NO_x）。由于广州石化乙烯裂解装置使用的燃料气主要为甲烷氢，燃料中的氮含量很低，燃烧过程所生成的燃料型 NO_x（F-NO_x）很少，可忽略不计。通常，快速型 NO_x（P-NO_x）生成量比热力型 NO_x（T-NO_x）生成量小一个数量级，故本文主要详细分析热力型 NO_x 的生成机理。

由于燃烧区温度对于 NO_x 的生成机理具有非常明显的影响，因此热力型 NO_x 又称为温度型 NO_x。热力型 NO_x 的生成机理是由苏联科学家泽尔多维奇提出的，他认为空气中的氮气在高温下的氧化反应是由一组不分枝的联锁反应构成的，即：

$$N_2+O \rightleftharpoons N+NO$$

（正反应速率常数为k1，逆反应速率常数为k-1）

$$O_2+N \rightleftharpoons NO+O$$

（正反应速率常数为k2，逆反应速率常数为k-2）

按照化学反应动力学

$$\frac{dc_{NO}}{dt}=k_1C_{N_2}C_O-k_{-1}C_{NO}C_N+k_2C_NC_{O_2}-k_{-2}C_{NO}C_O \tag{1}$$

N原子是中间产物，短时间内可假设处于平衡状态。

则

$$\frac{dc_N}{dt}=k_1C_{N_2}C_O-k_{-1}C_{NO}C_N-k_2C_NC_{O_2}+k_{-2}C_{NO}C_O=0 \tag{2}$$

可得

$$C_N=\frac{k_1C_{N_2}C_{O+k_{-2}C_{NO}C_O}}{k_{-1}C_{NO}+k_2C_{O_2}} \tag{3}$$

将式3代入式1，得

$$\frac{dc_{NO}}{dt}=2\frac{k_1k_2C_{N_2}C_{O_2}C_O-k_{-1}k_{-2}C_{NO}C_{NO}C_N}{k_{-1}C_{NO}+k_2C_{O_2}} \tag{4}$$

CNO属于微量级，上式可简化为

$$\frac{dc_{NO}}{dt}=2\,k_1C_{N_2}C_O \tag{5}$$

如果认为氧气的离解反应处于平衡状态；则可得

$$CO=k0\ C_{O_2}1/2$$

则

$$\frac{dc_{NO}}{dt}=2k_0k_1C_{N_2}C_{O_2}^{1/2} \quad (6)$$

实验得

$$\frac{dc_{NO}}{dt}=3\times10^{14}C_{N_2}C_{O_2}^{1/2}exp(-54200/RT) \quad (7)$$

因为氮原子的分解需要的活化能很大，因此反应必须在高温下才可进行。从式 7 可知，热力型 NO_x 生成量主要受燃烧温度，空气消耗系数及氧气在高温区停留时间影响。

3 裂解炉抑制 NO_x 技术

对于裂解炉，控制 NO_x 排放主要包括燃烧过程控制技术和燃烧后的烟气处理技[4]。燃烧控制主要是通过延迟燃料和空气混合、降低火焰峰值温度等方法抑制 NO_x 生成，燃烧控制技术是目前采用最广、简单经济的有效抑制 NO_x 生成技术，但存在降低 NO_x 生成有限。后燃烧控制是在对流段加入反应物的形式，破坏已形成的 NO_x，此类技术可有效降低 NO_x，但成本较高。此外，燃料预处理也是抑制裂解炉 NO_x 生成的一种手段。由于广州石化乙烯裂解装置使用的燃料气主要为甲烷氢，燃料中的氮的含量很低，燃料预处理不在本文讨论。

3.1 分级燃烧技术

分级燃烧包括空气分级燃烧和燃料分级燃烧两类。其中空气分级燃烧是分级将助燃空气注入燃烧区，从而形成富燃烧区和贫燃烧区，由于富燃烧区内有燃料存在未燃烧状态，这种不完全燃烧情况导致火焰温度较低，同时有限的氧浓度也有利于抑制 NO_x 的生成，未燃烧的燃料继续在贫燃烧区完成燃烧。而燃料分级是多级将燃料注入燃烧区，不但延长了燃烧的完成时间，而且形成了贫燃烧区。一方面，火焰最高温度降低了，另一方面一级燃烧区的贫燃料燃烧有利于 NO_x 的抑制；从而降低了 NO_x 的生成。而目前分级燃烧是裂解炉降低 NO_x 最经济的措施之一。

3.2 烟气再循环技术

烟气再循环技术主要将燃烧过程中的空气，混合部分燃烧后的烟气，再次供给燃烧。因为燃烧过程混入烟气，从而降低了燃烧温度，导致 NO_x 生成受到抑制。该法对降低热力型 NO_x 效果较好，对降低快速型 NO_x 效果差。一般循环烟气量占燃料燃烧生成总烟气量的 15%~20%，过多会使火焰不稳定并易产生未燃成分。

3.3 浓淡燃烧技术

浓淡燃烧又称为偏离燃烧或非化学当量比燃烧，该技术原理是使燃烧设备上的燃烧器，均在非化学计量比下进行预混燃烧，其中一部分燃料作过浓燃烧，另一部分燃料作过淡燃烧，由于两部分均在偏离化学计量比下进行燃烧，故燃烧温度低，有利于抑制 NO_x 生成。

3.4 燃烧后控制 NO_x 排放技术

当 NO_x 生成浓度降至一定范围内，利用燃烧过程控制技术达到减排 NO_x 污染物将不再合适，此时需要增加燃烧后的脱硝技术，目前在工业上应用到比较成熟的脱硝技术有两类，一类为选择性催化还原法(SCR)，另一类为选择性非催化还原法(SNCR)。而 SCR 技术在反应温度低、设备空间小、脱硝效率高、氨气消耗少等方面表现出明显的优势，故该技术已在裂解炉上实施，应用较多的是丹麦 Haldor Topsoe 公司和美国 Shell 公司的技术。如图 1 所示。

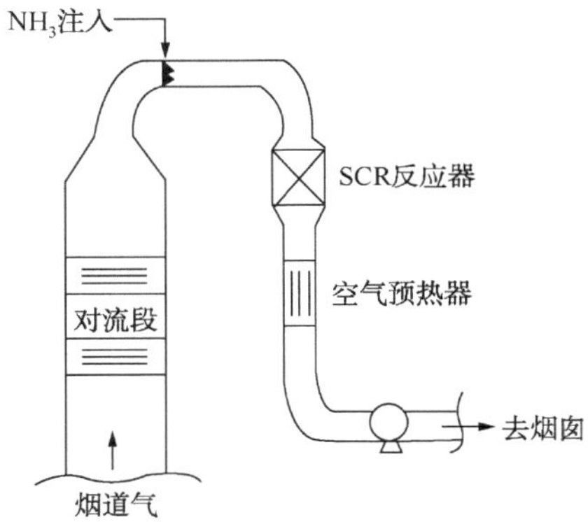

图 1 SCR 技术在裂解炉上应用

2017 年 5 月，镇海炼化乙烯裂解炉烟气脱硝项目，首次采用中国石化自主知识产权的氨选择性催化还原(SCR)工艺技术处理乙烯裂解炉烟气，脱硝装置一次开工成功。入口 NO_x 浓度约 90 ~ 130mg/Nm^3，出口 NO_x 浓度可低于 40mg/Nm^3。平均脱除率达 44.5%。

4 燃烧器结构介绍及改造后 NO_x 排放情况

4.1 改造前后燃烧器结构介绍

为满足石油炼制工业污染物排放标准(GB 31570—2015)，广州乙烯装置进行了裂解炉低氮烧嘴改造。乙烯装置共有 7 台裂解炉(B1110A－G)，扩能改造后生产能力为20 万吨/年，其中 6 台采用 S&W 的裂解技术，1 台为 2007 年建成投产的 4 万吨/年乙烯国产炉，至 2017 年 7 月

30 日，裂解 7 台炉的低氮烧嘴改造工作全部完成。

广州石化采用 S&W 的裂解技术裂解炉辐射段共有 28 组 U 型炉管，采用侧壁燃烧器和底部燃烧器联合供热方式，底部燃烧器改造前采用 16 台扩散式气体燃烧器，供热能力约为裂解炉的 80%。燃烧器主要由一级燃料喷头、二级燃料喷头及长明灯组成，燃烧过程所需助燃空气由烟道一次供给。该燃烧器燃烧过程中火焰较长且稳定紧凑，基本不存在回火问题，但燃烧过程中空气量过剩较多，所以存在炉膛温度分布不均匀，容易导致个别炉管出现过度裂解现象，结焦速率大，影响着裂解炉运行周期。

目前国内外已采用多种低 NO_x 燃烧器，均为经过特殊设计的燃烧器结构，将前述的分级燃烧技术、烟气再循环技术等组合应用至燃烧器，以最大程度地抑制 NO_x 生成的目的。目前，低 NO_x 燃烧器得到了广泛的开发和应用。

改造后的低氮燃烧器采用南京某厂家工业炉设计研究专利技术，该燃烧器利用燃料分级、烟气再循环技术。由燃料喷头喷入烧嘴砖中的一级燃料与助燃空气混合后，在炉膛内进行贫燃料燃烧；二级燃料喷头将二级燃料直接喷入炉膛，在一级燃料燃烧区域的下游与剩余的助燃空气完成燃烧，所以燃烧火焰的最高温度较普通燃烧器的火焰温度偏低。同时开有引射孔在烧嘴砖中部，以便烟气再循环，烧嘴砖上部设有稳焰结构，利于燃烧稳定(图 2)。

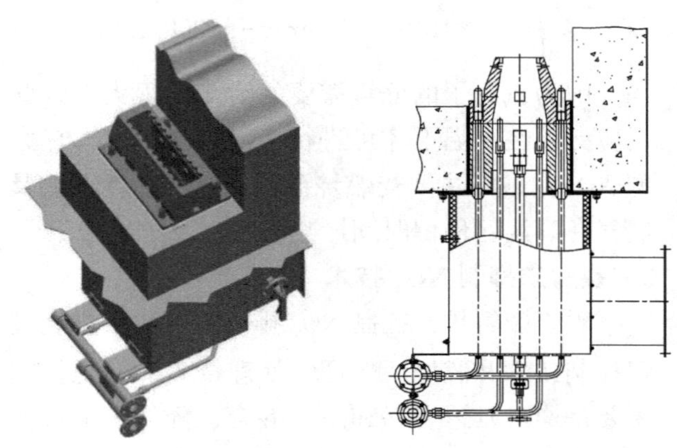

图 2　改造后燃烧器结构示意图

相比其他炉，G 炉烧嘴改造量多难度高。在生产实际运行中原侧壁 4 排共 64 只半预混式气体燃烧器，不利于降低 NO_x 排放，于是在维持原炉膛热场分布及侧壁供热比例不变的基础上，将侧壁烧嘴改为 1 排 16 只扩散式气体燃烧器。原底部烧嘴没有实施分级控制，炉子在热备及烧焦工况下不得不采取阀门限位的措施，本次将底部烧嘴实施分级控制，以满足炉子在不同工况下的操作。

4.2　低氮烧嘴改造后 NO_x 排放情况(图 3)

改造前后数据对比

	B1110A	B1110B	B1110C	B1110D	B1110E	B1110F
改造前	191	205	224	156	140	193
改造后	79	92	75	91	83	75

□改造前　■改造后

图 3　裂解炉低氮烧嘴改造前后 NO_x 的排放情况

改造后的数据是分公司环保监测站检测数据。由于不是在线连续检测，上述数据的可靠性受检测时裂解炉负荷、燃烧状况等因素影响。从测试数据看出，经过低氮烧嘴改造后的裂解炉烟气中 NO_x 排放浓度均达到小于 100mg/Nm^3 环保指标。

厂商技术人员在标定检测仪器后，对改造后的 6 台裂解炉烟气进行详细检测，测试数据见表 1。从数据可知，改造后烟气中 NO_x 排放满足排放要求。

表 1　烧嘴厂商实际测试数据

裂解炉	炉膛负压/mmH$_2$O	AI1110/%	测试氧含量/%	烟气 NO_x/(mg/Nm^3)
B1110A	−2.6	3.8	3	72
B1110B	−3.5	3.4	2.6	62

续表

裂解炉	炉膛负压/mmH_2O	AI1110/%	测试氧含量/%	烟气 NO_x/(mg/Nm^3)
B1110C	-2.2	3.10	2.6	90.1
B1110D	-1.7	3	4.4	87.4
B1110E	-1.3	3.2	5.68	84.3
B1110F	-2.3	3.0	2.5	75.4

相比其他炉，G炉烧嘴改造量多难度高。投料后经过三天的调整及现场整改优化，燃烧器燃烧基本稳定，底烧火焰刚直，侧烧火焰尾翼不翻卷，炉膛清晰。NO_x 排放由烧嘴制造厂商和环保室检测，数据分别 $54.5mg/Nm^3$ 和 $56mg/Nm^3$，基本一致。B1110G炉 NO_x 排放达到同行业较好水平。

5 裂解炉低氮烧燃影响因素及优化调整

5.1 空气预热温度对 NO_x 生成的影响

根据美国 John-Zink 公司工程师粗略核算，当预热空气温度达到130℃时，NO_x 排放量勉强保证 $99mg/Nm^3$，空气预热温度130℃，即266℉，由下图可知，NO_x 生成量为不投空气预热器的1.1倍左右，理论上空气预热温度与 NO_x 生成量的关系见图4。

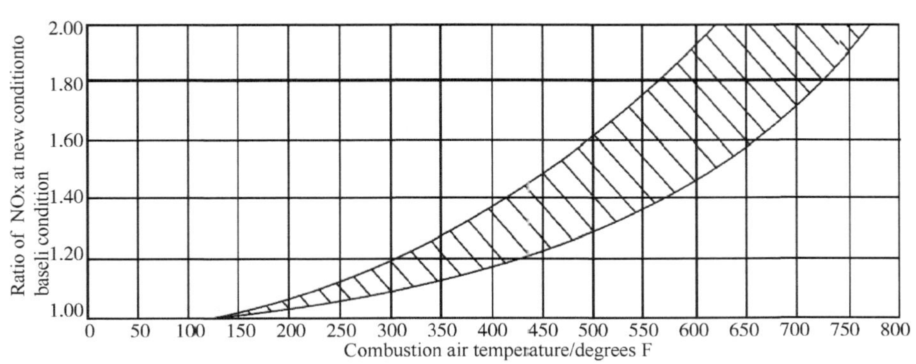

图4 空气预热温度与生成 NO_x 浓度关系

选取裂解B炉，在相同过剩空气系数条件下，采取投用空气预热器稳定后再停用，随温度降低分阶段测试，现场测试情况如表2所示。

表2 空气预热温度与 NO_x 生成量试验数据

空气温度/℃	NO_x 生成量/(mg/Nm^3)
32	80
132	92
80	88

测试情况及经验表明，空气预热温度在80℃测得 NO_x 生成量约 $88mg/Nm^3$ 左右；温度继续下降，NO_x 生成量的变化趋势不明显。故空气预热温度控制在80℃以下有利于抑制 NO_x 的生成。为保证裂解炉 NO_x 排放达标，6台裂解炉空气预热器停用。

5.2 烟气中过剩氧含量对 NO_x 生成的影响

烟气中的过量氧含量对 NO_x 的生成影响显著，而过量氧含量的大小主要体现在空气过剩系数高低。主要因为空气过剩系数 ∂ 对热力型 NO_x 生成具有显著的影响，在实际的燃烧过程中，情况更复杂，一方面由于空气过剩系数 ∂ 的增大使燃烧区氧浓度增加，同时又导致燃烧区温度降低，综合两者影响，总的趋势是热力型 NO_x 生成随着 ∂ 的增大而逐渐提高，在达到某一峰值后，又会逐渐减低。研究表明[6]，当 $1.05<\partial<1.3$ 时，出口 NO_x 的平均排放量增加缓慢；当 $\partial>1.3$，出口 NO_x 的平均排放量急剧增加。因此，应根据实际情况，选取合适的空气过剩系数，以降低 NO_x 的生成。

由于乙烯装置燃料中氮含量很少，可忽略，故可根据干烟气中氧含量的体积分数，可通过式8估算过剩空气系数。

$$\partial = \frac{20.9}{20.9-V_{O_2}} \tag{8}$$

表3 氧含量与过剩空气系数简单关系

氧含量/%	过剩空气系数
2	1.11
3	1.17
4	1.24
5	1.31

而根据石油炼制工业污染物排放标准(GB

31570—2015）中规定，NO_x 排放浓度折算以含氧量为 3% 为基准，即实际 NO_x =（21% - 3%）/（21%-O2 实）* NO_x 测量。但是烟气中过量氧如果太少，将导致炉膛燃烧不好，燃烧效率降低，同时增加 CO 的排放量。综上所述，在保证裂解炉膛燃烧充分的情况下，烟气中过剩氧含量控制越小越好。

5.3　燃烧长明灯对对 NO_x 生成的影响

乙烯装置每台裂解炉有 16 只长明灯，且长明灯烧嘴位于火盆内，导致底部烧嘴的燃烧温度升高，故熄灭长明灯能降低底烧的燃烧温度，从而可减少 NO_x 的生成量。

经逐渐熄灭长明灯试验，发现长明灯灭 12 只，剩 4 只，在同等条件下，NO_x 生成量可降低约 5mg/Nm^3。

6　燃烧器改造后裂解炉存在问题分析

6.1　低氮烧嘴易堵塞问题

由于低氮烧嘴头的孔径和孔的排布较改造前发生变化，烧嘴头上三个喷孔排布成一字型，其孔径依次变小，导致烧嘴头容易出现堵塞。当现场低氮烧嘴有堵塞情况出现时，裂解炉整体热负荷会受到影响并降低，此时炉 COT 在没有人工干预的情况下会下降，偏离最初的工艺设定值，导致燃料气流量阀会相应开大，以提升裂解炉热负荷，使 COT 回升，此时如若没有采取增大炉膛配风量的操作，在火盆内的燃烧就会趋向于不完全燃烧，导致排烟温度升高，严重影响裂解炉正常运行，造成 NO_x 排放不达标及后续系统紊乱。

防止结焦最好的方法是确保燃料系统清洁，并保证通过燃烧器喷头的冷却气流不受限制。对裂解炉燃料系统进行排查分析，发现乙烯干燥器 R-1453 再生时，干燥剂中吸附的绿油带入燃料气系统。

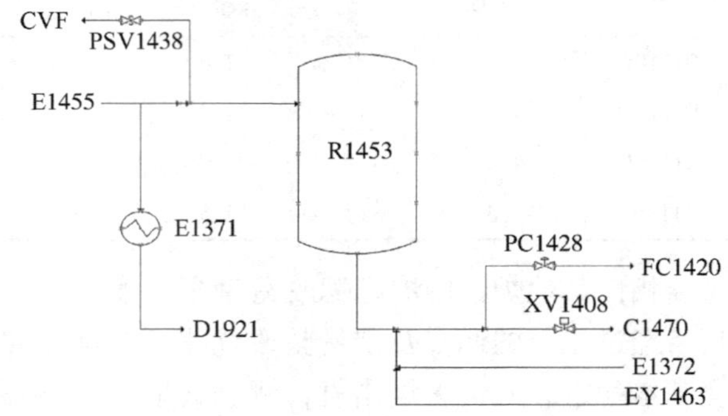

图 5　R1453 工艺流程图简介

乙烯干燥器 R1453 主要作用为脱除乙炔加氢反应过程中生成的水，以及在碳二加氢绿油冷凝器 E1455 中未脱除的聚合物，以防止乙烯精馏塔冻塔，R1453 直径为 1660cm，高 4.6m，内充填 3A 分子筛 5.78m^3。为了取得好的操作性能和尽可能长的寿命，分子筛使用一定时间后必须再生。R1453 再生时，再生气由 E1372 及 EY1463 进入，从干燥器顶部直接返回至再生气系统，经再生气分离罐 D1371，进入燃料气罐 D1921，由于 D1371 仅 1.9m^3，再生气流速大，容易将 R1453 干燥剂上的绿油带入再生气系统，从而进入燃料气系统，导致烧嘴头出现堵塞。

6.2　空气预热器无法投用

广州石化乙烯装置 6 台 S&W 技术的裂解炉空气预热器采用低压蒸汽作为热源，裂解 G 炉采用装置内的低压蒸汽凝液罐的高温凝液（105℃）作为热源，详细情况见图 6 所示，6 台裂解炉投用空气预热器后，平均出风口温度在 135℃，为保证裂解炉 NO_x 排放达标，6 台裂解炉空气预热器停用，导致裂解装置能耗增加。

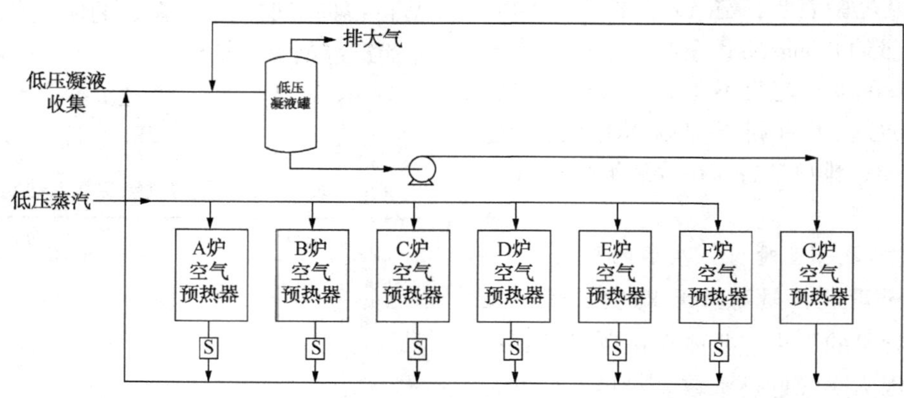

图 6　裂解炉空气预热器热源流程图

6.3 裂解炉在热备用及烧焦的工况下 NO_x 排放浓度较高

由于石油炼制工业污染物排放标准（GB 31570—2015）中规定，工艺加热炉的实测大气污染物排放浓度，须换算成基准含氧量为3%的大气污染物基准排放浓度，而裂解炉在热备及烧焦的工况下，氧含量高达10%左右，经折算成基准排放浓度后，NO_x 大大增加，经检测B1110C炉在烧焦工况下，测试并经过基于3%氧浓度折算，NO_x 排放浓度约为 $250mg/Nm^3$，但排放总量较小。

7 燃烧器改造后裂解炉问题对策

7.1 改进R1453再生流程

当乙烯干燥器R1453再生时，先通过现场打开R1453底部有返回D1320罐的绿油物料控制手阀，使绿油在一定压力下压入压缩机二段吸入D1320罐，后经馏出物汽提塔处理后，与脱丁烷塔塔底物料一起作为汽油加氢的原料。同时，在R1453再生初期，增加冷吹流程，关闭原来直接返回至再生系统流程，从R1453工艺入口安全阀PSV1438旁路阀排放至火炬系统，通过火炬气系统回收后再并入燃料气系统，在火炬气罐将绿油分离。

7.2 适当延长R1453再生周期

R1453分子筛使用3AEPG分子筛，（是一种硅铝酸盐多微孔晶体，其特性如表4所示。

表4 R1453分子筛相关特性

指标名称	监测结果
磨耗率/%	0.18
堆积密度/（g/ml）	0.76
粒度/%	98
静态水吸附/%	22.2
抗压强度/（N/颗）	135
动态水吸附/%	20.8
静态乙烯吸附/（mg/g）	1.8

当流体进入吸附器一段时间后，上部的吸附剂即达饱和，这一段吸附饱和区域称为平衡段。此时中段吸附剂还在进行吸附作用，这段正在进行吸附作用的称为吸附带，而吸附剂下部的还未起吸附作用，称为未用区。当吸附带推进到分子筛底部时，流出物中吸附质组分的浓度开始急剧上升，即为穿透，图中Cb即为穿透点，此时就应停止吸附操作，将分子筛吸附剂进行脱附。流出物达到穿透所用的时间称为穿透时间。在穿透时间内，吸附器内单位重量吸附剂的平均吸附量，称为穿透吸附容量，即分子筛的动态水吸附。

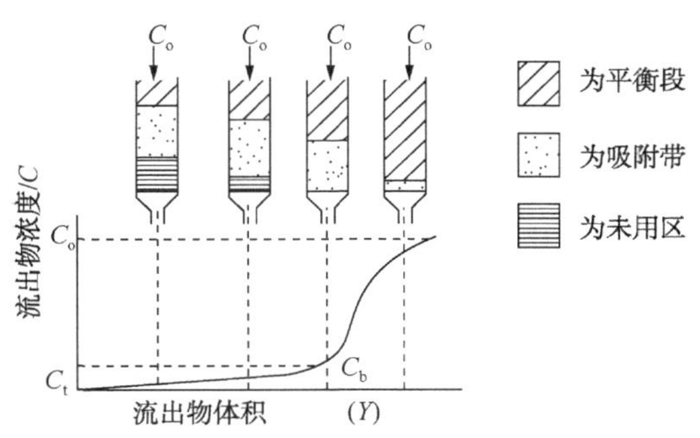

图7 分子筛吸附过程与流出物浓度的关系

结合R1453装填方案，可知R1453共装分子筛约4300kg。考虑到20%的安全余量，故吸附剂用量为3580kg，根据分子筛特性表可知，该分子筛动态水吸附为20.8%；当碳二加氢反应器不适用料氢（未经甲烷化及干燥处理的氢气）时，对R1453进料进行分析，其水含量为1.5mg/kg～5.4mg/kg左右变化，为保证装置稳定运行，取含水量为10mg/kg进行计算，进料量约为33t/h。计算穿透时间为tb=90.4天。而R1453原再生周期仅为15天左右，故可适当延长R1453再生周期。

乙烯装置从2017年7月份开始进行延长乙烯干燥器R1453再生周期实验，同时加强对干燥器出口物料露点进行监控，以避免出现穿透。截取2017年6月至2018年6月R1453进料温度数据。如图6所示，R1453实验期间，再生周期最长延长至84天，考虑到装置的长周期平稳运行，后将R1453再生周期由原来的15天延长至30天。

7.3 燃料气系统增加聚结器

为了彻底解决燃料气品质问题，在燃料气总管离绿油产生较近处增设聚结器及分离罐，以保证裂解炉温度运行。

7.4 增加蒸汽注入裂解炉膛措施

针对裂解炉在热备用及烧焦的工况下 NO_x 排放浓度高的问题，可利用原空气预热器的低压蒸汽管线，在裂解炉膛中通入蒸汽，通过降低燃烧温度和增加烟气总量的方法以达到降低烟气氮氧化物含量的目的。详情见下图所示，其中红色虚线为原空气预热器低压蒸汽线，目前该项目正在改造中。

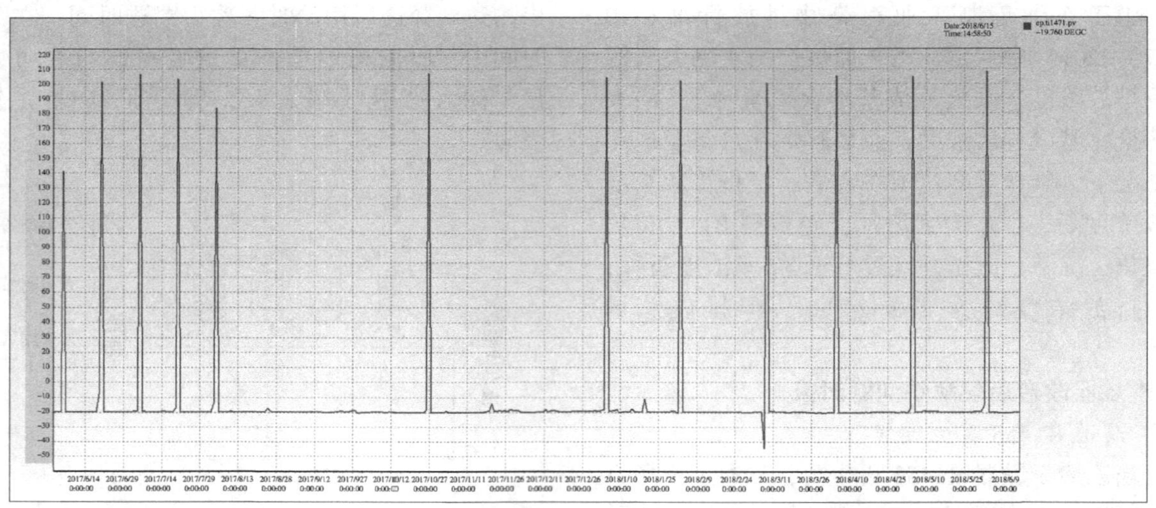

图 8　R1453 再生周期情况

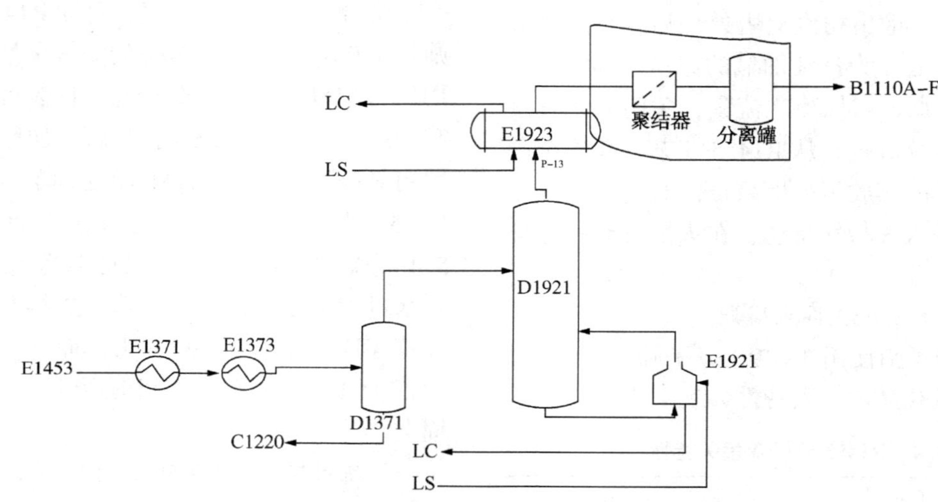

图 9　新增聚结器及分离罐示意图

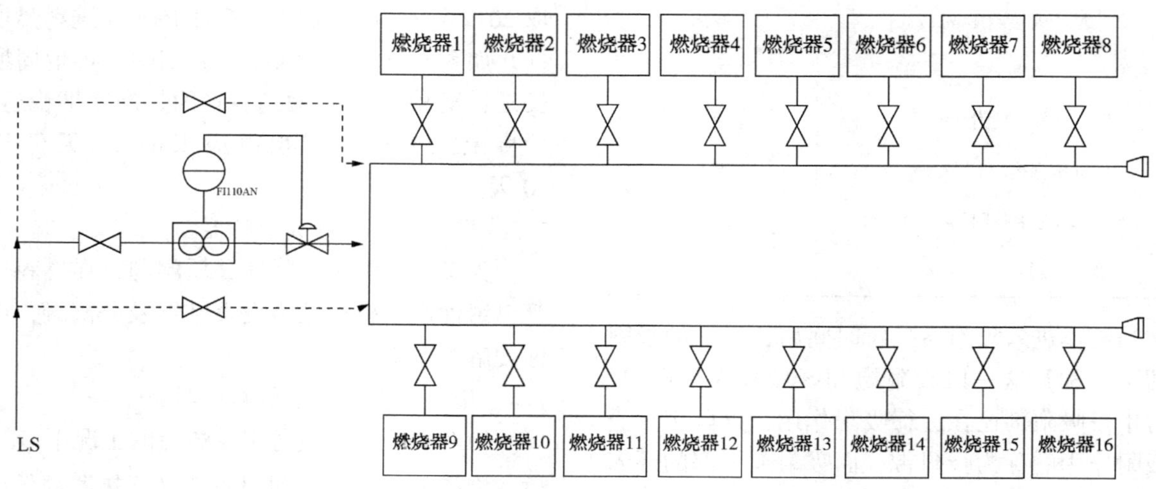

图 10　蒸汽注入裂解炉膛示意图

7.5 强化烧嘴检查，及时发现堵塞

要求裂解装置裂解工序每班使用测温枪监测烧嘴杆温度，及时发现堵塞烧嘴，进行更换；从烧嘴堵塞情况看，乙烯干燥器 R1453 再生优化前，裂解炉烧嘴堵塞数量约为每天 25 个，优化 R1453 及延长再生周期后，裂解炉烧嘴堵塞数量减少为每天 4 个左右，较之前减少了约 84%。待燃料气系统增加聚结器项目改造完成后，烧嘴堵塞数量预计继续有所下降。

8 结论与建议

8.1 结论

1）NO_x 生成一般划分燃料型 NO_x（F-NO_x）、热力型 NO_x（T-NO_x）和快速型 NO_x（P-NO_x）3 种，乙烯裂解炉工艺复杂，日常生产温度高，NO_x 主要生成为热力型 NO_x；热力型 NO_x 生成量主要受燃烧温度，空气消耗系数及氧气在高温区停留时间影响，实现低 NO_x 排放是行业难题；

2）国产化低氮烧嘴改造应用后，裂解炉烟气中 NO_x 排放浓度均达到小于 100mg/Nm^3 环保指标；空气预热温度控制在 80℃以下、烟气中氧含量降低、熄灭长明灯可减少 NO_x 的生成；

3）低氮烧嘴改造后，行业内普遍存在烧嘴易堵塞的问题；同时仍存在裂解炉热备用及烧焦的工况下 NO_x 排放浓度较高问题。

4）通过改变乙烯干燥器再生模式及周期，有效地缓解了低氮烧嘴堵塞问题；燃料气系统增加聚结器后，可进一步降低烧嘴堵塞问题。

5）增加蒸汽注入裂解炉膛措施，可有效降低裂解炉热备用及烧焦的工况下 NO_x 排放浓度。

8.2 下一步建议

1）可尝试利用蒸汽注入裂解炉膛线对加热低压蒸汽流量的控制，达到控制空气预热器的出口温度实验；

2）低氮烧嘴改造后，空气预热器的热源等级不能太高，6 台炉需要重新选择合适的热源或减少换热器面积；空气预热器才能投用；

3）下一步当应对更加严格的环保排放要求时，裂解炉的低氮氧化排放可选用 SCR 技术。

4）低氮燃烧器改造投用后，对于风门调节精度要求更高了，现场操作调整的工作量加大，建议加装风门自动化控制系统。

参 考 文 献

[1] 张乐．氮氧化物（NO_x）产生记录及控制技术现状 J，广东化工，2014 年第 41 卷总第 267 期：117-119.

[2] 张建，李金科．裂解炉 NO_x 抑制技术 J，乙烯工业，2013 年，25(4)：40-43.

[3] 刘联胜．燃烧理论与技术[M]．北京：化学工业出版社，2008.

[4] 李昌力，李进锋．乙烯裂解炉污染物及减排技术[J]．石油化工设备技术，2013 年，34(1)：51-56.

[5] 宋在乐，谢广录，范卫东，陆杰，章明川．不同燃烧条件对燃气火焰 NO_x 生成量的影响[J]．动力工程，2007 年第 27 卷第 5 期，771-777.

[6] 傅忠诚，潘树源，徐鹏．过剩空气系数计算公式的比较[J]．煤气与热力，2006 年 5 月，第 26 卷第 5 期：27-30.

[7] 王松汉．乙烯装置技术与运行[M]．北京：中国石化出版社，2009.

[8] 赵磊．轻烃分子筛脱水工艺计算[J]．安徽化工，2017，第 43 卷第 1 期(1)：56-61.

$2^{\#}$焦化吸收稳定系统优化与改造

徐晓军

（中国石化塔河炼化有限责任公司）

摘　要　采用新型高效规整填料和分布器对塔河炼化的$2^{\#}$延迟焦化装置吸收稳定系统的吸收塔和再吸收塔塔内件进行了技术改造和工艺流程优化，解决了干气中C_3^+组分含量、液化气中C_5组分含量超标及吸收和解析之间的矛盾，消除了吸收塔、再吸收塔塔顶干气不干现象，提高了干气、液化气和稳定汽油产品产量、改进塔了的分离效果、节能降耗以及稳定操作的重要技术措施。

关键词　塔；改造；规整填料；干气；液化气

1　前言

塔河炼化$2^{\#}$常减压-延迟焦化装置设计加工塔河劣质稠油，焦化装置设计常压渣油加工负荷为220万吨/年，经2013年重质原油改质配套完善项目新上“一炉两塔”扩能改造后，现已达到设计负荷。随着延迟焦化装置加工负荷的加大，$2^{\#}$常减压-延迟焦化装置吸收稳定单元经常出现干气中C_3^+含量超标，据2014年7~10月份生产数据统计，干气中C_3^+含量平均为4.31%，最大达到8.05%，直接影响到液化气的收率。为降低干气中C_3^+含量，提高液化气产量，塔河炼化委托抚顺石油化工研究院采用美国Simsci公司Pro/Ⅱ8.2版本工艺计算软件对焦化吸收稳定系统进行核算和工艺计算，并提出采用天津天大天久科技股份有限公司高效规整填料及塔内件技术改造方案，并在2015年7月份装置大检修期间对其吸收稳定系统进行了优化和改造，最终实现了干气中C_3含量<3%(v)、液化气中C_2含量<0.5%(v)和C_5含量<0.5%(v)改造目标。

2　存在问题及分析

2.1　干气不干

原设计吸收塔粗汽油与稳定汽油入塔进料间隔只有1块塔盘，因粗汽油中携带大量C_3、C_4轻组分，所以导致其吸收能力比稳定汽油要差，远远没有发挥稳定汽油吸收能力强的优势，再加上进入吸收塔顶部的稳定汽油补充吸收剂和进再吸收塔的贫吸收油循环量过小，导致干气组分中有一定含量的C_3和C_4组分；由图1看出，2014年7至10月份化验分析数据中干气组分中C_3(含)以上组分含量平均值为4.31%(v)远远超过了不高于3%(v)的控制指标。

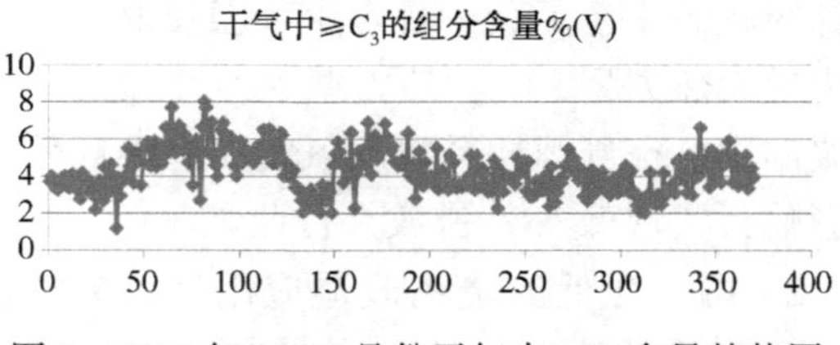

图1　2014年7~10月份干气中$\geq C_3$含量趋势图

2.2　液化气中C_5含量超标

依据目前操作情况，解吸塔的塔釜温度控制过高，根据对全塔气液相负荷计算分析，目前解吸塔操作运行存在过度解吸现象，从而增加了吸收塔的气相负荷，导致解吸塔操作和液化气中C_5含量超标；由图2看出，2014年7~10月份的化验分析数据中液化气中C_5(含)以上组分含量平均值为0.569%(v)，最高时达到了2.92%(v)。

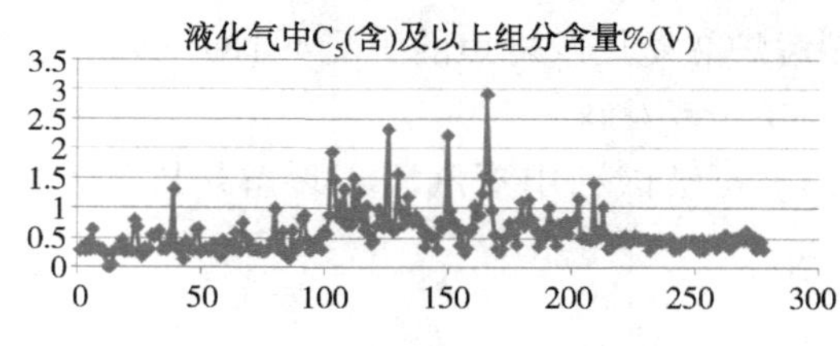

图2　2014年7~10月份液化气中C_5(含)及以上组分含量趋势图

2.3　再吸收塔负荷过大

由于解吸塔操作运行存在过解吸现象，为确保吸收塔和再吸收塔吸收效果，增加了吸收塔顶部的稳定汽油补充吸收剂和再吸收塔的贫吸收油循环量，导致吸收塔液体下不去，很难操作；再加上塔板的锈蚀，造成部分浮阀堵塞或卡死，导致气体通过阀孔的气速过大，或者干气量不稳定，突然增加，造成了干气不干、液体夹带严重。

3 吸收稳定系统的优化及改造

3.1 吸收塔、再吸收塔塔板更换为高效规整填料

拆除吸收塔 1-40 层和再吸收塔 1-30 层的塔盘，更换为高效规整填料(见图 3)，从而改变了塔内气、液通路与两相间的接触方式，提高了空隙率和降低了板间压降，再加上规整填料具有更大的体积传质系数 KGa 和 KLa[1]，使得塔的等板高度 HETP 较低，提高了有效传质表面积和传质效率，而且强化了气液两相的径向混合，降低了沟流壁流现象的发生，减小了放大效应[2]，确保了气液相充分接触，提高了塔的分离和吸收效率。

3.2 更换塔的进料段和填料段间的分布器和收集器

通过将吸收塔塔顶稳定汽油和再吸收塔塔顶柴油的进料分布器更换为槽式液体分布器(见图 4)，以及将吸收塔粗汽油进料分布器和两塔的填料段间的分布器更换为槽盘式液体分布器(见图 5)，解决了分布器堵塞、液体的分布不均匀等现象，提高了分布器的抗堵塞能力增强、液体的分布质量均匀度及操作弹性，也有效降低了气体的通过阻力。

图 3 高效规整填料

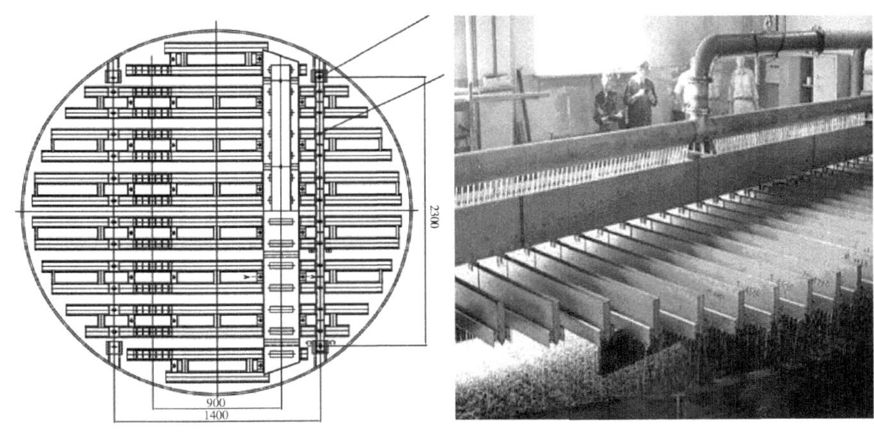

图 4 槽式液体分布器及进料分配器

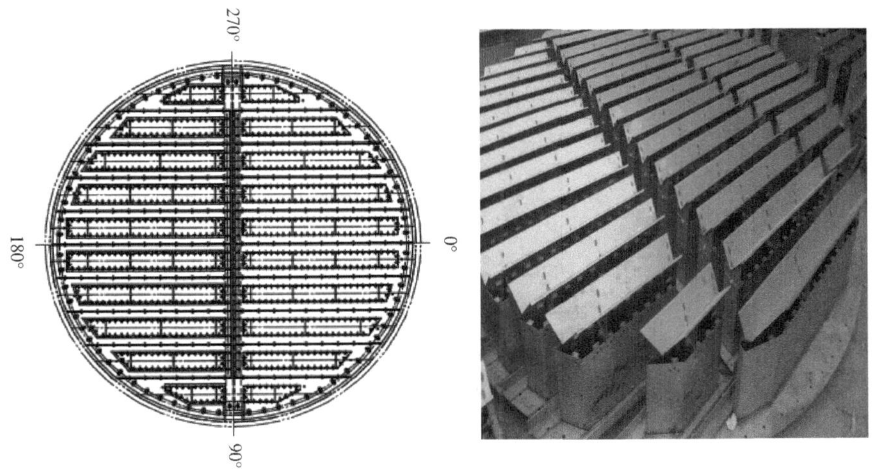

图 5 槽盘式液体分布器

3.3 优化吸收塔粗汽油进料位置

由于粗汽油中携带大量C_3、C_4轻组分，使得粗汽油比稳定汽油的吸收能力要差一些，目前的吸收塔粗汽油与稳定汽油入塔间隔只有1块塔盘，远远没有发挥稳定汽油吸收能力强的优势，设计降低粗汽油的进料位置，来增加稳定汽油的吸收效果。

(1) 将吸收塔粗汽油DN150进料口位置由原高度41.7m降至36.33m，原开口方向不变，开口外伸高度150mm。

(2) 增加了环槽式液体进料(见图6)，提高了粗汽油进料的稳定性和均衡性。

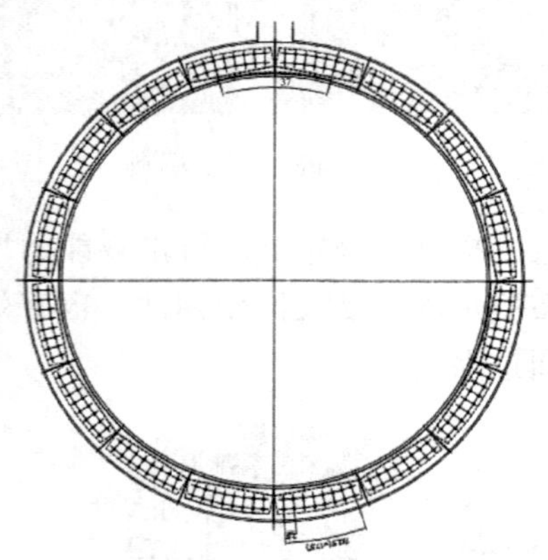

图6　环槽式液体进料分布器

3.4 塔顶安装泡沫网

为了防止干气带液，在吸收塔和再吸收塔塔顶加装了150mm厚的SP型气液泡沫网，有效地解决了干气不干现象。

3.5 增设吹扫及水洗设施

在吸收塔和再吸收塔塔底及塔顶线上分别增设了氮气吹扫线和水洗线，增加了故障状态的处理手段。

4 改造后效果分析

在2015年7月份装置大检修期间，通过对吸收塔和再吸收塔进行更换为高效规整填料、分布器及在两塔顶加装泡沫网，并降低吸收塔粗汽油的进料位置等塔内件改造实施后，8月初装置大检修后投料开车生产运行期间，提高了补充吸收剂循环量和对解吸塔的操作优化后，吸收稳定系统的分离和吸收效果提高明显。

1）塔的压降明显降低：根据美国FRI填料性能测试对比(见图7)看出，在分离效率相当和相同处理量的条件下，更换成高效规整填料后，吸收塔汽油吸收段的床层单位压降降至1.32mmHg/m左右，与改造前的单板压降相比，压降降低了30%左右；同时，在相同压降下，处理能力有了显著提高。

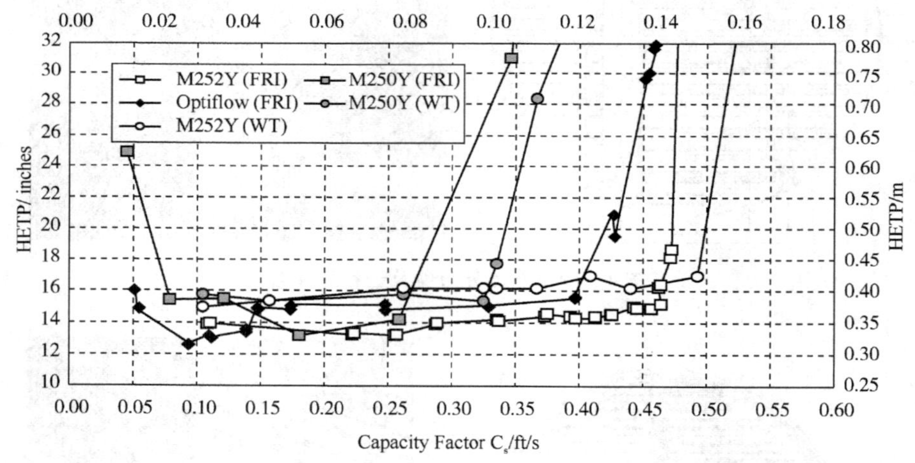

图7　美国FRI填料性能测试对比

2）由图8看出，2015年8至9月份的化验分析数据中干气组分中C_3(含)以上组分含量由改造前的平均值4.31%(v)降至2.98%(v)，低于3%地控制指标，与设计改造模拟计算结果2.596%(v)的目标基本吻合。

3）由图9看出，2015年8至10月份的化验分析数据中液化气中C_5组分含量由改造前的平均值0.569%(v)降至0.432%(v)，低于0.5%的控制指标和实现了设计改造模拟计算结果的0.47%(v)目标。

3）消除了吸收塔、再吸收塔塔顶干气不干现象；

4）增加了解吸塔、稳定塔可适应补充吸收剂提高后的操作弹性。

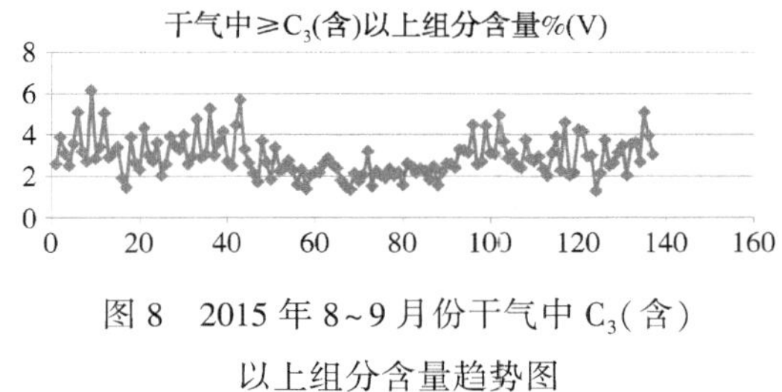

图 8 2015 年 8~9 月份干气中 C_3(含)以上组分含量趋势图

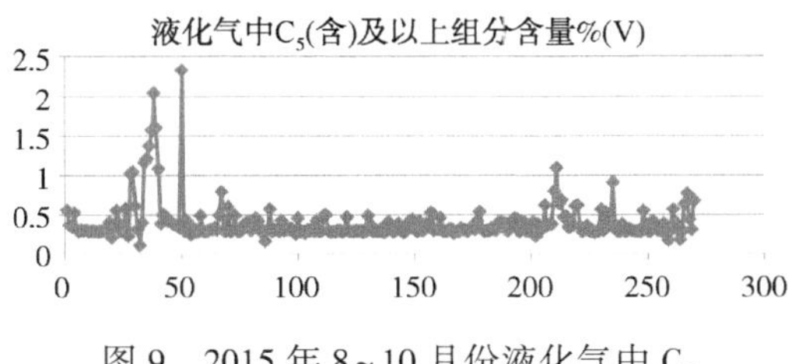

图 9 2015 年 8~10 月份液化气中 C_5 及以上组分含量趋势图

5 结论

由此可见，本次对 2# 焦化装置吸收稳定系统的优化与改造是成功的。通过对其吸收塔和再吸收塔更换为高效规整填料、分布器以及塔顶加装泡沫网，并降低吸收塔粗汽油的进料位置等改造，有效解决了干气中 C_3+组分含量、液化气中 C_5组分含量超标以及吸收和解析之间的矛盾，消除了吸收塔、再吸收塔塔顶干气不干现象，提高了干气、液化气和稳定汽油产品产量，改进了塔的分离、吸收效果以及节能降耗和稳定操作的重要技术措施。

参 考 文 献

[1] 李群生，马文涛，张泽廷．塔填料的研究现状及发展趋势[J]. 化工进展，2005，24(6)：619-624.

[2] 黄洁，曾斌，张学，张军保，王辉．规整填料和散堆填料传质性能比较[J]. 化学工程，2000，28(3)：13-16.

顶循除盐装置在焦化分馏塔应用效果分析

吴振华

（中国石化塔河炼化有限责任公司）

摘　要　随着原油的重质化、劣质化程度不断提高，延迟焦化装置原料品质也相应的下降，原料中的盐含量日益增加，在生产运行过程中会造成焦化分馏塔上部塔盘、顶循系统结盐，导致焦化分馏塔出现塔盘效率降低、侧线产品馏程重叠、冷却器管束腐蚀泄露、顶循泵抽空等问题，影响装置的正常安全运行。本文结合实际生产问题对焦化分馏塔顶循结盐的原因进行分析，并提出了几种处理方法，尤其对新增顶循除盐装置的应用情况进行了详细分析，提出下一步解决措施。

关键词　延迟焦化；分馏塔；结盐；腐蚀；顶循除盐

1　前言

中国石化塔河炼化有限责任公司常减压—焦化联合装置设计加工新疆塔河重质稠油，常压部分设计处理原油能力为350×10^4t/a，焦化部分设计处理常压渣油能力为220×10^4t/a，于2010年9月装置正式投产。随着上游原油开采难度加大，原油品质不断下降，盐含量逐渐上升，导致焦化分馏塔出现塔盘效率降低、侧线产品馏程重叠、冷却器管束腐蚀泄露、顶循泵抽空等问题，尤其在生产运行过程中频繁出现焦化分馏塔结盐问题，主要发生在分馏塔顶部多层塔盘，需要洗塔操作维持正常生产，塔盘结盐及水洗引发一定程度的腐蚀，随着装置运行到末期，顶循腐蚀问题会表现的更加明显，影响安全生产，如何通过优化改造降低焦化分馏塔顶循系统腐蚀安全风险，是本文讨论的重点。

2　焦化分馏塔增加顶循除盐装置改造方案

2.1　立项理由

塔河原油盐含量逐年升高，目前平均在600mgNaCl/L左右，电脱盐装置不能将其有效脱除，无机盐在一定温度下水解生成HCl，有机氯化物在一定温度下会分解生成HCl，它们与原油中的NH_3相结合，在常压塔和分馏塔上部形成氯化铵盐。氯化铵可以在一定条件下以气、固、液三种形态进行相互转化，在330℃左右固态氯化铵会升华为气态，以$NH_3 \cdot HCl$形式存在，这种气相物质易溶于水[1]。在常压塔的操作条件下，塔盘上含水的轻组分不断上升，在较低温度下会形成氯化铵盐水溶液，而随着水蒸气不断上升，氯化铵不断提浓，最终沉积在塔盘上或降液管底部，造成分馏效果变差，汽油和柴油馏程重叠严重，造成产品质量不合格，如不及时处理严重时可造成冲塔甚至淹塔。分馏塔顶循泵会因结盐磨损机封造成泄漏或造成机泵频繁抽空[2]。

由于HCl、H_2S、NH_3的存在，在分馏塔操作条件下，容易形成$HCl-H_2S-H_2O$循环腐蚀环境，会造成分馏塔上部塔盘、塔壁或相关管线腐蚀、换热器腐蚀泄露等安全问题[3,4]。其反应式为：

$$Fe+2HCl = FeCl_2+H_2$$

$$FeCl_2+H_2S = FeS+2HCl$$

$$Fe+H_2S = FeS+H_2$$

$$FeS+2HCl = FeCl_2+H_2S$$

塔盘腐蚀照片见图1。

图1　分馏塔上部塔盘腐蚀图片

通过化验分析分馏塔上部垢样，外观呈黑色，结构致密坚硬，主要成分为焦炭、氯化铵盐、铁锈、固体粉末。柴油能溶解2/3，汽油能溶解2/3，水能少量溶解。因此分馏塔结盐以后再采用在线水洗的措施，效果不理想。需要严格控制焦炭塔生焦高度，防止泡沫层焦粉带入分馏塔；强化焦化分馏塔蜡油对焦粉的洗涤效果；优化电脱盐操作，降低脱后含盐量。

在以上措施之外，引入一种能够降低分馏塔顶部物料的氯离子，减缓装置结盐和装置腐蚀的技术，成为当务之急。

2.2 顶循除盐装置流程简述

为了解决焦化分馏塔顶的结盐和腐蚀问题，2018 年 9 月份，塔河炼化 1#焦化装置增上除盐设备，新增除盐设备及相关流程见图 2。

2.2.1 工艺流程简图

2.2.2 工艺流程简述

除盐系统从顶循环的最后一组换热器出口后抽出，与除盐水在预萃取器内进行混合，除盐水将循环油中的大部分氯离子转移到水相当中；然后采用液液萃取-旋分聚结器对循环油和水相进行一次和二次分离；经脱除氯离子后的顶循环油返回分馏塔，除盐水进入分馏塔顶冷凝系统进一步洗涤系统中的氯离子，之后经分馏塔顶污油泵循环使用或外排[5,6]。

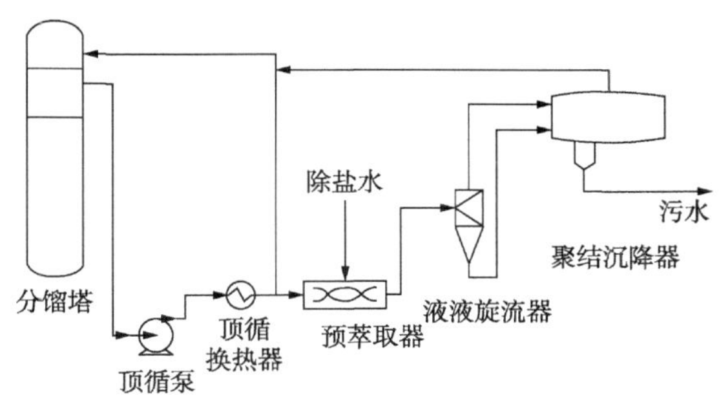

图 2 焦化分馏塔顶循除盐流程简图

2.3 操作参数

从表 1 可知，脱盐设备的实际处理量为 28t/h、温度为 130℃、除盐水量为 2t/h，基本上达到了设计参数的要求。

表 1 脱盐设备运行参数

项目	参数	单位	设计	实际	备注
顶循油进脱盐设备	处理量	t/h	30	28	占总循环量 10%
	操作温度	℃	98	130	返回分馏塔塔
	操作压力	MPa	0.67~0.78	0.54	混合器入口
	操作压力	MPa	1.1	0.53	顶循泵出口
除盐水	流量	t/h	1.5	2	抽出量的 3%~7%
	操作温度	℃	45	50	
	操作压力	MPa	0.6	1	
顶循油返回分馏塔	流量	t/h	30	28	
	操作压力	MPa	0.34	0.3	
排水	流量	t/h	1.5	2	
	操作压力	MPa	0.34	0.3	

2.4 质量分析

表 2 脱盐设备运行质量数据

项目	指标	设计值	运行值
进脱盐装置顶循油	氯化物/(mg/l)	100-300	259
	水含量/(mg/l)	368-390	267
出脱盐装置顶循油	氯化物/(mg/l)	/	191
	水含量/(mg/l)	<500	209
脱盐装置排水	氯化物/(mg/l)	/	355
	油含量/(mg/l)	<300	73

从表 2 可知该脱盐设备运行参数比较稳定，顶循油经过脱盐设备处理后，返塔顶循油氯化物含量有所下降，排水中的氯离子含量比较高，达到一定的脱盐效果；另外处理后油中水含量和水中油含量均达到了设计值，满足装置实际生产需要。

3 下一步措施

3.1 氯含量分析方法比对

油中氯离子分析方法一般采用库伦法，而油中的硫含量对油中氯的分析影响非常大，塔河炼化焦化分馏塔顶循油中的硫含量较高，对氯含量分析有一定干扰，下一步计划采样外委分析比对。

3.2 优化顶循除盐装置操作

当前顶循除盐装置处理量 28t/h，未达到设计负荷，下一步计划将处理量提高到 30t/h；另外对比设计操作温度偏高，操作压力偏低，适当进行调整；维持注水量1~2t/h的操作，进一步降低顶循油中的氯离子含量。

3.3 加强电脱盐操作

优化电脱盐操作参数，筛选针对性破乳剂，适当进行技措改造，降低终脱后盐含量，使氯化镁和氯化钙等无机盐尽量都在电脱盐去除掉，从而降低顶循油中的氯离子含量，改善分馏塔上部塔盘的结盐状况，减轻腐蚀。

3.4 提高分馏塔顶温

根据产品质量指标要求，适当提高分馏塔顶温度和顶循回流温度，尽量提高分馏塔油气分压，从而有效降低分馏塔顶水的分压和沸点，保证分馏塔内不形成液态水。

3.5 提高分馏塔注水

适当提高分馏塔顶挥发线注水量，将氯化铵等盐类溶解后带至污水系统，降低分馏塔顶回流返回塔的油相平衡盐含量，缓解分馏塔顶循系统结盐速度。

3.6 优化分馏塔在线水洗方案

从冷回流入口补充进分馏塔顶进行洗涤，最好使用除盐水，控制适宜的分馏塔顶温度、柴油抽出温度，既要防止抽出温度过高，由于水的汽化影响洗盐效果，又要防止抽出温度过低，导致侧线带水或泵抽空。

4 结论

由于延迟焦化装置原料盐含量不断升高，导致焦化分馏塔上部塔盘累积氯化铵盐，引发侧线质量不合格和设备腐蚀问题，除采取操作优化及水洗措施外，通过技术改造增上焦化分馏塔顶循除盐装置，通过一段时间的稳定运行，可以有效降低分馏塔顶循环油中的盐含量，从而减缓设备腐蚀，保证装置长周期生产。

参考文献

[1] 林肖，张万河．减少延迟焦化装置分馏塔顶循结盐的探讨[J]．炼油技术与工程，2010，40(11)：24-26.

[2] 李利辉，王继虎．常减压常顶循环油系统在线脱盐脱酸防腐新技术[J]．炼油技术与工程，2018，48(5)：20-24.

[3] 张剑，王文举．延迟焦化分馏塔顶循结盐的原因及处理方法[J]．石化技术，2017，24(5)：34-35.

[4] 尚立蔚，谢培军．焦化分馏塔塔顶结盐分析及对策[J]．石油化工设备，2009，38(3)：104-105.

[5] 陈俊．大榭石化常减压顶循油除盐脱氯设施运行分析[J]．价值工程，2018，7(22)：141-142.

[6] 姜维波．浅析分馏塔顶循结盐处理技术[J]．山东化工，2017，46(21)：118-119.

浅析烧焦对炉管寿命的影响

魏代宝

（中国石化塔河炼化有限责任公司）

摘　要　炉管是加热炉的关键部件，炉管的寿命直接关系到加热炉的长周期安全运行。制订合理的烧焦周期既能保证焦化装置的高效益，又能保证加热炉炉管的寿命。本文就炉管烧焦周期对炉管寿命的影响进行了分析，对加热炉安全运行有一定参考价值。

关键词　延迟焦化；高温腐蚀；剩余寿命

1　前言

塔河炼化公司现有 2 套焦化装置，分别为 120 万吨/年 1#延迟焦化、22C 万吨/年 2#延迟焦化装置，1#装置 2 台焦化炉设计热负荷为 34MW，2#装置 2 台焦化炉设计热负荷 30MW，2 套焦化炉炉管材质均为 Cr9Mo（表 1：9Cr-1Mo 炉管化学成分；表 2：9Cr-1Mo 炉管金属的使用温度），目前 2 套焦化装置烧焦周期约8~9 月/次，1 套焦化装置焦化炉炉管已经运行 74460 小时。

表 1　9Cr-1Mo 炉管化学成分

公称成份	标准	化学成分/%						
		C	Si	Mn	P	S	Mo	Cr
9Cr-1Mo	ASTM 335	≤0.15	0.25~1.00	0.30~0.60	≤0.025	≤0.025	0.90~1.10	8.00~10.0

表 2　9Cr-1Mo 炉管金属的使用温度

炉管材质	ASTM 钢号	最高使用温度/℃	极限设计金属温度/℃	临界下线温度/℃	抗氧化极限温度/℃
9Cr-1Mo	T9，P9	650	705	825	705

2　炉管损坏形式

炉管损坏的形式主要有蠕变、疲劳、磨损、腐蚀等。蠕变是金属材料在高温工作条件下发生的永久性变形行为。焦化炉管的工作温度在平均 548℃，最低 510℃最高 606℃（数据取自 PI 系统 240 天），而通常碳钢的蠕变温度在 350℃，合金钢的蠕变温度在 400~450℃. 因此高温蠕变损伤是炉管失效的一个重要因素。

疲劳是指金属材料在反复交变载荷作用下的逐渐失效行为。在加热炉启停或加工量负荷变化时，管内压力温度发生变化和波动，使管内部承受反复交变应力，造成炉管金属的疲劳寿命损耗。但塔河炼化焦化装置加热炉负荷变化不大，因此产生的热应力也较小，因此热应力造成的疲劳损伤可不考虑。

磨损是烟气携带固体颗粒以一定速度流过受热面时撞击管壁造成的。塔河炼化加热炉燃料为干气，燃料携带颗粒物对炉管壁的磨损也可不考虑。

炉管的腐蚀包括外部腐蚀和内部腐蚀。外部腐蚀主要是高温部位的钒腐蚀和低温部位的露点腐蚀。钒腐蚀多发于以重油为燃料的加热炉塔河炼化可暂不考虑。由于干气中多少还是含硫的，燃烧时这些硫绝大部分生成 SO_2 和 SO_3。SO_3 在高温环境下对金属没有腐蚀，但在炉子的低温部位，如空气预热器低温段、低温烟道段，烟气中的 SO_3 和水蒸气共同在露点部位冷凝，生成稀硫酸，产生露点腐蚀。塔河炼化空气预热器设备选型时，空气预热器低温段均选用搪瓷管，且排烟温度要求大于 120℃，高于露点温度（塔河炼化烟气露点温度 97℃）。内部腐蚀是管内含硫、环烷酸、连多硫酸和氢等的介质腐蚀。塔河炼化加工原油硫含量达 2.1%~3.0%属于高硫原油，根据《炼油厂设备腐蚀与防护图解》，硫腐蚀与温度（T）有关[1]：$T \leq 120$℃，硫化物未分解，无水时无腐蚀，含水时有 H_2S-H_2O 型腐蚀；240℃<T<340℃，硫化物开始分解，生成 H_2S，开始有腐蚀；426℃<T<480℃，高温硫腐蚀，腐蚀速率很快；T>480℃，H_2S 完全分解，腐蚀速率下降；T>500℃，不是硫化物的腐蚀范围，此时为高温氧化腐蚀。

由上可知，焦化炉进口温度在 360~380℃之间，出口温度 490~500℃之间，在进口段炉管存在硫腐蚀，这一点炉管选材 Cr9Mo，材质达到有关要求；而高温蠕变损伤可能造成塔河炼化焦化炉炉管失效。

3　高温腐蚀

高温腐蚀失效形式主要有：氧化、硫腐蚀、渗氮、渗碳、氢腐蚀等。炉管在高温环境及炉内含氧气中，不可避免地发生氧化腐蚀，炉管的向火面氧化尤为严重，且向火面、背火面的氧化速率不同。渗碳是碳氢化合物炉管内表面形成的碳原子进入合金并向内部扩散，进而形成碳化物的过程。材料表面渗碳硬化，硬度随之增加，通过硬度检测可以判定材料损伤的等级。

2012 年 6 月 1#装置大检修期间对 2 台焦化炉炉管进行了金相、测厚、硬度检测，金相、测厚数据均正常。硬度检测数据见表 3：

表 3　F1101AB 炉管表面硬度检测数据(HB)

角度＼管号	1-1	1-2	2	3	4	5	6	7	8-1	8-2	9-1	9-2-1	9-2-2
0°	157	146	160	149	151	151	150	152	144	149	151	148	151
90°	164	154	163	156	149	147	150	149	154	153	152	155	155
180°	161	150	164	155	148	145	146	146	149	151	150	147	152
270°	165	154	159	154	151	146	142	152	153	155	154	156	151

所有硬度值均未超过 ASTM-a213《锅炉、过热器和换热器用无缝铁素体和奥氏体合金钢管子》中“10.1.1　T5b、T7、T9 级钢的硬度不应超过 179HB/190HV”的要求。

4　炉管寿命评估

炉管寿命评估主要采用 L-M(拉森·米勒)公式计算在一定的温度、应力下的蠕断[2]时间。

L-M(拉森·米勒)公式：

$$P(\sigma)=T\times10^{-3}(C+\lg t) \qquad (1)$$

式中 T 是钢材的当量运行温度，K；t 是钢材的蠕断时间，h；σ 是管子应力，MPa；C 是材料常数。

对于钢材 Cr9Mo，根据有关资料，上式中的各参数分别为：

C=20；炉管母材最大工作应力 $\sigma=2.0$MPa；设计温度按照 630℃考虑时，$T=630+273=903$K；

计算得到炉管的寿命 $t=1.78\times10^5$h，炉管剩余寿命 178000-74460=103540h，即 11.8 年。

5　烧焦过程

目前，2 套焦化炉烧焦方案均按照烧焦过程中，严格控制炉膛温度不大于 650℃及炉管表面温度不超过 600℃，炉出口温度不大于 550℃进行控制；记录表明(PI 系统)，烧焦过程没有超炉管使用温度 650℃，烧焦过程对炉管没有损伤。

表 4　炉管烧焦管壁温度

烧焦日期	测点	位号	最低温度/℃	最高温度/℃	平均温度/℃
2013.2.26-27	F1101A 第一路	TI1151A2	374	662	619
2013.2.26-27	F1101A 第二路	TI1152A3	581	638	630
2013.2.26-27	F1101A 第三路	TI1153A1	447	629	609
2013.2.26-27	F1101A 第四路	TI1154A1	382	649	618
2013.3.12-13	F1101B 第一路	TI1151B1	243	681	618
2013.3.12-13	F1101B 第二路	TI1152B2	232	676	613
2013.3.12-13	F1101B 第三路	TI1153B1	246	663	608
2013.3.12-13	F1101B 第四路	TI1154B1	475	669	630

注：F1101AB 每一路管壁壁温测点共 12 个，本表格统计时只选择了温度最高的点来统计。

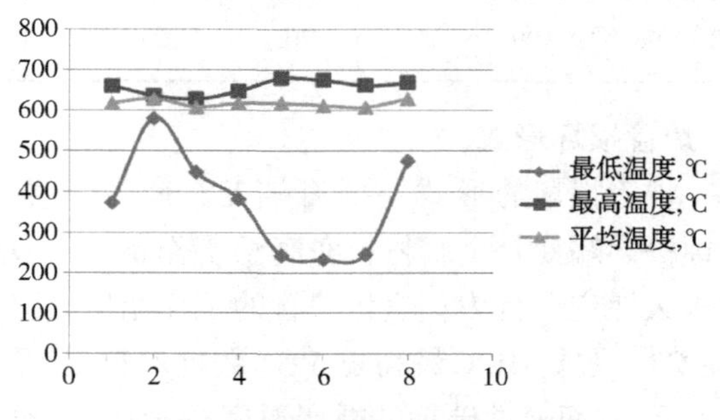

图 1　炉管烧焦管壁温度散点图

由以上统计数据可以看出，烧焦时炉管平均温度均控制在 650℃以下，偶然出现超温点，时间持续只有几分钟，不会造成炉管的损伤。

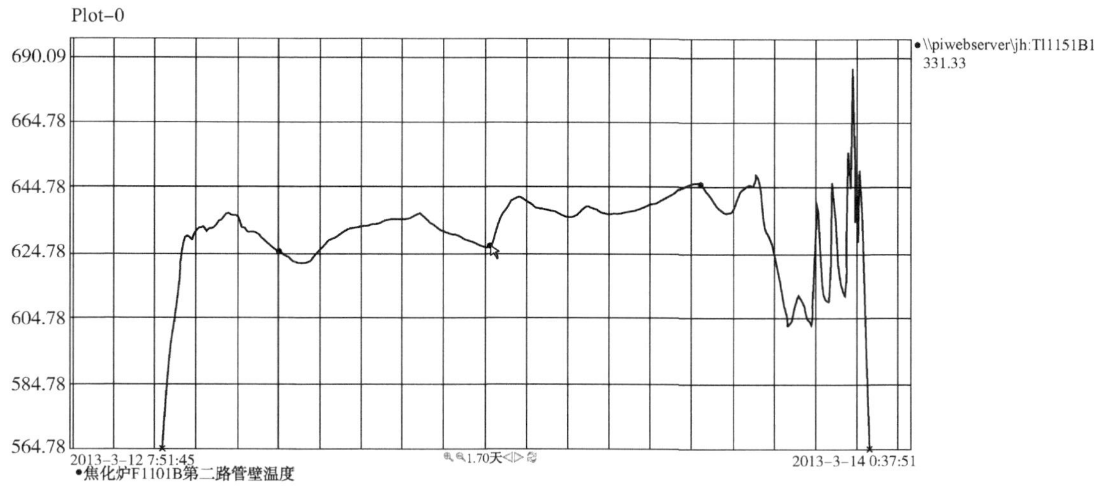

图 2 管壁壁温趋势图

6 结论

(1) 炉管总体外观较好，没有发现减薄、蠕胀现象。

(2) 金相分析未见异常。

(3) 根据 L-M(拉森 · 米勒) 法进行了剩余寿命评价，评价结果表明，炉管在温度≯

630℃的工况下运行，还可以至少能保证运行 5 年。

参考文献

[1] 胡洋，李文戈，谷其发等主编，炼油厂设备腐蚀与防护图解(第二版)[M]. 北京：中国石化出版社，2003，99.

[2] 钱家麟主编，管式加热炉(第二版)[M]. 北京：中国石化出版社，2017. 152.

缠绕管式换热器在 G 石化连续重整装置的应用小结

李良才

（中国石化广州分公司）

摘　要　作为保证装置产品质量和降低能耗主要保障的关键设备重整单元进料/产品换热器，其运行状况直接影响装置运行平稳性和经济性。G 石化连续重整装置进料/产品换热器原设计为列管式换热器，因运行问题 2005 年改造为国产板式换热器。为进一步保证运行可靠性，2016 年更新改造为缠绕管式换热器。本文在对装置运行流程等简要说明的基础上，就换热器更新改造准备、实施及后期运行调整等进行总结，同时提出运行、维护建议，分析运行效果、效益，认为本次该设备在 G 石化连续重整装置的应用是成功的，有效改善了装置运行稳定性和经济性。最后文章针对该设备投用后，装置显现的问题进行分析，就改进方向提出个人观点。

关键词　缠绕管式换热器；重整；更新；施工

1　缠绕管式换热器应用环境分析

1.1　装置介绍

G 石化连续重整装置始建于 1987 年 10 月，1990 年 6 月建成投产。该装置采用美国 UOP 第一代连续重整专利技术，包括 510kt/a 石脑油加氢、400kt/a 重整、催化剂再生 136.08kg/h、液氮等四个工艺过程。

该装置原设计以常减压蒸馏石脑油为原料，生产高辛烷值汽油，副产较高纯度的氢气，商业丙烷、丁烷、拔头油等。

1.2　进料/产品换热流程及存在问题说明

重整进料/馏出物换热器是 G 石化连续重整装置中的一台关键设备，其作用是将来自预加氢装置的精制石脑油和重整循环氢压缩机的循环氢经换热器底部箱盖内的分配板、进料雾化喷口等在换热器冷端充分混合后与重整反应产物逆流接触，充分换热。换热后的精制石脑洎和氢气混合物作为反应进料经重整单元加热炉加热到所需的反应温度后，进入重整反应器，在催化剂作用下进行反应，简单流程见图 1。

重整单元反应过程物料主要由为氢气、轻质油等组成，相对比较干净，无容易结垢组分。

G 石化连续重整装置重整进料/馏出物换热器原设计为列管式换热器，其运行参数见表 1。

1.3　进料/产品换热器原设计型式及运行改造情况

2005 年 6 月，该换热器因堵管等原因，热效率下降热端温差较大，进行了第一次更新改造，

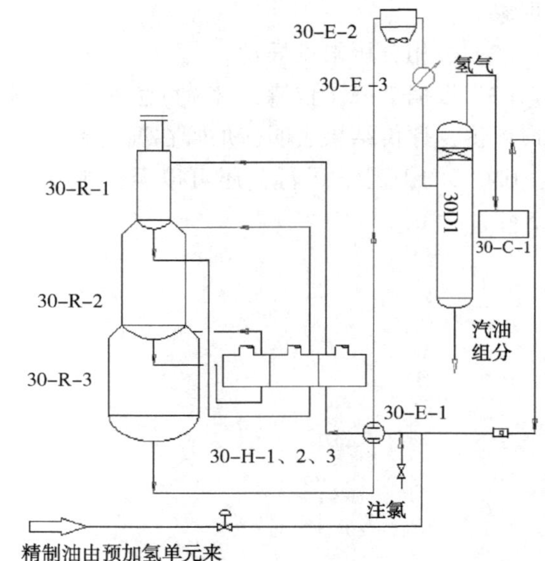

图 1　反应系统简单流程（30E1 为进料/产品换热器）

表 1　重整进料/馏出物设计运行参数表

分类	介质	进口温度/℃	出口温度/℃	进口压力	出口压力
管程	汽油、氢气	97	478	1.01	0.92
壳程	汽油、氢气	513	490	0.86	0.85

更换成换热效果更好的板壳式换热器。但鉴于当时制造水平等原因，板壳式换热器存在板片厚度小、可靠性差、易损坏的特点，故障频繁发生，自 2005 年改造投产后至 2016 年 5 月总计维修 5 次，其中出现了 4 台次泄漏，严重影响了装置的平稳运行和装置的产品质量控制。相关检修更换记录见表 2。

表 2　重整进料/馏出物板式换热器运行检修记录

时间	施工内容	施工后设备形式	问题说明及原因分析
2005 年 6 月	更新改造	板式换热器	堵管 20 根，换热效率下降明显
2007 年 5 月	原型更换	板式换热器	2006 年 11 月发现内漏
2011 年 4 月	原型更换	板式换热器	2011 年 3 月发现内漏
2012 年 10 月	原型更换	板式换热器	2012 年 7 月发现内漏
2012 年 11 月	分配器改造	板式换热器	2012 年 10 月进料量下降

2016 年 5 月，装置汽油辛烷值明显下降，经采样分析反应进料、馏出物组分后判断，该换热器再一次出现泄漏。

为设法解决国产板换的运行周期短、易泄漏等严重影响装置平稳、经济运行的问题，降低维修、维护成本，经作业部、机动部等部门专业人员综合考虑，决定将原板式换热器更新改造为缠绕管式换热器。

2　缠绕管式换热器应用选型、安装

2.1　缠绕管式换热器结构及特点分析

缠绕管式换热器是由 Linden 公司于 1895 年研发使用，是一种高效、紧凑式换热器。

缠绕管式换热器主要由壳体、上下管箱、管束和接管等组成，其中缠绕管束以芯体为中心，多层螺旋盘状绕制，相邻两层间设有垫条，由于其通常相邻缠绕层之间缠绕方式相反，垫条等部件加大了壳程流体的扰动，易形成湍流；管程部分因流体在缠绕管内呈螺旋流动，会形成二次流，使得管侧膜传热系数提高，从而换热系数增大，传热效率增加[1]。

换热器的壳体、管板及管箱封头多为一体焊接成型，圆滑过渡，受压部件的强度得到了提高，减少应力集中问题也相对较少，由于密封点的减少，运行可靠性也得到了提高，但与此同时带来的就是检修无法抽芯，检查维修工作存在一定的困难。

我们通过文献查阅，结合装置历史使用的板式换热器检修情况，认为板式换热器在单位体积换热面积较缠绕管式换热器高，但综合考虑运行可靠性、抗温度扰动等因素以及装置运行的经济性，缠绕管式换热器有明显优势，本次更新，我

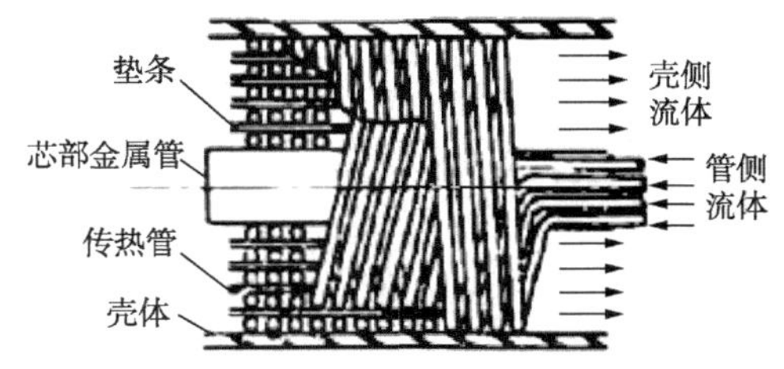

图 2　常规缠绕管式换热器结构

们提出了更换进料/产品换热器为缠绕管式换热器。其优缺点比照如表 3 所示。

表 3　缠绕管式换热器与板式换热器特点比较

比较内容	板壳式换热器	缠绕管式换热器
承压能力	<1MPa	无限制
泄漏	易泄漏	不易出现泄漏
清洗方式	化学清洗	化学清洗或机械清洗
抗结垢能力	一般	好
温升控制	≤50℃	无特别要求
维修性能	可维修性差	良好
单位体积(质量)/换热面积	大	一般
运行可靠性	一般偏弱	强

2.2　施工过程管理及总结

为落实分公司从紧安排施工、提高装置运行效益的要求，我们对更新要求、制造验收、检修施工对接等多方面入手落实，从源头通过落实预制深度，减少现场工作量。

2.2.1　从设计要求开始保证检修工作的开展

通过表 3 比较我们可以得知，同样换热面积的情况下，缠绕管式换热器要比板式换热器体积大，重量上通常也会有较大差别。

鉴于连续重整装置已运行超 20 年，相关构架承载能力无法进行精确计算。为保证不会因构架无法承受设备重量大的原因导致项目无法利实施，我们根据原设计列管换热器、板式换热器重量体积等参数，在协议中明确要求更新设备的总重量、体积、安装尺寸等参数，同步考虑安装难度，对局部管口设计提出了具体要求，如在协议条款内明确“设备设计、制作应保证在现有框架正常安装，并要求在满足运行工况及安全的前提下，绕管式换热器总重不超过 53 吨，外径不大于 1750mm，高温端接管保持原位”。由于利用旧框架，相关安装尺寸受限，对热端温差在制造单位设计核算后明确要求不高于 35℃。

更新缠绕管式换热器设计参数与板式换热器

规格等参数比较表见表4。

表4 新旧进料/产品换热器规格等参数比较表

比较内容	板壳式换热器(旧)	缠绕管式换热器(新)
型号	LBQ1500-1.04/1.34-RZ4	
面积/m^2	1520	不提供
重量/kg	37000	47000
设计热端温差/℃	40	35
直径/mm	Φ1500	Φ1700
材质	S32168/20R(底部壳)	整体S32168

为保证相关工作的有效落实，在明确供应商、订货技术协议签订后又先后三次邀请制造单位ZH建安公司专业技术人员至现场对接，就技术协议的分工界面、工艺参数优化、安装要求等与装置管理人员、检修施工单位进行明确。

2.2.2 从预制深度要求保证检修质量和进度

由于时间紧任务重，为保证相关检修工作在有限的时间内顺利完成，我们首先在订货技术协议要求设计根据现场情况合理设置管口高度等之外，还明确要求各管口必须提供配对法兰、连接件并进行提前发货，同步采购弯头等管件，从材料供货要求的角度落实施工准备。

其次，我们在施工网络编制过程中要求施工单位GZ建安公司加大预制深度，在本次施工开始之前，相关管线焊接工作的50%按方案执行完毕，检测合格率100%。随预制深度的加大，现场工作量减少，工作进度得到了有效控制和缩短，设备、管线安装工作用时较原计划进度提前一天完成，焊接工作的焊接合格率为100%。

2.2.3 落实质量验收及问题整改，保证设备一次投用合格

通过板式换热器使用、维护经验我们认为，必要的监督、检查是保证设备安装顺利投用的必要条件。在缠绕管换热器制造安装过程中，公司派驻监理单位对过程进行跟踪，期间对材料变更、替代相关工作监控、联系到位，为在三个月的周期内完成制造任务提供了保障。

由于涉及技术保密等原因，部分制造过程跟踪无法落实。依据重整装置进料/产品换热器结构特点及历史更新设备问题，我们在设备现场安装前对底部管箱进行了拆检，发现分配板、精制油进料喷嘴等加工质量存在部分开孔不到位、毛刺多等问题，立即落实处理，保证了开工投运等工作的有序开展。

2.3 设备运行风险分析维护

考虑本次更新设备材质整体选用了S32168，我们针对氯离子腐蚀问题组织了分析，同时根据该换热器结构特点，对其更新安装、使用等过程进行了明确：

1）正常操作及开工期间，由于系统温度高，无液态水及相关溶剂，无氯离子腐蚀风险。

2）停工检查期间，尽量不同时管(壳)打开进出口，避免空气对流存留液态水。检查完毕后立即进行盲板封闭，保证设备干燥，并进行充氮正压保护。严格预防氯离子、液态水进入设备。

3）禁止水压试验，如有查漏、处理需求需采用气压试验。

4）在检查维修期间，应重点检查相关管口部位是否有结垢、进料口喷嘴和分配板是否有结盐堵塞等问题。

5）如在正常运行期间进料量变化时可通过热端温差、原料、压差等参数变化分析原因。若循环氢压缩机出口压力和系统压力差明显增大但热端温差变化不明显，则初步判断为分配板结铵盐导致流通面降低压降增大堵塞，可以通过调整氢气水氯平衡以循环氢重组分增加自动携带冲刷为主要解决方向[3]。

3 应用效果评价及优化建议

2016年8月12日，G石化连续重整装置进料/产物换热器30E1（以下简称该换热器为30E1）安装正常投用，产品辛烷值提高约5个点。

2017年8月大修期间按计划切出检查。30E1分配板未发现结盐异常，各管口部位状况良好，无结焦、结垢现象。检查完毕进行了盲板封闭充氮保护，大修完毕后正常投用，截至2019年4月，30E1运行未发现异常，目前监控热端温差为35℃左右，属正常区间。

3.1 效益计算及分析

30E1更新为缠绕管式换热器后正常投用，圆满解决了板换泄漏导致的产品质量不合格、效益低问题。

新30E1安装投用后，热端温差下降明显，平均降低9.52℃；比较7月27日和8月17日数据，原料石脑油N+A分别为32.08%、31.37%，产品油辛烷值为87.6、93.4，同样原料芳潜情况下汽油辛烷值较更新前有近6个单位的提升；更

新后热端压差升高0.03MPa，分析认为主要原因是冷流（循环氢和重整进料）进出换热器压降降低引起。

表5 30-E-1更新前生成油质量及原料参数记录表

日期	热端温差/℃	热端压差/MPa	原料石脑油N+A/%	重整进料初馏点/℃	重整汽油辛烷值/RON
7月22日	40.84	0.03	41.86	70	87
7月23日	42.44	0.03	33.7	70	87
7月24日	42.68	0.03	33.35	70.5	87
7月25日	42.84	0.03	33.35	68	87.2
7月26日	42.16	0.03	34.85	70	87.5
7月27日	42.55	0.03	32.08	67.5	87.6
7月28日	42.48	0.03	32.47	70	87.3
7月29日	42.37	0.03	29.63	70	87.6
平均	42.29	0.03	33.91	69.50	87.28

表6 30-E-1更新后生成油质量、原料参数记录表

日期	热端温差/℃	热端压差/MPa	原料石脑油N+A/%	重整进料初馏点/℃	重整汽油辛烷值/RON
8月17日	31.90	0.04	31.37	74	93.4
8月18日	33.22	0.04	31.37	76.5	
8月19日	33.02	0.05	30.62	74.5	

续表

日期	热端温差/℃	热端压差/MPa	原料石脑油N+A/%	重整进料初馏点/℃	重整汽油辛烷值/RON
8月20日	33.30	0.06	28.02	73	
8月27日	33.25	0.10	40.86	73	94.3
8月28日	33.33	0.10	40.99	68	
8月29日	33.47	0.10	43.63	74	95.3
8月30日	33.32	0.10	43.93	70	
平均	33.1	0.07	36.35	72.88	94.33
更新前	42.29	0.03	33.91	69.5	87.28
差值	−9.19	0.04	2.44	3.38	7.05

表7 30-E-1更新前/后生成油质量、原料参数平均值比照表

	热端温差	热端压差	原料石脑油N+A	重整进料初馏点	重整汽油辛烷值
更新后	33.10	0.07	36.35	72.88	94.33
更新前	42.29	0.03	33.91	69.50	87.28
差值	−9.52	0.04	4.31	3.80	7.05

为进一步比较确认系统运行状况，我们根据运行操作需要，对机组运行状况、缠绕管式换热器30E1的进出口温度压力进行部分数据统计，并于更新前数据进行比较，详细情况见表8。

表8 30E1更新前后运行参数记录及比较表

日期		8.27	8.28	8.29	8.30	平均值	更新前	更新前后差值
处理量	m^3/h	66.6	66.5	66.5	66.5	66.525	63	−3.525
30CT1转速给定	%	10	10	10	10	10	21	11
循环氢出口压力	MPa	0.934	0.936	0.934	0.934	0.9345	1.055	0.12
循环氢流量	m^3/h	28592.3	29102	28419.9	28634.1	28687.1	25934.9	−2752.17
30E1热端温度/℃	30R3出口	472.8	474.8	475.1	474.9	474.4	478.4	4
	30H1入口	439.6	441.5	441.6	441.6	441.08	436.1	−4.98
进料过滤器后压力	MPa	1.01	1.01	1.01	1.03	1.015	1.06	0.045
30E1冷端温度/℃	重整进料	104	104	104	105	104.25	104.3	0.05
	生成油出	105	104	105	105	104.75	108.4	3.65
	循环氢入	64	63	64	62	63.25	64.3	1.05
压力/MPa	30R3出口	0.83	0.83	0.83	0.83	0.83	0.86	0.03
	30H1入口	0.93	0.93	0.93	0.93	0.93	0.89	−0.04

从表8我们可以发现换热器30-E-1更新后，机转速调节器阀位在10%左右时循环氢平均流量比原阀位21%时的流量多2752m^3/h；循环机出口压力较更新前平均下降0.12MPa，重整进

料过滤器后压力也下降0.045MPa。

30-E-1更新后，在三反出口温度稳定情况下更新前478.4℃，更新后474.4℃，30-H-1进口温度由436.1℃升至441.6℃，提高了5.5℃，按照板换热负荷19490kW计算，增加热量：19490kW ×（357.15 - 350.38）÷ 350.38 = 376.58kW。若按市电1元/kW·h计，每年节约能耗费用约329.88万元。按设备制造及安装费用450万元计(本次采购为紧急采购费用偏高)，不计算产品品质提高效益仅换热效率提高节能部分年投资回报率已达73.31%。

表9　换热器更换前后温差几何平均值计算

项　目			更换后	更换前
温度/℃	进料侧	重整进料	104.25	104.3
		进30H1	441.6	436.1
	生成油侧	三反出口	474.4	478.4
		生成油出口	104.75	108.4
	温差几何平均		357.15	350.38

3.2　运行影响分析

30E1更新为缠绕管换热器后进出物料压差明显降低，物料循环氢流动阻力减小、流速增加后流量增大约10%。

重整反应过程中循环氢量增加可以使反应器热量分布更加均匀，较大的氢油比有利于降低催化剂积炭速率。但同步带来的是机组流量过大，尤其是在循环氢组分变重时将导致机组操作弹性变小，而且循环氢量过大易导致反应器偏流、甚至催化剂出现贴壁现象。

另同步循环氢分析采样数据显示，在相似工况下循环氢中C3以上重组分含量在换热器更新后也较明显上升，循环氢压缩机透平的转速明显较低。相关数据见表10。

表10　缠绕管式换热器与板壳式换热器的不利因素

	板式换热器	缠绕管式换热器	差值
循环氢 C_3以上组分含量/%	4.60	7.72	3.12
透平转速/(r/min)	8892	7470	-1422

由表10可知，循环氢 C_3以上组分含量平均上升明显。我们分析认为，由于循环氢流速过高，在流量达到或超出高分罐分离临界能力时，其分离效果急剧下降。我们通过循环氢入增压机前凝液罐采样分析发现，其中主要组分为生成油，已不是气相组分。

这种工况下，氢气增压机、循环氢压缩机入口带液问题将导致相关密封部件失效，尤其是对作为往复机的增压机影响更加明显，直接影响机组的安全运行。

另虽然物料经改造后的缠绕管式换热器压降降低后循环氢压缩机透平转速降低至7400r/min，运行能耗得到了降低，但其运行工作点已接近6500r/min的临界转速，因此机组向下的操作空间变小，无法通过采取继续大幅下调机组转速降低循环氢流量的措施。

3.3　应用优化建议

基于运行影响的总结，我们从原料管理、操作调整及后期运行优化方向提出建议如下：

（1）调整操作：建议对分馏塔进行深拔，提高重整进料初馏点，尽量避免 C_5及以下组分进行重整反应器产生加氢裂化反应。必要时降低反应苛刻度，特别是三反温度，控制加氢裂化反应。

（2）原料管理：装置在原料芳潜N+A低于35%时，掺炼加氢裂化重石脑油15~20m^3/h改善原料的操作，常减压蒸馏直馏石脑油中掺部分柴油改质石脑油，改善预加氢原料性质。

（3）循环氢流量调节受限：针对压缩机转速调节向下控制空间不足致使循环氢流量调节受限问题，我们有三方面建议：

① 通过必要的设计核算后增加机组出口线流量调节控制阀或回流线，利用该阀门的操作控制实现对循环氢流速的控制、调节；

② 对机组调速系统进行改造，对转速控制实现全行程控制；

③ 接受调节空间收缩问题，从分离效果入手，通过增设深冷模块或扩容分液罐等措施保证氢气品质，从而实现高循环氢流量和有效控制的平衡。

（4）如需针对可能存在的积垢风险的物料使用工况，可考虑增设超声波除垢设施[4]。

4　总结

通过近三年运行工况分析，我们可以初步判断G石化连续重整装置进料/产品换热器更新为缠绕管式换热器的应用成功地解决了原板式换热器故障频繁、可靠性差、影响装置运行的隐患。前期基于原构架承重强度、尺寸的准备，以及对其换热面积、热端温差等设计数据的优化，为进一步提升装置效益提供了有力保障。

该型式换热器可在类似物料、工况下推广应用，应用过程应对现场实际工艺条件进行充分论证、核算，对压差等参数变化可能存在的风险进行评估并提出有效的防控措施。

参 考 文 献

[1] 肖娟，简冠平等．缠绕管式换热器性能及应用研究进展[J]. 化工机械，2016(4)：423-427.

[2] 阮付军．缠绕管式换热器在连续重整装置中的应用[J]. 中外能源，2017(11)：84-89.

[3] 田华峰．缠绕管式换热器在重整装置上的应用[J]. 石油化工技术与经济，2017(12)：29-33.

[4] 楼文元．缠绕管式换热器在柴油加氢装置的应用[J]. 宁波节能，2014(3)：30-33.

石油炼化企业外招检维修单位的管理探讨

王继文　梁建辉

（中海油东方石化有限责任公司）

摘　要　新型炼化企业的检维修板块业务正在走专业化、社会化的管理选择，一些老的的炼化企业也在做这方面的改革尝试，本文基于本企业的检维修业务的管理情况做了总结和分析，并对与外包单位的合作方向做了探讨。

关键词　装置；承包商；检维修；维保

现在新型炼化企业正向着智能化、专业化、大型化、差异化发展，为聚焦主业、提高效率、降低用工成本，一些非主业的专业或部门都做社会化外包，设备检维修及监护保运就是外包业务中重要的一块。炼油化工行业的装置设备特点是大型化、精细化兼备，标准化、精细化等级高，自动化程度高，而且最重要的是这个行业的生产过程危险性大，具有高温高压、易燃易爆、有毒有害等危险特性。这就对相关检维修及监护保运（以下简称维保）管理提出了较高要求，本文从业主的角度来探讨如何做好社会化专业检维修队伍的管理。

1　维保单位的选用

贯彻落实检维修承包商管理的有关制度要求，切实把好“准入关”，严格执行“备案制”，结合做好专业化技术服务和专业检修服务工作，不断提高承包商管理水平。鉴于石油炼化企业生产装置大型化、装备的现代化、管理的精细化特点，对检维修维保队伍的要求越来越高。我们选用的入门标准是有长期在炼化行业从业经验的、机电仪专业齐全的、有规模公司支撑的机械设备检维修公司。采用公开招标，选用综合指标最优的公司。目前我们企业选用了 3 家主承修保运商，他们都是原中石化下属分公司改制的检维修公司，是资深的石化维保队伍。

2　维保单位的管理模式、制度设计

被招进来的维保单位和业主方就是长期合作单位，这就存在双方公司的文化和制度的融合问题。公司的原则是互相尊重双方文化、制度，在业主方作业，一切要遵从业主方公司的规章制度，但不强制统一的内部管理模式。倡导“一家人、一条心”的文化理念，把维保单位的日常管理纳入到公司设备管理范畴里。

社会化队伍也存在一些缺陷或缺点，即异地服务，大部分人员来自总部，人员流动性较大；不是一家企业，员工责任心同业主员工之间还存在差距；各家维保单位也来自不同的地域公司，有各自特色的管理制度、文化习惯。

设备管理组织架构为：公司设主管设备的副总经理一名，设备中心作为设备管理的主责部门，各运行部配置专业的设备管理人员。公司设备管理执行精干、高效、扁平化管理的管理理念，中心、运行部两级管理做到职能不交叉、管理无空档。设备中心设动、静、电、仪专业组、检维修及综合组，采用专业化管理的模式，明确各专业组及运行部设备专业人员的工作范围、职责权限。检维修管理依托专业化、社会化组织，秉承一家人、一条心的管理理念，充分发挥其为装置安稳运行保驾护航的效用。

我公司的装置维护思路是采用专业管理与区域管理相结合的原则，以区域管理为主，以专业管理为辅的模式。维护单位需承担区域内的动设备、静设备、电气设备（以进线端子为界，包括与各运行部对应的区变及配电间所对应的区域）、仪表设备（DCS、SIS、FCS 以各单元对应 FAR 室的馈出线端子为界）的运行维护工作。

3　具体作业环节管理及风险管控

检维修具体作业环节开始前，检维修单位除严格执行公司内控体系制度外，在检维修作业环节应执行“风险评估、有效隔离、销项作业、清场恢复”的十六字方针，这是中海油炼化公司在检维修作业中积累的有效管控风险的作业经验（图 1）。

为规范现场检维修作业环节，在原有制度的基础上设备中心组织所有运行部和维保单位深入开展“贯彻落实检维修作业十六字方针，严格执行

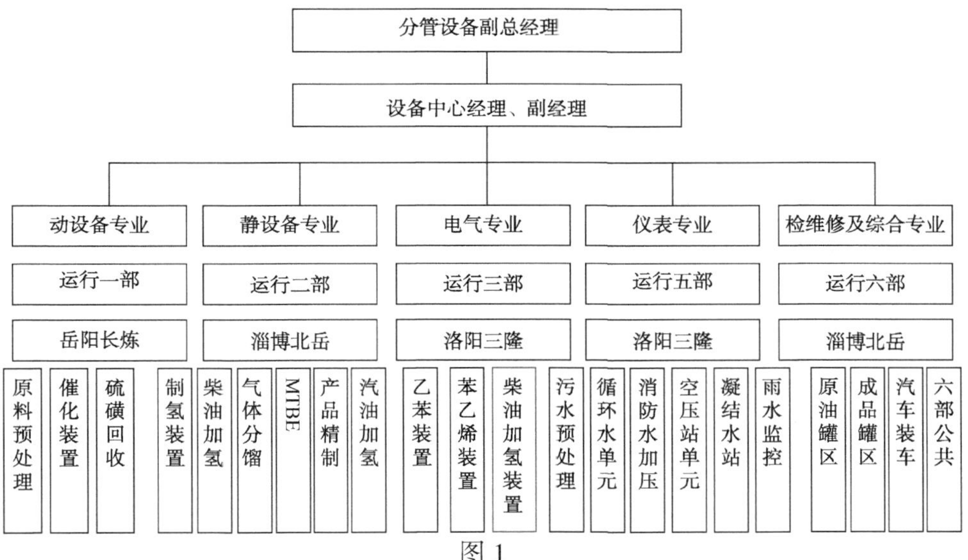

图 1

检维修消项作业制度”专项整治活动，为此制订了活动方案，充分发动各部门员工，深入现场检查监督，督促检维修作业人员严格按照消项作业制度开展工作，规范检维修作业行为。如表 1 所示：

表 1

管道、阀门焊接消项作业卡						
作业单位		作业负责人		工作票号		
作业人员						
起止时间						
风险识别	○中毒 ○高温 ○坠落 ○着火、爆炸 ○触电 ○噪声 ○辐射 ○冻伤 ○烫伤 ○窒息 ○物体打击 ○腐蚀 ○粉尘 ○缺氧 ○防护缺陷 ○机械伤害 ○设备设施缺陷 ○其他确认人(运行部和检修单位)：					
设备名称		设备位号		设备规格		
大类	序号	消项内容	消项确认人			
作业确认	1	熟悉检修方案，现场交底	W1	W2		
	2	机具和材料准备	W1	W3	T	M
	3	开具合格的作业票	W1	W2		
有效隔离	1	检修作业票措施现场确认	W1	W3		
	2	安全防护用品落实	W1	W3		
	3	确认焊接的阀门内、管道内、补焊的焊缝管道内无介质、无压力	W1	W2	T	
	4	现场监护人到位	W1	W3	T	
消项作业	1	拆除阀门、管道	W1			
	2	检查管道法兰密封面	W1	W2	T	
	3	安装阀门和管道	W1			
	4	管道、阀门试压检查合格。	W1	W2	T	M
清场恢复	1	现场清理	W1	W2		
	2	验收合格，交生产运行	W1	W2	T	
备注						
确认人签字	W1(　) W2(　) W3(　) T(　) M(　)(依据设备类别和重要程度)					
说明：1、确认人对每一项工序打钩确认后，方可执行下一作业，全部打钩确认完毕后，在同一签字确认。2、确认人代码：W1—检修单位作业人，W2—检修单位工程师，W3—检修单位 HSE 工程师，T—运行部工程师或当班班长，M—设备中心工程师(关键项目)。3、备注栏填写存在的问题及缺陷。						

具体作业专业范围环节包含动、静、电、仪专业，都可能涉及动火作业、高处作业、受限空间作业、高温作业等高危特种作业，因此要求对这些作业的具体环节进行特别风险安全管控，同时也需对作业的质量、进度、协调等方面进行管控，其中安全管控是关键，质量管控是重点。

3.1 做好事前检查

施工作业前技术和管理人员应该到现场对具体作业进行技术交底和安全交底，包括施工方法、质量控制点、风险因素、进度要求，确保作业人员和监护人员清楚明白作业的重点和危害因素；审核作业人员的资质，确保人员精神面貌符合作业要求；在作业前进行风险识别，通过JHA评价表逐项对人、机、料、作业环境、管理因素进行风险评估，并采取相应风险控制措施，做到有效隔离，确保作业安全可控。同时对设备材料进行检查，确保均合格符合施工作业要求。

3.2 严格事中管控

在炼化企业生产运营期，检维修管理主要关注安全和质量管控，进度和成本次之。在具体作业环节中风险管控主要是安全和质量两方面。

3.2.1 检维修安全管控

监护人员应密切关注作业环境可能发生的变化，认真执行起监护职责，对施工操作过程中的不安全隐患积极主动发现、制止、消除并进行教育。例如人的不安全因素中对施工人员忽视警告、忽视安全，使用不安全设备，未正确使用个人防护用品、用具，冒险进入危险场所，对易燃易爆等危险物品处理错误等不当行为应该进行制止，施工作业人员应该受到惩罚和教育；而对于个人防护用品和设备设施缺陷应该要求施工作业人员积极改正完善，消除物的不安全状态因素；另外应该要求检维修单位加强技术和管理的安全培训，从组织管理上着手，提升检维修的安全可靠性。

3.2.2 检维修质量管控

检维修质量控制，也称为作业活动过程质量控制，包括质量活动主体的自我控制和他人监控的控制方式。自我控制是第一位的，即作业者在作业过程对自己质量活动行为的约束和技术能力的发挥，以完成符合预定质量目标的作业任务。自控主体的质量意识和能力是关键，是施工质量的决定因素，检维修单位应做好“三检制”，即自检、他检、互检。他人监控是对作业者的质量活动过程和结果，由来自企业内部管理者和企业外部有关方面进行监督检查，如工程监理机构、政府质量监督部门等的监控。他人监控是对自控行为的推动和约束。自控主体必须处理好自控和他控的关系，确保工序质量合格，杜绝质量事故发生。控制的关键是坚持质量标准，重点是工序质量、工作质量和质量控制点的控制。

具体施工环节应围绕质量控制点，对影响施工质量的各种因素进行全面的动态控制。在施工过程中从人、机、料、法、环五个方面进行逐一分析，例如从作业人员资质和精神状态，设备运转情况，材料是否合格，施工方法是否得当，作业环境是否发生变化等各项因素均应满足作业管控要求。

3.3 坚持事后控制

事后质量控制也称为事后质量把关，以使不合格的工序或最终产品不流入下道工序。事后控制包括对质量活动结果的评价、认定；对工序质量偏差的纠正；对不合格产品进行整改和处理。控制的重点是发现施工质量方面的缺陷，并通过分析提出检维修质量改进的措施，保持质量处于受控状态。同时应做到工完料尽场地清，恢复现场环境，做到安全环保。

以上三大环节不是互相孤立和截然分开的，它们共同构成有机的系统过程，不断的运用PDCA循环管理，在每一次的滚动循环中不断提高，达到质量管理和控制的持续改进。

3.4 合作发展方向

双方合作的基础已经建立，完成合同内工作内容已基本没有问题，我们努力的方向是进一步激发维保单位的工作积极性，发挥其专业优势、数据优势，提高预知性维修比例。另外在提供设备维护的整体解决方案上要做提高，有效降低维修成本，针对性的制定一些量化指标，使长期承修权与这些指标挂钩。在ERP管理平台要将维保单位纳入进来，在设备完整性管理体系中也要使维保成为重要一环。

4 结束语

随着双方合作时间的加长，彼此的了解和信任逐步加深，运行机制更加顺畅，形成了稳定的设备维护保运机制。另外随着炼油化工装置精细化水平的不断提高，为了更加科学、高效地完成生产装置维护保运工作，保证装置"安、稳、长、满、优"持续运行，要求合作双方共同秉承企业发展理念，不断完善管理机制，提升管理水平，加大专业技术力量投入，共同构建一个现代化的设备检维修体系，为企业的长期发展奠定坚实的基础。

参考文献

[1] 杨申仲等．现代设备管理[M]．机械工业出版社，2012.

CFR-F5 十六烷值机的运行与维护

李淑杰　于春梅　关　旭　丛丽茹　李　楠

（中国石油石油化工研究院大庆化工研究中心）

摘　要　十六烷值是表示柴油在发动机中着火性能的一个约定值，是评价柴油燃烧性（抗爆性）能的重要指标，因此准确测定柴油十六烷值非常重要。本文阐述了 CFR-F5 十六烷值机测定柴油十六烷值的方法，CFR-F5 十六烷值机运行过程中的操作要点、注意事项、维护保养及故障分析与解决方案，从而确保十六烷值测定的准确，保证十六烷值机的长期良好运行，保障柴油的生产与销售。

关键词　CFR-F5 十六烷值机；十六烷值；操作；维护；故障分析

十六烷值是表示柴油在发动机中着火性能的一个约定值，是评价柴油燃烧性（抗爆性）能的重要指标，因此准确测定柴油十六烷值非常重要。我国柴油产品技术要求中规定十六烷值的测定标准为 GB/T 386，修改采用美国试验与材料协会标准 ASTM D613。

CFR-F5 十六烷值机是 ASTM D613 标准测定十六烷值指定的仪器，是美国 Wauksha 公司生产的。作为一个标准专用的发动机，得到世界各国的认可，我国柴油产品十六烷值测定广泛采用。

1　十六烷值的测定

柴油十六烷值的测定采用内插法的手轮法，典型的测试范围为 30.0~65.0，是在标准操作条件下，将试样的着火性质与已知十六烷值的两个标准燃料的着火性质相比较而测定。通过调节发动机的压缩比得到被测试样确定的“着火滞后期”，即喷油开始和燃烧开始之间的时间间隔（以曲轴转角表示）。根据测试样时得到的发动机的压缩比，选用相差不大于 5.5 个十六烷值单位的两种标准燃料，用同样的方法得到其确定的“着火滞后期”。当试样的压缩比处在选用的两种标准燃料的压缩比之间时，根据手轮读数，用内插法计算试样的十六烷值。

通常，十六烷值高的柴油自燃点低，着火性好，燃烧均匀，易于启动，不易发生爆震现象，发动机热功效率高，使用寿命长。但柴油十六烷值也并非越高越好，使用十六烷值过高（如十六烷值大于 65）的柴油，同样会冒黑烟，燃料消耗量反而增加，其原因是燃料的着火滞后期太短，自燃时还未与空气形成均匀混合气，致使燃烧不完全，部分烃类热分解而形成黑烟；另外，柴油的十六烷值过高，还会减少燃料的来源。因此，从使用性和经济性两方面考虑，使用十六烷值适当的柴油才合理。不同转速的柴油机对柴油十六烷值要求不同，通常柴油机的转速越大，要求燃料的十六烷值越高。

2　CFR-F5 十六烷值机的操作要点及维护保养

CFR-F5 十六烷值机主要由 CFR-48 型曲轴箱总成、变压缩比柴油机燃烧室总成、汽缸水套冷却冷凝器系统、CFR 发动机润滑系统、曲轴箱通风系统、排气系统、冷却水分配及排放系统、燃油供应系统、进气系统、发动机起动/转速控制系统、电气系统、设备温度监测系统、设备压力监测系统、设备保护系统组成。

由于机器组件多，结构复杂，不经意的疏忽或误操作可能会造成机器损坏，给生产造成重大影响。

某大型炼化企业的 CFR-F5 十六烷值机喷油泵坏，十六烷值无法测定，导致柴油无法出厂。好在本地区其他单位拥有 CFR-F5 十六烷值机，协助测定十六烷值，才解决了柴油出厂的问题，保证了正常生产与销售。由于种种原因，该企业一年多才购进匹配的喷油泵，将十六烷值机修复。

某单位购进的 CFR-F5 十六烷值机，由于操作者经验不足，冷机拆卸大手轮，拆不下时使用管钳拆卸，结果造成 V.C. 塞损坏，小手轮也锁不死大手轮。

所以对于十六烷值机操作者，必须掌握以下的一些操作要点及维护保养常识才能维持仪器的良好运行。

2.1 机器启动前的准备

（1）合上总电源开关；将双数字十六烷值表的开关打到 ON 的位置；将机油温控开关旋至 7 挡，一般可满足机油温度的要求。

（2）用曲柄扳手人工顺时针盘车 4~5 圈，以确认机器组装无问题。

CFR 发动机最怕汽缸进水，较长时间停止运转时，要验证燃烧室有无积水，如果燃烧室积水较多，人工将盘不动车，此时严禁打开机器开关，需要拆下传感器进行检查，如发现有水则要吸净水后，再人工盘车。

（3）让飞轮停在压缩冲程的死点上，即刻度对应飞轮上的零刻度，调节冷机气门间隙，进气门为 0.004 英寸，排气门为 0.014 英寸。这样的间隙在热机时，可提供所需的 0.008in±0.001in 间隙。

（4）检查曲轴箱机油液面，应在玻璃视镜的三分之二处（机器运行时观察至孔中部）；检查喷油泵机油液面，应在两条线中间位置，不足时补加同牌号或高于原牌号级别的机油。

机油要求：SAE30 CD 级润滑油，100℃运动黏度 9.3~12.5mm^2/s，黏度指数≥85，不加黏度指数改进剂。

喷油泵活塞和缸体磨损会导致燃油流入机油中，油位升高。如果这种泄漏比较严重，则更换油泵。磨损的原因是与喷油泵在没有燃油的情况下长期运行有关。所以运行期间，一定要保证喷油泵系统始终要有燃油存在。

（5）检查夹套水液面，应在 2 厘米的高度，这样能保证热态时冷却液液面位于冷凝器上“LEVEL HOT”标记±1cm 之内。

为减少腐蚀和矿物沉积物可加水处理剂。关闭发动机后立即排出冷却液，这样可以最大限度地把沉积物排出。

（6）转动汽化器选择阀，如拧不动，用螺丝刀轻轻敲击选择阀一下，使选择阀转动自如，不能用力硬拧阀。

静态时，每隔一星期转动几下选择阀手柄。如果转不动，则用软木锤轻敲阀炳后部将阀塞震出阀套。

（7）将预热燃料倒入燃料杯中，并排除连接管及燃料杯中的气泡。预热燃料使用高十六烷值的柴油，通常使用十六烷值大于 55 的柴油。

（8）喷油枪（器）进油阀放在断油的位置；手轮读数放在 2 左右。

（9）检查仪表盘上所有开关均处在关闭状态（除双数字十六烷值表外）；检查机器运转部件上应无废布、电线等杂物。

2.2 机器的启动和预热

（1）润滑油温度要在 135℉±15℉（130℉最佳）。

（2）顺时针转动机器启动开关启动机器，检查飞轮旋转方向，从正面看应为顺时针旋转，直至灯灭后松手。若反转要立即停机，将 380V 电源任意两相互换。

（3）开启空气加热器开关。

（4）喷油枪（器）的进油阀放在给油的位置。

（5）快速转动大手轮将柴油压燃。同时观察双数字表上的“COMB”指示灯是否亮，机器的声音是否为柴油燃烧的声音。

（6）打开冷却水开关，观察有无冷却水流出。

确定发动机转动方向正确后，再打开冷却水，否则造成气缸进水，损害气缸和连杆。

（7）打开温控器开关。

十六烷值机预热 60 分钟后方能确保所有关键参数达到要求并保持稳定。预热时，十六烷值机处于非爆震状态下，燃料泵依赖燃料润滑，应经常检查燃料杯，除短时间更换燃料外，不允许发动机无燃料运转，否则易损坏油泵。

2.3 参比燃料

2.3.1 标准燃料的储存

副标准燃料：T 燃料（典型 CNARV 为 73~75）和 U 燃料（典型 CNARV 为 20~22）。

检验燃料：低十六烷值检验燃料（典型 CNARV 为 38~42），高十六烷值检验燃料（典型 CNARV 为 50~55）。

试验所用标准燃料必须符合标准规定的要求。柴油标油储存关系到测量准确度，存放地温度要保持零度以上（最好在 15℃以上储存），保证好的流动性、均匀性。T 燃料含饱和烃 90%，在低温下出现浊点，破坏标油纯度。

2.3.2 参比燃料的配制

根据待测样品，用副标准燃料配制两个不同十六烷值的参比燃料，待测样品的十六烷值要在两个参比燃料之间，两个参比燃料的十六烷值之差不大于 5.5 个单位。高参比燃料应选择比待测样品高 1 个单位的十六烷值，这样可减小测量结果的误差。

2.3.3 检验燃料

检验燃料用于定期对十六烷值机进行评定，以确保十六烷值机处于良好状态下检验样品。

另外，十六烷值机在部分组件拆卸、清洗、更换以及长时间静态的情况下，测试样品前应用检验燃料对仪器进行校验，结果良好后才可进行样品测试。测试过程中，控制参数不稳定，也需测定检验燃料，检查仪器状态，保证测试结果的准确。

2.4 关机

(1) 将选择阀放在任意两个刻度之间，喷油枪(器)进油阀放在断油处，机器转动一分钟左右，关空气加热器开关，关启动开关，关温度控制器开关。

停机后继续冷却20~30分钟，关水，这样可尽量减少喷油嘴上焦状沉积物的生成，还可保护温度计。

(2) 盘车让飞轮停在压缩冲程的死点上，可减少停机期间燃烧室中气门变形或受腐蚀的可能性。

(3) 关十六烷值表；关总电源开关；放空所有油杯里的油。

2.5 其他注意事项

(1) 突然停电、停水，立即断油，按关机顺序关机。

(2) 手轮是十六烷值测定关键部件之一，十六烷值机运行中燃烧沉积物在预燃室的堆积会限制V.C.塞的运动，致使转动手轮需要较大的力，因此需从汽缸头中拆下手轮总成并清洗V.C.塞内表面和支撑轴上的积碳，同时清除预燃室孔中的积炭。过量积碳会导致V.C.塞卡滞在预燃室孔中并从而导致对手轮总成部件或汽缸头的潜在损坏或毁坏。

厂家规定每25h清洗一次，确保灵活转动。静态时，每周一次转动手轮，将测微计读数从0.8~2.4，往复3~4次。当大手轮转动费力时，不要强行转动，要将大手轮拆下，用三合剂清洗膨胀塞积碳后再组装上。手轮上的法兰套筒与汽缸头是配套件，不能用管件之类强制拆装。手轮应在关闭发动机后热机状态下拆卸，拆装时要做基础定位检查，通常手轮读数在1.000的对应位置。

(3) 曲轴箱和喷射泵里的润滑油50h更换一次，每次加油要加到规定的液位高度。每100小时要更换过滤器。

(4) 每300h要进行大修，根据所测油的胶质含量的不同，可能要缩短大修周期。整机大修需专业工程师进行。

3 常见故障分析及解决方案

十六烷值机运行中会出现一些异常情况，针对一些故障现象，分析原因并探讨解决方案(见表1)，使机器恢复正常运行。

表1 十六烷值机常见故障原因及解决方案

序号	故障	原因	解决方案
1	发动机突然停止转动	1) 发动机机油压过低，安全控制阀动作。 2) 发动机冷却液温度过高，安全控制阀动作。 3) 电动机热保护装置检测到过高的电机温度，导致运行控制回路关闭设备。 4) 三相或单项电源断开。	1) 检查曲轴箱机油油位，压力控制阀，滤清器及安全控制器油路是否堵塞。 2) 检查冷却水流量是否充足。检查水套冷却系统：冷却液位、冷凝器总成。 3) 检查电机并确定热保护开关是否正确工作。 4) 检查电源。
2	无法用手动方式转动发动机	1) 燃烧室存在冷却水。 2) 活塞卡死。 3) 喷油泵卡死。	1) 拆下燃烧传感器，排除气缸内的水。 2) 拆下汽缸头、缸体、活塞、连杆，确定卡滞原因，必要时更换。 3) 断开喷油泵驱动联轴节并更换喷油泵。
3	发动机转动，但无法正常发火	1) 没有喷射燃油。 2) 喷油器故障及旁路阀未关闭。 3) 进气量不足和排气不畅。	1) 检查油杯中是否有燃油，选择阀是否在合适位置，旁路阀是否打开。 2) 检查喷油器开启压力和油雾形状，不正常则更换喷嘴。 3) 更换空气滤清器滤芯，检查排气背压情况，是否外来物堵塞出口。

续表

序号	故障	原　因	解决方案
4	进气温度不足	加热器回路不工作。	1）检查温度控制器是否开启。 2）温度控制器保险丝。 3）检查热敏元件导线连接和加热器导线连接。 4）检查加热器是否损坏。
5	曲轴箱机油温度不足	加热器回路不工作。	1）检查温度控制器是否打开。 2）检查机油加热器回路保险丝。 3）检查温度控制器毛细管总成。 4）检查机油加热器元件是否损坏。必要时更换。
6	曲轴箱在压力状况下运行而非真空	曲轴箱通风系统失效。	1）检查调节螺钉通风壳体中的设置是否最佳。 2）卸下通风壳体和呼吸阀并清洗。 3）检查曲轴箱真空度/压力表。
7	喷油泵润滑油液位在发动机运行时升高	燃油稀释了润滑油。	1）排空机油添加新的机油。 2）如果稀释又迅速出现(两次更换之间间隔小于20h)，更换燃油泵。
8	燃油选择阀卡死	燃油选择阀缺乏润滑。	1）用软木锤轻敲阀炳后部将阀塞震出阀套。 2）拆下塞并使用少量机油润滑。
9	手轮难以转动或无法转动	V. C. 塞由于积碳的作用卡死在孔中。	卸下手轮总成，拆除修理。
10	锁定手轮拧紧后，烟气从手轮总成中排出	V. C. 塞在预燃室孔中密封不严。	卸下手轮总成，拆除修理或更换 V. C. 塞。

4　结论与建议

十六烷值机能否长期使用及处于良好的机械状况与正确的操作和精心的维护、保养是分不开的。在日常工作中，建立十六烷值机的设备档案，其中包括随机资料、适用标准、操作规程、设备使用、维护保养、检维修记录等，记录要详实，内容包括使用时间、使用人员、仪器状态等，完整备注每次运行过程中遇到的问题及解决方案，这对于其他操作者或日后再遇类似问题有很好的借鉴。操作者要有极强的责任心，经培训考核通过后才可操作本仪器，操作中自觉爱护仪器，使仪器整齐、润滑、清洁和安全，使用过程中严格遵守操作规程，熟练掌握操作要点，做到用好、管好，会保养、会检查，会排除一般性故障，从而延长仪器的使用寿命，减少以至消灭各类设备事故。

参　考　文　献

[1] GB/T 386—2010. 柴油十六烷值测定法[S].

[2] ASTM D613-10a. Standard Test Method for Cetane Number of Diesel Fuel Oil[S].

[3] CFR-F5 十六烷值机操作说明书．环球(香港)科技有限公司．

UPS不间断电源在我厂的应用

衡云龙

(中国石油青海油田公司格尔木炼油厂)

摘　要　UPS不间断电源是一种供电设备，它为我厂的关键用电设备提供不间断电力，其基本结构是将交流电变为直流电，然后再把直流电转变为交流电的逆变器装置，也是一种充电装置。本文简单阐述UPS不间断电源的工作原理，结合其在我厂应用的实际情况提出存在隐患问题，并对改进措施进行总结。

关键词　UPS；不间断电源；应用

1　基本工作原理

UPS不间断电源由市电、旁路两段电源供电。当市电输入正常时，UPS将市电稳压后供应给负载使用，此时的UPS就是一台交流式电稳压器，同时，它还将交流电通过整流器转换为直流电向电池组充电；当市电中断时，UPS立即将电池组的直流电通过逆变器切换转换的方法向负载继续供应交流电，使负载维持正常工作。当电池组供电时，不间断电源发出声光报警，在电池放电下限点停止逆变器工作，长鸣告警，并将报警信息实时传送至总变后台监控系统，总变值班人员可及时联系相关岗位人员进行处理。不间断电源还有过载保护功能，发生超载(150%额定负载)时，跳到自动旁路状态，并在负载正常时返回。当发生严重超载(200%额定负载)时，不间断电源立即停止逆变器输出并跳自动旁路状态，故障消除后，重新启机即可恢复正常工作(图1)。

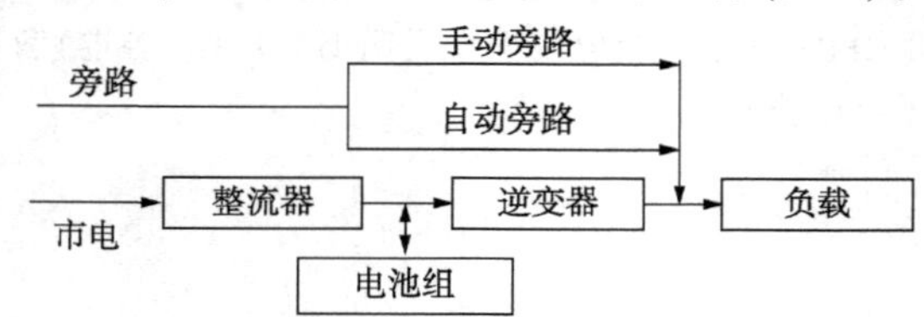

图1　UPS不间断电源基本工作原理图

2　UPS电源在我厂的应用

2.1　单台UPS电源

单台UPS电源主要应用于我厂油品罐区、装运、厂前办公楼等负荷较小的低压配电室。市电与内部旁路共用一段电源，当市电正常供电时，UPS将市电通过整流、逆变、稳压后供应给负载使用，同时通过整流器转换为直流电向机内电池组供电；当市电中断时，UPS立即将电池组的直流电通过逆变器转换成交流电，稳压后供应给负载使用，确保负载实现不间断供电；当发生超载(150%额定负载)时，UPS切换成内部旁路供电(图2)。

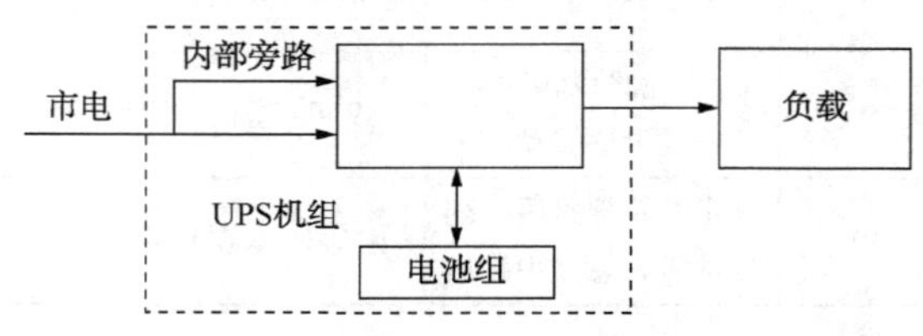

图2　单台UPS运行模式示意图

2.2　双台UPS电源

双台UPS电源主要应用于我厂催化、30万重整、10万吨甲醇、30万吨甲醇等负荷较大的低压配电室。市电1、市电2分别取自低压配电室Ⅰ段、Ⅱ段电源；UPS1、UPS2共用检修旁路和零线，取自低压配电室Ⅰ段电源；UPS1、UPS2输出端并联，向负载供电(图3)。

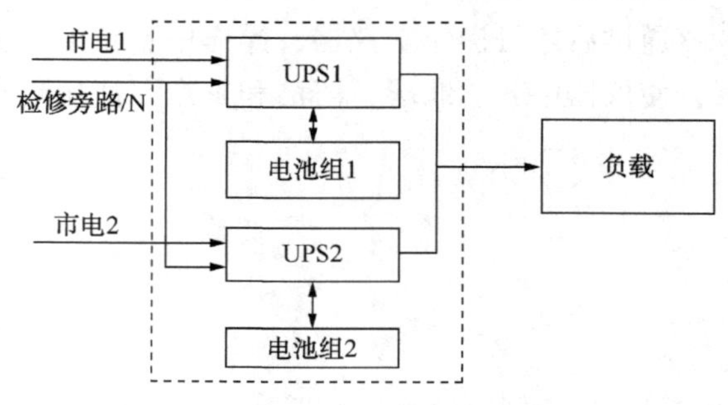

图3　双台UPS运行模式示意图

3　存在问题及解决方法

3.1　单台UPS电源

3.1.1　存在问题

(1)市电与内部旁路共用一个电源，市电中断时，UPS 电源转换成电池组供电，电池组容量有限，一般可持续供电时间为 1h 左右。若不能及时恢复市电，就会造成电池电量耗尽，负载失电，降低电池使用寿命。

（2）配电室低压柜检修时，需整段停电，检修完后，整段送电。检修过程中，UPS 电源失电，为避免电池电量耗尽造成负载失电，电池使用寿命降低，需为 UPS 接临时电源，检修结束后，恢复 UPS 正常供电。

3.1.2　解决方法

增加检修旁路，如图 4 所示。

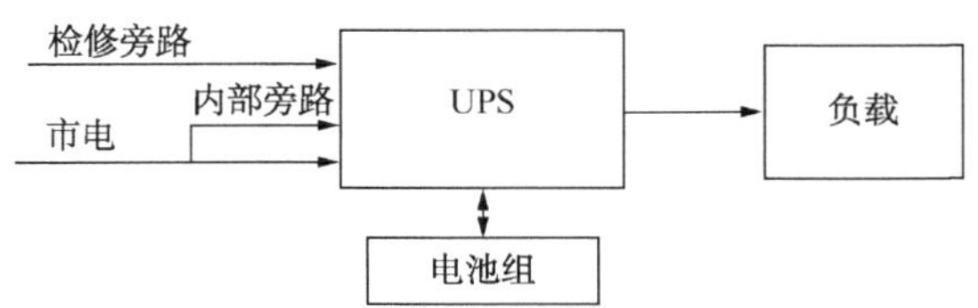

图 4　单台 UPS 改造后运行模式示意图

若低压配电室只有一段电源，增加的检修旁路电源从就近其他配电室配出；若低压配电室有两段电源，增加的检修旁路电源与市电分别取自本配电室 I 段、II 段电源。

市电中断时，可切换成检修旁路供电，查找、处理故障，确保向负载不间断供电，电池使用正常。

低压配电柜检修时，通过切换两段电源，确保始终有一段电源为 UPS 正常供电，即可实现向负载不间断供电。

3.2　双台 UPS 电源

3.2.1　存在问题

（1）UPS1、UPS2 共用检修旁路，取自低压配电室 I 段电源。市电 1 与检修旁路取自同一段电源，当低压配电柜检修倒闸时，会造成 UPS1 电源失电，转换成电池组供电，造成电池电量耗尽，UPS1 停机，降低电池使用寿命；若将 UPS1 直接停机，UPS2 单台运行，降低向负载不间断供电的可靠性。

（2）UPS1、UPS2 共用零线，取自低压配电室 I 段电源。若输入零线故障中断，就会造成负载直接失电。

（3）UPS1、UPS2 输出端并联后向负载供电。若并接点至负载端之间电缆出现短路或断路情况，就会负载直接失电。

3.2.2　解决方法

将 UPS1、UPS2 检修旁路分开，取自低压配电室 I 段、II 段电源；将 UPS1、UPS2 零线分开，取自低压配电室 I 段、II 段电源；UPS1、UPS2 输出端改成分列运行，向负载供电，如图 5 所示。

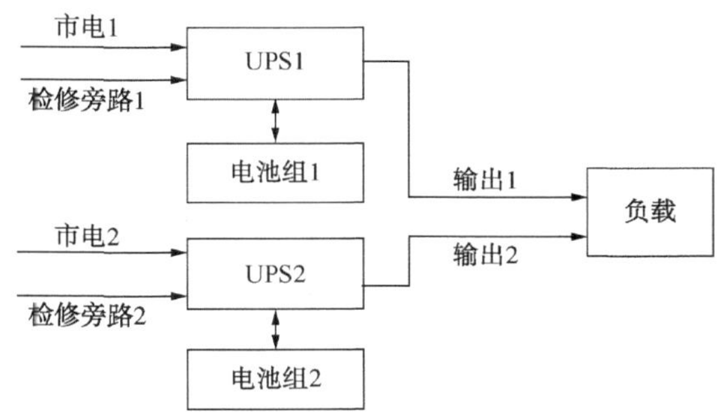

图 5　双台 UPS 改造后运行模式示意图

改造后，市电 1、检修旁路 1 及对应零线分别取自低压配电室 I 段、II 段电源，市电 2、检修旁路 2 及对应零线分别取自低压配电室 II 段、I 段电源；输出 1、输出 2 由并列改为分列运行。

当对两段低压配电柜进行分段倒闸停电检修时，UPS1、UPS2 均有一路输入电源正常，确保两台 UPS 电源均向负载提供不间断供电。

当任意一台 UPS 一路输入零线故障中断，对另一路输入电源和另一台 UPS 输入电源不会造成影响，确保两台 UPS 电源均正常运行。

当输出 1、输出 2 中任意一路出现短路、断路故障时，另一路输出可继续向负载提供不间断供电，确保负载不失电。

4　总结

本文根据 UPS 不间断电源技术的发展，对 UPS 电源的工作原理进行简要阐述。文中着重提出 UPS 不间断电源在我厂应用过程中存在的问题隐患，并对问题进行详细分析，提出解决方法。通过对 UPS 进行改造，可极大提高我厂关键负荷不间断供电的可靠性，保证装置安全平稳运行。

参 考 文 献

[1] 王其英、何春华 . UPS 不间断电源剖析与应用 . 北京：科学出版社 .

[2] 钱希森 . 小型 UPS 原理及应用 . 北京：科学出版社 .

[3] 张乃国 . UPS 供电系统应用手册 . 北京：电子工业出版社 .

法兰密封安装技术在石油石化生产中的应用

薛 梅 郭 虹 陈其国 靳克峰 邓杰章

（中国石油乌鲁木齐石化公司）

摘 要 习总书记关于安全的一系列讲话中明确，各生产单位要强化安全生产第一意识，落实安全生产主体责任，加强安全生产基础能力建设，坚决遏制重特大安全生产事故发生。石油石化行业由于泄露造成的事故或污染，往往产生较为恶劣的影响。本文旨在分析法兰密封结构安装技术对于石油化工装置运行可靠度的重要性和先进性，通过对法兰密封结构安装技术的研究、创新、推广、应用，达到预防事故发生的目的，保证国家财产与人民生命安全。

关键词 法兰密封结构；安装技术；应用

法兰密封结构是指被连接件由一对法兰连接，法兰一端与设备或管道相连，并用一组螺栓及密封件，将两法兰紧固在一起。定力矩紧固系指在法兰螺栓密封紧固过程中采用一个确定的力或力矩值进行紧固施工的作业过程。

1 法兰密封结构泄露对石油石化行业产生的危害

目前绝大多数工业生产中，泄漏是引发工厂安全事故的主要因素。泄漏可能造成泄漏介质的浪费、影响装置运行安全、污染周围环境、引发事故。在石油化工装置中高温、高压、易燃、易爆、剧毒、强腐蚀性等工况日益增多，这些部位的泄漏都可能会造成更为严重的危害。美国国家环保局发现大约12%挥发性有害气体排放量都是由工厂法兰与换热器的泄漏造成的。日本曾对该国化工厂发生的事故进行分析，其中火灾、爆炸、设备破坏、中毒等事故中，有近一半是由于泄漏造成的。泄漏有时只发生在局部很小的地方，不易被发现，但所造成的后果却十分严重，有时甚至是灾难性的。例如：2010年山东峄山化工集团金乡尿素厂尿素车间五楼氨冷凝器的下液管至缓冲槽之间的法兰发生泄漏造成五人死亡。2016年，金陵石化重整装置开工过程中，进料过滤器法兰泄漏造成装置着火。2018年，山西襄垣高硫煤清洁利用油化电热一体化示范项目，油品加工分厂加氢裂化装置换热器E201A进口法兰处泄漏造成火灾。装置法兰泄漏给企业带来了多少惨痛教训，提升对法兰密封的安全管理水平势在必行。

“安全”历来是一个非常重要的话题，安全生产，重如泰山。关乎社会大众权利福祉，关乎经济社会发展大局，更关乎人民生命财产安全。党和国家对于安全的重视程度也是越来越高。十九大报告55次提到“安全”。习近平总书记更是提出了“人命关天，发展决不能以牺牲人的生命为代价，这必须作为一条不可逾越的红线”的指导思想。在石油化工装置生产运行及施工过程中，法兰的泄露极有可能造成灾难性的后果，因此推动科学、高质量的施工是确保装置平稳运行的有效方式，是炼化企业当前和今后一个时期的工作重点。

2 法兰密封结构的管理研究开展情况

近几年来，关于法兰密封结构的管理研究，在化工行业得到迅猛推广。中石油、中石化、中海油相继出台了各自的管理规定，中国特检院也出台了行业标准。中石油自大连石化2014年检修大规模使用该技术，到现在中石油、中石化、中海油较普遍的推广该技术，甚至民营企业，如大连恒力石化新建2000万吨炼油，也投入千万余万巨资应用该技术。可见，该技术的应用对提升法兰密封结构的可靠性、减少因此泄露造成燃爆的风险、提高工程建设或项目检维修的本质安全具备重要意义。

由于2011年前后大连石化连续两年7.16事故后，法兰密封结构的安全性引起了中有集团领导人的重视，2012年首次在大连石化开始尝试定力矩紧固技术，并于2014年大连石化检修中，广泛开展。期间召集各施工单位技术专家，在大连石化公司召开了中国石油首次定力矩技术研讨会，纪要由设安公司整理，形成了集团公司首个

《中国石油炼化板块静密封安装指导意见》。2018年在中石化集团公司委托下，中国特种设备检测研究院组织中国石油、中国石化多家炼化分公司及炼化建安公司的多位专家进行了关于法兰密封安装技术的讨论，设安公司专家也受邀参加此次会议并参与编制了《法兰密封结构安装技术规范》的标准。

3 乌石化公司在开展法兰密封结构安装技术研究的创新点

乌石化公司于2012年开始对法兰密封结构安装技术开展推广工作，主要依托下属设安公司进行研究，设安公司依据GB150-2011标准给出的螺栓预紧力测算方法，开发了螺栓预紧力测算软件，掌握迅速核算螺栓预紧力的能力，并在大量紧固作业中积累了较多经验，形成经验数据库，可针对不同介质、温度对紧固扭矩进行适度调整。2014年参与并主导了中油集团《静密封安装管理指导意见》的编纂，成为集团公司三家静密封安装专业技术队伍之一。先后参与过大连石化、宁夏石化、克拉玛依石化、兰州石化、华北石化等炼化企业从事法兰密封结构定力矩紧固及监理服务工作，脚步遍及大江南北。

3.1 创新点一施工中对法兰密封实行四要素管理

在法兰密封安装中创新性提倡四要素管理理念(法兰、螺栓、垫片、定力矩紧固安装)，结合HG20592等标准规范的要求，将法兰、螺栓、垫片的选型、质量控制、保管、清理等和合理的定力矩值紧固施工结合起来，形成对法兰密封体系四要素的全过程质量管理。不仅仅是单纯拆装螺栓，而是对如下要素进行合理评估：

（1）法兰部分，从法兰选型到压力等级评估法兰选型的合理性，对于易漏法兰给业主提供合理的建议。从法兰安装的偏差及法兰面的受损程度给出定值的评估，从而采用合理的修复方案。

（2）螺栓部分，从螺栓型式(单头螺栓、双头螺柱、全螺纹螺柱)给出合理选型建议，对旧螺栓确定了合理的判废或利旧标准，在施工中明确了螺栓更换的原则，确定了螺栓清理的标准和工法，严格管控螺栓的清理程度。

（3）垫片部分，制订了垫片的合理选型要求和保管及施工注意事项，定值化的确定了垫片缺陷认定方法。

（4）定力矩紧固安装，不仅仅是依照GB150来单纯计算，而是综合考虑介质的特性、温度、压力等，并结合长期施工的经验值进行比对确认。GB150的法兰计算并未考虑介质特性，也未考虑现场易发生的法兰偏斜、管道应力等状况，所以乌石化公司在积累了大量的施工数据和经验后形成了自己的独有的紧固力数据库。

3.2 创新点二在于将法兰密封结构进行分级管控

把风险评价分级引入到法兰密封结构安装中，将我们的重点管控精力放在重要风险部位，使管理分布更趋合理，有效避免泄露风险。2019年乌鲁木齐石化公司各装置大检修实施前，通过风险评级共计清理统计法兰密封结构共计12335对，评价出A级风险法兰972对，B级风险法兰2430对，C级9133对。我们采取对A级法兰重点管控，由专业施工队伍进行液压定力矩紧固+装置技术人员确认+监督管理的方式。对于B级法兰采取检修单位定力矩紧固+专职技术人员确认+监理监督抽检的方式。对于C级法兰对采取检修单位定力矩紧固+装置技术人员确认的方式。这样的分级管控方式更有效的节约了管理人员的管理精力，使存在重要泄露风险的部位得到了更有效的管控。2019年乌石化装置检修法兰密封结构安装施工，在这种分及管控的指导思想下取得了优异的成果，实现了装置开工零泄漏。

3.3 创新点三在于装置检修中大面积推广使用，并采取LDAR检测作为质量验证手段

乌石化公司从2016年度装置停工检修起就已经开始大面积推广法兰密封结构安装技术，为了更好的检验法兰密封结构是否存在微量泄漏，2017年乌石化公司引入了LDAR检测技术，并对几个窗口检修的装置(均采取了法兰密封结构安装技术)进行了检修前后泄露量的检测，通过检测数据可发现，采取法兰密封结构安装技术后泄露点大幅减少，泄露量大幅下降73%，检测数据见表1。

3.4 创新点四在于将法兰密封结构安装技术在工程项目中进行推广应用

法兰密封结构安装技术在石油化工系统检修中已经得到广泛应用，但仍未在工程建设阶段广泛推广。2018年中国石油华北石化分公司在新建千万吨炼化七套装置中，使用法兰密封结构安

装技术，对共计15800多个法兰密封结构(19万多条螺栓)进行了紧固，取得了开工泄漏率为零的良好效果，这一举措从源头上保证了装置开工安全。2019年乌鲁木齐石化公司新建年产20万吨烷基化工程项目竣工前期，施工完毕管线虽然进行了试压合格，为了确保装置开工无泄露，我们依然对已紧固的螺栓采用定力矩紧固办法进行预紧，发现49.44%的法兰密封螺栓存在紧固不到位的现象，见表2。

表1 2017~2018年装置窗口检修前后VOCs排放量监测数据表

年度	检测情况		泄露点数	排放量/(吨/年)	比对结果
	检测点数	完成率/%	个		
2017年	1281979	88.4%	12389	856.61	LDAR源项排放量较装置窗口检修前减少了627.71吨/年，为公司节能降耗和依法合规提供了保障。
2018年	1476970	101.84%	1519	228.9	

表2 乌石化20万吨烷基化项目法兰密封结构螺栓松动统计表

烷基化装置分区	密封点数	存在螺栓松动点数	合格率
1区	86	42	51.16%
2区	45	27	40.00%
3区	15	8	46.67%
4区	1	0	100.00%
5区	92	42	54.35%
6区	0	0	100%
硫酸罐区	0	0	100%
换热器	30	14	53.33%
废酸特殊介质	0	0	100.00%
合计	269	133	50.56%

同时通过对法兰平行度的检测，发现较多法兰平行度存在偏差，存在多数不合格现象，合格率仅为73.2%。见表3：

表3 乌石化20万吨烷基化项目法兰密封结构法兰平行度统计表

烷基化装置分区	密封点数	密封面平行度合格	平行度不合格	紧固前合格率	紧固后合格率
1区	86	59	27	68.6%	100%
2区	45	26	19	57.8%	100%
3区	15	12	3	80%	100%
4区	1	1	0	100%	100%
5区	92	73	19	79.3%	100%
6区	0	0	0	0	100%
硫酸罐区	0	0	0	0	100%
换热器	30	26	4	86.6%	100%
废酸特殊介质	0	0	0	0	100%
合计	269	197	72	73.2%	100%

这些密封面一旦进入开工状态将存在泄漏风险。通过现场对所有法兰进行紧固，并且通过紧固将法兰平行度调整到合格范围，最终取得了开工零泄露的目标，同时消除了运行过程中因温度压力波动产生的泄漏隐患。另外工程项目施工阶段还特别应该注意，对于操作温度超过250℃的设备或管线螺栓，必须涂抹防高温咬合剂，降低后期检修螺栓难以拆卸只能割除的风险。

3.5 创新点五在于在装置停工检修时首次应用数字化管理平台。

在2019年乌石化装置大修中，首次引入数字化信息技术，通过信息化软件使用，将工机具入厂检验信息、各施工部位动态(包括开工、施工、验收、完工四个主要状态)等纳入计算机过程管理。所有大修数据导入在装置开工前导入系统。属地车间、施工单位可利用手机移动端实时上传现场施工状态、验收情况等，由系统自动完成现场各类状态信息的及时汇总统计，便于各层级管理人员有效掌握控制各类检修计划的动态掌握，并解放车间管理人员资料收集统计、报表编制汇总的工作压力。综合动态信息看板，实现装置、各厂、公司整体信息统计。现场完成的每个法兰密封结构均进行编号，现场挂牌，将密封面参数、力矩值、施工及检查验收人员都进行导入，便于检修后质量跟踪验证。

法兰密封结构是静密封的主要结构之一，有效管控法兰密封的安装技术，有利于有效避免泄露风险，实现装置运行本质安全。除了在装置检修中可以广泛应用外，也应该在工程建设初期就开展此项管理，在工程项目投资概算中考虑保证法兰密封安装技术应用的投资概算，在施工组织设计中将该技术作为施工过程中保证零泄露的技术手段，在施工方案中细化涉及易燃、易爆、高温、高压区域管理措施和办法，在施工过程中严格执行该技术应用，真正把法兰密封结构安装技术从装置建设的源头进行有效管理，更加有利于装置安稳长满优运行。

板式换热器顶板泄漏失效分析

刘显林

（中国石化扬子石油化工有限公司）

摘　要　本文介绍了常顶板式换热器顶板腐蚀穿孔的基本情况，通过对顶板的金相组织分析、微观形貌 SEM 分析、能谱分析以及力学性能测试等，得出顶板泄漏失效的主要原因是由于换热器钛板在制造或安装过程中局部区域发生了铁污染，在环境介质作用下，发生电化学反应，导致材料吸氢，使表面脆化和鳞片状剥落而造成换热器腐蚀穿孔。

关键词　板式换热器；钛；吸氢

1　概述

某公司常减压装置常压塔顶换热器 E-2101B 为板式换热器，板片材质为 Ti 材，型号为 CPX75。E-2101B 壳程介质为原油，设计压力为 2.7MPa，设计温度为 112℃，最高工作压力为 1.9MPa，实际工作温度为 40～92℃；管程介质为常顶油气，设计压力为 1.9MPa，设计温度为 270℃，最高工作压力为 0.1MPa，实际工作温度为 137～90℃。2017 年 7 月，E-2101B 正式投入使用，2018 年 9 月对该设备清洗维护，在对板束射流清洗完回装投运过程中发现泄漏。整个设备共有八块小顶板，仅其中一块顶板发生泄漏，泄漏区长度约为该块顶板长度的 1/2，见图 1。

图 1　E-2101B 顶板泄漏形貌

2　泄漏原因分析

2.1　宏观分析

顶板泄漏区局部腐蚀已穿透壁厚（编号为 1# 样品），其他发生腐蚀未穿透壁厚（编号为 2# 样品），见图 2。根据腐蚀特征可以判断腐蚀起源于换热器与管程介质常顶油气接触的表面，呈局部腐蚀特征，在顶板腐蚀区域表面有黄褐色腐蚀产物。

图 2　E-2101B 顶板泄漏宏观形貌

2.2　金相组织分析

分别垂直于腐蚀区域截取 1#、2# 样品剖面试样，经镶嵌、磨抛，置于显微镜下观察，见图 3。1# 和 2# 样品的泄漏区腐蚀产物均呈层状分布，腐蚀沿 α 相晶粒腐蚀，基体显微组织均为单相 α 钛。

2.3 微观形貌分析

分别将 1#样品和 2#样品置于扫描电镜下观察，图 4 为 1#样品泄漏区域表面的 SEM 形貌，未清洗泄漏区域表面被腐蚀产物覆盖，清洗后泄漏区域形貌为鳞状剥离特征，局部未被腐蚀产物覆盖处为沿晶+穿晶形貌；图 5 为 2#样品腐蚀区域表面的 SEM 形貌，腐蚀区域呈鳞状剥落特征，未腐蚀区域表面未见明显的腐蚀特征。

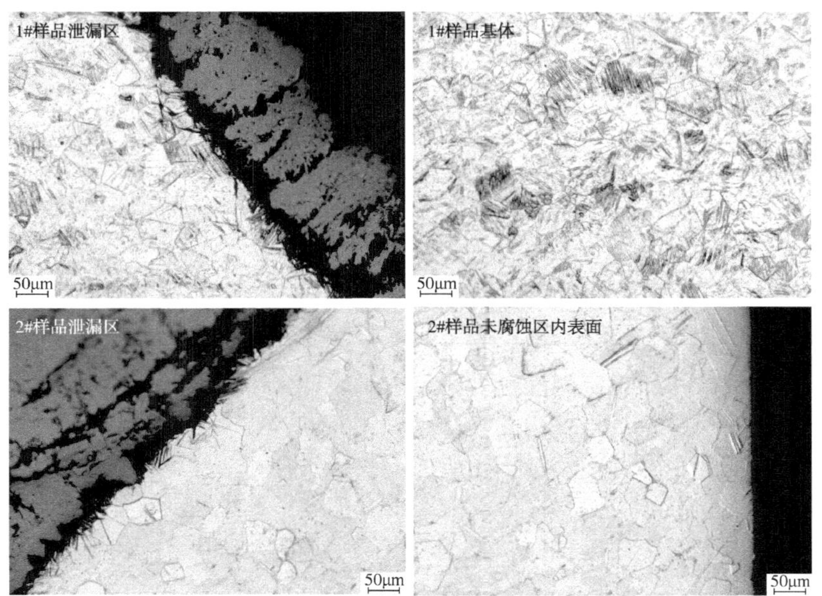

图 3 顶板样品的金相组织

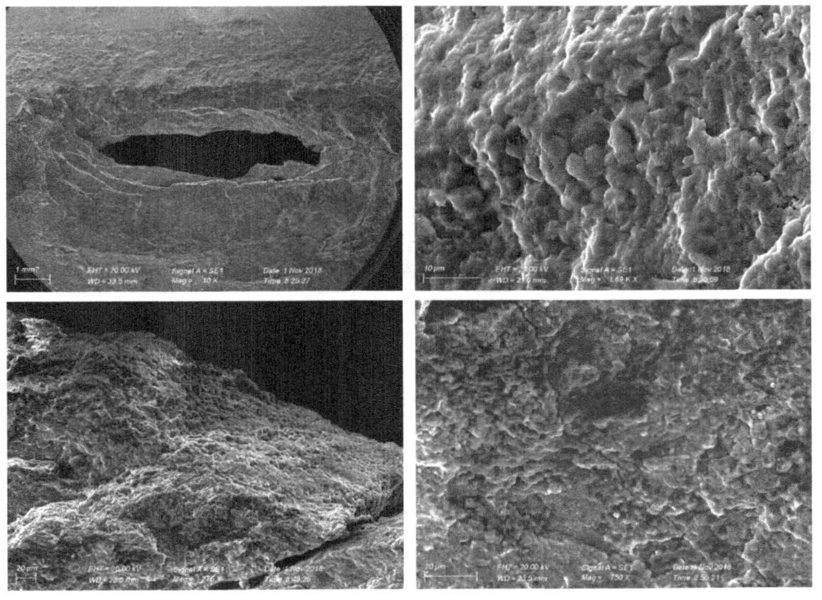

图 4 顶板 1#样品泄漏区的 SEM 图

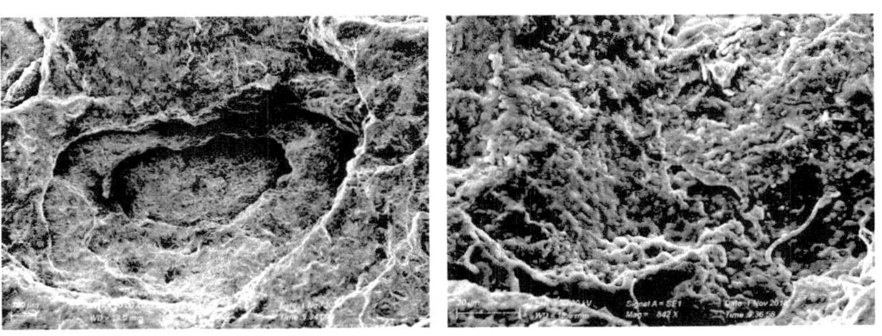

图 5 顶板 2#样品泄漏区的 SEM 图

2.4　力学性能和硬度检测

截取来样板材部分加工为拉伸试样，并进行拉伸试验，结果见表 1。

表 1　顶板力学性能检测结果

检测项目	检测结果	GB/T 14845—2007《板式换热器用钛板》规定值	单项判定
规定塑性延伸强度（Rp0.2）/MPa	180	≥140	符合
抗拉强度（Rm）/MPa	298	≥240	符合
断后伸长率（A）/%	53.0	≥55	不符合

结果显示，泄漏顶板试样的规定塑性延伸强度和抗拉强度满足 GB/T 14845—2007《板式换热器用钛板》规定值，而断后伸长率达不到 GB/T 14845—2007 的要求。

分别截取泄漏区和未泄漏区硬度试样，采用 9.807N 试验力进行维氏硬度检验，结果见表 2。

表 2　顶板维氏硬度检测结果

检测位置		检测结果 HV1
泄漏区	泄漏区附近	115
	基体	105
未泄漏区	直角处	168
	基体	106

结果显示，顶板折弯处的硬度较高，泄漏区域的硬度略高于未泄漏区域的硬度。

2.5　能谱分析

对 1#、2#样品腐蚀区域表面元素进行能谱定性及半定量分析结果，见图 5、图 6。清洗前泄漏表面不同部位产物中除基体元素 Ti 以外均含有 O、Al、Si、S、Cl、K、Ca、Fe 等元素。能谱分析结果显示，产物中主要腐蚀性元素为 S 和 Cl，在泄漏区域不同部位存在 Fe 元素。腐蚀产物剖面线扫描显示存在 S、Cl 和 Fe 元素等，见图 7。

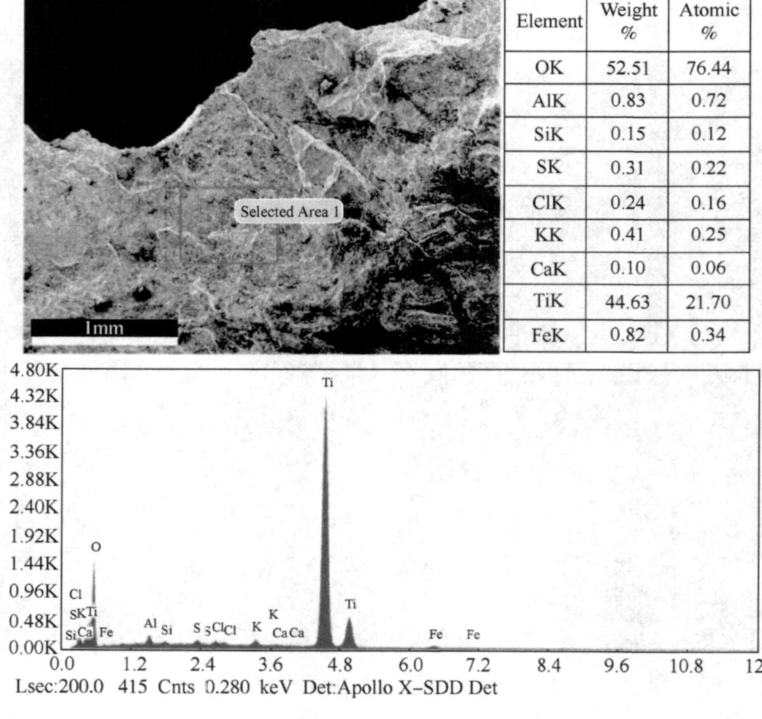

Element	Weight %	Atomic %
OK	52.51	76.44
AlK	0.83	0.72
SiK	0.15	0.12
SK	0.31	0.22
ClK	0.24	0.16
KK	0.41	0.25
CaK	0.10	0.06
TiK	44.63	21.70
FeK	0.82	0.34

图 5　1#样品泄漏区能谱分析结果

3　腐蚀原因分析

E-2101B 顶板的泄漏为局部腐蚀穿孔引起，泄漏区域的宏观和微观特征显示为表面脆化和鳞片状剥落；能谱分析结果鳞片状产物中含有 S、Cl 腐蚀性元素和铁元素；泄漏区域的硬度高于未泄漏区域。这些分析结果表明，吸氢所导致的表面脆化和鳞片状剥落是造成换热器腐蚀穿孔失效的主要原因。

发生吸氢脆化剥落的主要原因是 E-2101B 在制造或安装过程中局部区域发生了铁污染，铁污染对钛设备造成的危害，大多是通过电化学腐蚀过程而作用到设备上的。

Element	Weight %	Atomic %
OK	49.48	74.48
AlK	0.25	0.22
SiK	0.10	0.09
SK	0.11	0.08
ClK	0.15	0.10
KK	0.24	0.15
TiK	48.42	24.34
FeK	1.25	0.53

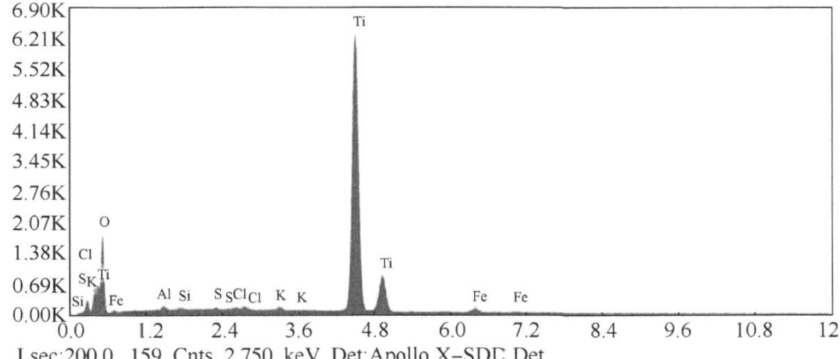

图 6　2#样品泄漏区能谱分析结果

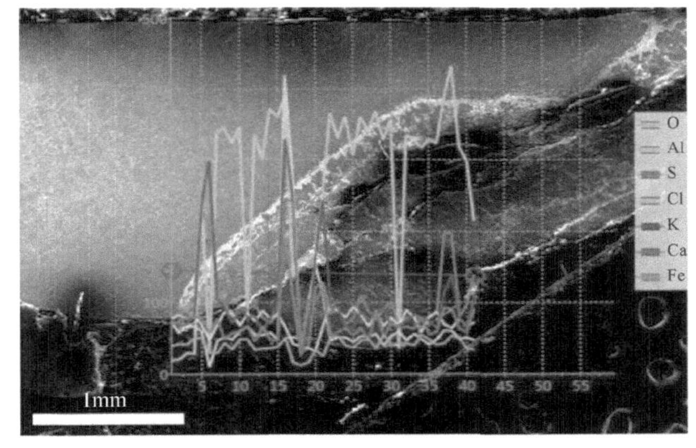

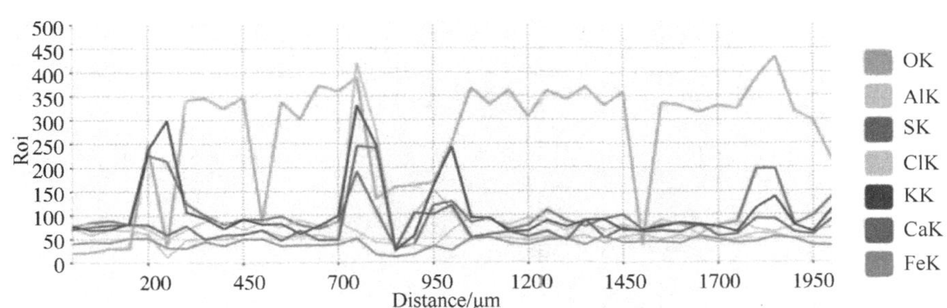

图 7　顶板腐蚀产物线扫描元素分布结果

在特定介质中，钛具有优异的耐腐蚀性能，但如果遇到钛表面的铁污染，且当钛表面具有氧化膜时，使其具有了惰性性能，从而使钛成为电偶腐蚀中的阴极，而铁则成为阳极，从而形成电偶腐蚀。此时具有氧化膜的钛表面发生析氢腐蚀，造成氢脆。

阳极：

$$Fe \longrightarrow Fe^{2+} + 2e$$

阴极：

$$2H^{+} + 2e \longrightarrow H_2$$

（以表面有钝化膜的钛作为惰性电极）

在制造过程中造成被铁污染处的钛的钝化膜

被破坏，而表面具有钝化膜的钛与未被钝化膜覆盖的钛的电极电位是不同的，从而很可能发生电化学腐蚀。另外，当钛处于活态时，由于钛的标准电极电位（-1.63V）比铁的标准电极电位（-0.44V）低，钛被腐蚀。

钛非常容易吸收氢、氧和氮，特别是氢，因为氢扩散速度较快，温度不高时也容易被钛吸收，而使钛变脆。与氢生成氢化钛（TiH_2），从而使钛发生体积膨胀，产生晶间应力，进而形成裂纹。

4 结论

换热器钛板在制造或安装过程中局部区域发生了铁污染，在环境介质作用下，发生电化学反应，导致材料吸氢，使表面脆化和鳞片状剥落是造成E-2101B板式换热器顶板腐蚀穿孔、泄漏失效的主要原因。

大机组中的静电腐蚀分析及运行维护

李恒远

（中国石油化工股份有限公司金陵分公司）

摘　要　针对大机组出现的静电腐蚀，从其故障现象、剖析原因、落实处理方法，并从运行维护方面给予措施，为避免机组再次因静电腐蚀而提供了防范建议措施。

关键词　机组；静电腐蚀；运行维护

1　概述

机组静电腐蚀的机理：旋转机械会在转轴上产生感应电势，若感应电势得不到释放（通常是由转轴接地刷释放），那电势将以其他方式释放[1]。典型的就是转子轴承或密封件成为感应电势的接地导体，由此产生的电弧就是静电放电，这些电弧会损伤金属表层并增大部件间正常运行的密封间隙，而如果没有发生轴承与密封件的静电放电，蓄积的电荷将慢慢改变转子动态特性，最终可能会损伤转子，带来昂贵的修复工作。

2　故障现象

2014年8月至2018年2月期间，先是南京某石化公司空分装置压缩机组，由于静电腐蚀而造成机组的被迫停车（2014年8月—2015年9月，前后多次），2015年9月至今运行良好；再有湖北某化肥公司，静电腐蚀对空分压缩机组轴瓦的损坏（2017年9月两次，2018年1月一次）。两压缩机机组参数如表1所示：

表1　两压缩机参数对照表

	南京某石化公司	湖北某化肥公司
压缩机型式	离心式	离心式
压缩介质	空气	氮气
装置能力/（Nm^3/h）	56000	48000
入口压力/MPa	常压	0.53
出口压力/MPa	0.46	8.33
压缩级数	四级叶轮压缩	八级叶轮压缩（三段）
机型	MAN Turbo RIK140-4	沈鼓3BCL608
润滑油油品	Mobil DTE846	长城32#透平油
投运年份	2005	2006

鉴于南京石化公司空分机组的静电腐蚀故障先例，2017年9月，湖北化肥公司空分机组轴瓦首次发生故障时，本着小心谨慎的处理方法，在学习南京石化公司的空压机静电腐蚀故障事故后，判别该故障与南京石化公司的空压机机组静电腐蚀故障极其相似，因此借鉴了南京石化公司的静电腐蚀处理措施。在原机组静电接地的基础上增加了两组电刷接地线，但投入使用运行仅10天左右，监控参数推力轴承温度和轴位移的变化趋势与之前故障的迹象相同，机组被迫再次停车。空分机组增加的电刷安装示意图如图1所示。

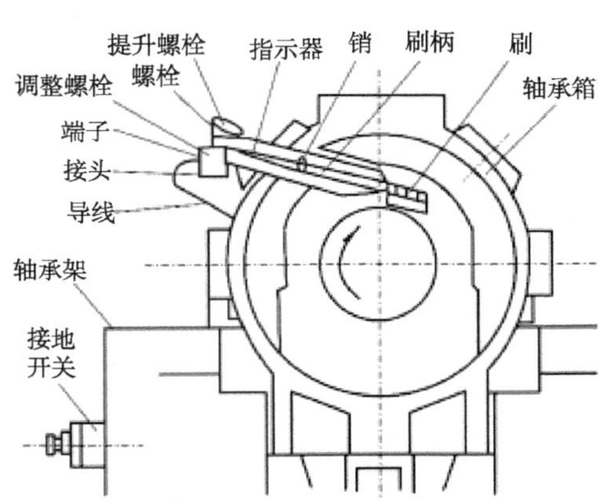

图1　轴承箱内接地电刷安装

湖北化肥公司空分机组2017年9月第二次停车，拆检下的推力轴承与推力盘如图2、图3所示，为了彻底解决此机组故障，此次检修特地组织专家研讨会，确认该轴承的故障与南京石化公司的空压机静电腐蚀故障完全相同。继而组织检修，先是检查机组自带接地及基础接地情况（有无虚接、断线情况）；其次本着排除故障的可能原因，同时结合润滑油使用寿命周期，借此更换了机组使用润滑油；在更换轴瓦瓦块、对推力盘面进行油石细磨处理、更换电刷刷头后，机组重新开机投入使用。2017年9月第二次停车电刷刷头磨损形状如图4所示。

湖北化肥公司空分机组自2017年9月下旬

投用，至2018年1月底机组轴位移和瓦温分别增加和升高至其报警值，机组被迫再次停车，2018年1月此次拆检的电刷刷头、推力瓦如图5、图7所示，与电刷刷头接触处的轴上磨痕如图6所示。

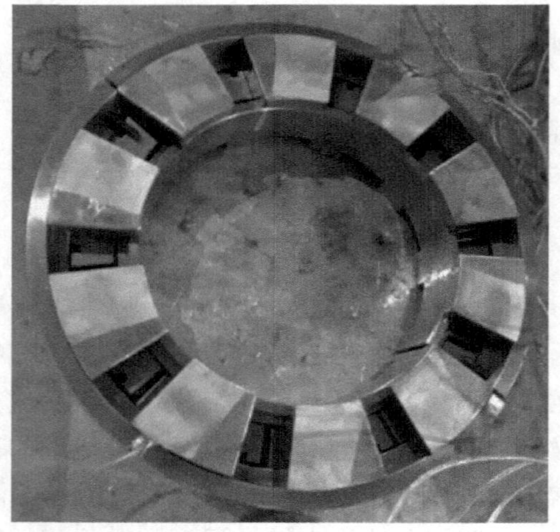

图2 推力轴承的“阴阳面”

图3 推力盘磨痕印迹

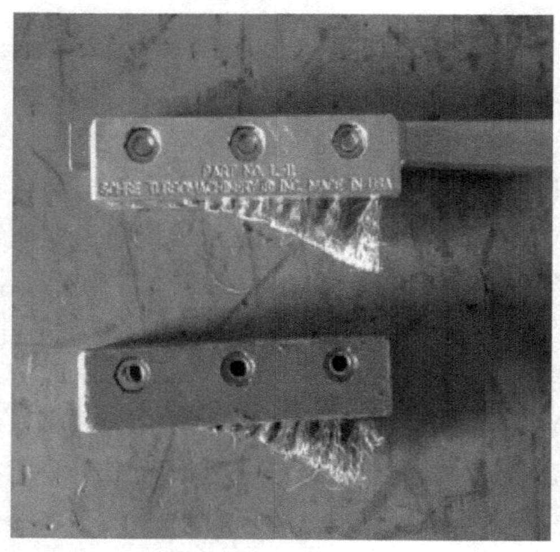

图4 电刷刷头磨损形状

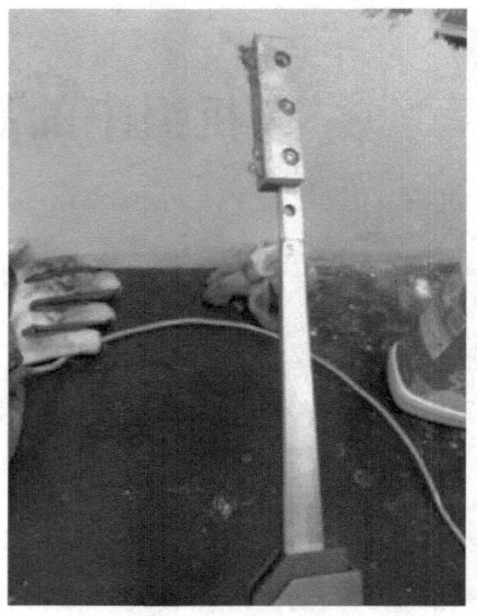

图5 电刷刷头磨损形状

图6 与电刷处的轴上磨痕

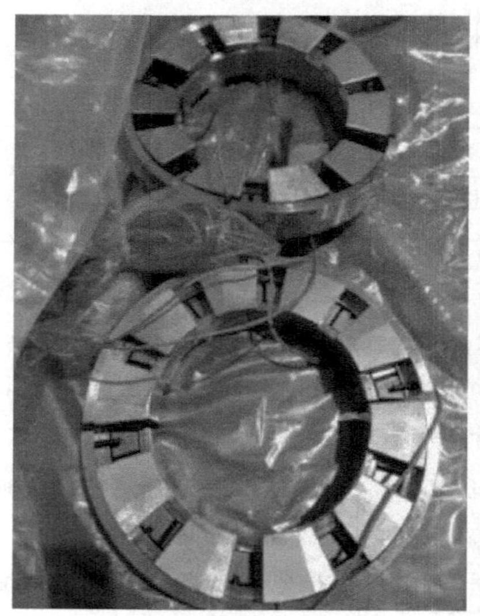

图7 推力轴承的“阴阳面”

3 故障原因分析

结合两装置的机组运行时间，湖北：2017.9.20 ~ 2018.1.20；南京：2014.10.30 ~ 2015.03.25，可知两机组均是经过一段运行周期后而发生轴瓦静电腐蚀故障。总结得：转子的静电荷存在一定的积聚过程，如果转子接地情况良好，其便导入大地；若接地系统在运行中失效，积聚的电荷达到一定数值时，其不得不释放，将在薄弱点击穿，破坏原有配合的间隙。薄弱点影响因素包括间隙、材质等，机组整台设备与转子最紧密的部件是轴承和密封，密封的间隙与轴瓦间隙相对而言较大，且若是金属密封，其材质相对较硬。因而当转子带电荷后，其释放点主要是轴承，大型机组轴瓦表面常用的材料是巴氏合金，一种质地软、强度低的低熔点合金。大型机组中推力瓦的油膜厚度一般在 0.03 到 0.07mm 之间，而径向瓦的油膜厚度通常为轴颈的 0.25%(南京石化公司的机组轴颈为 250mm，其油膜间隙为 0.625mm)，从而对比数据可知：推力瓦油膜更薄，因而当转子积聚电荷后需要发生电势击穿时，将在推力瓦表面击穿，从而破坏推力瓦与推力盘之间所建立的油膜，推力瓦就会在半干摩擦或干摩擦状态下运行，造成烧瓦事故或瓦面损坏，监测数据反映的是瓦温和轴位移不断升高并终至其联锁值，机组被迫停车。

电刷刷头被磨损的原因有二：一是与转子长期接触而磨损(与转子之间相对运动的摩擦力，促使刷头被消耗性地磨损)；二是电刷刷头与转子存在着虚接情况，其间隙足够转子蓄积电势的击穿，较大且长期存在的击穿电势加速了刷头磨损。

4 结束语

为避免及降低静电腐蚀对机组转子安稳长周期运行的影响，实际生产中从以下方面进行维护：首先是对电刷刷头的安装，角度、间隙的保证；其次，接地线的全面检查，消除接地线不通的故障维护检查；再者，为保证电刷的措施有效性，电刷定期维护检查，定期(如每周、每月)检测接地电刷连接线上的电压值，碳刷对地电阻值。电刷的电压测量接线如图 8 所示。

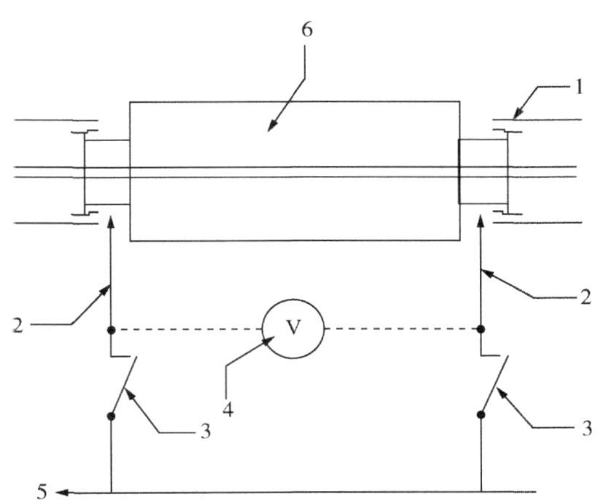

图 8　电压测量电路

1—联轴节；2—接地刷；3—接地开关；4—欧姆表；5—接地；6—转轴

参 考 文 献

[1] 沈庆根. 化工机器故障诊断技术[M]. 杭州：浙江大学出版社，1994. 137-138

第二类溴化锂吸收式热泵故障诊断及整改措施

蒋 锋

（中国石油化工股份有限公司金陵分公司）

摘　要 介绍了第二类溴化锂吸收式热泵系统使用情况及其工艺流程和工作原理，分析了机组运行一年后出现两次蒸汽产量大幅下降的原因并进行整改。由于设计原因导致换热铜管磨蚀穿孔，换热水进入溴化锂溶液系统，致使机组制热量降低。采取截断吸收器至冷凝器未凝性气体管线并对冷凝器内磨蚀穿孔管线进行堵管的措施，对比整改前后蒸发器压力和机组蒸汽产量，整改取得较好效果，满足工艺使用要求，提高了工厂经济效益，达到节能降耗的目的。

关键词 吸收式热泵；余热回收；溴化锂；磨蚀穿孔

某装置原来用0.35MPa低压蒸汽由购置的1.0MPa高压蒸汽减温减压制得，蒸汽购置成本高，受外供影响大。经调研该装置内脱烷烃塔塔顶回流物料需要进行冷却，物料流量约500t/h、温度约127℃，为实现物料的冷却，又可回收低温余热，工厂联合北京华清微拓公司，对热泵技术在工厂应用的可行性进行了论证，并研制了二类升温型溴化锂热泵，以制取0.35MPa蒸汽，减少工厂外购蒸汽量，同时实现物料的冷却满足脱烷烃塔的要求。

2012年2月热泵在工厂投运，机组运行平稳，蒸汽产量在8t/h以上，烷烃出口温度在86℃附近，达到了设计指标，每年收益约882.84万元，达到了节能降耗的目的。但2013年3月、5月机组相继发生故障，蒸汽产量大幅下降，烷烃出口温度大幅降低，现场检查发现冷凝器冷剂满液位（蒸发器液位平稳），造成机组被迫停机。本文就此故障展开原因分析，并提出整改措施。

1 热泵原理及故障原因分析

1.1 热泵原理

第二类溴化锂吸收式热泵是一种升温型热泵，以低温热源为驱动力而用于提高其他物料温位的设备，其性能系数COP总是小于1，一般为0.47~0.5[1-2]，二类吸收式热泵包括发生器、吸收器、蒸发器、冷凝器、热交换器、溶液泵、溶剂泵、热水泵等主要部件[3]，结构如图1所示。蒸发器和发生器以低品位（循环烷烃）废热为驱动热源，吸收器内的溴化锂稀溶液流经热交换器时，与热交换器内的溴化锂浓溶液换热，稀溶液温度降低进入发生器，在负压下被热物料加热至沸腾产生冷剂蒸汽，稀溶液被浓缩成浓溶液。该浓溶液被溶液泵带动，流经热交换器后温度上升进入吸收器，吸收从蒸发器来的冷剂蒸汽而放出大量热量加热热水铜管。

发生器在负压下产生的冷剂蒸汽进入冷凝器，被冷凝器内流动的冷却水冷凝变成低温冷剂。冷剂通过冷剂泵进入蒸发器，吸收热物料的热量而蒸发，变成冷剂蒸汽进入吸收器。冷剂蒸汽在吸收器内被浓溶液吸收变成稀溶液而释放出热量，加热吸收器内热水铜管，继续进行新的循环而持续产生热量加热热水。

高温热水在闪蒸罐内闪蒸，闪蒸后剩余的热水在闪蒸罐内继续循环，蒸汽送往蒸汽管网，软化水通过控制阀补入闪蒸罐。吸收器内未凝性气体依靠自压（100kPa）通过未凝性气线至冷凝器（6kPa），然后与冷凝器内未凝性气体一起由真空泵排出（图1）。

1.2 原因分析

1.2.1 故障现象

2013年3月12日，热泵蒸汽产量大幅降低，由8t/h降至3t/h附近，将热泵停机，对冷凝器和吸收器分别进行试漏检查，检查发现冷凝器有两根管束穿通，由于管层冷却水压力高于机组，冷却水漏入机组，使机组内“冷剂”过多，冷凝器满液位，在积水盘中发生溢流，致使浓溶液浓度偏低，送至吸收器后，影响冷剂吸收率，放热量降低，导致蒸汽产量下降。停机后，将两根穿通管束两端使用堵头堵塞，机组恢复正常。

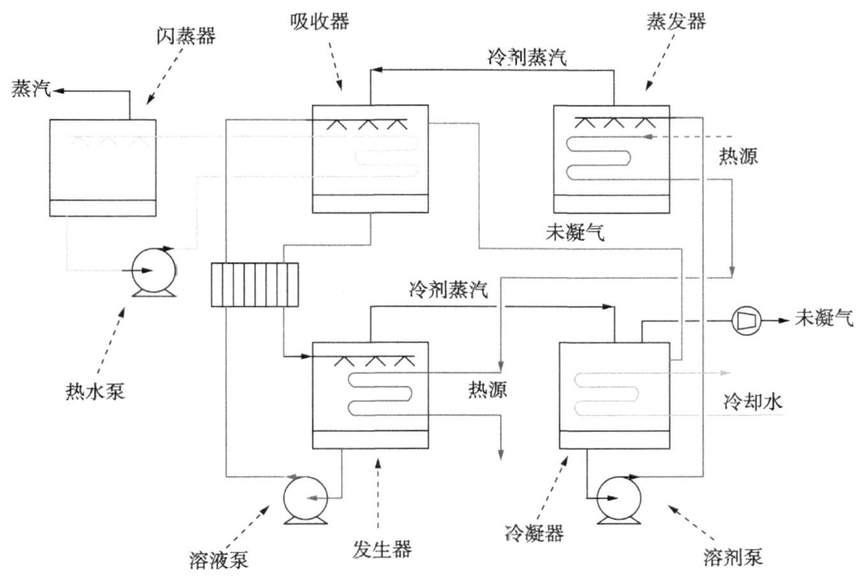

图 1 热泵原理图

2013 年 5 月 1 日，再次发现蒸汽产量降低，停机检查发现，有 4 个管束穿通，且位置与 3 月份漏点位置接近。对冷凝器铜管进行抽管，实物如图 2 所示。

图 2 冷凝器铜管腐蚀实物图

1.2.2 腐蚀分析

1）对铜管进行检查及对比分析

从图中看出，抽出铜管有一段长约 15cm 的点蚀腐蚀带，从断口处查看，断裂处减薄十分严重，而且 4 根腐蚀带相对位置在同一位置。

现场比对，腐蚀带位置在冷凝器视镜处，从冷凝器视镜位置可见，机组外有一根排放线正对腐蚀处，如图 3 所示。

经过图纸审查发现，该排放线为吸收器至冷凝器未凝性气体排放线，排放线管口为直喷型，里面未设置防止冲刷的挡板等措施。

检查抽出管表面如图 2，发现 4 根泄漏管束正对喷射点处，都有腐蚀坑，背向侧则无腐蚀，且管束离喷口越近，腐蚀越严重。进而表明，管束腐蚀与未凝性气体排放线喷口有关。

图 3 吸收器至冷凝器管线现场图

2）原理分析

该管线位于溴化锂浓溶液喷淋头下方，如下图 4 所示。正常操作时，会喷淋至未凝性气体管口处，致使吸收器内溶剂蒸汽，夹带少量溴化锂，压力为 100kPa，高速喷射至温度为 35℃，压力为 6kPa(A) 的冷凝器铜管上，未凝性气体内夹带的溴化锂溶液，一方面由于温度急剧下降，溴化锂溶解度降低，另一方面由于压力大幅降低，从而使溶液中的溶剂大量汽化，溴化锂结晶析出，晶体以较高速度冲撞冷凝器管束，形成类似“喷砂”现象的冲刷腐蚀[4-5]。

2 整改措施

2.1 断开吸收器至冷凝器的管线

经分析，由于吸收器作用是溴化锂浓溶液吸收蒸发器来的冷剂蒸汽，接触过程产生大量热，微量未凝性气体对此放热过程影响有限。该过程中，微量未凝性气体可通过稀溶液溶解带走，不会在吸收器内集聚。为了施工方便，不影响装置生产，同时验证以上两点准确性，采取了在机组

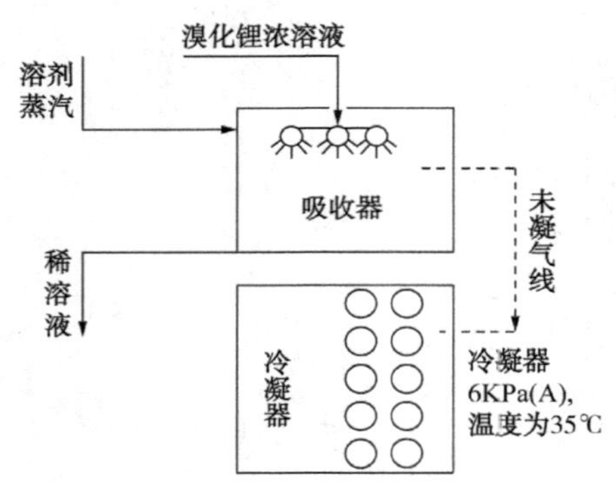

图4　吸收器至冷凝器未凝性气体排放线示意图

外断开未凝性气体线的方式。

2.2　对穿通管束及其附近可能腐蚀的25根管束进行堵塞

由于冷凝器管口间距很小，若更换管束后，管口处需涨管密封，其过程易对其他管口造成损伤。经计算，冷凝器内有708根管束，堵塞管束占比为25/708=0.35%，经过核算，不会对冷凝器冷凝效果产生较大影响[6-7]，因此，将穿通管束及其附近可能腐蚀的25根管束进行堵塞。

图5　冷凝器管箱图

3　整改效果

整改后，机组运行平稳，至今未出现类似故障。为了验证取消该管线对吸收器的影响，检查蒸发器压力情况(因吸收器无压力表，吸收器与蒸发器连通，蒸发器压力可间接表示吸收器内压力变化及未凝性气体含量情况)，数据如表1所示。

表1　蒸发器压力

蒸发器压力/kPa	整改前（2012年10月）	整改后（2013年10月）
最大值	107	106
最小值	97	98
平均值	103	103

从上述数据看出，蒸发器压力整改后均值与整改前一致，且最大值与最小值差值更小，较整改前更平稳，表明取消吸收器至冷凝器的未凝性气体管线对吸收器无明显影响。

为查看机组整体运行情况，统计机组蒸汽产量及热源烷烃出口温度，并与设计值进行对比，数据如下表2所示。

表2　蒸汽产量

日期	烷烃入口温度/℃	烷烃出口温度/℃	物料流量/(t·h^{-1})	产蒸汽量/(t·h^{-1})	取热量/MW
设计值	127	86	390	8	10.7
2012年10月	123	86	375	8.1	9.35
2013年10月	124	87	376	8.2	9.32

注：以上数据均为本月平均数。

根据运行数据，与本装置技术参数中所规定的额定工况进行对比，在驱动热源烷烃温度、流量低于设计值的情况下，蒸汽产量、循环烷烃出口温度达到了技术协议中所规定的设计要求，且蒸汽温度升高，蒸汽品质上升，满足了蒸汽用户的使用要求。

工厂减少外购蒸汽55600吨(未计管损，按10%管损计算)/年，蒸汽每吨约230元，电耗成本67万元/年，循环水成本168万元/年，设备折旧33.08万元/年，除去上述损耗，每年收益约882.84万元，达到了节能降耗的目的。

4　结论

1）热泵蒸汽量低的原因为冷凝器管束内漏，冷却水漏入机组，“冷剂”过多，使溴化锂溶液浓度过低造成。

2）冷凝器铜管腐蚀，主要原因是吸收器至冷凝器的未凝性气体管线含溴化锂，溴化锂急剧冷却结晶后，对冷凝器管束表面形成“喷砂”，腐蚀管束。

3）经过长期平稳运行验证，设计中该吸收器至冷凝器的未凝性气体管线可以取消，为后期热泵设计提供参考。

4）热泵整改后，蒸汽产量、热物料出口温度稳定，满足了蒸汽用户、循环烷烃工艺操作的要求，并充分的回收了低位热能，减少了外购蒸汽量，提高了经济效益，达到了节能降耗的目的。

参考文献

[1] 黄胜春，张文辉．热泵技术的应用现状及其发展

[J]. 冶金丛刊，2003(3)：11-13.

[2] 陈芝久，阙雄才，丁国良. 制冷系统热动力学[M]. 北京：机械工业出版社，1998.

[3] 赵晓巍，王树昆. 第二类吸收式热泵及其在冶金企业中的应用前景[J]. 山东冶金，2004，26(6)：37-39.

[4] 董瑞芬. 低温热源驱动溴化锂第二类吸收式热泵的实验研究[D]. 天津：天津大学，2007.

[5] 刘杨，邱庆龄. 溴化锂机组溴化锂溶液的维护管理及再生技术[J]. 清洗世界，2015，31(8)：34-37.

[6] 刘国强. 溴化锂第二类吸收式热泵的设计与仿真研究[D]. 天津：天津大学，2007.

[7] 胡丽华. 热回收节能系统应用与案例分析[J]. 制冷，2009，28(3)：83-85.

立式筒袋泵在碳四加氢装置中的故障分析与处理

张　昆

（中国石油化工股份有限公司金陵分公司）

摘　要　中石化金陵分公司异丁烷装置加氢进料泵突发轴承温度升高，接连串集机械密封失效，造成现场安全生产隐患。经分析，平衡鼓磨损严重，平衡泵轴向力功能下降严重，导致止推轴承超负荷是引起此次故障的直接原因。经过泵轴、平衡鼓等受损配件重新加工，控制偏差范围，重新投运后效果良好。

关键词　加氢进料泵；平衡鼓；止推轴承；控制偏差

1　前言

中石化金陵分公司异丁烷装置加工能力60万吨/年，于2017年6月建成投产，是国内首套自主开发技术流程生产高纯度异丁烷的化工装置，设计异丁烷产品纯度99.87%。同时是国内碳四加氢最大规模且加氢要求最高，单套处理液化气量最大的装置。其加氢进料单元加氢进料泵P1201AB设计要求流量较大，扬程较高，介质易气化，气蚀余量较小等。同时，受限于装置建设布局，占地面积较小。因此，选择了立式筒袋多级离心泵满足以上操作特点。而目前国内没有相关厂家有该泵类似的生产业绩，最终选择了鲁尔泵以满足技术要求。

表1　P1201性能参数表

项目名称	参数
流量/(Nm^3/h)	266
扬程/m	732.7
入口压力/MPa(G)	0.291
NPSHA/m	5
转速/rpm	2960
叶轮级数/级	8
额定功率/kW	394

2　故障发生

该泵自开工至故障发生累计运行逾6个月。泵故障停运前，入口管路振动偏大，管路内有脉动冲刷声的异常噪音。日常巡检维护中，发现该噪音有逐渐增大趋势。随即检查排除入口管路因素，拆清泵入口过滤器，未见明显堵塞过滤网的杂物。该异常阶段持续约1天，运行中止推轴承温度有上升趋势，紧接着串集机械密封内外道同时失效，介质液态烃喷出。紧急更换机械密封，发现机封轴套已经窜出机封腔约5mm。

图1　机械密封故障外观图

先后更换机封和轴承后，机封暂时不泄漏，但入口异响声并未消除，同时发现止推轴承箱油温急速上升，2个小时内温度上升高达82℃且继续上升，最高突破100℃(图2)，被迫停机抢修。后续几次更换轴承和调整，上述现象均无好转。遂转运至机修厂房解体检查。

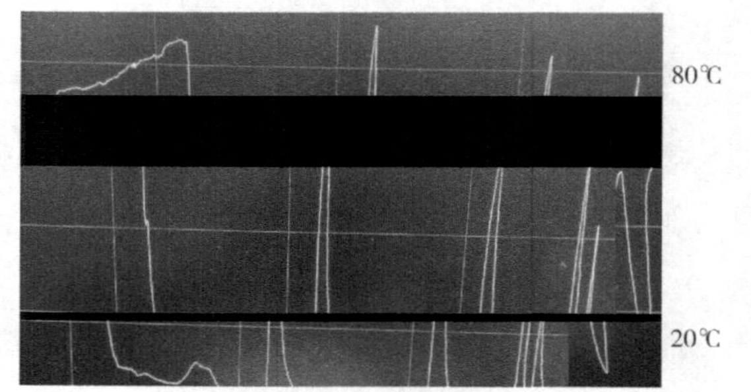

图2　轴承温度曲线图

3　原因分析

3.1　解体情况

解体后发现泵所有叶轮口环已经严重磨损(图3)，叶轮吸入口处盖板有明显的磨损痕迹，按照安装顺序判断是盖板与导流体磨损所致(图4)。

图3 叶轮及口环磨损现场图

图4 壳体盖板磨损现场图

叶轮口环磨损情况3，4，5，6，7级叶轮磨损情况比较严重，尺寸直径方向约减少4mm左右，有偏磨现象。每级叶轮吸入口口环靠近吸入口处约5mm宽未发现有磨损现象(图5，图6)。

图5 叶轮口环磨损详图(1)

泵平衡鼓与衬套磨损严重。内壁本应是光滑的平衡鼓衬套被平衡鼓迷宫凹凸槽磨出了沟槽(图7)。同时平衡鼓凸起部分被磨损(图8)。

对泵轴进行了跳动检查，其中测量轴跳动时，支撑点设在测点2和8，测点5~6之间为泵

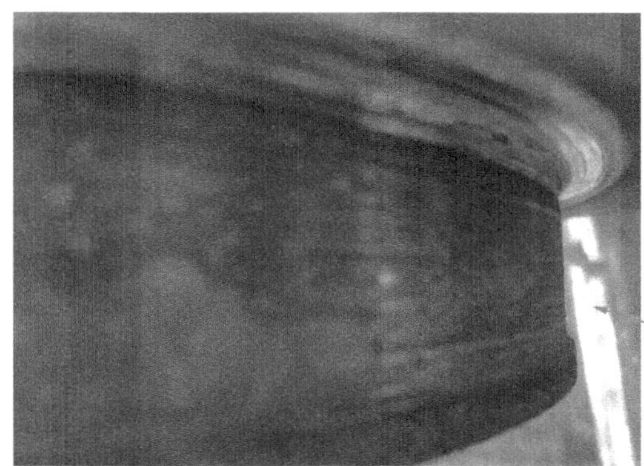

图6 叶轮口环磨损详图(2)

图7 平衡鼓衬套磨损现场图

图8 平衡鼓磨损现场图

的7级叶轮安装位置，轴跳动数据逐级递减。检查结果如下(表2)：

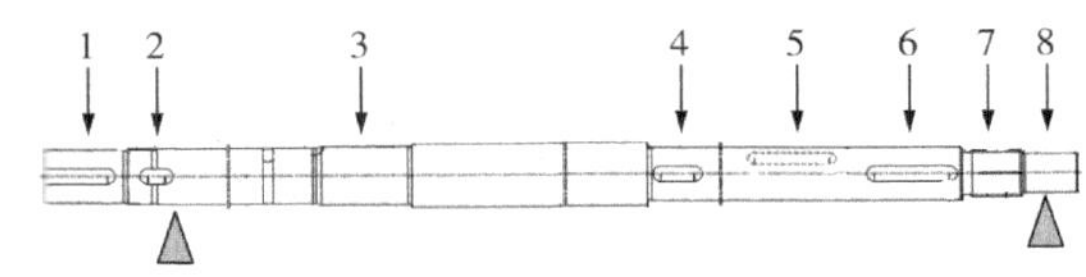

表2 轴跳动检查数值表 单位：mm

位置 角度	1	2	3	4	5	6	7	8
0°	0	0	0	0	0	0	0	0
90°	+0.02	+0.005	+0.18	+0.37	+0.29	+0.20	+0.09	+0.01

续表

角度＼位置	1	2	3	4	5	6	7	8
180°	+0.01	+0.01	+0.16	+0.32	+0.23	+0.18	+0.07	+0.01
270°	-0.01	0	-0.02	-0.06	-0.05	-0.02	-0.01	0

3.2　原因分析

对于本立式筒袋泵，第一级在最底端，经8级叶轮升压，出口在筒袋顶端，出入口压差形成的轴向力向下。而平衡鼓下截面位于出口压力端，上界面通过导流管与入口压力连通，作用力向上，抵消了大部分泵轴向力。平衡鼓两端高低压间的密封由平衡鼓上的凹凸槽与衬套配合形成迷宫式密封。两部件之间的配合间隙一旦超出允许值，高压端漏入低压端介质增多，平衡鼓两端压差减小，平衡轴向力的功能减弱，甚至无法起到有效的减压作用，引起泵推力轴承承受残余轴向力负荷过大，振动增大，磨损发热，导致温度超出允许值。同时机械密封设计安装在泵入口压力侧，当大量的出口高压介质回流至平衡鼓上端低压侧，长时间运行后，机封腔压力偏高，机械密封转动部件无法保持原有位置，将机封轴套向上顶出5mm，导致机封的瞬间整体失效。另外，泵送介质回流到泵吸入口的量增大，是造成泵入口管路振动与噪音的根本原因。

结合拆解后轴检测的状况分析，因平衡鼓与衬套的摩擦，使轴在该位置发生了弯曲，根据泵叶轮口环偏磨的状况观察，越接近平衡鼓位置的叶轮口环磨损越严重，同样间接说明轴已弯曲。轴弯曲后对平衡鼓与衬套间摩擦将进一步加剧，两部件间隙增大后，背压增大，导致平衡鼓无法有效地平衡泵运行时的轴向力，造成轴承运行工况恶化，是后续几次维修重新开机后，轴承箱温度陡升的直接原因。

对引起平衡鼓与衬套之间摩擦的原因判断有以下两点。一是平衡鼓与衬套之间的间隙小于装配要求。单个零件在该位置的加工精度可能在标准范围之内，但是装配后累计误差超过了允许值，引起两个零件产生摩擦或碰撞。从同样互为备用的两台泵盘车即可印证，故障泵盘车力道大于另一台泵。该原因是泵故障的先天根本因素。二是开泵时，筒袋内介质液态烃有部分气化现象，气化部分正好位于筒袋上端的平衡鼓与衬套部位。如果排气不彻底，在开泵运行瞬间，平衡鼓与衬套之间可能有干运转，导致没有介质润滑，引起磨损，是导致故障的触发因素。

4　修复处理

先后将磨损的的叶轮口环、平衡鼓进行更换，平衡鼓衬套、叶轮及壳体盖板重新加工修复磨损处(图9)。

图9　叶轮及更换后的口环，修复后的壳体盖板图、平衡鼓衬套，新平衡鼓

本次加工过程中，严格控制了各级口环，叶轮与导流体轮毂或平衡鼓与衬套配合间隙尺寸(表3)。

表3　泵装配完成后配合间隙数据表 单位：mm

项目＼级数		8	7	6	5	4	3	2	1
叶轮耐磨环外径		224.50	204.40	204.46	204.44	204.43	204.45	204.44	204.45
壳体耐磨环内径		225.02	205.03	205.02	205.03	205.03	205.03	205.02	205.02
间隙值	实际	0.52	0.63	0.56	0.59	0.6	0.58	0.58	0.57
	标准	0.55~0.60							
平衡鼓外径		169.53	/	/	/	/	/	/	/
平衡鼓衬套内径		170.00	/	/	/	/	/	/	/
间隙值	实际	0.47	/	/	/	/	/	/	/
	标准	0.45~0.5							
叶轮轮毂外径		79.65	79.66	79.67	79.65	79.60	79.67	79.61	79.63
导流体轮毂处内径		/	80.31	80.3	80.28	80.22	80.29	80.25	80.28
间隙值	实际	/	0.65	0.63	0.63	0.62	0.62	0.64	0.65
	标准	/	0.6~0.65						

在国外专家指导下，原厂组装，泵头整体运输，起重吊车安装于装置现场筒袋内，确保安装精度。

5　处理效果及注意事项

该泵现场安装后，静态验收盘车灵活。投料试运行良好，入口管路脉动冲刷声消失，无其他异常现象，参数正常。迄今连续运行一年，轴承箱探头测振值稳定在1.2~1.6mm/s之间，轴承箱温度处于60~75℃区间范围。负荷70%~100%，流量和扬程均满足工艺生产需求。

在操作中，采取了几点方法减少泵开停和使用中造成的磨损加剧，以及磨损故障隐患及早发现。(1)开泵前充分排气，杜绝筒袋上部残余气相。启动后，迅速打开出口阀，防止憋压极端工况振动加大对泵造成配合部位的磨损；(2)运行中，通过泵最小回流线调节，严格控制不超最大负荷和低于设计负荷的60%，确保稳定工况下运行；(3)通过严密监控轴承箱温度，平衡鼓处增设测振探头，及早掌握平衡鼓等配合部位磨损情况，预防性维修，避免了事故扩大。

催化裂化原料油喷嘴在线疏通新技术应用

张军军

（中国石化镇海炼化分公司）

摘　要　催化裂化原料油进料喷嘴堵塞，传统上并无成熟的在线处理办法。本例大胆尝试，创新性的应用带压开孔技术与高压清洗技术，研制专用配套设施，设置合理的工作流程，实现催化裂化原料油喷嘴堵塞的在线疏通。避免了装置停工带来的经济损失及安全风险。该技术对其他设备、管道的在线清洗、疏通具有借鉴意义，有广泛应用前景。

关键词　在线疏通；喷嘴；催化裂化；带压开孔；高压水枪

某炼化公司340万吨/年催化裂化装置，采用KH型喷嘴，10组对称布置。停工检修后，在装置开工初期，出现处理量受限，仅能达到设计加工量的94%。

排查过程分两阶段。首先是通过喷嘴前压力、喷嘴本体声音、温度，判断可能出现堵塞的喷嘴。再对可疑的喷嘴进行单组切出试验。经处理量数据比对，确认是两路喷嘴堵塞引起。

催化裂化装置是国内汽柴油的主力加工装置。而沉降器原料油喷嘴是催化裂化装置的原料油进料喷嘴。喷嘴堵塞会造成原料油雾化效果下降，造成加工量低、收率低、结焦增加等诸多问题，严重时需停工处理。亟须一种可行的喷嘴在线疏通方式。

1　喷嘴介绍

催化裂化装置使用的沉降器原料油进料喷嘴主要型式有CS喷嘴、KH喷嘴、BWJ喷嘴、CCK喷嘴、UOP喷嘴等。其中广泛使用的是洛阳森德石化有限公司的CS喷嘴，和北京科力青科贸有限公司的KH喷嘴。

CS喷与KH喷嘴都具有操作弹性大，雾化效果好，低雾化蒸汽比的特点。其中CS喷嘴斜45度角安装，两路进汽多级雾化，采用鸭嘴式喷头。而KH喷嘴斜37度角安装，一路进汽单级对称双雾化喷口，采用猪鼻式双孔喷头。示意图如图1，图2所示。

图1　CS型喷嘴图示

图2　KH型喷嘴图示

2　堵塞问题

2.1　堵塞原因

原料油喷嘴堵塞，多发生在开工初期，或紧急停工后重新开车阶段，堵塞主要原因有：

检修期间喷嘴保护不力，施工杂物或焦块进入喷嘴，卡住流道。

开工催化剂流化阶段，喷嘴保护蒸汽或保护风不足，催化剂反串进入喷嘴。进油后，油与催化剂混合烘泥。

油路管道内沉淀物多，开工初玥带进喷嘴，引起不畅。

紧急停工，未及时投保护蒸汽，催化剂下落进入喷嘴，停工后未予疏通。

投用初期喷嘴内部结焦。

2.2　堵塞部位

从喷嘴结构上看，主要可分为油路、汽路、油汽混合腔及喷头。纯粹的蒸汽、原料油，流动性好，并不会发生堵塞。催化剂、焦块或检修期间施工杂物，是从喷头孔进入油汽混合腔的。故绝大多数喷嘴堵塞，都是在油汽混合口至喷头中间段。开工催化剂转剂阶段，在喷嘴无风保护时，也可能会有部分进入到喷嘴汽路。

2.3　堵塞程度

堵塞程度分为局部堵塞和完全堵塞。局部堵塞大多为施工杂物、焦块进入混合腔，卡住部分流道。能维持喷腔内部正常流速的情况下，一般堵塞物会被逐渐磨损，自行疏通。完全堵塞指不能流动或流动量微小，无法依靠自身流体的冲刷性来带走堵塞物。严重堵塞时间一长会造成喷嘴内部结焦。从试验情况看，这两组喷嘴属于完全堵塞。

3　现有在线疏通技术介绍

由于催化停开工、检修时间长，相应的经济损失较大。以 300 万吨/年催化裂化装置为例，紧急停开工检修一次在 7 天左右，损失超千万元。且停开工过程本身安全、环保风险大。目前在线处理喷嘴堵塞并无成熟技术，归纳起来主要有以下几种。

外部物理敲击。用大锤对喷嘴外部不同部位进行敲打，配合管道内部自身的压力，震落或震松堵塞物。也可配合外部烘烤，高温下催化剂油泥会变脆，更容易松动。通常只在堵塞初期或堵塞距离短的情况下有效果。

利用高压介质顶管。该方法不能用于局部堵塞。通过阀前法兰配管，引压力更高的蒸汽、水等，利用介质的高压疏通。或接临时打压泵打压。最高可使用压力受到管件承压能力的限制，在堵塞严重时，也很难起到效果。更无法完全疏通。

溶剂油浸泡。该方法效果小，局限性大。因堵塞介质不同，溶剂油的选择困难。局部堵塞时，会有大量溶剂油进入器内。完全堵塞时，溶剂油又难以完全穿透堵塞层。

切出不处理。同时停用对喷的另一组喷嘴，牺牲处理量及雾化效果，对产品收率也有不良影响。还可选择提升管上部回炼油和油浆回炼喷嘴改为原料喷嘴，挽回部分加工量损失。在多个喷嘴堵塞时不适用。

4　新技术介绍

4.1　概要

本例开创了原料油喷嘴在线疏通的新方法，结合了带压开孔技术及高压清洗技术。首先找到能直线到达堵塞部位的清洗路径，并进行带压开孔，然后制作专用填料函，使用水枪及喷头逐渐往里清洗，一步步疏通喷嘴。能疏通绝大多数堵塞物，且不受堵塞距离、堵塞部位的影响。可用于完全堵塞、局部堵塞情况。应用范围广，疏通效果好。

4.2　主要步骤

全程主要采取了以下技术手段。

4.2.1　确定疏通路径

因高压水枪杆是硬管，采用水枪作的清洗工具，需要找到能直线到达堵塞位置的开孔点。下图中蓝色圆点为选定的开孔点，右图为开孔位置的放大图。若堵塞距离长，或多处堵塞，一个开孔点水枪杆不能到达时，可另找位置增加开孔点。具体见图 3，图 4。

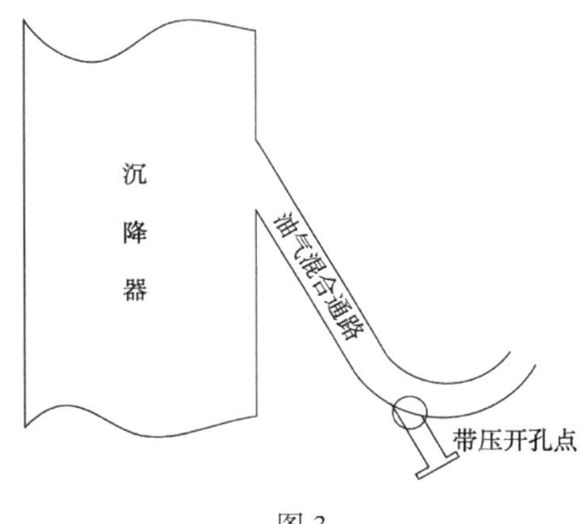

图 3

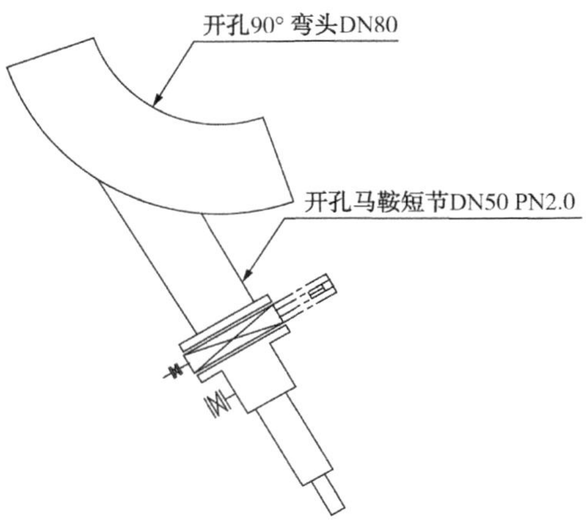

开孔90° 弯头DN80

开孔马鞍短节DN50 PN2.0

图 4　开孔点示意图

4.2.2 选定带压开孔的工具及方法

由于本例中带压开孔位置位于弯头上，小弯头上补强板无法进行安装。短节与弯头的焊缝为角焊缝，需保证焊缝高度饱满，另外增加了3个加强筋。

（带压开孔方式根据开孔点位置而定，本文举例中应用了管道带压开孔技术。带压开孔本身的技术要求，这里不再累述）

4.2.3 选定清洗水枪尺寸、喷头的型式

本例中疏通的是催化裂化装置KH型原料油喷嘴，结构如下。需清洗原料油、蒸汽混合口，混合腔及扩散段，最小喉径25mm。故选用$\phi14$水枪杆，环型、直喷型两种喷头（图5）。

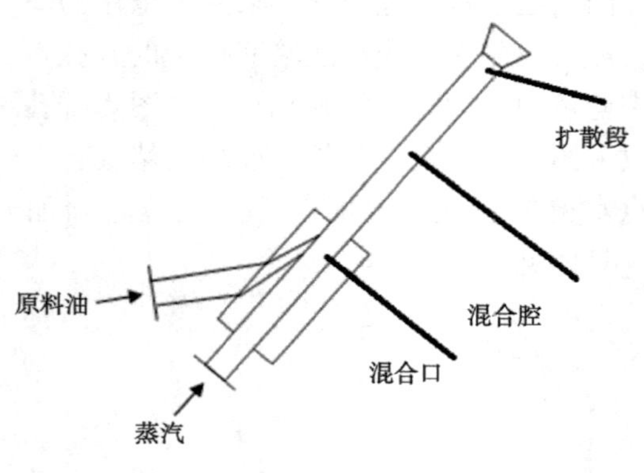

图5 KH型喷嘴示意图

4.2.4 制作专用填料函体

使用高压水枪对带压系统内部进行水力清洗时，需要专用的密封结构，实现在线处理时的密封、排放、检查。

本例中的密封函专门针对高压水枪的结构制作，能满足在线清洗时的密封，防止介质倒串，设置导淋口，可用于排放及检查。

专用填料密封函技术特点：

与高压水枪杆外径匹配的截流孔径。控制截流孔与高压水枪杆的配合尺寸，截流孔径比高压水枪外径略大，既保证高压水枪的通过性，又能起到一级节流作用。

填料函尺寸及填料安装方式。选用方形石墨填料，根据水枪杆及填料尺寸，设计填料段内径。根据内部压力，设计合理的填料段长度。安装填料时，先放入高压水枪杆，逐圈压紧填料，最后安装填料压盖。作业过程中可调节填料压盖螺栓来松/紧填料。

设置排凝口及密封气口。排凝口用于清洗时的排水，及拆除填料函前的检查、泄压。密封气口可选择性设置，在允许外部气体进入系统内部时可使用。设计可接氮气等气体，用于对内部介质的密封。操作时可打开保护气，调节压力至略高于内部介质压力。略开排凝阀，排出的为保护气，即达到目的。可保护内部介质不外漏（图6）。

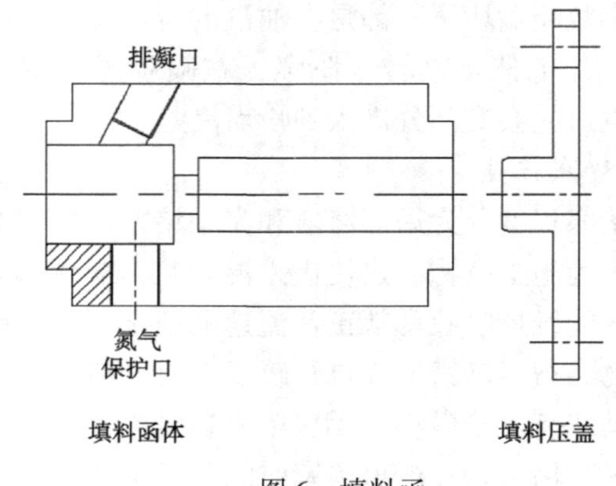

图6 填料函

4.3 清洗过程控制

本案例中催化裂化装置使用该填料函体，完成了原料油喷嘴的在线疏通。内部介质温度超过600度，作业过程中能完全密封内部介质，并确保作业过程安全。

如图7所示，依次安装完毕。关闭原料油路阀门，关小蒸汽路阀门，使蒸汽压力略高于器内压力。打开填料函保护氮气，略开填料函导淋阀。打开带压开孔新增的切断阀，推进水枪杆至需要清洗部位（需事前在水枪杆上做好标记，以确定喷头实际到达的位置），进水清洗。清洗过程中可开大填料函导淋阀排水。排水量大时，需间断清洗，避免排水不及，内部憋压。清洗完毕，水枪退至起始位置标记点，关闭新增阀门。关闭保护气阀，拔出水枪。根据需求，可更换不同型式的喷头（前喷、斜喷、侧喷等），进行多次疏通。根据需求选用不同等级的清洗压力。施工区域注意通风。

5 实施效果

实施前，所在催化裂化装置处理量380t/h（设计最大值440t/h，正常值404t/h），喷嘴前油路压力1.12MPa，雾化蒸汽9.5t/h。一是此时雾化比已降至2.5，继续提量还会进一步下降，存在雾化不良的风险。二是喷嘴前油路压力达1.12MPa，也接近原料油泵的最大能力。虽然进行了优化操作、放开副线阀等手段，但收效甚微。经过前期测温、听声筛查，后续对可能堵塞的4个喷嘴进行切出试验。结果显示，编号为

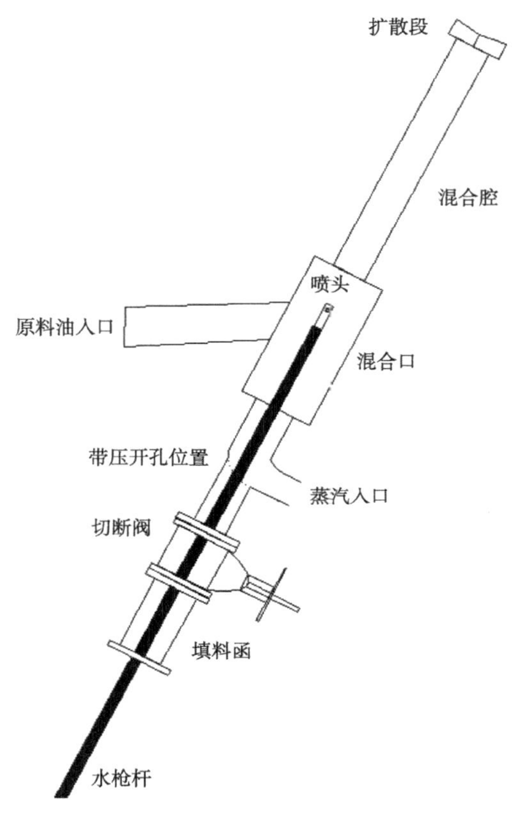

图 7 清洗设施连接

A2 的喷嘴，切出后处理量只下降 2t/h。明显存在堵塞。

使用该技术完成了原料油喷嘴的在线疏通，内部介质温度超过 600 度，作业过程中能完全密封内部介质，并确保作业过程安全。在同样的 380t/h 处理量下对比，疏通后喷嘴前油路压力下降至 1.04MPa，雾化蒸汽提高到 12t/h。经分析比对，达到设计点，判断已完全疏通。

实施后装置处理量提高至 400t/h，原料加工量增加 20t/h，按吨油利润 260 元，装置年运行时间 8400h 计算，装置收回效益约 4368 万元/年。

对产品收率及装置长周期影响，未作数据估算。

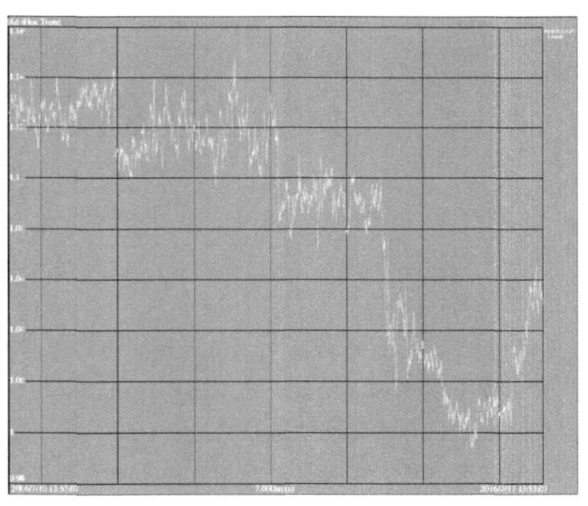

图 8 处理前后喷嘴前油路压力变化

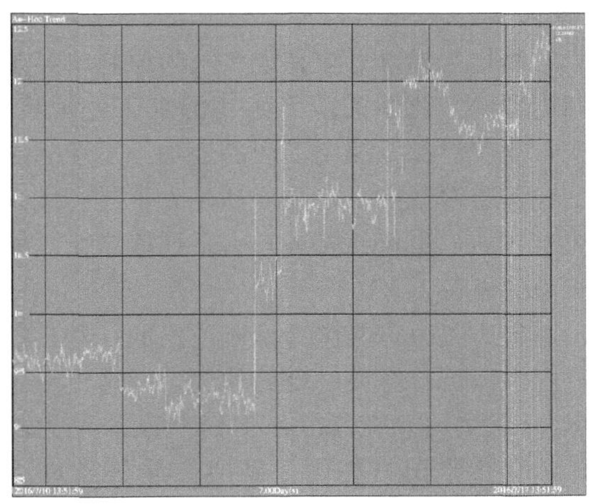

图 9 处理前后雾化蒸汽量变化

6 结束语

实践证明，通过此技术解决催化裂化原料油喷嘴堵塞，是可行的、有效的。该项技术是国内首创，除用于催化裂化原料油喷嘴外，还可广泛应用于各类直通型喷嘴疏通。对其他型式喷嘴或其他设备、管道的疏通存在借鉴意义。可避免因堵塞造成的停工或低负荷运行，应用前景广阔。

石油化工固定式容器标准化设计探讨

邓 矛

（中国石化广州/洛阳工程公司）

摘 要 目前石油化工固定式压力容器是按照相应法规、标准进行定制式设计，本文分析了压力容器难以完全实现标准化设计的原因，提出标准化设计的建议。建议按压力容器用途形成标准系列，根据用户需求进行选择并根据实际情况进行设计，同时建议各设计单位形成更为细致的设计规定和标准图，提高标准化设计水平，缩短设计周期，提高企业竞争力。

关键词 石油化工；固定式压力容器；标准化设计；建议

1 前言

石油化工指以石油和天然气为原料，经过一系列物理的、化学的或者生物的加工处理步骤，生产石油产品和石油化工产品的加工工业。由于加工过程通常是在一定温度和压力下进行的，要完成这些加工步骤，离不开一系列能产生、能承受压力的设备。

固定式压力容器作为承压设备的一种，在生产过程中担负着至关重要的作用。固定式压力容器(以下简称压力容器)，工程上也常称为静设备，常常在高温、高压、腐蚀介质等条件下工作，是一种存在潜在泄漏、爆炸危险的特种设备，发生事故往往会造成人员伤亡、企业停产、财产损失和环境污染。

为确保压力容器的安全运行，许多国家结合本国国情制定了强制性或推荐性的压力容器规范标准[1-3]，对材料、设计、制造、安装、使用、检验等提出相应的要求，压力容器的设计必须依法依规进行。虽说压力容器的设计是按照相关法规、标准进行，但压力容器的设计输入是用户或设计委托方的要求，因此设计要求的差异客观上来说造成了压力容器难以完全实现标准化设计。

本文将重点分析压力容器难以完全标准化设计的原因，提出关于压力容器标准化设计的探索和思路，为工程建设单位和技术人员提供参考。

2 标准化设计难点分析

目前，压力容器的设计是依照相关的技术法规、规范标准，将设计输入转化为设计文件，因此，不同的设计输入使压力容器的互换性较差；同时，压力容器设计涉及面广，技术法规、规范标准难以对压力容器设计的全部内容做出规定，工程技术人员的工程经验也是设计的一项重要依据。因此，不同的设计输入、较多的工程设计方案客观上来说造成了压力容器设计难以完全实现标准化。

设计输入的不同主要指用户或设计委托方对压力容器的要求不同，具体体现在如下几个方面[2]：

（1）设计所依据的主要标准和规范；

（2）操作参数(包括工作压力、工作温度范围、液位高度、接管载荷等)；

（3）几何参数和管口方位；

（4）压力容器使用地及其自然条件(包括环境温度、抗震设防烈度、风和雪载荷等)；

（5）介质组分与特性；

（6）预期使用年限；

（7）其他特殊要求(如防台风要求等)。

设计输入的不同造成了压力容器的几何外形、载荷(内压、外压、液柱静压、风载、雪载、接管载荷等)、以及设计方案的不同，实现压力容器标准化设计的首要任务是实现压力容器的标准化。

3 压力容器标准化设计建议

石油化工行业固定式压力容器种类较多，结构形式各异，规格尺寸不一，但根据其用途主要可分为反应设备、换热设备、塔设备、储存设备。由于化学、物理变化常常发生在反应设备、塔设备内，因此由于装置的不同，反应设备、塔设备功能、结构型式相差较大，可将其划为专用设备；换热设备、储存设备虽说也是完成一定的工艺任务，但发挥的作用在不同装置间基本相同，设备通用性较好，可将其划为通用设备。

3.1 专用设备

反应设备是发生化学反应或生物质变化等过程的场所[4]，是流程中的核心设备。反应设备体现着装置的整体水平，往往是不同专利商、工程公司的核心技术，反应设备的差异主要体现在工艺操作、催化剂、结构型式、材料、设计标准等的不同。部分发生如液-固、气-固、液-液分离等物理反应的设备也归为专用设备。

塔设备是一种重要的单元操作设备，广泛用于蒸馏、吸收、介吸（气提）、萃取、气体的洗涤、冷却等单元操作[4]，实现气（汽）-液相或液-液相之间的充分接触，达到相际间进行传质及传热的目的，因此不同作用、不同处理量、不同操作流程等因素往往都会造成塔设备的设计输入往往难以统一。另外，由于塔设备需要提供足够的反应和接触空间，导致部分塔器切线较长，附塔管线多，塔设备进行强度计算时需要考虑的载荷种类多、组合多[5]，不同风载、地震载荷、接管作用力、液柱静压等载荷都会对塔器强度计算有所影响，甚至对计算结果产生影响较大。

因此，对于反应设备、塔设备等专用设备，建议按照装置类型、规模建立相对固定的标准系列，最大程度固化部分设计输入，提高压力容器的标准化程度。对于确实无法统一的设计输入，如介质特性、风载、地震载荷、开口方位等，应逐台设计、逐台核算。

3.2 通用设备

换热设备用于两种或两种以上流体间、一种流体一种固体间、固体粒子间或者热接触且具有不同温度的同一种流体间的热量（或焓）传递的装置[4]。存储设备主要指用于储存气体、液体、液化气体等介质的设备[4]，大多数存储设备的主体是压力容器。换热设备、存储设备在化工、炼油等工业部门中应用广泛。

对于换热设备，虽然其种类多、数量多，设计相对复杂，但是由于其以换热为主要目的、管口相对较少，目前基本形成了换热设备类型、设计压力、换热面积等参数可供选择的标准换热设备系列，供工程技术人员选用，具备了较高的标准化设计程度。

存储设备由于主要以完成介质的存储为目的，在各装置间发挥的作用基本相同，因此可按容积形成标准系列，在此基础之上，按停留时间、液位范围等其他要求进行补充完善。

虽说换热设备、存储设备是通用设备，但是也不意味着通用设备完全具备了通用性和互换性。一方面，通用设备的载荷（内压、外压、液柱静压、风载、雪载、接管载荷等）因用户不同的要求很难一致，设备需要逐台设计、逐台核算；另一方面，通用设备内的介质不同也会造成设备选材等工程方案有所差异，介质特性包括闪点、沸点、饱和蒸气压、密度、腐蚀性、毒性程度等，这也是压力容器难以完全实现标准化的重要原因。

压力容器选材根据压力容器使用条件、与介质的相容性、零件的功能和制造工艺、材料性能、使用经验、经济性、规范标准等原则进行选择，另外要考虑板材、管材、锻件等不同类型钢材之间的匹配，必要时，还会根据实际情况增加附加保证要求[4]，以达到用户的要求。

压力容器用材主要是金属，包括碳素钢、低合金钢、高合金钢、有色金属等，非金属材料如涂料、工程塑料、陶瓷等。钢板有碳素钢、低合金钢、不锈钢、双相钢、复合板、低温钢、镍基合金等共计约70余种牌号；锻件有碳钢、低合金钢、不锈钢、双相钢、镍基合金等约70余种牌号，另外还有钢管、螺栓等材料。针对石油化工装置多、介质种类多，工程上很难找到某种经济性好的材料，适用于所有工艺操作与介质，因此材料的选择往往是逐一而论，并且工程技术人员的工程经验也是选材的一项重要依据，选材很难有统一的标准方案。

虽然材料牌号较多，方案难以统一，但目前石油化工压力容器最常用的材料为金属材料。由于塑性、韧性、经济性等综合指标，碳素钢、低合金钢为受压元件（或受压元件基层）的选材方案可满足大部分石油化工通用设备的要求，因此可计算出不同材料在不同温度、不同厚度、不同直径时的最大许用内压，供工程人员快速查取与参考。

以Q345R钢板为例，分别计算其在150°、200°、250°、300°、350°、400°时不同名义厚度、设备内径 Di = 1000mm、1500mm、2000mm、2500mm、3000mm、3500mm、4000mm时设备筒体最大许用内压[2]。需要说明的是，图1～图6是以焊缝系数取1.0、腐蚀裕量3mm、钢板负偏差0.3mm的基础上获得的，若焊缝系数应为0.85，则最大许用内压应乘以0.85；复合钢板厚度负偏差应按相应标准；钢板许用应力的选取应按钢板厚度，尤其注意名义厚度为 16mm 而实际使用材料厚度大于 16mm 的情况；标准椭圆封头最大许用内压在同等情况下稍大于筒体最大许用内压；设计温度小于 150 度时筒体最大许用内压可采用 150 度时的数据，误差小于 1.5%。

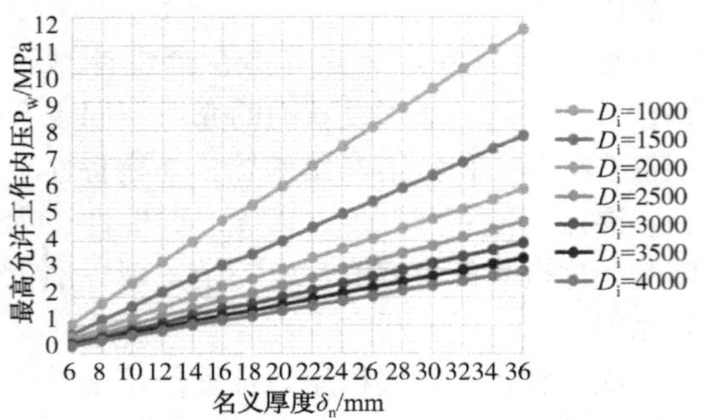

图 1　设计温度 150℃时不同直径圆筒最大许用内压

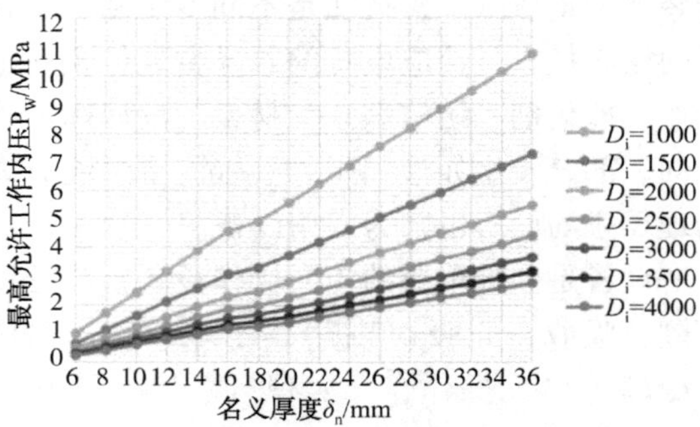

图 2　设计温度 200℃时不同直径圆筒最大许用内压

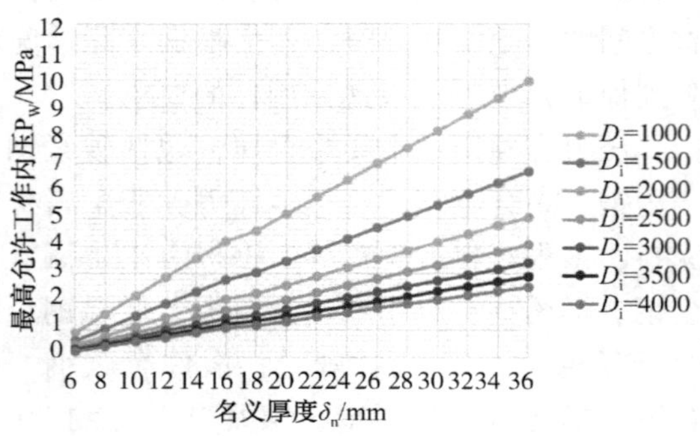

图 3　设计温度 250℃时不同直径圆筒最大许用内压

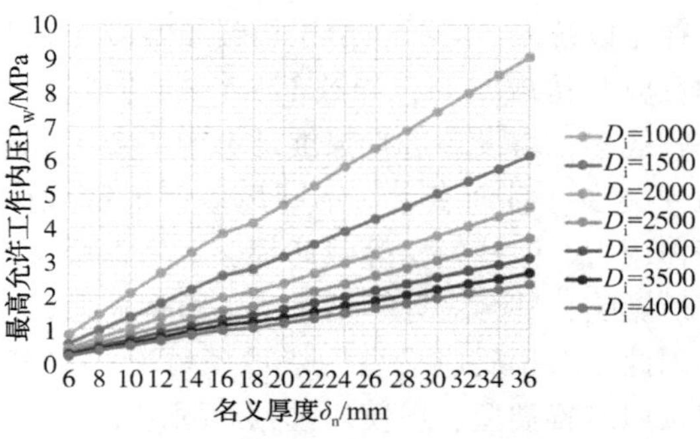

图 4　设计温度 300℃时不同直径圆筒最大许用内压

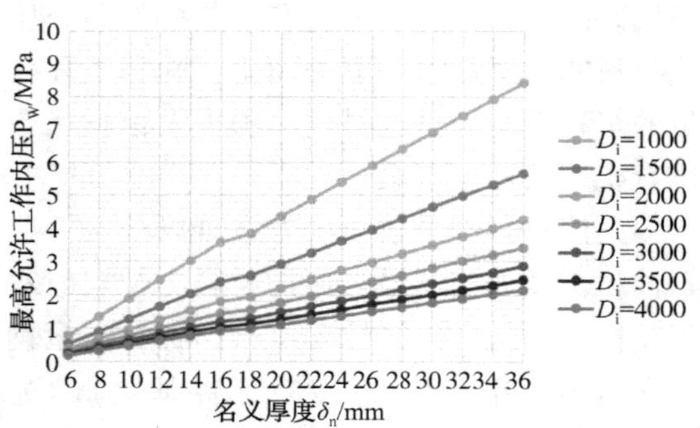

图 5　设计温度 350℃时不同直径圆筒最大许用内压

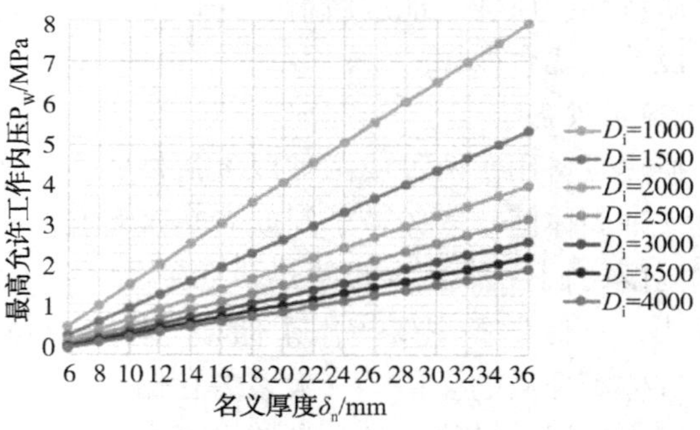

图 6　设计温度 400℃时不同直径圆筒最大许用内压

3.3　统一规定与标准图

在国家、地方、行业标准的基础之上，各个压力容器设计单位可根据本单位实际情况制定更为细致的设计规定，从设计要求、各零部件的设计、配合尺寸等方面进行统一的规定，标准化设校审人员的工作，将成熟的、可靠的、先进的经验作为设计规定或技术条件统一实施，减少工程技术人员的不同带来的设计方案差异，提高标准化设计水平；同时辅以相应标准图，共同作为设计文件，既减少出图率，又可提高设计文件的正确率和标准化水平。

4　结论

由于用户的要求不同，压力容器难以实现通用性、互换性，目前几乎是按照相应标准定制式设计，并且工程技术方案往往并不唯一，造成压力容器设计难以完全实现标准化。为提高石油化工固定式压力容器标准化设计水平，建议有经验的设计委托方可按设备用途形成标准系列，根据用户需求选择标准设备，再根据实际介质、载荷等具体情况进一步进行选材、计算等设计工作；另一方面，设计单位可形成更为细致的设计规定和标准图，提高企业的标准化水平和竞争力。

参 考 文 献

[1] TSG 21-2016 固定式压力容器安全技术监察规程[S].

[2] GB/T 150.1~150.4-2011 压力容器[S].

[3] GB/T 151-2014 热交换器[S].

[4] 郑津阳，董其伍，桑芝富．过程设备设计[M]．北京：化学工业出版社，2010.

[5] NB/T 47041-2014 塔式容器[S].

碳二加氢反应器实时优化建模与运行探讨

顾伟军

（中国石化镇海炼化分公司）

摘　要　本文建立了能够良好描述碳二加氢反映实际运行工况的工艺机理模型，并结合机理模型所需满足的物料平衡、能量平衡和反应动力学速率等数学方程，得到了以提高加氢选择性为目标的优化模型。基于工艺机理模型，系统分析了装置的操作特性及装置的主要运行参数对乙烯加氢选择性的影响。基于模型优化结果，对装置的主要运行参数进行了优化调整。针对碳二加氢反应器的运行优化，通过调整反应器入口温度和各段反应器的除炔负荷，减小了总氢炔比，同时乙烯增量相应增加。充分挖掘了装置的现有潜能，实现了装置的高负荷运转和节能降耗。同时由于反应器温升下降，减少了绿油的生成，延长了反应器运行周期，提高了催化剂的使用寿命。

关键词　乙烯装置；碳二加氢反应器；建模；选择性；实时优化

1　简介

石油化学工业是我国的支柱产业之一，而乙烯工业则是石油化工发展的标志，历来被用作衡量一个国家石油化学工业的发展水平。在乙烯工厂，C_2 加氢反应运行的好坏直接影响着乙烯产品的纯度和收率。由于加氢反应器本身的复杂性，随着催化剂使用时间的增长，其活性将会逐渐降低，选择性也逐渐降低，它是一个不可控制的因素。为了弥补催化剂活性不足，通常需要对物料进行升温或者提高反应物中的氢气浓度，许多乙烯厂在实际生产中并没有对该过程采用先进控制或其他更有效的提升反应器运行性能的方法，而是采用人工经验进行间断性调整，以至于 C_2 反应器的操作问题成为整个乙烯厂高效运行的瓶颈之一。因此，对 C_2 反应器实施先进控制与优化，使其操作在较理想的工况是很有必要的。

为了节能降耗，实现过程的最优化，以获得生产利润的最大化，本项目针对镇海炼化 C_2 加氢反应单元的特点，采用工艺机理、智能优化和计算机等技术相结合的方法，建立了反应器的动力学模型，并在此基础上进行 C_2 加氢反应过程的优化。

该 C_2 加氢反应系统采用顺序分离后加氢工艺流程。脱乙烷塔顶的合格碳二馏分在进入乙烯精馏塔之前通过加氢将其中的乙炔转化成乙烯和乙烷。C_2 加氢为气相反应，分三段完成，其中第一、二段为主反应段，第三段为保护段，通过分段加氢以提高反应的选择性。来自氢气干燥器的高纯度氢气（95%mol）在流量比例控制下与来自脱乙烷塔回流罐顶部的碳二馏分进入碳二加氢反应器一段。一段反应器的出料进一步配氢，然后经中间冷却器冷却后进入二段反应器，二段反应器出料继续配氢，经反应器出料冷却器冷却后，进入三段反应器，保证三段出口乙炔浓度在1ppm 以下。

2　C_2 加氢反应过程建模与优化

C_2 加氢反应过程受多种因素影响，诸如氢气通入量、反应温度、乙炔浓度、生产负荷等一系列的因素。因此，首先应该建立加氢过程的机理模型，定量地描述上述变量对过程的影响。加氢动力学模型将综合国内外对加氢反应动力学最新研究报道基础上建立。当然这些研究成果与工业反应器有一定的偏差；有的研究报道结果虽然是在工业反应器中得到，但由于技术保密，以及不同的工业反应器也存在差异，因此所得结果虽然可以在总体上反映加氢反应器的生产状况，但要精确地描述 C_2 加氢过程的实际生产状况较为困难。为了建立能够反映乙烯装置加氢状况的过程工艺机理模型，需要从工业反应器上采集相关的数据对模型进行校核，建立起较为准确的模型。

C_2 加氢过程中，催化剂使用时间、反应温度、氢炔比、一段、二段和三段的除炔比例影响最终的乙烯增量。由于三段加氢反应器作为保护段，不适宜对其运行参数做频繁的调节，尤其是其入口乙炔浓度应保持相对稳定。因此，在对碳二加氢反应器进行优化时，仅将一段、二段入口温度和氢炔比作为优化变量。基于所构建的碳二加氢反应器模型，采用优化方法寻求最佳工艺操作参数，可以实现在保证三段反应器出口乙炔浓度满足工艺指标的前提下，提高乙炔加氢选择性和乙烯收率，减少氢气消耗，增加碳二加氢反应器运行效益的目标(图1)。

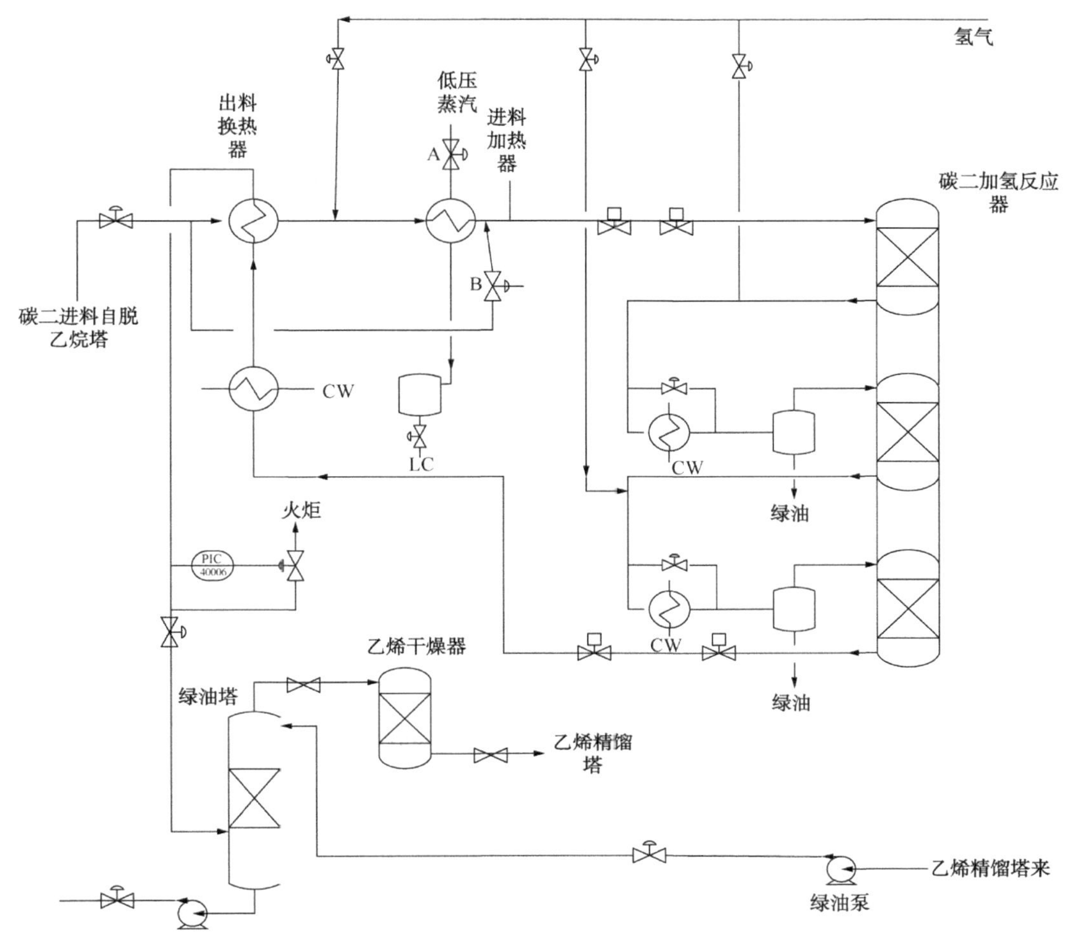

图1 碳二加氢反应器操作流程图

2.1 碳二加氢反应器动力学机理建模

反应过程数学模型的开发以特定反应体系基本特征的研究为基础。一个反应体系的主要特征至少包括如下三个方面：化学计量学、化学热力学和反应动力学。本研究项目采用数学方法和计算机技术等，建立宏观动力学模型，并通过采集工业反应器的实际生产数据对宏观动力学模型进行优化校正，获得能精确描述工业反应器变化规律的宏观动力学模型。反应动力学的任务是研究化学反应的速率以及浓度、温度、催化剂等因素对反应速率的影响，在催化剂选定以后，反应速率是由反应实际进行场所的浓度和温度决定的，在传递过程一定的情况下的，反应实际场所的浓度和温度与反应物主体的浓度、温度有关。通过研究一定范围内的反应速率与反应条件的关系，可以满足反应过程数学模型的开发和反应器设计的需要，而描述温度、浓度和反应速率关系的数学式就称为反应动力学方程。

反应的动力学方程原则上可以用下式表达：$r_i=f(\vec{c},T)$，式中，c 为参与反应的各组分浓度向量，T 为反应温度。工程上常用的反应动力学方程中，温度和浓度被认为是独立地影响反应速率的，方程的一般形式为 $r_i=f_T(T)f_c(\vec{c})$。$f_T(T)$ 即反应速率常数 k，表示温度对反应速率的影响，一般可以由式 $k=k_0e^{-\frac{E}{RT}}$ 来表示反应速率常数 k 与反应温度的关系，式中的 k_0 成为频率因子或指前因子，E 为反应活化能，R 为摩尔气体常数（$R=8.314$kJ/(kmol·K)），T 为热力学温度。而 $f_c(\vec{c})$ 通常根据实际情况有多种形式。

在工业上尽管反应条件和反应器形式有所变

化，只要将指前因子和活化能进行校正即可将反应动力学方程式用于反应器设计和过程开发。对于以上动力学方程，采用合适的最优化方法拟合各个待确定的参数，以使模型拟合值和实验值之差的平方和最小。

2.2 工业装置碳二加氢反应过程模型

对于碳二加氢反应过程而言，表征反应器模型准确性的工艺指标包括反应器出口组分浓度和温升两个方面。该反应过程近似绝热，因此其温升由主副反应的反应量(即总耗氢量和主反应选择性)所决定。换言之，反应器出口浓度和选择性即可以作为评价模型准确性的指标。反应器出口浓度与反应物在反应器内的消耗量有关。

反应器内乙炔的消耗量可以描述如下：

$$\Delta n_{C_2H_2}=\int_0^V r_{C_2H_2}\mathrm{d}V=N_{C_2}(x_{AC_2H_2}^{in}-x_{AC_2H_2}^{out})=N_{C_2}\Delta x_{C_2H_2} \quad (1)$$

反应器内乙烯的消耗量(或乙烷增加量)可以描述如下：

$$\Delta n_{C_2H_6}=\int_0^V r_{C_2H_4}\mathrm{d}V=N_{C_2}(x_{AC_2H_6}^{out}-x_{AC_2H_6}^{in})=N_{C_2}\Delta x_{C_2H_6} \quad (2)$$

主反应的选择性可以描述如下：

$$S=\frac{\Delta n_{C_2H_2}-\Delta n_{C_2H_6}}{\Delta n_{C_2H_2}}=\frac{\Delta x_{C_2H_4}}{\Delta x_{C_2H_2}} \quad (3)$$

由于：

$$\Delta n_{H_2}=\Delta n_{C_2H_2}+\Delta n_{C_2H_6} \quad (4)$$

所以：

$$S=2-\frac{\Delta n_{H_2}}{\Delta n_{C_2H_2}} \quad (5)$$

结合上述反应机理分析和文献查阅工作，本项目对主副反应分别采用如下速率表达式：

$$r_{C_2H_2}=\frac{k_1 p_{C_2H_2}\sqrt{p_{H_2}}}{(1+K_{C_2H_2}p_{C_2H_2}+K_{C_2H_4}p_{C_2H_4}+\sqrt{K_{H_2}p_{H_2}})^2}$$
$$r_{C_2H_6}=\frac{k_2 p_{C_2H_4}\sqrt{p_{H_2}}}{(1+K_{C_2H_2}p_{C_2H_2}+K_{C_2H_4}p_{C_2H_4}+\sqrt{K_{H_2}p_{H_2}})^2} \quad (6)$$

其中：

$$k_1=K_{0,1}\mathrm{e}^{-\frac{E_1}{RT}}$$
$$k_2=K_{0,2}\mathrm{e}^{-\frac{E_2}{RT}}$$

由式(3)可知，只要模型预测的主副反应出口浓度差值与在线表所测浓度差值一致，则模型计算得到的选择性与实际工况相符。

由上述主副反应动力学方程式可知，在一定的反应物浓度下，反应器内任意一点主反应选择性为：

$$S=\frac{r_{C_2H_2}-r_{C_2H_6}}{r_{C_2H_2}}=1-k\frac{k_2}{k_1}=1-kK\mathrm{e}^{\frac{E_1-E_2}{RT}} \quad (7)$$

其中 k 为乙烯与乙炔的浓度比，$K=\frac{K_{0,2}}{K_{0,1}}$

整个反应器的平均选择性为：

$$\bar{S}=\int S\mathrm{d}V \quad (8)$$

综上所述，由反应物进料总量和进出口浓度值即可以确定反应速率方程(6)中的各参数。

根据反应器特性，对工业反应器做以下模型假设：

径向不存在速度梯度和温度梯度，也不存在浓度梯度；

垂直于流体流动方向截面上流体性质和速度是均匀的；

忽略反应过程中的压力变化和体积变化；

轴向传质和传热仅是平推流的总体流动引起；

在绝热反应器中发生反应；

反应器在稳定工况下操作。

通过上述假设，实际碳二加氢反应器可以简化为如下公式所示的绝热、等压、一维、拟均相、平推流的加氢反应器模型，具体公式如下：

$$\frac{\mathrm{d}F_i}{\mathrm{d}z}=\sum\rho_B\times r_j\times S \quad (9)$$

$$\frac{\mathrm{d}T}{\mathrm{d}z}=\frac{-S\times\rho_B\times\sum\Delta H_i\times r_i}{\sum F_i\times C_{p,i}} \quad (10)$$

其中 ρ_B 代表催化剂的密度(kg/m^3)，F 代表气体摩尔流速(kmol/hr)，C_p 代表气体定压热熔(kJ/(kg·K))，A 代表反应器截面积，r_j 代表反应 j 速率，ΔH 代表反应焓变(kJ/kmol)，T 代表温度(K)，z 是反应器长度(m)。

把具体反应引入反应器模型的表达形式如下：

$$\frac{\mathrm{d}F_{C_2H_6}}{\mathrm{d}z}=\rho_B\times r_{C_2H_6}\times A \quad (11)$$

$$\frac{\mathrm{d}F_{C_2H_4}}{\mathrm{d}z}=\rho_B\times(r_{C_2H_2}-r_{C_2H_6})\times A \quad (12)$$

$$\frac{\mathrm{d}F_{C_2H_2}}{\mathrm{d}z}=-\rho_B\times r_{C_2H_2}\times A \quad (13)$$

$$\frac{dF_{H_2}}{dz}=-\rho_B\times(r_{C_2H_2}+r_{C_2H_6})\times A \tag{14}$$

$$\frac{dT}{dz}=\frac{-A\times\rho_B\times[r_{C_2H_2}\Delta H_{C_2H_2}+r_{C_2H_6}\times\Delta H_{C_2H_6}]}{F_{C_2H_6}\times C_{p,C_2H_6}+F_{C_2H_4}\times C_{p,C_2H_4}+F_{C_2H_2}\times C_{p,C_2H_2}+F_{H_2}\times C_{p,H_2}} \tag{15}$$

其中 FC_2H_6、FC_2H_4、FC_2H_2、FH_2 分别是乙烷、乙烯、乙炔和氢气的摩尔流速(kmol/hr)，ρ_B 是催化剂密度(kg/m^3)，C_p，C_2H_6、C_p，C_2H_4、C_p，C_2H_2、C_p，H_2 分别是气体乙烷、乙烯、乙炔、氢气的定压热熔(kJ/(kg·K))，r1、r2、r3、r4 分别是反应 R1、R2、R3、R4 的反应速率(kmol/(kg * hr))，ΔHC_2H_2 是乙炔加氢反应的焓变(kJ/kmol)，ΔHC_2H_6 是乙烯加氢反应的焓变(kJ/kmol)。在实际反应中，需要对反应活性进行校正，即在速率表达式之前乘一个 0-1 之间活性因子，刻画活性随着反应器运行时间的变化。

2.3 碳二加氢反应动力学参数拟合

应用优化算法对乙炔催化加氢反应动力学模型参数拟合，并在此基础上使用优化算法，对失活模型参数进行拟合，根据实际工业生产目标，再次使用优化算法对工艺操作条件进行优化。

动力学参数拟合的流程图如图 2 所示，具体实施步骤如下：

记录催化剂性能参数和反应器参数，采集工业反应器实时和历史数据(包括：炔烃总进料流速、配氢量、入口温度、反应器进出口各物质的含量分析值、反应器各床层温度值、催化剂使用时间等)；

计算与时间对应的反应器进出口各物质的摩尔流速，并找出对应的反应器的床层温度；任意挑选出一组催化剂使用初期的数据用于后续的反应动力学模型参数拟合；

挑选催化剂使用初期的数据作为样本，根据进入反应器各物料的摩尔流速和温度，结合动力学模型和反应器模型计算出口处的各物质的摩尔流速，以及反应器床层温度的变化。

利用公式(3)至公式(7)构建等压绝热一维拟均相平推流反应器模型，以进入反应器各物料的摩尔流速和温度作为反应器模型的输入，将反应动力学方程带入反应器模型，对反应器采用数值积分求解带初值问题的常微分方程组，计算出各物质摩尔流速和温度沿着反应器长度变化值。

采用工业生产数据进行模型参数拟合，得到反应器动力学参数如表 1 所示。

表 1　反应动力学参数

反应动力学参数	
一段 K0，1	5000000
一段 K0，2	9419256576
二段 K0，1	16459516
二段 K0，2	14087582315
K0，C_2H_2	67853
K0，C_2H_4	103684
K0，H2	935150763
E1	539110960
E2	954496801
EC_2H_2	162715
EC_2H_4	78584
EH2	794724

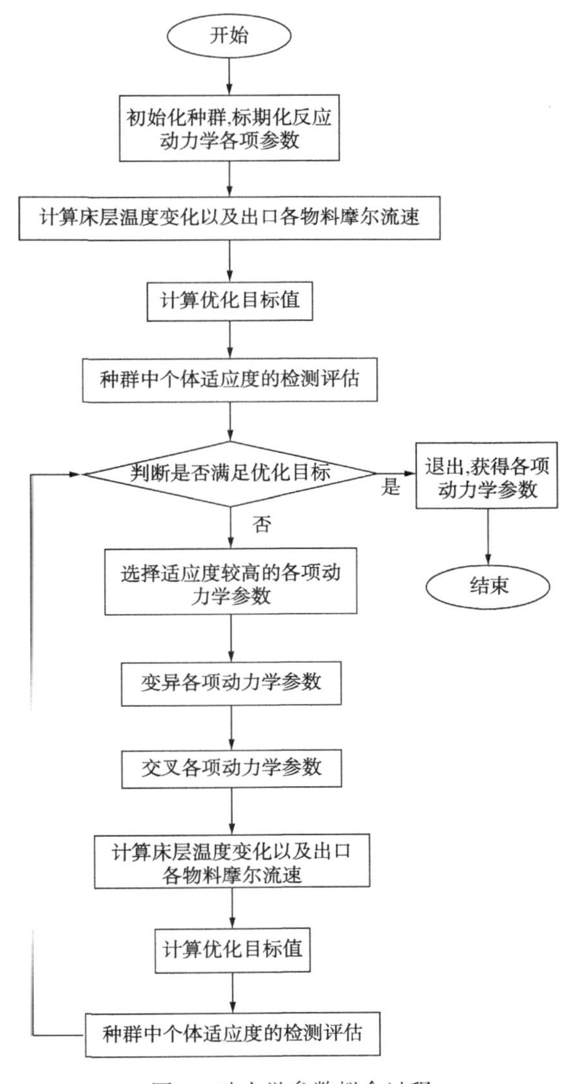

图 2　动力学参数拟合过程

3 碳二加氢反应过程离线优化效果预测

3.1 碳二加氢反应模型预测效果验证

模型预测效果如下一系列图所示，其中图3~图5为一段反应器出口碳二组分浓度，图6为一段反应器出口温度。各关键变量的预测误差如图7所示。

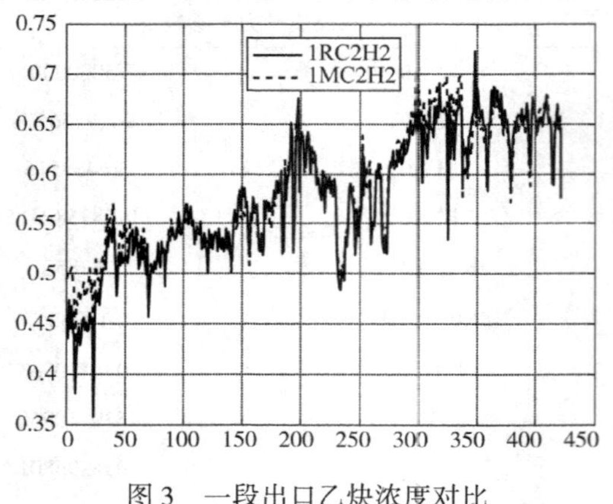

图3 一段出口乙炔浓度对比

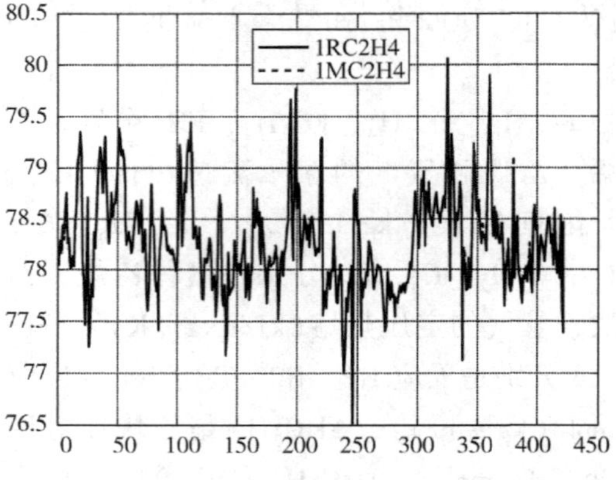

图4 一段出口乙烯浓度对比

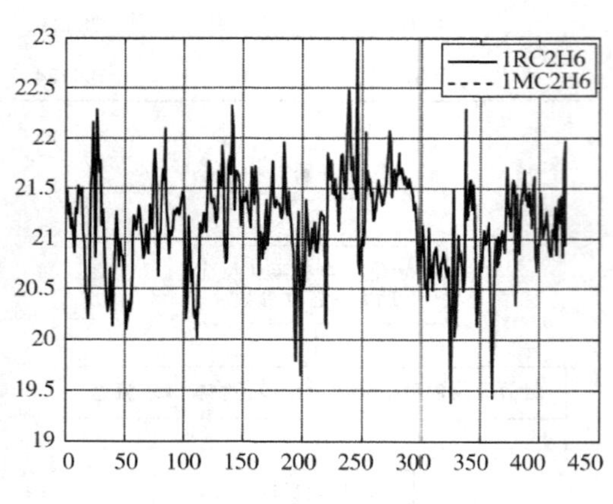

图5 一段出口乙烷浓度对比

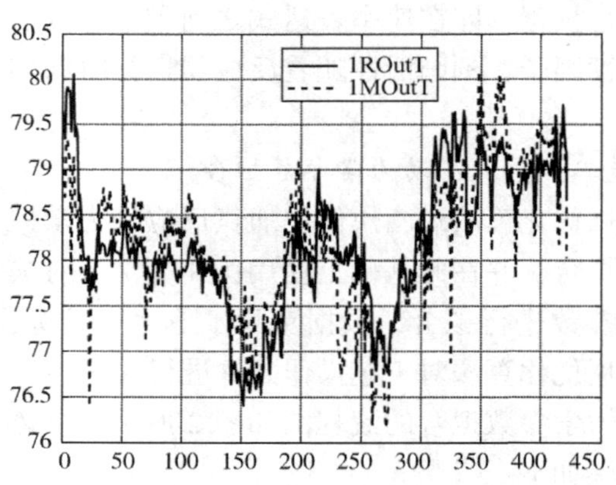

图6 一段出口温度对比

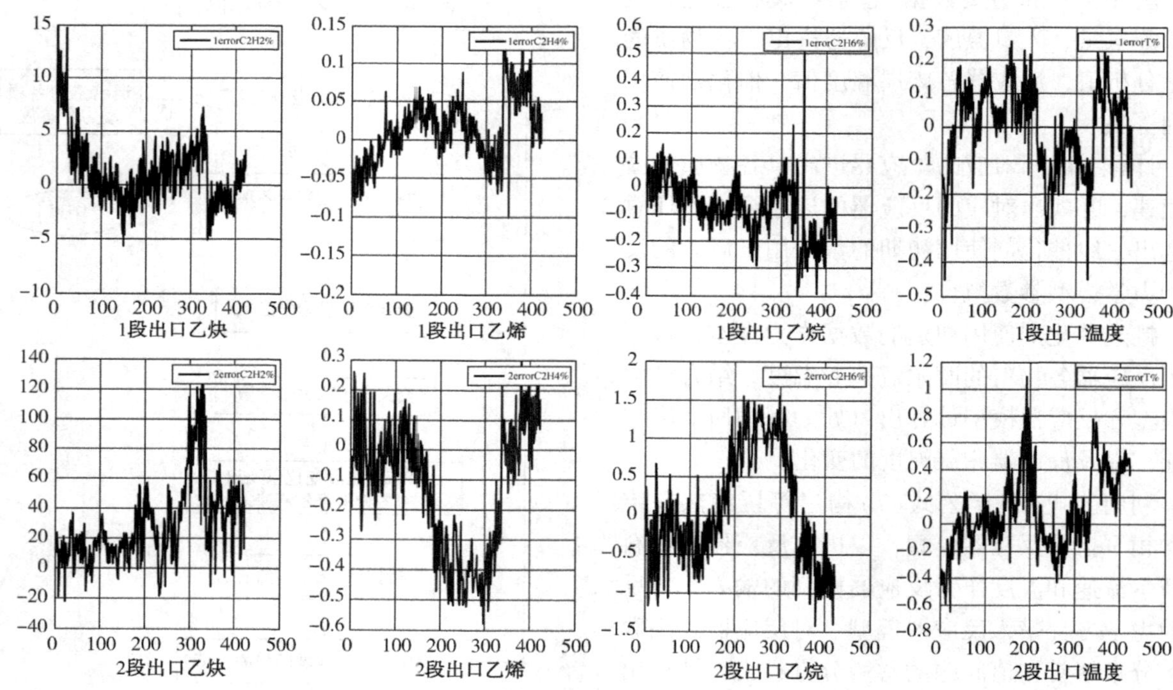

图7 反应器模拟百分比误差曲线图

3.2 碳二加氢反应过程离线优化分析

分别采集碳二加氢反应器2018年9月12日、2018年10月21日和2019年3月12日三个实际生产工况的数据如表2~表4所示。

表2 2018年9月12日

项目名称	H_2	C_2H_2	C_2H_4	C_2H_6	温度
一段入口	1.08	1.06	77.00	21.07	43.59
一段出口					71.81
二段入口	0.73	0.50	77.64	21.32	46.46
二段出口					69.80
三段入口	0.25	0.03	78.33	21.55	54.36
三段出口			78.01	21.72	65.78

表3 2018年10月21日

项目名称	H_2	C_2H_2	C_2H_4	C_2H_6	温度
一段入口	1.54	1.09	77.24	20.34	43.89
一段出口					75.20
二段入口	0.78	0.51	78.17	20.73	50.00
二段出口					74.78
三段入口	0.24	0.01	78.84	21.05	57.39
三段出口			78.51	21.22	69.10

对每组工况分别进行四种优化方式研究，即

1）维持一、二段反应器入口温度和二段出口乙炔浓度不变，一、二段反应器的氢炔比可变。

表4 2019年3月12日

项目名称	H_2	C_2H_2	C_2H_4	C_2H_6	温度
一段入口	1.52	1.12	77.44	20.12	46.45
一段出口					76.98
二段入口	0.91	0.56	78.18	20.55	55.33
二段出口					81.4
三段入口	0.33	0.08	78.81	20.92	61.1
三段出口			78.58	21.15	75.28

2）维持二段出口乙炔浓度不变，一、二段反应器入口温度在当前温度上下2℃内可变，一、二段氢炔比可变。

3）一、二段反应器入口温度在当前温度上下2℃内可变，一、二段氢炔比可变，二段出口乙炔浓度不高于0.11%（开车以来正常工况下的最大值）。

4）维持一、二段反应器入口温度不变，一、二段反应器的氢炔比可变，二段出口乙炔浓度不高于0.11%。

基于模型对上述对应工况进行工艺条件寻优，得到表5所示结果。结果表明，采用上述的优化方式1）可以提高两段加氢选择性0.3%~0.5%，采用方式2）和4）可以提高选择性7%左右，采用方式3）可以提高选择性12%左右。

表5 三种工况不同优化模式的优化结果

时间	工况	一段入口温度	一段氢炔比	一段出口乙炔	二段入口温度	二段氢炔比	二段出口乙炔	选择性
2018.9.12	优化前	43.59	1.019	0.501	46.28	1.460	0.030	69.74
	优化1	43.59	0.946	0.522	46.28	1.483	0.029	70.08
	优化2	39.59	0.908	0.598	42.28	1.448	0.030	76.38
	优化3	39.59	0.908	0.598	42.28	1.107	0.061	80.85
	优化4	43.59	0.908	0.533	46.28	1.027	0.076	76.46
2018.10.21	优化前	43.89	1.413	0.509	50.00	1.529	0.010	58.26
	优化1	43.89	1.345	0.521	50.00	1.556	0.009	58.68
	优化2	39.89	1.309	0.581	47.00	1.501	0.010	66.60
	优化3	39.89	1.309	0.581	46.00	1.232	0.077	70.99
	优化4	43.89	1.309	0.528	50.00	1.118	0.078	65.21
2019.3.12	优化前	46.45	1.357	0.560	55.33	1.625	0.080	45.90
	优化1	46.45	1.292	0.571	55.33	1.649	0.080	46.45
	优化2	42.45	1.292	0.598	51.33	1.598	0.079	54.21
	优化3	43.45	1.258	0.595	51.33	1.325	0.090	57.85
	优化4	46.45	1.258	0.578	55.33	1.322	0.094	52.42

优化方式1)的结果表明，在维持两段反应器入口温度和二段出口乙炔浓度不变的前提下，优化的方向是适当降低一段反应器的除炔率，可以实现两段总体选择性提高0.3%~0.5%。

优化方式2)的结果表明，在反应器入口温度可调范围内，温度越低越有利于提高主反应选择性，从温度对反应器入口氢炔比的影响规律可知，反应器入口温度对一段反应器的影响比对二段反应器更明显。此外，一段反应器除炔率的调整方向与优化方式1)相同，即适当降低一段反应器的除炔率，提高一段出口乙炔浓度，有利于总选择性提高。

优化方式3)结果表明，在反应器入口温度和二段出口乙炔浓度都可以作为优化变量的条件下，在工艺允许内，二段反应器出口乙炔浓度越高，两段总选择性越高。

优化方式4)的结果表明，在反应器入口温度维持不变，维持二段乙炔出口在工艺允许的上限有利于提高反应过程选择性，选择性提升效果与优化方式2)近似。

下图8是基于2018年8月17日实际工况数据，采用模型模拟计算一段反应器入口温度对一段选择性及一段出口乙炔浓度的影响关系曲线。

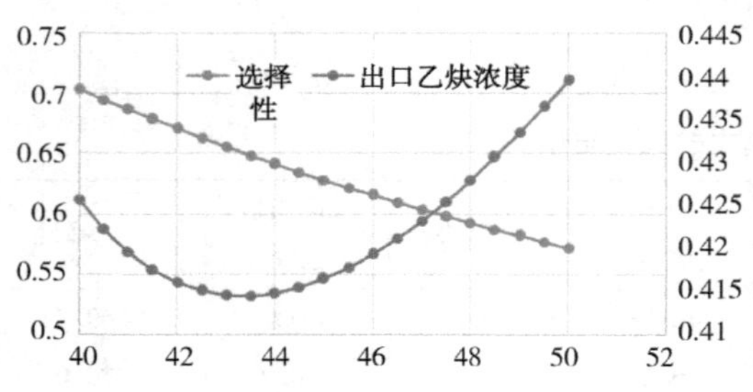

图8　一段反应器入口温度对选择性的影响

由图8可知，当反应温度过低时，主副反应活性都较低，出口乙炔浓度随着温度升高而降低，在一段反应器入口温度达到44℃附近，一段反应器出口乙炔浓度达到最低，进一步提高一段反应器入口温度，副反应速率快速增加，主反应之间强烈的氢气消耗竞争关系，使得参与主反应的氢气不足，出口乙炔浓度增加。因此，在进行碳二加氢反应器工艺参数优化过程中，防止出现反应器入口温度过低，导致反应活性不足的情况，需对反应器入口温度进行下限约束。

4　碳二加氢反应单元优化效果

基于所构建的实际工厂乙烯装置碳二加氢反应器工艺机理模型，在满足反应过程能量平衡、物料平衡和反应速率方程式所描述的物质转化规律的基础上，流程模拟的基础上，结合加氢反应的实际工况，以节能、降耗、减排、增产为目标，对C_2加氢反应过程进行优化。

选择性可定义为：

$$选择性=\frac{乙烯增量}{反应的乙炔量}*100\% \tag{16}$$

在加氢反应器内，碳二组分总摩尔量守恒。分别对一段反应器入口、二段反应器入口、三段反应器入口以及三段反应器出口的碳二馏分进行归一化处理，三段反应器出口乙炔浓度近似为0，则第一段反应器、前两段反应器以及整个反应器内的选择性分别可以表示为：

$$S_1=\frac{C_{C_2H_4}^{1-out}-C_{C_2H_4}^{1-in}}{C_{C_2H_2}^{1-in}-C_{C_2H_2}^{1-out}}*100\% \tag{17}$$

$$S_2=\frac{C_{C_2H_4}^{2-out}-C_{C_2H_4}^{1-in}}{C_{C_2H_2}^{1-in}-C_{C_2H_2}^{2-out}}*100\% \tag{18}$$

$$S_3=\frac{C_{C_2H_4}^{3-out}-C_{C_2H_4}^{1-in}}{C_{C_2H_2}^{1-in}}*100\% \tag{19}$$

该工厂乙烯装置碳二加氢反应器在线优化系统于2019年4月中旬陆续开始投用，并于5月中旬正式全部上线运行。下面将以系统投用前一个月(2019年3月16日-2019年4月15日)的运行状况与系统全部投用后(2019年5月15日-2019年6月15日)的运行数据进行统计，如表6所示。

表6　各段反应器入口及三段出口碳二组成

日期	一段入口			二段入口		
	乙炔/%	乙烯/%	乙烷/%	乙炔/%	乙烯/%	乙烷/%
3月16日-4月15日	1.13	77.59	21.27	0.57	77.93	21.50
4月16日-6月15日	1.13	77.30	21.57	0.59	77.79	21.62

日期	三段入口			三段出口		
	乙炔%	乙烯%	乙烷%	乙炔%	乙烯%	乙烷%
3月16日-4月15日	0.08%	77.97	21.95	0.00	78.19	21.81
4月16日-6月15日	0.12%	77.83	22.05	0.00	77.97	22.03

由表6所示的反应器入口与出口数据进行计算，可得第一段，第二段和第三段反应器的乙炔浓度变化及其在整个反应器的除炔负荷占比，如表7所示。

表 7　优化前后各段反应器除炔占比情况对比

项目	3 月 16 日~4 月 15 日		4 月 16 日~6 月 15 日	
	乙炔浓度变化量	除炔负荷占比	乙炔浓度变化量	除炔负荷占比
一段反应器	0.56%	49.49%	0.54%	47.84%
二段反应器	0.49%	43.20%	0.47%	41.81%
三段反应器	0.08%	7.30%	0.12%	10.36%

通过表 3-6 的数据，可得第一段，前两段以及整个反应器的选择性在优化系统投用前后的变化情况，如表 8 所示。

表 8　优化前后加氢选择性对比

项目	3 月 16 日~4 月 15 日	4 月 16 日~6 月 15 日
	选择性	选择性
S1	59.18%	91.08%
S2	35.90%	52.53%
S3	52.70%	59.51%

以日平均选择性作图，得到如图 9 所示的碳二加氢反应过程择性在优化系统投用前后的变化情况。优化后反应器平均选择性由 52.70%增加到了 59.51%，增加了 6.79%。

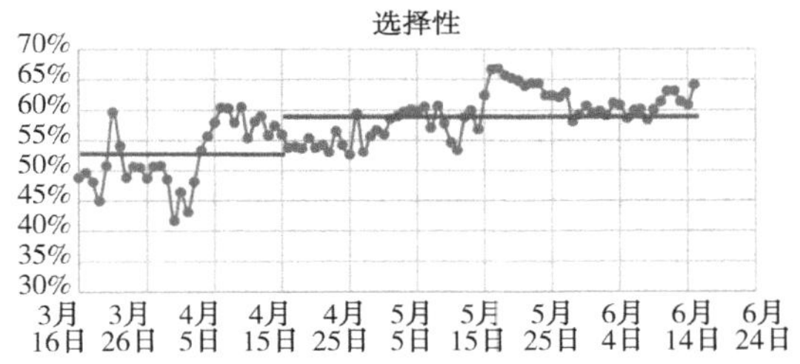

图 9　优化前后碳二加氢选择性对比

为了验证在线分析表的准确性，本项目再从反应器温升的角度进行加氢选择性优化前后变化情况的计算。以碳二加氢反应器入口碳二组成统计平均值为基准，通过混合物热容的混合规则，计算得到其热容为 $C_p = 11.54$ 千卡/千摩尔。乙炔加氢和乙烯加氢均为强放热反应，通过查阅文献资料可以得到其反应焓值分别为，$\Delta H_1 = 33040$ 千卡/千摩尔，$\Delta H_2 = 42030$ 千卡/千摩尔。该反应过程近似绝热，加氢反应将同步引发物料温升。由乙炔加氢反应引发的温升 ΔT_1 满足如下方程：

$$n_T C_p \Delta T_1 = \Delta n_{C_2H_2} \Delta H_1 \tag{20}$$

其中 nT 和 ΔnC_2H_2 分别为碳二物料摩尔量和被加氢的乙炔摩尔量。两者满足如下关系：

$$\Delta n_{C_2H_2} = n_T \Delta C_{C_2H_2} \tag{21}$$

ΔCC_2H_2 为反应器入口和反应器出口的浓度差。在本项目中出口乙炔浓度接近于 0，因此 ΔCC_2H_2 即为反应器入口乙炔浓度。综合(20)与(21)得

$$\Delta T_1 = \frac{\Delta C_{C_2H_2}}{C_p} \Delta H_1 \tag{22}$$

类似地，可以得到乙烯加氢生成乙烷时，引发的温升 ΔT_2 满足如下方程：

$$\Delta T_2 = \frac{\Delta C_{C_2H_6}}{C_p} \Delta H_2 \tag{23}$$

由于乙炔反应量即为反应器入口的乙炔量，即一定工况下的 ΔT_1 固定不变。因此，在进行反应器优化过程中，反应器总温升的变化反映了乙烯加氢生成乙烷量的变化。故可以根据反应器总温升的变化计算乙烯加氢反应量的变化。对乙炔加氢反应器优化前后三段反应器床层的总温升进行统计，如表 9 所示。

表 9　优化前后反应器温升变化情况

时间	一段温升 ℃	二段温升 ℃	三段温升 ℃	总温升
3 月 16 日–4 月 15 日	22.97	25.92	13.17	62.06
4 月 16 日–5 月 15 日	21.52	24.62	13.33	59.47

由表 9 可知，优化系统投用后三段反应器总温升由 62.06℃ 降低到 59.47℃，将其带入到式(3-28)，同时将 $C_p = 11.54$ 千卡/千摩尔、$\Delta H_2 = 42030$ 千卡/千摩尔，可以计算乙烷浓度增量减少或者乙烯浓度增量增加 0.071%，结合反应器入口乙炔浓度为 1.13%，可得选择性增加量为：

$$\Delta S_3 = \frac{0.071\%}{1.13\%} \times 100\% = 6.29\%$$

以反应物料总温升的日平均值作图，得到如图 10 所示的碳二加氢反应过程总温升在优化系统投用前后的变化情况，碳二反应器床层温升明显下降。

可见，采用温升计算得到的加氢选择性变化量与基于碳二组分浓度变化计算得到的选择性变化量接近。因此，采用反应器温升和在线分表进行加氢选择性计算，其结果具有一致性。

优化后反应器平均选择性由 52.70%增加到了 59.51%，增加了 6.79%。由此产生的经济效益近 1200 万元/年。

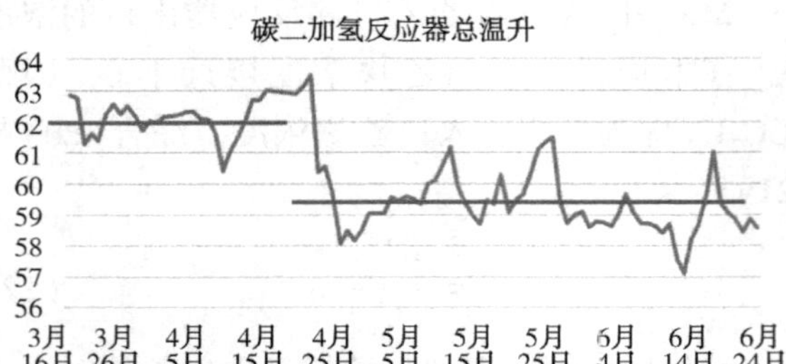

图10 优化前后碳二加氢反应物料总温升对比

结语

建立了能够良好描述碳二加氢反应实际运行工况的工艺机理模型，并结合机理模型所需满足的物料平衡、能量平衡和反应动力学速率等数学方程，得到了对装置运行参数进行优化求解的优化模型。基于工艺机理模型，系统分析了装置的操作特性及装置的主要运行参数对乙烯加氢选择性的影响。基于模型优化结果，对装置的主要运行参数进行了优化调整。针对碳二加氢反应器的运行优化，通过调整反应器入口温度和各段反应器的除炔负荷(通过每段反应器入口的温度控制器和出口的乙炔浓度控制器实现)，进而减小了总氢炔比，同时乙烯增量相应增加。对上述反应器实施优化技术后，直接为生产装置新增经济效益393.53万元/年，间接减少循环乙烷产量，同时也减少了氢气的用量，充分挖掘了装置的现有潜能，实现了装置的高负荷运转和节能降耗。

在优化后，由于反应器温升明显下降，在反应过程中副反应减少，减少了绿油的生成，延长了反应器运行周期，提高了催化剂的使用寿命。并且在投用过程中可以调节每段反应床层出口乙炔目标从而调节每段反应床层的负荷，使反应器运行调节更加灵活，同时减少了投退料或裂解炉深度变化带来乙炔含量变化带来影响，为装置的平稳生产保驾护航。

开展流程工业的过程建模与优化运行技术是企业进一步深化认识流程生产过程的规律、提高装置运行效率、实现节能降耗的根本需求，这对我国目前大型石油化工装置普遍采用国外引进技术，缺乏核心技术的现状而言，具有重要意义。我国石油化工行业的物耗能耗指标和发达国家先进水平相比，尚存在很大的下降空间，针对现有装置、现有生产过程，在运行过程中对装置进行优化和调整，改善能源利用效率，减少运行中的物耗能耗，对高能耗行业实现节能降耗目标具有重要作用。

参考文献

[1] 王红梅，王志．碳二选择加氢催化剂研究进展[J]，河北化工．2009，32(4)：4-6.

[2] Nascente P A P, Van Hove M A, Somorjai G A. Induced ordering of ethylidyne on the Pd (111) surface by the preadsorption of oxygen: a LEED and HREELS study[J]. Surf. Sci. 1991, 253: 167-176.

[3] Stacchiola D, Molero H, Tysoe W T. Palladium-catalyzed cyclotrimerization and hydrogenation: from ultrahigh vacuum to high-pressure catalysis [J]. Catal. Today 2001, 65 (1): 3-11.

[4] Azad S, Kaltchev M, Stacchiola D, Wu G, Tysoe W T. On the reaction pathway for the hydrogenation of acetylene and vinylidene on Pd(111) [J]. J. Phys. Chem. B 2000, 104 (14): 3107-3115.

[5] Houzvicka J, Pestman R, Ponec V. The role of carbonaceous deposits and support impurities in selective hydrogenation of ethyne [J]. Catal. Lett. 1995, 30 (1-4): 289-296, 2005, 23(2): 98-103.

[6] Asplund S. Coke Formation and Its Effect on Internal Mass Transfer and Selectivity in Pd-Catalysed Acetylene Hydrogenation[J]. Journal of Catalysis. 1996, 158(1): 267-278.

[7] Yang B, Burch R, Hardacre C, et al Mechanistic Study of 1, 3-Butadiene Formation in Acetylene Hydrogenation over the Pd-Based Catalysts Using Density Functional Calculations [J]. Journal of Physical Chemistry C. 2014, 118(3): 1560-1567.

[8] Spanjers C S, Held J T, Jones M J, et al. Zinc inclusion to heterogeneous nickel catalysts reduces oligomerization during the semi-hydrogenation of acetylene [J]. Journal of Catalysis. 2014, 316(3): 164-173.

乙二醇装置工艺加热炉的低氮改造与效果分析

田世伟

（中国石化扬子石油化工有限公司）

摘　要　由于设计原因，扬子石化烯烃厂乙二醇装置工艺加热炉（B-110 炉）烟气中氮氧化物（NO_x）含量一直处于较高状态，已不满足当前环保要求。本工作结合 B-110 炉的 NO_x 生成机理，采取 B-110 炉燃烧器低氮改造方式，成功解决了长久以来 B-110 炉烟气 NO_x 含量高的问题。根据检测数据，B-110 炉烟气 NO_x 含量由改造前的 136.6~218.9mg/m^3 降至改造后的 62.2~64.4mg/m^3，符合国家环保排放标准，实现了改造目的；通过对 B-110 炉运行状态及相关工艺参数的考察，显示此次改造未对装置产生其他负面影响。此次改造的结果表明对于设计温度不高、热负荷较小的中小型燃气炉进行低氮燃烧器改造可以实现降低 NO_x 排放的目的。

关键词　氮氧化物；低氮燃烧器；工艺加热炉；环保；改造

1　加热炉概况

扬子石化乙二醇装置工艺加热炉（B-110 炉）不仅是装置的高压蒸汽过热炉也是本装置排放废气的焚烧炉。该炉从结构上分三段：下段是辐射段，分布有传热面积为 247m^2、直径为 ϕ165.2×7.4mm 的辐射管，用以将 2.4MPa 蒸汽过热到 480℃，向循环气压缩机透平（CT-115）提供动力；中段是对流段，内有直径 ϕ89.1×4.8mm 的翅片盘管，用以将汽包锅炉给水从 160℃加热到 170℃，维持锅炉给水温度；上段为烟囱，见图 1。B-110 炉设有蒸汽、锅炉给水流量低报警和低联锁，以保护炉体本身，防止干烧。

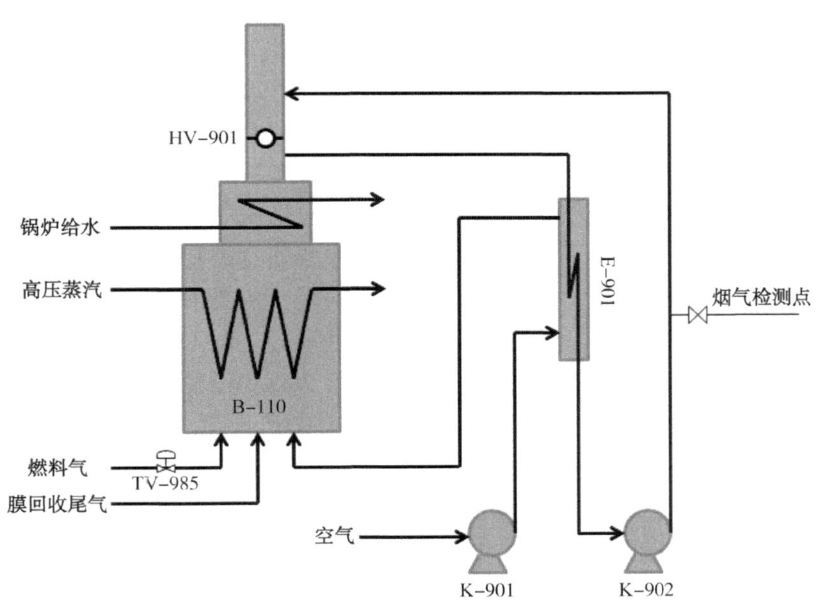

图 1　B-110 炉流程示意图

该炉采用 20 世纪 70 年代技术建造，炉效和环保标准较低，2010 年技术改造增加了烟气余热回收装置，将炉效由 72.26% 提升至 92.94%[1]，解决了长期以来的炉效偏低问题，但并未对加热炉燃烧器等相关附件进行改造，烟气中氧含量高、氮氧化物（NO_x）含量高等问题并未得到解决。2017 年实行的新烟气排放标准[2]对工业炉烟气中 NO_x 含量有了更严格的规定，

B-110炉已不满足当前烟气排放要求，因此需要对B-110炉进行低氮改造。本文结合NO_x生成机理与B-110炉实际情况，对其燃烧器进行了低氮改造，收到了良好的效果。

2　NO_x生成机理分析与燃烧器改造

2.1　NO_x生成机理分析

NO_x一般是指NO和NO_2，此外还包括少量的N_2O、N_2O_3、N_2O_4和N_2O_5。NO_z对人的呼吸系统有较大刺激性，并在血液中形成硝酸，破坏血红蛋白，改变血液的pH值，降低血液输氧能力，造成严重缺氧，同时NO_x也是较强的致癌源。NO_x对环境也有较大的破坏作用，主要体现在破坏臭氧层、形成酸雨和光化学烟雾。基于NO_x的严重危害，国家规定工业烟气中的NO_x排放浓度要满足小于100mg/m^{3}的标准。

普遍认为NO_x的产生方式有以下三种：热力型、快速型和燃料型。其中热力型NO_x是空气中的氮气在高温区域氧化生成，其产生量主要与燃烧温度有关，燃烧温度在1600℃以上时热力型NO_x在烟气中占比较大，而在1350℃以下时热力型NO_x的生成量很少，此外影响热力型NO_x的其他因素还包括氧气浓度和反应时间。快速型NO_x的生成是在高温下CH原子团撞击N_2分子，生成HCN类化合物，再进一步氧化生成的。燃料型NO_x来源于燃料中的含氮物质，其在燃烧过程中分解氧化生成NO_x，燃料型NO_x主要与燃料种类、燃料中氮元素的含量与形式有关，此外也受到氧气浓度和燃烧温度的影响[3]。三种NO_x生成反应过程如下所示：

热力型：

$$N_2+O_2 \xrightarrow{高温} NO_x$$

快速型：

$$N_2+CH_X \xrightarrow{高温} HCN$$

$$HCN+O_2 \longrightarrow NO_x+H_2O$$

燃料型：

$$C\,H_XN_Y+O_2 \longrightarrow NO_x+H_2O+CO_2$$

本装置B-110炉的燃料由界外燃料气和膜回收装置废气按照不同比例组合而成，其成分分别见表1。正常运行时，膜回收装置废气全部作为燃料进B-110炉，由界外燃料气进气调节阀TV-985控制B-110炉温恒定，以满足工艺需求。

表1　B-110炉燃料组成

	界外燃料气/mol%	膜回收废气/mol%
H_2	9.00	0
CH_4	88.47	72.04
C_2H_4	0	12.00
C_2H_6	0.28	0.06
C_3H_8	0.65	0
C_4H_6	0.25	0
C_4H_{10}	1.35	0
$N_2+O_2+Ar+CO_2$	0	15.90

从上表中可以看出，B-110炉的燃料组成中不含有机氮化物，因此可以排除燃料型NO_x导致烟气中NO_x高的可能。而根据原设计，B-110炉设计炉膛温度为638℃，远低于热力型NO_x生成所需要的1350℃，因此热力型NO_x生成量较小，不是B-110炉烟气中NO_x的主要来源。所以，B-110炉烟气NO_x生成主要为快速型，其生成条件为：(1)高温；(2)有机物与N_2接触。由于B-110炉采用空气助燃，不能避免快速型NO_x的两个生成条件，因此烟气中NO_x的生成无法杜绝，只能采取措施限制其生成量。

2.2　燃烧器改造

工业上烟气NO_x浓度的控制措施主要有：烟气净化、改变运行方式、改变燃烧状态[4]。其中烟气净化装置规模较大，一般适用于大型电站锅炉等设备；改变运行方式如采用较低的过量空气系数等措施往往以牺牲炉效为代价；改变燃烧状态主要通过控制燃烧过程以破坏NO_x的生成条件来实现，主要手段有低氮燃烧器、分级燃烧、烟气循环等。B-110炉为中小型燃气炉，设计热负荷仅7800kW，因此使用低氮燃烧器改造成本较低且易于进行，基于以上考虑，装置对B-110炉进行了燃烧器改造，以期达到降低其烟气NO_x的目的。

燃烧器是加热炉的关键部分，保证着加热炉的安全与效率，同时也决定了NO_x的排放浓度。低氮燃烧器种类较多，分级低氮燃烧器是应用较为普遍的一种。分级低氮燃烧器是将燃烧过程分阶段完成的燃烧器，分为空气分级燃烧器和燃料分级燃烧器。空气分级燃烧器是将空气进料分级，第一阶段使燃料在缺氧状态下燃烧，在还原气氛中完成燃烧主体，生成低NO_x的烟气，第二阶段通入空气与第一阶段烟气混合，完成燃烧过程，整个燃烧过程不形成强氧化能力的富氧气氛。燃料分级燃烧则采用燃料分级进料方式，其中中心燃料作为一级燃料，保证燃烧器的燃烧温度，二级燃料既是作为一级燃烧的补充燃烧，同时也作为还原剂将一级燃烧过程中生成的 NO_x 还原为 N_2，其原理示意图见图 2。

燃料分级燃烧两级反应式：

Reaction 1：

$$N_2+O_2(+C\ H_X)\rightarrow NO_x(+CO_2+H_2O)$$

Reaction 2：

$$NO_X+C\ H_X\rightarrow N_2+CO_2+H_2O$$

本次改造采用燃料分级燃烧器。改造前燃烧器的燃料进料分为一个长明灯喷射器、一个废气喷射器以及八个呈环形分布的燃料气喷射器，各系统进料均不分级。改造后燃料气系统和废气系统均改为分两级进料，中心为主进料喷射器，四周环绕二级进料喷射器，长明灯仍采用单级进料，如图 3 所示。

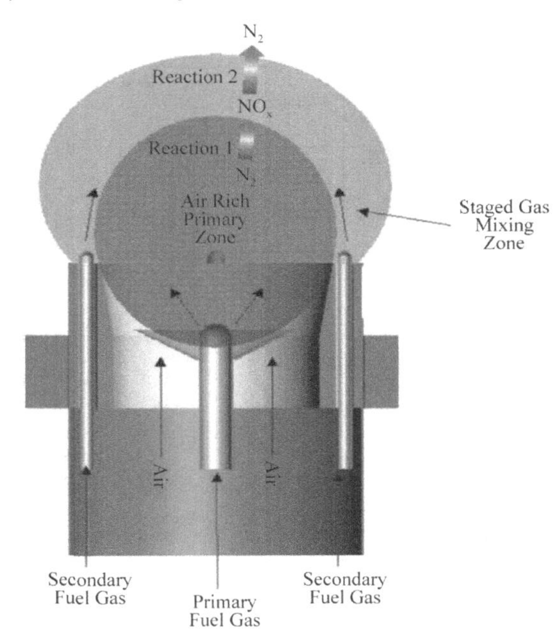

图 2　燃料分级燃烧原理示意图

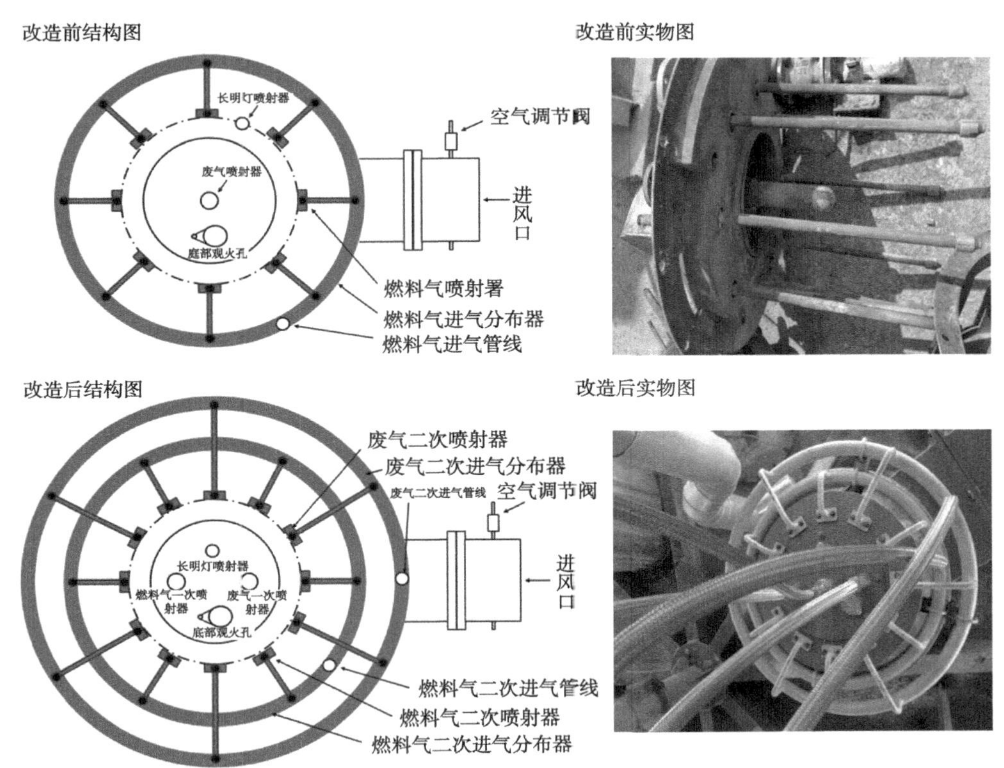

图 3　改造前后燃烧器结构示意图

3　改造效果评价

3.1　烟气 NO_x 减排效果

采用崂应 3022 型烟气综合分析仪对改造前后 B-110 炉的烟气进行检测，检测条件为样气流量 1.0L/min。各种工况下的检测结果见表 3.1 所示。由表 2 可以看出经过燃烧器改造后，B-110 炉烟气 NO_x 含量有较大幅度降低，NO_x 检测值保持在 39mg/m^3 左右，NO_x 换算值由改造前的

136.6~218.9mg/m³ 降至 62.2~64.4mg/m³，符合国家最新标准中 100mg/m³ 的排放标准。

表2　B-110炉运行烟气数据

		燃料气流量/Nm³/h	膜回收废气流量/Nm³/h	烟气检测数据			实测过量空气系数
				实测氧气/%	实测 NO_x mg/m³	计算值 NO_x mg/m³	
改造前	工况1	10	320	10.0	133.8	218.9	1.91
	工况2	20	260	11.2	74.4	136.6	2.14
	工况3	170	105	12.8	80.5	176.7	2.56
改造后	工况1	14	276	10.1	39.0	64.4	1.93
	工况2	8	325	9.7	39.1	62.2	1.86
	工况3	10	300	9.9	39.0	63.2	1.89

值得注意的是改造后烟气氧含量为 9.7~10.1%，较改造前下降约 1.4%，但与烟气计算基准的3%仍有较大差距(改造前后烟气氧含量趋势见图4，数据来源于在线仪表，与实际检测值稍有偏差)。烟气中氧含量较高，表明炉内燃烧仍然处于过氧状态，由于 B-110 炉本身空气控制系统的限制，进一步降低进炉空气量很困难，因此燃烧状态的进一步优化难以进行。以改造后工况2为例，实测氧气 9.7%，计算得到实测过量空气系数约 1.86，而宋洪鹏[5]等人的实验表明燃气燃烧过程中，使得火焰温度最高且产生 NO_x 量最少的最佳过量空气系数在 1.0~1.2 之间，因此当前的 B-110 炉系统的运行状态与最佳燃烧状态仍有较大差距。

计算值由以下公式计算得到[2]：

$$\rho_{基}=\frac{21-O_{基}}{21-O_{实}}\times\rho_{实}$$

$\rho_{基}$：大气污染物基准排放浓度 mg/m³；

$\rho_{实}$：实测的大气污染物排放浓度 mg/m³；

$O_{基}$：干烟气基准含氧量，基准为 3.0%；

$O_{实}$：实测的干烟气含氧量%。

实测过量空气系数由以下公式计算得到：

$$\alpha=\frac{21}{21-O_{实}}$$

α：实测过量空气系数；

$O_{实}$：实测的干烟气含氧量%。

3.2　对排烟温度的影响

由于 B-110 炉在 2010 年节能改造过程中增加了烟气余热回收换热器 E-901，通过加热进炉空气的方式回收烟气余热，并设有空气流程旁路阀进行排烟温度控制，可以精确调节排烟温度，为防止烟气中水蒸气凝结造成设备腐蚀，烟气温度控制在90℃以上。由图 3.2 可以看出，燃烧器改造后排烟温度在正常范围内(90~110℃)保持可调节状态(7 月份在线仪表处于待检修状态)，满足控制要求。

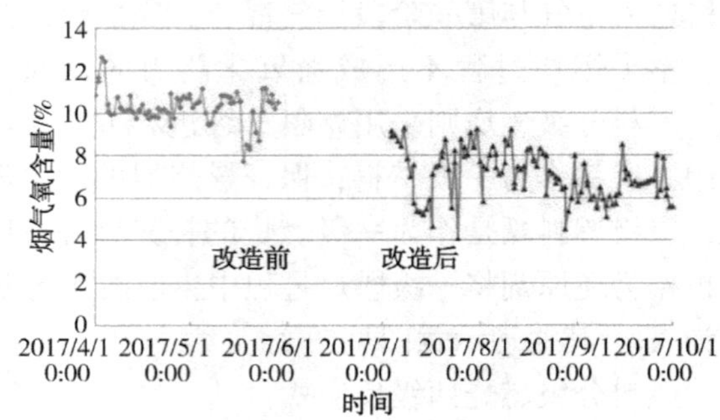

图4　改造前后烟气中氧含量趋势

3.3　对炉效率的影响

本次燃烧器改造虽未涉及炉效率方面的升级，但由于燃烧器型式的改变，进炉空气阻力发生变化，使得过量空气系数略有下降，相应烟气流量也同步下降，在排烟温度不变的情况下，排烟热损失趋于减小。在保障有效功率的前提下，排烟热损失减小对提高炉热效率有益(图5)。

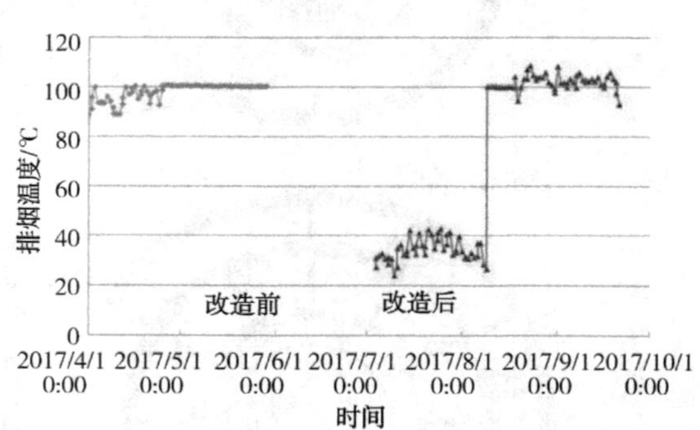

图5　排烟温度趋势

3.4　对工艺参数的影响

3.4.1　对过热蒸汽温度的影响

循环气压缩机透平 CT-115 所需过热蒸汽的控制范围为 450~480℃，新燃烧器投用后，在满足过热蒸汽温度控制(图6)的前提下，燃料气阀门开度处于 50%~70%之间，膜回收尾气切入后，燃料气阀门 TV-985 开度处于 5%~20%之间，处于正常可调范围。

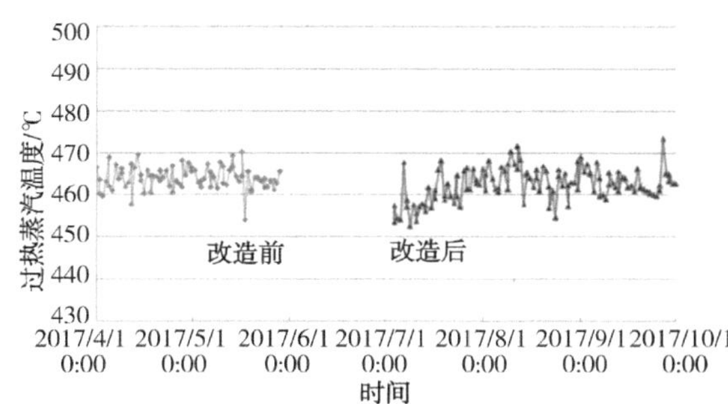

图 6　过热蒸汽温度趋势

3.4.2　对锅炉给水温度的影响

锅炉给水系统自身具有压力调节以保持水温稳定，除通过 B-110 炉获得部分能量外，其分程调节系统控制低压蒸汽的加入和低低压蒸汽的产出，可以实现系统压力、温度稳定。此外，锅炉给水温度也受装置氧化反应器负荷、催化剂选择性以及汽包排污等参数的影响，难以保持定值。因此难以准确衡量此次 B-110 炉燃烧器改造对此系统的影响。目前锅炉给水控制压力的分程调节阀开度为 50%~70%，处于正常范围。

4　存在问题及分析

经过燃烧器改造后，B-110 炉烟气氧含量仍偏高。高氧含量使得烟气中 NO_x 的计算值处于较高水平，一旦炉内燃烧状态不佳，可能引起短时 NO_x 排放超标。氧含量偏高的原因主要有两方面：

1）空气量无法精确控制。节能改造后增设了进炉空气鼓风机，空气流程由自然吸风变为强制送风，空气的压力变高，而进炉空气管路未做相应改变，造成在空气阀门开度只有 10%时仍无法有效降低过量空气系数。

2）炉体密封性能存在短板。由于炉体老旧，人孔、看火孔、烟气流程等多处存在不同程度的漏风情况，当炉内压力为负压时，尤其是烟气引风机启动后，由漏点泄漏进炉膛的空气量较大，这部分空气不参与燃烧，直接以烟气排出。

5　下一步改进建议

针对目前 B-110 炉烟气氧含量高的问题，建议下一步的改进措施有：1)设置更精确的空气控制系统，将过量空气系数控制在最优状态；2)通过炉体升级，提高各密封点的有效性，降低 B-110 炉的漏风率；3)采用烟气循环技术[6]。由于该炉 NO_x 的氮元素来源于空气中氮气氧化，使用烟气稀释后的低氧空气作为助燃介质，可以有效降低燃烧器处的氧含量，即降低燃烧器附近助燃介质的氧化能力，可以进一步减少 NO_x 的生成。建议增设流程见图 7。

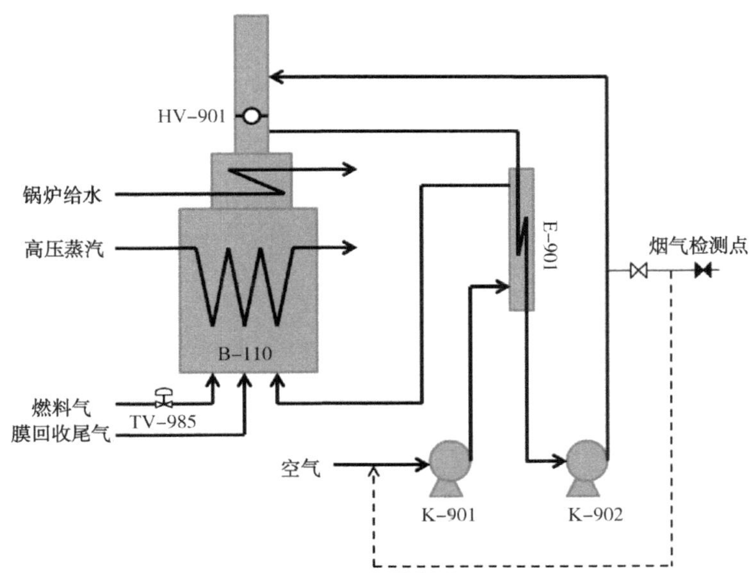

图 7　建议增加流程(虚线部分)

6　结论

1）通过此次燃烧器改造，B-110 炉烟气 NO_x 含量由 136.6~218.9mg/m^3 降至 62.2~64.4mg/m^3，已达到国家环保标准，实现了改造目的。

2）此次改造对 B-110 炉自身运行情况和其他工艺参数未见有不良影响。

3）解决 B-110 炉烟气氧含量高的问题是进一步优化运行的关键，建议采取控制空气进气量、降低炉体漏风率、采用烟气循环技术等措施进行改进。

4）此次改造的成功，表明对于设计温度不高、热负荷较小的中小型燃气炉进行低氮燃烧器改造可以达到降低 NO_x 排放的目的。

参 考 文 献

[1] 魏家文，徐明成．乙二醇生产装置 B-110 炉的节能改造[J]．石油化工，2012，41(增刊)：894-896.

[2] GB31571 - 2015 石油化学工业污染物排放标准[S]．2015.

[3] 李娟，杨杰．W 型火焰锅炉低氮燃烧优化改造[J]．电力安全技术，2016，18(6)：40-43.

[4] 仁俊清．工业锅炉氮氧化物的生成及降低措施[J]．山西建筑，2004，30(7)：125-126.

[5] 宋洪鹏，周屈兰，惠世恩，等．过量空气系数对燃气燃烧中的 NO_x 生成的影响[J]．节能，2004，1，12-13.

[6] 祁风雷．烟气循环式低 NO_x 煤气燃烧器开发研究[D]．中国石油大学硕士学位论文．2012. 6.

数字化工厂在常减压装置设备管理中的应用

刘晓春

（中国石油兰州石化公司炼油厂）

摘　要　数字化工厂系统应用到常减压装置的设备专业管理，从设备检维修管理、防腐管理等方面都发挥了一定的指导和辅助作用，帮助设备管理人员制定计划、方案，过程管控，规划防腐监测和检验检测管理工作。三维模型中汇总、归类直观反映各类专业管理业务和防腐检测数据分析，很大程度上降低了设备管理人员的工作强度，提高了工作效率。

关键词　数字化工厂；检维修；防腐；三维模型

数字化工厂是以实物资产为中心的软件管理平台，平台对实物资产的真实现状进行三维建模，并且集成企业相关的管理系统，如：ERP、EAM、HSE系统等动静态数据，从而实现在三维数字虚拟世界里掌握设备动态、生产运行动态、安全管理动态等信息；同时依据虚拟世界完成对企业的全方位的控制和管理，为资料管理、生产管理、安全管理、设备管理、培训管理提供了方便、简洁的工具与方法，极大地提高了工作效率，降低失误。

某石化公司数字化工厂管理系统项目自2013年5月正式启动，炼油厂550万吨/年常减压作为试点装置，主要建设工作包括：现场激光扫描和建模、分专业调研、应用设计和确认，后期上线使用、人员培训。2013年12月试运行，2014年1月正式建成上线运行。装置2014年7月停工大检修工作中，在技术交底、检修方案、目视化管理、检验检测以及后期在材料计划、静密封点管理和防腐等方面发挥了很好的作用。

下面从数字化工厂在设备管理中的检维修及防腐管理方面的应用做简单的介绍。

1　检维修管理应用

1.1　检修项目交底

装置大检修前的技术交底工作一般是设备检修负责人和施工负责人、具体施工队伍班组长，针对检修项目提前到装置现场进行位置、工程量、标准等技术交底，并且一般都需要进行2~3次的交底，费时费力。现在可以依据数字化工厂工作平台进行技术交底可以使工厂各部门管理人员、现场技术人员、承包商之间交流可视化，在电脑上就可以技术交底，在三维模型上进行检修计划制定、技术交底，提高工作效率。见图1。

图1　数字化工厂三维模型

1.2　检修方案的制定

2014年550万吨常减压装置进行建成后的首次大检修，换热器框架存在影响换热器抽芯检修的钢结构和管线，现场核实困难。初步进行现场核查，有近30台换热器的周边框架或管线需要拆除，但是通过数字化工厂模拟论证，最后确定只需拆卸3台换热器周边的遮挡，并且通过了实际验证，从而节约检修成本，提高检修效率。见图2。

图2　550万吨/年常减压装置换热器框架

另外，吊装施工是大检修中最主要的检修机具，并且也占据大部分的检修成本，如何规划和使用好吊车成为高效检修和节约检修成本的重要手段。结合550万常减压大检修施工项目及原始吊装方案，在数字化工厂中重新对使用吊车进行规划，包括吊车行进路线、工作地点和安全工作空间进行设计，并且可以规划好吊车的使用时间，一方面确保检修项目的顺利实施，一方面减少吊车闲置，提高利用率，降低检修成本。见图3。

图3　检修吊车规划图

除了以上两方面的以外，数字化工厂系统在其他机具的使用、现场交叉作业安排、现场设备和设施摆放、甚至人员的规划方面都能或多或少提供了支撑和帮助。对于提高施工方案的可行性、准确性和检修时间规划的准确性都起到了积极的作用。通过2014年550万常减压大检修，核算吊车费用节省约三分之一，未出现违反施工方案的检修工作，检修期间平稳安全。

1.3　检维修目视化管理

装置大检修期间，作为项目管理人员每天需要对检修大致情况、进度、作业区域、重点项目情况、存在问题进行熟悉了解，掌握进度，有针对性的推进检修工作的进行。对于现场的掌握以前只能通过各区域负责人汇报，汇总后形成装置的检修情况，其中难免出现中间交叉或遗忘项目或情况。通过数字化工厂的三维模型很容易形成每天的检修情况分布图，能非常直观的反映当前的检修设备、检修区域、完成情况等。见图4。

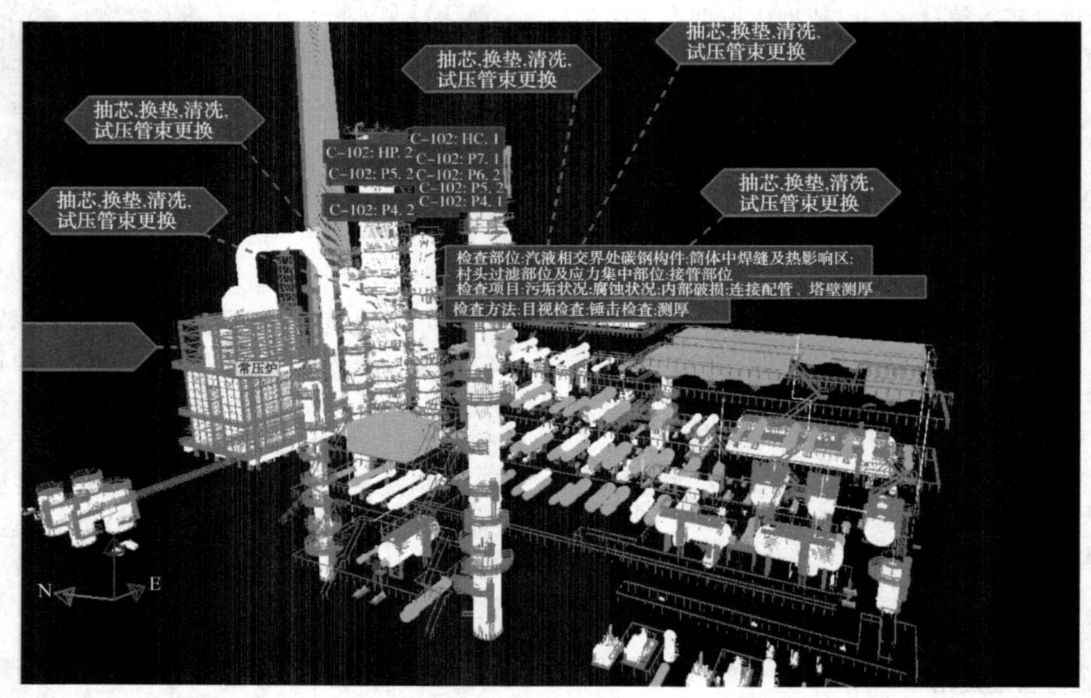

图4　每日检修分布图

1.4　检维修材料核算

以前申报检维修计划时，对于管线的更换，除拆图纸外，需要到现场对管线的实际长度、走向、管件和阀门数量、规格进行确认。工作量大，并且还存在一些铭牌缺失无法确认、管线密集人员无法到达附近进行确认、图纸丢失无法确认等问题，造成检修计划中规格型号、材质或长度误差太大，从而使检修无法正常进行，并且造成浪费。数字化工厂三维模型是在现场激光扫描的基础上，核对装置蓝图建立的，和现场的误差在2~5mm以内，所以通过数字化工厂三维模型进行测量和确认，误差非常小，并且通过扩展其还能根据需求自动生成材料清单，见图5。从而确保了检修计划的准确性，大幅度降低了编制人员的劳动强度。

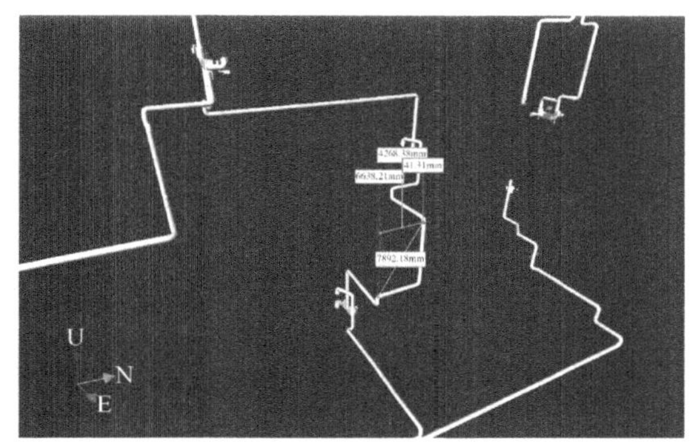

图5 数字化工厂三维模型测量图

2 静密封点管理

静密封点管理目前泄漏事故的频发，越来越受到重视。然而静密封在生产装置中的数量巨大、种类繁多，各个密封点的温度、压力与介质条件错综变化，使其管理难度增大。通过数字化工厂，我们可以实现对静密封点进行自动统计与标注，分级标识危害程度，做好日常检查记录和检修记录。

3 防腐管理应用

3.1 设备管线材质分布

对于装置设备管线材质分布，在数字化工厂可以按照不同材质不同颜色方式展示设备材质的分布，根据材质分布三维视图以及装置不同部位的介质与实时数据(如流量、组分、温度)，可以直观定义和计算腐蚀机理、损伤形态与分布。见图6。

图6 装置设备管线材质分布图

3.2 腐蚀回路管理

根据腐蚀机理，可以将装置划分为一个个小的系统，相同腐蚀机理的设备或管道定义为一个腐蚀回路，可以在三维视图中显示各类腐蚀回路或单独显示一个回路。在根据腐蚀回路的检测数据和介质情况，分析回路状况，并且可以记录维护检修记录。见图7。

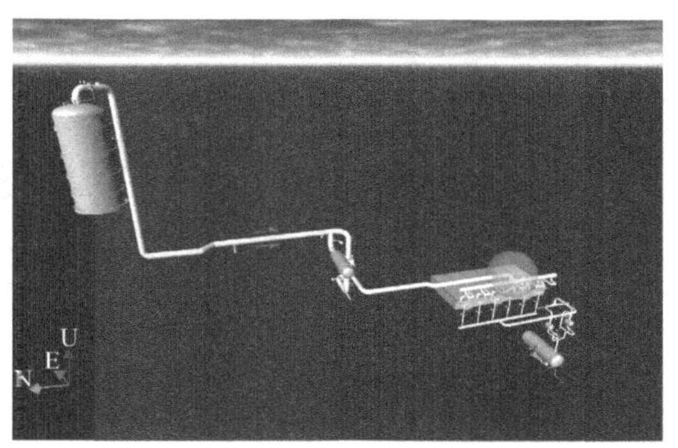

图7 腐蚀回路图

3.3 检验检测、监测点规划

在三维腐蚀回路示图中，一方面可以直观显示设备、管线的走向和位置、在线监测点位置；另一方面根据腐蚀回路风险等级、腐蚀检测点数量的规划、介质流向等参数，规划、设计检验检测和腐蚀检测点的位置，确保检验检测和腐蚀监测的有效性和覆盖性。见图8。

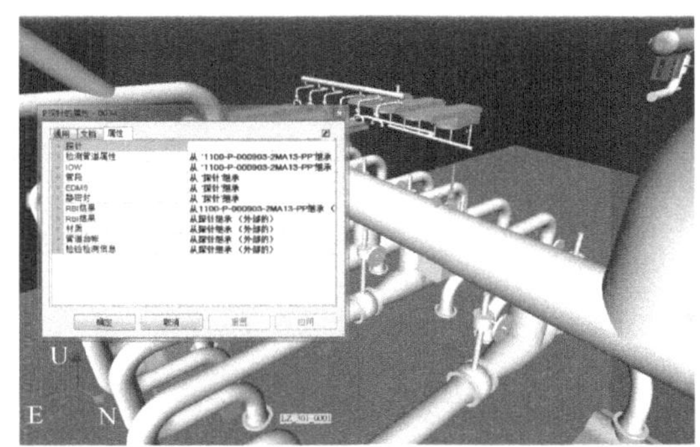

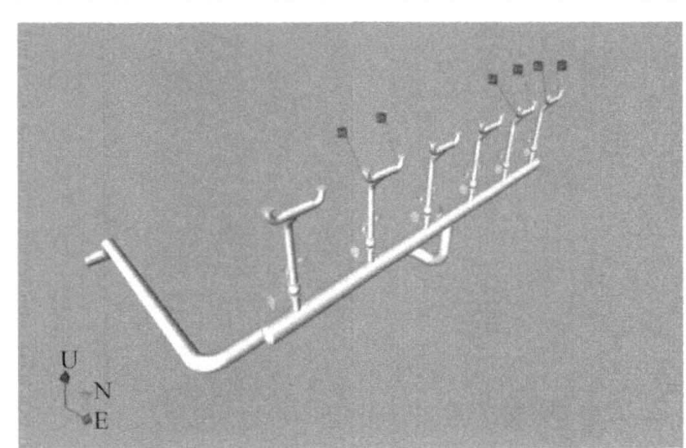

图8 腐蚀回路视图

3.4 检测数据管理分析

数字化工厂为检测数据的管理提供了有效的平台，可以保存检测数据，在三维腐蚀回路视图上，鼠标悬停在检测点，可以显示该点壁厚、腐蚀速率、剩余寿命等数据，同时可以查看平均腐蚀速率、瞬时腐蚀速率等趋势图进行分析研究，方便生成检修计划或指导工艺调整。见图9。

通过以上数字化工厂在550万常减压装置设

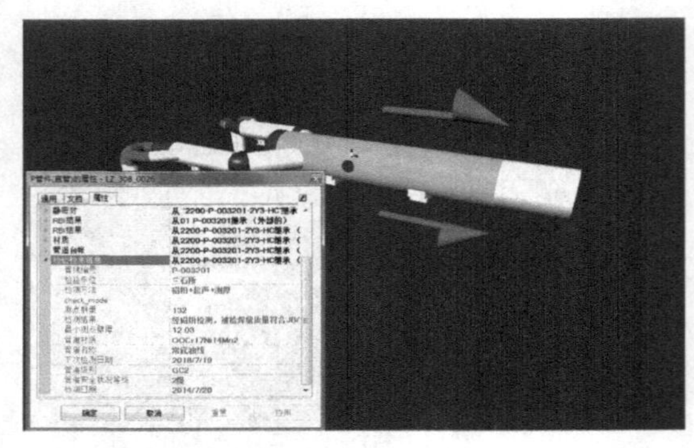

图9　检测数据管理平台

备管理方面的实际应用，可以看出数字化工厂具有以下特点：

精准性：能精确反映现场资产实物的三维空间尺寸，精度误差为2~5mm；

集成性：可以对接集成ERP、MES、设计类图形数据、视频监控、巡检系统等现存系统；

智能性：集成性强，但也可以对任意设备、工艺流程、控制回路、腐蚀回路进行任意抽取，并且有相关资料关联；

扩展性：可以随时根据专业业务的需求，组态实现解决方案，不需要二次开发，在应用上具有强大扩展性。

数字化工厂在装置上的应用非常广泛，现存的业务和资料管理多少都可以在数字化工厂中实现，并且能以直观、准确的形式反映。但是数字化工厂的应用不是一蹴而就的项目，需要在日常工作中不断改进、各项应用功能不断完善、持续扩展开发，最主要的是对数据、模型的定期维护，保证系统的实时性和准确性。

重油催化裂化装置烟气轮机“双级改单级”技术改造中新技术的应用

马立刚 方 超 严晓祁

（中国石油玉门油田炼油化工总厂）

摘 要 烟气轮机是重油催化裂化装置的核心设备，其运行状态关系到整个装置的平稳运行及经济指标。双级烟气轮机运行存在诸多问题，目前单级烟气轮机技术受到更多炼厂的青睐。本文主要介绍烟气轮机“双改单”技术改造中应用的多项新技术及预期效果。

关键词 烟气轮机；技术改造；新技术应用；效果

1 前言

重油催化裂化装置双级烟气轮机长期存在一、二级动叶片处催化剂细粉集聚的问题，导致设备振动升高，影响机组的长周期平稳运行。近年来，随着国内催化裂化装置要求的检修周期越来越长，对烟机的安全平稳长周期运行提出了更高的要求。单级烟机由于其结构相对于双级烟机较为简单，便于安装及维护，维护成本也较低，故障率较低，易于实现长周期安全运行，再加上近年来对大焓降高效叶片的研制，缩小了单级烟机和双级烟机的回收效率差异，使得以前必须采用双级结构的烟机现在可以用单级烟机实现。新一版《烟机长周期运行指导意见》中明确表明优先采用单级烟机结构，故原双级烟机改造为单级烟机的改造方案受到了多家炼厂的青睐，改造后收到了良好的效果。

2 我厂烟气轮机概况

我厂 YL Ⅱ13000A 型烟气轮机是由渤海装备兰州石油化工机械厂于 2005 年制定交付并投入使用的。经过十余年的使用，烟机主要热部件已经到达设计寿命，部分部件已经老化变形。目前使用过程中，因烟机入口烟气催化剂颗粒浓度较高，使烟机转子结垢较为严重，造成转子轴振波动较大，平稳运行效果不佳，烟机入口快切阀开度较小，机组节能效果未能最大化体现(图 1)。

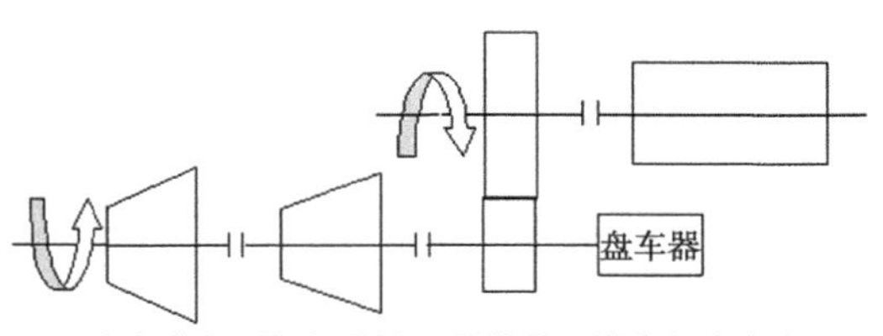

图 1 主风机—烟气轮机能量回收机组配置图

3 双级烟机运行现状

双级烟机在运行中，由于结构相对较复杂，其运行中影响振动的因素较多。目前双级烟机运行中普遍存在以下问题(不考虑三旋分离效果情况)：二级动叶片叶根位置易被催化剂冲蚀、一二级动叶片之间死区易集聚催化剂细粉及垢块、过渡衬环处易集聚催化剂细粉(图 2~图 4)。

图 2 二级动叶片叶根冲蚀

图 3 一二级动叶片之间催化剂细粉及垢块

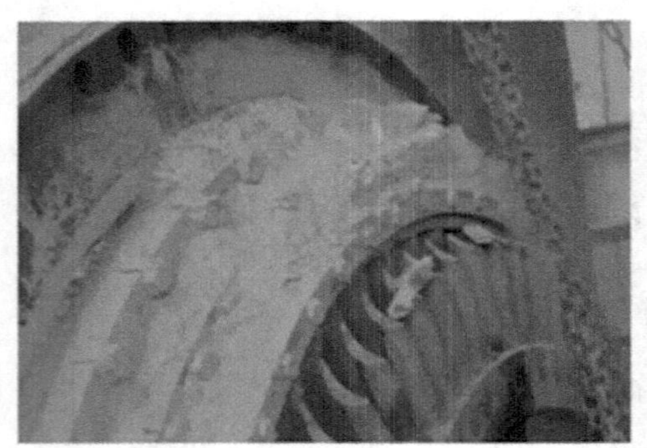

图 4　衬环内部集聚催化剂细粉

轴振过高严重影响烟机的平稳运行，一旦烟机停运同样造成巨大的经济损失。目前烟机轴振过高后一般采用以下措施：

（1）直接停机检修；

（2）停机后使用轮盘蒸汽或风直接吹扫除垢；

（3）不停烟机，在线使用蒸汽吹扫除垢。

前两种除垢方法安全，但停机后造成巨大的经济损失，而后一种在线除垢方法存在很大的安全风险。鉴于此种情况，一种是改善烟机运行工况，从工艺操作及三旋分离效果出发降低烟气催化剂颗粒浓度；另一种是从烟机设备本体出发考虑，不断创新研发新技术，提高烟机平稳运行抗干扰能力。为此，比对其他炼厂单级烟机运行效果，我装置烟气轮机定于 2019 年大检修期间进行双级改单级技术改造。

4　改造内容及先进技术应用

4.1　转子结构改变

双级转子结构采用两级动叶片，而单级烟机转子仅采用了一级动叶片，增大了叶形，其做功效率可以满足装置节能要求(《导则》要求在额定工况下单级烟气轮机的绝热效率不低于 78%，双级烟气轮机的效率不低于 84%)(图 5，图 6)。

图 5　双级烟机转子结构

图 6　单级烟机转子结构

4.2　采用先进的马刀型叶片

新设计的动、静叶型采用高效弯扭复合叶型(S03 马刀叶型)，马刀型叶片是变截面、扭曲和弯曲 3 项技术的综合体，设计出的 S03 马刀型叶片能够有效调整等压线的分布形状，抑制根部附面层分离，减少二次流损失，使低能区的流量向主流流动，从而提高叶片的气动效率，增加叶片的做功能力，提高烟机的回收效率(图 7)。

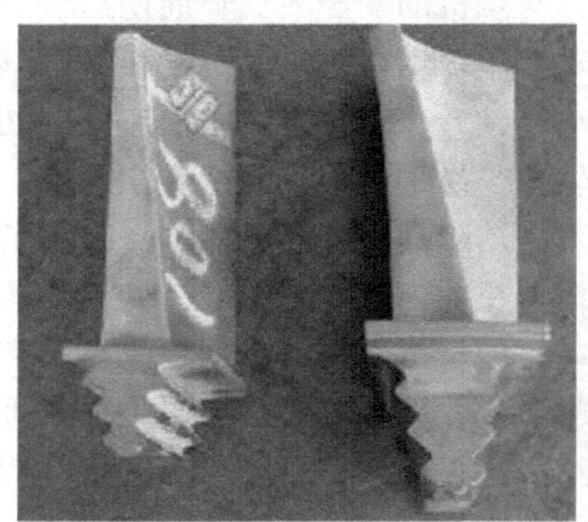

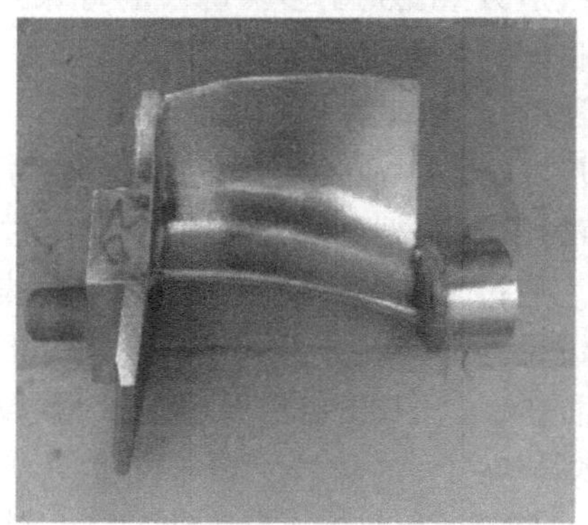

图 7　马刀型叶片实物

4.3　动叶片榫齿抛丸强化处理工艺抛丸工艺

也是一种机械方面的表面处理工艺，类似于喷砂和喷丸。其原理是用电机带动叶轮体旋转，靠离心力的作用，将直径在 0.2~3.0mm 的丸子(有铸丸、切丸、不锈钢丸等)抛向工件的表面，使工件的表面达到一定的粗糙度，使工件变得美观，或者改变工件的焊接拉应力为压应力，提高工件的使用寿命。

动叶片是烟机中工作条件最恶劣的零件，它的工作温度约高于轮盘边缘100~150℃，动叶片在高速运行中承受巨大的离心力作用，离心力和气流作用力的结果使动叶片产生拉伸应力及弯曲应力，叶片的不断冲蚀又使得其固有频率不断发生变化，在这样的高温度复杂应力作用下，对动叶片材料的持久强度、蠕变强度、机械疲劳和热疲劳性能提出了很高的要求。为了改善烟机动叶片榫头的常温和高温疲劳性能，动叶榫齿采用抛丸强化处理工艺，消除应力集中现象，改善榫齿表面应力状态分布，提高动叶片榫齿抗疲劳性能及高温蠕变性能(图8)。

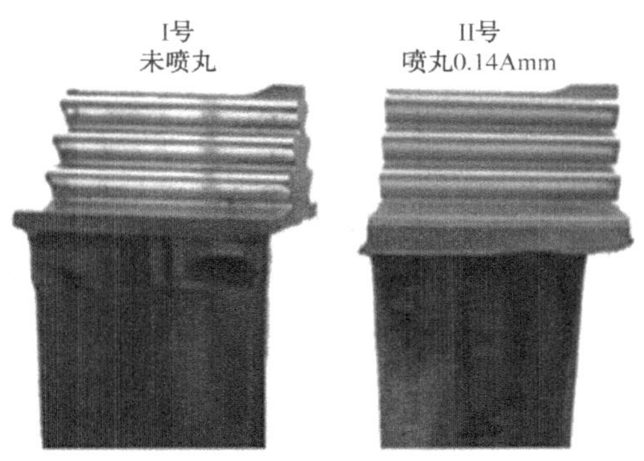

图8 喷丸前后榫齿对比

4.4 采用高效排气机壳

气流在排气壳体的流动是扩压过程，因此提高排气壳体扩压段的效率对提高烟机的整机效率是有利的。通过采用带有导流板高效排气机壳，烟机壳体设置高效导流支承板，使得动叶出口的参数趋近均匀，将余速损失减少到最小，有助于减小流动损失，提高烟机效率。

4.5 动静叶片涂层均采用爆炸喷涂方式

转子叶片喷涂技术有激光喷涂和爆炸喷涂，在实际使用中叶片涂层采用爆炸喷涂方式的明显优于采用激光喷涂的。目前"双-单"改造中均采用动、静叶片以爆炸喷涂方式喷涂耐磨涂层，以提高叶片的抗冲蚀能力，降低叶片表面粗糙度，有效改善叶片结垢情况。

4.6 应用豪克能金属表面加工技术豪克能金属表面加工技术

是源自乌克兰的一项军工技术，其利用金属在常温状态下冷塑形的特点，运用豪克能对金属零部件进行无研磨剂的研磨、强化和微小形变处理，一次加工即可使零件表面达到镜面并实现改性的创新性能量加工技术。不仅使零件的粗糙度大幅度降低(Ra值可达0.05μm)，更重要的是使零件的疲劳性能(疲劳寿命提高数十倍以上)、显微硬度(提高20%以上)、耐磨性(提高50%以上)、耐腐蚀性(提高40%以上)得到大幅度提高。

主轴轴颈及测振带、过渡衬环流道表面均采用豪克能光整处理，以降低粗糙度、提高硬度，能够有效提高烟机运行的平稳性，减小加工误差带来的振动监测虚假值，延缓流道表面催化剂结垢，基本可以杜绝催化剂细粉在此处的停留，避免催化剂细粉堆积或崩落对转子动平衡的破坏，大大提高烟机转子抗催化剂细粉干扰的能力，提高设备运行的可靠性(图9)。

图9 豪克能金属表面处理效果

4.7 新型埋入式叶片锁紧结构

为彻底解决动叶片锁紧片断裂的问题，从结构上对叶片锁紧方式进行了改变，使用了新型的埋入式叶片锁紧结构，将锁紧销置于叶片封缘板与轮盘外圆之间而不外露于流道，也就解决了锁紧销被冲蚀、腐蚀和动静摩擦引起的锁紧失效问题。

4.8 轴承箱结构的改进

轴承箱体采用整体式带冷却水套系统(保证转子在运行时对中不变)；轴承箱体前侧喷涂耐磨涂层，减少了轴承箱体的变形，防止轴端泄漏烟气对该部位的冲蚀和腐蚀；优化排油气管设计，采用卡套式联结，方便拆卸安装，提高了排油气帽罩的高度，有效防止润滑油渗漏。

5 预期改造效果(参考锦西石化2015年改造情况)

5.1 机械性能

整体机械性能稳定，烟机转子振动值较双级

转子时下降很多，整机可靠性、安全性非常高（图10）。

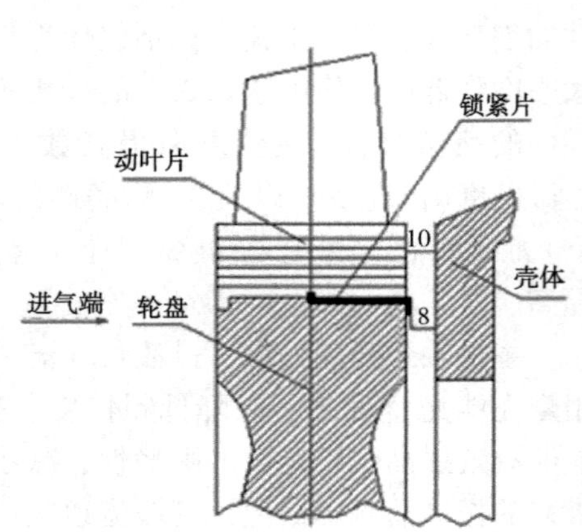

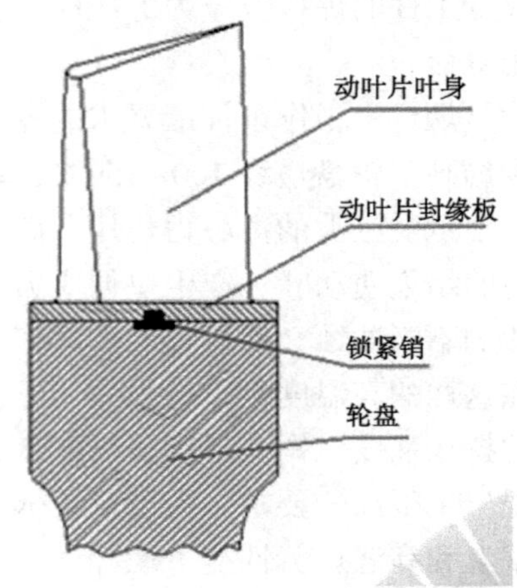

图10　锁紧片与锁紧销结构对比

5.2　节能性能

在烟机整体运行平稳的前提下，烟机入口蝶阀开至50%左右且调节余量还很大，如果工况允许(考虑主电机低电流报警)，再增大烟机入口蝶阀的开度，节能效果还会提升。

5.3　长周期运行方面

改造后，设计工况下，烟机可连续运转三年以上，为装置长周期运行提供保障，大大降低设备检维修费用。

6　结束语

随着新技术的不断应用，现在对烟机的要求已由“长周期安全稳定运行”转变为“考虑长周期运行兼顾机组效率”。单级烟机缩小了在运行中与双级烟机回收效率的差异，而因其结构相对简单、维护方便、运行稳定等优点，目前单级烟机使用广泛，创造了巨大的价值。

催化解析塔底重沸器异常泄漏原因分析及对策

吴长春　蒠永龙　赵志成

（中国石油独山子石化公司炼油厂）

摘　要　本文通过对Ⅰ催化装置解析塔重沸器 H302 出现泄漏问题的判断，应用现场勘查、管束测厚、垢样分析等手段对解析塔重沸器发生异常腐蚀泄漏的原因进行分析，提出处置和预防措施和建议。

关键词　泄漏；腐蚀；硫化氢

催化裂化技术是现代炼油厂改善重质馏分和渣油的核心技术，在热能和催化剂存在的条件下，发生一系列化学反应，重质馏分和渣油等转变为裂解气、汽油和柴油等轻组分。石化公司Ⅰ催化装置为高低并列式提升管蜡油催化裂化装置，于 1977 年 1 月建成投产，由炼油厂自己设计安装并试车一次成功，经过一系列改造现加工量为 80 万吨/年。然而随着催化原料性质变化、设备陈旧老化、工艺落后等原因，Ⅰ催化装置的腐蚀问题日益加剧，已经成为石化公司长周期运行的短板。设备腐蚀不但带来装置安全生产隐患和问题，还会严重影响工艺平稳操作和产品质量。换热系统腐蚀问题在催化装置也普遍存在，但是存在查找困难、判断不准确、腐蚀原因复杂等，导致对换热系统腐蚀问题重视力度不够，缺少进一步的研究和分析。因此，查清设备腐蚀特别是换热系统腐蚀的机理和原因，对于落实腐蚀问题处置和预防措施具有重大意义。

1　工艺参数

1.1　工艺流程

Ⅰ催化装置解析塔重沸器（H302）是稳定系统的重要换热设备，为解析塔提供热量，热源分馏顶回流走管程，冷源解析塔底脱乙烷汽油走壳程，分馏顶回流从分馏塔（T-201）第 27 层塔盘用顶回流泵（B-203/1～2）抽出，经油浆-顶回流换热器（H-305）后进解吸塔底重沸器（H-302），为解析塔底脱乙烷汽油深度解析提供热量，具体流程示意图见图 1。

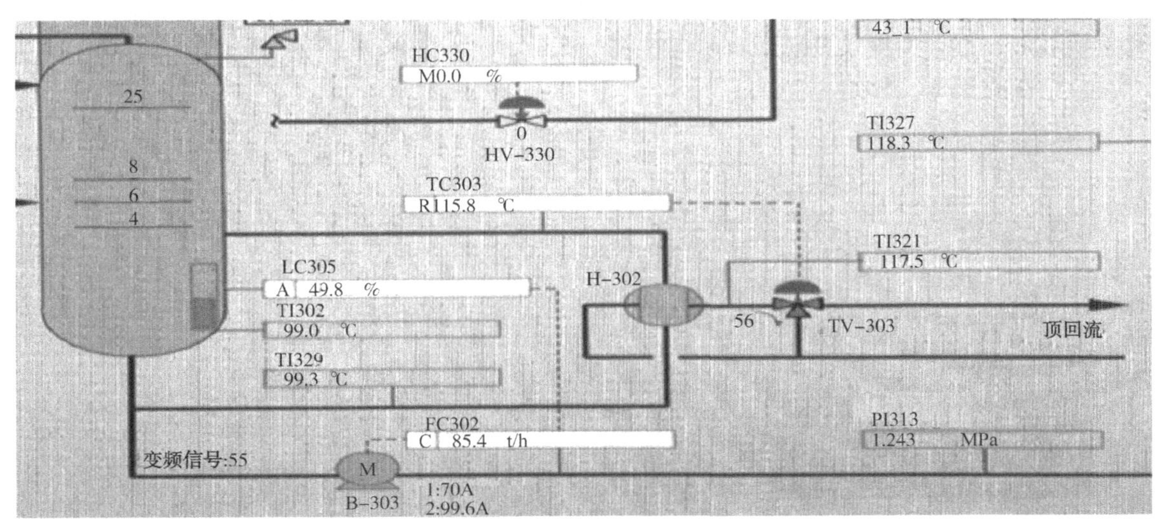

图 1　解析塔重沸器工艺流程

1.2　解析塔重沸器参数(表1)

表1

容器名称	解析塔重沸器	设备位号	H-302
筒体、封头材料	16MnR	管束材质	20#
管程介质	顶回流	壳程介质	脱乙烷汽油
管程温度/℃	160	壳程温度/℃	95
管程压力(设计)/MPa	1.1(2.5)	壳程压力(设计)/MPa	0.95(1.6)
生产厂家	甘肃滨河铆焊厂	投用时间	1998年6月调入
管束更换时间	2015年5月	上次更换日期	2004年8月

2　腐蚀概况

2.1　解析塔重沸器泄漏判断

2017年12月11日，Ⅰ催化装置因系统停电紧急停工退守。12月13日，Ⅰ催化装置开工正常后稳定汽油分析干点严重超标(超上限)，接近分馏系统顶回流干点，车间核对稳定系统操作参数正常，判断解析塔重沸器H302内漏，车间调整顶回流压力与稳定系统压力一致，稳定汽油分析合格。

2.2　解析塔重沸器泄漏情况

检修过程发现解析塔重沸器H302壳程底部以及小浮头侧头盖堆积油泥较多，管束底部腐蚀穿孔严重，在扩检过程中相继发现小浮头侧头盖底部以及壳程入口底部均出现严重腐蚀减薄情况。

2.2.1　壳体泄漏部位情况

壳体泄漏部位位于放空丝堵的角焊缝处，泄漏部位附近结垢严重，垢样为黄色及黑色。泄漏部位外观呈孔状特征，肉眼未见泄漏点附近存在开裂情况，形貌见图2，图3。

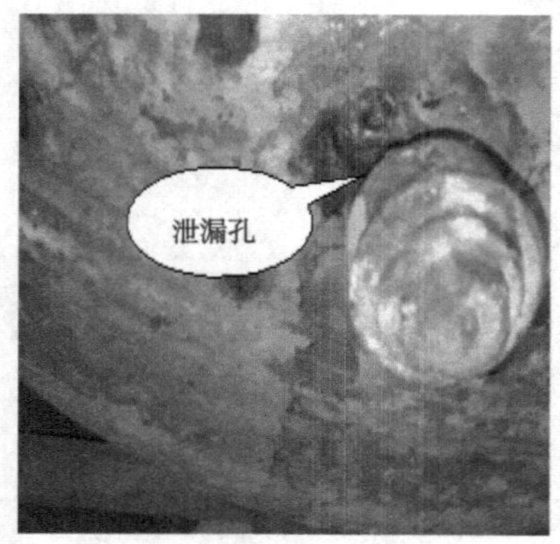

图2　壳体腐蚀外表面

2.2.2　管束泄漏部位情况

管束泄漏部位为靠近管板两侧底部位置，外观呈孔状特征，腐蚀方向由管束外部向内部腐蚀至穿孔，如图4所示。泄漏的管束被油泥状物包裹，泥状物呈黑色，如图5所示。

图3　壳体腐蚀内表面

图4　管束腐蚀部位

图5　管束部位油泥

2.3　测厚

2.3.1　壳体壁厚检测

对该换热器壳体进行壁厚检测，发现壳体两段下部有明显减薄，泄漏部位筒体及封头壁厚范围为4.14~2.15mm，壁厚检测具体数据及位置见图6。

2.3.2　管线壁厚检测

对该换热器进、出口管线进行壁厚检测，发

现换热器壳程入口管线底部有明显减薄，减薄区域沿轴线分布，减薄带展开宽度在100mm，最小壁厚1.76mm，壁厚具体数据见表2。

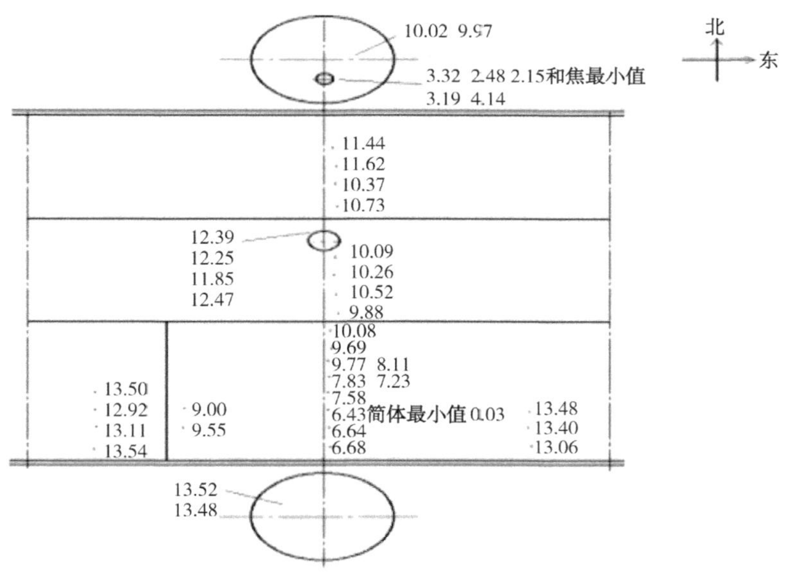

图6　壳体测厚数据

表2　管线测厚报告(节选)

装置名称：炼油厂催化裂化车间					报告编号：ZA18-LC-CH-BG008					
检测部位	编号	实测厚度/mm	编号	实测厚度/mm	编号	实测厚度/mm	编号	实测厚度/mm	编号	实测厚度/mm
东侧弯头	4-1	5.35	4-2	5.26	4-3	7.79	4-4	8.16	4-5	7.93
东侧弯头	4-6	6.03	4-7	5.83	4-8	6.79	/	/	/	/
东侧弯头	5-1	3.06	5-2	6.92	5-3	3.13	5-4	2.78	5-5	6.92
东侧弯头	5-6	7.95	5-7	7.75	5-8	8.15	/	/	/	/
东侧弯头	6-1	7.09	6-2	7.09	6-3	2.56	6-4	1.89	6-5	7.77
东侧弯头	6-6	7.15	6-7	8.26	6-8	8.25	/	/	/	/
东侧弯头	7-1	8.06	7-2	8.17	7-3	1.76	7-4	2.46	7-5	5.97
东侧弯头	7-6	7.21	7-7	7.50	7-8	8.23	/	/	/	/
东侧弯头	8-1	8.17	8-2	6.51	8-3	7.88	8-4	7.88	8-5	6.34

2.4 H-302垢样分析

根据垢样能谱分析结果：产物的可见元素主要为O、S、Fe元素，分析结果见图7。

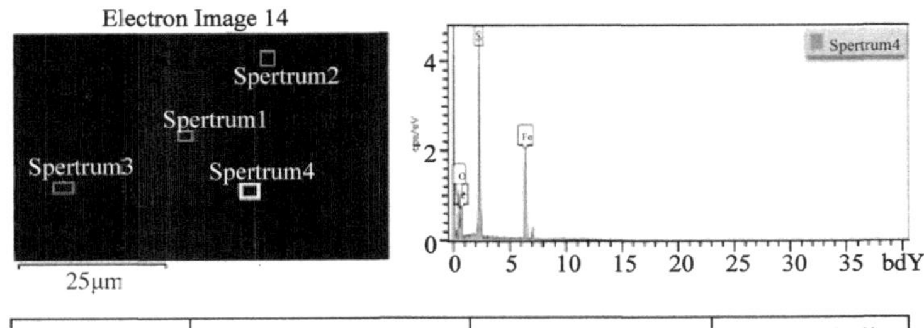

Element	Wt%	Wt% Sigma	Atomic %
O	6.60	0.37	16.44
S	31.94	0.56	39.69
Fe	61 46	0.62	43.86
Total:	100.00		100.00

图7　垢样能谱分析结果

通过X射线衍射分析与能谱分析，经与标准谱图对比，最终确定送检样品的主要腐蚀产物成分为FeS_2和Fe_3O_4，其中FeS_2为黄色立方晶体，分析结果见图8。

Element	Wt%	Wt% Sigma	Atomic %
O	5.45	0.47	13.86
S	31.88	0.74	40.47
Fe	62.67	0.81	45.67
Total:	100.00		100.00

图1-2能谱分析结果,

图1-2所示为产物的能谱分析结果,可见主要含有O、S、Fe元素。

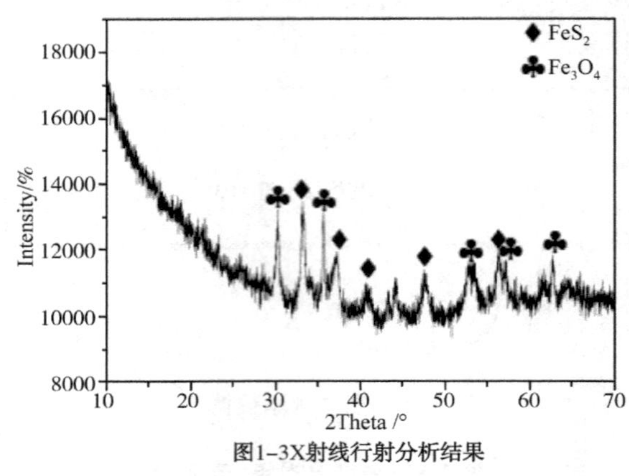

图1-3X射线行射分析结果

图8　X射线衍射分析结果

3　解析塔重沸器腐蚀泄漏原因分析

3.1　腐蚀机理

依据管束的腐蚀产物组成分析，结合腐蚀形貌判断缺陷主要是由湿硫化氢腐蚀同垢下腐蚀协同造成，判断主要依据如下：

3.1.1　介质含水

解析塔重沸器壳程介质温度95℃，操作压力1MPa，该压力下，水以液相水的形式存在。

稳定汽油中含水：两器油气中携带大量水蒸气，油气进入R-201进行气液分离，分离后夹带部分水的粗汽油进入R-206水洗分离(水洗水量在8-9t/h)，从R-206抽出的粗汽油再进入R-301进行水洗分离(水洗水量在8-9t/h)，故粗汽油在各个流程系统中均可能因油水分离不完全造成粗汽油夹带部分液相水；

3.1.2　H_2S腐蚀

来自原料硫化物裂化分解，元素硫与烃类反应产生.

3.1.3　垢下腐蚀

汽油在一定的压力及温度环境下，很容易发生聚合，烃类分子的碳与氧、氢都会发生反应，形成胶质或积碳油泥。壳体两端介质流动死区易产生油泥堆积，协同湿硫化氢腐蚀环境产生的FeS_2和Fe_3O_4腐蚀产物，共同形成垢下腐蚀环境。

3.2　腐蚀加剧分析：

该重沸器04年更换的管束运行到2015年，大修鉴定管束底部存在分布均匀的坑状腐蚀，未穿孔，2015年8月检修更换新管束。鉴于往年的检修及运行记录，考虑到管束更换才2年，2017年装置小修未将该换热器列入检修计划。15年更换的管束在运行了不到3年即发生腐蚀穿孔，车间认为湿硫化氢腐蚀同垢下腐蚀的腐蚀机理并未发生变化，主要是影响因素发生变化，主要体现在以下几个方面：

3.2.1　稳定汽油系统液相水含量增加

3.2.1.1　加工量增加导致的水洗水脱水效果下降

查阅2015年以前Ⅰ催化装置加工量平均在85t/h左右，汽油收率在52%，2015年以后未降低柴汽比，Ⅰ催化装置加工量维持在100t/h左右生产，汽油收率在53.5%左右，整体汽油产量上升21%，在稳定系统设备未进行改造条件下，稳定汽油流量较大且静置循环时间缩短，水洗水脱水效果势必下降，造成解析塔底重沸器壳程底部以及入口管线水平段底部易沉降液相水。

3.2.1.2　R-301抽出口以及水包结构方位产生变化

从图9可以看出，原R-301介质抽出口位置为南侧封头下部。受机泵对介质的抽力影响，介质流动方向如图所示，介质会流经原 R-301 水包上部，介质中的水在一定程度上有效的进行了分离脱水；

而从图 10 可以看出，新安装的 R-301 介质抽出口位置由南侧封头下部改为南侧筒体底部。受机泵对介质的抽力影响，介质流动方向最终朝下，罐体底部分离的水可能会夹带在介质中被部分抽出，从而带入下游系统 H-302 中。

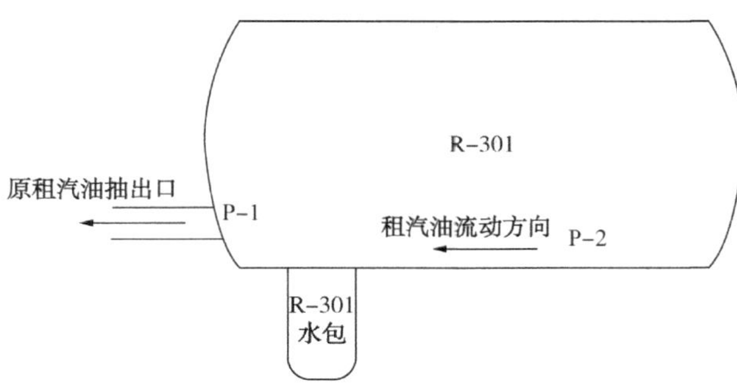

图 9　原 R-301 结构

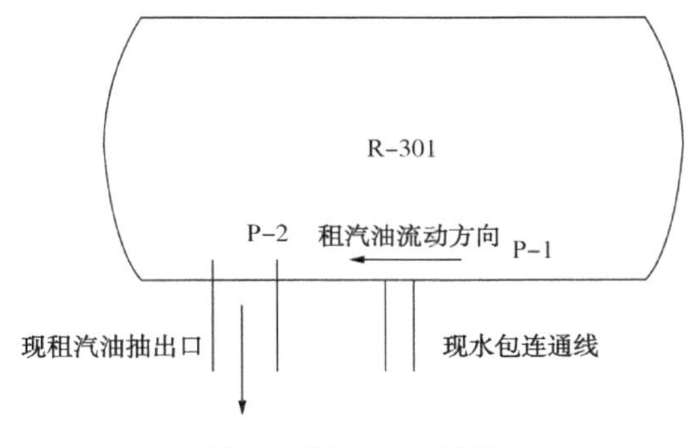

图 10　新 R-301 结构

综上所述在介质中硫化氢含量未产生较大变化的前提下，液相水增多。由于汽油中的油泥及水相均在壳体底部沉积，可能存在在原有状态下，汽油中的含水量相对较小，油泥阻断了水中溶解的硫化氢与金属管束的直接接触，造成腐蚀较为缓慢。现阶段在含水量增多的情况下，水中溶解的硫化氢含量也会显著增加，溶于到水中的硫化氢可直接与底部金属管束表面接触产生湿硫化氢腐蚀环境，加剧腐蚀的发生。随着 H_2S 浓度不断增加，pH 值小于 4 时，腐蚀非常剧烈。

3.2.2　油渣油泥的累积效应

解析塔重沸器壳程介质自然对流，非强制循环类型，流速低问题无法避免，加上单一入口设计，在换热器壳程两端介质流动不畅、易形成死区，造成油泥油渣堆积，形成垢下腐蚀的环境，产生“溶液浓缩”现象，腐蚀速率也将快速上升。

4　对策

4.1　工艺排查

发现解析塔重沸器异常腐蚀泄漏后，组织对稳定系统冷换设备壳体、头盖以及相同工况工艺管线进行测厚检查，完成 H303、H304 等 8 台冷换设备整体测厚检查，检查发现 L304/1-2 壳体底部存在腐蚀减薄问题，最小壁厚 5.6mm，其他已检设备管线未见异常腐蚀。

4.2　修订大修内容

将解析塔、稳定塔底重沸器壳程以及附属管线清洗检修纳入停工检修定修内容，减少系统油泥油渣藏量。

4.3　油气分离罐技措改造

联系设计单位，考虑油气分离罐 R301 内部增加油水分离措施，提高分离效率

4.4　大修设备更新

订购新换热器，2019 年检修整体更换。

5　结论

通过本次对解析塔重沸器异常腐蚀泄漏处置和原因分析，得到以下结论：

（1）车间应进一步重视湿硫化氢腐蚀同垢下腐蚀共同作用下的换热系统腐蚀，举一反三，做好排查工作。

（2）测厚工作要结合催化车间设备腐蚀实际情况，有的放矢。

（3）设备腐蚀预防工作应当作为设备管理的重点。

乙烯装置稀释蒸汽发生器腐蚀泄漏原因分析

郝新焕　崔轲龙

（中国石油独山子石化公司研究院）

摘　要　某乙烯装置稀释蒸汽发生系统的稀释蒸汽发生器，腐蚀泄漏问题频发，制约着装置的安稳长运行。本文通过对稀释蒸汽发生器的材质、工艺介质、腐蚀形貌、腐蚀整体状况进行分析，确定泄漏原因是由于工艺水系统存在腐蚀性介质，在工艺防腐操作不平稳的情况下，造成工艺水呈酸性或碱性腐蚀，在一定温度、压力和流量下，加上汽蚀作用的叠加造成发生器管束的严重的局部腐蚀泄漏。结合实际情况，给出了防腐蚀泄漏建议。

关键词　稀释蒸汽发生器；工艺水；腐蚀；泄漏

某100万吨乙烯装置稀释蒸汽发生系统的稀释蒸汽发生器，自2009年开工以来，腐蚀泄漏问题频发，特别是在2018年下半年，4个月的时间进行了7次试压堵漏。2018年11月三台稀释蒸汽发生器全部更换新管束，仅使用半年，到2019年5月，稀释蒸汽发生器B发生严重腐蚀泄漏情况，有4%的管束发生了泄漏，严重威胁了装置的安稳长运行。

1　工艺条件

稀释蒸汽发生系统的工艺流程，见图1。

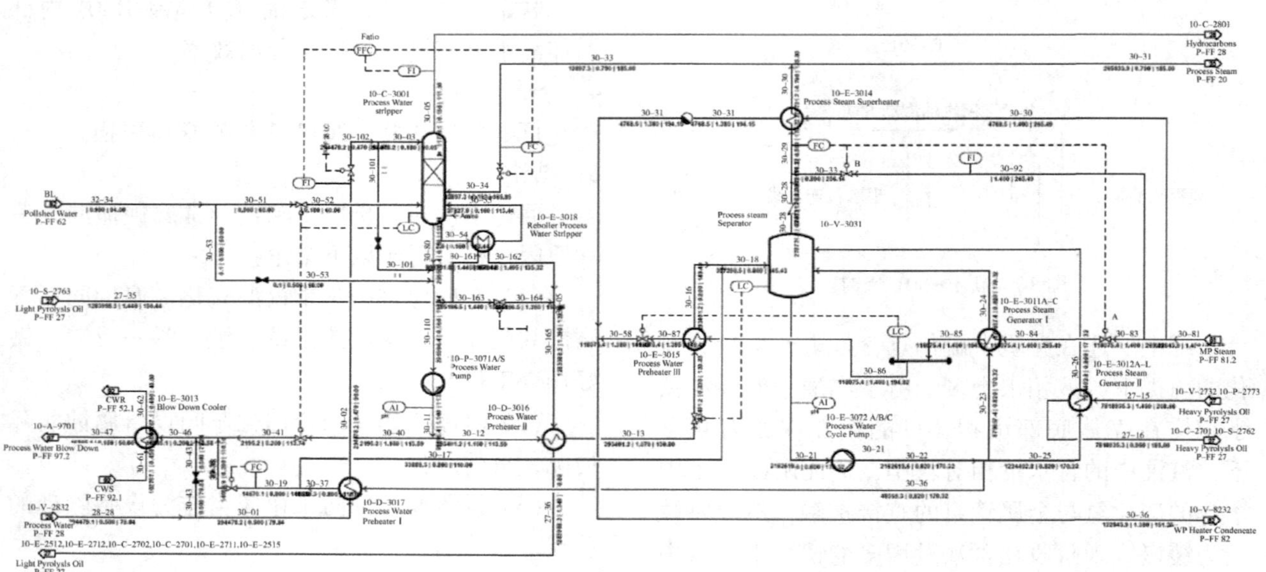

图1　稀释蒸汽发生系统的工艺流程

裂解气经过油洗塔后进入水洗塔C-2801冷却，水洗塔下部抽出的水和汽油经过分离器V-2831进行油水分离，分离出的工艺水经过工艺水聚结器V-2832，进一步油水分离，分离出的工艺水在E-3017中预热后，送入工艺水汽提塔C-3001以除去溶解在水中的挥发性烃类，汽提后的工艺水用泵P-3071加压到1.2MPa经E-3016、E-3015预热后送到稀释蒸汽分离罐V-3031，从V-3031底抽出的饱和工艺水经P-3072抽出，大部分的工艺水经E-3012A-L通过急冷油加热产生稀释蒸汽，其余的工艺水在E-3011A-C中由中压蒸汽加热产生稀释蒸汽，产生的稀释蒸汽返回V-3031上部，为防止V-3031发出的稀释蒸汽冷凝，在稀释蒸汽过热器E-3014中，用中压蒸汽将稀释蒸汽过热到约185℃，再送往各用户。

发生腐蚀泄漏的稀释蒸汽 1#发生器 10-E-3011A/B/C 为 U 型管式发生器，3 台并联同时工作。壳体材质为 16MnR，管束材质为 16Mn(CS/SA-209GR.T1)；管程为 MS，壳程为工艺水；壳程设计温度为 170.3℃，操作温度为 165℃；设计压力为 0.82MPa，操作压力为 0.8MPa。

2 腐蚀泄漏原因分析

2.1 管束材质及金相分析

对失效管束材质进行成分分析，具体分析结果见表 1：

表 1 发生器管束材质成分分析结果

元素	C	Si	Mn	P	S	Nb	Cr	V	Ti	Ni	Mo	N	Cu	Al
检测含量(wt%)	0.155	0.240	1.41	0.0176	0.092	<0.002	0.035	0.0595	<0.0010	0.06	0.0039	/	0.0153	0.0166
标准含量(wt%)	≤0.08	≤0.50	≤1.70	≤0.030	≤0.025	0.005-0.05	≤0.30	0.01-0.12	0.006-0.05	≤0.50	≤0.10	≤0.015	≤0.20	≥0.015

发生器管束的化学成分除个别微量元素外，基本满足 GB/T1591-2018 中 Q355N 的要求。

对失效管束进行金相组织分析，见图 2。

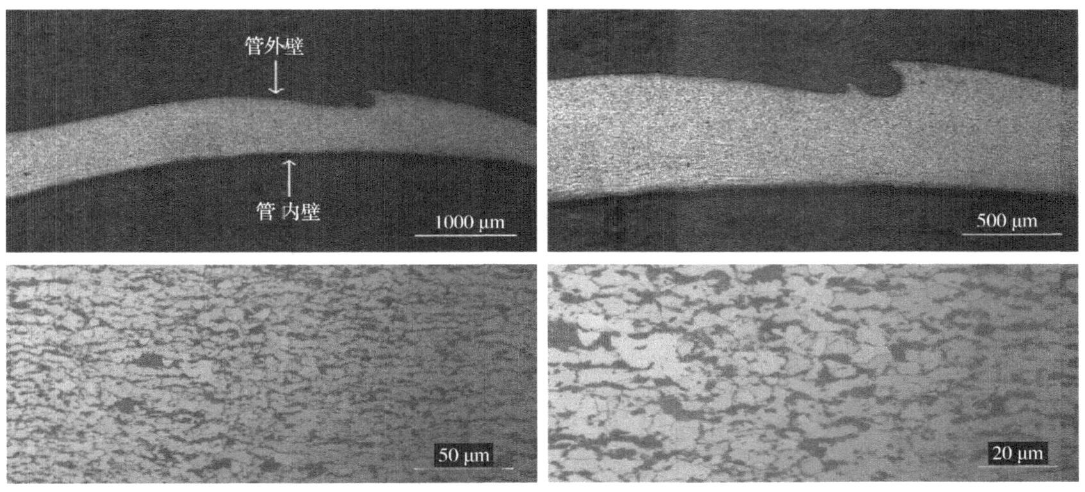

图 2 管束外壁侧金相组织观察

从图 2 可以看出，管束外壁侧有局部明显减薄情况，且腐蚀坑具有明显的方向性，坑底圆滑；管束内壁未发生腐蚀和冲刷，管壁未见减薄，金相组织为铁素体+珠光体。可以判断腐蚀是发生在管束外壁，是壳程介质的作用造成的。检查发生器管束内壁及管板，无明显腐蚀现象。

2.2 工艺介质

稀释蒸汽 1#发生器管程为 MS，壳程为工艺水。用于发生稀释蒸汽的工艺水中，残存着硫化氢、二氧化碳、氧硫化碳、低分子有机酸等腐蚀性介质，沿工艺流程随着温度、压力的变化，会对工艺水系统所涉及的容器、冷换设备、动设备及所属管线产生一定的腐蚀[1]-[9]，装置通过在工艺水汽提塔进口处的工艺水系统中注胺、注碱和软水来调整控制稀释蒸汽系统的工艺水的 pH 值在 7~9，来减控工艺水介质中的腐蚀性介质对系统的腐蚀影响。

检查 2018 年 1 月 1 日-2019 年 5 月 22 日工艺水系统 pH 值变化情况(AP30003 是稀释蒸汽分离罐 V3031 罐底水质情况)，见图 3。

从监测情况来看(AP30003 控制指标 pH 在 7~9)，2019 年以来工艺水系统的 pH 值波动较大。从 2018 年 1 月 1 日开始，一年来不合格次数共 14 次，其中 12 次在 2019 年，1 次 pH 值大于 9，11 次 pH 值小于 7，最低 5.65(在 2019.3.16)，最高 10.76(在 2019.5.15)，平均 8.01，说明工艺水系统 pH 值不太稳定，注碱控制不好，工艺水偏酸性情况较多。根据现场调查，装置注碱根据每周两次的离线分析数据，凭经验不定期的手动调整注碱泵，来控制工艺水系统的 pH 值，会存在注碱调整滞后、注量少和过量的情况，影响工艺水系统 pH 值的稳定，使工艺水系统的设备和管线长时间处于酸性或碱性的腐蚀环境中，在一定的温度和压力作用下，从而造成设备的腐蚀加剧。

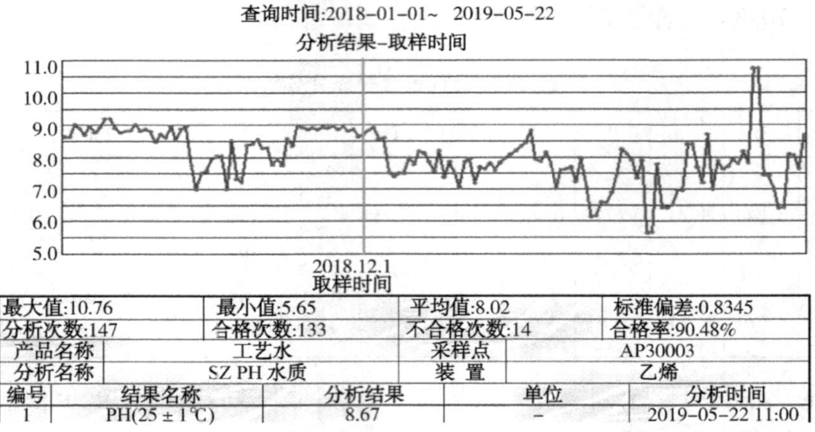

图 3　工艺水系统 pH 值监测情况

对腐蚀管束横截面进行成分分析，见表 2 和表 3。由于送检管束已经经过了高压水清洗，因此管束外表面没有明显的腐蚀产物和垢物的附着，影响了对管束腐蚀原因的分析。

表 2　管束横截面腐蚀坑部位的成分分析

成分	重量比/wt%	原子比/%
C	51.29	64.03
O	29.11	27.29
Na	5.13	3.35
Cl	6.88	2.91
K	2.99	1.14
Ca	0.40	0.15
Fe	4.20	1.13
总计	100.00	100.00

表 3　管束沟槽边缘麻点坑底条状物表面成分分析

成分	重量比/wt%	原子比/%
C	29.85	46.63
O	32.19	37.75
Si	7.69	5.14
S	3.05	1.78
Mn	12.93	4.42
Fe	3.71	1.25
Zn	10.57	3.03
总计	100.00	100.00

从管束腐蚀坑部位的成分分析结果，可以看出，蚀坑部位除了本体元素 Fe、Mn 等元素外，主要含有 O、Cl、S 等元素，应主要来源于介质，腐蚀产物主要应为铁的氧化物。腐蚀坑底主要是有机 C 成分，其次垢物中主要含有的腐蚀性元素 Cl 和 O 元素，且 Cl 元素含量较高，说明 Cl 元素在腐蚀坑底发生了富集，管束腐蚀坑底局部也有一定含量的 S 元素，说明腐蚀坑部位有酸性腐蚀发生。局部可见一定量的 Na 元素，说明注入的碱液局部发生了富集，当 pH 值为碱性时，也出现了局部碱浓缩，有碱腐蚀发生。证明了工艺水系统存在酸性和碱性的腐蚀。

其中，Cl^- 具有离子半径小、穿透能力强，并且能够被金属表面较强吸附的特点。酸性环境中 Cl^- 的存在会在金属表面形成氯化物盐层，并替代具有保护性能的 $FeCO_3$ 膜，从而导致高的点蚀率。腐蚀过程中，Cl^- 不仅在点蚀坑内富积，而且还会在未产生点蚀坑的区域处富积，从对腐蚀坑部位的成分分析可以看到，有 Cl^- 沉积在腐蚀坑底部，证明了这种可能性。

而当工艺水呈碱性，存在碱腐蚀时，由于碱腐蚀具有选择性和局域性，往往会集中在腐蚀金属构件的某一减薄部位，加剧局部腐蚀，最后形成穿孔。

2.3　腐蚀形貌

整体来看，10-E-3011B 管束内壁及管板，无明显腐蚀现象，腐蚀发生在管束外壁，见图 4。

10-E-3011B 泄漏部位发生在气液相变区域，上部管束表面有大量的腐蚀麻点，从单根管束来看，减薄及泄漏区域发生在管束上部，呈纵向沟槽形貌，沟槽宽 15～20mm，沟槽有逐层剥落痕迹；沟槽边缘平滑，局部减薄严重区域穿孔、破裂。失效部位有明显的“马蹄形”形貌。见图 5。

图 4　发生器 B 管板外观情况

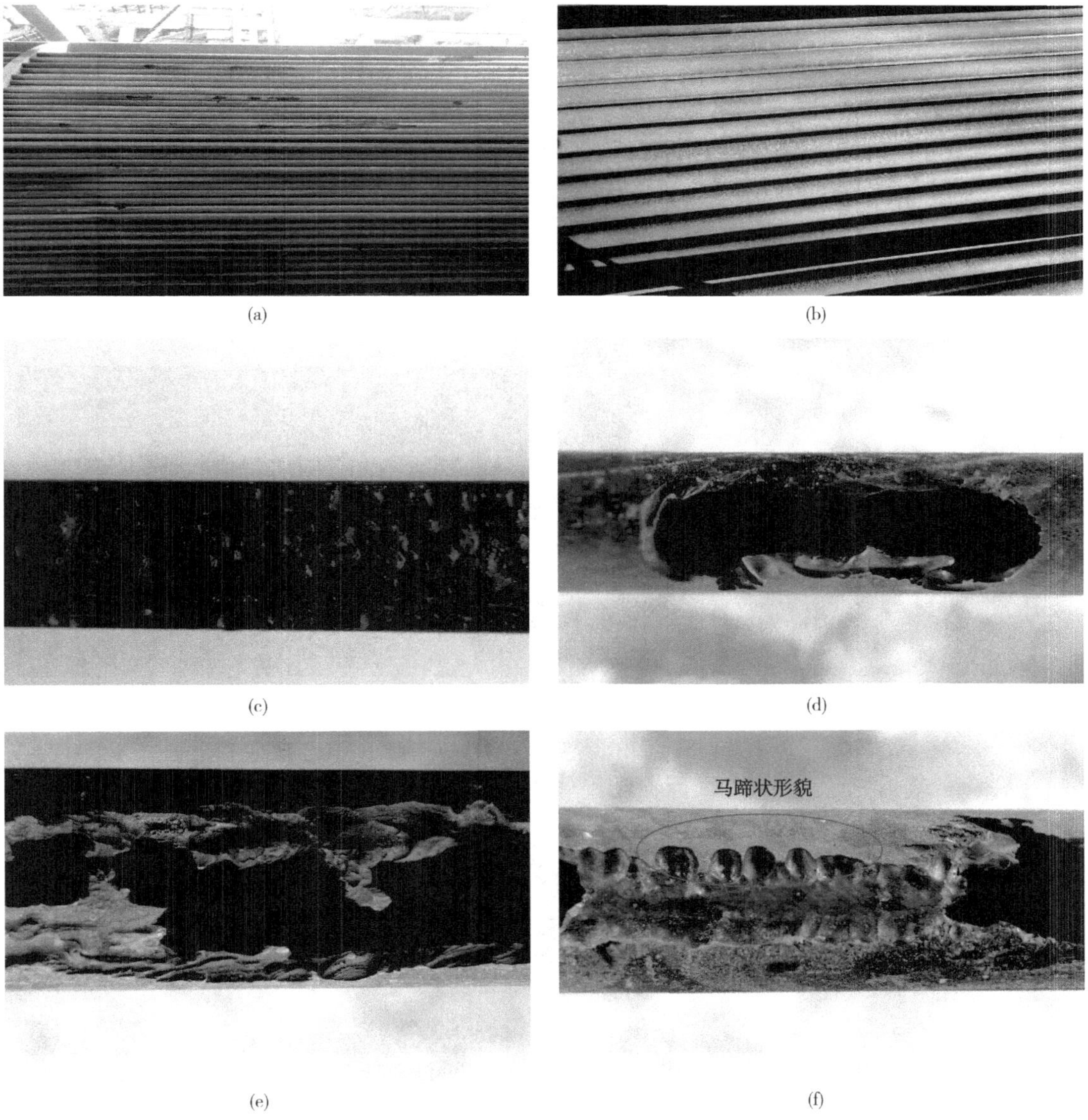

(a)

(b)

(c)

(d)

(e)

马蹄状形貌

(f)

图 5　管束腐蚀宏观形貌

对管束上部失效部位进行微观检查，见图 6，可见单一的腐蚀坑出现大量的“岛状”形貌，同时腐蚀坑中可见有类似“疲劳辉纹”的形貌，这是空泡腐蚀的偶尔可见的典型微观形貌，可以判断存在汽蚀腐蚀的可能。

当液体内的静压力突然下降到低于同一温度下液体的蒸气压时，在液体内就会形成大量的空泡，而空泡群进入较高压力的位置时，空泡就会溃灭。空泡的溃灭使气泡内所储存的势能转变成较小体积内流体的功能，使流体内形成流体冲击波。这种流体冲击波的反复作用会使构件在材料表面形成粗糙坑洞，最终穿孔。

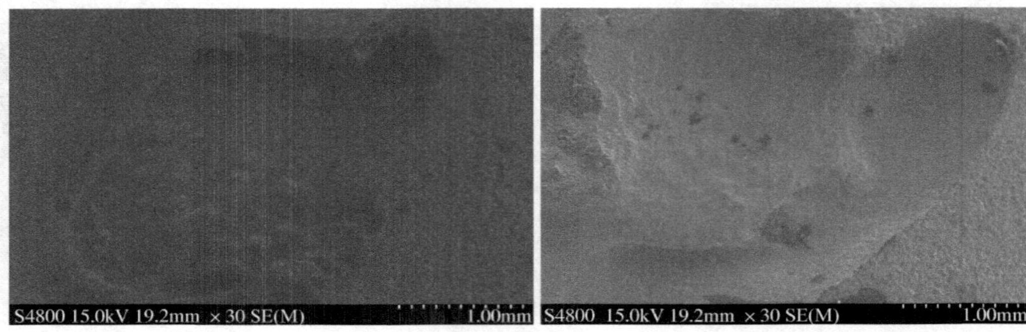

图6　管束上部失效部位微观形貌

根据资料显示，发生器管程走的中压蒸气，上进下出，蒸汽入口温度265℃（最高305℃），压力1.2MPa，出口温度195℃左右，压力约1.1MPa；壳程为工艺水下进上出，工艺水温度170℃左右，压力约0.818MPa，（入口是0.818MPa的饱和水），水汽混合出口压力约0.6MPa的气液两相，温度170℃左右。170℃饱和蒸气压0.79MPa，在壳程出口之前就已经产生了大量的蒸汽，验证了不可避免会产生汽蚀，并且在相变区域，酸性或碱性腐蚀介质受到浓缩，浓度急剧提升，对设备表面产生强烈的腐蚀作用。

2.4　整体腐蚀情况

2019年5~6月发生器A、B、C管束陆续抽出清洗，图7-图9是发生器管束外观情况：

图7　发生器A的管束外观情况

图8　发生器B的管束外观情况

图9　发生器C的管束外观情况

检查发现，稀释蒸汽发生器A管束无泄漏，壳程结焦严重，从上到下全部被焦物填满，管束外部包裹着一层有机物的焦层，像镀了一层搪瓷；发生器B，1500根管束，有60根发生泄漏，管束外壁干净，无结焦现象，上部有大面积麻点状腐蚀坑，局部逐层剥落，减薄严重区域穿孔、破裂；而发生器C，有1根泄漏，管束外面有少量的结焦，壳程底部有大量的结焦物，清洗后，可以看到管束外壁有逐层剥落痕迹，上部有密布麻点状腐蚀坑。可以明显的看出并联的三台发生器结焦情况和腐蚀程度不同，明显存在偏流现象。因发生器现场没有安装流量计，无法直观看出偏流多少。可以判断工艺条件的不同是造成发生器B腐蚀泄漏特别显著的原因。而发生器B和C上部密布麻点状腐蚀坑，可以判断存在汽蚀的情况。

3 结论和建议

综上分析，可以确定，由于工艺水系统存在腐蚀性介质，在工艺防腐操作不平稳的情况下，造成工艺水呈酸性或碱性腐蚀，在一定温度、压力和流速下，加上汽蚀作用的叠加造成稀释蒸汽发生器管束的严重的局部腐蚀泄漏。

建议如下：

1）加强工艺水的腐蚀介质监测，了解变化规律，发现问题及时采取防护措施。

2）优化工艺水pH值控制参数，工艺水系统工艺防护措施精细化管理，严格控制工艺水pH的指标，降低工艺水的腐蚀性，提高工艺防腐效果。

3）优化完善操作工艺，通过调整中压蒸汽的温度压力、蒸发器顶部出口温度压力、蒸发器汽液流量计及流面控制，利用虹吸原理来控制壳程出口温度压力，确保壳层出口之前避免产生气泡，从而避免汽蚀发生。

4）加装量流量调节装置，平均分配工艺水的流量，防止因偏流造成单台发生器发生严重的局部腐蚀。

5）对发生器管束进行材质升级，通过选择表面硬度高的材料或者表面处理方式，改善材质性能，提高管束的抗汽蚀的腐蚀性能。

参 考 文 献

[1] 陶立春. 乙烯装置稀释蒸汽发生器管束腐蚀失效分析(J)，化工设备与管道，2010，47(1)63-65.

[2] 麻毅进. 乙烯装置稀释蒸汽发生器腐蚀与预防(J)，石油化工腐蚀与防护，2009，26(1)，24-26.

[3] 马红杰，赵翔，康强利. 乙烯装置稀释蒸汽发生器腐蚀穿孔原因分析(J)，腐蚀科学与防护技术，2014，26(1)，86-88.

[4] 赵俊峰，张海涛，张发旺，宋长轩. 乙烯装置稀释蒸汽发生器内漏原因分析及应对措施(J)，石油化工设备技术，2014. 35(6)，1-4.

[5] 张培新，周钰明，薛蒙伟. 乙烯装置稀释蒸汽发生器腐蚀原因分析(J)，全面腐蚀控制，2012，26(9)，56-60.

[6] 孙殿博. 乙烯装置中稀释蒸汽发生器内漏原因及其防护的探讨(J)，乙烯工业，1994，26(9)，34-39.

[7] 张元昌，沈健明，王希革，李建军. 乙烯裂解装置稀释蒸汽发生器列管失效分析(J)，石化技术与应用，2005年，26(9)，56-60.

[8] 李楠，贺本新. 乙烯装置稀释蒸汽发生器再沸器腐蚀原因分析及防护建议(J)，工业，2016，2(7)，81-82.

[9] 张建平，赵彦龙，刘良，缪磊，盛刚. 乙烯装置稀释蒸汽发生器管束腐蚀失效分析，化工技术与开发，2012，41(4)，52-54.

炼化装置静设备风险动态评价技术研究与应用

谢国山[1] 庄法坤[1] 徐国良[2] 李淑娟[3] 钱晓龙[1]

（1. 中国特种设备检测研究院；2. 中国石油天然气股份有限公司独山子石化分公司；
3. 中国石油化工股份有限公司北京燕山分公司）

摘 要 基于风险的检验技术在国内十几年来得到了长足发展，对优化设备检验策略和检验周期、提高设备管理水平起到了积极的作用；但该技术未考虑设备运行期间参数变化的问题。本文阐述了该技术的发展和应用现状，探索性研究了风险动态评价方法、应用及发展趋势。结果表明，通过风险计算、参数修正和自动更新方式，可实现静设备风险动态评估和实时动态跟踪，为装置长周期运行管理提供技术支撑，为实现智能化、信息化、数字化运营奠定了基础。

关键词 炼化装置；静设备；动态风险；系统性评价；智能化建设

1 引言

随着炼化装置长周期运行的要求，必须提高设备可靠度，加强对设备的维护和检测。如何将设备失效带来的风险损失减少并降低设备维护检测费用，已经成为人们关心的问题。

基于风险的检验技术（Risk-Based Inspection，RBI）是目前国内外对在役设备进行检验和管理的重要技术手段。统计研究表明，80%的风险损失往往是由20%的重要设备失效带来的，而传统的定期检验是对设备在停机下进行的“常规体检”，缺乏针对性和预知性。RBI技术采用系统论的原理和方法，基于风险等级确定所需要重点关注的设备，合理制定检修策略和优化检验周期，可以在线运行的条件下实施检验。通过RBI技术的应用，解决了设备超期检验问题、定期检验时效性问题和隐患排查等问题。但是，传统RBI风险评估是静态的，更多是服务于检验，忽略了两次评估时间点之间或设备运行期间参数变化对设备风险的影响。同时，随着炼厂自动控制要求不断提高，融合信息化和智能化技术的智能工厂建设成为工业发展要求。因此，针对成套装置开展风险动态评估研究，已成为石化过程安全保障、长周期运行和智能化建设的发展方向。

本文针对装置长周期运行维护问题，概述了RBI技术的应用现状，研究了RBI动态评估计算方法，开展了成套装置静设备风险动态评价示范应用，进而分析炼化企业长期动态开展RBI技术的可行性，并展望风险动态评估技术的发展趋势。

2 RBI评估技术国内发展及应用概况

自RBI技术引入国内以来，经过十几年的科研攻关和工程技术实践，科研成果形成了我国承压设备以风险评估为核心的技术体系，并被我国相关法规所采纳，形成国家标准十几项，该技术为我国承压设备的科学监管、隐患排查和不停输检验奠定了基础。

通过“十五”以来，中国特检院联合国内高校、科研院所围绕承压设备的损伤识别、风险评估、安全评定开展国家科技支撑项目。形成科研成果数十项，制定了“GB/T 30579-2014 承压设备损伤模式识别”、“GB/T 26610 承压设备系统基于风险的检验实施导则”和“GB/T 33578 成套装置基于风险的检验细则”等国家标准十余项，填补了我国在役承压设备基于风险检验标准的空白，获得了国家标准创新贡献一等奖。另外，基于风险的检验方法被我国特种设备安全技术规范TSG-21（压力容器）、TSG D7005（工业管道）等所采纳。

通过科研成果转化，中国特检院开发了具有自主知识产权的“RBI石化设备风险评估系统”，该系统与国内标准体系完全一致。将RBI技术与网络技术、数据库技术和接口技术结合起来，开展实时RBI评估，并通过三维GIS系统进行风险实时可视化展示，发展了成套装置风险动态评估技术，提升了RBI技术的智能化进程。RBI理念不局限于石化行业，逐渐拓展到煤化工、冶金等领域，发展了管式超高压容器、大型煤液化和煤气化装置、安全阀和工业炉的RBI评估技术。建立了国内石化设备失效案例库，失效案例多达500余个，涵盖了不同设备类型的30多种失效机理，通过深层次、全方位地剖析失效机理和原因，为企业提供失效分析解决方案，避免同类失效再次发生。

构建了典型成套装置RBI评价数据库。截至目前，中国特检院已拥有近千套涵盖典型炼油、石油化工、煤化工、化肥、冶金等近50余种类装置的RBI工程经验积累；构建了常减压、催化裂化、乙烯等典型装置的损伤模式库、腐蚀数据库和失效案例库。

经过近些年科学研究和工程应用的积累，RBI技术不断向前发展，在风险评估基础上向动态风险管理发展，以实现过程装备企业的风险智能管控。

3 风险动态评估计算方法

3.1 RBI评估技术分析

RBI评估过程中，静设备的风险是由失效可能性和失效后果两方面的因素决定的。其中，失效可能性的定量计算分两个步骤[1]：

1）按照式(1)计算设备失效概率 F：

$$F=F_G\times F_E\times F_M\times F_L \tag{1}$$

其中，F_G 为同类设备平均失效概率；F_E 为设备修正系数；F_M 为管理系统评价系数；F_L 为超标缺陷影响系数。

2）依据设备失效概率等级划分的原则，给出设备的失效可能性等级。

失效后果定量分析参照GB/T 26610.5[2]执行。

通过实施RBI优化设备检验策略，可显著缩短设备停机时间和降低检修成本，提升企业管理水平[3]。当企业生产计划与检验周期存在矛盾时，基于RBI技术实施在线监控措施，科学合理地安排检验周期[4]，以缓解两者之间的冲突。

3.2 风险动态评估技术分析

RBI技术在评估过程中所用的介质、压力、温度等参数均是设计值，是一固定值，而设备受原料变化、工艺条件变化等因素的影响，参数波动是非常普遍的，可能加剧设备损伤，增大失效可能性[5]。因而，风险动态评估技术应运而生，该技术是RBI技术的延伸应用，弥补了评估过程中设计参数同运行参数偏差的问题。

设备的失效后果由服役时的介质、温度、压力、有害物质存量等因素决定，这些因素在设备设计建造阶段已基本确定，一般不会改变；但是，设备的失效可能性随着材料、操作条件和服役时间等影响，存在不确定性和随机性，导致设备风险难以确定。因此，静设备的动态风险计算主要是根据设备的实际运行情况，动态更新设备的失效可能性，并得到设备的最终风险。

静设备风险动态计算过程如图1所示，依据设备的基础资料（设计资料、工艺资料和检验数据），计算设备的风险值，然后通过数据监控获取设备的运行数据、工艺数据、腐蚀数据和缺陷数据，对设备风险值进行修正，该过程可以按照设定的频率不断更新设备的风险值，实现风险的动态计算。

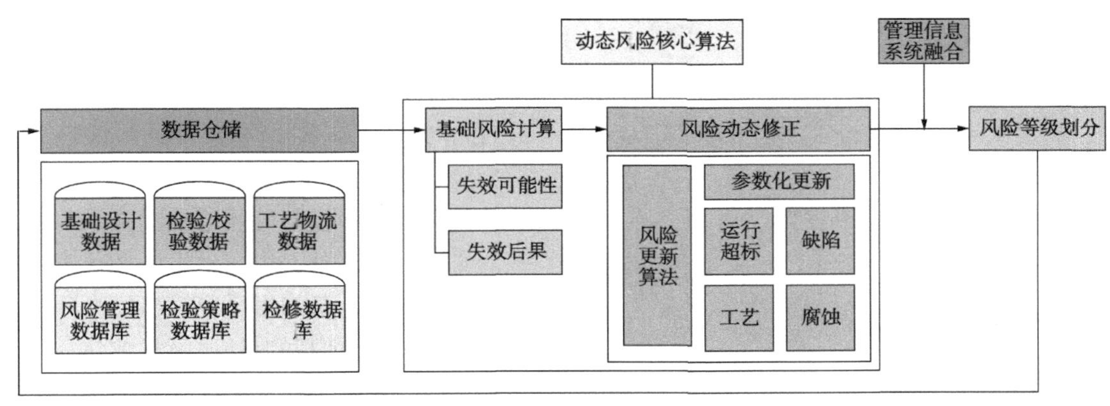

图1 动态风险评估流程

4 应用案例

根据RBI动态风险评估技术，开发了静设备风险动态评估系统，如图2所示，其功能主要有设备信息管理、在线/离线数据监控、风险评价、动态分级管理等。该系统当前已在燕山石化、镇海炼化和独山子石化开展了示范应用。

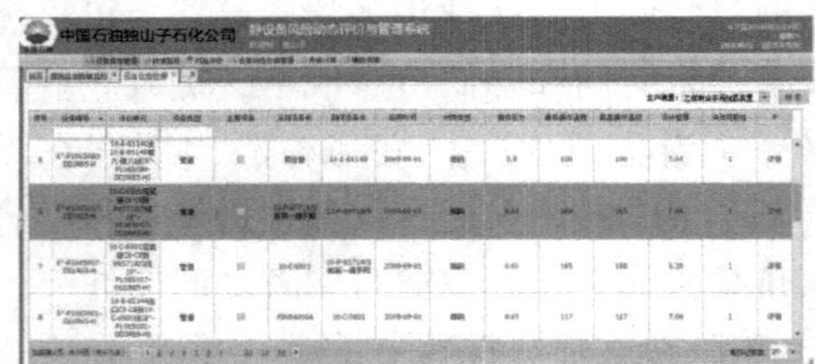

图2 静设备风险动态评估与管理系统

以独山子石化为例说明该系统应用效果。第一阶段示范应用，使用该系统对蜡油加氢装置和乙烯加氢装置中的静设备进行了风险评估，并制定了检维修策略，该策略已应用于公司2015年大修工作，成功地预测了炼厂C206底富液线和乙烯厂二段加热器等设备的腐蚀问题。第二阶段全厂范围内应用，结果表明该系统在设备策略制定、动态风险计算和风险原因识别方面，具有独特的优势，主要体现在：

(1) 设备策略制定方面，如图3所示，考虑了设备在生产周期内的运行、工艺、腐蚀、故障和检验等信息，提高了设备的检验有效性等级，降低了检验比例，并且实现了压力管道从停工检验向在线检测的过渡，减少了停工期间压力管道的检测工作量，以2017~2018年在线检测为例，合计检测弯头个数25000个，相比传统检验检测量减少30%以上，焊口检测量减少20000道。综合在线检测和停工检测，合计直接减少的检验经费约为1200万元，由此减少的辅助配合费用约为3000万元。

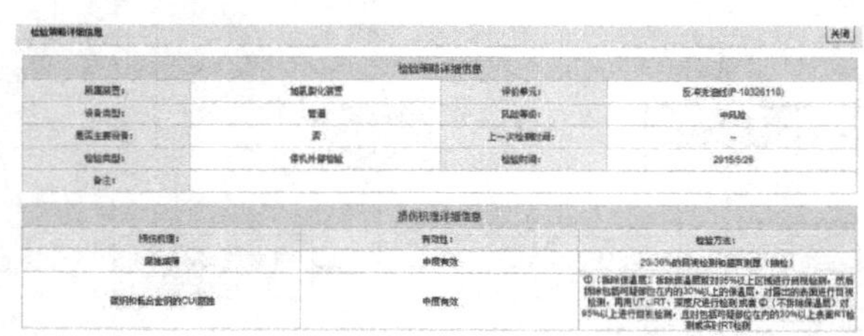

图3 设备检验策略

(2) 动态风险计算，如图4所示，实时动态显示设备的风险等级。

图4 设备实时风险值

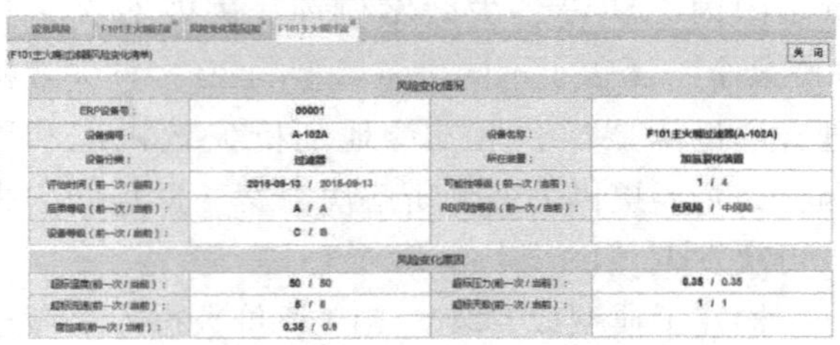

图5 设备风险变化原因分析

(3) 提高设备管理水平，如图5所示，设备的当前风险情况以及风险变化情况均有迹可循，针对风险升高的设备推送相应的降险措施，有助于管理者及时掌握装置的设备运行情况，提升设备管理水平。

综上，静设备风险动态评价技术，通过在独山子石化公司的实际应用，开创了国内静设备风险动态管理的先例，填补和完善了国内及独石化公司在静设备检维修方面的内容。根据我国安全技术规范的规定，实施RBI后设备的检验周期据风险状况进行调整、最长可以到9年。但是，RBI评估时间点之后到下次检修前的运行周期内，设备操作参数的变化可能会使设备风险状况发生变化，这就需要风险动态评价技术跟踪其风险变化。本系统自2015年在独山子上线以来，运行稳定，在风险评估和策略制定方面为企业2017~2018年实施的管线在线检验工作提供了支撑，相比传统检验检测量减少30%以上，大大减少了2019年的大修检验工作量。在降低检验工作量的同时提高了设备可靠性，据统计，管线在线检验合计发现438条管道合计1017处减薄缺陷，有力控制了装置的高风险部位，为装置的3年一修，向4~5年一修的长周期运行提供了有力的技术支撑。

5 技术展望

5.1 风险动态评估需开展系统性评估

炼化装置静设备的风险状况除了与其自身相关的影响因素之外，也与动设备和仪表的运行可靠性息息相关。某加氢反应馏出物高压换热器管束的铵盐堵塞，引起循环氢流量变化，可能导致循环氢压缩机的不正常振动[6]。某柴油加氢装置循环氢压缩机润滑油压力低联锁停机，引起装置波动高压窜低压，进而引起原料罐撕裂泄漏着火事故。

设备风险动态评估应当是包含静设备、动设备和仪表三位一体的全面动态评估。炼化装置中设备系统的主要功能是满足工艺需求，工艺中最重要的是介质物流，设备系统的失效、风险变化往往与介质物流分不开。因此，工艺过程危害性分析技术应引入到设备动态风险评估中，将HAZOP技术融合到RBI、RCM和SIL评估过程中，并引入设备系统的变化参数进行修正，进而得到设备的整体动态风险。

5.2 风险动态评估技术是智能化建设的基础

随着信息化、网络化和工业化的发展、融合，传统炼油企业生产及辅助装置，在安全、环保方面的新要求不断提高，炼油厂智能化成为工业发展要求[7]。智能化是实现炼化企业高效化、绿色化与价值链提升的有效手段。从数字炼化经智能炼化迈向智慧炼化，应用包括物联网、大数据、人工智能等新技术，横向上实现供应链的协同优化，纵向上实现炼厂的计划优化、调度优化、全局在线优化。设备全生命周期管理体系的预防性维修等项目，与智慧供应、智能优化共同实现炼化企业的高效、绿色发展[8]。

通过开发成套装置设备风险动态评估与管理系统，并将其应用于设备风险管理、检验和维修维护工作，实现工厂可视化运营，把人、设备、物资流动充分融入到信息流中，为智能化炼厂的建设夯实基础。因此，本文所开展的炼化装置静设备动态风险评估技术，可为炼厂数字化建设提供一项基础方法，为炼厂未来的智能化、智慧化建设奠定基础。

6 结论

本文阐述了RBI技术的发展和应用现状，探索性研究了静设备风险动态评价方法及其应用，探讨了该技术的未来发展趋势，得到了以下主要结论：

（1）静设备动态风险计算主要是根据设备的实际运行情况，动态更新失效可能性，获得实时风险。动态风险评估技术考虑了设备运行参数的变化，弥补了参数偏差导致设备风险变化的问题。

（2）采用风险计算、参数修正和风险自动更新的方式，实现成套装置静设备风险动态评估。动态风险评估技术在国内大型炼化企业的长周期运行（3年一修过渡到4~5年一修）上发挥了重要作用，对炼化企业实现预知性检验、提高科学管理水平提供有力的技术支撑。

（3）设备风险动态评估未来应当考虑包含静设备、动设备和仪表在内的全面系统性评估，以介质流为基准耦合HAZOP、RBI、RCM和SIL技术开展全面评估。动态风险评估技术为炼厂数字化建设提供了一种技术实现方法，为实现智能化、智慧化运营奠定了基础。

参考文献

[1] GB/T 26610.4-2014 承压设备系统基于风险的检验实施导则 第4部分：失效可能性定量分析方法[S].

[2] GB/T 26610.5-2014 承压设备系统基于风险的检验实施导则 第5部分：失效后果定量分析方法[S].

[3] 李代兵，谢国山，李志峰．催化裂化装置风险分析[J]．石油化工设备，2010，39(4)：13-16.

[4] 罗广辉，宋晓江，周敏，等．浅谈炼化企业基于风险的检验管理模式及应用[J]．中国特种设备安全，2015，31(12)：77-80.

[5] 李翔，王辉．成套装置动态风险管理专家系统[J]．中国安全生产科学技术，2015(8)：192-196.

[6] 陈炜，庄力健，朱建新，等．基于(石化装置)系统RBI-SIL分析的承压设备完整性评估技术[J]．压力容器，2012，29(9)：43-49.

[7] 刘晓欣．智能化为炼油厂安全提供支撑．安全、健康和环境．2014，14(9)：16-17.

[8] 吴青．中国炼化企业智能化转型升级的研究与应用[J]．无机盐工业，2018，355(6)：5-9.

合成气压缩机汽轮机异常振动原因分析及对策

张锡德　杨德辽　王锡连　胡　渔

（中国石油塔里木油田公司塔里木石化分公司）

摘　要　本文阐述了塔里木大化肥合成气压缩机汽轮机在运行时出现了振动异常，通过对可能产生振动原因逐项排查，如汽轮机入口主蒸汽温度低造成振动、工艺系统波动对振动的影响、润滑油温度过低或有水造成振动、油膜涡动引起轴承振动等，结合振动的频谱图及相位图，运用推理的方法很好地解释了图谱的状况，最终确认汽轮机振动的原因是由于汽轮机高压侧油挡内产生油渣或碳化物与轴摩擦，轴局部热弯曲造成的，并采取在油挡与汽轮机之间增设隔离冷却分布器，减轻或防止了油渣的产生，使振动迎刃而解。

关键词　蒸汽汽轮机；异常振动；油挡；漏油；油渣；措施

塔里木大化肥是国内陆地单套能力最大的化肥项目，其年产45万吨合成氨/80万吨尿素，合成气压缩机组由日本三菱公司制造，压缩机由汽轮机驱动，该机组于2010年3月初进行单机试运，同年5月投入装置的正常生产。从2011月10月26日开始，汽轮机两侧四个探头显示，汽轮机出现异常振动，其振动从每天一次发展到每2~3小时出现一次异常振动，其振动值越来越高，在压缩机厂房二楼钢格板上可明显感觉到振感，同时在振值的高点可听到汽轮机有较大的吼叫声，汽轮机的异常振动已严重的影响到该机组的安全、稳定运行，进而影响到化肥生产，在此过程中，对引起汽轮机异常振动的可能因素进行逐项排查，结合振动频谱图及相位图，经分析11月17日找到了问题的根源，采取相应措施，使振动得以消除。

1　合成气压缩机组有关情况介绍

该压缩机组用于化肥合成氨装置，是为氨合成塔提供氢气和氮气。合成气压缩机为多级离心式压缩机，分高、低压缸，分别布置在驱动汽轮机两侧，其轴封采用了串联式干气密封，用膜片联轴器直联，汽轮机为高压抽汽冷凝式蒸汽汽轮机，压缩机和汽轮机安装在同一钢底座上。

1.1　汽轮机有关参数

型号　5EH-7BD

功率　21228kW，转速 11110rpm

进汽　压力　10.8MPaA，温度 510℃

抽汽　压力　4.36MPaA，温度 398℃

排汽　压力　0.0137MPaA，温度 52℃

耗汽量　265t/h，抽汽量　228.3t/h

汽轮机轴振动 38μm 报警，57μm 跳车

1.2　汽轮机轴系图

汽轮机的径向振动监测是通过安装在汽轮机两侧轴瓦处的4只涡流式位移传感器来测量转子轴X向和Y向振动的，经过Bently前置放大器传送到Bently3500系统，通过RS485通讯在计算机屏幕上进行监控见图1。

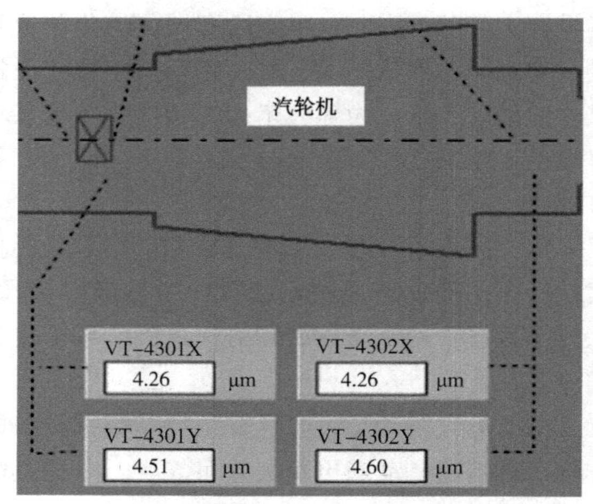

图1　汽轮机轴系图

图中 VTA4301X、VTA4301Y、VT4302X 及 VT4302Y 代表汽轮机的四个振动探头。

2　在运行过程中汽轮机的振动情况

合成气压缩机从2010年5月份投入装置生产以来，其运行良好，汽轮机的最大振动值为8.09mm，2011年10月26日汽轮机转子轴两侧出现了异常振动，4个探头 VTA4301X、VTA4301Y、VT4302X 及 VT4302Y 的振动值同时

出现异常，，随着时间的推移，其振幅值愈来愈高，其间隔时间越来越短见图 2，11 月 14 日在异常振动发生时，操作人员在现在听到汽轮机有较大的异常吼叫声，11 月 17 日汽轮机异常振动值已达 37mm，已接近了报警值，在此期间，压缩机高、低压缸没有出现任何异常振动。因 4 个探头都出现异常振动，所以，首先可以排除仪表原因造成的假信号。

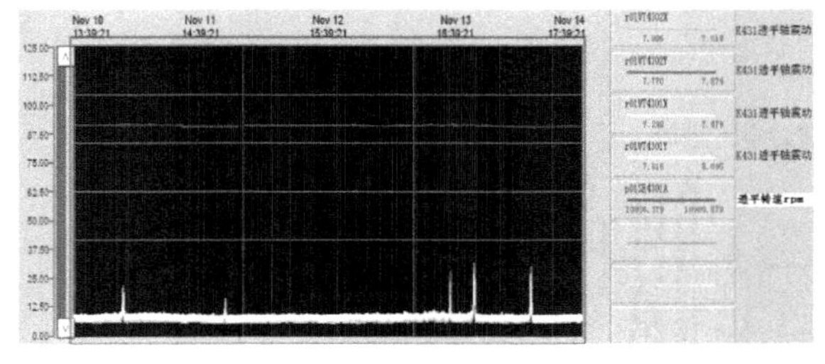

图 2　汽轮机轴系振动图

分析 2011 年 10 月 26 日到 11 月 17 日汽轮机的振动情况，其特点为，

（1）在正常情况下，汽轮机两侧的振动值均在 8mm，振动很小；

（2）其振动表现为间歇性，从起初的每天一次发展到每 2～3h 出现一次，时间的间隔越来越短，其峰值也越来越高；

（3）从振动开始升高达到峰值然后回落，整个时间间隔较长约 30～45min，其振动具有突然性，非规律性，振动回落后其振值恢复，未见增大；

（4）振动在汽轮机两侧发生，压缩机未见异常振动，其四个探头的振动同步发生见图 3；

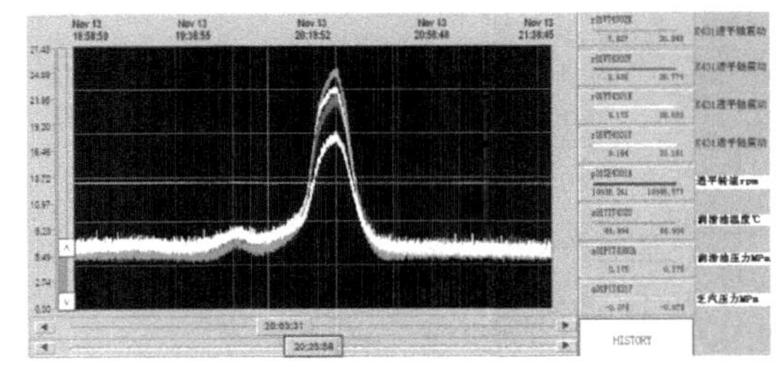

图 3　汽轮机轴系振动图

（5）振动接近峰值时，汽轮机有吼叫声，随着振动的下降，异常声音消失。

3　汽轮机振动原因分析

针对机组运行情况及振动特点，经分析，认为可能造成汽轮机异常振动的原因如下，应逐项排除。

3.1　汽轮机入口主蒸汽温度低造成振动

汽轮机入口蒸汽需保证一定的温度、压力和蒸汽质量，若蒸汽温度偏低，在进入汽轮机后几级时就会有蒸汽凝液的存在，汽轮机转速低时振动不明显，当达到一定转速后，振动就会加大[1]。经查汽轮机入口蒸汽温度为 506℃，在整个运行过程中没有变化，查历史记录曲线，在振动时未发现蒸汽温度波动，而厂商的设计最低允许值为 500℃，可以确定蒸汽温度不是造成振动的原因。

3.2　工艺系统波动的影响[2]

工艺系统波动，有时也会影响到汽轮机振动。在计算机上查历史记录曲线，在汽轮机振动时及振动前后并没有发现工艺参数的波动，说明汽轮机振动都是在工艺系统较稳定的情况下出现的，因此可排除工艺因素引起的振动。

3.3　润滑油温度过低或有水造成振动

因油温控制不理想，会造成机组振动加大，出现振动异常[3]。在正常运行中，油温的稳定是保证机组安全、稳定、长周期运行的必要条件。查厂商资料油温控制的最低温度为 38℃，而实际操作温度为 41.7℃，其温度由油系统中的油温开关进行自动控制，调出储存的温度数据，可看出其温度线为直线，没有大的起伏，同时对润滑油进行了分析化验，没有水存在，可以排除以上因素造成汽轮机异常振动。

3.4　油膜涡动引起轴承振动

油膜涡流是指转子在绕自身几何轴线高速旋转的同时，还环绕轴承中心连线做公转运动，涡动是由油膜力造成的，油膜涡动的转速基本上等于转子转速的一半，故油膜涡动又称半速涡动，而实际上涡动频率通常低于转动频率，这是因为油流速度不断的变化，使得涡动速度有所下降。另一方面轴承在实际工作中，注入轴承中的压力油不仅被轴颈带着作圆周运动，还向轴承两侧泄油，带走轴承产生的热量，油膜涡动的频率总是小于转子基频的 0.5 倍，其实际频率约为 0.43～0.48 倍的基频[4]。油膜涡动的频率随转子基频成比例的增减，随着转子转速的升高，半速涡动成分的幅值逐渐增大，当转速达到一阶临界转速的 2 倍时，其涡动频率与一阶临界转速接近，诱发油膜振荡[5]，产油膜振荡危害极大，能在非常短的时间内就毁掉转子和轴承。合成气压缩机的汽轮机工作转速为 11110rpm，而转子的一界临界转速为3930rpm，二界临界转速为22500rpm，因此，在运行中不会发生油膜振荡。由于振动的幅值不大，在振动时汽轮机发出吼叫声，可以初步判定汽轮机的异常振动为油膜涡动，对于已经发生了不稳定的转子，降低油温，提高了油的黏度，等于增加了油膜对转子涡动的阻尼作用，往往会使振动值有所下降，对此，要求操作人员调整油温，经过一天的调节，并未见效，同时，由北京博华信智科技发展有限公司提供了的振动频谱图可以看出振动的频率为一倍频，据此，否定了油膜涡动造成的异常振动。

3.5 汽轮机高压端油挡内聚集油渣或积碳引起振动[6]

润滑油泄漏进入到油挡中遇高温，油成为油渣或碳化物，其与轴摩擦会引起振动[7]。对这种情况，对汽轮机轴承组件结构进行了分析，其结构见图4。

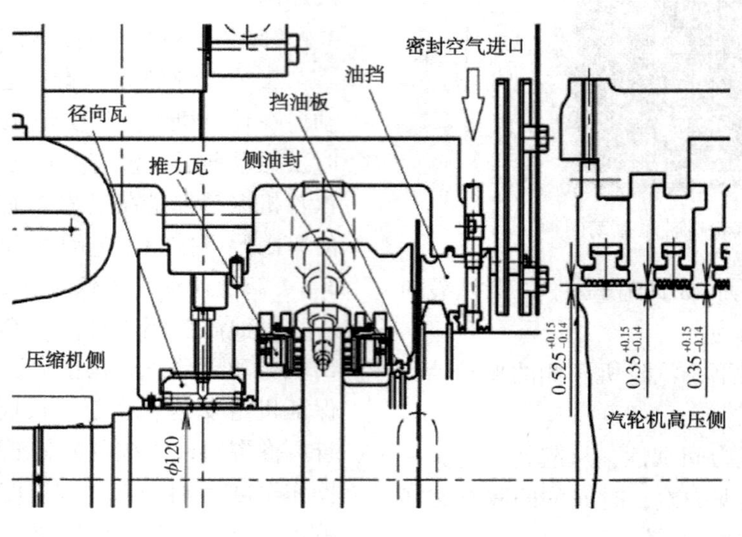

图4 轴承组件图

从上图可以看出，润滑油进入油挡要通过侧油封以及挡油板，同时，分析了北京博华信智科技发展有限公司提供的频谱图和相位及幅值图，见图5及图6。发现振动的频率为一倍频，同时，振动的相位随振幅而发生变化。

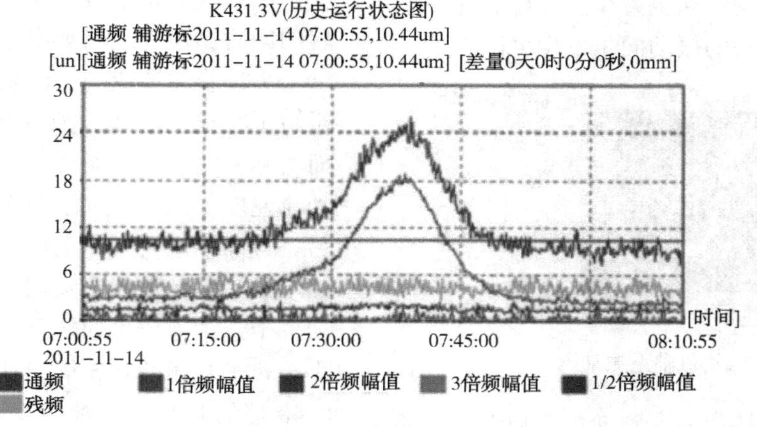

图5 汽轮机振动频谱图

造成上述图谱的原因可从以下情况分析，当漏油后，因汽轮机高温的影响，在油挡内形成油渣和碳化物见图7，随时间的推移，油渣积累与转子碰撞，摩擦使油渣去除，振动增大。

油渣与轴摩擦产生振动的一倍频，可以用轴受热弯曲图8来解释。

上图a代表轴均匀受热状态，图b表示油渣与轴摩擦部位，因摩擦在摩擦部位金属材料局部

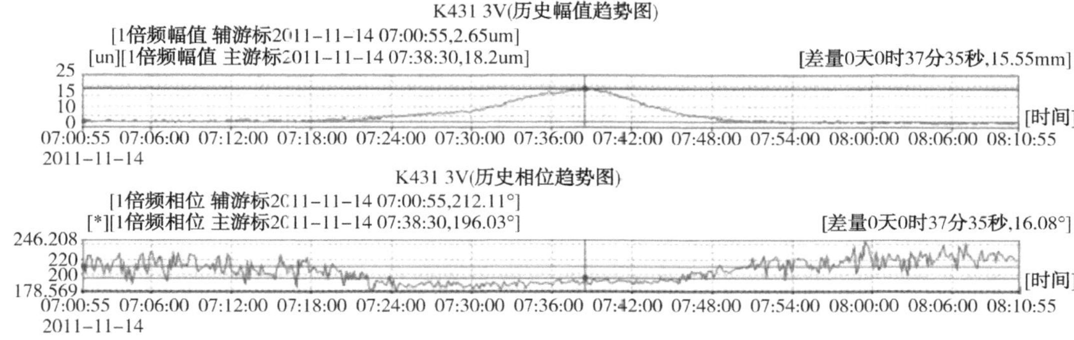

图 6 汽轮机振动相位与幅值图

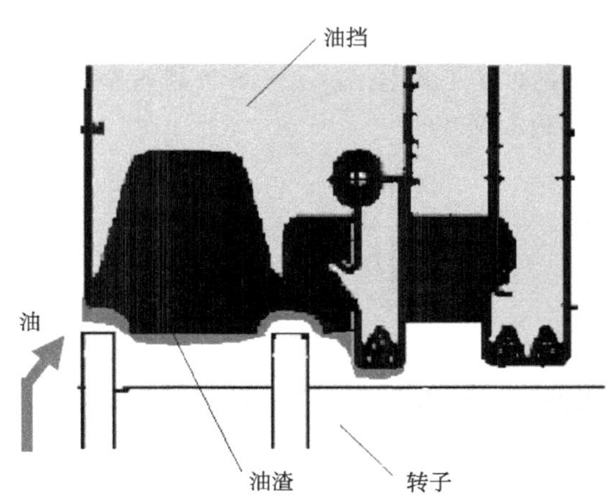

图 7 油挡中生成的油渣情况

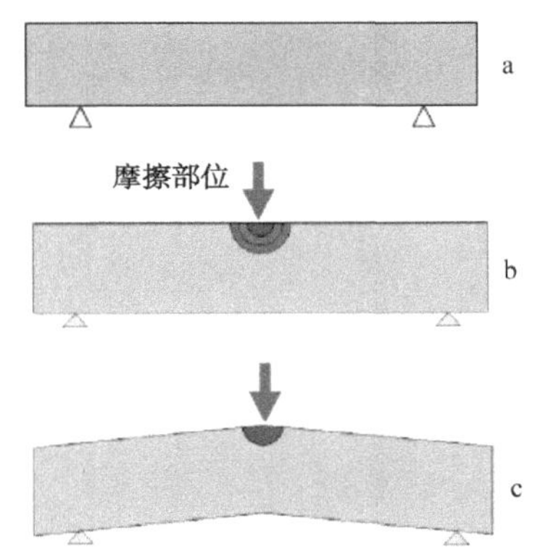

图 8 轴受热弯曲图

受热，图 c 表示受热部位材料产生膨胀，局部膨胀造成轴弯曲。由于轴弯曲使材料的重心发生变化，进而相位发生变化。

4 采取的措施及效果

根据以上的分析可知，要减轻或消除汽轮机的异常振动，其一，要防止润滑油进入油挡，对此，理论上可采取措施：

1）加高轴承箱油气排放管的高度或增加抽气喷射器。

2）降低轴承箱进油压力。

3）减小侧油封以及挡油板的间隙。

其二，要减少热量对润滑油的影响，理论上可采取措施：

1）在汽轮机与油挡之间增加隔热板。

2）增大隔离空气。

3）在汽轮机与油挡之间增加对流空气。

由于汽轮机高压侧温度很高，而汽轮机低压侧为乏汽，其温度很低，分析认为油渣和碳化物产生只能在汽轮机高压侧油挡内，而汽轮机低压侧泊挡内产生油渣可能性很小，所有采取了以下措施：

1）在汽轮机高压侧的汽轮机与油挡之间增加对流空气，具体措施是安装了空气冷却分布器见图 9；

2）对隔离空气的阀门开度进行检查，要求其阀门全开，增大隔离气。

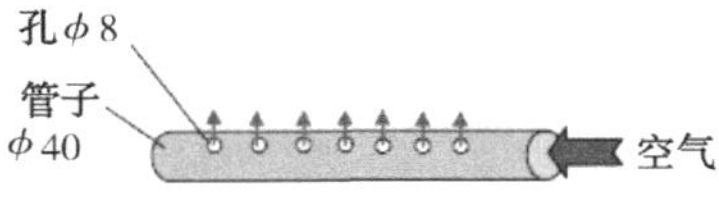

图 9 空气冷却分布器示意图

2011 年 11 月 17 日下午采取了上述措施后，汽轮机的振动立即恢复到正常，运行至今再未出现异常振动，实践证明，振动原因的推理是正确的。

5 结论

通过对合成气压缩机汽轮机异常振动的分析，找出了汽轮机振动的原因，并采取了相应的措施，使问题得以解决，总结可得出以下结论：

（1）油档中油渣与转子轴碰磨是引起汽轮机两侧振动的根本原因。

（2）油档中油渣是润滑油受到汽轮机高温作

用而引起的。

(3) 在汽轮机乏汽侧，油档中不会生成油渣，油渣只能在汽轮机高压侧产生。

(4) 油渣与汽轮机转子轴碰磨振动，其频率为一倍频，同时，振动相位随振幅而发生变化。

(5) 对于油渣碰磨振动，振动表现为间歇性，其振动间隔时间会越来越短，其峰值会越来越高。

(6) 在汽轮机与油挡之间增加空气冷却分布器是在线解决汽轮机异常振动的有效方法。

参 考 文 献

[1] 徐厚庆. 丙烯制冷压缩机汽轮机的振动原因分析及改进[J]. 化工机械，2001，(5)：293-294.

[2] 李秀伟，吴显智，孟昭月，等. 裂解气压缩机驱动汽轮机振动原因分析[J]. 石油化工设备技术，2000，21(1)：62-63.

[3] 胡佳. 烟气轮机振动原因浅析[J]. 石油化工设备技术，2005，26(6)：30-32.

[4] 张锡德，苏海龙. 空气压缩机第二转轴振动原因分析及预防措施[J]. 风机技术，2012，(6)：81-85.

[5] 沈庆根. 化工机器故障诊断技术. 浙江大学出版社，1994. 12：131-137.

[6] 张锡德，王西林，石鑫. 原料气压缩机汽轮机振动原因分析及解决措施[J]. 大氮肥，2011，34(增刊2)：122-123.

[7] 邵士铭，张锡德，卢海鹰. 蒸汽轮机轴端结碳对振动的影响及对策[J]. 设备管理与维修，2011，(11)：49-50.

天然气深冷装置 RBI 风险评估与检验策略分析

陈　波　李　莎　杨俊琦　李光照　张程平　黄春建　王建

（中国石油塔里木油田公司塔里木能源分公司）

摘　要　天然气深冷脱烃工艺普遍高压低温特性，与普通的天然气处理工艺相比，涉及的介质特性与设备选材差别巨大。通过对天然气深冷处理装置开展基于风险的检验技术(RBI)，明确天然气深冷脱烃处理装置存在的相关腐蚀机理，设备、管线失效可能性上升的主要原因为内部 CO_2 腐蚀。从总风险与安全风险两个方面出发，确立 901 项设备项现有与连续运行四年后的风险等级，并根据 4 年后 901 个设备项的风险等级排序及其相关腐蚀机理，对失效可能性等级达到 3 及以上的 115 项项设备制定有针对性的 RBI 检验及检测任务，降低其失效可能性，完全消除高风险项影响，理论总风险成本可由检验前的 61 万元/年降低为 21 万元/年，降低停机频次和日常检测、维修费用，保障装置长周期安全运行。

关键词　基于风险的检验(RBI)；天然气深冷装置；风险评估；腐蚀机理；总风险；安全风险

RBI 通常以管道、容器、安全阀等静设备为研究对象，对系统中固有的或潜在的危险及其程度进行评估与管控[1-2]。RBI 最早由挪威船级社应用于海洋平台，20 世纪 90 年代初，美国石油学会开展了 RBI 的应用研究工作，1996 年公布了关于 RBI 应用的 API581 技术草案，2000 年 5 月公布了 API581 正式文件[3]，2000 年 5 月正式颁布第一个关于 RBI 的标准 API RP580[4]。中国国家科技部及中国石化也设立多项科研项目支持 RBI 研究工作，2000 年前后开展了一些定性的 RBI 工作，取得了一些成效[5]。2003 年 3 月合肥通用机械研究所压力容器检验站(GMRI)、法国国际检验局(BV)与中国石化茂名分公司组成项目组，采用 BV 先进的软件及数据库，首次在中国国内石化企业开展定量 RBI 的应用工作[6]。2006 年 5 月，国家质检总局下发了关于开展 RBI 工作的通知，为中国开展、推广 RBI 工作提供了政策依据[7]。2009 年，国家质检总局将 RBI 技术纳入《固定式压力容器安全技术监察规程》和《压力管道安全技术监察规程—工业管道》中[8-9]，为 RBI 技术的进一步发展和广泛应用提供了基础性法规保障。2011 年，我国进一步开创性地颁布、实施了关于开展 RBI 工作的国家标准[10]。近年来，我国茂名石化、扬子石化、乌鲁木齐石化、燕山石化，南充炼油化工总厂、九江石化等国内五十多家石化厂、五百多套石化装置实施了风险评估，在 RBI 技术国产化、推广与应用方面积累了不少的经验[11-15]。目前，RBI 技术应用逐步延伸于天然气勘探开发上游，但主要集中于天然气净化装置，川渝地区天然气净化厂均已完成第二轮次的评价工作[16]，塔里木油田塔中作业区 $120\times10^4m^3/d$ 天然气处理装置以及轮南原油稳定装置也曾进行过 RBI 工作[7,17]，但是，对于天然气深度制冷回收液烃装置的 RBI 分析鲜有报道，笔者把定量 RBI 技术引入天然气深冷处理厂的风险管理，依据风险排序结果制定最优的设备检测计划。

塔里木油田凝析气轻烃深度回收装置为国内目前最大的轻烃深度回收装置，于 2017 年 8 月 30 日一次性投产成功，两列装置并联运行，单列装置日处理天然气 $1500\times10^4m^3/d$，采用膨胀机制冷+DHX 回收工艺，设计运行压力 6.7MPa，最低温度-72.8℃，以达到提高装置的生产效率、节约资源、提高轻烃收率目的。然而，随着装置的温度、压力和腐蚀环境更加苛刻，给设备的安全可靠运行带来巨大压力和挑战，本文以轻烃深度回收厂为研究对象开展 RBI 工作，进行失效可能性与失效后果的分析与计算，确定各设备项的风险大小及风险等级，以及失效的腐蚀机理，提出基于风险的检验策略，使设备检验、日常监控更具有针对性，达到提高运行可靠性与降低风险的目的。

1　RBI 研究流程

RBI 是一套系统的科学分析方法，在以详细收集整理而成的基础数据库的基础上完成损伤机理确定，通过相关方法与工具定量计算每种损伤机理失效概率及失效后果，确定每个设备项、管线检验时间及检验方法，以最低的检验成本来获得风险最大程度地降低，具体的工作流程见图 1。

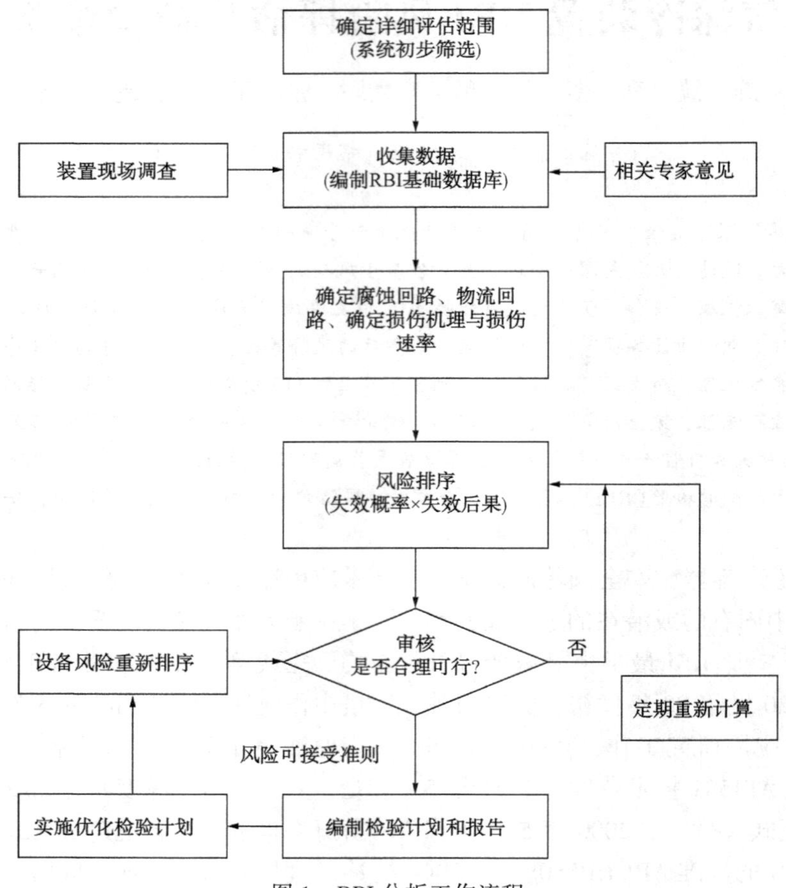

图 1　RBI 分析工作流程

1.1　分析系统的初步筛选

RBI 分析工作主要包括筛选分析及详细评估两个过程。系统初步筛选准则见表 1，筛选用风险矩阵见图 2，初步分析全厂各工艺和公用系统的失效可能性和失效后果，初步筛选出高风险系统进行重点集中分析，节约分析资源与时间。对轻烃回收、天然气增压、消防系统、采暖系统等 17 个单元的初步筛选结果为：10 个高风险系统需要进行详细评估；5 个为中风险，需进行预防性维护或纠正性维护；低风险为 2 个，需进行最低监管，具体分析结果见图 2。

失效概率	初步风险等级筛选	
高	中风验(纠正性维护): 消防给水系统、污水处理装置	高风险(RBI详细评估): 清管装置、脱水脱汞装置、 轻烃回收装置、天然气增压装置、 罐区及装车、燃气系统、 分离计量装置、火炬及放空系统、 低位罐及冷冻水站
低	低风险(最低监管): 供暖换热站、生产与生活给水系统	中风险(预防性维护): 空氮站、导热油供热站、 柴油发电机供油系统,
后果	低	高

图 2　轻烃回收厂初步筛选及管理策略划分图

表 1　初步筛选分析基本准则

序号	假设	结果
1	没有内部涂层的碳钢设备/管线，容易遭受介质腐蚀和/或泥沙冲蚀	内部失效可能性高
2	有内部涂层或衬里的碳钢设备/管线，不容易遭受介质腐蚀和泥沙冲蚀	内部失效可能性低
3	带保温的碳钢设备/管线，要考虑下列可能性：保温下可能有水，保温下可能产生浓缩，保温下可能发生腐蚀	外部失效可能性高
4	对材料是碳钢的设备/管线，防腐蚀涂层正常定期维护	外部失效可能性低
5	对材料是不锈钢(316L/304)的设备/管线，如果设备/管线没有保温，则没有明显的氯化物应力腐蚀影响	外部失效可能性低
6	介质是腐蚀性的、有毒的或易燃的，并在人员活动的区域或介质处于高温/高压条件下，将对人身安全产生直接影响	安全后果高
7	系统的失效造成大量高闪点的液体泄漏，将对环境造成影响	环境后果高
8	没有沙的冲蚀问题	内部沙蚀失效可能性低
9	对消防水系统的干管	内部失效可能性低
10	对含有水的工艺气系统	内部失效可能性高

1.2　RBI 分析数据库建立

进行详细评估和检验优化需要大量基础数据，数据的完整性和准确性非常重要。通过建立统一的数据库，能够确保数据的唯一性和准确性，便于定期更新数据与设备数据管理工作。依据工艺说明和 PFD 图，根据风险评估所需要的数据项，从设计资料、操作记录和检验资料中收集分析所需的数据，并完成数据的准确性及各项相关数据的一致性审核，将设备和管道按工艺顺序输入到数据库。数据库内容主要包括设备和管线的设计数据、操作数据、检验数据及其他方面的数据。

1.3　损伤机理与物流回路确立

设备和管线的损伤机理是根据其工艺介质、操作条件和所采用的材料分析确定的，且是在一个使用期内会使受压部件逐渐受到损伤直到引起设备失效的主要损伤机理。按照工艺流程，工艺上相互连接且具有相同损伤机理的设备和管线的合集称为一个腐蚀回路。基于轻烃回收装置的设计工艺，参考同类装置的失效分析资料，并听取材料与腐蚀专家的意见，经综合分析后确定轻烃回收装置腐蚀机理见表 2。

表 2　轮南轻烃厂存在腐蚀机理及有效检验策略

潜在腐蚀机理	腐蚀形态	有效检验方法
CO_2 腐蚀	全面腐蚀/局部腐蚀	近距离目视检查(CVI)、UT 测厚、UT-C 扫、超声波衍射时差(TOFD)
外部大气腐蚀、保温层下腐蚀 CUI	局部腐蚀	近距离目视检查(CVI)、UT 测厚、UT-C 扫、超声波衍射时差(TOFD)、相控阵。
奥氏体不锈钢保温层下应力腐蚀开裂	裂纹	超声波衍射时差法(TOFD)、相控阵、磁粉检测(MT)，渗透检测(PT)
土壤腐蚀	局部腐蚀	阴极保护系统的维护和管理、管地电位定期测量、UT 测厚、密间隔电位测试(CIPS)、电流衰减法(PCM)

为完成失效后果相关计算，需要按照 P&ID 图与 PFD 图中工艺关断设置，分成若干个物料回路。物流回路划分原则是当该段中任一设备或管道失效时，只有此回路中的物料会泄出，而其他隔离段中物料不可能泄出，因此该隔离段中设备与管道发生失效时其失效后果即按此隔离段内的泄出物料进行计算。

1.4　失效风险确立

根据 API 581 的定义：每台设备的风险等于失效可能性和失效后果的乘积，具体分析计算过程见图 3。失效的可能性一般用极限状态分析与可靠性指数法求得。在评估失效可能性时，除计算预计腐蚀率时的失效概率外，还要计算 2 倍与 4 倍的预计腐蚀率时的失效概率，将此三个失效概率加权后相加作为腐蚀减薄的失效概率。同时要根据过去所采用检验方法，对检出各种不同形式损伤与损伤速率的有效性来并确定置信度。对每种损伤机理的失效可能性，综合上述因素可得出可能性系数。按可能性系数大小将失效可能性划分为五级。如，对可能性系数<10，认为潜在的损伤不严重，对可能性系数>1000，且又是高后果的设备，需要迅速进行针对损伤机理的高有效性的检验。

失效后果按照泄出流体物料的性质与量进行计算，影响物料泄出量与泄出速率的主要因素有失效孔的大小、流体黏度、流体密度以及操作压力。设备与管道常见的失效形态为中孔或大孔失效、发生破裂，分别对每一种失效形式计算其失效后果，然后按这些不同失效形式所造成后果的权重影响，计算总的后果大小。物料性质对后果的影响主要是毒性、易燃性与化学活性等因素，这些因素影响到后果危害的区域大小与损伤程度。

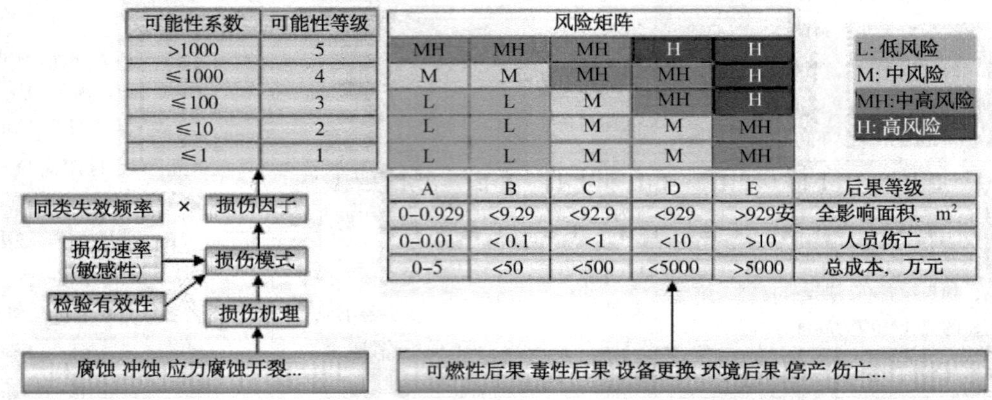

图3　风险矩阵等级分布图

1.5　风险可接受准则

风险可接受准则表明了在失效发生时人们愿意接受的风险程度[18]，帮助分析人员注重于高风险项目以制定合理的检验计划来降低其风险。其中安全风险可接受准则一般按国际惯例执行，本次轻烃回收装置商业中断的可接受风险准则取50万元。

1.6　检验计划的编制

检验计划编制的主要依据是可能性系数与风险的大小[19]。针对设备的损伤机理，在确定检验计划时一般会考虑：高的总可能性系数、高的总风险、每一损伤类型的可能性系数。本次检验目标是消除总风险成本中损伤因子为10以上的较高可能性系数设备项的影响。

2　风险分析结果

用RBI分析技术对轻烃回收装置中的设备管道及安全阀，从安全性和经济性两个方面进行了风险分析，结果以两种风险的形式体现。总风险为在失效后果方面以停车损失、人员伤亡成本以及与压力容器、压力管道损坏成本等多经济因素对后果进行评价。安全风险则为在失效后果方面以压力容器、压力管道泄露的影响面积为指标来确定后果大小。

2.1　装置目前风险状况

对轮南轻烃回收装置中共901个设备项进行定量风险计算，按照风险可接受准则，从总风险角度考虑，2017年9月投产至2018年3月，装置中所有设备项的总风险都不高，装置高风险及中高风险项不存在，中风险项652项，低风险项249项，具体分布情况见表3。这主要是因为装置刚投产运行不久且轻烃回收装置内介质较洁净，管线及设备的失效可能性都比较低，全部集中在失效可能性等级1级和2级。

表3　管线设备的总风险和安全风险分布情况

设备类型	高风险	中高风险	中风险	低风险	合计
总风险情况					
设备	0	0	59	3	62
管道	0	0	541	228	769
安全阀	0	0	52	18	70
安全风险情况					
设备	0	12	42	8	62
管道	0	0	426	343	769
安全阀	0	16	36	18	70

从安全风险角度考虑，所有设备项的失效可能性与总风险分析的相同，只是安全影响后果不同。对于901个设备项，投产至2018年3月，装置中有中高风险项为28项，中风险项504项，低风险项369项，分布情况如表3所示。对于安全风险为中高风险的28个设备项，虽然其失效可能性较低，为1级或2级，但是由于这些设备项的安全后果非常大，其后果等级为E级，因此导致其为中高风险。当前安全风险等级为中高风险的28个设备项，其中低温塔2个，低温分液罐2个，球罐8个，球罐顶部安全阀16个。

2.2 装置四年后风险状况

对于检验结果确定为风险程度较低的装置，其整个装置的停车检验周期可以不少于 48 个月[20]，依据以上原则，确立下次 RBI 评估间隔时间为 4 年。由于管线或压力容器的内部腐蚀，造成管线、压力容器及安全阀的失效可能性有不同等级的升高，一些中低风险的设备失效可能性等级上升，运行至 2022 年 3 月，中间若没有安排检验活动，从总风险角度考虑，将有中高风险 42 项，中风险项 610 项，低风险项 249 项，分布情况见表 4。与 2018 年相比，低风险项保持不变，中高风险项由 0 项增加到 42 项，且总风险上升至中高风险的 42 个设备项全部为安全阀。

表 4　四年后管线设备的总风险和安全风险分布情况

设备类型	高风险	中高风险	中风险	低风险	合计
总风险情况					
设备	0	0	59	3	62
管道	0	0	541	228	769
安全阀	0	42	10	18	70
安全风险情况					
设备	0	12	42	8	62
管道	0	0	426	343	769
安全阀	16	26	36	18	70

从安全风险角度考虑，随着设备项失效可能性的升高，至 2022 年 3 月检验前，将有高风险 16 项，中高风险 38 项，中风险项 476 项，低风险项 372 项，分布情况如表 4 所示。与 2018 年 3 月相比较，高风险项由 0 项增加到 16 项，中高风险项增加到 38 项，中风险项减少到 478 项，低风险项 369 项保持不变。16 个高安全风险设备项都是安全阀，38 个中高安全风险设备项，有低温塔 2 个，低温分液罐 2 个，球罐 8 个，安全阀 26 个。

3　检验计划及预期效果

运行四年后（2022 年 3 月），有 115 个设备项的失效可能性达到 3 级（即失效可能高于行业平均值的 10 倍），超过检验计划目标。风险等级为失效可能性和失效后果的乘积。要想改变失效后果通常是困难的，而降低失效可能性对于降低风险等级是有效的。根据 4 年后 901 个设备项的风险等级排序及其相关腐蚀机理，制定有针对性的 RBI 检验及检测任务，以降低其失效可能性，其中高风险设备项检验计划及策略见表 5。

表 5　高风险设备检验计划及检验方法

<table>
<tr><th>检验计划</th><th>数目</th><th>腐蚀/失效机理</th><th>检验有效性</th><th>检验方法</th></tr>
<tr><td colspan="5">高风险压力管道</td></tr>
<tr><td rowspan="5">投产后第3年</td><td>3</td><td rowspan="7">内部 CO_2 腐蚀（内部减薄）</td><td rowspan="3">高</td><td rowspan="3">外部检验 + 100UTS/PR。对于全部可疑表面：采用自动超声扫描或射线检测方法对状态监测区域进行 100% 以上的检测</td></tr>
<tr><td>13</td></tr>
<tr><td>5</td></tr>
<tr><td>2</td><td rowspan="2">通常</td><td rowspan="2">外部检验 + 75UTS/PR。对于全部可疑表面：采用自动超声扫描或射线检测方法对状态监测区域进行 75% 以上的检测</td></tr>
<tr><td>2</td></tr>
<tr><td rowspan="2">投产后第4年</td><td>10</td><td rowspan="2">一般</td><td rowspan="2">外部检验 + 50UTS/PR。对于全部可疑表面：采用自动超声扫描或射线检测方法对状态监测区域进行 50% 以上的检测</td></tr>
<tr><td>10</td></tr>
<tr><td colspan="5">高风险安全阀</td></tr>
<tr><td>投产后第2年</td><td>23</td><td rowspan="2">不能按要求打开</td><td rowspan="2">通常</td><td rowspan="2">日常管理安全措施：（1）严格按照装置操作规程操作，避免系统超温、超压；（2）严格执行设备操作规程，严禁设备超温、超压、超负荷运行；（3）确保安全阀出入口管路畅通。</td></tr>
<tr><td>投产后第3年</td><td>47</td></tr>
</table>

如果对达到检验计划目标的设备项严格执行表 5 中的 RBI 的检验任务，对于这 901 个设备项，到 2022 年 3 月，从总风险角度考虑，则有中风险项 652 项，低风险项 249 项，不存在中高风险项，从安全风险角度考虑，则有中高风险 28 项，中风险项 504 项，低风险项 369 项，完全消除高风险项影响，理论风险（总成本）由检验前的 61 万元/年，降低为 21 万元/年，降低了 65.48%，具体如图 4 所示。但是，目前国内对于 RBI 风险分析结果无法满足特检所相关强制检验法规要求，相关 RBI 理论分析结果仅能指导装置的日常运行监控与有针对性性地制定设备检验计划及方案。

4 分析结论及建议

4.1 相关分析结论

（1）RBI分析前，依据相关准则，对装置17个系统进行初步筛选。高风险系统10项，需要进行详细评估；中风险系统5项以及低风险系统2项，其中，预防性维护的系统需要日常监控维护，保持设备和管线较低的失效概率，纠正性维护的系统需要注意管线保温的完整性以及涂层的局部损坏造成的局部腐蚀情况，最低监管的系统只需要进行外观检验。

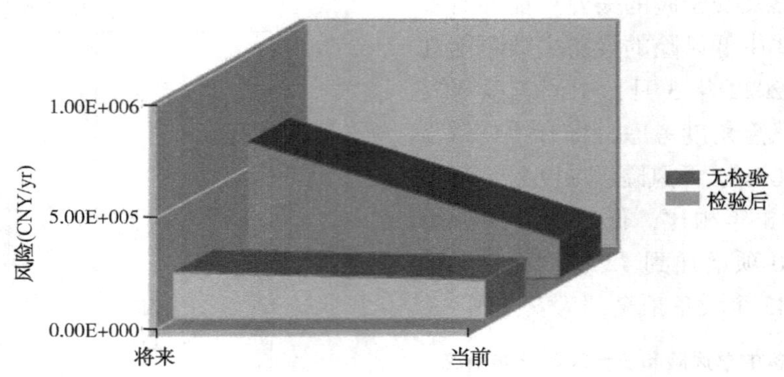

图4 检验计划执行前后总风险变化情况

（2）通过RBI分析，明确轻烃深冷装置主要失效机理有奥氏体不锈钢保温层下应力腐蚀开裂、外部大气腐蚀、保温层下腐蚀CUI、土壤腐蚀、CO_2腐蚀。设备/管线失效可能性上升的主要原因是内部CO_2腐蚀。

（3）对10个高风险系统中所含的901个设备项进行详细分析发现，由于装置刚投产运行不久且轻烃回收装置内介质较洁净，管线及设备当前的失效可能性全部集中在失效可能性等级1级和2级。但在装置运行四年后，许多设备项的失效可能性不同等级的升高至3级以上，导致设备风险的增加。总风险方面，中高风险项由0项增加到42项，中风险项由原来的652项减少到610项，低风险项保持不变。安全风险方面，高风险项由0项增加到16项，中高风险项主28项增加到38项，中风险项由原来的504项减少到478项，低风险项保持不变。

（4）风险评估结果表明，大部分低风险的设备和管线在最近5年内不需要进行详细的检验。在运行四年后，将有115项设备/管线/安全阀的失效可能性达到3级，需要实施有效性检验，以降低其失效可能性，风险（总成本）可由检验前的61万元/年可以降低为21万元/年，降低了65.48%。

（5）虽然目前国内对于RBI风险分析结果无法满足特检所相关强制检验法规强制要求，RBI理论分析结果能够有效指导装置的日常安全运行监控与有针对性性地制定设备检验计划及方案提供有力支撑。

参考文献

[1] 岑兆海，郑鹤．RBI在天然气净化装置中的应用[J]．石油与天然气化工，2009，38(3)：222-226.

[2] 吴国霈，陈雪峰，罗璇宇，等．RBI技术在天然气处理厂应用中的启示[J]．石油与天然气化工，2011，40(2)：218-222.

[3] API581- 2008. Risk based inspection base resource document [S]. First Edition，2000，5.

[4] API580-2002. Risk based inspection [S]. First Edition，2002，5.

[5] 杨铁成，陈学东，等．基于半定量风险分析的加氢装置安全评估[J]．压力容器，2002，19(12)：43-45.

[6] 陈学东，王冰，杨铁成．艾志斌等．基于风险的检测(RBI)在中国石化企业的实践及若干问题讨论[J]．压力容器，2004，21(8)：39-45.

[7] 李循迹，宋中华，范颂文，等．用RBI技术研究原油稳定装置安全性[J]．腐蚀科学与防护，2016，28(3)：279-282.

[8] 固定式压力容器安全技术监察规程：TSGR0004-2015[S].

[9] 压力管道安全技术监察规程-工业管道：TSGD0001-2009[S].

[10] 承压设备系统基于风险的检验实施导则第1部分：基本要求和实施程序：GB/T26610.1-2011[S].

[11] 陆秀群，陈炜，乔光谱等．RBI技术在国内的发展状况及在石化装置中的应用[J]．化工机械，2014，4(2)：147-149.

[12] 陆剑波，熊刚，蒋伟等. 定量RBI技术在芳构化装置的应用[J]. 天然气与石油，2010，28(2)：27-30.

[13] 姜海一，张晓熙，贾国栋等. 基于风险的检验(RBI)在国内合成氨装置中的应用[J]. 中国安全科学学报，2007，28(2)：119-123.

[14] 李淑娟. RBI技术在燕山石化的应用[J]. 中国特种设备，2010，26(9)：50-52.

[15] 贾国栋，王辉. 我国石化成套装置RBI技术的回顾与展望[J]. 中国特种设备，2010，26(9)：50-52.

[16] 张德元，邱斌，刘启聪等. 天然气净化厂RBI与RCM风险评价技术分析[J]. 石油与天然气化工，2016，45(4)：97-101.

[17] 赵国相，田利，郭妍琼等. 基于风险的检验技术在含硫天然气处理装置中的应用[J]. 石油化工设备，2012，41(4)：77-80.

[18] 廖柯熹，张雪洪，陈传胜等. 川气东送管道典型站场风险量化评价[J]. 天然气与石油，2012，30(1)，5-9.

[19] 施林圆，郑洁，李晶. 四川油气站场风险评价研究[J]. 天然气工业，2004，24(11)：135-139.

基于小神探巡检系统的滚动轴承故障诊断

陈　雷　陈战勇

（中国石油天然气股份有限公司大连石化分公司）

摘　要　本文对滚动轴承诊断技术进行了阐述，以小神探巡检系统中嵌入的多种谱图尤其是共振解调谱为依托，以案例的形式清晰地表达了滚动轴承故障诊断的思路、方法和流程，对滚动轴承故障部位和严重程度的判定进行了探讨，为实现滚动轴承故障早发现早预防，实现滚动轴承的预知维修，实现滚动轴承故障诊断的持续深入开展奠定了基础。

关键词　滚动轴承；共振解调；内环；故障；诊断；验证

1　概述

旋转机械故障约 30% 是滚动轴承故障引发的，滚动轴承故障隐蔽性高、无法直接观察。为了对滚动轴承故障进行有效识别和诊断，人们发明了温度、油液、油膜厚度、振动和声学等多种检测方法。

振动信号携带了大量的状态信息且容易获取，可以反映轴承的早期故障，因而振动诊断法在轴承监测、诊断中是应用成熟、广泛且有效的方法。

2016 年设备监测中心对滚动轴承故障诊断进行了技术攻关，使用的是峰值检测技术，但该系统是单机版，为了实现全员全面开展滚动轴承故障诊断，2018 年初开始全面采用小神探巡检系统进行滚动轴承故障诊断，使用的是共振解调技术。

以小神探巡检系统中嵌入的多种谱图尤其是共振解调谱为依托，利用趋势分析、频谱分析、共振解调分析等多种诊断分析方法，发现并验证了多次滚动轴承故障，积累了一定的经验。

现以三蒸馏 P1103B 减二线及二中油泵非驱动端滚动轴承故障诊断为例，探讨滚动轴承故障诊断的思路、方法和流程，滚动轴承故障部位和严重程度的判定。

2　基本信息

三蒸馏 P1103B 减二线及二中油泵，型号 CD8 10 * 12 * 27B，单级双吸结构，四级电机驱动，泵驱动端是滑动轴承，非驱动端支撑轴承是滑动轴承，推力轴承是滚动轴承，滚动轴承型号：SKF7315，配对使用。2018 年 8 月中旬非驱动端滚动轴承加速度报警，诊断发现加速度频谱冲击信号显著，滚动轴承故障明显，存在滚动轴承内环故障特征频率及其多次谐波。8 月 6 日解体检查发现滚动轴承内环存在严重剥落，更换滚动轴承后于 2018 年 9 月 10 日再次监测，故障特征频率消除。

滚动轴承型号 SKF7315，转频 50Hz，故障特征频率见表 1。

表 1　SKF7315 滚动轴承故障特征参数表

项目		BSF 滚动体	BPFO 外环	BPFI 内环
阶比		2.101	4.872	7.128
故障特征频率 Hz	1X	52.525	121.8	178.2
	2X	105.05	243.6	356.4
	3X	157.575	365.4	534.6

3　趋势分析

小神探监测系统 2018 年 8 月 13 日测量值为 $30m/s^2$，报警（报警值 $30m/s^2$），2018 年 8 月 2 日至 8 月 13 日非驱动端加速度值逐渐升高（图 1）。

加速度趋势图显示泵非驱动端滚动轴承加速度从 8 月 2 日 $5.61m/s^2$ 升高至 8 月 13 日 $30m/s^2$，加速度以每天约 $2.2m/s^2$ 的速度快速升高，加速度幅值增加了 4 倍，滚动轴承故障劣化速度极快。依据滚动轴承故障四阶段理论，滚动轴承故障发展至第三阶段后期甚至第四阶段时，滚动轴承加速度快速增加。初步判断该滚动轴承故障较重，须更换，但需借助谱图分析进一步确认滚动轴承故障的具体部位和真实严重程度。

4　频谱分析

小神探监测系统采集获得的加速度范围是几 Hz 至 5000Hz，滚动轴承故障诊断使用介于

1000Hz 至 5000Hz 之间频率成分进行分析。

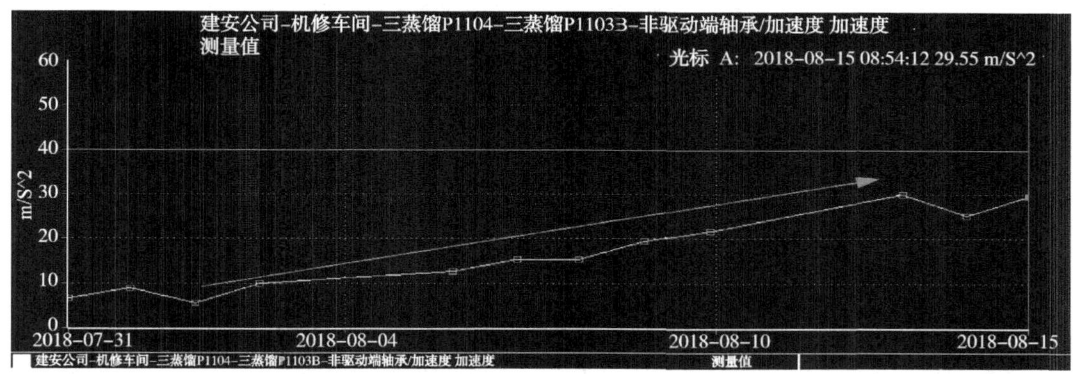

图 1 非驱动端轴承加速度趋势图

分别取 2018 年 8 月 2 日，8 月 7 日和 8 月 13 日数据(表 2)的频谱进行对比分析(图 2)。

表 2 不同时间加速度和滚动轴承状态对比表

时间	8 月 2 日	8 月 7 日	8 月 13 日
加速度值/(m/s^2)	5.61	15.41	30
加速度频谱最大幅值/(m/s^2)	0.3	4.39	6.93
滚动轴承是否有故障	否	是	是

频谱对比图显示：8 月 2 日加速度频谱未出现冲击信号，1000Hz 以上成分幅值小于 0.3m/s^2，滚动轴承状态良好。8 月 7 日加速度频谱已出现明显冲击信号，1000Hz 以上冲击信号明显，幅值最大 4.39m/s^2，滚动轴承状态劣化。8 月 13 日加速度频谱不仅出现明显冲击信号，而且 1000Hz 以上冲击信号幅值继续增大，最大 6.93m/s^2，滚动轴承状态继续劣化。频谱中密集线条的间隔频率是转频，明确指示推力轴承 SKF7315 内环故障。

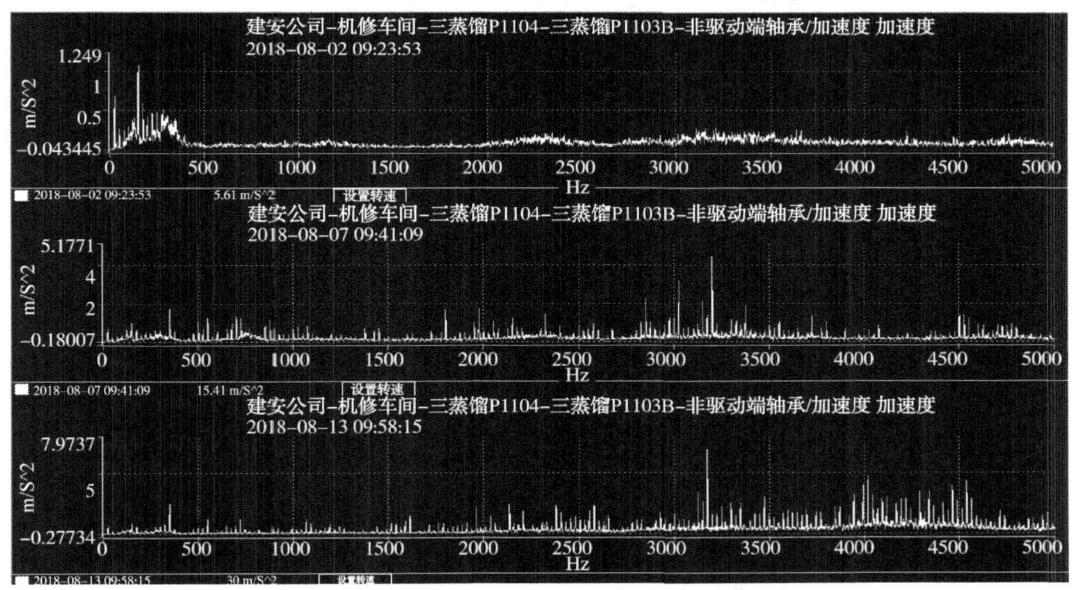

图 2 2018 年 8 月 2 日、7 日和 8 月 13 日频谱对比图

经验表明，当滚动轴承加速度谱幅值达到 5m/s^2 时应密切关注，达到 10m/s^2 时应考虑进行维修。本滚动轴承是泵非驱动端滚动轴承，结构特点决定滚动轴承故障信号不能直接传递至轴承体，而是通过轴、滑动轴承再传递至轴承体，信号路径长，信号衰减大，因此，故障更严重。

5 共振解调分析

小神探监测系统嵌入的共振解调模块能够很好地识别频谱中的周期性信号，通过频谱中 1000Hz 至 5000Hz 之间频谱获取共振解调谱能有效识别滚动轴承故障的部位。

分别取 2018 年 8 月 2 日，8 月 7 日和 8 月 13 日的共振解调谱进行对比分析(图 3~图 5)。

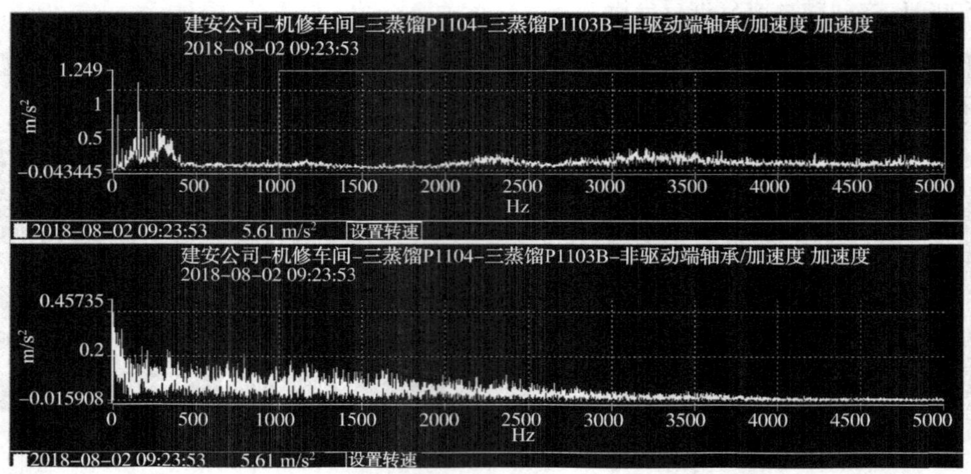

图3 2018年8月2日共振解调谱

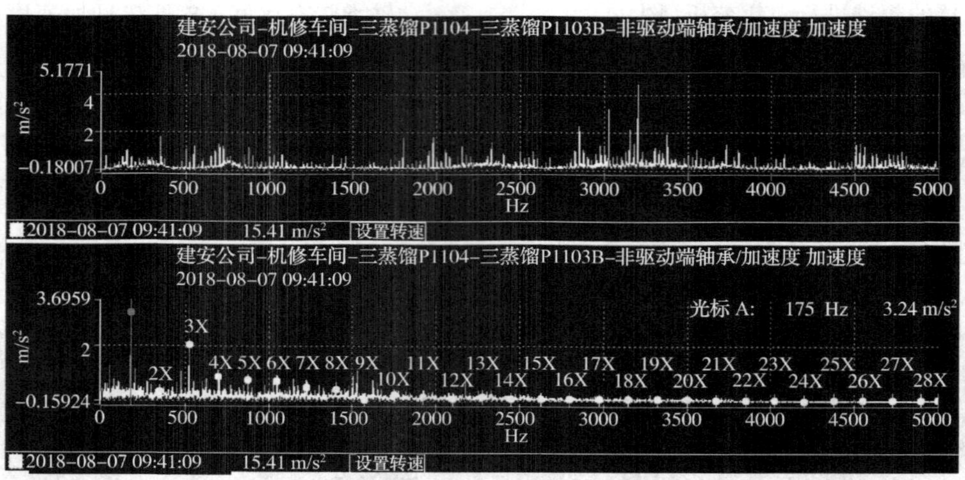

图4 2018年8月7日共振解调谱

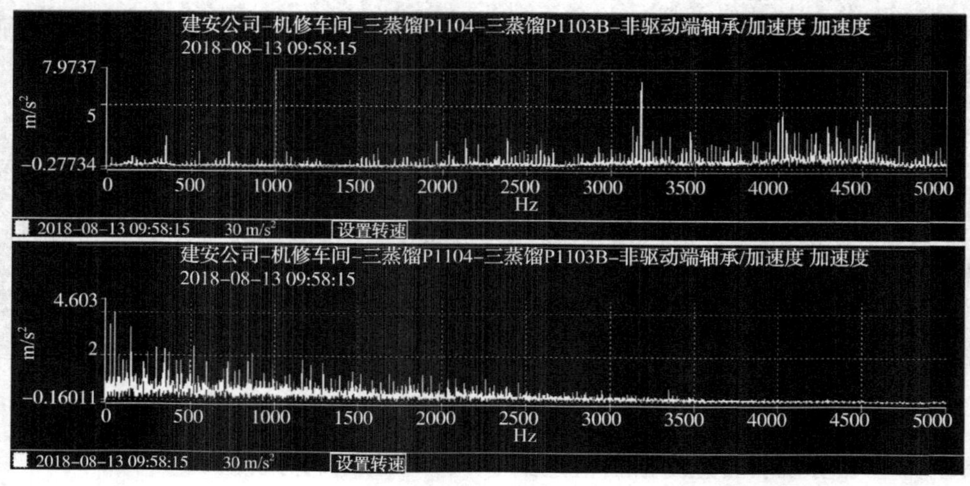

图5 2018年8月13日共振解调谱

2018年8月2日共振解调谱显示无冲击信号，而且幅值很低，整体小于0.2m/s^2，滚动轴承状态良好。2018年8月7日共振解调谱显示存在显著的周期性冲击信号，存在明显的175Hz及其多次谐波成分，175Hz与该泵非驱动端滚动轴承SKF7315内环故障特征频谱成分178.2Hz接近，指示SKF7315内环故障。2018年8月13日共振解调谱显示更多的显著的周期性冲击信号，频谱成分混杂，滚动轴承故障比 8 月 7 日有所加重。

6 故障严重程度进一步评估

上述分析诊断是通过加速度数据相关谱图进行分析诊断，除此之外还可看速度谱，当速度谱存在故障特征频率时说明滚动轴承故障较重，最早应处于滚动轴承故障第三阶段，需要维修。分别取 2018 年 8 月 2 日，8 月 7 日和 8 月 13 日的诊断速度频谱进行对比分析(图 6)。

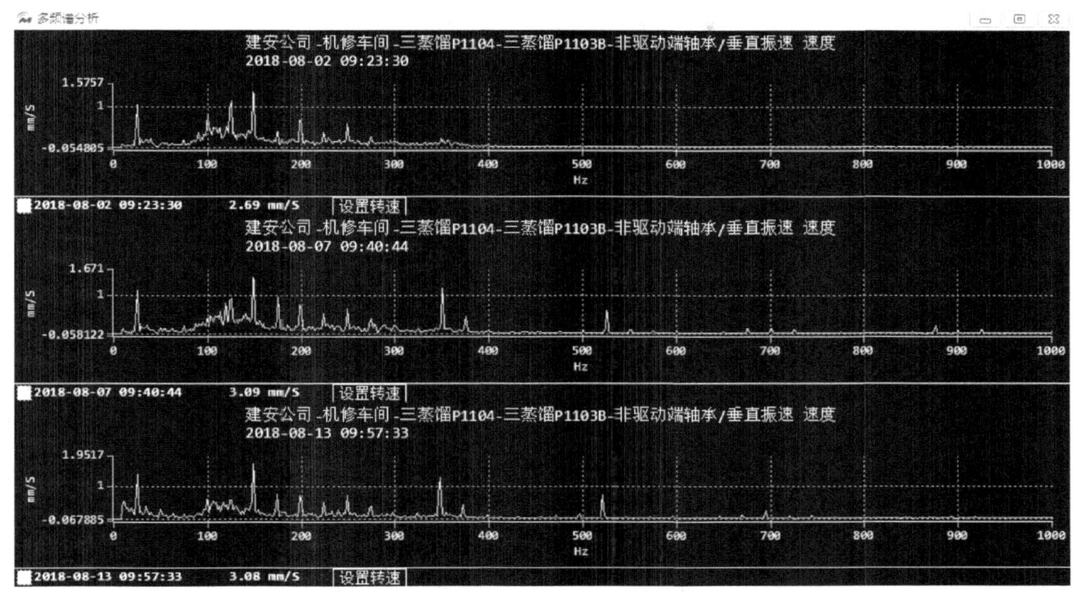

图 6　2013 年 8 月 2 日，8 月 7 日和 8 月 13 日的诊断速度频谱对比图

图谱显示 8 月 2 日在 300Hz 以上频率成分没有明显的冲击信号，而 8 月 7 日和 8 月 13 日有明确的冲击信号，数据对比见表 3。

表 3　不同时间速度谱滚动轴承故障频率幅值对比表

项目			8 月 2 日	8 月 7 日	8 月 13 日
故障特征频率 Hz	1X	175	0.377	0.95	0.77
	2X	350	0.1	1.17	1.28
	3X	525	0.01	0.59	0.74
	4X	700	0.01	0.12	0.24
	5X	875	0.01	0.2	0.04

上表数据显示故障是 175Hz(SKF7315 内环故障频率)及其多次谐波(列出 5 阶)，8 月 2 日幅值很小，状态良好。8 月 7 日和 13 日各阶故障频率成分幅值均有很大的提高，尤其是 1 倍和 2 倍故障特征频率幅值显著，故障劣化明显。8 月 13 日与 8 月 7 日对比，除 1 阶故障频率幅值有所降低外，其余四阶故障特征频率幅值均有不同程度的升高。滚动轴承故障持续劣化。

综上，该滚动轴承故障较重，处于滚动轴承故障第三阶段后期，需要更换滚动轴承。

7 验证

通过维修后的实物、谱图和数据，验证了分析诊断的准确性。

7.1 维修验证

该泵于 2018 年 8 月 16 日对非驱动端滚动轴承进行了更换，解体检查发现 SKF7315 滚动轴承内环严重剥落(图 7)。

图 7　SKF7315 滚动轴承内环

7.2 图谱验证

泵更换轴承后，加速度谱中 SKF7315 滚动轴承内环故障及各种冲击信号全部消除，滚动轴承状态良好(图 8)。

泵更换轴承后，速度谱中 SKF7315 滚动轴承内环故障频率及其多次谐波成分全部消除，滚动轴承状态良好(图 9)。

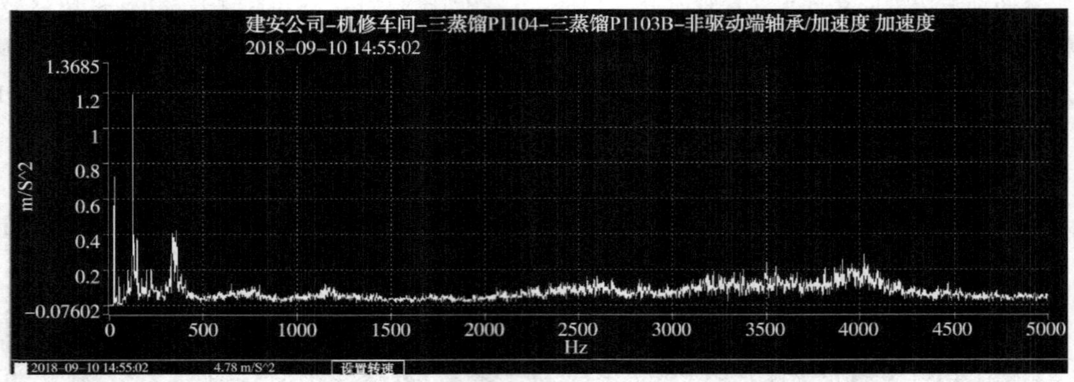

图 8　维修后非驱动端加速度频谱

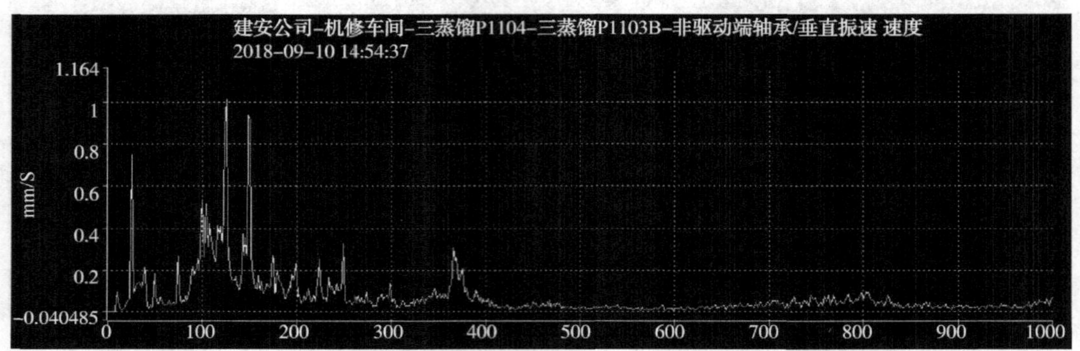

图 9　维修后非驱动端速度频谱

7.3　数据对比验证

维修后加速度幅值大幅度降低，滚动轴承故障特征频率消除，滚动轴承状态良好(表 4)。维修后速度谱中 SKF7315 滚动轴承内环故障特征频率及其多次谐波幅值均大幅度降低，滚动轴承状态良好(表 5)。

表 4　维修前后加速度和滚动轴承状态对比表

时间	8 月 13 日	9 月 10 日
加速度值/(m/s^2)	30	4.78
加速度频谱最大幅值/(m/s^2)	6.93	0.3
滚动轴承是否有故障	是	否

表 5　维修前后速度谱滚动轴承故障频率幅值对比表

项目			8 月 13 日	9 月 10 日
故障特征频率 Hz	1X	175	0.77	0.27
	2X	350	1.28	0.1
	3X	525	0.74	0.02
	4X	700	0.24	0.03
	5X	875	0.04	0.04

8　结语

本文以具体案例的诊断过程为主线，以小神探巡检系统中嵌入的多种谱图尤其是共振解调谱为依托，将滚动轴承故障诊断的思路、方法和流程融入其中，对滚动轴承故障部位和严重程度的判定进行了探讨，通过实物、频谱和数据对诊断准确性进行了验证。通过数据获取、分析诊断、维修验证、总结提高的反复循环过程，持续积累经验，能实现滚动轴承故障诊断准确性和能力的不断提高，能实现机泵滚动故障早发现早预防，能实现滚动轴承的预知维修，也为滚动轴承故障诊断的持续深入开展奠定了基础。

参　考　文　献

[1] 陈雷. 滚动轴承故障诊断实例[J]. 设备管理与维修，2016，10：92-94.

[2] 杨建宏，黎敏，丁福焰，等. 滚动轴承诊断现场实用技术[M]. 机械工业出版社，2015.05.

[3] 杨国安. 滚动轴承故障诊断实用技术[M]. 中国石化出版社，2012.

[4] 盛兆顺，尹琦岭. 设备状态监测与故障诊断技术及应用[M]. 化学工业出版社，2002.10.

全尺寸补偿膜法密封在外浮顶石脑油罐的应用

刘寅方　王长久　单巨涯　边慧娟

（中国石油天然气股份有限公司大连石化公司）

摘　要　通过对各种外浮顶罐密封现状的研究分析，提出了现有油罐密封补偿范围小，油罐变行较大时，造成油面暴露，油气挥发严重，造成空气污染。文章着重介绍了在欧洲被普遍使用的全尺寸补偿气密型膜法密封，其工作补偿范围宽，根据油罐变形情况量身定制，补偿范围-100～+300mm，确保密封鞋板与罐壁时刻紧密接触。从实际应用效果看，全尺寸补偿膜法密封能够大幅度降低罐区VOCs泄漏，可实现罐区VOCs达标排放。正常运行后，一二次密封间的油气浓度<0.1%(v)，为石脑油爆炸下限的8%以下，大大提高了外浮顶罐运行的安全性。

关键词　石脑油；外浮顶；全尺寸补偿密封；VOCs；达标排放；安全性

1　概述

随着储油罐和油库规模的大型化，为保证储罐的严密性和浮顶的灵活性，需要设置浮顶密封系统。浮顶储罐的密封系统是大型储罐安全运行的最薄弱环节[1]。浮顶储罐密封失效会造成大量有机气体挥发到大气中，严重地污染环境，而且会引发火灾、爆炸等恶性事故，同时造成油品的大量损失，经济效益受到很大影响。准。2015年7月开始执行的《石油化学工业污染物排放标准》(GB 31571-2015)对挥发性有机化合物VOCs(Volatile Organic Compounds)的排放要求进一步提高，大幅减少油品在储运环节中的挥发损耗从而实现VOCs达标排放成为当务之急。

可靠的浮顶密封装置能有效防止储罐内油气蒸发，降低浮顶上的油气含量，减少油气泄漏损耗，减轻环境污染，保证油品质量，避免雷击起火的可能性，从而确保储罐的安全储运和清洁生产，经济效益和社会效益显著。

2　外浮顶罐密闭技术现状

目前国内采用的外浮顶储罐的密封为一次密封和二次密封。其中一次密封结构多为囊式弹性密封和机械鞋型密封；浮顶储罐二次密封是在一次密封上部增加的一套密封装置，主要由油气隔膜、支撑板、刮板、静电导杆及紧固联接件等组成，能覆盖整个边缘气相空间，主要用来挡雨和挡风沙，同时也可更有效地减少油气损失。目前国内外浮盘密封结构形式多种多样，没有统一的大型储罐浮盘密封设计、制造和安装验收标[2]。

2.1　一次密封结构及特性

2.1.1　机械鞋型密封

机械鞋型密封是金属滑板在压紧装置的作用下紧贴罐壁，通过金属滑板与罐壁滑动接触，滑板部分镶嵌于油面下。金属滑板随浮顶外缘环板升降而沿罐壁滑行，在金属滑板上端与浮顶外缘环板之间装有涂有耐油橡胶的纤维织物，使浮顶外缘环板与密封板之间的环形气相空间与大气隔绝，实现浮盘密封。

机械鞋型密封的局限性表现在：①补偿储罐变形范围小，当油罐变形超过±130mm时，机械密封的金属滑板与罐壁产生间隙，造成油气泄漏。②容易产生化化放电。③容易损坏。在使用过程中，发现机械密封底部安装的刮蜡器效果差，结构松懈，对环形间隙变化的适应性差，造成钢滑板同罐壁间隙大，导致密封不严等缺陷[3]。马文婷等从现场调研情况看，机械密封容易出现密封不严，密封靴板与罐壁的间隙大等现象[4]。机械密封对罐的不圆度、局部凹凸度都比较敏感，罐壁的这些缺陷都会降低密封效果。[5]

2.1.2　囊式密封结构及特性

囊式弹性填充式密封，由密封包带填充物材料(海绵或填充液等)，安装在浮顶与罐壁间隙中，橡胶弹性纤维密封袋与罐壁滑动接触，实现浮顶与罐壁间间隙发生变化时，通过弹性材料的压缩与伸张来补偿浮顶与罐壁间隙的变化，在密封袋、浮盘、罐壁与油面之间会形成油气空间，通过密封袋实现浮盘与罐壁的密封。同时保障浮顶在储罐内升降自如而不被卡住，从而达到减少油气蒸发损耗的目的。

囊式密封在运行过程中，部分浮顶储油罐密封泄漏问题较为严重，出现了密封包带多处破损、进油和罐壁局部密封不严的现象，浮船与罐壁之间的环向空间间隙大小不均匀，间隙常常超过了规定的±100mm 的间隙补偿能力，影响了油罐的密封效果。间隙尺寸较小处，一次软密封局部受到重挤压，致使密封包带受到密封托板与罐壁的剪切，出现包带破损、进油现象；间隙较大处，密封不能完全覆盖油面，起不到密封作用，既造成油气损耗增大，又易引起火灾爆炸等事故。

中石油大连保税油库二期工程 13 台外浮顶原油罐于 2009 年 10 月建成投产，截至 2013 年 10 月，已发现 7 台储罐共计 12 处一次密封局部脱离罐壁、二次密封出现局部坍塌现象，经检测，一次密封与罐壁脱离点的可燃气体浓度明显高于其他部位[6]。沈洪等对一次密封进行检查发现，由于个别储罐罐壁局部产生了一定的变形，导致一次密封在随浮顶上下移动的过程中，与罐壁一侧产生挤压，另一侧则与罐壁分离。一次密封弹性泡沫块受挤压后局部产生自身形变，不会向左右两侧传递压力，另一端在一次密封完全膨胀的情况下，与罐壁分离间隙高达 50mm，可清晰地看见油面[7]。弹性泡沫密封短期效果非常好，随着弹性元件老化及过分变形，弹性下降，密封效果降低；弹性泡沫密封破损容易造成二次污染，被油品污染的泡沫很难处理，无法回收，环保性较差，处理费用高[8]。

2.2　二次密封结构及特性

目前浮顶罐的二次密封装置是在浮顶油罐原有一次密封的上方沿罐壁安装一圈呈带沟槽状的橡胶密封刮板，橡胶密封刮板的底端连接在承压板上，沿罐壁与浮船之间的环状间隙搭接排列，其下端与浮船的边缘板用螺栓相连接，承压板迫使橡胶密封刮板紧压在罐壁上，承压板的整个内侧覆盖一层防蒸发隔膜，防蒸发隔膜的两边分别卷入橡胶密封刮板上的 Z 型压板和浮船边缘板上，它与橡胶密封刮板及一次密封共同组成环状密封空间。

由于轻质油储罐长期运行，罐壁和浮盘发生变形，导致罐壁与浮盘之间的环形空间距离发生了变化，即有的部位距离变大，有的部位距离变小。距离变大的部位使橡胶密封刮板不能紧密地压紧在罐壁上，失去密封作用；而距离变小的部位使橡胶密封刮板过紧地压在罐壁上，当浮船上升时，由于橡胶密封刮板过紧压迫致使摩擦阻力增大，当摩擦阻力超过承压板的极限时，承压板发生塑性变形，失去弹性，从而导致二次密封失效[9]。

2.3　小结

浮顶储罐密封圈的火灾发生频率较高，原因主要是密封不严，密封脱离罐壁，油面暴露，引起油气浓度偏高。从大型浮顶储罐运行情况看，由于储罐的直径和高度较大，罐壁难以保持绝对的圆度和垂直度；而且在升降过程中，因受油面波动和外界风力等因素影响，浮盘在油面上存在一定程度的“漂移”，导致浮舱与罐壁的间距随浮盘的升降而不断变化；密封圈在服役一段时间后，二次密封的密封刮板会出现不同程度的变形，严重老化的橡胶刮板甚至呈现波浪状，这导致密封刮板难以与罐壁保持紧密贴合；另外，从现场调研情况看，机械密封不严，密封靴板与罐壁的间隙大，软密封的橡胶包袋内的填充物弹性降低，导致软密封与罐壁存在多处间隙，有的缝隙宽达 100mm 以上[10]。

现有密封受工作补偿范围是有限的，当密封的补偿能力不足以弥补以上情况造成的油罐变形和浮盘偏移时，使得密封脱离罐壁，容易造成一二次密封之间存在大量的有机挥发气体，很容易形成爆炸性气体，在其处于爆炸极限范围内时，遇到火源则会发生爆炸着火事故。近年来国内发生的多起油罐火灾爆炸着火事故，均因油罐密封泄漏形成爆炸性可燃混合气体，最终造成爆炸着火事故，损失惨重。

3　全尺寸补偿膜法密封的应用

3.1　全尺寸补偿膜法密封技术原理

全尺寸补偿膜法密封包括一次密封和二次密封。一次密封是通过弹性密封钢板结构，采用镶嵌式密封原理，根据储罐的变形情况采用不同宽度、不同厚度和不同长度的弹性钢板搭接而成。弹性钢板一端连接浮盘边缘，弯曲后紧贴罐壁向下插入油品液面以下 325mm 以下。为保证良好的密封性能，在弹性钢板的内侧覆以环形 PTFE 复合膜，将浮盘与罐壁间气环密闭，形成静密封结构，无气体泄漏，密封弹性钢板与罐壁紧密贴合，确保液相无暴露[11]。二次密封通过弹力臂确保二次密封顶端密封条与罐壁紧密贴合，二次密封采用耐紫外辐射的高分子保护膜，起到密封、挡雨和挡风沙的作用。

全尺寸补偿膜法密封技术的工作补偿范围大，一般工作范围 R(-X/+3X)，根据每台罐的不同变形情况以及地基情况，通过专用软件进行模拟计算，确保一二次密封具有足够的补偿能力，使得浮盘边缘密封与油罐壁始终保持全接触。

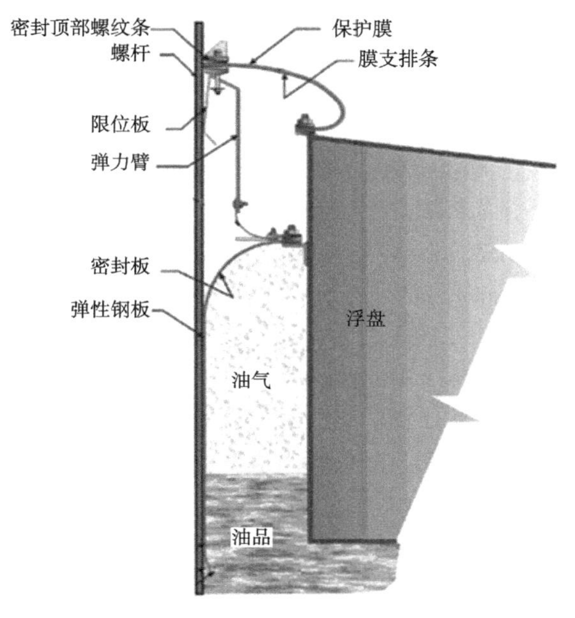

图 1　全尺寸补偿膜法一二次密封图

3.2　全尺寸补偿膜法密封应用状况

中国石油大连石化公司于 2016 年 6 月底对储运车间的外浮顶石脑油罐 650 罐进行了浮盘边缘密封改造，将原有的囊式海绵密封和二次密封拆除，更换为全尺寸补偿膜法一二次密封，改造完成后进行浮盘升降试验。在浮盘升降试验时，依据《TUV 气密检测标准》对一次密封与浮盘形成的气环空间进行了气密检测，即在石脑油罐进水至浮盘支腿离地时，向气环内充压至 3.5KPa，保压 30 分钟，压力没有下降，即满足 TUV 气密要求。为能及时准确的检测到一二次密封中间的气体浓度，安装二次密封时选取了具有代表性的两个位置安装了采样口，一个在浮舱 13#人孔附近的石脑油罐内最北端，太阳照晒的位置；另一个位置在浮舱 6#人孔附近的石脑油罐最南端，不被太阳照晒的位置。葛新等人提出，浮顶油罐浮顶边缘的一、二次密封处，是造成火灾的部位之一，减少油气达到燃烧、爆炸极限，消除密封间产生火花的条件是避免油罐雷击火灾的重要措施，因此在浮顶油罐运行中，检测一二次密封油气存留浓度，是一项重要的工作[ ]。全尺寸补偿膜法密封于 8 月初投用。投用后大连石化公司质检中心和储运车间对一二次密封之间的烃含量进行了跟踪检测，检测数据见表 1。

表 1　650 罐一二次密封间烃含量分析

序号	日期	烃含量 %	氧含量 %	氮含量 %	液位 m	温度 ℃	备注
1	8 月 11 日	3.6	19.49	74.15	2.714	28.3	13#
2	8 月 12 日	3.392	20.42	75.6	3.69	27.5	13#
3	8 月 13 日	1.02	20.89	77.65	3.69	27.6	13#
4	8 月 14 日	2.39	20.52	76.08	3.69	27.7	13#
5	8 月 15 日	0.16	20.55	77.08	2.773	27.7	13#
6	8 月 16 日	2.28	20.34	75.44	4.23	28.2	13#
7	8 月 17 日	0.22/0.1	21.1/21.1	77.7/77.9	6.019	28.1	6#/13#
8	8 月 20 日	0.37	21.39	77.64	3.188	27.7	13#
9	8 月 21 日	0.24	9.44	88.3	3.188	27.6	13#
10	8 月 23 日	1.12/1.31	21.3/21.34	77.49/77.26	3.188	28	13#
11	8 月 25 日	0.4/0.23	20.9/21	76.8/76.7	9.283	28	13#
12	8 月 27 日	0.12/0.22	21.62/21.4	78.43/78.59	9.283	25.8	13#
13	8 月 28 日	0.04/0.89	21.46/21.3	78.45/77.73			6#/13#
14	9 月 2 日	0.02/0.04	20.75/20.7	77.53/77.81	11.436	25	6#/13#
15	9 月 9 日	0.17/0.13	20.37/20.6	78.12/77.85	8.631	25.8	6#/13#
16	9 月 15 日	0.02/0.02	20.94/20.8	79.04/78.97	6.738	26.2	6#/13#
17	10 月 3 日	0.09/0.11	20.73/21.1	78.33/78.03	13.698	22.4	6#/13#
18	10 月 6 日	0.14/0.14	21.77/21.2	77.44/77.84	13.678	21.7	6#/13#
19	10 月 17 日	0.15/0.37	21.63/21.1	77.78/77.96	13.694	20.2	6#/13#
20	10 月 27 日	0.01/0.01	21.0/20.67	78.7/79	13.601	17.5	6#/13#
21	11 月 4 日	0.27/0.01	20.7/21.1	77.83/78.1	13.569	14.3	6#/13#
22	11 月 10 日	0.01/0.01	21.93/21.0	78.57/78.88	4.706	10.1	6#/13#
23	11 月 17 日	0.07	21	78.9	11.407	11.5	13#

由大连石化公司质检中心对一次密封与浮盘形成的气环空间进行了烃含量分析，分析数据见表2。

表2　一次密封与浮盘的气环中烃含量

日期	烃含量/%	氧含量/%	氮含量/%	液位/m	温度
8月23日	66.89	5.07	25.1	3.188	28

为考察全尺寸补偿膜法密封装置使用效果，由中国石油安全环保技术研究院大连分院于2016年4月28日对而油品车间的G650石脑油罐进行了摸底检测，检测依据《HJ733-2014泄漏和敞开液面排放的挥发性有机物检测技术导则》。选择了均匀分布的8个点，检测仪器采样探头靠近挡雨板。在风速小于1.5m/s，液位6.1m时，逸散排放相对稳定的情况下，使用仪器对各采样点进行检测。每个点位检测时间3min，记录3min内仪器最大读数，作为该次检测值进行记录检测数据。

在全尺寸补偿膜法密封装置投用后，于10月21日委托辽宁鼎昇环境检测检测有限公司对650石脑油罐的VOCs的排放进行了全面检测，检测依据《HJ733-2014泄漏和敞开液面排放的挥发性有机物检测技术导则》，《GB31570-2015石油炼制工业污染物排放标准》，同时借鉴《DB11_447-2007炼油与石油化学工业大气污染物排放标准》，沿着二次密封周边选取了8个均匀分布的检测点，在风速0.7m/s，液位10.1m时进行检测，详细记录各个检测值。检测结果请见表3。

表3　G650石脑油罐改造前后二次密封LDAR泄漏检测表

序号	改造前/(μmol/mol)	改造后/(μmol/mol)
1	4007	479
2	1641	274
3	1360	0.3
4	4789	0.4
5	13000	0.3
6	2411	66.2
7	10004	43.7
8	1782	112

3.3　数据分析

由表1可见，在石脑油罐投用初期一二次密封间烃含量较高，随着石脑油罐的运行，烃含量逐步降低，到后来一直稳定在烃含量为0.1%左右。据笔者分析，出现这种情况的原因是由于在浮盘投用初期，一次密封的弹性钢板与罐壁紧密贴合需要一个过程，浮盘上下运行时，弹性钢板与罐壁在相互摩擦、挤压和碰撞，弹性钢板会自动调整位置进行自适应，使得弹性钢板与罐壁更好的贴合，所以就会出现初期弹性钢板与罐壁贴合不紧密使得一二次密封间烃含量较高。经过初期的磨合，弹性钢板与罐壁贴合良好后，烃含量就稳定在了0.1%左右，远远低于石脑油气爆炸下限1.2%。

由表2可见，一次密封与浮盘的气环空间的烃含量为66.89%，是油气的饱和浓度，远远高出石脑油气爆炸上限8%。

由表3可见，改造前最高检测值为13000μmol/mol，高于2000μmol/mol的泄漏标准限值[6]，二次密封效果明显；改造后最高检测值为479μmol/mol，远远低于排放限值。二次密封效果好，除了因为自身与罐壁贴合紧密外，还得益于一次密封良好的密封效果。

3.4　安全性分析

3.4.1　一二次密封间的气体远低于爆炸极限

经过磨合期后的一二次密封之间的烃含量为0.1%左右，远远低于石脑油爆炸极限1.2%～8%，因此即使有点火源也不会产生爆炸着火等安全事故。

3.4.2　实现了浮盘与罐壁的等电位连接

API RP 545试验研究表明，导电片浸入油品液面以下0.3m，不会发生放电现象[7]。胡海燕等人认为目前浮顶储罐均设有刮蜡器，结构类似于液下导电片，一端安装在浮顶板下面，另一端刮板紧密与罐壁贴合，随浮顶升降上下移动，且满足浸入油品液面以下0.3m不会产生火花放电的结构要求。因此，浮顶储罐的刮蜡器与浮顶进行可靠电气连接后完全可以替代现有导电片作为浮顶与罐壁之间的雷电流泄放通道，避免了储罐二次密封放电发生，且便于检测和维护，更安全可靠[8]。在石脑油罐正常运行时，全尺寸补偿膜法密封的弹性钢板插入油品中的最低点超过0.325mm，弹性钢板沿罐壁围绕一周连续排布，由于自身弹力作用，时刻与罐壁保持面接触的贴合状态，接触面积达到44.6m^{2}以上。金属弹性板与罐壁的紧密贴合可起到与导电片和刮蜡器相同的导电作用，弹性钢板的连续排布完全满足

API 中要求的导电片间隔小于 3m 的要求。因此全尺寸补偿膜法密封具有比 API RP 545 要求更高的安全性能。

3.4.3 全尺寸补偿膜法密封的二次密封为低轮廓密封

常规二次密封高度通常高出浮盘 500mm 左右，全尺寸补偿膜法密封二次密封的高度仅高出浮盘 300mm，高度减小 200mm 可使石脑油罐增加 126m^3 的储量。同时第轮廓密封降低了二次密封的高度，大大缩小了一、二次密封之间的油气空间，即使一二次密封之间存在油气，可燃气的体积也非常有限[9]。

4 结论

4.1 全尺寸补偿膜法密封可实现达标排放

全尺寸补偿膜法密封在 G650 石脑油罐投用后，罐顶及罐周围几乎闻不到油气味，从投用前后的检测数据看，密封效果得到了有效改善，二次密封的泄漏检测值最高为 479μmol/mol，远远低于 2000μmol/mol 的排放限值。

4.2 全尺寸补偿膜法密封安全可靠

4.2.1 无爆炸环境

G650 正常运行时，一二次密封间的烃类浓度 0.1%左右，远低于石脑油的爆炸下限 1.2%，一二次密封空间为安全空间，即使有火源也不会产生着火爆炸等安全事故；一次密封与浮盘间的密闭气环空间的烃含量为 66.89%，高出爆炸上限 8%，为安全空间。

4.2.2 无点火源

全尺寸补偿膜法密封的弹性钢板插入油品中的最低点已超过 325mm，弹性钢板由于自身弹力作用，时刻与罐壁保持贴合状态，弹性钢板沿罐壁围绕一周连续排布，不会发生打火放电现象。

4.2.3 提高了一次密封的承压能力

相对于普通囊式密封，采用了弹性钢板的全尺寸补偿一次密封，提高一次密封的承压能力，避免其被压力波破坏，可以避免大规模燃烧事故的发生[15]。

4.2.4 建议

全尺寸补偿膜法密封在初期投用时，应在短时间内进行多次收付油的操作，使浮盘进行多次长行程升降，便于一次密封尽快度过磨合期，实现一次密封与罐壁形成良好的贴合，确保一二次密封间油气浓度低于爆炸极限，消除安全隐患。

参 考 文 献

[1] 郎需庆，宫宏，刘全桢等，浮顶储油罐密封泄漏机理与泄漏控制，安全健康和环境，2007，7(10)：17-19.

[2] 刘敏燕，李庆祥，等，大型原油储罐设计中主要安全问题及对策，中国安全科学学报，1999，9(5)：53-57.

[3] 朱丹．机械密封在浮顶储罐设计中的应用，石油规划设计，2002，13(5)：18-19.

[4] 马文婷．大型外浮顶储罐密封结构对比和安全性探讨，化工装备技术，2014，35(2)：31-33.

[5] 牟林．浮顶油罐机械密封的特点与比较，石油化工设备技术，2005，26(4)：57.

[6] 孙兴钢．大型浮顶储罐密封装置对油库完整性管理的影响及控制措施，石油和化工设备，2015，18，24-29.

[7] 沈洪，任建洪．外浮顶油罐密封系统隐患治理，天然气与石油，2015，33(6)：77-79.

[8] 何丽娟．外浮顶罐边缘密封形式的选用与油气损耗，石油化工设备技术，2002，23(3)：39.

[9] 万树志，浮顶储罐二次密封卡阻问题的改造技术，安全健康和环境，2010，10(4)：21-22.

[10] 郎需庆，高鑫，宫宏等，浮盘密封圈的原油挥发及结构优化的研究，中国安全科学学报，2009，19(5)：91-95.

[11] 边慧娟、王韬博，浮顶油罐的浮盘边缘密封装置，专利号：L20150207290522.

[11] BIAN Hui-juan，WANG Tao-bo，Rim Sealing Device of Floating Roof Oil Tank，Patent No. ZL20150207290522.

[12] 石油炼制工业污染物排放标准 GB 31570—2015.

[13] API RP 545 - 2009，Recommended practice for lightning protection of aboveground storage tanks for flammable or combustible liquids[S].

[14] 胡海燕，刘宝全．刘全桢等，浮顶储罐二次密封油气空间放电分析，中国安全科学学报，2011，21(3)：106-109.

[15] 竺柏康，丁波，文建军．浮顶储罐一二次密封空间内油气分布及爆炸压力模拟，安全与环境工程，2015，22(1)149-151.

高压换热器、高压空冷的运行分析及化学清洗

刘 江 兰 勇 杨永磊 伊国鑫

（中国石油青海油田公司格尔木炼油厂）

摘 要 加氢裂化装置是炼化企业成品柴油二次加工的重要装置，A厂于2009年建成一套80万吨/年加氢裂化装置并投产。目前产品主要有重柴油、轻柴油两种，半成品为石脑油，柴油产品完全能满足国V排放标准。本文对该装置运行至今的高压空冷及高压换热器相关数据进行了收集和分析，对普遍存在的结垢原因进行了分析研究，针对性的提出了清洗方案，消除了装置运行瓶颈。

关键词 高压空冷；高压换热器；管束结垢；化学清洗

1 前言

加氢裂化装置是A厂成品柴油二次加工的重要装置，于2009年建成投产，设计规模为80万吨/年，以直馏重柴油、直馏蜡油及催化柴油为原料，采用某公司的加氢精制催化剂和加氢裂化催化剂，设计为单段串联全循环工艺流程，由于装置所产柴油产率偏低、密度偏低，根据国V柴油质量升级的需要，全厂总的加工流程不变，于2014年对加氢裂化装置进行改造，改造后装置设计规模仍为80万吨/年，以常一线轻柴油、直馏重柴油、直馏蜡油及催化柴油为原料，采用抚顺石油化工研究院开发的FF-46加氢精制、FDW-3临氢降凝和FC-14B加氢裂化催化剂组合，采用一段串联一次通过工艺流程，冬季满足全厂生产调和国V排放标准-20#低凝点柴油产品的需求，夏季满足全厂生产调和国V排放标准0#低凝柴油产品的需求，副产一部分石脑油、低分气和含硫干气。

加氢裂化装置运行八年来，操作平稳、产品质量合格，自2017年5月以来该装置八台高压空冷和五台高压换热器换热效果明显下降。八台高压空冷共有8台风机和百叶窗，在投产初期，只需启运4台风机，且空冷翅片不用全开即可满足冷却后温度指标，目前全开风机和空冷翅片都不能满足工艺要求，原以为是翅片及管束上的污垢的缘故，管外用压缩风和除盐水将灰尘等杂物冲洗掉后，换热效果并未见好转。因此对该装置运行至今的高压空冷及高压换热器相关操作数据进行了分析，判断为管束内部腐蚀结垢所致，对普遍存在的结垢原因进行了研究，为消除瓶颈，有针对性的提出了清洗方案。

2 加氢裂化原料、高压空冷及换热器现状

2.1 反应产物换热流程

反应产物先后通过E101A/B、E102、E103A/B管程，进入空冷，其中E101、E103壳程介质为原料油，E102壳程介质为低分油。详细流程及各换热器温度见图1。

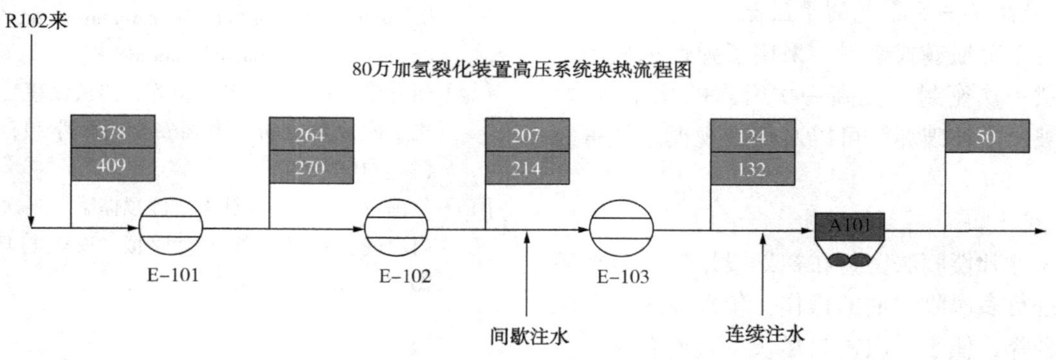

图1 反应产物换热流程

2.2 原料油现状

A 厂加氢裂化装置 2014 年 8 月改造后，一次开车成功，装置工艺操作基本状况见表 1：

表 1 装置工艺操作情况

加工量/年	反应压力/MPa	温度/℃	空速/h^{-1}	氢油体积比
80 万吨	12	336~371	1.14~2.19	800：1

改造后装置设计规模仍为 80 万吨/年，反应系统采用一段串联一次通过工艺流程，采用抚顺石油化工研究院开发的 FF-46 加氢精制、FDW-3 临氢降凝和 FC-14B 加氢裂化催化剂组合，冬季以直馏蜡油、直馏重柴油及催化柴油为原料，生产调和国Ⅴ排放标准-20#低凝柴油产品的需求；夏季以常一线轻柴油、直馏重柴油、直馏蜡油及催化柴油为原料，生产调和国Ⅴ排放标准 0#低凝柴油产品的需求，副产一部分石脑油、低分气和含硫干气。混合原料见表 2。

表 2 加氢裂化装置原料油基本状况见下表

混合原料密度(20℃)/(g/cm^3)		馏程/℃	S/%	N/%	凝点/℃
冬季	0.8425	175~>372	0.21	0.0825	11
夏季	0.8273	169~>369	0.2	0.0600	3

2.3 高压空冷及高压换热器现状

加氢裂化装置八台高压空冷采用的是无锡鼎邦换热设备有限公司制造，五台高压换热器采用的是北京燕山换热设备有限公司制造的高压螺纹锁紧环换热器。高压空冷及高压换热器设计数据见表 3 和表 4。

表 3 高压换热器设计数据表

名称	管程入口最高工作温度/℃	管程出口正常工作温度/℃	换热面积/m^2	管束材质	管束直径	腐蚀余度
E101/AB	395	269	400	组合件	φ1200mm	0mm
E102	269	213	670	组合件	φ1300mm	0mm
E103/AB	216	133	475	组合件	φ1200mm	4mm

表 4 高压空冷器设计数据表

入口温度/℃	出口温度/℃	管排数	翅片管数量	管外径	光管材料	腐蚀余量
153	55	6 排	240 根/每片管束	φ57/φ25＊3	20#	6mm

80 万吨/年加氢裂化装置在投产初期，开一半风机完全能满足冷却后的工艺指标，现在全开风机也不能满足工艺要求。图 2 为 2009 年加氢裂化装置操作平稳、产品质量合格时的操作画面截图。

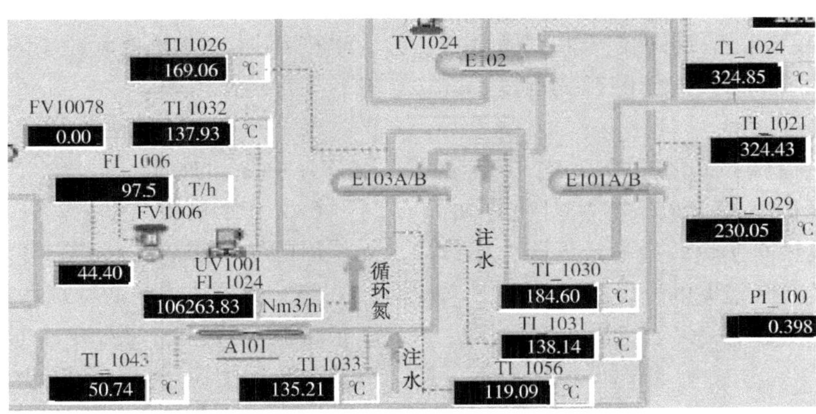

图 2 操作画面截图

加氢裂化装置设计满负荷处理量 125t/h，2017 年 5 月反应进料量基本维持在 120t/h。冷后温度设计 40~55℃，空冷翅片全开，空冷风机全部启用，中午时分冷后温度仍超过 55℃。到了七、八月份，随着环境温度的升高，空冷器出口温度升高至 65℃，最高升至 70℃，八台高压空冷和五台高压换热器换热效果明显下降，影响高分的气液分离效果，导致循环氢纯度降低，直接影响循环氢压缩机 K102 的正常运行。循环氢压缩机 K102 容易带液，损坏干气密封系统。

以下为随机抽取的 2016 年 5 月与 2017 年 5 月加氢裂化装置高压换热器与高压空冷进出口温度数据。

表 5　2016 年 5 月与 2017 年 5 月数据对比

序号	2016 年 5 月				2017 年 5 月			
1	R102 出口温度/℃	E103 出口/℃	空冷入口/℃	空冷出口/℃	R102 出口温度/℃	E103 出口/℃	空冷入口/℃	空冷出口/℃
2	379	137.51	132.4	57.49	382	143.62	137.5	65.38
3	378.8	139.21	134.1	48.3	384.4	140.52	136.1	60.73
4	378.6	139.53	135.2	48.3	383.6	140.52	133.7	59.45
5	380	139.42	133.7	48.33	384	140.94	135.7	60.09
6	378.5	138.79	135.7	46.23	383.8	139.84	136.6	61.23
7	378	138.31	136.6	47.27	385	138.79	134.7	57.89
8	379.4	138.79	134.7	54.21	383.4	141.68	133.7	62.73
9	378	139.26	133.7	47.34	384.2	136.11	138.64	63.03

当时采取了以下措施：

(1) 对空冷风机运行进行优化，对有问题的皮带进行更换，调节翅片角度，尽可能提高风机冷却效果。

(2) 对空冷管束进行外冲洗：经与厂家沟通后先在管外用压缩风将灰尘等杂物吹掉后，再用高压水进行外冲洗。

(3) 紧接着又考虑是否是高压空冷和高压换热器管束内部铵盐结晶，因为一旦铵盐结晶同样会造成导热系数低、换热效果下降，导致高压空冷冷后温度降不下来。因此车间采取在高压换热器和高压空冷两处轮换、集中注水，增加注水量。

(4) 将 E202A/B/C 副线阀位开大，降低进 E202 的重柴油量，以降低 E102 的换热温度，降低 A101 入口温度。

通过采取以上措施，高压空冷 A101 冷后温度均未有大幅度下降。综合以上数据对比可知：高压空冷和高压换热器换热效果肯定下降，不排除在空冷内及高换内有结垢的可能。

3　建议措施

3.1　结垢原因

由于加氢裂化注水点的液态水量≤20%；原料油性质不稳定，直馏蜡油干点偏高(有时高于580℃)，残炭和沥青质较多；原料油氮封不好，造成部分氧化生胶；催化剂活性下降，加氢脱氮、脱硫效果下降；未转化油全部回炼，经过多次循环变得越来越重；稠环芳烃含量增加并变得稳定，导致其在空冷器适当温度、流速下冷凝沉积，使管束结垢越来越严重。

3.2　清洗剂的选择

由于加氢裂化装置反应产物中含蜡和稠环芳烃，结垢物一般很难溶解，因蜡易浮在溶剂液面上，互相排斥，不溶于盐酸、柠檬酸、苯、苯酚等。应当使用专用的碱性清洗剂后，并加热至一定的温度，垢物才会全部溶解、分散。通过泵循环冲刷、剥离，稠环芳烃、蜡油和不溶的无机、有机垢才会分散，最终沉淀后才能除去。

3.3　清洗流程

方案一：将高压换热器与高压空冷串联清洗

方案二：将高压换热器与高压空冷分别进行清洗

为保证清洗的效果，采用冲洗循环泵来提高管束内流速，流速≥3m/s。对管束内壁进行冲刷，增加清洗效果。

(1) 按图 3 流程图进行配管，要求主管线使用 DN150mm 的钢管。

(2) 在水槽中放水后，开泵进行试漏，确认无误后配制专用清洗剂，用蒸汽进行加热。

(3) 待清洗槽内清洗剂加热至一定温度时启动泵将清洗液打入两台空冷器，循环一定时间。清洗 12h 后切换至另一台清洗。

(4) 由比色分析和总碱度测试确定清洗效果。

(5) 确认清洗完成后，对废液处理后按规定排放。

(6) 加水开泵进行水冲洗，直至排出液的 pH 值为 7.5~8.0 即可停止清洗。

但按照图 3 进行清洗要求冲洗泵的扬程和流量必须足够高，否则就不能达到良好的清洗效果，如冲洗泵的扬程和流量不能满足工况，建议采用方案二。

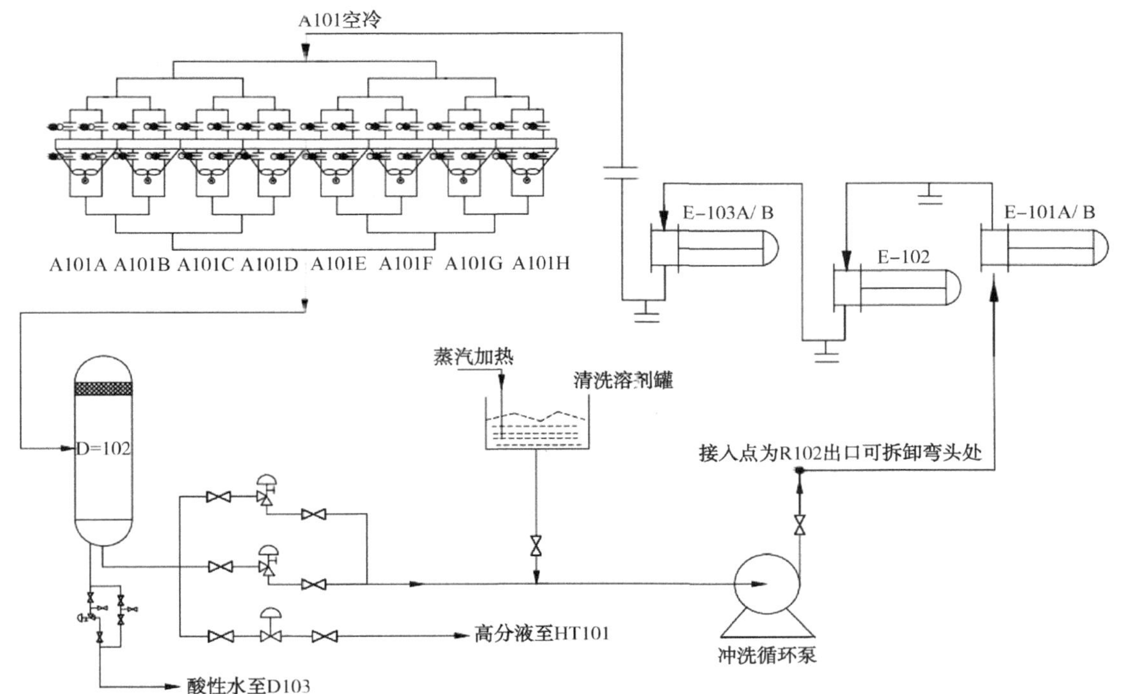

图 3　空冷+高换清洗流程示意图

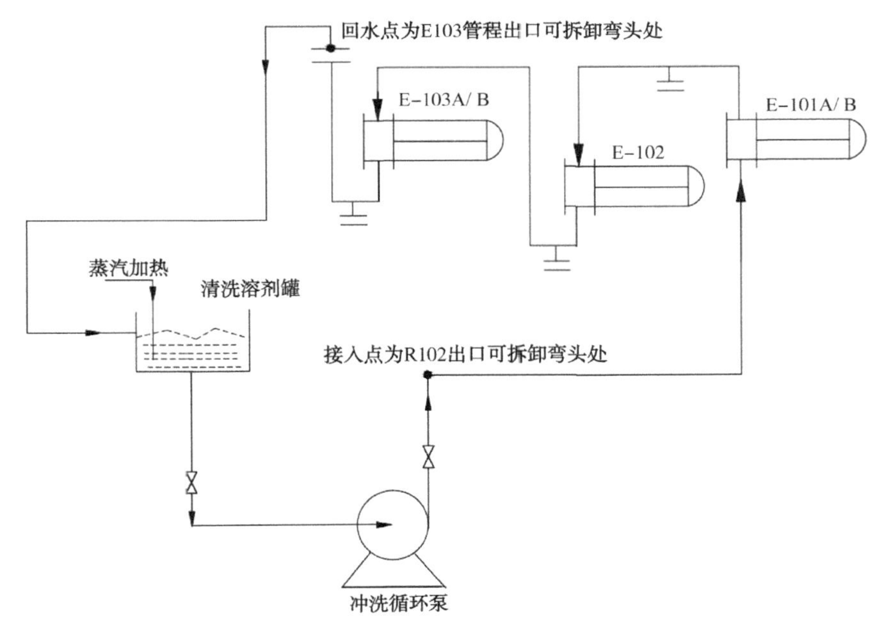

图 4　高换清洗流程示意图

4　结论

（1）为防止管束结垢，建议工艺上合理调整高压空冷和高压换热器的注水量；控制原料性质；控制未转化油的回炼量；合理控制铵盐结晶温度，从根本上解决空冷器的结垢问题。

（2）此技术能将加氢裂化装置高压空冷和高压换热器内的垢物清除，解决冷换系统聚合物难溶油垢清洗难题，成功解决反应流出物在空冷器管束内结垢清洗的难题。使高压空冷冷后温度达到开工初期的水平，保证了生产装置长周期的正常运转。

（3）在加氢裂化装置高压空冷注水中加注缓蚀剂后能有效地阻止和延缓高压空冷和管线因含硫量过高而引起的腐蚀，达到安全平稳长周期运行，延长设备使用寿命的目标。

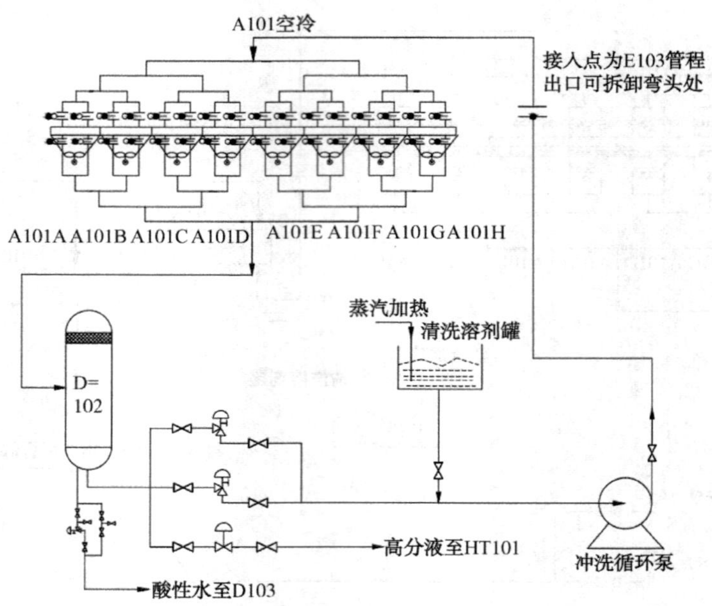

图5　空冷清洗流程示意图

参 考 文 献

[1] 韩崇仁主编．加氢裂化工艺与工程．—北京．中国石化出版社．2001(2009.4重印).

[2] 李大东主编．加氢处理工艺与工程．—北京．中国石化出版社．2004.

[3] 唐晓东编著．石油加工助剂作用原理与应用．—北京．石油工业出版社．2004.

3# 催化烟气脱硫洗涤塔进料段腐蚀原因分析

周迪明　马文义　张晓国

（中国石化长岭分公司）

摘　要　阐述了中国石油化工股份有限公司某分公司 2.8Mt/a 催化裂化装置烟气脱硫系统投用后，脱硫洗涤塔进料段出现的腐蚀情况，从设备运行的环境、设备结构、施工质量等方面对进行了分析，认为烟气在脱硫洗涤塔的进料段产生了不稳定流场，急冷液与烟气没有充分的接触，从而在塔内器壁局部生成强酸环境，针对腐蚀原因提出了相应的措施。

关键词　催化裂化；烟气脱硫；腐蚀；EDV 湿法洗涤系统

1　前言

随着社会的发展进步以及人民生活品质的提高、环保法律的逐步完善和实施，催化裂化装置的废气排放制定了严格的排放标准，催化裂化再生烟气中氮氧化物浓度排放限值为 200mg/m³，二氧化硫浓度限值为 100mg/m³，颗粒物浓度限值为 50mg/m³。因此烟气脱硫设备被广泛应用，但由于再生烟气中含有粉尘、水蒸气以及其他多种化学组分，加之烟气脱硫工艺中烟气温度变化大，会给设备带来物理、化学、温度和机械等多方面的腐蚀或磨损。我厂在不影响前部生产的条件下，为减轻环保压力，引进了美国贝尔哥（BELCO）技术公司的 EDVR5000 湿法烟气脱硫工艺，该系统由洗涤吸收系统和废水净化处理系统两部分组成，设计烟气常规处理规模 303200Nm³/h，含有酸性气体和催化剂粉尘的烟气在洗剂塔内与氢氧化钠溶液逆向充分接触反应，除去烟气中的二氧化硫并洗涤烟尘等污染物，从而实现烟气净化达标排放的目的。

2　烟气脱硫工艺原理

2.1　烟气脱硫洗涤吸收工艺流程

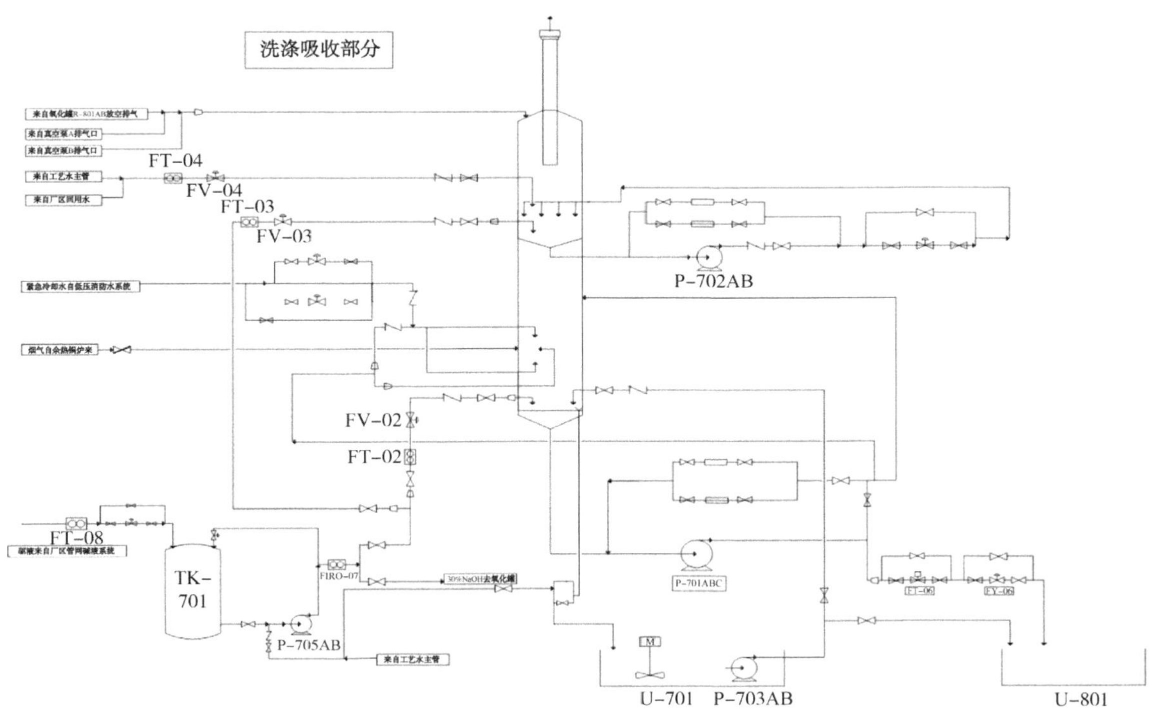

图 1　烟气脱硫洗涤塔吸收工艺流程

2.80Mt/a催化裂化烟气从余热锅炉出口经过水封罐进入脱硫洗涤塔，洗涤吸收系统包括吸收剂的供给、脱硫系统工艺水的供给和洗涤吸收三部分(见图2)，洗涤系统是烟气脱硫系统的核心，包括洗涤塔、急冷喷嘴、喷淋喷嘴、滤清模块、气液分离器、浆液循环泵(0202-P701/A、B、C)、滤清模块泵(0202-P702/A、B)和烟囱设施。主要用P705AB将30%的NaOH溶液分别打入T701滤清模块段与浆液循环段。烟气水平地进入到洗涤塔的喷淋急冷区，脱硫洗涤塔烟气入口设置三个G-400急冷喷嘴喷淋循环浆液，以447m^3/h的流量喷射液体，形成与烟气进入方向垂直的高密度水帘，烟气与循环浆液充分接触，对烟气进行急冷，并使其饱和至约61℃，大大降低烟气温度并脱除较大颗粒粉尘，降温并饱和后的烟气上升到吸收段，吸收区设置G-400喷嘴12个，分3层，每层4个。主要洗涤3μm以上的催化剂颗粒、吸收烟气中二氧化硫及其他酸性气体。

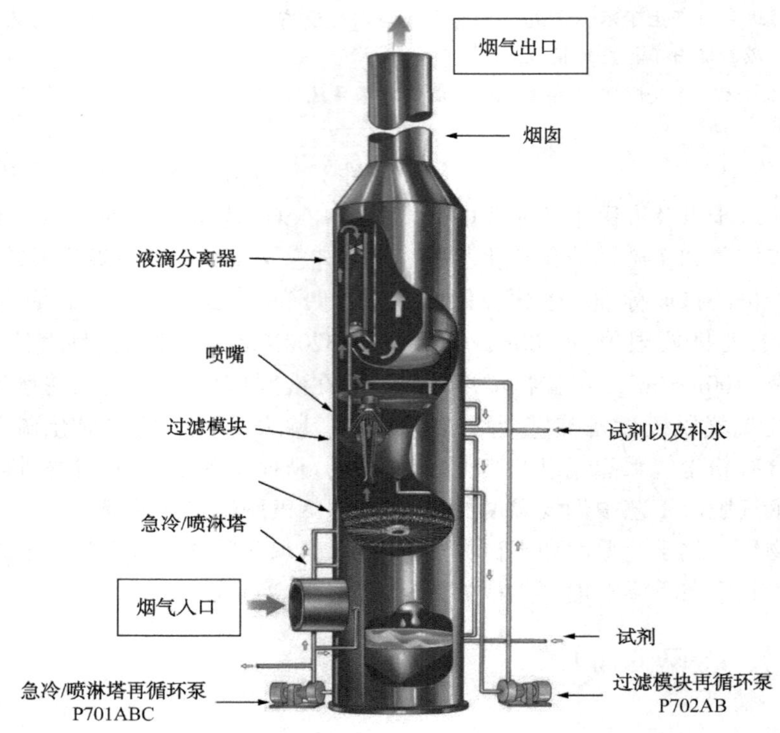

图2　烟气脱硫洗涤塔

2.2　反应机理

烟气中的二氧化硫与水接触，生成亚硫酸：

$$SO_2(g)+H_2O+2NaOH \rightleftharpoons 2H_2O+Na_2SO_3$$

副反应：

$$2NaOH+SO_3 \rightleftharpoons Na_2SO_4+H_2O$$

$$NaOH+2HCl \longrightarrow NaCl+2H_2O$$

脱硫洗涤塔内循环浆液的pH值通过NaOH注入来控制，最佳在7左右。为控制循环吸收液中的氯离子、固体含量等指标不超标，循环系统需要排放部分吸收液，以保证脱硫的效果。外排的亚硫酸钠经氧化后除去其假性COD(Na_2SO_3含量)，作为无害的硫酸钠水溶液排放。

$$2Na_2SO_3+O_2 \rightleftharpoons 2Na_2SO_4$$

3　烟气脱硫洗涤塔存在问题

烟气脱硫洗涤塔2013年10月建成投产，脱硫洗涤塔进料段筒体设计直径7500mm，采用Q345R+S30403、30+3mm复合板材料制成，2015年8月在使用过程中发现脱硫洗涤塔进料段腐蚀减薄及焊缝处腐蚀穿孔泄漏问题，随即对脱硫洗涤塔整体进行测厚检测，发现脱硫洗涤塔底部第一层平台(标高+4.000m)和第二层平台(标高+9.500m)之间腐蚀较为严重，较薄区域的筒体壁厚仅为6.21~11.2mm之间，为保证设备安全运行，暂时对泄漏点进行带压堵漏，并经宁波设计院设计对脱硫洗涤塔外壁进行“工”字钢临时加固处理，2015年9月烟气脱硫装置陪停，进入脱硫洗涤塔内部检查，发现脱硫洗涤塔内部腐蚀严重(见图3)。由于临时陪停，只对脱硫洗涤塔进料段腐蚀部位进行贴板处理，整个进料段内壁采用6mm316L钢板贴板26处，约40m^2左右(见

图4)。2017年4月2.80Mt/a催化裂化装置进行计划内停工大检修，对脱硫洗涤塔进料段10m筒体进行整体材质升级，更换为24mm³16L固溶不锈钢板制作的筒体(见图5)。

图3 洗涤塔腐蚀部位内外对比图

图4 塔内贴板处理情况

图5 进料段整体材质升级

4 脱硫洗涤塔进料段腐蚀原因分析

烟气脱硫洗涤塔的腐蚀减薄区域主要集中在进料段(见图6)，复合板表面出现大量点蚀及均匀减薄(焊缝处尤为突出)，于是委托洛阳德明石化设备有限公司对烟气管道及进料段进行流场建模分析。

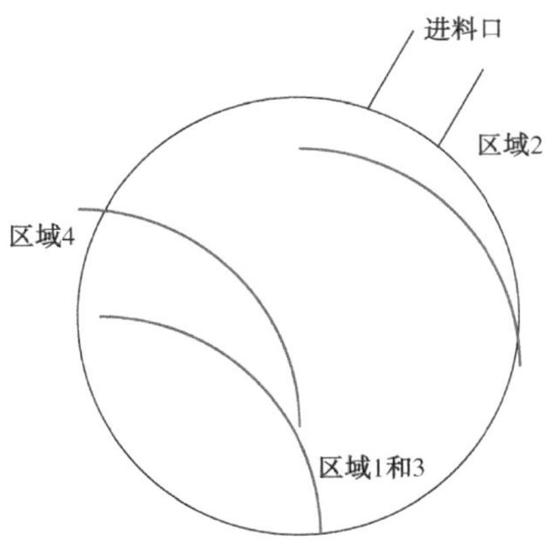

图6 塔壁测厚腐蚀减薄区域俯视图

4.1 烟气管道及进料段流场分析

烟气从催化裂化装置CO余热锅炉出口经过水封罐进入脱硫洗涤塔(见图7)，因现场场地的限制烟气管道布置出现弯头过多不规则形状，通过流场分析可知烟气进脱硫洗涤塔为双螺旋高速流动气体(见图8)，烟气实际流动存在严重的螺旋、偏流现象，烟气的螺旋、偏流会形成局部烟气高浓度、高流速情况(见图8、图9)。

图7 烟气管道现场照片

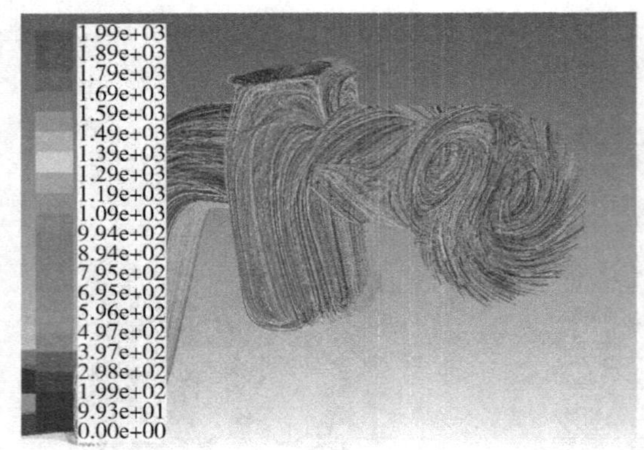

图8　烟气管道双螺旋气体

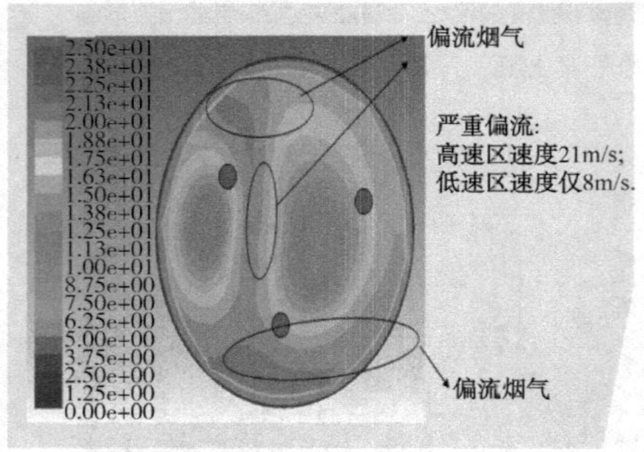

图9　脱硫塔入口烟气截面流场

从截面图形分析，烟气在烟道中高速区气体速度为21m/s，低速区气体速度为8m/s，在脱硫洗涤塔进料段形成两个螺旋流，从而导致高温烟气经过烟气入口急冷段时无法充分及时接触冷却，高温烟气进入洗涤塔内导致部分烟气在进料段底部长时间打转(见图10)，未经洗涤的含酸烟气直接与塔底循环液接触，形成局部的强酸环境，从而对塔体造成腐蚀。

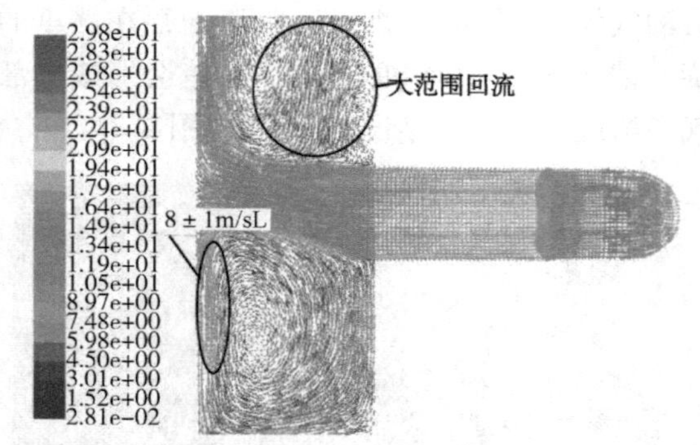

图10　烟气脱硫洗涤塔螺旋

4.2　现场确认烟气脱硫洗涤塔运行工况：

塔底循环泵额定流量1250m³/h、额定扬程是60m，目前二开一备运行。

烟气流量300000Nm³/h，折算300000Nm³/h×1.3kg/Nm³÷1000=390t/h

额定液气比为：1250 * 2/390 = 6.4，属于下限。

循环泵额定扬程是60m，喷嘴安装标高在30m左右，泵出口至喷嘴按设计无节流设备，循环泵给喷嘴提供的额定操作压力是0.3MPa。

循环泵额定总供液量：2 * 1250=2500m³/h。

循环泵给每个喷嘴提供的额定流量是：2500/15=166.7m³/h

喷嘴的设计流量特性是：压降0.3MPa情况下，喷嘴流量为200m³/h。

循环泵的实际供液能力仅相当于喷嘴设计流量的83%。

综上所述急冷喷嘴没有在设计工况范围内运行，导致喷嘴无法正常工作，循环液散不开，影响烟气急冷效果，导致热烟气走短路进入吸收段。

4.3　循环泵出口至急冷喷嘴管路有“卡脖子”现象

如图11所示，塔底循环泵出口总管管径为DN600，而从总管分往急冷喷嘴的管道却变为DN200，并且在DN200管道上还加装了一个缩径DN150蝶阀，从而导致急冷段喷嘴流量不足，也是造成腐蚀的另外一个重要原因。

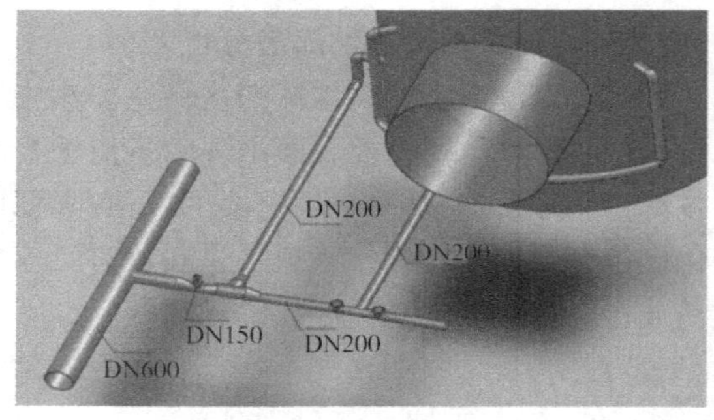

图11　塔底循环泵出口管道布置图

4.4　施工焊接质量问题

观察复合板发生的腐蚀损坏，可以归因于制造过程中较差的预制或者现场作业较差的焊接质量和焊接程序。复合板Q345R+S30403在焊接时，会在材料热处理区域发生碳化物沉淀，然后碳化物会进入不锈钢，成为腐蚀的来源。

较差的清洁，酸洗和钝化工作也是腐蚀问题的潜在因素。如果作业和处理材料过程中产生的游离铁没有移除，没有进行酸洗钝化来恢复热处理区域不锈钢外表面损失的铬，不锈钢得不到适宜的保护，而会发生腐蚀问题。

5 烟气脱硫洗涤塔腐蚀解决方法

5.1 去除烟气水封罐内筒，改善烟气流动形态

针对烟气在经过水封罐时发生了螺旋、偏流现象(见图8)，水封罐内筒对烟气流动产生了严重的干扰作用，于是去除水封罐内筒进行空气建模数据分析(见图12、图13)。

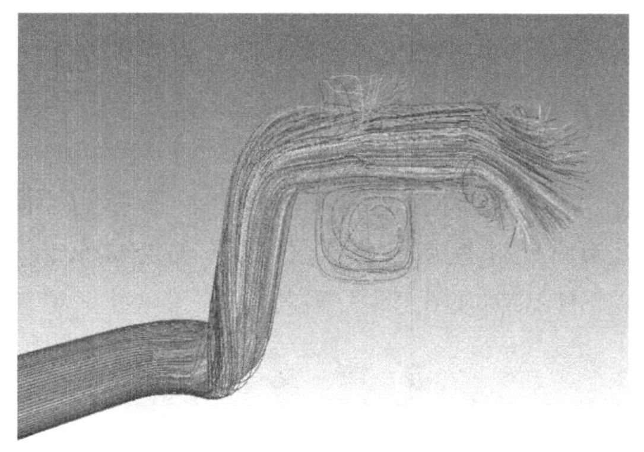

图12 去掉内筒后的流线图

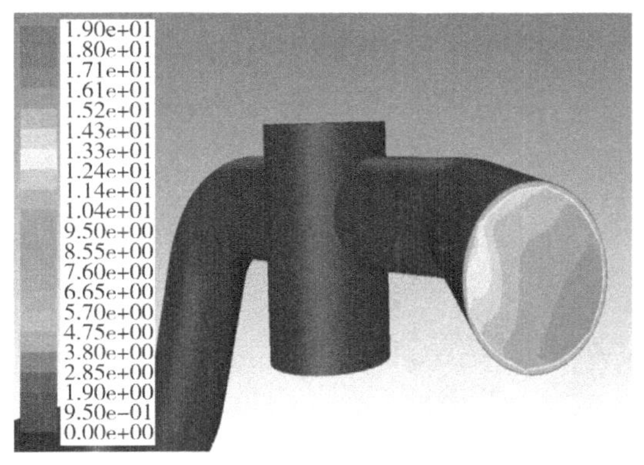

图13 去掉内筒后的速度分布图

通过建模数据分析可知，水封罐内筒去掉后，烟气流动呈现典型的连续弯头流动特征。烟气沿流动方向的法向外甩，堆积在一侧，螺旋流动现象显著减小，根据分析决定去除水封罐(0202-TK-702)内筒。

5.2 对原急冷喷嘴进行改造优化，增强喷嘴效果

去除水封罐内筒后但在烟气入口的右下方部位(见图13)，有烟气堆积现象，为解决该问题必须在此部位增加喷射循环液的流量。利用现有脱硫喷嘴的进液管线(DN200)及接口法兰，将原急冷喷嘴改造成3个DM-YT-318型喷嘴，安装在进液管线端部。同时在管线上引出支路，增加3个DM-YT-35型喷嘴，安装在进液管线的支路。在整个空间中形成与烟气分布情况相配合的喷嘴布置位置(见图14)。

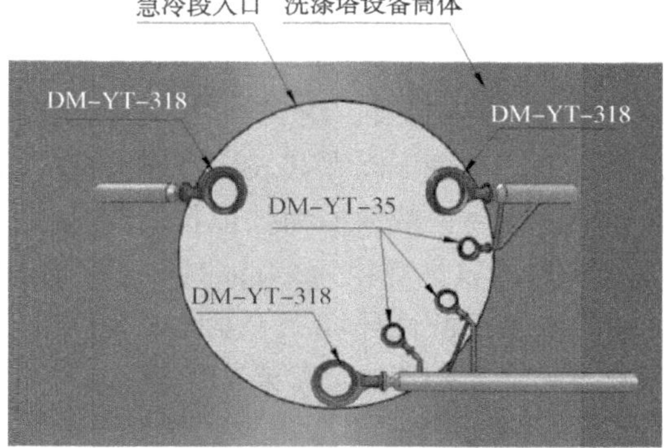

图14 急冷喷嘴布置示意图

新增喷嘴后对烟气脱硫洗涤塔内再次建模分析流场如图15，与图10相比，增设均流喷嘴后，烟气入口管道上方的流场显著均流，烟气螺旋、偏沉大幅减弱，烟液混合更加均匀。

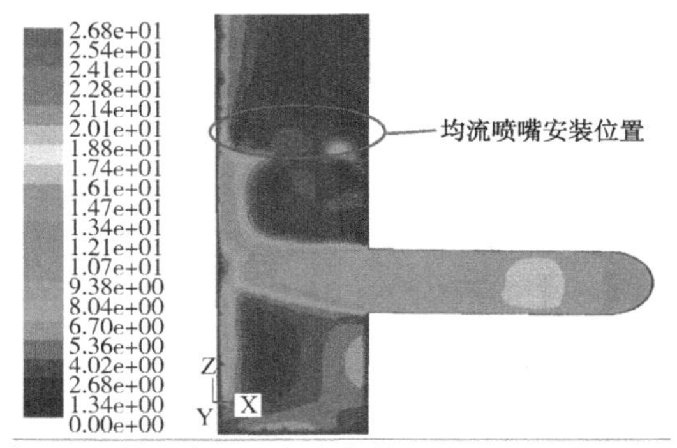

图15 增设均流喷嘴后的烟气流场

5.3 重新布局浆液循环管线，减小系统压降和损失

依据现场实际运行参数，通过设计院重新核算，对循环泵P701ABC出口至喷嘴管路重新布局(见图16)，将图中原DN200mm管道扩径为DN350mm，DN150mm的蝶阀取消更换成DN350mm，增加管路直径提高循环液流量，另外在喷嘴前管道加装压力表，以便实时对喷嘴工作状况进行监控。

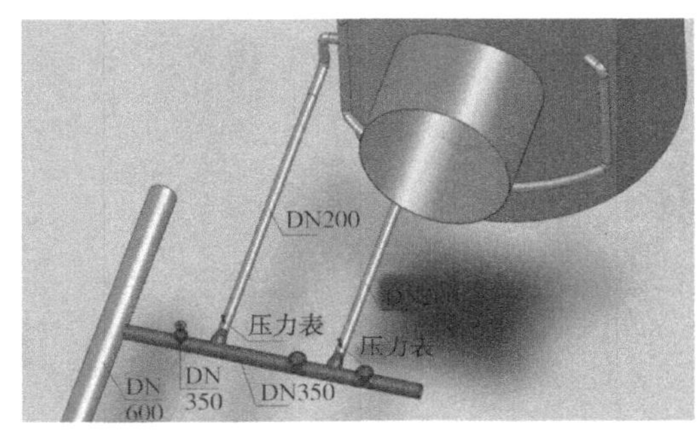

图16 急冷喷嘴前管道改造示意图

5.4 进料段筒体材质升级

T701 筒体材质采用 Q345R+S30403、30+3mm 复合板材料制成，耐腐蚀性和耐热能力较好，但在强酸环境下因在其表面不能形成完好的钝化膜而产生腐蚀减薄。为保证长周期运行，对 10 米高进料段整体更换为 24mm316L 固溶不锈钢板，虽然在低温酸性环境下不能完全抗腐蚀，但可以减少材料与制造方面带来的隐患。

5.5 加强焊接施工质量管理

焊前采用机械方法及有机溶剂（如丙酮、酒精等）消除焊丝表面和焊接破口（焊接坡口应采用机械法加工）两侧应不小于 20mm 范围内的油渍、锈迹、金属屑、氧化膜及其他污物。多层多道焊缝时，清除前道焊缝表面的熔渣和缺陷，新更换筒节与复合钢板之间焊缝的装配应以复层表面为准，其错边量<1mm，为防止沾附焊接飞溅，坡口两侧各 100mm 范围内应涂刷可焊性涂料。焊接完成后酸洗表面以去除无机沉积物、无防护的氧化皮和嵌入的游离铁，也可以去除热影响区域的回火和表面铬减少。最后是钝化来恢复和促成自发形成的薄的富铬表层来抑制腐蚀。

6 结论

6.1 吸收段底部腐蚀现象减轻

从 2017 年检修投用以来，从 2017 年 9 月开始至 2018 年 7 月，每季度对脱硫洗涤塔进料段进行测厚监测（如表 1）。

表 1 脱硫塔测厚数据

日期	区域 1	区域 2	区域 3	区域 4
2017 年 9 月	25.78	25.78	25.78	25.2
2018 年 7 月	25.5	25.48	25.44	24.93

从上表数据可得：2018 年 7 月测厚数据与 2017 年 9 月测厚数据情况比较，未见明显腐蚀减薄现象，进料段腐蚀得到有效控制。

6.2 通过对急冷喷嘴的压力、塔底 pH 摸索调整，得到较为合理的操作条件：喷嘴的压降尽量按 0.3MPa 控制，最低不低于 0.25MPa，洗涤塔底 pH 控制在 6.5~7.5 之间。

参考文献

[1] 张新国，吕丰财，赵勇斌．烟气洗涤塔的结构设计与选材[J]．石油化工设备技术，2013.
[2] 钢制化工容器材料选用规定 HGJ/T 20581—2011.
[3] 陈忠基．催化裂化装置烟气洗涤塔腐蚀原因分析．石油化工腐蚀与防护，2014，(31)6.

石墨烯改性抗 H_2S 酸性介质高效防腐涂层技术研究及应用

王　磊[1]　韩忠智[1]　丁　超[1]　张彦军[1,2]　郭晓军[1]

（1. 中国石油集团工程技术研究有限公司；
2. CNPC 石油管工程重点实验室涂层材料与保温结构研究室）

摘　要　为解决 H_2S、CO_2 等酸性介质存在条件下石油石化装置内防腐问题，本文通过采用酚醛环氧树脂和酚醛胺固化剂配套成膜物体系、耐酸性颜填料体系等研究，形成具有耐酸性良好的涂料，同时通过在涂料中添加石墨烯分散体，改善涂层耐盐雾、附着力、耐化学品性。研究结果及现场应用情况表明：石墨烯改性耐酸涂料具有优异的综合物理化学性能，其涂层耐盐雾性能、耐化学品性、抗硫化氢腐蚀、耐碱性能优异，满足 H_2S、CO_2 存在酸性油气田恶劣腐蚀环境下的防腐要求。

关键词　耐酸性；石墨烯；涂料

地层中 H_2S、CO_2 等酸性气体作为溶解气存在于原油或地质水中[1]，这种含 H_2S、CO_2 的酸性油气田主要分布于四川盆地、塔里木盆地、渤海湾盆地、鄂尔多斯盆地等。酸性气体存在对油气钻采设备、油气炼化装置的腐蚀产生严重影响[2]，一方面腐蚀将直接导致设备腐蚀穿孔报废、装置停产，其次严重腐蚀将导致 H_2S 气体泄漏、火灾等安全事故，影响油气田、炼化企业的生产安全。

防腐涂料作为一种高效可靠便捷的防护材料在油气田、炼化装置具有广泛应用。环氧防腐蚀涂料具有附着力强、耐盐雾等特点，其耐碱、酸、盐等多种介质腐蚀性能优异，在石油石化行业应用广泛[1-3]。但当工作介质中存在较强酸性介质时，环氧涂层将产生严重腐蚀失效；普通环氧涂层对温度压力范围敏感，在 H_2S 与 CO_2 共存时涂层失效速度与温度成正比，且存在一旦出现起泡情况会加剧整体涂层失效[4]。耐酸防腐蚀涂料不仅具有较强耐酸防腐性能，同时其物理化学性能均优于环氧涂料[5-10]。石墨烯[11]作为一种新型单片层状碳纳米材料，具有优异的化学稳定性、高导电性、非凡机械性能和防腐性能[12,13]。

针对酸性油气田特殊腐蚀环境和高产输送条件，本文通过对抗 H_2S 酸性介质防腐蚀涂层配套技术的研究，制备出具有高效耐酸性油气防腐的内防腐蚀涂料，同时添加石墨烯提高耐酸涂料的防腐性能，通过对涂层物理化学性能及不同油气田、炼化装置下涂层防护效果的测试，提出改善 H_2S、CO_2 及强酸等恶劣酸性腐蚀环境下的内腐蚀现状的解决方案。

1　耐酸防腐蚀涂料的研制

酚醛环氧树脂较环氧树脂具有更多环氧基，其分子示意图如图 1 所示。该树脂可与脂肪胺或胺类加成物进行常温固化，因其固化物可形成高交联密度的互穿网络结构，如图 2 所示，其耐热性和耐化学品性均具有显著提高。该固化产物主链上含有大量的刚性苯环结构，且由亚甲基连接，结构规整致密，腐蚀介质难以浸入。

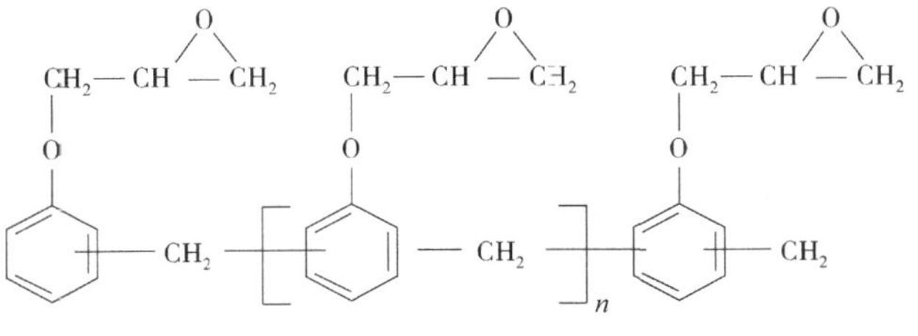

图 1　酚醛环氧树脂分子式示意图

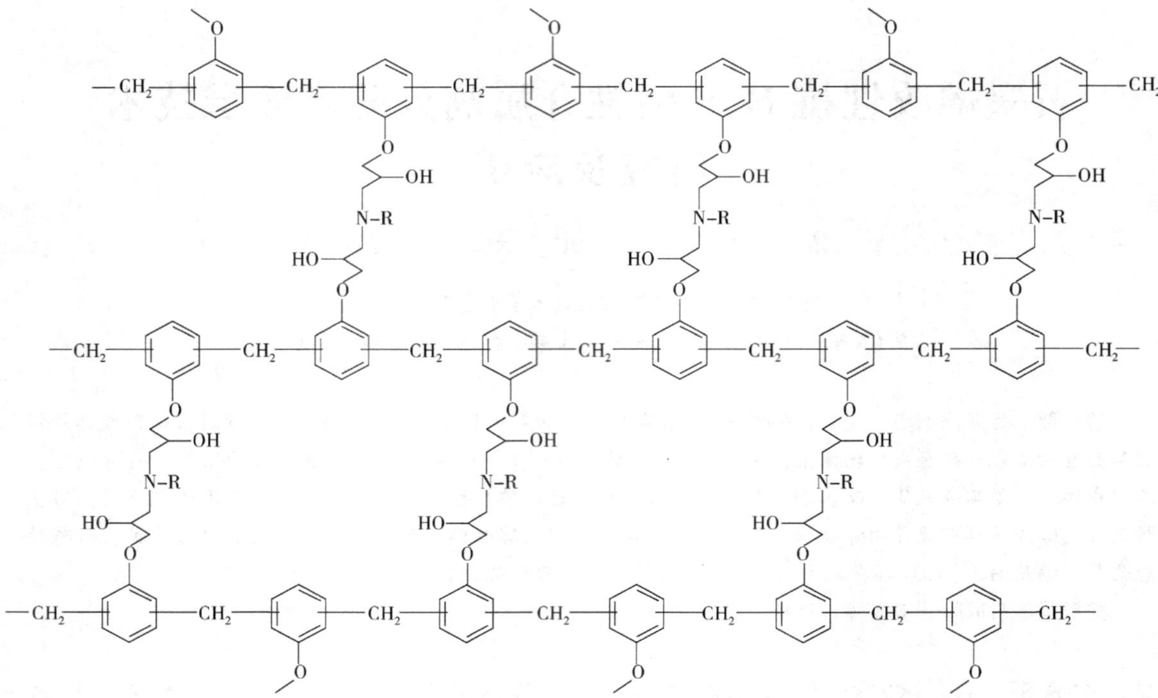

图2 固化物网络结构示意图

为提高涂层耐温性，选用酚醛胺作为酚醛环氧树脂固化剂，经过对常见三种酚醛胺固化剂筛选对比，确定出具有表干时间适宜、附着力及柔韧性良好的树脂与固化剂组合形成成膜物体系。

在成膜物体系基础上开展具有较强耐酸性的颜填料体系研究。通过对三聚磷酸铝等不同颜填料[3,5,6,14]与成膜物体系制备的涂层在50℃盐酸：氢氟酸=7：3溶液中浸泡72h试验对比，筛选出适宜的颜填料种类。试验结果表明：氧化铁黄、氧化铬绿、三聚磷酸铝、沉淀硫酸钡、玻璃鳞片具有良好的耐酸性。选取该五种填料进行级配试验，并对比30d容器中状态、附着力、柔韧性及盐酸与氢氟酸溶液浸泡试验结果，得到具有良好柔韧性、附着力及施工适应性配比比例。

石墨烯具有较高比表面积、突出力学性能、优异的热传导性及化学稳定性等特点，将其应用于重防腐涂料领域具可有效提高涂层耐磨、耐盐雾、耐冲击性及附着力[15,16]，同时由于石墨烯屏蔽作用可有效阻止水气、腐蚀离子在涂层内扩散，明显提高涂层耐介质浸泡性能。在基本颜填料体系确定基础上，添加石墨烯分散体0.5%~2%进行耐盐雾、耐冲击性、拉开法附着力、50℃盐酸：氢氟酸=7：3溶液浸泡试验，并与基本颜填料体系涂料进行试验对比，结果如表1。

表1 石墨烯分散体对涂层性能影响试验表

测试性能	添加石墨烯分散体涂层	基本颜填料体系涂层
涂层外观	良好	良好
耐盐雾性	2000h，涂层完好	1478h，涂层起泡
耐冲击性/cm	50	50
附着力/MPa	14.8	11.4
50℃盐酸：氢氟酸=7：3溶液	600h，涂层完好	413h，涂层起泡

由表1可以看出添加石墨烯分散体后涂层耐盐雾性、附着力有明显提高，涂层对腐蚀离子的屏蔽性改性，提高了涂层的耐酸性。同时由于基本颜填料体系中玻璃鳞片的添加，涂层具有良好耐盐雾、耐腐蚀介质扩散性能，与石墨烯分散体共同作用提高涂层防腐效果。

助剂体系作为涂料重要组成部分，可以有效改善涂层表观、施工适用性及物理机械性能。通过试验确定涂料中助剂加量：0.1%~0.3%硅烷类消泡剂、1%~3%聚丙烯酸酯类流平剂、2%~4%改性聚氨酯类分散剂，消除涂料生产和涂装过程中的气泡、改善涂敷时流平性和表观。

2 耐酸涂料的性能研究

通过以上制备试验研究形成涂料基本配方体系，同时兼顾耐酸涂料底漆的润湿性及面漆涂层表观及防腐性要求，调整基本配方中树脂、固化剂、溶剂的配比，并根据涂料状态改善其流变性、沉降性，得到如表 2、表 3 耐酸涂料配方。

表 2 耐酸防腐蚀涂料底漆参考配方

原材料	质量比/%	原材料	质量比/%
Part A		流平剂	1~3
酚醛环氧树脂	20~35	分散剂	2~4
氧化铁黄	1~3	二甲苯	15~25
氧化铬绿	2~5	乙醇	3~8
三聚磷酸铝	4~8	正丁醇	3~6
沉淀硫酸钡	8~15	DBE	3~8
玻璃鳞片	10~15	Part B	
触变剂	0.3~0.7		
石墨烯分散体	0.5~2	酚醛胺固化剂	8~16
其他填料	10~15	二甲苯	4~8
消泡剂	0.1~0.3	正丁醇	1~2

表 3 耐酸防腐蚀涂料面漆参考配方

原材料	质量比/%	原材料	质量比/%
Part A		流平剂	1~3
酚醛环氧树脂	30~50	分散剂	2~4
氧化铁黄	1~3	二甲苯	10~15
氧化铬绿	5~8	乙醇	2~6
三聚磷酸铝	4~8	正丁醇	1~2
沉淀硫酸钡	6~10	DBE	3~8
玻璃鳞片	8~11	Part B	
触变剂	0.3~1		
石墨烯分散体	0.5~2	酚醛胺固化剂	13~20
其他填料	10~15	二甲苯	2~4
消泡剂	0.1~0.3	正丁醇	0.5~1

涂料性能研究将从耐化学品性、耐盐雾性、抗硫化氢腐蚀试验、耐碱性介质试验、涂层抗氯离子渗透性试验等方面进行测试。

2.1 耐酸涂层耐化学品性试验

耐化学品性是直接评价涂层耐腐蚀性能指标。将耐酸涂料 2 道底漆和 2 道面漆涂刷在 ϕ10mm×120mm 普通低碳钢试棒上，涂层总干膜厚度均不低于 300μm。待涂层固化养护后将试棒浸泡在如下化学品中，从表 4 中看出石墨烯改性耐酸涂料涂层 1000h 小时浸泡后涂层完好。

表 4 耐酸涂料耐化学品性试验结果

试剂名称	时间/h	温度/℃	试验结果
30% H_2SO_4	1000	70	漆膜完好
10% HNO_3	1000	70	漆膜完好
20% H_3PO_4	1000	70	漆膜完好
12%HCl+3%HF	1000	70	漆膜完好
12%HCl+3%HF+3%HCHO+3%HAc	1000	70	漆膜完好
28%HCl+0.01%HCHO+0.02%HAc	1000	70	漆膜完好
20%NaOH	1000	70	漆膜完好
H_2S 饱和溶液	1000	常温	漆膜完好
5%NaCl+0.5% CH_3COOH 溶液	1000	常温	漆膜完好

2.2 耐酸涂层耐盐雾性试验

由于石墨烯的添加可显著提高体系耐盐雾性，因此重点对石墨烯改性耐酸涂料的耐盐雾性效果展开研究。将耐酸涂料 2 道底漆和 2 道面漆涂刷于 70mm×150mm×1mm 普通低碳钢试片上，3 片平行试片涂层总干膜厚度均不低于 300μm。参照 GB/T 1771 将试片放入温度为(35±2)℃、盐水浓度为(50±10)g/L 中性 PH 盐雾试验箱中进行耐盐雾性试验。

一般耐盐雾性能良好的环氧涂料均无法实现 2000h 长期测试，因此为充分测试耐酸涂料耐盐雾性，在经 2000h 耐盐雾试验发现耐酸涂层完好、光泽良好后，将试片继续放置于盐雾箱中实验直至涂层出现失效。最终第 1 片试片 8464h 时起泡，第 2 片试片 9231h 时起泡，第 3 片试片 10000h 时仍无起泡。可以看出成膜体系、石墨烯及玻璃鳞片的组合对耐酸涂料耐盐雾性能具有积极促进作用。

2.3 耐酸涂层抗 H_2S 腐蚀试验

参照 NACE TM 0187，将涂有 2 道底漆和 2 道面漆的 ϕ10mm×120mm 试棒放入如图 3 所示高温高压反应釜中，模拟温度 90℃、压力 32.0Mpa（其中 H_2S 分压为 3.2MPa，CO_2 分压为 3.2MPa）、Cl^- 浓度为 20429mg/L 油气井工作介质腐蚀环境，持续进行 168 小时静态高温高压试验，结束后检查涂层表观及附着力情况。

试验结果表明，耐酸涂料试验后涂层试件外观完好，涂层无明显颜色变化，采用刻 V 型槽法检测附着力，涂层与基体金属的附着力变化为“轻微损失附着力”。涂层下基材金属表面露出银白色金属光泽。结果表明，耐酸涂料在高温高压下具有良好的耐 H_2S、CO_2 腐蚀能力。

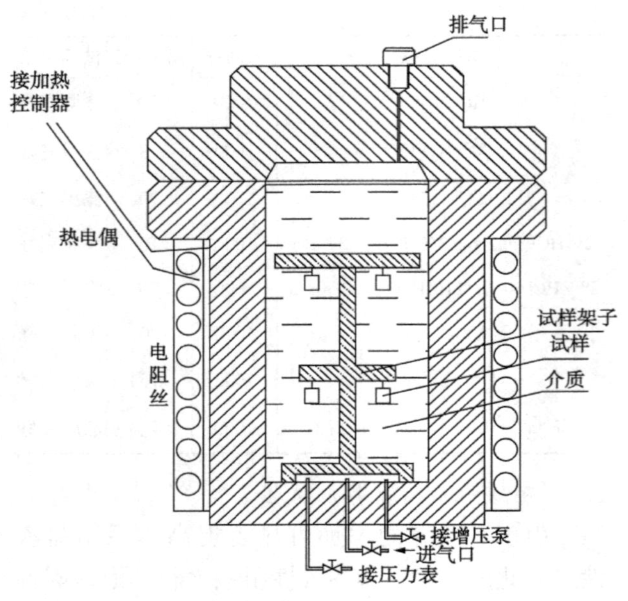

图 3 高温高压试验装置示意图

2.4 耐酸涂层耐碱性介质试验

为模拟油气田工作介质中存在强碱性物质腐蚀的情况，将耐酸涂层在高温高压下浸泡于碱性介质中进行试验。耐酸涂料涂刷于 20mm×30mm×3mm 普通低碳钢试片上并包裹所有表面，采用 2 道底漆和 2 道面漆的涂层结构，涂层干膜总厚度不低于 300μm。将试件固定于特制的样品架上后放入高温高压釜中，并倒入 pH 值为 12.5 的 NaOH 溶液，通入氮气除氧后将高温高压釜温度升高到 150℃，设置压力为 70MPa，24h 后取出试片观察涂层表观及附着力情况。

测试结果如图 4 所示，表明耐酸涂料在高温高压耐碱性介质腐蚀试验后，涂层表观良好，涂层颜色轻微变浅，采用 SY/T 0544-2004 附录 C 方法进行附着力测试，涂层附着力为 A 级。结果表明耐酸涂料具有较好耐碱性能，同时短期耐温 150℃性能良好。

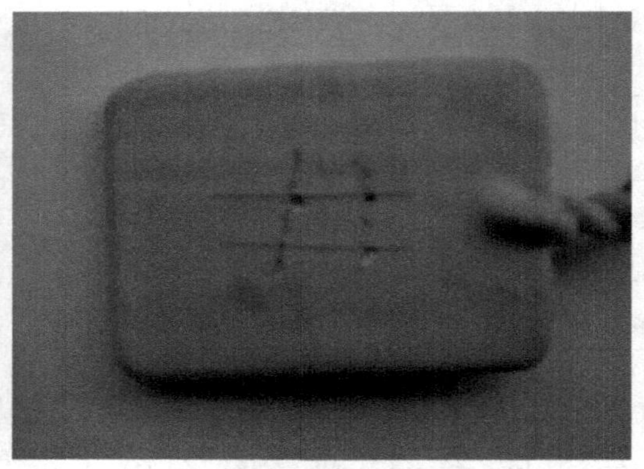

(a) 涂层试验前后外观对比图　　(b) 涂层附着力测试

图 4 高温高压耐碱性介质浸泡试验结果

2.5 耐酸涂层抗氯离子渗透性试验

为进一步测试添加石墨烯的耐酸涂料对腐蚀离子屏蔽作用，将耐酸涂料刷涂于玻璃板表面，2 道底漆和 2 道面漆使涂层总干膜厚度达到 250~300μm，干燥后将涂层揭下裁成直径 φ60mm 圆试片，根据 JTJ 275-2000 附录 C 要求，将圆试片置于如图 5 所示抗氯离子渗透性试验装置中，涂层一面朝向 3%食盐水，一面朝向蒸馏水。

将该装置置于室温下 30 天后测定蒸馏水中 Cl^- 含量，计算氯离子穿过涂层渗透量。经测试表明耐酸防腐蚀涂层氯离子穿过涂层渗透量为 2.4×10^{-3} mg/cm²·d，低于普通涂料氯离子渗透量标准，说明添加石墨烯耐酸涂料具有较好阻隔腐蚀离子扩散的能力。

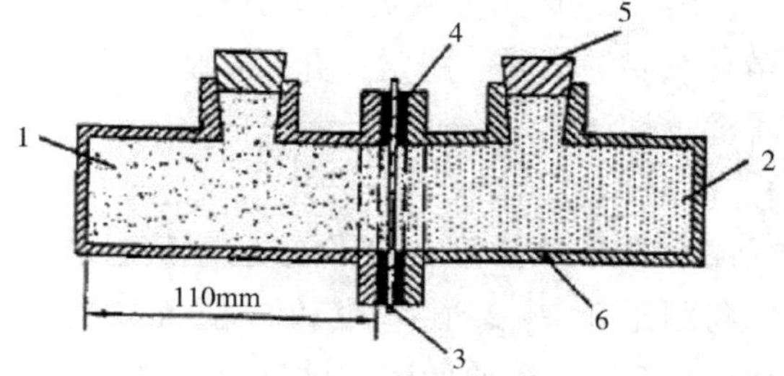

图 5 涂层抗氯离子渗透性试验装置

1—3%食盐水；2—蒸馏水；3—试件(活动涂层片)；4—硅橡胶填料；5—硅橡胶塞；6—内径为 40~50mm 试验槽

除进行上述试验研究外，本文还对耐酸涂料的其他物理化学性能进行了检测，综合检测结果列于表 5。

表 5　石墨烯改性耐酸防腐蚀涂料综合性能表

<table>
<tr><th>序号</th><th colspan="2">测试项目</th><th>底漆</th><th>面漆</th><th>测试方法</th></tr>
<tr><td>1</td><td colspan="2">固体含量/%</td><td>≥75</td><td>≥70</td><td>GB/T 1725</td></tr>
<tr><td>2</td><td colspan="2">附着力/级</td><td>1</td><td>1</td><td>GB 9286</td></tr>
<tr><td>3</td><td colspan="2">柔韧性/mm</td><td>1</td><td>1</td><td>GB/T 1731</td></tr>
<tr><td>4</td><td colspan="2">耐冲击/cm</td><td>50</td><td>50</td><td>GB/T 1732</td></tr>
<tr><td>5</td><td colspan="2">剪切黏结强度/MPa</td><td colspan="2">10.8</td><td>SY/T 0041</td></tr>
<tr><td>6</td><td colspan="2">硬度(摆杆阻尼试验)</td><td colspan="2">0.62</td><td>GB/T 1730</td></tr>
<tr><td>7</td><td colspan="2">气压起泡(8.3MPa，24h)</td><td colspan="2">无气泡</td><td>SY/T 6530</td></tr>
<tr><td>8</td><td colspan="2">水压起泡(20MPa，150℃，24h)</td><td colspan="2">无起泡</td><td>SY/T 6530</td></tr>
<tr><td>9</td><td colspan="2">体积电阻率/Ω·m</td><td colspan="2">5.7×10^{16}</td><td>GB/T 1410</td></tr>
<tr><td>10</td><td colspan="2">电气强度/(MV/m)</td><td colspan="2">32.8</td><td>GB/T 1408.1</td></tr>
<tr><td>11</td><td colspan="2">耐磨性(1000g/1000r)/mg</td><td colspan="2">16.5</td><td>GB/T 1768</td></tr>
<tr><td>12</td><td colspan="2">耐磨性(落砂)/(l/μm)</td><td colspan="2">2.01</td><td>ASTMD 968</td></tr>
<tr><td>13</td><td colspan="2">耐盐雾试验/h</td><td colspan="2">8464</td><td>GB/T 1771</td></tr>
<tr><td>14</td><td colspan="2">耐土酸(HCl：HF=7：3，常温，800h)</td><td colspan="2">涂层完好</td><td>GB/T 1763</td></tr>
<tr><td>15</td><td rowspan="5">耐酸性
(70℃，1100h)</td><td>30% H_2SO_4</td><td colspan="2">涂层完好</td><td>GB/T 1763</td></tr>
<tr><td>16</td><td>10% HNO_3</td><td colspan="2">涂层完好</td><td>GB/T 1763</td></tr>
<tr><td>17</td><td>20% H_3PO_4</td><td colspan="2">涂层完好</td><td>GB/T 1763</td></tr>
<tr><td>18</td><td>12%HCl+3%HF+3%HCHO+3%HAc</td><td colspan="2">涂层完好</td><td>GB/T 1763</td></tr>
<tr><td>19</td><td>28%HCl+0.01%HCHO+0.02%HAc</td><td colspan="2">涂层完好</td><td>GB/T 1763</td></tr>
<tr><td>20</td><td colspan="2">耐油田污水煮(100℃，4200h)</td><td colspan="2">涂层完好</td><td>GB/T 1763</td></tr>
<tr><td>21</td><td colspan="2">耐碱性(20%NaOH，70℃，1100h)</td><td colspan="2">涂层完好</td><td>GB/T 1763</td></tr>
<tr><td>22</td><td colspan="2">耐碱性(5%NaOH，100℃，1000h)</td><td colspan="2">涂层完好</td><td>GB/T 1763</td></tr>
<tr><td>23</td><td colspan="2">耐汽油(常温，500h)</td><td colspan="2">涂层完好</td><td>GB/T 1763</td></tr>
<tr><td>24</td><td colspan="2">耐煤油(常温，500h)</td><td colspan="2">涂层完好</td><td>GB/T 1763</td></tr>
<tr><td>25</td><td colspan="2">高温高压(70MPa，150℃，pH=12.5，24h)</td><td colspan="2">附着力 A 级</td><td>SY/T 0544</td></tr>
<tr><td>26</td><td colspan="2">H_2S 分压 3.2MPa，CO_2 分压 3.2MPa，90℃，总压 32MPa，168h</td><td colspan="2">漆膜不起泡、不脱落，
附着力≤2 级</td><td>NACE TM 0185
SY/T 0544</td></tr>
</table>

3　石墨烯改性耐酸涂料在油田及炼化装置应用

3.1　耐酸涂料在塔里木油田应用

段塞流捕集器是用于捕集多相流管道流出液塞、气液分离、为来液量波动提供缓冲容积的装置，主要工作介质为油气水混相流。2010 年，塔里木油田某作业区油气处理厂两台段塞流捕集器采用耐酸涂料进行防腐试验，通过历年开罐检查发现内防腐层无起泡、无脱落，至 2015 年涂层仍保持良好状态，达到预期试验效果，有效保障了设备正常运行。

2014 年，中国石油集团石油管工程技术研究院针对塔里木油田油气处理系统、污水处理系统、原油储罐等装置开展涂料技术适应性评价，通过对油田地面系统工况环境分类，参考地面系统不同区块、重点部位腐蚀介质检测化验结果，结合压力容器实际运行参数制定试验参数，参数覆盖各类环境，主要评价参数如表 6 所示，并对耐酸涂料进行不同介质下的性能测试。

表 6　工作介质主要评价参数表

序号	工作温度/℃	H_2S 含量/(mg/m^3)	CO_2 含量/%	Cl^- 含量/(g/L)	测试总压/MPa	介质类别
1	50	—	0.8	60	12	最低门槛值
2	80	—	0.8	120	12	高压 CO_2 环境
3	80	—	5	120	12	高压 CO_2 环境
4	80	300	5	120	12	高压 H_2S 环境
5	80	2000	5	120	12	高压 H_2S 环境
6	80	20000	5	120	12	高压 H_2S 环境
7	80	—	5	120	2	油系统 CO_2 环境
8	80	300	5	120	2	油系统 H_2S 环境

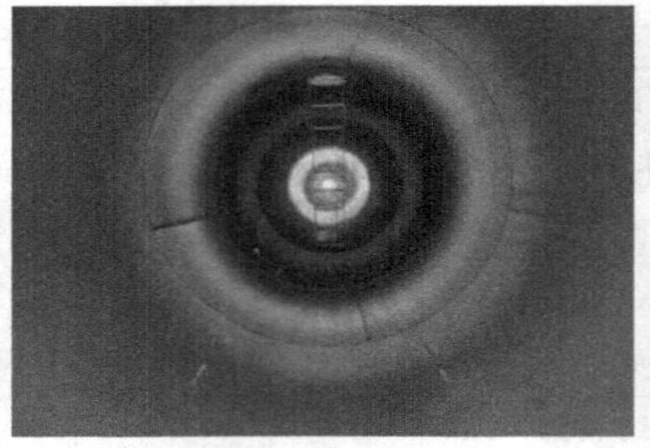
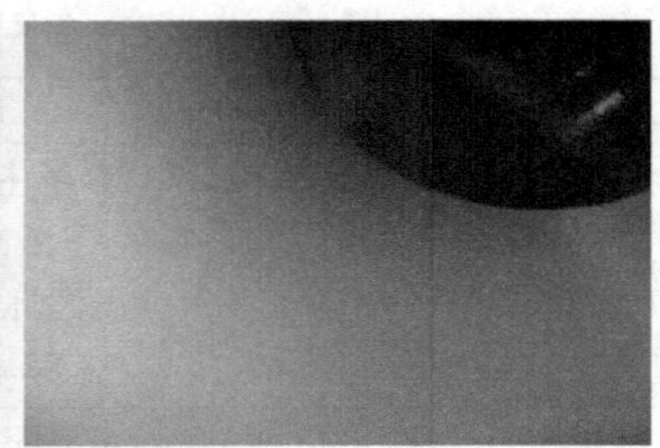

(a) 塞流捕集器外观及防腐施工后涂层表观

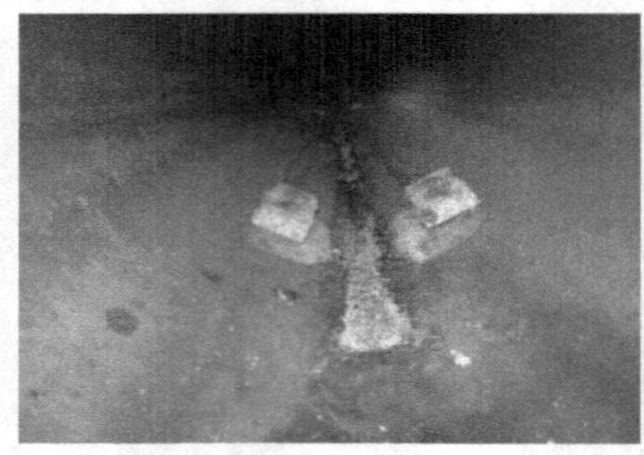

(b) 防腐施工4年后开罐涂层表观及罐内状态

图6　耐酸涂料在段塞流捕集器内防腐进行应用

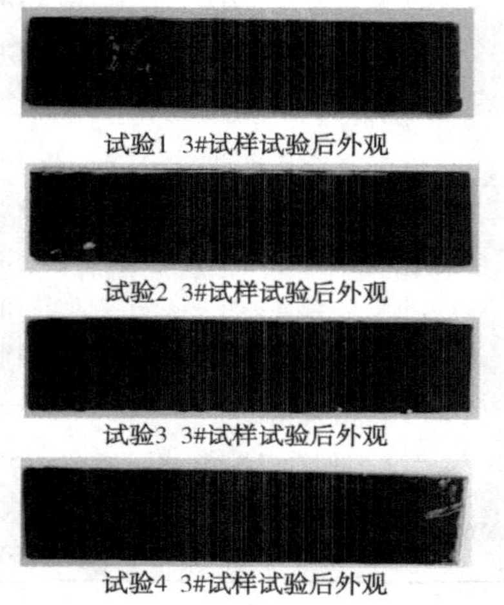

试验1 3#试样试验后外观

试验2 3#试样试验后外观

试验3 3#试样试验后外观

试验4 3#试样试验后外观

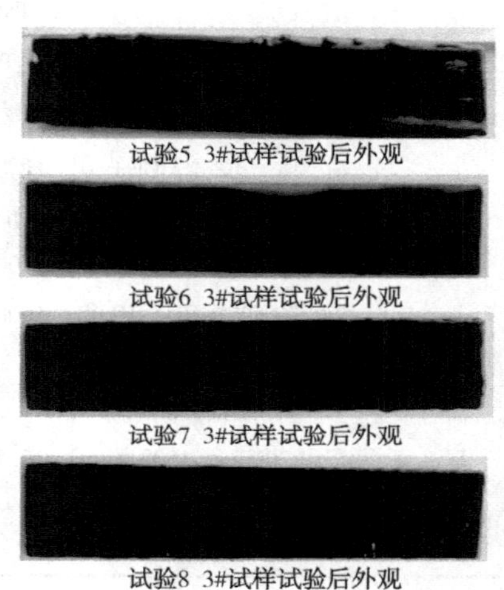

试验5 3#试样试验后外观

试验6 3#试样试验后外观

试验7 3#试样试验后外观

试验8 3#试样试验后外观

图7　不同试验条件下涂层性能测试结果

结果表明，耐酸涂料在塔里木油田不同工况环境下均具有良好防护作用，涂层性能优异、附着力良好，可在不同 H_2S 浓度、CO_2 浓度、分压下保持优异防腐性能。

长期以来，塔里木油田深受油气“四高一低(高 CO_2、高 H_2S、高 Cl^-、高矿化度、低 pH 值)”腐蚀环境的制约。自2015年起油田开始全面推广应用耐酸涂料，目前已实现对全油田 H_2S 环境下使用耐酸涂料全覆盖。2018年经对应用耐酸涂层进行全面检查发现，内防腐涂层基本保持完好，无涂层失效，实现压力容器由“一年一检”到“三年一检”过渡，延长了检修周期，为油田实现油气当量3000万吨目标节约宝贵检修时间，进一步提高塔里木油田本质安全水平。

3.2　耐酸涂料在新疆油田应用

2013年，新疆油田3台Φ3200型可移动式污水处理装置开展设计与制造，由于三台处理罐存放介质为含硫污水，同时介质PH在3.0~12.5间波动，对涂料耐酸碱性均提出较高要求。三台处理罐要求最高耐120℃，长期耐85℃，进一步加剧涂层防护难度。为此，经过缜密的筛选过程，最终确定采用石墨烯改性耐酸涂料用于防腐。对罐体内壁喷砂除锈达到Sa2.5级，并涂敷一遍耐酸涂料底漆，待涂层实干后进行焊接组装，涂敷第二遍底漆。最后涂敷两道耐酸涂料面漆，干膜厚度大于300μm，对涂层体系养护7天后投入使用。经过对该涂层持续跟踪及现场反馈发现，耐酸涂层五年内状态良好，无起泡、无脱落。

图 8　耐酸涂料在新疆油田污水处理罐中应用

3.3　耐酸涂料在锦州石化应用

锦州石化某车间 2019 年含硫污水汽提装置为了提高设备原料水储存能力，增加原料水沉降时间，2019 年计划新增 4 台 3000m^3 原料水罐。由于储存介质为高浓度硫化物或氨氮废水，硫化物含量为 3000～8000mg/L，含氨氮 12000～18000mg/L，含油 300～1500mg/L，PH 值 6-9，腐蚀介质具有极强的腐蚀性。经多方调研后，最终选用耐酸涂料进行防腐，并取得良好防腐效果，目前 4 台原料水罐已全部投用近半年，无涂层脱落反馈，效果良好。

3.4　耐酸涂料在大庆炼化应用

大庆炼化某公司酸性水罐 V3402AB 于 2001 年首次建设，2002 年正式投用，分别于 2007 年 8 月和 2014 年 9 月重建，主要原因是：酸性水罐壁四周多处腐蚀开裂，威胁安全生产。之前使用涂料都在使用达到 3 年后发生罐外壁腐蚀穿孔问题，2007 年漏点 51 处，2014 年漏点 57 处。罐内酸性水数据：含油 35.5mg/L；含硫化氢 5210mg/L；含氨氮 14800mg/L。催化裂化来水数据：含硫化氢 336mg/L；含氨氮 3300mg/L；含氯化物 57.5mg/L。2014 年水罐检修期间采用我公司耐酸防腐蚀涂料防腐，至今效果良好。

(a) 罐壁腐蚀穿孔情况

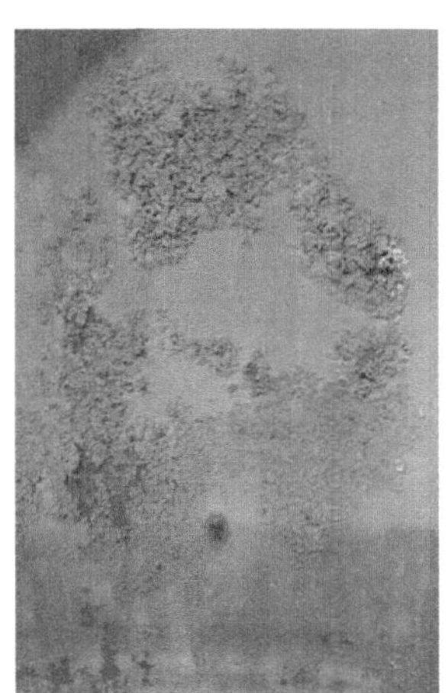

(b) 内壁表面腐蚀图

(c) 内涂层重做后涂层表观

图 9　耐酸涂料在大庆炼化某酸性水罐中应用

4　总结

针对油气田含 H_2S、CO_2 等酸性介质苛刻腐蚀环境特点，通过选用耐温性好、交联密度高的酚醛环氧树脂与酚醛胺固化剂、耐酸性颜填料配套进行涂料制备研究，同时增加石墨烯改善耐酸涂料耐盐雾、附着力及耐酸碱盐性能，形成石墨烯改性耐酸防腐蚀涂料。

对制备的石墨烯改性耐酸涂料进行耐化学品浸泡、耐盐雾试验、抗 H_2S 腐蚀试验等测试，结果表明该涂料具有优异耐酸性能、耐盐雾性，可长期在 100℃ 以下环境下使用，有效缓解 H_2S、CO_2、土酸、盐酸、硫酸等强酸性物质腐蚀，满足石油石化行业对酸性环境防腐的要求。

多次石油石化使用经验表明，石墨烯改性耐酸涂料具有良好的抗强酸性物质腐蚀作用，可极大提高石油石化装置耐酸性介质能力，延长储罐等设备检修周期，降低本质安全隐患，提升石油石化防腐水平与质量。

参 考 文 献

[1] 陈茂军，罗兴．高含 H_2S 和 CO_2 天然气井中的钻采设备防腐措施[J]．表面技术，2006，35(1)：80-82.

[2] 徐赣川，杜磊，米力田，等．酸性油气田管道环氧防腐涂料施工工艺[J]．涂料工业，2009，39(5)：60-72.

[3] 王菁，岳文华．耐酸环氧涂料的研究[J]．上海涂料，2015，53(5)：11-13.

[4] 余辉，何毅．CO_2/H_2S 对环氧涂层防腐性能的影响[J]．腐蚀防护，2011，14(12)：55-57.

[5] 陈芳，吴远程，高凌俊．酚醛环氧涂料在石化污水罐重防腐中的应用[J]．试验研究与应用，2017，20(10)：4-6.

[6] 汤诚，朱志录，冯俊．酚醛环氧防腐涂料的制备及性能研究[J]．海洋和重防腐涂料与涂装，2010，25(7)：32-34.

[7] 牙亚萌，张胜利，李唯，等．高温、含 H_2S 环境的设备内壁陶瓷金属涂层防腐技术[J]．天燃气与石油，2016，34(2)：72-77.

[8] 钟兆魁，刘亮亮，倪培超．硅胶行业用耐湿热、耐酸涂料的研制[J]．涂料工业，2010，40(2)：40-44.

[9] 邹积强．酸性水罐腐蚀的联合保护[J]．石油化工腐蚀与防护，2015，32(5)：30-32.

[10] 潘一，张明明，梁丹丹，等．石油储罐内外防腐技术[J]．当代化工，2012，41(12)：1366-1368.

[11] 张弘毅．高质量石墨烯制备与应用基础研究[D]．南京：东南大学，2017：1-12.

[12] 王耀文．聚苯胺与石墨烯的制备及其在防腐涂料中的应用[D]．哈尔滨：哈尔滨工程大学，2012：6-9.

[13] 杨修宝，崔定伟，瞿研．石墨烯在功能性涂料应用中的研究进展[J]．电子元件与材料，2017，36(9)：83-87.

[14] 方坤，马玉然，李依璇，等．颜填料对酚醛环氧树脂涂层性能的影响[J]．电镀与精饰，2013，35(6)：26-29.

[15] 沈海斌，刘琼馨，瞿研．石墨烯在涂料领域中的应用[J]．涂料技术与文摘，2014，35(8)：20-22，32.

[16] 王胜荣，曹建平，杨建炜，等．石墨烯及其在防腐涂料中的应用研究[J]．腐蚀科学与防护技术，2017，29(6)：640-644.

炼化钢结构水性环保耐候防腐蚀涂料体系研究

崔灿灿　石家烽　王　磊　韩忠智　郭晓军

（中国石油集团工程技术研究有限公司）

摘　要　开展水性环氧富锌底漆、水性环氧云铁中间漆、水性丙烯酸聚氨酯面漆技术研究，通过采用反应性环氧树脂乳化剂接枝中高分子质量环氧乳液作为环氧体系成膜树脂提高涂层玻璃化转变温度 Tg 与防腐蚀性能、水性含氟高羟值丙烯酸树脂分散体与 GMA（甲基丙烯酸缩水甘油酯）接枝改性水性丙烯酸分散体树脂作为丙烯酸聚氨酯面漆成膜树脂实现优异抗光老化、耐化学介质与防腐蚀性能等技术方案，形成适用于炼化钢结构等领域 C4-CX 大气腐蚀环境的水性环保耐候防腐蚀涂料体系，性能满足相应技术标准要求，安全、环保、性能优异。

关键词　炼化；钢结构；水性；环保；耐候；防腐蚀涂料

1　引言

随着对环境保护和施工安全的日益重视，溶剂型涂料中挥发性有机物（VOC）的排放限制日益严格，VOC 防控与综合治理提到空前高度[1-4]。2015 年 2 月 1 日起，国家对施工状态下挥发性有机物（VOC）含量高于 420 克/升（含）的涂料开始征收 4%消费税。发展环境友好型涂料是我国涂料行业实现产品转型升级、保持可持续发展的必然选择[5-6]，水性涂料安全环保、施工方便，涂料水性化是发展友好型涂料的一条重要途径。

另外，石油石化大部分使用传统溶剂型防腐涂料，挥发性有机物（VOC）含量较高，涂料产品闪点较低，涂装过程中存在一定的不安全因素。如何有效控制涂料带来的安全银黄是石油石化行业需要解决的技术问题。而水性防腐蚀涂料体系具有符合环保标准、低 VOC 和安全性的优点，目前，在工业防腐涂料行业如炼化装置钢结构防腐维修与扩建工程、船舶、海上平台设施与集装箱以及跨海、跨江公路大桥等防腐工程领域正在积极推广应用[7]。

本研究形成的水性环保耐候防腐蚀涂料体系，具有良好的耐候性、耐酸碱盐等化学介质性能与防腐蚀性能，性能满足 HG/T 5176《钢结构用水性防腐涂料》、HG/T 3668《富锌底漆》、HG/T 4759《水性环氧树脂防腐涂料》、HG/T 4761-2014《水性聚氨酯涂料》、GB/T 50393《钢质石油储罐防腐蚀工程技术标准》技术要求，适用于炼化钢结构等 C4－CX 大气腐蚀环境金属防腐。

2　实验部分

2.1　主要原材料

水性环氧乳液与改性多元胺固化剂（湛新，汉森，同德，联固化学），水性羟基丙烯酸树脂（湛新，拜耳，巴斯夫，同德，联固化学），水性异氰酸酯固化剂（同德，巴斯夫，拜耳，联固化学），丙二醇甲醚醋酸酯（PMA），丙二醇二醋酸酯（PGDA），混合二元酸酯（DBE），含颜料亲和基团的高分子量嵌段共聚物溶液分散剂，聚醚硅氧烷基材润湿流平剂，聚硅氧烷和聚乙二醇疏水混合物消泡剂，改性脲溶液增稠剂，表面活性的低分子量聚合物防爆泡助剂，Tinuvin1130 苯并三唑类紫外线吸收剂，TINUVIN 292 光受阻胺类稳定剂，湿法绢云母（滁州格锐），钛白粉（南京钛白），硅微粉（滁州格锐），$\alpha-Fe_2O_3$ 鳞片状云母氧化铁，去离子水（自制）等。

2.2　涂料的制备

根据确定的各组分比例，配制涂料，具体工艺如下。

3　结果与讨论

3.1　水性环氧富锌配方与性能研究

反应性环氧树脂乳化剂接枝中等分子量环氧乳液作为体系成膜树脂，使得分子链更长，降低水和氧的透过速率，有效减缓底材的腐蚀；同时，分子量增大后，提高涂层的玻璃态转化温度 Tg，使得涂层浸水后其 Tg 仍高于环境温度，附着点不因涂层变软而移动，仍固定于原附着点，从而能保证涂层的湿附着力。防闪锈剂采用能够迅速钝化金属表面的有机物，具有瞬间抗闪锈功

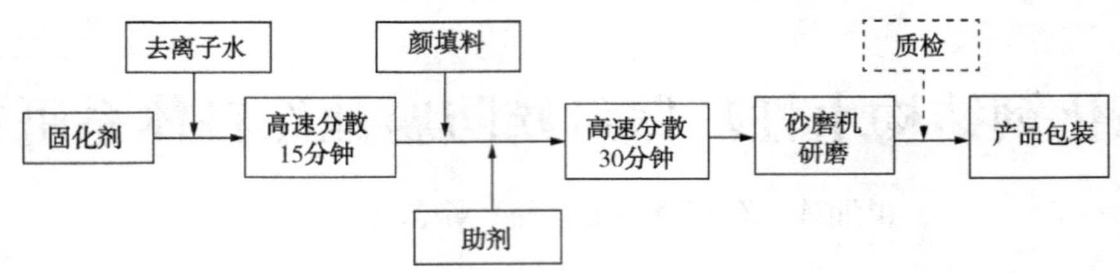

图 1　水性环氧富锌底漆与水性环氧云铁中间漆 A 料生产工艺

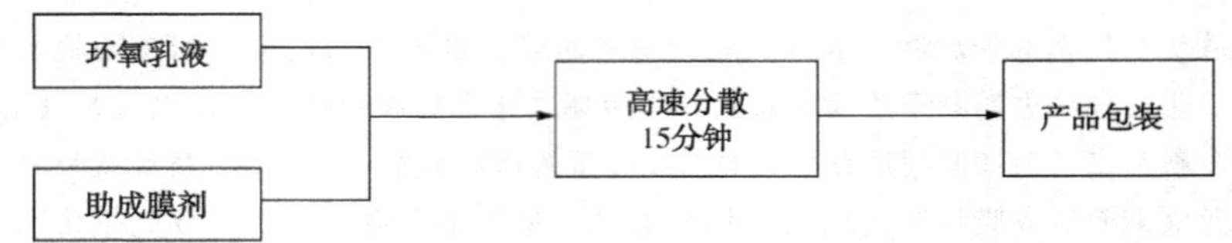

图 2　水性环氧富锌底漆与水性环氧云铁中间漆 B 料生产工艺

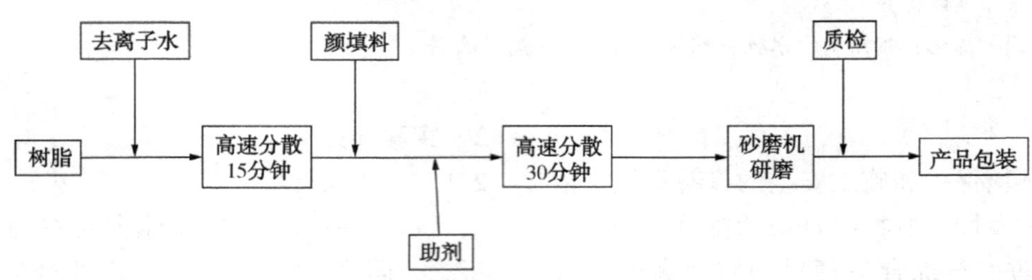

图 3　水性丙烯酸聚氨酯面漆 A 料生产工艺

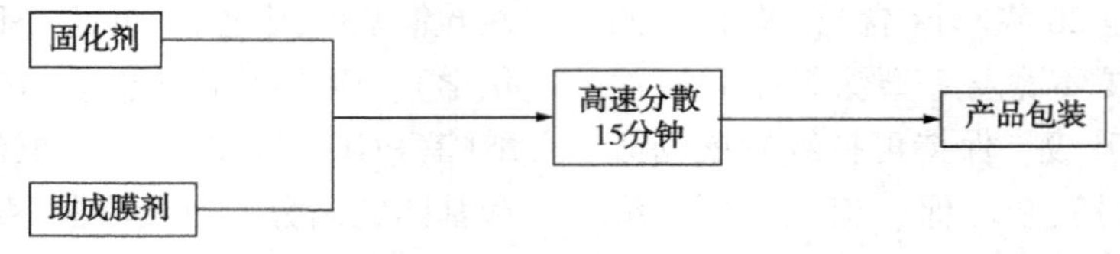

图 4　水性丙烯酸聚氨酯面漆 B 料生产工艺

效，而且可提高涂层耐盐雾性。采用 325 目片状锌粉，较球状锌粉拥有更优异的抵抗水蒸气和腐蚀介质渗透能力。水性环氧富锌底漆配方与性能分别见表 1 与表 2。

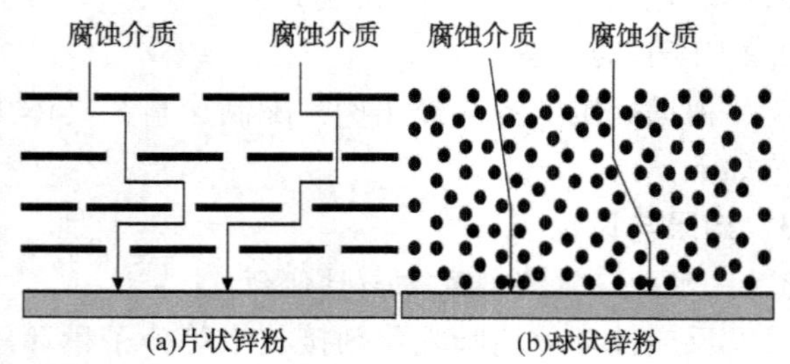

图 5　片状锌粉与球状锌粉屏蔽腐蚀介质扩散示意图

表 1　水性环氧配方

富锌配方，A 组分		
序号	原料	质量/%
1	成膜助剂	10~30
2	助剂	5~10
3	多元胺固化剂	15~30
4	锌粉	60~90
5	防闪锈剂	0.2~0.8
6	附着力促进剂	0.2~1
7	去离子水	余量
富锌底漆基本配方，B 组分		
1	水性环氧树脂乳液	50~80
2	助剂	5~10
3	去离子水	余量

表 2　水性环氧富锌底漆性能

序号	项目	测试结果	试验方法
1	在容器中状态	搅拌均匀后无硬块，呈均匀状态	目测
2	不挥发份中金属锌含量	≥60，≥70，≥80	HG/T 3668

续表

序号	项目	测试结果	试验方法
3	挥发性有机物含量(VOC)/(g/L)	≤120	GB/T 23986
4	适用期	5h	HG/T 3668
5	施工性	施涂无障碍	HG/T 3668
7	耐冲击性能	50cm	GB/T 1732
8	闪锈抑制性	正常	HG/T 5176
9	早期耐水性	正常	HG/T 5176
10	附着力，MPa	≥6	GB/T 5210
11	耐盐雾性，1000h	不起泡、不生锈、不开裂、不剥落	GB/T 1771
12	耐化学介质性(3%NaCl，常温，168h)	不起泡、不生锈、不开裂、不剥落	GB/T 9274

3.2 水性环氧云铁防腐蚀涂料配方与性能研究

采用与环氧乳液良好相容性与反应性的改性多元胺类固化剂，克服常规多元胺类固化剂与环氧树脂乳液相容性差、固化速度过快、易吸收二氧化碳而降低涂层性能的缺点；另外，采用醇醚类作为成膜助剂体系，成膜助剂主要的作用是提高乳液涂料的成膜稳定性，水性环氧体系常用的成膜助剂主要有乙二醇乙醚、乙二醇丁醚、乙二醇、丙二醇等。试验选用助成膜剂 a、b、c，暂按10wt%(总量)添加量测试，试验结果如表 3 所示。

表 3 成膜助剂对水性环氧云铁中间漆性能的影响

成膜助剂类型	沸点/℃	表干时间/min	漆膜外观	附着力/级	耐盐水性(50g/L NaCl)	耐盐雾性能
a 脂肪醇	78	6	粗糙	2	120h 生锈	168h 返锈
b 醇醚	170	40	平滑	1	240h 完好	300h 完好
c 醇酯	233	90	平滑	1	240h 完好	300h 完好

成膜助剂 a 挥发太快，易造成附着力下降，耐盐水、盐雾性能也较差；成膜助剂 b 使体系表干性能良好，漆膜表面光滑；助成膜剂 c 表干时间相对较长，不利于现场施工。采用醇醚类作为成膜助剂体系。

水性环氧云铁防腐蚀涂料配方与性能分别见表 4~表 6。

表 4 水性环氧云铁中间漆基本配方，A 组分

序号	原料	质量/%
1	水性胺类固化剂	40~50
2	滑石粉	5~10
3	炭黑	0.1~0.2
4	湿法绢云母	8~10
5	鳞片状云母氧化铁	5~10
6	助剂	2~5
7	去离子水	余量

表 5 续水性环氧云铁中间漆基本配方，B 组分

序号	原料	质量/%
1	水性环氧树脂乳液	30~70
2	成膜助剂	余量

表 6 水性环氧云铁中间漆性能

序号	项目	测试结果	试验方法
1	在容器中状态	搅拌均匀后无硬块，呈均匀状态	目测
2	冻融稳定性(3 次循环)	不变质	HG/T 5176
3	挥发性有机物含量(VOC)/(g/L)	≤120	GB/T 23986
4	适用期	5h	HG/T 3668
5	施工性	施涂无障碍	HG/T 3668
7	耐冲击性能	50cm	GB/T 1732
9	早期耐水性	正常	HG/T 5176
10	附着力，MPa	≥6	GB/T 5210
11	50g/L NaCl(常温，240h)	不起泡、不生锈、不开裂、不剥落	GB/T 1733
12	50g/L H_2SO_4(常温，24h)	不起泡、不生锈、不开裂、不剥落	GB/T 9274
13	50g/L NaOH(常温，168h)	不起泡、不生锈、不开裂、不剥落	GB/T 9274

3.3 水性丙烯酸聚氨酯防腐蚀涂料配方与性能研究

采用水性含氟高羟值羟基丙烯酸树脂分散体与 GMA(甲基丙烯酸缩水甘油酯)接枝改性水性丙烯酸分散体树脂作为成膜树脂。其中水性含氟羟基丙烯酸树脂分散体，分子链中含有 C-F 键，F 具有强的电负性，吸电子能力强，C-F 键可极化性低，其聚合物分子间作用力较低，使得聚合物具有较低的表面自由能，具有较强拒水特性，且 C-F 键能高、化学惰性，赋予涂层良好的耐化学品性能与良好的长效耐候性；水性高羟值丙烯酸树脂分散体，羟基含量多，交联密度大，有助于提高涂层体系防腐性能与机械性能；GMA（甲基丙烯酸缩水甘油酯）接枝改性水性丙烯酸树脂分散体分子链中含有环氧基团，提升涂层耐介质性能与防腐蚀性能；选用经氧化锆/氧化铝处理包膜及特殊有机处理的金红石型钛白粉CR828，具有高光泽度、高耐候性与高遮盖力。

采用具有优良耐光老化性能的脂肪族异氰酸酯固化剂，100%固含的亲水型脂肪族异氰酸酯固化剂，与羟基丙烯酸分散体树脂基料具有良好的相容性；采用高沸点、挥发速率低、对树脂溶解力强的丙二醇二醋酸酯（PGDA）作为体系成膜助剂，有效帮助成膜、防冻及延长涂膜开放时间以利于流平、改善表观。为补偿水与—NCO的副反应，使体系中的—OH等交联反应基团能够充分反应完全，将两组分中的—NCO/—OH摩尔配比控制在1.3～1.5之间。水性丙烯酸聚氨酯防腐蚀涂料配方与性能分别见表7～表9。

表7　水性丙烯聚氨酯面漆基本配方A组分
（羟基丙烯酸树脂组分）

成分	质量比/%
含氟高羟值羟基丙烯酸树脂分散体	15-20
GMA（甲基丙烯酸缩水甘油酯）接枝改性水性丙烯酸分散体	10-20
分散剂	0.4-1
基材润湿流平剂	0.2-0.6
消泡剂	0.4-0.6
流变增稠剂	0.1-0.3
防爆泡助剂	0.1-0.3
紫外光稳定剂	0.2-0.4
颜填料	20-40
去离子水	余量

表8　续水性丙烯聚氨酯面漆基本配方B组分

成分	质量比/%
水性异氰酸酯固化剂	30-50
成膜助剂	余量

表9　水性丙烯酸聚氨酯涂料综合性能

试验项目	测试结果	试验方法
在容器中状态	搅拌后均匀无硬块	实测
储存稳定性（50℃±2，7d）	无异常	HG/T 4761
干燥时间/h	表干2 实干24	GB/T 1728
铅笔硬度	H	GB/T 6739
划格试验/级	1	GB/T 9286
弯曲试验/mm	1	GB/T 9286
耐冲击性/cm	50	GB/T1732
光泽（60°）/单位值	90	GB/T 9754
耐磨性（500g/500r）/g	0.03	GB/T 1768
耐干热性（70±2℃，15min）/级	1	GB/T 4893.3
早期耐水性	正常	HG/T 5176

3.4　水性环保耐候防腐蚀涂料体系性能研究

以研制的底漆、中间漆与面漆制备复合涂层，控制水性环氧富锌底漆80μm、水性环氧云铁中间漆120μm、水性丙烯酸聚氨酯面漆60μm，测试复合涂层性能，结果见表10。

表10　水性环保耐候防腐蚀涂料体系复合涂层性能

试验项目		测试结果	试验方法
复合涂层	耐水性	240h无异常	GB/T 1733
	耐酸性（50g/L H_2SO_4）	168h无异常	GB/T 9274
	耐碱性（50g/L H_2SO_4）	168h无异常	GB/T 9274
	耐盐雾性	1000h不起泡、不脱落、不生锈	GB/T 1771
	耐人工气候老化性	1000h不起泡、不剥落、无裂纹，粉化0级，变色1级，失色1级	GB/T 1865

4　结论

中高分子质量反应性环氧树脂乳化剂接枝环氧乳液可提升环氧涂层防腐性与附着力等性能，水性含氟高羟值羟基丙烯酸树脂分散体与GMA（甲基丙烯酸缩水甘油酯）接枝改性水性丙烯酸分散体树脂同时改善丙烯酸聚氨酯面漆耐腐蚀性、耐介质性及耐候性。水性环氧富锌底漆、水性环氧云铁中间漆、水性丙烯酸聚氨酯面漆，VOC排放量低，性能满足相应技术标准要求，与传统溶剂型相应涂料体系性能相当，既保证了涂层性能，又实现了安全环保，适用于C4-CX大气腐蚀环境，可广泛应用于炼化钢结构防腐。

参考文献

[1] 孟令巧，史星照，周志平，等．环保型水性涂料研究进展及发展趋势[J]．中国胶粘剂，2019，28(01)：60-65.

[2] 张荣华. 试论环境友好型水性涂料的研究进展[J]. 化工管理，2014(18)：209-209.

[3] 石家烽，崔灿灿，王景山，等. 水性涂料的研究进展[J]. 现代涂料与涂装，2018(1).

[4] 李明春，蒋健明，康思波，等. 双组份水性环氧富锌底漆制备与性能研究[J]. 广州化工，2017，45(23)：29-31.

[5] 张玉国，李国军，禹汉文，等. 双组分水性环氧富锌涂料的制备[J]. 上海涂料，2018，56(06)：25-29.

[6] 崔灿灿，石家烽，孙肇兴，等. 水性丙烯酸聚氨酯防腐蚀涂料研究[J]. 现代涂料与涂装，2019，22(01)：14-17+47.

[7] 万雪期，姚伟，郭翠翠，等. 水性含氟丙烯酸涂料的制备及性能研究[J]. 中国涂料，2018，33(10)：60-64.

炼化装置长周期安全运行防腐涂料技术研究与应用

韩忠智　王　磊　康绍炜　郭晓军　段绍明

（中国石油集团海洋工程有限公司）

摘　要　针对炼化装置及配套设备停产检修与不停产维修期间的安全长效防腐技术难题，开展了炼化装置在不同工况下的腐蚀机理分析技术研究，通过采用缓蚀功能及渗透性极强的低分子改性环氧树脂作为成膜物，利用钝化缓蚀颜料、螯合剂协同作用等技术方案，开发出低表面处理及高温施工防腐材料技术、抗硫化氢、高耐候等特殊功能防腐蚀涂料技术体系，形成炼化装置长周期安全运行防腐涂料及施工技术体系成果，解决了炼油厂装置及设施腐蚀及特殊防护问题，实现防腐维修周期从3年延长到8年以上，保证炼油厂装置及设施的安全与长期使用寿命。

关键词　炼化装置；低表面；高耐候；防腐；涂料

1　前言

随着我国能源行业的不断发展，石油石化行业逐渐成为全球经济的重要推动力和现代社会正常运行的重要支柱。我国的石油炼化近年来都得到了长足的发展，目前已形成十几个千万吨级炼油基地，并且形成了多个百万吨级乙烯基地[1-3]。由于石油石化行业的持续快速发展，国产和进口含硫、含酸原油的比例日益增大，原油品质的劣质化和多样化，原油腐蚀程度明显增加，导致生产装置腐蚀程度越来越严重。同时，我国目前的千万吨级大型原油炼化企业大多布局在东部沿海地区[4-6]。项目多处于高温高湿的沿海地区，空气中含盐量大、紫外线照射强，腐蚀环境比较苛刻[7]。

炼化装置遭受到的氢致开裂、应力腐蚀开裂、硫化氢二氧化碳腐蚀等多方面的严重腐蚀，为炼油炼化装置及管道的长周期、安全、稳定运行造成了严重的安全风险和极大的挑战。同时，由于炼化装置具有高压、高温、易燃易爆等特点，也给装置及管道的防腐施工带来了难度，对设备材料的选型、防腐技术水性的高低和安全施工的要求都带来了挑战[8-9]。随着国家和企业对安全、环保、节能要求的提高，炼化装置长周期安全平稳运行的实际需要，对石油炼化企业炼化装置的不停产即可进行防腐维修施工及长效防腐蚀技术提出了更高的要求[9-11]。

因此，本文根据炼化装置及配套设施所处环境及使用功能，解决炼化装置不停产即可进行防腐维修施工，同时提升涂层的长效防护性能，保证炼化装置长周期安全运行。

2　主要研究内容

炼油厂装置及配套设施的腐蚀防护分为过程设备、原油储罐、中间产品罐和成品罐、埋地设备、水罐的防腐蚀保护等。由于这些装置所处环境及使用功能的不同，涂料除了需要具有相应的防腐蚀外，还需要低表面、带温涂刷、耐酸、换热器等特殊性能。通过分析引起炼化装置及特殊部位的功能防护，有针对性的对问题突出的部位开展防腐及防护涂料的研究，结合现场维检修施工实际需要，开展适合不同部位的系列炼化装置长周期安全运行防腐涂料技术，实现防腐维修周期从3年延长到8年以上。

针对炼化维修项目，受到现场施工条件的限制，不能喷砂除锈，不能用电动工具的实际问题，开展带锈涂装低表面处理环氧涂料研究。

针对炼油厂高温装置的维修，需要涂料能够耐高温，并可现场高温表面涂刷，开展有机硅耐高温涂料。

针对炼化装置在海洋大气中的腐蚀问题，开展耐紫外光老化性能优异的的高耐候聚氨酯涂料体系的研究。同时，解决底漆冬季低温固化慢、甚至不固化，夏季温度高的条件下适用期短、易爆聚等问题。

针对含 H_2S、CO_2 酸性气体、高压、高矿化度的腐蚀环境，及热交换器，集热（150～300℃）和油（原油、汽油、柴油）于一体的复杂介质条件，开展耐酸性优异的换热器防腐蚀涂料的研究。

针对炼化厂炼化装置耐火钢结构的防火要求，开展可耐烃类火灾的环氧膨胀防火涂料研究。

针对炼油厂的原油储罐罐底板的外表面，埋地管道的外表面防腐保护，处于酸碱盐及微生物腐蚀环境，开展耐酸碱盐及微生物腐蚀的无溶剂环氧煤沥青涂料的研究。

3 结果与讨论

3.1 低表面处理环氧防腐蚀涂料的研究

针对石油炼化一些维修项目，如石化系统的管道、油罐及附属钢结构等，受到现场施工条件的限制，不能喷砂除锈，不能用电动工具的实际问题，不停产即可进行防腐维修施工，解决涂料带锈涂装关键技术问题。同时，解决涂料环境适应性问题，可在冬季低温条件下固化，可在潮湿条件下固化。

涂料采用具有缓蚀功能及渗透性极强的低分子改性环氧树脂作为成膜物，利用与钝化缓蚀颜料、螯合剂的协同作用，把铁锈转化成涂层的一部分，实现优异的渗透性及防锈能力，可将涂料直接涂装于无疏松锈层、无油、无杂质的带锈钢材表面，节约表面处理费用。该涂料能吸收基材表面无法排挤除去的水分，因而适宜在潮湿条件下涂敷，涂料固化后性能良好。可带湿带锈涂装(附着力(St2 级)大于 8MPa、耐盐雾 1500h 涂层完好)。授权发明专利：一种低表面处理环氧涂料及其制造方法、ZL 2015 1 0224149. 2；另一种具有低表面处理环氧涂料涂层的钢板及其制造方法、ZL 2015 1 0226450. 7。2018 年入选中国石油集团公司自主创新重要产品。

3.2 带温涂刷有机硅耐高温防腐涂料的研究

炼油厂高温管道、高温炉、催化裂化装置等设备长期在很高的温度下工作，表面需要耐高温涂料进行防护。要求耐高温涂料不会出现脱落、变色等现象，且仍能保持一定的物理机械性能，从而使得被保护物在高温环境中可以正常工作。尤其是针对一些高温装置的维修，需要涂料能够在高温表面涂刷施工，不停产即可进行防腐维修施工，解决现场带温施工问题。

采用聚酰亚胺与有机硅树脂形成海岛结构共聚物，提高涂层的强度、耐热、耐老化性能，结合不同沸点的溶剂，固化过程中形成挥发梯度，实现涂料可在高温基材(200～400℃)上直接涂刷施工，长期耐温 650℃不变色，表观良好，无起泡、无脱落、无变色，开发出改性有机硅耐高温涂料。授权发明专利：一种单组份有机硅耐热防腐蚀涂料及其制备方法、ZL2016 1 0853284. 8。

3.3 高耐候聚氨酯防腐涂料体系的研究

炼油厂的原油储罐、中间产品罐、成品罐及其附属设备钢结构外表面暴露于工业大气中，除了受大气中的腐蚀因素腐蚀外，更长年经受太阳光紫外线的照射，因此防腐蚀涂料除了需具有防腐蚀性能外，特别需要能够经受紫外线照射的高耐候性防腐蚀涂料体系，同时解决涂料冬季低温固化慢、甚至不固化，夏季温度高的条件下适用期短、易爆聚等问题，提高漆膜的干燥速度，提高施工效率。

底漆采用片状锌粉与球状锌粉搭配，提高涂层的致密性及阴极保护功能，改性成膜物树脂，提高树脂粘接力及对锌粉的包覆性，具有冬季可低温固化，夏季温度高的条件下适用期长，漆膜干燥速度快等特性。面漆利用片状填料体系的级配效应，并通过环氧树脂与聚氨酯的改性形成互穿网络结构，综合了环氧树脂和聚氨酯的优点，使涂层具有更优异的附着力及耐候性，形成了聚氨酯防腐蚀涂料体系。(耐紫外光老化大于 2000h 不粉化变色，耐盐雾大于 2000h 涂层完好)授权发明专利：一种环氧富锌底漆及其制造方法、ZL 2014 1 0723132. 7。2015 年入选集团公司度自主创新重要产品。

3.4 抗硫化氢及耐酸腐蚀换热器涂料

许多生产设备及装置因与酸性介质接触受到严重腐蚀，极大缩短了使用寿命。针对硫磺回收装置酸性水罐、压力容器、含硫污水池等设备设施，在含 H_2S、CO_2 酸性气体、高压、高矿化度的腐蚀环境下，普通环氧涂料体系已不再适用于酸性腐蚀条件下使用。另外，炼油行业的热交换器，它处于介质的腐蚀、物料的结垢、热量的传导、流体的冲刷等复杂环境之下。一旦防护措施不当很容易发生管束穿孔、结垢堵塞而停工检修更新，造成很大的经济损失。换热器的腐蚀要比其他设备更为严重，开展耐热及防腐性能优异的换热器涂料，保证在检修期间碳钢换热器防腐涂层耐 240℃蒸汽冲扫，可安全运行 2 个运行周期。因此，开发出耐酸性优异的换热器防腐蚀涂料。

通过采用酚醛改性环氧树脂，与丁醇醚化的

酚醛树脂反应形成致密结构，提高固化后成膜物的交联密度，兼有环氧良好的附着力、强韧性，又具有酚醛良好的耐酸性、耐磨性、耐热性和耐溶剂性。纳米级填料的加入提高涂层的致密性，使得涂层具有优异的耐酸性能及抗硫化氢腐蚀性能。抗硫化氢腐蚀换热器涂料（总压32MPa，H_2S分压3.2MPa，CO_2分压3.2MPa，90℃溶液中168h涂层完好，93℃下可耐15%盐酸和15%氢氟酸的腐蚀，耐油田污水100℃、1000h涂层完好，耐热性200℃，蒸汽冲扫240℃、0.46MPa、24h不起泡、不脱落）。2014年入选集团公司度自主创新重要产品。

3.5　环氧膨胀型防火涂料的研究

炼油厂配套设施中大量的钢结构处在易燃易爆的烃类火灾环境中，发生烃类火灾时，防火涂层需具有耐烃类火灾及抵抗爆炸引起的冲击，延长钢构及装置的耐火时间。

本发明采用有机与无机复合膨胀体系，使漆膜在火焰高温的作用下，能迅速膨胀产生大量惰性气体和形成低导热的、具有一定强度的不燃性泡沫层，起到隔绝氧气的作用而达到阻燃的目的，可以起到抑制烟雾的抑烟剂作用。金红石型钛白粉、绢云母粉、滑石粉等无机填料在涂层中起到增强剂的作用，对于涂料的防火性能具有协同效应，加入可以提高发泡层涂层的致密程度，在涂层表面形成的白色物质对膨胀炭质层起着增强作用，使炭质层不易塌陷，从而使涂层的防火阻燃作用更加显著。授权发明专利：环氧膨胀防火涂料及制造方法、ZL 2010 1 0236473.3。

3.6　无溶剂环氧煤沥青防腐蚀涂料的研究

炼油厂的原油储罐罐底板的外表面与储罐基础的沥青砂等接触，处于酸碱盐及微生物腐蚀环境，应当采用适合埋地环境的长效防腐蚀涂料，环氧煤沥青防腐涂料在其防腐功能的基础上，能有效对土壤或水中中的细菌繁殖和杂草、苇根的侵蚀有明显的抑制作用。环氧煤沥青防腐涂料还可以应用在埋地管道的外表面防腐保护。

采用煤焦油、煤沥青和活性稀释剂改性环氧树脂作为成膜物，通过片状湿法绢云母粉延长腐蚀路径，提高涂层抗氯离子渗透性，酚醛胺和聚酰胺固化剂混合，提高涂层柔韧性及耐酸碱盐性，开发出耐酸碱盐及微生物腐蚀的无溶剂环氧煤沥青涂料。无溶剂环氧煤沥青涂料的耐酸性10%H_2SO_4、90天涂层完好，耐盐水性5%NaCl、3000h涂层完好，抗氯离子渗透性30d$\leq 1\times10^{-3}$ $mg/cm^2\cdot d$。授权发明专利：一种无溶剂环氧煤焦油防腐涂料及其制备方法和应用，ZL 2014 1 0698880.4。2014年获得天津市重点新产品。

4　推广应用

该技术在石油化工领域的炼化装置腐蚀防护工程中得到应用，经过实际投入应用情况证明，该项综合技术满足实际工程需求，达到预期目标，效果良好。

该科技成果先后在中国石油大连石化装置及钢构防腐工程、中国石油大港石化炼化装置及配套设施改建工程、中国石油独山子石化装置及钢构防腐工程、中国石油克拉玛依石化装置及钢构防腐工程、中石油大庆炼化公司硫磺回收装置酸性水罐工程、中石油锦州石化全厂检修防腐工程、中海油绥中36-1陆上终端原油储罐项目、天津乙烯炼化一体化项目中转油库库区及配套工程、塔里木油田压力容器内防腐项目、中石化曹妃甸原油商业储备基地工程等项目。

有机硅耐高温涂料及涂层技术在大港石化催化裂化装置的维修工程中得到成功应用，涂料可在200~400℃高温条件下涂刷，长期耐温达到650℃不变色。在施工现场，通过与国外两家知名公司对比，该涂料高温涂刷不起泡，表观良好，附着力良好，涂层耐温不变色，其施工性能和物理化学性能超过了国外同类产品的水平。目前工程现场涂层的应用效果良好。

耐候性聚氨酯防涂料及涂层技术成功应用在炼油厂钢结构外表面等部位，解决了现有聚氨酯防涂料漆膜易泛黄、耐候性差、耐光老化性差等问题，涂层最长已使用8年以上，涂层表面未粉化、变色、脱落及发生腐蚀，为炼油厂设备的安全运行提供了保障。

抗硫化氢及耐酸腐蚀涂料技术在塔里木油田压力容器防腐工程中得到成功应用，耐酸涂料具有优异的防腐蚀性能，现场应用结果表明，涂料施工适用性强，各项性能均满足油田防腐工况指标要求，开罐后容器涂层完好，满足油田“压力容器3年一检、储罐6年一检”的要求，延长了容器检修周期。

5　结论

开发低表面处理及高温施工防腐材料技术、抗硫化氢、抗烃类火灾、高耐候等特殊功能防腐蚀涂料技术体系，形成系列炼化装置长周期安全运行防腐涂料技术，解决炼化装置不停产即可进行防腐维修施工，同时提升涂层的长效防护性能，替代国外同类的防腐涂料技术，延长炼油厂检修维护时间(8 年以上)，保证炼油厂装置的安全与长期使用寿命，为我国炼油装置的长期、安全运行提供技术支持。

参 考 文 献

[1] 蒋利萍 . 炼化设备腐蚀及防护措施探讨[J]. 理论前沿，2014(8)：380-380.

[2] 赵子龙 . 石油炼厂设备的腐蚀与防护[J]. 中国石油和化工标准与质量，2012，33(11)：295-295.

[3] 徐庆梅 . 石油炼化企业腐蚀现状与控制措施[J]. 全面腐蚀控制，2019，33(02)：78-79.

[4] 宋广成 . 石油炼化企业设备防腐蚀及涂料施工概述[J]. 现代职业安全，2015(3)：23-25.

[5] 刘新 . 石油炼化重防腐涂料的发展应用[J]. 上海涂料，2012，50(5)：33-36.

[6] 刘小辉，胡安定 . 石油炼制设备腐蚀与防护综述[J]. 中国设备工程，2010(11)：10-13.

[7] 袁声明 . 石油领域炼化设备腐蚀与防腐工作研究[J]. 中国设备工程，2016(9)：72-73.

[8] 史勉，邢彬彬，何璐，等 . 原油重质、劣质化形势下炼化企业金属设备腐蚀与防护[J]. 全面腐蚀控制，2014(7)：84-87.

[9] 周敏 . 中国石油炼化企业腐蚀与控制现状[J]. 腐蚀与防护，2012(S1)：62-68.

[10] 来维亚，尹成先，徐秀清，etal. 中石油东部炼油企业设备腐蚀与控制现状[J]. 装备环境工程，2017(14)：18.

[11] 章振玦 . 加工重质原油炼油厂的腐蚀现状与防护措施[J]. 石油炼制与化工，1992(1)：40-44.

焦化加热炉扩能技改新技术的应用

兰成均[1] 高宏坤[1] 肖家治[2]

（1. 长岭炼化岳阳工程设计有限公司；2. 中国石油大学(华东)）

摘 要 本文以某厂100万吨/年焦化加热炉改造为依托，介绍了专利技术的应用及改造后运行的效果，焦化加热炉改造后运行能力达到120万吨/年，装置焦炭产率比上一年度下降1%~1.6%，干气由改造前的大于5%降到3%左右，加热炉热效率由90.56%提高到92.94%。

关键词 焦化加热炉；双面辐射；附墙燃烧；定向反射；新型加热炉辐射管支架

近年来随着国外焦化装置新工艺、新技术、新设备的引进，国内原有焦化装置的高能耗，低热效在新的国际国内环境下必须进行深度改造，以适应新市场的需求。因扩能需要对原有100万吨/年延迟焦化装置扩能至120万吨/年，经核算，需要对焦化加热炉进行扩能改造。

1 装置改造要求及原焦化加热炉简介

装置扩能改造周期短，为节省装置改造投资，应尽量减少改动量，充分利用装置现有主体设备焦炭塔、压缩机、分馏塔等相关设备的情况下，要实现装置加工能力由100万吨/年提高到120万吨/年，必须提高加热炉的热负荷才能满足工艺要求。

延迟焦化加热炉是延迟焦化装置的核心设备之一，100万吨/年延迟焦化装置采用一炉两塔工艺，加热炉采用四管程卧管箱式炉、双面辐射，炉体由两个辐射室、两个对流室及一个烟囱组成。炉底共设置96台低NO_x气体燃烧器，工艺介质经对流室进入辐射室炉膛加热至操作所需温度，辐射盘管由数个炉顶吊架支撑。工艺介质炉管规格为ϕ114.3×8.56、饱和蒸汽炉管规格为ϕ127×8、过热蒸汽炉管与脱氧水炉管规格为ϕ60×5，工艺介质辐射室炉管与遮蔽管材质采用ASTM A335 P9、其余炉管采用ASTM A335 P5，过热蒸汽炉管与脱氧水炉管均采用15CrMo材质。

加热炉主体钢结构不变的情况下如何在辐射室空间大小几乎不变的情况下改善加热炉受热条件、如何提高热负荷、如何布置辐射加热盘管以及如何使改造后加热炉热效率显著提高成为改造的关键节点。

2 焦化装置加热炉扩能改造的工程设计

2.1 优化辐射室炉管排布方案

要实现装置扩能，关键是要提高加热炉的处理量，根据设备结构限制和扩能改造要求，加热炉在辐射室每管程增设12根辐射炉管，其中规格为ϕ114.3×8.56炉管6根，规格为ϕ127×10炉管6根，且布置在辐射室末端，介质在辐射室内部出口段经一次扩管后进焦炭塔，新增炉管材质均采用ASTM A335 P9。辐射室原有炉管全部利旧，辐射室单管程炉管由原来的24根增加到36根。

重质油在焦化加热炉辐射室中的热转化反应一般分为裂化反应加热阶段、缩合反应加热阶段和过热加热阶段共三个阶段。重质油在三个加热阶段发生的转化反应不同，物性和流动状态不同，对热量的需求量也不同，所以三个阶段对炉管外烟气传热有着截然不同的要求。重质油在裂化反应加热阶段和过热加热阶段对传热的要求是大温差、高传热效率；在缩合加热阶段要求小温差、低传热效率，通常简称为“两高一低”，满足了“两高一低”的要求就可以减缓辐射室炉管结焦速率、延长运转周期，提高处理能力[1]。

根据焦化加热炉改造后的辐射室热分布分析，和重质油在焦化加热炉辐射室三个不同加热阶段对辐射室炉管外传热要求，对焦化加热炉辐射进料流程进行如下优化(见图1)：介质从对流室出来以后先经过辐射室炉顶水平布置的6根辐射管后抽出，经转油线由辐射室底部第一根炉管再次进入辐射室，由辐射室上部抽出进入焦炭塔。加热炉由传统的燃烧方式改为附墙燃烧以后，辐射室的热分布相对于传统燃烧有所变化，辐射室底部除传统的辐射热以外增加了辐射墙的定向反射热，因此辐射室底部采用双排管方案，充分利用辐射室高温区的布管空间，同时尽量满足辐射炉管管外传热与管内介质吸热要求相匹配的工艺流程，减缓辐射炉管结焦速率，延长运转周期，为提高处理能力创造条件。

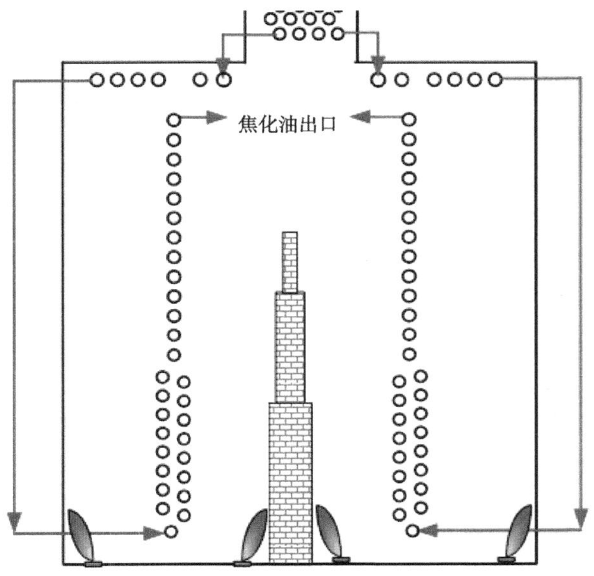

图 1　改后总体流程图

2.2　燃烧器改传统的空间燃烧为附墙燃烧

双面辐射焦化加热炉炉底燃烧器的传统设置是置于辐射炉管与辐射炉墙之间。经过几代燃烧器的技术发展，目前焦化加热炉主要使用的是低 NO_x 燃烧技术，低 NO_x 燃烧器需要较大的安装空间，因此燃烧器中心至炉管中心和炉墙的间距要求更大。

随着附墙燃烧技术的引进，国内炼化装置加热炉扩能改造离不开燃烧器的更新换代。本次焦化加热炉的扩能为了有效提高加热炉热负荷，全炉共 96 台低 NO_x 燃烧器全部更换为焦化专用低 NO_x 附墙燃烧器，为使加热炉炉墙温度分布均匀，单排燃烧器数量由原来的 14 台更改为 17 台，并采用主辅燃烧器（14 台主+3 台辅）相结合，进一步消除炉墙温度排布不均的情况，见图 2。焦化专用附墙燃烧器采用小型、扁平焰、分级燃烧的低 NO_x 燃烧器，其主要特点是：1）火焰稳定性好，刚度大，火焰根据工艺定向设置不偏离，不会添炉管，火焰形状良好，火苗齐、扁，炉墙单排多燃烧器组合燃烧效果好；2）燃烧器调节比高，可调性好，可根据工艺需要进行快速升降温；3）节能，附墙燃烧采用热壁辐射技术，燃烧器火焰按工艺要求，舔炉墙贴着炉壁上升，把炉墙加热成均匀的热壁载体，传热方式由传统的热辐射变成了炉墙的定向反射热+辐射热，炉管受热更均匀，避免了管内介质局部过热、结焦，提高了炉管的使用寿命和加热炉的热效率；通过强化燃料燃烧，控制燃烧器火焰高度，有效提高了辐射室传热量占全炉热负荷比例，从而提高全炉炉管表平均热强度和加热炉的处理能力；[2,4] 4）减排，NO_x 的排量最低可达到 30ppm 以下。

图 2　附墙燃烧器效果图

2.3　加热炉改造后的结构特点

2.3.1　新型辐射管支吊架设计及热膨胀设计

加热炉原采用单排卧管双面辐射炉型，经扩能改造后辐射室排管采用混排型式，辐射炉顶 6 根炉管为单排管单面辐射，采用独立的辐射管支吊架支撑；辐射室炉底部 16 根炉管为双排管双面辐射，采用特制的“新型加热炉辐射管支架”[5] 支撑，见图 3；辐射室其余炉管为单排管双面辐射，采用与原结构一致的支吊架结构。

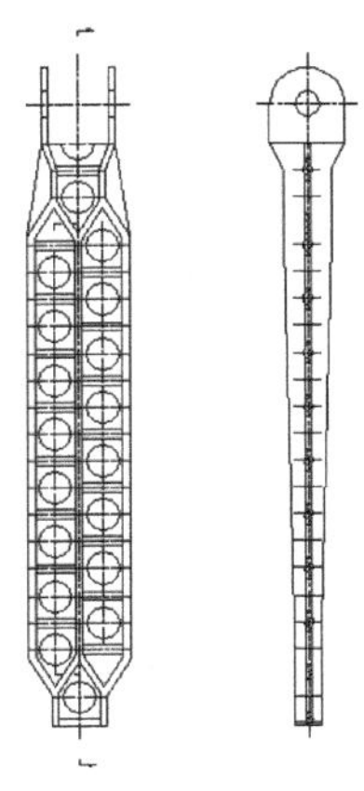

图 3　新型加热炉辐射管支架

加热炉原辐射管架型式为上端支撑的静态铸

造板式结构，支撑点设置在辐射室炉顶壁外的承重梁上。该结构管架由上中下三部分组成，各部分采用轴铰连接，该管架具有沿管长方向允许位移量较大，管架自重较小的优点。

辐射炉管支吊架采用铸钢 HK40+Re 材质，加热炉改造以后辐射室内最高平均温度约 800℃，辐射炉管支吊架处于高温环境下干烧，材质的线膨胀系数比较大，辐射炉管支吊架在热态下带动炉管整体向下移动，位移量超过 90mm。辐射支吊架的热膨胀对转油线的影响相当大，经应力分析核算，对转油线进行优化布置的同时，也对辐射管入口支撑型式进行特殊的设计，采用随同炉管同步移动的密封结构，既保证了密封又保证了辐射管随支吊架上下自由移动，开工运行至今进口炉管无显著变形、无串气和泄露现象发生。

2.3.2　耐火炉墙结构设计

原加热炉辐射室采用纤维结构的炉衬，辐射室侧墙和中间火墙采用的是传统空间燃烧器用耐火砖。空间燃烧器改为附墙燃烧器后，传统耐火砖已不适应新工艺要求，因此对辐射室侧墙和中间火墙进行改造。

辐射室侧墙改造总高度为 3m，其中炉墙高度为 2.5m，附墙燃烧器火焰高度控制在 2.5m 以下，采用附墙燃烧以后，炉侧墙看火孔全部拆除，采用浇注料+高铝陶瓷耐火纤维+高温轻质莫来石耐火砖复合衬里结构方案，并按标准要求设置相应的拉砖结构，保证炉墙的稳定性；炉墙耐火砖以上 0.5m 的衬里更换为纤维毡+含锆耐火纤维模块，有效与利旧部分的内衬进行衔接。采用附墙燃烧器后炉墙直接承受高温火焰冲刷，温度高强度大，为防止高温烟气通过炉墙膨胀缝串入炉墙内部衬里，导致炉墙紧固件失效，设计时首先将燃烧器布置与侧墙膨胀缝错开，避免高流速的高温烟气直接串入膨胀缝；再者对膨胀缝的结构采用特殊设计，并用耐火纤维对膨胀缝进行塞填，即使有烟气也不会直接对炉内衬有所损伤；第三，采用浇注料背衬纤维制品的复合衬里结构除具有良好的隔热性能以外，还具有较好的抗露点腐蚀的能力。

辐射室中间火墙采用附墙燃烧后，为强化底部传热，采用了凹凸结构的设计，中间火墙共设置为三层，底部第一层采用高温轻质莫来石耐火砖，顶部两层均采用轻质高铝耐火砖，2m 以上的高度均设置折流砖。

辐射室侧墙与中间火墙的改造既要考虑所选用的耐火砖耐火性能指标，要求耐火砖有低的导热系数，较高的最高使用温度，还要具有良好的热稳定性，又必须考虑加热炉原有钢结构的承载能力与加强方案的可实施性。

2.3.3　辐射室炉管双点注汽技术

加热炉注汽的目的在于加大重质油在炉管中的流速和改变重质油在炉管中的流动状态，将层流最大限度的改变为湍流，湍流不易生焦，但注汽量过大会影响后续操作和最终产品，因此注汽点的设置和注汽量的控制是衡量焦化加热炉技术水平高低的重要标志之一。

目前国内外普遍采用多点注汽技术减少注汽量及炉管压降。本加热炉改造后辐射室第一点注汽设置在辐射室炉底第一根即辐射进料口，用于降低裂化产物分压，促进重质油的重组分进一步发生裂化反应，第二点注汽设置在辐射炉管扩径的位置，用于提高重质油在炉管内的流速，尽可能减少高温重质油在炉管内发生缩合反应而生焦。

加热炉正常生产期间在确保供热量或出口温度不变的情况下，可以通过控制注汽量的大小来控制介质在管内的总停留时间，从而优化加热炉出口热转化率、炉管平均热强度等关键工艺参数。

2.3.4　炉管管壁热电偶的设置

炉管壁温测量的准确性是确保加热炉安全运行和优化操作的重要依据，通过炉管壁温的变化，可以判定管内介质流量分布与温度分布，依此推断管内介质反应阶段，控制加热炉炉管生焦速率。由于辐射室炉管重新排布，根据监控点需要单程共设置 9 个管壁热电偶，为确保壁温热电偶的安全、测量有效、准确，管壁热电偶设计时应明确如下要求：1)管壁热电偶位置定位后应采用尽量短的热电偶导线，且尽量避免热电偶导线跨高温度区布置；2)热电偶导线应尽量避免接触高温炉支吊架，且固定点不能设置在高温炉管支吊架上；3)热电偶末端不宜采用刀刃头，应优选刀刃片；4)热电偶测点应设置在炉管向火面 60°范围内；5)热电偶测点定位后应设置屏蔽罩，屏蔽罩内用陶瓷耐火纤维填实。热电偶末端采用刀刃头结构虽然制造、安装方便快捷，但是刀刃头结构太大，屏蔽罩大小设置不合理，影响测点准确性的同时也局部影响炉管受热，改变管内介质局部温度场分布，易导致管内局部结焦。

2.3.5 余热回收系统改造

加热炉原设有水热煤空气预热器，预热器排烟温度180℃左右，充分利用加热炉烟气余热的同时又有效防止烟气低温露点腐蚀。空气预热器是充分回收烟气余热、提高加热炉系统热效率的主要设备，随着余热回收技术和抗蚀材料的发展，为烟气余热挖潜提供条件。本次预热器进行了局部结构改造和设备材质升级，装置改造运行后预热器排烟温度下降至100℃左右，进一步提高烟气余热的利用率，有效提高加热炉热效率。

2.3.6 其他节能措施

加热炉采用全密封技术，严格控制加热炉散热和“跑、冒、漏”。加热炉辐射侧墙炉壁全炉共48组看火孔全部拆除，辐射室端面共16组看火孔全部更换为全密封结构的石英玻璃看火孔，全部拆除炉底看火孔，优化加热炉所有工艺接管进出口密封结构，局部更改防爆门与炉体连接结构，有效解决炉体密封问题。

3 加热炉改造效果

加热炉扩能改造完成后装置一次性开车成功，设备处理能力达到既定目标，目前装置平稳运行近两年，各目标参数均达到设计要求。加热炉改造后，装置焦炭产率比上一年度下降1%~1.6%，干气由改造前的大于5%降到3%左右，加热炉热效率由90.56%提高到92.94%，达到节能降耗增产的目的，获得明显的经济效益。

4 结语

1）装置扩能改造应实地调研设备运行情况，挖掘设备潜能，兼顾设备操作灵活性、安全性和可靠性，尽可能利用设备结构和材料，准确核算，慎重取舍，避免在用资源浪费。

2）扩能改造不仅仅是处理量的扩大，更重要的是技术升级，合理利用软件与硬件技术进行优化分析，解决现有设备技术瓶颈。

3）按该技术方案改造加热炉，可以提高旧设备的材料利用率，按设备结构特点，合理布置炉管、充分利用附墙燃烧技术等优化辐射管热强度，有效提高加热炉热效率和设备处理量，最大限度的减少改造投资。

4）按该技术方案新建加热炉，既可以有效提高加热炉热效率和处理量，又能节约设备建材，减少设备投资；还可以有效利用装置平面空间，节约装置用地。

参考文献

[1] 郑战利 孙志钦 霍鲁光 孟庆凯．一种提高延迟焦化加热炉能力及延长运转周期的技术，炼油设计，1999，12：(29).

[2] 郑战利 孙志钦 霍鲁光 孟庆凯．石油化工管式炉“扩能”技术的研究与应用，石油化工设备技术，1999，20(6).

[3] 孙毅．柴油加氢改质装置反应进料加热炉的扩能改造 石油化工设备技术，2009，30(2).

[4] 梁文彬．双面辐射阶梯炉在延迟焦化装置上的应用 石油化工设备技术，2010，31(3).

[5] 兰成均李晚屏李芳娟．新型加热炉辐射管支架 实用新型专利 ZL 2012 2 0094960.5.

催化再生滑阀阀杆卡涩原因分析及改进

但加飞

（中国石化巴陵石化公司）

摘　要　针对某炼厂催化再生滑阀阀杆出现严重卡涩现象，从卡涩物形成机理和卡涩物的组成成分等方面着手，得出再生循环催化剂碳含量超标结焦是造成阀杆卡涩的主要原因。通过将再生滑阀吹扫风由非净化风改为净化风，在滑阀阀体吹扫口引出管对应侧增设一组吹扫阀组，将导轨吹扫孔孔径由原来2.5mm的扩大到3.0mm之后，滑阀灵敏度较之前有明显提高，阀位输入信号与反馈信号偏差一直保持在±(0~0.1)%，保证了催化生产装置的长周期平稳运行。

关键词　催化装置；再生滑阀；卡涩；分析；改进

催化再生滑阀作为催化剂循环流程关键设备之一，对催化裂化反应温度控制、物料调节以及压力控制起到关键作用。某炼厂同轴式提升管催化装置中，再生滑阀位于再生斜管上，除了具有生产调节作用，也是装置自保启动情况下安全停车和装置事故时兼作紧急切断阀的关键设备之一，其安全性将对整个装置影响较大。近年来催化再生滑阀阀杆出现了严重卡涩现象，本文分析了再生滑阀阀杆卡涩原因，提出了一系列改进措施，实施后效果较好。

1　催化再生滑阀简介

某炼厂催化再生滑阀为电液冷壁单动滑阀[1]，由阀体和电液执行机构两部分构成。阀体采用100~150mm厚的耐磨隔热双层衬里和碳钢外壳组成，即使内部温度高达700℃，其外表实测壁温也仅为150~180℃。电液执行机构是以电为动力，液压油为工作介质，通过精密的电液伺服系统带动滑阀实现其开关和调节的控制驱动装置。电液滑阀的主要结构见图1。

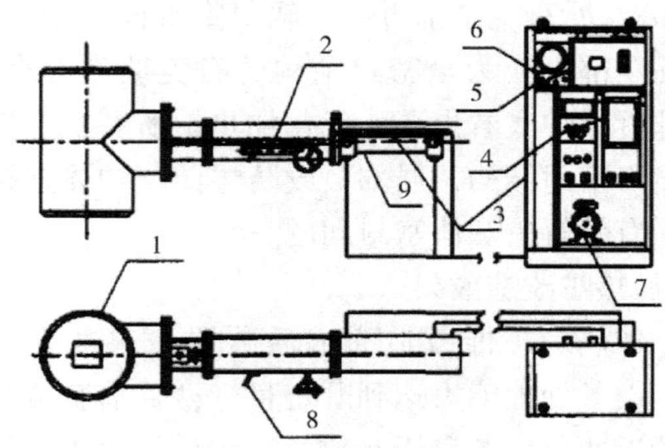

图1　电液冷壁单动滑阀

1—阀体部分；2—手动机构；3—电液执行机构；4—集成油路；5—油箱；6—电气控制箱；7—泵电机；8—离合器手柄；9—伺服油缸

阀体部分主要由阀杆、阀板、导轨、填料、节流锥、阀座圈等几部分组成。在该阀阀盖部位有三路吹扫孔，一路连接阀杆套筒，另外两路分别对准上下两个导轨槽。这三路吹扫孔外面采用DN20的无缝碳素钢管连接非净化风集合管，从而引入非净化风进行反吹扫。

2　再生滑阀阀杆卡涩现象分析

2015年5月，该炼厂再生滑阀突然出现卡涩故障，液压控制下无法调节，改手动之后也只能微调，之后，将液压系统执行机构工作油压由原来的8.0MPa调整至9.0MPa，继续通过远程输入信号调节阀位开关，发现当阀位信号给定在37%~41%时，滑阀能正常工作（见表1），其中阀位信号在39%附近时灵敏度最高，而越偏离该信号，阀位反馈偏差就越大，这说明阀杆受阻力越大。当偏差信号超过设定偏差带宽值(±1.5)%时，阀位信号跟踪丢失，滑阀进入自锁状态。

表1　阀位输入信号与反馈信号值对比

阀位/%			说明
输入信号	反馈信号	偏差	
36.5	38.0	1.5	跟踪丢失，阀位自锁
37.0	38.0	1.0	阀位正常
38.0	38.2	0.2	阀位正常
39.0	38.7	-0.3	阀位正常
40.0	39.1	-0.9	阀位正常
41.0	39.5	-1.5	跟踪丢失，阀位自锁

通过对滑阀进行解体操作，发现阀杆卡涩出现在如图 2 所示部位。阀杆与套筒间隙之间存在大量结焦，且结焦质地坚硬，有金属光泽。利用 30t 的千斤顶将阀杆拉出后发现阀杆只在套筒段结焦严重，且该段阀杆表面因电化学腐蚀已产生局部斑点凹坑。

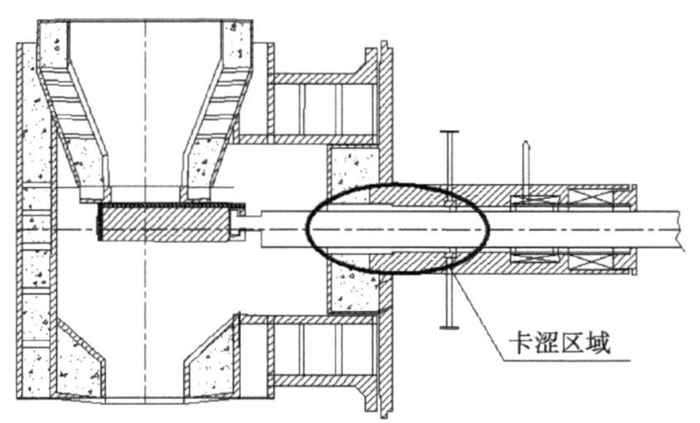

图 2 阀杆卡涩部位

3 再生滑阀阀杆卡涩原因分析

3.1 阀杆表面结焦

3.1.1 结焦机理

结焦过程是一系列化学反应和物理变化的综合结果[2]，如催化反应过程中，易生焦物如烯烃、芳烃以及部分未汽化组分发生缩合反应，以催化剂颗粒为中心结焦，并逐渐增大；或是高沸点未汽化油粘附在催化剂表面结焦，并逐渐增大。虽然催化反应系统不同，部位结焦的机理和原因并不完全相同，但总的来说结焦的主要原因均是在催化裂化反应中，未裂化的大分子物质慢慢聚合成更大分子的物质，在器壁内冷凝沉积，并在高温、长停留时间下发生缩合反应而结焦。

3.1.2 滑阀阀杆表面结焦分析

在生产过程中，再生器循环催化剂通过再生滑阀进入反应提升管，但是由于工艺操作控制的波动或其他原因，再生器内往往会有部分循环催化剂未完全再生，即催化剂表面含碳量超标，催化剂表面存在过多易生焦组分。而这部分碳含量高的催化剂通过再生滑阀时，在带水的非净化滑阀吹扫风的冷凝作用下，会有少量沉积在吹扫孔以及阀杆与套筒环隙之间。长此以往，冷凝沉积的易生焦催化剂越来越多，并在环隙中结焦，直到吹扫孔堵塞，从而导致滑阀阀杆运动阻力增大，最终造成卡涩。

装置停工大修运行(2014 年 5 月)至滑阀出现卡涩(2015 年 5 月)时，再生滑阀段催化剂碳含量分析结果见图 3。

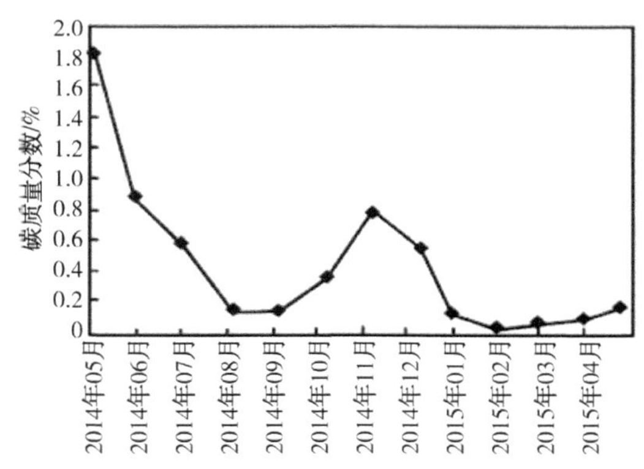

图 3 催化剂表面碳含量分析趋势

从图 3 可以看出，在装置大修后开工阶段(2014 年 5~7 月)，催化剂表面碳含量超标，而随着工艺调整进入平稳期后碳含量恢复正常，但一旦出现异常波动，碳含量又出现超标。

3.2 导轨表面硬物卡阻

催化剂长期冷凝沉淀聚结后，导轨吹扫孔也会被堵塞，导致导轨表面越来越多循环催化剂聚结，使阀板与导轨之间的催化剂对阀板产生阻力。另外，再生器中的脱落焦块或衬里被带入再生斜管时，部分细小焦块或脱落衬里会落入阀板与导轨缝隙中，这些硬着物对滑阀阀板的运行也会产生阻力。

4 改进措施

4.1 将滑阀吹扫风改为净化风

由于滑阀吹扫风为非净化风，吹扫风带水现象一直存在，尤其冬季低温，脱水不及时会造成吹扫风大量带水。吹扫风带水不仅会导致吹扫管锈蚀，将锈渣带入阀套，还会在阀套内产生氧化腐蚀。为此，将目前使用的非净化风改成经过干燥、过滤之后的净化风，保证滑阀的正常运行。

2016 年 3 月，利用装置临时停工检修的机会，对滑阀吹扫风管线进行了改造。首先，将原来的无缝碳钢管更换为同等直径的不锈钢管，避免管壁生锈污染吹扫风；其次，将净化风从净化风总管引出，直接接至分配总管，如图 4 所示，将原来的非净化风总管与分配管隔断，并用盲板隔离。在净化风总管(DN40)处开孔，通过 DN25 管线引净化风至滑阀吹扫风主分配管；最后，在主分配管底部增加一道疏水阀，可定期打开该疏水阀检查净化风是否带水。

4.2 阀杆表面焦物处理

由于阀杆表面因电化学腐蚀已产生局部斑点凹坑，人工打磨很难处理，且人工打磨难以保证

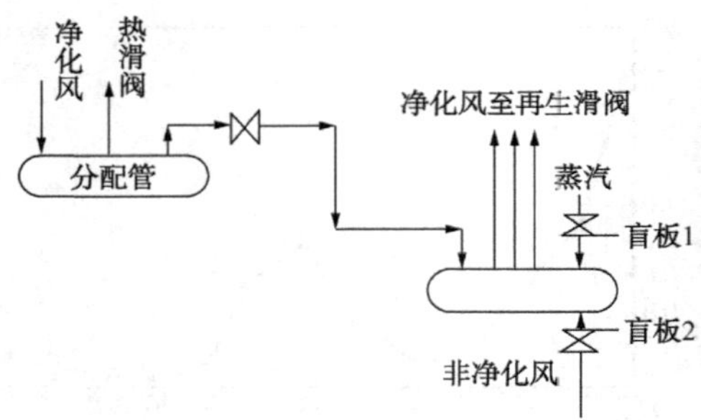

图4 净化风管线配置流程

阀杆表面的光洁度和圆周度，因此，阀杆表面结焦物采用车床进行车削除焦，除焦完成后再对阀杆表面进行了研磨、渡铬、氮化、淬火等工艺处理[3]，避免其防腐性能和机械性能下降。

4.3 预留吹扫风阀组和疏通导轨吹扫孔

为防止吹扫风管线出现意外堵塞，在滑阀阀体吹扫口引出管对应侧增设一组吹扫阀组，以便在吹扫管线堵塞时，可以通过该阀组引风吹扫，保证滑阀正常运行。

利用圆锥型磨头，对导轨吹扫孔进行打磨除焦，并在导轨吹扫口边缘打磨一道坡口，使吹扫风量尽可能多的集中在阀板与导轨间隙处。与此同时，对吹扫风限流孔板进行扩径，将孔径由原来2.5mm的扩大到3.0mm，增加吹扫风量和力度，避免催化剂和硬着物的聚集。考虑到吹扫风压力与滑阀内腔工作压力差过大会对阀杆填料密封有影响，压差过小又不满足吹扫效果，因此可以通过孔板前手阀进行卡量调整，控制压力差在0.15~0.2MPa，从而提高滑阀内部摩擦件间的吹扫效果。

4.4 加强滑阀日常维护管理

在化工型炼油企业中，正确对滑阀进行日常维护保养、严格按规程操作显得尤为重要。针对滑阀卡涩故障，专门制定出一系列举措。第一，将滑阀操作可视化，在现场专门制作并安装了可视化标准操作看板，巩固并提高了员工操作技能；第二，将滑阀清洁保养包机制落实到人，定期检查和考核；第三，将净化风吹扫分配总管疏水检查工作纳入岗位日常巡检工作中，以防出现异常带水现象；第四，控制工艺平稳，尽量减少异常波动，并定期抽取滑阀段循环催化剂进行取样分析，根据催化剂碳含量及时调整操作和换剂频次。

5 改进效果

对再生滑阀卡涩故障进行一系列处理和改进之后，从2016年3月底开工正式投用至今，滑阀运行一切正常。滑阀灵敏度较之前有明显提高，输入信号与反馈信号偏差一直保持在±(0~0.1)%。同时，定期打开吹扫风组分配器底部疏水阀检查，未发现有带水现象，检查频次设定为每周一次，保证了再生滑阀长周期平稳运行。

6 结论

a. 滑阀阀杆与套筒环隙间结焦是阀杆卡涩的主要原因，导轨表面硬物阻塞是阀杆卡涩的次要原因。

b. 将滑阀吹扫风由非净化风改为经过干燥、过滤之后的净化风，在滑阀阀体吹扫口引出管对应侧增设一组吹扫阀组，将导轨吹扫孔孔径由原来2.5mm的扩大到3.0mm之后，滑阀灵敏度较之前有明显提高，输入信号与反馈信号偏差一直保持在±(0~0.1)%，且分配器底部疏水阀未发现有带水现象。

c. 为避免净化风带水腐蚀系统，应加强净化风吹扫分配总管疏水检查力度并将其纳入日常管理考核细则中，尤其在冬季，应增加检查频次。

参考文献

[1] 王国强，钱伟．电液控制冷壁滑阀的研制与应用[C]．催化裂化论文集报告．1993：308.

[2] 李鹏．催化裂化装置结焦问题的探讨[J]．石油炼制与化工，2003，(2)：31-34.

[3] 薄鑫涛，郭海祥，袁风松．实用热处理手册[M]．上海：上海科学技术出版社．2014.

进口往复机活塞破裂原因分析及改造修复

胡孝杰

(岳阳长炼机电工程技术有限公司)

摘　要　长岭分公司两台进口往复式新氢、循环氢联合机组在运行的前3年中，机组的一级活塞经常发生破裂损坏、活塞环断裂、缸套拉伤等问题。通过从活塞的材质选用和结构设计等方面开展失效分析，提出了改进措施。并实行了国产化改造，满足了生产要求。

关键词　往复式压缩机；活塞；活塞环；失效；国产化改造

1　概况

长岭分公司120万吨/年催化柴油加氢精制装置，从国外进口两台往复式压缩机，为新氢循环氢联合机组，每台机组共有4个气缸。两缸用于压缩新氢(一级和二级)，另两缸用于压缩循环氢(循环氢为一级压缩)。

2002年8月由国外生产制造厂技术人员现场指导安装，单机试车和装置的联动试车后投入运行。机组的主要技术参数列于表1。

表1　机组主要技术参数表

名称	技术参数	名称	技术参数
规格型号	$4E_2+1$	一级吸气温度	40℃
介质	氢气	一级排气温度	147℃
轴功率	380kW	二级吸气温度	40℃
一级吸气压力	0.6MPa	二级排气温度	149℃
一级排气压力	1.64MPa	一级缸缸径	445mm
二级吸气压力	1.64MPa	二级缸缸径	295mm
二级排气压力	4.3MPa	循环级缸缸径	315mm
循环级排气压力	5.7MPa	活塞杆直径	Φ135mm
行程	400mm	转速	300r/min

$4E_2+1$型机组在2002年8月安装调试后的单机试车时，往复式压缩机202+203/1的一级活塞缸盖端发生破裂，国外生产商紧急重新发送了新活塞并装机开车，机202+203/1经过5个月运行后，机组一级缸突然出现异常响声，紧急切换到机202+203/2。对机202+203/1进行检修，打开机组检查时发现，一级活塞破裂，一级活塞环断裂。几个月后，机202+203/2也出现了与机202+203/1相同的故障问题。当时，维修人员只进行了活塞组件更换处理，此类故障隐患未得到有效处理，威胁着机组的安全运行。2008年10月，机203+204/2在运行中突然出现大的异常响声，紧急停机检修，这次不但活塞组件损坏，由于活塞破裂后的碎片和金属颗粒镶入到活塞环和支承环中，把一级气缸套镜面拉伤，一级气缸无法正常工作，对此，技术人员对一级活塞组件损坏的原因进行深入分析，以彻底消除故障隐患。

2　损坏原因分析

2.1　活塞磨损，破裂原因分析

2.1.1　活塞损坏情况

两台机组一级增压缸活塞在缸盖端活塞端面发生破裂损坏，两台压缩机的一级气缸活塞环槽(槽宽设计为16mm)均有不同程度的磨损，经测量，槽口宽度最大变形量约达5mm。

2.1.2　活塞磨损原因分析

一级缸活塞环虽已断裂，但表面未见明显磨损的痕迹，而活塞上4道活塞环槽均被磨宽、活塞磨损严重；但二级和循环级活塞没有明显磨损。一级活塞及活塞环的材质分别为铸铝和填充四氟乙烯，而二级和循环级活塞及活塞环的材质分别为铸铁和填充四氟乙烯，它们的机械性能如表2所示。因此一级活塞磨损的主要原因是选用材质不当，材料强度、硬度选择偏低，而活塞环的硬度值相对偏高。

表2　现场实测数据

组件名称	材质	HB硬度
一级活塞(进口件材质)	铸铝	126(现场实测)
活塞环	填充四氟乙烯	119(现场实测)

2.1.3　活塞破裂原因

一级增压缸活塞是前后段活塞组合而成的组合式活塞，前后段活塞结构如图1所示。

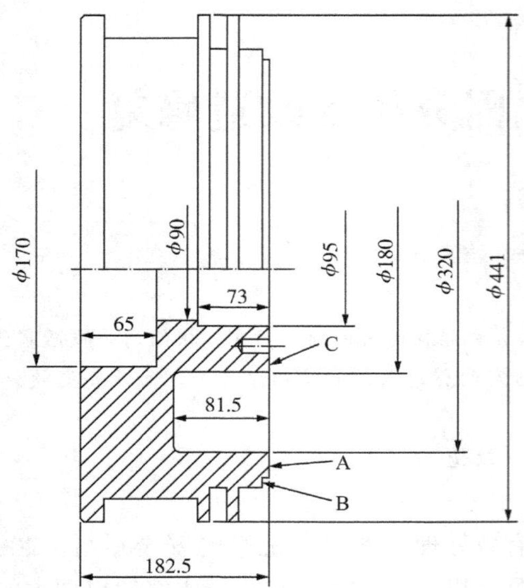

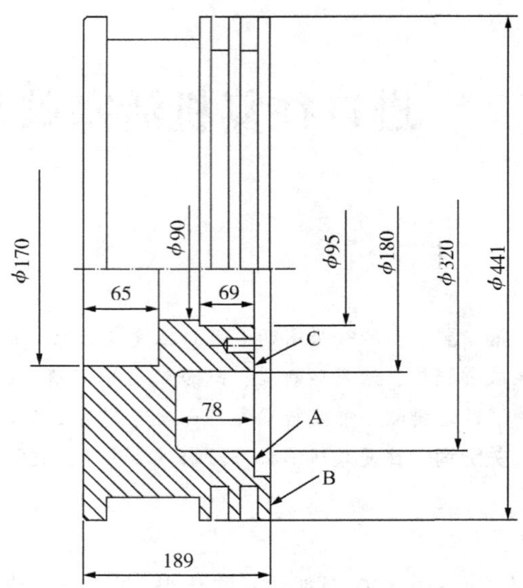

图1　活塞图

① 活塞端面厚度校核

机组一级增压缸活塞在运行过程中缸盖端活塞(即图1的前段活塞)端面发生破裂损坏。

一级活塞的结构为前后段分体式活塞组合而成，通过活塞杆连接成一个双端面作用的盘形活塞。结构如图1。活塞端面的厚度t为：

$$t=\sqrt{\frac{\varphi_1 P+\varphi_2 \Delta P r_2^{\ 2}}{2[\sigma_B]}}$$

$$=\sqrt{\frac{0.565*300699+0.712*0.32^2*10.4}{2*20000000}}$$

$$=0.085(m)$$

$$=85(mm)$$

式中　P——压力差ΔP产生的作用在半径r3与r2之间的环形端面上的作用力；

$\varphi_1\varphi_2$——系数；

$[\sigma_B]$——许用弯曲应力，铸铝为$[\sigma_B]\leqslant$20000000帕。

$r_1=18cm=0.18m$　$r_2=0.32m$　$r_3=0.441m$

$\varphi_1=0.565$　$\varphi_2=0.712$　$\Delta P=1040000$帕 N/m^2

$$P=\Delta P_{介}(r_3^{\ 2}-r_2^{\ 2})$$

$$=1040000\times3.14\times(0.441^2-0.32^2)$$

$$=300699N$$

而活塞端面的实际厚度t'为：

$$t'=182.5-81.5=101(mm)$$

$$t'>t$$

通过计算得知：活塞端面的厚度虽然在设计范围内，但活塞端面的实际厚度比设计厚度厚16mm，安全系数比正常偏小，因此，活塞厚度安全裕量偏小。

② 活塞结构分析

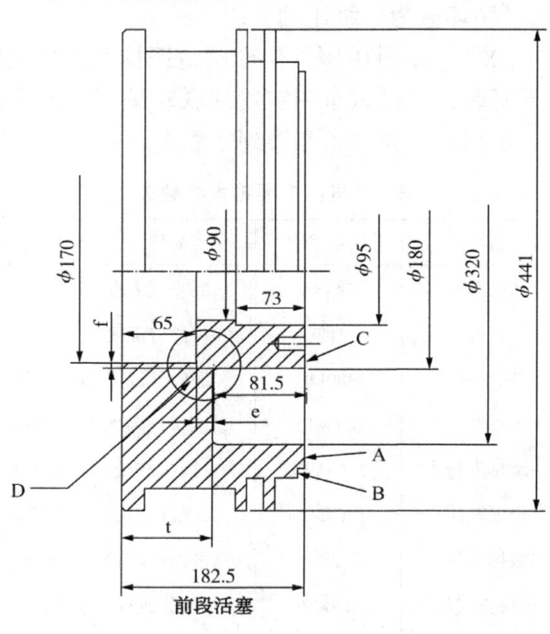

图2　前段活塞图

由活塞结构图知，在前段活塞D处，ϕ170部位与减压槽部位的ϕ180的径向厚度f较小，轴向方向上的厚度e也较小，因此D处会造成应力集中，强度薄弱，实际最大应力会很大，虽然上述计算活塞端面厚度t在设计范围内，但是D处造成了活塞端面的有效厚度下降。所以，活塞的结构设计不合理。

③ 活塞装配后变形过大

由图2知，前后段活塞由A、B处装配止口配合定位，通过活塞杆、活塞螺母组合而成。装配原理是：前段活塞A面与后段活塞A面轴向贴合，C面轴向高度比A面的轴向高度低0.6mm，C面有0.6mm间隙，通过活塞螺母的预紧力使活塞端面变形达到使C面贴合，这样在A、C面不会形成装配时两个平面同时接触的干扰现象。否则C面先贴合，则A面有间隙，这样变成了两个单作用活塞，不符合设计要求。因此，A面要先贴合。活塞轮毂部位在C面，是活塞的主要承力面，装配要求C面必须贴合。但是，要A、C面同时贴合，只有加大活塞螺母的预紧力，使活塞端面产生变形补偿0.6mm间隙，这时产生变形应力，变形应力将对活塞端面产生疲劳破坏。

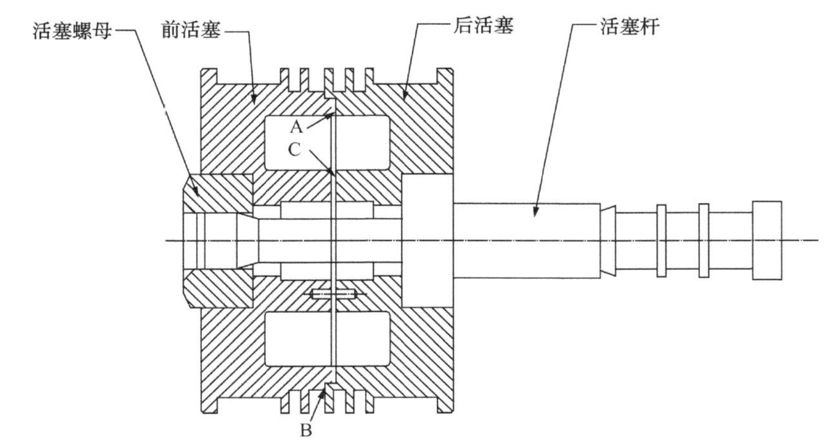

图3　活塞装配示意图

机组初始运行时，气缸内介质温度变化对活塞变形产生影响，由于该机组活塞直径大，初始时活塞外部温度比中间温度高，外部的膨胀量比中间大，热膨胀使活塞端面产生变形，产生变形应力，导致活塞端面产生疲劳破坏。

④ 交变应力作用

活塞在运行过程中受到交变载荷作用，交变载荷对活塞产生交变应力。

综上分析得知，活塞破裂的主要原因：一是活塞端面厚度裕量偏小；二是活塞的结构设计不合理；三是活塞端面受活塞螺母的预紧力而产生的变形应力、热膨胀变形应力；四是活塞运行过程中承受的交变载荷产生的交变应力。变形应力和交变应力对活塞产生疲劳破裂。

2.2　活塞环断裂原因分析

2.2.1　活塞环断裂情况

机202+203/2的检查结果如下：一级增压缸活塞4道活塞环均断裂，但活塞环表面未见明显磨损，而活塞上4道活塞环槽均被磨宽。其后对机202+203/1的检查也有不同程度的磨损。

2.2.2　一级缸活塞环比压核算

活塞环如图4。

① 一级缸活塞环的比压核算

从图4的结构可知，填充四氟乙烯活塞环是

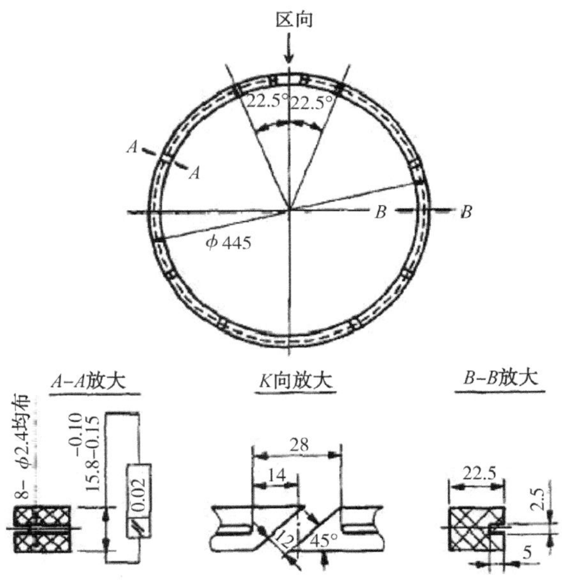

图4　一级缸活塞环结构图

一个具有弹力的开口环，在自由状态下有一开口间隙，当装入气缸内被迫合拢时呈圆环，在切口部位有热膨胀间隙。活塞环具有弹力，自由状态下紧贴气缸内壁，所受到的约束力称为初弹比压。活塞环实现密封的前提是需要有初弹比压，才能建立起压力差，而活塞环的初弹比压与环的自白开口间隙有强相关关系。压缩机正常运行时，密封比压随气缸内、外压力差的增大而增大，因此活塞环具有自紧密封的作用。仅从密封来看，密封比压越大越好，但是如果密封比压过大，会使活塞环或活塞磨损严重，影响压缩机的正常运行。原设计型号的活塞环其初弹比压为：

$$P_K=\frac{AE}{7.07D\left(\frac{D}{t}-1\right)^3}=\frac{1.2\times150000}{7.07\times44.5\times\left(\frac{44.5}{2.25}-1\right)^3}=0.09\text{MPa}$$

式中 A——自由开口尺寸，1.2cm；

D——气缸内径，44.5cm；

F——环的径向厚度，2.25cm；

E——环材料的弹性模数，1.5×10^5MPa；

P_K——环对缸壁的初弹比压，MPa；

环的经验值：0.03~0.05MPa。

从计算可知，活塞环的初弹比压超出了正常的范围。使得活塞环在工作时的密封比压增大。大直径活塞环的质量较大，初弹比压增大后，将使活塞环在运行过程中被推动时所产生的冲击力也随之增大。

2.2.3 活塞环材质硬度影响

根据活塞环的密封原理得知，活塞环装在活塞中与槽壁间应留有间隙，压缩机工作时活塞环在其前压力与后压力的压力差作用下，被推向压力较低的一方，即密封了气体沿环槽端面的泄漏。活塞环被推动时与活塞槽侧壁产生冲击力，同时产生摩擦，该机组这种大直径的活塞环，质量很大，产生的冲击力很大，活塞环与活塞材质硬度接近时，将对活塞槽侧壁产生磨损，槽宽变宽，活塞环在槽内被推动时产生的冲击力随之增大，对活塞槽侧壁产生更大的磨损，如此反复，形成恶性循环。另外，活塞环开有平衡孔，削弱了强度，易产生应力集中。因此，活塞环工作到一定时间后，在平衡孔位置断裂。

2.3 缸套损坏情况

机组203+204/2一级气缸由于活塞端面断裂产生的碎片和金属颗粒镶入到填充四氟乙烯材质的活塞环和支承环中，在机组未停机前，使一级气缸缸套损伤严重，缸套的内壁沿轴向方向拉出多道伤痕，伤痕最大深度达1.2mm，至使气缸无法正常使用。

3 改进措施

3.1 活塞的改进措施

从活塞破裂原因分析，主要是活塞结构设计有缺陷和材质选用不当，无法满足现有支撑环和活塞环的运行要求。只有通过改变活塞的结构，提高活塞材质的强度、硬度来保证压缩机的长周期运行。

3.1.1 活塞的选材

因一级活塞环槽损坏严重，普通铸铝还是会发生同样的故障，在外形不变的条件下，可考虑设计采用20号碳钢制作空心活塞，并加上4根筋板，但超过了原来活塞的质量。经综合考虑，采用航空工业使用的LY12硬铝，其机械性能及原材料比较如表3所示。

表3 活塞的各种材质比较

名称	抗拉强度/MPa	屈服强度/MPa	硬度
LY12硬铝	400~410	250	HB152~166
普通锻铝	280~310	—	HB85~95
20号碳钢	380~420	225	HB156

采用表面硬质氧化的工艺处理，可以提高表面硬度。因为采用硬质阳极化技术提高活塞表面硬度费用比较高，因此只处理了外表面(装配活塞环和支承环处)，以及两个端面，处理层厚度为0.05mm。经过表面硬化处理后的活塞其质量和外形完全符合原活塞的外形尺寸及质量要求。

3.1.2 活塞结构改进

一级活塞由于是前后分体式组合而成，活塞端面的实际厚度裕量偏小，由于结构设计不合理，活塞端面受到活塞螺母的预紧力而产生的变形应力，活塞运行过程中承受的交变载荷产生的交变应力。变形应力和交变应力对活塞产生疲劳破裂。对此，将活塞改为双端面整体活塞，改善了活塞的受力情况，见图5。

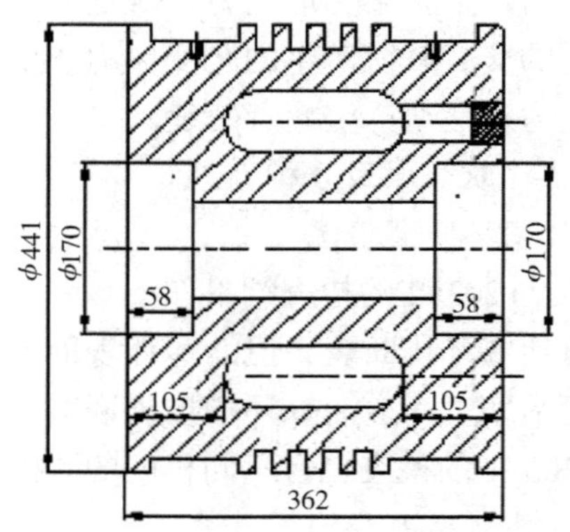

图5 改进后的活塞

在保证原有活塞质量的前提下，对活塞两端

装配衬环的深度尺寸进行了减薄调整。经检验，改进后的整体活塞质量和尺寸精度达到了原活塞的质量和使用要求。

3.2 活塞环的改进措施

从活塞环断裂原因分析，活塞环断裂主要是活塞环的开口间隙过大，造成比压过大，材质硬度偏硬，对活塞槽易产生冲击和磨损；活塞环的平衡孔处易产生应力集中。因此，活塞环在平衡孔位置断裂。改进方法为，将原设计的活塞环的开口间隙减小到设计要求，降低活塞环的硬度，取消活塞环的平衡孔。结合国内生产厂商的成熟经验，活塞环材质选择有自润滑性能的填充碳纤维，并合理选择配方比例，适当降低活塞环的硬度，可以提高其使用寿命。改进后的活塞环结构如图6所示。

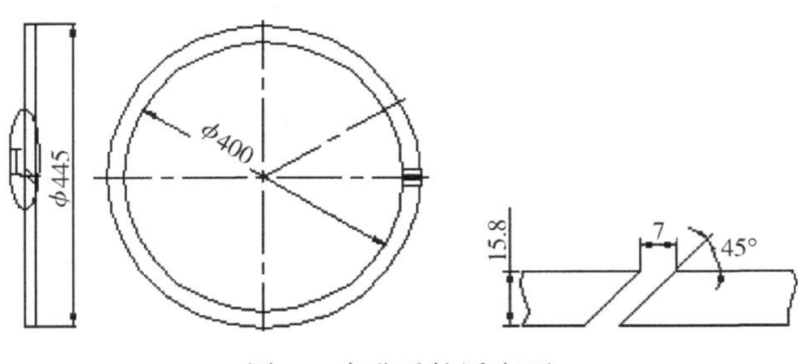

图6 改进后的活塞环

3.3 气缸套的修复

气缸套拉伤后，采用更换新缸套的方法对一级气缸进行修复。

3.3.1 缸套的加工

缸套拉伤损坏后如果选择从国外进口，则交货时间长，并且价格昂贵。因此，决定对缸套进行国产化改造，联系国内某大型压缩机厂进行了加工。缸套采用国产的QT700-2球墨铸铁材质，成份如下：

C：3.2%~4.0%　Si：2.0%~2.6%

Mn：0.8%~1.2%　P：≤0.19%

S：≤0.07%　Mg：0.03%~0.08%

为了保证质量，采用了大型的卧式离心浇铸，先将缸套制成毛胚，把缸套的长度和内径加工到成品尺寸，外径预留2mm加工余量，以用于旧缸套拆除后测量缸体内径，根据缸体内径尺寸选择装配尺寸后再进行二次加工。

缸套加工的技术要求为质密、均匀、无夹渣、无气孔等缺陷。铸造后进行了退火处理、时效处理，以消除内应力。做磁粉无损探伤，确保缸套加工质量。

3.3.2 气缸套的装配

① 旧气缸套拆除

在正常的检维修中，缸套的过盈量不大，一般采用专用拉力工具将缸套强力拉出，但是，在本机组未能成功。只能采用破坏性取出，将一级气缸整体拆卸下来，在大型卧式镗床上镗除旧缸套。新缸套的装配采用加热缸体的方法进行热装。

过盈量的确定：λ＝膨胀系数×温度×缸径

$=10.81\times10^{-6}\times60\times475$

$=0.3\text{mm}$

② 新气缸套二次加工

新缸套在预制加工时外径预留了2mm的加工余量。旧缸套镗除后，对缸体的内径进行了现场实际测量，根据实测的尺寸对新缸套进行二次加二，对缸套配合部位进行了改进，只对缸套两端150mm长的部位进行过盈配合，其余为空档无配合部位，缸套结构如图7所示。

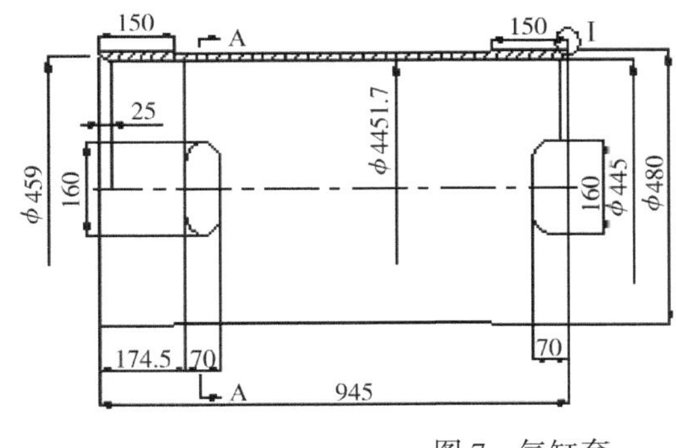

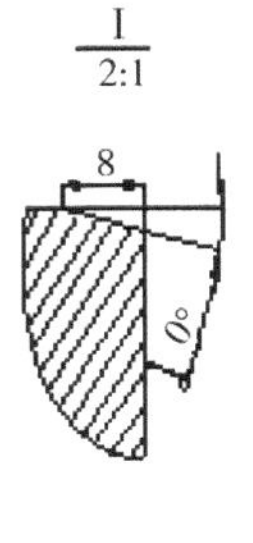

图7 气缸套

③ 装配专用工具的设计

为了成功装配好新缸套，设计了专用工具，它是由盖板螺栓、吊环和压板组成(见图8)

④ 新缸套的安装方法

■ 在新缸套进排气孔部位对称钻2个Φ21的孔；

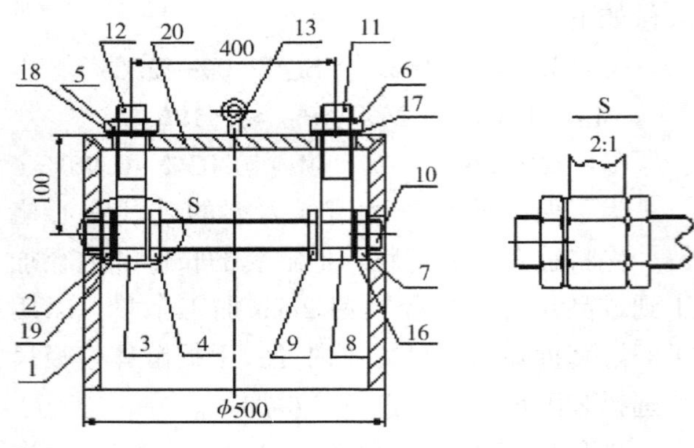

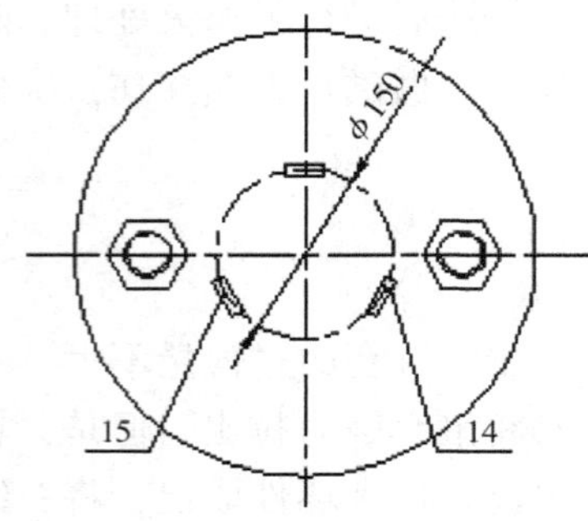

图 8　缸套吊装示意图

2，3，4，5，6，7，8，9—螺母；10，11，12—螺柱；
1—缸套；13，14，15—吊环；20—压板；
16，7，18，19—垫圈

■ 加工一根 M20 的通扣螺杆，长度小于气缸外径 1mm；

■ M20 螺杆穿入缸套上的 2 个 Φ21 的对称孔，用螺帽 2 和螺帽 7 进行轴向固定；

■ 螺栓 11 和 12 一端套入 M20 螺杆，另一端穿过盖板 20，用螺帽 5 和 6 拧紧；

■ 盖板利用缸套上的圆锥面配合定位，把盖板和缸套固定为一个整体，盖板上表面安装三个吊环，吊环吊索上分别安装 2 个导链，便于调平和吊装；

■ 将缸体加热到 450～480℃，保温 3h 后，将缸套吊装调平后对准缸体内孔快速将缸套放入缸体，然后将压板均匀压紧盖板，以防缸套和缸体冷却后伸出缸体，直到缸体缸套完全冷却后拆除专用工具的工装。

缸体加热温度：缸套在装配时，必须保证一定的安装间隙。为了安装一次成功，安装间隙选用 1.5～2mm，采用内放加热板、外用保温棉保温方法加热缸体。

$$\begin{aligned}\text{加热膨胀量入} &= \text{膨胀系数}\times\text{温差}\times\text{缸径}\\ &= 10.81\times10^{-6}\times[(450\sim480)-30]\times475\\ &= 2.15\sim2.36\end{aligned}$$

实际装配间隙 = (2.15～2.36) − 0.3 = 1.85～2.06mm

加热速率小于 50℃/h，达到温度后保温 3h，以使缸体各部位温度均匀，防止出现变形等缺陷。

经过上述修复，新气缸套装配一次成功。新缸套装配冷却后，复测缸套内径、椭圆度等参数符合要求。

4　改进后的使用效果

2009 年大检修时，对两台机组的活塞、活塞环及缸套进行了改造，开机一次成功，运行至今，机组一直处于平稳运行之中，各项技术参数达到了机组原设计要求，保证了生产装置的安全稳定长周期运行。成功消除了原有故障隐患，实现了进口设备备品配件的国产化，从而有效降低维修费用，同时减轻了检维人员的工作量。

5　结束语

① 压缩机活塞的端面厚度裕量偏小，结构设计不合理和活塞环开口间隙过大，材质偏硬是压缩机活塞、活塞环及缸套的失效原因。

② 根据失效原因分析，对活塞、活塞环及缸套结构，强度等要求进行了统筹考虑，实现了进口压缩机备件的国产化。对其活塞、活塞环、缸套改造后的国产备件价格仅为进口备件价格的 15%～30%。因此，本项技术改造具有直接或间接经济效益。保证了 120 万吨/年催化柴油加氢精制装置的安全平稳生产，取得了很好的效果。

夹点技术在换热流程优化中的应用

王新勇　朱江辉

（中国石化塔河炼化有限责任公司）

摘　要　本文主要研究对象为塔河炼化1#凝结水系统换热流程。针对1#凝结水系统在运行过程中存在的凝结水终端温度高，冷源流量不足，热量浪费等问题。利用夹点技术进行分析优化综合换热网络，并且对整个过程系统的能量进行分析与调优，实现过程系统的低能耗操作。通过优化改造及调整后，解决现场运行问题，并提出换热网络优化运行措施，对优化工作有一定的指导意义。

关键词　夹点技术；换热；流程优化

1　前言

1#凝结水设计处理量为50t/h。1#凝结水系统主要功能为回收装置送回的凝结水。凝结水主要来自1#焦化、加制氢、储运、重整。凝结水量流量在0-40m^3/h之间，回水温度为120℃左右，经换热器（凝结水/循环水）出水温度为100℃（夏70℃）左右，循环水进换热器温度25℃，出换热器温度为65℃，合格凝结水回用至除氧器，不合格凝结水回用至循环水；凝结水系统在运行中存在以下问题：凝结水热量浪费未得到合理利用；凝结水不合格时存在低水高用现象；凝结水/循环水换热器热源及冷源终端温度高，不利于后期处理。本文利用夹点技术进行分析优化综合换热网络，并且对整个过程系统的能量进行分析与调优，实现过程系统的低能耗操作。通过优化改造及调整后，解决现场运行问题，并提出换热网络优化运行措施，解决换热器终端温度高及凝结水能源利用的温度。

2　换热流程分析

2.1　凝结水流程简介

南厂动力车间1#凝结水水站流程为从1#焦化、1#硫磺、1#加制氢、1#储运重整装置汇集的高温凝结水首先进入凝结水集合器，再进凝结水循环水换热器回收热量，使温度降低后进入处理前凝结水罐（V201），低温凝结水直接进入处理前凝结水罐，再由凝结水提升泵（P201A/B/C）提升至焦碳吸附塔、精密过滤器、电磁过滤器进行除油除铁，最终进入产品水罐（V401），由凝结水出水泵（P401A/B）将合格凝结水送至锅炉除氧器，不合格的凝结水作为循环水补水补入循环水系统。流程图如图1所示：

换热器仅有一台，冷源采用循环水，换热器资料如表1所示。

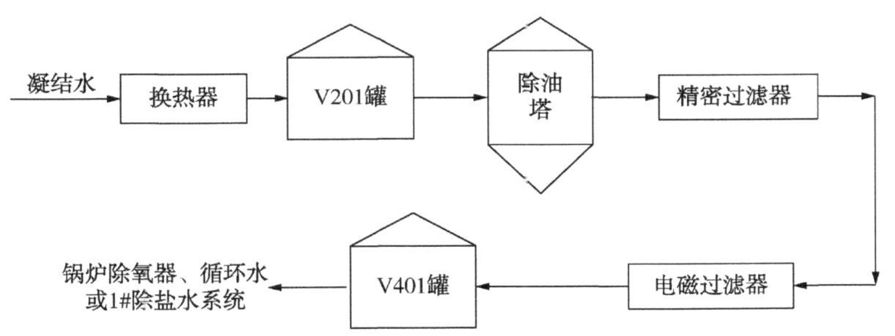

图1　1#凝结水站工艺原则流程图

表1　换热器参数表

位号	名称	管程介质	壳程介质	换热面积/m^2	管程程数	管程设计温度/℃	管程设计压力/MPa	壳程设计温度/℃	壳程设计压力/MPa
E101	循环水/凝结水换热器	循环水	凝结水	55	4	160	1.0	160	1.0

2.2　夹点技术分析

以凝结水量大的冬季为分析基点。数据均来源于冬季运行。凝结水系统热量较高，尤其是冬季，各装置防冻防凝伴热全部投用，凝结水（热源H1）流量在40t/h左右，温度在120℃左右，循环水（冷源C1）流量在40t/h，换热后凝结水温度在80℃左右，循环水进换热器温度25℃，出换热器温度为65℃。[1]

依据表2，以温度为横坐标，以焓值为纵坐标，绘制H-T图，如图2所示：

表2　物流分析表

物流标号	热容流率 C_P/(kW/℃)	初始温度 T_S/℃	终了温度 T_t/℃	热负荷 Q/kW
H1	7.037	120	80	281.48
C1	4.63	25	65	185.2

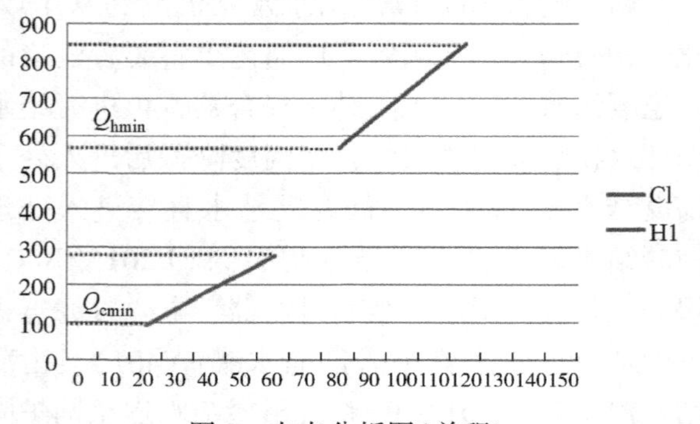

图2　夹点分析图（单程）

由上表及上图分析，凝结水换热网络（循环水/凝结水）存在以下几个问题：

1）热源热量大量未回收，如图中所示，Qhmin为最低可回收热量。

2）冷源不足，如图中所示，热源与冷源之间无重叠点，如需将热源温度降低，需要大量提高冷源流量，从而吸收热源能量。

3）温度相差大，如图中所示，终点温度相差25℃，能量没有分级利用，利用率低。

3　换热流程优化

3.1　流程优化

根据上述换热流程夹点分析出来的问题，优化方向为增加冷源。动力车间冷源主要为新鲜水、循环水、除盐水、采暖水。其中，新鲜水仅能加热至50℃，可利用能级低；循环水可用于冷却，但热量传至循环水后，通过风机进行排放，形成能量浪费。因此，采用除盐水及采暖水作为冷源吸收凝结水热量可行。优化改造方案为在1#凝结水站利旧一台采暖水换热器，利用凝结水加热采暖水，新增一台除盐水换热器，利用凝结水热量加热除盐水。由于现有循环水换热器换热面积偏小，在原位置将其更换为较大的换热器。采暖水换热器（利旧）和循环水换热器（利旧）（图3）。

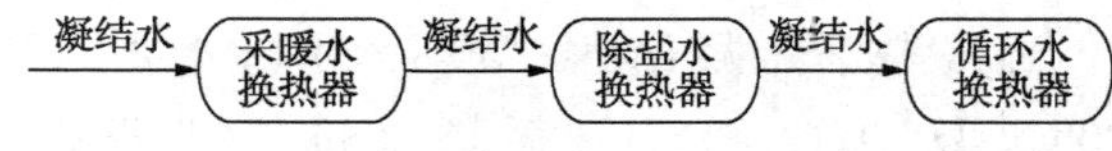

图3　换热器流程

3.2　夹点技术分析

热源H1-凝结水性质：流量在40t/h左右，进口温度在120℃，出口温度80℃。

冷源C1-采暖水性质：流量在50t/h左右，进口温度在60℃，出口温度100℃。

冷源C2-除盐水性质：流量在40t/h左右，进口温度在40℃，出口温度60℃。

冷源C3-循环水性质：流量在50t/h左右，进口温度在20℃，出口温度40℃。

依据表3，表4，以温度为横坐标，以焓值为纵坐标，绘制H-T图，如图4所示：

表3　换热器参数表

位号	名称	管程介质	壳程介质	换热面积/m^2	管程程数	管程设计温度/℃	管程设计压力/MPa	壳程设计温度/℃	壳程设计压力/MPa
E101	循环水/凝结水换热器	循环水	凝结水	55	4	160	1.0	160	1.0
E102	除盐水/凝结水换热器	除盐水	凝结水	73.3	7	160	1.0	160	1.0
E103	热煤水/凝结水换热器	热煤水	凝结水	107.06	4	200	1.0	200	1.0

表 4　物流分析表

物流标号	热容流率 C_P/(kW/℃)	初始温度 T_S/℃	终了温度 T_t/℃	热负荷 Q/kW
H1	7.037	120	80	281.48
C1	5.8	60	100	232
C2	4.63	40	60	92.6
C3	5.80	20	40	69.6

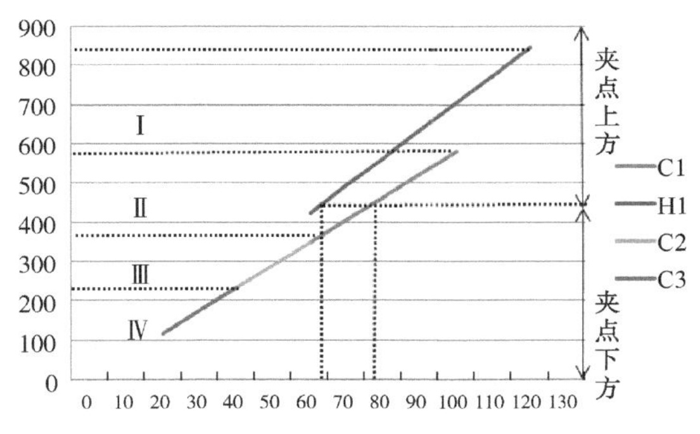

图 4　夹点分析图(多程)

由上表及上图分析，对凝结水换热网络优化改造后的进行分析：

1）换热网络夹点为冷源/热源之间的最短距离，如图中 T_{min} 区域所处 430kW 处。夹点处 T_{min} 为 14℃小于 20℃，证明利旧改造达到经济运行需求。注：T_{min} 越大需要的公用工程量越大，经济性越差。T_{min} 越小需要的建设成本越大，需要的公用工程量越大。

2）如图所示，夹点上方区域为冷端，只需冷源冷却；夹点下方区域为热端，只需热源加热。

3）如图所示 I 区域，热量回 240kW 以下，仅需投月冷源 C1 即可满足经济运行需求；

4）如图所示Ⅱ区域，热量回收 240K 至 440kW 之间，仅需投用冷源 C1+冷源 C2 即可满足经济运行需求；

5）如图所示Ⅲ区域，热量回收 440kW 至 600kW 之间，需投用冷源 C1+冷源 C2+冷源 C3 方可满足经济运行需求；

6）如图所示Ⅳ区域，热量回收 600kW 以上，需全部投用冷源 C1+冷源 C2+冷源 C3 方可满足经济运行需求，但热量无法得到有效利用；

3.3　控制优化

根据以上夹点分析，根据热源的热量多少调整冷源投用及投用量，对经济运行提供优化操作依据。为方便现场运行优化调整，将上述夹点分析结果，折算成班组运行控制的参数，为现场运行调整提供便利。优化运行从两方面入手，其一：凝结水终端控制温度稳定在 50℃，根据凝结水流量调整冷源；其二：凝结水流量固定(冬季模式)，根据凝结水终端控制温度调整冷源；根据夹点分析理论计算结果汇总如表 5、表 6：

1）根据凝结水流量调整冷源

班组运行调整中，凝结水流量是重要参数。通过夹点计算确定冷源换热器投用经济运行形式，班组仅需参照流量进行相应调整即可。适用于凝结水终端温度为固定值，装置流量变化的工艺调整方案。

表 5　凝结水流量优化控制表

区域	凝结水终端温度/℃	凝结水流量/(t/h)	冷源投用情况
Ⅰ	50℃(进除盐水站要求温度)	小于 17.54	投用冷源 C1
Ⅱ		17.54 至 32.15	投用冷源 C1+冷源 C2
Ⅲ		32.15 至 43.83	冷源 C1+冷源 C2+冷源 C3
Ⅳ		大于 43.83	全部投用冷源 C1+冷源 C2+冷源 C3

2）根据凝结水终端控制温度调整冷源

班组运行调整中，凝结水终端温度是重要参数。通过夹点计算确定冷源换热器投用经济运行形式，班组仅需参照终端温度进行相应调整即可。适用于凝结水流量为固定值，装置回凝结水温度变化的工艺调整方案。

表 6　凝结水温度优化控制表

区域	凝结水流量/(t/h)	凝结水终端温度/℃	冷源投用情况
Ⅰ	40t/h	大于 85.89	投用冷源 C1
Ⅱ		57.57 至 85.89	投用冷源 C1+冷源 C2
Ⅲ		34.73 至 57.57	冷源 C1+冷源 C2+冷源 C3
Ⅳ		小于 34.73	全部投用冷源 C1+冷源 C2+冷源 C3

4 结论

运用夹点技术分析，1#凝结水原换热流程存在冷源不足及热量无法回收等问题。通过优化改造，新增采暖水及除盐水两种冷源，对热量进行回收。改造后，最小温差 T_{min} 小于20℃满足经济运行需求。利用夹点技术分析理论，将换热网络划分为四区域，并根据热量情况调整冷源，从而做到分级回收热量，最大限度的回收热量。在控制优化方面，提出根据凝结水流量及凝结水终端控制温度两种控制方案，达到班组优化调整及节能降耗的目的。

利用 Aspen HYSYS 对硫磺回收装置进行优化分析

周 洋 闫 虎

(中国石化塔河炼化有限责任公司)

摘 要 通过使用 Aspen HYSYS 流程模拟软件对中国石化塔河炼化公司 2×10^4t/a 硫磺回收装置进行研究分析，判断当前装置是否处于最优运行状态，进而指导操作，达到节能减排的目的。经过对反应器入口温度和贫液浓度、循环量的变化分析发现，当前装置还有小部分优化操作空间。

关键词 HYSYS；硫磺；优化；收率；节能

1 前言

中国石化塔河炼化有限责任公司(下文简称塔河炼化)2×10^4t/a 硫磺回收装置采用部分燃烧、二级转化 Claus 制硫和常规还原-吸收尾气处理工艺，将上游装置产生的酸性气中 H_2S 进行脱除，并生产出硫磺产品。该装置的建设不仅存在经济上的考虑，更是出于环保的需要。从节能减排角度出发，通过 Aspen HYSYS 软件建立装置的流程模拟模型，对一些关键的操作参数进行模拟分析比对，为装置优化操作提供数据支持。

2 装置简介

塔河炼化 2×10^4t/a 硫磺回收装置由洛阳石化工程公司总承包，于 2004 年 9 月 30 日建成，同年 11 月 29 日一次开车成功。该装置由克劳斯部分、尾气处理部分、液硫脱气部分、尾气焚烧部分和液硫成型部分构成，负责对上游的酸性水汽提单元和溶剂再生单元的酸性气进行回收处理，最终达到废物利用、清洁生产的目的。

3 利用 Aspen HYSYS 软件对装置进行优化分析

以当前硫磺回收装置 2019 年 6 月实际生产数据为基础，建立全流程模拟模型，保证模型的准确性与实际生产操作相符，然后从反应器入口温度、贫液浓度及循环量等操作参数变化入手，对克劳斯硫磺收率和烟气 SO_2 排放量进行分析，进而判断当前装置运行状况是否还具有优化的空间。

3.1 模型建立

应用 Aspen HYSYS 软件绘制出硫磺装置流程图。硫磺回收装置反应部分的模拟选用适用于硫磺回收系统的 Sulsim(Sulfur recovery)物性方法，吸收再生部分选用适用于酸性气吸收系统的 Acid Gas-Chemical Solvents 物性方法，再结合实际生产数据，包括原料的流量、温度、压力及组成；各单元模块的操作条件；各设备的结构和型号等，对硫磺回收装置全流程进行严格模拟计算。具体模拟流程见图 1 和图 2。

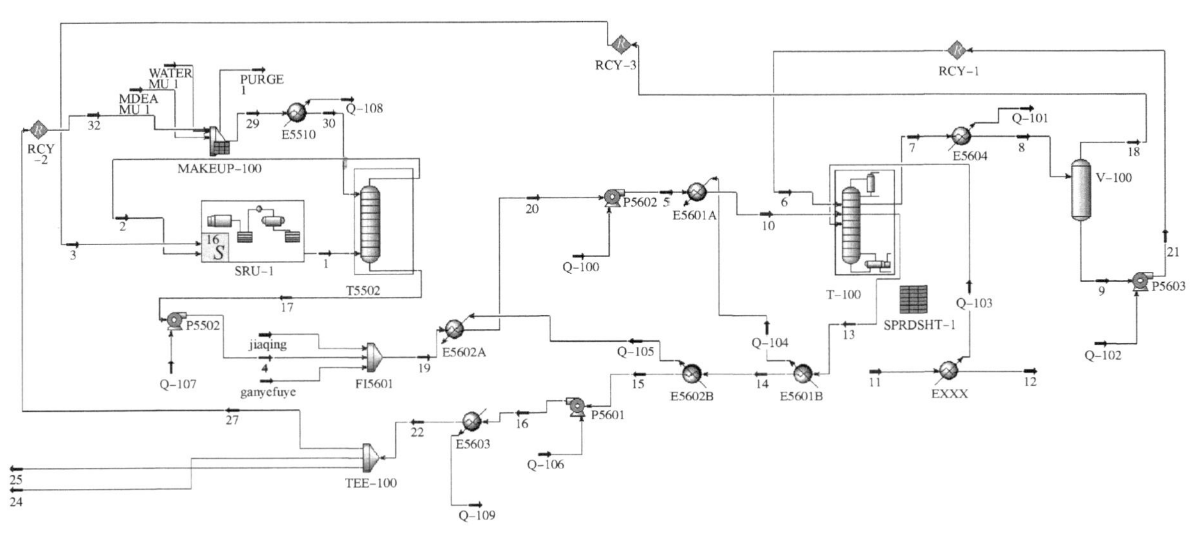

图 1 塔河炼化 2×10^4t/a 硫磺装置硫磺回收和尾气处理部分模拟流程图

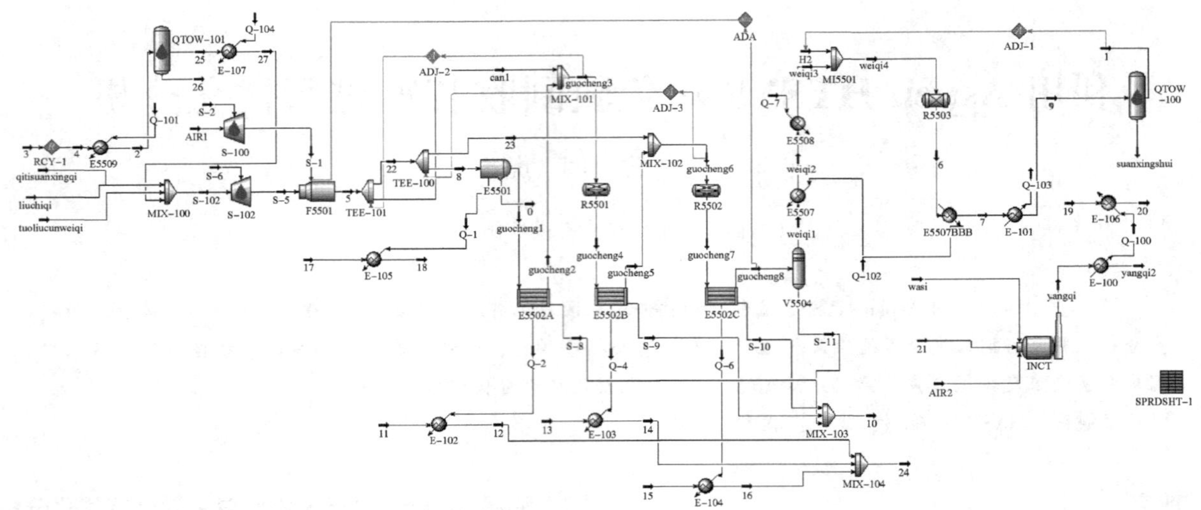

图 2　塔河炼化 2×10^4t/a 硫磺装置溶剂再生部分模拟流程图

3.2　模型验证

依据上述对模型的设定及物性方法、物性数据的选取，输入装置 2019 年 6 月生产数据，对装置进行模拟计算，并调整设备效率，以使模型计算值与实际控制值或分析值相符，进而对模型进行验证。

表 1　装置主要操作数据及分析对比

项　　目	单位	实际值	模拟值
进料 H_2S 含量	Mol%	94.45	94.45
进料 NH_3 含量	Mol%	3.81	3.81
反应炉炉膛温度	℃	1212	1207
制硫炉出口温度	℃	379.6	380
一级催化转化炉 R5501 进口温度	℃	260.6	260
一级催化转化炉 R5501 出口温度	℃	293.2	316.1
二级催化转化炉 R5502 进口温度	℃	213.4	213
二级催化转化炉 R5502 出口温度	℃	238.4	243
加氢反应器进口温度	℃	241.2	241
加氢反应器出口温度	℃	250.7	255.8
急冷塔产生的废水流量	t/h	1.03692	1.169
焚烧炉出口 SO_2 含量	Mg/m³	118	111.1
硫磺单程收率	wt%	NA	96.03
硫磺总收率	wt%	NA	99.99

根据表 1 可知，模型计算的操作温度、流量、关键组分含量等数值与实际值比较接近，其中一、二级反应器和加氢反应器出口温度与实际生产数据有一定的偏差，这是因为出口温度是由反应器入口温度和催化剂活性两个因素共同决定的，会有一定的偏差，另外，通过 Aspen HYSYS 软件计算得到的烟气 SO_2 含量略低于实际值，一方面是由于在实际生产中，反应炉配风量对于克劳斯部分影响显著，上游酸性气量发生波动，配风不及时，会导致克劳斯总收率下降，影响烟气排放。模型中配风量由尾气的 H_2S/SO_2 值控制，属于稳态操作；另一方面，在尾气吸收单元，装置实际生产过程中的胺液处于不断再生循环状态，其吸收能力必然会一直处于缓慢下降的状态。经过以上分析，认为模拟结果基本符合实际生产工况，可以进一步开展应用分析工作。

3.3 优化分析

3.3.1 优化克劳斯反应入口温度

克劳斯反应是个平衡反应，低温利于该反应的发生，在氧化铝催化剂作用下此阶段分两步完成，首先在最佳的反应器入口温度下进行 H_2S 和 SO_2 的转化，转化完成后生成的硫再进行冷凝和分离。主要反应如下：

$$2H_2S+SO_2 \longrightarrow 2H_2O+3/8S_8+Q$$

在第一个克劳斯反应器内还会发生 COS 和 CS_2 水解生成 H_2S 的副反应，这一反应需要在较高温度及有催化剂作用下完成，由于影响到总的 H_2S 转化深度，该反应尤为重要，反应如下：

$$COS+H_2O \longrightarrow H_2S+CO_2$$

$$CS_2+2H_2O \longrightarrow 2H_2S+CO_2$$

由于以上水解反应是吸热反应，要求催化剂床层有足够高的温度，而催化转化反应为放热反应，所以在克劳斯转化器中为了保证 CS_2 和 COS 的高水解率和硫的高转化率，一级 Claus 转化器床层温度应控制在 300℃以上，

一级克劳斯反应入口物料通过制硫炉过程气掺合加热，入口温度越低，废热锅炉产生的 1.0MPa 蒸汽量越多；另外克劳斯反应为放热平衡反应，反应温度越低，越有利于向生成硫磺的方向进行，但是反应温度过低不仅会影响反应速率，而且不利于 COS 和 CS_2 水解生成 H_2S 的反应，使硫磺单程收率降低。因此，存在一个克劳斯反应温度，在此温度下，硫磺单程收率（H_2S 单程转化率）最大。

模型中分析第一克劳斯反应温度对硫磺单程收率、烟气 SO_2 含量、第一克劳斯反应露点裕度等的影响，结果如表 2 和图 3 所示。

表 2　一级反应器温度的影响分析

一级反应器入口温度/℃	硫磺单程收率/Wt%	R5501-COS 水解结果/%	R5501-CS_2 水解结果/%	R5501-反应的 H_2S/%	R5501-出口硫露点限制结果/℃	R5501 床层温度/℃
170	96.8	97.51	85.56	84.01	6.195	248.5
180	96.74	98.1	88.25	82.14	14.15	256.3
190	96.68	98.52	90.39	80.15	22.06	264
200	96.61	98.8	92.09	78.05	29.93	271.7
210	96.53	98.99	93.43	75.84	37.75	279.3
220	96.45	99.12	94.48	73.52	45.54	286.8
230	96.36	99.2	95.3	71.09	53.29	294.2
240	96.27	99.26	95.94	68.55	61.02	301.5
250	96.17	99.28	96.44	65.91	68.71	308.8
260	96.07	99.29	96.82	63.2	76.32	316
270	95.96	99.29	97.13	60.36	84.01	323.2
280	95.85	99.28	97.37	57.41	91.69	330.4

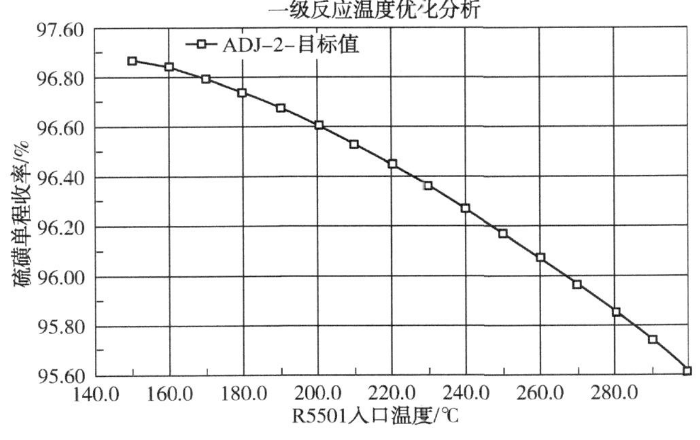

图 3　一级反应器入口温度对硫磺单程收率的影响

由表2和图3可知，对应硫磺单程收率最高的第一反应器入口温度为150℃，但在该温度下，一级反应器出口硫露点裕度为-4.44℃，此外还需综合考虑R5501出口COS水解率、硫磺单程收率及R5501床层温度，所以当R5501入口温度为240℃时，既可以保证较高的硫磺单程收率和COS水解率，也可以保证反应器出口硫露点裕度在正常范围内，而当前操作温度为260℃，可将其降低至240℃，能够提高0.2%硫磺单程收率。因此可以稍微降低第一反应器入口温度。

二级克劳斯反应入口物料通过制硫炉过程气掺合来满足其反应入口温度，二级克劳斯反应温度一般比一级反应低，目的是提高整个克劳斯反应 H_2S 的单程转化率。

模型中分析第二克劳斯反应温度对硫磺单程收率、低低压蒸汽产量、二级反应器 H_2S 转化率、二级反应器出口硫露点裕度等的影响，结果见表3和图4所示。

表3 二级反应器温度的影响分析

二级反应器温度/℃	硫磺单程收率/%	低低压蒸汽产量/(t/h)	二级反应器 H_2S 转化率/%	二级反应器出口硫露点裕度/℃	R5502床层温度/℃
200	96.89	0.308	74.08	9.69	225.5
205	96.69	0.322	72.3	13.97	229.9
210	96.47	0.3359	70.45	18.23	234.3
215	96.25	0.3498	68.54	22.48	238.6
220	96.02	0.3663	66.56	26.74	242.9
225	95.77	0.3801	64.54	30.95	247.2
230	95.52	0.3941	62.39	35.29	251.6
235	95.26	0.4106	60.24	39.5	255.8
240	94.99	0.4244	57.99	43.8	260.1
245	94.71	0.4378	55.75	47.98	264.2
250	94.43	0.4551	53.39	52.25	268.5

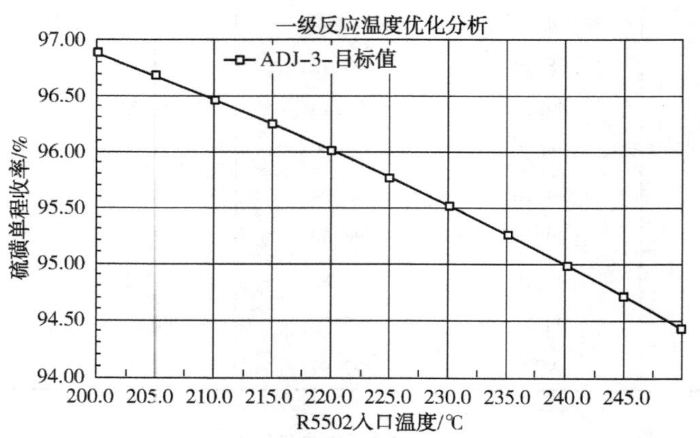

图4 二级反应器入口温度对硫磺单程收率的影响

当前第二克劳斯入口操作温度在215℃左右，由表3和图4可知，将此温度降低，可提高硫磺单程收率，从而降低吸收再生部分进料负荷和能耗，考虑到反应器出口露点裕度限制，建议将第二克劳斯反应入口温度卡边控制210℃，可将硫磺单程收率提高0.2%。

3.3.2 吸收再生单元优化

吸收再生部分的胺液循环量越大，再生塔消耗的蒸汽量越多，两者基本呈直线关系；而胺液循环量与净化尾气 H_2S 含量之间存在一拐点，当胺液循环量大于此拐点时，再增加胺液循环量对吸收效果已相当不明显，对胺液循环量优化的关键即计算此拐点胺液循环量，实际操作的循环量应尽量靠近此拐点循环量，以节省再生塔蒸汽消耗。

模型中可分析胺液循环量对烟气 SO_2 含量和再生消耗蒸汽量的影响，结果如表4和图5所示。

表 4　胺液循环量的影响分析

胺液循环量/(t/h)	烟气 SO_2 含量/ppm	再生蒸汽消耗量/(t/h)
20	264.5	7.36
21	243.1	7.463
22	224.5	7.585
23	207.5	7.685
24	192.7	7.81
25	179.1	7.923
26	167.4	8.028

续表

胺液循环量/(t/h)	烟气 SO_2 含量/ppm	再生蒸汽消耗量/(t/h)
27	156.7	8.148
28	147.1	8.261
29	138.3	8.374
30	130.5	8.486
31	123.3	8.602
32	116.5	8.712

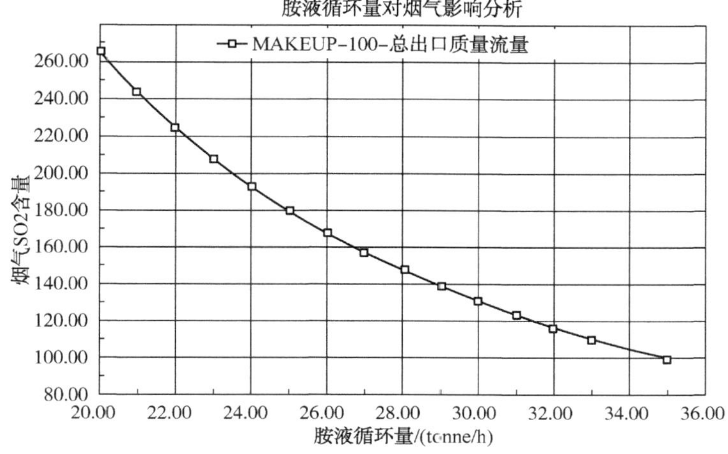

图 5　胺液循环量的影响分析

由表 4 可知，随胺液循环量的降低烟气 SO_2 含量开始时基本不变，到达某一相同的拐点后，烟气 SO_2 含量迅速增加，由图 5 可知，拐点胺液循环量为 27t/h；而随胺液循环量的降低，再生蒸汽消耗量直线降低。当前操作胺液循环量为 28t/h，建议将其降至 27t/h，可在烟气 SO_2 含量和硫磺总收率变化不大的情况下，减少 0.12t/h 再生塔低低压蒸汽消耗节约能耗。

提高贫液 MDEA 浓度可增加溶剂的吸收能力，尾气脱硫塔净化尾气 H_2S 含量随之变低，此时可进一步降低尾气脱硫塔胺液循环量，而保证净化尾气 H_2S 含量不变，达到节省再生塔能耗的目的。不过贫液 MDEA 浓度过高，可能会引起溶剂发泡，增加溶剂跑损。通过模型分析胺液 MDEA 浓度对胺液循环量、再生蒸汽消耗、再生塔回流量等的影响，结果见表 5 和图 6。

表 5　胺液 MDEA 浓度的影响分析

胺液 MDEA 浓度/wt%	烟气 SO_2 含量/(mg/m^3)	吸收塔顶 H_2S 流量/(kg/h)	再生蒸汽消耗量/(t/h)	再生塔回流量/(t/h)
34	159.4	0.4529	8.374	3.066
36	154.9	0.4397	8.355	3.047
38	151	0.428	8.326	3.018
40	148.2	0.4198	8.283	2.983
42	145.7	0.4124	8.225	2.94
44	144.4	0.4085	8.166	2.89
46	143.7	0.406	8.11	2.83
48	144.2	0.4074	8.035	2.763
50	145	0.4094	7.938	2.687

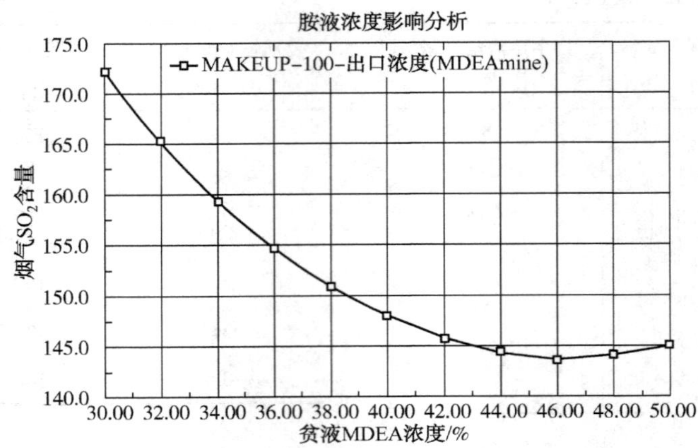

图6　胺液MDEA浓度的影响分析

由表5和图6可知，在保证净化尾气H_2S含量基本不变的情况下，随胺液MDEA浓度的提高，所需胺液循环量及再生塔蒸汽消耗均逐渐降低，不过当胺液MDEA浓度高于46%时，烟气SO_2含量不再降低，溶剂也容易发泡，所以46%为胺液MDEA浓度的拐点。当前操作胺液MDEA浓度为40%，可以适当提高贫液MDEA浓度至42%，这样溶剂既不容易发泡，又可以降低烟气排放，节约再生蒸汽消耗。

4　结论

通过对本装置的优化分析，可知当前装置运行情况较为良好，但仍有小幅度优化空间，对克劳斯反应温度进行分析，建议将第一克劳斯反应温度由260℃降低至240℃，将第二克劳斯反应温度由215℃降至210℃，以最大程度的提高硫磺单程收率，减小吸收再生单元负荷及能耗。对胺液吸收再生单元进行分析，提出降低胺液循环量、提高胺液MDEA浓度等方案，在不改变净化尾气H_2S含量的情况下，总计可节省0.2t/h蒸汽消耗。由于当前模型分析是建立在装置酸性气量及其组分变化不大的情况下完成的，因此当工况发生较大波动时，尤其是酸性气中烃含量和硫化氢含量变化较大时需要重新建立模型平衡，再做分析参考。

参考文献

[1] 李菁菁，闫振乾．硫黄回收技术与工程[M]。北京：石油工业出版社，2010. 12：168-178.

[2] 王福生，徐永昌．影响硫磺回收装置烟气中SO_2排放浓度的分析及应对措施[C]. 山东：中国石化齐鲁分公司研究院，2016. 5(1)：6-9.

塔河炼化公司利用 PIMS 模型全流程优化应用研究

毛爱华

（中国石化塔河炼化有限责任公司）

摘　要　介绍中国石化塔河炼化有限责任公司利用 PIMS 模型全流程优化应用研究情况，实际生产过程中以 PIMS 模型全流程优化结果为依据组织生产经营，确保公司生产经营经济效益最大化。

关键词　PIMS；全流程优化；依据；经济效益

1　前言

加工工业模型系统（PIMS，即 Process Industry Modeling System）是国外炼油企业广泛应用的一款优化软件[1]，在中国石油化工股份有限公司及其下属公司也得到了一定程度的推广[2]。通过将炼油企业生产相关数据在 PIMS 模型中进行校核，使 PIMS 模型运行结果与生产实际保持一致，可根据不同当期价格体系测算炼油企业全流程生产优化方向，炼油企业通过 PIMS 全流程优化测算结果为依据组织生产经营，可实现经济效益最大化。本文主要介绍中国石化塔河炼化有限责任公司（下称塔河炼化公司）使用 PIMS 模型全流程优化应用研究情况。

2　PIMS 模型全流程优化研究

2.1　PIMS 模型简介

PIMS 模型是一系列电子表格，在电子表格中输入的数据是目标函数和约束方程的系数，它包括 Supply/Demand（供需表）、Distillation（原油蒸馏）、Sub-Model（副模组）、Blending（调和）、Recursion（递归）、Miscellaneous（杂项）、Periodic（周期表）；PIMS 软件主要技术是线性规划+递归，优化目标是经济效益最大化（图 1）。

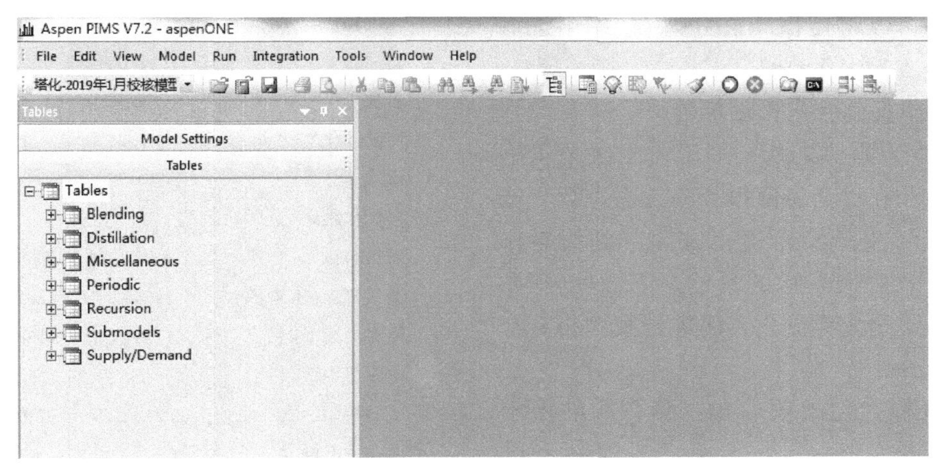

图 1　PIMS 模型操作界面

2.2　PIMS 模型校核

为确保 PIMS 模型全流程优化测算结果的可靠性，PIMS 模型应用之前要进行数据校核，从而对 PIMS 的结构、功能和数据进行完善和更新，使模型能够及时、准确地反映企业实际生产情况，PIMS 校核的主要内容包括原油切割数据的校核、常减压装置校核、二次加工装置校核、主要二次加工装置 Delta-Base 数据的校核、产品调合数据的校核、公用工程校核、全厂硫平衡系数校核等（表 1）。

表 1　2018 年实际数据与 PIMS 模型校核结果对比

项　　目	2018 年实际数据	校核结果	绝对误差
原料油加工量/万吨	424.54	424.53	-0.01
原油加工量/万吨	418.12	418.12	0.00
外购原料油/万吨	6.42	6.41	-0.01
汽油/万吨	45.46	45.45	-0.01

续表

项　　目	2018年实际数据	校核结果	绝对误差
煤油/万吨	12.74	12.74	0.00
柴油/万吨	197.02	197.02	0.00
化工轻油/万吨	16.36	16.36	0.00
商品原料油/万吨	-0.22	-0.22	0.00
石油沥青/万吨	19.01	19.01	0.00
石油焦/万吨	97.59	97.63	0.04
商品液化气/万吨	12.08	12.07	-0.01
硫磺/万吨	4.07	4.07	0.00
商品总量/万吨	404.68	404.70	0.02
自用干气/万吨	18.44	18.42	-0.02
加工损失/万吨	1.67	1.67	-0.01
综合商品率/%	95.32	95.33	0.01
轻油收率/%	64.10	64.10	0.00
综合自用率/%	4.34	4.34	0.00
加工损失率/%	0.39	0.39	0.00
柴汽比/%	4.33	4.33	0.00
物料平衡检查/万吨	-0.25	-0.26	-0.01

以上校核数据说明2018年PIMS模型校核数据与塔河炼化公司2018年实际生产数据基本保持一致，说明可以将校核后PIMS模型应用于塔河炼化公司全流程优化测算。

2.3　PIMS模型全流程优化应用研究

PIMS能够从原油采购、加工、二次装置物料流向、产品调和，产品销售等多方面进行全流程优化，从而对生产经营优化方向起到指导作用，达到经济效益最大化的目的。下面就PIMS在塔河炼化公司全流程优化方面进行案例研究与分析。

(1) 全流程优化案例名称：测算原油保本价格

测算目的：炼油企业原油成本占生产经营成本90%以上，原油价格高低直接影响经济效益，利用PIMS模型测算原油保本价格，通过与实际购买原油价格进行对比，以决策企业加工原油总量的提高与降低。

测算依据：PIMS模型中原油及各产品价格体系采用2019年5月份实际价格体系，时间周期为月度，31天。

测算方案：

CASE1：塔河炼化公司月度原油加工量40万吨

CASE2：塔河炼化公司月度原油加工量提高1万吨至41万吨

测算结果与讨论：针对CASE1和CASE2得到产品结构和利润测算表(见表2)。

表2　原油保本价格测算表

单位：万吨，万元

方　　案	CASE1	CASE2	CASE2-CASE1
一、外购原(料)油			
合计	41.23	42.24	1.01
塔河混合	40.00	41.00	1.00
外购原料油小计	1.23	1.24	0.01
二、产品			
产品名称	生产量	生产量	
合计	41.22	42.23	1.01
商品小计	39.38	40.34	0.96
自用小计	1.68	1.73	0.05
损失小计	0.15	0.15	0.00
汽煤柴小计	25.12	25.74	0.62
汽油	5.26	5.42	0.16
煤油	1.50	1.50	
柴油	18.37	18.83	0.46
化工轻油	1.33	1.38	0.05
石油沥青	2.00	2.00	
石油焦	9.30	9.54	0.24
商品液化气	1.25	1.28	0.04
硫磺	0.39	0.40	0.01
三、优化结果			
项目名称	利润总额	利润总额	
销售收入(不含税)	126472.07	129520.50	3048.43
原料油成本	110915.71	113633.24	2717.53
吃库成本			
变动费用	2146.99	2192.80	45.81
库存占有成本			
固定费用(10*元/年)	7563.29	7563.29	
炼油利润	5846.08	6131.17	285.09

由表2可以看出，利用PIMS模型全流程测算原油加工量由40万吨提高至41万吨产品结构变化和经济效益变化，原油加工量提高1万吨，经济效益增加285.09万元，根据原油保本价格公式=CASE1原油价格+(CASE2利润-CASE1利润)/(CASE2加工量-CASE1加工量)=2660.92元/吨+285.09元/吨=2946.01元/吨，通过PIMS全流程测算增加1万吨原油加工量保本价

格为2946.01元/吨，如果原油买进价格低于2946.01元/吨，塔河炼化公司可以根据PIMS全流程优化结果为依据提高原油加工量1万吨，提高经济效益，反之亦然。

（2）PIMS模型全流程产品结构测算

产品结构主要测算内容：塔河炼化公司产品结构方案全流程测算包括汽油与化工轻油、沥青与焦化路线等，通过以上测算结论，决策生产经营优化方向。

PIMS全流程应用案例2

全流程优化案例名称：沥青与焦化路线效益测算

测算目的：利用PIMS全流程测算沥青与焦化路线经济效益对比，以决策塔河炼化公司生产经营优化方向。

测算依据：PIMS中原油及各产品价格体系采用2019年5月份实际价格体系，时间周期为月度，31天。

测算方案：

CASE3：塔河炼化公司5月份原油加工量41.5万吨，生产沥青2.5万吨；

CASE4：在CASE3基础上，原油加工量保持不变，压产沥青0.5万吨。

测算结果与讨论：针对CASE3和CASE4得到按照沥青与焦化路线生产的产品结构测算表（见表3）。

表3 沥青与焦化路线方案测算表

单位：万吨，万元

方案	CASE3	CASE4	CASE4-CASE3
一、外购原(料)油	购买量	购买量	
合计	42.28	42.24	-0.04
塔河混合	41.00	41.00	
外购原料油小计	1.28	1.24	-0.04
二、产品			
产品名称	生产量	生产量	
合计	42.27	42.23	-0.04
商品小计	40.42	40.34	-0.08
自用小计	1.70	1.73	0.03
损失小计	0.15	0.15	0.00
汽煤柴小计	25.53	25.74	0.21
汽油	5.35	5.42	0.07
煤油	1.50	1.50	
柴油	18.69	18.83	0.14
化工轻油	1.36	1.38	0.02
石油沥青	2.50	2.00	-0.50
60号沥青	1.00	1.00	
90号A级沥青	1.50	1.00	-0.50
石油焦	9.38	9.54	0.16
商品液化气	1.26	1.28	0.02
硫磺	0.39	0.40	0.01
三、优化结果			
项目名称	总额	总额	
销售收入(不含税)	129826.38	129520.50	-305.88
原料油成本	113805.70	113633.24	-172.46
吃库成本			
变动费用	2211.15	2192.80	-18.35
库存占有成本			
固定费用(10*元/年)	7563.29	7563.29	
炼油利润	6246.24	6131.17	-115.07

由表3可以看出，在2019年5月份的原油及产品价格体系下，压产0.5万吨沥青，全流程测算经济效益相对降低115.07万元，说明压产沥青，经济效益降低。以此为依据，塔河炼化公司决策提高沥青产量，达到经济效益最大化。

（3）规划方案比选

PIMS模型全流程应用案例3：塔河炼化公司“两个三年”PX路线和丙烯路线方案比选

测算目的：利用PIMS进行规划装置方案对比，为塔河炼化公司“两个三年”规划装置方案比选提供理论依据。

测算依据：PIMS模型中原油及各产品价格体系采用2017年价格体系，PIMS模型数据采用2018年校核数据，新建装置数据采用设计数据。

测算方案：

CASE5：塔河炼化公司“两个三年”PX规划路线：原油加工量660万吨，其中塔河混油500万吨，顺北原油160万吨，新建350万吨/年常压装置，160万吨/年催化裂化装置，70万吨/年气分装置，40万吨/年催化汽油加氢装置，30万吨/年烷基化装置，25万吨/年聚丙烯装置，18万吨/年乙烯装置，18万吨/年苯乙烯装置。

CASE6：塔河炼化公司“两个三年”丙烯规划

路线：原油加工量660万吨，其中塔河混油500万吨，顺北原油160万吨，新建350万吨/年常减压装置，250万吨/年加氢裂化装置，60万吨/年预加氢装置，150万吨/年连续重整装置，50万吨/年芳烃抽提装置，80万吨/年PX装置，110万吨/年歧化装置，18万吨/年苯乙烯装置。

测算结果与讨论：针对CASE5和CASE6得到规划装置效益测算表(见表4)，PIMS模型测算结果如表4所示。

表4 规划方案测算表

单位：万吨，万元

方案对比	CASE5-PX	CASE6-丙烯	CASE6-CASE5
一、外购原(料)油	购买量	购买量	
合计	678.63	679.68	1.05
原油小计	660.00	660.00	
塔河混合	500.00	500.00	
塔河顺北	160.00	160.00	
外购原料油小计	18.63	19.68	1.05
外购糠醛抽出油	2.05	2.05	
外购天然气	11.35	3.04	-8.32
外购MTBE	5.22	5.03	-0.19
外购苯		9.56	9.56
二、产品			
产品名称	生产量	生产量	
合计	678.63	679.69	1.06
商品小计	626.92	635.44	8.51
自用小计	48.89	41.43	-7.46
损失小计	2.82	2.83	0.01
汽煤柴小计	280.34	394.15	113.81
汽油	77.64	135.96	58.32
煤油	33.56	26.82	-6.74
柴油	169.15	231.38	62.23
化工轻油	45.31	29.00	-16.31
石油沥青	30.00	30.00	
石油焦	123.57	115.14	-8.43
石油芳烃	106.17	55.18	-50.99
混合二甲苯	11.17	13.01	1.85
苯	21.98		-21.98
PX	73.02		-73.02
甲苯		0.31	0.31
苯乙烯		13.81	13.81
丙烷		12.44	12.44
聚丙烯		15.61	15.61

续表

方案对比	CASE5-PX	CASE6-丙烯	CASE6-CASE5
商品液化气	35.95	7.04	-28.91
硫磺	5.59	4.93	-0.66
三、优化结果			
项目名称	总额	总额	
销售收入(不含税)	1909082.16	1848737.65	-60344.51
原料油成本	1359832.53	1390128.90	30296.37
吃库成本			
变动费用	61450.19	39120.68	-22329.51
库存占有成本			
固定费用(10＊元/年)	132330.86	118986.43	-13344.42
炼油利润	355468.58	300501.64	-54966.94

由表4可以看出，塔河炼化公司未来“两个三年”规划装置PX路线经济效益好于丙烯路线5.49亿元/年，塔河炼化公司以此为依据重点研究PX规划路线方案，确保未来规划装置投产后经济效益最大化。

3 PIMS模型全流程优化实施效果

目前国家成品油调价机制是根据国际原油价格10个工作日的变化率来进行调整，当成品油产品价格发生变化时，在生产经营执行过程中利用PIMS模型进行优化测算，及时调整生产优化方向，确保生产经营经济效益最大化，塔河炼化公司2019年1~5月份利用PIMS全流程优化测算案例15例，实际实施8例，合计增加经济效益3710万元，增效显著。

4 结束语

（1）通过校核，PIMS模型能够模拟生产企业全流程加工过程，能够应用于全流程生产优化应用研究。

（2）在不同原油及产品价格体系下，PIMS模型能够全流程测算各方面生产优化方向，塔河炼化公司以PIMS全流程测算结果为依据，优化调整生产经营方向，实现了生产经营经济效益的最大化。

参考文献

[1] 刘德伟．PIMS在天津分公司的应用．石化技术，2003，10(3)：39-41.
[2] 任家军．炼油企业级PIMS模型的开发与应用．石油炼制与化工，2006，36(5)：62-65.

测量管理体系信息化平台的建立

杨 瑞

（中国石油化工股份有限公司金陵分公司）

摘 要 测量管理体系是企业一体化管理的重要组成部分，是确保其他管理体系运行的重要技术条件，起着技术基础和支撑的重要作用。许多企业建立了测量管理体系，以实施精细化管理，但往往在运行中出现了管理要求与实际操作两张皮现象。本文对测量管理体系信息化平台的建立与具体做法进行了详细的介绍，并阐述了运行效果，对企业测量管理体系工作给出了建议。

关键词 测量管理体系；信息化；有效运行

1 引言

近年来，石化企业为了增强综合竞争力，实施现代化精细管理，稳定地提供满足顾客和法律法规要求的产品，建立了测量管理体系。确保数据的准确性，依托可靠的数据来指挥生产、监控工艺、检验成品，产品质量等。但在体系运行时，经常出现了实际工作与体系工作两张皮现象。在体系审核时，时常发现测量过程台账中测量设备信息与现场实际不符，不能确定现场的测量设备是否经过有效的检定/校准，是否在合法的有效周期内的；测量设备选型或量程选用不对造成数据测量不准确，易引发生产事故或者贸易纠纷；监测装置内有毒有害气体的报警仪未经过有效检定/校准，给安全生产、职业健康带来了诸多隐患。同时，测量管理体系是确保质量体系、能源体系等其他管理体系运行的重要技术条件，起着技术基础和支撑的重要作用。因此，推行测量管理体现信息化管理势在必行。

2 测量管理体系信息化管理平台的保障

2.1 支持系统

基于集成生产运营平台(MES)、经营管理平台(ERP)、计量管理系统、计量检定系统、实时数据库(PHD)等相关系统的基础上，创建“测量管理体系”信息化管理平台。

2.2 设备保障

想要实现测量管理体系信息化管理，配备先进的测量设备是关键，并要对数据进行采集，实现数据实时监控。如：进厂原油(料)以及油品出厂、主要生产装置的物料计量等采用高准确度等级的质量流量计计量，并进行实时数据采集分析；公用工程(能源)计量配备先进的质量流量计、电磁流量计、超声波流量计以及一体化喷嘴等先进计量设备。一级能源计量器具配备率达100%，二级能源计量器具配备率优于国家标准。

3 测量管理体系信息化管理平台的具体做法

3.1 测量设备管理

做好测量设备的管理是实现过程控制的关键，只有这样，才能实现满足计量要求的根本目的，保证测量数据的准确。基于计量管理系统，通过关联计量检定系统，测量管理系统信息化平台实现了对公司贸易交接、安全环保、物料能源等测量设备的科学、动态管理，做到测量设备账、卡、物一致，确保用于测量的设备完好在有效的检定(校准)期内，符合国家法律法规要求。系统中批量导入检定更新后的器具台帐，实现网上生成、多级审批检定计划，实现周检器具计划预警、报警的动态监控管理。计量器具管理模块与器具检定的高效集成，实现从台帐维护、检定计划生成、审核、委托单编制及下发、检定结果处理、检定证书打印、检定结果更新台帐的全程管理。

测量管理体系信息化平台对计量器具的选型、入库前检定、周期检定、使用维护、封存、降级、修理、报废等实施全过程动态管理；计量检定系统与测量管理体系信息化平台实现了无缝对接，对快到检定周期的测量设备进行预警，提示相关单位尽快提报器具检定计划对器具进行送检，杜绝了测量设备超周期使用现象(图1)。

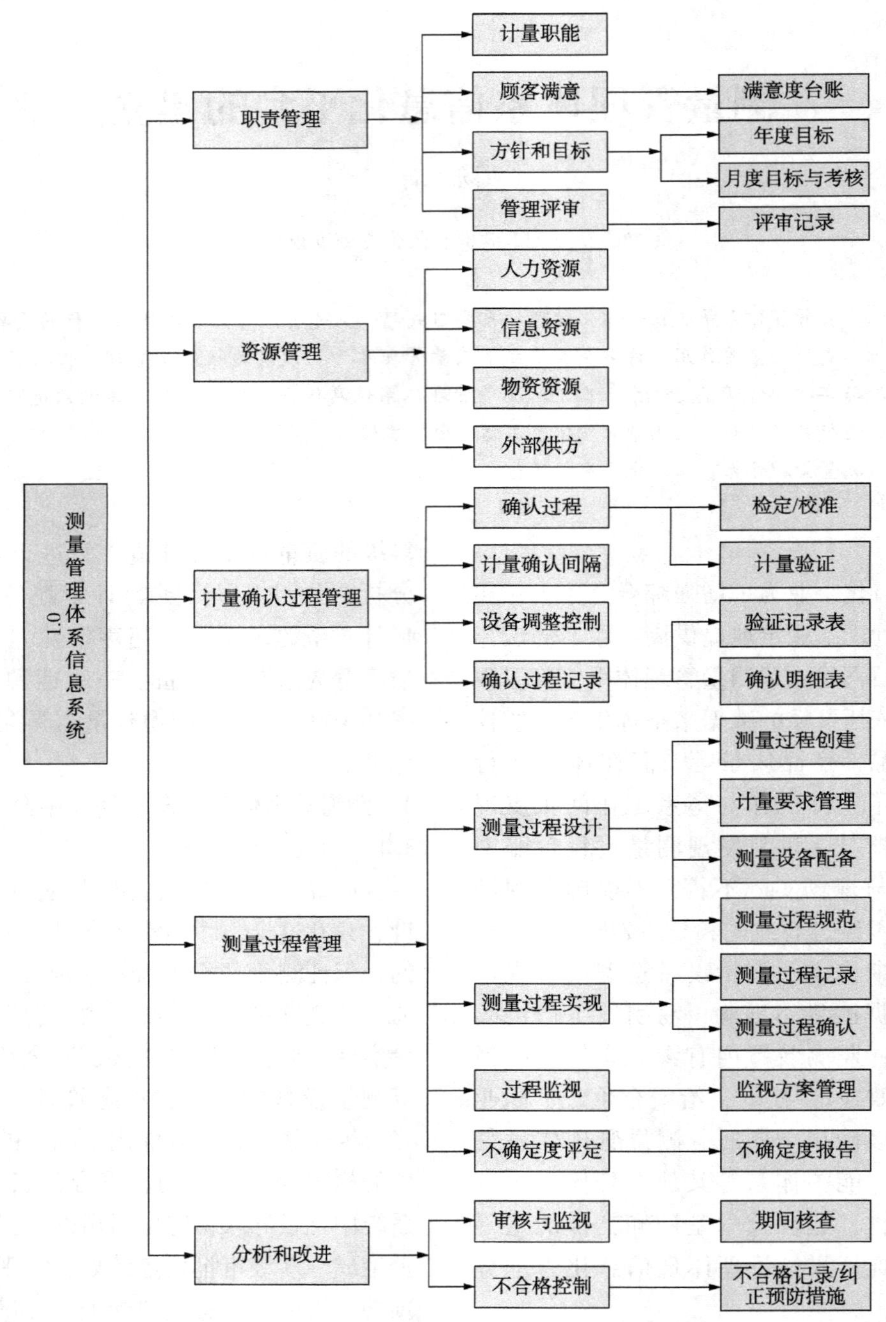

图1　测量管理体系信息化架构图

特别是强化了由维保公司负责检定/校准的上千台生产装置硫化氢、可燃气体等固定式报警仪的管理，通过信息化平台测量设备台账到期预警功能，有效的对固定式报警仪等强检测量设备进行了管控，使公司强制检定计量器具周检率达100%，所有贸易交接和能源计量器具的准确度等级均符合国家和集团公司的规定和要求。实现了对重要测量过程与高度测量过程的有效管理和控制，对每条测量过程进行有效的确认，确保测量设备满足测量要求数据准确。

计量器具检定结束后，信息化平台自动更新计量器具台账信息，自动读取并关联测量设备检定证书，无需人工录入与上传，消灭人为错误，确保设备台账信息真实可靠。之后测量管理体系信息平台中测量过程台账出现预警，提示计量确认人员对测量设备进行验证，以完成测量过程的确认，真正做到账、卡、物一致。测量设备经过确认后，自动形成测量设备计量确认明细表，对测量设备的使用、维护、确认、标识、封缄、降级和报废等进行全过程动态监管，测量设备配备率的管理由仪表配备管理模块自动实现。

企业计量标准是企业量值传递的关键。信息化平台建立了计量标准管理子模块，对企业计量标准实行信息化管理，实现对计量标准的考核证书、履历书、技术报告等资料的实时查询及下载，以及计量标准到期考核的预警功能，确保企业计量标准符合国家、企业的法律、法规要求，进行合法企业量传(图2)。

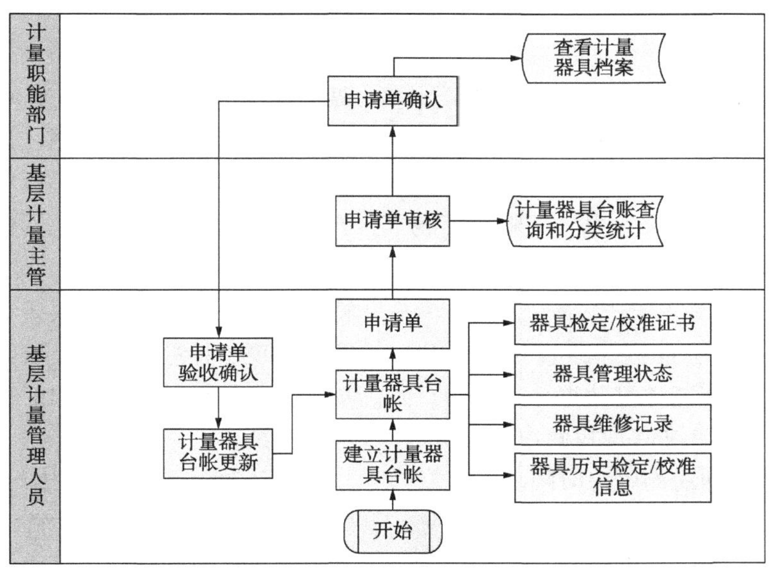

图2 测量设备管理流程图

3.2 测量数据管理

企业想要精细化管理，要以精准的数据为基础做生产经营分析。基于集成生产运营平台(MES)、经营管理平台(ERP)、计量管理系统、实时数据库(PHD)等相关系统的基础上，测量管理体系信息化平台将进厂原油、出厂成品、装置物料、能源消耗、公用工程、环保减排等数据进行实时采集与监控，分装置、分品种进行统计展示，供生产、技术、安环等不同部门实时查询指挥生产运行；形成油品进出厂等各类标准化流程，配备专业管理人员对数据进行跟踪确认，加快了油品进出厂的速度，加强了数据监管力度，为公司把好了进出厂关；自动生成各类能耗、装置物料等报表，配备专业管理人员进行审核，确保测量数据准确可靠，真实反映各生产装置能源消耗、物料收率等情况。

与公司MES系统实现无缝集成，数据高度互动、网上操作闭环管理。罐量变化监测实时查看罐的液位变化，通过图标形象地反映液位的上升、下降、持平状态，并通过实时和历史曲线展示液位变化趋势。

进出厂数据实现多种方式的进出厂的罐表比对分析，根据不同进出厂方式、原油和成品油种类形成了从总到分、层次透视的比对分析报表，实现原油、产成品每批次计量进出厂数据的分析和监督管理。

实现进出厂、装置生产仪表状态监测，通过仪表状态监测流程图实时查看仪表的瞬时量和累计量，设置报警上下限进行警示，实时查看历史曲线、实时曲线。通过与器具模块关联，可查看仪表器具参数信息及检定情况。

实现对罐液位的实时监控，根据罐的安全高度对罐液位进行监测，能实时查看罐的移动关系。罐液位超过安全高度，系统自动进行声光报警，可及时发现罐区超液位情况，为罐区管理提供了快速、直观的管理手段。

仪表状态监测图通过设置仪表上下限等相关信息，分析仪表运行状态，状态异常时系统进行声光报警，并自动记录相关异常数据。通过趋势曲线连续性和重大历史事件来分析仪表运行状态。通过比对分析仪表运行状态与仪表故障诊断管理，能有效快速监控报警仪表，及时进行处理并上报，提高故障诊断的跟踪效率。

运用计量管理信息系统、MES系统等，实现了对能源计量数据的自动采集，实时传输与远程监控，自动生成能源计量报表，自动分析能源计量损耗。通过能源计量管理人员对报表的审核与确认，可及时发现计量设备、工艺操作、管线泄漏等问题，通知生产装置操作人员及时处理，通过调整工艺达到节能降耗的目的，真实地反映出各生产装置能源消耗情况。对于公司外供社会的能源计量，将计量交接点移至公司可控范围内，实现计量数据的实时上传，堵塞了能源计量漏洞，有效地降低了能源的损失。通过不断完善计量设备以及加强能源计量管理工作，公司能源计量率有了大幅提升，低压蒸汽计量率由79%上升到95%，中压蒸汽计量率由90%上升到98%，新鲜水计量率由93%上升到98%，电、燃料气等能源计量率都已达98%以上，在集团公司内处于领先水平。

纠纷子模块形成纠纷案例库，直接和进出厂、互供模块互动，直接能通过数据分析纠纷产生原因，有相似的情况能快速查找解决的结果，提高办事效率，加快了纠纷的解决时间。

3.3　计量确认管理

计量确认是确保测量设备的计量特性满足测量过程的计量要求的关键环节，包括测量设备校准和测量设备验证。测量体系平台利用计量器具管理模块，建立测量设备确认基础信息台账，根据测量过程的技术要求和测量设备的计量特性，实现计量要求识别、检定/校准、计量验证、计量确认标识和记录等信息化管理功能，满足体系运行中对测量设备进行确认的要求。

测量体系信息平台实现了公司计量器具的闭环管理。计量管理系统中测量设备台账自动对应检计量器具进行预警，由运行部或相关单位计量管理员在检定系统中提报检定/校准计划(包括周检计划和临时计划)、计量管理部门计划员审核计划后，由检定部接收计量器具并开展检定/校准，检定系统自动生成检定证书并自动更新计量管理系统测量设备台账。外送检计量器具检定计划也同样在计量检定系统中申报。

检定系统中的证书与计量管理系统计量器具台账相关联，因此台账中计量器具的出厂编号、设备名称及二级类别无法随意修改；而安装位置、测量范围、准确度等级等变更信息在计量器具台账中修改后，须计量职能部门计划员审核才可生成。

计量管理系统计量器具台账不允许随意新增器具；若新增须由计量员在计量检定系统申报临时检定计划，器具检定合格后，由临时申报展示页面才导入计量器具台账。一系列的信息化流程确保了公司计量器具台账的真实可靠性，确保了公司现场使用的所有贸易交接、安全环保、能源物料核算等计量器具都在检定周期内，合法有效。

按照测量体系的要求，计量验证是依据计量要求对通过检定/校准的测量设备的计量特性进行验证，是确认所配备测量设备是否能满足计量要求的关键步骤。信息平台将计量验证过程进行了电子模板化设计，关联具体测量过程的计量器具的检定/校准证书，显示测量设备的关键计量特性：测量范围、允许误差/准确度等级/不确定度。实现了计量确认人员权限管理，由授权的计量确认人员根据测量过程的计量要求对设备特性进行验证。

确认通过验证后，执行“通过确认更新台账”，系统自动完成计量确认，更新台账所有相关信息，记录确认结果、确认人和时间，并链接电子检定/校准电子证书。信息化平台的运行，使计量验证工作不再繁琐，查找快捷方便，有效的控制了因测量设备选型不当、量程不对等而引起的测量风险。

测量管理体系要求计量器具在使用前需进行计量确认并粘贴计量确认标识，企业上万台件计量器具，粘贴计量确认标识工作量很大，下雨之后标识易脱落。测量管理体系信息化平台建立了标识管理软件，利用测量过程状态和计量确认状态，实现了标识的信息化管理，标识包括合格、限用、停用和禁用等，大大减少了人力物力，提高了工作效率。

3.4　测量过程管理

根据工艺卡片、法律法规、产品标准等要求，在测量管理体系信息化平台中实现了测量过程的建立、变更、监视控制等功能。为了确保每个测量过程有序、规范、受控，根据每条测量过程的测量需求，导出计量要求，进行测量设备配备，确保测量设备的型号、测量范围等满足计量要求。经过计量确认后的测量过程中的测量设备若有变动，信息平台立刻显示报警，须重新验证后才能消除报警，从而达到对测量过程进行监视和控制的目的。其中包含测量不确定度评定、测量过程确认、测量过程控制规范、测量过程监视以及不合格测量过程控制等管理。

在测量管理体系测量过程中建立测量不确定度评定模块，对高度测量过程按类别进行不确定度评定。不确定度评定的实现可用上传文本方式或在系统中应用模板自动实现。具体评定方法依据 JJF 1059《测量不确定度评定与表示》实施。测量设备可通过测量设备计量确认明细表溯源至检定/校准结果。

3.5 资源管理

测量体系信息化平台以信息列表形式建立计量人员管理模块，建立计量人员基础信息台账，实现了计量人员信息录入、台账导入、导出、人员证书上传、预览等功能。将人员分为计量管理员、体系内审员、计量确认人员、计量检定员、计量操作员五类，对计量人员资质和培训进行了集中统一管理。

对体系文件进行动态管理，将企业计量管理体系文件全部归档，建立计量管理体系电子文件知识库，实现计量文档的发布、检索、审批的集中管理。通过组织结构图查询各相关部门的管理制度、职责等。将体系文件分为四个层次：管理手册、程序文件、作业文件和记录，实现体系文件分层分类信息化管理模式，通过状态标识进行有效控制。实现了以表格清单形式分层次在信息系统中建立体系文件管理目录。

实现对测量软件的管理，将以往测量体现审核户发现的问题进行了有效的整改。以表格清单格式分类别建立测量软件信息台账，对测量过程使用的测量软件进行识别、受控、测试、确认、批准和存档进行管理。实现测量软件的信息化管理。

3.6 展示与分析

应用图示化软件技术在计量数据综合展示模块按照进厂数据、出厂数据、器具信息、人员信息形成综合、直观的展示图表，并采用层层透视的、由总量到明细的展示方式展示数据，使企业各级计量相关管理领导能很清晰的看到最及时的计量数据，为企业的生成决策和经营风险提供了可视化的参考数据。

按测量目标对测量过程进行管理和统计分析；从测量过程、测量设备、测量数据、计量人员等方面建立测量目标；测量目标数据与实际指标数据的统计和比对，进行管理监控。测量软件管理台账和软件验证记录。测量过程报警及二次验证功能；适配设备更换功能。测量不确定度、控制监视、期间核查内容及功能，优化测量过程管理和应用(图 3)。

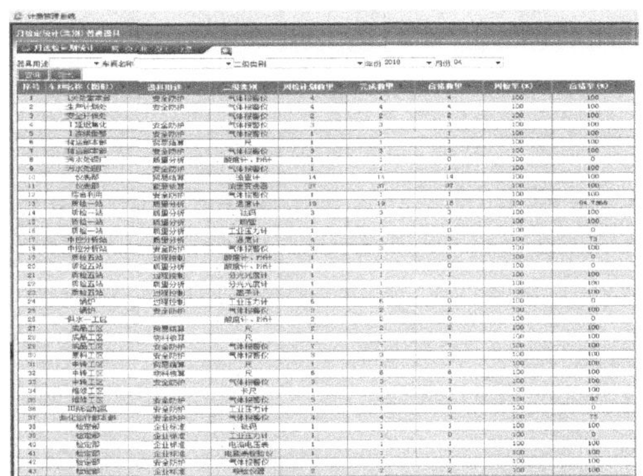

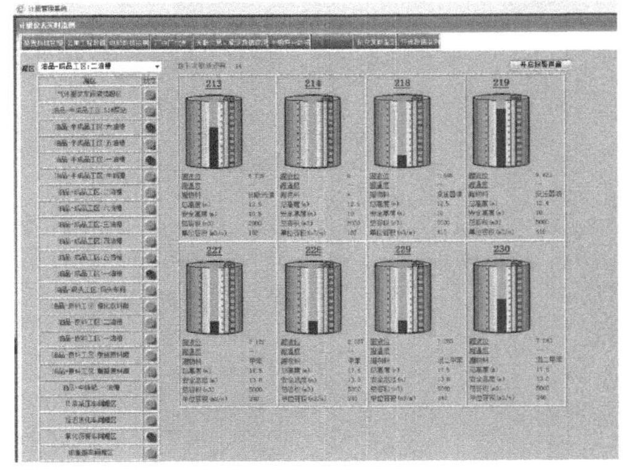

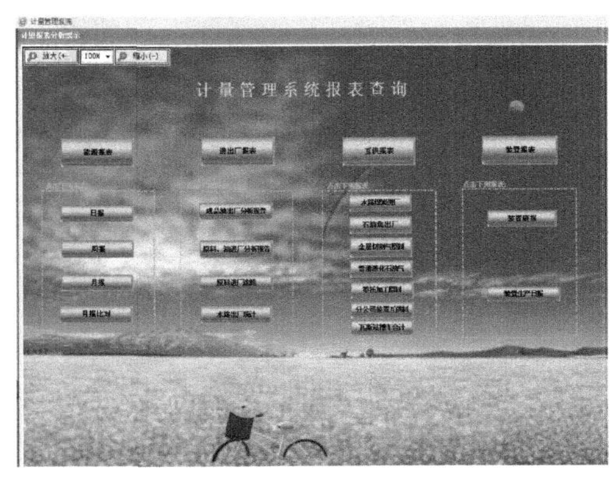

图 3

4　实施效果

测量管理体系信息化平台，使得测量管理体系实现平稳有效运行，并保持了持续改进，为质量、职业健康安全、环境、能源体系提供了强大的基础和有力的数据支撑；较好地杜绝了体系运行与日常工作两张皮的现象，将体系与日常工作完全融合，避免重复劳动，减轻职工工作强度。

通过制定高度测量过程控制规范，开发岗位标准化流程，对原油接卸工作进行严谨的全程管理，降低原油途耗损失，节约成本3000多万元。

通过信息化能源网络图与现场实地排查，使用系统分析法不断查找能源测量设备配备问题，提高了能源测量设备的配备率与数采率。

通过数据分析仔细梳理水、蒸汽、燃料气等能源在使用过程中存在的问题，制定措施降低使用量；同时普查计量的准确性、配备率，对计量存在的问题结合生产情况进行整改。积极推进节能降耗工作与节能项目的实施并取得成效，全年节能总量达到5.82万吨标煤。

彻底量化并严格控制企业污染物排放等高度测量过程，通过实时数据对排放情况进行监控，加强了环保数据分析，对装置开停工异味及环保装置运行进行管理，确保稳定达标排放，严格规范危废处置，全年处置危废1.15万吨，规范处置率100%。圆满完成全年减排任务，节能环保成果斐然。

5　结束语

金陵石化公司创建的测量管理体系信息化运行平台，属集团公司首家，得到了中石化总部的充分肯定，为公司生产经营、安全环保、节能减排等各项工作提供了有力的保障与支撑。以金陵石化公司测量体系信息化平台为模板，总部制定了《炼化企业测量管理体系信息化技术规范》，开始在集团公司系统内进行推广。作为首家创建和使用单位，将加强与兄弟单位的交流与合作，共同提升全系统测量管理体系的信息化管理水平，同时，在今后的体系运行及信息平台的实际应用中，将不断地总结经验、持续改进，确保体系科学更加有效的平稳运行，为公司早日发展成为世界领先的现代化炼化企业保驾护航。

基于人工智能技术实现高温油泵的在线监测的研发

刘 琎

（中国石油化工股份有限公司金陵分公司）

摘 要 本文探讨使用低成本的防爆型热成像的图像传感器和常规图像结合，实现以图像传输模式为核心，搭配报警传感器和振动传感器，结合人工智能的算法和模型迭代，尝试解决石化生产中高温油泵的在线的实时监测。通过部署私有服务器，对在线设备进行模式训练和识别，学习运行设备的正常运行状态，给出设备是否正常运行的判断，替代或减少人工巡检的工作频次，替代传统的巡检模式。由于该系统在传统的视频监测基础上，增加温度监测，震动监测和现场环境的运行的模式识别，具备了具有连续识别设备的运行的功能，系统记录温度的了历史曲线，较传统的泵机群在线监测系统具有直观型、智能性、低成本等特点，为一线在用的生产装置的安全生产，提供了一种可行的解决方法。

关键词 人工智能；高温油泵；热成像；振动传感器；实时监测

1 引言

高温油泵等机泵广泛应用于石化生产中，是生产的关键设备。在日常生产中，机泵群组受到诸多人为、环境及设备自身因素的影响，如不加强管理，就会造成重大事故，严重影响生产。传统的机泵群组等旋转机械采用有线或离线式监测方式，离线方式采用巡检模式，1 小时一次巡检，存在实时性差，人力成本高等缺点，有线方式存在布线麻烦，设备安装繁琐等缺点。目前本公司也在采用有线和无线相结合的传输模式机泵信号，实施在线式的机泵群管理模式。

早在 2010 年中国石化下达了关于《中石化下发的高温油泵安全运行要求》的文件，文中要求在严格执行集团公司《炼化企业机泵管理规定》和《石油化工设备维护检修规程》的前提下，进一步做好高温油泵的运行管理工作，提出在机泵区应安装电视监控系统和建议有条件的企业安装在线机泵群状态监测系统。

金陵公司在 2011 年出台了机泵管理制度，将机泵管理分为 A、B、C 三级。B 级管理机泵群是高温油泵，考虑到实际监控的范围，如将所有泵群管理起来，范围大，投入高，建设周期长等特点。

本文将探讨利用目前的人工智能的方式，在高温油泵区域安装具有探测温度的视频监控系统，辅助配合防爆振动探测器和可燃气体探测器或火焰探测器，采用光纤传送信号的模式，对本公司的在用高温油泵机组进行连续探测。这种基于现场在线运行情况，利用人工智能实现的视频监测和机泵传感器监测的系统复合检测设备，配合后台的分析软件，大大降低了实施的难度，提高了预测的准确性，降低了探测器的布局密度。同时基于图像检测的后台服务器识别诊断系统，可提供在线式的报警。该模式较原检测系统具有较低的投入，较成熟的设备投入和低成本的设备研发、为高温油泵的日常运行的人工智能的诊断，提供快速、准确的方法。

2 技术准备

2.1 人工智能的现状

近年来介于人工智能技术快速普及，各大平台相继推出了相应的智能服务，输出的形式涵盖了文字、语音、图像、视频等方面。但就整体而言，人工智能应用或产业链的现状分析，可从上至下分为应用层、技术层和基础层。

其中基础层是涵盖了运算芯片、终端数据采集、终端数据传输、云计算、用户行为大数据、行业大数据、智能终端等供应商。

技术层包括语音识别、图像识别、人脸识别、nlp、slam、传感器融合、路径规划等技术或中间件。tensorflow，caffe，theano，torch，dmtk，dtpar，ros 等框架或操作系统和深度学习的等各种算法。

应用层在行业的运营平台发挥作用。解决案例包括智能广告、智能诊断、自动写作、身份识别、智能投资顾问、智能助理、无人车、机器人等场景的应用(图 1)。

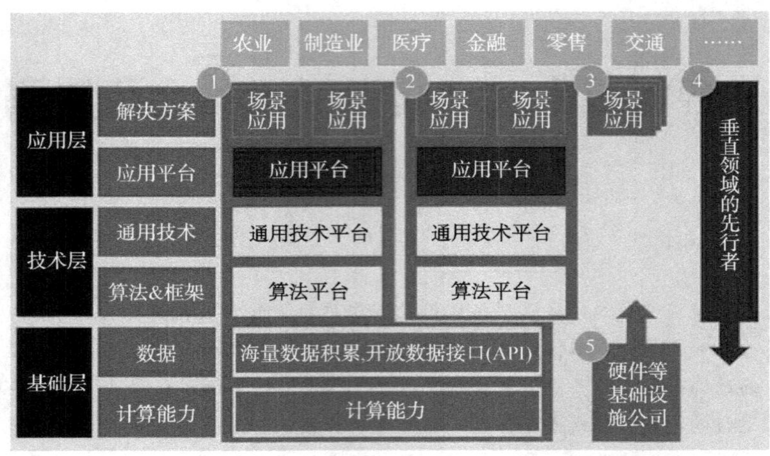

图1

在目前人工智能的实施方向中，基础层构建了生态的基础，技术层完成技术维护和过渡，应用层在各行各业有着诸多的优秀案例。

2.2 人工智能在工业上的应用

工业上的人工智能应用，一直是发展的关键关节，和技术的衔接非常紧密。尤其在石化行业有广泛的发展空间。应用于开发、验证和部署各种不同的机器学习算法在持续的进行中，但碍于对传感器，识别技术和石化行业易燃易爆特性和高可靠性的要求，应用场景也一直在边缘徘徊，还没有较为成熟的产品。这需要加大技术的投入。有些厂商提出了轻智能的概念，意在使用较常规的设计，加上AI的算法来应对复杂的使用场景，提供短、平、快的解决方案，突出低投入，高效率的解决生产上的某些棘手的问题，起到了很好的效果，提高工作效率。

随着技术的发展，尤其得益于国家战略的实施和传感器技术的进步，同时基于应用平台的进一步拓展，人工智能的在工业生产领域也将得到了飞速发展。我们应该加快技术的转化步伐，在石化这样的大型行业中不断探索，不断实践，才能在实际使用中发挥作用(图2)。

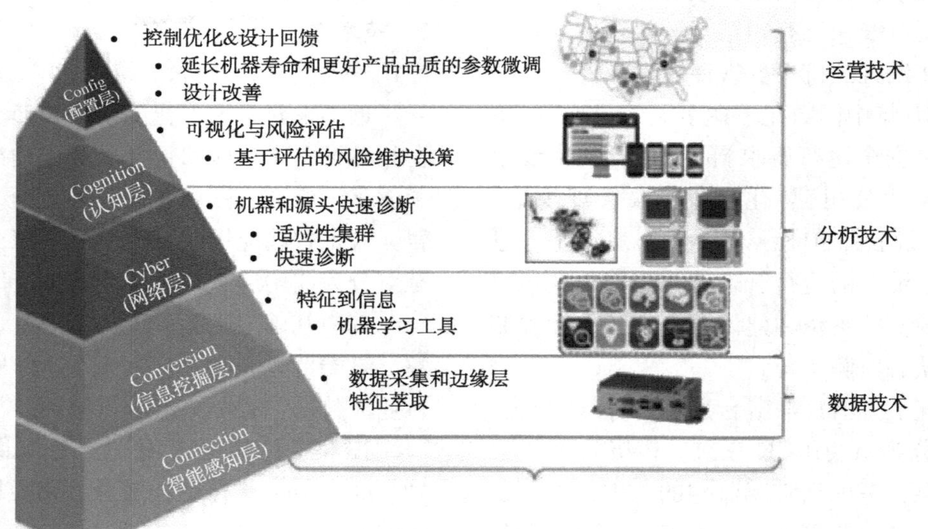

图2

2.3 传感器的设备选择

传感器技术的发展，影响到系统的关键所在。相对于视频的直观性，各类传感器起到了听、闻等综合的分析和感知。如同在看得见的情况下，还要听的到，闻的到，并且能够经过简单的判断形成认知，即由重复的、持续性的通过大量的学习和训练形成的认知，提供操作建议，并指导操作人员进行操作。这种基于工厂场景形成的人工智能的判断和处理，可以对一线工作人员日常工作提供有效的帮助。

2.4 算法与软件

2.4.1 OpenCV 是一个开源的基于 BSD 许可的库，它包括数百种计算机视觉算法。核心功能(Core functionality)是一个紧凑的模块，定义了基本的数据结构，包括密集的多维 Mat 数组和被其他模块使用的基本功能。图像处理(Image processing)是图像处理模块，它包括线性和非线性图像滤波，几何图形转化(重置大小，放射和透视变形，通用基本表格重置映射)，色彩空间转换，直方图等。影像分析(video)是影像分析模块，它包括动作判断，背景弱化和目标跟踪算法。

2.4.2 神经网络的概念引入

神经元模型是一个包含输入，输出与计算功能的模型。输入可以类比为神经元的树突，而输出可以类比为神经元的轴突，计算则可以类比为细胞核。

注意中间的箭头线。这些线称为“连接”。每个上有一个“权值”。连接是神经元中最重要的东西。每一个连接上都有一个权重。一个神经网络的训练算法就是让权重的值调整到最佳，以使得整个网络的预测效果最好(图3)。

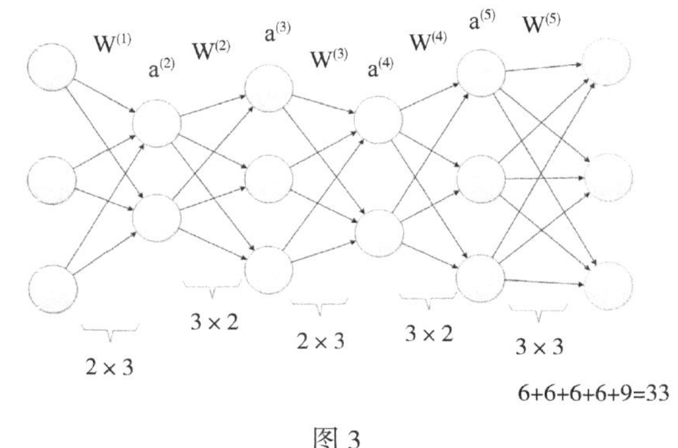

图 3

将每个内核值乘以相应的输入图像的像素值-然后取所有乘法运算的总和。称为卷积运算。或者，简单地说，我们将输入图像区域和内核按元素相乘，那么将所有这些相乘后的值相加成一个单一的值。这些乘法的总和被称为内核输出(图4)。

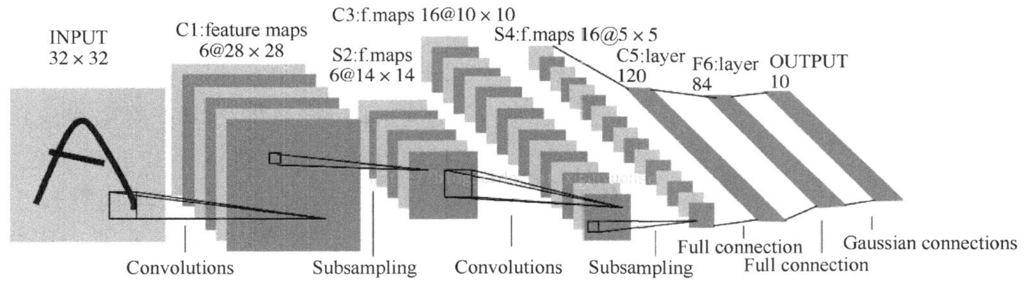

图 4

2.5 软件环境的搭建

人工智能的软件平台的搭建包括基础层、感知层、认知层、平台层、生态层和应用层，选择 AI 的开放平台非常重要，关系到后期的应用推广(图5)。

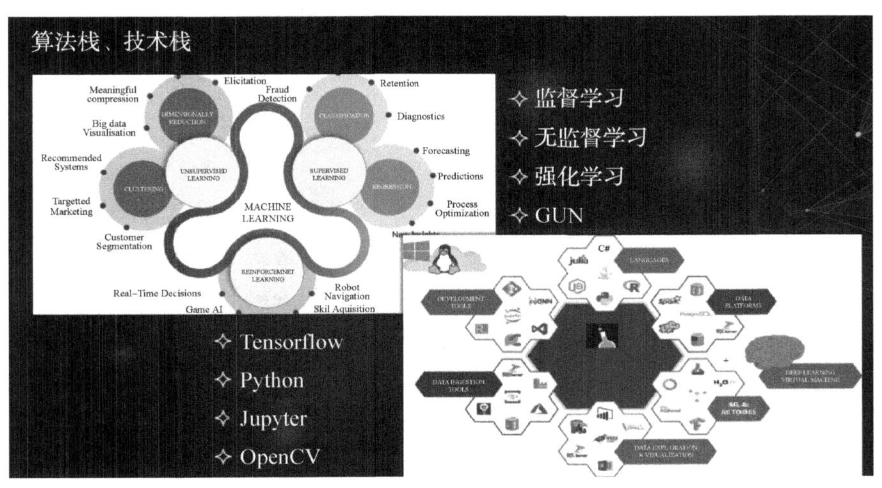

图 5

3　系统设计

本系统基于研发的迷你防爆型图像传感器为基本，结合常规图像传输和热成像温度实时采集，在视频服务器中，配置温度预置点，在线读取电机和机泵处的温度取样点，在线显示外壳、转盘、转子等设备的在线实时温度，并进行设备图像的预分析，抽取设备图像的特征值逐帧分析，识别非正常状态。一旦确认状态异常，如温度超高，振动幅值超过 7.1~11.2mm/s，即驱动报警输出。同时将提取和分析后的数据送到 WEB 服务器中，通过显示正常图像、测温画面、识别画面和历史温度曲线一起的页面进行比较，实现高温油泵的在线温度监测和运行状态判断。

3.1　测温系统搭建

采用防爆型双视热成像网络摄像机和测振探测器搭建监测系统，该摄像机常规图像支持 H.265 高效压缩算法，使得存储码流极大的降低，最大分辨率可达 2048×1536，红外测试部分采用非制冷长波红外探测器，像素为 160＊120，像元间距为 17μM，可用于手持设备、户外搜索、智能楼宇及消防等领域方面。后台服务器采用智能硬盘录像机，带有开发的 SDK，支持后续开发。

3.1.1　监控高清摄像机的参数

该摄像机支持 H.265 高效压缩算法，使得存储码流极大的降低，最大分辨率可达 2048X1536，支持 30 倍光学变倍，焦距为 4.5-135m，最低照度彩色为 0.05lux@F1.6，支持 ICR 红外滤片式自动切换和快速聚焦、心跳，PTZ 控制，报警，音频，用户管理等功能齐全。

3.1.2　测温系统的参数

测温部分采用成像模组芯片，其特点采用非致冷氧化钒，显示格式为 160×120（NTSC），频带 7.5~13.5μm，全帧速率 30Hz（NTSC）；25Hz（PAL），出口的帧率 7.5Hz（NTSC）；8.3Hz（PAL），输入功率 4.4-6.0VDC，功率耗散<1.2W，灵敏度（NEdT）<50m Katf/1.0，场景范围-40℃ to+160℃，非标测定满足场景范围-40℃ to +550℃，镜头尺寸（W/O 型镜头）1.5×1.5×1.16，工作温度范围-40℃ to +80℃。

3.1.3　图形服务器和视频处理器

采用 Intel 最新一代的 E5-2600 系列处理器。采用 Intel Xeon E5-2600 系列处理器，同前代产品相比，进行了各项重大的改进，包括处理器内部集成 PCI-E 控制器，PCI-E 总线提升到 3.0 标准，极大提高了扩展性能；处理器之间采用更多、更快的 QPI 总线，大幅提升 CPU 之间协作效率。

丰富的可扩展性

- 每颗 CPU 搭配 8 根内存插槽，内存容量可扩展至 512GB，提供灵活且强大的内存配置选择。
- 可支持 8 个硬盘仓位，为用户构造海量存储提供可能。
- 6 根 I/O 扩展槽，提供 PCI-E 3.0 插槽。
- 支持多种外插卡，特别是横插卡设计，可以满足全高扩展卡需求，满足高端客户对系统功能和性能的需求。

强大的处理性能

- 处理器集成 4 通道内存控制器，增强的内存 RAS 技术支持最高 1600MHz 的内存，内存带宽性能最大可提升 40%。更高的内存带宽和更低的内存存取延时，大幅度提高了系统的可靠性和可用性。
- 使用 Intel 最新推出的 C600 系列芯片组，支持 UpgradeROM 扩展，给用户多种选择。
- 64 位计算能力可扩展系统应用范围、提高计算性能，同时保持对 32 位计算的兼容性。

集成远程 KVM，轻松实现管理，为服务器系统的大规模部署和远程分布式应用提供便捷管理能力；允许从任何地点通过网络访问、安装、配置和控制远端服务器；硬件级别的访问及控制，与操作系统无关，提供完全兼容性；高安全性，所有传输的数据均经过数据加密。

3.2　振动系统的搭建

采用防爆型振动传感器，检测信号采用变送器输出 4~20MA 电流信号。电流信号变成光信号，可直接通过光纤传送振动值信号、同时复合 MODBUS 的通讯协议。

3.2.1　检测点的位置

通常，振动烈度测点的选取原则应使交变力传递路径最短，测点刚度最大，结构导纳最大点。例如要测轴及轴承的运转情况，位置就应选择在轴壳或轴承盖等振动直接传到的地方，避免在振动传输途径上的损失及其它机件的振动传导和渗透过来的影响。例如 12-180C-1 型柴油机，在左、右主机上部和下部的前后端，分别布置一个测点，这样一台主机共有 4 个测点。每个测点均测量三个方向的振动速度有效值 MV/S)：X-(垂直方向)；Y-(横向方向)；Z-(纵向方向)。测点布置及实际工程应用如图 6 所示。

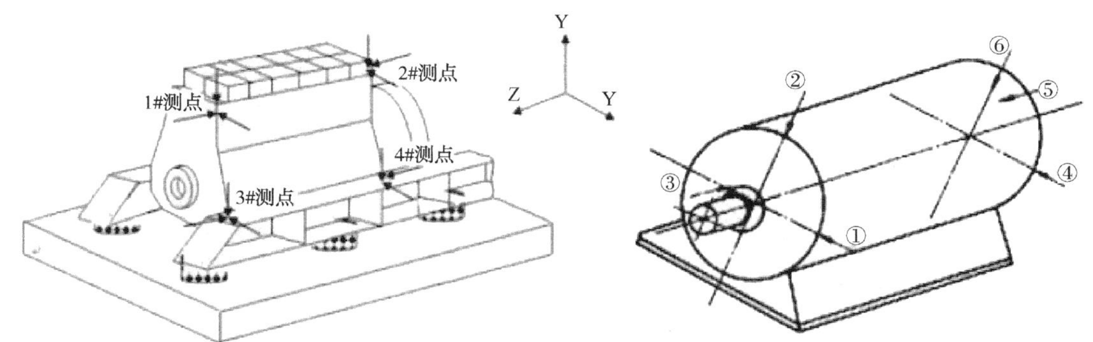

图 6

3.2.2　烈度值计算

3.2.2.1　测量量标

取振动速度有效值为量标，定义为：

$$v_{\mathrm{rms}}\sqrt{\frac{1}{T}\int_{0}^{T}v^{2}(t)\,\mathrm{d}t}$$

式中　v_{rms}——振动速度有效值，m/s，

$v(t)$——振动速度周期性时间函数，mm/s；

T——振动速度依时间变化的周期，s。

3.2.2.2　评定量标

代表机器整体振动的量标取“当量振动烈度值”，定义为：

$$v_{\mathrm{s}}\sqrt{\left(\frac{\sum v_x}{N_x}\right)^2+\left(\frac{\sum v_y}{N_y}\right)^2+\left(\frac{\sum v_z}{N_z}\right)^2}$$

式中　v_{s}——单量振动烈度，mm/s；

v_x、v_y、v_z——三个互相垂。

3.3　系统软件

3.3.1　技术布局(图 7)

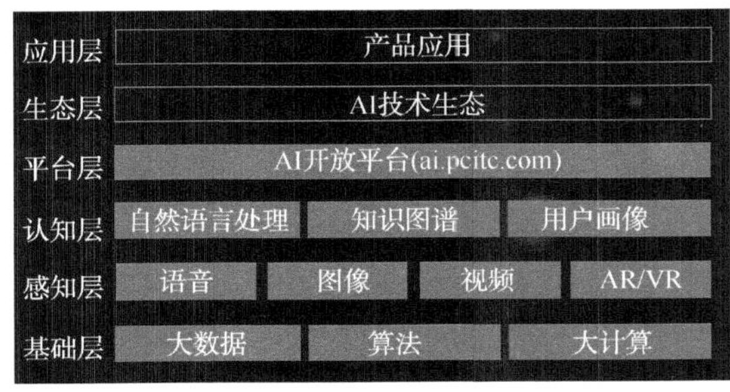

图 7

3.3.2　检测软件的技术实现(图 8)

卷积神经网是机器学习模型的一种。首先提取一个小的矩形区域的特征。通过一个滑动窗口，提取机泵的局部特征，再根据局部特征计算变化概率。

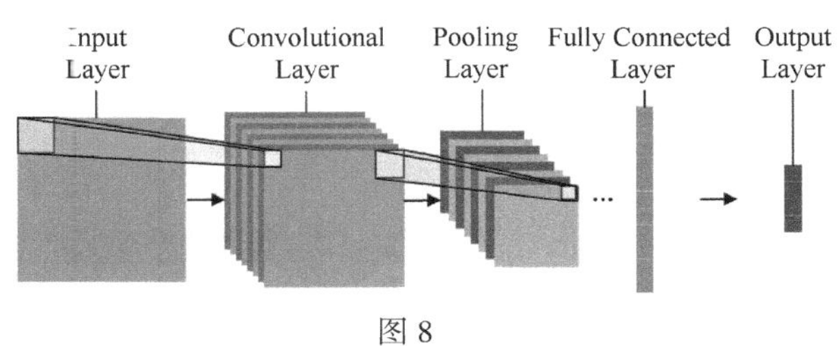

图 8

3.3.3　温度颜色模型的建立

温度颜色识别的颜色模型，采用工业上通用的 RGB 模型颜色标准，它主要是通过红(Red)、绿(Green)、蓝(Blue)3 种原色按照不同的比例进行混合生成不同的颜色。GB 颜色模型可用左图所表示的立方体来描述。在图中，RGB 位于坐标系中的 3 个坐标轴上，青、深红、黄则在另外的三条边上，黑色在原点，白色在黑色的对顶角上。在该颜色模型中，表示灰度的等级的那条线是从原点到白色顶点的那条线由黑到白逐渐增加，不同的颜色位于立方体内或边界上。所有的 R，G，B 取值都在[0，255]范围内(图 9)。

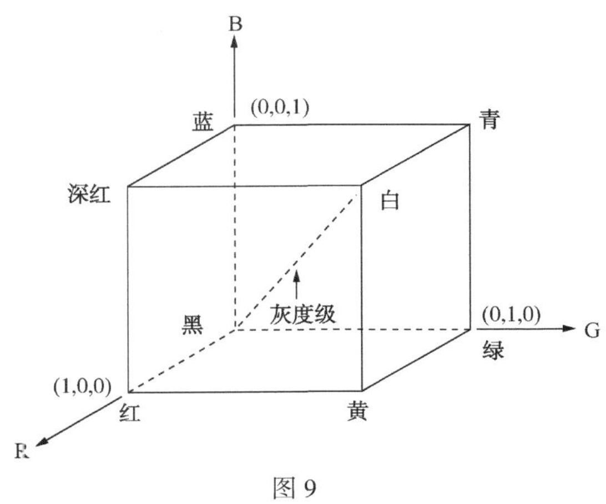

图 9

3.3.4　温度历史报警和曲线显示（图 10，图 11）

测温检测报警

索引	报警时间	报警源	报警细节	报警内容	预览	发送邮件	上墙显示	注释
33	2018-03-11 13:36:33	编码设备：rcx 监控点2_rcx	联动监控点: 监控点2_rcx 预置点...	测温检测报警				
32	2018-03-11 13:36:30	编码设备：rcx 监控点2_rcx	联动监控点: 监控点2_rcx 预置点...	测温检测报警				
31	2018-03-11 13:36:27	编码设备：rcx 监控点2_rcx	联动监控点: 监控点2_rcx 预置点...	测温检测报警				
30	2018-03-11 13:36:23	编码设备：rcx 监控点2_rcx	联动监控点: 监控点2_rcx 预置点...	测温检测报警				
29	2018-03-11 13:36:20	编码设备：rcx 监控点2_rcx	联动监控点: 监控点2_rcx 预置点...	测温检测报警				
28	2018-03-11 13:36:17	编码设备：rcx 监控点2_rcx	联动监控点: 监控点2_rcx 预置点...	测温检测报警				
27	2018-03-11 13:36:14	编码设备：rcx 监控点2_rcx	联动监控点: 监控点2_rcx 预置点...	测温检测报警				
26	2018-03-11 13:36:11	编码设备：rcx 监控点2_rcx	联动监控点: 监控点2_rcx 预置点...	测温检测报警				
25	2018-03-11 13:36:07	编码设备：rcx 监控点2_rcx	联动监控点: 监控点2_rcx 预置点...	测温检测报警				
24	2018-03-11 13:36:04	编码设备：rcx 监控点2_rcx	联动监控点: 监控点2_rcx 预置点...	测温检测报警				
23	2018-03-11 13:36:01	编码设备：rcx 监控点2_rcx	联动监控点: 监控点2_rcx 预置点...	测温检测报警				
22	2018-03-11 13:35:58	编码设备：rcx 监控点2_rcx	联动监控点: 监控点2_rcx 预置点...	测温检测报警				
21	2018-03-11 13:35:56	编码设备：rcx 监控点2_rcx	联动监控点: 监控点2_rcx 预置点...	测温检测报警				
20	2018-03-11 13:35:52	编码设备：rcx 监控点2_rcx	联动监控点: 监控点2_rcx 预置点...	测温检测报警				
19	2018-03-11 13:35:49	编码设备：rcx 监控点2_rcx	联动监控点: 监控点2_rcx 预置点...	测温检测报警				
18	2018-03-11 13:35:46	编码设备：rcx 监控点2_rcx	联动监控点: 监控点2_rcx 预置点...	测温检测报警				
17	2018-03-11 13:35:43	编码设备：rcx 监控点2_rcx	联动监控点: 监控点2_rcx 预置点...	测温检测报警				
16	2018-03-11 13:35:39	编码设备：rcx 监控点2_rcx	联动监控点: 监控点2_rcx 预置点...	测温检测报警				
15	2018-03-11 13:35:36	编码设备：rcx 监控点2_rcx	联动监控点: 监控点2_rcx 预置点...	测温检测报警				
14	2018-03-11 13:35:33	编码设备：rcx 监控点2_rcx	联动监控点: 监控点2_rcx 预置点...	测温检测报警				
13	2018-03-11 13:35:30	编码设备：rcx 监控点2_rcx	联动监控点: 监控点2_rcx 预置点...	测温检测报警				
12	2018-03-11 13:35:27	编码设备：rcx 监控点2_rcx	联动监控点: 监控点2_rcx 预置点...	测温检测报警				
11	2018-03-11 13:35:23	编码设备：rcx 监控点2_rcx	联动监控点: 监控点2_rcx 预置点...	测温检测报警				
10	2018-03-11 13:35:20	编码设备：rcx 监控点2_rcx	联动监控点: 监控点2_rcx 预置点...	测温检测报警				

图 10

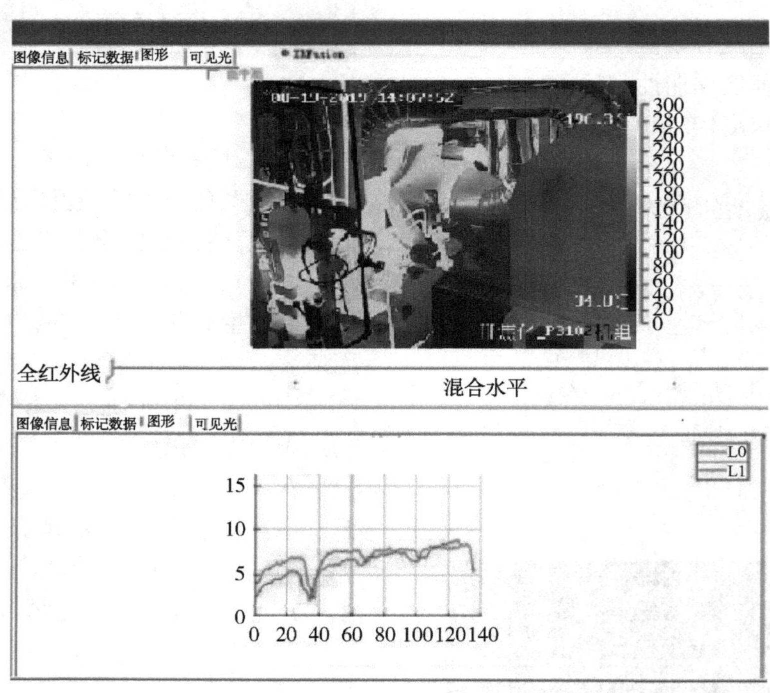

图 11

3.3.5　报警系统

3.3.5.1　常规图像报警系统

采用高温油泵的现场检测报警和操作室提示报警相结合的方式。现场常规图像负责机器识别的工作，观察机泵的运行状态，判断是否设备的异常，如润滑油的跑、冒、滴、漏。设备震动幅度偏大、转速异常、大量冒烟等。后台服务器进行大量的图像甄别，和标准状态偏差即判断异常，发出报警输出，进入硬盘录像机 ALARM IN A1 端口，联动图像随即在大屏上弹出，同时 ALARM OUT输出驱动声光报警器输出警号。

3.3.5.2　异常检测报警系统

启用热成像温度检测报警。温度点发射率和距离的设定如图 12 所示。

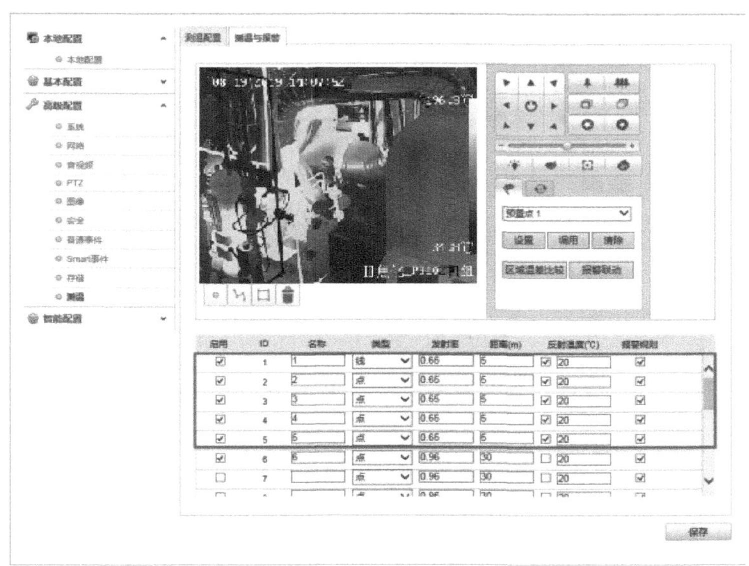

图 12

中石化对高温油泵的介质的温度一般设定在200℃，一旦由泄露介质即报警。另外报警点的也要考虑到泵体，在外壳，转轴等处设立温度点，泄露预警温度设定在180℃，报警温度设定在200℃，容差温度设定3℃，检测温度和实际检测的温度一致。如图13所示。

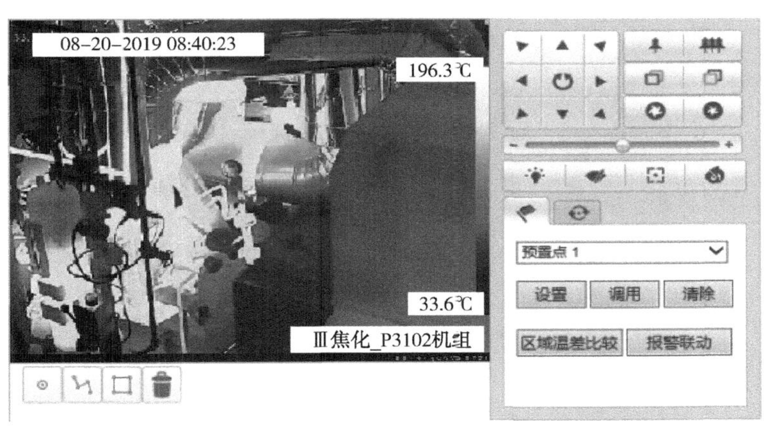

图 13

3.3.5.3 报警信息的网络传递

利用公司监控局域网实施报警传输和弹屏。设定烟机报警信息设计模式采用的前端报警，操作室二级报警和公司平台弹出式报警三种模式。

4 系统特点、经济效果和社会效益

高温油泵的在线监测系统的研发，解决了高温油泵的实时监控及时报警的难题，通过外部温度趋势的走向，判断高温油泵的运行情况，通过常规视觉的深度学习，确立了识别高温油泵的正常状态和异常情况，并及时提出警示信息，提高了设备的使用效益，对装置的平稳运行提供有力的保障。

5 结束语

高温油泵在线检测系统的还在不断调试和完善，但已经初步具备了温度报警、探测报警、设备整体状态的学习和报警信息在大屏上弹出的功能，在不断完善的前提下，不断的取得吸取实践的经验，识别效率还会进一步得到提高。

该系统具有高可靠性，操作简单，投资低，运行可靠，安装也较简单。可以作为泵区视频监控的重要补充。在低成本的防爆热成像监控设备已经在使用中，现场效果也较明显。防爆振动传感器信号的引入并加入报警联动，系统性能将进一步完善。AI 测试将使用协作单位的开放平台，监测性能还会有较大的提高。

本项目进一步的研发和完善中，我们将一如既往的坚持创新思路，结合本职工作，助力于中石化的安全生产。

参考文献

[1] Stuart J. Russell，Peter Norvig，人工智能 . 清华大学出版社，2017.

[2] Ian Goodfeooow，Yoshua Bengio. 深度学习 . 人民邮电出版社，2017.

以集成化设计为源头的数字化工厂建设探索与实践

张　华　朱春田

（中国石化工程建设有限公司）

摘　要　从智能工厂建设需求出发，通过对智能工厂建设的难点和企业数字化工厂建设现状的分析，探讨以集成化设计为源头，同步数字化工厂和物理工厂建设，形成一套数字化交付的方法和数字化工厂建设的思路。

关键词　智能工厂；数字化；数字化交付；数字化工厂；集成化设计

随着德国工业 4.0、中国制造 2025 及互联网+等时代的到来，打造智能工厂已成为石化工业发展的大趋势。近年来，部分石化企业在进行智能工厂试点建设并逐步推广，为工厂的健康、安全、环保、低成本、低风险、低功耗的生产运营提供有力的保障。智能工厂建设是未来石化工业发展的重要趋势，而智能工厂建设的前提和基础就是数字化工厂建设。笔者通过参与中国石化工程建设有限公司（简称 SEI）集成化设计及数字化工厂建设项目的实践探讨以集成化设计为源头的数字化工厂建设的方法。

1　数字化工厂建设的背景

1.1　数据共享和专业协同能力制约着工程效率和质量

目前，大多工程公司缺少有效的数据共享手段和管理方法，传统工作模式下，各专业设计资料分散管理，存在大量“信息孤岛”。各专业之间由于缺乏规范统一的数据流，各自为政，沟通不畅，上下游专业设计信息不一致的现象频繁发生。同一个工程对象在不同的专业内，其数据很难保证一致，尤其在设计发生变更时，相关专业不能实现数据共享，设计变更和版本信息未得到有效管理，导致设计交付质量得不到有效保障。

1.2　企业级工程数据库的缺乏制约着大型工程项目的执行能力

根据工程特点和业主的要求，国内外的大型工程公司都会选用不同的设计平台，但由于缺少一个统一的企业级工程数据库，当一个工程项目采用不同的设计系统时，很难保证数据的一致性。当合作方或业主按不同的标准要求来交付时，没有一个企业级的工程数据库辅助完成数据的映射，难以保证数据交付的质量，直接制约国内工程公司参与合作项目或独立完成大型工程项目的能力。因此急需建立企业级工程数据库使得设计规范、工程数据和材料编码都从统一的企业级工程数据库中产生和分发，保证数据源的一致性。

1.3　传统的交付模式制约着智能工厂的建设

现有的石油化工厂多为一个实体化的物理工厂，交付的信息大多都是纸质化的、分散的、非实时的，这给生产操作和管理带来很多困难，难以实施优化操作、高水平管理和持续改进，使工厂的很多优势难以发挥，影响工厂效益，甚至有些信息的缺失或非实时性还会危及工厂的安全和环保等重大事项。这种传统的交付模式难以满足工厂现代化和智能化管理，因此迫切需要探索一套满足数字化工厂建设的交付模式。

1.4　数字化交付标准的空缺制约着信息利用的价值

近年来，国内外很多企业业主充分发挥信息技术的作用，探索和尝试数字化工厂建设，但是由于参与项目建设的各承包方没有统一的信息交换标准，信息交换和交付没有依据，致使建设期间、工厂运维期间信息不能很好地被利用，业主得不到完整的用以构建数字化工厂的信息，业主在建设数字化工厂的过程中必须做大量的重复工作，例如图纸的数字化、模型的重建等，而且信息还存在不一致性、不完整的现象。因此急需利用信息技术创新构建一套新型的信息组织、交换和利用的标准，重构工程建设整个产业链的信息交付新秩序。

2 数字化工厂建设的可行性

2.1 信息技术发展为集成化设计和数字化工厂建设提供技术支撑

近些年，国内外软件厂商技术上不断创新，不断研发出比较成熟的全面覆盖工程设计核心专业的智能设计工具。随着智能设计工具的不断掌握和推广，同时随着有覆盖工程各阶段的设计集成解决方案的发布，各工程公司设计应用系统向标准化、系统化、集成化方向发展已经成为信息化发展的必然趋势，也是提高设计质量和设计效率的必要手段，借助设计集成系统建设数字化工厂，促进工程建设标准化、模块化、智能化，提高工程建设质量，缩短工程建设周期，已经成为工程公司的一个发展趋势。

2.2 国际与国内有关数据交换标准的不断完善为集成化提供了理论基础

随着信息技术的发展，国内外的一些相关标准组织也都在探索适应新技术发展要求的管理方法和标准。比较典型的有国际标准化组织发布的相关标准，ISO15926定义了流程工业生命周期集成数据(信息)的交换标准，ISO 10303定义了流程工业工厂空间配置信息交换标准，ISO82045定义了文件元数据共享和交换的标准，欧盟STEP的流程行业文档交付指南等，这些标准不仅为软件厂商产品研发提供了数据交换标准，也为我们集成化设计和数字化工厂建设提供了理论基础。

2.3 以集成化设计为源头建设数字化工厂是未来数字化工厂建设的必然趋势

工厂全生命周期中各阶段信息的数字化中，工厂设计信息数字化，设计技术手段数字化、网络化是整个数字化工厂的源头，为工厂实现全面数字化、信息化奠定坚实的基础。工程公司设计人员必须掌握数字化设计的技术和手段，包括三维设计技术，协同设计技术，构建在企业数据仓库之上的统一集成平台的设计信息、文件资料数据库。因此，数字化工厂要求工程公司首先要达到较高数字化工厂建设水平。工程公司在未来工厂建设过程中，向业主提供数字化工厂设计产品，为生产企业提供增值服务，是未来工厂设计发展的必然趋势。

3 以集成化设计为源头的数字化工厂建设的基本内涵

优秀的设计可以创造工厂的优秀基因，这些基因如何在生产运营中得到最好发挥，这就需要我们为企业建立一个智能工厂，而数字化工厂正是智能工厂的关键路径。我们通过几年的集成创新，在某“十条龙”攻关项目上实现了以集成化设计为源头的正向数字化工厂建设，取得了重大突破。我公司创建的以集成化设计为源头的正向数字化工厂建设的基本内涵可以概括为：“四个一”和“一个四”。“四个一”即“一条思路”“一个平台”“一个提升”和“一套标准”；“一个四”，实现“四化”目标。即探索“一条思路”是指以探索一条以集成化设计为源头正向数字化工厂建设的思路；建立“一个平台”是指建立数字化工厂平台；实现“一个提升”即提升信息在整个产业链的利用价值；形成“一套标准”即形成一套与数字化工厂建设相关的标准体系；实现“四化”目标即实现数字化工厂的标准化、数字化、集成化、可视化。

4 数字化工厂建设的探索与实践

作为国内最早开展计算机辅助设计的工程公司，在流程模拟、工程计算和智能三维设计等软件的开发应用方面形成了一系列重大成果。在此基础上，为进一步加强专业间协同，大力推进集成化设计和数字化工厂建设，创新提出了一套以集成化设计为源头同步建设物理工厂与数字化工厂的智能设计方法和工作模式。通过借鉴国内外总承包项目的经验，潜心研究，创新思路，率先在某项目上实践，从工程建设初期开始同步建设以工厂对象为核心的数字化工厂，在工程建设期进行集成化设计，自动集成EPC全过程项目信息，实现在工程建设期无缝、快捷、低成本的数字化工厂建设。“以集成化设计为源头的数字化工厂建设探索与实践”工作主要内容及做法如下：

4.1 确立目标

我公司围绕智能工厂建设的目标，探索以集成化设计为源头的数字化工厂正向建设的思路，明确了建设目标，包括：

- 实现项目EPC全过程的各专业软件的集成。
- 形成标准化的工作流和信息流。
- 实现数字化工厂建设过程和项目EPC过程合二为一。
- 实现工厂运维系统动态信息的集成。
- 实现可视化的设备运行状态监控、管道

腐蚀情况实时监控。

- 实现工厂全生命周期信息管理。将工程建设阶段的数字化信息管理延伸到工厂的运维阶段，为工厂运维提供信息化和数字化服务。
- 借助数字化工厂建设，促进企业管理与技术创新，增强核心竞争力。

4.2 变革设计模式

我公司针对传统工程设计模式综合分析，查找出阻碍工程建设质量和效率的各种因素，结合集成化设计的发展和应用趋势，创新提出了工程集成化设计模式。创新模式与传统模式对比见表1。

表1 传统模式与创新模式对比

传统模式	创新模式
基于纸质文件	基于数据
设计工作基于一个个“信息孤岛”，手工抄数和重复抄数工作量大，容易出错	信息共享，自动传递
文档分散管理，版本不易控制	文档集中管理，版本有效控制
设计数据不能实时共享	数据实时共享
协同工作程度不高	集成化、协同化、智能化设计
集成专业有限	全专业集成
不需要应用智能化软件	建立在应用智能软件的前提下
设计变更多，工作效率低	设计变更减少，提高工作效率
工程质量得不到有效保障	提高了工程质量
难以实现数字化工厂建设	数字化工厂自动建立

4.3 建立以工厂对象为核心的信息模型

传统的信息管理是以文档为中心的，大量的有用数据包含在文档里，不易于检索；其次这些文档是离散的，存在于一个一个“信息孤岛”中，很难查找到与之相关联的所有信息。本项目实现了以工厂对象为核心的智能关联和信息管理，实现了传统的以文档为核心的信息管理向以工厂对象为核心的信息管理模式的改变，以工厂对象为核心的信息管理示例如图1所示。

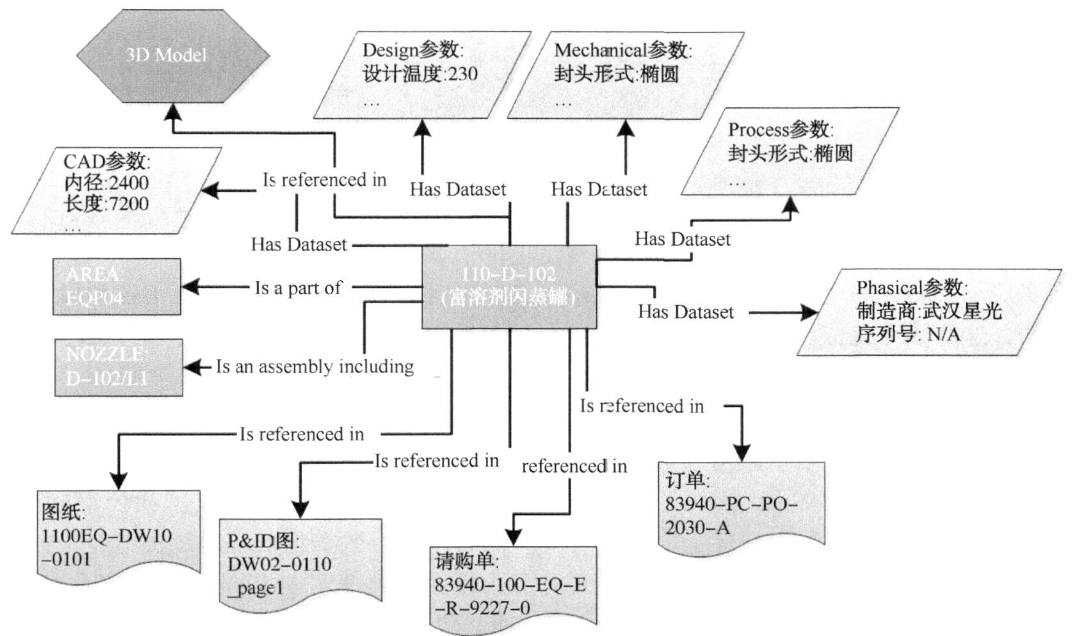

图1 以工厂对象为核心的信息管理

4.4 建立标准类库

类库是实现数据交付的基础，也是集成化设计的关键，通过本项目探索出了工厂对象分类原则和组织方式，实现了工程软件和数字化工厂平台数据级的统一。

我们将标准类库在数字化工厂平台和工程设计软件中定义，保证数据无论来源于哪个系统，都基于一套标准的工厂对象类别和属性定义。共定义了工厂对象400种，属性20000余个。

4.5 确定技术架构

结合公司已有的设计工具和管理系统，经过多次交流、技术架构研讨，采用了数字化工厂信息总线方式进行信息集成的技术路线方案。即在前期设计阶段以COMOS FEED作为工艺设计集成系统，在详细设计阶段，采用AVEVA Engineering作为工程设计集成系统，采用PDMS作为多专业的三维协同工作平台，并应用AVEVA NET作为数字化工厂平台，形成数字化工厂平台建设的技术架构，见图2。

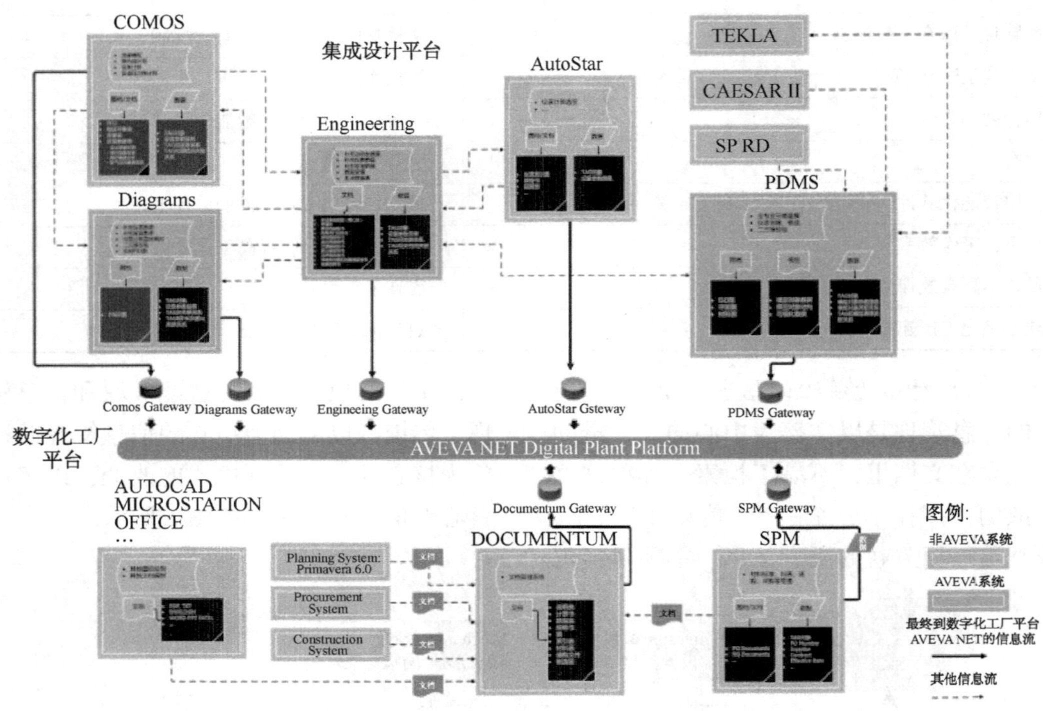

图2 数字化工厂平台技术架构

4.6 建立数字化工厂平台

以物理工厂实体对象容器为例，通过数字化工厂平台实现与其相关的全生命周期的数字化信息与之关联，这些数字化信息包括工程数据、工程文档(规格书、P&ID以及ISO图、采购文档、施工资料等)、三维模型以及项目管理数据，涵盖了设计、采购、施工和项目管理等。数字化工厂成果展示图见图3。

4.7 数据的整合与校验

数据的整合与校验是数字化工厂建设的关键环节。对于数字化工厂来说，数据的整合不仅是数据的堆积，而是对数据进行提炼后，对数据进行分析、集成，统一到一个平台上，形成有效信息。在集成设计模式下，由于不同专业之间的数据传递是通过集成化设计平台实现自动传递，保证了数据同源，消除了数据的不一致。数字化工厂平台的数据采集直接来源于各个设计系统和管理系统。因此从源头上解决了数据冗余和不一致。

4.8 编制《石油化工工程数字化交付标准》

通过该项目探索出了工厂对象分类方式和信息组织及交付方式，形成了我公司标准化类库。结合本项目数字化工厂建设实施经验，并借鉴国内外数字化工厂建设的实践，吸收相关研究成果，形成了一套完整的数字化交付体系，包括交付基础、交付内容与形式、交付过程以及数字化工厂建设等。在此基础上进行总结和提炼，形成了国家标准《石油化工工程数字化交付标准》。

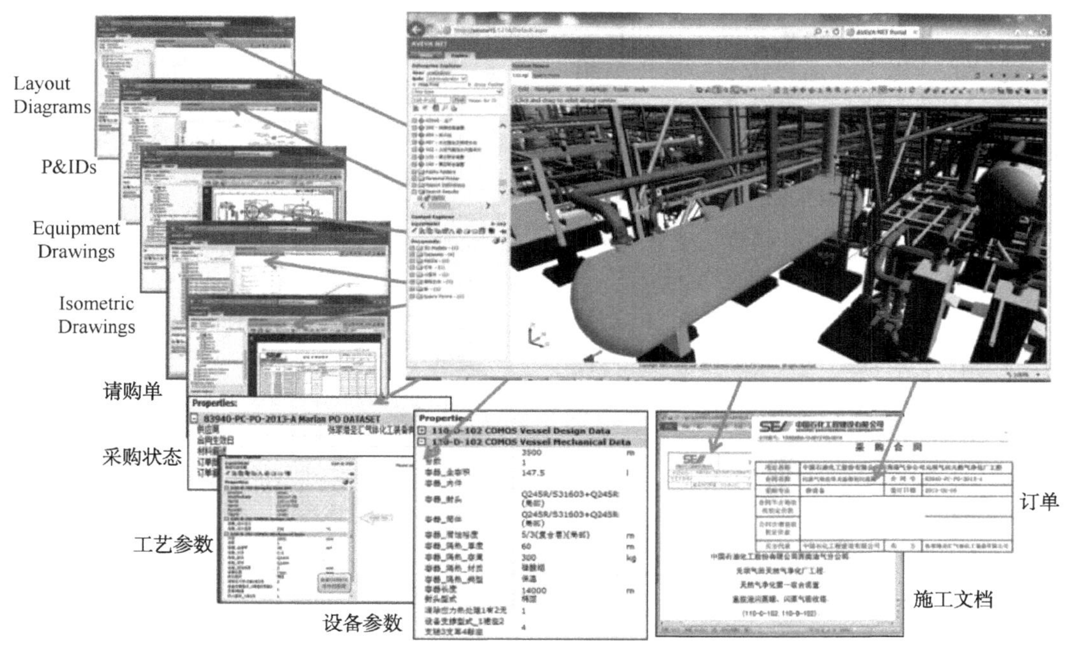

图 3 数字化工厂成果展示图

5 应用效果

我公司通过在某项目上开展集成化设计和数字化工厂建设工作，开拓了以集成化设计为源头的正向数字化工厂建设的新模式，实现了工程建设模式的变革，具体而言，可以概括为以下几个方面：

5.1 探索出变“文档驱动”为“数据驱动”的工作流程，创新了集成化的设计模式

传统工作模式下，各专业设计资料主要以文档的形式传递设计条件，效率低下，数据需要在不同专业之间重复手工录入，数据质量难以保障。在本项目上开发和应用了全专业的集成化设计工作平台，规范统一了各专业之间的数据流，各专业在此平台上能够进行设计方案优化、同源数据分享和传递，提高了精准设计的能力和质量，工程建设的进度周期。

5.2 形成了国家标准《石油化工工程数字化交付标准》，填补了该领域的空白，达到国际领先水平

结合本项目数字化工厂建设实施经验，并借鉴国内外数字化工厂建设的实践，吸收相关研究成果，在此基础上进行总结和提炼，编制了国家标准《石油化工工程数字化交付标准》，该标准填补了国内在数字化交付领域的空白，满足了石油化工行业工程数字化交付的迫切需要，对规范工程数字化交付内容、深度和质量等方面具有指导意义，引领石油化工工程数字化交付技术发展。

5.3 创新了物理工厂和数字化工厂同步建设的正向数字化工厂建设模式

本项目开拓了从工程建设期开始正向数字化工厂建设的新模式。基于标准化类库，以集成化设计为源头建立数字化工厂，通过智能移交，企业业主可以获得和物理工厂一致的数字化工厂，不需要反向三维建模、数据及文档整理、关联等重复性数字化工作，降低了数字化工厂建设的成本和周期，也保证了数据的质量。

5.4 实现产业链系统集成，创新信息全生命周期管理和利用模式

目前，工程项目的各参与方都各自建立了自己的信息系统，但都自成体系，相互之间都是孤立的，没有实现集成，降低了信息在工厂整个生命周期的利用价值。通过数字化工厂建设使项目业三方、设计、采购、施工等各参与方能够在信息共享的模式下工作和项目信息的共享，加强了工程建设整个产业链间的系统集成，将工程建设阶段的数字化工厂信息延伸到工厂的运维阶段。重构整个产业链间信息集成新秩序，创新了信息全生命周期管理和利用的模式。

6 展望

以集成化设计为源头的数字化工厂建设的探

索与实践开拓了从工程设计阶段便开始数字化工厂建设的新模式，并且探索出了物理工厂和数字化工厂同步建设的新思路。通过构建新的信息组织模式，实现了无缝、快捷、低成本的以工厂对象为核心的信息交流方式，实现了信息化与生产过程、工厂经营管理、产供体系、维修维护的融合，提升了信息的利用价值。

数字化工厂是智能工厂的基础，智能工厂是数字化工厂的利用和功能延伸。数字化交付为智能工厂建设探索出了最佳实践路径，并为业主提供和形成工厂大数据，加速了智能工厂的建设，助力了数字化向智能化的迈进。

参考文献

[1] ISO 15926-1：2004(E) Industrial automation systems and integration-Integration of life-cycle data for process plants including oil and gas production facilities-Part 1：Overview and fundamental principles[S].

[2] ISO 15926.4 工业自动化系统与集成．流程工厂(包括石油和天然气生产设施对象)生命周期数据集成第4部分 初始参考数据．

[3] 叶向东．数字化石油炼制和石油化工工厂建设初探．石油化工自动化[J]，2013，49(4)：1-4.

[4] Hans - Jürgen，Bittermann. 数字化工厂的未来之路——数字化工厂的现状及发展趋势《流程工业》，2013(2)：42-44.

[5] GB/T 18975.1—2003 工业自动化系统与集成流程工厂(包括石油和天然气生产设施)生命周期数据集成第1部分：综述与基本原理[S].

浅谈国家危险化学品应急救援天津基地应急指挥系统建设

张绍华[1]　张成德[2]

（1. 中国石油化工股份有限公司天津分公司；2. 石化盈科信息技术公司）

摘　要　应急指挥软件系统应以应急救援基地辖区范围的地理信息平台为依托，以应急资源、危险化学品信息、实时数据库和事故案例数据库为支撑，以接处警系统、视频会议系统为载体，实现实时监控、地理信息、应急资源、应急值守、辅助决策功能。

关键词　119；应急救援；应急指挥

1　前言

国家危险化学品和油气管道应急救援基地应急指挥系统由国家财政部、应急管理部在2016年下发的《国家安全监管总局办公厅关于印发<2016年安全生产预防及应急专项资金国家危险化学品和油气管道应急救援基地建设项目装备配备清单>的通知》（安监总厅应急函［2017］18号）文件要求，建设国家危险化学品应急救援天津基地应急指挥系统。

2　总体系统架构

国家危险化学品应急救援基地指挥体系主要由三个层面组成。

（1）国家/省级应急救援中心，保障事发地点区域的资源协同、信息共享和资源调拨，建立制度保障，建立应急救援机制及装备的保障；

（2）总部生产调度/应急指挥中心，保障内部企业的资源协调、信息共享和资源调拨，组织专家会商，提供技术支持，保障与事故现场、国家应急救援中心的信息互联互通；

（3）基地应急指挥中心，负责日常的基础知识培训、应急处置培训、协同演练，以及应急值守和警情接报，事故发生时组织现场救援，系统提供辅助分析和协同决策支持，如图1所示。

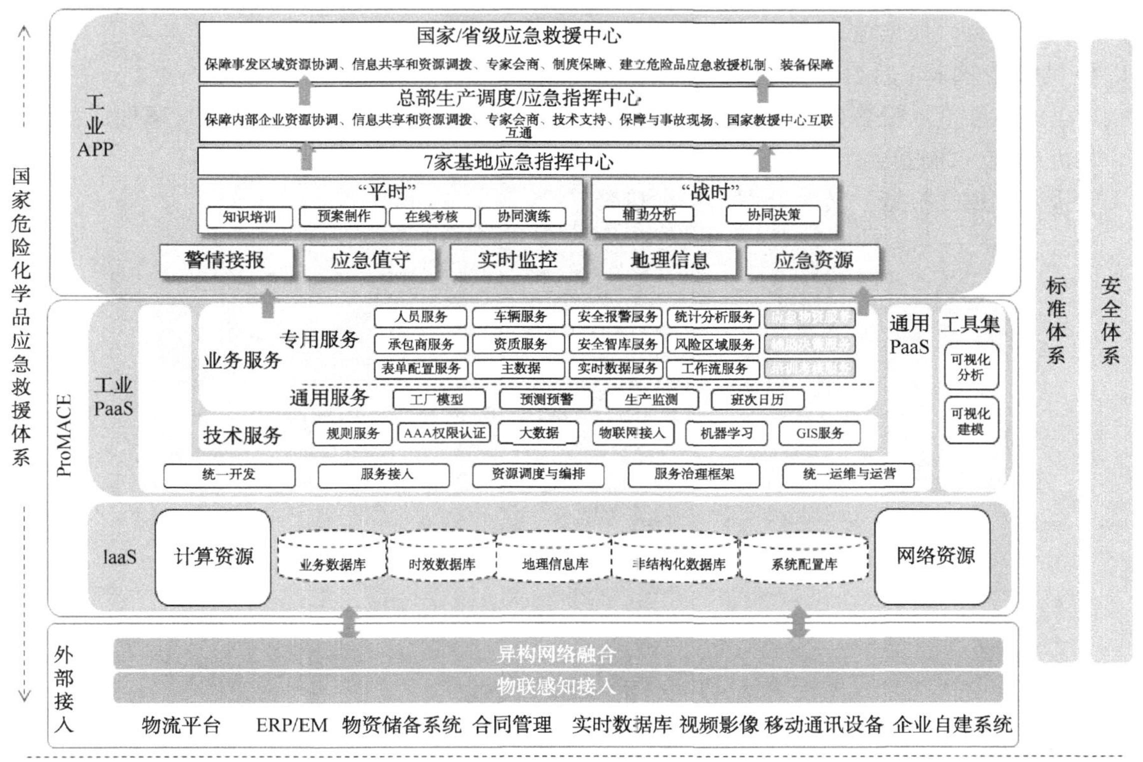

图1　系统总体架构图

3 系统功能

3.1 应急值守

(1) 支队值守：支队接警员值守页面，展示值班信息、车辆状态信息以及道路占用信息，为出警提供支持信息(图 2)。

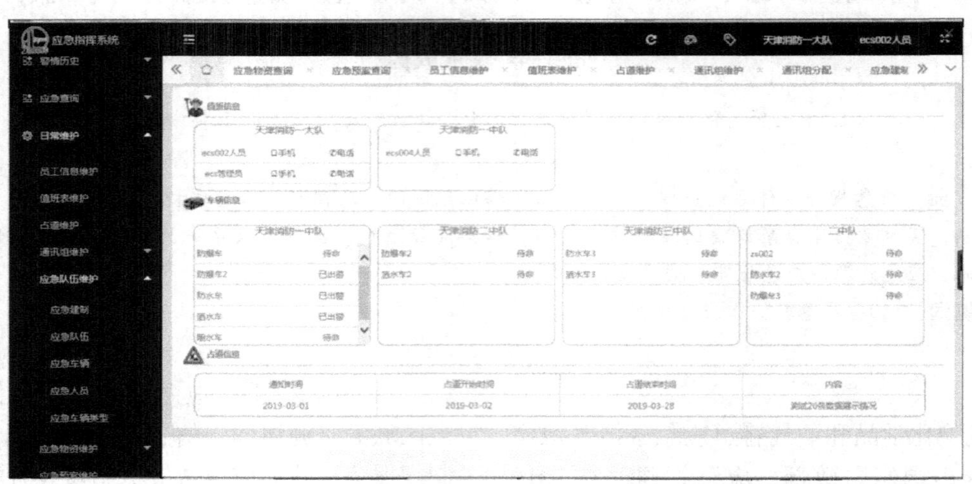

图 2　支队值守界面

(2)中队值守：中队值班员的值守界面维护本中队的车辆出警情况，可实时查看车辆零部件、油、气、水、电五大模块综合评分情况，胎压监测等情况的具体信息，发现车辆异常情况实时维护。

3.2 接警

(1) 电话接警：接警后，案发地址一栏如与机主位置一致，则可以操作机主位置框后的按钮进行同步；不一致时根据输入的关键字有下拉列表可以提供位置选择(后台数据和记忆功能)。电话接警页面自动带入报警电话主叫号码、机主姓名、装机地址，通过电话地址定位事故地点；支持无效报警、重复报警、转警处理，提供接警计时功能(图 3)。

(2) 手动接警：当手机或没有在系统上绑定的座机电话报警时，接警人员需填写案发地址，或在 GIS 上标注地址，填写事件相关数据点击立案进行处警(图 4)。

(3) 自动报警与接警：与企业视频火灾自动识别报警、有毒有害气体报警集成，当视频或有毒有害气体报警时，系统自动报警，值守人员进行确认。

3.3 处警

处警主要包括消防调度、案件详情记录、作战预案、监控视频查询(图 5)。

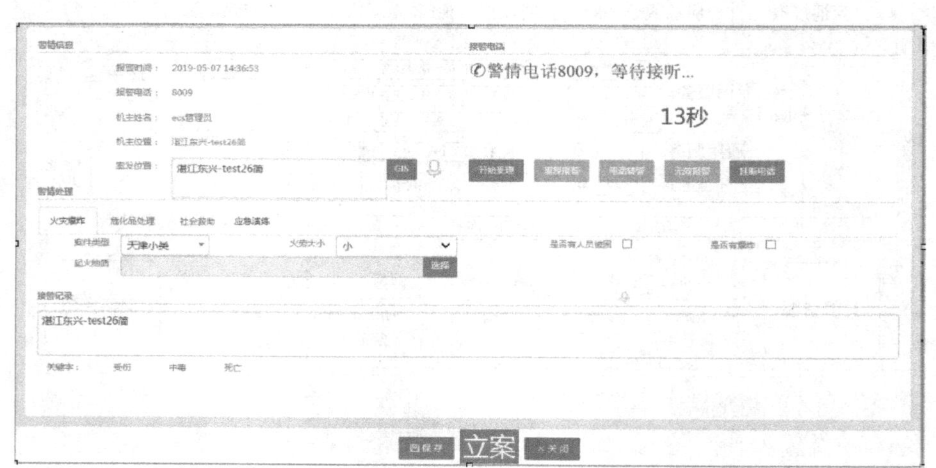

图 3　接警立案界面

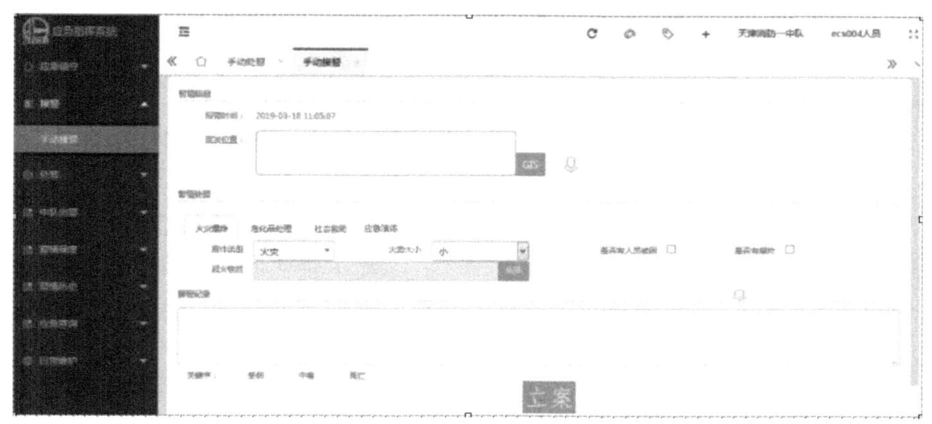

图4　手动接警界面

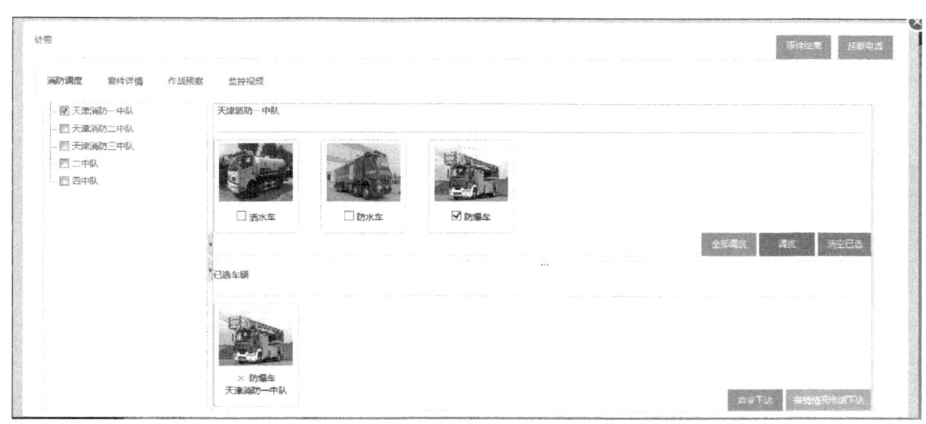

图5　处警页面

3.4　出警

主要包括出警任务单打印，警铃、广播、闸门联动。在处警人员派遣车辆时，对应中队弹出任务单，中队人员点击确认，并反馈处警人员已接到任务。

3.5　警情调度

（1）应急通知

与应急短信平台集成，发送语音和短信应急通知，默认按照维护好的通讯组发送，也可单独增加接收人员。

（2）视频会议

基地配置视频会议并与企业视频会议、消防指挥车视频集成，实现视频及语音的实时交流，用于视频调度指挥、专家会商。

（3）通讯录

根据组织架构，对联系人进行分组，快速查找联系人，并实现与其通话和短信通知功能。

（4）视频查看

集成企业视频监控平台，能够实时查看视频数据。基地建设过程中配置的摄像头、4G布控球、防爆智能终端、单兵、无人机、消防机器人视频接入企业视频监控平台，实时传输到119接警系统，并推送到指挥中心大屏、消防指挥车、手持终端，可以实时调取查看。

3.6　警情历史

（1）历史记录查询

用于查询处理中和已结束的事件。按照从报警电话进入时间、接警时间、命令下发时间、出警单打印时间、结案时间等时间点，按照案件处置的顺序生成案情报告，并将案件相关的所有录音文件进行关联，可直接在案情报告中点击回放。录音查询

录音查询功能按照录音开始时间、结束时间（范围搜索），主叫号码、被叫号码四个条件，查询录音系统内的录音文件，并可以将录音文件导出。

（2）会议记录

用来查看音频会议的历史记录，点击可以查

看会议详情，包括参会人员、会议录音和会议记录。

3.7　应急查询

（1）应急队伍查询

应急队伍在线查询功能，可对已登记的应急队伍信息进行导出。

（2）应急物资查询

显示应急物资信息，支持应急物资在线查询功能，可对已登记的应急物资信息进行导出功能。支持应急物资库存量报警功能，对数量低于库存量的物资进行存量报警提醒。

（3）应急专家查询

显示应急专家信息，支持应急专家在线查询功能，可对已登记的应急专家信息进行导出功能。

（4）危险化学品查询

显示企业危险化学品信息数据，支持危险化学品在线查询及浏览，危险化学品信息中包含 MSDS 文件，可下载 MSDS 文件获取危险化学品更详细的信息。

（5）应急预案查询

显示企业应急预案信息数据，支持应急预案在线查询及浏览。

3.8　地理信息

依托中国石化统一地理信息服务，在一张地图上，展示企业地图信息及基础地理信息，实现风险区域按级别形象化展示，实现事件信息、应急监控、应急监测实时动态展示，实现应急物资自定义搜索、应急标绘等，实现人员、车辆 GPS 定位及轨迹查询功能(图 6)。

图 6　应急地图

（1）周边查询功能

查询企业分布图，包括装置分布、设备分布、消防管网等查询应急车辆、装备、物资等资源分布情况。

（2）地图标绘

选择需要的图标拖动到地图中具体位置，可进行标绘，地图可收缩展示。

（3）路线跟踪

基于 GPS 设备或北斗相关设备，展示应急车辆、消防车辆、危化品运输车辆、施工等当前位置显示。

3.9　日常维护

（1）员工信息维护

主要用来维护企业员工的界面。可维护员工姓名、编号、联系方式等基础信息。

（2）值班表维护

维护各个中队的值班人员信息，通过 Excel 批量导入的方式。导入后的值班人员信息，可以手动进行编辑和删除。

（3）占道维护

维护企业内的占道信息，包括开始时间，结束时间，路段信息，为消防车辆提供路线规划依据。

（4）应急队伍维护

用于维护企业应急队伍、人员、车辆及数据类型的管理页面，可通过此模块新建及维护应急队伍、应急车辆、应急人员、应急车辆类型的相关数据，为应急指挥中的队伍、人员、车辆数据的获取提供数据支撑。

（5）应急物资维护

用于应急物资存放点及企业应急物资数据信息，并关联二级单位、应急地图，明确应急物资管理部门，配置各存放点应急物资种类、名称、数量、库存量下限等数据，可通过地理信息搜索应急物资存放点数据、在线实时监测应急物资数量，并提供库存量报警功能。

（6）应急预案维护

维护企业的应急预案数据信息，实现查询、新增、编辑功能。根据案发地址、燃烧物、火势大小等信息，对消防预案进行查询。

（7）应急装备

维护企业的应急装备信息，并建立装备与应急队伍关联，可通过新增、导入方式进行装备登记操作。

（8）医疗机构

维护医疗机构信息数据，关联地理信息系统，应急状态下可快速查询医疗机构。

4 结论

以工业电视监控系统、视频会议系统、地理信息为支撑，建设危险化学品应急救援基地信息化系统，满足应急救援队伍应急状态下接处警、资源调度、应急会商的要求，提升基地在安全生产中的应急指挥和救援能力。

参考文献

[1] 消防应急救援通则 . GBT 29176—2012.
[2] 消防应急救援技术训练指南 . GB/T 29175—2012.
[3] 消防应急救援训练设施要求 . GBT 29177—2012.
[4] 消防应急救援装备配备指南 . GB/T 29178—2012.
[5] 消防应急救援作业规程 . GB/T 29179—2012.
[6] 消防培训基地训练设施建设标准 . GA/T 623—2006.
[7] 生产经营单位生产安全事故应急预案编制导则 . GB/T 29639—2013.

智能化在炼化一体化项目增值创效中的应用研究

赵　猛　周　晖　张梅英　张来勇

（中国寰球工程公司）

摘　要　炼化一体化是炼化行业发展的必然趋势，而智能化技术是助推炼化一体化项目安全、绿色、集约、效益发展的重要手段。本文首先介绍了炼化一体化发展的内涵，剖析了其发展特征和运营管理中面临的问题，然后阐述了智能化技术在炼化一体化项目中的积极作用和应用实效，最后结合建设经验提出了“智能炼化一体化”的建设思路和基本技术架构，总结了智能化建设的实施要点和建议。

关键词　炼化一体化；智能化；大数据；数据孤岛；技术架构

1　前言

炼化产业是关乎我国民生和国家安全的支柱性产业。近20年来，随着工业技术的发展、供需产业结构的变化以及国内外竞争环境的愈演愈烈，炼化企业面临着巨大的挑战，如国际原油价格宽幅波动，资源不平衡与劣质化趋势凸显；安全、环保要求日趋严格，在提高石油产品质量且向清洁化和低碳化转变的同时，还要控制各种污染物的排放，致使企业的投资和生产成本大幅攀升；石化产品需求不平衡，部分石化产品过剩，而高端石化产品缺口仍然很大等[1]。炼化一体化是炼化行业发展中应对这些挑战的必然选择，是着力于从宏观经济层面去提升炼油和石化工业的整体竞争力，促使炼化企业的高效发展[2-4]，其有着丰富的技术内涵和发展特点。传统生产管理模式难以满足炼化一体化的规模化、集约化发展的管理要求，然而随着智能化技术的进步，破解了精细化管理的难题，为炼化一体化的硬扩展配备了优良的软系统且必将成为炼化一体化企业管控的有力抓手和工具，进一步促进炼化一体化项目安全、绿色、集约、效益等综合效能的释放。

本文首先介绍了炼化一体化发展的内涵，剖析了其发展特征和运营及管理中面临的问题，然后阐述了智能化技术在炼化一体化项目中的积极作用和应用实效，最后结合建设经验提出了“智能炼化一体化”的建设思路和基本技术架构，并总结了智能化建设的实施要点和建议。

2　炼化一体化发展的内涵

十多年前，我国的炼油、化工企业规模普遍偏低且独立，呈现出“多、小、散、乱”的分布格局，这导致单位产品的成本高、能耗高、安环治理费用高、储运费用高以及供需链条协调不畅等问题，并随着竞争环境的加剧、效益的下降促使炼化企业不得不走上提质增效、产业转型升级的道路。随着焦化、加氢、催化裂化、重整等技术的进步，给予了炼油和化工装置“直接牵手”的必要技术条件。

炼化一体化是指将炼油和化工装置在有限的地域内实现集约发展，进而实现资源的节约和有效利用，这也是国家经济发展由资源消费型向循环经济型、资源节约型和环境友好型转变的必然要求。炼化一体化不仅是从技术经济层面的发展优化策略，而且具有更加丰富的技术内涵：上下游原料互供、优化利用一体化；总平面布置一体化；公用工程/辅助设施一体化；物流储运一体化；消防、安全、应急一体化；环境保护一体化；管理服务一体化等。然而，这些一体化不是简单的罗列和组合，而是有机的整体技术集成，最终实现资源的高效优化配置与利用。

3　炼化一体化的发展特征和面临的问题

炼化一体化模式经过多年的发展已从初级的以单供原料为主的松散型提升为全面互供的紧密型，大大降低了建设和生产成本，增强了对市场的适应性，延伸了石油资源价值链，提高了经济效益和企业的抗风险能力。炼化一体化是对炼油和化工装置的硬扩展且发生了质的变化，呈现出与之不同的鲜明特征和面临的问题：

① 集群化、大型化、规模化特征愈发明显。这直接导致设备的数量、种类成倍增加，且约束条件更加复杂，运维难度更大，当非计划宕机发生时影响范围也更广。如何实现海量、多种类设备的有效监管？如何制定科学的装置维检修计

划？成为保证装置“安、稳、长、满、优”稳定生产的基本问题；

② 上下游的工艺技术集成度更高，各装置间的物料/能量供给、操作控制、协调统一的耦合关系更加复杂。炼化一体化要求对原料的适应性更强，并能充分榨取每个分子的价值，因此如何根据原料、市场等因素快速地制定和调整生产计划，并实现上下游系列装置的快转、快投、快稳，使生产更加机动灵活，成为发挥炼化一体化潜能的核心问题；

③ 为了发挥出一体化优势，集约化和共享化程度更高。公用工程的集约化是炼化一体化的重要特征之一，但由于炼化一体化装置生产的灵活性，所有装置的操作条件和负荷随之变化更加频繁且复杂，因此水、电、气、汽等公用工程的消耗也是动态变化的，再加上装置间的产品和能量互供的耦合关系，使得公用工程的保供和有效节能降耗变得异常复杂。如何实现公用工程的智能集约是炼化一体化优化资源、增值创效的关键问题；

④ 安全、环保风险密度大，影响面、危害程度更广更大。如何监控和管理这种高密度的风险、防范于未然也是炼化一体化企业必须高度重视的问题；

这些问题都属于“人、机、料、法、环”生产要素的精细化管理、动态优化配置的范畴。但由于炼化一体化的高度集约化发展，使其变得异常复杂，如不采用先进的管控手段和方法，必将降低炼化一体化项目的竞争力和效能的发挥。

4 智能化对推动炼化一体化发展的积极作用

炼化一体化完成了生产装置和技术的硬扩张，就像一部高度集成、硬件配置优良的超级计算机。而只有优良的硬件仍然无法释放出其优越的性能，还需为之配备优良的软件系统才能发挥出硬件系统的最大能力。

随着IT技术的发展，掀起了第四次工业革命[5]。工业互联网、大数据、云技术、人工智能等大大增加了“数据、算力、算法”的能力，并形成了以智能化为核心的应用技术[6]。智能化技术为破解炼化一体化所面临的复杂管控问题提供了一把利剑，并将在推动其深化转型升级和增值创效中发挥积极的作用。

① 智能设备管理。炼化一体化项目中，设备的数量、种类十分巨大，仅仅依靠人工点巡检不仅工作量巨大而且很难及时发现和定位设备问题。因此，结合了物联网、大数据等先进的IT技术，突出设备管理的3P先进理念，实时自动采集海量的设备状态数据，并采用数据和模型驱动的双轮驱动模式，在线分析设备的健康状况，预测设备故障，分析、挖掘、规避设备故障影响因素，以及设备全生命周期管理和装置整体维检修计划评估等，进而解决非计划宕机、带病运行或过度维修，甚至安全事故等重大问题，建立科学维保、降本增效的智能化、精细化设备管理体系，以保证“安、稳、长、满、优”的运行要求。

② 智能能源管控。炼化一体化项目由于目标产品的动态调整以及装置间的产品和能源互供的耦合关系，导致水、电、气、汽、煤等公用工程的消耗在时间和空间维度上也是动态变化的。因此，利用智能化技术建立能源管控模型，实时监控能源消耗数据，分析能源消耗特征，实现由粗放型保供向精细化保供转变，同时有的放矢地节能降耗，达到公用工程动态集约的优化平衡，降低生产成本、提高效益。另外，通过对重点设备和装置能耗的分析，挖掘更深层次的问题。

③ 智能安环监管。大型炼化一体化的高度集中，致使安全、环保的风险更加集中、危害程度更大、关联危害更广，更应加强其安全和环保的监管。智能化技术为安环的监管提供了有力的工具，通过在线视频监控、人员定位、周界报警、事故推演、安环与应急和生产系统联动等智能化应用，从事后管理向事前预测、事中控制转变，增强了管控能力，降低安环风险。

④ 智能优化技术。分子炼油技术是在分子尺度上对原油进行加工评价，准确预测产品性质，据此优化工艺流程和操作条件，以“宜油则油、宜烯则烯、宜芳则芳”的优化原则提升每个分子的价值。RTO/APC是针对目标产品，充分考虑成本、约束条件、安全等因素，利用数据处理、参数整定、稳态判定、模型校正、优化模型求解、先进控制等技术，将优化的操作参数设定值自动下发给APC系统，由其实现稳定的闭环优化控制。分子炼油和RTO/APC优化技术为整个生产流程(原油采购—排产—优化控制—产品输出)提供了的动态优化手段，增强了上下游系列装置的快转、快投、快稳的“灵活性”和对原

油/产品市场波动快速响应的能力，大大提高了生产价值和产率，进一步释放了炼化一体化的增值创效潜能。

⑤ 3D数字化工厂和数字孪生技术。其是随着建模、图形图像等技术的发展孕育而生的新技术，是庞大炼化工厂的海量数据和生产机理的承载体。通过这项技术可以实现沉浸式的巡检、操作培训、设备维护指导、应急仿真演练、报警显性化展示、事故推演、生产计划的优化与验证、工艺方案调整仿真验证等功能，支撑监测、预测和假设分析以及多角度可视化展示和辅助决策等各类应用，快速提升炼化一体化运营的业务管控水平。

5 智能化基础架构和实施要点

5.1 智能化基础技术架构

炼化一体化的“大、多、繁、杂”的特点为其高效运营管理提出了不小的挑战，而智能化技术恰恰在处理海量数据、深度挖掘、辅助决策等方面体现出巨大的优势。由此可见，炼化一体化的供给侧深度改革和增值创效必须走“智能炼化一体化”的发展范式，让其优越的硬件系统插上让其腾飞的软件系统，以最大程度的释放安全、绿色、集约、效益的综合效能。

结合炼化一体化项目的发展特点，吸取智能化建设的成功经验和失败的教训，提出了以下智能化基础技术架构，见图1。

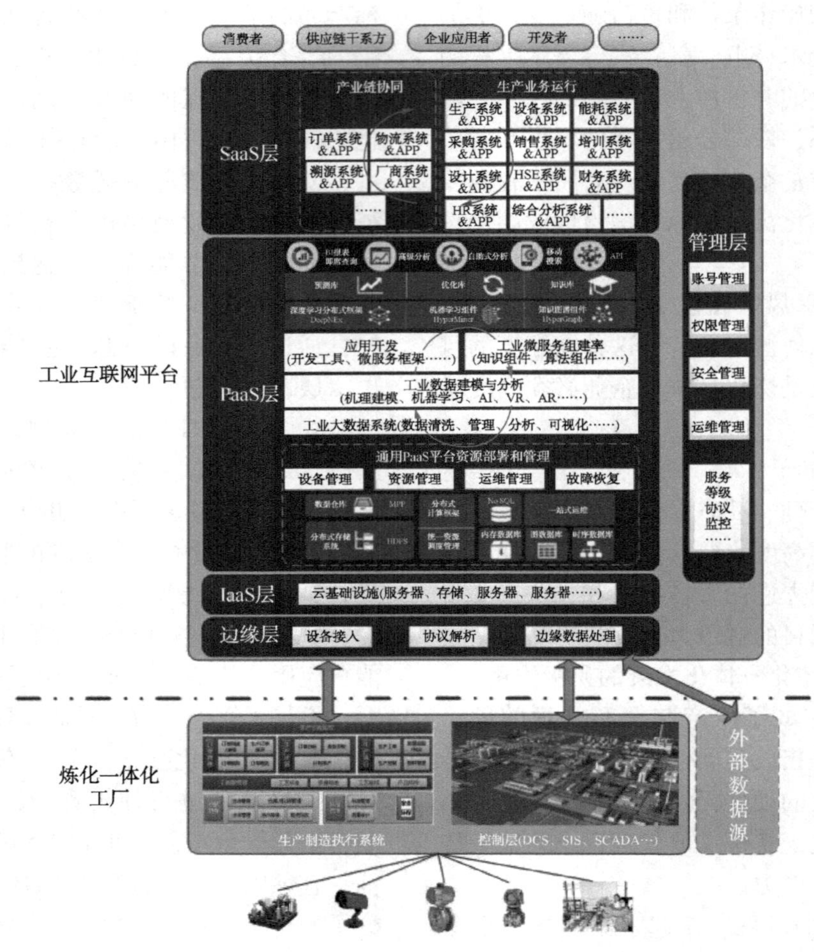

图1　智能化基础技术架构

本智能化技术架构采用工业互联网平台化设计。由边缘层与炼化一体化工厂进行海量数据传输和交互，经过数据清洗、处理等技术将多源、异构、多模态数据存储在IaaS层并形成中央数据库，同时在PaaS层上部署相应的算法库、模型库、微服务组件库、报表库、控件库、套件库等基础通用单元，使其具有强大的数据分析和挖掘等功能，然后根据实际的业务需求在SaaS层上部署相应的智能化应用，并调用PaaS层上的智能化单元以加工中央数据库中的数据，形成决策信息和控制指令，从而建立起数据驱动的“描述-诊断-预测-决策”智能服务机制，降低人工判断在决策中的比重，进一步提升精细化、智能化管理水平。

本技术架构具有两点突出优势：(1)中央数据库通过标准化数据管理、标准化数据接口等，消除数据孤岛和业务竖井等数据割裂的问题，让数据流动起来，发挥出数据融合的价值；(2)智能化技术和智能化应用的平台化部署利于未来新技术的施用和升级，利于发挥出智能化"核"聚变的整体威力。

5.2 智能化实施要点

通过智能化项目的实践，总结出以下经验和建议：

1）以需求为导向确定整体目标，遵循整体规划、分步实施、再优化的技术路线，且基础设施最好在工程项目建设阶段同步建设，避免后续的修修补补；

2）功能设计、模块设计、接口设计、数据设计等要遵循标准化设计原则，为日后的智能化升级和新的智能化应用的部署奠定基础；

3）夯实工厂自动化/数字化基础，为智能化应用提供实时、可靠的数据；

4）消除数据孤岛，以业务间显性联系为主、数据隐性联系为辅，打通业务间的壁垒，实现生产、经营一体化管理，发挥出智能化的整体作用；

5）加强信息安全建设，使安全风险可控；

6）在智能化建设阶段就要建立与之相适应的规章制度和组织机构，确保其能够扎实落地、良好运行。

6 结语

目前，在全球大型炼化一体化项目的浪潮下，大炼化完胜小炼化并完成淘汰和进化，已初步形成新的炼化行业格局，但不久的将来炼化行业将迎来更深层次的变革，竞争重心将从对规模的追逐转向对精细化管控、增值创效的能力上来。"智能炼化一体化(Intelligent－Integration of refining and chemical industry)"是在硬扩展的基础上为其配备优良的软系统，实现了管控能力的赋能升级，必将助推炼化一体化项目整体跃升。

参考文献

[1] 李雪静．全球炼化行业发展动向及启示[J]．石化技术与应用，2018，36(2)：75-82.

[2] 李志强．炼化一体化—未来石油化工发展的方向[J]．当代石油石化，2005，13(5)：8-11.

[3] 孙会东，宋爱萍．世界大型石油公司及部分国家炼化一体化发展现状及启示[J]．石油规划设计，2009，20(5)：15-18.

[4] 陈淳．炼化一体化基地的产异化发展[J]．石油炼制与化工，2013，44(7)：64-68.

[5] 杜品圣．工厂智能—德国推进工业4.0战略的第一步[J]．自动化博览，2014(2)：22-25.

[6] 马孟模．流程工业智能工厂建设技术应用探究[J]．工业控制计算机，2017，30(3)：53-54.

工程公司助力炼化企业智能化工厂建设

张来勇 张梅英 赵 猛 唐学军

(中国寰球工程公司)

摘 要 伴随着国内外炼化行业的不断发展和激烈竞争，信息技术的不断发展和应用的不断深化，使之从生产制造领域的辅助工具上升到支撑力量，智能工厂建设已成为各炼化企业升级转型的关键战略。本文从智能化工厂架构作为切入点，围绕智能化工厂的建设目标，剖析工程公司在智能化工厂建设中发挥的重大作用。

关键词 数字化交付；数字化工厂；工业物联网；智能化工厂

作为典型流程行业的炼化企业，是国民经济的重要的支柱产业。随着信息技术的飞速发展，物联网、大数据、云计算、人工智能等技术正在引领传统行业进行新一轮的技术变革[1-3]。在国家出台《中国制造2025》、"互联网+"行动计划、"促进大数据发展行动纲要"等文件之际，炼化企业已普遍将信息化作为企业发展和转型升级的关键战略，"智能化工厂建设"已成为较普遍的建设目标[4-7]。

1 智能化工厂架构及相关概念

1.1 智能化工厂的基础架构(图1)

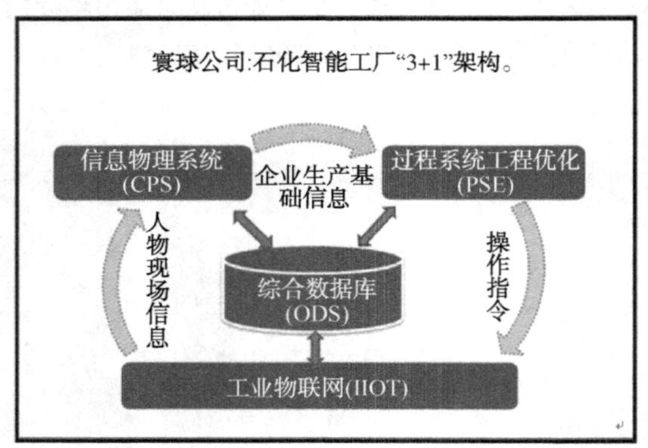

图1 石化智能工厂3+1架构

智能炼厂=工业物联网(IIoT)+信息物理系统(CPS)+过程系统工程(PSE)。

工业物联网提升智能炼厂的泛在感知能力。信息物理系统强化智能炼厂的管控能力，加强柔性。过程系统工程以机理为核心，以优化为抓手，体现智能工厂的专业特点。

1.2 相关概念

工业物联网(Industrial Internet of Things)

作为泛物联网在工业领域的一个分支，工业物联网(IIoT)是指互联的传感器、仪器和设备与计算机工业应用软件系统一起组成的网络，用于制造流程的自动化和效率提升，以及制造装备、能源和资产的有效管理及成本降低。工业物联网涉及数据采集、处理、交换和分析，是传统分布式控制系统(DCS)的演进和扩展，借助云计算来优化流程控制以获得更高程度的自动化。

信息物理系统(Cyber Physical Systems)

信息物理系统(Cyber Physical Systems，简称CPS)作为计算进程和物理进程的统一体，是集成计算、通信与控制于一体的智能系统。实现物理世界和信息世界之间实时的、动态的信息反馈、循环过程。它深度融合了各类信息技术：传感器、嵌入式计算、云计算、网络通信、软件，使得各种信息化能力(3C：计算-Computer、通信-Communication和控制-Control)高度协同和自治，实现生产应用系统自主、智能、动态、系统化地监视并改变物理世界的现状。

过程系统工程(Process System Engineering)

过程系统工程(Process Systems Engineering，简称PSE)是一门正在迅速成长的现代交叉学科，它是在系统工程、化学工程、过程控制、计算数学、信息技术、管理科学等学科的基础上产生的一门综合性学科，它以处理物料流—能量流—信息流—资金流的过程系统为研究对象，研究其设计、控制、运行和组织管理，目的是在总体上达到最优化。

1.3 智能化工厂的核心

1) 以工厂数据模型为核心的数字化工厂集成平台的建设；

2）以工艺流程优化和控制为核心的智能优化平台。

2 规划与实施

2.1 智能工厂的规划

智能工厂的整体规划，应起步于可研阶段。工程公司掌握原料、工艺、自控、设备等一手资料，在智能工厂的建设过程中，对于把控业主需求、整体方案优化、完善项目实施等方面具有无可比拟的先天性优势，可提供有针对性地、菜单式的整体解决方案。

智能工厂的建设应与工程建设(EPC)同步进行，风险和费用整体可控，将信息系统与生产工艺系统全面深度融合。若后期再规划实施、费用、成本、复杂度、风险度都将上升。

针对智能化工厂的建设目标，工程公司的设计优化(如工程布置、工艺方案等)、成本控制(如关键设备选择)、施工方案、材料控制、以及设备仪表长期运维成本等环节的费用与投资控制，要比智能化本身"资金投入"来的更有效。

2.2 工业物联网

工业物联网是智能工厂的核心之一，它提升生产和现场的感知能力以及现场响应能力。分为感知层(终端层)、网络层、平台层和应用层。

感知层是物联网整体架构的基础，负责数据采集，是物理世界和信息世界融合的重要一环；网络层在整个物联网架构中起到承上启下的作用，它负责向上层传输感知信息和向下层传输命令，形成物物互联；平台层是物联网整体架构的核心，它主要解决数据存储、检索及数据安全与隐私保护，同时负责把感知层收集到的信息通过大数据、云计算等技术进行有效地整合和利用；应用层是服务。

感知层(终端层)以智能传感器为主，是采集数据的关键组件，在智能工厂中，采集动、静、仪、电等各类设备的运行参数，使设备保持良好的运行状态。网络层属于IT的基础设施类，包括有线局域网，工业4G/5G，无限局域网WIFI及通信网络，承载着数据安全传输的重任，各类链路、网络设备、发射接收设备等基础设施，遍及整个工业园区。

智能传感器的设计选型，IT基础设施的方案设计、设备选型、询价采购、安装调试，与工程建设EPC各阶段完全同步，可提高智能化工厂的建设效率，降低成本(图2)。

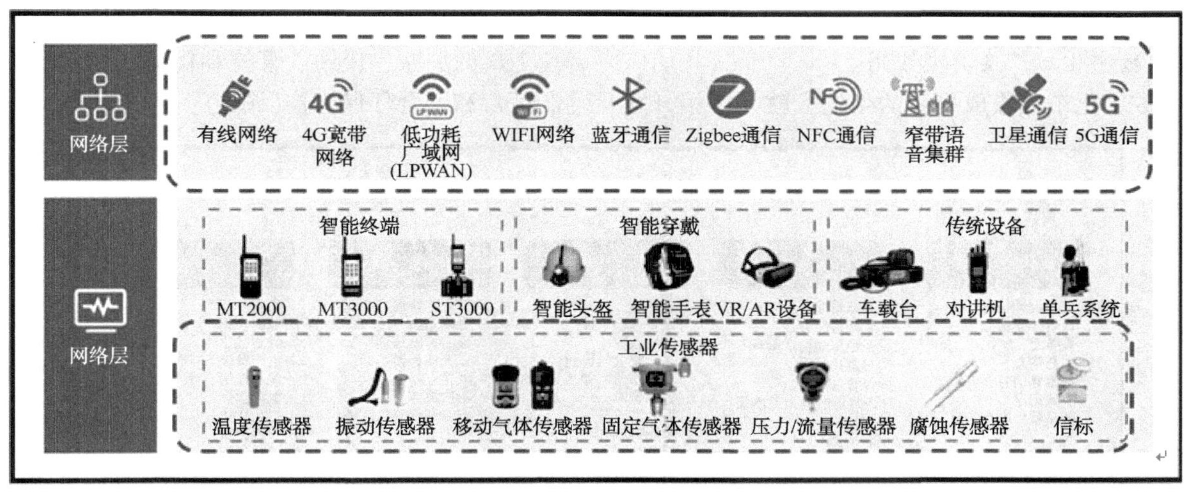

图2 终端层和网络层

2.3 数字化交付

在工厂的建设阶段，工程设计数据只是工厂的一部分数据，只有和工程采购、工程施工即E、P、C的每一个阶段产生的工程数据按统一的工厂结构编码规则集成在一起，才是最终反映工厂客观存在的实际数据。

数字化交付涵盖设计、采购、施工和调试等工程建设周期各个阶段，以数据信息共享和安全管理为基础，以工厂对象为核心，将智能P&ID图、管道轴测图、设备布置图、三维模型、供应商资料、施工图、结构预制图等所有工程资料和数据按照一定的规则，进行收集、组织、校验和管理，实现工厂基础信息的数字化创建直至移交的工作过程。涵盖信息交付策略制定、信息交付基础制定、信息交付方案制定、信息整合与校验、信息移交和信息验收等过程。

以工厂位号为P001-A的泵为例，它在整个交付的数据中关联了智能P&ID图、三维模型、设备数据表、采购合同(备品备件)、产品规格书、安装等信息关联在一起(图3)。

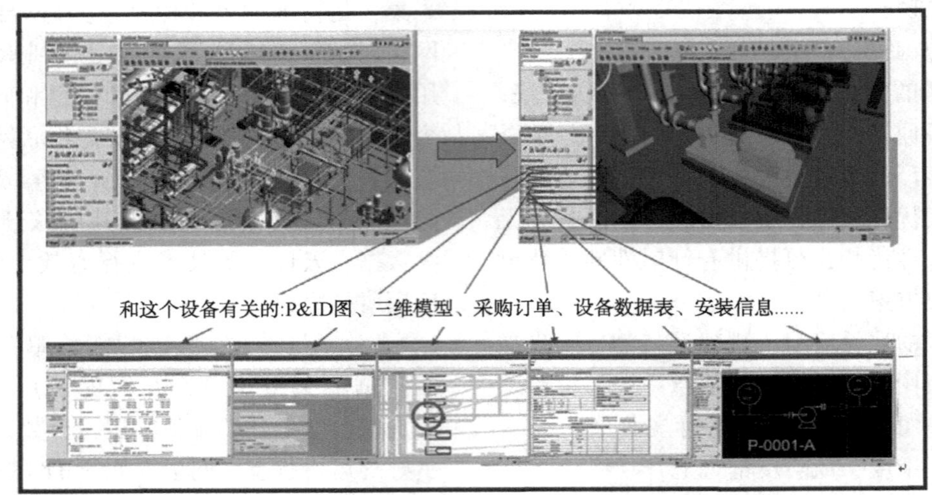

图3　数字化交付

数字化交付是数字化工厂建设的前提与基础，主要体现在以下几个方面：是一个以工厂对象为核心的数据平台，体现了工厂对象的三维模型、属性(数据)和文档之间的关联关系，实现各类工厂基础信息的快速检索、定位、查看和多维度的展示，可以与其他信息系统集成并提供工程信息服务。

2.4　数字化工厂及典型应用

数字化工厂集成平台的架构，就是运用开放的数据集成技术，将包括三维模型在内的静态工程数据与生产运行、设备维护、安全培训、虚拟现实与实时监控等动态数据集成起来，利用多维度的数据加工与处理技术，实现工厂可视化智能应用。

依托数字化交付成果，通过虚实映射、网络传输、数据集成和远程控制，实现虚拟工厂和物理工厂的关联，反馈、管控和优化物理工厂的生产运营和安全环保管控(图4)。

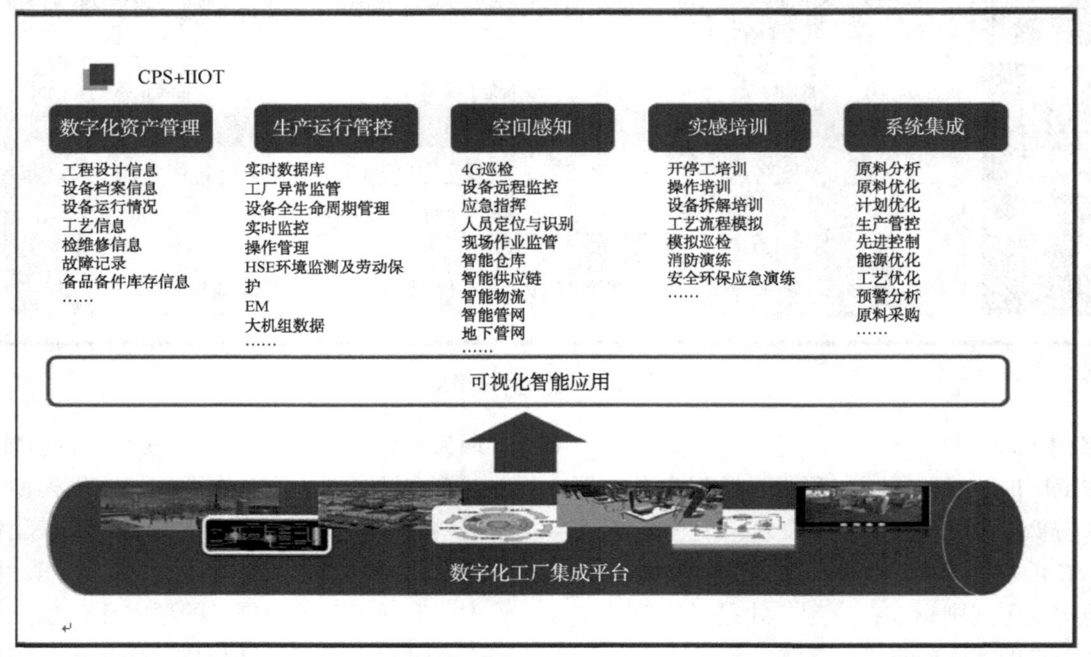

图4　数字化工厂

基于数字化工厂集成平台，与大机组监测系统、SCADA 系统、CCTV 系统、腐蚀监测系统、LIMS 系统、作业备案系统、HSE 系统分别集成，可以将设备运行状态、工艺异常报警、气体监测预警、厂区实施监控、腐蚀监测预警、施工作业监控、环境监测预警等直观地展示出来，保障安全运行，全面监控(图 5)。

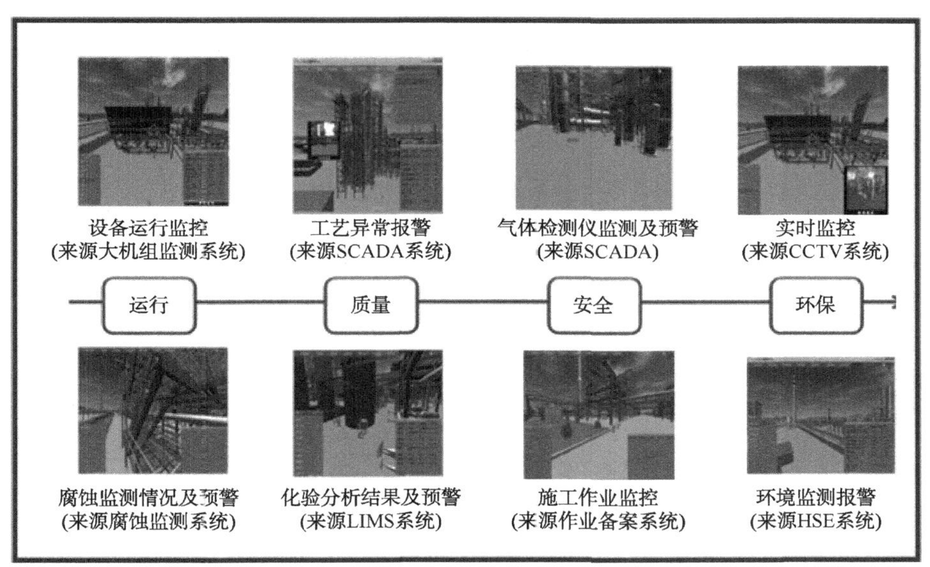

图 5　数字化工厂监控与预警

2.5　数字化工厂迈向智能化工厂

过程系统工程优化是智能化工厂建设的核心，包括计划优化、工艺模拟、生产调度、分子管理、实时在线优化、先进控制与物料平衡等主要功能模块，该方案向下与 ODS(实时数据、实验室数据等)进行集成，向上与统计与绩效集成，共同形成炼化生产全流程闭环管理(图 6)。

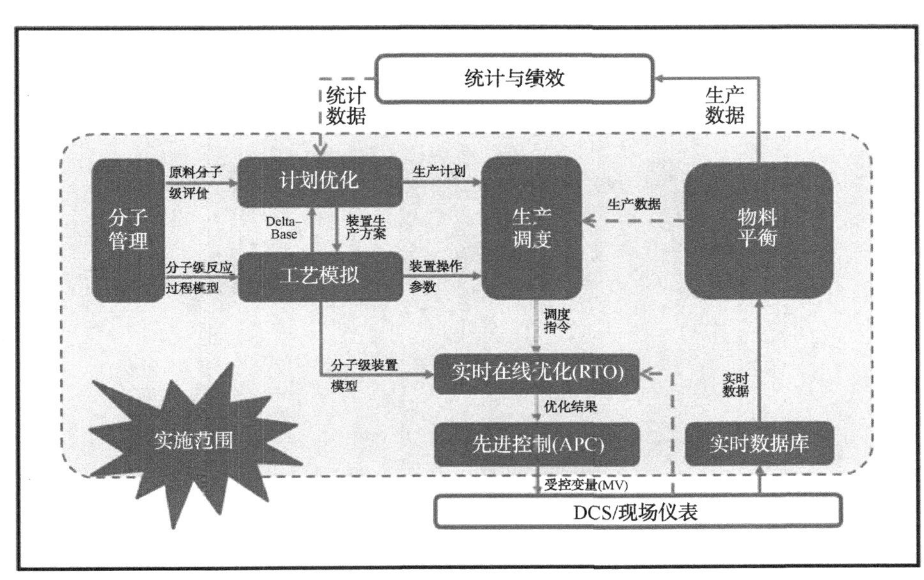

图 6　炼化生产全流程闭环管理

在实施过程优化中，工程公司在工艺模拟、先进控制以及 DCS 等方面，可全面参与方案优化和系统实施。同时，可以将相关经验反馈至设计过程，在工艺模拟、设备计算、先进控制及 DCS 选型过程中，进行优化设计，缩短智能化建设的进程，降低建设成本。

比如：寰球工程公司拥有先进的乙烯工艺包技术，在裂解炉、精馏塔、反应器、蒸汽系统的建模，负荷、汽/油比、裂解深度等变量优化方面，具有得天独厚的优势。

设备的完成性管理，也是智能化建设的重点之一，综合考虑设备、工艺、人员三个要素。重点突出专业分析功能，与物联网、大数据技术结合，监控动设备状态和故障诊断；静设备的腐蚀回路的监控与分析，仪表的PID整定和故障诊断，电机的监测、变电器的故障诊断等，是设备完整性管理的要点。

工程公司在设备的计算、设计优化，结合设备制造厂设备数据的管理，以及大数据分析技术，在设备智能化管理方面具有不可比拟的优势。

3 工程公司的优势

中国寰球工程有限公司作为工程建设领域的佼佼者，从智能化工厂的整体规划到数字化设计交付、数字化工厂集成方面，从数据孤岛、业务竖井迈向集中集成；在智能优化方面，已证实取得良好应用成效的智能化应用--从原油到装置操作参数的一体化智能协同优化、可燃气/有毒有害气体报警和工业视频集中管理/实时联动、智能巡检、环保地图等，直接整合与集成到全厂底层自控系统，进一步提升全厂智能化管控水平，实现绩效的持续改进和卓越运营；从设备维护方面，从设计优化、数据采集、大数据分析，实现预知预防的设备维护与维修。

中国寰球工程有限公司作为智能工厂生态圈的最重要成员，拥有管理大型复杂工程项目所必需的经验和能力，能有效整合各类资源，依据项目特点，充分发挥相关ICT和专业公司等各参与单位的优势，形成合力，实现整体作战，真正给业主带来经济效益和管理效率的提升。

参考文献

[1] 刘强，崔莉，陈海明．物联网关键技术与应用[J]．计算机科学，2010，37(6)：1-4，10

[2] 王元卓，靳小龙，程学旗．网络大数据：现状与展望[J]．计算机学报，2013，36(6)：1125-1138.

[3] 邹蕾，张先锋．人工智能及其发展应用[J]．信息网络安全，2012，24(2)：11-13.

[4] 何畅．"中国制造2025"背景下机械设计制造及其自动化行业影响分析[J]．装备制造技术，2017，12(3)：47-50.

[5] 夏茂森．流程工业智能工厂建设技术的研究[J]．信息技术与信息化，2013，21(6)：46-52.

[6] 覃伟中，冯玉仲，陈定江．面向智能工厂的炼化企业生产运营信息化集成模式研究[J]．清华大学学报(自然科学版)，2015，55(4)：373-377，469.

[7] 杨春立．我国智能工厂发展趋势分析[J]．中国工业评论，2016，10(1)：56-63.

浅谈如何实现“全流程自动”和“无人驾驶”的优化控制

马继栋　张冬梅　梁新连

（玉门油田炼油化工总厂）

摘　要　通过对炼厂控制系统现状的描述，提出实施“全流程自动”和“无人驾驶”优化控制的方案，阐述全厂全流程自动控制方案实施的必要性，为总厂安全、经济、长周期平稳运行提供保障。

关键词　全流程自动；无人驾驶；优化控制

1　前言

德国工业4.0概念推出后，中国工业和信息化部部长苗圩作了“推进信息化和工业化融合，打造中国制造业升级版”的主旨报告，两院院士、中国机械工程学会荣誉理事长路甬祥发表了《网络智能制造——中国制造的未来》主旨演讲，中国工程院院长、中国机械工程学会理事长周济作了《制造业数字化智能化与“中国制造2025”》的报告，这些均围绕工业4.0、未来工业智能制造，把产品、机器、资源、人有机联系在一起，推动各环节数据共享，实现产品全生命周期和全制造流程的数字化，其核心是智能生产技术和智能生产模式。目前国际石油公司也在积极推进工业4.0下的石油加工全流程的智能控制生产，国内许多石油化工装置也已经实施，极大地提高了各石油化工装置的安全平稳运行。针对总厂目前生产状况，为全厂生产“全流程自动”和“无人驾驶”优化控制做好布置和规划势在必行。

2　玉炼控制系统的布局和规划

目前玉炼控制系统主要有ABB和FOXBORO，主要以各装置单元生产为主，装置间物料不平衡，达不到热联合效果，造成装置公用系统波动和加工能耗较高，收率较低。大工业DCS控制系统发展主要以全流程集中控制，可减少上下游物料波动，实现了热联合和集中控制，且每个控制回路都能实现自动控制。

为达到集中控制效果，使用FOXBORO DCS FCP270控制系统的主要生产装置（常减压、焦化、汽油加氢、柴油加氢、制氢和硫磺装置），可以实现无缝mesh网络的链接，实现共享操作和“一站”调度；使用ABB AC800F和800M以及Advant500控制系统的装置（催化、重整、苯分离、柴油改质、气分-MTBE以及醚化装置），可以规划为AC800M系统集中控制；以浙大中控SUPCON为主的6套小装置控制系统，可以实现油罐区管理系统联网。其中，通过操作站升级和重整苯抽系统融合、检修改造催化DCS系统为800M系统后，可实现ABB系统全部集成到800M系统，实现“一站”操作。规划如图1所示：

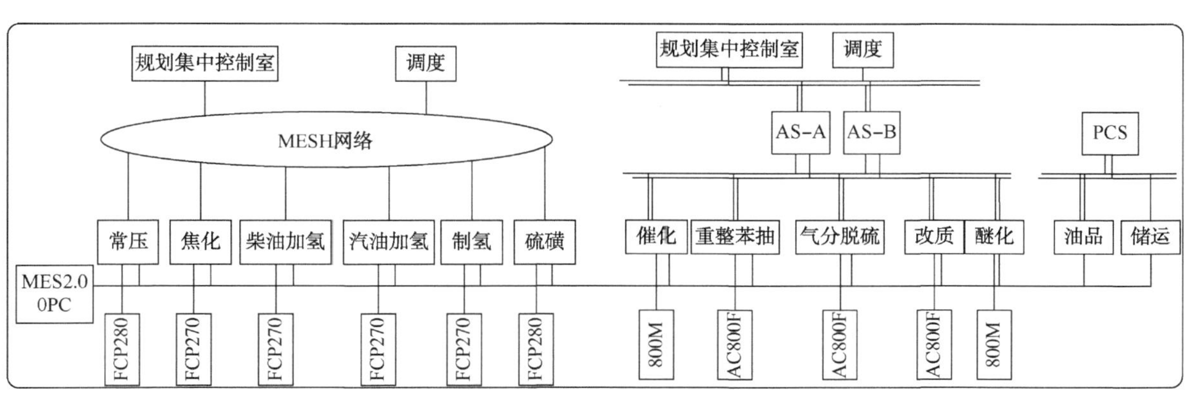

图1　系统规划图

筹划集中控制，通过连接FOXBORO mesh网络融合重整苯抽系统和升级AC800F操作，连接到AC800M服务器客户模式，达到ABB系统整体操作，实现全厂最经济整合，为总厂“全流程”整体系统操作提供基础，是实现“全流程自动”和“无人驾驶”优化控制的关键。

3　网络系统改造和MES2.0系统的有效利用

信息化的发展离不开稳定的网络，控制系统更需要稳定的网络，这就需要我们进一步布局总厂网络系统，实现网络传输可靠、系统稳定和安全连接。

（1）目前网络系统连接散乱，线缆随意敷设，网络随时断线，办公网络更是受限，随着视频监控系统的改造，规划主干网络将视频、电话、OPC、控制网络、办公网络布局到各装置控制室，布局专有网络机柜，实现信息的互联互通和安全可靠尤其必要。视频方面连通各装置视频到仪表网络室，实现调度大屏显示和视频调度各装置；控制网络单独专用，彼此连接；

（2）MES2.0网络单独连接至仪表网络室，实现独立的内部局域网络，对外使用通讯公司IP地址，可有效提高网络质量和降低成本；装置电话通过PSTN方式连接至通讯网络；办公网络统一连接至仪表机房，使用单独IP地址，实现装置级网络的统一管理，可实现内部网络共享和管理，解决现有网络管理的困境，总体实现各装置所有网络到总厂网络室后总体向外对接，便于网络安全管理和可靠运行。其规划配置图2如下：

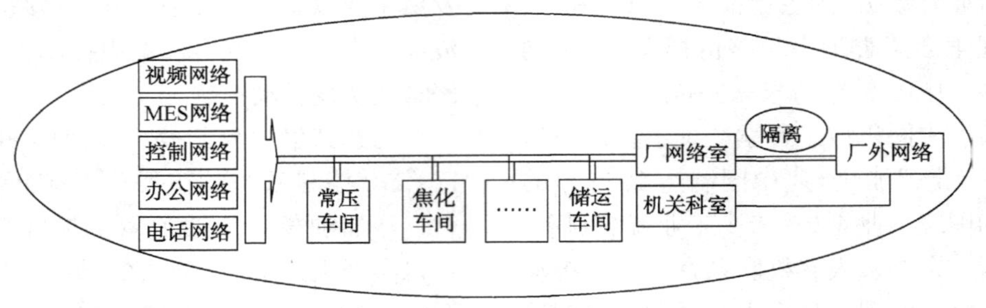

图2　网络布置规划图

4　SIS系统设置与规划实施

安全仪表系统SIS独立于生产控制系统，必须有很高的可靠性，一旦生产装置或设施出现可能导致安全生产事故的情况时，能够准确动作，使生产过程停止或进入预定的安全状态。需按照国际标准IEC61508/61511和功能安全标准21109/20438要求实施，严格按照安监总管三[2014]116号文进行评估和布局。目前总厂的SIS评估正在进行，从仪表功能安全的角度考虑，需要增加催化装置SIS系统，设计改造重整装置SIS系统，新增油品、储运和液态烃简单SIS系统，完善现场安全功能仪表和扩充其他SIS系统，采取相关措施降低部分装置仪表回路风险级别达到安全评估要求。总体配置如图3所示。

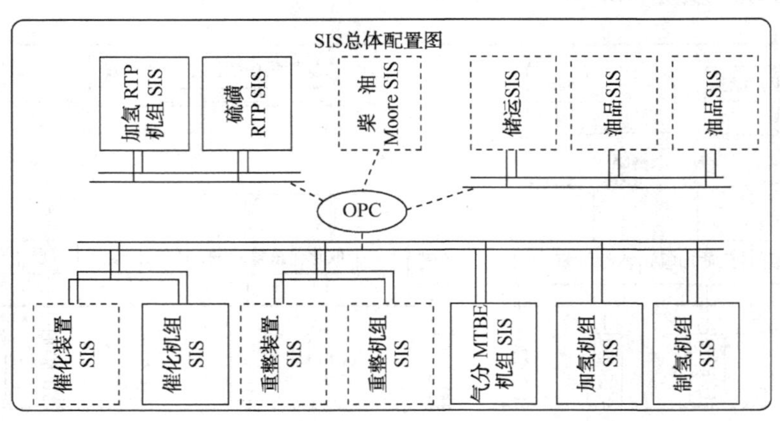

图3　SIS系统配置图

利用SIS系统OPC通讯实现相互连接，开发联锁安全功能，尤其需要完善柴油改质和催化装置仪表，开发催化主风机组“一键并机”功能有望实现。SIS系统平稳运行，装置才能平稳，所以完善装置SIS系统，才能保障装置安全和“无人驾驶”的投用。

5 工艺流程的优化和控制

工艺流程的优化是“实现无人驾驶”的关键，以前炼化企业主要按装置单独设计，没有整体工艺设计和布局，造成上下游装置之间工艺相互制约和进出物料回路重复设置，无法实现整体联动响应，为实现无人驾驶，可按照以下步骤逐步完成。

5.1 优化装置单回路控制系统

回路优化时不仅要求回路控制稳定，还需实现调节阀动作动作平稳。

5.2 完善装置的控制回路设置

目前，很多生产装置的回路设计还不完善，造成操作工干预太多，而不同操作工的操作习惯存在差异，频繁手/自动切换易造成装置波动。项目中，将根据工艺过程和全流程自动控制的需要完善控制回路的参数设置，使装置能满足全流程自动控制的要求。

5.3 考虑上下游协调的控制优化和全流程自动的实施

考虑上下游装置之间的协调，进行控制器优化，并按照全流程自动的思想实施，保证装置的平稳、优化运行。

5.4 实施黑屏操作和大班制操作

在相关部门管理及操作观念达成一致的情况下，可以实施和推进“黑屏操作和大班制操作”技术。

6 PID控制技术和优化控制的再开发

PID控制是迄今为止最通用的控制方法，是生产控制的基本单元，已从模拟PID控制发展到数字PID控制和如今的工业4.0控制。因此，从PID控制回路的控制方式入手，优化PID控制方案，使每个控制回路均实现全自动控制显得尤为重要。

6.1 PID控制现状

当前，装置控制器采用PID调节，PID控制的具体情况如下：

（1）PID控制的形式固定，无论是温度、流量、液位还是压力，也不管对象的具体特点，控制形式均采用一种相同的PID控制形式。而实际上，对象的特性不同，响应时间不同，其PID控制器的形式也应该有所区别，而目前的组态方式没有体现这一差异。

（2）PID参数的设置往往很不合理。如横河DCS中，缺省PID参数厂家设置为100，20，0，组态完毕投用后，操作工或工艺人员整定PID参数时，往往只是在100，20，0附近进行修改，而实际上，优化的PID参数往往与以上数据有巨大差别。而此时如何进行设置，操作工、工艺人员难以说清楚，并且手工凑试往往满足不了要求。

6.2 PID优化控制方案

针对以上问题，本项目的研究开发内容可以归结为四个方面：

（1）根据生产装置控制对象的不同特点，选用不同的PID控制类型，如流量的调节可采用以下PID形式：

$$\mu(s)=Kc\left(1+\frac{1}{TiS}+TdS\right)e(s)$$

在这种形式下，流量调节阀对流量变化干扰的影响就将滤除，能起到良好的控制效果。

（2）对某个测量对象选取特定的PID控制形式，根据对象的具体特点，用预测、内模等先进控制算法整定PID参数，使对象稳定、响应速度快、控制精度高。对于选定的控制器PID形式及参数进行仿真，若仿真能达到良好的效果，则将控制器PID的形式及PID参数设置应用到DCS系统对应的回路。

（3）对于系统中需要滤波的环节，组态一阶数字滤波器。

（4）以工艺流程为基础，按照控制需求，适当地修改控制方案（如组态串级方案、比例控制等），实现全流程的自动，达到平稳操作、保证产品质量和节能降耗的目的。

7 实施步骤及规划

（1）石油炼化工艺主要在于控制反应温度和分馏温度，属大惯性大滞后环节。从炼厂目前的情况看，如果分馏塔塔顶温度、分馏塔塔底温度、加热炉出口温度或反应温度能够实现全自动控制，即可为生产装置实现“无人驾驶”提供前期保障。

（2）进一步推进装置试点工作，首先以常减压装置作为试点单位，对于现有控制效果不理想的回路控制方式，以工艺需求为依托，工艺人员配合变更控制方案，测试变更后的控制效果，之后进行全装置流程测试，确保"一键提量"工艺控制平稳，实现装置收率和效益提升。建议成立厂级协调项目组，争取三个月内完成常减压装置控制回路优化工作，获取经验后总结提升，推动其他装置的优化控制。

8 结束语

玉炼"全流程自动"和"无人驾驶"的优化控制方案得以采纳并实现后，不仅能提高工艺操作质量，更能提升加工效益，减少设备故障和仪表故障，杜绝超温超压，为总厂能耗进一步降低、液收进一步提高及装置长周期运行提供保障。

智能入侵探测技术在石化公司炼油老区周界安防系统改造中的应用

马 武

（中国石油独山子石化公司信息网络公司）

摘 要 目前应用在企业周界的安防技术如激光对射、微波对射、电子围栏等均存在着误报率高、故障率高及技术不足，利用智能入侵探测技术对现有周界安防系统进行改造，解决现有安防系统设备庞杂、装配复杂、系统灵活性低等缺点，不会因外界天气变化或人车振动产生误报，不会对误闯入人员造成人身伤害，且施工简单，适应各种不同的现场因素和施工环境。

关键词 智能入侵探测技术；周界安防；联动；防爆

1 独石化周界现状

石油石化行业属于高危行业，一直是国家安全防范的重点对象，对于安全、安保等级的要求甚高。独山子石化不仅建立了传统的人防和物防，而且建造以周界安防为核心的技防系统，目前应用在石化公司周界的安防技术主要有红外对射、微波探测、脉冲电子围栏、智能视频分析、智慧缆探测等技术，在实际应用过程中，经过长期维护，大量数据、环境因素对比，红外对射、微波探测、脉冲电子围栏、智能视频分析均存在着误报率高、安装复杂、故障率高、阶梯段状围墙与周边环境复杂无法准确防范等缺陷。

因此，在石化公司炼油老区周界安防系统改造中，信息网络公司考虑了使用智能入侵探测技术，将智慧墙线缆安装在围墙上，有效规避周边复杂环境因素的影响，做到布防无死角，防范无漏洞，降低误报率，提高报警准确性；而且前端无源设计更适应于防爆环境。

2 传统周界安防系统分析

周界安防系统是指对某一区域的边界进行防范或当该边界被外来事物入侵后进行报警的防范系统。

周界安防系统大体可归类为：红外对射技术、微波探测技术、电子围栏技术、振动电缆技术及智能视频分析系统。石化公司周界安防系统为企业安全、安保工作起到了积极作用，但受一些客观技术条件限制或环境因素影响，还存在一些不足。现结合石化公司周界现场运行状况及行业其他单位使用情况对以上技术作简单分析。

2.1 红外对射技术

受天气因素影响较大，方向要求性高，安装难度大。飞鸟、树枝、光线、空气流动、雾气、雨雪等等环境因素以及安装方式、角度、位置等因素都很容易引发误报。同时围墙为阶梯状时，无法作到防范无死角，容易造成隐患。

2.2 微波探测技术

会产生电磁辐射，系统误报率较高。围栏晃动、金属物体移动、树枝植被摇晃、动物或鸟穿越、地面水、风吹起的碎片、扬沙、下雪等会造成系统误报。

2.3 电子围栏技术

有可能因直接有强烈的触电感而造成失足摔落等间接的伤害；有时候会产生电火花，不宜在有可燃气体的环境下使用；与电力线路也应保持足够的距离；硬件防区型报警，不具备精确定位功能；遇到下雨等恶劣气候容易产生误报。

2.4 振动光缆技术

监测距离较长，实施简便，无监控盲区，振动光缆受外界的影响较大，行人或道路上所产生的振动容易引起其误报，且在某些特殊的地形与环境中不能使用。

以上不同技术周界安防系统除存在自身的缺陷外，还存在共同的缺点，即所使用的探测设备均为外接设备，外接设备的供电与数据通路分离，增加了材料成本和施工成本，且外接设备的固定位置与所处空间需要特殊设计，并在放置好后不易调整与挪动，因此使得周界安防系统缺乏足够的灵活性

3　智能入侵探测技术

智能入侵探测系统是一项全新的传感技术，由智能探测线缆构建，每条线缆内置大量微型自适应微波收发芯片，具备无线射频收发和有线信号传输功能，每个微波收发芯片以毫秒级的极短周期发射传感探测信号。

两条平行部署的智能探测线缆，能够形成密度极高，相互交叠、立体空间的自适应微波阵列，通过微波信号收发在空间构成传感探测场，在预设时间段内分别采集每组信号向量的多个采样值，所述信号向量为任意一个发射节点，在其信号覆盖范围内指向任意一个接收节点的发射探测信号，利用每组信号向量在预设时间段内的多个采样值计算其基准值，再利用基准值来计算每组信号向量在检测时间窗内的干扰度。判断在所述检测时间窗内是否存在所述干扰度大于预设阈值的信号向量，如果在检测时间窗内存在所述干扰度大于预设阈值的信号向量，确定所述目标安防区域内存在所述入侵物。

智能入侵探测技术在时间、空间上均具有高分辨率的探测能力，其传感器采用分布式部署，能够在周围不同环境(植被、实墙、金属围栏等)下，对目标在空间上进行高分辨率探测，实现对入侵目标的精确定位。其次，传感器的信号在时间上被高速采样，不但能够更真实地反应无线信号的传播特性，而且使系统在时间上也具备高分辨率的探测能力，实现对入侵目标的快速定位。

正是基于以上特点，智能入侵探测技术在入侵检测算法上采用数字信号处理与智能机器学习相结合的技术，对微波收发芯片收到的信号从时域、频域和空间域上进行多维度的特征提取和分析过滤，对诸如风、雪、雨、沙尘等环境干扰及诸如小动物等不具备威胁的入侵事件进行滤除，同时对具备威胁的入侵行为进行准确分类和报警，达到无漏警、低误报的探测性能。

4　智能入侵探测技术在石化公司老区周界的改造应用

4.1　系统建设

首先对石化公司炼油老区洗罐站、液化气、上大门4km围墙微波探测系统31个防区进行了改造。本系统建设分为监控中心和门岗、机房、周界三个部分，前端架设4km两条智慧线缆，安装8台智慧分站，共计39个防区，机房安装2台服务器，门岗和监控中心终端若干。图1为探测系统构架图。

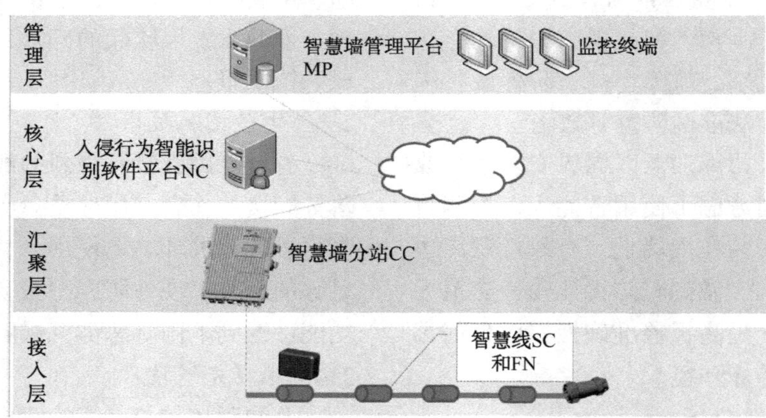

图1　探测系统构架图

监控中心门岗需要部署监控终端，安排监控值班人员进行24h的监控，一旦系统传感到非法入侵，会发出声音并在监控视图中立即上报入侵位置，此时值班人员便可去具体周界位置附近进行非法入侵目标的驱离。

机房部署本系统的核心服务器，其能够24h采集周界的传感数据，智能地进行联合分析、干扰过滤、传感定位入侵事件，将准确的入侵告警上传至监控终端。

周界围墙需要部署智能探测线缆和智慧分站，智能探测线缆组成自适应传感阵列，该阵列由时间连续、互相交叠的无线信号组成全方位、立体、无缝隙的周界传感墙，一旦入侵目标闯入智能探测线缆范围内，传感信号会立即通过智慧分站上报核心服务器，触发告警。

4.2　系统部署

本系统部署时，分为机房区域、监控中心/监控终端、周界/监控区域，系统部署架构如图2。

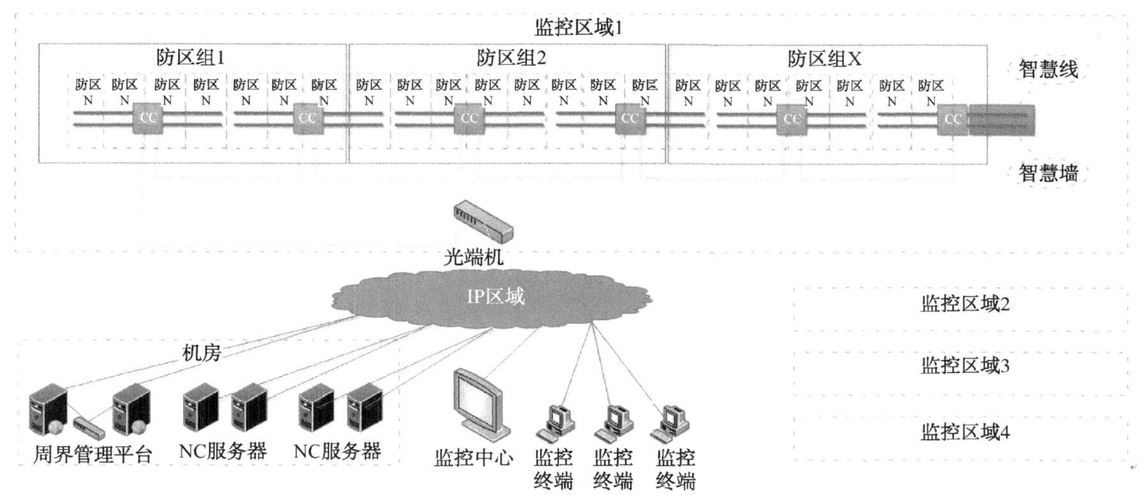

图2

机房区域部署：智能管理平台、入侵行为智能识别服务器，由光纤或网线接入IP网络。

监控中心：配置监控用大屏展示和桌面监控终端。

周界/监控区域：在外围周界部署智能探测线缆和智慧分站，通过光缆接入智能识别服务器，最终接入智能管理平台。

智能探测线缆具有无线传感、准确定位、数据通信、智能分析四大技术能力，能够在非常密集的间距内发射和接收无线信号，通过智能探测线缆组成无线传感阵列，具有全方位、立体、不可见的特点，任何物体穿越这道智能线缆时，都能够被感知到。

无线传感的数据通过智能探测线缆以有线传输的形式实时发送给分站，分站通过光纤实时转发数据给服务器，服务器缓存智能线缆所有的波形特征，根据干扰度参数，过滤干扰，分析人员闯入事件，在终端展现告警。

4.3　联动系统

在围墙上安装智能入侵探测报警系统后，实现联动视频监控系统、声光告警系统、灯光照明系统，达到以下效果。联动系统如图3所示。

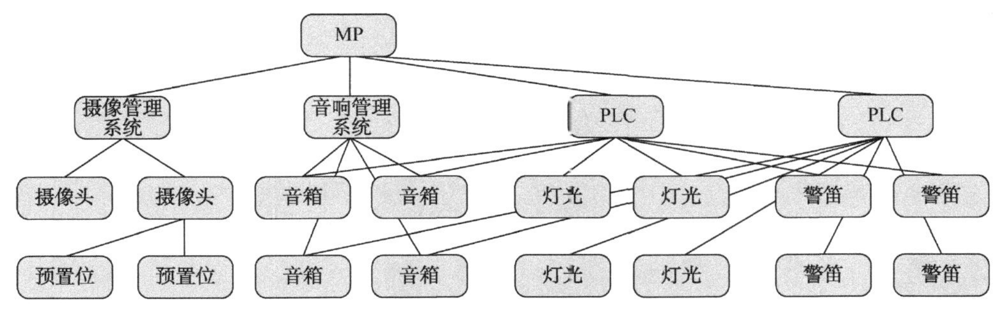

图3

非法入侵报警：目标靠近围墙或翻越围墙时，系统能及时发现，向值班人员发出报警，并提示入侵目标的入侵防区位置。

联动视频监控系统：当周界报警系统发现入侵目标时，可自动联动附近的摄像头拍摄入侵目标。

联动声光告警系统：当周界报警系统发现入侵目标时，可自动启动附近声光告警威慑入侵目标。

联动灯光照明系统：在夜间或光线昏暗情况下，当周界报警系统发现入侵目标时，可自动联动摄像机照明灯光。

防区规划功能：具备任意划分防区的能力，最小防区可以达到10~25m。

5 结论

炼油老区智能入侵探测技术经过近一年的运行，使用效果表明比其他安防技术具有抗腐蚀，能在恶劣的环境下工作；灵敏度高，具备信号识别分析功能，误报率低；监测距离长，敷设方式简单，无监控盲区，适用于各种介质与形状的周界监控；其本质安全、传感端无源、不受电磁干扰的影响，特别适用于易燃易爆的石油石化企业环境，可以更好得为企业的安全、安保保驾护航。

参考文献

[1] 辛东升. 周界报警探测器选择原则与技术发展趋势探讨. 中国安防，2008(3)：67-70.

[2] 邱亮南. 试论主动红外和激光入侵探测器. 中国安防，2008(3)：58-62.

[3] 孙俊香，李超男，徐驰. 浅谈常用周界入侵报警系统的技术及性能比较. 通讯世界：下半月，2016(7)：283-284.

[4] 奇点新源国际技术开发(北京)有限公司. 智慧墙入侵探测系统. 2018.

塔里木乙烷制乙烯智能工厂建设探索和思考

杨松柏[1]　谭建华[1]　闵文武[1]　戴景义[2]　王开发[2]

（1. 中国石油塔里木油田公司乙烯工程建设项目经理部；2. 中国石油塔里木油田分公司炼化处）

摘　要　国内外炼化产业正在进行智能制造转型升级的历史进程中，塔里木乙烷制乙烯项目作为国家示范工程，开展智能工厂规划设计，探索智能化技术在生产全过程的应用，以工业化技术和信息化技术深度融合建设智能工厂基础，以智能化优化技术应用持续探索炼化智能工厂建设，统一的数字化工厂平台和技术开发体系作为重要保障，走出一条适合乙烷制乙烯工厂业务发展与变革的需要、紧跟先进技术发展趋势、先进技术有效应用并持续改进的智能工厂建设之路。

关键词　乙烷制乙烯；智能工厂；数字化；大数据；人工智能

1　前言

近年来，新工业革命方兴未艾，带来了世界制造业分工调整新格局，全球制造业正迈向数字化、智能化时代。为应对新工业革命下的国际竞争，世界各大国不约而同地将制造业作为经济发展的重中之重，制定了国家层面的战略和行动计划，将智能制造作为制造业未来发展的重要方向。美、英、德、法、日等发达国家先后发布了《美国先进制造业国家战略计划》《德国工业 4.0 战略》《英国工业 2050 战略》《新工业法国计划》和日本《机器人新战略》等。中国发布了实施制造强国战略的第一个十年行动纲领—《中国制造 2025》，结合我国工业制造业实际，特别强调了要通过信息化和工业化两化融合来引领和带动整个制造业发展。国内制造业信息化发展滞后于工业化发展水平，两化融合程度不够，炼化产业面临“资源、能源、环境、安全”问题与挑战，炼化企业认识到积极推进智能制造是实现提质增效、转型升级的有效途径，实施智能工厂建设成为必然选择。塔里木乙烷制乙烯项目智能工厂建设，依托塔里木油田丰富的天然气资源及“数字油田”建设资源，根据自身的业务发展特点和需求，围绕乙烯主要业务领域，以信息系统建设与应用为核心，以全生产过程智能化优化技术研究与应用为重点，探索人工智能、大数据分析、边缘计算能等先进技术的应用，探索乙烷制乙烯示范工程智能制造之路，将成为国内外炼化行业智能工厂建设与实践的优秀案例。

2　项目概述

集团公司本着“资源就地转化、综合利用、企地共同发展”的原则，在新疆巴州建设塔里木乙烷制乙烯项目。项目依托塔里木油田丰富的天然气资源和中国石油自主成套乙烯工艺技术建设，由年产 60 万吨乙烯装置、30 万吨全密度聚乙烯装置、30 万吨高密度聚乙烯装置以及配套公用工程、辅助生产设施和厂外工程组成。

塔里木乙烷制乙烯项目是中国石油炼化业务转型升级的重点工程和创建世界一流示范企业的重点项目，已被国家发改委、工信部列为乙烷制乙烯示范工程，是我国乙烯工业领域自有资源+自有技术的首次应用，具有引领天然气资源高附加值综合利用和带动自主产业发展的双重示范作用。与石脑油等重质裂解原料相比，用乙烷作原料裂解脱氢生产烯烃，具有烯烃收率高、副产品少、工艺流程简单、综合能耗低等优势，具有较好的经济效益和市场前景。

项目已于 2019 年 6 月 19 日开工建设，将于 2021 年 6 月投料试车，项目的建成，将加快塔里木油田公司上下游一体化高质量发展，助力数字油田、智慧油田建设，为塔里木油田建成 3000 万吨现代化大油气田打下坚实的基础，为保障国家能源安全做出新的更大贡献。项目投产后，将在南疆形成以乙烯为龙头和主导的产业集群，有效带动下游产业发展和人员就业，更好的带动南疆经济社会的快速发展。

3　智能工厂建设思考

3.1　炼化行业智能工厂认识

石化行业智能工厂是一个泛在感知、高度集成、多模型驱动的工厂，通过人、知识、模型的持续演进，不断提升工厂的实时监控、预测预警、异常自治、全局优化和科学决策能力，在复杂的炼化工厂环境下，最大程度的保障本质安全、提升管控水平、提高经营效益。

3.2 总体目标

按照集团公司信息化建设的总体要求，以塔里木数字化油田“3+3”顶层架构为指导，将乙烷制乙烯项目建设成为符合“自动化、数字化、集成化、可视化、模型化、智能化”五化标准的智能化工厂，重点打造乙烷制乙烯项目智能工厂在全面感知、安全受控、生产智能、全厂优化、高效经营五个方面能力，提高信息化应用和运维管理水平，持续完善企业信息安全体系，实现“数字化工厂、信息化企业”的建设目标，达到国际先进水平。

经过5年智能工厂建设、应用，初步实现“生态智能”，具体目标包括：

1）通过产供销存协同优化，实现市场快速响应

通过计划优化、效益测算、产供销存的协同来把控市场，以产供销存全流程数据分析、更多参变量的优化模型为技术手段，及时、准确与上下游合作伙伴协作，快速响应市场供应和需求，执行采购、生产和交付，实现敏捷弹性的运营

2）通过计划、排产、操作、统计及效益分析的闭环实现共享生产，提升产品质量。

以全厂统一协同的生产优化、效益预测、平衡统计、绩效预警等为手段，实现生产集约化管理、生产闭环控制，实现从计划、调度、模拟到操作的一体化优化执行，提高计划执行准确率，稳定产品质量，保障生产执行效益最优。

3）通过安全管控与环保监测，实现安全绿色可持续发展

强化装置、工艺、操作、现场等环节的监测、分析和流程联动，以物联网、监测预警等技术为手段，构建事前预防、事发应对、事中处置、善后管理的全过程指挥能力，保障企业及人身安全、控制三废排放，实现企业安全、绿色、可持续发展。

4）通过端到端的设备全生命周期管理，实现设备资产使用价值最大化

实现设备购置、维修到报废和设备监测、预知、诊断以及维修的端到端管理，以预知性维护、智能诊断、备件优化为依托，提高设备利用率和在线时间，并减少故障率，确保资产的长周期稳定运行，提升设备资产价值。

5）通过能源实时监测加强能源管控，提升能源利用效率，实现能源优化

对生产环节能耗进行监测分析，利用先进能量优化手段，对蒸汽、循环水、燃料气等优化能源供给和配备。在满足装置用能需求的基础上，提升能源利用效率，降低装置能耗，节能减排，实现能源优化。

6）通过全面感知和智能分析实现预知决策，提高科学决策水平

融合企业内外部信息，以云计算、物联网、大数据、人工智能等技术为手段，对各类数据进行采集分析，洞悉瓶颈，捕捉先机，实现基于数据的、科学的、有预知性的决策或决策支持。同时，集中、标准的数据向各层级应用无壁垒的共享。

7）基于三维模型的数字化工厂建设，使业务管理更加直观、准确、智能与协同。

以“数字孪生”为基础，应用三维模型技术，实现从项目设计、工程施工、交付到运营期的工厂高精度三维模型建设，集成工厂设计、设备、施工、生产、采购、HSE等信息，运用VR、AR等人工智能技术，实现生产运行监控、人员培训、应急演练、设备管理、装置检维修、工程辅助与施工方案优化等方面的应用。

3.3 建设思路

自2010年起，国内少数石化企业已开始了炼化行业智能工厂的示范探索，通过两化融合有效应对炼化行业“资源、能源、环境、安全”的问题与挑战，这一过程鲜明特点，没有固定模式，特别是企业的信息化水平、工业化阶段决定了智能工厂的侧重点有所不同。在集团公司指导和支持下，充分借鉴国内外炼化行业智能工厂建设实践经验，形成塔里木乙烷制乙烯项目智能工厂建设思路，以供参考。

1）坚持“六统一”，充分依托集团公司统建平台和系统、塔里木数字化油田建设成果，“精减顶用”开展建设。

2）根据乙烷制乙烯业务特点，开展广泛调研、交流，深入了解国内外的成熟经验、案例和技术，做好整体规划和顶层设计。

3）在项目建设管理工作中，应用先进的PDCA管理理念和项目群管理的工作模式，降低建设风险。

4）跟踪信息技术、工业技术发展趋势与应用情况，应用云计算、物联网、大数据、边缘计算等先进技术，提升建设水平。

5）建立业务模型，打通业务链条，实现各环节联动，具备感知、分析、预测、预警等能力，发挥协同效应，支持决策和执行。

6）建设集中统一的综合数据库，实现数据标准化与采集、业务数字化运行，减少手工录入，打破数据壁垒，减少数据重复，促进口径统一，推进数据共享、支撑智能应用。

7）IT 基础设施在基建期建成，并为后续的智能工厂建设和提升留出空间，基本应用和部分智能应用在基建期实现，务必“三同时”，并在工厂运营期由业务主导，持续开展智能化技术的探索与应用。

3.4　建设路线

乙烷制乙烯项目智能工厂建设遵循塔里木油田数字化油田“3+3”顶层架构(图 1)中的“信息采集、信息传输、信息存储、办公、工控、员工交流”六大领域，采用统一架构建设，具有符合业务发展的前瞻性与可拓展性、资源合理配置和有效利用、避免重复投入与建设、标准化体系确保互联共享基础、支持业务创新与变革等优势。

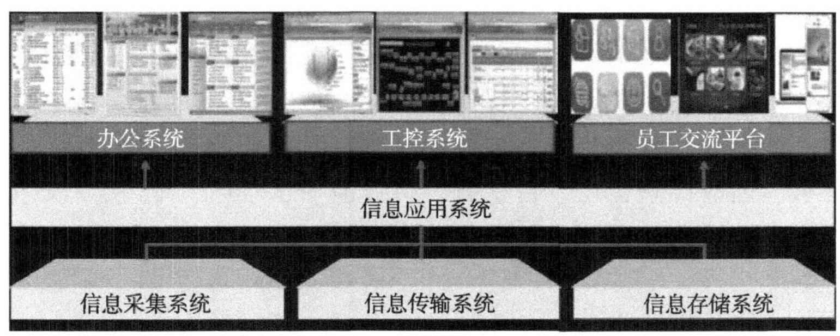

图 1　塔里木油田数字化油田“3+3”顶层架构

乙烷制乙烯项目智能工厂建设按照基建期、运营期两个阶段组织建设。

在基建期(2019—2021 年)，夯实智能工厂基础，实现智能工厂的基本应用，实现业务主线的贯通，确保与工程建设“三同时”，在部分业务领域实现局部智能化应用，实现“数字化工厂、信息化企业”的建设目标。

(1) 信息采集系统

按照“先自动、后移动、再手工”的设计思想，建立信息采集体系。通过生产物联网的自动化采集、生产现场的标准化采集和业务办公数据的规范化采集三种信息采集模式，真正实现结构化数据、非结构化数据和实时数据严格遵循业务规则实现规范采集，减少手动采集工作量，避免重复录入，保护核心数据资产和应用价值。

生产物联网的自动化采集：按照网络通讯协议和信息安全要求，建设装置自动化控制系统、视频监控系统、环保在线监测系统、危险源监测系统、设备状态监测系统等，实现生产物联网数据的自动化采集。

生产现场标准化采集：主要应用物联网、移动应用等技术，以现场工作任务化管理、操作过程标准化管控、日常数据标准化采集为核心，统筹开发信息系统移动 APP，配套智能终端一体机，内置、外接或无限连接智能传感器，将业务数字化管理层次落实到现场实际操作过程，支持智能巡检、人员定位、作业安全受控、设备状态监测、音视频通讯、移动视频监控、现场监督检查等。

业务办公数据规范化采集：将业务办公数据采集完全融合于业务管理系统规范化、流程化的业务管理过程之中。系统功能设计完整支持业务开展，即用户应用系统完成业务工作的同时，也完成了相关数据录入。

(2) 信息传输系统

采用有线光缆、厂区无线宽带、卫星通讯网络等信息传输网络模式建设生产网、办公网、公共信息网等网络，覆盖全厂，满足专业、高效、安全、稳定和全面覆盖的业务需要，支持移动互联网、边缘计算、智能终端等先进技术的应用网络环境。严格按照信息系统等级保护配套、部署敏感信息防泄漏模块和信息安全风险评估等技术手段进行网络安全能力建设，满足国家与集团公司网络安全合规性要求，确保网络安全运行。特别是无线宽带对厂区100%覆盖拓宽了先进信息与工业技术应用范围，提高信息技术应用经济性和实用性，例如移动应用APP、无线监测传感器、移动视频监控等。

(3) 信息存储系统

依托数字油田云计算中心解决信息系统软硬件资源配套、容灾备份、运维保障等问题，应用数据银行和数据湖技术进行数据全生命周期管理、信息共享服务与数据治理，确保数据的标准性、及时性、完整性、准确性和唯一性，满足数据查询与定位、高性能计算、大数据分析等信息应用需求。

(4) 工控系统

以工控系统整合集成、生产集中监视和业务管理信息集成为基础，建设厂级生产管控指挥中心，实现集中统一的生产指挥与决策支持，包括全厂生产运营综合展示、远程视频会议、音视频融合通讯、视频监控集中管控、应急响应处置等基本能力建设，具备生产指挥、工艺操作、运行控制、储运计量等业务一体化管控能力。

装置配套了分布式控制系统(DCS)、安全仪表系统(SIS)、压缩机控制系统(CCS)、可编程逻辑控制器(PLC)等自动化控制系统，配套先进智能的现场仪表和在线监测分析仪表，建立完善生产运行与控制优化基础。

根据DCS、仪控现场仪表和运行控制情况，开展计划优化、流程模拟、仿真培训、PID参数整定优化、报警管理及预警、先进控制APC、在线实时优化RTO等先进技术在乙烷制乙烯工厂的应用，搭建生产全流程优化环境。

在物流仓储管理方面，与销售公司信息协作，建立“市场—库存—生产”信息联动，实现“票证-进厂-装卸-运输”全过程的自动化、数字化，实现票证自动验证办理、人员车辆轨迹定位和自动识别，自动化出入库，自动计量和出票，库区少人甚至无人值守。

(5) 办公系统

以ERP、MES、HSE等统建、统推信息系统为基础，功能性业务系统为辅，实现业务主线的贯通，确保与工程建设“三同时”，动态跟踪物料移动和质量，优化控制生产活动，优化生产资源配置与供应链管理。另外，基于统一的数字化工厂平台和技术开发体系确保功能性业务系统符合标准规范。

统一的数字化工厂平台，利用流程模拟软件和三维数字化技术进行工厂总体设计和工程设计，实现工厂设备设施数据资产从设计、建设到运行的整个生命周期的数字化管理，搭建三维数字化工厂平台。按照数字油田工程数字化交付标准，建设三维协同设计、数字化交付和三维场景服务，与统一工厂数据中心紧密结合，搭建数字化资产模型三维应用环境，伴随工厂运营期的深化应用，最终将形成面向生产、工艺、能源、设备、安环、储运和现场管理等业务互动、直观和组织管理模式支持平台。

统一技术开发体系，基于中石油勘探开发梦想云平台提供的统一软件研发和应用运行环境，按照“突破专业条块分割瓶颈，实现跨地域、跨部门、跨学科的工作协同和数据共享”的设想，进行其他智能工厂信息系统建设与应用，实现业务应用从“竖井式”接口交互向“积木式”协同共享转变。其优势在于快速响应业务需求，敏捷应对业务创新与变革，研发、部署、运维及拓展升级成本低，效率高。

(6) 员工交流系统

应用移动互联网等技术，建设员工交流基础平台，实现音视频会议、即时通讯、在线学习、数字图书馆/档案馆、生产服务、网络/数字电视等应用，满足员工工作、学习和生活需要，使员工充分体验到信息化建设的成果，缩短员工的距离感，增强员工幸福感。

在运营期(2021年-)，进一步拓展和深化智能工厂建设，不断丰富和孵化智能应用，达到国际先进水平。利用大数据分析、人工智能、边缘计算等智能化技术，依托集团公司智能化资源，由业务驱动，孵化、沉淀和积累形成各业务领域的智能化应用，提高工厂智能化水平，实现“生态智能”。

4 智能化技术应用

在数据标准化、工厂数据中心、数字工厂平台和统一技术开发体系的基础上，建立业务模型，开展智能化技术应用。

统一的数字化工厂平台基于三维模型技术的企业数字资产管理，将工厂高精度三维模型与工厂设计、建设、交付、运营、维护的全生命周期数据集成，支持可视化的设备全生命周期管理业务，经功能组件拓展，将进一步支持面向生产、工艺、能源、设备、安环、储运和现场管理等业务。

建设供应链产、供、销、存各环节协同优化业务模型，快速响应内外部变化，优化采购、生产、库存、销售、运输等计划方案，通过 RTO、APC、仓储物流管理等信息系统落地执行，实现信息精确透明与集成共享、全过程动态监管与统计分析、业务统一指挥与高效协同运营，实现敏捷弹性运营。

建立计划、调度、工艺、操作、统计、效益分析等生产管控核心业务专业模型，以厂级生产管控指挥中心为载体承载生产调度指挥、应急指挥和生产运营信息汇总展示，信息化建设作为抓手，实现业务协同与 PDCA 闭环管理。

从企业本质安全、绿色环保、可持续发展的基础出发，应用卫星通讯、音视频融合通讯、视频智能火灾识别、污染源在线监测、行为识别等先进技术在环保监控、人员安全、应急处置等安全环保业务领域，强化装置、工艺、操作、现场等环节的监测、分析和流程联动，以物联网、监测预警等技术为手段，构建事前预防、事发应对、事中处置和善后管理的全过程指挥能力，保障企业及人身安全、控制三废排放，促进可持续发展。

实现设备运行状态自动化监控，利用大数据、云计算等技术建立模型对数据进行分析，实现设备预知性维修、故障诊断、维修计划优化、备品备件优化和维修过程远程指导等业务，从设备运行异常或预测将出现异常、检维修到设备恢复、设备继续服役并继续运行监测的闭环管理，保障生产安全、高效和有序。

在能源产耗供计量配套齐全准确的基础上，实现蒸汽、水、燃料气等能源监控与评价分析，应用专业能源模拟优化软件全面监测、预测、模拟和优化能源系统。

应用物联网、移动应用、无线宽带网络等信息技术，实现生产现场环境、人员、设备等生产要素的全面感知、联动报警、协同处置，同时应用大数据分析、人工智能、边缘计算等先进技术，智能分析与识别信息，提供报警、预测与预警服务。例如智能巡检系统+一体化智能防爆终端+先进传感器的组合，同时支持巡检点检、隐患排查治理、指挥通讯等业务；信息系统+人员车辆定位+视频监控+周界防范+智能识别技术的组合，支持厂区安全管理、物流销售、危化品管理等业务。

5 结语

（1）智能工厂建设是企业与服务单位多方参与的过程，项目持续推进中伴随知识转移、管理理念碰撞提升、技术引进和对外交流展示，因此应月先进的 PDCA 管理理念和项目群管理的工作模式，可以有效进行智能工厂建设管理，降低建设风险。

（2）由于炼化生产过程本身的复杂性和涉及多专业多领域的特点，使得智能炼厂的发展不可能一蹴而就，而是一个长期的研究与建设过程。乙烷制乙烯项目智能工厂基建期打好信息化基础和实现部分成熟智能应用，在运营期由业务驱动进行智能化技术探索与应用，提高资金利用效率和智能化应用水平。

（3）智能工厂信息系统规划设计应由业务驱动和指导，建设以三大基础支撑系统和三大应用系统的核心架构为指导，避免以往分散建设、重复投资、功能与实际应用脱节的问题，因此，部门深度参与智能工厂建设，确保建设效果。

（4）应用运维工作是保障建设成果、应用效果，提供提升深化的方向，因此建立完善的运行维护体系是非常重要的。

（5）一键升降负荷、裂解炉一键投退炉、全流程自动、一键升降负荷、黑屏操作等等，是我们今后一个时期研究的方向，装置的“无人驾驶”是我们的终极目标。

参考文献

[1] 吴青．智能炼化建设—从数字化迈向智慧化[M]．北京：中国石化出版社，2018.

[2] 覃伟中，谢道雄，赵劲松等．石油化工智能制造[M]．北京：化学工业出版社，2018.

[3] 刘希俭等．企业信息技术总体规划方法[M]．北京：石油工业出版社，2012.

浅析大数据背景下化工建设项目在线归档策略

胡洪英[1]　张岩青[2]　陈　姹[3]　路丽丽[1]

(1. 塔里木乙烯工程建设项目经理部；2. 塔里木档案中心；3. 塔里木能源有限公司)

摘　要　通过对制度、标准的梳理，发现传统化工建设项目档案管理流程有进一步提升的空间，以适应当前大数据环境下的共享、便捷、高效的趋势。由此提出了建设项目的在线归档的术语、思路及解决策略和建议措施，从而为后续的项目文件高效利用和查考奠定基础。

关键词　大数据；建设项目；在线归档

关键词　含水层；地下储气库；封闭能力；干扰试井

1　前言

化工建设项目由于投资金额大，专业性强，建设过程复杂，涉及工程质量安全、竣工后生产和运维管理以及工程质量终身负责制等，因而各级组织历来高度重视建设项目档案管理，并在长期实践中已形成了较为完善的基于纸质载体的业务管理流程和规范。进入二十一世纪以来，随着互联网+和信息技术快速发展，特别是大数据、云计算、人工智能、区块链等在各领域的深入应用，极大地影响着档案工作的内容、方法和手段。为此，从国家、行业到集团公司先后发布了一系列有关建设项目的档案管理制度、标准、实施指南等，但建设项目的在线归档未见规范性的指导文件，这也是值得档案管理人员探索的课题。

2　传统化工建设项目档案管理流程及归档存在的问题

化工建设项目档案(简称项目档案)是由建设项目文件转化而来的，是建设项目在立项、招标投标、勘察、设计、设备材料采购、施工、监理、检测、试生产及竣工验收等过程中形成的文字、图表、声像、电子等形式的文件中具有证据和参考利用价值的“精华”部分。因此，要使上述建设项目文件转化成项目档案，并具有查考和举证的功能，必须按照一定的规范要求，如《建设项目档案管理规范》(DA/T28—2018)、《中国石油天然气集团公司建设项目档案管理指南》等行业和企业标准、制度的要求进行收集、编制、整理、组卷、编目、装订及归档、移交、验收、利用。这其中“收集”的齐全、完整、准确是后续项目文件系统整理及组卷的基础和核心，也是贯穿项目建设的全过程，不仅耗时长、范围广、专业性强，而且工作量大，并直接影响整个项目的归档、验收和利用质量。而施工文件和设备随机文件则是项目文件收集过程中的关键环节。这部分文件一般是由众多的承包商完成。各承包商资料管理人员技能和收集质量参差不齐，而整理和归档时间又很紧，在《炼油化工建设项目交工技术文件管理规范》(Q/SY 1476—2012)和《炼油化工建设项目施工过程技术文件管理规范》(Q/SY 1564—2012)均对归档时间提出了明确的期限(分别为工程交接后 5 个月和 2 个月)，由此给整个项目的竣工验收带来了巨大的风险和不确定性。

另外，传统化工建设项目文件材料在收集、整理、归档、移交和利用过程中还存在时间滞后、工作繁复、利用效率低、内业造假等长期困扰和难以根除的问题。特别是有些小的承包商在完成合同中的任务后便撤走，甚至有些设备制造厂家在项目试运行期间便破产，难以追溯，由此使部分文件资料缺失；在施工、设备验收过程中责任人签名字迹不规范或辨认困难等等，均影响了归档项目文件的质量；除此而外，归档文件的查询方式仅以关键字词为主，检索方式单一，不利于业主及后续生产、运维的快速、精准查考和使用。因此，有必要借助大数据、云计算、互联网+等先进的信息处理技术加快化工建设项目的文件归档速度和质量，提高项目文件的利用率。

3. 大数据背景下项目文件在线归档的意义及必要性

项目文件在线归档，是指项目的所有参建单位在预定的工作网络平台中利用一个统一归档软件系统，在一定时间内完成项目文件(指纸质文件和电子文件的原件)归档；业主把归档软件系统的全部档案数据直接移交、接收进项目档案管理终端(包括业主和上级两部分)。这里以纸质文件为原件归档要扫描其数字副本归档，以电子文件为原件归档的要打印对应的纸质文件归档，档号需一一对应。

项目文件在线归档改变了传统化工建设项目的档案管理流程，赋予了档案管理更高的技术含量，这既是响应国家提倡传统行业以“互联网+”和“工业 4.0”的理念进行换代升级，也是支撑化工企业新、改扩建项目的数字化、智能化工厂建设的需要，有些大型石化企业已进行了成功的实践，如中海油惠州石化的数字化工厂[1]，在其经营管理模块中采用文档一体化管理思路，在综合管理里设置了文档和档案管理子模块，既体现了数据的共享，又做到了资料互提、同源数据采集、设计文件双向校验以及设计成品输出和归档等工作，消除项目建设期间的信息孤岛，极大的提高了项目文件使用效率，降低了管理成本，节省了投资成本，经济效益可观。中国石油兰州石化公司运用三维建模和信息技术进行了三维工厂的试点建设工作[2]。所建立的数字化工厂系统平台集成了所有数据，实现了企业在工程基础资料、生产、设备、维修、安全和培训六大方面三维的虚拟应用支持，所建的三维智能模型可以与生产、运营和经营业务相融合，大大提升了管理业务的准确性、直观性以及智能性和协同性，实现了管理和决策的可管与可视。

4 在线归档应用策略

4.1 项目文件在线归档的原则

为保证项目文件能够齐全、完整、准确、系统的归档，按照文档一体化的管理思路，制定了全程管理、前端控制、无缝集成三项工作原则。

4.1.1 全程管理原则

对项目文件进行全程管理，需要做到全面、系统、动态。这种全程管理是一种过程管理，它要求业主对项目文件的输入和输出、管理规则与方法、质量要求进行统一、完整管理，并实行过程监督和指导，使项目建设期间的文件受控。

4.1.2 前端控制原则

在文档一体化的过程当中，项目文件和档案已经无法进行明确的区分。而项目文件则是来源于设计院、监理、总包、施工单位以及监督、检测等多专业多工种的报告、纪要、函件、图表、各种施工记录等；文件的类别有纸质、电子、声像、实物等多种形式；文件的存放介质也有纸质、光盘、硬盘等载体。因而在项目立项审批通过之前，在制度方面，业主需提前策划项目文件数字化交付的工作框架，建立项目档案管理体系，明确项目文件的整理和归档要求及方法，并在项目手册中明确文档一体化的管理程序；在软件方面，业主档案主管应参与文档一体化的施工管理平台建立，并提前筹划对外档案管理的技术协调机制；在监理、总包和施工队伍等承包商入场时，待文控人员到岗后，业主档案主管应在第一时间组织进行专门业务培训，提出具体的操作步骤要求和方法，使承包商的文控尽快适应项目文件的归档要求，养成统一的文件管理习惯，为后续的整理、归档奠定基础。

4.1.3 无缝集成原则

所谓无缝集成原则，就是在项目建设网络系统引入工作流的技术思想。在项目建设过程中，各类正式综合文件以电子文件居多，施工作业过程中纸质和电子文件均有，而设备材料的进场验收则是纸质为主，因而作为项目文件归档的一个主要内容，电子文件的存储系统需要嵌入其中，并借助于互联网提供的协作办公平台，完成文件与档案的一体化管理，进而确保项目建设期间电子文件(含纸质扫描件)的科学产生、流转并及时收集、归档。只有引入工作流的技术思想，才能实现如上整个系统的运转过程。

工作流是一类能够完全或部分自动执行的业务过程。工作流系统的主要功能及特征包含三点，分别是自动、监察和控制。这就规定了工作流系统能够按照相应的原则，保证数据、文档以及工作任务可以在多个工作人员之间完成操作与承接。具体工作流模型如图1所示：

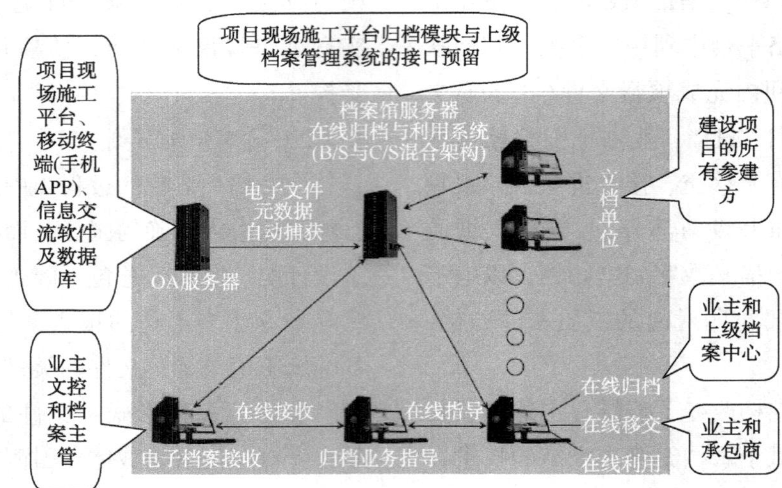

图1　在线归档工作流模型

4.2　在线归档系统的构建

根据《档案移动服务平台建设指南》(DA73-2019)、《石油化工工程数字化交付标准》(GB/T51296-2018)和《电子文件归档与电子档案管理规范》(GB/T 18894-2016)的要求，建立适合建设项目的现场施工平台，借助局域网、云计算、智能手机、APP、微信等通讯方式和设备设施，及时通过现场施工平台输入、输出所需文件，并按要求进行分门别类的归档，同时做好电子签名、签章的认证和管理工作，达到齐全、完整、准确、及时的收集到现场文件，为后续的组卷和归档奠定基础。

4.2.1　自动捕获电子文件及其元数据功能设计

结合相关规定和OA系统数据表的特点，按照归档的要求，OA系统对归档系统

开放数据表，批量捕获立档单位发、收文的电子文件及其元数据进入归档系统。

4.2.2　系统内进行纸质文件归档功能设计

在归档库内直接录入归档文件目录数据和对应扫描纸质归档文件夹，保证目

录与对应全文的挂接准确无误。

4.2.3　系统自动分配件号与合成档号功能设计

根据《归档文件整理规则》分类、排列的要求，系统设计了灵活的选项支持自动分配件号与合成档号。

(1) 分类功能设计

根据文件的分类，系统设计了支持按年度、主题词、专业(含设备位号)等进行分类，便于整理、归档和查询。

(2) 件号排列

在项目总体顺序确定之后，在归档文件最低一级类目内，按重要程度、形成时间流水排列件号，会议文件、统计报表等成套性文件及同一事由系统提供关联选项可集中排列。

(4) 档号合成

档号合成由系统自动合成，并以此为文件夹命名。

4.2.4　移交、指导、接收功能设计

在线移交、指导、接收是在线归档后的主要环节，其流程为：移交—指导检

查—反馈—修改—再移交—指导确认—拒收—再移交—接收成功。

(1) 移交是立档单位将一个年度归档数据的查看权限授予业主档案负责业务指导的人员，对归档数据的实际情况进行检查。

(2) 系统支持指导检查人员对一份归档文件或对全部归档文件提出修改意见

后返回，或检查合格后确认。

(3) 拒收与接收。指导确认后，上级档案馆接收人员获得移交档案数据的查看权，对于拟接收的档案数据有拒收、接收两种选择。

(4) 支持电子档案移交与接收登记表数据的自动获取。按照国家档案局《电子档案移交与接收办法》的要求，结合在线移交的优势，系统实

现了项目文件档案移交与接收登记表数据的自动获取。

4.2.5 在线利用

系统设计了目录、全文检索、打印功能，满足通用的档案查询、浏览、输出、统计的功能。

上述在线归档系统将通过运用云计算、局域网、移动电子产品建立文档一体的施工管理平台，如果实施，将消除工程结束后集中整理、归档的传统档案管理模式，既提高工作效率，也节省投资成本，减少人力、物力、纸张的浪费。

4.3 建议措施

采取“五同步”措施，即项目档案管理策划与项目总体策划同步；档案管理要求和控制措施的提出与签订合同同步；项目文件的形成与建设进度同步；施工进度检查与施工文件的形成和质量检查同步；施工节点质量验收与施工文件的归档预立卷同步，从源头上确保项目档案齐全、完整、准确，力争从根本上杜绝施工文件“回忆录”模式。

4.4 实施方法

4.4.1 采用PDCA工作方式，实行项目文件控制和档案管理的定期检查总结制度，不断优化过程文件质量管理

运用质量管理中的P（计划）D（执行）C（检查）A（总结）工作方式，通过滚动计划，检查文件形成的及时性，以及结合单位工程划分检查文件的完整性；协同各专业和项目部检查记录数据和内容的准确性。将检查出的问题记录汇总，形成检查报告。

按检查周期开展文件控制与档案管理检查情况讲评会。项目档案室针对检查问题及各单位优秀管理方法进行讲评，确保问题得以控制、经验可以推广，并现场进行交流、答疑解惑，切实提高文件控制与档案管理水平。

4.4.2 采取行之有效的控制措施，确保项目档案的齐全、完整、准确。

4.4.2.1 建立档案管理人员的“四参加”制度。

项目组文档案人员坚持参加调度会、周例会、专题会等，及时了解工程进展

和项目文件归档情况、存在问题，并进行跟踪服务；承包商的档案人员坚持参加设备开箱，随时收集设备开箱和随机资料，以确保设备制造厂商文件的完整。通过明确时间、任务、措施，进一步促进了交工文件归档的顺利进行。

4.4.2.2 明确文件归档要求

根据国家、行业、集团建设项目档案管理标准、制度，明确项目归档范围及质量要求，便于统一参建方的项目文件编制、收集、整理、组卷和归档。

4.4.2.3 严格实行了施工文件内容三方会审

承包商、施工单位的交工文件在收集齐全后，必须先经项目档案室审查符合文件规范性及案卷排列顺序，后提交项目组组织专业工程师和监理单位进行施工文件内容审查并签字，最后由中间交工验收小组审核签字确认后，方可进入整理阶段。

4.4.2.4 加强电子文件的形成和管理

业主档案主管单位需项目要求承包商、监理等单位形成的交工文件，在归档纸质版的同时将电子版文件一并归档，做到纸质与电子档案的一一对应，并纳入相关合同中。

4.4.3 建立项目档案管理考核机制，确保项目文件控制和归档工作有序进行。

在项目立项批复后及时组织编制项目管理考核奖惩机制，定期组织检查和考核，确保项目文件按进度收集。

另外可将档案管理工作与项目工程创优和劳动竞赛相结合，充分调动参建方的工作激情，从而使项目文件的质量得到提升。

4.4.4 加强档案设施设备配备，满足项目文件的归档整理、提供和利用的需要。参建各方根据承包项目大小，合理配备相应的编制档案所需设施设备，以满足项目档案的编制、组卷等工作需要。

5 结束语

“互联网+”的实质是以用户的需求为出发点，利用互联网技术进行行业内部工作流程的重构，提高工作效率，为用户提供更好的服务[3]。“工业4.0”是利用物联信息系统将生产中的供应、制造、销售信息数据化、智慧化[4]，最后达到快速、有效、个性化的产品供应，目标是建立一个高度灵活的个性化和数字化的产品与服务的生产模式。而建设项目在线归档即是将收集和管理的数据在工厂的全生命周期中又得到扩展和延伸，符合“互联网+”和“工业4.0”理念，此类需求必将呈增长趋势。因此，档案管理人员需不断

提升自己的业务水平和扩展服务范围，为自己及组织创造新的盈利增长点[5]，并进行深入思考和研究。

参考文献

[1] 吴青．智慧炼化建设中工程项目全数字化交付探讨[J] 无机盐工业，2018，5(50)：1-6。

[2] 李海涛，赵小平．三维数字化工厂技术在中石油炼化企业中的应用[J]．中国信息界，2012，225(9)：44-47.

[3] 俞永 福．“互联网+”的本质是重构供需[J]．商周刊，2015(10)：47.

[4] 樊志娟，王金根．工业4.0时代企业管理的创新思考与研究[J]．现代经济信息，2015(23)：51.

[5] 李海涛，赵小平．兰州石化实施数字化工厂信息化项目投资收益分析[J]．数字化用户，2013(22)：114-115.

PTA 智能工厂建设

周海鸽　李　骞

（中国昆仑工程有限公司）

摘　要　随着精对苯二甲酸 PTA 行业竞争日趋激烈，企业提质降耗的要求十分强烈，信息化、智能化成为企业转型升级的必然选择。物联网、大数据、云计算等新型信息技术为建设 PTA 智能工厂提供了技术支持。中泰石化投资建设 PTA 智能工厂，以打通企业生产经营全部流程为着眼点，构建从产品设计、设备控制到企业资源管理所有环节的信息快速交换、传递、存储、处理和无缝智能化集成，实现企业生产的自动化、数字化、信息化和智能化。智能化工厂将生产运行和生产管理运营深度融合，实现实时精准管理，成为企业在激烈的市场竞争中胜出的重要助力。

关键词　PTA，智能工厂，数字化，自动化，信息化，智能化，转型升级

1　引言

石化行业建设智能工厂是提高国家制造竞争力战略计划“中国制造 2025”的重要组成部分，对于实现化工企业的转型升级，提高企业全球竞争力具有十分重要的作用。对 PTA 行业而言，建设智能工厂的要求同样强烈。首先，PTA 作为重要的大宗商品，受产能过剩的影响，近年来企业一直在盈亏边界线附近运行，企业对降低成本、提升利润的要求十分强烈。其次，PTA 工厂是十分复杂的化工体系，几乎涵盖了所有的化工单元操作模块，存在复杂的物理化学过程。生产过程耦合性强，各种操作参数之间相互影响，对生产技术人员的水平要求很高，高级技术人员的水平往往对工厂的运行成本、安全清洁生产起着重要的作用。企业对减轻人为因素影响，加强企业运行管理透明化、可视化的要求十分迫切。第三，随着科学技术的迅猛发展，物联网、大数据、云计算等新型信息技术的涌现和跨越式发展，为企业向智能化方向转型升级提供了技术基础。第四，新疆中泰化学托克逊能化有限公司在其 PVC 项目中试行智能化设计，提质增效作用明显，增加了企业建设 PTA 智能工厂的动力。在此背景下，新疆库尔勒中泰石化有限公司（以下简称中泰石化）决定立足现在、适度超前，对其投资建设的 PTA 工厂进行智能化设计，并和 PTA 工厂同步规划、同步设计，同步投产。这是企业在“工业 4.0”“智能制造”的技术浪潮推动下，谋求生存发展，实现转型升级的重要举措。

2　石油化工企业智能工厂现状

目前关于智能工厂在世界范围内并没有明确统一标准[1]，根据《国家智能制造标准体系建设指南（2018 年版）》的定义，智能工厂标准包括智能工厂设计、建造与交付、管理、物流和集成优化等部分[2]。但是，由于种种主观客观原因，智能工厂建设需要一个过程，不可能一步到位。

自 2003 年开始，石化行业即开始了智能化的探索，在中国石化炼化企业实现了 MES（生产执行系统）系统全覆盖，为石化行业的数字化、智能化积累了经验和基础 。2012 年至 2015 年，在中国石化九江石化、镇海炼化、燕山石化和茂名石化四家企业开展试点。2015 年，九江石化智能工厂试点被工业和信息化部列为国家智能制造试点示范项目，成为石化行业唯一入选单位，建立了数字化、自动化、智能化的生产运营管理新模式，生产优化从局部优化、离线优化逐步提升为一体化优化、在线优化，劳动生产率提高 10%以上，外排重点污染源实现了 100%的实时监控与分析预警[3]，安全生产和提质增效作用明显。石化智能工厂的试点成功，为石化行业积累了经验，树立了良好的典范。

为全面落实国家“中国制造 2025”“互联网+”“促进大数据发展”等行动计划，工业和信息化部、国家标准化管理委员会共同组织制定了《国家智能制造标准体系建设指南（2018 年版）》，从标准入手，引领行业实现智能转型，进一步扩大试点示范范围并打造智能工厂升级版，石化行业智能化势在必行。

3 PTA智能工厂建设内容

PTA智能工厂设计建设内容包括智能工厂交付、智能生产、智能管理、和集成优化四部分，其中的重点是智能生产。

根据各行业生产流程和智能化情况的差异，PTA智能生产选择的是从生产过程数字化到智能工厂的建设模式，这种模式多用于石化行业，以产品品质为基准，从生产数字化起步，从产品末端控制向全流程控制，即流程型智能制造。

对于流程型智能制造，数字化是智能化的基础，自动化、信息化是智能化的重要手段和保障。PTA智能生产设计以自动化和信息化系统为先导，通过数字化生产设备、仪表原件、操作参数、分析数据、报警数据、环境监测、产品质量、原料消耗、产能等基础数据，建立工业大数据系统，再通过先进的工业互联网和物联网系统以及RTDB(Real Time Data Base)实时数据库系统采集实时数据，通过建设智慧仿真与挖掘中心，对生产过程建立数字化模型，建设实时数据分析系统，在此基础上实施APC先进控制系统，减少过程变量的波动幅度，使之能更接近其优化目标值、保证产品质量的均匀性、降低运行成本、减少环境污染。同时，实施智能决策系统AIMS，为各级生产者及管理者提供个性化、可视化的决策参考。

4 PTA智能工厂自动化、数字化、信息化、智能化

PTA生产是连续生产过程伴随着物理化学反应、相变过程及物质、能量的转移、传递，是一个复杂的大系统。系统的复杂性、不确定性、非线性等因素决定了其控制难度。生产过程存在高腐蚀性、易燃、易爆物质，以及高温、高压的工况条件，要强调控制的实时性、安全性。

4.1 自动化

PTA装置自动化是智能化的重要前提。PTA装置通过DCS、PLC和SIS系统实现了PTA生产过程操作、控制、指示、记录、在线计算、超限报警和过程联锁等操作的自动化控制。

经典PID控制策略(SISO)作为主要控制策略，配合串级功能、比例功能、分程功能等，实现大约90 %的控制回路要求。其余10 %的控制回路所涉及的被控过程具有强耦合性、非线性、大纯滞后、时变性等特征，并存在着苛刻的约束条件，采用简单策略无法满足要求。更为重要的是其大多数为生产过程的核心部分，直接关系到产品的质量、产品收率、原材料消耗和能耗等经济指标。

在现行解决方案中借助先进控制(APC)和实时优化(RTO)改善过程动态控制的性能，减少过程变量的波动幅度，使之能更接近其优化目标值，从而将生产装置能够在期望的状态下运行，降低装置运行的波动性，减少运行成本、保证产品质量稳定。

4.2 数字化

数字化是信息化的物理基础和技术基础。设备、仪器/仪表、阀门等物理设备，通过条码、射频识别等手段数字化，为物联网提供基础。

过程控制层的自控设备使用基于HART通讯协议的智能设备或基于现场总线(Foundation Fieldbus)的现场仪表和最终执行设备进行数据采集；包括生产运行参数、报警数据、环境监测、原材料消耗、设备/仪表运行数据等。通过智能设备管理系统实时监控设备运行状态、制定维护计划，大大降低装置的非计划停车概率。

在数据服务层设置LIMS(Laboratory Information Management System)系统完成分析数据/信息的收集、分析和管理，建立分析化验、产品质量检验数据库RTDB系统，为实现智能生产提供基础。

当下越来越强调全生命周期的理念。将生产装置从设计到最终交付乃至维护管理均采用数字化形式，这将最大程度的保持数字信息与现场设备信息和状态的实时一致性。

4.3 信息化

构建工业数据系统，对生产数据进行采集和存储，通过对大量数据进行分布式处理的软件框架，在数据提取、变形和加载方面实现高可靠性、高可拓展性、高容错性和高效性。

构建企业资源计划ERP(Enterprise Resource Planning)系统，进行财务、物料、销售、设备、人力资源等方面的管理，为企业及决策层提供决策手段和管理平台。

构建能源管理系统EMS(Energy Management System)，建立以公用工程管网为平衡中心的平衡体系，通过对单元体系进行消耗核算，为能耗统计和挖掘节能降耗潜力提供有效数据支撑。

随着计算机技术、网络技术和通信技术的发展，生产的执行逐渐发展成为基于实时数据库的

制造执行系统 MES(Manufacturing Execution System)。其向下连接过程控制系统(DCS/PLC)，向上连接企业资源计划系统(ERP)、供应链管理(SCM)、决策支持系统(DSS)。全面覆盖生产流程模拟、质量控制、先进控制和实时优化、设备诊断管理、库存管理、生产计划优化、实时调度、收率计算、成本控制、生产统计、KPI 实时监控、绩效分析、资产管理等，在计划管理层与过程控制层之间架起了一座桥梁(图 1)。

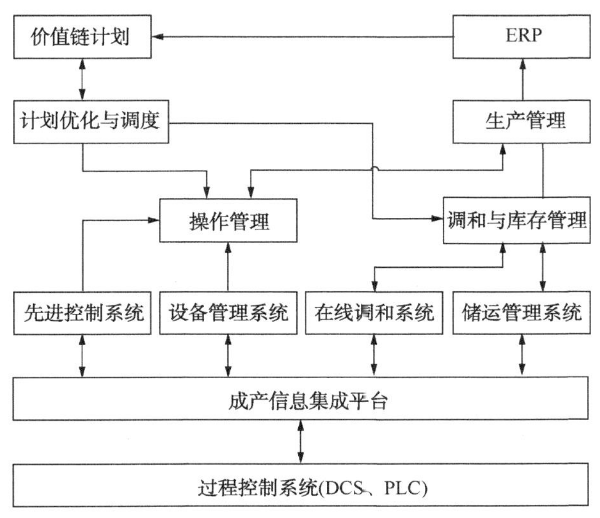

图 1　PTA 装置智能工厂建设模式

4.4　智能化

目前 PTA 装置乃至流程工业尚未实现工业生产系统的智能化，一般认为具有以下特点的系统将被称为智能系统或智能化系统。

(1) 具有感知能力。即具有能够感知外部世界、获取外部信息的能力。这是产生智能活动的前提条件和必要条件。

(2) 具有记忆和思维能力。即能够存储感知到外部信息及由思维产生的知识，同时能够利用已有知识对信息进行分析、计算、比较、判断、决策。

(3) 具有学习和自适应能力。即通过与环境的相互作用，不断获取知识，使自己能够适应环境变化。

(4) 具有行为决策能力。即对外界刺激作出反应，形成决策并传达相应的指令。

装置拟在将来构建智能决策系统(AIMS)，将运用人工智能、物联网、大数据等先进技术，通过利于在流程工业自动化、数字化、信息化过程中所构建的静态/动态历史、实时生产数据和管理数据，进行面向目标的综合技术判断及管理逻辑运算，实现生产装置的完全自动运行(无人化)。并构建为各级生产管理者提供个性化、可视化的决策结果参考的应用系统。

5　结论

在国际化的大背景下，PTA 行业作为充分竞争，利润空间被逐渐压缩的典型石化行业，面临的竞争压力极其巨大。中泰石化紧紧抓住国家“中国制造 2025”战略规划的契机，投资建设 PTA 智能工厂，在传统化工领域融入先进的自动化、信息化、智能化技术，将生产运行和生产管理运营深度融合，实现了优化作业和管理流程，预警、预防各类事故，提高生产人员工作技能与效率，实时精准管理的作用。PTA 智能工厂建设将成为企业提升整体效益，在激烈的市场竞争中胜出的重要助力。

参　考　文　献

[1] 覃伟中，冯玉仲，陈定江等．面向智能工厂的炼化企业生产经营信息化集成模式研究[J]．清华大学学报(自然科学版)，2015，55(4)：373-377.

[2] 国家智能制造标准体系建设指南(2018 年版).

[3] 路守彦．石油化工智能工厂建设[J]．炼油技术与工程，2016(3)：27-27.

独山子石化物联网虚拟化平台设计及优化

张　千　李　书　苏大伟　秦德明

（中国石油独山子石化公司信息管理中心）

摘　要　本文以搭建独山子石化物联网虚拟化平台为例，详细阐述了微软主流虚拟化技术主要功能及特色，并且从设计、实施及优化等方面阐述了如何将微软虚拟化技术应用到物联网虚拟化平台建设中，从而以最小的成本获得系统性能、稳定性极佳的虚拟化平台。

关键词　炼化物联网，AD域控，HYPER-V，故障转移集群，私有4G

1　引言

炼化物联网主要在炼化企业生产现场，为装置、罐区、设备和厂区周界等部署各类传感器、摄像头、RFID等数据采集感知设备和无线传输网络，实时采集和传输设备、装置、罐区及人员等各项现场数据和信息，提升炼化企业数据自动采集水平，建设统一的物联数据平台，为上层信息系统提供可靠的现场数据支撑。2013年中石油总部将炼化物联网项目纳入集团公司“十二五”信息化总体规划，其中炼化板块物联网总体建设工期84个月，覆盖28家炼化企业和6家化工销售公司，预计到2020年完成全部建设内容，投资近100亿左右。独山子石化作为炼化物联网首批两家炼化试点企业之一，于2016年初开始了炼化物联网系统（全模块）的建设，其中虚拟化平台作为承载物联网核心业务的服务器平台，为系统高效、稳定、安全运行，发挥了极其重要的作用。

2　架构设计

2.1　私有4G网络设计

网络是虚拟化平台的基础，独山子石化物联网在前端采集网络申请了私有4G网络许可，在全厂区覆盖4G基站，从而搭建了覆盖全厂区的私有4G网络，这是全国第一个私有4G网络。

传输层采用有线和无线相结合的方案，构建安全、稳定、可靠的数据传输通道。有线网络主要完善接入层，为生产数据、视频监控数据以及无线网络汇聚等配置交换机等设备；无线网络采用无线异构网组网方案，利用无线公网、无线局域网和无线传感网等技术建立生产区域的无线覆盖，并最终接入有线网络。

独山子石化私有4G网络架构如图1所示：

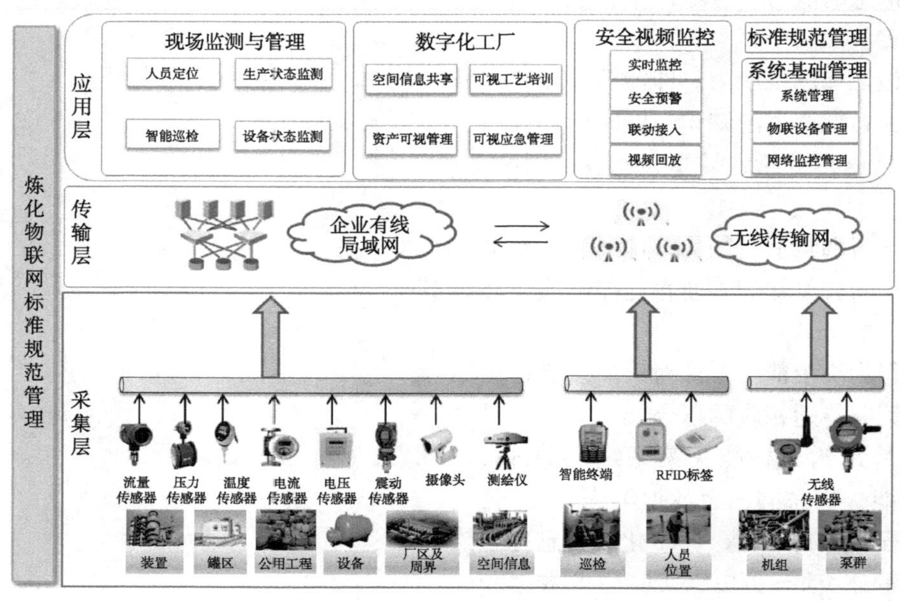

图1　独山子石化物联网私有4G网络架构图

2.2 虚拟化平台架构设计

独山子石化物联网虚拟化平台没有采用当时较为主流的 VMware 虚拟化技术，而是采用了免费的微软基于 windows 2012 数据中心版操作系统的虚拟化技术，从而大幅降低了平台搭建成本。微软提供了整套的虚拟化解决方案，例如动态迁移服务器和存储零宕机维护，自动灾难恢复等功能。当时 Windows Server 2012R2Hyper-V 虚拟化平台的发布，有许多新功能的加入，例如：无需共享的虚拟机实时迁移、动态内存改进、全新的虚拟磁盘格式(VHDX)、SR-IOV 支持、QOS 带宽管理等，这些新功能的发布无形中已经将微软 Hyper-V 产品提升了一个档次，旨在将目前通常缺乏灵活性的 IT 环境转换为灵活的自动化云计算基础架构，从而实现成本节约的同时获得生产效率优势。

独山子虚拟化平台搭建，选用了纯国产服务器及存储，其中选用 10 台曙光服务器作为虚拟机的宿主机，并一起构建成高可用群集，统一被 SCVMM 管理，后端华为存储将与虚拟化主机群集的 HBA 卡连接，虚拟化平台架构设计如图 2 所示：

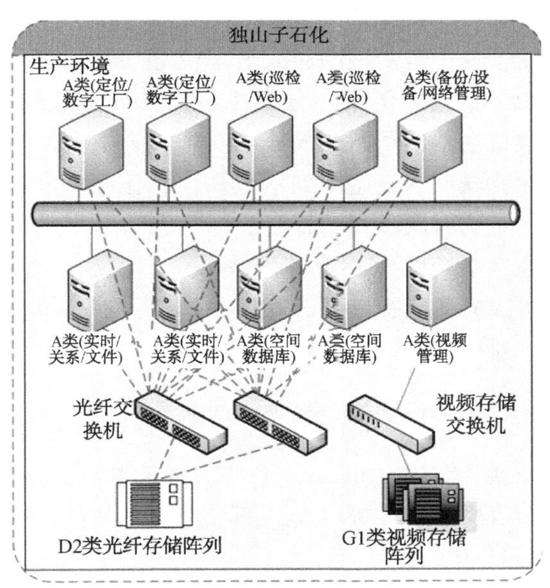

图 2　独山子石化物联网虚拟化平台架构图

3 虚拟化平台实施

虚拟化平台架构确定之后，便可开始具体的实施工作，独山子石化炼化物联网虚拟化平台实施主要包含：硬件线缆连接规划、服务器安装部署规划、网络安全规划等部分。

3.1 硬件线缆连接规划

在虚拟化平台服务器安装上架之后，首先要做的就是服务器各接口的线缆连接规划，由于一台服务器不仅要连接交换机，还要连接存储，线缆种类包括网线及光纤。基于冗余和性能要求，往往一台服务器会连接多个电口或光口，线缆连接较为复杂，独山子石化物联网服务器接口规划如表 1(以其中一台物理服务器为例)，见表 1。

表 1　独山子石化物联网服务器接口线缆规划表

主机名	PCI 插槽	端口	端口类型	连接交换机端口
DSZSH-IOT-A1	BMC	管理口	电口百兆	DSZSH-LHBG-HW5700-02-2/0/12
	7	1	电口万兆	DSZSH-LHBG-ASWH3CS68004C-02-T2/0/1
	7	0	电口万兆	DSZSH-LHBG-ASWH3CS68004C-01-T2/0/1
	8	1	光口万兆	DSZSH-LHBG-ASWH3CS68004C-01-T1/0/2
	8	0	光口万兆	DSZSH-LHBG-ASWH3CS68004C-01-T1/0/1
	3	1	光口万兆	DSZSH-LHBG-ASWH3CS68004C-02-T1/0/2
	3	0	光口万兆	DSZSH-LHBG-ASWH3CS68004C-02-T1/0/1

3.2 服务器部署规划

独山子石化炼化物联网主要包括基础软件、支持软件和应用软件三部分，服务器虚拟化平台就属于基础软件部分，提供系统运行环境，包括操作系统、集群管理、数据库和文件管理功能。独山子石化炼化物联网服务器群由 10 台曙光 I840-G20 服务器组成，通过冗余链路与物联网专用汇聚交换机及 SAN 交换机连接，对外通过 2 台防火墙提供业务支持。通过 10 台物理服务器，虚拟出了超过 30 台虚拟机，为上层物联网门户、GIS 应用、人员定位、智能巡检、联动报警、三维数字化工厂等模块提供系统、存储、网络支持。

3.3 网络安全规划

独山子石化炼化物联网网络安全主要挑战来自于生产网与私有 4G 网络之间的安全防护，独山子石化物联网采用 2 台天融信防火墙单独进行访问控制及安全防护，防火墙部署模式为双机热备，数据处理模式为混合模式，上联和下联交换机之前防火墙配置为 Trunk 模式，与私有 4G 网络连接使用路由模式进行配置，并且针对 SNMP 协议做了访问控制，设计架构如图3所示。

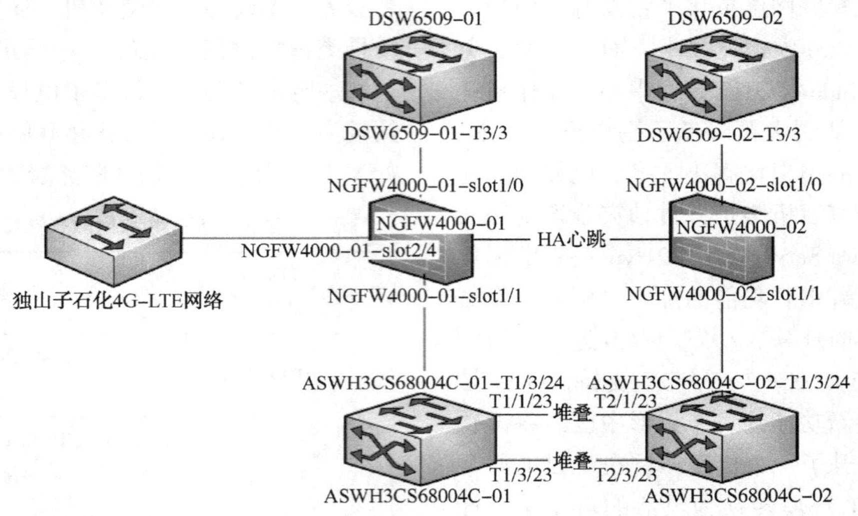

图3　独山子石化物联网网络安全架构图

4　平台优化

4.1　后端存储优化

独山子石化炼化物联网虚拟化平台后端存储，采用华为 OceanStor 5300 系列及配套的虚拟带库产品，构建了 SAN 和 NAS 统一存储架构，可同时支持结构化和非结构化数据存储，支持多种存储网络协议，具备高可靠性及扩展性。为充分发货存储的性能优势，独山子石化结合存储功能特点，将 SAS 及 NL-SAS 硬盘做成了一个硬盘域，并对其进行池化，利用存储分层技术，获得了大容量且速度接近 SAS 硬盘的存储池。同时，利用微软 HYPER-V 虚拟化裸映射技术，直接将底层存储映射给上层虚拟机进行使用，为虚拟机搭建类似于 ORACLE RAC 集群创造了条件。

4.2　网络优化

为充分发挥曙光服务器万兆网卡及万兆汇聚交换机的性能潜力，物联网项目组利用微软虚拟化 NIC 端口聚合技术，将2个网卡聚合虚拟成1个网卡使用，是网卡的速率翻倍。独山子石化炼化物联网虚拟化平台服务器与交换机之间，及服务器之间，均采用全万兆互联，结合 NIC 技术，在 windows server 2012 系统下，文件拷贝速度能接近 800MB/S。炼化物联网是实时采集数据的系统，数据量大，超乎想象，而虚拟化平台底层这样的数据传输速度正是这套系统流畅运行的关键所在。

5　总结

独山子石化炼化物联网项目于2017年正式上线，其中智能巡检、人员定位等功能，解决了独山子石化多年来一直关注巡检人员安全问题，该项目在独山子石化的成功实施，为中石油其它企业物联网的实施起到示范和代表作用。虚拟化平台是物联网项目的核心支撑平台，其中承载着物联网系统的核心业务，该平台不仅成本低廉，并可提升访问速度，改善用户体验，消除单点故障，对于企业降本增效具有重要意义。

参　考　文　献

[1]（美）米纳斯（Minasi，M）等．精通 Windows Server 2012R2（第五版）[M]．清华大学出版社，2015：212-261.

构建完美的 3865119 接处警平台

孙　玲

（中国石油独山子石化公司信息网络公司）

摘　要　独山子石化公司消防支队是中国石油独山子石化公司火灾爆炸等事故的应急救援单位。目前消防支队正在使用的消防指挥调度系统已运行多年，存在着诸多不足及隐患。随着公司安全形式的升级，以及通信和信息技术的飞速发展，现有手段及技术已无法满足生产需要，急需建设一套满足生产需要，稳定可靠，技术先进的新平台。

关键词　集中接警；集中监控；指挥调度

1　概述

独山子石化公司消防支队是中国石油独山子石化公司火灾爆炸等事故的应急救援单位。目前消防支队正在使用的消防指挥调度系统已运行多年，存在着诸多不足及隐患：系统软件不稳定，交换系统经常异常中断，系统联动功能稳定性差，系统软硬件兼容性问题突出，坐席问题频发等。

2　建设目标

结合消防支队使用要求及安全生产的实际需要，在现有系统基础上建设和完善各系统功能、提高设备配置，以及按照现代 3865119 指挥调度系统要求，以 3865119 指挥调度系统接处警为核心，从消防灭火和抢险救援工作出发重组系统数据。按照“以消息交换为基础，以接处警业务处理为核心，以系统集成为手段”的思想进行设计，实现“集中接警、分散处警、集中监控、统一管理、快速反应”。

3　系统总体架构

3.1　“集中接警、分散处警，集中监控，统一管理”模式

遵循“接警简单、处警快捷专业、反馈详细”的原则，满足“信息灵敏、指挥有力、快捷高效、规范有序”的要求，实现“集中汇接、集中接警、分类处警”。

3.2　UMS 统一消息服务，综合接入各类资源及报警

基于“UMS”的综合指挥通信平台：集成电话、短信、互联网、移动手机、无线集群、3G 和视频等多样化通信方式，实现对处置单位，包括对基层执勤点和应急联动单位数据、图文、语音和视频的全息覆盖，多样化通信方式，实现综合指挥调度的新型综合通信平台。

3.2.1　构建 DMZ 区，提高系统安全，保障高效稳定运行

加强指挥中心系统网络及数据安全，充分保护指挥中心系统稳定运行，避免网络病毒侵扰，降低网络安全风险，减少维护工作量，在油田信息网基础上，构建指挥中心子网，通过防火墙、接入交换机等构建 DMZ 区，将指挥中心子网与石化信息网相对隔离，保障系统安全稳定运行。

3.2.2　保障报警快速接入、指挥调度畅通无阻

提高指挥中心有线通讯平台综合能力，支持建立双落地局、双中继路由，数字中继、环路中继护为备份的保障机制，采用 7 号信令，提高报警电话的接续速度，缩短等待排队时间。建立与石化通讯专网、各运营商的通讯链路，完备指挥中心与外部通讯网的通讯。

3.2.3　大容量录音，保障接处警原始声音资料

所有接警台、处警台的接警分机、调度分机进行并线连接到大容量的录音系统，对接警处警调度全过程话音通讯进行录音录时，建立接处警记录与录音的关联，实现文字和语音信息查询一体化，提供按记录查询、按时间查询、按值班员、按报警号码查询、电话查询等多种查询方式。

3.2.4　接处警过程标准化、流程化、规范化的质量管理

采用科学、先进的技术手段加强监督、检查机制，使管理量化、细化，从而提高指挥调度系

统整体服务质量。

3.2.5　无缝集成现有资源，实现资源共享和数据交换

实现与视频监控平台的对接和信息共享，与已建的视频监控、有无线合一指挥调度和GPS车辆定位等应用系统高度集成，避免重复建设。

3.2.6　CSCW协同平台建设，协同处警

构建指挥中心CSCW协同工作平台，在该平台的支撑下，实现各处警席位的可听、可视、可控，接处警任务可接管、可交办，坐席之间实现火情通传，协同指挥调度，协同处警。

3.2.7　专线组网，构建区域指挥调度网

充分利用指挥中心到各执勤点已有的数据链路，通过IP接入设备，构建话音通讯专网和数据通讯专网。

话音通讯专网：通过传统TDM 2M数字中继链路以No7信令方式组网，以及IP数字中继组网两种方式，将3865119指挥中心调度机与各执勤点构成指挥调度二级通讯网。

数据通讯专网：下级各执勤点局域网通过专网(已具备)或石化信息网，与3865119指挥中心网络互联，接入到指挥中心DMZ区。经过安全策略，采用白名单管理，与信息网进行网络通讯。

4　系统体系架构

4.1　双核服务体系结构要求

涉及系统主要业务流程的硬件、软件模块，要求全部采用双服务机制，提供充分的冗余，全面保障系统安全稳定运行。双核服务体系架构保证整个系统无单节点故障。

4.2　有线通讯双落地局、双路由

作为指挥调度系统的基础，话音通讯，采用双落地局，双交叉数字中继路由。在任何一个落地局数字中继中断的情况下，自动切换到备用中继，保证话音通讯的不中断。

4.3　调度机主控部分双机热备

指挥调度系统的核心通讯设备-调度机，主控部分采用双机热备运行模式。调度机提供接处警备用电话线路自动转换功能，备用电话线并接到指定坐席接处警电话分机，当中继线路中断后，将自动切换到备用电话线路，保证接处警电话不中断。

4.4　各核心服务器支持双服务器支撑

系统中按功能、流程划分不同的服务器，为整个系统的运行提供服务。

各服务模块提供双服务路由机制，下级服务器或终端设置主服务器、备用服务器，出现问题时，进行主备用，热切换，接替服务，提供系统服务的连续性。

4.5　业务流程双路由处理，多端口处理，任务均衡

通过通讯参数设置，建立均衡的服务支持，各服务器提供多端口连接处理，为连接到本服务器作为主路由的下级服务器和终端，提供主处理端口，为连接到本服务器作为备用路由的下级服务器和终端，提供备用处理端口。

4.6　分散应用、集中存储数据库结构设计

3865119接处警系统是建立在石化信息网上的接处警系统，各级单位按业务应用要求将进行本单位接处警数据的统计分析以及查询，而且时间段比较集中。在指挥调度系统中，采用多级数据库结构，进行分散应用、集中存储。

4.7　系统运行参数统一注册管理

3865119接处警系统包括接处警席、指挥调度席、各类服务器等设备众多，系统提供运行参数数据表，记录中心每台服务器、终端的编号、名称、类别、主备用、IP、端口、各项功能参数设置等数据。由系统管理软件对进行统一的注册管理。各服务器、终端启动运行时从运行参数表中获取自己的运行参数，才能运行。

5　系统技术架构

5.1　基于多层体系的B/S和C/S相结合的应用

接处警系统的设计采用基于数据管理、应用服务和用户界面的三层体系结构框架。接处警基础信息及记录查询统计采用B/S应用模式，指挥调度和地理信息采用C/S模式。上述应用模式便于分布式接处警应用，便于系统的集中管理维护，便于应用的灵活扩展升级。

5.2　VoIP软交换和CTI技术

语音通信平台建设要求采用国产具有自主知识产权的排队调度机，集TDM传统交换功能及接口和VOIP软交换功能及接口于一身的综合交换设备，具有灵活的组网、入网功能，可以满足不同用户对调度通信及办公需求，可为用户提供电话、传真、可视图文及数据通信等多种业务功能。CTI中间件产品在符合CSTA标准的基础上具有丰富的功能，实现语音、网络、固定点等不同来源报警信息的统一接入和分配。

5.3 接处警快速空间定位技术

快速空间定位技术实现报警信息和处警资源的快速空间定位。空间定位技术是提高接处警响应速度的核心：

(1) 本地电话信息库：将电话信息库扩展为精确位置的本地数据库。扩展后的电话信息库提供电话号、用户名、码装机地址、使用性质、经度、纬度；以电话号码为数据库主键。

(2) 动态警力资源：在空间数据库中提供各级机构、联动单位、视频监控探头、消防探测器等固定点火情警力位置状态信息。

(3) 统一地址编码：在报警点输入时提供简单快速的输入法输入规范化的地址，以利于快速定位报警和后续的查询统计、预案处理。

5.4 计算机辅助调度和联动

计算机辅助指挥调度集成了有线无线话音、网络调度、短信调度等多种调度手段和调度功能，实现接处警的多样化调度。所有的调度可以在接处警、调度和电子地图功能台上进行，实现从单警到“复杂多警种”的联动指挥调度。

5.5 海量空间数据管理

接处警GIS所需地图空间数据和相关属性数据数据量巨大，数据的管理维护工作复杂。上述数据采用集中管理和分布式维护的方式。

集中管理：接处警数据全部保存在指挥中心数据库系统，并采用空间数据库管理。分布式维护：采用B/S方式的更新维护软件，通过权限设定按照辖区完成基础数据的录入和更新。

5.6 主流硬件的选择和充分的系统集成

指挥中心建设中，语音交换机、服务器、坐席终端、网络设备、安全设备等等硬件设备都选择性价比高的主流知名产品。

6 系统功能架构

6.1 智能CTI子系统

CTI系统屏蔽各种不同的接入设备，完成对各种呼叫和资源的抽象，提供呼叫与服务内部处理逻辑，并提供编程接口，维护管理及辅助开发工具，从而可以利用计算机实现多种呼叫的接续、保持、转接、会议等控制功能。

6.2 业务服务子系统

业务服务子系统能够实现对整个接处警系统的消息处理，实现数字程控调度机与计算机系统的通讯。

6.3 综合指挥调度子系统

该系统是建立在计算机网络基础上的分布式火情实时协作处理系统，是接警中心业务中最重要的部分。用于消防作战指挥活动，提供卫星通信、3G无线音视频服务、远程会商等服务，为现场指挥员和接警中心提供决策辅助，便于更全方位了解现场情况，快速消除或降低事故灾害损失。系统的设计与有线通讯、无线通讯、GIS、GPS等众多多媒体信息系统集成，构建一个支队、大(中)队执勤点一体化、网络化指挥调度系统。

6.4 录音子系统

是指挥调度系统重要的组成部分，它可以成为每个呼叫事件的依据，而且也可以通过回放录音文件考核接警席和处警席。录音系统可以对系统内所有的有线和无线语音通话进行录音，与接处警系统紧密配合，提供全面的录音、存储、查询、提取和管理录音数据的功能。

6.5 地理信息(GIS)子系统

综合定位应用，包括电话地址定位、发案地址定位、手机定位、重定位、视频信息查看等功能。指挥调度应用，实现有线、无线的调度、视频调度，通过调度接口，将需要发送到消防车辆的火情信息以及公告信息发送到消防车GPS终端数据应用指挥调度系统需实时向GIS系统提供接处警数据信息，实现在GIS终端的火情管理应用；通过数据接口，GIS系统提供消防车辆信息，以便指挥调度系统实现对GPS车辆的信息发送。

6.6 综合信息查询与管理子系统

以全地区接处警系统数据为基础，对全地区接处警各类信息以进行实时、定量、定性统计分析，以表格、图表、柱状图、线型图、饼状图、三维图等多种方式显示输出，以宏观掌握各地治安动态。包括：报警的呼入记录，接警受理单的项目完整性，报警的案件性质，接警数、联动数等指标的横向、纵向比较等。

6.7 与现有系统对接

与GPS车辆定位系统对接，实现在3865119消防指挥调度系统中，实时跟踪显示GPS车辆位置、速度、方向，可对车辆历史轨迹进行回放。与视频监控系统接口，从流媒体服务器上取得视频流，通过GIS系统集成视频控件，在地图上标注摄像头位置，通过GIS系统展示视频信息。

7 结束语

建成后，将是一个技术先进、功能完备、稳定可靠、信息畅通、指挥灵活、反应快速，并具有较高辅助决策水平的一流指挥调度系统。既确保了现场灭火救援战斗行动指挥的通畅，又确保了通信联络的保密性以及与其它应急救援平台的信息共享、互联互通。当然，他最主要是满足生产需要。

利用装置采集数据提升炼化应用技术的实现

曹 静[1] 高 波[1] 邢海燕[1] 黄金晖[2]

(1. 中国石油独山子石化公司信息网络公司；2. 中国石油独山子石化公司科技信息处)

摘 要 针对中国石油独山子石化公司炼油与化工生产经营实际与管理需要，在总部统一建设的炼油与化工生产运行系统15个功能模块之外，对实时采集数据进行了跨模块的深化应用，根据具体的需求，分别采用了不同的技术提取实时数据，完成部分模块的定制开发，本文把实施的数据采集技术方法归纳为组态虚拟计算位号动态显示实时数据、动态链接库的引用以编程方式提取实时数据、跨应用平台借助数据库包体函数提取实时数据三种类型，分别对其进行阐述，并将这些功能的应用范围、技术优势、关键技术等进行对比，这些技术实现后服务于生产和技术管理，也为将来应用提供技术参考。

关键词 炼化装置；实采数据；信息技术；MES

1 实施背景

中国石油炼油与化工生产运行系统(Manufacturing Execution System 生产运行系统，以下简称MES系统)建成及应用作为石化企业的关键业务系统，已经运行多年，对规范企业工作业务流程、提高工作效率、强化企业管理水平发挥了重要作用。独山子石化作为总部首批实施单位，对MES系统15个功能模块做了全面的升级与优化。系统无论是硬件架构、存储环境，还是虚拟化集成平台、业务模块都进行了全面的提升[1]。经过生产和工艺技术人员多年的工作总结，对MES应用系统各模块进行了深入的业务分析，提出了许多的跨模块整合的应用需求，同时提出了更高的性能要求。为满足生产工艺技术人员对系统应用的需要，在实施过程中除了对总部统一要求的模块配置实施外，还在业务管理、工艺技术等方面进行应用深化。项目实施人员充分利用HONEYWELL公司实时数据平台，采用不同的技术手段，结合工艺技术人员需求，对实时数据进行定制开发，达到用户的要求。

本文分别从应用的角度采用不同的技术方法提取实时数据，在具体模块中分别阐述在具体场景下实时数据以什么方式表现：当在流程图展示时，可以通过组态虚拟位号的方式用计算表达式的方式去绑定位号；而在应用系统开发，通过提取实时数据做一些复杂数据统计分析时，可以引用HONEYWELL公司提供的动态链接库去实现；在跨应用平台，同时没有实时数据其它提取方法时，可以考虑借助HONEYWELL提供的数据库程序包，通过调用公用包函数[2]的方式把单个的，少量的实时数据提取出来，下面针对这几种方式进行一一论述。

2 实时数据采集系统结构及原理

2.1 系统结构图

通过参考HONEYWELL提供的PHD系统用户指南，如图1列出实时数据采集系统结构及原理图：

由于用户指南是英语资料，所列图也是英文专业术语，为方便理解与论述，下面将图中列出术语进行解释。

2.2 术语解释

DCS系统：集散控制，又称分布式控制系统Distributed Control System。

OLE：Object Linking and Embedding 对象连接与嵌入技术。OLE不仅是桌面应用程序集成，而且还定义和实现了一种允许应用程序作为软件对象(数据集合和操作数据的函数)彼此进行连接的机制和协议称为组件对象模型(COM Component Object Model)利用这种技术可开发可重复使用的软件组件COM。

OPC：OLE for Process Control 用于过程控制的OLE，是一个工业标准。

PHD Server：PHD历史数据库主体引擎。

PHD OPC(DA/HAD)Server：专门的同时符合实时数据访问规范(OLE for Process Control Data Access 简称OPC DA定义了包括数据值、更新时间与数据品质信息的相关标准)和历史数据访问规范(OLE for Process Control History Data

Access简称OPC HDA定义了查询、分析历史数据和含有时标的数据的方法)的PHD OPC Server服务。

RDI Server：Real-time Data Interface Server实时数据接口服务，收集来自通过DLLs和BUFFERS推送数据的服务。

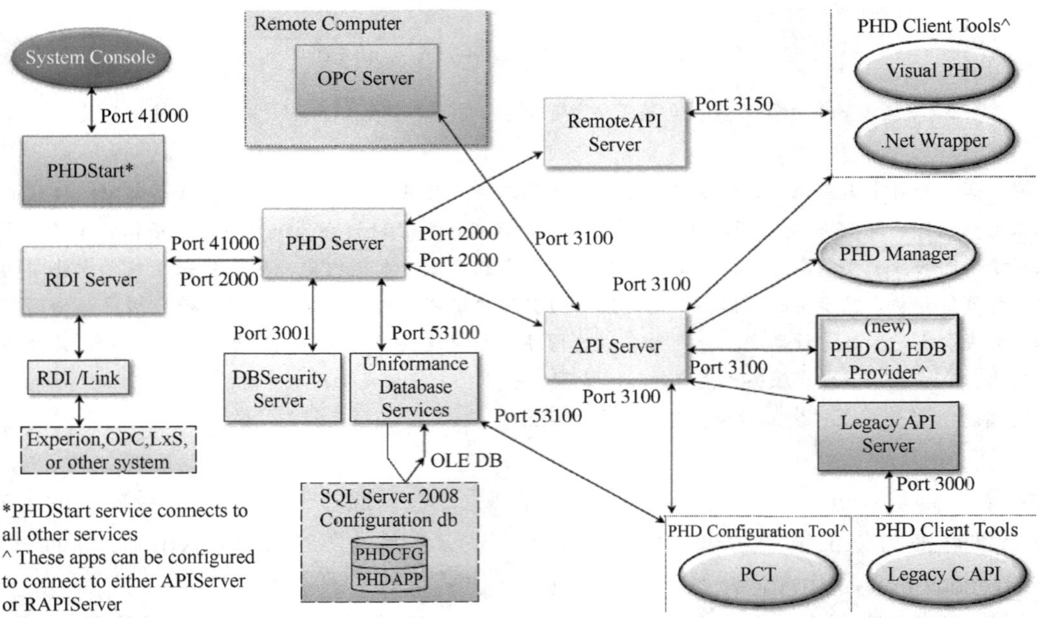

图1 PHD系统结构及原理图[3]

API Server：Application Programming Interface应用程序编程接口，是一些预先定义的函数，目的是提供应用程序与开发人员基于软件或硬件得以访问一组例程的能力，而又无需访问源码或理解内部工作机制的细节。用于提供应用访问PHD服务功能。

Legacy API Server：提供访问PHD传统的150个API功能服务。

PHDMAN：PHD辅助管理工具用于监控监测与管理PHD系统。

PHD Archive：用于存储快速回退与处理的经过高速优化格式的实时数据归档文件。

RAPI Server：RemoteAPI Server，支持来自不可信域的访问。

RDIs and Links：从每种类型的DCS或其它系统收集数据的特殊接口，每个RDI服务能够支持多种接口。

PHD OLEDB Provider：顺从OPC DA和PHD HAD标准提供访问服务，当连接到PHD OPC Server提供访问服务。

PHD . NET wrapper：针对PHD 2XX和150 API的 . NET开发环境封装组件。

PHD Configuration Tool：全新的为用户访问PHD功能提供框架和报告的配置工具，包括位号配置、虚拟(计算)位号配置、手动位号等，配置报告和其它PHD功能，PHD配置工具包括工厂参考模型集成平台应用。相比较前期版本为Business FLEX TPI，在2.0版本也在使用，PHD Configuration Tool侧重于对各类位号的配置，部署在PHD实时数据库服务器及客户端都可，TPI侧重于对工厂基础各类参考模型、设备、物料、指标、进程等进行配置，部署在WPKS平台。

PHD OLEDB Provider：PHD对外数据库连接驱动接口。

Tag Explorer：用于其它应用的本地PHD位号目录列表。

Uniformance OPC Server：一种访问PHD服务方法的OPC接口类的集成平台组件，是一个简单的PHD集成平台客户端访问接口。

Uniformance System Console：集成系统控制台，PHD系统管理控制台，用于监控和查看系统状态，使用集成系统控制台的意图是对进程、服务以及多线程服务应用的集中监控，便于包括系统管理员、网络管理员和PHD集成管理员的监听。

2.3 系统运行原理

炼化生产现场场景是：从生产装置现场各类仪表信息，由各装置的DCS系统通过RDI Server

将数据转换成实时数据，将实时数据从 DCS 系统推送到各装置的采集器中（通常称 BUFFER 机）缓存，此过程中间为保证工业控制网与生产网之间的安全防护，增加了网闸设备，然后 BUFFER 机数据通过 PHDMAN 与 API Server 服务进程管理将实时数据同步汇集到 PHD 实时数据库[4]，相关的进程服务部署在与实时数据库对应的服务器上。

从图 1 中可以看到，PHD 服务器组件主要包括：API Server、Legacy API Server、PHD Archive、PHD OPC Server、PHD Server、PHDMAN、RAPI Server、RDI Server、RDIs and Links。这些组件的有机结合与相互作用组成 PHD 实时数据库服务器的有效运行。

客户端操作需要一些组件支持，主要包括：PHD OLEDB Provider、PHD .NET wrapper、PHD Configuration Tool、Tag Explorer、Uniformance OPC Server、Uniformance System Comsole。

PHD 服务器与客户端组件通过支持 TCP/IP 协议的局域网进行通讯。PHD 的附加组件 ORACLE 关系数据库管理系统（RDBMS）（新版本使用的是 SQL Server 关系数据库）存储所有非实时数据静态信息，如位号的定义、位号的设置、虚拟（计算）位号的定义等等。第三方桌面工具，如微软 OFFICE 和 Visual Basic 也能访问 PHD 实时和历史数据。理解了 PHD 系统结构及工作原理后，便于在实际运用中通过 PHD 工作机理进行有方向有目标的使用相应的功能去解决问题。下面从几个方面介绍通过实践解决应用实时数据的情况。

3 组态虚拟计算位号动态显示实时数据

生产技术管理人员需要实时查看关键物料，随时掌握当前产品加工量、公用工程耗量、原料进料等情况，DCS 现场仪表计量的数据有瞬时值、累积值、开关量、设定值等，实时采集到的数据的计量单位与生产管理人员希望看到的数据需要做换算，为了使管理人员能够直观地看到最终结果数据，一方面通过 DCS 仪表处理，将单位换算，另一方面通过具体模块的一些换算功能做处理，使实采值切换成用户希望看到的结果[5]。针对一些具体应用也可以采用组态虚拟计算位号的方式，实时地将采集的数据进行统计、转换与汇总。

利用 HONEYWELL 公司提供的 WorkCenter Display Builder 能够将实时数据按位号即时直观的显示到 WEB 页面上。其中的位号可以是实时采集位号、手动设置位号、虚拟计算位号。虚拟位号可以通过计算表达式实现与实时位号、手动位号之间的计算关系。

虚拟位号的配置包括位号定义和计算定义两部分。定义部分通过选取已经存在的虚拟位号复制修改方式，或者创建全新虚拟位号的配置方式创建。对于所有的虚拟位号来说，计算表达式是强制必选项。创建虚拟位号时，必须先定义位号并把位号信息发送到 PHD（Process History Database，简称 PHD 实时数据库），然后确定计算表达式，经过验证合格后，将表达式装载到 PHD，虚拟位号投入运行。

虚拟位号的表达式由标识符和操作符组成，用括号表明运算的优先级。操作符与数学表达式的操作符一样，位号与位号之间的运算比较。标识符可以是数字常量、位号规则、函数库、变元参照表和字符串常量五种类型。

数字常量、字符串常量比较好理解，如：105、45 是数字常量，“Active”是字符串常量。函数的格式如：FUNCTION _ NAME（（[expression][，expression]…））具体功能的函数定义与给定参数的数学表达式是相匹配的，函数参数是任意合法表达式，因此函数也可以理解为参数的嵌套。如 MASSCOMP（FIC0032，TCC0032）、CFACTR（FIN0043 * 1.05）。经常使用的函数有时间转换函数、数学函数、字符串处理函数等。

变元参照表在虚拟位号中也经常用到，最常见的是计算转换，如：FUNCTION DOUBLE（MYTAG）RETURN MYTAG * 2 ENDFUNCTION 此函数的意义就是使参数 MYTAG 值双倍返回。位号规则的格式是：TAGNAME {[" units"][，TIME_ DELTA_ TAG][，START_ OFFSET][，END_ OFFSET，“rcode”]}，其中参数选项可根据实际情况使用，如：rfn002(，，-60) 表示位号 rfn002 取当前时间戳前 60 秒的位号值；YX_ C5KC_ VR - YX_ C5KC_ VR{，，-86400} 表示位号 YC_ KC_ VR 当前时间值与 24 小时前位号值之间的差量（-86400 是以秒为单位，24 小时则为 86400 秒，前面的负号为向前推的时间，正号则为向后延迟）。

实际工作当中大多数以综合应用为主，如

图2中乙烯原料平衡图中各类数据中是单位换算函数、变元函数、位号规则的综合运用。

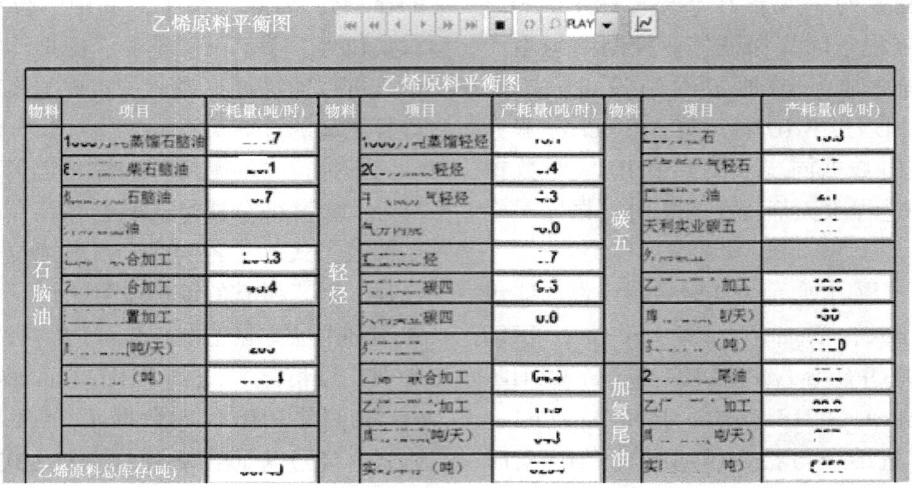

图2 通过实时数据展示乙烯原料平衡图

如图2中的各物料的实时库存与原料总库存都是利用了虚拟位号的计算表达式实现得到的，为生产工艺技术管理人员提供直观的数据显示。以图中石脑油库存增减（吨/天）为例，需要对虚拟位号做如下处理：首先创建石脑油库存虚拟位号为DSSH_ SNYKC_ VR，计算公式为将炼油厂与乙烯厂物料为石脑油的储罐液位位号换算成罐容质量并加和得到总库存，按照用户的要求库存增减为当前时间与24小时之前实时数据的变化量，则石脑油增减为DSSH_ SNYKC_ VR-DSSH_ SNYKC_ VR{,, -86400}。

虚拟计算位号的用法与实时采集位号一样使用，不仅在流程图中使用，也能应用到其它模块的实时数据展示和统计。

4 通过后台服务进程提取实时数据

相对于实时数据采集借助于Oracle数据库技术及PHD实时数据库接口所提供的函数包来实现实时数据的提取，如上描述的通过帆软件报表提取实时数据的方法，通过HONEYWELL提供的PHDAPINET动态链接库访问实现实时数据采集，能够直接访问PHD实时数据库，减少了Oracle数据库服务器、Applications应用服务器等访问环节，同时动态链接库中对采集数据失败所给出的判断更加完善，返回信息更直接、迅速，采数效率更高。

PHDAPINET动态链接库访问方式是HONEYWELL公司专门为开发人员提供的，在PHD实时数据库中适用MICROSOFT VISUAL STUDIO FRAMEWORK框架的通用应用程序调用的动态链接库Phdapinet. dll，该动态链接库包含了Uniformance. PHD基类，利用该基类下的子类可以实现对PHD的访问、实时数据的读写以及PHD服务器状态参数信息与RDI（Real-time Data Interface，实时数据库接口）信息的查询，并能实现实时数据点的新建、历史数据的修改和删除等多种类型的操作，还可以实现与DCS的通信。

调用方法就是在解决方案中将PHDAPINET. DLL添加到当前项目中即可。访问PHD的可选参数有：ServerVersion（PHD版本）、HostName（PHD服务器IP地址）、UserName（PHD服务器用户名）、Password（PHD服务器密码）、WindowsUsername（PHD服务器登录用户名）、WindowsPassword（PHD服务器登录密码）、Port（服务器端口）。如果应用程序与PHD服务器处于不同的网段，那么访问PHD时除了需要提供ServerVersion、HostName、UserName、Password以及Port这五个参数以外，还必须提供WindowsUsername和WindowsPassword，远程访问PHD服务器的端口可使用默认端口号。为保证系统运行稳定，则在调用时服务器版本参数中加上SERVERVERSION. RAPI200参数。

利用PHDAPINET. DLL对历史数据实时数据进行操作时，实时位号值可以是单个的位号值的读取、也可以是批量位号的读取，可以一次读取单个位号或多个位号一个时间点最近的值，也可以取单个位号一段时间的所有值、批量位号的实时值、批量位号的固定时间间隔的实时快照值、均值等，可以根据具体实际情况采用不同方式提取实时数据。

也可以通过动态链接库向实时数据库中写入数据、修改位号值，在进行写入操作与修改操作时，需要对单个或多个位号进行操作，需要谨慎处理，防止与装置 OPC 推来的数据相冲突。

在设计实现时，可以采用提取实时数据与利用实时数据进行统计计算分离的方式，也可以采用提取实时数据与利用实时数据进行统计计算相融合的方式，前一种方式分两步进行，首先将提取到的实时数据保存在数据库表中，然后统计计算时，从表中取位号值进行统计计算，完成系统的整个功能；后一种方式是直接将提取到的实时数据直接参与到统计计算当中，系统功能中没有中间过程。两种方式从功能上都满足要求，具体实现方式稍有差别，产生的效果也有差别：前一种方式实现方式分离，中间过程可以展现，而后一种方式将两步融合，不利于展现中间过程。

相同的功能调用不同的函数，产生的效果不同，比如：PHD 提供的函数 FetchRowData 与 FetchData 都是根据位号取实时数据值，而参数类型不同，取数的机制不同，产生的效果也不同，FetchRowData 函数给出位号列表，则取出位号列表的所有数据信息集，而 FetchData 函数针对单个位号，取出位号的时间戳、实时值与可信度的信息，可根据具体的实际情况选取适当的函数编程，但如选取的函数不合适，不仅取数效率受到影响，也不能产生需求效果，因此在调试过程中选择适当的函数是提高采数效率的关键因素之一。

目前程序开发、定制 WINDOWS 服务等都采用 PHDAPINET 动态链接库方式实现，具有采数效率高、受环境影响小、响应速度快的优点。基于实时数据采集的扩展应用，如物联网采集 MES 实时数据、工艺加热炉热效率在线监测计算系统、装置加工损失率计算系统、联动短信报警系统等都采用此方法实现。

5　通过第三方平台提取实时数据

公司生产运行处与分厂调度管理人员提出每天编辑交接班记录时需要在流程图上查找当前实时数据值并组合出内容写入文档，而每天需要写的内容不尽相同，由管理人员根据生产情况做调整，自动把位号描述内容、位号值、计量单位内容做固定组合产生并导出，由管理人员随时使用。

根据用户提出的要求，研究帆软报表系统，软件通过连接不同的数据源抽取数据在报表平台的展示，MES 系统通过连接 ORACLE 数据库提取表中数据在帆软报表中显示，而 ORACLE 数据库与 PHD 实时数据库是两个相对分离的数据库，HONEYWELL 公司为方便 ORACLE 数据库用户使用 PHD 实时数据，提供了大量的函数包，用户需要提取实时数据时，建立 PHD 与 ORACLE 的数据连接，写存储过程或 SQL 语句时，将数据库链接名称带上即可。如语句：phdsql. RawData @t_ online 就是通过 PHD 数据库链接名称调用 PHD 数据库中函数 PHDSQL 提取数据的[6]。可实现在帆软报表中直接提取实时数据。如图 3 所示最右边一列是组合出的语句，组合方式可由管理人员配置。

70	炼油厂	[illegible]馏装置	[illegible]05_PV	直馏重整料/石脑油出装置	[illegible]	t/h	直馏重整料/石脑油出装置[illegible]t/h
71	炼油厂	[illegible]馏装置	[illegible]17_PV	混合柴油出装置	[illegible]	t/h	混合柴油出装置[illegible]h
72	炼油厂	[illegible]馏装置	[illegible]10_PV	蜡油1出装置(去加氢)	[illegible]	t/h	蜡油1出装置(去加氢)[illegible]t/h
73	炼油厂	[illegible]馏装置	[illegible]122_PV	蜡油1出装置(去罐)	[illegible]	t/h	蜡油1出装置(去罐)[illegible]t/h
74	炼油厂	[illegible]馏装置	[illegible]12_PV	蜡油加氢原料出装置	[illegible]	t/h	蜡油加氢原料出装置[illegible]t/h
75	炼油厂	[illegible]馏装置	[illegible]68_PV	渣油出装置	[illegible]	t/h	渣油出装置[illegible]h
76	炼油厂	二套[illegible]	FC[illegible]14_PV	干气出装置	[illegible]	t/h	干气出装置[illegible]h
77	炼油厂	二套[illegible]	F[illegible]315_PV	稳定汽油出装置	[illegible]	t/h	稳定汽油出装置[illegible]/h
78	炼油厂	柴油[illegible]	TF[illegible]_PV	T01罐液位	[illegible]	mm	T01罐液位[illegible]
79	炼油厂	柴油[illegible]	TF[illegible]6_PV	T02罐液位	[illegible]	mm	T02罐液位[illegible]
80	炼油厂	柴油[illegible]	T[illegible]5_PV	T03罐液位	[illegible]	mm	T03罐液位[illegible]
81	炼油厂	柴油[illegible]	TFJr_[illegible]_PV	T01罐温度	[illegible]	℃	T01罐温度[illegible]℃
82	炼油厂	柴油[illegible]	TFJr_[illegible]_PV	T02罐温度	[illegible]	℃	T02罐温度[illegible]
83	炼油厂	柴油[illegible]	TFJr_[illegible]_PV	T03罐温度	[illegible]	℃	T03罐温度[illegible]

图 3　利用帆软报表工具展示提取实时数据

6 应用效果

通过组态虚拟计算位号动态显示实时数据，利用HONEYWELL公司提供的WorkCenter Display Builder能够直观地展示数据的变化情况，实时数据每60秒更新变化一次，那么在流程图画面上60秒就看到虚拟位号计算的变化情况，这给生产管理人员提供了即时动态的数据，宏观掌握生产的运行情况。

根据帆软报表的数据源特点，利用HONEYWELL公司为ORACLE数据提供的包函数实现实时数据提取，用户需要的实时数据每班使用一次，通过编写SQL语句或存储过程就能提取到实时数据，使用包函数与帆软报表系统相结合处理数据，需要处理的资源与环境要求较高，需Applications应用服务器上的相关服务必须开启，同时还需在ORACLE数据库上建立数据库链接。这中间任何一个环节中断，数据就不能正常采集，运行速度比较慢[7]，目前不建议使用此方法，但因这种方法涉及的环节比较多，用此方法能更好的检验服务器之间各服务的启用运行状态，并且展示数据较快捷。

通过后台服务进程提取实时数据应用系统，利用HONEYWELL公司提供的动态链接库PHDAPINET. DLL实现，用户需要定制开发，集成开发编译成的软件包或服务，安装到服务器上运行，具有提取实时数据的效率高、受干扰因素少、返回值速度快的优点[8]，编译完成可持续使用，需要增减位号时，只需要配置相关位号信息，对程序没有影响。此方法可以根据需要，在其他应用系统中采用。

以上三种方法分别在MES2.0系统的流程图模块、实时数据查询和相关提取实时数据等应用模块中得到应用，无论提取数据的效率还是运行稳定性都比MES1.0系统有了较大的提升。综合上述特点，我们可以根据用户的需求灵活地采用不同的解决问题的方法，更好的服务于炼化生产。

参 考 文 献

[1] 中国石油炼油与化工运行系统(2.0版)建设项目可行性研究报告V8.0[R]2013年7月。P12.

[2] 路川等．ORACLE 10g宝典[M]．北京：电子工业出版社，2006年1月。P242.

[3] HONEYWELL. Uniformance Process History Database User Guide V9 2005年10月．

[4] 中国石油炼油与化工运行系统(2.0版)详细设计报告[R]2016年4月．

[5] 王俊等．一种跨平台的移动自动化测试系统的设计与实现[J]．自动化技术与应用，2017年10月，第10期：68-72.

[6] 曹静等．基于MES系统上加热炉热效率自动计算的实现[J]．计算机与应用化学，2010年8月，第27卷：1089-1092.

[7] 曹静等．生产装置实时位号数据采集异常监测的实现[J]．计算机与应用化学，2011年，第28卷：995-998.

[8] 曹静等．利用实时数据对装置设备运行状态进行监测的改进方法[J]．中国管理信息化，2016，19(9)，327：180-183.

炼化企业自备电厂智能化建设探索

尚秦玉

（中国石油独山子石化公司热电厂）

摘　要　在当前加快推进环保提标改造、电力供给侧结构性改革和新一轮电力体制改革的大背景下，自备电厂的转型改革和智能化建设迫在眉睫。本文结合自备电厂行业发展和转型趋势，聚焦于自备电厂的智能化建设，从自备电厂智能化概念进行阐述，分析自备电厂智能化建设发展现状，从而对自备电厂智能化建设给出几点合理化建议。随着物联网、云技术、智能机器人等新技术、新产品的蓬勃发展，自备电厂的智能化技术应用前景广阔。

关键词　（自备电厂；电厂智能化；智能巡检；三维主动安全；以可靠性为中心的检修(RCM)）

1　引言

作为我国电力行业的重要组成部分，自备电厂在为工业企业生产运营提供动力效应、降低企业生产成本的同时，还可以兼顾周边企业和居民的用电用热需求。尤其是炼化企业的工业蒸汽负荷大、周边可依托条件差，基本都是自建动力中心、热电厂，以供热为主，兼备发电自用。在规范自备电厂建设、专项治理的工作中想要取得实际成效，要求自备电厂的从业者通过贯施国家的政策文件，到2020年所有具备改造条件的自备电厂实现超低排放、加快淘汰落后的自备电厂、符合条件的在役机组成为合规的市场主体，按文件要求实现“能耗、污染排放、装机规模”的“三降低”和“社会履责水平、安全运行水平、清结能源消纳规模”的“三提高”在役[1]。

推动自备电厂智能化建设，有利于加强电力统筹规划；有利于促进清洁能源消纳，提升电力系统安全运行水平；有利于提高能源利用效率，降低污染物排放；也有利于维护市场公平竞争，实现电力资源的优化配置[2]。自备电厂智能化建设的根本宗旨，就是借助信息革命背景下智能制造的东风，满足能源互联网、新电力体制改革、绿色清洁发展等发展要求，在原有的运营模式基础上，以价值创造为主线向敏捷的智能发电企业转型，实现智能的、高度适应的发电运营模式，参与电力市场交易，优化市场定位，优化生产运行能力以及投资组合转型，优化运营绩效，以提升可持续的生存、发展能力(图1)。

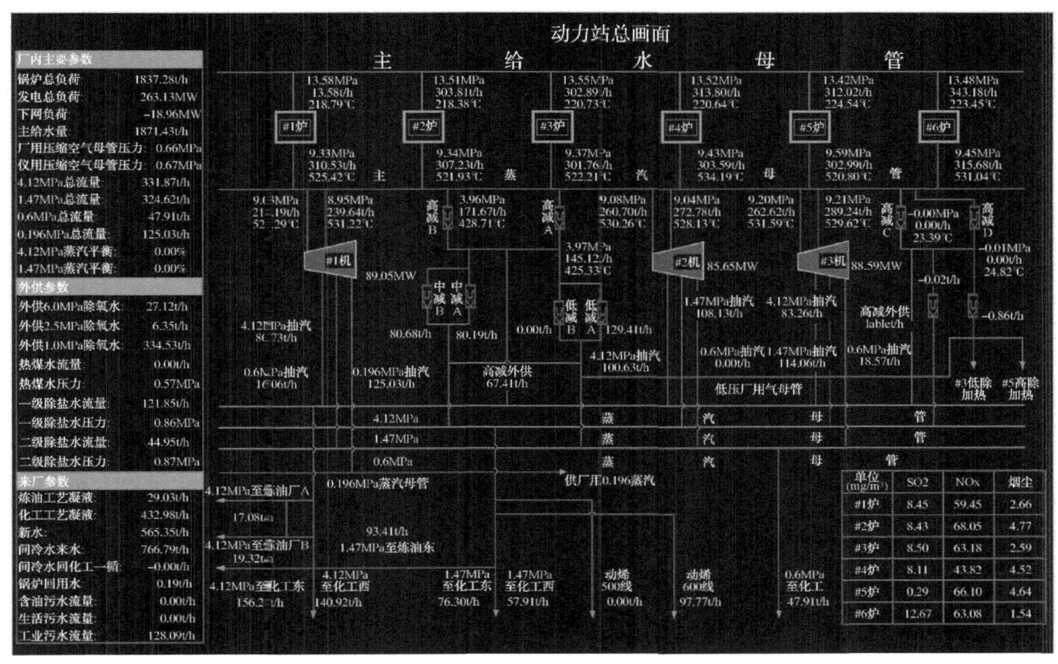

图1　目前自备热电厂以供热为主，兼备发电自用

2 自备电厂智能化概述

自备电厂智能化是基于计算机技术、大数据技术、物联网技术、通讯技术、控制技术、可视化技术、云计算与云服务等，与人工智能高度融合的、更高阶段的自动化电厂[3]。是发电企业实现“更高设备可靠度、更优出力与运行、更低能耗与排放、更强外部条件适应性、更好企业效益”的必由之路。自备电厂智能化建设需要实现六大目标：更高的设备可靠度；更优的运行与出力；更低的能耗与排放；更强的外部条件适应性；更少的人力需求；更好的企业效益[4]。

建设自备电厂智能化需融入最先进的管理思想和技术策略，结合基础研究和自备电厂企业实际情况，运用计算机技术、网络软件技术、现场总线技术等智能化的信息处理技术，建立覆盖自备电厂生产经营以及管理等各个环节的系统平台，以此对自备电厂的经营维护和日常运行管理的信息化数据进行采集处理、分析控制和反馈决策，实现自备电厂生产经营管理的智能化和自动化，并且通过多媒体技术实现资源在可控范围内的有效共享，不断提升智能化管理水平。

3 自备电厂智能化建设现状

近年来，我国在自备电厂转型建设上已经有较大的投入和应用。

从智能电厂建设流程来看，设计是第一步，是自备电厂全面智能化的基础。目前国内的电力设计院基本上甩掉了图板，采用CAD计算机辅助设计技术(如AutoCAD)进行电厂设计，达到了设计手段的初级数字化。此外，部分设计院采用国际通用的三维设计技术或协同设计平台，如AVEVA的PDMS，Bentley的Open Plant，Intergraph的Smart Plant，Siemens的Comos等，实现了电厂设计的较高质量的数字化。但是与国际先进工程公司相比较，国内的设计数字化还处于较为基础的阶段，其所使用的协同设计平台并不是真正意义上的全部协同，并未实现全面工艺流程、土建、电气、仪控等多专业的信息共享和协同数字化设计[5]。

在自备电厂建设方面，国内建设单位大都配置有建设期管理信息系统(包括建设阶段的计划管理、进度管理、物资管理、财务管理、质量管理、安全管理、工程图纸文档管理等功能模块)，如Primavera的P3或P6项目管理软件等，实现了对自备电厂建设阶段的合同、工程概算、工程投资、设备采购、工程施工、工程质量等信息的基本数字化管理。但是施工方大都没有配置可与设计相兼容的工程管理信息平台，不具备从上游无缝接受数字设计产品的能力，加之绝大部分建设项目并没有从设计方获得全面完整的数字化设计产品，因而谈不上数字化采购，并未充分挖掘和利用数字产品的潜力。

在自备电厂运行方面，目前，在火电厂广泛采用的DCS系统已发展成熟，其设计思想、组态配置、功能匹配等十分完善，已渗透到火电厂控制系统的各个领域，可以直接实现电厂“炉-机-电-辅-仿”一体化网络控制，为基于DCS网络的数字化电厂奠定基础。国内有的自备电厂甚至还在上层配置厂级信息监控系统(SIS)，基本实现了过程控制及设备运行的初级数字化，具备了一定工业互联网能力。同时，现场总线技术(FCS)也在各大电力集团逐步推广应用，到目前为止，FCS还处在不断发展和完善当中。

在自备电厂运行智能方面，国内还应建立全面的基于被控对象的电厂智能控制模型，并充分应用这些智能控制模型，实现对自备电厂的基于模型的状态预测控制、优化控制、智能控制、故障诊断、状态检修等。

在自备电厂管理方面，相当多的国内业主建有较为完善的MIS系统，主要功能包括经营管理、资产管理、生产管理、营销管理、行政管理等，有的大型发电企业还建有ERP企业资源计划系统(如基于SAP和ORACLE等)。

但从自备电厂全周期看，仍没有彻底打通从设计、施工，直至运行的全部数据链，没有实现全部过程的数据共享。欧洲在20世纪末就制订有较为完善的过程工业全过程数据移交标准规范，但国内目前还没有一部涉及电力工程数据移交的标准。另外，没有充分利用设计院移交的数字化电厂模型，为电厂的运行管理、安全管理、技术监督管理、大小修项目管理等服务；也未充分利用已有的数据库，建立以计算机技术、仿真技术和信息技术为手段，具有智能决策作用的决策支持系统。

综上所述，目前自备电厂智能化建设虽已进行了大量的工作，但仍然存在着建设无章可循、建设边界不清、层次结构不一等现象，它通常只强调某一部分的智能化，或者只是智能化的某个功能，和真正意义上的自备电厂智能化离之要求还存在一定的差距。

4 自备电厂智能化建设方案

深入贯彻习近平总书记“四个革命、一个合作”能源安全战略思想，推进“两化”融合，构建能源产业生态，支撑智慧能源建设，助力电力企业“清洁高效的要求。结合当前“工业4.0”“大数据”“互联网+”等大形势，提出几点关于自备电厂智能化建设的方案建议。

4.1 以RCM可控性为中心优化检修

RCM是一种跨学科的综合性工程，核心目的是减少故障对发电机组的影响，同时避免不必要的维修。RCM寻求的是最优的维修方案，可以保证维修上的花费最有效，用时也是最为合理的，如今RCM已经成为国际上通行的维修理念[6]。RCM具有很强的针对性，克服了以往“维修保养，多多益善”的思想，避免了冗杂和频繁的维修任务；同时，RCM运用科学的、逻辑的监控方法，有针对性的进行经济有效的维修。RCM既可以保证系统可靠性，又可以节约维修投入，减少维修时间。

以RCM可控性为中心优化检修，借助计算机技术、智能化技术等先进科学，实现定量分析，提高精确性，能够以最节约的资源消耗和时间消耗保持自备电厂发电机组的安全性和可靠性。其维修策略是对自备电厂发电机组各系统进行功能分析、故障分析，并论证故障后果；借助计算机技术，以科学的逻辑决策程序，准确论证可能发生故障的预防性对策；优化发电机组及其系统的维修方案，以停机维修时间最短和维修消耗最小为最佳选择(图2)。

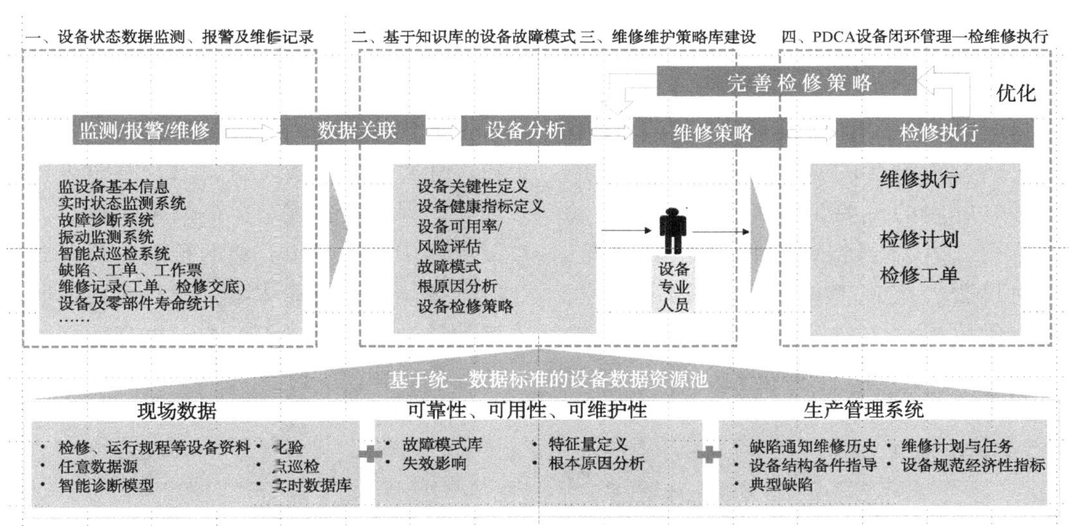

图2 以RCM可控性为中心优化检修系统功能图

4.2 三维主动安全

自备电厂可以设计院提供的二维图纸及部分管道三维模型为基础，通过对主、辅机设备进行三维建模，形成高精度、等比例的三维模型，构建了与实际自备电厂一致的虚拟电厂。通过三维虚拟电厂对运行人员和检修人员可进行三维可视化培训，提高员工对现场设备和工作原理的掌握。三维虚拟电厂对主、辅设备进行了高精准的三维建模，从外型到内部结构，与设备高度吻合，并实现了对设备逐一进行解体、复装，模拟真实的设备大修过程。利用该功能，还可以对检修人员进行培训考核[7]。

构建基于互联网+的安全管理系统，以人员定位为基础，通过对人员佩戴标签的定位，从而对厂内人员进行有效的管控，并实现人员定位和视频监控的联动，人员定位系统将工作人员实时位置、运动轨迹在三维虚拟电厂中显示出来，实现实时监控。虚拟电子围栏将形成自动报警区，借助人员定位和移动手机技术，对两票的工作负责人和工作班成员长时间离开电子围栏区域进行手机的振动或短信等报警提醒，对非工作成员的闯入，不但对闯入人员，同时对工作负责人和值班成员等进行手机的报警提醒，防止非工作人员误入设备间造成误操作。通过电子地图，管理者能够随时掌握布控区域人员位置、人员分布密度、相应的状态信息及每个受控目标的活动轨迹(图3)。

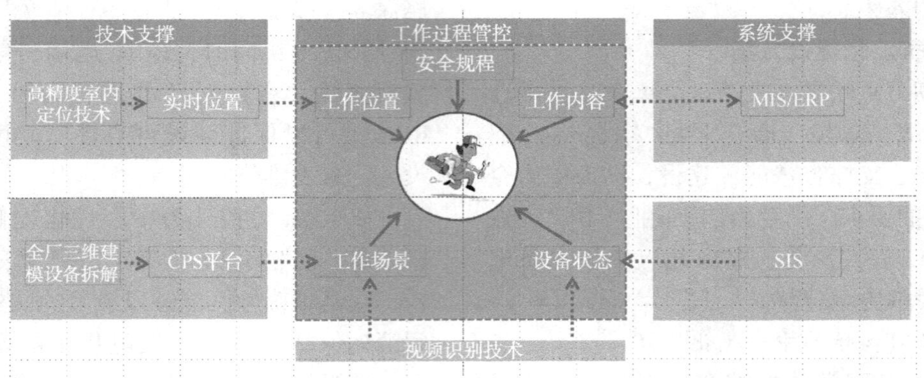

图3　三维主动安全系统功能图

4.3　智能巡检机器人

传统电厂以人工巡视为主，靠运维人员巡检安全保障较低，工作强度大、危险性高；固定在线监测系统不能实现关键设备覆盖监测，和表计智能识别，故障报警等功能。

发电行业近年来力争打造为智能化电厂，将现场所有信号数字化、所有管理的内容智能化，然后利用网络技术，实现可靠而准确的数字化信息交换、跨平台的资源实时共享，辅助人工完成对电厂内的重要设备的巡检，并自动上传所得数据，若检测到设备出现异常情况，可进行自动报警，实现对电厂的智能化监控，及时发现设备故障，实现电厂的安全、经济运行[8]。智能机器人实现自主巡检，建立机器人巡检系统，实现运行巡检无人值守，减员增效。自主设定巡检任务，表计智能自动识别，设备智能红外测温，巡检数据实时传输后台，并形成数据报表，缺陷自动进行报警，达到安全、绿色、高效、创新、可持续发展目标，实现智能型电厂建设。

在自备电厂采用智能机器人可以减少运维人员或者代替运维人员进行巡检，大大降低危险系数，保障运维人员安全，以及及时进行设备故障报警，保障设备安全；提高工作效率，为领导决策提供依据构建了完整的智能监督基础台帐、形成了智能监督管理体系，提升了智能监督主要指标的移动监控、过程管控，提高数据上报的快速性及准确率(图4)。

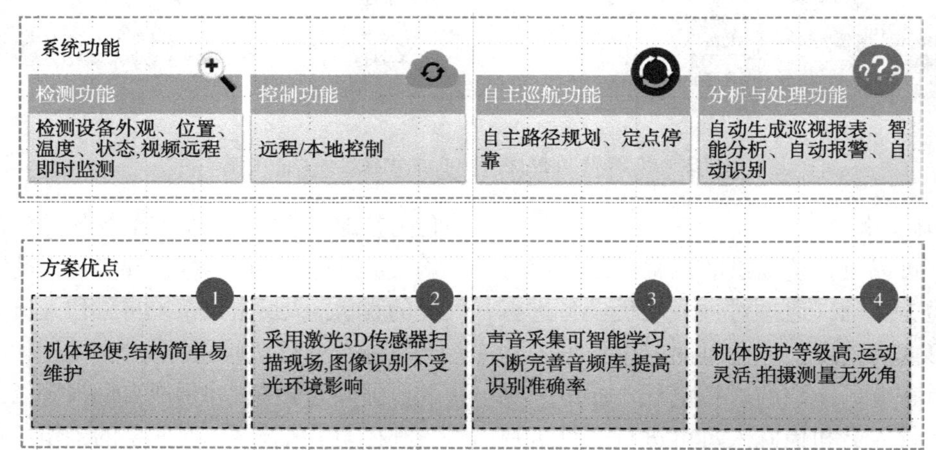

图4　智能巡检机器人功能图

4.4　故障预警

在自备电厂通过构建智能化故障预警与诊断系统管理平台，帮助自备电厂快速、全面提高设备的可靠度及机组出力水平；减少或杜绝非停、降负荷和环保排放事故；大幅度降低运维费用和运维工作量；帮助自备电厂推行寿命管理，提高安全性能，合理延长设备寿命；通过推行优化检修，实现预测性维修管理，主要辅机实现状态检修，取消定期检修，降低检修费用；通过提高管理效率，提高人员素质，帮助自备电厂快速培养一大批新型设备管理专家；远程监控与诊断服务成为新常态。设备及数据库的不断丰富与分享，将彻底摆脱对个别专家的依赖，并成为企业的宝贵资产；全面支持电厂的设备管理模式创新和管理[9]（图5）。

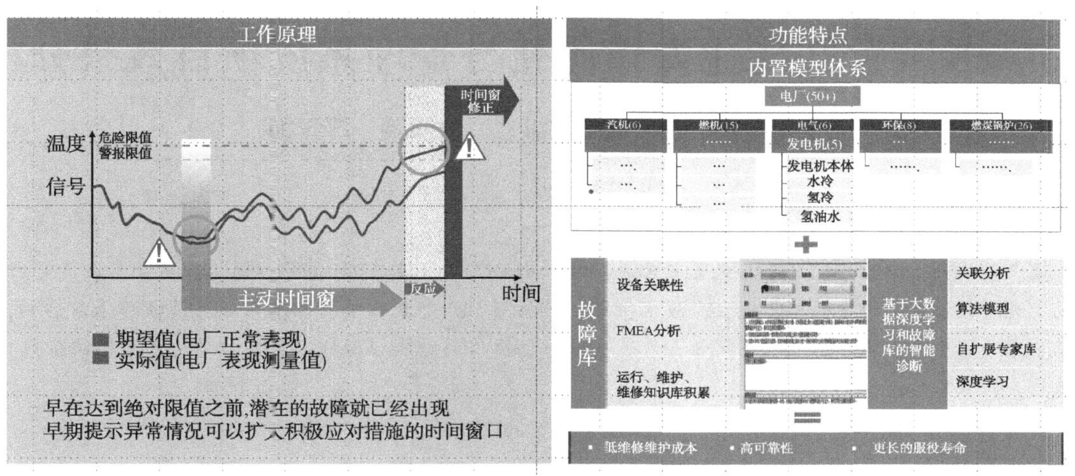

图5　故障预警与故障诊断系统功能图

5　结论

“互联网+”行动标志着在国家层面有意识开始推动第四次工业化革命进程，“电厂智能化建设”概念应运而生。本文以物联网、大数据、云技术、智能机器人技术、自动化等为核心，结合自备电厂行业发展和转型趋势，重点围绕自备电厂的智能化建设，探索研究新技术条件下自备电厂智能化建设的背景和趋势，提出几种自备电厂的智能建设发展思路。推动自备电厂智能化建设，有利于加强电力统筹规划；有利于促进清洁能源消纳，提升电力系统安全运行水平；有利于提高能源利用效率，降低污染物排放；也有利于维护市场公平竞争，实现电力资源的优化配置。

参　考　文　献

[1] 卢炳根．燃煤自备电厂亟需升级改造[J]．中国电力企业管理，2018(31)：25.

[2] 吴琦，袁家海．自备电厂路在何方？[J]．能源，2017(4)：40-42.

[3] 龚福．电厂燃料智能化系统建设初探[J]．煤质技术，2018(2)：30-32+35.

[4] 王刚．关于智能化电厂建设的思考[J]．自动化技术与应用，2018，37(2)：1-3+21.

[5] 苏宇琦，赵锐．智能化电厂建设探索[J]．信息通信，2017(9)：267-268.

[6] 何志忠．以可靠性为中心的维修在发电厂的运用与展望[J]．现代工业经济和信息化，2016，6(1)：67-68+71.

[7] 高文松，王刚，尹金亮，刘正强．三维数字化电厂建设探讨[J]．华电技术，2018，40(2)：1-3+12+77.

[8] 胡志勇，童金义．如何运用智能巡检机器人打造智慧电厂[J]．智能机器人，2018(3)：68-69.

[9] 刘耘彰．电厂风机故障诊断与预警研究[D]．浙江大学，2019.

S Zorb装置智能化操作优化与管理系统项目效果分析

刘小松　王金伟　高洪岩　蹇明英　严雪梅

（中国石油华北石化公司）

摘　要　目前华北石化S Zorb装置正常运行时，由DCS和LMS进行实时控制，出现紧急情况时由SIS系统实施联锁控制，由于受工艺流程、技术特点、控制阀PID参数影响，以及内操人员操作手法影响，为保证装置平稳生产，DCS系统调整频繁，为进一步平稳操作同时减轻操作人员工作量，装置实施智能化工厂项目，效果良好。

关键词　高硫；波动；智能化

1　项目背景

目前华北石化公司S Zorb装置正常生产时由DCS、LMS、SIS系统进行实时控制，出现紧急情况时实施联锁控制。但对于异常工况的提前预警以及优化操作上仍然存在以下的需求：

1）S Zorb装置在脱硫过程中伴随着较大的辛烷值损失。

2）目前吸附剂循环速率、吸附剂载硫量、硫差、吸附剂活性、循环氢纯度等没有量化的在线显示参数。

3）吸附剂循环周期较长，反应器、再生器、还原器、闭锁料斗、以及多个接收器、进料罐的料位控制复杂、调节滞后时间长，导致人工操作负荷大，操作波动也较大。

4）S Zorb装置存在多种影响长周期运行、危险的异常工况，需要操作人员及时判断异常原因，采取正确的措施以尽快恢复正常操作，保证装置安全运行。

5）闭锁料斗系统中使用了包括分析仪、压力、温度、流量等20多个仪表。关键控制回路由于工艺变化或调节阀的问题等会引起控制性能下降或参数震荡等问题，造成潜在的操作安全隐患。

通过调研与研究，决定实施S Zorb装置智能化操作优化与管理系统项目。经过各方面努力，S Zorb装置于2017年2月9日举行开工会进行研发，2017年10月27日投用使用，2018年3月12日现场验收成功。

2　技术方案研究与应用

2.1　研究目标与研究内容

1）智能模型（离线+在线模型）：操作优化与管理系统要求开发基于工艺机理的反应/再生模型以及闭锁料斗动态模型，为操作人员提供操作培训与指导，并且为本次改造提供系统确认保证改造后的工艺/仪表的正常运行。

2）在线异常诊断/预警：对于可能造成产品质量不合格、引起装置非计划停车的工艺/设备/仪表故障，建立原因诊断与预警分析系统。对于关键的风险点，建立降低风险的屏障管理系统，辅助装置操作人员减少产品质量波动，及时保证相关仪表与设备的正常运行，减少非计划停车。

3）先进控制与在线优化：基于在线模型开发操作优化与先进控制系统，减少汽油产品质量的波动，降低辛烷值损失。

4）在线操作规程管理：完善操作规程，并且在动态模型上进行验证与培训，装置运行时提供在线的操作规程指导系统。

5）控制回路优化：全面改进控制回路的设计、优化控制回路参数、提升控制回路的投用率。

2.2　主要研究成果及达到的技术指标

2.2.1　智能模拟系统完成情况及技术成果

智能模拟系统模拟范围包括了实际DCS站，现场FOD站，LMS系统，SIS系统、闭锁料斗系统。自投用以来显著提高了操作人员对工艺系统的理解，同时对控制系统验证，装置操作卡的编写起到了指导性的作用。

2.2.2　S Zorb装置的先进操作规程管理系统完成情况及技术成果

操作规程管理系统分为在线管理系统和离线管理系统。技术人员可以通过该管理系统进行人员管理以及操作卡的操作功能。培训人员则可以使用该管理系统进行销项操作，操作评定、分析。

2.2.3 在线模型及预警系统完成情况及技术成果

在线模型及预警系统自开发完成并投用以后，在线模型一直在进行实时计算，预警系统也在正常运行。对于在线模型的计算值，引入了相应的实际值与其做对比，通过对历史数据进行分析比较，计算值还是比较接近实际值的，从而为操作员提供一定的参考价值。具体情况如图 1 所示：

（1）原料硫和产品硫分析结果

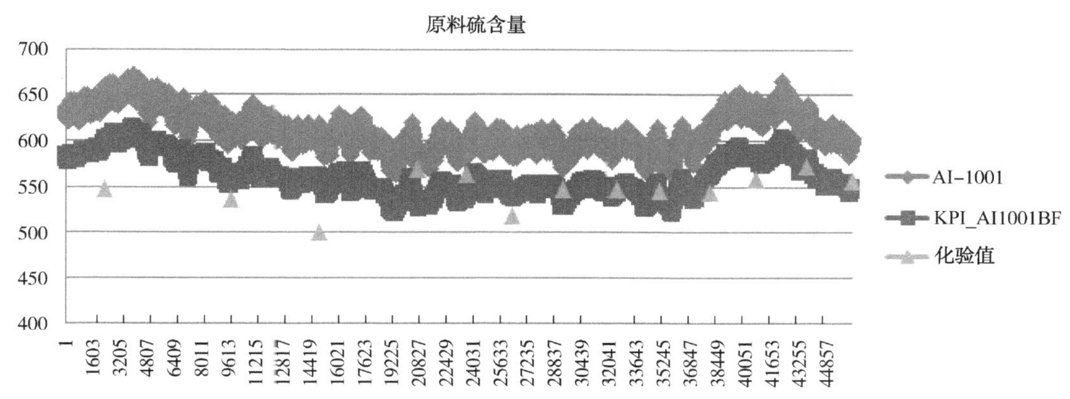

图 1 原料硫含量趋势对比图

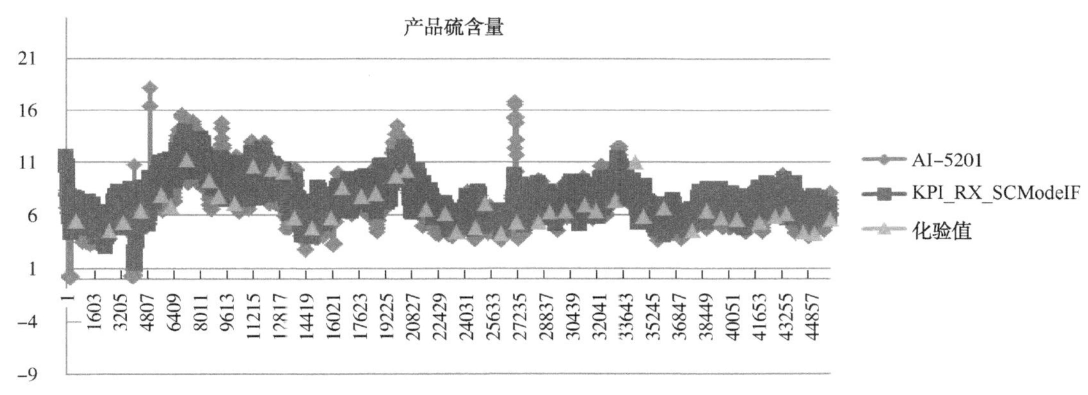

图 2 产品硫含量趋势对比图

图 1 和图 2 取自 2017 年 9 月 4 日至 2017 年 9 月 23 日现场运行数据。由图 1 和图 2 对比图可以看出，模型计算值比分析仪更接近化验值，且对于 AI5201 出现的突增或者突降的情况，模型计算值的变化则比较平稳。

（2）待生剂载和再生剂载硫分析结果

由图 3 可以看出，模型计算值基本与化验值接近。故模型的实时计算值，可以帮助操作员了解吸附剂的载硫情况，以方便其他操作。

（3）藏量分析结果

由图 4 和图 5 可以看出反应部分/再生部分藏量的模型计算值与实际值的变化趋势基本一致，且接近实际藏量的均值。

（4）循环量和循环速率分析结果

由图 6 和图 7 可以看出模型计算与实际是相符合的，故在线模型的实时计算值，可以帮助操作员了解吸附剂在闭锁料斗循环中的用量、损耗等情况，以适时适量的补充新剂，提高吸附剂的使用效率。

（5）循环氢分析结果

如图 8 可以看出循环氢浓度计算值的变化趋势大致与化验值趋势一致，并且大多数计算值与实际化验值很接近。

（6）高效人机界面 HMI

对于硫含量、吸附剂载硫量及吸附剂循环量等在线模型的计算值，设计了高效人机界面。

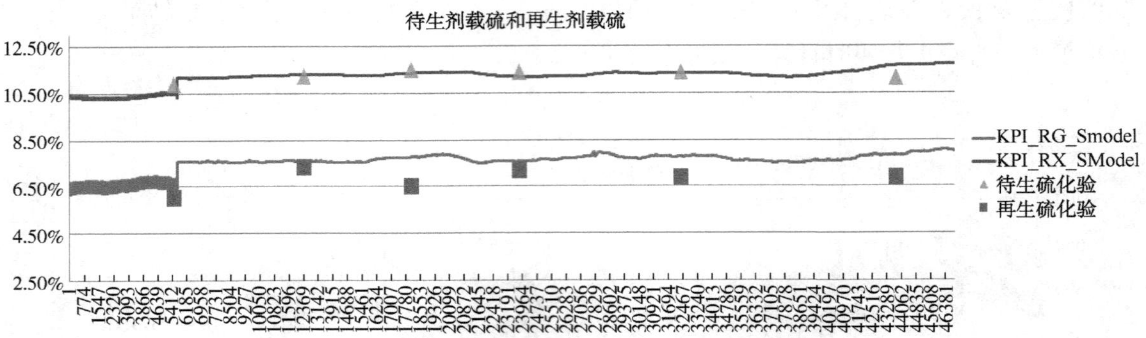

图 3　待生剂/再生剂载硫趋势对比图

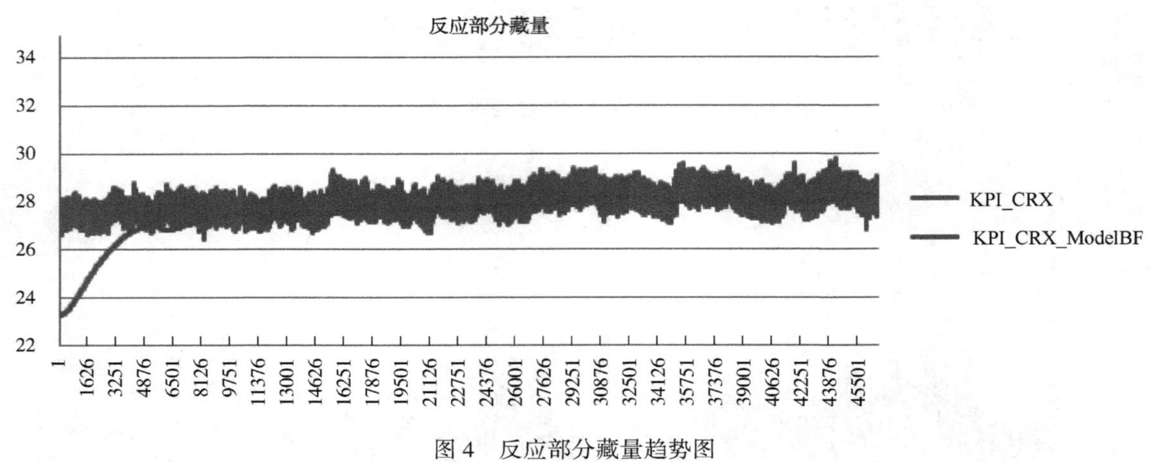

图 4　反应部分藏量趋势图

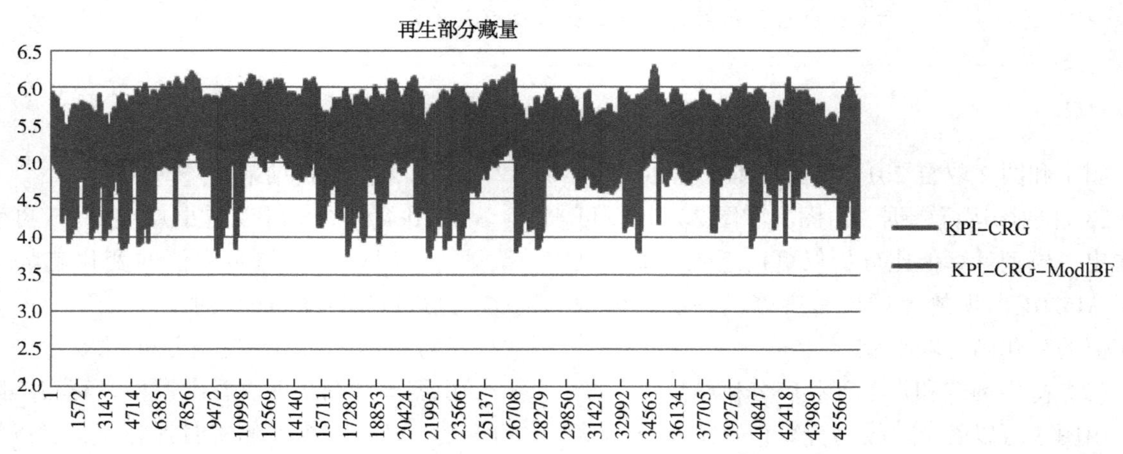

图 5　再生部分藏量趋势图

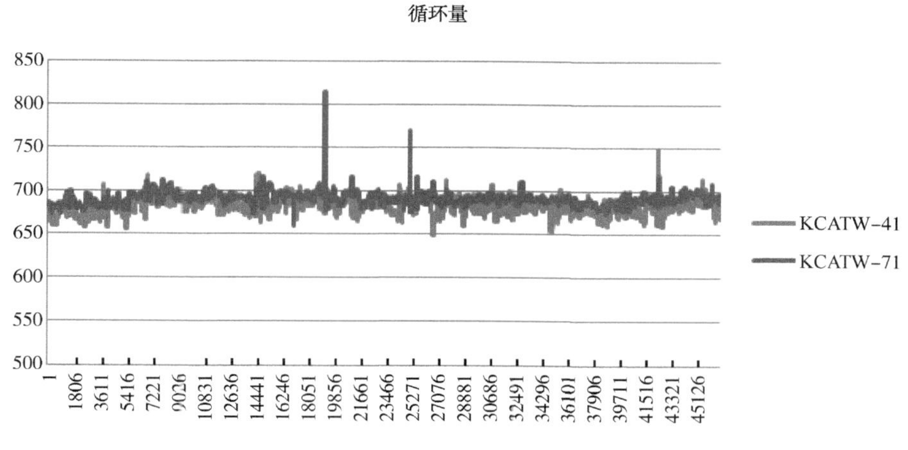

图 6　循环量趋势图

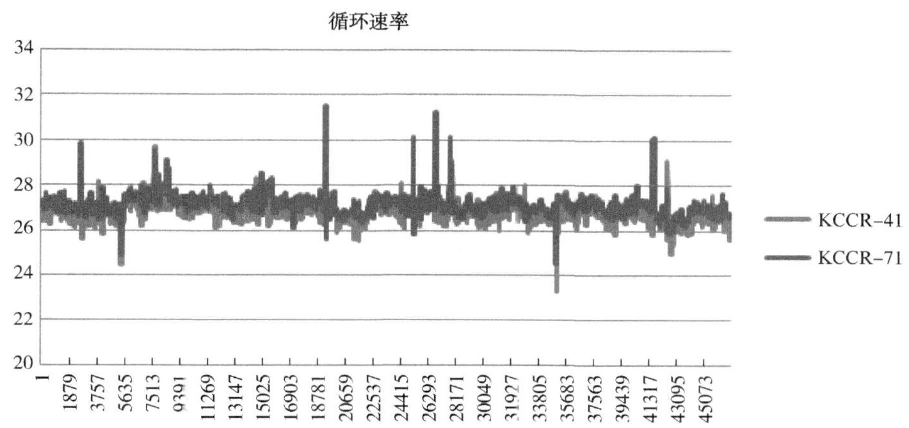

图 7　循环速率趋势图

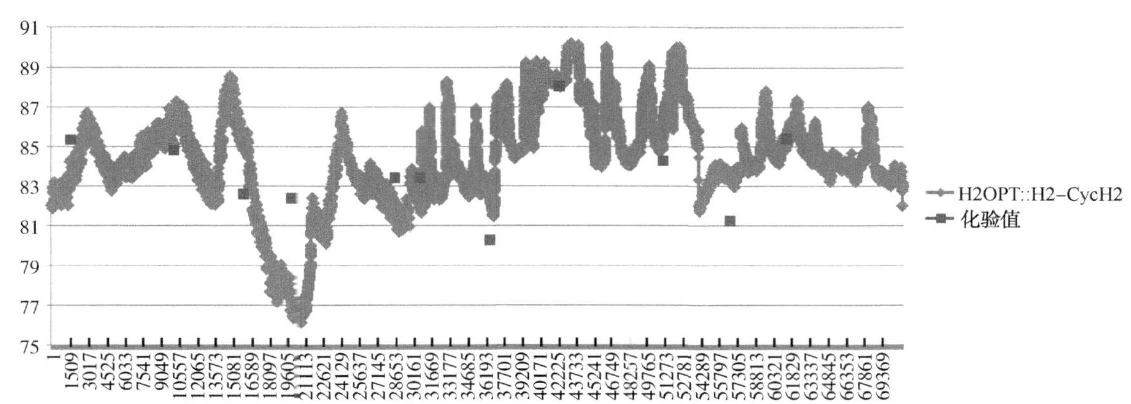

图 8　循环氢浓度趋势对比图

(7) 预警树状图

针对 S Zorb 装置的关键仪表、步续及工艺变量等所设计的预警，为了更直观的查看，将其展示在 AEDM 的树状图中。当有预警报出时，可以查看预警详情，并通过历史数据的变化趋势，确定工艺过程是否异常，从而抑制异常工况的发生，减少事故的出现。

(8) 长周期运行管理

针对 S Zorb 装置，根据国际 HMI 标准 ISA-101.01 以及报警规范的要求，从长期需要监控的角度出发，设计了长周期运行管理的 HMI。用于长期监测换热器 E101 和过滤器 ME101 的运行情况。并将闭锁料斗关键阀门、压缩机相关变量和联锁相关变量，分别汇总在一起，以便整体了解它们的运行情况。

2.3.4　优化操作与管理系统完成情况及技术成果

优化操作与管理系统自从开发完成并系统投用以后，R102料位控制器，氢油比控制器以及稳定塔控制器一直在投用并取得了很好的效果。

先进控制系统的成功投用为S Zorb装置带来了巨大的改善，显著的降低了操作工的操作负荷，减小了装置关键变量测量值的标准偏差，减小了产品硫质量指标的波动范围，降低了产品的辛烷值损失。

（1）操作负荷削减情况

表1　操作负荷对比

回路名称	操作负荷统计		负荷削减
	投用前	投用后	
HIC-2533	1403	882	37.13%
PDIC-2502	1376	196	85.76%
PDIC-2702	1128	20	98.23%
FIC-5001	432	2	99.54%
FIC-1102	156	30	80.77%
PIC-2603	920	242	73.70%
总和	5415	1372	74.66%

（2）关键变量标准偏差削减情况

表2　关键变量标准偏差对比

相关变量	标准偏差		降低幅度
	投用前	投用后	
TIC-5005	1.21	0.74	38.52%
TI-5006	0.56	0.34	39.38%
LI-2604	0.6	0.8	30.09%
TIC-2607	3.65	5.48	40.83%
TIC-1606	1.85	0.63	65.83%
AI-5201	1.8	1.42	21.11%

备注：投用前：2017/11/20-2017/11/30 投用后：2018/2/18-2018/2/28

（3）辛烷值损失对比情况

图9是自2017年6月起至2018年1月期间的辛烷值损失趋势图，红线部分代表投用了先进控制系统之后的辛烷值损失趋势图，从图中可以看出，投用了先进控制系统以后，产品汽油的辛烷值损失相比较于投用前有了明显的改善且辛烷值有了明显的继续下降的趋势，经过统计，优化操作与管理系统稳定运行以后，产品辛烷值损失均值相较于投用前降低了0.02以上。

图9　关键变量标准偏差对比

2.3.5　回路统计监控与诊断管理完成情况及技术成果

AEDM_ LOOP软件能够对S Zorb装置所有PID控制回路进行实时监控并给出实时的回路评价，回路总览界面能够实时地对S Zorb装置所有PID控制回路进行监控并将S Zorb装置所有PID控制回路信息统一显示出来，同时给出当前PID控制回路的运行质量信息以便工艺员及操作工进行参考。

3　经济效益、社会效益

（1）完成了项目中装置对智能系统提出的各项要求；

（2）减少汽油产品质量波动20%以上，卡边操作使产品汽油的硫含量更接近指标10ppm，产品硫控制器投用前产品硫标准偏差为2.13，投用后标准偏差为1.46，产品硫波动减小幅度为31%；

（3）降低辛烷值损失0.02以上；

（4）基本回路投用率为100%，优化控制系统投用率95%以上；

（5）减轻操作负荷，优化控制投用后操作员操作负荷降低75.63%；

（6）装置运行更加稳定，吸附剂品质良好，吸附剂耗量有所降低。

（7）装置优化控制投用后未发生过非计划停工。

4　存在问题及改进措施

（1）辛烷值损失仍然相对偏高，还有进一步优化空间，希望增加氢转移和异构化模型；

（2）再生系统配风系数公式过于简单，不应该仅仅局限于硫和碳的燃烧，还应增加硅酸锌的影响；

（3）希望增加再生系统热量衡算，以便于及早发现取热盘管泄漏；

（4）PID整定时希望能给出经验值，较少操作人员工作量；

（5）建议将设备健康程度量化，便于管理人员及时处理。

无人机反制技术在石油化工区域的应用分析

吴 婷 赵志慧 陈锦伟 付佰松

(中国石油独山子石化公司信息网络公司)

摘 要 石化企业园区一直是安防体系的一块重要拼图，也是各地区石油企业重点监控区域，它的安全与否直接关系到石化企业一线生产的平稳运行，随着近几年无人机的新起，“黑飞”事件频繁发生，目前已发生过多起无人机针对重点区域以及周边区域的非法飞行、拍照、投送违规物品等事件，石油石化重点装置区域的低空安全遭受到了严重威胁，因此，急需建立一套全方位全天候立体化的监测与管控系统，为应对低空安全事件提供有力保障。

关键词 黑飞；低空安全；检测与管控系统

1 引言

近年来，民用级无人机市场发展迅猛，随着无人机厂家的大规模研发和生产，使得民用无人机的普及程度越来越高。然而国内对无人机，尤其是“黑飞”无人机的监管还处于发展阶段，在石油化工企业，油库属于极易发生爆炸及火灾事故的高危行业，管理、运输、仓储、销售等各个环节都存在着高安全风险，因此，石油化工园区防护系统如何体现信息化安防要求尤为重要，它的安全不但心系着石化企业所有一线员工的生命安全，也同样象征着一个国家的国土安全。

2 需求分析

新疆克拉玛依市独山子区地处天山北麓，准噶尔盆地西南边缘。南屏天山，北隔312国道与奎屯市毗邻，西邻乌苏市，东与沙湾县接壤。距自治区首府乌鲁木齐市250km，距克拉玛依中心市区150km。如何保障工业园区设施不被破坏、保障石油设施不被破坏是石化工业园的核心安全保卫目标，

目前石化企业的重点防护区域包括以下几个区域，见表1。

表 1

区域	东西	南北	面积	防御级别
	单位：公里	单位：公里	单位：平方公里	
炼化区域+化工区域	4	3	12	重点
炼油重点装置	1.2	6	7，2	重点
原油储备罐区	3.5	3	10.5	重点

1）无人机反制系统在石化企业厂区需满足的技术指标要求：

(1) 需对低慢小飞行器进行识别区分：

即满足“低空飞行、飞行速度较慢、不易侦察发现”等3种特征；

① 飞行高度500米以下称为低空；

② 飞行速度小于180km/h称为慢速；民用可达到60km/h；

③ 翼展1.5m以下的航模或小型无人机等称为小目标；如：无人机、滑翔机、三角翼、滑翔伞、动力伞、热气球、飞艇、航空模型、风筝、空飘气球、孔明灯等。

(2) 无人机反制设备要求布设于特定防护区域，根据需要防御区域的大小和环境，可布设单个或多个防御基站，构建全天候、全天时、全方位的无人值守反无人机防护区域空间，有效拒止无人机入侵。

① 距离：不小于500m(无遮挡情况下，360度)；

② 频段：民用无人机导航频段，第一信道(1574.9－1576.0mHz)，第二信道(1598.8－1604.7mHz)；

③ 工作温度：－10 ℃至＋55 ℃(常温系统)，－40℃至+70℃(宽温系统)；

④ 寿命：常温常态下不小于十年，宽温常态下不小于五年。

（3）系统成熟稳定

系统应具有易部署、自动化、操作简易等特点，系统设备应成熟稳定，可靠性高，已具备丰富应用案例，具备夜晚、雾霾、雨雪等不良自然条件下的环境监视能力。可长期固定部署执行低空安防任务。

2）无人机反制系统在国标中的技术指标要求：

（1）无人机反制系统必须满足 GA1551.2-2019 标准

（即中华人民公安部认可检测机构核发以下 4 项标准）

① 反无人机主动防御系统。

② 信息发射功率应小于或等于 10mW。

③ 无人机反制系统设备防爆要求：首先取得国家认可的防爆合格证，ExIIC T6（H2 85℃）；

④ 系统应能自动 24h 持续工作，无需人员值守。

（2）无人机反制系统还需满足的其它国标

GB 4943.1-2011 信息技术设备的安全：第一部分通用要求

SJ/T 207-1999 设计文件管理制度

GB3836.1-2010 爆炸性环境 第 1 部分：设备 通用要求

GB3836.8-2014 爆炸性环境 第 8 部分：由“n”型保护的设备

GB 16796-2009 安全防范报警设备安全要求和试验

GA/T 1169-2014 警用电子封控设备技术规范

3 行业内现状及无人机飞行模式对比

无人机防护系统的设计思路：是对无人机目标进行有效探测+有效反制，确保防护区域免受黑飞无人机威胁。

（1）现阶段主流探测技术见表 2。

表 2

探测手段	优点	缺点
雷达	定位测速、技术成熟度高，检测范围广，检测精度高	需要 24 小时开启，存在较大辐射、加上雷达本身存在近距离盲区，因此无法做到监狱区域全面覆盖
光学探测	有抗电磁干扰，低空探测性能好	受气候影响大，树林、楼宇会对光电造成遮挡。
频谱探测	精度高、环境适应性好、探测距离远、无电磁辐射	航迹飞行、静默飞行的无人机无法探测
声学探测	无电磁辐射、安装简易、性价比高	易受环境噪声干扰而影响探测性能且探测距离受限

（2）行业内主流反制手段见表 3。

表 3

管制手段	优点	缺点
微波、激光、气压弹	效果明显，特别是对集群入侵管制效果好	容易造成二次伤害
GPS 诱骗	发射功率小，一般在毫瓦级以下，绿色安全	①影响防护区域内所有电子导航设备。 ②对遥控信号飞机没有干扰。
压制干扰	处置效果明显、处置时间短	无明显短板
无人机抓捕	直接追捕飞手、处置时间短	技术复杂、自动化程度高

4 结论

结合以上对系统技术功能要求与国标的结合，对比现有探测技术，频谱探测在行业内应用具备一定优势，对比行业内的反制手段，GPS 诱骗除了对手持遥控的无人机存在短板以外，是比较理想的反制手段。

（1）导航飞行模式：设定任务路径，利用 GPS/GLONASS 导航自主飞行；

（2）遥控+导航模式：同时使用遥控器和 GPS/GLONASS 导航；

（3）通信+导航模式：特种任务应用；

（4）遥控飞行模式：使用遥控器控制飞行，如航模。

其中：导航模式操控的无人机以视距外飞行为主，占据市场的 99%，纯遥控模式操控的无人机为视距内飞行，影响较小，占据市场的 1%

由以上几种飞行模式的对比，我们找出市场上主流无人机产品采用导航芯片类型，见表 4。

表 4

无人机名称	厂家	系列		定位模块	最大飞行时间	最大遥控距离	最大飞行距离	最大飞行高度	电池容量	电池工作温度	抗风能力
大疆 DJI	中国深圳	精灵系列	PHANTOM 3SE	GPS+GLONASS	25 分钟	1000m	4000m	500m	4480mAh	5°～40°	≤五级
			PHANTOM 4	GPS+GLONASS	28 分钟	3500m	5000m	500m	5350mAh	5°～40°	
			PHANTOM 4PRO	GPS+GLONASS	30 分钟	5000m	7000m	500m	5870mAh	5°～40°	
			PHANTOM 4ADVANCED	GPS+GLONASS	30 分钟	5000m	7000m	500m	5870mAh	5°～40°	
		晓系列	SPARK	GPS+GLONASS	16 分钟	1500m	2000m	500m	1480mAh	5°～40	
		御系列	MAVIC PRO	GPS+GLONASS	27 分钟	5000m	7000m	500m	3830mAh	5°～40	
			MAVIC Air	GPS+GLONASS	21 分钟	5000m	7000m	500m	2375mAh	5°～40	
		悟系列	Inspire 1	GPS+GLONASS	18 分钟	5000m	5000m	500m	4500mAh	0°～40°	
			Inspire 1PRO	GPS+GLONASS	15 分钟	4000m	3500m	500m	4500mAh	0°～40°	
			Inspire 2	GPS+GLONASS	31 分钟	5000m	7000m	500m	5700mAh	-20°～40°	
		经纬 M600		GPS+GLONASS	32 分钟	3000m	5000m	2500m	4500mAh	-10°～40°	
		经纬 M200		GPS+GLONASS	38 分钟	3500m	7000m	3000m	7660mAh	-10°～40°	
亿航	中国广州	Ehang		GPS	25 分钟	2000m	1000m	500m-1000m	4500mAh	-10°～40°	≤五级
华科尔	中国广州	VITUS		GPS+GLONASS	25 分钟	1000m	1500m	300m	5200mAh	-10°～40°	≤五级
		Runner250pro		GPS+GLONASS	12 分钟	1000m	1500m	500m	2500mAh	-10°～40°	
派诺特	中国深圳	Disco FPV Adventerer 固定翼		GPS+GLONASS	45 分钟	4500m	2000m	150	2700mAh	0°～40°	≤五级
		Parrot BEBOP 2POWER FPV		GPS+GLONASS	25 分钟	2000m	1000m	150	2700mAh	0°～40°	
零度智控	中国北京	ZT-3V 小型垂直起降无人机复合翼		GPS+GLONASS	15h	7000m	3000m	1000m	970mAh	-10°～40°	≤六级
小米	中国北京	4K 版智能遥控		GPS+GLONASS	26 分钟	1000m	500m	500m	5100mAh	0°～40°	≤五级
AEE	中国深圳	AEE AP10		GPS	20 分钟	1000m	700m	500m	5300mAh	0°～40°	≤四级

由以上图表可以看出，除手持遥控小型无人机以外，市面上绝大多数厂家采用 GPS + GLONASS 的导航技术，因此，只要能做到对该导航技术的反制或诱骗，就可以建立低慢小无人机的反制系统，进一步结合反制技术做深入分析，如表 5 所示：

因此，从导航角度思考无人机管控：

① 导航技术促进了无人机快速应用，同样也可以管控无人机。

② 导航诱骗技术。通过播发与真实卫星导航信号相同的诱骗信号，形成一个全方位 500m 的球形防御空间，在空间外无人机飞不进来，在空间内无人机无法起飞。该系统布设于特定防护区域。

③ 有效防御机群。

④ 暂时不支持诱骗北斗导航无人机。

⑤ 暂时不支持诱骗纯遥控模式操控无人机。

表5

手段	无人值守	全天候	全方位	辐射	对周边影响	次生伤害	成本	无人机集群防御
激光	不能	不能	不能	高	大	有	高	不能
微波	不能	不能	不能	高	大	有	高	不能
无线电压制	不能	不能	能	高	大	有	高	不能
生物	不能	不能	不能	低	无	无	高	不能
网捕	不能	不能	不能	低	无	无	高	不能
导航诱骗	能	能	能	低	小	无	低	能

结合以上几点，初步认为无人机的探测手段+GPS 诱骗的反制技术适合石化企业的各重点装置应用，下面做几种方案的对比分析。

3 无人机反制设备部署方案对比

某城区地形呈“南高北低”分布，无人机反制主要覆盖南面的老生产区和北面的新发展区，如表6所示：

表6

区域	东西	南北	面积	备注	防御级别
A区	4.5	3	12	贵阳西路以北、石化大道以西，城路以东	重点
B区	1	4.2	4.2	油城路以东、韶山路以南、重庆路以西	重点
C区	1.5	1	1.5	老厂区西北侧	

方案1：纯诱骗干扰

根据现场勘查，在A区、B区以及C区部署4套诱骗干扰设备，诱骗半径1km，对防御区域进行24小时诱骗。

方案1优点：

可防护航迹飞行、静默无人机入侵。完全满足石化建设要求的3个指标即：24小时防护、功率毫瓦级、可具备防爆认证.

方案1缺点：

无探测设备，诱骗24小时开启会影响厂区导航设备正常使用，诱骗无法防止遥控无人机飞入；

方案2：频谱+诱骗干扰

根据现场勘查，在A区、B区以及C区部署4套频谱探测设备+4套诱骗干扰设备，探测能力半径3km，诱骗半径1km对防御区域进行全方位监控侦测。

方案2优点：

可防护航迹飞行、静默无人机入侵。完全满足石化建设要求的3个指标即：24小时防护、功率毫瓦级、可具备防爆认证。无源探测设备24小时开启，不影响电磁环境，一旦发现无人机才开启诱骗干扰设备，干扰设备开启时间短基本不会对厂区造成电磁干扰。

方案2缺点：诱骗无法防止遥控无人机飞入

方案3：雷达+光电+压制干扰

根据现场勘查，拟定A区和B区各配置1套雷达探测设备，对防御区域进行全方位监控扫描。雷达探测范围也可覆盖到C区。

4套云台式光电干扰一体设备分别部署于A区、B区以及C区。干扰处置设备可根据指挥中心指令自动/手动指向目标，对目标实施干扰处置。光电跟踪设备可对核心区域的入侵目标持续监控跟踪，确保入侵目标位置信息实时上报。同时根据现场情况，针对盲区部署1-3套全向干扰设备。

方案3优点：

前端雷达引导，可以使光电跟踪设备提高精确搜索跟踪能力，提高干扰装置管控效率。

方案3缺点：

雷达需要24h开启，存在累积辐射、由于油罐及设施高度以及雷达本身存在的近距离盲区，会有较大探测盲区；压制干扰不满足防爆认证以及毫瓦级功率输出要求

方案4：频谱+光电+压制干扰

根据现场勘查，在A、B区以及C区部署4套频谱探测设备，探测能力半径3km，对防御区域进行全方位监控侦测。

4套云台式光电干扰一体设备分别部署于A区、B区以及C区。干扰处置设备可根据指挥中心指令自动/手动指向目标，对目标实施干扰处置。光电跟踪设备可对核心区域的入侵目标持续监控跟踪，确保入侵目标位置信息实时上报。同时根据现场情况，针对盲区部署1-3套全向干扰设备。

方案4优点：前端频谱引导，不发射电磁波，绿色安全无辐射，

方案4缺点：对于极少数静默飞行无人机无法探测、压制干扰不满足防爆认证以及毫瓦级功率输出要求。

通过对以上4种设备部署方案的优缺点对比，再加上前期对无人机系统的技术指标要求，得出如下结论：

(1) 方案2基本满足现有石化厂区的技术指标要求，但对手持遥控无人机无法做到反制，

(2) 但由于手持遥控无人机为视距内飞行，影响较小，因此，应用此设备达到攻击目的可能性很小，值守人员在可视范围内就可进行干预；

结合以上两点，建议采用频谱+诱骗反制方案进行实施。

5 无人机反制系统组网搭建

新建无人机反制系统需由探测分系统、处置分系统、指控分系统以及通信分系统四部分组成，集目标探测、跟踪识别、指挥控制打击处置功能于一体。

其中，探测分系统为使用频谱探测设备，主要对入侵目标进行探测定位，及时报警；处置分系统为GPS导航诱骗进行反制，对所有进入重点装置区域的无人机发送错误的GPS定位信号，诱骗该无人机设备飞离原位置，反向原路径返回或统一指向安全区域；指控分系统配置指控管理平台，部署于石

化企业园区监控指挥室，各前端设备于指挥中心采用光纤通信方式，我方提供相关接口协议，实现与现有监控系统的整合，形成组网工作能力。通信分系统采用光纤网与有线网传输方式。

反无人机系统可提供SDK包和API接口协议实现系统与平台的深度融合、各业务模块集中态势显示、统一调度指控，硬件架构如图1，图2所示。

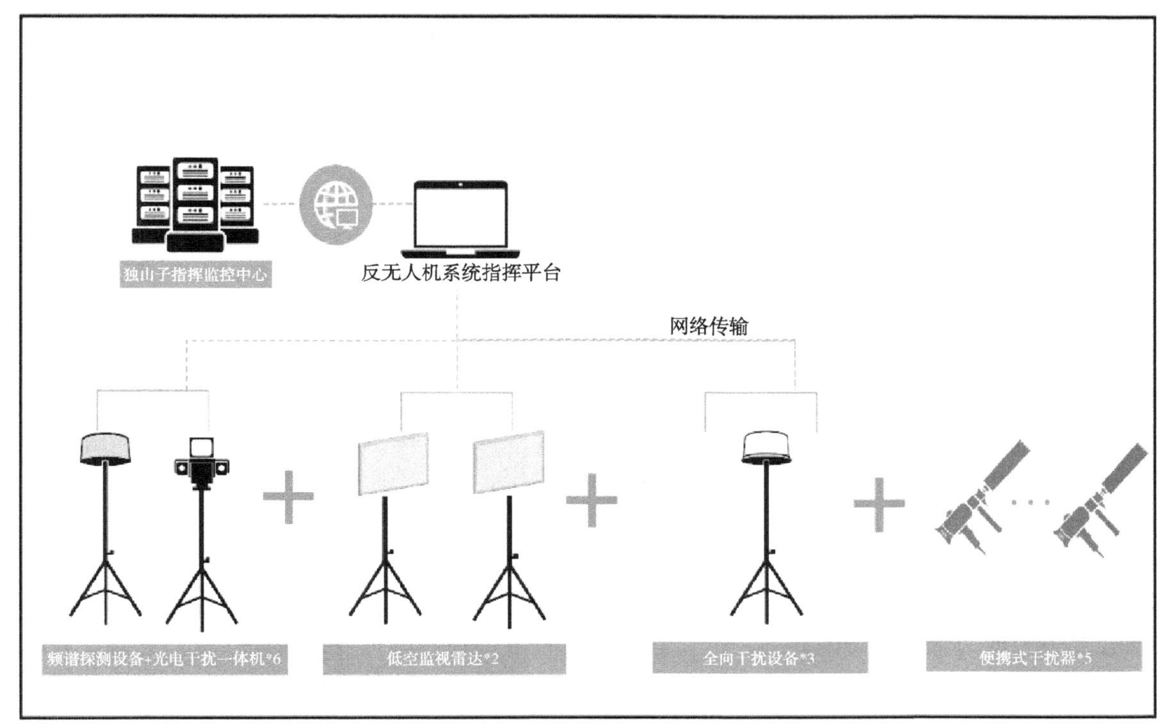

图1

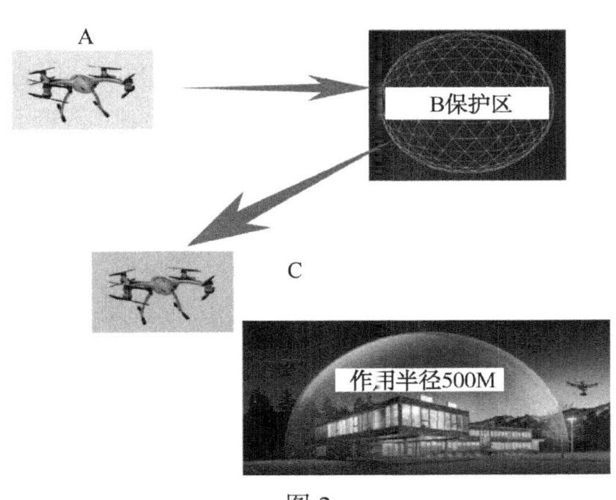

图2

系统补盲设备配置说明：

本项目根据现场勘查需요配置3套左右便携式反无人机GPS诱骗设备，使整套系统具备更高的机动性、灵活性，适用于应对紧急突发情况、以及临时增加安保等级等任务。

6 无人机反制系统工作原理

系统构建的防御态势分为预警区域和拒止区域。在预警区域，探测前端发现识别无人机目标、基于分布式部署实现目标交叉定位，同时探测前端通过专网上报数据至指控分系统，当无人机进入拒止区域，指控分系统调动干扰处置分系统设备对入侵目标进行GPS诱骗处置，处置完成后，指控分系统调动探测前端确认处置结果。

7 系统分析总结

通过对“低慢小”无人机反制技术在石化企业厂区的应用分析，总结如下：

（1）对同行业的无人机反制系统有了全面的了解和横向对比；

（2）对石化企业重点装置区域的设备部署环境有了进一步的精确需求定位；

（3）对不同探测手段+反制手段的技术方案有了交叉对比，对不同组网方案的优缺点有了进一步了解和技术经验积累；

（4）对无人机反制系统的组网搭建确定了设计思路和反制技术的替换方案；

结合以上几点，相信在该项目后期的建设中，这些分析研究都会给整个项目的技术工作带来可操作性和借鉴性，为石化企业建立一套全方位的高效的无人机反制系统打下坚实的技术基础。

从数据到知识，企业智能化发展的必由之路

陈 斌

（中国石油大连石化公司）

摘 要 石油石化行业正在推进智能工厂建设，但有些企业陷入了盲目“智能”的误区，信息化与产业不能充分融合，更无法达到精益化的目标。本文从石化企业的现状和存在的问题入手，阐述企业智能是一个循序渐进的过程，只有不断地通过数据挖掘和知识获取进行积累，建立企业的知识体系，才能使企业逐步获取智能，这也是将企业智能化落到实处的最重要的方法。

关键词 石油化工；数据；知识；智能；神经网络

1 引言

近几年，石油石化行业竞争日趋激烈，中石油、中石化不断布局大型炼化项目，新的民营炼化巨头也正在崛起，而下游市场却面临着萎缩和饱和，以前单纯依靠企业规模和企业资产的优势已不能满足企业生存和持续发展的要求，提升企业的核心竞争力成为企业破解困局的关键[1]。

而随着以物联网、移动互联网、云计算、大数据等为代表的新一代信息通信技术的发展，并在制造领域的逐步应用和快速渗透，催生了以自感知、自学习、自决策、自执行、自适应等为典型特征的新型生产方式-智能制造。石化行业正面临着变局，基于信息化与工业化的深度融合，企业正在从数字化向智能化逐步迈进。智能化成为石化企业提高核心竞争力的法宝，也是企业在激烈竞争中立于不败之地的保障。

石化企业的信息化工作一直处于国内先进行列，目前也有很多下属企业开始推进的智能工厂的建设，但关于智能工厂的概念还没有统一的学术定义，其成熟还需要很长一段路要走，但国内外学者普遍认为智能工厂是一个以大数据技术、仿真技术、网络通信技术等为基础构建的 CPS 系统为基础的智能化生产有机体[2]。其本质是对数据进行深度挖掘产生知识，再通过神经网络、机器学习等方法产生智慧，也就是机器智能。可以说大数据技术是贯穿于智能工厂建设始终的关键技术。

2 石化企业在智能化推进中存在的问题

2.1 企业内部存在数据垄断和信息孤岛，信息资源共享不畅

不仅仅是行业内部的企业之间，信息难以有效流动。即便是在石化企业的内部，也存在着相互隔离的厂级信息化平台，如变电站综合自动化系统，火灾消防报警系统，视频监控系统，门禁系统等。而各部门为了专业化的需要，也会自行开发了各种信息平台，如保运平台、设备平台、安全作业平台等。分散开发或引进的应用系统，往往不会考虑统一数据标准或信息共享问题，应用的互联网技术、开发平台和工具也不统一，兼容性和集成性成为问题。更有甚者，个别部门视数据为部门“私产”，从部门利益、资源管控等角度考虑，不愿开放资源，形成数据垄断。

信息化系统或平台间没有有效的互通互联，形成条块相隔的信息孤岛，其根本原因是近几年信息化发展太快，顶层设计不免会存在缺陷。信息孤岛的存在导致信息系统的效率没有完全发挥出来，企业在面对瞬息万变的信息化市场环境时，难以快速地对不同平台获取的多维度数据进行整合，做出全面、行之有效的决策。

2.2 系统搭建的专业化深度不够。

由于智能工厂是信息化与工业化的深度融合，而大数据、仿真、网络通信等关键技术都处于时代的前沿，绝非企业技术人员所能把握，AI 专家对行业理解不足，而企业专家又疲于应付日常繁重的工作。其结果往往是平台开发商与企业信息人员成为企业应用开发的主要参与者，应用开发虽为企业搭建了信息化的平台，但基本照搬了别人的系统来设计。特别是有些源于外国的系统，不符合我们的习惯，难以“接地气”。而少了技术专家的全程参与，系统往往缺乏针对性，专业化深度不够，更少了一份创新。企业的信息化看起来高大上，实用性有时却会打折扣。比如

近几年智能巡检系统，可对巡检工作进行全程监控与数字化管理，有效提升监督巡检质量和到位率，但机器只有具有足够的智能才能代替人，而现阶段智能巡检系统并不能发现设备存在的所有故障，更多时候只是把大量的数据传到系统中，却无人对数据进行分析，智能巡检更容易成为一种形式。

2.3 对系统获取的数据资源缺少专业分析，数据的价值没有得到充分挖掘

大数据之所以成为企业、社会和国家层面重要的战略资源，源于蕴藏在其内部的价值。而石化行业的信息化工作一直处于我国前列，企业每天通过信息化系统获取的海量数据，根本无法通过人力去分析、挖掘，只能年复一年、日复一日的积累、贬值直至沉没，数据的价值远没有得到体现。在大数据环境下，数据的作用将越来越重要，企业的管理决策越来越依赖于数据分析而非领导人或专家的经验或直觉，决策过程也越来越科学化。对于企业而言，只要自身建立的企业数据库足够强大，收集到的数据深度、广度足够完整，就没有人可以与数据所提供的精准决策相匹敌，也没有人可以质疑科学推演的数据决策。

从目前石化企业智能化建设存在的问题看，目前亟待解决的问题是对信息化系统进行整合，同时通过数据分析和数据挖掘，为企业创造价值。

3 从数据到知识，夯实智能化建设的基础

从数据到信息到知识再到智慧，这是实现智能化的必由之路。

而从石化行业目前的发展阶段看，想达到智能化的目标还很不现实，我们最明智的也是最脚踏实地的做法就是将系统长期积累的数据资源拿出来，采取现代的技术手段，挖掘数据背后的价值，力争为企业提高效益和效率，为智能化做好知识和技术储备。

3.1 DIKW 体系(图 1)

数据是测量的结果，对客观事物记录下来的、可以鉴别的原始资料。

信息是对数据的整理分析，是对客观世界各种事物的特征的反映。

知识是对信息的提炼，是反映各种事物的信息进入人们大脑后留下的痕迹。

而智慧本来是人类独有的，是一种悟。如果希望我们的信息系统，在数据到知识的基础上，进一步能够产生智慧，其实需要无数次的知识的学习及经验的积累，且智慧会随着学习及经验的增加不断提高。

可以说知识是数据中最有价值的精华，要想达到企业智能化的目标，我们首先应该源源不断地从海量的数据中提取系统需要的知识，企业获得的知识的多少及深度很大程度地决定了企业未来智能化的发展水平。智能化和自动化的最大区别在于知识的含量。智能化是基于科学而非仅凭经验的制造，科学知识才是智能化的基础。[3]

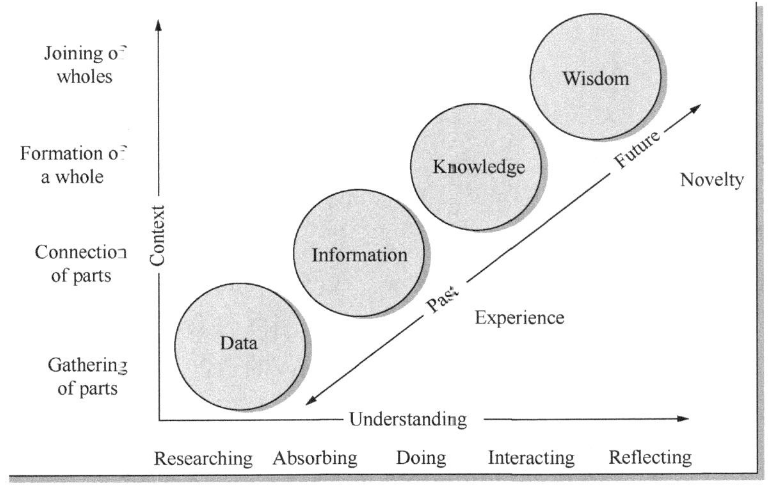

图 1 DIKW 体系

3.2 知识的获取及知识体系建设

知识不仅仅来源于专业书籍、标准与规范、企业文件、企业工艺数据库及领域专家的经验，还可以通过以下方法获取：(1)基于对象模型的知识获取，即建立对象模型，在模型的基础上对专家知识进行分类、组织，并以概念、对象、文

本和数据等形式表示出来，其核心是知识的建模。(2)基于人工神经网络的知识获取。这种方式主要应用于工艺决策及工艺方案的自动生成，其关键在于网络拓扑结构的设计和学习训练样本的准备，这两项工作需要在大量的专家经验和有效且完备的历史数据基础上进行。(3)基于实例推理的知识获取。此类技术与传统的专家系统相比，获取知识较为容易，其技术难点在于实例、修正知识及相似性评估等方面的问题。(4)基于KDD的知识获取。即利用企业的数据库、资源库，应用数据挖掘技术从中分析、总结抽取工艺知识，其关键是建立符合知识特点的挖掘算法和数据分析方法。[4]

下面以智能巡检系统获取的转子不对中振动信号为例，说明基于人工神经网络结构学习的知识求精方法。

图2中的初始规则集即初始知识库、训练样本可从历史故障记录中抽取。它由3个步骤组成：

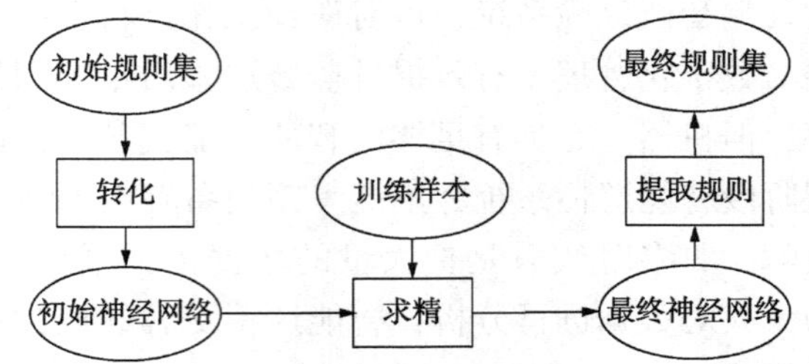

图2　基于人工神经网络结构学习的知识求精方法流程图

（1）转化：初始规则集转化为初始神经网络；

（2）求精：用训练样本和学习算法训练初始神经网络；

（3）提取求精的规则知识。

在训练网络时，不仅要考虑权值和阈值的学习(对应于规则的修改)，而且还应考虑了动态增加隐含节点(对应于规则的补充)和网络的删除(对应于规则的删除)。

表1　转子不对中的振动特征

1	2	3	4	5	6	7	8
特征频率	常伴频率	振动稳定性	振动方向	相位特征	轴心轨迹	进动方向	失量区域
2X	1X3X	稳定	径向、轴向	稳定	双环椭圆	正进动	不变

系统共3层，其中转子不对中的振动特征取自专家系统。

输入层共10个节点：2倍频B，常伴频率1倍频C、3倍频D，振动稳定E，振动方向径向F、轴向G，相位特征稳定H，轴心双环椭圆轨迹I，正进动J，矢量区域不变K

1个隐含层2个节点：A′，A ″

输出层1个节点：转子不对中A

初始规则集为：C∧D→A′，F∧G→A ″，B∧A′∧E∧A ″∧H∧I∧J∧K→A

将该规则集转化为神经网络，建立一个与规则集元素一一对应的初始神经网络。

KBANN和KBCNN都采用BP学习算法，而BP算法只能对联接权值进行学习，不能改变网络的拓扑结构。但在知识求精时，由于初始规则集可能不完善或含有一些错误的规则，这样导致初始神经网络缺少节点或包含一些错误的连接。因此必须使网络的拓扑结构进行合理变化，包括增加节点、连接以及删除节点、连接等。只有通过结构学习才能实现网络拓扑结构的改变。

结构学习算法包括动态增加隐含节点和网络删除两步。

动态增加隐含节点：从前面可知，初始神经网络的拓扑结构是根据初始规则集构造的全互联的多层网络。一般来说，初始规则集并不完善，由此构造的网络表现为缺少隐含节点，因此经过BP算法训练不一定能收敛。为解决这个问题，需要在训练过程中动态地增加隐含节点。具体地说，就是用BP算法训练网络直至到达一学习平台，即网络的训练误差不再随时间而减小，此时在网络的每一隐含层加入一定数量的节点（例如，当前隐含层节点数的10%，或至少一个），新加入的隐含节点与相邻层节点采用全互联并具有较小的随机权值，因而其重要性较低，当网络继续学习时，新的隐含节点的重要性增加并开始影响网络输出。上述过程重复进行直到网络达到规定允差。当然，这样动态增加隐含节点有可能使网络增加了多余的节点或连接，所以有必要在网络收敛后，删除多余的节点和连接，这样做同样也可删除初始规则集中的错误规则。

网络删除：目前已有许多神经网络结构学习的删除算法，有的算法只删除多余连接，有的算法只删除多余节点，还有的算法则同时删除多余节点和连接。Ishikawa 提出的遗忘结构学习算法 SLF，它既删除多余节点也删除多余连接，共由三部分组成，即遗忘学习 LF、隐含节点澄清学习 LHUC 和选择遗忘学习 LSF，算法由以下 3 步组成：

（1）用 LF 得到一个骨架网络结构；

（2）用 LHUC 使隐含节点的输出为全激活（接近 1）或全抑制（接近 0）；

（3）同时用 LSF 和 LHUC 得到更好的学习效果。

SLF 算法不仅删除了多余节点、多余连接，而且使隐含节点的输出接近，1 或 0，这样为下一步提取规则打好了基础[5]。

经过上述算法训练好的神经网络实际上是求精的神经网络，其知识分布表示于网络结构和权值中，是一种隐式表达，不易于理解。只有通过提取规则，才能使之成为人们易于理解和接受的形式。

通过上述算法的训练，转子不对中振动信号的特征被提取出来，可以作为系统判断该类问题的初步判据。但由于该算法也比较简单，振动的机理和现场环境的复杂性，会使实际图谱含有非特征变量或边频带，同时还可能伴随温度、声音、负载变化等其他维度的特征存在，还需要对模型进行优化，也要经过不同的算法组合及大量的训练[6]，在实际运用中不断完善，才有可能上升到智能的高度。

但从数据中获取知识完善企业的知识库，是实现智能化的必经之路，也是防止数据贬值、失效及沉没的最有效的方法。

4 结束语

石化企业在信息化建设中的投入很大，但由于系统构架基本由系统集成商提供，企业参与的深度不够，导致信息化对产业的融合不够，企业技术人员也很难站在信息化的高度改变传统的思维方式，有些职工会对信息化涉及的作业产生抵抗心理，更有甚者认为信息化是摆设。其主要原因是职工没有看到信息化创造价值和效率，而很多企业通过信息化获得的数据资源也确实没有利用好。信息化的目的不仅仅是收集数据、分析数据，更重要的是挖掘数据背后的价值，逐步向智能化迈进，为企业创造价值，为职工减少劳动，才是让信息化真正落地，才能使打造自动化和信息化充分融合的精益化企业。

参考文献

[1] 张宗飞，汤连英．浅析化工智能工厂的建设[J]．化肥设计，2017，55(4)：4-6

[2] 焦洪硕，鲁建厦．智能工厂及其关键技术研究现状综述[J]．机电工程，2018，35(12)：1249-1258

[3] 张曙．工业 4.0 和智能制造[J]．机械设计与制造工程，2014，43(8)：1-5

[4] 王勃，杜宝瑞，赵璐．面向飞机智能制造的工艺智能决策与知识库技术[J]．智能制造，2016(6)：26-30

[5] 贵忠华，刘振凯，严新民．基于人工神经网络的知识求精方法[J]西北工业大学学报，1999，17(1)：130-135

[6] 庄越挺，吴飞，陈纯，潘云鹤．挑战与希望：AI2.0 时代从大数据到知识，2017，18(1)：3-14

基于.NET的大连石化公司综合管理平台设计与实现

杨伟鑫　唐　浩

（中国石油大连石化公司）

摘　要　顺应时代发展及企业自身需要，大连石化公司在集团公司信息管理部统一部署下已经建立60余个信息系统，涉及生产执行、经营管理和过程控制等多个层次，初步建成数字化工厂信息化企业。随着企业精细化管理的不断提升，对重要事项督办、信息提报和值班管理等（以下统称综合管理）提出了更高的要求，建立综合管理平台。本文对综合管理业务进行分析，利用ASP.NET和WEBSERVICE等技术构建信息平台，实现综合管理业务信息化，使综合管理水平进一步提升。

关键词　ASP.NET；WEBSERVICE；综合管理；c#；办公自动化

1　建设背景

进入21世纪后，信息技术发展日新月异，已经深入到人们的生活和工作中，越来越多的企业开始重视自身企业的信息化建设，石化行业也不例外。国内石化行业数字化应用目前已广泛展开，经过中石油集团公司（以下简称集团公司）“十二五”信息化建设，大连石化公司（以下简称公司）已经初步建立数字化工厂信息化企业。在此基础上顺应时代发展集团公司提出建立“智能工厂”，进一步提升企业信息化建设和应用水平，公司作为中石油炼化分公司五家炼化信息化示范企业之一，实施所有规划设置的炼化示范性企业统建项目。此外公司领导越发重视企业信息化建设，提出“深入推进‘数字化工厂’建设，深化信息系统应用，强化大数据应用，推动生产运行、基础管理和信息化的深度融合”。

目前公司重要事项督办、信息提报和值班提报均是通过人对人的方式进行下达通知和邮箱方式上报，然后通过人工方式进行筛选汇总，工作效率相对较低。为加强公司综合管理业务信息化水平，提升业务管理水平，总经理（党委）办公室提出相应信息系统建设需求，需求中共涉及三个子系统建设，（1）督查督办系统，为推动公司年度重点工作计划、重要会议决议、领导重要批示指示及重大决策部署的贯彻落实，提高办理质量及效率，确保政令畅通，拟建立督查督办系统；（2）综合信息提报系统，为解决通过邮箱收集整理信息丢失、查找繁琐等问题，拟建立综合信息提报系统，各单位在系统上报工作总结、经验材料等，便于材料收集整理和信息存储于共享；（3）值班信息提报系统，为减少基层负担，提高工作效率，改变每月制定表格，下达到基层填写，通过邮箱反馈后，再逐一粘贴形成公司值班手册的方式，拟建立值班信息通报系统。

2　设计目标及主要信息流程分析

2.1　设计目标

构建大连石化公司综合管理平台，开发督查督办系统、综合信息提报系统和值班信息提报系统，利用信息技术实现重要事项督办、综合信息提报和值班管理业务的信息化，网络化，实现信息共享和数据的动态分析，提升公司综合信息管理水平。

2.2　主要信息流程分析

2.2.1　督查督办信息流程

督查督办工作分为两大类，一类为“定期反馈”信息；另一类为“专项反馈”信息。两类信息提报流程如下所示：

期反馈信息流程：

专项反馈信息流程：

2.2.2　综合信息提报信息流程

综合信息分为两大类，一类为“办公室下达”信息；另一类为“部门自发上传”信息。两类信息提报流程如下所示：

办公室下达信息流程：

部门自发上传信息流程：

3　功能模块设计

综合管理平台主要由督查督办系统、综合信息提报系统和值班信息提报系统三个子系统和用户管理模块组成。分别介绍如图1，图2所示。

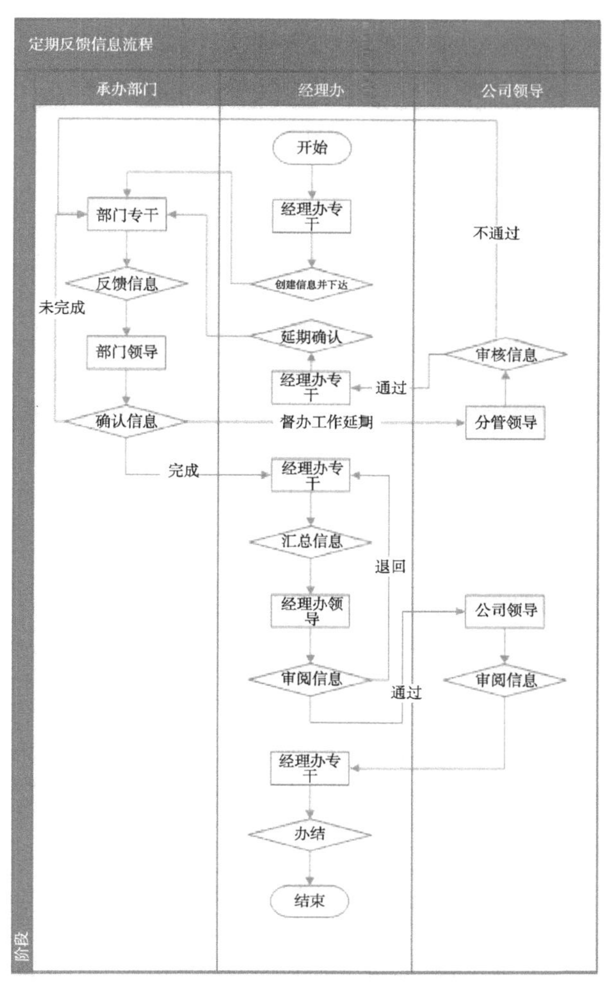

图1 定期反馈信息流程

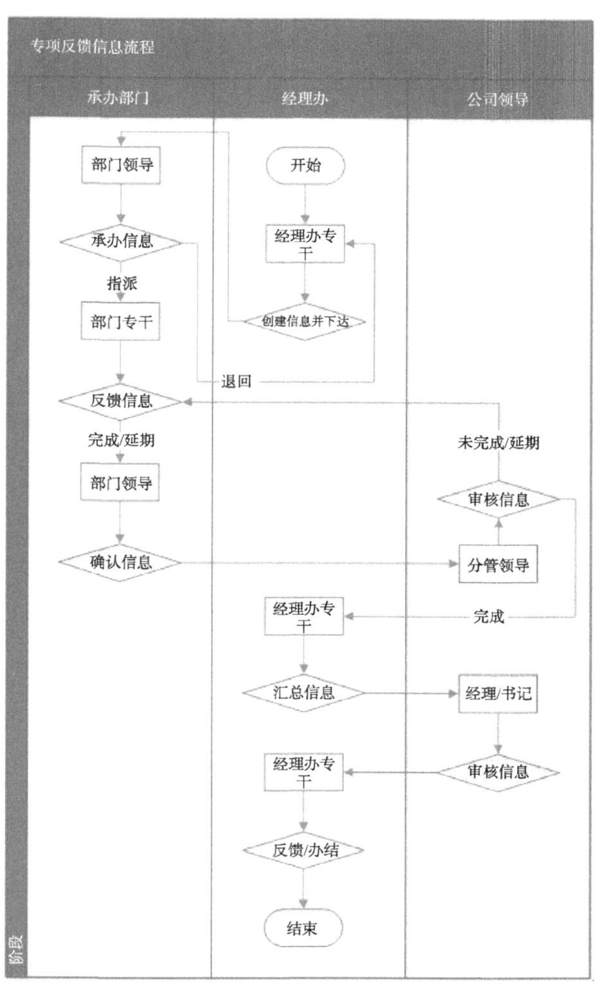

图2 专项反馈信息流程

3.1 督查督办系统(图3~图6)

(1) 功能结构图

(2) 主要功能说明

审核流程管理：实现督办信息的创建、主管部门的信息反馈、公司领导的信息审核和办公室信息办结的全信息流程管理。涉及页面主要包括：定期/专项反馈信息创建、专项反馈信息导入、专项反馈信息承办、专项反馈信息处理、信息反馈、责任部门审核、专项反馈分管领导审核、办公室审核和专项信息办结等。

催办延期管理：实现重要督办事项催办；对未到时限或超出时限的未完成督办工作进行延期处理。涉及页面主要包括：延期申请、延期审核、信息催办和催办信息查看等。

汇总审阅管理：实现公司总经理办公室即时选择定期或者专项信息呈阅公司领导，并对公司领导审阅情况进行实时掌控。涉及页面主要包括定期汇总审阅和专项反馈信息审阅。

查询分析管理：可按照"工作名称""信息类型""上传类型""责任部门"和"完成情况"进行督办信息查询，对查询到的信息可以点击查看详细信息，包括基本信息、完成信息、反馈信息、审核信息和延期信息。主要涉及页面有信息查询。

自动考核管理：利用数据库存储过程和job，实现每日凌晨1点，对督办系统内需考核项自动考核并记录信息，系统前台可查看考核信息。主要涉及页面有考核信息查询导出和部门考核信息。

自动提醒管理：实现对督办工作自动提醒信息功能，信息主要包括：督办截止时间5天前至截止时间3天后(即延期3天)时间段内未完成的督办信息；每月最后5日仍未反馈的定期反馈督办信息。主要涉及页面：紧急待办信息。

短信提醒管理：实现对紧急待办信息进行短信通知各单位主要负责人及专干的功能。主要实现方式通过webservice方式与短信服务器进行通信，将需要发送的信息通过数据库存储过程筛选

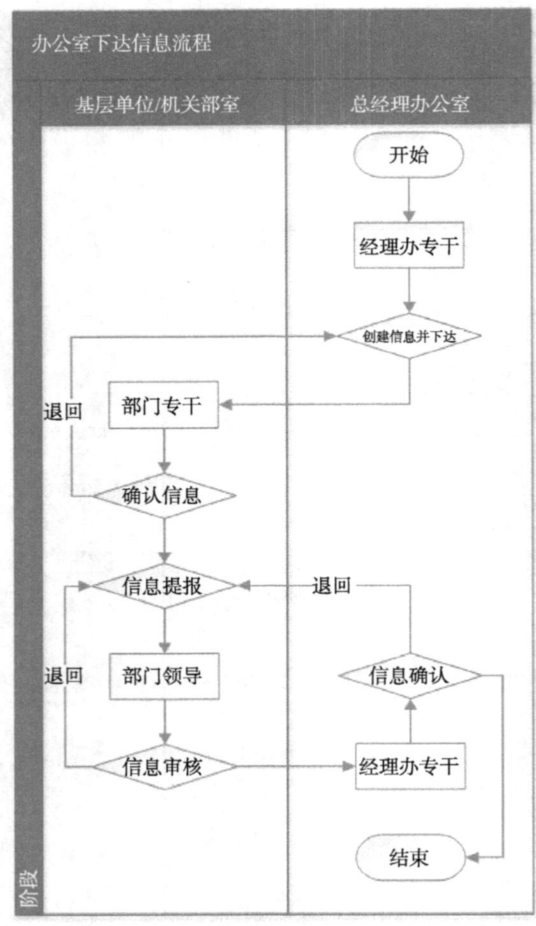

图3　办公室下达信息流程

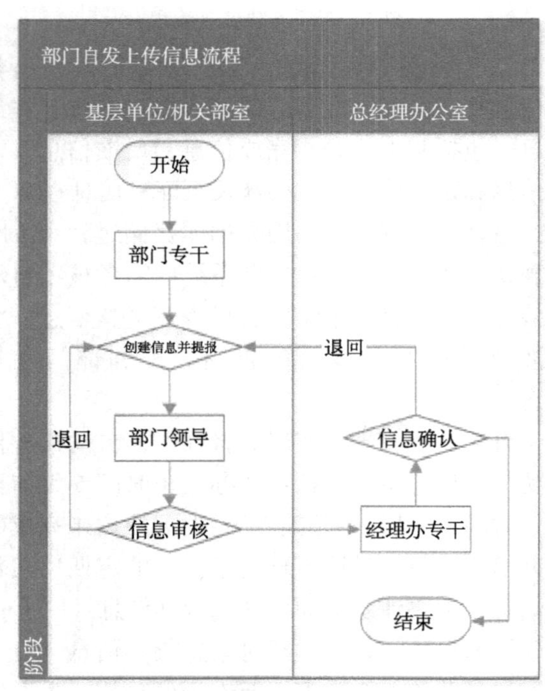

图4　部门自发上传信息流程

到指定数据库表中，并利用job每天定时推送表中信息至短信服务器，获得短信回执同事写回数

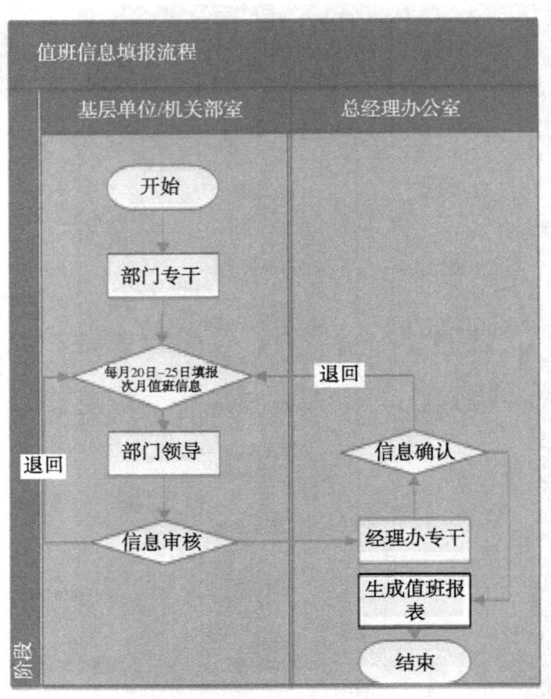

图5　值班信息填报流程

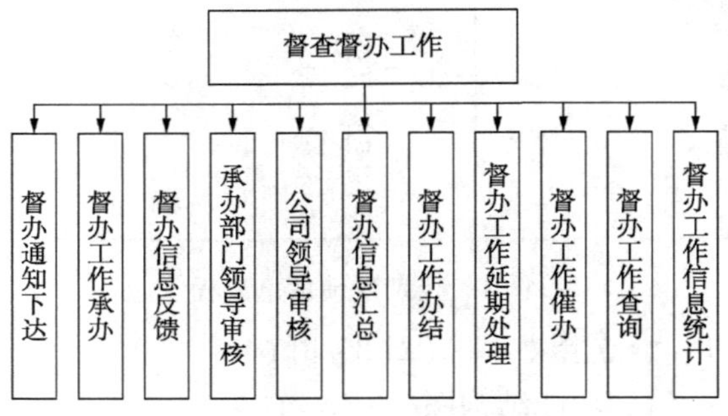

图6　督查督办系统功能结构图

据库表中，完成短信提醒全流程操作。主要涉及页面：无，全部后台自动完成，前台可查看发送状态。

3.2　综合信息提报系统

（1）功能结构图(图7)

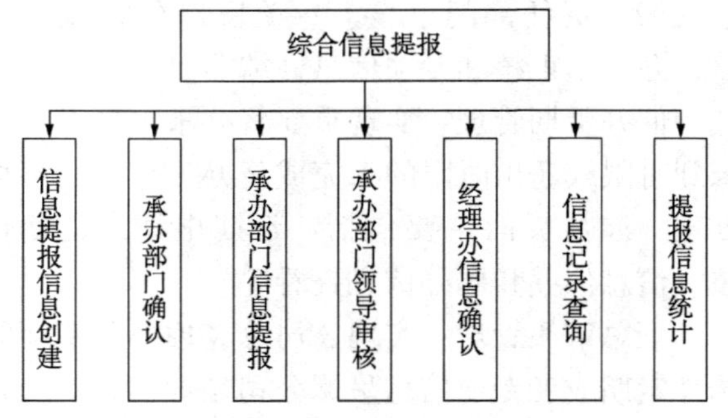

图7　综合信息提报系统功能结构图

（2）主要功能说明

提报流程管理：实现综合信息提报审核全流

程管理。按照信息性质分主要有三类，包括办公室下达信息，信息提报流程有创建下达、承办、提报、审核；车间自行上传信息，信息提报流程有创建提报、审核；延期上传信息，信息提报流程有创建提报、审核。主要涉及页面信息创建、信息承办、退回信息管理、信息提报、提报信息审核和信息办结。

信息延期管理：实现信息提报计划延期管理。延期分为“承办延期”、“提报延期”和“审核延期”，延期信息经办公室确认后方可进行延期信息上报，办公室对延期信息可进行跟踪。主要涉及页面延期信息管理。

查询统计管理：可按照“信息主题”、“信息类型”、“上传类型”、“承办门”和“完成情况”进行提报信息查询，对查询到的信息可以点击查看详细信息，包括基本信息、承办信息和审核信息；统计可按照时间和类型进行统计。主要涉及页面有信息查询和信息统计。

3.3 值班信息提报系统

（1）功能结构图(图8)

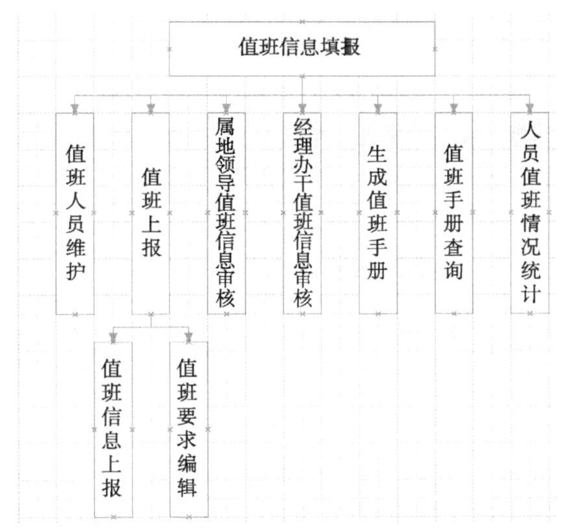

图8　值班信息提报系统功能结构图

（2）主要功能说明

提报流程管理：实现总经理办公室发布值班消息、值班表上报、值班表审核和生成值班手册等值班信息提报全流程管理。主要涉及页面包括发布值班消息管理、消息列表、值班表列表和导出值班手册。

数字字典管理：对值班日期和值班人员等基础信息进行设置。主要涉及页面包括值班日期设置和值班人员管理。

查询统计管理：实现值班查看及统计功能。主要涉及页面包括查看车间值班表、查看公司值班表和值班统计。

3.4 用户管理模块

系统采用用户-角色-页面的方式进行权限控制管理，使用户权限得以灵活分配。

用户管理：实现新建用户、编辑用户、删除用户和用户密码重置功能，在用户编辑页面可对用户角色进行配置，一个用户可拥有多个角色。

角色管理：实现新建角色、编辑角色和删除角色功能，在编辑角色页面可对角色包含页面进行配置，不同角色可以拥有相同页面权限。

4　结语

大连石化公司综合管理平台目前已累计运行13个月，解决了公司在“重要事项督办”、“综合信息提报”和“值班信息提报”等综合管理业务上无信息化支持的短板，提升了整体综合管理业务水平，其中“综合信息提报系统”各单位累积上传文件267项。综合管理平台的建立，进一步提升了大连石化公司信息化应用水平，提升公司管理工作精细化水平，助力公司“数字化工厂，信息化企业”建设。

参考文献

[1] 朱泊静．计算机技术在企业管理中的应用[J]．中小企业管理与科技，2009.

[2] 刘晓敏，张艳丽．基于.NET的企业信息管理系统设计与开发[J]．科技与管理，2017.

[3] 赛奎春，顾彦玲．ASP.NET项目开发全程实录[M]．北京：清华大学出版社，2013.

[4] 吴善财．ASP.NET项目开发实战密码[M]．北京：清华大学出版社，2016.

长岭分公司视频监控项目分析

陈世波　杨　梅　潘民龙

（中国石化长岭分公司IT服务中心）

摘　要　长岭分公司视频监控系统在加强生产作业环节的安全监督管理、全天候监控作业现场和生产经营活动的安全状况，及时发现事故隐患和“三违”现象，遏制和杜绝事故发生等方面发挥了重要作用。目前已成为生产管理及安全管理中必不可少的辅助工具。文中主要分析了视频监控的现状，总结了存在的问题，并对目前存在的问题提出了宝贵的改进意见。

关键词　监控；视频管理；摄像头；光缆；卡顿

1　前言

早期的模拟视频监控系统主要在安保、交通、综治等领域大量应用，随着IP网络和宽带技术的不断发展，采用先进计算机通信、数字存储及图像视频压缩等技术为核心的网络化、数字化的集中视频监控系统在各行各业得到广泛使用，特别在以制造业为主的企业中，在生产作业环节中对生产现场及核心设备等方面的实时安全监控得到了迅速的发展。在社会综治、公共安全等方面，监控手段不断升级、更新，以人工智能为核心的视频分析在安保领域对预防事件的发生起到了重要作用。

视频监控行业共经历了三个阶段，分别是模拟视频监控阶段、数字视频监控阶段、网络视频监控阶段。目前视频监控技术已完成了从数字化向网络化、集中化的过渡，通过网络实现集中监控成为了的主流。2004年到2012年，数字监控在总体视频监控市场规模中所占的比例从35.7%增长到了56.7%。随着2013年《公共安全视频图像信息采集规范》的发布，早期的数字视频监控系统逐步退出，大规模的智能化、集中化的网络视频监控系统稳步增长，2016年国家标准《公共安全视频监控联网系统信息传输、交换、控制技术要求》颁布，网络化视频监控系统已完全取代了数字视频监控系统。

建厂以来，长岭分公司一直非常重视安全管理工作，能够充分引入各个时期的先进技术，将其作为分公司安全管理的重要工具。视频监控的应用同样经历了三个阶段：20世纪90年代初模拟视频监控系统开始在分公司应用，随着数字视频监控系统技术的发展，21世纪初开始分公司各生产装置先后分散部署了大量的数字视频监控系统，至2011年完成视频监控网络化、集中化，建设了大型的视频监控管理平台，集管理、组播、存储等先进功能于一体。在生产网内通过客户终端实现对分公司各生产现场、重要设备全天候实时监控。通过该系统对及时发现事故隐患和“三违”现象、遏制和杜绝事故发生等方面发挥了重要作用，目前已成为生产管理中必不可少的安全监控系统。管理人员通过对视频图像的查看可以及时了解到生产装置各区域的实时状况，发现问题能够及时采取措施，进行统一调度，防止事故发生或将事故损失降到最低。

2　分公司视频监控的基本介绍

长岭分公司视频监控于2005年开始建设，于2010年开始部署网络视频监控管理平台并与总部视频监控管理平台无缝对接，目前视频监控系统摄像头布点数量1000多个，视频监控系统客户端80多套，监控区域包括各生产装置、储运罐 、供应库区、油港码头、公路铁路出厂、水务、化工等装置。

分公司数字化监控系统硬件由前端设备、传输网络、管理平台、显示控制设备四部分组成。

（1）前端设备包括：摄像机、云台、视频编码器、接线箱、立杆支架等，由于前端设备安装在生产现场，均采用防爆设备，符合防爆等级要求。

（2）传输设备包括：传输电缆、光缆、交换机、光收发设备等。

（3）管理平台包括：视频管理、存储管理服务器、媒体分发服务器、视频存储设备等。

（4）显示控制设备包括：显示屏、视频解码器、客户终端电脑等。

3 存在的问题

目前长岭分公司视频监控系统尚存在一些问题，对生产实时监控造成一定影响，主要如下：

（1）分布于炼油一部、炼油二部、热电部、水务部、化工部等装置的系统。由于建设较早，基本都是早期的数字监控系统，前端为模拟摄像机，未能集成到网络监控管理平台中，并且年限已久，设备及线路老化，图像模糊不清，对生产现场安全监控的意义较小。

（2）在已实现的网络集中监控的800多个监控点中，有300多个点是2014年以前建设的数字监控系统，采用增加视频编码器的方式将模拟信号成转换网络信号接入视频监控管理平台。前端摄像机在露天环境下连续运行了10多年，同样存在设备及线路老化，故障高且图像质量差，维修成本高等弊端，部分已处于停用状态。由于当时视频编码器尚未采用ONVIF等通用标准协议，目前市场上的设备不能识别此类格式，并且不能提供2个以上视频流，增加了视频监控深化应用的难度。

（4）还有早期的数字系统通过硬盘录像机DVR网络化后接入视频监控管理平台。早期的设备标准不统一，接入平台兼容性比较差，图像分辨率较低，并且低质量的视频信号源将会对今后视频监控系统的深化应用产生一定的影响，容易造成误判。

（5）新建数字化系统由于生产厂商技术原因，造成新建系统通过第三方平台接入现有宇视平台存在一些兼容性的问题。海康存储管理一体化平台作为下级域接入宇视系统平台就存在兼容性的问题，并且海康平台服务器经常自动掉线，造成该服务器所管理的摄像机无实时视频流信号，存储功能自动丢失，每次需要重启系统等人工干预才能正常上线。

（6）这些通过第三方平台接入的设备，宇视监控管理平台无法直接管理前端设备的视频流，并且摄像机的实时视频流无法使用流媒体服务器的转发功能。

（7）随着视频监控系统监控点及客户终端的增加，访问量大增，引起流媒体服务器分发压力增加。高清视频数据流占用了大量网络带宽，造成网络拥堵，导致访问监控系统存在视频不稳定，实时画面延迟、卡顿、不同步等现象。

（8）由于系统建设时间跨度大，基础资料不够完善，前端设备及线路目前还没有统一的详细分布资料。

（9）原来的4个网段基本用完，生产装置视频监控完善项目实施时增加了两个网段，对系统所有IP地址作出了统一规划，划出了服务器及交换机的专有网段，对新的系统按照规划分配地址。但网络资源仍然紧张，目前预留的IP地址较少，不利于今后视频监控系统的扩展。

4 解决方案

4.1 需求分析

（1）结合现场需求以及管理要求，我们提出对生产装置视频监控系统进行完善。采用数字化监控系统技术，以原有宇视IVS8000监控管理平台为基础，将安装在各装置的摄像机视频信号上传至长岭分公司数字化监控网络，使之成为长岭分公司数字化视频监控系统的一部分，可通过网络，实现对监控画面的浏览、控制、管理(均可设置权限)。以实现资源的共享，满足各部门对视频监控的多样化需求和视频监控深化应用打好基础。

（2）系统架构规划

长岭分公司视频监控系统采用数字化网络监控技术，将分散安装在各装置的摄像机视频信号上传至视频监控专网，只须增加接入层以及媒体分发层的设备，作为长岭分公司数字化视频监控系统的一部分。不破坏原有系统结构，新增设备均由原有宇视IVS8000监控平台进行管理，通过客户端在监控网络或生产网对监控画面的浏览、控制、管理的方式不发生变化，保证了系统的完整性和统一性，实现了资源共享，降低了今后视频监控深化应用过程中二次开发的难度。如图1：系统基本结构图

4.2 实施计划

（1）对炼油一部4个点的纯模拟监控系统进行改造，更换为数字式网络摄像机，直接接入公司监控专网；

（2）炼油一部、炼油二部、水务作业部、热电作业部等装置中，已经由模拟摄像机转数字化的监控点，对处于停用状态及故障高的监控点，直接更换为网络高清摄像机，通过光纤接入监控专网(各装置需改造的摄像点位情况见表二)；

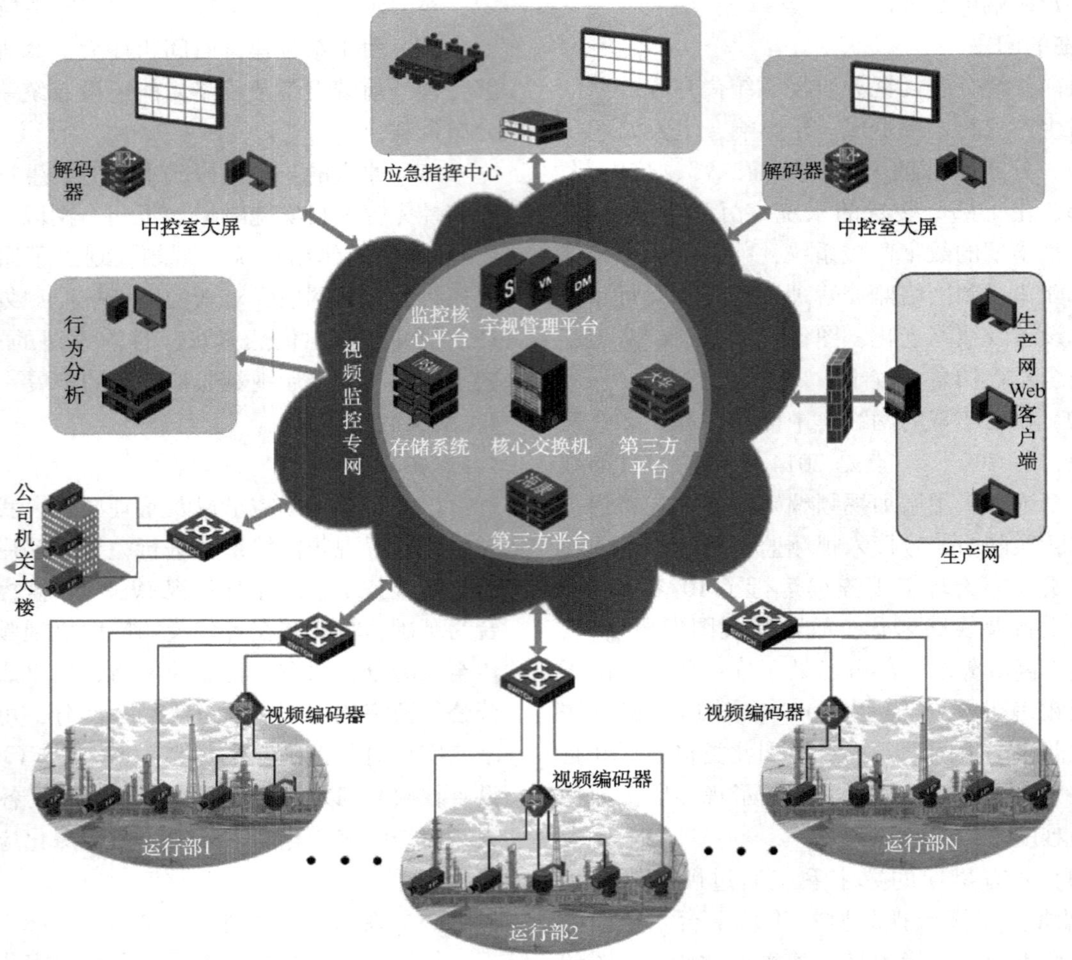

图1 系统基本结构图

(3) 为了减轻原流媒体服务器的分发压力及网络压力，根据流媒体分发机制，计划在炼油一部机房部署一台流媒体服务器MS8500，交由原监控平台管理；

(4) 更换高清网络摄像机后，将会对存储系统的空间要求大大增加，为了解决这一矛盾，需要对现有存储系统扩容，根据增设及改造点数、码流量、存储周期计算，需要配置2台IPSAN存储主机用于存储视频录像，存储主机配置48块4TB监控硬盘，存储空间共计192T，预计可以存储15天以上的高画质(1080P格式)录像数据。

(5) 由于原模拟系统没有相应的客户端供操作人员使用，另外早期的客户端电脑性能已不能满足目前的应用需求，需要在各操作室安装高性能监控客户端电脑，通过配置权限，对相应的监控图像进行浏览和操作。

(6) 实施计划清单如表1，表2所示。

表1 基本监控点及改造计划

作业部	区域	监控点总数	模拟转数字	纯模拟	2018年计划改造点位
炼油一部	一部中控室	8	8		
	焦化	29	15		15
	大制硫	4		4	4
	脱硫	7	6		6
	加氢制氢	35	7		7
	催化	18	5		5

续表

作业部	区域	监控点总数	模拟转数字	纯模拟	2018 年计划改造点位
炼油二部	二部中控室	11	5		5
	二部重整	28	13		9
	二部道路	7	7		6
	二号机柜室	3	1		1
	汽柴油加氢	9	5		5
	产品精制	2	2		2
	乙苯	8	5		
	四号机柜室	3	1		1
	常压	9	6		6
	催化	12	8		8
	含氢尾气	3	3		
	气分	3	3		3
	五号机柜室	3	1		1
	硫磺回收	4	2		2
	酸性水汽提	3	2		2
	吸附脱硫	6	6		5
	新硫磺	3	3		
	2#szorb	11			
	一号机柜室	3	1		1
	渣油加氢	17	12		12
	制氢高温炉	10			
	二部制氢	6	3		3
储运部	芳烃	21	5		
	二垄	17	5		
	火车装车	21	21		
	小品种	10			
	北火炬	9	8		
	南火炬	8	8		
	王龙坡	17	14		
	六七垄	7	6		
	北罐区	2			
	五垄罐区	3			
	输油管线	9			
热电部	CFB	32	11		11
	电气	16	14		14
	燃料车间	12	9		9
水务部	水务各车间	41	22	11	31
化工部	环氧丙烷	57	57		
	聚丙烯	22		22	
物质采购中心	物质采购中心	19	15	3	
监控二期		200			
		788	325	40	174

表2 改造点位清单

长岭分公司2018年监控升级改造点位表						
序号	区域	设备点位名称	设备型号	制造厂商	投用年月	安装地点
1	炼油一部	一部焦化分馏泵区远景	DSJ-2A/DYT-4	阜新	2006	一部焦化分馏泵区远景
2	炼油一部	一部焦化粉焦池	DSJ-2A/DYT-4	阜新	2006	一部焦化粉焦池
3	炼油一部	一部焦化航吊	DSJ-2A/DYT-4	阜新	2006	一部焦化航吊
4	炼油一部	一部焦化焦池	DSJ-2A/DYT-4	阜新	2006	一部焦化焦池
5	炼油一部	一部焦化炉303全貌	DSJ-2A/DYT-4	阜新	2006	一部焦化炉303全貌
6	炼油一部	一部焦化塔54米卷扬机1	ZAT610	常州佐安	2011	一部焦化塔54米卷扬机1
7	炼油一部	一部焦化塔54米卷扬机2	ZAT610	常州佐安	2011	一部焦化塔54米卷扬机2
8	炼油一部	一部焦化吸收稳定泵区	DSJ-2A/DYT-4	阜新	2006	一部焦化吸收稳定泵区
9	炼油一部	操作室旁龙门架	SONY-480CP/ZAY200	常州佐安	2008	操作室旁龙门架
10	炼油一部	风机对面龙门架	SONY-480CP/ZAY200	常州佐安	2008	风机对面龙门架
11	炼油一部	碱渣塔边灯塔2层	SONY-480CP/ZAY200	常州佐安	2008	碱渣塔边灯塔2层
12	炼油一部	库房支柱	SONY-480CP/ZAY200	常州佐安	2008	库房支柱
13	炼油一部	一部脱硫门口立杆	SONY-480CP/ZAY200	常州佐安	2008	一部脱硫门口立杆
14	炼油一部	一部脱硫山顶立杆	SONY-480CP/ZAY200	常州佐安	2008	一部脱硫山顶立杆
15	炼油一部	一部脱硫屋顶	SONY-480CP/ZAY200	常州佐安	2008	一部脱硫屋顶
16	炼油一部	一部脱硫液氨出口	DSJ-2A/DYT-4	阜新	2006	一部脱硫液氨出口
17	炼油一部	一部脱硫装置中间	DSJ-2A/DYT-4	阜新	2006	一部脱硫装置中间
18	炼油一部	一部脱硫罐	SONY-480CP/ZAY200	常州佐安	2008	一部脱硫罐
19	炼油一部	120万加氢配电室顶中	DSJ-2A/DYT-4	阜新	2006	120万加氢配电室顶中
20	炼油一部	J102二层平台东	SONY-480CP/ZAY200	常州佐安	2008	机102二层平台南
21	炼油一部	J203-204-东	SONY-480CP/ZAY200	常州佐安	2008	联合机组二层平台东
22	炼油一部	J203-204-西	SONY-480CP/ZAY201	常州佐安	2008	联合机组二层平台西
23	炼油一部	反200顶	SONY-480CP/ZAY200	常州佐安	2008	反200顶
24	炼油一部	换206北山坡立杆	SONY-480CP/ZAY200	常州佐安	2008	换206北山坡立杆
25	炼油一部	外操室顶	DSJ-2A/DYT-4	阜新	2006	外操室顶
26	炼油一部	一部催化C302	SONY-480CP/ZAY200	常州佐安	2008	一部催化C302
27	炼油一部	一部催化泵区1	SONY-480CP/ZAY200	常州佐安	2008	一部催化泵区1
28	炼油一部	一部催化泵区P206	DSJ-2A/DYT-4	阜新	2006	一部催化泵区P206
29	炼油一部	一部催化柴油接力泵	DSJ-2A/DYT-4	阜新	2006	一部催化柴油接力泵
30	炼油一部	一部催化动力油泵	DSJ-2A/DYT-4	阜新	2006	一部催化动力油泵
31	炼油一部	一部催化轻重汽油泵	DSJ-2A/DYT-4	阜新	2006	一部催化轻重汽油泵
32	炼油一部	一部催化润滑油房	DSJ-2A/DYT-4	阜新	2006	一部催化润滑油房
33	炼油一部	一部催化三机操作室	DSJ-2A/DYT-4	阜新	2006	三机主风机操作室墙上
34	炼油一部	一部催化烟囱	SONY-480CP/ZAY200	常州佐安	2008	一部催化烟囱
35	炼油一部	一部催化油雾润滑主机旁	SONY-480CP/ZAY200	常州佐安	2008	一部催化油雾润滑主机旁
36	炼油一部	一部催化重油再阀	SONY-480CP/ZAY200	常州佐安	2008	一部催化重油再阀
37	炼油一部	一部催化主风机B101	SONY-480CP/ZAY200	常州佐安	2008	一部催化主风机B101
38	炼油二部	老重整20万	SONY-480CP/ZAY200	常州佐安	2008	老重整20万
39	炼油二部	老重整P705灯塔	SONY-480CP/ZAY200	常州佐安	2008	老重整P705灯塔
40	炼油二部	老重整R1502	SONY-480CP/ZAY200	常州佐安	2008	老重整R1502

续表

长岭分公司2018年监控升级改造点位表						
41	炼油二部	老重整氮气管排	SONY-480CP/ZAY200	常州佐安	2008	老重整氮气管排
42	炼油二部	老重整热载体 P706	SONY-480CP/ZAY200	常州佐安	2008	老重整热载体 P706
43	炼油二部	老重整塔 311	SONY-480CP/ZAY200	常州佐安	2008	老重整塔 311
44	炼油二部	新重整 PSA 管架	SONY-480CP/ZAY200	常州佐安	2008	新重整 PSA 管架
45	炼油二部	新重整非可燃压缩机房	SONY-480CP/ZAY200	常州佐安	2008	新重整非可燃压缩机房
46	炼油二部	催化一层管廊	ZT-610	佐安	2010	催化一层管廊
47	炼油二部	四号机柜间屋顶	ZT-610	佐安	2010	四号机柜间屋顶
48	炼油二部	中心控制室前	DH-6786	大华	2010	中心控制室前
49	炼油二部	道路制氢东南角	XF-6722	翔飞	2010	道路制氢东南角
50	炼油二部	制氢与渣氢中间马路	DH-6786	大华	2010	制氢与渣氢中间马路
51	炼油二部	中心控制室单车棚	DH-6786	大华	2010	中心控制室单车棚
52	炼油二部	火炬山顶	ZT—610	佐安	2010	火炬山顶
53	炼油二部	火炬山脚	ZT—610	佐安	2010	火炬山脚
54	炼油二部	火炬山腰	ZT—610	佐安	2010	火炬山腰
55	炼油二部	硫磺与常压路口	ZT—610	佐安	2010	硫磺与常压路口
56	炼油二部	二号机柜间室内	海康威视 DS-2CC572P(N)-IR1/G(2.8MM)	海康威视	2010	二号机柜间室内
57	炼油二部	泵区二层平台北面	ZT610 一体机	佐安	2010	汽柴油加氢泵区二层平台东面靠北
58	炼油二部	加氢反应堆塔顶	ZT610 一体机	佐安	2010	汽柴油加氢加氢精制反应堆塔顶
59	炼油二部	汽柴油加氢一层泵区	ZT610 一体机	佐安	2010	汽柴油加氢泵区一层平台西面
60	炼油二部	汽柴油加氢预留反应器	ZT610 一体机	佐安	2010	汽柴油加氢预留反应器
61	炼油二部	汽柴油加氢热高压分离器	ZT610 一体机	佐安	2010	汽柴油加氢热高压分离器区域
62	炼油二部	产品精制	ZT610 一体机	佐安	2010	产品精制装置东面 7-8 根立柱
63	炼油二部	产品精制西南	ZT610 一体机	佐安	2010	产品精制装置西南区第一根立柱
64	炼油二部	乙苯北面	ZT610 一体机	佐安	2010	乙苯装置北面
65	炼油二部	乙苯泵区	ZT610 一体机	佐安	2010	乙苯泵区
66	炼油二部	乙苯高出	ZT610 一体机	佐安	2010	乙苯 T101 中部
67	炼油二部	四号机柜间室内	DS-2CC572P(N)-IR1/G(2.8MM)	海康威视	2010	四号机柜间室内
68	炼油二部	常压减压框架	ZT610 一体机	佐安	2010	常压减压框架(P119 上面)
69	炼油二部	常压炉区	ZT610 一体机	佐安	2010	常压炉区(常压炉顶)
70	炼油二部	常压塔以及常压高温换热器	ZT610 一体机	佐安	2010	常压塔以及常压高温换热器
71	炼油二部	常压一层泵区	ZT610 一体机	佐安	2010	常压一层泵区
72	炼油二部	常压一号管桥泵区	ZT610 一体机	佐安	2010	常压一号管桥泵区
73	炼油二部	减压塔及减压框架	ZT610 一体机	佐安	2010	减压塔及减压框架
74	炼油二部	催化二层压缩机	ZT610 一体机	佐安	2010	催化二层压缩机
75	炼油二部	催化炉区	ZT610 一体机	佐安	2010	催化炉区
76	炼油二部	催化一层管廊	ZT610 一体机	佐安	2010	催化一层管廊
77	炼油二部	催化一层润滑油站	ZT610 一体机	佐安	2010	催化一层润滑油站
78	炼油二部	催化原油泵区	ZT610 一体机	佐安	2010	催化原油泵区
79	炼油二部	含氢尾气泵区	ZT610 一体机	佐安	2010	含氢尾气泵区
80	炼油二部	含氢尾气机组	ZT610 一体机	佐安	2010	含氢尾气机组

续表

长岭分公司2018年监控升级改造点位表						
81	炼油二部	含氢尾气全貌	ZT610一体机	佐安	2010	含氢尾气全貌
82	炼油二部	气分-催化塔顶	ZT610一体机	佐安	2010	气分-催化塔顶
83	炼油二部	气分西面钢结构	ZT610一体机	佐安	2010	气分西南侧钢结构
84	炼油二部	气分一层泵区	ZT610一体机	佐安	2010	气分一层泵区
85	炼油二部	五号机柜间室内	海康威视 DS-2CC572P(N)-IR1/G(2.8MM)	海康威视	2010	五号机柜间室内
86	炼油二部	汽车装载平台	ZT610一体机	佐安	2010	汽车装载平台(硫磺出库平台)
87	炼油二部	酸性水汽提北	ZT610一体机	佐安	2010	酸性水汽提北(氨压机旁)
88	炼油二部	酸性水汽提南	ZT610一体机	佐安	2010	酸性水汽提南(P404旁)
89	炼油二部	公用软化水站	ZT610一体机	佐安	2010	公用软化水站(K101B旁)
90	炼油二部	四层平台	ZT610一体机	佐安	2010	四层平台(D106旁)
91	炼油二部	一层全貌	ZT610一体机	佐安	2010	一层全貌(S-Zorb管架中部)
92	炼油二部	最高平台	ZT610一体机	佐安	2010	最高平台(R101顶部)
93	炼油二部	一号机柜间室内	海康威视 DS-2CC572P(N)-IR1/G(2.8MM)	海康威视	2010	一号机柜间室内
94	炼油二部	高压换热区	ZT610一体机	佐安	2010	高压换热区
95	炼油二部	渣油加氢反应器区	ZT610一体机	佐安	2010	渣油加氢反应器区
96	炼油二部	渣油加氢管廊泵区	ZT610一体机	佐安	2010	渣油加氢管廊泵区
97	炼油二部	渣油加氢压缩机北	ZT610一体机	佐安	2010	渣油加氢压缩机北
98	炼油二部	渣油加氢压缩机南	ZT610一体机	佐安	2010	渣油加氢压缩机南
99	炼油二部	渣油加氢油站	ZT610一体机	佐安	2010	渣油加氢油站
100	炼油二部	渣油加氢最高平台	ZT610一体机	佐安	2010	渣油加氢最高平台
101	炼油二部	管廊抱箍	ZT610一体机	佐安	2010	管廊抱箍
102	炼油二部	压缩机	ZT610一体机	佐安	2010	压缩机
103	炼油二部	最东反应阀	ZT610一体机	佐安	2010	最东反应阀
104	炼油二部	新重整R1210三层平台	ZT610	常州佐安	2011	新重整R1210三层平台
105	炼油二部	新重整V1101	ZT610	常州佐安	2011	新重整V1101
106	炼油二部	乙苯南面	ZT611一体机	佐安	2011	乙苯装置南面
107	炼油二部	乙苯重沸泵	ZT611一体机	佐安	2011	乙苯重沸泵
108	炼油二部	四号机柜间房顶	ZT611一体机	佐安	2011	四号机柜室房顶
109	炼油二部	T103	ZT611一体机	佐安	2011	T103上
110	热电部	烟囱	SONY-480CP/ZAY200	常州佐安	2006	烟囱
111	热电部	动力厂三楼走廊	SONY-480CP/ZAY200	常州佐安	2008	动力厂三楼走廊
112	热电部	2号油罐	SONY-480CP/ZAY200	常州佐安	2008	2号油罐
113	热电部	低温电站	SONY-480CP/ZAY200	常州佐安	2008	低温电站
114	热电部	凝结水战	SONY-480CP/ZAY200	常州佐安	2008	凝结水战
115	热电部	热力车间	SONY-480CP/ZAY200	常州佐安	2008	热力车间
116	热电部	油泵房内	SONY-480CP/ZAY200	常州佐安	2008	油泵房内
117	热电部	余热回收站	SONY-480CP/ZAY200	常州佐安	2008	余热回收站
118	热电部	主6kV二楼东	SONY-480CP/ZAY200	常州佐安	2008	主6kV二楼东
119	热电部	主6kV二楼西	SONY-480CP/ZAY200	常州佐安	2008	主6kV二楼西
120	热电部	主6kV三楼(中间门上方)	SONY-480CP/ZAY200	常州佐安	2008	主6kV三楼(中间门上方)

续表

长岭分公司2018年监控升级改造点位表						
121	热电部	新主6kV三楼(巡检挂牌处)	SONY-480CP/ZAY200	常州佐安	2008	新主6kV三楼(巡检挂牌处)
122	热电部	110kV GIS 室1	SONY-480CP/ZAY200	常州佐安	2008	110kV GIS 室1
123	热电部	110kV GIS 室2	SONY-480CP/ZAY200	常州佐安	2008	110kV GIS 室2
124	热电部	1#、2#主变	SONY-480CP/ZAY200	常州佐安	2008	1#、2#主变
125	热电部	110kV3条进线(维修屋顶处)	SONY-480CP/ZAY200	常州佐安	2008	110kV3条进线(维修屋顶处)
126	热电部	石油焦棚北大门右上角	SONY-480CP/ZAY200	常州佐安	2008	石油焦棚北大门右上角
127	热电部	石油焦棚内航车上部北面墙体	SONY-480CP/ZAY200	常州佐安	2008	石油焦棚内航车上部北面墙体
128	热电部	石油焦棚2#破碎楼2楼北面内墙	SONY-480CP/ZAY200	常州佐安	2008	石油焦棚2#破碎楼2楼北面内墙
129	热电部	石油焦棚2#破碎楼3楼料斗梁上	SONY-480CP/ZAY200	常州佐安	2008	石油焦棚2#破碎楼3楼料斗梁上
130	热电部	石油焦棚2#破碎楼1楼西面墙体	SONY-480CP/ZAY200	常州佐安	2008	石油焦棚2#破碎楼1楼西面墙体
131	热电部	2#破碎楼5楼西面墙体	SONY-480CP/ZAY200	常州佐安	2008	2#破碎楼5楼西面墙体
132	热电部	焦化筛破楼4楼墙体	SONY-480CP/ZAY200	常州佐安	2008	焦化筛破楼4楼墙体
133	热电部	焦化筛破楼5楼墙体	SONY-480CP/ZAY200	常州佐安	2008	焦化筛破楼5楼墙体
134	热电部	焦池北面内墙	SONY-480CP/ZAY200	常州佐安	2008	焦池北面内墙
135	热电部	5号炉就地水位	DH-CA-460	常州佐安	2011	5号炉就地水位
136	热电部	6号炉就地水位	DH-CA-460	常州佐安	2011	6号炉就地水位
137	热电部	动力厂危险品库房	FDW460DP	大华	2012	动力厂热化车间危险品库房
138	热电部	电气间1	DH-TD-6786	大华	2012	电气间
139	热电部	电气间2	DH-TD-6786	大华	2012	电气间
140	热电部	电气间3	DH-TD-6786	大华	2012	电气间
141	热电部	电气间4	DH-TD-6786	大华	2012	电气间
142	热电部	电气间5	DH-TD-6786	大华	2012	电气间
143	热电部	电气间6	DH-TD-6786	大华	2012	电气间
144	水务部	一级泵站5#澄清池	SONY-480CP/ZAY200	常州佐安	2007	一级泵站5#澄清池
145	水务部	一级泵站院内配水井	SONY-480CP/ZAY200	常州佐安	2007	一级泵站院内配水井
146	水务部	一级泵站岗位大门	SONY-480CP/ZAY200	常州佐安	2007	一级泵站岗位大门
147	水务部	一级泵站水码头引桥头	SONY-480CP/ZAY200	常州佐安	2007	一级泵站水码头引桥头
148	水务部	二级泵站二氧化氯装置及水库	SONY-480CP/ZAY200	常州佐安	2008	二级泵站二氧化氯装置及水库
149	水务部	二级泵站岗位大门及部分院内	SONY-480CP/ZAY200	常州佐安	2008	二级泵站岗位大门及部分院内
150	水务部	南山泵站大水库	SONY-480CP/ZAY200	常州佐安	2008	南山泵站大水库
151	水务部	一污大排洪沟闸前	SONY-480CP/ZAY200	常州佐安	2008	一污大排洪沟闸前
152	水务部	一污大排沟内情况	SONY-480CP/ZAY200	常州佐安	2008	一污大排沟内情况
153	水务部	一污小排洪沟闸前	SONY-480CP/ZAY200	常州佐安	2008	一污小排洪沟闸前
154	水务部	二污浮选池、浮渣井	SONY-480CP/ZAY200	常州佐安	2008	二污浮选池、浮渣井
155	水务部	二污调节池区域	SONY-480CP/ZAY200	常州佐安	2008	二污调节池区域
156	水务部	二污待虑水池、提升井	SONY-480CP/ZAY200	常州佐安	2008	二污待虑水池、提升井
157	水务部	二污调节池东边中部	SONY-480CP/ZAY200	常州佐安	2008	二污调节池东边中部
158	水务部	一循泵房	SONY-480CP/ZAY200	常州佐安	2010	一循泵房
159	水务部	一循加氯间	ZAT610	常州佐安	2010	一循加氯间
160	水务部	三循加氯、加药间	ZAT610	常州佐安	2010	三循加氯、加药间
161	水务部	三空机房	ZAT610	常州佐安	2010	三空机房
162	水务部	一污大门	ZAT610	常州佐安	2010	一污大门

续表

长岭分公司2018年监控升级改造点位表						
163	水务部	一污事故池、隔油池、气浮	ZAT610	常州佐安	2010	一污事故池、隔油池、气浮
164	水务部	一污事故池、隔油池、气浮	ZAT610	常州佐安	2010	一污事故池、隔油池、气浮
165	水务部	一污三项分离装置和油罐	ZAT610	常州佐安	2010	一污三项分离装置和油罐
166	水务部	二污大门	ZAT610	常州佐安	2010	二污大门
167	水务部	二污来水计量配水槽	SONY-480CP/ZAY200	常州佐安	2010	二污来水计量配水槽
168	水务部	二污接触氧化池区域	SONY-480CP/ZAY200	常州佐安	2010	二污接触氧化池区域
169	水务部	二污低氨氮装置监控池	ZAT610	常州佐安	2010	二污低氨氮装置监控池
170	水务部	二污排水池区域	ZAT610	常州佐安	2010	二污排水池区域
171	水务部	二污调节池东南角	ZAT610	常州佐安	2010	二污调节池东南角
172	水务部	化水车间酸碱计量罐	SF-9823	翔飞	2010	动力车热化车间酸碱计量罐
173	水务部	化水车间泵房	SF-9823	翔飞	2011	动力车热化车间泵房
174	水务部	化水车间酸罐	SF-9823	翔飞	2011	动力车热化车间酸罐

5 经济核算

针对以上存在问题，提出解决方案，做了一个经济分析预算表，如表3所示。

表3 2018分公司视频监控完善经济核算表

长岭分公司2018年视频监控系统完善项目						
序号	设备名称	性能介绍	单位	数量	含税单价	含税金额
1	流媒体服务器	大华DH-DSS数字式视频监控综合平台，包含管理服务器，存储服务器，流媒体服务器，综合管理平台	套	1	¥500，000.00	¥500，000.00
2	IP SAN存储器	视频录像存储服务器，机架式，双电源，支持IPSAN直存，支持Onvif，GB28181接入协议，含24个iSCSI硬盘插槽，4个千兆网口，RAID0/1/5，支持1024Mbps前端接入、存储、转发，384Mbps网络回放，支持4096Mbps网络转发，兼容宇视IVS8500系统平台	台	2	¥49，000.00	¥98，000.00
3	监控硬盘	视频录像一体化SAS硬盘(4T)企业级存储盘，7200RPM，128M缓存，与存储器配套	个	48	¥2，650.00	¥127，200.00
4	防爆数字球机	不低于200万像素1/2.8英寸COMS，信噪比≥55dB，30倍或以上光学变焦，云台工作范围不小于：水平360度连续，垂直-2°~90°，云台速度不小于：水平：400°/s，垂直：300°/s，防爆要求：Exd IIC T6 Gb/Ex tD A21 T80℃，防护等级IP68，内置防雷、行为检测、316L防腐不锈钢外壳，工作温度-40~60℃，含电源、壁装支架。支持Onvif，GB28181协议。	台	174	¥13，500.00	¥2，349，000.00
5	接入交换机	H3C 24个10/100/1000M电口，4个千兆SFB光接口，包转发率不低于100Mpps，背板带宽300Gbp以上，不低于含4个SFP 1000M光模块，含4对ST-LC10米单模双芯跳线	台	12	¥9，100.00	¥109，200.00

续表

长岭分公司2018年视频监控系统完善项目						
6	监控电脑	监控工作站，配置需满足16个1080P高清画面解码，不低于(CPU：i7-7700 内存8G 硬盘：1T 显卡：4G独显 VGA+HDMI双输出，2个1000M网卡)配置23英寸显示器，键盘鼠标，正版WIN7	台	12	¥7，699.00	¥92，388.00
7	液晶大屏	工业级55寸液晶监视器，适合7＊24小时连续工作，450cd/m2以上，功耗100W以内，1920＊1080分辨率，长宽比：16：9 接口：VGA、DVI、HDMI、USB，含15米hdmi线，带挂架	台	12	¥7，999.00	¥95，988.00
8	收发器	工业级100M光纤收发器SC接口，双芯，单模，符合标准：IEEE802.3/u、10/100Base-TX和100Base-FX，传输距离25KM，适应光纤：8/125，8.7/125，9/125，10/125μm，全双工，带配套电源	个	348	¥350.00	¥121，800.00
9	收发器箱	2U机架式 工业级收发器机箱，14个槽位，双电源，与收发器配套	套	20	¥1，280.00	¥25，600.00
10	防爆控制箱	定做防爆控制箱 防爆等级EXDII CT6 内部空间不小于：350mm＊240mm＊200mm，下进线，2进2出，含内置防雷器、电源插头2个、3位插座1套，防护等级IP68；304不锈钢材质；含配套防爆软管2根，含电器材料组装。	个	174	¥2，750.00	¥478，500.00
11	室外机箱	定做304不锈钢室外防水机箱400＊400＊200mm＊2mm厚，含光纤尾线ST-SC单模双芯2对，8口光纤终端盒1个，	个	174	¥480.00	¥83，520.00
12	光纤终端盒	24口机架式光纤终端盒，2MM厚	个	174	¥180.00	¥31，320.00
13	单模光纤尾线	单模ST-ST光纤跳线3米 工业级	根	696	¥40.00	¥27，840.00
14	光纤藕合器	ST-ST单模光纤藕合器 工业级	个	696	¥15.00	¥10，440.00
15	摄像机长立杆	根据现场情况定制，不低于4米，杆径不小于140mm，厚度不小于6mm，底板350＊350＊10mm，含预埋接地桩，横杆(厚度不低于6mm)，304不锈钢螺丝、304螺杆，防锈底漆，白色烤漆处理。	根	20	¥2，000.00	¥40，000.00
16	摄像机固定支架	根据现场情况定制，材质厚度不小于6mm，304不锈钢螺丝、304螺杆，	套	150	¥450.00	¥67，500.00
17	光缆	8芯 室外松套管层绞式重铠装单模光缆GYTA	米	15200	¥4.80	¥72，960.00
18	光缆	4芯 室外松套管层绞式重铠装单模光缆GYTA	米	60900	¥3.80	¥231，420.00
19	电源电缆	RVV 2＊1.5	米	60900	¥3.30	¥200，970.00
20	网络线	六类网络线23AWG，4对UTP，线径不小于0.57mm，无氧铜，清晰长度标识。	米	915	¥3.50	¥3，202.50
21	RJ45头	六类RJ45网络接头	个	696	¥6.00	¥4，176.00
22	镀锌管	DN25镀锌管 国标	米	8700	¥18.00	¥156，600.00
23	接地镀锌扁铁	25mm＊4mm接地扁铁	米	5220	¥9.00	¥46，980.00

续表

长岭分公司2018年视频监控系统完善项目						
24	镀锌角钢	40*40*4	米	300	¥14.00	¥4，200.00
25	防爆直通	DN25	个	1050	¥32.00	¥33，600.00
26	防爆三通	DN25	个	220	¥32.00	¥7，040.00
27	防爆弯通	DN25	个	460	¥32.00	¥14，720.00
28	穿板接头	DN25	个	180	¥15.00	¥2，700.00
29	硬件费用					¥5，036，864.50
30	实施费用	项目实施，维护维保一年，税				¥2，770，275.48
31	项目总造价					¥7，807，139.98

6 意见及建议

（1）对老旧设备制订更新标准或周期，在新增监控点的同时及时对老旧设备逐步更新。

（2）增加媒体转发服务器，分散部署，缓解流媒体服务器的分发压力，改善网络环境。

（3）建设完全独立的生产装置监控网络，采用其他私有IP地址，不占用生产网的网络资源。

（4）接入第三方平台的网络摄像机，可将其2个视频流分别由不同的系统管理，实时流由宇视监控平台管理，在访问实时图像时由流媒体服务器负责转发。摄像机的另一个码流即存储流接入原海康或大华系统，作存储专用。此种部署方式在没有增加任何投资的情况下缓解了网络压力、解决了平台之间兼容性的问题。

（5）今后设备选型应标准化，解决备品备件的通用性，并建议在维修过程中直接更换为网络摄像机，新上系统无需购买服务器，只需增加网络摄像机并对原有存储进行扩充即可。

（6）将组织结构及命名方式进行规范，将辖区内的摄像机根据所在区域归纳到所在子域，方便了用户及各管理人员快速操作，特别在应急指挥时快速定位到所需场景及周边，为在视频监控深化应用中对周边摄像机联动创造了一定的条件。

7 结论

视频监控在炼油化工企业生产中起着举足轻重的作用。针对目前监控系统存在的问题，结合现场需求以及管理要求，以原有宇视IVS8500监控管理平台为基础，我们提出对生产装置视频监控系统完善、优化建议，使监控系统完全数字化，通过网络，实现对监控画面的浏览、控制、管理，实现资源的共享，充分发挥该系统对生产现场实时监控的作用，满足各部门对视频监控的多样化需求、为视频监控深化应用打好基础。

参 考 文 献

[1] 陈锦星，唐帧安．视频监控云系统架构及运营模式的研究．网络出版年期．2014，05.

[2] 邵鹏，张宏斌．基于GIS的视频监控联网系统设计与实现．网络出版年期．2013，11.

[3] 赖林光，徐磊．分布式智能视频监控系统的研究与实现．网络出版年期．2015，01.

[4] 朱璐璇，数字视频监控系统及其网络传输改进策略研究．网络出版年期．2014，05.